Josef W. Janker
Werkausgabe in vier Bänden
Band 2

Josef W. Janker

DER UMSCHULER

Roman

AUFENTHALTE

Reiseberichte

Herausgegeben von
Manfred Bosch

Verlag Robert Gessler

Herausgegeben von Manfred Bosch im Auftrag der
Stiftung Literaturarchiv Oberschwaben.

Gefördert durch die Stiftung Literaturarchiv Oberschwaben,
das Ministerium für Wissenschaft und Kunst, die Stadt Ravensburg,
den Bodenseekreis, den Kreis Ravensburg und die
Kreissparkasse Ravensburg.

Die Stiftung Literaturarchiv Oberschwaben dankt allen Spendern.

Design: Reinhard Binder, Berlin.

Satz und Druck: Druckerei Robert Gessler, Friedrichshafen.
Bindearbeiten: Großbuchbinderei Moser, Weingarten.

Printed in Germany – ISBN 3-922137-45-8

DER UMSCHULER

Roman

Protokoll aus dem Personenstand

Das Abgangszeugnis der Kath. Knabenschule weist Mertens als »normal entwickelten, ausdauernden, etwas langsamen« Schüler aus. – Der Lehrvertrag der Zimmer-Innung verklausuliert in gehobenstem Sütterlin die ortsüblichen Bedingungen, unter denen ein Lehrling den ungleichen Handel eingeht. – Zum erbetenen Stichtag errechnet die Firma *Carl Brandt Bremen* nach geltendem Tarif die Lohnsumme ihres nichtorganisierten Gefolgschafts-Mitglieds. – Eine Nebenstelle des Bitterfelder Arbeitsamts meldet den freigekommenen Dienstverpflichteten als Bewerber der »Usa«-Kolonialschule Breitewitzer Mühle. – Schulleiter Von der Beck bescheinigt dem in die Winterschlacht von Wjasma Abkommandierten seine Tropentauglichkeit und Eignung als Vertragspflanzer der *Usambara.* – Die Urkunde über den ihm verliehenen »Gefrierfleisch-Orden« trägt die Unterschrift eines Kommandeurs namens Hunger. – Die militärische Laufbahn des vormaligen Zimmerers, vormaligen Betonschalers, vormaligen Kisuaheli-Büfflers, wortkarg belegt mit verblaßtem Hoheits-Adler im Namen des Führers, endet für ihn als Leutnant ohne Legitimation im Cage 13 des Lagers *Attichy.* – Eine vorgedruckte Karte der US-Army bezeichnet den Prisoner of War unter der Kennnummer 2368137 als »nicht verwundet und wohlauf«. – Der V. Judicial-Distrikt bescheinigt dem Meisterschüler bedingte Freilassung nach mißglücktem Grenzübergang (»has been arrested for crossing zonal border«). – Das Formblatt der *Luisenschule* gibt zur Kenntnis, daß der Genannte sich »pflichtgemäß am Wiederaufbau der zerstörten Schule beteiligt hat«; ein Attest versichert glaubhaft, daß der Patient die »Lehranstalt infolge einer rechtsseitigen Tbc auf Wunsch seiner Mitschüler vorzeitig verläßt«. – In einer Bewerbung gibt der aus Heilstätten als »erwerbsunfähig« Entlassene an, »alle einschlägigen Arbeiten« zu beherrschen, die im Zimmererhandwerk vorkommen, also »Rechnerisches Schiften, maschinelles Abbinden, Dübelbauweise und diverse andere Praktiken«. – Der klinisch Geheilte, auf halbe Atemkapazität Gesetzte, weist in einem Handschreiben ein halbes Dutzend manueller Tätigkeiten nach. – Rentenbescheide konkurrierender Behörden weisen ihn sowohl als KB-Rentner der ersten Stunde, wie als Frühinvaliden aus. – Der von *Davos* aus unpäßlicher Höhenlage in die ihm gemäßere Mittellage Zurückgekehrte, der Sonderfürsorge entwachsen, für Umschuler-Maßnahmen vorgesehen, versagt sich im März 1966 jeder weiteren Einschulung. – Ein höherer Beamter der Wohlfahrts-Behörde führt »nachweisbare berufliche Betroffenheit« ins Feld, empfiehlt gemäß § 30 Absatz 2 und 3 Antrag auf Berufsschadens-Ausgleich. – Der Freiberufliche, mit seinen Jahresabschlüssen unter der Freigrenze bleibend, erscheint in den Überlegungen des zuständigen Finanzamts als zur »Einkommensteuer nicht veranschlagt«...

I

Um als Alteingesessener zu gelten, wohnt er noch nicht lange genug im Block. Seine Erfahrungen im Umgang mit Mietern entsprechen statistisch belegbaren Mittelwerten. Er kennt die Spielformen sozialer Neurosen als Eigenart von Wohnungs-Insassen, die lange unter zu hohem Erwartungsdruck gestanden. Er schätzt Männer seines Alters nicht schon wegen des gleichen Versehrtengrades, doch respektiert er diejenigen, die den Zustand der Beschädigung ohne seelische Verkrüppelung ertragen.

Block 16 und 17, ein dreigeschossiger, auf Lücke gestellter Langbau eines staatlich geförderten Bauträgers, mit zwölf genormten Wohneinheiten, zwei separaten Eingängen, zwei lärmempfindlichen Treppenhäusern und Balkons – bei neun Parteien als Loggia ausgebildet, bei den restlichen nach Südwesten frei vorgebaut in einer Länge von zwei Liegestühlen –, für die Unterbringung von Kriegsbeschädigten von geradezu modellhaftem Zuschnitt. Die einschlägigen Rechte und Pflichten liegen in einem Mustervertrag der *GSW* für jeden verständlich paraphiert. Die Hausordnung regelt Art und Umfang der vertraglich festgelegten Nutzung. Wer mit Wohltaten verwöhnt wird, schluckt klaglos Verbote. Natürlich sind auf den hauseigenen Grünflächen Spiele jeglicher Art grundsätzlich untersagt. Das Halten von Haustieren ist unerwünscht. Die

GSW ist berechtigt, den geltenden Mietvertrag zu kündigen, wenn der Mieter von den Räumen einen vertragswidrigen Gebrauch macht. Mieter überlassen beim Auszug die Räume nicht nur ungezieferfrei, sondern auch besenrein.

Die Wohnungs-Insassen der beiden Blöcke, organisiert und zu unkündbarer Gefolgschaftstreue entschlossen, zur Wahrnehmung handfester Interessen ermächtigt, mit Jahresausflügen ins Montafon bei Laune gehalten, einmal im Kalenderjahr mit einem Barscheck bedacht, bei Bockwurst und Freibier mit dem Anhören eines Rechenschaftsberichts befaßt, auf Ellbogen-Fühlung mit Kameradenfrauen im Einminuten-Gedenken bei geräuschvoll zurückgeschobenen Stühlen, schlappe Akklamation bei der einstimmig verweigerten Wachablösung des zweiköpfigen Vorstands und protokollgerechter Entlastung nicht minder verdienter Kassenwarte.

Neun der Verbandsmitglieder führen den Nachweis ihrer Fähigkeiten in hochglanzpolierten Karosserien vor. Zwei sind Beamte des Höheren Dienstes und benehmen sich wie Beamte des Höheren Dienstes. Einer versieht seinen Beruf einbeinig in einer Pförtner-Loge. Einer zeigt gärtnerischen Ehrgeiz, schließt Gartenzwerge mit Fußkettchen an Fliederbüsche an. Einer lebt unwidersprochen berufslos . . .

Wenn ihn gewisse Denkzwänge vorübergehend freigeben, sieht Mertens sich als Fürsorgeempfänger in eine der zwölf Wohnschachteln abgestellt, Dauermieter, der die Sünden spartanisch gesinnter Bauträger büßt, ihren fahrlässigen Umgang mit seiner demoskopisch geprüften Langmut. Er hat nicht nur mit eigenen, sondern auch mit den Geräuschen der Nachbarn zu leben, ein gut bedienter Typ, dessen Arbeitstag mit sechsmaligen Spülvorgängen seine erste Weihe erhält, der beim Hochfahren aus der spiralgefederten Horizontalen entdeckt, daß seine Frau bereits ihren ersten Sättigungsgrad an hausgemachter Kümmernis erreicht hat.

Gefälligkeiten, seiner Frau hinterrücks zugetragen, Mitteilungen über Auftritte und Verhaltensweisen, seine vertrackte Art zu grüßen, die einmal als »hochtrabend« und einmal als »betont devot« bezeichnet wird; sein vornübergeneigtes Gehen, dieses mitunter beängstigende Vorfallen aus der Vertikalen. In einem Wohnblock, dessen Insassen ausschließlich nach ihren medizinischen Befunden ausgesucht waren, wertet man seine Haltungsschäden als Ausdruck seiner Arroganz oder auch seiner eingestandenen Unterwürfigkeit. Angesichts dieser reizbaren Übergrößen, vor denen das Kaufen von der Stange zu einem beneideten Privileg wird, hält sich Mertens lieber betont zurück.

Stimmschwach verlästert er den auf Selbstdarstellung abzielenden Mieter-Ehrgeiz, der die Parteien zu übertrieben korrekten Grußformen nötigt. Im halben Hinhören wird er Zeuge eines verschwiegenen Handels mit Vergünstigungen und Pressionen, zuteilungsreifen Artigkeiten und Gehässigkeiten. Unbekümmert zunächst noch um die einzusteckenden Rüffel, verwirft er das kleinliche Aufrechnen von Unterlassungen und verweigertem Redesoll. Er sieht sich vor, wenn er Gefahr läuft, begegnungssüchtigen Mieterinnen im Treppenhaus ins offene Mundwerk zu rennen, weicht scheinheilig herbeigeführten Kollisionen auf wischfeuchten Treppenstufen aus, mit größerer Wendigkeit, als ihm zuträglich . . .

Unter einem Barometer, das an diesem aufklarenden September-Morgen bei leichtem Druckanstieg sinkende Temperaturen anzeigt, sein penibel aufgeräumter Schreibtisch, angefertigt nach Maßen, die die langfaserige Rüsterplatte nicht gerade zu einer Startrampe seiner Phantasie verlängern. Vor ihm, im selbstverdübelten Bücherbord *Wo warst Du, Adam?* – diese Gewissensfrage, die ihn vom Abbundplatz weg an den Schreibtisch trieb; *Vor dem großen Schnee* – der ihn noch immer den Kältefiebern von *Moskrosenz* und *Korowino* aussetzt; *Stalinorgel* und *Feuer im Schnee* – ihn im Umkreis der Zerstörung haltend wie einen Dreschochsen im Geschirr seines endlosen Rundlaufs –: Leseerfahrungen, die zugleich Lebenserfahrungen sind, geteilt mit Gleichaltrigen, die auf Leseerfahrungen dieser Art verzichten.

Der eigentlich schon ruchlose Versuch, den Krieg als freigebigen Stofflieferanten anzuzapfen durch immer drastischeres Ausleuchten auch noch der letzten Minen-Hölle. Erinnerung an den verlorenen Krieg ist nicht Erinnerung an Erlebbares und Datierbares; sie prüft Mertens nicht länger am Jargon der zusammengebissenen Zähne, sie mißt ihn gefühllos an seinen Einsichten. Die erinnerten Schrecken büßen ihre Erzählbarkeit ein. Die Niederlage erst bewirkt Umdenken. Der Sieger erstickt nicht an seinen Widersprüchen. Im Zweifelsfall setzt der Soldat auf blinden Gehorsam. Wo es ums nackte Überleben geht, ist der Reflex der Reflexion überlegen. Der Soldat ist vor allem jung; das entscheidende Handicap: sein vormilitärischer Status. Je ausgeprägter sein ziviler Instinkt, desto schmerzhafter die Prozedur seiner Umkrempelung. Wie aus Anstand Anständigkeit, aus Solidarität Gruppentreue, aus Menschenwürde Mannesehre wird: töten, um nicht getötet zu werden! – Der Soldat, eine Charakter-Charge des Massenschlächters Krieg . . .

Was eigentlich unternimmt Mertens, wenn er – von zwei handgeschnitzten *Makonde*-Figuren flankiert – sein tägliches Pensum absolviert? Er setzt mit unverhältnismäßigem Aufwand beträchtliche Energien in bloße Bewegungen seiner Hand um. Dieser Schreibzwang, dieser beschönigte Selbstbetrug, der zum Überleben so tauglich macht! Und im Gegensatz zu ihm seine jüngere Frau, mit ihrer scharf aufsitzenden Intelligenz, durch erzwungenen Konsumverzicht im Umgang mit Menschen erfahrener, realistischer, illusionsloser. Sie definiert ihn, halb belustigt, als altruistischen Typ mit sozialer Macke. Damit weist sie ihm nicht unbedingt schon eine Funktion in der Gesellschaft zu. Etwas abschätzig mißt sie seinen in der Wolle gefärbten Katholizismus als Kompensations-Objekt einer gestörten Umweltbeziehung. Seinem karitativen Übereifer entspreche ein Mangel an gesundem Egoismus.

Wie sollten auch Hausleute in ihrem verständlichen Argwohn seine literarischen Gehversuche ernst nehmen, wo er doch zu beliebigen Zeiten die Wohnung aufsuche, sie verlasse oder sich in ihr verkrieche? Sieht er sich vielleicht mit zu viel Nachsicht bei einer Tätigkeit zu, die auf Nachsicht nicht zählen kann? Der gewohnheitsmäßige Blick auf die vier Etagen eines Wohnblocks der gehobenen Ansprüche, vormittags von Betten lüftenden Hausfrauen beherrscht, lenkt Mertens nicht nachhaltig genug von seinen Selbstvorwürfen ab. Mit durchgedrücktem Kreuz einige Lockerungsübungen vornehmend, sieht er seine Frau im Markisenschatten des Balkons Kinderwäsche von der Leine nehmen. Der Blick geht nicht gerade ins volle Grüne, aber schon der spärliche Blattbesatz einer Kümmer-Esche genügt, seine Verkrampfung zu lösen. Mertens stellt sich auf eine Denkweise um, die ihm zu einer entspannteren Gangart verhilft. Redlich klopft er sich ab, inwieweit sein Mißverhältnis zum eingespielten Konsensus der Mehrheit, die Wohlverhalten als Schwäche wertet, Anstöße liefert für häusliche Intrige. Seit er seine Frau mitten in Bewegungsabläufen erstarren sieht, fragt er sich beschämt, ob seine Beschwichtigungs-Gebärden die Reizbarkeit gewisser Mieterinnen, deren Gelangweiltsein nur noch von ihrer Klatschsucht übertroffen wird, vielleicht erst auslösen. Um den peinlichen Verdacht abzuschütteln, flüchtet er sich in billigen Sarkasmus: Wo im Haus der Kater fehlt, übernehmen die Mäuse das Regiment!

Einfallendes Messegeläut in seine schalldurchlässige Wohnwabe macht ihn hellhörig für das gelebte Kuriosum seiner Vereinzelung. Was hat Mertens den pünktlich zur Bet-Sing-Messe Antretenden voraus? Was den vollzählig zum Früh-Schoppen einsitzenden Familien-Vorständen, Wagenhaltern, Prothesen- und Pneumothorax-Trägern? Den puritanischen Gestus einer Weigerung, der vor dem eingeschworenen Mieter-Kollektiv als künstlich erkannt wird.

Warum aber baut Mertens die unzuträgliche Belastung nicht einfach ab, gibt endlich dem vernünftigen Verlangen nach Gleichheit nach, tut das Selbstverständliche mannhaft, ohne sein Gewissen mit sich herumzutragen wie ein unkommodes Gebrechen? Was also hat er ihnen voraus? Den durchgehaltenen Status permanenten Erinnerns? Ihr Gedächtnis strapazieren schließlich auch die Veteranen und Invaliden an ihren Stammtischen. Unter die Haut Gehendes wird anekdotisch aufgewärmt: ihre ungebrochene Mannbarkeit, als hinge noch immer von der prompten Belieferung mit Starkbier und klopffestem Kellnerinnen-Fleisch ihre Standfestigkeit ab, ihre Soldaten-Ehre. – Jahrestage, Gedenktage. Auch Mertens altert mit ihnen. Warum setzt er sich nicht versuchsweise zu ihnen, feiert mit ihnen die zwanzigste Wiederkehr seiner Feuertaufe. Ortszeit: ein September-Sonntag dreiundvierzig:

... Angedonnert wie Schneegänse über einem Schlag ungenießbarer Steckrüben, ein zusammengewürfelter Haufen maroder Gefreiter. Verkaterte Unterführer, die den

Schriftsatz eines Kradmelders entschlüsseln. Alarmstart zu einem Angriffs-Unternehmen, das wie viele kläglich im ersten Anlauf steckenbleiben wird. Zwei Halbzüge gelernter Rückzügler im Feuerbereich eines wassergekühlten *Maxim.* Seiner Schätzung nach spricht jetzt sein jüngster Bruder das Confiteor, schlägt Mutter ihren mit Ablaßzetteln gespickten Volks-Schott auf, verläßt Vater klingelbereit den Tudorbogen der Sakristei. Gutliegendes Pakfeuer durchbellt die Gebetsstille vor dem Introitus. *Würdig ist das Lamm, das geschlachtet wird.* Eine Staffel »Iljushin-Schlächter« läutet das Graduale ein. *Im Sichtbaren gezeugt, nicht geschaffen,* um verheizt zu werden. *Aufgefahren in den Himmel,* von einem Haubitzen-Volltreffer befördert. *Abgestiegen* in die Pakhölle von *Cadjatsch. Er wird wiederkommen in Herrlichkeit, Gericht zu halten* über lammfromme Schützen-Eins, die an Sonntagen das große Hemdflattern ankommt. *Sursum Corda.* Hoch mit den Flossen! Wer jetzt noch nicht mürbe genug gewalkt ist. *Mein Fuß steht auf dem rechten Pfad. Zuversichtlich betrete ich, o Herr,* das von Spring-Minen verseuchte Gelände, *preise Dich* mit neuem Verlege-Schema. *Mit glühendem Steine gereinigt,* ausgeschwefelt von einem Fächer weißzischender Ausbläser. *Laßt uns im Geheimnis dieses Wassers,* das er aus einer vollgelaufenen Panzersuhle schlürft, *unsere Menschennatur annehmen* unter gezieltem Beschuß . . .

Lange genug an diesem geräuschvollen Vormittag sieht Mertens sich zu, wie er sich zwischen vier steingrauen Wänden mit Ausblick beweglich hält für den Umgang mit Altersgenossen. Die Mieterin im Stockwerk darunter, im Geschwindschritt ihren Fünfpersonen-Haushalt besorgend, scheint den kritischen Punkt erreicht zu haben, an dem das Verrücken von Möbeln unverzichtbares Ritual ist. Seine Frau, dem Gesetz der angemessenen Antwort unterworfen, schließt einen Fensterflügel temperamentvoller als nötig. Umgehend ersucht Mertens um Übertönung offensichtlich unvermeidbarer Fallgeräusche durch klassische Musik. Das gefährdete Gleichgewicht der schwachen Nerven ist wieder hergestellt. Der bereits einmal von ihm umgemodelte Satz: »Wahr spricht, wer Schatten wirft!« wird ihm zur Tageslosung: »Wahr spricht, wer um sich wirft!«

Sein nicht recht motivierbares Aufspringen, Reflex eines ihm nachgerade peinlichen Fluchtdranges, fängt er zum Glück noch vor Erreichen der Zimmertür ab. Eingeklemmt zwischen den beiden *Makonde*-Figuren und einer Geranien-Schale, wird Mertens sich der Lächerlichkeit seiner Lage bewußt. Er tritt an das Fenster heran, sucht auf der gegenüberliegenden Fassade nach freiem Auslauf, verfolgt mit sichtlichem Interesse eine Frauenhand, die unter einem hochgelassenen Rolladen ausdauernder, als ihm sinnvoll erscheinen will, ein Paradekissen aufschüttelt, nimmt sich dieser heftigen Zärtlichkeit für Weißgestärktes an.

An seinen Schreibtisch zurückkehrend, entwirft er ohne sonderliche Hemmung eine Stilfigur erotischer Bezüglichkeit. Nicht mehr eingefroren in diesen Zustand der Gefühlsspröde, schon nahe am Taupunkt, hebt er von seiner Startrampe ab, erklimmt – literarischer Spätentwickler – die ihm angemessene syntaktische Höhenlage. Er schlüpft – nicht ganz frei von Gewissensbissen – aus der ihm zugewiesenen Rolle als Sozialpartner, spornt sich nicht mehr zu buchhalterischen Abhorch-Leistungen an, nur um sich als milieugeschädigter Zeitgenosse auszuweisen. Frei von Nötigungen wendet er sich den Gegenständen seines neuen Metiers zu, hält einen Ortswechsel für angezeigt, eine Reise von nicht allzu knauserig begrenzter Dauer, einen befristeten Absprung. Das Blättern in Fahrplänen und Prospekten verschafft ihm ein lange nicht mehr gekanntes Vergnügen. Seiner großmütig reagierenden Frau trägt er plausible Gründe vor, nicht eben zwingende. Sie nennt es Flucht aus einer prekären, für sie einer verfahrenen Lage.

II

Archiv Mertens: »Ein Tourist, befragt, welche deutschen Städte er kenne, sagte lakonisch: Dachau, Sachsenhausen, Buchenwald, Flossenbürg, Gardelegen, Ravensbrück —«

Unschlüssig, im Habitus des überanstrengten Asthenikers, steht er vor einem Waggon der Zweiten Klasse Nichtraucher.

Den Koffer von sich abgestemmt in Schulterhöhe, zieht er den Fuß vom Trittbrett, läuft grundlos hastig die verschmutzte Nietenfront entlang, unter leeren, blinden Scheiben, die nichts spiegeln als seine eigene Konfusion. Er läßt eine Läuferstaffel an sich vorbei, setzt zögernd unfreiwillig in komischem Bewegungsdrang zum Überholen an, gegen die bullige Selbstsicherheit dieser Profis. Mit dem Instinkt von Spürhunden steuern sie bestimmte Coupés an; ausbrechendes Gelächter hält sie auf ihrer Spur. Höflich, linkisch und schon außer Atem, läßt er ihnen in ihrer Spielfreude den Vortritt, wird Augenzeuge einer blitzschnellen Okkupation. Strenger als beabsichtigt, als sei er eine richterliche Instanz, mustert er fünf mäßig belegte Waggons mit Schlachtenbummlern. Vor der Bahnsteigsperre allmählich stärkerer Zulauf von Passagieren. Verstimmt über sein planloses Vorgehen, schiebt er seinen Koffer über das Rautenmuster der Betonfliesen: Stoßfugen, Diagonale. Von zielstrebigen Fahrgästen eingekreist, steht er fixiert auf einem Schachbrett sich verändernder Konstellationen.

In einem Raucher-Coupé unter Schottenkaro und einem Lackleder-Kubus modischer Poncho mexikanischer Webart. Den sperrigen Koffer abstellend, erschrickt er vor der eigenen Courage, findet sein Eindringen plump, anbiedernd. Als sähe nun jeder im Vorbeigehen das aufreizende Textil, verstellt er mit seinem aufgeplusterten Trenchcoat die Sicht auf den vorgewärmten Fensterplatz. Vor der hurtig heranstöckelnden Ponchoträgerin ausweichend, beläßt er die Hand am Türgriff; ein absichtslos prüfender Blick auf die Gepäcknetze, und sein Bleiben wäre motiviert. Doch das kühl abschätzende Augenpaar verwirrt ihn mehr, als er verkraften kann. Im Handumdrehen verscherzt er sich den Widerruf seiner Absicht, räumt ungeschickt – ohne in den erweiterten Pupillenhöfen nach einem Echo zu fahnden – das Abteil, in der Haltung eines Kombattanten, der kampflos das Feld räumt.

Zwei Waggons weiter die nächste Falle: aufmunternd umtriebige Freundlichkeit unter Konfektionshüten. Die Markttaschen der beiden Witwen, ein leicht überwindbares Hindernis, zumal sie bereits Anstalten treffen, die Traglast auf ihre Knie zu nehmen. Während er noch an seiner Krawatte rückt, entdeckt er im Mantelschatten eine schlafende Stewardeß der *Lufthansa.* Er bleibt sichtlich hinter seinen kühneren Vorhaben zurück, kneift vor dem hochmütigen Gesicht unter dem Puderflair. Auf diesen Ansturm von Makellosigkeit ist er nicht gefaßt. Seinen Koffer über die schlanken Fesseln und zartbestrumpften Waden zu heben, das schafft er nicht, noch dazu vor Zeugen. »Nun zeigen Sie mal, junger Mann, daß Sie springen können!« Er spürt mit einem Mal, und lästiger als erwartet, die zunehmende Trockenheit seiner Haut nach mangelhafter Rasur. Er kennt sich gut genug, um gewarnt zu sein: nur die Vormittage waren spurlos zu überstehen. Ein nicht gerade früher Zug mit Anschluß. Sein kurioses Vorhaben, in einem der schwach besetzten Abteile ins Gespräch zu kommen, längst verlernte Kavalierspflichten einzuüben. Bemüht ausgreifend, hastet er den Gang entlang; die Schrecksekunde geht vorüber.

Versuchen aufzustehen und umherzugehen. Das überheizte Raucher-Coupé verlassen, sich die Beine vertreten. Halbe Rechtswendung in Fahrtrichtung, der Fliehkraft nachgeben, nicht ihr erliegen. Mit den Armen balancierend, wie ein Steward bei Seegang. Rechtzeitig sich aufrichten, in den Gang vorstoßen, breitbeinig, abgesichert gegen seitwärtstreibende Stöße. In einwandfreier Haltung Abteile sondieren, aus seiner Anfälligkeit für Ortswechsel ein System machen, sich in Abteilen aufhalten, auch wenn sie leer sind. Die Toilette aufsuchen und vor den Spiegel treten. (Daß er keinen straffsitzenden Knoten zustande bringt!) Vor der Streckenkarte der Bundesbahn Kenntnisse in Geographie auffrischen: der Großdeutsche Riese mit dem abgetrennten Elchkopf *Ostpreußen,* dem Stummelarm, der noch immer auf *Auschwitz* zeigt . . .

Versuchen die Knie vorzuschieben, um sich dabei zu entspannen. Kontaktsuche als rein orthopädische Maßnahme. Mantel seitwärts unter die Schläfe; ihr linkes Ohrgehänge als Absprungbasis benutzen, auf Halsansatz vorrücken, Partien ihrer Schulter wahlweise besetzt halten, sich für zwei drei Atemzüge gehen lassen. Nasenflügel, Lidschatten, Wimpernschläge als taktische Nahziele. Das unbotmäßige Bein zurückpfeifen. Selbstverordnete Bewegungs-Therapie, innerhalb des Spielraums, den ihre Pfennigabsätze abstecken. Plausibler somatischer Reflex. Das Kreisen der Fußspitzen im Uhrzeiger-Sinn. Links zur Abwechslung einmal dagegen, links suspekt, »nützliche Idioten« . . .

Scheibe unter festgezurrtem Rollo mit Atemdunst beschlagen. Herrisch aufgestützter, mit Fleisch-Pfirsichen gepolsterter Unterarm. Hand, die unwirsch ein nässendes Segment herauswischt. Hinter der ins Freie geschlagenen Bresche, über Pelzbesatz und einer Kollektion aufreizend gehängter Amethyste, Tannenreihen endlos im Defiliermarsch. Zwischen Baumreihen hüpfend, Wachsscheibe mit zartgrauer Münzprägung. Landschaft im Herbst mit auffliegenden Krähenschwärmen. Ein Notensatz Sperlinge. Abzählbare Reihen von Grabkreuzen. Verwitterte Bauzäune. Schnellschüsse der Sonne.

Er altert nicht merklich, aber er verbraucht sich. Schon ist er nicht mehr imstande, ohne Nachhilfen durchzustarten. Soziologie in Abteilen als Pflichtfach für einen reisenden Moralisten: In welcher dienstlichen Obliegenheit sind Sie unterwegs? Was hat Sie vergangene Nacht am Schlafen behindert? Zugnachbarn mit beliebiger Biographie. Nächstenliebe, praktiziert am handgreiflich Nächsten. – Da ist – zwischen lauter altmodischem Hausrat – eine Störnäherin aus der *Lechniederung,* die sich mit ihrer regennassen Pelerine durch den Gang zwängt. Und da ist ja auch – auf reserviertem Fensterplatz vor farblich abgestimmtem Lackleder-Kubus – die Ponchoträgerin mit klassischer Hüft- und Oberweite. Das appetitlich verpackte Laufwunder und die zu peinlichen Rüffeln neigende Hauserin. Zur freien Auswahl also die Kavaliers-Kür und die Nötigung zu reizloser Pflicht. Er genau dazwischen. Grundsätzlich ist er bereit, einzuspringen und seine Schuldigkeit zu tun. Zumal wenn seine Selbstlosigkeit ein gutgewachsenes Objekt findet.

Abteil für Schwerkriegsbeschädigte der Polsterklasse. Im Schrittempo überrollt: trockenes Flußbett mit Kiesbänken. Gasometer im Bodendunst, *Fugger*'sche Giebel. Zwischen Strebschatten und Nietensträngen ein donnerndes Ungetüm von Brücke. Unbehinderte Sicht auf zwei sonnenbeschienene Knie. Nicht mehr ganz junges Gesicht, das auf Nachhilfen verzichtet. Das herausfordernd Sportliche ihrer Haltung. Enggeschlossene Schenkel unter dem Jagdloden. Studentin fortgeschrittenen Semesters, adlige Herkunft, das läßt sie immerhin durchblicken, ein Freifräulein von der (irgendeine kühlere Himmelsrichtung). Die wenigen Antworten von ihr dekken ein typisches deutsches Trauma auf: Der Vater als Kommandeur einer Panzereinheit im Raum *Baranow–Milek* vermißt. Flucht aus Schlesien im Planwagen ihrer Mutter. *Trebnitz* südlich der *Bartsch* (er kennt Auszüge aus Dokumenten, einen Bericht Nr. 40). Die jüngere Schwester vergewaltigt.

Zugeknöpft wie eine Novizin blickt sie an ihm vorbei, spricht verächtlich von »damals üblichen Belästigungen, Demütigungen«, setzt mit knirschenden Zähnen das Schlagwort vom »Untermenschen«.

Als Angehöriger der gleichen Gattung sieht sich Mertens aus allen vernünftigen Sicherheiten gerissen. Alpdrücke, Schrecken, Tagträume. Unvermutet schießt das ein, sein fast mechanisch wirkender Repetierzwang. Munter werdend, trägt sie aus dem Sprachschutt einer Frauenschafts-Führerin das Scherbengericht zusammen, das großdeutsche Erbteil, die schlesische Tragödie, die gemeinsame Hinterlassenschaft: Stoff für eine Beichte unter vier Augen?

Er zwängt das Untier Mann in sich zurück, erhebt sich mit einem Rest von Selbstachtung, verläßt aus Gründen, die mißverständlich bleiben müssen, das Abteil. Er tritt vor den Spiegel, findet seine Gesichtszüge tadelnswert, kehrt schneller als beabsichtigt auf seinen Platz zurück. »Was sind Sie eigentlich von Beruf, daß Sie so ungeniert Ihre Fangfragen stellen?« Erstmals richtet sie ihre rauchfarbenen Augen auf ihn: fahles Feuer von Bernstein unter Verschluß gehalten; ein eingeschmolzenes Insekt regt die versteinerten Fühler. »Ihren Kenntnissen nach zu schließen –« Kenntnisse, denkt er, wenn er davon erst anfinge. So aber tischt er ihr den Ladenhüter auf, spricht von seinem Sozialstatus als Rentner.

»Sie sehen nicht aus, als hätten Sie mit eigenen Händen gearbeitet.« Unvermittelt öffnet sie im Gegenlicht die rosige Handmuschel. »In der Stadt, in der Sie Ihre Semester absitzen, ließen sich genügend Nachweise meiner manuellen Fähigkeiten finden.« – »Sie rücken doch nicht etwa mit Ihrem Handwerkszeug an?« – »Ganz und gar nicht! Ich komme sozusagen waffenlos.« – »Eine sentimentale Reise also?« fragt sie um eine Spur zu ironisch. »Ihnen bleibt unbenommen, das, was Sie lieben, auch aufzusuchen. Uns verübelt man schon, wenn wir unsere Geburtsorte jenseits von *Oder–Neiße* beim deutschen Namen nennen.« – »Sie reden, als wären Sie gleich mehrfach und auf verschiedene Orte verteilt, geboren.« Mit ihrer schlesischen Herkunft könnte ich mich abfinden, denkt er profitlich und wird vor ihrem chauvinistischen Liebreiz zum Gesinnungs-Lumpen. Wie zur Strafe dreht sie die Handinnenfläche weg. »Waren Sie jemals im deutschen Osten?« – »Nicht als Tourist, wenn Sie das meinen!«

Noch bevor der verspätete Zug die Außenbezirke der Residenz mit ihren Schrebergärten und Siedler-Kolonien passiert, macht sie sich an ihrem Gepäck zu schaffen. Zum Glück ist er immer noch rasch auf den Beinen, wenn an seine Hilfsbereitschaft appelliert wird. Während Stellwerke in verlangsamter Fahrt vorbeiziehen, gewinnt sie etwas von ihrer forcierten Munterkeit zurück. »Was machen Sie nun wirklich? Ich meine, was haben Sie hier vor?« – Beim Herumschwenken des Koffers berührt er ihre Hüfte, wartet ruhig ab, bis er zu Atem kommt. »Ich habe die Absicht, Schauplätze der Nachkriegsjahre aufzusuchen, Baustellen abzuklappern.« – »Also doch die Zimmermanns-Axt als Zunftzeichen und nicht die Feder!« – »Ich möchte Material sammeln für einen Bericht, erste Vorstudien.« – »Und Ihr umwerfendes Thema lautet, Ihr Motiv?« – »*Der Umschuler*«. – »Was haben Sie vorzuweisen?« – »Einen verlorenen Krieg, eine halbierte Jugend, eine angeknackste Gesundheit.« – »Ich ahnte doch gleich, daß Sie nur flunkern.«

Erst beim Verlassen des Abteils wird ihm klar, daß er es mit einem Mädchen geteilt hat, das sich im Gehen eigenartig verjüngt. »Sie könnten mir einmal das *Donisl* oder den *Alten Peter* zeigen«, meint sie beiläufig, als er ihr den Koffer hinausreicht. »Ich sähe es lieber, Sie gingen mit mir ins *Occam*-Lichtspiel in Schwabing, da läuft zur Zeit ein Film über Kogons ›SS-Staat‹«. – »Lachen ist wohl nicht Ihre Stärke.« – »Es gab einige Gründe, es zu verlernen.« – »Wem sagen Sie das?« Im

Gedränge auf dem Bahnsteig verliert er die schlesische Baroneß schnell aus den Augen und ist nicht einmal übermäßig enttäuscht . . .

III

Archiv Mertens: »Halten Sie sich an das Wirkliche, an das Greifbare. Die Wahrheit ist keine Heringsware, sie ist aber auch keine Preziose –.« SZ 1946

». . . bei schwachen bis mäßigen, um Süd drehenden Winden« nackensteif und mit hängenden Armen in der meerwassergrünen Halle. Sechsundzwanzig Kopfbahnsteige unter dem Mattglashimmel. Weiträumiges, lärmendes Aquarium mit einem Gewimmel von Reisenden, Obdachlosen, Stadtstreichern, Rangierwerkern, Pensionären, Sitzgruppen übernächtigter Fremdarbeiter (»Jeder Deutsche eine Wochenstunde mehr, und wir sind die Landplage los!«) Schaffner-Kojen, die Ausgänge probeweise unbesetzt. Bahnsteig-Automaten rot. Fahrstühle für Gepäck aus der Tiefe. Neon-Reklame unter Metallwaben. Drei Brathühner im Anmarsch zum Grill. Stehbier-Ausschank. Mertens verschnaufend zwischen Schaulustigen, Urlaubern, Feldjägern vom Dienst und gröhlenden Reservisten (»Stellen uns mit Entschiedenheit vor unsere junge Truppe«.) Ausgang Nord durch Menschenschleuse. Turmfront auf Stelzen mit vierundsechzig spiegelnden Kippfenstern. Mercedes-Stern über stilisiertem bayerischen Löwen. Heranschießende Pkw-Pulks: Fließband, auf Fließbändern hochtourig montiert. Geschlossener Sprung über die Fahrbahn, mit Passanten, die wie Mertens auf Anschlüsse warten. Für eine Woche oder mehr unterzutauchen, anzuklopfen bei Kollegen, bei Freunden: den Schlafüberspringern, Nachtschwärmern, den parteilosen Ideologen: »Die Haltung des Narren ist von Natur aus dialektisch.«

Von diesem Platz aus, mit den Obstständen im Rücken, war er sechsundvierzig in die zerbombte Metropole eingezogen. Schon damals nackensteif und mit hängenden Armen durch die brandgeschwärzte Vorhalle. Reisende auf kümmerlichen Traglasten in der Zugluft. Schieber, Ganoven, halbseidene feine Pinkels über Koffern mit doppelten Böden. »Nun mal Leben gezeigt, Mertens! Worauf warten Sie eigentlich noch?« Ein durch die Spruchkammer geschleuster, glimpflich Davongekommener, unlängst beim Grenzübergang an der *Iller* geschnappt, das verwaschene *PW* noch auf dem Rücken, kommt also auf Besuch. Er stürzt sich, weil er das Angebot vorerst noch nicht für lebbar hält, nicht ins Gewühl, mit dem wahllosen Appetit des Ausgehungerten. Auch jetzt noch benimmt er sich wie der Invalide, der sein Stück flandrischer Erde aufsucht, das mit dem Verlust seines Beins verknüpft ist. Immer noch der redliche Sensible mit dem Brett vor dem Kopf, das auf seine handwerkliche Herkunft verweist. Allein mit seinem Gedächtnis und seiner partiellen Blindheit, in der Schleifspur der Geschichte und seiner eigenen Imagination.

Er schob es vor sich her, das Vehikel mit den feuerroten Schutzblechen. Er achtete auf die Balance, drängte, zwischen Sattel und Gesundheits-Lenker geratend, von der Bordsteinkante, stieß mit seinem Knöchel empfindlich gegen die Pedale. Er schob das hochbepackte Rad mit dem bandagierten Pappkoffer über den Grünstreifen, der noch die Spuren von Panzerketten vorwies. *Ludwigstraße* in Höhe der Universität. Er wich einem Zweiräder aus, der verkohltes Abbruchholz geladen hatte . . . Aus einem Kellerschlupf, einem Rattenloch, hatte er ihn ans Tageslicht gezerrt, den blatternarbigen Veteranen aus den zwanziger Jahren. Beide gleichaltrig; das nahm ihn ein für das pedalen- und schutzblechlose Monstrum, brachte ihn überhaupt erst auf den Gedanken, das wenig attraktive *Wanderer*-Modell mit blockiertem Freilauf und verrosteten Felgen aufzumöbeln . . .

An einem der seltenen arbeitsfreien Nachmittage war er zu Fuß nach *Gräfenhainichen* gegangen. Im Halbschatten der fast laublosen Pappeln die Georgenstraße überquerend, dachte er an den kleinen Laden im Sächsischen, an die über ihm hängenden, paarweise gebündelten Räder, ein richtiger Felgen- und Speichenhimmel. Die Registrierkasse mit der Reklame von *Dunlop*. Der Reifenmann von *Michelin*. Über eine Lenkstange gebeugt, lachte ein nacktschenkliges Mädchen sein Vorkriegs-Lächeln. Die mausäugige Ladnerin in ihrem Mechaniker-Kittel lachte nicht. Mißtrauisch blickte sie auf die Liste angeforderter Ersatzteile: Ohne Bezugschein bekomme er bei ihr nicht mal ein lumpiges Ventilschläuchchen! Aber das Papier, das er der Felgenflickerin unter die Schlauchfinger hielt, war echt und trug sogar einen Stempel mehr als nötig. Er hatte es nicht auf die »krumme Tour« bekommen. Wie, das wäre eine eigene Geschichte wert . . .

Mit seinem hochbockigen Rad mühte er sich am groben Rollsplitt einer Steigung ab. In der Verlängerung des Zehnerbunds frisch geschnittener Dachlatten, im leicht zu überschätzenden Neigungswinkel, sah er die aufreizende Stereometrie des Abbundplatzes, Hitzegeflimmer über langgestrecktem Ziegel-Ocker, roch im leichten Sägemehl-Dunst die Kalkätzung verhaßter Taubenschläge, hing plötzlich wie mit Bremsklötzen festgezurrt in der letzten Biegung, spürte mit trockener Genugtuung, wie er trotz schmatzender Pneus im aufgeweichten Asphalt die handwerkliche Verdrossenheit spielend überwand . . .

Er sah an den Pedalen vorbei auf seinen schmerzenden Knöchel, stützte sich auf die unhandliche Kofferlast, schob kräftig am Sattel. Nicht gerade in Siegerlaune passierte er die beiden pompösen Durchlässe. Hinter sich – in der Fluchtlinie von Schienensträngen –, gegen den luftig weiß-blauen Himmel gesetzt: theatralische Verwüstungen. Eingefuchst auf das zwei rechts, zwei links der Doppelreihe von Pappeln, fand er, in den Straßenstaub eingeschrieben, seine gleichmäßigen Abdrücke von Stiefeln. Spur, die ihn zurückzwang in das Zonen-Randgebiet der mittleren *Iller* . . .

Vor wenigen Tagen erst hatte Mertens die Grenze überquert. Das kipplastige Rad auf der Uferböschung war kaum zu bändigen. Auf die beiden Gewehrträger, die sich der verfilzten Dammkrone näherten, achtete er nicht weiter. An den auf und ab hüpfenden Mündungen erkannte er lediglich, daß die Grenzwächter gleich ihm Radfahrer waren. Während er noch darüber nachdachte, ob ihrer gemeinsamen Vorliebe für Fahrräder etwas abzugewinnen sei, stieß er im Gestrüpp der trokkengelegten Kiesbank auf eine zerfledderte Zeitung. Das Rad von der Schulter nehmend und in die Hocke gehend, entfaltete er das Leib- und Magenblatt aus dem *Illergäu*, das ihm in diesem prekären Moment sehr zu paß kam. Mit verdutzten

Gesichtern die beiden Grenzwächter, die sich aus dem Sattel schwangen und fuchtelnd mit ihren Gewehren drohten. In einem vermeierten Schwäbisch, das er nicht zu verstehen vorgab, forderten sie ihn auf, augenblicklich den Grenzstreifen zu verlassen. Mertens schüttelte bedauernd den Kopf, verwies auf seine abgeknickte Körperhaltung, die ja eindeutig seine Notlage signalisierte . . .

Mertens, in den späten Nachmittag hineinhumpelnd, grinste vergnüglich, sich seiner simplen List entsinnend, mit der er die beiden Grenzwächter abgeschüttelt hatte, die mit ihrer Armbinde den lächerlichen Status nicht uniformierter Autorität eher mimten als verkörperten. Mertens war es gelungen, etwas oberhalb des *Illerwehrs* die Demarkations-Linie zu überschreiten, unbemerkt, das verstand sich von selbst. Er war dann Stunden in gleichmäßigem Pedaltakt Richtung Osten geradelt. Es waren mit Schlaglöchern gespickte Straßen, über die er ausdauernd dahinfuhr. Mehrmals hatte er sich – über die Schulter unsicher zurückblickend – versichert, daß ihm kein Doppelgespann von Radfahrern folgte.

Mertens kannte natürlich strapaziösere Strecken, schweißtreibendere – aber die lagen unter östlichen Himmelsstrichen, waren nach Spatenlängen zu messen. Er hatte sich erheblich verspätet, aber er beschleunigte seine Gangart nicht, weil Ankömmlinge wie er durch Hast nichts gewinnen. Die *Ungerer*-Straße in Richtung *Freimann* als letzte Etappe anpeilend, hatte er linker Hand einen gelatteten Sparrenkäfig vor sich, einen gleichsam schwebenden Uhrturm, dem die Ziegel davongeflogen waren. Rechter Hand hinter der Baumreihe offenes Brachfeld. Begann hier für ihn, in Reichweite eines vom Luftdruck leergefegten Dachstuhls, im lächerlichen Balancieren auf dem Bordstein, im verkrampften Anstemmen gegen die rutschende Kofferlast, fünfjährig ausgesetzt, sein eigentliches Leben?

IV

Archiv Mertens: »Suche unbelasteten Mezzosopran.« SZ, 1946

Vor den Grabplatten am *Alten Peter* mechanisches Memento mori! Sein wässernder Gaumen. Die Butter- und Obstschwemme in seinem Rücken. Viktualien-Markt. *Huber im Tal,* damals schon Betten und Gardinen. *Paulaner-Thomas-Bräu.* Mertens auf seiner Jagd nach Stammgerichten. Und weiter im kritischen Schlendergang. Möbelhaus *Hess* (lehnt in Spandau Begnadigung ab. »Von nun an steht mein Gedächtnis wieder nach außen voll zur Verfügung.«) *Chic Jeunesse,* das angerußte Eckhaus mit den schmiedeeisernen Balkons, schwarz von den Flammenzungen einer Brandnacht. Preßspanplatten, zwischen gotische Granitbögen gespannt. Plakatanschläge: Konzert für Bläser und *Streicher* (der den »Stürmer« herausgab). Hochbrückenstraße.

In unmittelbarer Nähe hatte Mertens, auf dem Bauch liegend und für einen Hungerlohn, Blechdächer ausgebeult. *Hofbräuhaus* linker Hand. Geläufige Assoziationen, die in Saalschlachten kulminierten. »Früher ham mer Sozis g'habt, jetzt ham mer Spezis.« Bierschwemme mit Schrammelmusik und Fingerhakeln. Die gestemmte Maß überm Brustlatz der Kellnerin. *Platzl.* Orlandohaus. Maximilianstraße. Einmal trittsicher hinauf und einmal knieweich hinunter. *Max Joseph* im Thronsessel vor der Opernhochburg. Ein Wittelsbacher als Parkplatzwächter. »Gleichviel, über Europa liegt Monarchen-Dämmerung – Glück ist das X in der Gleichung der Geschichte. Diese Gleichung geht nicht immer auf.«

Stadteinwärts der Helmschaft des *Alten Peter.* Grünspan-Effekte überm Antennen-Verhau. *Osram*-Reklame hinter nacktästigem Gezweig, eingedeckt mit Taubenschwärmen. Abgekämpft über Straßenaufbrüche, durch Fußgänger-Überwege zu den Baggersuhlen am *Stachus.* Mit einem Schub Meisterschüler vor den Bauzäunen der *Hoch & Tief AG.* Der Alte Botanische Garten am *Justizpalast.* Hochgehendes Roß aus Tuffgestein. Das immerwährende Stenogramm von Plakatwänden, Litfaßsäulen, Anschlagtafeln – beim geringsten Anstoß durchlässig für Chiffren: Sonderangebote, Sonderanfertigung, NS-Chiffren: Sonderbehandlung, Selektion. Raucherprädikate: *Von höchster Reinheit.* Ein zweigestrichenes *Hohes C.* Denkschulung an den Lyrismen hochvermögender Weißmacher; das Geschlechtliche eingeplant als hygienisches Kalkül.

Auf eine Brotzeit hinüber in die *Mathäser-Hallen,* wo sich Eisner mitten unter Abendgästen zum Arbeiterrat wählen ließ. – Während Mertens darauf wartet, bedient zu werden, erfährt er, Lokales und Vermischtes überfliegend, von der Umbesetzung einer Opernrolle durch die mehrfache Namensnennung einer erkrankten Sängerin. Ein ausgefallener Mezzosopran, denkt er und winkt einen Griesgram von Ober herbei. Opern mit ihrem pathetischen Überschwang öden ihn nicht wenig an. Was ihn dagegen immer noch schwach macht: die *Flotow'*sche Süße einer Entsagung – Indiz, das Erinnerungen belebt . . .

Von einem Triebwagen der Linie 6 abspringend, der zum *Nordfriedhof* hinausrumpelt, sieht Mertens die alte Biberschwanz-Behaglichkeit des *Schererhofs.* Zwischen Vorgärten und tief heruntergezogenen Mansarden erkennt er den Giebel mit den giftgrünen Fensterstöcken. Das sympathisch verbaute Haus hinterm Staketenzaun, das er bis in die hintersten Winkel nach Brennbarem durchstöbert hatte. Fidele Wohnburg, in der Mertens aus- und eingegangen war, auf der Suche nach Wirklichkeit, nach Leben. Rauchschwarze Plafonds und stockfleckige Wände mit Walzenmustern, an den Lamperien mürb wie eingetrocknete Bierhefe. Selten gelüftete Parterre-Zimmer mit dem Geruch undichter Brenner; Dreiflammen-Herde mit der eingebrannten Milchspur übergelaufener Töpfe. Der Eindruck leichtfertigen Hantierens mit offenem Feuer. Geschirrückstände in Spülbecken; hochexplosive Räucherkammern; schwer haftender Geruch von zu lange gelagerten Wäschestücken und den Ammoniakdämpfen eines mangelhaft gespülten Abtritts. An den Beerensträuchern im Garten längsseits des Zauns Kotreste. Die Unsitte früherer Untermieter, ihre Nachtgeschirre ins Freie zu entleeren.

Unglaublich, noch immer die alten Mieter. Nicht ausbrechen, denkt er, gefaßt bleiben, auch wenn sich wie früher verstohlen Gardinen bewegen und endlich sympathisch begriffsstutzig der kränkliche Vetter heraustritt, um Mertens das erwartete Stichwort zu liefern: ihr verlottertes Hauswesen . . . Unter einem Rundbogen unbeschnittener Rosen seine zukünftige Hauswirtin. Großknochig, mit dem fülligen Körperbau einer Phlegmatikerin, zigeunerschwarz (War das schon ein Makel?). Sie führe, hieß es damals, als er sich als Untermieter wohnlich einrichtete, den Lebenswandel einer leichtlebigen Fünfzigerin, eine »Reingeschmeckte«, die halbe Tage vor dem Spiegel verbringe. Mertens schien es, als prüfe sie weniger ihre Erscheinung, als vielmehr den Sitz ihrer verunglimpften, vorbeugend totgeschwiegenen Stimme. Das unzumutbare Geschäft des Gebärens und Stillens, während Sängerinnen in jeder Stimmlage . . . (Gut, gut, die Liste ihrer Klagen und Vorwürfe war nicht eben kurz.)

Der Anblick der zu Tränen gerührten Verwandten, ihre opernhafte Herzlichkeit übermannte auch ihn. Schnell fand er sich in der Rolle ihres parteiischen Anwalts; doch schien ihm zunächst einmal wichtig, daß er genügend Zeit fände, sich auf das schwierige, Peinlichkeiten nicht ausschließende Zurechtfinden in dem personenreichen Haushalt vorzubereiten. Anklagepunkt Nummer Eins: Ihr verstörender Mangel an hausfraulichen Eigenschaften. Das ökonomische Prinzip, wonach eine Eins darauf aus sei, eine Zwei zu werden, war seiner Tante fremd. Sie hatte offenbar zweierlei Hände, und sie brachte wohl nicht allzu viele Voraussetzungen für eine Ehe mit. Sie war mitteilsam, aber ihre Gesprächsbereitschaft galt nicht dem Kleinkram und Alltag mit seinem unmerklichen Verlust an Würde. Ihre Vorstellungswelt war durchsetzt mit den Verkörperungen ihrer Einbildungskraft. Sie nahm kaum wahr, daß es daneben eine Wirklichkeit gab, die Ansprüche an sie stellte. Das Haus kam ohne sie aus. Die Hausleute über ihr waren schwatzhaft genug, diesen Sachverhalt zum Gegenstand nachbarlicher Mitteilsamkeit zu machen. Ihr blieb wenig Spielraum innerhalb der eigenen vier Wände, und das lag nicht nur an ihr.

In den elegischen Seufzern klang die Enttäuschung der kulleräugigen Schülerin nach, die sich in ihrer grobschlächtigen Schwermut von der Bühne gewiesen sah. Verheißungsvoller Auftakt in jenem Marktflecken nahe der Grenze zwischen dem *Innviertel* und dem *Waginger See,* wo sie sich in der Passionswoche in ihr geöffnetes Haar verströmte und in einer Rolle aufging, zu der sie nicht nur ihr Vorname Magdalena prädestinierte. Sie hatte Verehrer, noch bevor sie Freundinnen kannte: Laiendarsteller, Apostel mit angeklebten Bärten, die den Stimmbruch hinter und den Fahneneid vor sich hatten, die als gemusterte Einjährige ins Feld einrückten, wie Vieh verladen. Die schüchtern sich ankündigende Stimme hielt sie mehr in Zucht als das Gezeter ihrer Verwandten, die um die Unversehrtheit des rasch aufschießenden Mädchens nicht so besorgt waren wie um ihren guten Ruf. Die »blinde Stelle im G'wand, der Schandfleck« (daß ihre Schwester sich aus dem Boot gestürzt hatte, mußte alles, was sie tat und unterließ, an diesem einen Vorfall gemessen werden?) Schwermut als Erbteil an sie weitergegeben – genügte das nicht?

Zum Sprungbrett ihrer erträumten Karriere wählte sie *München,* das Zentrum der alldeutschen Agitation. Staubwischend im Salon eines stinkreichen Schiebers, Oktavsprünge übend vor den Ölschinken der beiden großen Einpeitscher Ludendorff und Tirpitz, hörte sie, bis zur Unwirklichkeit gedämpft durch die rotsamtenen Portieren, die Kommandos aus der benachbarten Kaserne.

Das Gnadenbrot einer knausrigen Herrschaft verzehrend, nie ganz sicher vor den Tastgriffen des zudringlichen Hausherrn, wurde sie mit ersten selbstverdienten Billetts in den Stehrängen der großen Oper zum Menschen, prüfte ihren etwas brüchigen Alt an der Rolle der *Marzellina.* An der Seite eines angeblichen Mäzens hörte sie hingerissen Verdis »*Falstaff*«: »Alles ist Spaß auf Erden, wir sind geborene Toren.«

Ungekündigt entlassen, mit einer Kunstseiden-Garnitur mehr in ihrem Dienstmädchen-Koffer, an kurzen Sommertagen arglos zwischen blutjungen Fähnrichen, schob sie den Rollstuhl eines Kriegskrüppels durch die *Isarauen.* Im »Reigen seliger Geister« sich durch das Repertoire der Spielzeit trällernd, lebte sie politisch unbedarft in einer Gegenwelt opernhafter Verstrickung.

Zurückgerufen in ihr Elternhaus, erfuhr sie vom Komplott einer Brautwerbung, deren deklamatorischer Reiz ihr zunächst nicht entging. Zu dieser Zeit waren die heftigsten Auswüchse ihrer Tagträume schon gekappt. Ihr Ehrgeiz ging nicht mehr in Richtung des größten Widerstands: Mitglied im Opern-Chor zu werden. Hauptsache, man zwang sie nicht in eine überstürzte Heirat. Hauptsache, man erlaubte ihr den Besuch der Oper im Abonnement.

Aber die geschichtlichen Ereignisse bildeten selbst für eine Tagträumerin ihres Schlages ein mächtiges Stimulans; sie lieferten gleichsam das Modell für den eigenen Höllensturz »in einer Phase elementarer Erschütterungen«. Während die Stadt in das Medusen-Antlitz der fehlschlagenden proletarischen Revolution blickte, vermerkte die Altistin lediglich das Überklebtwerden von Opern-Plakaten mit Streikparolen. Die Ermordung Eisners blieb für sie eine Schlagzeile auf Titelblättern. Daß ein hergelaufener Scherenschleifer aus dem *Innviertel,* gebeten oder ungebeten, auf Veranstaltungen vaterländischer Verbände erschien, streifte ihren von Melodien umstellten Horizont kaum. Die »Ordnungszelle Bayern« etablierte sich ohne ihr Wissen. Unter der Hand zerfiel ihr das Notgeld samt Aussteuer, während der Mezzosopran der *Amneris* durch ihren leichten Schlaf drang. Den »Deutschen Tag in Coburg« verbrachte sie mit Webers Ohrwurm »Wir winden Dir den Jungfernkranz« vor dem Standesamt und dem Hochaltar. In rasch aufeinander folgende Geburten gestürzt, blind für Widersprüche, lebte sie die Rolle der *Beatrix* in *Cimarosas »Heimlicher Ehe«*. Die Freikorps kartätschten sich durch das rote *Giesing.* Die SA exerzierte auf dem *Oberwiesenfeld.* Tröstliche Mystifikationen hielten ihr ein Sprungtuch frei.

Ihr blieb nahezu ein Jahrfünft, die fehlgeschlagenen Hoffnungen zu Grabe zu tragen, hinter den Fenstern ihrer *Schwabinger* Wohnung, über den Kreuzstichen ihres Stickrahmens. In der Ära Hindenburg verlor sie den Anlaß ihres Kummers vorübergehend aus den Augen. Ihre eigene Misere büßte sichtlich an Proportion ein. Ohne rechte Lust zum Widerspruch und ohne Mut, die hochfliegenden Pläne endgültig zu begraben, nahm sie die unfreiwillig eingegangene Ehe auf sich, vergab Mutterrechte an eine Nachkommenschaft, um die sie nicht gebeten hatte.

Wie ein Schwamm sog sie in sich auf, was an allgemeinem Weltschmerz aus den Journalen zu lesen war. Unter einem nicht mehr ganz faßbaren Kummer rang sie sich zu scheinbarem Verzicht durch. Zwar häuften die Opern Flotows, Lortzings und Verdis Stoff in ihr an. Glutäugig, eine bayerisch sprechende Martha, wurde sie empfänglich für die *Macht des Schicksals.* Doch die Eingebungen ihrer Natur tapfer verschweigend, hielt sie still über Waschzubern, Wickeltischen und Spar-Rezepten, gab sich, solange die unersättliche Brut heranwuchs, mit den Pflichten einer Hausfrau zufrieden.

Nicht hämische Geltungssucht warf sie auf ihre alten Kümmernisse zurück. Die Vorstellung, auszubrechen, war ihr jetzt fremd, wenngleich die Nachbarinnen, Braunhemden ihrer Männer lüftend, Bedauern laut werden ließen über die – wie sie vorgaben – gröblich vernachlässigten Kinder. Zu diesem Zeitpunkt kam auch das Gerücht auf, ihr Mann, der Schiffsbauer bei *Maffei,* würde mit Kindsbrei und *Maggi*-Suppen abgefüttert. Damals, als sie angeblich das ganze Haushaltsgeld ins Café *Annast* trug, benahm sie sich mit erstaunlicher Umsicht. Sie war nach wie vor unpolitisch, in gewissem Sinn naiv, aber sie redete den neuen Machthabern nicht nach dem Mund, schneiderte nicht Hakenkreuz-Fahnen bei demonstrativ geöffneten Fenstern wie ihre Nachbarinnen. Nur gelegentlich holte sie ihre Garderobe aus dem Mottenschrank, nahm schmerzlich vermißte Gewohnheiten auf.

Das Wiedersehen vor dem Spiegel ersparte ihr nicht, Vergleiche zu ziehen zwischen der Altistin, die ihr glutäugig aus der übergeworfenen Pelzstola entgegentrat, und der eingeschüchterten Hausfrau, der Schlampe, die sie in den Augen einer gleichmacherischen Umwelt war. Sie hatte sich den fülligen Körper und den Tränenblick nicht ausgesucht. Sie war nicht danach gefragt worden, wie sie auszusehen wünsche. Daß ihr Äußeres an die Stiefschwester erinnerte, die unter nie ganz geklärten Umständen ertrunken war, lastete auf ihr, aber zerbrach sie nicht. Solange nur ihre Stimme den Makel verdeckte. Lediglich Seeufer mied sie und wurde zur erklärten Nichtschwimmerin.

Zum willkommenen Ärgernis für die Hausleute wurde sie erst, als sie, auf karges Haushaltsgeld gesetzt, nachmittagelang durch die *Türken*- oder *Amalienstraße* irrte, freilich schon zu einer Zeit, wo sie auf die Fünfzig zuging und sie sich an das Schimpfwort vom »Kaffeehaus-Schreck« erst noch gewöhnen mußte. Ihr brach nicht gleich das Herz, wenn sie an ihre besseren Tage dachte, als sie noch über das Gehalt des unkündbaren Zurichters bei *Maffei* verfügte. Sie weinte über eine tote Katze oder einen verlegten Opernzettel, aber als ein Sohn nach dem anderen einrückte in einer Kluft, die sie der Kindschaft beraubte, selbst im Augenblick des Abschieds, blieb sie tränenlos. Der unbegriffene Wahnwitz des Krieges, der ein weißgeblutetes Land und eine leergebrannte Stadt zurückließ, verflog wie ein Spuk mit den abziehenden Bombengeschwadern. Der Dauerton der Sirenen verstummte, doch das Schreckgespenst der Kellernächte hockte noch in ihr. Die Erinnerung an Demütigungen saß fest: die panische Furcht vor einem Sturz auf dem Weg zum Hochbunker.

Von Weinkrämpfen geschüttelt, auf allen Vieren liegend, hatte sie im Dröhnen anfliegender Geschwader nach ihrem ältesten Sohn gerufen. Einmal war er als Pilot über dem *Schererhof* eingefallen. Geblendet hatte sie in der Märzsonne gestanden, aus der er übermütig herabgestoßen, hatte ihn in ihrem falschen Mutterstolz ihren »Falken« genannt. War ihr wenigstens nachträglich aufgegangen, daß die Kunstflüge ihres Sohnes der opernhafte Auftakt einer *Walküre*-Nacht waren, bei der ihr das Singen gründlich vergehen sollte?

V

Gloria Isabella, geborene von Windsor

Mit Vergangenem beschäftigt, ohne sich der Vergangenheit zu stellen, diese zermürbende Unschlüssigkeit, zum Ermüden oft vorgeführt. Mertens, ein Passant, der auf Anschlüsse wartet und sie nicht wahrnimmt. Längsseits des Steinbords balancierend, vor die Turmfront treten, den *Mercedes*-Stern über dem Bierlöwen aufgehen sehen. Zurückfluten im Strom von Ausflüglern. Dem Kranichkeil einer *Thunderbolt*-Staffel folgen, auf Gesichter gefaßt sein wie auf eine Naturerscheinung. Zurückprallen im Ansturm auf die Triebwagen. Anfahren und Bremsen. Passanten-Schübe ausgespieen, Fahrgast-Pulks eingeschlürft – unter dem Gezeitenwechsel von Ausstoß und Ansog. Eine rückwärtige Plattform mit altmodischem Klappgitter betreten. Einem Mädchen in bestimmter Haartracht spontan in einen schaffnerlosen Wagen nachsteigen, betroffen in ein Gesicht blicken, das sich nichtssagend herwendet in geschlechtsloser Robustheit. Abspringend sich trennen unter verdrießlichem Gehupe, handbreit vor Kühlerschnauzen.

Das rapide sich leerende weiß-blaue Vehikel im Rücken, steht Mertens mit deutlichen Anzeichen einer Migräne zwischen Schaffnerinnen, die sich zum Dienstantritt einfinden, und Schlachtenbummlern, die Torlisten einer Oberliga begutachten. Sich entschlossen abwendend, sieht er sich in das Weiß vorquellender Augäpfel gesogen. Krampfhaft Gesichter einordnend, abschwörend seiner Sucht nach Vollkommenheit, erkennt er im sprachlosen Starren: »Gloria Isabella, geborene von Windsor«, seine Schwabinger Kusine, die Tochter der Altistin. Er verstaut sie ungefragt in der erstbesten Tram, die stadtauswärts fährt in Richtung *Rotkreuzplatz,* lädt sie zum Essen in eine Gartenwirtschaft ein, die mit blitzsauberem weiß-blauen Tischleinen aufwartet und mit maßvollen Preisen.

Mein Gott, denkt er, das ist doch nicht möglich! Diese unverhoffte Begegnung reißt ihn unsanft aus der Unschlüssigkeit, schiebt ihm den unverdaulichsten Brocken als ersten Bissen hin. – Immer das Erstbeste dem Naheliegenden vorgezogen, unaufschiebbare Gänge zu Kollegen vorgeschützt mit schlechtem Gewissen. Sein Bittgesuch vor Jahren rein formal, als Alibi für nicht praktizierte Nächstenliebe. Lakonischer Bescheid, amtlich korrekt: »Wenden Sie sich an den Vormund der Patientin, der Ihre Bedenken gewiß zerstreuen wird.« Begreifliche Bedenken, zu rasch zerstreut. Vier Brandbriefe aus der geschlossenen Anstalt, im Jahresabstand an ihn gerichtet, beantwortet mit der Gefaßtheit einer Anteilnahme, die Grußformeln setzt gegen verschlüsselte Schreie.

Die noch immer entwaffnende Naivität der Vierzigjährigen, die einmal reimlos und mit gesperrten Zeilenschlüssen den später widerrufenen Tod ihrer Mutter meldete. Vorweggenommenes, wie erfunden wirkendes, nicht einmal datierbares Begräbnis, für das jeder amtliche Beleg fehlt. Vorstellbare Leere eines Morgens, letzte Stimmprobe vor dem Spiegel, als warte sie – in ein Papierhemd gesteckt und auf Hobelspäne gebettet – noch immer auf eine tragende Rolle, und wäre es auch nur »als eine Stimme von oben« unter grabestiefen Bässen. Keine einzige Fahrt hatte er durchgestanden bis vor die Anstaltstore. Dafür Nachmittage lang das Fachsimpeln mit Kollegen im Bierdunst und Zigarettenqualm. Stunden unnützen Herumziehens in Tagescafés in der Nähe der *Maxburg*. Die kostenlose Zurschaustellung von Mädchenkörpern. Niemals ein ernsthafter Versuch, in Steinhausen den Drei-Uhr-Bus zu nehmen und den Flugplatz auszuschlagen, die rotweißen Radartürme oder linker Hand das braungrüne Oval spurtschneller Traber.

Ihren berechtigten Vorwurf, mit spröder Stimme nahezu tonlos über ihr Gedeck gehoben: »Warum hast Du mich eigentlich nie besucht? Du hast mir doch versprochen, mich herauszuholen!«, unterläuft er schamlos reaktionsschnell mit der Gegenfrage: »Warum habt Ihr mich nicht zur Beerdigung eingeladen?« – »Beerdigung?« fragt sie in ihrem gestörten Tatsachen-Sinn, der wirkliche Vorgänge mit erfundenen gleichsetzt: »Mutter lebt doch in einem Altersheim.« Nach dem Dessert, das sie hastig hinunterschlingt, zieht sie ein schwarzes Notizbuch aus ihrer Handtasche. Schon das Format und der Einband scheuchen ihn aus seiner leichten Benommenheit. Da sind wieder die kleinen Karos mit ihrem Verhau von Unterlängen, das aufgestockte große »E«, das kipplastige »G« und die Ohrmuschel »D«. Alles wird wieder gegenwärtig, was dieses verschreckte Menschenkind einmal am Leben erhielt. Ohne sich im mindesten um die Tischnachbarn zu kümmern, bringt sie ihre dithyrambischen Ergüsse zu Gehör, skandiert die Zweizeiler mit einem Anflug von Koketterie, läßt nach sechseinhalb Jahren Anstalt ihren »Prinzen« auftreten, als säße der rumänische Tierarzt noch immer zwei Treppen über ihr vor seinen Präparaten.

»Mein Prinz wird kommen und mich erlösen.« Im Anheben der linken Hand »So wurde ich entführt mit Gewalt«, bricht etwas von ihrem Ungestüm durch. Diese einstudierte Geste der geschlossenen Faust in Gürtelhöhe probte sie schon zu einer Zeit, als sie eine Liebschaft hinter sich gebracht hatte und ihre partnerlosen Flirts mit selbstverfaßten Gedichten nährte. Abends in der schwachbeheizten Kammer vor frostklammen Windel-Paravents. Die grüngemusterte Wand mit der Nußbaum-Anrichte. Vierfarben-Druck mit dem hochgerissenen Schiffsheck.

Mertens sieht sich unwillkürlich in eine Schulstunde zurückgepfiffen: »Vater, da hängt noch ein Mann im Mast, Mann im Mast!« Das widerwärtige Idyll ist wieder vor seinen Augen, die unglaubliche Verkennung ihrer Situation, die sich in Liedanfängen niederschlug: »Im Arm lag satt das liebe Kind«, das Unvermögen, sich genauer zu erinnern. »Ein frischer Wind zog ein und aus.« Das war gelinde ausgedrückt. Januarkälte schnitt durch die schlecht verdämmten Fenster. Der Säugling taumelte von einem Schwächeanfall in den anderen. In ihren frühen Versen versuchsweise »Tod« auf »Kleinod« gereimt. Ließ sich dieser unkündbare Dauermieter damit vertreiben?

(Fingiertes Verhör Mertens' durch einen Sachverständigen der Psychiatrie:)

»Kontaktschwach, bei ausgesprochener körperlicher Motorik«, »war sie in ihren jungen Jahren eigentlich mehr wetterfühlig als arbeitsscheu. Bei Föhneinbrüchen meldete sie sich gern krank, ohne mehr zu spüren als leidliche Unpäßlichkeit.« »Kam es häufiger vor, daß sie ihrem Arbeitsplatz fernblieb und krankfeierte?« »Sie war annähernd dreißig, als sie sich erstmals einer Behandlung unterzog. Der halbkreisförmige Schnitt am Halsansatz dürfte Ihnen aufgefallen sein.« »Kollegen von ihr lästerten über sie als eine geborene Simulantin.« »Dazu bestand nicht der mindeste Anlaß.«

»Hatte sie bei der Reichspost eigentlich eine feste Anstellung?« »Eine Zeitlang war sie im Zustelldienst. Luftwarnungen überraschten sie häufig in Treppenhäusern. Nähe Stengelhof, Ungererbad.« »Beteiligte sich die Genannte am nationalen Aufschwung?« »Vorübergehend ohne nennenswerten Ehrgeiz organisiert, betreute sie mit ausgesprochener Vorliebe Frontsoldaten, schrieb Feldpostbriefe am laufenden Band.«

»Schon als Schülerin also brachte sie gereimten Weltschmerz zu Papier. Wurden ihre Briefe so enthusiastisch beantwortet wie verfaßt?« »Ein gutes Dutzend üblicher Kraftmeiereien traf ein.« »Ging sie zur Monatsbeichte trotz ihrer Mitgliedschaft im BDM?« »Sie hätte die Fangfrage nicht begriffen. In den Frühmessen fehlte sie zu dieser Zeit schon, doch sah man sie häufig in der Elf-Uhr-Betsingmesse auf der Männerseite in Höhe der letzten Bankreihe.« »Hatte sie frühe Erlebnisse, Schulflirts, eine feste Freundschaft?« »Sie kannte das übliche, was man mit Vorliebe vor dem Gebetläuten trieb: Eckenstehen, Unter-den-Rock-fassen, Hasch-mich-ich-bin-der-Frühling.« »Hielt sich ihre spätere Eifersucht, vor allem ihre Eifersucht auf die Schwägerin, in Grenzen?« »Das Auftreten des Brautpaars verschärfte sozusagen ihre Anfälligkeit für Ausbrüche. Die Verlobte fand die Altarecke mit den blumenbekränzten Fotos des Bruders reichlich überspannt.« »Führte sie der hinfälligen Mutter damals noch den Haushalt?« »Nach der Heimkehr ihres vergötterten Bruders zeitweilig als Handnäherin in städtischen Diensten beschäftigt, fiel sie, von der AOK ausgesteuert, der öffentlichen Wohlfahrt zur Last.« »Beklagte sie sich über ihre damalige Lebensweise? Lief sie wie die Schlampe von Mutter Nachmittage lang in die Kaffeehäuser der Innenstadt?« »Einmal sah sie ein Bekannter im *Königshof* am *Stachus*, wo sie einen Kellner allen Ernstes bat, ihr ein »Kracherl« Selterswasser in einem Sektglas zu servieren.« »Verfügte sie über eigene Mittel, Erspartes, über einen Pflichtanteil am Erbe?« »Die Prämienarbeit beschränkte sich auf zwei, drei Stunden pro Tag. Das Arbeitsentgelt reichte oft nicht für die Anschaffung der nötigsten Lebensmittel.« »Kannte man sie in einem der Krankenhäuser *Rechts der Isar*?« »In der Nußbaum-Klinik war sie als Patientin wohlgelitten. Ihre Arbeitssuche zerschlug sich damals an einer fiebrigen Mandelentzündung. Ein Dr. Liebl –« »Schon der Name muß ihr Eindruck gemacht haben . . .« »schrieb sie laut vorliegendem Attest nach wenigen Tagen gesund und arbeitsfähig.« »Die phantastisch ausgeschmückte Vorgeschichte ihrer Einweisung. Wurde sie denn gegen ihren Willen festgehalten?« »Auf Zahnwurzel-Behandlung vorgemerkt, haben sie zwei ihr unbekannte Männer« »Assistenten vermutlich« »in ein anderes Zimmer gerufen.« »Sie sprach in ihren Briefen von ›Gewaltsam entführt‹.« »Die Parallelität des Vorgangs verwirrte sie wohl. Immer schon war ihre Vorstellung von Liebe gekoppelt mit der einer Entführung durch ihren ›Prinzen‹.« »Wurde sie amtsärztlich auf ihren Geisteszustand untersucht?« »In einem Gutachten wird auf ihre übertriebene Selbsteinschätzung als Mutter verwiesen.« »Schloß sie sich nicht hermetisch von ihrer Umwelt ab? Weigerte sie sich nicht, von der Schwägerin Essen anzunehmen? Mußte das Kind nicht, halb verhungert, wie es war, in Fürsorge gegeben werden?« »Sie war ohne feste Bindung, wenn man von Männern absah, die ihre schwärmerische Verehrung unwidersprochen hinnahmen.« »Es gibt Widmungsgedichte jener kindischen Selbsttäuschung.« »Fast alles, was sie schrieb, stand unter diesem Zwang der Selbstdarstellung.« »Eine Art sanfter Paranoia. Die Zwangsvorstellung von Bruderliebe. So erwartet ein Mädchen ihren Geliebten, nicht eine Schwester ihren Bruder. Das Kind dürfte ja auch schwerlich einer solch eingebildeten, rein platonischen Verbindung entsprungen sein.« »Ihre einzige Affäre war die Bekanntschaft mit einem SS-Mann.« »Gibt es eine halbwegs glaubhafte Geschichte dieser Liebesbeziehung?« »Es gibt Versionen davon, die sich zu satirischen Märchen auswuchsen. Von diesem Unterscharführer wurde wie von einem Drachentöter gesprochen. Dabei lieferte er zu dieser fraglichen Zeit nichts als die weinerliche Odyssee eines kleinen Betrügers. Hier liegt der Schlüssel zu dieser Malaise . . .«

Das Schulinternat, in dem ihre Tochter untergebracht ist, liegt hinter einer Sichtblende hoher Laubbäume. Nach der Mittagspause angelt sich »Gloria Isabella« ihren Sprößling mit Engelsgeduld aus dem Schlafsaal-Gewimmel. Den ihr fremden Onkel ungnädig musternd, kommt verschlafen über einen spiegelglatten Fliesengang auf ihn zu: ein aufgeschossenes, spillriges Mädchen, ein maulendes Gör, das, ohne auf die Einwürfe ihrer Mutter zu hören, über spinndürren Beinschatten ins Freie schießt. Die Gehordnung zwischen den beiden scheint ein für alle Mal und ohne Widerspruch seitens der Mutter festzustehen: mit fünf Schritten Vorsprung dieser Ausbund von Tochter. – »Sie schlägt ihr nach. Ich hoffe, sie schlägt nicht nach ihr!«

Der Weg über die *Südliche Auffahrts-Allee* bevölkert wie ein mittlerer italienischer Corso. Ein seltsames Fußgänger-Trio, biegen sie hinter einem Schwarm Ausflügler in den *Romanplatz* ein, folgen in Abständen, die Mertens vergeblich aufzuheben sucht, dem Geschmetter einer Blaskapelle auf eine halb städtische, halb ländliche »Dult«.

Randalierende Staubaufwirbler, Kehlenbefeuchter. Im Gemisch von Brathähnchen, Steckerlfisch und türkischem Honig, die Bierschwemme hinter gestemmten Maßkrügen. Über Ketten-Karussells weiß-blaue Ballontraube, die in der Windstille festzustehen scheint. In schwelgerischer Sonne Bockbier-Jahreszeit im Gedudel ausgeleierter Orchestrions. Magdalenenfest. In der Dämmerung Mädchen in ihrer Neumond-Phase. Mit Engelsgeduld löst aus einem Kettensitz das sich sträubende Biest – »Gloria Isabella, geborene von Windsor« . . .

Nachmittage in der *Maxburg*: Mertens vor einem Teegedeck und einem Stück Sandkuchen. Ein hagerer Mensch verdeckt ihm mit seiner hochgezogenen Schulter das sehenswerte Profil einer Kellnerin. Die Augen wie nach längerer Blendung öffnend und schließend, erschrickt Mertens über die gesuchte Ähnlichkeit, die ihm blitzartig eingibt: Vergessen, die unverzeihlichste Form der Nachsicht! Etwas an der leicht ramponierten Gestalt läßt Mertens den Unterscharführer einer ruchlosen SS-Einheit vermuten. Im Aufstehen gewinnt dieser ehemalige Absolvent einer Ordensschule viel von seiner kalten Forschheit zurück. Selbst mit der eingesunkenen Mundpartie und der – wie unter übergroßer Kälteeinwirkung – bläulich verdickten Nase verrät seine Haltung alle Rassemerkmale des Herrenmenschen. Auch das Zucken seiner zerschossenen linken Hand, das er nicht ganz unter Kontrolle bringt, nimmt ihm nichts von der Eleganz des hart trainierten Fechters. Etwas Einschüchterndes liegt noch immer in der Art, wie er die Kellnerin heranwinkt. Einmal muß dieses Heranwinken tödlich gewirkt haben.

»Sie überschätzen noch immer diese Type Mann, überbewerten diese Rabauken, die auf Paukböden, Kasernenhöfen und Richtstätten in ihrem Element waren. Wäre doch dieser Doppelgänger am Nachbartisch wirklich der tolle Hecht, als den Sie ihn ausgeben! Aber nach allem, was ich über Ihre Kusine in Erfahrung bringen konnte, bleibt er in meiner Sicht ein durch die Maschen geschlüpfter Gauner, ein Betrüger mit guten Manieren. Lassen Sie also das Dämonische ruhig aus dem Spiel! Ihre Kusine würde in jedem Liebhaber ihren Prinzen mit der SS-Rune erkannt haben.«

»Erst als er verschwunden war, begann sie wie in Torschluß-Panik Partner zu suchen.« Mertens versucht, seinem Bekannten klar zu machen, daß für sie Liebe nun einmal gekoppelt war mit Gewalt. »Für mich war er nie etwas anderes als ein gelernter Untertaucher, der einer leichtgläubigen Briefschreiberin ein Kind andrehte, sich tot stellte und als leicht bejahrter Händchenhalter, Schürzenjäger aus der Versenkung auftauchte.« »Sie haben wohl Dutzende solcher Charakterisierungen auf Lager? Lebensläufe von zynischen Vertretern der Herrenrasse.« »Lebensläufe mickriger kleiner Killer, rabiater Bewacher.« »Irregeleiteter Idealisten und Ostlandfahrer?« »Dritter Bauernsöhne, die wegen Soldaufbesserung zur Verfügungstruppe überwechselten.«

»Nehmen Sie eine der unteren Chargen! Ich möchte Ihnen ersparen, das Stichwort vom ›Kriminellen und Pathologen‹ zu bemühen. Da ist zum Beispiel der Freiwillige Brenner, Sohn eines Stellwerkers, durch einen Theologie studierenden Bruder dem ›Ideengut des Führers‹ gewonnen. Sein Traum ist, Versuchsfahrer zu werden. Er tritt zunächst in die SA-Reserve, später in die Totenkopf-Standarte ein. Sein Hochzeitstag fällt mit der ›Kristallnacht‹ zusammen. Brenner geht Streife, um, wie er sagte, ›Plünderungen zu verhindern‹. Im Zuchthaus Brandenburg, wo die Euthanasie anläuft, ›paßt ihm die ganze Richtung nicht‹«, weil er von einer Oberschwester herumkommandiert wird. In Sachsenhausen hilft er als ›Urlaubsvertreter‹ beim Verbrennen von Müll. Wegen eines Meineids aus der ›Elite‹ ausgeschlossen, bewährt er sich vorübergehend als Strafgefangener. Noch während der Haftzeit erreichen den Ausgestoßenen ›Beförderung, zwei Orden und eine Woche Urlaub auf Ehrenwort‹«.

In *Hadamar* bei *Limburg* wird er »Desinfektor«. Weil die *Aktion T4* jemanden braucht, der Pläne lesen kann, kommt er in den Kreis der »Endlöser«. Der gelernte Maurer, heute Inhaber eines Fliesenleger-Betriebs, mauert in *Bernburg a. d. Saale, Treblinka* und anderswo Vergasungskammern. An *Sobibor* erinnern zwei Axtschläge über den Kopf. Seine Hilfsbereitschaft, die ihn »an einem sehr schönen Sommertag« für Wiener Juden Gepäck tragen ließ, hat ihn auch nach dem Krieg nicht verlassen. Wie einst in *Grafeneck* fährt er den Mercedes seines Chefs. Er wird Flüchtlingsbetreuer, Gemeinderat, Kreistags-Abgeordneter des BHE. Seine Ehrenämter sind an einer Hand schon nicht mehr aufzuzählen: Sportverein, Paritätischer Wohlfahrtsverband, Kuratorium Unteilbares Deutschland. Der Freiwillige Brenner zählt die Zeit nach Parteitagen.

»Das ist entweder erfunden oder infam montiert.« »Nennen Sie es ruhig infam. Den Informanten finden Sie übrigens in *Christ und Welt.* Ich habe mir lediglich erlaubt, diese fünf Porträts zu einem zusammenzuziehen.« »Sie spielen damit auf den Prozeß in *Hagen* an?« »Auf Diedrichs Prozeßbericht unter dem Titel: ›Alte Kameraden‹.« »Was versprechen Sie sich von diesem literarischen Steckbrief?« »Nichts als die naheliegende Einsicht, daß wir mit einer Dämonisierung der Vorgänge nichts erreichen. Einiges dürfen Sie übrigens ruhig mir anlasten: diese Sammlung von Aussprüchen«, »die Sie Brenner in den Mund legen«, »und die ich Ihnen ankreide, wenn Sie sie als ›gut erfunden‹ abtun sollten«: »Es gibt genug deutsche Eichen, um jeden daran aufzuhängen, der sich uns entgegenstellt.« »Wenn geschossen wird, schieße ich; wenn einer tot daliegt, habe ich geschossen.« »Weg damit, es ist ein Aufwaschen!«

VI

Archiv Mertens: »87. Periode – Lebensmittelzuteilung geringfügig erhöht.« »Die Umpolung heroischer Energien bewirkt den totalen Einsatz für die eigene Person.« SZ, 1946

Bestandsaufnahme gelebter Zeit: *Spöckmeier am Roseneck*. Satter Nußbaumglanz, umlaufender Holzbord mit Zinngeschirr, der geschnitzte Speckpater auf seiner Konsole, die Kellnerinnen in ihren durchsichtigen Tüllblusen. Für ihn vertritt das vertraute Inventar die Hochgestimmtheit magerer Mittagstische . . . All das kommt Mertens bekannt vor.

Mit wem war er nicht alles zusammen gekommen: mit Maurern, Zimmerleuten, Lohnfahrern, Dackelbesitzern, Schwarzhändlern. Damals saß man noch nicht zugeknöpft über Warmhalte-Kasserollen und Appetitanregern. Man war noch nicht eingefuchst auf das Ritual der Schlemmer und Feinschmecker. Nach dem Mehlkleister oder Kartoffelstampf blieb der Magen spartanisch, zuversichtlich gefüllt mit Gesprächen von Mensch zu Mensch. Titel und Dienstgrade spülte man mit einem Schluck Dünnbier hinunter. Nicht die »formierte Gesellschaft« Erhards saß zu Tisch, sondern eine »klassenlose Gesellschaft von Verlierern«. Der Schuh drückte noch und war nicht Sache der Orthopäden.

Im halbzerbombten *Bögner-Ausschank* büffelte Mertens über einer Portion roter Grütze »Knickzahlen für Säulen mit beliebigem Querschnitt«. Ein vollgefressener Kerl saß ihm gegenüber, kein Günstling der Amerikaner und auch kein Schützling der *UNRRA*. Er wohnte keine drei Straßenzüge von hier. Über den Saufraß schimpfend, saß er vor seinem halbgeleerten Teller, ein Schrank von einem Mann im knarrenden Leder. Mertens, alemannisch wortkarg, sprach von der Romantik der Trümmer- und Ziegelhalden. Er erriet auf Anhieb die Branche, in der der pfiffige »Aufbauwillige« tätig war. Die Gorilla-Arme des gebürtigen Altsendlingers waren mit geschmuggelten Schweizer Uhren geradezu beringt. Mertens war entwaffnet vor soviel lebenstüchtiger Dickfelligkeit. Im Hinausgehen klebte der Vielbeschäftigte, der von »Verdienstspannen« lebte, der Saaltochter einen Dollarschein auf die Hinterbacke. »Das freie Spiel der Kräfte« dachte Mertens amüsiert, hier mästet sich's und zeigt nicht einmal Scham.

»Schwachsinn, sage ich, wer jetzt seine Karten aufdeckt! Ein Trottel, wer seinen Lebenslauf nicht ein wenig frisiert.«

»Warum gehen Sie eigentlich in Sack und Asche? Ich habe etwas gegen diesen Sühne-Komplex, der jetzt in Gang kommt.« Mertens, hellhörig und schweigsam, fing manches geflüsterte Wort auf: »Haben Sie schon gehört? Die Wiedereinstellung ›nomineller Nazis‹ ist beschlossene Sache. Die schaffen zum Ausgleich einfach neue Dezernate.« Er fischte Glossen aus dem Lokalteil der SZ, zerlegte sie für den Eigenbedarf. Über einer Portion Lungenhaschee notierte er, was sich die Pendler zutrugen: »Die betteln noch einmal um jeden SS-Mann mit Osterfahrung.« Mit dem Ehrenkodex der Notgemeinschaften, der Verbraucher-Ringe, der Fachschaften rückten sie an. Der nachwirkende Schock des Umbruchs löste ein elementares Bedürfnis nach Sicherheit aus. Ein starker, unbeschönigter Hang zum Privaten machte sich breit.

Mertens mißtraute dem Speckansetzen im Windschatten der Geschichte. Man war sich über Tisch und Bett hinweg zu rasch einig geworden. Wo am Tage Null der Knoten durchhauen wurde, knüpfte man unbedenklich wieder an. Die gleiche Stimme, die jetzt von Wasserständen und einer neuen Kaltluftfront spricht, einmal hatte sie von Front-Begradigungen und verbrannter Erde gesprochen, im Tonfall eines Unbeteiligten, eines menschlichen Neutrums. »Das Leben geht weiter!« Aus dieser Weisheit sprach die Klugheit derer, die neben dem längeren Atem auch noch das bessere Sitzfleisch hatten. Mertens verriet mitunter Züge von Abwesenheit. Auf seinem Gesicht lag ein Ausdruck überanstrengter Aufmerksamkeit.

In den politisch-moralischen Kategorien der Zeit dachte Mertens nicht, aber ihre Schlagworte schnappte er auf: »Nichts ist tödlicher als die Gleichgültigkeit« und: »Die einzige Alternative zum Sozialismus ist die Barbarei.« Unbesehen solidarisch mit den Besitzlosen, den Habenichtsen, konspirierte er, zwischen »Reiners Stilkunde« und einer Anleitung fürs Handlesen, folgenlos mit den »Sozialisten der Freiheit«, machte sich ungebeten Kogons Begriff von den »wachen

Christen in jeder Klassenlage« zu eigen. Für die Dauer eines Semesters der Volkshochschule begriff er Denk-Systeme, sammelte Lehrstoff für poetisches Material, wechselte seine Standorte wie ein Bodenturner. In der Springflut gestauter Oberflächen-Reize fischte er nach brauchbaren Planken, siedelte mit angelesenen Komplexen auf ihnen wie ein Einsiedler-Krebs in Symbiose. Wie eine weitmaschige Reuse fing Mertens nur, was in der Strömung sperrig dahertrieb oder quer lag. Lesen und Schreiben wirkten auf ihn wie eine Droge, nicht wie ein Ferment . . .

Baggersuhlen am *Stachus*: Auch jetzt noch hört Mertens aus dem Baulärm einzelne Arbeitsgänge heraus, so das Ablängen von Schalhölzern mit Kettensägen, das stupide Würgen der Fräsen im schnittnassen Stirnholz, das Bündigschlagen von Balken auf Abbundplätzen, das Sich-Festfressen von Dübelbohrern in Spiegelästen. Zimmermanns-Equipen auf Reißböden und auf Verschalbühnen, mit Hungerlöhnen im Akkord. Schon damals der unterschiedlichste Zulauf: nominelle Parteigänger, Mitläufer, Umschuler, Leute aus dem ehemals deutschen Osten, »Beutedeutsche«. Jetzt überwiegend Gastarbeiter. Mittelmeerisches Kauderwelsch, auf zwei Dutzend pantomimische Halbsätze reduziert, innerdeutsche Dialekt-Überlagerungen. Auf einen Sprung also hinüber in den Innenhof der *Luisenschule*.

Bei Mertens' Schulantritt machte sie noch ganz den Eindruck, als wäre sie nie mehr aus dem Schutt ihrer gekappten Erker, Giebel-Voluten und zermörserten Rauhputz-Arabesken freizulegen. Aber unter dem Ansturm der Preßlufthämmer und Kreuzhacken erwachte sie wieder. Aus dem Chaos von Ziegelhaufen, Schutthalden und ausgeglühten Trägern wurde ein Umschlageplatz von verwertbarem Material. Vom Montage-Gerüst eines Drehkrans sah Mertens den in sich zerfallenen, auf seine Grundrisse abgetragenen Bau mit seinen geschleiften Klassenzimmern, Fluren, Abtritten und dem Sandstein-Skelett einer Wendeltreppe. Von diesem Hochsitz aus fuhr er die brüchigen Fassaden ab, löste mit einem Brecheisen mürbes Gestein los, tief unter ihm die blauen Blitze der Straßenbahn. Für einen Laib Brot die Gegenleistung von siebzehn Arbeitsstunden, zugebracht über den Astspießen einer mächtigen Platane, in Rufweite scheinheiliger Schieber, die kollegial heraufwinkten.

Der Aufstieg auf die dreißig Fuß hohe Mauer glückte ihm mühelos. Auf einer Schicht von Läufern stehend, spürte Mertens das plötzliche Nachgeben des Verbands. Von ihm verlangt war das gezielte Abschlagen seines Wassers – das Äußerste, was er dem Moloch Klasse zubilligen wollte und nun nicht konnte. Unten im Hof – um eine Seilwinde geschart – die Anstifter, vier, fünf der aufgekratztesten Schreihälse. Sie unterbrachen ihr anzügliches Gerede erst, als sich einige Ziegel lösten und ein Sturzbach von Kalkmörtel auf sie niederging. Mertens hatte den Sprung genau berechnet. Als die Staubwolke sich gelegt hatte, stellte er mit Genugtuung fest, daß sein Schätzvermögen noch intakt war. Aber da hing er bereits an einem armdicken Ast, sah an dem vernarbten, von Splittern verletzten Stamm hinunter, die Hände über sich verklammert wie ein Schimpanse.

Marsstraße, Ecke Dachauer: Drei Stockwerke hoch über einem Atelier, das im Luftdruck einer Sprengbombe das halbe Dach verloren hatte, hing eine unbeschädigte Badewanne, komplett mit Zugvorrichtung für ein Spülklosett und den Anschlußstutzen für Gas und Wasser. Ein rechtzeitig einsetzender Sturm nahm Mertens die halsbrecherische Arbeit ab, schickte die Emaille-Wanne mit Getöse nach unten, zum nicht geringen Kummer ihrer Besitzerin. Die brachte Mertens dazu, die fehlende Dachhälfte durch einen Notbehelf aus Brettern und erstickter Teerpappe zu ergänzen. Als Honorar bot sie wertlose Reichsmark an, aber volle Verköstigung. Mertens – Gerüstholz hochseilend – sah aus der luftigen Sparrenhöhe auf einen Raum, der mit Paravents und Standspiegeln vollgestellt war. Dort residierte auf einem Plüsch-Sofa, umgeben von einem Schwarm kichernder Balletteusen, ein eleganter Müdling von Sohn.

Der Blick auf das Arrangement von Körpern, die unter dem Abbrennen weiß zischender Magnesium-Blitze zu Lebenden Bildern gerannen, lohnte sich auch dann noch, als zu den Einsachtzig die Stunde und dem gestreckten Gemüseeintopf zwei unentgeltlich geknipste Porträts hinzukamen, die Mertens einmal im Halbprofil und einmal in der Totalen zeigten.

Nachdem er aus einem Stapel halbmorscher Gerüststangen im Fallbereich der Brandmauer das Notdach gezimmert hatte, kam diese eines Tages donnernd herab und zerstampfte seine kühne Improvisation. Er besah sich die Bescherung, klingelte gar nicht erst bei seiner Auftraggeberin und kehrte in die Meisterklasse zurück, als wäre nichts geschehen.

Er schob einen Zweiräder durch das *Sendlinger Tor,* lud am *Oberen Anger* Material ab, setzte den Zwischenboden im Haus eines Leder-Grossisten instand, turnte im baufälligen Treppenhaus, das mit Einbruch der Dämmerung Strichmädchen als Standort diente. Die Achtstunden-Schicht des Meisterschülers endete, wenn die der Harfenistinnen begann. In einem Horoskop der SZ las Mertens über die »dreifache Konjunktion von Mars und Saturn«. Kein Wunder also, daß sie ihm als einem Löwe-Geborenen im Taghaus der Sonne offensichtlich Liebe nicht gönnte . . .

Das ausgebrannte Patrizierhaus in der *Franz-Joseph-Straße:* Nicht allein die Kiste Zigarillos – die er seinem Vater schicken würde – war es, die ihn reizte, nicht die Zweizehn pro Nase und Stunde, sondern die Lautmalereien, die dieser Name aus der Doppel-Monarchie in ihm auslöste: Austriazismen, zusammengeklaubt aus Kolportage-Romanen. Von einer Ladung Stab-Brandbomben eingedeckt, war die hochfeudale Absteige durch sämtliche Stockwerke durchgeschmort. Über ausgeglühte Treppenstufen hantelten sie Gerüstholz nach oben. Im Windschatten der Kamine, sein Standbein einigermaßen abgesichert, hing er im Schulterzug wie ein Matrose in der Takelage. Der Föhnwind röhrte im Treppenschacht, als schösse er durch ein Gebläse. Ein einziger Fehltritt, und er stürzte, an verkohlten Balkenstümpfen vorbei, fünf Etagen tief in den Bauschutt. Hochseilakt über den Dächern *Schwabings.* Während einer Vesperpause, die er möhrenkauend hinter einer Kaminverwahrung absaß, las Mertens von der »Stunde der Provinz«, die offenbar ohne ihn eingeläutet werden sollte.

Dabei würde ihn niemand hindern, heimzukehren. Sein vor sechs Jahren verlassener Arbeitsplatz unterhalb von *St. Christina* war ihm sicher freigehalten. Es läge an ihm, Stoßaxt, Handbeil und Stemmeisen aus dem Spind zu nehmen und als Junggeselle anzutreten. Sein Lehrmeister – nach wie vor die Daumen unter die Hosenträger geklemmt – wiese ihm seinen angestammten Platz an der Fräse zu. Die alten Gesichter um ihn, die anzüglichen Späße der Altgesellen, geringfügig erweitert um die russische, französische oder englische Variante. »Stunde der Provinz« – die Anwandlung von Heimweh ging schnell vorüber.

VII

Archiv Mertens: »Diese Deutschen, die zwischen die Slawen und die Gallier geraten sind und die, um das Leben und die Zeit zu verbringen, das Bier, den Krieg, die Okarina und eine so große Zahl von unregelmäßigen Verben erfunden haben . . .« (Giraudoux)

Bei abschwächender Föhnlage *Alter Hof* mit Pfister- und Zwingerstock. Unter den Augen gestrenger Steuereinnehmer, die ihre Brotzeit mit einigen Entlüftungsschritten verbinden, Wappen-Erker Ludwigs des Strengen besichtigt; in offenbar einwandfreier Haltung erweckt er zu solch ungewohnter Tageszeit keinerlei Argwohn. *Weinstadel, Altes Rathaus, Peterhof* – Mertens zeigt sich ortskundig. Im Tiefenschärfenbereich verödete Straßenzüge um den *Rindermarkt.* Die Leerformel »Virtus et Tempus« zwischen Jugendstil-Arabesken. *Altheimer Eck, Färbergraben* mit Anzeichen leichter Ermüdung abgeschritten. Über der *Hirmer-Passage* die patinierte Doppel-Zwiebel des Doms in der Aufdrift ihrer beiden welschen Hauben.

Im Café *Mauth* einkehrend, den Blick auf die steingrau geschlämmte Fassade dreier konvexer, in die Epistelseite eingeschnittener Altarnischen. Warum erwies er ihnen niemals seine Reverenz unter technisch bemerkenswerter Gewölbe-Tonne? Weil er zwischen Passanten vor der ehemaligen *Eremitage* der Augustiner wie zu einem verspäteten Lokaltermin erschien.

Der Sprung aus dem Präsens des unbescholtenen Spaziergängers in den Imperfekt des Chronisten fällt ihm nicht schwer auf dieser deutlich markierten Spur in die *Löwen-*

grube, in der Mertens als Häftling drei Tage und Nächte eingesessen war und biblische Vergleiche nicht scheute. Die beiden Löwen aus Granit liegen noch auf ihren Postamenten, gleich hinter dem Männer-Pissoir und in Höhe eines Portals, das mit umlaufendem Buchstaben-Fries unüberbietbaren Tiefsinn ausspuckt: »Nach seinen Sinnen leben ist gemein ...«

Seiner Inhaftierung ging voran: das Aufwachen unter Klopfgeräuschen, die besorgten Ausrufe seiner Hauswirtin, die schreckverstört in sein Zimmer kam und den beiden Beamten des *Freimanner* Dezernats den Eintritt verwehren wollte. Das überstürzte Ankleiden in Gegenwart uniformierten Biedersinns, die lieblose Prozedur des Daumenstempelns. Mertens' erste Reaktion, als sich die Zellentür hinter ihm schloß: maßlose Überraschung, die bald sachlicher Neugier wich und etwas wie Stolz in ihm weckte, als gehöre das Einsitzen und Verdonnertwerden nun einmal zu den unumgänglichen Erfahrungen in »verrückter Zeit«. Nicht, daß Mertens sich der neuen Lage gewachsen zeigte. Er brauchte Zeit, bis er sich an den Gedanken gewöhnte, seine Pritsche mit Männern teilen zu müssen, die nicht alle Opfer der Zeit und widriger Umstände waren. Neben einsehbaren Vergehen, die seinem Verständnis zugänglich blieben, stieß er auf das borniert Gewalttätige, das jedes Mitgefühl ausschloß. Was er haßte: die aufgezwungene Kumpanei in der Beengtheit der Zelle; was ihn abstieß: das weinerliche Selbstmitleid der aufgeflogenen Schwarzhändler; was ihn anödete: die Duz-Brüderschaft einiger »Ehemaliger«, die sich an ihrem verschlampten Drill erkannten.

Einem Messerstecher, dessen Jähzorn tickte wie ein Zeitzünder, bezeugte Mertens kühlen Respekt. Einem Transvestiten zeigte er vorsichtige Sympathie. Den Schikanen der Zellen-Ältesten, vor deren Strafregister sich sein eigenes Delikt wie eine schülerhafte Verfehlung ausnahm, entzog er sich durch vorgetäuschte Schlafsucht. Die Abgebrühtheit der paar echten Profis verschärfte den altklugen Fatalismus der Rückfälligen. Die machten unter den Neuzugängen Stimmung, als erwarte nun jeden Insassen, ohne Rücksicht auf das, was er auf dem Kerbholz hatte, das gleiche Strafmaß. In der Auslegung seines eigenen Vergehens unsicher, wähnte sich Mertens in schöner Selbsttäuschung frei, sah die Unbescholtenheit seiner Person durch solche Willkür-Akte der Justiz nicht gefährdet.

An frostklaren Vormittagen, wenn nach dem Appell des Kalfaktors der Keller mit den hochklappbaren Pritschen das Aussehen einer Männerfalle annahm, stand Mertens in der Fallinie des Lichts, sichtete für nicht auszählbare Glücksmomente dankbar die Beinschatten vorüberstöckelnder Frauen und Mädchen.

Seiner Vorführung und Vernehmung durch einen US-Captain gingen voran: vier folgenlos gebliebene Grenzübertritte und ein fehlgeschlagener Versuch, sich in ein Abteil für Reisende mit Traglast zu schmuggeln, auf seinem Sprung in die Besatzungszone der Franzosen. Mertens, aus dem Zellendunkel ins Scheinwerferlicht gestellt, wertete seine Grenzverletzung nicht als strafwürdiges Delikt, sondern als reine Kraftvergeudung. Er lenkte die Aufmerksamkeit des Schnellrichters auf das schlagartige Ausgehobenwerden in buchstäblich letzter Minute, als die schon unter Dampf stehende Lokomotive seinen Wagemut mit triumphierenden Pfiffen belohnt habe. Er versäumte auch nicht, die fahrlässige Überführung auf dem Kotflügel eines Jeeps zu erwähnen, verwies auf die schläfrige Gleichgültigkeit seiner Bewacher.

Auf bloßen Knien und Ellbogen habe er die hundert Meter im Schneematsch zurückgelegt und ohne danach gefragt zu werden, gestand er, in einer Mondnacht bei ausreichender Sicht den Schlagbaum eines US-Besatzers passiert zu haben; der habe in seinem beheizten Postenstand nicht einmal den Kopf angehoben, als das Scharr- und Schleifgeräusch seiner Stiefel unüberhörbar die Stille durchbrochen. Zeitweise benahm sich Mertens, als schulde ihm das hohe Gericht Beifall für seine sportliche Leistung.

Die leichte Auffindbarkeit der Orte und benutzten Übergänge machte die Aussagen Mertens nachprüfbar. Auf jedem Meßtischblatt, das die Unterläufe von *Iller* und *Riß* verzeichnet, lassen sich die genannten Orte und Gehöfte mühelos finden. Südlich davon verlief die unnatürliche Grenze, die Mertens so willkürlich gezogen vorkam, daß der Anreiz, sie zu überqueren und damit straffällig zu werden, ihm wie eine unverzichtbare Mutprobe erschien.

Der offensichtlich überforderte Schnellrichter, kartenunkundig und unter Zeitdruck, vertagte kurzerhand die Verhandlung. Noch am gleichen Nachmittag auf freien Fuß gesetzt – die sarkastische Bemerkung seines Pflicht-Anwalts noch im Ohr: der Ortsunkenntnis des US-Captains könne abgeholfen werden –, profitierte Mertens von dem ratlosen und wohl auch etwas gereizten Ausruf des Richters: »Wo zum Teufel liegt *Dellmensingen*?«

Dem Vorschlag seiner Hauswirtin, den Freispruch nach glimpflich verlaufener Haft zum Anlaß einer Geselligkeit zu nehmen, widersetzte sich Mertens nur schwach. Stühle rükkend im ausgeräumten Parterrezimmer, auf Trab gebracht von leutseligen Dünnbier-Trinkern, versetzte er seine Zuhörer ins Zonenrand-Gebiet der mittleren *Iller*, entwarf ein etwas überzogenes Diagramm einsamen Robbens und Spurenverwischens, schlachtete den Vorfall weidlich aus. – Das Überangebot an Damen, die es bald nicht mehr auf ihren Sitzkissen hielt, zwang auch Mertens unter die Tanzenden. In der Zentrifuge eines linksgedrehten Walzers – unterhalb der Kniekehlen merkwürdig ungelenk bei ausgesprochenen Läufereigenschaften – zeigte Mertens vorsichtigen Charme: »Ich muß schon sagen, zwischen Kopf und Füßen ist ein ziemlicher Weg bei mir.« – Nicht nur die List sei eine menschliche Eigenschaft, hörte er über die Schulter hinweg, sondern auch die Vergeßlichkeit. »Hören Sie Mertens, das ist Ihr Stichwort!« Aber die Hauswirtin fiel dem Sprecher ins Wort. Mertens habe ein Anrecht, heute geschont zu werden. »Richtig, wie Daniel in die *Löwengrube* zu fallen, ist Strafe genug!«

Bertram aus Opladen hausierte mit katholischen Ladenhütern. Unter Nichtakademikern ein versierter Jesuit, setzte er amateurhafter Aufgeklärtheit Lehrsätze der Kasuistik entgegen. Angehörigen des Dritten Ordens oder Kolpingsöhnen näherte er sich mit vorsichtig dosierten Glaubenszweifeln. Er war weltoffen und wahlweise vernagelt, rückte mit seinem hochtrabenden Wortschatz an. Das Ärgernis Kirche als Regelfall interner Kritik: »Auch das Gottesreich hat seine Zone der Sicherheit, verschonte Landstriche – Es ist schwer, fromme

Worte zu machen, wenn jemand von uns ein Paar Schuhe haben will, die wir nicht haben.« Bertram schätzte diesen Wechsel kaltheißer Duschen, die lädierte Heilsgewißheit, die sich aufs Glatteis locken läßt. Glaubenssätze als letzte Reserve in Planspielen, das unzimperliche Charisma gewiefter Kapläne, die rheinische Variante des »Klüngels«. Ein Säulenheiliger, dem niemand Beweise für seine Standhaftigkeit abverlangte. Bertrams Kasteiungen verpufften wie ein Satz selbstgebastelter Feuerwerkskörper.

In Begleitung Bertrams ein pensionierter Schulrat. Der verblüffte Mertens durch die Bekanntgabe, er stamme aus *Sigmaringen.* »Bis hierher, wenn ich so sagen darf, hat der Weg von den Thermopylen über *Cannae* nach *Roßbach* und *Vionville* geführt. Ich führe die Jugend von *Sedan* und *Langemarck* zurück zu den *Thermopylen.*« »Und wohin führen Sie die Jugend von *Stalingrad*?« warf Mertens ein; aber der Schulrat überging seinen Einwand. Er lehre Deutsch, Geschichte, Geographie, die Wandervogelfächer, lehre sie nach eigener Einschätzung als ›fortschrittlicher Kadett‹. Der politischen Infantilität des Historikers Dove ›vollstens entwachsen‹, fühle er sich ›durchaus auf der Höhe seines eigenen pädagogischen Standards‹. So habe er ›selbstredend Quiddes *Caligula* genossen‹, den Antrag des Freiherrn von Stumm, den Katheder-Sozialismus ›expressis verbis unter Strafe zu stellen‹, als ›zur Gänze humorlos‹ abgelehnt und vor Historikern sich nicht gescheut, Bismarck den ›größten Fachgelehrten aller Zeiten‹ zu heißen. Kaisertreu verbrachte er, wenn Mertens richtig hingehört hatte, seinen Jahresurlaub regelmäßig im holländischen Exil, traf den Kaiser wohl auch mal beim Holzhacken an, ›sozusagen fast als Mensch, wenn ich so sagen darf‹. Stellte auch seinen Adlatus vor, einen schmächtigen Kopfhänger mit Deutschkenntnissen, der in seinen Mußestunden Okarina blies und es mit den unregelmäßigen Verben hielt.

Schnappinger, sein Kapo auf der Baustelle *Luisenschule,* hatte die Einladung mit unbewegtem Gesicht entgegengenommen. Mertens' wohlgemeinter Versuch, den maulfaulen Aufpasser, Einweiser, Gegenzeichner auf die gesprächige Kusine anzusetzen, scheiterte kläglich an dessen Gemütsleere und Teilnahmslosigkeit. Mertens witterte in diesem Stummsein etwas vorsätzlich Stures, Borniertes. Er beobachtete ihn mit dem Mißtrauen dessen, den schon die gedankenlos beibehaltene Berufsbezeichnung »Kapo« störte. »Druck erzeugt Gegendruck«: einer der wenigen ganzen Sätze, die Mertens von ihm zu hören bekommen hatte. Als einfacher Soldat schien Schnappinger es vor allem darauf angelegt zu haben, nicht aufzufallen. Als Gefreiter änderte er sein Verhalten schlagartig. Er fiel plötzlich auf, ließ andere auffallen. In der Rekruten-Schule »mit langgezogenen Hammelbeinen durch den Modder gescheucht«, scheuchte er nun als Ranghöherer Rangniedere durch den Drahtverhau. Angepfiffen, pfiff er nun selber an, fackelte nicht lange mit den »jungen Spunden«. Ein im Gelände erfahrener Ausbilder, der sich aufs Abrichten verstand, abgerichtet, wie er war. – Mertens klärte seine Kusine, die gegen die Dickfelligkeit des erklärten Einspänners vergeblich anredete, über den Charakter Schnappingers vertraulich auf. Er kolportierte das Gerücht, das auf der Baustelle über ihn in Umlauf war, eine angeblich von Schnappinger in die SZ gesetzte Annonce: »Biete komplette Taucherausrüstung gegen dressurwillige Schäferhündin.«

Zimmermann Pit aus *Flemhude* war ein richtiges Mannsbild. Von athletischem Körperbau, ein Kulminationspunkt physischer Kraft (der Holzfäller von Hodler könnte Pate gestanden haben), wirkte auf Mertens' Kusine geradezu einschüchternd. Um ihn war noch immer die gleiche Unbekümmertheit und Ignoranz, die ihn schon als Matrosen über Wasser gehalten hatte. Nie bis auf die blanke Haut geplündert; immer einige schäbige Tricks in Reserve, um rechtzeitig von Bord zu gehen. Gedächtnislos, es sei denn für sensorische Reize; skrupellos, nur den Anforderungen gewachsen, die man an seine Eigenliebe stellte.

Seine Kaperfahrten zwischen Ärmelkanal und Südatlantik – nun, dieser Überlebenskünstler hatte genügend Seemanns-Garn im Spind, um die kritische Zeit zwischen den Schichtwechseln anekdotisch zu verkürzen. Auf den Hurra-Patriotismus der Väter-Generation angesprochen (»kaisertreu bis zur vorletzten Patrone«) meinte er nur: »Mit Leuten wie von Weddig konnte man eben noch Pferde stehlen.« Auf die Kopflosigkeit von Marine-Richtern verwiesen, die noch im

April fünfundvierzig Exempel statuiert hätten, sagte er in seinem schwer verständlichen Platt: es sei schon aus disziplinären Gründen unmöglich, Meuterer und Deserteure nachträglich zu rehabilitieren. Wenn er einmal nicht als Bootsmaat sprach, sprach er mit Vorliebe von sich als Mann. Seine »Abschußliste« weise (und dabei schwoll ihm förmlich der Kamm) »einige lütte Deerns« auf, »schmucke Fregatten«, an die Mertens nicht im Traum zu denken wage. Mertens hatte da ja zum Glück das knifflige Problem der Rechnerischen Schiftung.

Zurückhaltend erwartungsvoll, zeigte sich Mertens durchaus nicht als Spielverderber, saß nur etwas unglücklich zwischen einer Schneiderin aus *Freimann*, die auf ihn die Schnittmuster ihrer prosaischen Betulichkeit legte, und seiner Kusine, die auch einen Blutsverwandten zwang, sie in das Vorfeld-Geplänkel offenen Flirts oder versteckter Kuppelei einzubeziehen. Während des Eingekeiltseins ertappte er sich dabei, wie er bei völliger Wachheit starr auf ein Stück Haut blickte, das zwischen einer Nackenrolle und einem Samtkragen mehlig hervorsah. In der Dunst-Aura schwitzender Achselhöhlen gefangen, gab ein anhaltend hohes Sausen in seinem Gehörgang Vorwarnung. Unter merklichem Stimmschwund empfahl er sich unter Hinweis auf seine körperliche Verfassung: »Ich glaube, mir steckt noch der Zellenmief der *Löwengrube* in der Nase.«

Als Mertens nach einer ausgedehnten Frischluft-Runde um den *Schererhof* ins Parterrezimmer zurücktrat, sah er sich – wie die meisten der Debattanten mit notorischer Geschichts-Blindheit geschlagen – in einen schweigsamen Steh-Konvent aufgenommen. Pit, der Matrose, Pit, der Charmeur, tanzte vor Ort, seine Pranke besitzergreifend auf der Hüfte der Freimanner Schneiderin; die strafte Mertens mit einem triumphierend verzweiflungsvollen Blick. Bertram aus *Opladen* näherte sich gerade »stante pede« einer angeschwipsten Postlerin, um sie – wie er das nannte – »ins Gebet zu nehmen«. Untermieter Bandy, angehender Tierarzt, stand offenbar im Begriff, mit Mertens' Kusine in einen vertraulichen Clinch zu treten. Seine Hauswirtin – vor ihrem alten Volksempfänger hingebuckelt – hörte blickverklärt Puccinis Oper »*La Bohème*«

»*Wie eiskalt ist dies Händchen!*« Der Schulrat hatte samt seinem Adlatus den Sündenpfuhl verlassen, unter Protest und deutlicher Wahrung seines Rufs als Pädagoge. Aber diese Schummerlicht-Szene mit ihren Lebenden Bildern, den sich abzeichnenden Figuren-Konstellationen, dieser Beischlaf-Parodie, nahm Mertens eher gelangweilt zur Kenntnis.

Was seine ungeteilte Aufmerksamkeit in Anspruch nahm, war das plötzliche Erscheinen eines Fremden im zerknitterten Leinenanzug. Er hatte etwas von einem verlotterten Kellner an sich, hielt sein leeres Glas wie eine abgelaufene Sanduhr. Das schmuddelige Weiß der durchknöpfbaren Jacke, die an den ausgemergelten Schultern keinen Halt fand, das Lazarushafte seiner Erscheinung, ließ an einen biblischen Würgeengel denken, der das Bezeichnen der Stirnen als leere Geste beibehalten hatte. Mertens – mit Engeln als richtenden Instanzen rechnend – kannte eine ungleich dramatischere Version: den abtrünnigen Cherub, den übermenschliches Erbarmen in die Trümmer-Zonen des Hitzetodes getrieben. Als unterstände das längst fällige Gericht nicht mehr dem verkümmerten Arm der Justiz, sondern der Verfügungsgewalt von Engeln. Mertens verfolgte das Umhergehen des Fremden mit dem gesteigerten Blutumlauf des Schwärmers, der die Eintrübung seiner Urteilskraft als Imagination ausgibt. Mit dem Auftritt des Fremden hatte sich der Aggregatzustand der Gesellschaft schlagartig verändert. Auf die Mehrzahl der geladenen wie nicht geladenen Gäste wirkte er wie ein Fiebererreger in einem von Exzessen geschwächten Körper. Mertens spürte hinter dem grundlosen Gelächter, das Banalitäten lautstark überlappte, das Vakuum, in dem die Gespräche wegsackten wie Schnepfen nach Zielschüssen.

Fangfragen, an einen Postrat gerichtet, der im *Schererhof* die Filiale unter sich hatte: »Wie kam Ihr Herr Sohn ins winterliche *Smolensk*?« Mertens dachte über diesen Tatbestand nach wie über eigene Mitschuld. Wo hatte sich das eigentlich verkrochen, was langschäftige Stiefel zu senffarbenen Breeches getragen, was sich gemästet hatte im braunen Wolfsrudel? Das hatte doch einmal forscher, mit mehr Stimme gesprochen. Nicht alles an Mertens war in Mitleidenschaft gezogen. Er war nicht auf erpreßte Geständnisse aus; das stand ihm nicht zu, doch war er nicht blind. Das also kippte im richtigen Augenblick wie Stehaufmännchen, geriet aus der Schußlinie? Das gab einfach die getragenen Klamotten auf der Kleiderkammer ab, sprach – ohne schamrot zu werden – die neuen Parolen der Selbstversorger nach, mauserte sich und war schon tragbar? Auf Eis gelegt Blutorden, Fangschnüre und Ahnenpaß? Zwölf Jahre Wahnwitz, vergangen wie ein Kehraus vor Aschermittwoch?

»Hallo, Sie dort mit dem Lederarsch! Ihre Rennstall-Allüren an den Nagel gehängt? Kommandeur einer Radfahr-Abteilung, sagen Sie? Machen Sie's halblang, Oberst! In B. lag die Außenstelle eines KZs, nicht eine Garnison für Radfahrer. – Sie dort im feschen Trachten-Janker! Fällt es Ihnen schwer, sich als Beifahrer durchzuschlagen, wo Sie einmal Ihren eigenen Fahrer und Wichser hatten? – Und Sie dort mit Ihrer stoßgesicherten Fliegeruhr! Nicht leicht, was, Müll zu kutschieren, wo Sie einmal die neuesten Schlitten einflogen? Nehmen Sie's als eine Art Quarantäne. Die kommen schon noch dahinter, auf wessen Dienste sie verzichten. – Und Sie da hinten mit Ihrem Grossisten-Lächeln, wo holten Sie sich Ihr nervöses Augenzwinkern?«

Der Betrunkene blieb mit ausgestrecktem Arm stehen, gestoppt wie ein vom Schlagfluß getroffener Pantomime. »Scherze treiben Sie«, kicherte die kleine Endreß und ließ im Mieder zwei apfelgroße Brüste hüpfen. »Diesen Verhör-Spleen hat er aus dem *Hamlet*«, rief der Veterinär und ließ die leicht aus der Fassung gebrachte Kusine abrupt stehen. – »Erkennungs-Szene, dritter Akt, zweiter Auftritt: Uns, die wir ein freies Gewissen haben. Sie entsinnen sich? Das Spiel im Spiel. ›Der Aussätzige mag sich jucken, unsere Haut ist gesund.‹«

»Sagen Sie doch gleich, daß Sie in uns SS-Schergen wittern«, rief Schnappinger, aus seinem Bier-Dusel hochfahrend, erschreckt über seine sich selbständig machende Stimme. An seinem Alkohol-Pegel gemessen, war er erstaunlich klar bei Verstand. Ihm entging nicht, was da im Apfelduft des Endreß'schen Mieders auf ihn zutrieb. Mit leichter Schlagseite nur sank er gegen das Kanapee, versackte, genüßlich grinsend, in einer Seegras-Mulde. Mit blechernem Schallmaul gähnten

»*Bahama-Joes*« gestopfte Trompeten. Der leere Raum zwischen Kanapee und abgeräumtem kalten Büfett schrumpfte zusammen. Verschwitzte Körper drängten sich ins Karussell zurück. Schnappinger träumte von einer »dressurwilligen Hündin« . . .

Mertens – im verqualmten Parterrezimmer Scherben zusammenkehrend – entdeckte in einem Sessel den vornüber gesunkenen Fremden; der saß da mit einem Ausdruck überwacher Erschöpfung, die keinen Schlaf zuließ. Das Knirschen der Sprungfedern in der ramponierten Ottomane wurde jetzt hörbar. Der Busen der kleinen Endreß füllte den ganzen Alkoven. Seine Hauswirtin häkelte, vor sich hinträllernd, an ihrer Donizetti-Paraphrase. In nachlassender Abwehr überließ sich Mertens dem Zauber ihrer altersbedingten Stimmschwankungen. Mit verwegenem Schlenker den Ärmel des ihm aufgehaltenen Mantels verfehlend, ließ sich der Fremde von Mertens ins Freie begleiten. »Sie strapazieren also weiterhin Ihre Erfindungsgabe, auch wenn sie nur auf Fiktionen stößt? Warum mißtrauen Sie plötzlich Ihrem Gedächtnis? Glauben Sie, der Krieg sei schon kein geeignetes Thema mehr?« – »Geeignet oder auch verfemt – ich besitze keine Erfahrungen, die nicht durch ihn geprägt sind.«

VIII

Archiv Mertens: »Die dritte Gleichgewichtsbedingung: die Summe aller Momente muß gleich Null sein.«

Von der Dachverfallung aufblickend, die er auf ein Stück Karton gezeichnet hatte, schoß ihm die Vorstellung eines Sommer-Sonntags ein. Rekonstruktion, die er mit ungleich größerer Ausdauer betrieb: – Mund, um eine Spur zu grell geschminkt, Wimpern, getuscht wie auf chinesischer Seide, Brauen, über der Nasenwurzel sich fast berührend, fleischfarbene, mit Lichttupfern übersäte, himmlische Epidermis, vor einem Netz von Blattrippen und umrißschwachen Knospenständen. Vollkommen reine Anschauung eines Körpers. Dahinter und darüber das lästige Stückwerk von Kaminen,

Gesimsen und freitragenden Bindern, durchschossen vom Stangengewirr der Lehrgerüste. Seine Mitschüler, eine Bande wiehernder Spaßmacher, Artisten mit niedrigstem Stundensatz, die ohne Netz arbeiten. Er zwang seinen Blick zurück auf den mit Meßzahlen und Bruchlastwerten durchsetzten Entwurf: das Ärgernis Dachstuhl, an dem sein bißchen Sachverstand in die Brüche zu gehen drohte.

»Bei gleicher Dachneigung symmetrischer Querschnitt der Sparren. Auf Bild 9b erkennen Sie unschwer.« Mertens sah hin, erkannte unschwer: »Hypotenuse des rechtwinkligen Dreiecks FMD.« Noch einmal also das Wiederkäuen halbverdauter Lehrsätze: »Kathete römisch eins und zwei.« Ihm ging es nicht um Gleichheit und Neigung als statische Begriffe; ihn beschäftigte vielmehr der Gedanke, ob er bei seinen Gleichsetzungen fähig wäre, Neigung nicht nur zu erwidern, sondern Neigung hervorzurufen.

Die ersten Tage belämmert auf dem Abbundplatz. Seine Leichtfertigkeit, mit dem bißchen Formelkram im Gehirn, den Aufriß eines Dachstuhls mit ungleichen Neigungen zu übernehmen. Ihm war es zeitweilig, als säße er mit dem Handwerkszeug eines Klempners über einer zerlegten Präzisionsuhr. Fieberhaft entwarf er Dachverfallungen, hielt sie über den schraffierten Grundriß, verglich die Abweichung des Neigungswinkels mit den vorliegenden Schulbuchwerten. Sich großspurig zum Fachmann der Rechnerischen Schiftung aufzuschwingen, nur weil er sich an ein paar Formeln der Stereometrie erinnerte! (Er beherrschte Formeln, mit denen man zerstörte.)

Roszika: Gemessen an ihrer Herkunft hatte sie einen geradezu poetischen Namen. Sie war für ihn eine Art exotischer Fund, den Eltern als Errungenschaft nicht ernsthaft vorzuführen. Sie lehrte ihn den Zustand milden Wahnsinns als normale Gemütslage ertragen. Sie machte das meiste, was in ihrem Alter zu machen ist, mit den Augen. Mit ihr kam er sich wie bei Buchmachern vor, die hinter seinem Rücken Schätzwerte und Gewinn-Quoten austauschen. Stefan, ihr Bruder und selbsternannter Vormund, hatte seine eigene Methode, sich um ihr Glück und Fortkommen zu kümmern. Das Sprunghafte und Unberechenbare seiner Schwester, ihr Spiel mit dem Feuer als feste Größe einplanend, gebärdete er sich als rabiater Brautwerber, der vor erzieherischer Härte nicht zurückschreckt. Stefan schien davon überzeugt zu sein, Verhältnisse stifteten sich allein schon durch sein Machtwort als Bruder: »Ich werde Roszika zwingen, mit Dir glücklich zu werden!«

Stefan, »minderbelasteter« Angehöriger einer SS-Division, der den ›furor teutonicus‹ in einen zynischen Hedonismus umgepolt hatte, wertete das Auftreten von Mertens als das eines »Charakters von Eigenart, aber ohne Rasse«. Die kurzlebige Bekanntschaft mit dem reizbaren Eintänzer prägte vor allem die Erinnerung an das, was Mertens ein schiefes Verhältnis nannte. Zimmergenosse für eine Nacht, erlebte Mertens – nur durch eine Stellwand getrennt – die Verführung einer Primanerin. Bestürzt über die zeitliche Distanz zwischen dem ersten Ansprechen auf dem Tanzboden und dem im Stehen vollzogenen Akt, einer »Erstbesteigung in voller Montur«, wie Stefan trocken anmerkte, sah Mertens sich unterwiesen in einem Umgang mit Liebe, der ihm entwürdigend vorkam.

Zum Glück gab sich dieser Beischläfer im Akkordsatz auch Blößen. Seine altkluge und schreckhafte Verlobte folgte dem Rat ihres Vaters und legte beim Zubettgehen die Läden und den Riegel vor. In einem Anfall von eingeredeter Wut belagerte er die hochgelegene Mädchenkammer. Der Einstieg über die Dachrinne mißglückte, weil er Dachvorsprung und Neigungswinkel der Sparren falsch eingeschätzt hatte. Den Fenstersims knapp verfehlend, landete er kopfüber im Misthaufen. Verwünschungen ausstoßend, rannte er zum nahe gelegenen Bahndamm, warf sich in schöner Edelmuts-Pose zwischen die Schienen, fror jämmerlich, weil der Frühzug die Station längst verlassen hatte und der Mittagszug auf sich warten ließ. Nachdem er so seiner Verlobten das Fürchten beigebracht hatte, ließ er sich mit Wärmflaschen aufhelfen. Von Mertens auf diesen Vorfall hin angesprochen, erklärte er lachend, das Einsteigen betreibe er »nur so zum Zeitvertreib, um in Hochform zu bleiben.«

Diese Verlobte – Mertens kannte einen hilfreichen Trick, sie im Gedächtnis zu behalten: *St. Kilian* in der ehemaligen Grafschaft *Korbach*. Der schiefsitzende Turmhelm und sie –

das war nicht mehr zu trennen seit dem Augenblick, als sie ihm unter Stefans Protest Sehenswürdigkeiten zeigte: ihr kleines kurhessisches Pisa. Das fiel in den Anfang ihrer Bekanntschaft. Gab es mehr als Anfänge? Sie trug mit Vorliebe kragenlose, gestärkte Blusen von einem Weiß, das ihn zur Vorsicht überredete. In ihren Augen war eine Fliederfrische, die Frost ankündigt. Unter den überschlanken, lutherischen Spitzbögen von *St. Kilian* setzte sie gegen die Alltags-Wirklichkeit bloßer Tastwärme das Ideal einer Beziehung, die nicht gleich heißlaufe. Ein Liebhaber, wollte er ernst genommen werden, mußte Heroischeres im Sinn haben als die übliche Verführung einer Tochter aus dem Handwerkerstand. Der Bekennermut des Konvertiten war ihr ein gültigerer Maßstab für Liebe als der Leidensdruck des Freiers. Mertens ahnte, daß ihr als Morgengabe einer möglichen Verbindung ein Opfer Roms vorschwebte: Mertens als Bibelkundiger und angehender Posaunist.

Das Katholische als Klotz am Bein: Mertens hat diese Art Gehbehinderung lange genug als natürliches Gebrechen ertragen. Den geforderten Absprung ins »verbürgte Herrenwort« blieb er ihr schuldig. Das Bilderlose des »reinen Kerygmas« blendete ihn nicht nachhaltig genug. Vielleicht war Mertens noch schneeblind von *Wjasma* her. So wurde die *Korbacherin* für ihn seine fleischlose, ätherische Muse, flacher gesehen, das Produkt seines damaligen Stilwillens. Er nannte sie fortan scherzhaft seine »neugotische Periode«.

Mertens war flink zur Hand, in seinen Entschlüssen langsam; er setzte die Säge nicht ab, wenn er dem Flug eines Mauerseglers folgte. Seine Stärke waren Improvisationen, luftige Baugerüste. Nun mußte er einsehen lernen, daß vier makellose Vollkanthölzer der Schnittklasse I nicht länger auf der Anrichte liegen bleiben durften. Die geforderten Schnitte ließen sich nicht mehr probeweise an Abfällen üben, diese fadengenauen Aufrisse, die über seine berufliche Laufbahn entschieden. Länger durfte er sich nicht den Anschein geben, als warte er nur noch auf den günstigen Sonnenstand, um den Schau-Effekt dieser logischen Operation voll auszukosten. Mertens – wochentags einsilbig – büffelte lustlos ›Sinusfunktionen am Einheitskreis‹, übte sich in der ›freien Knicklänge von Ständern‹, machte sich mit dem Pantographen an elliptische Zylinder, beschrieb ›multiplikative Kopplungen‹ als geschlechtliche Vorgänge. Irgendein unterernährter Zellverband seines Gehirns spuckte die Anfangs-Sentenz eines Lehrsatzes der darstellenden Geometrie aus: Dachausmittlung, Gratverfall. Aber er kam nicht weiter. Das Dilemma begann für ihn bei ungleichen Neigungen. Er wehrte sich gegen die unfairen Einwürfe seiner Phantasie. Er konnte sich nicht länger den Kälbertanz um seinen rechnerischen Unverstand leisten, konnte nicht so tun, als brauche seine produktive Unruhe nur noch einen letzten Anstoß, um die gesuchte Formel zu finden. Es gab jetzt Augenblicke, wo er verstört in sich hineinhorchte und Teile seines Gehirns als unbrauchbar abschrieb.

Eingezwängt zwischen Ausflüglern in einem überfüllten Vorortzug. Ausgehungerte Normalverbraucher auf ihrer Hamsterfahrt über Land. Sportfischer, Wanderwarte, Dackelbesitzer in ihrem neudeutschen Johannistrieb. Die kaum bezähmbare Ungeduld im Stehen vor angelaufenen Coupé-Scheiben, gemustert mit Kußringen und Finger-Krakeln: *»Ami go home!«* Eingemottet die Baustelle mit ihren Schnittholz-Stapeln und stillgelegten Fräsköpfen. Ein Sommermorgen, nach Roszikas Terminplan bewertet, mit Langeweile und Trübsinn gebüßt, wenn ihre Sonderschicht als Serviererin fällig war. Schneidergänge, absolviert vor einem Kasino der US-Air-Force. Von wievielen Fenstern aus bemerkte man wohl seine Dauerwachen? *Fürstenfeldbruck* – für Fürsten gebaut und für zahlungskräftige Amerikaner; für Mertens, der sich die Beine in den Bauch trat, ein Ort der Demütigung.

»Gib es auf«, sagte er, Händchen haltend auf einem Spaziergang durch die *Ammer*-Niederung, »ich bin keine Eiserne Ration, die man nur im Notfall öffnet.« Oder auf einer Kahnfahrt längs eines toten Wasserarms: »Wir sitzen angeblich im gleichen Boot; aber wenn es kentert, ertrinke nur ich. Du machst Dir – von überseeischen Rettern umgeben – höchstens Dein kostspieliges Make-up naß.« Nichtschwimmer sei er also auch noch? Was habe sie sich da bloß angelacht? Von Roszika spöttisch auf sein Verhalten angesprochen: Benehmen sei bei ihm wohl Glücksache und harte Arbeit, meinte er scherzhaft: er sei noch mit dem Ablösen der Blutegel beschäftigt, die ihm der Krieg ins Genick gesetzt habe. Seine überzogene Bildhaftigkeit machte sie frösteln.

Mertens aber, von Erinnerungen überrumpelt, entwarf Fallstudien für angemessenes Verhalten. Wo sein Charme als Liebhaber gefordert war, ließ er sich vom Instinkt des Fährtengängers leiten. Daß ein Gelände über Deckungsmöglichkeiten hinaus noch anderes bieten könne, daran mußte er sich offenbar erst noch gewöhnen. Das ging so weit, daß er mitunter Treffpunkte, die Roszika ihm vorgeschlagen, danach beurteilte, inwieweit sie einzusehen seien. Auf ihre belustigte Frage, ob er denn glaube, sie führe ihn in einen Hinterhalt der GIs, erklärte er: wenigstens in Sachen Liebe müsse er sich den Rücken freihalten . . .

In den Essenspausen, wenn Mertens in einer Bauhütte den aufgewärmten Suppeneintopf hinunterschlang, überfiel es ihn von neuem: Formeln, verschlüsselt, in tückische Klammern gepreßt, die rachitisch dürre Zahlenreihe. Roszikas nicht vorhersehbare Reaktionen, ihr Beziehungs-Leerlauf, in einem Wirrwarr unauflösbarer Gleichungen. »Die Summe aller Momente muß gleich Null sein.« Mertens, in ihren Anblick versunken, zog ein sarkastisches Resumee: »Sie ist vollkommen! Sie ist vollkommen unberechenbar. Der erstbeste Yankee, der ihr eine Schiffspassage für die Staaten verspricht, wird sie Dir wegschnappen!«

Eigentlich kam er durch einen Zufall hinter das Geheimnis der Rechnerischen Schiftung. Mit einem Mal fiel es ihm leicht, die Formel in die gewachsene Dimension der Jahresringe, Spiegeläste und statisch wirksamen langen Fasern auszutragen. In einem Augenblick der Entkrampfung und einer selten erlebten gedanklichen Schlüssigkeit entwirrte er das Geflecht pythagoräischer Lehrsätze und Logarithmen. Er löste sich – den Verzicht auf Roszika als nackte Tatsache akzeptierend – aus dem Klammer-Verhau gezogener Wurzeln, setzte den Dreierschritt zweier Katheten und einer Hypotenuse glücklich um in praktikable Abbundwerte. Unter erträglichem Ohrensausen lief er längs des fehlerfrei geschnittenen Neunmeter-Balkens, stieg ins Holz ein wie ein Altgeselle, mit der richtigen

Mischung aus traumtänzerischer Wurstigkeit und schierem Respekt.

Er handhabte sicher die Streichlehre samt der Backenschmiege, bestimmte wie im Schlaf die Schnittschrägen für die ungleiche Abgratung (verdrängte tapfer die Formel der ungleichen Neigung). Im Verlauf einer knappen Stunde hatte er – bei schlechterem Sonnenstand als eingeplant – die vier großmächtigen Walmhölzer angerissen und mit dem Bundzeichen versehen, als wäre sein Blaukreiden-Kürzel der beiden sich überschneidenden Halbkreise seine Gütemarke. Zügig nahm er das Aufreißen und Zurichten einiger Schiftsparren vor, arbeitete sich warm aus purer Lust an Zugaben. Ohne sich beim Kapo abzumelden, schloß er sein Handwerkszeug ein, überquerte völlig entspannt den Schulhof, drehte sich nicht einmal um, weil erstmals für ihn kein Gegner auf Lauer lag. Auf eine fahrende Straßenbahn der Linie 7 aufspringend, blickte er unerwartet gefaßt in ein reglos hergewandtes Gesicht, das hinter der Scheibe im Fließband schön belaubter Pappeln sich langsam entfernte.

IX

Archiv Mertens: »Ein großer, deutscher (ein großdeutscher), ins Leben übersetzter Traum!« (Thomas Wolfe)

St. Benno im ersten Mesner-Geklingel, strahlt noch immer abweisende Kälte aus. Noch immer die Tauben in ihrem dümmlichen Brüterstolz. Brandschwarze Fassade splitternarbiger Quader, mit Kalkspritzern aufgehellt. Uhrtürme mit ihrer flachen romanischen Lineatur. Acht Zirkelschläge makellos gemeißelter Rosetten über einem Portal aus getriebener Bronze. Herdenauftrieb der biblischen Schafe. Die Törichten Jungfrauen über ihren erloschenen Lampen. Sonnenuhr, deren wandernder Schatten schon damals eine messerscharfe Linie auf Tellurisches geworfen. Goldflammendes Zifferblatt mit planetarischer Vignette . . .

Er hörte natürlich Stimmen, Stimmen der Priester: Seien Sie wachsam auch sich selbst gegenüber. Gott ist eine Bastion, die belagert sein will! – Eine Bastion? dachte er und schon sah er sich mit Sturmleitern und Rammböcken am Fuß eines Festungswalls. Er hatte genügend lange vor befestigten Feldstellungen gelegen, vor Bunkerwällen. (Länger noch auf den Eisfeldern von *Mamushi* und *Moskrosenz.)* Mit Sprengformeln war er rascher zur Hand, als der Priester mit Bibelsprüchen. Aber das »Ego te absolvo« zwang ihn zu Nachsicht und Milde. Er wußte, sie beide, Belagerer wie Belagerter, hielten es mit der Frühe. Das sanfte Licht eines Morgens war aufgeboten: Sonntag vor *Okuli* oder *Laetare.* Er hatte die Beklommenheit abgeschüttelt, stand, seiner Kapitulation eingedenk, im festlich verhängten Mittelschiff. Das Rhombenmuster vor den Beichtstühlen: Schachbrett für eine im voraus entschiedene Partie. (Du, ein kleiner Bauer, kaltgestellt oder geopfert – wie möchtest Du es denn gerne haben?) Nachträglich wunderte er sich, mit welcher Leichtigkeit er den Schlaf abgeschüttelt hatte, wie er in die klammen, vom Nachtfrost ausgekühlten Knickerbocker gestiegen war. Er nahm nicht einmal einen Schluck Wasser zu sich. (So genau hielt er sich an die Abmachung mit seinem himmlischen Kontrahenten.)

Die wenigen Schritte vors Haus und schon mitten im Rudel von Glockenhunden; er unterlief es, ohne die sonst üblichen Verwünschungen. Vor dem Kirchenportal drängten sich die Frühaufsteher, vornehmlich Frauen in leibfeindlichem Schwarz. Die Hand in Stirnhöhe, rückten sie gegen die Bänke vor, füllten sie mit ihren hermetisch verriegelten Leibern. Er selbst ein Mann ohne Anfechtungen. (Kunststück, er hatte seit mehr als zwölf Stunden nichts mehr im Bauch.) Was unterhalb der Gürtellinie lag, hatte aufgehört zu existieren. Sein eigenes Fleisch war an die Kandare genommen. Das Raubtier in ihm lag winselnd unter dem Orgelstoß des *Kyrie Eleyson.* Ein domestizierter Zweibeiner, riß es ihn pfingstlich aufwärts. Schon hing er halb in der Steilwand. Nichts in ihm sträubte sich gegen diese ungleiche Seilschaft. Das *Pater Noster* empor wie über Steigeisen, über den Schwindel erregenden Grat des »Gebenedeit ist die Frucht Deines Leibes« und – von der eigenen Erdenschwere eingeholt – abwärts in die von Stoßseufzern durchbebte »Stunde unseres Absterbens«. Und wieder Griff um Griff empor, bei zunehmend geblendetem Auge *Berg Tabor* – unter die Tiefstrahler gerückt. (Solltest Du auf den Einfall kommen, drei Hütten zu bauen »Mir eine, dem Moses eine, dem Elias eine« – laß mich vorher abspringen. Zu ebener Erde lebt es sich leichter. Und gestatte, daß ich Dir meine eigene Menschwerdung vorführe –:)

... Als Gefreiter mit dem Gefrierfleisch-Orden im Knopfloch, Winterurlaub zweiundvierzig in seiner Heimatpfarrei *St. Jodok.* Mit dem Beichtspiegel für Erwachsene der Diözese, eingefuchst auf seinen Sprechpart, bekniete er sein Sündenregister: »War er träge im Arbeiten?« (Ein ganzes Achtzig-Millionen-Volk, eingeschirrt wie ein Zugochse im Stirnjoch, zwangsläufig auch er.) »Gegen Dienstboten unartig gewesen?« (Lachhaft, wo er als Dienstbote Schuhe über Hintertreppen zahlungsunwilliger Kunden getragen.) »Gebrechliche und alte Leute verspottet?« (Selber zum Gespött geworden mit seinen Halbmast-Dreiviertelsschwenkern.) »Unmäßig gewesen im Essen und Trinken?« (Im dritten Kriegswinter bei Steckrüben, Molke und Marmelade-Ersatz?) »Unsittliche Lustbarkeiten? Zu welcher Sünde wen verführt?« (Zur Massen-Orgie Krieg!) »Unkeusches freiwillig allein oder mit anderen?« (Mädchen, vorerst nicht verfügbar, nur die Blaupausen seiner körperlosen Phantasie – in diesem Refugium neuntägiger Andachten, Marianischer Bruderschaften und Josephs-Ehen!) Tiere niemals auch nur scheel angesehen. Das biblische »Du sollst nicht töten!« mit seinen apokalyptischen Schrecken zum Glück nicht gemeint. Keinen Finger je an einen Menschen gerührt – mit dem Finger am Abzug ...

Er hörte natürlich Stimmen, Stimmen seiner Hausleute: »Eine Schand ist's, eine Larven hat's. (Sie hatten ein schlimmeres Wort dafür.) »An'gmalt ist's wie a richtige Schlampen«, Stimmen hinter der schalldurchlässigen Zimmerwand. Er hatte den auf Trochäen und Jamben gesetzten Weltschmerz seiner in Nachtwachen wunderlich gewordenen Kusine im Ohr ...

Mittagsläuten vom *Alten Peter.* Den Helmschaft im Blickfeld, fällt es Mertens leicht, anhand erinnerter Luftaufnahmen nachträglich die Sprengschäden an der mächtigen Chorgruppe zu schätzen. Eigenartig umrißscharf im flirrenden Licht: der ausgeblasene Dachstuhl, Teile der Nordwand, wie von einem Greifbagger angebissen das heruntergeklappte Zifferblatt. – Über dem Kopfschatten einer jungen Griechin, vorgebeugt Hals und klassisch gewölbte Stirne, Fischmund geöffnet in selbstvergessener Andachtshaltung, vertraute Gebärde. Für Sekunden seine anmaßende Forderung nach Blickkontakt. Schatten, der sich erschreckt zurückzieht unter seinem herrischen Fuß, vor den Grabplatten am *Alten Peter* . . .

Auf der Suche nach einem preiswerten Mittagstisch. Ecke Herzog-Spital-Damenstift. Unter der ›Madonna im Machandelbaum‹ stehend, sieht Mertens Sebastian pfeilbespickt in die Knie brechen. – *Radspieler, Hundskugel, Jakobs-Hof* und zurück zum *Färbergraben.* In einer Imbiß-Ecke gemütlich angepflockt, sieht Mertens den ›rot-weißen Zachäus‹ Kirchweih-Gänse vor das Bratrohr treiben. Aber dann versagt der Trick mit der Luftspiegelung. Der 19. Sonntag nach Pfingsten meldet sich kalenderwidrig mit »kräftiger Randstörung« an. Laut Meldung der SZ vom Vortag entwickelt sich das Manöver ›Hammelsprung‹ nicht ganz nach Plan. ›Blau gegen Rot auf dem Rottenkopf‹ kommt ins Gedränge. – »Der General rechnet Zulu-Zeit, rechnen Sie Alpha-Zeit.« Der vom Gänse-Grill sichtlich mundwäßrig gemachte Unterfeldwebel wundert sich über Mertens' Begriffsstutzigkeit in militärischer Zeitrechnung . . .

Obschon Mertens Wachträume durchaus geläufig sind, verwirrt ihn doch die zeitliche und räumliche Abweichung. Nicht gerade ein origineller Einfall seiner Phantasie, ihm unter einem Dutzend möglicher Appell- und Schleifplätze ausgerechnet den Schulhof anzubieten, in dem er sieben Jahre lang sein mageres Vesperbrot verzehrt hatte. Kein Zweifel, da ist wieder der protzige Kasten mit dem Sandstein-Portiko, die hochgeschlossene Einfriedung aus neugotischen Gitterstäben (dieses Gesellenstück konfessionell ausgerichteter Kunstschmiede). Da sind die Latrinen im Hinterhof – eine verblüffende lokale Übereinstimmung. Aber da ist das durchdringende Kommando: »Gewehre in Vorbeuge seitwärts f ü ü h h r t ! « Und da ist sein schlimmer Durst. Im angelernten sächsischen Idiom sagt er: ›Brand‹; den will er nun schleunigst löschen. Er verläßt durch eine Zaunlücke unbemerkt das öde

Schulmeister-Gehege, überquert die Allee in Höhe des *Roten Hauses,* erkennt das ihm liebgewordene *Mühlenviertel* um die *Gänshalde.* Er findet auch den Brunnentrog in der *Rauenegg* auf Anhieb, verschluckt sich heftig beim Trinken.

»Karlemann, was mein Einziger ist!«, hört er hinter sich sagen, »zu Karlemanns Zeiten hatten wir noch richtiges Quellwasser.« Er klopft sich das Sprühwasser aus dem Revers seines knöchellangen Militärmantels, duldet es, daß ihm die Häuslerin kalten Pfefferminz-Tee anbietet. »Für den Fall des Falles!« sagt er, sich bedankend, und will nach der Feldflasche greifen. Da erst entdeckt er: seine Uniform ist nicht komplett. Die Häuslerin drängt ihm eine Wegzehrung auf. »Karlemann ist in Ihrem Alter. Er ist leider nicht aus dem Krieg heimgekommen.« »Ja, gute Frau«, fragt Mertens, »bin ich es denn?«

Eingeholt vom scharfen Bellaut der Kommandos, hört Mertens seine Ausbilder rufen: »Nun reißen Sie sich gefälligst zusammen! In diesem Aufzug wollen Sie sich als Umschuler bei der *Luisenschule* bewerben?« Daß ihm im Schulflur sein Lehrherr begegnet, beide Daumen unter die Hosenträger geklemmt, wundert ihn nicht. »Ich zahle vierundfünfzig Pfennig pro Stunde. Als Junggeselle bietet Dir keiner mehr.« Mertens nimmt diesen lachhaften Vorschlag gefaßt zur Kenntnis als einen Vorgang, beliebig austauschbar in der vertrackten Logik seines Wachtraums.

»Waffengattung, Truppenteil, Standort, Dienstgrad?« – Mertens' possierlicher Einweiser nötigt ihn in ein erstes probeweises Verhör. Eines sei ganz sicher, er sei Angehöriger eines schwarzen Jahrgangs. Seine Kompanie, das stehe außer Frage, sei mit seiner Klasse keineswegs identisch. Ein wunder Punkt sei bei ihm sein beruflicher Status. Was seine Standorte betreffe, so erinnere er sich deutlich an Wasserplätze: *Saale, Weichsel, Oder, Worskla –.* Noch immer gerate er als Nichtschwimmer leicht in gefährliche Untiefen. Von Brückenschlag zu Brückenschlag sei es ihm schwerer gefallen, seine Kompetenzen zu leugnen. Der nicht recht erklärbare Verlust an Tauglichkeit mache ihn selber stutzig. Eigentlich lasse sich unterm Strich nur sagen, daß er von Kessel zu Kessel eine Verminderung seiner Gefechtsbereitschaft wahrgenommen habe.

»Letzter Einsatz, Verwundung, Auszeichnung, irgendwelche Umschuler-Maßnahmen?« Der possierliche Aushorcher blickt jetzt bedenklich drein. – Mit kleinem Schift-Patent im Wiederaufbau tätig, im Mai 47 krankheitshalber ausgeschieden, mit einem Doppelpneu an Isländischem Moos schnuppernd. – »Nun mal halblang! Wo waren Sie am Stichtag NULL?« – Ja, da gebe es in seinem Gedächtnis eine empfindliche Lücke. Ihm fehle offensichtlich jeglicher Nachweis für seine militärische Laufbahn nach 45. – Der possierliche Berufsberater unterdrückt nur mühsam ein Lachen. – »Nun gut, ich will sehen, was sich unter diesen Umständen für Sie tun läßt.« – Unter wüstem Schläfendruck sieht sich Mertens in ein geräumtes Klassenzimmer geführt, wo unsichere Kantonisten wie er mit mangelndem Schliff darauf warten, von geübten Schleifern auf Vordermann gebracht zu werden.

Er erwachte in einer Notunterkunft, die an sein Improvisations-Talent fast beleidigende Anforderungen stellte. In einem dreistöckigen Lattenverschlag waren Amputierte abgestellt, deren unversorgte Arm- und Beinstümpfe an eine Auslage mit verdorbenem Schlachtfleisch denken ließen. Mertens litt unter seiner aufreizenden Apathie. Unfähig, diese menschenunwürdige Leidensverfallenheit zu durchbrechen, zum Rapport unter dem gefürchteten Ärmel-Adler bestellt, sah er sich eingestuft in die Liste der Moribunden. Nicht allein Furcht vor Schikane war es, die ihn zwang, den Atem kurz zu halten, sondern die unbegriffene Angst vor einem Zustand, der sich vom Leben so deutlich unterschied wie sonst nur der Tod.

. . . Sie liegen in einem winddurchlässigen Turmgemach. Über ihren helmlosen Köpfen schwingen riesige Perpendikel. Ein unüberhörbares Ticken geht durch den Raum, vermischt mit den Lauten an- und abschwellender Seufzer. An langen Ketten hängen überschwere Gewichte. Das gegenläufige Schwingen und Schlagen, aus Schwindel erregender Höhe herabsausend, sie um Haaresbreite verfehlend, macht die Landsknechte fügsam, ja friedfertig bis zur Ergebenheit. Mertens ist es, als lägen sie unter einem Schnürboden schlagender Perpendikel lebendig begraben . . . Einem Trommelbuben zur Seite, mit lasziven Bewegungen, halb Stute, halb Weib, eine schweigsame Geliebte. Die schmalen Schenkel, das glänzende

Haarkleid, der Langschädel einer Elchkuh, die tassengroßen Augäpfel einer Antilope –

Mertens fällt es nicht leicht, geeignete Anredeformen zu finden. Über einem Laufsteg, der im Widerschein schwelender Brände liegt, gehen waffenlos und mit zerfetztem Brustpanzer die Überlebenden der letzten Schlacht. Singend treten sie vor die mit Stroh und Unrat bedeckten Pritschen. Ein fliegenköpfiger Wundarzt entfernt Lanzenschäfte, Steckschüsse und Widerhaken von Pfeilen. Als ob sie Reiser angesetzt hätten, stehen sie klaglos vor dem unzimperlich hantierenden Gärtner. Erschöpft, aber befriedigt lassen sie sich neben der Wundheilerin nieder, auf dem weißlichen Körper Rinnsale von Blut und die Brandspur verglühter Schrapnells. Andere, die geheilt sind, trennen sich seufzend von der Flanke der Vielgeliebten, gehen über die Rampe in die Schlacht zurück. Mertens – Zeuge ihrer unendlichen Langmut – duldet genierlich ihre wunderliche Liebkosung unter den Fallbeilen . . .

Mertens war nicht leichtfertig, nicht wirklichkeitsfremd. Lediglich seine verwilderte Phantasie machte ihm zu schaffen. Um ihr nicht ausgeliefert zu sein, stürzte er sich mit befremdlicher Ausdauer in körperliche Arbeit. Für ein Trinkgeld Ruinen abzutragen, Notdächer aufzuschlagen, Zwischenböden einzuziehen, den Absturz in die Staubwirbel eines Katarakts von Ziegelsteinen gewärtig – Mertens, von schierem Aufbauwillen blind und prahlerisch in der Einschätzung seiner Arbeitskraft, wollte Zeitgenossenschaft glaubhaft machen, um den schwierigen und widerspruchsvollen Akt der Selbstfindung voranzutreiben.

Aber er war nicht schon dafür zu loben, daß er den Zehnstunden-Tag auf dem Bau mit schlaflos verbrachten Nächten verlängerte über leeren weißen Blättern. Mit ersten Anzeichen von Sehschwäche schrieb er sich in einen Abendkurs der Volkshochschule ein, machte erste Schreibversuche. Er nahm syntaktische Verhältnisse auf zwischen »gleichwertigen Subjekten«, erfuhr die Wohltat eines »Gleichsetzungs-Nominativs«: ›Karl ist mein Freund!‹. Er ließ sich beflissen auf »absolute Verben« ein, vertraute bald ihrer »transitiven Kraft«, die sie »im Prädikat zum Handeln ermächtigt«, wußte auch ohne diffiziles »Artergänzen«, daß »Karl sich einwandfrei verhält«.

Suchte auch nicht länger nach »Objekten, die der Ergänzung durch Räumliches bedürfen«, nannte das »Subjekt nicht als im Dativ befindlich«, sondern höflich bei Namen, lernte das Schreiben als freiwillige, selbstgesetzte Norm.

Er schrieb versuchsweise Sätze wie: »Mägde, angesäuert wie gestandene Milch«, ging auch richtiggehend in der freien Natur auf, begleitete seine kletterlustige Kusine ins Hochgebirge. Als Anstands-Dackel dem rumänischen Veterinär wie sein eigener Schatten folgend, machte er auf seiner ersten und letzten Bergtour zum *Hochstaufen* eine Wandlung zum Dramatiker durch. Kaum hatte er nämlich Abschüssiges unter sich, sah er sich auch schon als Verfasser von fünfhebigen Jamben – und das nur auf Grund von Höhenluft und umgesetztem Schwindelgefühl. Überstand dann glimpflich mit leichter Kiefersperre eine Schlägerei mit zünftigen Sennhirten, die offensichtlich Einwände hatten gegen seine unbekümmerte Art, Quartier zu machen. »Während ich die Menschenrechte deklarierte, setzte es Schlag auf Schlag . . .«

Der Kräfteverfall ließ sich unter den gegebenen Arbeitsbedingungen denn auch nicht länger aufhalten. Dem geschwächten Corpus war mit zusätzlichen, auf dem Schwarzmarkt eingehandelten Lebensmitteln nicht mehr aufzuhelfen. Zwar ging Mertens mit seinen nachlassenden Kräften haushälterischer um; er blieb in den Mittagsstunden lieber auf den Baugerüsten, vermied strapaziöses Leitersteigen, hielt sich vor dem grandiosen Panorama leidlich standfest, deutete das Schwindelgefühl als Hochgestimmtheit, als lyrisches Entrücktsein.

In *Moosach* überredete ihn ein Metzgermeister dazu, in eigener Regie einen Schuppen zu zimmern. Im Gekreisch von Knochensägen und mechanischen Fleischwölfen ließ sich Mertens die bauliche Kalamität zeigen, richtete im Brühdunst von Kesselfleisch und schlachtfrischen Innereien drehwüchsige Pappeln als Bauholz zu, das der spendierfreudige Metzger, der mit gesetzeswidrigen Beziehungen nicht hinterm Berg hielt, aus einem gemeindeeigenen Windbruch geschlagen hatte. Für einen schön abgehängten Schweinebauch verarbeitete Mertens Rundhölzer zu einem freitragenden Binder von geringer Tragkraft.

Mit dem ihr verbliebenen Rest von Erbschafts-Silber und zusammengelesenem Porzellan, deckte seine Hauswirtin die festliche Tafel im Freien. Die Nachbarn, in verdächtiger Hilfsbereitschaft, halfen ungebeten mit alten Rezepten und schalgewordenen Gewürzen aus. Der Schmorbraten lockte die ersten Topfgucker und ›Häfelesschmecker‹ an. Ratlos vor soviel appetitlichem Fleisch, vergaß die Altistin beim Anbraten sogar das übliche Auf und Ab ihrer Flotow'schen Triolen. Nach der ungewohnten Völlerei spürte Mertens eine ihm unerklärliche Erschlaffung, verbunden mit Atemnot. Nachts erwachte er am aufdringlichen Schweißgeruch seines aufgeheizten Körpers. Nach einer kalten Waschung erst verflog die ganz unnatürliche Schlafsucht. Als der diagnostizierfreudige Rumäne zum Frühstück mit sauren Heringen erschien, klapperte Mertens schon hörbar mit den Zähnen. Dem vorschnellen Befund, es handle sich offenbar um eine Fleischvergiftung, widersprach er lebhaft. Leicht pikiert tadelte er den laienhaften Unverstand der vorlauten Gutachterin.

Die Lähmung aber bezwang Mertens durch einen bloßen Willensakt. In einer Anwandlung von Arbeitswut fuhr er in Richtung *Luisenschule,* nahm sich vor, den Krankheits-Wahn auf hochgelegener Armierbühne auszulüften. Betäubt von Preßlufthämmern, vom Schüttelfrost bezwungen, kehrte er in Höhe *Odeonsplatz-Briennerstraße* um. Die Wirkung des ernsten klinischen Befunds auf sein empfängliches Gemüt wurde weitgehend aufgehoben durch seine unerwartet hohe Einstufung als Patient. Seine Lebensmittel-Zuteilung entsprach der eines Schwerstarbeiters. Das ärztlich verordnete Stilliegen löste in ihm eine Euphorie aus, die tagelang anhielt. – Die Beziehung zu der Volksdeutschen aus *Novisat,* der missionarisch angehauchte Höhenflug der *Korbacherin,* endete auf denkbar einfache Weise: Roszika benutzte die angebliche Ansteckungsgefahr, um sich mit ganz natürlicher Grausamkeit aus der Affäre zu ziehen. Die Sonderschichten der umschwärmten Serviererin fielen ausgerechnet auf Sonntage, an denen Mertens Ausgang bekam. Der Vorschlag der *Korbacherin,* am nächstfälligen Posaunentag in die Residenz zu reisen, scheiterte an Wettervorhersagen. Sie vertröstete ihn auf eine trockenere Jahreszeit; die ließ auf sich warten . . .

Mertens – frischluftverpackt in einem hochklappbaren Liegestuhl – beobachtete aus sicherer Horizontale die zur Kaustik vorgemerkten Neuzugänge, die kehlkopfgeschädigten Resistenten mit einschlägiger Erfahrung in PAS-Behandlung, die herausgefütterten Dystrophiker mit dem Sprachschatz russischer Natschalniks, die ständigen Ambulanten mit »Wasser bis zum Stehkragen«, die Vollplastiker in ihrer Haßliebe für chirurgische Instrumente, die kindlich Letalen mit ihrer drastisch verringerten Atemkapazität. Einen großen Bogen machte er um die Alteingesessenen, die sich dem weiblichen Personal gegenüber Vertraulichkeiten herausnahmen. In Acht nahm er sich vor den Frisch-Genesenen, die mit ihrer Manneskraft protzten und mit ihren ›Kurschatten‹ auf Kollisionskurs gingen. Argwöhnisch musterte er die abgehalfterten Kommißköpfe, erkannte an ihrem Grußfimmel und chronischen Kopfwerfen die ewig Gestrigen. Er notierte sich Aussprüche ranghöherer Bettnachbarn, die in einer Art Wachschlaf den Jargon der Verbrannten Erde ausschwitzten.

. . . Undeutliche Gefühle der Angst, überspieltes Unbehagen / erkannte mit Bedauern seine unzulängliche Trauer / wollte Einsicht erzwingen, das Geständnis wenigstens von Mitschuld / hat dankend abgelehnt, benahm sich kaltblütig in Lagerzonen, ließ kalten Blutes feuern / kam an gelegenem Ort zu seiner Täterschaft auf Zeit / ohne Zweifel ein Gemütsmensch / über Wortbrüchen erst knieweich geworden / im Stich gelassen am Stichtag NULL / eine schöne dekorierte Null, unmenschlich kindisch /

Ließ sich alles bedenken, was diese ruchlosen Jahre dem Einzelnen an Verantwortung aufbürdeten? Der eigene Makel, die eigenen Verfehlungen – daß Mertens sie katalogisierte, hob sie noch nicht gleich auf. Mertens versagte sich der kulinarischen Ironie, die das Verharmlosen als widerwärtigste Form des Freispruchs übt. Aus einem Gegenstand schweigenden Abscheus wurde ihm ein Gegenstand seiner Betroffenheit, seiner persönlichen Haftung. Dem Skandal des Faktischen ausgesetzt, war er sprachlos vor dem Bulldozer-Gleichmut rubrizierten Grauens, vor den Schaubildern geöffneter Massengräber, vor den Lastzügen gebündelter Schuhe, Brillen, Prothesen, den Baracken voll Frauenhaar. *Canada. Dora.*

(Nicht das arktische Dominion unter dem stilisierten Ahornblatt, nicht die unerlaubte Assoziation eines Mädchennamens . . .)

X

Archiv Mertens: Barbarei, einmal nicht abstrakt genommen, sondern mit genauem zeitlichen und personellen Bezug. Jedes geschriebene Wort eine Farce, das die Zäsur nicht kenntlich macht.

. . . *Bogenhausen*, Gorki'sches Nachtasyl der Verschleppten, der ›Displaced persons‹, der Geretteten, der wenigen überlebenden Juden: »Schaalu Schlom Jehuda Sabbatai zwi.« Keine der Straßen am *Englischen Garten*, die er sonntäglich aufgeräumt durchlief. Die gewohnte Leere solch trostloser, von Spaziergängern gemiedener Wohnquartiere, über der grünschäumenden *Isar* gelegen. Der genaue Verlauf dieser Straßenzüge bekannt (falls ein Nachweis erwünscht ist). Die Stromsperre lästig wie immer. Ein neblig-trüber Herbstabend; ihm verleidet, noch bevor er die Haut durchnäßt. Als vorläufige Besetzung der Szene: Bettler auf seiner Pirsch nach Kippen, in einem Zustand äußerer Verwahrlosung (der in Mertens Fürsorge-Instinkte weckt). Einige Schrittlängen vor ihm, mit Blickrichtung auf ein verwildertes Gartengrundstück, Heimkehrer mit kleinem Gepäck. Seine zielsicher ausgreifenden Schritte zeigen an, daß er ortskundig ist. Eine sicherlich ganz alltägliche Begegnung. Keine Heimkehr, die biblische Vergleiche nahelegt. Stoff für eine kleinbürgerliche Odyssee (Mertens dürfte schwerlich ihr geeigneter Chronist sein!).

Was an dramaturgischen Einfällen hatte er anzubieten? Vorerst die simple Einübung zweier Passanten im Nebel auf ein oft gesehenes Ritual: Mertens läßt den Bettler aufrücken, den Heimkehrer kurztreten. Während er sie dazu anhält, sich zu bücken – den einen, um sich die Schnürsenkel zu binden, den anderen, um im Rinnstein zu stochern, lenkt er beider Aufmerksamkeit auf eine angerauchte *Chesterfield* (Mertens läßt offen, wer von den beiden humoristisch reagiert.)

»Mann in der Hutschachtel, einladend sehen Sie nicht gerade aus! Wohl unter die Räder der Geschichte gekommen?« (Mertens läßt die beiden durch ein Gartentor eintreten.) »Kommen Sie! Worauf warten Sie noch? Ein paar Glimmstengel fallen allemal für Sie ab.« (Mertens greift unter eine morsche Trittstufe, fummelt mit einem Schlüssel an einer Tür herum, stößt sie mit einem Fußtritt auf.) Das von Bomben und Granaten ausgeklammerte Randstadt-Idyll, in der Stickluft eines lange nicht mehr gelüfteten Raums. Nicht einmal die verfänglichsten Bilder und NS-Parolen von der Wand genommen. Der kippensammelnde Bettler – wie aber geriet er hierher? »Meine Herren, wie kommt Taubenmist auf die Hühnerleiter? – Nicht mehr ganz reiner Ozon das. Aber sagen Sie selbst: hat unsereins nicht zu leben verstanden?« (Mertens klappt einen Oberlicht-Flügel nach innen, reißt den Zündkopf eines Streichholzes an; er ist der Arrangeur von Vorgängen, die ihn bestürzen.) Da stehen sie einträchtig in leicht eingestaubten Regalen, die braunen Rhapsoden: Will Vesper, seine rücksichtslose Strammheit: »*Deutschland zu wollen, um den Preis jeden Untergangs!*«; Kolbenheyer: »*Jene Ordnungsform, die das Individuum aus seinem monadischen Kerker befreit*«, von Scholz: »*Nicht Worte sprechen soll, wer Taten spricht!*« Die Forschheit der SS-Charge Johst –: »*Wenn ich Kultur höre, entsichere ich meinen Browning*« – »*Gegen Dekadenz und moralischen Verfall. Ich übergebe der Flamme – gegen Gesinnungslumperei und Verrat. Ich übergebe der Flamme –*«

»Warten Sie, ich zeige Ihnen einige Raritäten. Echte Paduas, ein Löwen-Triptychon von Peiner, ein Arno Breker. Hier sehen Sie besser nicht allzu genau hin. Die Aufregung der letzten Urlaubstage. Kam nicht mal dazu, klar Schiff zu machen.« (Mertens fegt einen Stapel NS-Broschüren vom Tisch, dreht das obligate Führerbildnis, einen Gralsritter mit charakteristischer Bartbürste, demonstrativ zur Wand, verhängt mit einem Bademantel die verblaßte Tageslosung: »*Du bist nichts, Dein Volk ist alles!*«*)* Eine handschriftliche Kladde kommt zum Vorschein, etwas verdächtig offenherzig placiert, »Logbuch eines Loyalen«, ein Motto aus der Bibel vorangestellt: »Oh, daß Du kalt wärest!«, Anfang einer fingierten Beichte, um eine Bekehrung einzuleiten?

»Mann o Mann, haben Sie vielleicht einen Aufzug beisammen! In welchem Mauseloch haben Sie überwintert?« (Mertens rückt zwei Rohrsessel an den Tisch, klappert hinter einem Verschlag mit Geschirr.) »Einen kleinen Happen werden Sie nicht verschmähen – oder? Nicht gerade üppig, was ich aus dem Schlamassel gerettet habe. Aber Sie stehen ja noch immer. Ist Ihnen nicht wohl?« (Mertens bringt Kerzenleuchter, schiebt den Bettler ins volle Licht.) »Reichlich blaß um die Nase, mein Lieber! Na, ein harter Klarer wird Ihnen auf die Beine helfen.« (Mertens holt ein Tablett mit Flasche und Gläsern.) »Müssen Sie eigentlich dieses Unikum von Mantel tragen?« (Mertens löst den Wollschal des Bettlers, schlägt den Revers auf, ein aufgehefteter Davidstern kommt zum Vorschein.)

»Eine hübsche Falle, die Sie mir da gestellt haben! – Hören Sie, Goldstein oder wie immer Sie heißen mögen, ich habe für diese Art Scherze kein Organ. Ich finde das ausgesprochen unfair. Aber ich bin ja nicht nachtragend. Ich mache Ihnen sogar einen Vorschlag. Ich hätte da einen preiswerten Überzieher für Sie. Nicht mehr ganz neu, aber noch gut im Schuß. Ich verlange von Ihnen nichts, außer daß Sie hergehen und diese häßliche Schabracke an den Nagel hängen. Der Überzieher stammt übrigens aus Familienbesitz. Ich sage Ihnen, Goldstein, auch unsereinem wurde nichts geschenkt. Glauben Sie, ich hätte alles gebilligt? Aber bricht nicht schon die Bibel den Stab über die Juden? Konnten Sie in einem Jahrzwölft, das den ›neuen biologischen Typ‹ vorschickte, zu einer Zeit, da man in Deutschland Geschichte mit Blut schrieb, noch mit Schonung rechnen? Welches Geständnis fordern Sie von mir? Sie haben Glück, sag' ich Ihnen, daß ich heute meinen spendablen Tag habe. Kommen Sie also, Goldstein, ich werde mich vor Ihnen nicht verstellen. Aber meinen Sie ja nicht, mit mir hätten Sie einen Fang gemacht. Ich war kein bornierter Judenfresser –.« (Mertens blättert in der handgeschriebenen Kladde.) »Schauen Sie ruhig rein, Goldstein, Aufzeichnungen aus den Kriegsjahren. Genaue Daten, gewissenhaft geführt. Ich war ein loyaler Gefolgsmann, wenn Sie so wollen, ein getäuschter Patriot. – Was hatten Sie denn erwartet? Einen Rassisten oder sturen Subalternen? Ich war Dozent für neuere

Geschichte. Glauben Sie übrigens, Goldstein, daß sie die Schulen und Universitäten wieder aufmachen? Könnten Sie für mich nicht ein gutes Wort einlegen? Man kann mir doch nicht verwehren, zu unterrichten. – Aber so legen Sie doch endlich diesen schrecklichen Mantel ab!«

(Mertens klappt das schwarze Oktavheft zu, schiebt die Fleißarbeit in lesbarem Sütterlin in den Sekretär zurück, rückt mit dem Überzieher an.) Was aber nun? Was hatte er vorzuweisen, den selbstgefälligen Monolog dieses Schritthalters, Spurensicherers, Speichelleckers? Und einen eigenen Nachsatz in Klammern und Anführungs-Strichen. Dabei ließ er es auch schon bewenden. Gescheitert sein Vorhaben, eine Parabel zu schreiben gegen Vergeßlichkeit und jene Willfährigkeit, die sich als Loyalität gebärdet. Das beschämend dürftige Fragment seiner Zeugenschaft, seiner dramaturgischen Assistenz. War nicht auch ihm eingeredet worden, Vergangenheit mundtot zu machen mit einem Gedächtnis, das die Hochfeste tausendjähriger Willkür-Herrschaft mit familiärem Schwachsinn datiert? Genrebilder zu setzen gegen das verdrängte Grauen?

Kristallnacht achtunddreißig: (»Klein-Ottos-Augenzähne machen sich bemerkbar«). Massaker einundvierzig in Kiew: (»Vaters Nesthäkchen wird konfirmiert«) Warschauer Ghetto dreiundvierzig: (»Pimpf Baldur zu Führers Geburtstag in die HJ übernommen«) Niederschlagung des Aufstands vierundvierzig: (»Ernas Verlobter zum Unterscharführer befördert«).

Nach Jahren des Verstummens sein untauglicher Versuch, Steckbriefe verschwägerter, unbußfertiger Mitläufer, Nutznießer, Handlanger auszuschlachten. Woher nahm er eigentlich das Recht? War er wirklich schon ein Anwalt der Beleidigten, nur weil er seine Spaziergänge bis Bogenhausen ausdehnte? Hatte nicht auch er in seinem Kleinmut gesagt: ich hätte da einen preiswerten Überzieher!

XI

Archiv Mertens: »Der von einem Schwurgericht in M. wegen eines Tatbestands ›räuberischer Erpressung‹ rechtskräftig verurteilte, in der Haftanstalt St. einsitzende ledige Aushilfskellner, aus dem unter fremder Verwaltung stehenden schlesischen Neustadt a. d. Prudnitz gebürtig, hat einen erfolglosen Versuch unternommen, sich in seiner Zelle das Leben zu nehmen. Wärter O. erklärte, der Häftling habe sich mit diesem ›vorgetäuschten Selbstmord‹ nur aufspielen wollen.«

Zufällig stieß Mertens auf die Pressenotiz über einen gewissen V. Proskau, dessen Berufsbezeichnung ihn schon stutzig machte, die schlampig nachgetragene Biographie, die nicht ganz geheuren Umstände dieses für Mertens besonderen Falles. – Pflichtverteidiger B. – über den Weg des Armenrechts mit dem Fall Proskau befaßt – kam Mertens in seiner knausrig beheizten Mansarde nicht gerade entgegen, aber er wies ihn auch nicht hinaus. Er brachte schwachen Teeaufsud und Anschnitte eines Sandkuchens. Die Kargheit des Aufgetragenen entschuldigte der brauen-, wimpern- und hautlose Anwalt mit der Abwesenheit seiner Haushälterin.

»Zunächst wirkte der Angeklagte auf läppische Weise überheblich. Seinen Widerwillen hätten Sie sehen sollen, als ich das erste Mal seine Zelle betrat. Das war nicht die Trotzhaltung eines Inhaftierten. Meine bloße Anwesenheit kränkte ihn. Sie kennen die Wirkung von Phosphor auf der Haut? Viel Fleisch war nicht mehr in meinem Gesicht. Nicht einmal ernstlich böse konnte ich ihm sein. Diese Sorte Mensch ist auf Mitgefühl nicht angewiesen.«

Sein vorpreschendes Fragen, welches Delikt denn nun Proskau vor den Strafrichter gebracht habe, beantwortete der Anwalt, der sich absichtsvoll dem grellen Licht einer Stehlampe aussetzte, mit ausholender Beschreibung. Doch schon den ersten Satz fing Mertens mit der Bemerkung ab: »räuberische Erpressung«, das passe auf Proskau wie ein Schlagring zu einem Florettfechter.

»Nach Aussagen der beraubten Klägerin«, fuhr der Anwalt unbeeindruckt fort, »gab sich der Angeklagte als Vertreter einer seriösen Textilfirma aus. Die Kundin, in nicht gerade gutnachbarlichen Beziehungen, zieht man die sich widersprechenden Äußerungen von Zeuginnen in Betracht, will mehrere seiner Musterstücke gesehen und auf ihre Paßform hin überprüft haben.«

Sein betont männliches Auftreten habe ihr ziemlichen Eindruck gemacht. In seiner Aufforderung, ruhig eines der Wäschestücke anzuprobieren, habe sie nichts Anstößiges sehen können. Von einer Nötigung im richterlichen Sinne könne wohl nicht gut die Rede sein. Zwar habe sie im Spiegel gesehen, wie der Angeklagte in seinem Musterkoffer mit übertriebener Hast etwas verräumte. Sie habe angenommen, er suche eines der kostbaren Stücke, die man nicht jeder beliebigen Kundin unter die Nase hebt. Argwohn habe sie nicht verspürt, eher ein Gefühl schamvoller Neugier. Entkleidet vor einem Spiegel zu stehen, lasse eben nicht allzu viele Überlegungen zu. Der Angeklagte habe schließlich Dinge gewußt, die ein gewöhnlicher Vertreter nicht einmal zu denken wage.

Nicht ein einziges Mal nannte der Anwalt seinen Mandanten beim Namen. Mertens, der zunächst einen Bericht abwegiger, wie erfunden wirkender Vorgänge erhielt, stellte sich bereitwillig auf diesen Tonfall gespielten Verfremdens ein. – Aus seiner Anwalts-Praxis seien ihm Versuche, sich durch Tötungsabsicht ins Rampenlicht zu katapultieren, nicht unbekannt. Sein Mandant habe eine ausgefallene Vorliebe für theatralische Auftritte. Ein erster Versuch, sich ins Gespräch zu bringen, sei im Waschraum einer Schwabinger Nachtbar gescheitert. Gewisse Prozesse dienten eben nicht der Wahrheitsfindung, sondern der nachträglichen Entdeckung eines Talents.

In diesem Stadium ihres Gesprächs hielt sich Mertens noch mit Komplimenten zurück. Er suchte in Erfahrung zu bringen, was sich hinter dem »lachhaften Einfall, sich in der Zelle aufzuknüpfen« wirklich verbarg. Der sachlich unwiderlegbare Einwurf des Anwalts, »die kindischen Machenschaften, die Unverfrorenheit und physiognomische Hoffart« seines Mandanten betreffend, die mit »übertriebener Kleidersucht und einer geradezu hypochondrischen Wehleidigkeit« zusammenfalle, löste in Mertens die Erinnerung an einen Vorfall aus, der fünfzehn Jahre zurücklag und mit dem Verschwinden des Angeklagten zeitlich zusammenfiel: der Verlust des einzigen kompletten Anzugs, den Mertens damals besessen. Gefragt, was ihm an seinem Mandanten aufgefallen sei, der die Gerüste der Firma *Hoch & Tief* offenbar nur bestiegen habe, »um sich bei Spiellaune zu halten«, sagte Mertens ohne zu zögern: »Ein sehr bestimmender Zug von Eitelkeit!«

Proskau, unerschüttert in seiner Selbsteinschätzung als Stuntman, habe nichts so geschätzt wie die freie Verfügbarkeit über seinen Körper. Davon habe er gezehrt wie von einem festverzinslichen Kapital. Er, Mertens, habe für sich jene List der Schwachen in Anspruch genommen, die Handbreit Spielraum, die der körperlich Benachteiligte unaufhörlich mit so wenig Erfolg verteidige. – Mertens lernte Victor Proskau, den ›schlesischen Baron‹ (der nichts dagegen hatte, wenn man sein ›Vau-Punkt‹ als Adelstitel nahm!) auf der Baustelle *Stengelhof/Ungerer-Bad* kennen. In brettsteifem Manchester eingezwängt, auf einer brüchigen Ziegelstein-Trasse stehend, ließen sie im Schulterzug vorbereitete Hölzer zentimetergenau in das skelettierte Hausinnere hinab. Unter der Schwebelast die eingeschüchterten Bauherren, vor Pannen im eigenen Haus nicht sicher. »Geh aus der Schußlinie, Dicker! Ob wir mit der Arbeit vorankommen? Das hängt ganz von Ihrer Spendierlaune ab. Hauptsache, der Schornstein raucht!« Joviale Kumpanei auf fliegenden Gerüsten, ihr aufgepulverter Leichtsinn.

Mertens frappierte die schlagfertige Dreistigkeit des Jüngeren, seine beinahe schon artistische Sicherheit. Ohne sich anzuseilen, wuchtete er freihändig verkohlte Sparrenstümpfe aus ihrer Halterung, schwenkte sie mit bloßen Händen in die Vertikale, ließ sie vier Stockwerke tief in den Bauschutt stürzen. Mertens fragte sich mit leisem Befremden, welchem übermütigen Entschluß er diese Seilschaft verdanke, die ihn zum Handlanger erniedrige. Dieser ›Prachtkerl‹ betrachtete die Wochen auf dem Bau offenbar als selbstverhängte Quarantäne, sah in der schlecht bezahlten Arbeit ein Sprungbrett für einträglichere Jobs. – In den Abendstunden trieb sich Proskau in den *Mathäser-Hallen* herum, versuchte einen schwungvollen Handel mit Feuersteinen aufzuziehen. Die gerisseneren Schieber benutzten den ortsfremden Konkurrenten als willkommenen Prellbock für die MP. Einmal kam Mertens mit einer Ladung Schwartholz auf dem Weg zum Oberen Anger gerade noch rechtzeitig, um Proskau vor einer Razzia in Sicherheit zu bringen. Er pfiff den falschen Baron an seinen Zweiräder heran und passierte mit ihm als zweitem Mann anstandslos eine Sperre vorgefahrener Jeeps.

Damals fiel es Mertens noch leicht, dem Anfänger das riskante Eckenstehen auszureden. Doch mit der Rolle als ›zweiter Mann‹ fand sich Proskau nicht lange ab. Von Mertens auf seine Herkunft angesprochen, gab er allen Ernstes vor, Alleinerbe einer Spirituosen-Fabrik zu sein, die die Russen nach ihrem Abzug aus *Neustadt* gesprengt hätten. Später schwächte er ab und beließ es großmütig bei einem Gutshof mittlerer Wahl. Eine Lohnbuchhalterin von *Hoch & Tief*, die er herausfordernd übersah, rächte sich an ihm und erklärte, er sei der uneheliche Sohn eines Gastwirts, der im Schlesischen eine kleine Destille betrieben ...

Der Anwalt, in seinem drehbaren Ohrensessel versunken, klickte abgewandt mit dem Feuerzeug. »Wer, wie mein Mandant, das Große Los schon mit seinem Paßbild herumtrug, war für eine NS-Laufbahn wohl wie geschaffen! Der Versuchung, nach der Machtübernahme bei lokalen Parteigrößen sich einzuschmeicheln, konnte er nicht widerstehen. Wissen Sie mehr über seine militärische Laufbahn? Hat er Ihnen gegenüber je die Karten aufgedeckt?« – Obschon sich der gut gewachsene Proskau mit nacktem Oberkörper in die Märzsonne wagte, nach einem Blutgruppen-Stempel suchte Mertens vergeblich. Die Aufschneiderei des vermeintlichen SS-Manns mit angeblichen Einsätzen im Raum *Bjelgorod* als Panzerfahrer bei *Wiking* nahm Mertens unwidersprochen hin. Als er aber im Mittelabschnitt gleich »ein halbes Dutzend T 34 im Nahkampf unschädlich gemacht« haben wollte, entlarvte ihn Mertens leicht, indem er ihm sprengtechnisch »auf den Zahn fühlte«. Bruchstückhaft blieb Proskaus Bericht über eine »vom Kommandeur persönlich befürwortete Versetzung zu einer Frontbühne«. Mertens zögerte nicht, ihm gerade auf diesem Sektor »Osterfahrung« zuzusprechen. »Sagen Sie ruhig, daß Sie ihn dafür verachtet haben!« mokierte sich der

Anwalt. »Ihr strammer Viktor wählte den natürlicheren Weg, den über die Garderobe einer KdF-Soubrette, der die Vorzüge eines Liebhabers gewichtiger scheinen mochten, als die pantomimischen Fähigkeiten eines feldgrauen Parterre-Akrobaten.«

Der Anwalt entzog sich in einer Wolke beißenden Tabakqualms. Als gehätschelter NS-Protegé habe sein Mandant verständlicher Weise hinterm Berg gehalten. Raffiniert habe er ihn von der »braunen Kriechspur« gelotst. Ihm sei ganz »blümerant« geworden, als er – weit ausholend – mit Erlebnissen aus seiner *Neustadter* Schulzeit angerückt sei. Obschon er, wie er schnell herausfand, mit knapper Not die acht Klassen Volksschule durchstand, prahlte er mit dem Entlassungs-Zeugnis eines »stinkvornehmen Internats«. Denken Sie nur, er nannte seine Erzieher »typisch ostelbisches Gesocks«, glaubte mich mit solch schnoddriger Blasiertheit ablenken zu können.

Mertens aber fand nach und nach Gefallen an dieser harmlosen Hochstapelei, folgte nicht mehr geniert, sondern mit sichtlichem Vergnügen den einzelnen Phasen dieser rabiaten Entblätterung. Proskau habe es einfach schwerer als er gehabt, seinen Mitteilungsdrang zu bremsen, sein Geltungsbedürfnis.

»Sie meinen, Selbstdarstellung zu betreiben mit den Mitteln des Bluffs, der Mystifikation! Sicher kannten auch Sie den ausrangierten Coupéwagen, der meinem Mandanten nach seinem Gastspiel bei *Hoch & Tief* als ›Befehlsstelle‹ diente.« Von Kleiderpuppen wie von einer Leibgarde umgeben, habe er ihm seinen Vater als »Gastwirt mit hochherrschaftlichem Umgang« vorgestellt. Mertens – von den Maskeraden seines ehemaligen Gerüstpartners amüsiert – warf ein: Einmal sei auf Proskaus Pfiff hin der Schankwirt in blaueingefärbter Uniform erschienen. Vor der malerisch zersiebten Coupéwand, im Lichtgitter der zahllosen Einschußlöcher, ein immer noch »schneidiger Vierziger«, habe er auf ihn gewirkt wie eine ungeschlachte Kraftnatur, mit einem Einschlag milden Größenwahns.

Zu Proskaus Verlobung mit einer Maklerstochter, sei er ein weiteres Mal in seinem umfunktionierten Eisenbahn-Abteil aufgetaucht. Die Leibwache, abgelöst durch jugendliche

Streuner aus dem *Hasenbergl,* sei vor dem Waggon postiert gewesen, ihrer schützenden Hülle beraubt, eine nackte Tatsache, die ihm Proskaus Sinn für makabre Szenarien demonstriert habe. Sein Vater im Zustand der Volltrunkenheit, mit taktilen Wahrnehmungen genarrt, in der kritischen Phase von weißen Kaninchen belästigt. Eine Polizeistreife, die Proskau liegend empfing, mit der Maklerstochter neben, unter und über sich, habe er, Mertens, um nicht vor Peinlichkeit schamrot zu werden, mit der Aufforderung besänftigt: »Lassen Sie lieber einen Kasten Freibier springen! Die feiern hier gerade eine innerdeutsche Versöhnung.«

»Und nun lassen Sie auch mir noch eine Variante, die Ihnen zeigen soll, mit was für Taschenspieler-Tricks dieses Naturtalent noch in den fünfziger Jahren seine Karriere vorantrieb.« Mit einer Sesselschwenkung drehte sich der Anwalt aus dem harten Licht. »Als Stuntman, wie er es nannte, als Statist, als besserer Kofferträger, wie Zeugen meinten, träumte mein Mandant von einem Auftritt in *Geiselgasteig.* Sie können sich denken, wie sich das gegenseitig hochschaukelte: die getäuschte Erwartung seiner trinkfreudigen, sonst wenig sattelfesten Kumpane, und sein eigener Überschwang, auf Eis gelegt bis zur nächstfälligen Heldenauslosung!«

Zeitweilig verlor Mertens den Faden des Gesprächs, ließ sich fesseln von der chirurgischen Strenge dieses zerstörten Gesichts, das als intakte Partien nur noch Augen und Stirne vorwies, während die ganze untere Hälfte in ihrer blutprallen Verletzlichkeit wie nicht funktionsfähig schien. Obschon ihm die *Messerschmitt*-Modelle vor der altdeutschen Täfelung bewiesen, daß diese scharf denkende forensische Instanz einmal in Nachtjagd-Instinkten befangen war, spürte er Respekt, ja Hochachtung. Doch des Anwalts leicht schnarrende Stimme zwang ihn in die analytische Spur zurück: »Sehen Sie, da ist also dieses Überlebens-Genie, dieses Chamäleon, ein Altersgenosse, der sich den Belastungen, wie sie Ihnen zugemutet wurden, mit bloßem Charme entzog. Den völkischen Kollaps in glänzender körperlicher Verfassung überstehend, mogelte sich unser Jüngling mit dem Wikinger-Blick durch drei Steckrüben-Winter. Und nun bedenken Sie eines: dieser tolle Hecht, diese Attraktion Ihrer Baufirma, dieser clevere Artist im Pagendreß, steigt trotz seines entwickelten Sinns für Hierarchien nicht auf, macht nicht das Rennen, verpaßt den Anschluß, findet Betten, aber kein gemachtes Bett, wird straffällig.«

Sein Einwand, sagte Mertens, richte sich gegen die landläufige Annahme, eine florierende Gesellschaft brauche den Stachel, den der Anblick des Gescheiterten, des Gestrauchelten biete. Doch der Anwalt, versessen in seine eigene Theorie dieses »Scheiterns in Raten«, überhörte offensichtlich Mertens' Einwand. – »Sehen Sie, da ist nichts von abzutragender Gewissenslast, nichts von Einsicht in das Läppische seines Benehmens.« Das Strafmaß, auf Grund seiner energischen Ursachen-Aufhellung, seiner ›Bewährungs-Strategie‹, weit unter dem Antrag des Klägers, sei auch für einen Weichling wie Proskau verkraftbar. »Bedenken Sie auch, mein Mandant wählte für seinen Selbstmordversuch einen Zeitpunkt aus, als er den Kalfaktor schon mit dem Schlüsselbund hantieren hörte.«

Den Ernst seiner Drohung könne gleichwohl niemand bestreiten, sagte Mertens. Er sei der Ansicht, schränkte er vorsichtig ein, daß der Krieg nicht nur Opfer hinterlasse, deren Scheitern ablesbar, ja voraussehbar sei. »Sagen Sie ungeniert Krüppel« wandte der Anwalt ein und drehte Mertens sein verwüstetes Gesicht zu.

... Wer Mertens vor das Exekutions-Kommando geschleppt hat? Sie rechnen so sehr mit seiner Ergebung, daß sie ihn einfach zu der kugelbespickten Palisade bestellten, wie zu einem Treffpunkt. – »Sie finden den Weg auch ohne Begleitung.« – Ohne viel Aufhebens ihn zu füsilieren, in einer Morgenstunde, die noch viel zu schlafmützig ist, um die Augenlider zu heben, wäre ganz nach ihrem Geschmack. Für die Gewehr bei Fuß stehende Mannschaft ist die Gewissensfrage des einen unscharfen Schusses nur noch rein akademisch bedeutsam. An eine Denksport-Aufgabe gingen sie mit ungleich größerem Enthusiasmus. Unter Zurücklassung sichtbarer Spuren im Blutsand gelingt es Mertens, den Richtplatz unbemerkt zu verlassen.

Doch als er sich schon in Sicherheit wähnt, tritt ein einzelner Gewehrschütze auf ihn zu. Die Augenbinde lüftend, erkennt Mertens diese auf Visier-Schärfe gedrillte Kreatur, die seinen Tod als ballistisches Unternehmen begreift. Schrittsicher auf ihn zutretend, hebt der Schütze die Mündung seines Karabiners an. Mertens – blitzschnell nach der Waffe fassend – drückt den Gewehrlauf beherzt nach unten, wendet ruhig das Hebelgesetz an: Lastarm mal Kraft, sieht verwundert, wie der verblüffte Schütze in die Knie geht. Mertens' zuckender Herzmuskel und die Karabiner-Mündung bilden jetzt die Endpunkte einer steilen Parabel. Er sieht, wie das Geschoß den gezogenen Lauf verläßt, stupide folgerichtig in seinem Rechtsdrall an Höhe gewinnt, dem Gesetz der Schwerkraft erliegend, schräg nach unten abbricht.

Erwachend spürt Mertens unterhalb des linken Schlüsselbeins seine alte Narbe. Sie liegt nicht sehr tief im oberen Drittel des Rippfells. Bei umschlagendem Wetter kann es vorkommen, daß sie sich schmerzhaft bemerkbar macht . . .

XII

Archiv Mertens: ». . . Zwanzig Monate hielt ich mich in einem Kachelofen verborgen. Sie können ihn sich anschauen, er steht noch heute in der Wohnung 6, Debowa-Straße 17 . . . dreizehn Kacheln hoch, keine breiten Wiener Kacheln, sondern polnische, dreieinhalb Kacheln breit und zweieinhalb Kachlen tief, in einem gewissen Abstand von der Wand –. Oj, Herrsch Pinches, scheene Zeiten sind für dich gekommen, daß nur im Ofen leben kannst, und die anderen Juden fliegen durch den Ofen in den Himmel . . .« (Stanislaw Wygodzki)

Mit der Unbefangenheit des Ortsfremden, dem das Vergangene nicht hinter jedem Bauzaun ein Bein stellt, einen weiträumig angelegten Platz mit geschlossener Häuserzeile überqueren. *Bogenhausen, Herkomer-Platz.* Bei einsetzendem Nieselregen durch den *Herzogpark. Kolberger-Mauerkircher-Poschinger* Straße. Eingefriedeten Besitz neidlos mustern. Gepflegte, für herrschaftliches Ausreiten wie geschaffene Rasenflächen mit Schuhen verschonen. *Isarauen* zwischen *Max-Josephs-Brücke* und *Friedens-Engel.* Vom Magistrat abgesteckte Parzellen für Lockerungsübungen benutzen. Zwanglos durchatmen.

Aus der vorgegebenen, eingebrannten Trittspur herausfinden. Der Durchlässigkeit für Chiffren, die mit ›S‹ beginnen, wehren. Nicht mehr Standlaut geben, wenn er auf Spuren seiner handwerklichen Tätigkeit trifft und schöner, vergeblicher Liebschaften. Den Gang durch *Alt-Schwabing* antreten mit dem starken Appetit des Essers, dem die Schluckbeschwerden des Melancholikers fremd sind. Eine Stadtlandschaft ohne Hinterhalte und doppelte Böden: *Wedekind* bis *Sylvester* hinterm *Kleinhesseloher-See.* Sich zu ungekannten Empfindungen überreden. Mit Schaulustigen eine mittäglich belebte Passage in der *Leopold-Straße* bevölkern. Gleichaltrige unbelastet bei ihren einträglichen Geschäften beobachten, sie als Wohlstandsmehrer weder verlästern noch verteufeln, mit ihrem auf Profit und Mehrwert zielenden Ehrgeiz. Vorleistungen erbringen, diese geballte Energie als aufs Ganze gerichtet gutzuheißen. Der optischen Suggestion von Blickfängen antworten. Auf Oberflächen-Reize dankbar reagieren. Der Verfügbarkeit des frommen Scheins nicht erliegen, aber die eigene Genußfähigkeit testen. Das Angebot endlich für lebbar halten. Aus einem Faltblatt das schlechthin Vollkommene herausklappen.

Verblüfft vor einer Auslage mit kosmetischen Präparaten. »Was Ihrem Gesicht diesen frühen Zug von Härte gibt, ich will es nicht wissen. Seien Sie unbesorgt, ich bin wie Sie ein Befürworter der plastischen Chirurgie!«

Mertens denkt nach über die schwierige Kategorie gelebter Zeit, die ihre Verlängerungen vorerst noch im Vergangenen finde, in ihren sprechenden Versteinerungen. Rechtschaffen bemüht er sich, seine Narben und gefrierfrisch gehaltenen Erfahrungen nicht als etwas Überholtes, Lästiges abzuschütteln. Zu einer Abend-Party geladen, nähme er für sich in Anspruch, als erwachsen zu gelten . . .

Der dritte oder vierte Tapetenwechsel an diesem Tag. Nach einem Imbiß in den *Teng-Stuben* geschlossener Sprung in das hochgelegene Atelier des Malers Pankraz. Rasch in Gang kommendes Palaver über ›Informel‹ und Polocks dynamische Parabeln. Ben Shans Federzeichnung ›Oppenheimer‹ sachkundig herumgereicht. Guttusos Ausschluß von der *documenta II* erörtert. Über einem Stapel druckfeuchter *Tenden-*

zen Plakate polnischer Druckgrafik. Im verstellten Spiegelflur Sitzgruppe unter einem Aushang: Woche des humanistischen Films im *Occam*. Beim Herumgehen mit einem Glas unverdünntem Whisky eine Auslegung Genets aufgeschnappt, diesen Musterfall existenziell bedingter Strafverfallenheit. Vor einer freitragenden Treppe, die von Mädchen wie von eingeflogenen Exoten besetzt ist, einen Satz Benjamins gehört: Die Vision des Charakters sei befreiend in allen Formen! Den *Angelus Novus,* Klees bildnerische Konzeption überdeutlich vor Augen: ein Engel, der aussieht, als wäre er im Begriff, sich von etwas, worauf er starrt, wie versteinert zu entfernen . . .

Es wirft Mertens nicht gleich um, sich im Spiegelflur auftauchen zu sehen, wie er mit vorgezogener linker Schulter hereintritt, ansetzt zu einer Verbeugung, die immer eine Spur zu tief ausfällt, wenn er sich selbstsicheren Endzwanzigerinnen nähert. Sich unter leichtem Blutandrang zweigeteilt vorzufinden, als blassere Hälfte dieses Doppelgängers, überrascht ihn nicht. Seine unmotivierten Standbein-Verlagerungen bringen ihn nicht mehr aus dem Gleichgewicht. Er kennt diesen unangepaßten Zeitgenossen zur Genüge, kennt seine Unsicherheiten, seine stationären Komplexe. Ein Mertens' wohlgesonnener Gönner meinte einmal: das Linkische sei in ihm gewissermaßen literaturfähig geworden . . .

Gebeten, sich zu einer öffentlichen Ehrung auf kommuneeigener Tribüne einzufinden, weigerte er sich angesichts der bestellten Claqueure, unter denen er mißliebige Klassensprecher, Bauherren, Umschuler, Kollegen heraushörte. Wollte nicht seinem Höhenrausch nachgeben und vor den Laudatoren abstürzen. Stürzte also ungeehrt, fand sich enthäutet in einem Lattenverschlag vor, in der Schmerzunempfindlichkeit eines Gefangenen, an den das ungeheuerliche Ansinnen gestellt ist, »sich wie eine Leiche zu verhalten«. Die findigeren Verächter seines Traums hatten sich der Revolution angenommen.

Ein von seinem Lehrmeister angeführtes Exekutiv-Komitee hatte die Tribüne mit Beschlag belegt, lehrte ihn nun das Fürchten zu ebener Erde . . .

Trotz gewisser Erfahrungen im Umgang mit ideologisch geschulten Kollegen wirkt Mertens noch immer wie ein Klippschüler, wie ein im Absprung hängengebliebener Klassenwechsler, wie ein verhinderter Renegat, nicht ganz bei Kräften und um Ausflüchte stets verlegen. Probt also lieber das Sitzen in einem Ohrensessel, der ihn der Aufmerksamkeit der Debattanten, Demagogen und Pamphletiker gnädig entzieht. Aber kaum tröstet er sich über den selbstvollzogenen Ausschluß mit der Wahrnehmung der Wohltat des Sitzens in der eigenen Körperwärme, sieht er sich von einem langmähnigen Lyriker und einem bebrillten Politologen flankiert und ins Gebet genommen. Um nicht in Zugzwang zu kommen, platzt Mertens in einen Redeschwall, der seine beiden Beichtiger amüsiert:

»Ein Menschenalter reicht meines Wissens nicht aus für den nötigen gesellschaftlichen Umschwung. Notabene, der Mensch tritt nicht mit dem fertigen Habitus des ›freiheitlichen Sozialisten‹ an, ist nicht schon mit dem ererbten sozialen Status auf der Höhe seiner Zeit. Notabene, es gibt für den Einzelnen kein automatisches Ankoppeln an den Zug des Fortschritts. Für eine langsamere Denkungsart ist eben der Schritt vom Achtklässler zum zahlenden *Kolpingsmitglied* ein richtiggehender Mannsschritt. Notabene, die gültigen Spielregeln gelten nur innerhalb der Klassenlage. Mach Dir nichts vor, Du bist nicht schon deshalb ein fortschrittlicher Mensch mit ›historisch richtigem Bewußtsein‹, nur weil Dein Vater einmal als Prolet stempeln ging.«

Der sich attackiert wähnende Lyriker zieht seine absoluten Setzungen über das Alter zu einem furiosen Verdikt zusammen: Wenn man denen so zuhöre, wohin es die nicht verschlagen, in welche Schlamassel es die nicht gezogen habe. »Aus dem Sehnsuchtssang Langbehn'scher Jünglinge in den Blutsumpf völkischer Barden. Aus den Schmelzöfen vor *Verdun* in das reinigende Stahlbad.« Mit lauter Ausflüchten sei deren Biographie gepflastert. »Der sattsam bekannte Ruf nach Zuständigkeiten, dem Alibi politischer Abstinenz« warf der bebrillte Politologe ein. »Die Zuständigkeiten, die die Kompetenz in Erbpacht genommen hätten, zeichneten sich durch nichts so aus wie durch ihr gutes Sitzfleisch. Wie einen klimatischen Unfall überstanden sie Kriege und Umstürze. Überraschend schnell fanden sie sich auf ihren warm gehaltenen

Amtssesseln ein. Die Geschichte der letzten fünfzig Jahre ist wahrlich nicht arm an Beispielen dafür, wie sich politische Enthaltsamkeit bezahlt machte, weil sie unter zählebiger Klassenstruktur die Qualität einer Tugend annahm.« »Redlichkeit wäre eine akzeptable Eigenschaft, schlösse sie Biedersinn und Milieu-Enge aus.«

»Die Zeitgeschichte hat in diesen Regierungs-Baumeistern, Zahnärzten, Schulmeistern und Geometern nicht gerade Augenzeugen. Sie haben zwei Kriege, eine halblebige Revolution und eine Inflation erlebt, aber das Politische war ihnen nie inneres Bedürfnis. Sie haben eine sterbende Monarchie, eine ungeliebte Republik und zwölf Jahre Wahnsinn durchlaufen, aber in ihrem Gedächtnis blieb nichts als die Erinnerung an Jahre der Zucht und des bei Fuß gepfiffenen inneren Schweinehunds. Als gestandene Männer haben sie Karriere gemacht, haben über die Stränge gehauen, waren alles andere als Stubenhocker.« »Sie reden von den Experten zweier Staatsbankrotte wie von Wandervögeln.«

Unsere Väter, gibt Mertens mit halber Stimme zu bedenken, die seien eben nur kräftig gebeutelt worden. Die zehrten noch immer von Gedenktagen und dem Schwachsinn regionaler Jubiläen, reisten fidel mit ihren Krücken vom *Hartmannsweilerkopf* über *Maubeuge* nach *Kortryk* in *Flandern*, wenn auch aus bloßer Pietät. Uns verüble man mit Recht, wenn wir im Suff Orte und Landstriche erwähnten, die jenseits des 14. Längengrads liegen. Für uns bedeuteten die dreißiger Jahre eben nicht *KdF*-Romantik, sondern Wehrertüchtigung.

»Gleichaltrige Amerikaner, die hauen auf die Pauke mit ihrem beschissenen *Okinawa* oder *Quadalquanar*. Wir aber müssen so tun, als seien wir erst nach der Währungsreform auf die Welt gekommen. Unsere eigentliche Leistung: den Zeitabschnitt zu überspringen, in dem wir jung waren!« »Warten Sie es ab«, sagte versöhnlich der Gastgeber, »die ihr *Korea* oder *Vietnam* auf dem Kerbholz haben, kommen schon noch in Ihre Lage. Die Zahl derer, die sich aus moralischer Einsicht den Mund verbietet, nimmt ständig zu.«

»Also nicht mehr vom Krieg reden? Diesem mächtigen Nachbrenner den Hahn abdrehen, die Erinnerungs-Masche fallenlassen, einen unverbrauchteren Strang anschließen?«

Richtig, es ist ja nicht so, daß die Überlebenden, die unverdient Geretteten, allein am Zustand dieser Welt leiden. »Daß man Verletzungen austrägt, kann auch meinen, sie zur Schau zu stellen.« Mertens fühlt sich nach diesem Satz wie ein Verurteilter. Die Absolution seiner Jahrgänger hat er sich damit wohl endgültig verscherzt.

»Versuchen wir es anders herum: Sagen wir, man hat Sie für einundzwanzig Tage und Nächte auf ein vereistes Schneefeld postiert. Keinerlei kriegerische Verwicklungen, versteht sich. Nichts als die Verpflichtung, fünfhundertvier Stunden in einer Kiefernschonung zu verbringen. Voller Tagessatz zugesichert: zweimal kalt und einmal warm, vorausgesetzt, die Essenholer entdecken Sie rechtzeitig. Ausreichend Tee, wenn Sie pfiffig sind, ihn flüssig zu halten. Zigaretten, ein Anteil an Marketenderwaren. Als einzigen Gegner den Frost, gleichbleibend um fünfunddreißig Grad. Die Bedingungen also günstiger als üblich. Sie sind mit einem Vertreter Ihrer Altersgruppe zusammen, dessen faden Wortwitz Sie rasch über haben. Nehmen wir einmal an, Sie haben eine Lehre als Zimmermann oder Klempner abgeschlossen. Sie sind alles andere als verweichlicht, wissen, was Abhärtung heißt, haben bei strengem Frost – was Sie eben unter Kälte verstehen – auf dem Bau geschuftet.

Die Grundausbildung eines Infanteristen haben Sie hinter sich gebracht, besser – die eines Pioniers, da bleiben Sie wenigstens im Metier. Sie sind neunzehnjährig, nicht übermäßig jung also, von durchschnittlicher Intelligenz und Empfindsamkeit. Da Sie sich nicht mit irgendeinem Ladenhüter abspeisen lassen wollten, tragen Sie eine halbwegs passende Uniform. Selbstverständlich sind Sie über Ihre erste Unschuld hinaus, doch an einigen Illusionen werden auch Sie festhalten: nicht an die Front zu kommen, sondern in eine Garnison der Etappe. Ihr Mantel straff auf Taille, mausgrau und ungefüttert. Ihre Knobelbecher blankgewienert. Stahlhelm und Koppelzeug ungekalkt. Wozu auch? Sie haben nicht die Absicht, als lebende Zielscheibe herumzulaufen. Sie bekommen zwar keine Polinnen oder Weißrussinnen zu Gesicht, aber bereit sein ist bekanntlich alles!

Beim Wasserlassen werden Sie keine sonderliche Mühe haben. Das große Geschäft verlegen Sie besser in den Windschatten, vorausgesetzt, der Große Bruder ist humorvoll genug, Sie aus dem Fadenkreuz zu nehmen. Wehe Ihnen, wenn Sie nicht rechtzeitig in Ihre Hose zurückkommen! Wie Sie übrigens Ihre Zeit totschlagen, bleibt Ihnen überlassen. Eine besondere Tageseinteilung ist nicht vorgesehen. Machen Sie es sich also so bequem wie möglich. Hüpfen Sie am Ort, Schlagen Sie, wenn Sie musikalisch sind, im Dreiviertel-Takt Arme und Beine zusammen. Wenn Sie etwas für Ihre Kondition tun wollen, gehen Sie in Liegestütz und klopfen Sie die Regimentsnummer. Schalten Sie Gedächtnisübungen ein. Versuchen Sie, Ihre Manneskraft anzustacheln, zeichnen Sie Obszönitäten in den Schnee. Versuchen Sie, mit geschlossenen Augen Ihren Standort zu bestimmen. Alles wird Ihnen erlaubt sein, vorausgesetzt, Sie verlassen nicht eigenmächtig den Platz, auf dem ein ganz eindeutiger Befehl Sie festnagelt.«

»Worauf wollen Sie eigentlich hinaus?« fuhr ihm ein Student in die Parade, dessen Backen-Schmiß an die scharfe Mensur einer Schlagenden Verbindung denken ließ. Mertens, von der Sinnlosigkeit seiner Demonstration beschämt, sagte, für die Umstehenden kaum hörbar: »Mit diesem realistischen Beispiel möchte ich versuchen, Ihre Phantasie zu reizen.« »Sie rechtfertigen den Krieg als eine Art Heimsuchung«, sagte spöttisch auftrumpfend der Student, »typisch katholischer Kurzschluß. Was demonstrierten Sie übrigens?« »Eine der Voraussetzungen, unter denen Ihr Protest laut werden müßte.« Der Student machte eine unwillige Handbewegung. »Ich denke nicht daran, auf Ihre demütigenden Bedingungen einzugehen.« »Bedingungen, unter denen Ihr Widerstand moralisch erst relevant würde.« »Ich will mich nicht mit Ihnen auf einem Gebiet messen, das einmal Tummelplatz von Kommißköpfen war. Sie als praktizierender Katholik sollten wissen: man muß das Übel nicht kennen, um gegen das Übel zu sein. Vielleicht bedauern Sie nur das vorschnelle Ende Ihrer militärischen Karriere.« »Sie meinen, das so unrühmliche?« Mertens begann unruhig in seinem Sessel hin und her zu rücken. »Oft genug haben Sie ja Ihre Schau abgezogen vom tumben Tor im Leutnants-Rang.« »Schau?« Mertens sah sich mit einem Schlag aus der Gesprächs-Runde verdrängt. Die Aufmerksamkeit der amüsierten Zaungäste schlug um in gönnerhaftes Befremden.

»Wenn Sie schon den Opfern Ihr Mitgefühl verweigern –.« »Opfern?« warf der Student höhnisch ein, »zählen Sie sich jetzt schon zu den Opfern?« »Ich meine ja nicht mich«, sagte Mertens aus seiner Sesselenge heraus. »Was hätten Sie denn an meiner Stelle getan?« »Die Konsequenz gezogen.« »Ihre vielberufene Konsequenz! Wissen Sie, daß sie keinen Pfifferling wert ist, solange die Nagelprobe Ihnen geschenkt bleibt?« Mertens brach betreten ab. Die Narbe im Gesicht des Studenten war kein zureichender Beweis für seine Vermutung. Musikfetzen trieben im Tabaksqualm. Mertens, taub im Refrain eines banalen Schlagers: »Wenn Sie mir aufmerksam zugehört hätten. Die Zwischentöne sind es bekanntlich, die zählen, das rein Menschliche!« »Als ließe sich aus Ihrer Maulwurfs-Perspektive der Krieg überhaupt beurteilen!« »Nicht beurteilen« warf Mertens ein, »aber vielleicht einsehbar machen.« Seine Bemerkung ging im Stimmengewirr vor der Garderobe unter. Im Halbdunkel des Flurs kam ein letztes Palaver in Gang. »Der Krieg, der Vater aller Dinge!« hörte Mertens, »von Männern angezettelt, die sich langweilen. Die hatten einfach zu wenig Ellbogen-Freiheit vor dreiunddreißig.« »Was ein richtiger Teutone ist, der hat eben nur zwei Möglichkeiten, sich auszutoben: Krieg und Beischlaf!« »Es lebe der Beischlaf!«

Zu vorgerückter Nachtstunde als Abschlepper in dem geschrumpften Debattier-Club von Schlafüberspringern, Rauchentwicklern, Ideologen. Letzter zu verkraftender Umzug aus dem Heizungskeller eines Kabarettisten in das Hallen-Atelier eines Freischaffenden. Eine Kunstflug-Staffel versierter Rethoriker, flugtüchtig gehalten durch unermüdliche Balletteusen:

Die Mundart sei wie eine Goldwährung, aber nur die Numismatiker gingen noch mit ihr um. Ein Dialektanflug sei wie ein Schuß Schurwolle in einem Chemiefaser-Gewebe. Ein gewisser Kundenstamm bevorzuge eben das altmodisch Gediegene. Handwerk habe zwar längst keinen goldenen Boden mehr, aber Kenntnisse in einem Handwerk ehre nach wie vor seinen Meister! Die Handhabung von Werkzeug mache auch tauglich zur Handhabung von Waffen. Ob Mertens seine Ironien jetzt schon so weit treibe, die Werbetrommel für einen aussterbenden Berufszweig zu rühren? Ob Eustach denn kaltblütig genug sei, Verdikte zu fällen: die Schriftsteller treten ab, die Schriftsetzer bleiben? Vorläufig erfinde er lediglich zu notwendigen Berufen einen überflüssigen hinzu: den des Sterbehelfers. Die Agonie habe bereits begonnen. Wann der große Ausverkauf einsetze? hört er Eustach mit gespieltem Interesse rufen, sieht ihn gleich heiter gestimmt durch einen Satz des Gastgebers: Die Gleichheit vor dem Nationalgetränk Bier mildere den Druck sozialer Gegensätze. Ob er denn mit der Auszählung nicht warten wolle, bis ihr Biervorrat zur Neige ginge?

Die Opfer der Automation also reihenweise zur Ausmusterung angetreten: Katasterbeamte, Grundstücks-Makler, Rentensachbearbeiter, Volks-Aktionäre, CSU-Vorstände, aufs Altenteil abgeschobene Schwerkriegsbeschädigte – und mit ihnen Mertens. Auf Gnadenfrist gesetzte, maulfaule Kapos mit ihren Faustregeln des »Friß oder stirb!«, Abbundpraktiker mit dem alten Hut der Rechnerischen Schiftung, aus Sperrlisten gestrichene tote Bootsbauer und halbtote Glaser, vom Ofen geholte Bäcker. Seit Back-Automaten erst dann einwandfreie Brötchen liefern, wenn man die gelernten Teigkneter von den Backröhren fernhält, kann Mertens seinen Bruder verstehen, der sich zu den Nordlichtern abgesetzt und das Sozialfach gewählt hat. Ihm wäre eine keimfreie Equipe von Mädchen, die auf ihrem Kontrollgang appetitliches Fleisch zeigt, auch lieber als die gewohnte Frühschicht lediger *Kolpingsöhne*.

Was hat Mertens nicht alles unter Umschulung verstanden! Für die überbelichteten Intelligenzen, die mit den Computern der zweiten Generation aufwachsen, ist Mertens wohl nur ein Vertreter des innerbetrieblichen musischen Sektors, der zur Demontage ansteht. Wer Heimweh hat nach Telefon-Seelsorge und stillen Mitgliedschaften, bleibt für unterkühlten, planktongenährten Fortschritt unerreichbar.

Das digitale Zeitalter rückt herauf, läßt Frauen aus ihrem Herdschatten treten. Ozeanographen als mögliche Liebhaber von Diät-Assistentinnen scheinen gefragt zu sein. Wer nicht beizeiten aufräumt mit der Handwerker-Mentalität, wer das einmalig Erlernbare nicht gegen das beliebig Wiederholbare auswechselt, der verpaßt eben den Anschluß. Mertens hat allen Grund, auf der Hut zu sein. Seine Schrittmacher, Spurhalter, Zeitnehmer läuten sicher schon seine letzte Runde ein.

Im Hopfendunst verschütteten Biers, im Synkopen-Gehämmer des immer gleichen Refrains fühlt Mertens sich nicht eben zu großen Sprüngen ermuntert. Zum Platznehmen, nicht zum Modellsitzen gebeten, verläßt er seinen exponierten Sessel, macht mit einer Flasche abgestandenen Bockbiers seine Inspektionsrunde. In einer Art guter Stube vor einem mächtigen Kachelofen bleibt er aus dem Schritt heraus wie gebannt stehen, betrachtet eingehend die mittelgroßen, quadratischen Kacheln, schätzt die Abmessungen in Höhe, Breite und Tiefe, den Abstand von der Wand, untersucht bis ins Detail die baulichen Merkmale: das kleine verschließbare Bratrohr, den Rauchabzug in der Decke. Gefragt, ob er ein Liebhaber von Keramik sei, verneint er bestürzt: Sein Interesse gelte polnischen Kacheln und der Frage, ob sich hier wohl ein ausgewachsener Mann zwanzig Monate verstecken könne! – Was um alles in der Welt er mit einem Mann im Ofen vorhabe! – Nichts, er bitte nur um die Erlaubnis, den Ofen genau vermessen zu dürfen . . .

Im Umhergehen entwirrt er das Satzgeflecht dreier sich überlagernder Gesprächsstränge: »Das ›Faustpfand deutscher Osten‹, in wessen Hand befindet es sich eigentlich? Der schändliche Vorgang der Vertreibung durch Polen, dem der schändlichere der Vertreibung durch Deutsche vorausging.« »Wer Unrecht begeht, weil an ihm Unrecht begangen wurde, setzt sich ins Unrecht.« »Warum ist der Sturz über ein Mädchenbein der Regelfall unserer Verfehlung?« wendet Eustach alternierend ein. Wer nur über Beine stolpere, erwidert Stonsdorf, verursache wenigstens keine weltgeschichtlichen Stürze. »Nicht die Armut und nicht das Elend ziehen die Revolution nach sich. Die aufgeklärte Armut ist es, die sich Luft verschafft! Die Kirche als Patronin des fünften Standes, ja, das wäre etwas gewesen, ein Schlag in die Kontore, ein Blitz in die Kasematten. Was aber treibt die Kirche? Dekretiert munter drauflos, als handle es sich noch immer um die ›natürlichen Ungleichheiten im Glück‹.«

Er wolle damit nicht sagen: Wer Almosen erfand, erfand auch die Ungerechtigkeit. Um aber die gestörte Ordnung herzustellen, genüge Mitleid allein nicht. »Daß die hartnäkkige Kraft einiger Weniger den unheilvollen Kreislauf durchbricht, das ist doch seit Claudel widerlegt.« »Sie reden wie ein Laien-Prediger der Dritten Welt«, hört Mertens sagen und setzt zu einem eigenen Plädoyer an: »Gäbe es Gerechtigkeit, wäre Wohltätigkeit eine überflüssige Tugend.« Überflüssige Gesellschaften lebten nun einmal von überflüssigen Tugenden, wirft Eustach ein. Stonsdorf hebt den Zeigefinger: »Ich hoffe, Sie sprechen von Gesellschaften im Überfluß!«

Mertens Geschicklichkeit im Parieren hält nicht lange Schritt mit der Schlagfertigkeit seiner Kontrahenten. Irgendein Hemmnis schnappt mit stupender Folgerichtigkeit ein, macht seine Antworten nicht banal, aber unhandlich, verlangsamt sie auf ärgerliche Weise. Ungleich witzigere Sätze schießen ein, um den Bruchteil verzögert, der ihm nicht mehr erlaubt, sie an den Mann zu bringen. – Eine beinahe ideale Voraussetzung fürs Schreiben, hört er. Wer schon beim Sprechen klarkomme, brauche ja nicht erst umzusteigen in die Galeere der Schreiberlinge.

Dieses Nachschleppen sei ihm nachgerade zur zweiten Natur geworden. Verzögerte Reaktionen also, Behinderung der Stimmbänder, eine Kurzatmigkeit, nicht recht erklärbar? Oder vielleicht doch nur das Phlegma seines Naturells, sein schwäbisches Erbe? »Schieben Sie es ruhig der mechanischen Einschnürung zu«, sagt Stonsdorf gönnerhaft, »Die haben Ihnen in ambulanten Sitzungen Luftfüllungen verpaßt, die auch einen Mittelstreckler zwängen, kurzzutreten. Wie beschrieben Sie Ihre acht Monate Spezialbehandlung, wenn Sie gebeten würden, Ihre Eindrücke in einem einzigen Satz zusammenzufassen? »Zu einem Jubiläum der Oberin im Anstaltskittel, also vornehm schwarz-weiß-blau gestreift, zu einem Hochamt geladen, sang der Schwestern-Chor unter schallschluckenden Flügelhauben lateinisch, während mein Pneumothorax die Querflöte pfiff.«

Ausbrechendes Gelächter bringt die Sitzgruppe der Trinkfesten noch einmal auf die Beine. Ob er mit seinem gepflegten Kriegsleiden seinen Lebensunterhalt bestreite? – Vorerst bestreite er, daß er sein Leben damit unterhalte. – Vorerst bleibe ihm wohl keine andere Wahl.

»Sie sind hartnäckiger, als ich dachte«, wirft Pankraz anerkennend ein. »Die Hartnäckigkeit hat durch Sie eine ganz neue Qualität bekommen.« Derartig schmeichelhaft eingeschätzt, sähe sich Mertens am liebsten in seinen Tagtraum zurück katapultiert. Als gefeierter Pneuträger – ein Paradefall rigoros verminderter Atem-Kapazität – träfe er mit gebührender Verspätung auf der Ehrentribüne ein. Seine Laudatoren zeigten ihm spontan, daß ihnen schon das Warten auf seinen ersten Husterer Auszeichnung genug wäre. Das Ritual anzüglicher Lobhudelei käme in Gang. Er spränge förmlich in diesen herzwärmenden Tumult von Verehrerinnen, die seine Stimmschwäche als poetische Feinfühligkeit auslegten. Überwältigt von soviel scheinheiliger Ohenbläserei und Liebedienerei, entzöge er sich der massenhaften Akklamation, fände Eustach, den großen Verweigerer, und Stonsdorf, den vollangepaßten Hedonisten, aufbruchbereit in Richtung kaltes Büfett.

Pankraz, Linkshänder aus Überzeugung, im Gebrauch seiner Stimmbänder überaus befähigt, auch im Zustand leichter Trunkenheit nicht aus seiner Gastgeber-Rolle fallend, lädt Mertens zu einer letzten Runde Bier ein: »Was eigentlich hat Sie hierher geführt? Irgendwelche lukrativen Geschäfte, literarische Recherchen oder schlicht Privates?« »Sie werden es kaum glauben: ich wollte ins Wechselbad kaltheißer Duschen.« »Sonderlich erfrischt sehen Sie nicht gerade aus. Sind Sie wenigstens auf Ihre Kosten gekommen?« »Ich bin meiner eigenen Vergangenheit begegnet.« »Kam diese Vergangenheit auf zwei gut gewachsenen Beinen an?«

Mertens – vor die Wahl gestellt, dem volltrunkenen Stonsdorf oder einer etwas glücklosen Komparsin die Begleitung anzutragen – zögert zu lange. Die jugendliche Liebhaberin ohne festes Engagement nimmt ihm die lästige Entscheidung ab: Stonsdorf kommt zu einer unerwarteten Liaison, Mertens zu einem Schlußsatz: »Wie ich Sie einschätze«, sagt der trinkfeste Gastgeber, das abschwirrende Paar mit einem Augenzwinkern entlassend, »sind Sie noch lange nicht aus dem Schneider!« »Wem sagen Sie das?« erwidert Mertens und wendet sich abrupt zum Gehen.

»Was wird er wohl anfangen«, meint Pankraz besorgt, »wenn ihn seine Sparringspartner aus dem schmerzhaften Training entlassen haben?« (und da niemand aus der geschrumpften Zecherrunde reagiert:) »Wie ich diesen Typ kenne, wird er den Ratschlag, endlich dieses leidige Thema Krieg auf sich beruhen zu lassen, in den Wind schlagen. Dem erstbesten Wink, sein malträtiertes Gedächtnis aus dem Zwinger zu lassen, wird er folgen.« Sein Glas hochhebend, setzt Pankraz sein Selbstgespräch fort, als wäre er Mertens, der sich im Spiegelflur in unverkennbarer Schräglage, mit lachhaft übertriebener Schulter-Vorbeuge gegen die Damen-Riege hin verflüchtigt, einen Kommentar schuldig: »In mechanischem Rapportier-Zwang wird er in die alte Spur zurücktappen. Wie mir geflüstert wurde, will er sich als Platzanweiser in einem Kino bewerben. Stockschwerenot! Ich denke, sein stundenweises Stehen vor den Schaukästen wird ihm keinerlei Realitäts-Zuwachs bringen. Ich sehe darin nichts als ein unstatthaftes Posieren vor der Wirklichkeit des entfesselten Scheins, eines optischen Fegefeuers. Aber dieser verunsicherte Katholik, dieser lernbegierige Umschuler liebt ja Mystifikationen. Zum Teufel mit ihm! Ich bin nicht seine Kindsmagd.«

XIII

Archiv Mertens: »Hier kannst du gehen auf immer, und da ist kein Ende. Hier kannst du sterben, und kein blutiger Bastard wird dich daran hindern. Das ist die wirkliche Welt: ein Ort, Kerle wie dich auszusortieren... Alles, was du tun mußt, ein richtiger Kerl zu sein: mutig, beherzt, zäh, verrückt –.« (Gilligan)

Besucher also, die Mertens einweist, und Besucher, die Mertens nicht einweist. Alleinstehende Damen, denen er freie Wahl läßt; Hürdenläufer, die er daran hindert, sich über die Sitzlehnen zu schwingen; Stammkunden, Rentner mit Freikarten, denen er die nächst höheren Ränge zuweist. Anstalts-Insassen, die leichteren Fälle natürlich, die ihren ärztlich verordneten Ausgang in der »Rasierloge« absitzen; ledige Melker aus dem Zocklerland, leichten Stallgeruch verbreitend, wenn sie ihre lederklammen Kombinationen lüften. Liebespaare, gezwungen, den Austausch von Zärtlichkeiten bis zum Erlöschen der Saallichter auszusetzen; Ausflügler, vom Tageslicht noch geblendet, die er einlädt, ihre Maulwurfs-Blindheit stehend abzuschütteln längsseits der Absperrung.

Mertens wohnt dem Einzug Hamburger Zimmerleute im brettsteifen Manchester bei –: ihr martialischer Aufzug konkurriert mit dem von nicht ganz sattelfesten Western-Helden. Mertens hält ein wachsames Soziologen-Auge auf junge Borussen, mützenbeschirmt und segeltuchbeschuht wie weiland der Kaiser auf seinen Nordland-Passagen. Kennerhaft schmunzelt er über ihre spindeldürren Begleiterinnen, die einen Disco-Sound der *Early Birds* als deren frühe Vögel bezwitschern, mustert vergnüglich die an einer Hand aufzuzählenden wirklichen *Beat-Fans*, sympathisch unernst mit dem Habitus von Ostermarschierern. Mertens hört das Jungmänner-Deutsch nahe am Stimmbruch, mit Schnalzlauten und Kehlverschlüssen gekoppelt zu alemannisch verquerer Invektive –: dieses wie abgenabelte Sprechen, das auf die bewegungsarmen, aufgeklärten Ladenmädchen gemünzt ist und die leichte Errötbarkeit überschlanker Lehrlinge im ersten Lehrjahr bewirkt.

Was ein gestandenes Mannsbild ist, bleibt vor der Sperre nicht stehen. Im Vorbeigehen wird, unter übergehängter Nieten-Jacke, zwischen protzigen Siegelringen, die Eintrittskarte gezeigt, festgeklemmt der Abriß mit der Kontrollnummer; nach ihm zu schnappen wie ein Tümmler im Basin nach zugeworfenen Heringen, darauf hat Mertens gefaßt zu sein. Und was Bosse sind – die nicht zu Stuhle gekommenen Chefs, die verhinderten Anführer reviereigener Gangs –, die kommen mit richtigen Mannsschritten an ihm vorbei, die Daumen römisch-imperatorisch über der Schulter; der Mertens nur zu bekannte Verweis auf die spendablen zweiten Männer, die Kartenträger, Adjutanten, Rückendecker. Mertens wüßte schon, wie man sich lieb Kind machte: Zeigefinger hoch an dic Schläfe als Zeichen seines Respekts. Faustregel: wenn vier Mann hoch geschlossen anrücken, drei ungefragt durchlassen und dem Schlußmann die Karten abknüpfen; das kitzelte sie nicht wenig.

Oder der Trick mit den verlegten Eintrittskarten: wenigstens Mertens soll den Vorgang des Taschenstülpens witzig finden; wenigstens ihm soll das Aufblättern zerknautschter Paß-Photos, verfallener Billette, Lippenstift-Kassiber aus den Gesäßtaschen ein Schmunzeln ablocken. Er ist ihnen den Beifall schuldig, den die Umwelt ihnen schnöde verweigert. Im nervtötenden Trott seiner Pflicht: er hat dankbar zu sein. Auch ist er gehalten, ihre Beischläferinnen auf Anhieb herauszufinden. »Die Schwarzhaarige dort mit der Kaltwelle, Sie wissen schon!« Mertens hat nicht den leisesten Schimmer, welcher Ladnerinnen-Look auf diesen Messerhaarschnitt anspricht. Der Schaftstiefelträger schnalzt ungehalten mit der Zunge wie ein vollbeschäftigter Domptcur. Dic toupierte Lustamsel flötet nicht gerade Hörigkeit. Mertens beschneidet den halben Triumph des Kleintierhalters, indem er ihm irrtümlich eine unscheinbare Brünette zuteilt.

Er wartet dessen Reaktion gar nicht erst ab, wendet sich einem Besucher zu, der seinen Machtanspruch nicht minder eindrucksvoll demonstriert. Einen Mann einzuschätzen allein schon an der Art seines Stehens, wie er der naheliegenden Suggestion auf den Plakaten erliegt, das Öffnen und Schließen der Beinschere eines in Büffelleder geschlagenen Sheriffs wie auf einer Stellprobe nachahmt; Fingerübungen in Hüfthöhe mit lockerer Colthand, die hinreißende Raschheit eines Blattschusses oder auch nur die unberechenbaren Ausfälle, das herrische Verlagern seines Standbeins.

Mertens flüchtet sich als genierter Zeuge ins Knallrot der Blickfänge. Auf Druckrastern im weißen Neonlicht schön abgehängtes, nicht zu mageres Beinfleisch, die Brüste verriegelt im sanften Klammergriff zweier Hände. Essy Perssons todschickes Hantieren mit einem Revolver; das Heldengesicht Daniel Olbrys, vom Striemenmal einer polnischen Gräfin gezeichnet. Die wieselflinken Bewegungen des Filmvorführers, die der Spiegel über der Ottomane dreifach gebrochen zurückwirft. Auf den Platz genagelt von den Schnellschüssen James Cagneys: dieses hochgeknüpft Hüftenge, die kopflose Männlichkeit im Grätschritt, die Zweidrittel Mann, auf die es ankommt . . .

Er fiel Mertens durch sein Herumlümmeln am Süßwaren-Stand auf. Es war etwas ungemein Erheiterndes, Ansteckendes an ihm und zugleich stupend Aufdringliches, das Mertens auf eine Weise, die er nicht sonderlich schätzte, in Trab versetzte. Er kam zu bestimmten Zeiten regelmäßig, schüttete eisgekühltes Bier in sich hinein und verschwand dann wieder auf Wochen und Monate. Die Kartenverkäuferin, begabt mit einer berechnend unschuldsvollen unterhaltsamen Geschwätzigkeit, erklärte sich sein Auftauchen und Verschwinden schlicht mit der Folge richterlicher Erlasse. Schreckhaft und couragiert in einem, benutzte sie ihm gegenüber mit Vorliebe juristisches Vokabular, sprach vorwitzig, von sprudelnder Neugier erfaßt, von Strafantritt, Haftaufschub und ausgesetzter Bewährung. Fahrlässig ließ sie sich dabei auf mehr ein, als beweisbar war, tuschelte hinter der Schalterblende von einem mißglückten Ausbruchsversuch, quittierte sein plötzliches Auftreten sichtlich vergnügt, als sei ihr nichts Menschliches fremd.

Vielleicht war es Mertens' eingefrorener proletarischer Gestus, der ihn zu Ausfällen freundlichen Anpöbelns verlockte: der Verdacht einer Dialekt-Verweigerung mehr aus Überheblichkeit als erzwungen durch Kurzatmigkeit. Schon bei seinem ersten Auftreten hänselte er Mertens wegen seiner »akademischen Goschen«, zeigte handgreiflich seinen Übermut: »Einen so feinen Pinkel wie dich aus dem Anzug zu stoßen.« Es reizte ihn einfach sein bewegungsarmes Stehen. Wie ein Ringrichter begutachtete er Mertens' Standvermögen, stellte Muskelschwund und nervöses Lidflattern fest, versetzte ihm lachend einen linken Haken. Oder er trat leutselig an ihn heran, erwähnte beiläufig seine Amateur-Siege als Halbschwergewichtler, ging auf die übliche Trinker-Distanz, zog eine seiner gängigen Nummern ab: »Wer mich schaffen will, muß früh aufstehen!« und versöhnlicher, seine Qualitäten als Alleinunterhalter hervorkehrend: »Mann, hat die eine Steilvorlage, die schaff' ich mit einem bloßen Huster!« Zuletzt noch jene – bei spürbar angehobenem Alkohol-Spiegel – fast schon freundschaftlichen Anrempler. Permanenter Mutwille, der nach einer Wurfhand schreit, die zwischen klirrenden Gläsern und Scherben erst zu sich kommt.

Blicke von abgestufter Intensität. Das Wenden auf dem Absatz in wirksamer Zweimeter-Distanz. Eine bemerkenswert hochangesetzte Büste und ein mäßig reizvolles Profil, klug weggedreht unter knisterndem Haarschwall. Zwei rasche Schritte aus der wie geschnürt wirkenden Taille heraus. Finger-Krabbe sich öffnend: körperfeuchte Handinnenfläche mit leicht durchwalktem Billett. Unverdächtige Intimität, die ohne Zeugen bleibt. Das unterbezahlte Stehen bei Licht. Damen mit flinken Augenaufschlägen; erbetenes, nicht erbetenes, schweigend bewilligtes Maßnehmen hinter dem Rükken des angelachten, angelobten, ehelichen Maßnehmers. Er, nicht leicht aus der Spur zu werfen mit seiner taufrischen Prokura, läßt ihr partnerschaftlich widerwillig den Vortritt. Ihr scheint dieser gewagte Alleingang über die Freitreppe lohnender als die Vorführung ihrer zu rasch geglückten Zähmung. Von jetzt an wird sie auch von unten her einsehbar. Aber nun spurtet der Judo-Amateur und Frischzellen-Spezialist, mit Chipsbeuteln behängt, ihr nach, stolpert sportlich, beargwöhnt das Benehmen Mertens' an der Seilsperre. Mertens im Dienst aber repetiert Lehrsätze des Brachialen; Lektion einer auf Muskeln gezogenen Intelligenz: Indem ich den Anschlägen meines Herausforderers zuvorkomme durch vorbeugende Anschläge, zeige ich mich erst der Herausforderung gewachsen. Indem ich bedenkenlos Zwang ausübe, beweise ich meine Tauglichkeit als Machthaber, als Platzhalter zumindest zweier selbstherrlicher Daumen . . .

»Der Umgang mit wirklichen Menschen wird Ihnen guttun!« Die Annahme dieses Jobs ließ nicht wenige seiner Gönner förmlich aufatmen. Als sei nun endlich der mangelnde Kontakt zum Leben hergestellt, dieser leidige Erinnerungs-Strang Krieg gerissen, als sei Mertens in seiner literarischen Produktion nun nicht mehr auf die blassen Uniform-Schemen angewiesen. Eines schien er mit dieser wenig einträglichen Arbeit immerhin hinzugewonnen zu haben, den Fundus brauchbarer Typen aus Fleisch und Blut. Die Spielwiese des kleinen Mannes stand nun auch ihm offen; Stoff und Motive gebündelt zur Hand. Er brauchte nur beherzt zuzugreifen, und händeringend bot sie sich ihm an, die vielberufene Wirklichkeit.

Eine vor Freunden ungern eingestandene Vorliebe für starke Männer befiel ihn. Zwar zeigte er noch nicht jene Robustheit, die er im Umgang mit Besuchern liebendgern ausgespielt hätte, aber er schluckte wacker, zeigte Ansätze eines mehr kraftmeierischen Sprechens, bevorzugte imperativische Wendungen und Anreden in der zweiten Person Pluralis. Doch sein Appetit für einen Griff ins Martialische, Brachiale blieb mäßig, bis er auf »Gilligan« stieß, auf die literarische Vorlage dessen, was er zunächst abschätzig einen »harten Brocken« nannte. – Gilligan: welchem nicht geheuren Umstand verdankte Mertens diesen Namen, der ihm vorkam wie ein ausgegrabener kolonialer Mythos? An Sylvester im engeren Bekanntenkreis: im Tonfall knöcherner Faktizität der Bericht eines gnadenlosen Marsches zweier weißer Jäger. Stoff, Milieu und Personal allein noch nicht verdächtig. Sie waren Mertens aus Kenya her halbwegs vertraut.

Als Pflicht-Lektüre, als englisches Übungsstück hätte es nicht einmal seine kritischeren Gönner stutzig gemacht. Was aber war in ihn gefahren, daß er seine Canasta spielenden Bekannten mit der mündlichen Wiedergabe ganzer Passagen traktierte, mit der knallharten Dialog-Studie einer mörderischen Wette, eines tödlichen Austrags von Leidenschaft? Legendärer Großwildjäger, der es nicht verwinden kann, einen kapitalen Elefanten-Bullen verfehlt zu haben; stinkreicher Amerikaner, der es sich in den Kopf gesetzt hat, den doppelt so alten Herausforderer zu demütigen –: »Ich will laufen und laufen und laufen, bis er auf den Knien angerutscht kommt; es ist der einzige Weg, ihm ein für alle Mal das Maul zu stopfen.« »Sie blutiger Bastard, zugegeben, das war ein großer Tag für Sie; aber nun lassen Sie uns erwachsen werden.« »Halten Sie das für sich fest: Sie gehen dabei vor die Hunde, nicht ich.« »Wollen Sie sich bitte erinnern, daß Sie eine weiße Haut tragen?« »Challenge, das ist etwas, das treibt dich zum Wahnsinn.« »Er bringt mich noch dazu, es ganz normal zu finden.«

Der sportlich angeheizte Irrsinn also, umgedeutet als Regelfall männlicher Bewährung; das ließ Mertens nicht kalt, das fütterte ihn mit befremdlichen Schlagwörtern, erzeugte in ihm ein Gefühl rauschhafter Entgrenzung. Sichtlich irritiert über das Ausbleiben seiner kritischen Vorbehalte, stand er hilflos vor der schlagenden Beweiskraft dieses fanatischen Durchhalte-Willens. Zur höhnischen Preisgabe seines eigenen Standards überredet, sah er sich von der Spurbesessenheit zweier Läufer angesteckt, die ihre Mannesehre nach Schrittlängen bemessen.

Ein widerwärtiger, hartleibiger Typ meldete sich da zurück, den Mertens nicht mehr ernstgenommen hatte, weil er ihn seit langem aus sich verdrängt wußte. Gilligan, diese offenbare Unschuld eines Barbaren: »Ich habe zwei Kriege mitgemacht und beide genossen.« Die Prahlereien dieses Waffen-Fetischisten, der einem Leben ohne Krieg keinen Geschmack abgewinnen kann, der nicht den Tod fürchtet, sondern die Meinung eines Mannes über den Tod. Ein Mann fällt; das scheint nicht sein Erlöschen als Mensch zu meinen, sondern lediglich sein Ausschalten als Widersacher. In verächtlich wortkargem Abscheu gegen das Töten aus der Distanz: »Ich meine nicht diesen blutigen Unsinn feuernder Kanonen oder fallender Bomben. Ich meine die persönliche Aktion«, feiert er den Tod im Handgemenge, dieses Verdampfen entfesselter männlicher Energien in vegetationsloser Einöde. An einer Stehbar in Nairobi, im schattenlosen Weiß von Augäpfeln, findet er den ihm angetragenen Tod aus kurzen Läufen akzeptabel . . .

War dieses unkritische Zitieren bereits der Ausdruck einer Krise? War es Indiz einer wachsenden Verdrießlichkeit gegenüber jenen lendenlahmen Schwätzern, die nicht durch Gilligans harte Schule gingen (ein Mangel oder schon ein Makel?), die drei warme Mahlzeiten am Tag beanspruchten (Mertens nahm sich nicht davon aus), die keiner gezielten Aktion fähig sind? Die Zeit der habituellen Schwächlinge schien abgelaufen zu sein. Gewissens-Zwänge, gestern noch wirksam, produktive Bitterkeiten, hauseigene Melancholien, Beschwichtigungs-Gebärden: dieser Seelen-Schamott, auf den Scherbenhaufen gefegt, abserviert die Generation der Geschädigten mit ihren Tierschutz-Präambeln. Jene gebrannten Kindsköpfe, die mit blanken Fünfundvierziger-Augen die Menschenrechte postuliert hatten. Diese Vorbelasteten in ihrer nie verleugneten Jüngerschaft zum frühen Böll. Eine außer Kraft gesetzte Mode, die allmählich auch die vergraulte, die ihre Waffenscheu einmal attraktiv fanden.

Es gab neuerdings wieder einmal einen Trend zum biologisch Vollwertigen hin, eine Nachfrage nach ganzen Kerlen, die nicht erst lange fackeln. Die frisch installierten amphibischen Basen in Vietnam rufen nach technisch versierten Einzelkämpfern. Verdrängt sind die notorischen Versager mit ihren eingebauten psychogenen Sperren, aufgerufen die hart trainierten »Entlauber« und »Kopfjäger«, die ihre Jagdstrecke mit Abschußzahlen belegen – militärisch korrekt –: »Killed in action!«

Eine Kostprobe dieser Aufzucht menschlicher Kampfmaschinen erhielt Mertens, als er in dem Film *Die Lust und die Gewalt* den Vorspann *Parris Island* sah. Wie aus einer berstenden Schleuse der übersteuerte monotone Trittschall von Stiefeln auf Pflaster. Bellaute von Kommandos in verhaßter Frühe, das infernalische Gebrüll von Bajonett-Fechtern vor Stehauf-Männchen aus Pappe und vor gestopften Seegras-Wänsten. Das fuhr ihm richtig in die Knochen, als erwachte er nach langem zivilen Halbschlaf auf einem Kasernenhof. Die »Platzeks« lebten also noch? In Süd-Carolina unterm Pfadfinder-Hut. Das riß ihn förmlich vorwärts in rasanten Bildschnitten und Großaufnahmen, als bewegte er sich zwischen blassen Drillich-Gesichtern unter der überdimensionierten Kinnlade einer uniformierten Bulldogge. Das gehörte also nicht zu dem überwunden geglaubten Trauma aus einer Zeit, als Mertens jung war und nichts weiter?

»Es fängt ganz harmlos an! – Was sie einmal waren, das ließen sie vor der Kaserne zurück« (Wer außer dem Kammerbullen achtet schon darauf, daß eine Mütze in Übergröße der erste Schritt sein kann zu der geplanten Unterwerfung?) Während auf der Leinwand »ein neuer Schub gutgegerbter Ledernacken« verladen wurde (der ganze Mensch war nicht zu gebrauchen, nur Teile von ihm), ließ Mertens einen Schwung Nachzügler in den Sperrsitz aufrücken. Der Begleittext aus den Lautsprechern wie sein eigener Kommentar, gesprochen mit der Flüstertüte des großen Einpeitschers unterm Sternenbanner: »Jetzt sind sie gefühllos geworden gegen die Angst. Jetzt verbreiten sie Angst. Wo man sie einmal einsetzt, wächst kein Gras mehr –.« (In Vietnam entlauben sie den Dschungel, im genauen Wortsinn!)

Ins Foyer zurücktretend, nimmt Mertens in seinem Prüfstand Platz. Um der Einwirkung dieser Gilligan'schen Droge zu entrinnen, schüttelt er die unwürdige Faszination ab, besinnt sich seines Rufs als gelernter Beschwichtiger. Er ist um eine Spur hellhöriger, scharfsichtiger geworden. Das Imponiergehabe, diese Renommiersucht wertet er nicht länger als bloßes Instinktverhalten der aus zweiter Hand lebenden Doppelgänger. Clint Eastwoods Ponchoschatten im Blickfeld, mißt er den unterhaltsamen Durchlade-Koller, die kurzgeschlossene Unvernunft, die klassische Peripetie sozusagen, nicht mehr mit dem verständnisinnigen Schmunzeln des Humoristen; denn die Späße entsicherter Spielzeug-Colts in Schläfenhöhe gelten nun auch ihm.

Wenn Mertens, die Kartenabrisse in der Hand, halb abgewandt die Solo-Einlage eines Tenors abnimmt, dessen Stimmkraft nach sieben im Laufschritt genommenen Stufen nicht nennenswert nachläßt, fühlt er sich merklich angeschlagen. Wenn Mertens in der Spiegelwand den wieselflinken Filmvorführer dreigeteilt vorfindet, trägt er bereits die Narben eines Mannes, der sich im Dienst verausgabt. Erst auf den zweiten Blick sieht man ihm an, daß er sich eine zweite Haut zulegte. Er hat sich Bewegungen angewöhnt, Gesten einstudiert: ein nicht zu hastiges Ausscheren seiner rechten Hand bei gleichzeitiger Zurücknahme seiner linken Schulter. Berufsberater, die sich zwischen zwei Lungenzügen in Menschenkenntnis üben, mögen in ihm einen Hilfspolizisten auf Zeit sehen, dessen eindrucksvolle Handzeichen vor Zebrastreifen sich auch vor der Seilsperre eines Foyers bewähren. Pantomimisch veranlagte Soziologen sehen in ihm vielleicht den künftigen Museumswärter – Einschätzungen, die seine eigentlichen Fähigkeiten zu sehr verkennen, als daß sie Mertens wirklich kränkten.

Ein gewitzter Verhaltensforscher wertete seine Gesten möglicherweise als Ausdruck »mißglückter Kampfvermeidung«.

Nicht daß Mertens in seinem Revier wie eine Lorenz'sche Ente gleich seinen Hals zum Beißen anbietet. Nicht daß er sich an Portmanns im Kopfwenden so geübter Lachmöve ein Beispiel nimmt. Seine Beschwichtigungs-Gebärden bewirken noch keine Aggressions-Hemmung. Aber niemand, der ihm seinen Nikotin-Atem ins Gesicht bläst oder mit abgestuften Rülpsern für Kurzweil sorgt, fürchtet das Zeremoniell des »Zubeißens« oder »Bewegungsarten des Totschüttelns in der Luft«. Und doch benimmt sich Mertens nicht selten, als hinge das eigene Überleben vom Finden neuer Rituale ab.

Wer denn nun? Mertens

Sie haben also der Versuchung nicht widerstehen können? werden Sie mich – ironischer als ich es von Ihnen gewöhnt bin – fragen. Unbefangener als sonst antworte ich: hätte ich abgesagt, ich hätte mit diesem Verzicht mein Mitsprache-Recht als Autor verwirkt. Sie sehen freilich nur anmaßenden Ehrgeiz, der nach literarischem Futter aus ist, und diese meine Schwäche belustigt Sie. Ich will diesen Versuch nicht ernsthafter bewertet wissen, als es ihm zukommt. Es ist sicherlich eine Fleißarbeit. Doch versuchen Sie gerecht zu sein: es gibt untauglichere Bewerber als mich, und es gibt eine Stufenleiter des Versagens. Hier zu unterliegen, wäre wenigstens nicht ehrenrührig.

Das fünfte Gebot – im Beichtspiegel verharmlost zum Dienstboten-Ärgernis – als Thema mit aktuellem zeitlichen Bezug, zurückgeführt auf den rigorosen biblischen Anspruch: *Du sollst nicht töten!* nahm es mich gefangen. In Wahrnehmung verleugneter Standespflichten, mit mehr als einem Bein im fremden Revier, unterzog ich mich der ungewohnten Aufgabe, lüftete widerstrebend das Archiv Mertens. Nicht um meinen Amateur-Status aufzumöbeln, sondern aus begreiflicher Furcht, mein Nichtwissen könnte mich eines fernen Tages, entmündigt durch ein massives Plebiszit, in den Schlafpferch der politischen Unschulds-Lämmer sperren.

Mit Absicht überhörte ich Ihre wohlmeinende Warnung, blieb nicht als Schuster bei meinem Leisten. Nichtjurist, der ich bin, stürzte ich mich in die Geschichte der Rechtsprechung (schon jetzt glimmt unter der Asche freundlicher Skepsis Ihr Unmut). Aber mit Kompetenzen scheucht man unsereins nicht ein zweites Mal hinter die Absperrungen. Ich will mir kein Steuermanns-Patent unter den Nagel reißen, aber bei künftigen Schiffbrüchen will ich wenigstens die Koordinaten kennen, zwischen denen ich als Nichtschwimmer absaufe. (Anlässe zu Heiterkeit entdecken Sie wohl in jedem meiner Argumente.)

Durch gewisse unverlierbare Erlebnisse in meiner Kindheit und frühen Jugend scheine ich in diesen ungleichwertigen Exkurs immerhin etwas einzubringen: meine durch Alpdrücke gespeiste und durch Tagträume wachgehaltene Phantasie, die nicht einfach der Bodensatz schlecht verarbeiteter Sinneseindrücke ist, nicht einfach Ablagerungen, auf die ein etwas schreckhafter Anrainer dieser Parzelle Welt zwangsläufig stößt. (Ich sehe Ihnen Ihr Unbehagen förmlich an.) Nicht zu verdrängende Empfindungen von Furcht und Abscheu. Ingredienz eines mühsam unter Kontrolle gehaltenen Schrekkens. Erinnerung an abendliche Besuche im nahen Münster vor einer fast erblindeten Bildtafel. Der vorgewölbte Leib des Henkers in seiner peinigenden Nacktheit. Die Verheißung des kranztragenden Engels zunichte geworden vor der Schärfe des angehobenen Beils, das höhnisch stillhält über dem Nacken des geduldigen Bekenners. Warum erregte mich dieser fahlgrüne, kopflose Rumpf, das abgetrennte Haupt, weggedunkelt hinter braunglänzendem gesprungenen Firnis (während Sie nichts zu sehen vorgaben als eines jener Votivbilder, an denen die Kirchen meiner engeren Heimat wahrlich nicht arm sind)?

Bildete nicht der Anblick eines geschlachteten Kaninchens in meiner Kindheit einen dramatischen Anschauungsunterricht? Gehörte es nicht zu den schlimmsten Demütigungen meiner Lehrzeit, als mein Lehrmeister mich im Beisein seiner altjüngferlichen Tochter einmal zwang, einen Hahn zu köpfen?

»Der Kopf stirbt augenblicklich, der Kopf stirbt –. Wenn die Phantasie einschläft, verlieren die Worte ihren Sinn«.

I

Die Akademietagung in Weimar war glücklich beendet, das dreitägige Literaten-Turnier überstanden, die Schlußworte gewechselt, Hände geschüttelt, Schultern geklopft. (Sie kennen Weimar; es genügt also, Ihnen das Stenogramm meiner Impressionen vorzulegen.) Der Wagenpark vor dem »Elephanten« hatte sich gelichtet. Eine »überlegene Mannschaft westdeutscher Schwergewichtler« war auseinander gegangen, hatte sich in Gruppen aufgelöst. Bobrowski abgereist nach Friedrichshagen, in seinem Manchester, der ihn ein Menschenalter beherbergen wird. Die »Fellow-Travellers«

(wie Sie verächtlich anmerkten) verstummt, Herren mit wenig Gepäck und handlichen Dossiers. Die Zimmer im Hotel geräumt; die Schlüssel mit dem Stopfei zurückgelegt ins Brieffach; die Portiersloge unbesetzt. Gepflegtes Biedermeier im Rücken: ein ganztägig geöffnetes Museum. Kurfürstliches inmitten herbstlich fahler Parks. Georgische Entlaubtheiten. Die Altstadt mit ihren perspektivenreichen Plätzen frühzeitig im Schlafrock. Aktivisten, klassenkämpferisch unter verstaubtem Plüsch; dreiviertelshohe Läden. Goethes vielfenstriges Domizil am Frauenplan. Ein Spruchband, befremdlich rot, zwei Stockwerke hoch über Antiquitäten.

Abends im Keller zwischen pompösen Quadern, weit hergereiste Prominenz, herabgestiegen zu literarischen Klippschülern. Die Idee »freier Anarchie« und das »historisch Notwendige« (wie Sie in unüberbietbarem Scharfsinn bemerkten) mit acht doppelstöckigen Wodkas zur Symbiose gezwungen. Das Schnellverfahren, »Soziologie aus Romanen zu filtern«, aufgegeben zugunsten schnellwirkender Destillate. (Sie sehen, ich stehe Ihnen an Snobismus in nichts nach.) »Was wir singen, singen wir für unsere Genossen!« – ein Snob von Kellner im Frack, unerbittlich gegen Rollkragen und proletarische Hemdsärmligkeit. »Bedaure, auch wenn Sie aus dem Westen kommen.« Twistfans mit einheimischem Dialekt, korrekt gekleidet. Wir, die Neureichen in unserer »imponierenden Warenkulisse«, halbgare Linke, hochgespielte Gegensätze: »Die Chance zu überleben – die Fähigkeit zu artikulieren.« In gepackten Koffern zurückgehaltene Mißverständnisse; Bitterkeiten im Mund, unmittelbar vor dem Anlassen des Motors, der auftrumpft mit überschüssigen Pferdekräften.

Übernächtig im Rücksitz eines *Opel's* der gehobenen Mittelklasse. (Ich hatte mich Ihnen nicht gerade aufgedrängt; aber Sie meinten gutgelaunt: Für einen erklärten Nichtmotorisierten wie Sie habe ich allemal Platz.) Im Fahrtwind zerflattert, was widerspruchsvoll genug während dreimal vierundzwanzig Stunden ein gesamtdeutsches Mosaik gebildet hatte. Satzstränge, Parolen-Girlanden, abbröckelnd in der Zugluft des schnellen Wagens. Zurückverwiesen auf das, was mich hier auf Schritt und Tritt anbiedernd anspringt: die frühen vierziger Jahre; hier rücken Sie mir auf die Pelle mit altmodischen

Häuserzeilen, Stockflecken, Regenschäden an wohltuend nachgedunkelten Giebeln, verputzt zu einer Zeit, in der ich nichts als jung war. (Sie dagegen frühzeitig in Ihrer altklugen Reserviertheit.) Der Absprung mühelos für einen Rückfälligen wie mich, der noch immer Faustregeln parat hat, der aus dem Erinnerungs-Schutt nach wie vor Abbundplätze und Reißböden ausgräbt, der handwerkliche Fähigkeiten unbenützt über die Jahre brachte. Wegweiser rücken heran und treten zurück. Das Trottoir leer bis auf ein paar tiefbauchige Kinderwagen, geschoben von russischen Offizieren in knöchellangen Mänteln. Vorgärten ziehen vorbei im gleichförmigen gärtnerischen Zuschnitt. Bebaute Parzellen, scheckige Mansarden, Einprengsel aus ockerfarbenen Biberschwänzen, die Spuren des Luftkrieges nur notdürftig überpflastert.

Die Auffahrtsstraße zum *Ettersberg* zügig im Schnellgang genommen. Trupps kasernierter Russen im Gänsemarsch auf unbefahrbarem Randstreifen. Netzwerk von Rissen, vom Regen ausgewaschene Fahrbahn, schadhafte Betongevierte mit Teerfugen. Was mich auf meinen Rücksitz preßt: Das verdächtig mühelose Zurückgleiten in jene Zeit, in der ich notgedrungen Handarbeit der Kopfarbeit vorzog. Diese Platten wurden im Akkordlohn und nach Siebwerten gegossen, die ich beherrsche. (Sie fraglos schon kopflastig; als einziges Zugeständnis an handwerkliche Fähigkeiten das Steuern eines Lenkrads.) Die beschlagene Scheibe wischend, überholen wir schubweise Rotarmisten, die in Abständen unkommandiert dahinschlendern. Dienstfreie Rekruten der Garnison auf ihrem Ausgang. (Ihnen als Ortkundigem müßte auffallen, daß Sie sich zielstrebig stadtauswärts bewegen.)

Diesiger naßkalter Novembernachmittag. Offenes winddurchzogenes abfallendes Ödland. Nacktes Gehölz im Halbkreis, das den rückwärtigen Horizont eher markiert als abschirmt. Triefende Stämme vor einem grauweißen, wässrigen Himmel. Verfilzte, ins Dickicht geschlagene Schneisen; Wachtürme, die an mittelalterliche Wehrtürme erinnern. Die Inschrift über'm Lagertor – ein Schriftschnörkel zynischer Bewacher: *»Arbeit macht frei!«* Pollers Aufzeichnungen als Orientierungshilfe benützend, gehe ich schweigend den ›Karachoweg‹ hinunter. (Wer die Decknamen der Schergen kennt: »Recht oder Unrecht – mein Vaterland!«, liest nicht begriffsstutzig über diesen Lager-Slogan hinweg. Vor Jahren notiert auf losen Handzetteln in Mertens' Archiv, setze ich die Passagen Pollers gegen meine Wortlosigkeit, die sich als Stil tarnt.)

Das Grauen für beschreibbar zu halten. Der Drahtzaun geschleift, die Isolatoren der Starkstrom-Leitung geborsten. Verschwunden die Elends-Quartiere mit ihren Nutwänden, Nagelbindern und Lattenrosten. Vom Erdboden gefegt die Schlafpferche der Häftlinge. Pollers hinkender Vergleich mit einer Baustelle. (Sie wissen so gut wie ich: der Schrecken summiert sich aus belanglosen Details.) Die Blöcke eingeebnet, planiert, kenntlich nur an den Feldern aus Ziegelsplitt, aus denen Hydranten ragen. (Zu den unerlässlichen Pflichten, die diese Zeit uns auferlegt, gehören solche Gedächtnis-Protokolle; sie tragen die Trümmerzonen nicht ab, aber sie machen sie auffindbar.)

Dieses rumpfförmige Gebilde in den Umrissen einer schräggelagerten Schneiderbüste. Mit Tusche gezogenes Rückgrat, Arterien unter die Schulterblätter. Die Doppellinie der Lagerstraße mit der Masse exakt ausgerichteter Rechtecke. Im Schwerpunkt des Beckens das Sonderlager für die Rückwanderer aus Theresienstadt. In der abgeflachten Taille rechts die Gärtnerei. (Simple anatomische Entsprechungen, mit ihnen halte ich mir diesen Gelände-Komplex vor Augen.) Im Südwesten abgesetzt die Klammer massiver Blöcke: Kasernen der Prätorianer-Garde, auf Rufweite die Meute von Bluthunden. Abgesondert vom Seuchenherd, Idylle der Henker zwischen Dunkelkammer, Sezierraum und Hundezwinger. Die Strichlinie der Postenkette, im Maßstab eins zu fünfhundert, Fleißarbeit eines Kartenzeichners. Fußnoten und Index nach dem Stand von achtunddreißig. Unter die Windrose gerückter Wahnsinn. Topographie des Grauens, verschlüsselt in planimetrischen Disziplinen.

Nach zwanzig Jahren – was ist geblieben? Die Steinbauten, in denen die Schergen hausten. Sechs intakte Brennkammern mit Schamottwänden, Gebläsen und Aschenrosten. Der Schornstein aus verfugtem Klinker, durch den Häftlinge ihre ›Himmelfahrt‹ antraten. Die Folterkammer einer Bestie namens Sommer; das Klappbett, in dem er seinen Blutrausch ausschlief. Handwerklich gediegene Einmann-Zellen mit den Markierungen für die Füße, die der Häftling nicht ungestraft übertrat. Arrestbunker, ›Thälmann-Kabinett‹ und Genickschuß-Anlage, der sogenannte ›Pferdestall‹. Ausgeräumt Strohbox und Futterkrippe. Eingebaut eine fensterlose Remise mit blutrotem Estrich. An der Rückwand Gehänge von losen Stoffstreifen, als deute es den Durchgang zu einer Osteria an. Der ehemalige Häftling im Dienstanzug des Fremdenführers, unbeholfen lüftet er den Fransenvorhang, der Einschußlöcher der Kugelpalisade verdeckt.

Da liegt ärztliches Instrumentarium, weist einen flurartig engen Raum mit seinen Kalkwänden und dem Lysol-Bottich als harmloses Untersuchungszimmer aus. Wer hätte nicht schon, die Knie durchgedrückt, die Schulterblätter zurückgebogen, nackt unter dem verstellbaren Meßarm gestanden? Ahnungsloser Ambulanter, mit Deiner unverfänglichen Physiognomie. Wandschlitze in Nackenhöhe jener getäuschten Patienten, deren Körpergröße man in genauen Zentimetern festhielt, während der Henker schon mit dem Abzug auf Druckpunkt ging. Schleppend der eigene Schritt, als bliebe man unter der Androhung eines Schlaganfalls zurück. (Sie unverändert gefaßt, in stilvoller Anteilnahme, ein korrekter Delegierter.) Pollers Bericht als fortwährendes Diktat, im Repetierzwang unaufhörlich mich mit medizinischen Details überschwemmend. Des Arztschreibers täglicher Rapport, der Sektions-Protokolle reihenweise ins Reine schreibt:

»... männliche Leiche in ausreichendem Ernährungszustand, Pupillen gleichmäßig weit, mittelrund ...«

(Der Zynismus eines SS-Arztes, der dutzendfach Mord als Therapie verordnet, der am lebenden Material wie in einem Steinbruch arbeitet.) Sein altmodisches Labor. Weißgekachelter Schragen mit Abflußbecken und Anschlußstutzen für Leitungswasser. Schrank mit Skalpellen. Ein Stück Bauchdecke mit geschrumpftem Nabel hinter Fensterglas. Tätowierungen auf einem Lampenschirm. Ein durchschossenes Herz im Reagenzglas. Spezialitäten einer medizinischen Koryphäe, vorgeführt vom Museums-Wärter, der nur noch wortlos vorangeht, den Blick auf das mörderische Interieur freigebend oder verdeckend, das verkrüppelte Armpaar hilflos über klinischen Präparaten. Hohlnadeln aufgereiht wie in einem Ambulatorium. Oft genug habe ich unter der Punktionsnadel gelegen, verarztet nach den Regeln der Menschlichkeit.

Eine Stadt von der Größe Weimars kenntnisreich zu Tode gebracht. Eine Schädelstätte angegliedert an das Pantheon der Musen. Museum der Henker. Fußeisen, Prügelbock, Schlingen aus gut gedrehtem Hanf. Zu denken, daß ein Häftling darin erstickte, nicht mein Nachbar, zugegeben, aber ein Mensch – nur der Zufall versetzte ihn einige Straßenzüge weiter, namenlos gemacht für meine geringe Wißbegier. Zu denken, daß bei günstigem Wind die Schüsse der Exekutions-Kommandos zu hören waren. Eine Gehstunde von hier das Sommerhaus Goethes, der »Weiße Schwan«, in dem Schiller wohnte. Eine Gehstunde von hier der ehemalige »Erbprinz«, wo ich einquartiert war mit Kollegen. Hinter der Schwingtür rechter Hand, der heiter stimmende Liszt-Salon. Ein nußbraunes Piano einladend aufgeschlagen. Medaillons an den Tapetenwänden: das schönbemähnte Profil des Meisters. Standuhr mit weißgoldenem Ziffernblatt. Im Flur hinter Glas Schankgerechtsame aus dem Jahre Tobak: »– – daß er bis auf Widerruf eine Niederlage allhier doch anders nicht als in gebundenen Ganzen-Halben und Viertelseimern keineswegs aber in Flaschen oder Bouteillen zu handeln oder zu kaufen befugt sein soll – –.« Denkwürdigkeiten auf angegilbtem Pergament, Ergötzliches. Unter gesprenkeltem Fliegenglas in steilem Sütterlin Strichlisten der Buchhalter. Sollstärken, Abgänge. Eine Stadt von der Größe Weimars kenntnisreich zu Tode gebracht . . .

Bevor ich auf Rotarmisten stieß, die eine Vitrine mit Strangulations-Werkzeugen umstanden, hörte ich schon Ihr Palaver. In die Nische einschwenkend, in der ich die Besuchergruppe vermutete, brach es schlagartig ab, das Scharren von Stiefeln verebbte. Und dann hatte ich sie plötzlich vor mir: die kurzgeschorenen Hinterköpfe über ausladenden Schulterklappen, die Schirmmützen unter den Arm geklemmt; Mann für Mann fixiert in dramatischer Gebärde. An alles ließe sich denken beim Anblick dienstfreier Rekruten; sie vor Schaukästen anzutreffen, das wollte mir nicht in den Kopf. Mit straffen

Rücken standen die Einjährigen über Steckbriefe gebeugt – eine Ahnengalerie von Schergen mit Lichtbild, Hoheits-Adler und Daumenabdrücken. – Mit meinem eigenen Steckbrief ausgehängt zu sein, dachte ich in zunehmender Beklemmung. Welcher freundliche Zufall hat mich vor dem Kainsmal des aufgenähten Ärmel-Adlers bewahrt? Mein unverdächtiges Alter, das mich heraushebt aus der Gesellschaft der Täter im behaupteten Befehlsnotstand? Klänge meine Ammenmär vom vielberufenen Schützen im dritten Glied noch halbwegs plausibel, wenn die Gruppe entschlossen Front machte und in mir einen Angehörigen des Jahrgangs Zweiundzwanzig erkennte? Konnte ich denn sicher sein, ob nicht einer dieser Rotarmisten im ›Pferdestall‹ seinen Vater, Onkel oder älteren Bruder verloren hatte? Hier, im Anblick dieser Hanfseile, Schlingen und verschiedenartigen Knoten bin ich gestellt. (Auch wenn Sie, unverändert würdevoll, unerkannt bleiben.) »Gewogen und für zu leicht befunden.« (Ja, grinsen Sie nur! Lediglich in Ihrem Sarkasmus sind Sie mir eine Nasenlänge voraus.)

II

Archiv Mertens: »– jene biologisch scheinbar völlig gleichgeartete Naturschöpfung mit – einer Art Gehirn – ist nur ein Wurf zum Menschen hin, mit menschenähnlichen Gesichtszügen –.« (Definition des Untermenschen, SS-Hauptamt)

Als er die ersten Gefangenen auf sich zukommen sah – im scharfen Gegenlicht wirkten sie phantomhaft, wie ein Trugbild seiner überreizten Sinne –, verließ er zögernd sein Versteck, kam sich unter anhaltenden Blähungen ziemlich belämmert vor. Neun Armpaare gingen wie in Zeitlupe vor ihm hoch. Abgesetzt von der Gruppe Rotarmisten ein auffallend zivilisiert aussehender, fast elegant wirkender Russe in erdfarbenen Breeches. Im Feldstecher, mit stark vergrößernder Linse herangeholt, ein proletarisches Gesicht mit Schmutzrändern und entzündeten Augenlidern, das eine gewisse finstere Würde ausstrahlte. Mit Schmutzrändern und entzündeten Augenlidern auf diese Verkörperung des ideologisch verketzerten Gegners starrend, zogen in blitzschneller Parade Hetzplakate an ihm vorüber. Er sah in Gedanken sein eigenes Konterfei, dachte: Wenn dieser Kommissar zur Gattung der Untermenschen zählt, zu welcher Gattung zähle dann ich?

Mit einer ihn selbst verblüffenden Handbewegung lud er den Kommissar, der seinen linken Fuß nachschleppte, ein, auf dem Kotflügel der Zugmaschine Platz zu nehmen. Salutierend, schüttelte dieser ablehnend den Kopf, lächelte ironisch, ehe sein Blick sich maskenhaft verschloß. Vieles drang jetzt gleichzeitig auf ihn ein: das Heranpreschen und Umringtwerden durch die Grenadiere, die ihn mit ihrem Palaver überfielen. Er fühlte sich überrumpelt, beiseitegedrängt. Schon war der Kommissar seiner Sicht entzogen. »Ab durch die Mitte mit der Mischpoke!« hörte er, und er brauchte sich nicht erst konsterniert umzudrehen, um das Klägliche seines Verhaltens in aller Schärfe zu spüren. Jeder, der ihn jetzt schweigend umstand, die halbangerauchte Zigarette im Mundwinkel, war Augenzeuge eines Vorfalls, den ein auffallend gedämpfter, vereinzelter Schuß mörderisch konsequent beschloß. Als wäre seine verfehlte Geste der Menschlichkeit nichts als ein verspäteter Reflex seiner Hand, die er wohl nicht mehr ganz unter Kontrolle hatte, stand abgedrängt – wer denn nun? Mertens . . .

III

. . . Die braunverbrannten Kornpuppen, die die besetzten Vorderhänge in eine Van-Gogh'sche Landschaft verwandeln, knistern vor Hitze. In der hochsommerlichen Einöde bildet ein auffälliges trigonometrisches Gerüst den einzigen Orientierungspunkt. Längst ist der Zeitpunkt überschritten, an dem er die schleierlose Sonne schräg hinter seinem Rücken als wohltuend empfunden hat. Der taufeuchte Morgen, den er der klammen Uniform wegen verwünschte, erscheint ihm nun als ländliche Idylle, sein halsbrecherischer Spurt zum Schöpfbrunnen als sportliche Einlage. Unter bösartigem Fauchen verdeckt feuernder Raketenwerfer aufgescheucht, setzt er sich im Kolben-Gerassel überreifer Maisstauden hangaufwärts ab, nicht eben in vorbildlicher Haltung. Seit den ersten Augusttagen, seit der überstürzten Räumung des Vorfelds von *Borissowka*, befindet er sich in einem Zustand bedenklichen Wechsels zwischen Lethargie und Aufsässigkeit. Die Gruppenältesten sehen in ihm zwar mehr die Folgen durchwachter Biwaknächte als die Anzeichen eines Gesinnungswandels. Der Faßreifen, den die militärischen Grobschmiede um den ehrgeizlosen Gefreiten gelegt haben, sitzt nach wie vor fest. Man muß ihn nur gründlich ausschwefeln. (Das besorgen seit Wochen die russischen Kanoniere.)

Denken als Fingerübung, Denken als Notwehrakt, eine verschüttete Regung von zivilem Instinkt, rasch niedergeknüppelt von der erstbesten Notdurft. Sein untrainiertes Gehirn braucht wohl massivere Anstöße als die Gewissens-Skrupel, die ihn zeitweise befallen wie eine Unpäßlichkeit. Die Empfindung von Verlusten, das Gefühl wachsender Leere, nicht aufzuwiegen, bis zur Verzweiflung entschlußlos unter Bewegungszwängen. »Der Schauplatz der Tugend ist das Gewissen!« (Und das unübersichtliche Schußfeld vor ihm.)

Laden, entsichern, Druckpunkt nehmen, feuern! Er schont sich nicht, klopft sich rechtschaffen nach hohlen Stellen ab. Unverändert vor ihm im Nah- und Tiefenfeuer-Bereich das Schußfeld im flirrenden Mittagslicht. Er, der Richtschütze Eins mit genauen Kompetenzen. Er sieht gegen Mittag die Kornpuppen kippen, vermißt bei seiner Zielansprache den trigonometrischen Fixpunkt. Die naheliegende waffentechnische Alternative: den Gurt Leuchtspur exerziermäßig durchzujagen gegen eine undeutliche Massierung, verwirft er ohne Zaudern. Er verwirft auch die bequeme Ausflucht vom gegnerischen Potential, zerschlägt für sich das übliche Feindbild, gewahrt hinter Feuerräumen, Planquadraten, jenseits aller Ballistik, das handfeste Gemetzel. Unter der kopflosen Assistenz des Schützen Zwei gibt er wirkungsloses Dauerfeuer auf weiteste Distanz, legt mühsam, gegen jede soldatische Einsicht, die ersten Schritte als Mensch zurück. Wer denn nun? Mertens . . .

AUFENTHALTE

Reiseberichte

Porträt einer kleinen Stadt

»... Bei der Schussenniederung handelt es sich um ein verlandetes Zweigbecken des Bodensees, das heute von der Schussen durchflossen und von gestaffelten Schmelzwasser-Terrassen umrahmt wird ... Die im Planungsgebiet vorkommenden Gesteinsbildungen gehören dem Tertiär und Quartär an ... Außergewöhnlich sind die Prozentsätze der Windstille ... In den höher gelegenen Gebieten herrschen die kühlen Zonen des Wuchsklimas vor ... Die Einheit ist frühmittelalterliches Rodeland ... Die ehemaligen Standesherren haben an die 10 000 ha Wald in Privatbesitz ... Im Mittelalter bildete Oberschwaben zusammen mit anderen Uferlandschaften des Bodensees die Mitte des Herzogtums Schwaben und eine Zentrallandschaft des Abendländischen Reiches ... Kleinstädte und das flache Land unter einer agrarisch-feudalen Verfassung ... Im neuen Zentralstaat ... periphere Provinz mit hoher und niedriger Obrigkeit ... Fast ausnahmslos alle Städte der drei Landkreise hatten äußerst niedrige Vertriebenen-Anteile ... Die durchschnittliche Verweildauer der Gäste ist gering ... Die Bestandsaufnahmen haben ergeben, daß von insgesamt 92 Gemeinden 66 keine Kanalisation besitzen ... Gleichbedeutend wie das materielle ist das kulturelle Gefälle ...« (Auszug aus der Strukturdiagnose des Planungsverbandes Oberschwaben.)

Wenn man auf einer Karte von Schleswig einfällt und die gedachte Linie über Itzehoe Springe Fulda Künzelsau Göppingen verlängert, erreicht man nahe dem Endpunkt der Nordsüd-Route, die als leicht geknickte Vertikale auf den See stößt, die Stadt, in der ich lebe. Wenn Provinz sich noch als Lebensraum mit eigener Masse und Schwerkraft versteht, dann hier, wo keine nahegelegene Kapitale ihre Fangarme ausstreckt, wo das bäuerlich-kleinstädtische Element immun bleibt gegen den großstädtischen Erreger. Wenn Provinz noch einen Fundus unverbrauchter Amery'scher Zwitter bereithält, dann hier, wo die geschrumpfte bundesdeutsche Glucke auf sehr alten Genisten brütet, wo man geschmäcklerisch verfährt und das G'späßige schon für Charakter gehalten wird. Maler und Käuze in abseits gelegenen ländlichen Ateliers mit Nordlicht, verhinderte Denker, Erfinder von längst Erfundenem, sympathische Querköpfe – in einem »Zustand permanenter Gekränktheit«. Opfer der »kulturellen Signalverspätung«, leiden die Anrainer dieses gesegneten Landstrichs nicht gerade am Komplex der nationalen Amputation. In hiesiger Sicht begann Preußen immer schon jenseits des Mains. Bismarck war ein Ostelbier. Die wilhelminischen Hohenzollern kannten wohl nur die Kaschuben und Pommern. Der großdeutsche Riese hatte hier unten seine rektale Zone.

Die Stadt, in der ich lebe, ist eine regelrechte Autofalle. Es gibt Durchschlüpfe und Engpässe, die auf Fuhrwerke zugeschnitten sind und auf Zweispänner mit Reisiglasten. Es gibt Kriechstrecken an gewöhnlichen Werktagen und Stauungen parkenden Wohlstands-Blechs während der Elfuhr-Kurzmessen. Die Stadt, in der ich lebe, ist langsam in ihren Planungen, aber schnell im Kappen von Alleebäumen. Drei Jahre schon verunzieren die Sägeschnitte der gefällten Kastanien den verstaubten Randstreifen, aber die Verbreiterung der Straße, die diese barbarische Holzfäller-Aktion einleiten sollte, läßt auf sich warten. Die Straßenbahn in die Nachbarstadt wurde eingestellt und durch einen Bahnbus ersetzt, aber die Schienenstränge liegen noch immer in ihrem blühenden Rost. Schildbürgerstreiche zweier Gemeinden, die zu eng aneinander grenzen, als daß sie einander lieben könnten.

Für den Touristen, der seinen verregneten Zelt-Urlaub am See mit einem Abstecher nach R. vorzeitig beendet, ist der Welfenstammsitz ein idealer Lückenbüßer. Im Autostopp mittags schon in Parkplatz-Nöten, kurvt der ledige Schweißer aus Lüdenscheid im kleinen Gang den Burgberg hinauf, der den Blick auf die wenigen Überbleibsel nicht lohnt. Auf ausgewaschenen Stufen, vor sich die stark frequentierte Herberge, steht, knieweich klampfenbehangen, die heftig Jugendbewegte. Im Burghof, in Augenhöhe mit den Schießscharten des *Mehlsacks,* frischt der gewesene Kanonier aus Sulgen Ballistisches auf. Respektvoll begutachtet der Maurerpolier aus Ruhpolding die Masse verbauten Steins, während der ehemalige Dachdecker aus der Uckermark, den Verhau von Dächern und abflußlosen Hinterhöfen zu Füßen, zu einem harten Klaren in die *Räuberhöhle* absteigt. Zu einem Herren-Essen nach getätigtem Abschluß begeben sich Vertreter der Leder-Branche ins *Zentral.* Auf eine brühheiße französische Zwiebelsuppe kehren prominente Autoren aus dem kleinen Walsertal und Bayerisch-Gmain bei Madame Bouléz ein. Kurzsichtig weitsichtig zwischen *Stemmer-Kneer* und *Oberem Tor* auf der Schattenseite knipsen, einen Vormittag, wenn es hochkommt, Photo-Amateure einmal den *Blaserturm* vor dem Brunnen am *Viehmarkt* und einmal im Gegenlicht das Zunftschild *Zum Dreikönig.* Aus der Vogelperspektive des reisenden Städteplaners eine über ihre Gemarkungen hinauswuchernde Kreisstadt mit nicht mehr ganz sauber abgesetztem mittelalterlichen Stadtkern, ist R. für den Archivar in Ruhestand, der die Spur des oberschwäbischen Barock nachzieht, gemessen an ihren zierlichen Schwester-Städten im nahen Allgäu, auffallend schmucklos. Wer wie ich eine durch Haßliebe grundierte Zuneigung in sich wachhält, verleiht ihr großmütig zusätzliches Dekor.

Das traditionsreiche, vierzehntürmige R., zwischen die Ausläufer eiszeitlicher Moränen gebettet, mit Fernsicht auf das Vorgelände der Schweizer Alpen, unter Fallwinden, ist an einem lehmig-trüben Abwasser gelegen, das mit Schaumrückständen über stinkenden Wehren in regenarmen Perioden knietief als Kloake im nahen See mündet. Das kleine Nürnberg, die »Metropole Oberschwabens«, von findigen Werbetextern frühzeitig auf die Prospekte gesetzt, unverändert wehrhaft hinter Alleen gegen den Burgberg hin mit geschleiftem Welfen-Stammsitz. (Jahrelang hatte ich den überwachsenen Höhenzug vor Augen. Tennisplätze; Schmetterbälle gegen die Netze an Vormittagen.) Provinz-Nest mit bemerkenswerter merkantiler Vergangenheit, die vornehmlich mit ihrer reichsunmittelbaren Herkunft protzt.

Paritätisches Patriziat, kontinuierlich durch die Jahrhunderte hin (hatte wenig Sinn dafür, aufgewachsen mit zuviel Historie im Rücken). Stadtstaat der Handelsherren, Zunftmeister und Geheimen Räte. Privilegierte Stände-Gesellschaft, die Reminiszenzen an Schwedeneinfälle Rechtshändel Bürger-Statuten und Carolinische Tractate wachruft. »Daß Niemand sein Gut verordnen soll, ohne eines Raths willen ... Daß Niemand kein Gemächt thun soll, denn vor dem Rath ...«

Hort soliden Bürgersinns und gediegener handwerklicher Traditionen. »Daß Niemand schenken soll mit der Maaß, die nicht gezeichnet ist . . . Daß Niemand von einem Jahr zweierley Wein in einer Farb schenken soll . . .« Alterssitz weltlicher und geistlicher Pensionäre. (Unter den Kunden meines Vaters, für den ich Schuhe austrug, verabschiedete Offiziere Kommerzialräte Monsignores – einer, der zur Meßlesung schritt wie auf einen Mensurboden.)

Mansarden-Klausur lediger frommer Fräuleins. Novizinnen des Dritten Ordens in Neuntägigen Andachten. Spendierfreudiges, Pokale stiftendes, Bruderschaften bildendes, gesellig-ungeselliges Gemeinwesen (ich fiel der Öffentlichen Hand zur Last, eingeschrieben an den Mittagstischen Barmherziger Schwestern). Altehrwürdiges Relikt, tausendjährig konserviert in historischen Gruppen. Sehenswürdigkeiten in Pappmaché und geleimten Rupfen. (Bei den ersten Böllerschüssen ging's im Schweinsgalopp auf die Straße.) Hochfest der Jugend, das den Notar im Ruhestand als Armbrust-Schützen in Pluderhose und schwedischem Kragen sieht, die fettgewordene prämiensparende Matrone als Oberstkönigin. Hochgepriesene Tambourmajore.

Das Fahnen senkende, Zapfenstreich schlagende, defilierende Trommler-Korps der *Spohnschen Schulen.* Das die Straßenbreite einnehmende, nachlässig verschlampte Überbleibsel der Hitlerjugend: Fanfarenbläser in verwaschenen Strumpfhosen. Fahnenschwinger unter dem Federbarett. Die Geschlechterfolge der Mumprat Holbain Möhrlin Kutter und Kollroß; das unveränderte Zeremoniell vor den Tribünen; das Spannen der Armbrüste; Altersriegen auf Abruf; der Adler, der Federn und Insignien verliert unter dem Ansturm ehrgeiziger Ballistiker.

Auserwähltes städtebauliches Kleinod, unversehrt von Bomben und Granaten durch den letzten Krieg gekommen, der Schutzmantel-Madonna geweiht, die, von so viel Beter-Inbrunst gerührt, ihre schützende Hand von weniger andachtsstrengen Gemeinden abzog und sie schirmend über die Handelshochburg der Humpis und Möttelin hielt, die ohnedies unverdient glimpflich der braunen Barbarei entkam. Ärgernis stiftendes Gelübde, feierlich vor der Schramm'schen

Kopie abgelegt, gewichtiges Votum der streitbaren Majorität von Katholiken im Zeitalter des Konzils und des Dialogs zwischen den Konfessionen . . .

In dieser Honoratioren-Pflanzstätte wirkt das Altväterliche noch immer gestandener als das Kollegiale. Im Biertisch-Schwäbisch des reimenden Stadt-Oberhaupts, Assoziationen auslösendes Symbol brennender Zigarren, vom Lügenlord ins Finale der deutschen Götterdämmerung, ein frühzeitig zur Korpulenz neigender ehemaliger Artillerist als Vorbild, der die Parole vom Wohlstand und alternierend die des Maßhaltens erfand. Zu einer Zeit schon, als das Ehrenmitglied der Schauspielgruppe Ibsens *Wildente* verschlief, hatte ich Umgang mit seinen Vorzimmer-Damen als Bittsteller für Zuschüsse. In dieser Bittsteller-Rolle feierte ich kürzlich fröhliche Urständ, als ich mit Kollege Walser das Rathaus betrat, mit einer Vorladung, deren Vorzimmer-Deutsch das Verdonnertwerden schon implizierte. Mit dem prominenten Autor der literarischen *Halbzeit* eine nicht zu übersehende Zweimann-Barriere bildend, übersah uns das Stadt-Oberhaupt so souverän, daß Verblüffung uns niederdrückte aufs harte Besucherholz wie eine obrigkeitliche Wolke. »Daß Niemand fürbaß auf dem Rathhaus soll tanzen...«

Das Buch einer Kollegin aus der traditionell verfeindeten Nachbarstadt hatte die Gemüter amtierender wie auch ehrenamtlicher Sittenwächter erregt. Rufmord nistete sich in Telefonmuscheln ein. Hinter dem handwerklich sauberen, gänzlich unfrivolen Buch wurde schlimme Unmoral vermutet. Sein effekthascherischer Titel (eine doppelte ornithologische Zärtlichkeit) in Verbindung mit dem Einband (Glanzfolie rot hinter einer bewimperten, fleischfressenden *Drosera* in schwarzer Tusche) suggerierte Unzucht. Vor dem psychologisch umsichtig motivierten Gewissenskonflikt die subtil geschilderte Verfehlung eines Junglehrers.

Ein ganzer Berufsstand sah sich abkonterfeit. Die Pädagogen-Hochburg von Mooslach entsandte Vertreter zu einem sondierenden Gespräch, mit der Absicht, die schreibende Kollegin zu einem Widerruf unter vier Augen zu bewegen. Die öffentliche Diskussion ließ eine Phalanx solidarischer Ehrenretter anrücken. Mitglieder der Aktionsgemeinschaft, sonst nicht gerade die Stammgarde literarischer Lese-Abende, fühlten den Ernst der Stunde und zeigten unverhohlen, wo sie der katholische Schuh drückt. Vorsorglich war das zwischen zwei Buchdeckel gepreßte Ärgernis aus dem Leihverkehr der Stadt-Bücherei gezogen worden. Die sonst freundlichen, zu Auskünften neigenden Freihand-Bibliothekarinnen gaben sich betont zurückhaltend, sprachen hinter der vorgehaltenen Hand vom Giftschrank und eigenmächtiger Intervention einer nicht näher zu umschreibenden Person.

Unmündige Nichtleser, deren voraussehbares Votum diese vorbeugende Maßnahme erzwungen. Vergeßliche Pappenheimer, die Veit Harlan und das tränenreiche *Goldene-Stadt*-Idol auf offener Bühne zwischen Lorbeer-Bäumen gerührt empfingen. Verwandtes Publikum, das Ziesel'sche Halbwahrheiten unkritisch verdaute mit dem ungebrochenen Appetit starker Esser. Anonyme Einsender unter der Spalte des Freien Worts. »Daß man alle Monat um Unzucht richten soll . . .«

Die Träger deines Namens und das Mendel'sche Gesetz; die gewisse Blutmischung: ein hochgradiger Eigensinn aus der Gegend um *Bayerisch-Eisenstein,* irgendein handwerkliches Ungestüm zur Zeit Windthorsts. Geschlechterliebe als Störfaktor, gebremster Wandertrieb, der sich in den Stempelpapieren eines Tippelbruders auswies. Partnerwahl vor herabgelassener Klassenschranke: er – ein angehobener Prolet, sie – eine abgestiegene Bürgerliche; in beiden Fällen aber katholische Mitgift. Das spezifische Milieu also: Stadtlandschaft mit Interieur. Handwerkerstuben zu ebener Erde, die an Kaninchenställe grenzen. Knabenträume, auf Spreuelsäcken geträumt. Eine nicht ganz beliebige Kindheit, in Hinterhöfen Alkoven Sakristeien verbracht.

Das verstörend Fremde hautnah wie ein verschwitztes Leibchen. Schönheit als ein Regelfall der Ausnahme; dein romantischer Tick, der das Knistern des Hausbocks im Gebälk als poetisches Signal wertet. – Eine Lehre durchlaufen und sich, siebzehnjährig, in Nachsicht üben. (Nicht immer teilst du die Atemluft mit denen, die dir nahestehen.) Einen Meister als Platzgott ertragen, auch wenn sich seine Herrschaft nur im Fingerschnalzen oder im Schnellen der Hosenträger erweist.

Den angehäuften Mißmut gegen schweinische Gesellen an kurzer Leine führen. Taub sein auf dem Ohr, das dir klein bei klein Erniedrigungen zuträgt. Die erlernbaren Kniffe als Vermächtnis, ganz ohne Augenzwinkern. (Der dir seine Faustregeln vermacht, verachtet dich nicht, wenn du den Schatten, den du selber wirfst, klein hältst.)

Fortgehen umsatteln aus dem Geschirr steigen. Veränderungen herbeiführen nicht allein durch Ortswechsel. An vorgefaßten Meinungen und Irrtümern nicht festkleben wie an Fliegenleim. Generations-Zwängen nicht kampflos unterliegen. Die zwangsläufige Freiwilligkeit unter Fahnen – keine nachträglichen Sinngebungen dieses Klassenausflugs in die Eiswinter des Mittelabschnitts. Einen richtigen Mannsschritt setzen (Väter bleiben in der Regel seßhaft; wenn sie länger Gediente sind, richten sie sich unter dem Stiefelabsatz ein; erst deren Söhne werden wieder mobil, vorausgesetzt, sie haben dann noch Beine und Füße).

Aufenthalte nehmen, einen Standort beziehen, Durchblicke gewinnen. Das Erklärbare für erklärbar erachten. Die rußgeschwärzten Gläser nimm besser nicht in deine Erstausstattung (die wirklichen Verfinsterungen sind ernster als du denkst). Die Welt ist mehr als eine Botanisier-Trommel, aber sie ist auch mehr als eine Claudel'sche Mythe. Auch wenn du die Erziehbarkeit des Menschen skeptisch beurteilst, halte die Welt nicht, aber die Gesellschaft, in der du lebst, für veränderbar. Dem Konsumzwang unterworfen, eingebuttert ins politische Kalkül, verhindere, daß sich Zynismus als dein öffentlicher Vormund bestellt.

(Lebenslauf, archivalisch.)

». . . Zahlungsaufschub für 1922«, lautet der Antrag des englischen Delegierten Bradbury vom Montag, 7. August, in der Ausgabe *Oberschwäbischer Anzeiger*, der bei »südwestlichen Luftströmungen mäßige Wärme« voraussagt. Die Tagesrundschau kommentiert die »Sperrung von Bankguthaben deutscher Staatsangehöriger in Elsaß-Lothringen«; die Randspalte vermerkt die »Festnahme der beiden Urheber des Anschlags auf Scheidemann in Kleinalthammer bei Gleiwitz«. Wachtmeister Mangold untersagt im Lokalteil »Das Umkreisen von Fuhrwerken, Menschen und Tieren und ähnliche Bewegungen«. *Leimgruber* bietet »bei guten Gewinnchancen« Achtellose der Staatslotterie an; die *Dorn'sche* lädt zur Vorbestellung des Bildbands »Württembergisches Landwehr Infant. Reg. Nr. 123« ein. *Der Bärengarten* kündigt für vier Uhr nachmittags den »Rutenbock-Anstich« an; das *Eden-Kino* beehrt sich, »Goliath-Armstrong II. Teil in 6 Abtl. zu je 6 Akten« anzuzeigen. Die Fleischerbörse notiert »gut abgehängtes Ochsenfleisch, das Pfund zu 58 Mark«; *F. Schimpf's Nachfolger* empfehlen »Nissin gegen Kopfläuse«. – Während Lloyd George am Londoner Bahnhof den Deutschenfresser Poincaré empfängt, der ledige Schriftsetzer Maurer »einen des Schwimmens unkundigen Postbeamten vor dem sicheren Ertrinken« rettet, dämmre ich im schattigen Küsterhaus der benachbarten fürstlichen Domäne meinem ersten Wannenbad entgegen . . .

». . . In dem Augenblick, wo einer im Braunhemd steckt, ist er Repräsentant der Bewegung«, schreibt die *Oberschwäbische Volkszeitung* unter dem Datum des 7. August 1933, nachdem sie im voraufgegangenen Monat »drei mittlere Fern- und zwei leichtere Nahbeben« verzeichnet hat. Schlagzeilen in Fettdruck protzen mit einer »Durchbruchsschlacht im Allgäu«, aber keine militärische Operation ist gemeint, sondern ein Treffen des Banns *124 Welfen* der Hitlerjugend. Religiöses wird angetippt: »Eine Weihestunde besonderer Art war die Pflanzung einer Schlageter-Eiche«. Militärisches Idiom: ». . . kommunistische Kampftrupps in Niederschlesien ausgehoben . . .« wechselt mit soziologischem Tiefsinn: »der Mittelstand einer der wichtigsten Vorkämpfer für die Errichtung der Macht . . .« Biologisches wird mit Elementen der Baustatik gekoppelt. Auf hochgeistige Definitionen: »Die Stellung des Ortsvorstehers ist heute eine andere als früher . . .« folgen Demonstrationen reiner Mechanik: »Frontkämpfer-Bünde auf Antrag des Landobmanns gleichgeschaltet . . .« Markiges spiegelt sich in Stimmungsbildern: »Die *SA-Stürme 124* mit ihrem harten, zackigen Schritt. – – Amtswalter unter Führung des Kreisleiters und des Freiherrn von Godin . . .«

Stilistisches kommt aufs Tapet: »Inzwischen war der Hunger und Durst ein ganz gewaltiger geworden . . .« – Während ein »in jeder Hinsicht vorbildlicher Sonntag«, zu größeren Unternehmungen genützt, Ludwig Finckh zu Prognosen inspiriert: »Unser Hitlerfrühling hat schon angefangen, Hitlersommer zu werden!«, rückerinnernd die Erlebnisse eines oberschwäbischen Kriegsfreiwilligen unter Tschungusen sich abspulen, bei einem Stand von 3000 eingeschriebenen Parteimitgliedern die Pilgerfahrt zum Hl. Rock ausgeschrieben wird und aus dem Mund eines unverdächtigen Ehrenmanns das Schimpfwort von der »roten, revolutionären Kamarilla« fällt, tauche ich, heiser und barfuß, in den Schatten des *Grafen Zeppelin* ein, der für Augenblicke blinden Jubels die Hoheitszeichen des neuen Reiches auf der väterlichen Altane hißt ...

... Elf Jahre später, nach dem mißglückten Anschlag auf die »Wolfsschanze«, meldet das Orakel vom Dienst unerschüttert: »Jedes Unglück hat ihn (Hitler) nur fester und stärker gemacht«, krempelt der Leitartikler der *Donau-Bodensee-Zeitung* »diese im Augenblick so schmähliche Tat« perspektivenblind »in die vielleicht segensreichste der ganzen deutschen Zukunft« um. An diesem Montag liegt London bei Tag und Nacht unter dem Vergeltungsfeuer der V-Waffen, nennt das Oberkommando der Wehrmacht die neuen Brandherde Milec und Warka im Großen Weichselbogen.

Die *Halder'sche Klinik* zeigt »hocherfreut die Drillinge Jutta Ullrich und Armin« an. Im Zeichen des Steinbocks *Büdo-Luxus-Schuhkrem,* und unter Vermischtem: »heraldisch gemustertes Sommerkleid« im Austausch gegen »blauen Filzstumpen«. In der Leserspalte gerügt wird das Verhalten auf Brandwachen; eingebleut wird das »verschärfte Mißtrauen gegen unsaubere Elemente«, anempfohlen das Auf-Hochglanz-Bringen der »Charakterspiegel« auch bei verhängten Fenstern und bei der Bergung fremden Eigentums.

Während unter dem Strich Zechs »Weg zu Renate« vorerst »auf einem der roten Plüschsofas« endet, die sportliche Ertüchtigung in »örtlich begrenztem Rahmen« auf der Stelle tritt, stürze ich, nicht barfuß, sondern in Knobelbechern, und nicht unter den Hoheitszeichen des Reiches, sondern unter dem roten Fünfzack sowjetischer Tiefflieger, weniger blind vor Jubel als betäubt vor Schreck, bei unverändert hohem Sonnenstand, Mittelalterliches im Blickfeld, keuchend hangaufwärts unter ausgereiften Apfellasten. – Weniger poetisch ausgedrückt: mein 22. Geburtstag fiel mit einem Einsatz zusammen, der mich als uniformierten Vierbeiner mit hängender Zunge in einer Plantage sah und mich unter dem Geprassel der Schlächter aus diesem Altstadt-Idyll über der Weichsel scheuchte, das an Schauplätze der eigenen Kindheit erinnerte: *Sandomir* . . .

». . . Zehn Jahre Hiroshima« meldet die Schlagzeile der *Schwäbischen* auf ihrer Titelseite, das Keystone-Bild zeigt eine grellbelichtete Trümmerzone mit pulverisierten Wohnvierteln und am Rand des Zielgebiets die Überreste eines Krankenhauses vor einem Flußknie. Schwachwindig aus wechselnden Richtungen kündigt sich ein warmer Augusttag an. Der Wirtschafts-Experte hebt warnend den Zeigefinger: »Den Boom unter Kontrolle bringen«.

In der kleinen Notiz bitten die pommersche Landsmannschaft und die Landsmannschaft Ostpreußen um vollzählige Teilnahme anläßlich des Tages der Heimat. Das Hopfengut *Kaltenberg* lädt Pflücker und Pflückerinnen vom Vorjahr ein. Das Feuilleton, weltläufiger geworden, läßt Friedrich Glogau, den »Meister des Sinngedichts«, würdigen. *Zeit und Welt* feiert mit stilisierter Deckelschnecke und Seerosen ein »Ereignis am Bach«. Karl Fuß streicht »überzwerch« gereimten Wind übers Korn. Die Frauenseite warnt vor Wärmestauungen und verdorbenem Kartoffelsalat. Während im *Burg-Theater* das Kutter'sche Lichtspiel *Das Lied von Kaprun* anläuft, Schnittmusterbögen meiner schneidernden Frau die elterliche Trockenbühne anfüllen, büffle ich mit der Rückendekkung des Rentners im nazarenischen Alter Statikprobleme in einem Fernkurs . . .

. . . Die Schatten des Vergangenen reichen weit herauf für den, der nicht wohlstandsblind ist, und das Schema meiner Zäsuren legt genug Faktisches frei, um den Lebenslauf eines schwarzen Jahrgangs damit auszustaffieren. Mein 44. Geburtstag und der Weltkongreß der Juden fallen auf dasselbe Wochenende. Nahum Goldmanns Satz: »Nur Gott kann solche Verbrechen vergeben« macht die Schatten nicht leichter, und des deutschen Sprechers bittere Erkenntnis: »Ich werde recht gut jene verstehen, die sich beide Ohren zuhalten, um die deutsche Stimme nicht hören zu müssen, was sie auch immer sagt . . .«, mutet wie ein neuerlicher Kniefall an.

Aber die politischen Nachbeben reichen nicht bis in die Tiefenschichten. Die Lokalseiten spiegeln die Peristaltik eines gut verdauenden Organismus: Im Öschweg setzt ein Schießwart ein Gedächtnisschießen als Punkt zwei auf die Tagesordnung. Die Aussprache über die Beschaffung von Einheitskleidung für aktive Schützen endet in bestem Einvernehmen. Zu einem Festkommers im *Kolpinghaus* erscheinen junge und alte Füchse. Ein Senior legt die vier Prinzipien der Verbindung: Religion Wissenschaft Freundschaft Vaterlandsliebe – im Sinne des Bundes dar. Ein Abt, »Ehren-Philister der *Welfia*«, beehrt die Füchse mit seiner Anwesenheit.

Zum Abschluß fährt die Verbindung nach *Wolfegg,* wo der Erbgraf die *Welfen* durch sein Stammschloß führt. Ein gelungenes Stiftungsfest findet im »Fuchsenloch« einen feuchtfröhlichen Abschluß. – Während in der Sonntagsbeilage die Erzählung von einem Mann namens Springinsfeld munter ins Kraut schießt, die Bunte Kiste philatelistische Neuheiten bringt, in der Schachecke die Partie *Orlimont* matt durch Weiß in zwei Zügen endet, mache ich als Platzanweiser im Kino meine letzte Kontrollrunde zu den Schaukästen.

Tule-Kom, zweisprachig

Dem Andenken Hermann Kasacks gewidmet

Einige nicht verwendbare Empfehlungsschreiben in der Tasche, betrat ich das Gastland *Suomi* durch die Hintertüre, um ein auf zwei Monate befristetes Stipendium zwischen *Suomenlinna Tampere Vaasa* und *Mäntyluoto* abzusitzen. Ich hatte nach einigem Überlegen dankbar zugegriffen. Dieses kühle, verschlossene, seen- und wälderreiche Land kam meinen Vorstellungen entgegen; was über den Umweg der Literatur zu mir gedrungen war, entsprach alten, heimlich gehegten Erwartungen. *Rom* hatte mich in die Knie gezwungen; es hatte mich eingeschüchtert, nachdem es meine Unterwerfung, durch Schullektüre und eine Flut von Prospekten eingeleitet, auf der erstbesten Piazza vollzogen . . .

Ich zähle die Tage, wie in *Rom* – und doch ist es nicht dieser hektische Abzählvers. Diese Landschaft, nicht von Steinmetzen geprägt, fängt nur auf geduldiges Warten hin zu sprechen an und antwortet nicht auf Anhieb. Dies ist kein Ort der Superlative und des beschleunigten Pulsschlags. Die Stadt liegt über Inseln verstreut; die Schären reichen bis an die Wohnviertel heran; der Hafen ist geräumig, aber nicht überwältigend. Ich kann die Großkirche mit ihren schmucklosen Säulen, ihrer Kuppel-Patina und ihrer wuchtigen vorgelagerten Steintreppe besuchen oder auch nicht besuchen. Niemand erwartet, daß ich von ihr zu schwärmen beginne.

Der weitläufige Senatsplatz um das Zarendenkmal ist ein beliebter Treffpunkt. Aber ich bin nicht verpflichtet, die Gebäude imposant oder die ockerfarbenen Fronten malerisch zu finden. Ich kann die zahllosen Denkmäler übersehen, ohne gleich als Banause dazustehen. *Havis Amanda* am Blumenmarkt oder das Reiterstandbild des Marschalls neben der Hauptpost, der noch immer in Offiziersklubs herumgeistert und mit den Herren seines Stabes Bataillen berät, die längst geschlagen und verloren sind. (Auf einer alten Landkarte sah ich übrigens, daß *Suomi* einem Knienden gleicht, der die Arme hochwirft.) Doch weit mehr als seine ruhmreiche Vergangenheit bewegt mich die Gegenwart dieses Landes, zum

Beispiel das Tule-Kom der Verkehrsampeln, zweisprachig. Es ist nicht wichtig, daß ich alle Anlegeplätze aufsuche, alle Buchten auslaufe, alle Inseln umschiffe. Vielleicht überspringe ich *Seurasaari* mit seinen Bauernkaten und ländlichen Museen (über dem Studium eines Eckverbandes ließen sich ganze Nachmittage verbringen). Vielleicht bewundere ich *Korkeasaari,* die Tierinsel mit ihren Freiluft-Gehegen, nur aus der Ferne. Vielleicht genügt es, im *Café Colombia* bei einer Tasse Tee die Hindernisse aufzuzählen, die einem Besuch in *Linnanmäki* entgegenstehen.

Fast täglich erstaunlich blonde und weißhäutige Geschöpfe, allein oder in Gruppen; sie rücken nicht wie die Römerinnen mit einer Leibwache geschwätziger Verehrer an. In den Parks sieht man sie mit großer Selbstverständlichkeit über Kollegmappe und Puderquaste. Abends die mutigsten Vortrupps auf dem Heiratsmarkt. Das ist der übertrieben lautstarke Name einer Zusammenrottung von Einzelgängerinnen, die zwischen dem *Schwedischen Theater* und dem *Bio-Bio* die Trottoirs bevölkern. Mit Tüten kaltwerdender Pommes-frites in den Händen stehen sie da, patrouillieren vor den Aushängekästen des Lichtspiels, rücken, selbstsicher und zielbewußt, gegen die Front männlicher Flaneure vor.

Ich wage mich nicht an die Beschreibung dieser weißen und kühlen Metropole, solange die Begriffe weiß und kühl für mich nicht geklärt sind. Ich kenne nur diese wenigen Spätsommerwochen mit ihrem Zuviel an Wind und Niederschlägen, nicht aber den Jahresablauf mit seinem Wechsel von Licht zu Schatten. Ich weiß zu wenig über die Farbe dieses Himmels an Wintertagen. Ich weiß nicht einmal, ob diese Stadt einen Frühling kennt. Ich hörte sagen, der indische Mond sei wärmer als die finnische Sonne. Ich trage einen Katalog kluger Sprüche mit mir herum, ein Sammelsurium beliebig auswechselbarer klimatischer Details. Wenn die Welt in einem Nußkern verborgen liegt, kann ich mir in Zukunft solche Ausflüge wohl sparen. Vorerst aber prüfe ich ernsthaft die Beschaffenheit des Pflasters am Hafen, wo nach Abbruch der Stände die Wasserwerfer Fischköpfe in den See spülen. Ich füge der Topographie dieses von Unrat bedeckten Uferstreifens die meiner unsteten Empfindungen hinzu. Ich stelle eine

Liste handelsüblicher Gemüse auf, sortiere widerwillig Krebse, in gewissen Mondnächten in knietiefem Gewässer zu fangen. Ich entziffere eine Inschrift für Gefallene des deutschen Freiwilligen-Korps, präge mir die Abfahrtszeiten der Motorfähre ein.

Suomenlinna: das vorgelagerte Rekruten-Domizil, wo hinter überwachsenen Wällen museumsreife Mörser rosten, die Geschützrohre noch immer drohend auf See gerichtet, aber voller Abfälle (die Ausflügler hinterlassen in ihnen Tüten, Papier und Dosen). Beutekanonen aus irgendwelchen verzeichneten oder nicht verzeichneten Scharmützeln liegen hier im halbhohen Gras. Paarweise auf Sockeln montiert, stehen andere im Halbkreis um die Kirche – wie Doppelposten, die man abzulösen vergaß. In einer Art überdachtem Ehrenmal ruht ein Glocken-Invalide. Zusammengesetzte Karabiner markieren Manöverstilleben. Frachter-Silhouetten verstellen für Augenblicke den Inselhorizont. Blindgänger stehen vor Kasematten, in denen der Schimmelpilz einquartiert ist, dickwanstige Kaliber aus Restbeständen.

Suomenlinna: Auf den öden Sandplätzen üben finnische Mushiks Gewehrgriffe. Friedfertig trottet ein Zweispänner dahin. Im stehenden Algengewässer spiegelt sich ein Radkranz von Speichen. Auf dem morschen Bohlensteg, der einen der toten Wasserarme überquert, klappern die leeren Essens-Kanister. Ein verhinderter Musikant auf dem Kutschbock, der gestern vielleicht noch vor der Hauptwache paradierte, hat Helm und Querpfeife abgelegt und den Defiliermarsch aus Preußens schwarzweißer Vergangenheit in seinen Spind eingeschlossen. Was an ihm auffällt: der unvorschriftsmäßige Mützensitz, sein Karabiner, der unbeachtet zwischen Futtersack und Kanistern liegt. Eigentlich ist damit zu rechnen, daß er einem der Kasernen-Hengste in die Quere läuft, die sicher auch hier ihr Unwesen treiben. Ich denke, daß er geistesgegenwärtig genug wäre, die Mütze zurechtzurücken und die klapprige Mähre in eine militärischere Gangart zu bringen. Ich nehme nicht an, daß sich seine Hand überschlagen wird, wenn sie zum Gruß an den Mützenrand hochfährt. Er ist ein brauchbarer Musikant, ein bewundernswerter Läufer, ein nachlässiger Kutscher, ein widerspenstiger Soldat. Perkele!

höre ich seinen unbeherrschten Fluch, als ich mich durch eine Maueröffnung zwänge.

Tampere hatte es mir nicht gerade leicht gemacht, Linnas Dramatisierung des *»Unbekannten Soldaten«* beizuwohnen. Schon die Jagd nach einer Unterkunft ließ mich meine Neugier verwünschen und nach Ruhebänken Ausschau halten. Mein Gepäck durch die Hauptstraße schleppend, nahm ich zu der Strapaze der Zimmersuche das Geduldspiel vor den Plakatanschlägen auf mich. *Pyynikki* liegt an einem der bewaldeten Abhänge, die ans Wasser grenzen. Die Stadt wird von Wasser umschlossen und, wenn ich mich nicht täusche, auch geteilt. Der Fußmarsch über den Höhenrücken und der Ausblick auf die beiden inselreichen Seen entschädigen mich für den nutzlos verbrachten und verregneten Nachmittag. An den Ufern der Vogelteiche einer der vielbewunderten schwarzen Schwäne. Sibelius wurde hörbar. Später, als ich im Parkett saß und die ansteigende Tribüne hinaufblickte, brachen die Klänge der *Finlandia* über mich herein.

Wenige Tage zuvor hatte ich die Originalfassung des Films gesehen. Begreiflich, daß sich die mörderischen Waffengänge des Karelischen Feldzugs nicht in die abendliche Idylle eines Naturtheaters fügen. Die hausbackenen Manöverszenen mit ihrem Platzpatronen-Effekt schienen niemanden ernsthaft zu stören. Die blutjungen Rekruten nahmen den Spaß ernst oder fanden den Ernst spaßig: Statisten in Uniform, die allabendlich – »wie das Gesetz es befiehlt« – hier antreten und auf ihre Kosten kommen. Die Markierungseinschläge der gegnerischen Artillerie strapazieren die Trommelfelle. Was wie ein Inferno aus unsichtbar aufgehängten Lautsprechern niederprasselt – auf der Bühne gebärdet es sich wie ein stachelloser Igel. Man hatte akustisch einige Anleihen gemacht. Der Schwerpunkt lag eindeutig auf den Dialogszenen, in denen Humor und Folklore dominieren. Der Widerspruch wird nicht bemerkt.

Die Epopöe des widersetzlichen, tapferen, listenreichen finnischen Mushiks rührt ans Gemüt. Linnas Figuren, im Buch und Film erschütternd sterblich, anfällig für den einsamsten Tod in Schlamm und Dreck, entwickeln hier ein Stehvermögen, das belustigt oder verstört. Der Nimbus des Einzelkämpfers tritt machtvoll hervor in dieser öffentlichen Heldenfeier. Die Verwundeten, die aus der Kampflinie geschleppt werden, tragen keine blutdurchtränkten Verbände, sondern eine Art roter Turnleibchen. Man kann es den Komparsen nicht verdenken, wenn sie ihre Klamotten, die sie allabendlich in gutem Zustand vorweisen müssen, während des Auftritts schonen. Leidlich präparierte, mit Rauchkörpern und Knallsätzen versehene Szenerie. Auf schräger Rampe montiert und nahezu geräuschlos schwenkbar: das Oval der vielen hundert Sessel, das nicht zum Forum werden kann.

Die Frau meines Gastgebers, eine imponierende Erscheinung, besitzt nicht nur eine herrliche Altstimme, sondern auch eine Vorliebe für sagenhafte Hüte. Während ihr Mann in der Küche eine Bouillon zurechtmacht, berichtet sie über ihre Eindrücke von einer Deutschlandreise. Ein fast wehleidiger Ausdruck bemächtigt sich ihrer, als sie die spartanischen Schlafgewohnheiten meiner Landsleute beklagt. Unversehens betritt sie eine imaginäre Bühne. Schon die flüchtige Fixierung des vor Jahresfrist Erlebten jagt ihr Schauer über den Rücken. Sie fröstelt sichtlich, als sie die Beschaffenheit der Betten und der ungeheizten Schlafräume schildert. Aber schon hat sich ihr Gesicht verändert. Ihre hochgezogenen Mundwinkel drücken Verachtung aus. Ein Unwetter zorniger Entrüstung geht auf mich nieder. Dann bricht sie höchst wirkungsvoll mitten im Satz ab, als lohne sich die Mühe nicht. Später schleift sie einen schwäbischen Kleinstadt-Apotheker vor ihren unsichtbaren Gerichtshof, einen Landsknecht im Pharmazeuten-Kittel, der Erinnerungen an Lappland auskramte; obschon der Vorfall weit zurückliegt, spricht noch die schmerzliche Verwunderung über dessen Taktlosigkeit aus ihr. Die theatralische Geste der gespreizten Hand zählt nicht mehr nachweisbare Greuel auf. Sie sieht ihn über seinen Tiegeln und Mörsern die Taktik der verbrannten Erde erläutern. Mit dem Brustton der Überzeugung wird Ungesühntes, Verjährtes auf den Ladentisch geknallt. Sie aber zerrt den Pillendreher in ein dramatisches Verhör. »Sie alles zerstört!« sagt sie mit grollender Bühnenstimme, und der Erinnerungswütige fällt wie in Trance ein: »Wir alles zerstört!« Sie schüttelt sich wie im Fieber . . . Da kommt ihr besorgter Mann aus der Küche, bringt eine Bouillon mit Einlage. Sie winkt irritiert ab, als ertrage sie es jetzt nicht, zu solch profanen Beschäftigungen zurückzukehren. Doch ein Lächeln, ihr wider Willen entschlüpft, hilft ihr zurück. Mit erstaunlichem Liebreiz, der sie für Augenblicke verschönt, wirft sie ein: »Ich nix gutt für Küche, ich gutt zu sprächen!«

»Wir haben noch etwas Zeit«, sagt mein Gastgeber, und wie auf Verabredung vergleichen wir unsere Uhren. Nach einer Pause, in der er vergessen zu haben scheint, wer vor ihm sitzt, schiebt er mir einen Stapel Gedichtbände über den Tisch. »Ich habe Ihnen hier einige Texte zusammengetragen«, sagt er eigenartig ermattet, als habe er sich mit dem Nachstellen der Zeiger schon zuviel zugemutet. »Ich nehme an, daß meine finnischen Freunde Fragen stellen werden. Wenn Sie gleich einen Blick hineinwerfen«, fügt er mit Anstrengung hinzu, und ich sehe, wie sich auf seiner Stirne Schweißtropfen bilden, »wissen Sie wenigstens, mit wem Sie es zu tun haben werden.«

Als die Vorstellung unter der Türe beendet ist, beherbergt jedes der bequemen Sitzmöbel eine literarische Berühmtheit. In zwei mir abgewandten Sesseln haben sich Lyrikerinnen niedergelassen; von der älteren entdecke ich vorerst nur einen mageren Unterarm und den Haaransatz über einer schmächtigen Schulter, von der jüngeren den kräftig modellierten Rükken und die Hälfte eines Florentiners. Im dritten Sessel mache ich zunächst nur eine randlose Brille aus und einen Spitzbart, der wie die Brille zeitweise im Tabakqualm verschwindet. Im vierten Sessel, durch ein Blumen-Gebinde halb verdeckt, unter rötlich-brauner Haarwildnis – eine seltsam bleiche, mächtige Stirne. Ungerufen fällt mir das Stichwort zu: finnischer Rübezahl, und ich erinnere mich der eindrucksvollen Verse: »Meine Zeit ist die Zeit des Todes.« Der fünfte Sessel bleibt unberücksichtigt; in ihm kauere ich, zunächst einmal damit beschäftigt, zu bereits gesichteten Körperpartien die fehlenden hinzuzudichten.

Ich bin nicht der erste Fremde hier (und ich werde voraussichtlich nicht der letzte sein). Höflich ignoriert, folge ich den halblaut geführten Gesprächen im Schummerlicht. Die Hausfreunde bewundern die längst vertrauten Räumlichkeiten, treten wie zum ersten Mal an bekannte Bilder heran. Sich aus den Sesseln erhebend, kritisieren sie einige Novitäten auf dem Büchermarkt, werden politisch. Über die Berliner Mauer sprechend, drehen sie sich nach dem Deutschen herum, senken ihre Stimmen, als sprächen sie in Gegenwart eines Betroffenen. Danebenher läuft der einsilbige Monolog einer Hausfrau. Die steigenden Preise werden bemängelt. Der Gastgeber räuspert sich, als fürchte er, den Stehkonvent zu stören. Aber Rede und Gegenrede brechen schlagartig ab. Die angetrunkenen Gläser werden abgestellt. Aufmerksam konstatiere ich die Flüssigkeits-Rückstände, die unterschiedlich hohen Spiegel, in denen sich das Licht fängt.

Die feinnervigen, nervös wirkenden Hände des Brillenträgers kommen vorübergehend zur Ruhe. Erstmals vermag ich das Gesicht des Mannes zu erkennen, der nach dem Krieg die stolzen Worte schrieb: »Sie warfen mich ins Gefängnis, sie wußten nicht, diese Toren, daß man eine freie Seele nicht in Ketten legen kann.« Schließlich schlägt die schon etwas angegriffene Stimme des Gastgebers eine Bresche, in die ich mich weniger hineinschiebe als schieben lasse; denn mich hatte niemand in Ketten gelegt; mich hatte man lediglich in eine Uniform gesperrt, die hier unliebsame Erinnerungen wachrufen muß. Leiser werdend, ebnet der Gastgeber mir Wege, wo ich besser auf allen vieren kröche. »Jojo!« In meiner Kindheit kannte ich ein Spiel gleichen Namens. Jetzt, im unpassendsten Augenblick, ist es zur Stelle und lenkt mich ab. »Weiter«, sagt die Frau mit dem mageren Unterarm – und ich blicke betroffen in ein kluges, mütterliches Gesicht, das die Spuren alter, nicht vergangener Sorgen bewahrt hat. »Wir haben viel Zeit heute abend. Woher stammen Sie? Und wer sind Ihre Eltern?«

Ich erfinde und sage die Wahrheit. Ich halte mich an Biographisches und werde unglaubwürdig. Mein einziges, halbwegs plausibles Alibi: meine damalige Jugend. Unter Gewissenszwängen decke ich meine Einsätze auf, sprunghaft. Banale infanteristische Details – zum wievielten Mal wohl aneinandergereiht? Nichtigkeiten, aufgelesen an beliebigen Rückzugsstraßen. Die Gastgeberin kommt mir ungerufen zu Hilfe; energisch pocht sie auf ihr Mitspracherecht; schließlich kann sie auf gemeinsame Erfahrungen verweisen. Sie war in jenem unseligen Land, durch dessen ungeheizte Schlafzimmer nun die Mauer verläuft. Ihr Mann versucht, sie zurückzuhalten; aber die Wahrheit geht mit ihrem Temperament durch. Augenrollend läßt sich die jugendliche Altistin zurückfallen. Ein aufgescheuchtes Händepaar rudert unter dem mehrflammigen Leuchter. Schon liege ich mit dem Nacken auf der Sessellehne, rufe mich beschämt zur Ordnung. Aber niemand scheint diese Ungezogenheit gemerkt zu haben. »Weiter!« sagt die Stimme neben mir. »Wo wurden Sie ausgebildet? Wer waren Ihre Lehrherren?«

Ich hatte mir glühende Kohlen aufs Haupt geladen. Ich war auf Schonung angewiesen, auf Nachsicht gedrillt. Doch die schmächtige Frau an meiner Seite läßt nicht einen Augenblick locker. »Geduld!« sagt sie. »Die Wahrheit ist kein Haus, das an einem Tag bezugsfertig ist.«

Auf der Karte, die ich von dem ehemaligen Obersten erhalten hatte, war neben dem leicht zu behaltenden Namen *Reposaari* ein zweiter vermerkt: *Antora,* der mir seltsamerweise immer wieder entschlüpfte. Den Umschlageplatz für Schnittholz am Bottnischen Meerbusen hatte ich mühsam genug erreicht, den Kaupias Kokko nach einigem Umherirren ausfindig gemacht. Nun stand ich wartend an der Anlegestelle für Motorboote, lief zögernd den beiden Halbwüchsigen entgegen, die eines der Boote festzurrten, auf die die Beschreibung des Obersten zutraf, und blickte dabei wohin? Norden oder Osten. Der Himmel war bedeckt, das Wetter diesig trüb, der Horizont von einer geschlossenen Inselkette verstellt. Mein Orientierungssinn, sonst die Verläßlichkeit selbst, versagte kläglich. Trotz der schräg anlaufenden Wellen machte die Barkasse gute Fahrt. Eine steife Brise trieb Gischt über den Vordersteven. Die Ölhaut auf meinen Knien, zunächst ein recht abenteuerlich anmutender Schmuck, schützte nun meinen Zweireiher vor dem Durchnäßtwerden. – *Antora* aber, der Sommersitz des Obersten, ließ sich aus dem Gewimmel von Eilanden Sandstränden und schwimmenden Kiefernforsten nicht einfach herausfischen.
Nachmittags, bei aufklarender Sicht, kamen wir vor eine

große einsame Insel ohne sichtbare Bebauung. Ein dichter Mischwaldgürtel lief längsseits des unwirtlichen Ufers, das mit rötlich-braunen Quadern bedeckt war; man konnte auch sagen: verbarrikadiert. Ein Landungssteg ragte aus einer kleinen Bucht; ein altes morsches Holzboot mit primitivem Segelzeug lag vor Anker. Gebückt, von herabhängenden Ästen gestreift, lief ich hinter den beiden Bootsführern her, die mein Gepäck trugen. Auf leicht ansteigendem Hang rotgetünchte, flachgestreckte Gebäude in der landesüblichen Holzbauweise. Auf eine der luftigen, wie angeklebt wirkenden Veranden liefen die beiden Pfadfinder zu. Dort erblickte ich einen etwa fünfzigjährigen Finnen mit offenem Bauerngesicht.

Mit dem Hausboot fuhren der Oberst und ich die zahlreichen Buchten aus. Mehrmals legten wir an Landungsstegen an und betraten über schwankende Dielen Grundstücke, über deren Besitzer und Anlieger ich hinreichend unterrichtet war. Mehrmals wiederholte sich das wortkarge Zeremoniell einer Vorstellung. Zwischen hochgeschossenen Königskerzen ein schlankes, unwahrscheinlich blauäugiges Mädchen, das zu einem Knicks herankommt und unauffällig wieder in der Gartenwildnis verschwindet. Oder ein dicker Gärtner erscheint, blinzelt gegen die Sonne, ruft den Nachbarn auf einen Sprung unters Vordach. Oder drei nahezu gleich aussehende Athleten springen herbei, stellen sich wie zu einer Siegerehrung auf; der erste schlägt Rad, der zweite in Gedanken Bälle ins Netz, der dritte kommt seilhüpfend die Treppe herunter, macht Lockerungsübungen. Nach Ablauf einer Stunde kenne ich des Obersten Nachbarschaft und Verwandtschaft; ich könnte auch sagen: die Bewohner der Insel.

Meine Zusage, mit dem Verfasser und Historienschreiber zu segeln, später stillschweigend widerrufen, brachte mich anderntags in eine mißliche Situation.

Die Hausfrau, in der Zubereitung wohlschmeckender Pilzgerichte medaillenwürdig, warnte mich noch mit der Bemerkung: »Man kann gut segeln, wenn man rudern kann!« Ich wunderte mich, warum ich mich wieder einmal in einer Sportart versuchte, in der mein Ehrgeiz fehl am Platze war. Schon beim Militär hatte es erheblicher Anstrengungen bedurft, den Tatbestand zu verschleiern, daß ich Nichtschwimmer bin. Kein Kommando, das mich an Wasserläufe führte, schlug ich aus diesem Grunde aus – oder ich umging es so geschickt, daß nicht Verdacht aufkam, sondern der Eindruck von Verzicht. Hinzu kommt, ich habe einen ausgesprochenen Horror vor Hochbauten. In meinen Alpträumen haben Fassaden die fatale Neigung, sich von den Zwischenwänden abzulösen und in die Straßenschluchten zu stürzen. Auf jedem höhergelegenen Balkon bekomme ich Schwindelanfälle. Aber ich versäume nie, in einer Stadt die höchsten Bauwerke zu besuchen. Wasserscheu und Höhenfurcht sind die beiden wirksamen Triebkräfte, die mich in den Ruf eines Meisterpaddlers und eines Fassadenkletterers gebracht haben.

Die Takelung des breitbauchigen, schwertlosen Seglers ging mit Unterbrechungen vor sich. Nachdem das Boot die Bucht hinter sich gelassen hatte, mußten wir Sickerwasser schöpfen. Ich saß – gottlob nicht mehr im Zweireiher – bugwärts unter dem Hauptsegel, das schlaff am Mast hing. Die Ruder entdeckte ich frühzeitig. Ich hätte meine Kurzatmigkeit vorschützen können, sagte aber kleinlaut: »In meinem Buch gibt es einen Bericht über einen Floßsackübergang.« – »Natürlich, ich entsinne mich. Ich habe Sie mit Ihrem Buch hier ja vorgestellt«, sagte der seefahrende Rezensent. »Ich schlage vor, daß wir ein wenig nachhelfen.«

Wir halfen ein wenig nach. Aber trotz ausdauernder Bemühung meinerseits und trotz halsbrecherischen Manövern blieben wir in gleichbleibender Entfernung vom Ufer. Entweder war der Wind zu wechselhaft oder das geflickte Segel zu schwerfällig, oder eine Strömung stand gegen das leckende Boot an. Der Oberst, der unverdrossen das Steuer bediente, hatte wortreiche Erklärungen zur Hand. Ich aber hatte den Eindruck, zwischen zwei unbeweglichen Rudern eingeklemmt, endlos lange auf einem Gewässer zu liegen, das uns weder bewegte noch freigab.

Nach Wochen regnerischer Trübsal – Insel im Sonnenlicht, rötlich nackter Fels der Schären, Segel, auf einmal mit Wind gefüllt: *Lautasaari.* Eiland an Eiland gereiht, festgepflockte Flottille aus mageren Kiefernbeständen, unbewohnt, und ich fragte mich im stillen: Woher nimmt hier der Mensch den Mut, sich seßhaft zu machen? Schon sammeln sich die Zugvögel, und ich habe noch nicht einmal erfahren, was hierzulande Sommer ist. Wenn die politischen Wettermacher nur mit vorzeitigem Herbst drohten, nur mit Blätterfall und Frühnebeln – was wäre verloren? Ich meine, man sollte auf die ersten Anzeichen eines Wechsels achten. Die großen Veränderungen treffen uns ja doch im Schlaf an.

Was ich mit nachtwandlerischer Sicherheit heranhole: die Erinnerung an ein Schwarzweiß-Photo, das mir in einem Prospekt in *Hamina* überreicht wurde und das fortan alle Versuche, das in Schnappschüssen Festgehaltene zum Bild zu ordnen, durchkreuzen wird. Unübertroffenes Motiv: Seenlandschaft von unvergleichlichem Zauber. Auf gut Glück zu entdecken, wenn man die Suche danach aufgibt: *Kymenlaasko.* Das Wasser eigentümlich gespannt und von metallischer Schwärze. Mächtige, weit ausladende, an den Felsen sich klammernde Kiefer; im Stechschatten Fallholz. Das sichtbare Stück Himmel schmal und mit Zirrusgewölk durchsetzt. Gekräusel von gestochen scharfen Wellen, eine Legierung von Messing und Bronze, gerahmt von der kompakten Düsternis des Ufers.

Silhouette der Kiefer vor dem Strichmuster zehntausender junger Birken, in der unmerklichen Strömung des *Kymijoki.* Gigantisches Floß; Kreisrund von ungeschälten Stämmen; Pinsel-Zentrifuge, zum Stillstand gekommenes Karussell: das ganze hemmungslose Leuchten dieses Spätsommernachmittags. Jenseits der Spiegel-Rotunde die graue, segellose Fläche.

Es hatte lange gedauert, bis ich aus dem Gewirr von Masten und Laufkranen, Schornsteinen Lüfterköpfen und Takelagen den Papierfrachter *Fennia* herausfand. Der Name am Bug stimmte mit dem Namen auf meiner Platzkarte überein. Als ich das altmodische, unschöne, etwas ramponierte Schiff musterte, schämte ich mich fast ein wenig über den schlechten Fang, den ich gemacht hatte. Es war unklug gewesen, sich allein auf den wohlklingenden Namen zu verlassen. Ich bedauerte lebhaft, ein so unscheinbares Schiff als Passagier betreten zu müssen, noch dazu auf meiner ersten Reise. Mir erging es wie dem Liebhaber, der zunächst einmal das Stelldichein ausschlägt, weil er das unbedarfte Geschöpf unter der Normaluhr nicht als Partnerin erkennen will. Immerhin näherte ich mich dem unter Dampf stehenden Frachter so weit, daß man an Bord auf mich aufmerksam wurde.

Ein mittelgroßer, makelloser Herr, dessen Benehmen den dienstfreien Kellner verriet oder den Logenschließer auf Urlaub, stand, leicht vornübergebeugt in seinem Staubmantel, an der Reeling. Mit dem Ausdruck des vollkommen Unbeteiligten blickte er auf die Equipe gutbezahlter Stauer hinab, die gemächlich die Ballen Papier verluden. Als er zufällig einmal zu mir herübersah, nickte ich und sagte auf gut Glück eine der wenigen finnischen Grußformeln, die ich gelernt hatte. Er grüßte gemessen zurück; sein korrektes Deutsch verwirrte mich. Ich stand unweit des Fallreeps, sah die Stauer unter den Schwebelasten spreizbeinig dahingehen, grüßte schräg nach oben in das verschlossene und, wie mir jetzt schien, hochmütige Gesicht. Zu meiner Verwunderung entfernte er sich über eine Treppe, deren Betreten laut Anweisung der Reederei verboten war. Eine knappe Stunde danach erschien er in Uniform. Er war nicht irgendein dienstfreier Kellner, nicht ein Logenschließer auf Urlaub, sondern der Kapitän.

Abschied im Zwischendeck. Eine Gruppe von jungen Finnen stand um einen gleichaltrigen Deutschen herum. Er schien ihr Verwandter oder ihr Gast zu sein oder beides. Doch wurde meine Aufmerksamkeit auf ein großes muskulöses Mädchen gelenkt, das sich auf seinen Arm weniger stützte, als an ihm hing, und ich begriff rasch die näheren Zusammenhänge. Der eine schien ihr jüngerer Bruder, der zweite dessen älterer Freund zu sein. Sie waren beide dunkel und ein wenig stämmig. Auch das Mädchen hatte kaum etwas Nordisches an sich. Nur der Deutsche war schlank und blond und zeigte die Bilderbuch-Größe eines typischen Finnen, und es hatte ganz den Anschein, als verabschiede er seine Braut und deren männlichen Anhang, während es doch so war, daß er an Bord blieb und die drei zurückgingen.

Der dritte der Gruppe war damit beschäftigt, eine blutjunge Studentin in Blue Jeans und Sandalen, die hilflos an ihm emporsah, zu ignorieren. Sie schien alle Umarmungen auf sich zu beziehen, obwohl auch sie, als das Signal zur Abfahrt gegeben wurde, mit ihrem Begleiter zurückblieb. Ihr Benehmen wirkte wie etwas Vorweggenommenes, als benütze sie die Zusammenkunft, sich in Abschieden zu üben. Das kluge Geschöpf war gut beraten, sich beizeiten darauf vorzubereiten. Wer die schnöde Blasiertheit des gutfrisierten Halbgotts sah, der nur Augen für den hochgewachsenen Deutschen hatte, der seinerseits nicht wußte, wessen Hand er drücken sollte, die des grobschlächtigen Mädchens oder die des kaltschnäuzigen Beaus, konnte sich das Ende dieser einseitigen Freundschaft an den fünf Fingern abzählen.

Das alte Mädchen, die *Fennia,* wollte und wollte nicht von ihrem Liegeplatz. *Mäntyluoto,* das wir am Spätnachmittag verließen, lag, als die Scheinwerfer auf den Verladerampen angingen, noch immer hart backbord. Irgendwo im Bauch der schreckhaften Seejungfer rumorte es. Kapitän und Erster Offizier sprachen beim Empfang im Salon von einem notwendigen Eingriff. Spätestens gegen neun beginne die eigentliche Reise. Ich lag, mit dem unangenehmen Gefühl, auf einer schräggelagerten Drehbühne festgepflockt zu sein, in meiner engen Zweibett-Kabine. Tief unter mir, durch Plattformen Röhrengeniste und Nietenstränge getrennt, polterte mit dem Ungestüm eines an die Kette gelegten Riesen die mächtige Schraube. Das mürrische Mädchen, alt geworden in Ostsee-Driften, schüttelte sich unwillig, als widersetzte es sich der unsanften Werbung. Nach geraumer Zeit – ich war wieder halb in meine Betäubung zurückgesunken – merkte ich, wie sich der Frachter schwerfällig in Bewegung setzte.

Ich erwachte von einem sanften, kaum spürbaren, aber heimtückischen Schlingern. Es hob mich unmerklich an, hielt mich eigensinnig in der Schwebe, als wäre ich darauf versessen, auf einer Schaukel meinen Lufthunger zu stillen. Und bevor ich noch zurücksank in eine halbwegs erträgliche Schlafstellung, begann das Spiel von vorne. Ein beängstigender Mutwille machte sich bemerkbar. Es war, als bäumte sich die störrische Schreck-Schraube in ihrer Atemnot auf, als sprengte sie das lästige Gefängnis ihrer Rippen und Spanten – während ich unverändert dalag in der Dunkelheit, das Schiff ruhig seine Fahrt machte, die Wasser leicht bewegt unter den Tastgriffen weitreichender Scheinwerfer.

Der Eindruck, sich auf hoher See zu befinden, läßt keinen Augenblick nach. Die unverminderte Fahrt bei gleichbleibendem Horizont, aber veränderten Distanzen ruft Reminiszenzen an Seefahrer-Berichte wach. Eine mäßig bewegte See, wie man sie von Abbildungen her kennt, mit Wellentälern Schaumkronen, einigen unentwegt anfliegenden Möwen, die von entfernt liegenden Nistplätzen kommen oder von nahen, nebelverhangenen Inseln. Die Seekarte mit den Tiefenmarken und den Tätowierungen der Windrose weist auf Nachbarschaft und Menschennähe. Die Inseln liegen nur fingerbreit auseinander. Die Route des Frachters ist eine exakt gezogene Linie zwischen zwei länglichen Gebilden: *Oland* und *Gotland.* Das Schiff, das seine Fracht an einen Bestimmungsort tragen wird, den ich nicht kenne, nimmt keine Notiz von mir, dem zufälligen Passagier und Zeugen, der das bißchen Tinte nicht halten kann angesichts der großen Verschwendung.

Zeitweilig versuche ich mir vorzustellen, wie hinter einem Gewirr von Messinghebeln Zylindern und Manometern, Ventilen Bullaugen Feuerrosten und Kasserollen der Maschinen-Maat auf den Pulsschlag der Kolben achtet, der Schiffszimmermann die Verkeilungen nachprüft, der Schiffskoch das Paternoster der Gewürze herauf- und herunterbetet. Oder ich begebe mich in Gedanken auf die Brücke, wo der Deckoffizier, über das Kartenblatt gebeugt, in Zirkelschlägen geübt und in Winddriften bewandert, das nächste Feuerschiff anpeilt. Hinter der Deckverglasung aber zeigt sich nichts Nennenswertes. Himmel und Wasser feiern die vielerorts besungene Vermählung. Mehrmals am Tag taucht steuerbord oder backbord ein Frachter unter einer mir fremden Flagge auf. Mit seinen Mastbäumen und Deckaufbauten zieht er wie in einem Schaukasten vorüber, setzt in die Fläche der von Regenböen blind gewordenen Scheibe einen undeutlichen Akzent.

Der Eindruck, voranzukommen, mag mitunter täuschen, der Eindruck, bewegt zu werden, hält dagegen unvermindert an. Drei Tage auf offener See, drei Tage Schraubengeräusche und Wogenanprall wecken nicht gerade Seefahrer-Gelüste in mir. Nichts als einige entgegenkommende Frachter, in Abständen, die ich nicht mehr schätze, Bojen oder die krebsroten Feuerschiffe. Niemals auch nur den Wimpernstrich einer Küste. Niemals der leiseste Schimmer von Land.

Noch im Halbschlaf überholt mich, was endgültig zurückbleibt: *Porvoo* mit seinen Lagerschuppen und schattigen Kiefernhainen. In der einfallenden Dämmerung rufe ich *Vaasa,* das ich unter Sturzbächen betrat und unter Sturzbächen verließ. Mit zwei Händen zähle ich auf, was ich zurücklasse: *Hamina,* die östlich anmutende Stadt mit ihren Ringwällen und der Sternform ihrer Straßen. Ständiger Refrain über die Wellen hin: ich werde wiederkommen. Schüchterner Einwand: ich werde nicht wiederkommen. Ich beginne meinen Abzählvers am besten mit den Knöpfen meines wetterfesten Trenchcoats.

Verquere Welt

30. Juni 1963, Sonntag

Berlin: unübersehbares Häusermeer. Rundhorizont überschlanker Helmschäfte, wuchtiger Hochhäuser, leergebrannter Kuppeln, klobiger Gasometer. Verwaistes Zentrum, das Spruchbänder über seine Blößen zieht. Aus einem Dutzend mittelgroßer Städte zusammengewürfelt – Steglitz im Süden (das ist kein Asyl für Vögel), Pankow im Norden (das ist kein Asyl für Russen). Stadt, die ihre Vergangenheit abwarf. »Seelenloser Steinbaukasten«. Städte-Sammelsurium: Lichterfelde Spandau Köpenick. »Kaleidoskop, das in Bewegung geraten muß, um seine Vielfalt zu zeigen«: Plötzensee. Stadt der Hochbahnen, der Schleppkähne, der Wasserwege. Mächtige Klammer, die nach dem Weichbild der Stadt greift. Stadt der Brandmauern, der Schuttabladeplätze, der fehlenden Eckhäuser. Die Wohnburgen von Wedding, die Balkonfronten von Alt-Moabit. Lockeres Gefüge von Vierteln, mit Einsprengseln von Grünflächen Lauben-Kolonien und Schrebergärten. Hasenheide, Gesundbrunnen. Stadt der Seen und weitläufigen Parks. »Deutschsprechendes Neutrum«. Schaufenster der westlichen Welt. Großstadt-Boulevard auf ehemaligem Knüppeldamm. Die Gedächtniskirche ein stumpfer, formloser, angeknabberter Kegel. »Hort der Freiheit«. Unruheherd. Faustpfand und Zankapfel in einem, zerstückt und gespalten, auffindbar unter den Koordinaten 13 Grad östlicher Länge und 52 Grad nördlicher Breite . . .

9. und 16. Juni

Kreuzberg: Arbeitergegend mit gemütvoller Häßlichkeit. Wohnquartier mit endlosen Häuserzeilen, Wilhelminischen Fassaden, Jugendstil-Arabesken. Mischung aus Kunst-Galerie, Trödelladen und Hinterhof-Kneipe. Refugium der Ritter von der »fröhlichen Tristesse«. Treffpunkt der Amateure, der Sonntagsmaler, der Kopisten. Marktstände, aufgebaut nach Art fliegender Händler. Mit Klammern befestigt, zum Trocknen aufgehängt wie Buntwäsche – Landschaften Stilleben

Interieurs. Im Schatten das geduldige Schimmelpaar, mit Scheuklappen, wie es sich für Bedienstete geziemt. Der auf Hochglanz polierte Kremser leer. Die Besucher, vorwiegend Studenten, über Schultern blickend, unter Planen tretend, Zeltwände lüftend, begutachten sie mit Kennermiene, was ihnen vorgelegt wird, sagen ungeniert: Siebdruck Gouache Batik, verteilen freigebig Etiketten: naiv, gegenständlich, abstrakt. Ihre anerzogene Spottlust macht Schule, greift auf die Maler über, die eigenhändig und unter Beifall Bilder zerreißen. Man übertrifft sich gegenseitig, klettert auf Obstkisten, bietet die Blätter gleich im Dutzend an. Einige Witzbolde, denen die Selbstverleugnung nicht weit genug geht, zücken ihr Feuerzeug, halten es unaufgefordert unter Originale, die so sinnfällige Titel haben wie: *Komposition Rot, Figuration in Ocker* oder *Collage 63*. Erschreckt und zu jeder Art Scherz bereit, lassen die Maler angesengte Blätter fallen. Gelächter wälzt sich, zusammen mit gespachtelten Sonnenuntergängen, im Gras. Kameras halten die Einäscherung fest. Bilder zerfallen zu Asche und erstehen wieder auf photographischen Platten. Die Technik triumphiert über das Handwerk, das rein Manuelle, die Fingerfertigkeit. Und der Spott gilt nicht nur denen, die sich zur Wehr setzen. Die Messe der Halbgenies aber geht unbekümmert weiter. Das Autodafé der Amateure, der musischen Galgenvögel, nimmt seinen Fortgang. »Jahrmarkt der Eitelkeiten.«

22. Juni, Sonnabend

Hinter der nackten Schulter einer Dame Mitte der Dreißig, neben der kleinfingrigen Patschhand, die eine Zigaretten-Spitze hochhält, die weißen stumpfen, nach unten gekehrten Hauer einer Seekuh . . . Rücklings in seinem Schuppenhemd, den Schweif nach abwärts in Qualm und Bierdunst, den aufgesperrten Rachen über einem Stilleben halbleerer Gläser, Alligator . . . Schildkröte, beim waghalsigen Versuch ertappt, einen Windfang zu erklettern, auf halbem Wege hängengeblieben. Staubfänger, der zum Husten reizt, verräuchertes Fossil . . . »Lahmer Laden, das hier. Gestatten! Waren Sie auch schon drüben? Ich meine, haben Sie die Mauer gesehen? Man spricht jetzt so viel von ihrer objektiven Notwendigkeit«.

»Försters Aufsatz in der ZEIT; ich kann Ihnen dabei assistieren: Schwierigkeiten rein temporärer Natur, durch Störaktionen von außen verursacht.« »Sie geben zu, daß das Nonsens ist! Nicht Einflüsse von außen haben das Fiasko bewirkt, sondern allein . . .« »das ›ordnungspolitische Gefüge des Systems‹«. »Somit bleibt als Urteilsmaßstab nur der Aspekt der Unmenschlichkeit.« »Sie meinen, die Mauer sei nicht allein böswillig verursacht? Denken Sie dabei an die Blockade Berlins, an den Auszug der Russen aus dem Kontrollrat?«

»Das sind Wirkungen, nicht Ursachen. Vergessen Sie nicht, die Sowjets kamen als Sieger nach Berlin.« »Zugegeben, auch die Amerikaner machten ihr Experiment mit uns. Ein geglückter Versuch.« »Während ›drüben‹, um bei Ihrem Terminus zu bleiben, dieser Versuch scheiterte.« »Das Geschenk der westlichen Demokratie wurde mit Handkuß angenommen. Die Russen haben einen nicht wieder gut zu machenden Fehler begangen: sie powerten die Zone bis zum letzten aus.« »Sie holten sich ihre Reparationen dort, wo sie sie unwidersprochen haben konnten. Zehntausend zerstörte Städte und Dörfer . . .« »Taktik der verbrannten Erde. Ich kenne das aus eigener Anschauung . . .« »Wir hätten allen Grund gehabt, großzügig zu sein.« »Hitler hätte diesen Krieg also gewinnen müssen?« »Nein, er hätte ihn nicht beginnen dürfen.« »Gorilla im Klimmzug über der Orchester-Loge, vor einem Menschenalter dem Zoo entsprungen . . .« Wasser-Nymphe, Meer-Jungfrau mit transparentem Oberkörper und geschuppptem Fischschwanz. Freigebiges Gegenüber, durch Sektgenuß zugänglich gemacht, die Fünffinger-Pranke auf dem Strumpfband. Aufgeplusterte Dame Mitte der Dreißig. Mäßig bekömmliche Tischweine. Diskrete Kellner. Gähnen . . . »Lahmer Laden, das hier . . .«

20. Juni, Donnerstag

Mitternacht ist längst vorüber. Die Plattform der Straßenbahn ist leer bis auf den Schaffner. Als einziger Fahrgast außer mir, der ich nicht zähle, im Innern des schwach beleuchteten Wagens eine wohl siebzigjährige Frau. Das altmodische Jakkenkleid, lilafarben und abgetragen, hält die nach außen gekippten Knie zusammen. Der Stoff über dem leeren Schoß ist gespannt und nimmt, je länger ich hinsehe, das Aussehen eines Trommelfells an. Ihre rechte lahme Hand hält einen Spazierstock mit Lacküberzug; die Finger sind im Schlaf entkrampft. Der Bleiknauf wird von ihnen nicht umklammert. Ihr Handteller, trocken, blutleer, hält den Stock gewissermaßen in der Schwebe. Die mageren Schultern hängen kraftlos nach vorn. Aber nicht das ist es, was mich erschreckt! Der lackfarbene, steife Hut, steif, lackfarben, liegt mit der breitrandigen Krempe auf den Schlüsselbeinknochen auf. Von ihrem vogelgroßen Kopf ist nichts zu sehen, nicht einmal das sicher rührend abgesackte Kinn – so vollständig bedeckt der nach vorn gerutschte Hut mit seiner Krempe aus Lackleder den Schrumpfkopf. Die fahlen Blitze der Oberleitung erhellen für Sekunden das Wageninnere. In der unübersichtlichen Kurve kreischen die Bremsen. Die Plattform ist nach wie vor leer bis auf den Schaffner; der hat den ausdrucksvollen Rücken von alten Männern, die vor sich hindösen.

8. und 9. Juni

Antiquitäten-Handlung in der *Fasanenstraße.* Nähe Jüdisches Gemeinde-Zentrum. Fayencen Porzellane Tabatieren Zinnkrüge mit Gravuren, Kartenblätter aus der Zeit derer von Thurn und Taxis. Zwischen einem Hirschhorn-Fänger mit einem liegenden weiblichen Akt eine Porträtbüste Bismarcks. Ein Atlas der Terra sancta. Ein Stadtplan von Altbreisach. Folianten. Auf der ungeputzten Fensterfront Kopien rotumrandeter Photos. Eine Erklärung Kestens gegen religiöse Intoleranz mit Bibel-Zitaten. Daneben ein politisches Manifest. Auszüge aus dem Potsdamer Abkommen. Aktenvermerke eines Gerichts. Über der Fensterfront Spruchbänder aus Papier, Teile davon lesbar, in Kniehöhe über dem Pflaster, ein Terminus technicus aus der Zoologie: vier Konsonanten, zwei Vokale, der fehlende Konsonant läßt sich mühelos ersetzen. – Anderntags hat es den Anschein, als laufe quer über die Fensterfront eine handbreite Blutspur. Aber ich täusche mich. Es ist nur roter Emaillelack, den irgendein verhinderter Dekorateur über die Scheibe geschüttet hat. Wie heißt es doch gleich im Grundgesetz, Artikel fünf? »Jeder hat das Recht, seine Meinung in Wort, Schrift und Bild frei zu äußern.«

2. Juni

Der nicht mehr ganz junge und – wie er selbst fand – unvorteilhaft aussehende Tourist, eigentlich hätte er keinen Grund gehabt, von seinem Brathuhn aufzublicken; das nicht mehr ganz junge und – wie ihm auffiel – unvorteilhaft aussehende Mädchen keinen Anlaß, seinen Blick zu erwidern. Aber sie ließ sich dazu hinreißen, den Zufallsblick, in dem sich Erschrecken und Mitleid sonderbar mischten, festzuhalten, obwohl sie längst darüber belehrt war, daß keinerlei Hoffnung bestand, nicht einmal für ein kurzes Einvernehmen. Mit erhobenem Glas, halbverdeckt vom Rücken ihres Begleiters – des Vaters oder Vormunds (das war nicht mit Sicherheit auszumachen) –, stand sie da, und es war plötzlich still wie auf einem Turnierplatz nach geworfenem Handschuh. Der sonst so vergebliche Aufwand hatte sich gelohnt. Ein wie auch immer beschaffener Mann hatte sie – wenngleich nur für Augenblicke – zu sich emporgehoben. Sie waren Partner, Duellanten in einem Waffengang der Liebe, und was zwischen ihnen an Fremdheit lag: mit dem ersten Degenstoß wäre es zu überwinden. Sie war ihm gleichgestellt. Aber hier lag zweifellos eine Verkennung der Situation vor. Während der in Gabelgefechte Verwickelte ein Mann mit gestörter Verdauung war, angelesenen Komplexen – was mit seiner Körpergröße zusammenhing, die wohl ein Geringes unter Mittelmaß war –, haftete dem Mädchen das Stigma der Entstellten an.

Das Stehen bei Licht mußte ihr nicht eben leicht fallen. Und doch gab sie den ungleichen Kampf erst auf, als er sich abrupt nach der Kellnerin umdrehte. Zögernd streckte sie die eben noch bereitgehaltenen Waffen, wandte dem Fremden ihr verwüstetes Profil zu, tauchte wieder ein in die lebenslange Schmach, und da war sie für die Länge eines Herzschlags sogar schön, schön freilich nicht in jenem landläufigen Sinn, wie ihn Geschlechtspartner verstehen. Nein, dieses Gesicht war gründlich zerstört, so daß etwas ungemein Strenges, ja Furchtgebietendes von ihr ausging. Fast hastig beglich der Stehgast seine Rechnung, gab, was sonst nicht seine Art war, unangemessen viel Trinkgeld. Ich sah ihn nach diesem ungleichen Waffengang, den Trenchcoat im Laufen zuknöpfend, in Richtung *Savignyplatz* verschwinden.

5.–9. Juni

Sightseeing. Fahrt an einen der neuralgischen Punkte dieser Frontstadt, wo zur Zeit eine verlängerte Waffenruhe herrscht. Zwei nahezu gleich aussehende Fahnen hängen im Wind. Zwischen ihnen das Niemandsland der Sperren und Warntafeln. In diesem Ödstreifen beiderseits der Trümmerzonen, der leeren Straßenzüge, der Sackgassen, der klaffenden Häuserlücken, ist Schönheit nicht gefragt. »Schuldig durch Stillhalten!« – mit Kreidestrichen an die Mauer geschrieben. Ein Aushang daneben: »Seid getrost, ich habe die Welt überwunden!« – *Checkpoint Charlie.* Springer-Hochhaus. In Grenznähe etabliert: gemeinnütziges Bestattungs-Institut. »Sorgen Sie rechtzeitig für ein würdiges Begräbnis. Erledigen prompt und diskret...« Die Omnibusse bieten freie Sicht auf dieses Paradestück einer verqueren Welt.

17. Juni, Montag

Allem Anschein nach handelt es sich um Studentinnen. Hochschule für Bildende Künste, vermute ich. An einem der winzigen runden Tische, die kaum Platz lassen für die Knie, schlürfen sie aus Strohhalmen ihre Limonade. Unlustig über ein Journal gebeugt, sitze ich am benachbarten Tisch, gebe den untauglichen Versuch zu lesen aber gleich wieder auf. – »Berliner sind oberflächlich, höre ich. Nichts verschlägt ihnen die Sprache. / Ihren treffenden Witz / ihren Zynismus. / Gib zu, sie sind einfallsreich. / Respektlos. / Sie geben allem einen Namen. / Scharouns Zirkus. / Beamten-Silo. / Seelenbohrer.« – Ich muß an mich halten, um nicht ungefragt einzufallen. / »Kraftwerk Jesu. / Bonzenschleuder.« – Fast wie ein Echo hallt das hinterher. Ich will nicht den Eindruck erwecken, als suchte ich auf diese unfaire Weise Anschluß. / »Groschen-Moschee. / Schwangere Auster.« – Gegluckse. Gekicher. Die mit den Zöpfen dreht ihre Schulter her. Ich höre die energische Stimme, die sie zurechtweist, blicke in engstehende, stechende Augen. Dieses intelligente Geschöpf sucht nicht über den Umweg meines Beistands einen Flirt. Sie hat das unscheinbarere Aussehen, aber die besseren Argumente.

»Leben«, sagt die energische Stimme unbeeindruckt, als teile sie eine belanglose Sache mit – »Leben, wo kann man das schon? Doch nur hier in Berlin!« / Das Gespräch wechselt auf die Filmfestspiele über. Berufs-Chancen werden angeschnitten. Die Möglichkeiten, zu Geld zu kommen, scheinen nicht üppig zu sein. – »Ja, wenn man malen könnte! / Kudamm-Schnorrer«, meint die mit den Zöpfen, und damit ist das Thema auch schon erledigt. – Geraume Zeit bin ich wieder allein mit meinem Journal und meiner Unlust. Später überrasche ich das Mädchen mit dem jüdischen Habitus bei einer Art Pantomime. Hingerissen demonstriert es, die mageren Unterarme parallel vor sich haltend, das rhythmische Anziehen von Schrauben. Chaplins *Moderne Zeiten* fallen mir ein: die unvergeßliche, unwiederholbare Szene am Fließband, dieser eingefleischte Reflex. Ich muß an mich halten, um die Bewegung nicht spontan zu erwidern.

8.–13. Juni

Wenn man, von der Kongreßhalle kommend, die riesige Betonmuschel hinter sich läßt, stößt man nach wenigen hundert Schritten auf einen Platz, der beim ersten Anblick an eine rituelle Opferstätte der Inkas oder Azteken gemahnt. Seltsam verformte Steingebilde lagern zwischen Schafgarbe und wilder Kamille. Durchbohrte Basalte, Totempfähle, Hinkelsteine, mehr von Witterungseinflüssen geprägt als von Menschenhand – Symposium europäischer Bildhauer, wie ich erfahre. Mich aus einer der bequemen, ausgewaschenen Mulden aufrichtend, die an einen Backtrog erinnert, fällt mein Blick auf die wieder instandgesetzte Fassade des alten Reichstags. Der einmal Schauer weckende, Trommelwirbel auslösende Spruch »Dem Deutschen Volke!« dürfte schwerlich auf diese neuzeitliche Kultstätte gemünzt sein. Drei Zeitalter stoßen hier aufeinander: im Rücken das zwanzigste, vor mir das neunzehnte Jahrhundert, während ich auf prähistorischem Boden stehe.

2.–6. Juli

Tiergarten. Das beginnt oder – man kann auch sagen – endet idyllisch mit Grünanlagen Ruhebänken und Goldfischteichen. Das Betreten der geschorenen Rasenflächen ist nicht verboten, wohl aber untersagt. Bis hierher reicht der Ordnungswille des Senats. Wenige Schritte entfernt, getrennt durch das Asphaltband der unbefahrenen Straße, verdeckt durch Streifen hochgeschossenen Jasmins, das Ehrenmal der Sowjets. Zwei mittelgroße Fähnriche mit aufgepflanztem Bajonett bewachen den in Bronze gegossenen Rotarmisten. Ein mittelgroßer Tommy, Gewehr bei Fuß, weder zu Scherzen noch zu Vergleichen aufgelegt, bewacht die beiden bewachten Bewacher. Spanische Reiter, abgesessen zu lang anhaltender Belagerung: Schachzug der Eingeschlossenen, die, umgeben von Zäunen, mit Zäunen antworten. Das hat immerhin etwas vom Hintersinn eines makabren Streiches, der Satiriker auf den Plan ruft.

12. Juli

Brandenburger Tor. Unmittelbar vor der Mauer. Nicht ganz mannshoch, läuft sie, ein häßlicher, blinder Steinwurm, quer über den ausgestorbenen Platz. Straße Unter den Linden, von wo ich am Vortag die umgekehrte Optik hatte. Verbarrikadiert der pompöse Einlaß: sechs Säulen mit dorischer Kannelur und die in Erz getriebene Quadriga. Mit Schnellfeuergewehr und Feldstecher der Schupo auf seiner Plattform mit Sicht auf vorgefertigte Betonsteine, die sein Schußfeld abstecken. Mit Schnellfeuergewehr und Feldstecher der Vopo auf seiner Plattform mit Sicht auf vorgefertigte Podestteile, die sein Schußfeld abstecken. Touristen aus Übersee, ans Geländer gelehnt, in Staubmänteln Leinenshorts und Anoraks. Diplomaten-Trio aus Gabun im Stammes-Ornat. Eine Gruppe von Parlamentariern, in der Gebetshaltung von Veteranen. Der Schupo in seiner Sommerkluft blickt von rechts vorne nach links hinten, der Vopo in seiner Sommerkluft von links hinten nach rechts vorn. Der Schupo hat seinen Feldstecher nicht nötig, um zu sehen, was er nicht zu sehen vorgibt. Beide haben für Minuten dasselbe Ziel vor Augen: die versöhnlich stimmende Linie einer Büste aus Übersee.

20. und 29. Juni; 20. und 25. Juli

S-Bahnhof *Friedrichstraße.* Der Menschenstau vor der Treppenschleuse ist beängstigend. Zum Glück weht von Zeit zu Zeit ein Luftzug durch die verrußte Halle. Quer über die Gleiskörper hinweg die Glasfront mit ihren schiefergrauen Verstrebungen: halbierte Ellipse, Schattenraster auf dem verlassenen Bahnsteig. Brillenträger in olivgrünen Breeches-Hosen, die MPi über den Knien, mustert ungerührt die Schlange der Wartenden, die unmerklich vorankriecht. Über dem Stellwerk, das die ein- und ausfahrenden Züge anzeigt, ein Stück ausgefranstes Fahnentuch. Eine Schaffnerin klappt eine Schrifttafel herunter, öffnet und schließt mechanisch eine Luke. Ein Bediensteter der Reichsbahn läuft mit langstieligem Hammer dem einfahrenden Zug entgegen, der eine Ladung Grenzgänger ausspeit. Die Stimme aus dem Lautsprecher ruft dreistellige Zahlen auf. – Fahnen. Anschläge. Losungen. Globkes Steckbrief, rotumrandet.

Beim Ausscheren aus der schweißtreibenden Enge der Leiber entdecke ich hinter einem Fahnenköcher der FDJ eine Gruppe von Volksarmisten: niedere Chargen mit Schaftstiefeln Schirmmützen und Schnellfeuergewehren. Sichtlich gelangweilt stehen sie herum, spreizen Beine, drücken Knie durch, prüfen Hemden- und Koppelsitz. Wenn das Geklapper von Pfennigabsätzen hörbar wird, drehen sie wie auf Kommando ihre Köpfe her, rempeln sich gegenseitig an, machen anzügliche Bemerkungen, die Gelächter nach sich ziehen.

28. Juni

15 Uhr, Nähe *Alexanderplatz,* der einen ungewohnten Anblick bietet. Gruppen sommerlich gekleideter Passanten beiderseits der Gehsteige, die ich bislang nur als öde Teerstreifen kannte. Jugendliche Zaungäste vor Eis- und Limonadenständen. Hinter den Absperrungen Schulklassen mit Papierfähnchen. Wimpeltragende Pioniere der Brigade »Ernst Thälmann«. Abordnungen im Drillich und Blauen Anton, Werk-Delegationen. Das Rote Rathaus im Katarakt roter Banner. FDJ im Blauhemd, klampfenspielend auf Geländern. Spruchbänder. Transparente. Ein Fünfergestirn von Kosmonauten. Das gutmütige Lachen der Tereschkowa. In einer Grünanlage eine Turner-Riege, die gymnastische Übungen vorführt: Überschlag aus dem Stand, Bodenrolle und einfacher Salto vorwärts. Wachablösung – gutgewachsene Fähnriche aus der

Mark mit den charakteristischen Helm-Profilen der Russen.

Aus Lautsprechern der Wortschwall übergeschnappter Kommentatoren, akustisch verzerrt der Hohenfriedberger Marsch: Preußens Gloria im Stechschritt der Volksarmee. Drohend über der Weststadt ein gewitterschwangerer Himmel. Die Vorreiter der ersten Sturmbö rücken an. Die Masse der Werktätigen erhebt sich nicht wie ein Mann, aber sie erhebt sich. Sprechchöre fallen ein; die Schwerkraft bejahrter Parolen zieht sie nach unten. Banner werden entrollt, Ballons freigelassen; vom Luftzug erfaßt, stehen sie in zweifarbigen Rudeln vor der Wolkenwand, die sich langsam näherschiebt. Die Wagenkolonne braust streng nach dem Protokoll heran: sechssitzige Limousinen, die ersten beiden mit zurückgeschlagenem Verdeck, die andern verhängt, als säße noch immer Stalins Schatten dahinter.

Der Beifall lautstark und diszipliniert. Nach achtzehn Jahren Plansoll und organisierter Völkerfreundschaft ist Spontaneität nicht mehr gefragt. Dieses Zeremoniell ist oft genug geübt worden. Der korpulente Ukrainer, der rhythmisch die Hände über der spiegelglatten Glatze zusammenschlägt, kommt nicht zum ersten Mal. Die hier stehen und applaudieren, genießen den freien Nachmittag. Welchen Zustand sollen sie herbeiwünschen? An was soll sich ihre Erinnerung klammern? An Kaisermanöver, die sie nur aus Lesebüchern kennen, an Segelpartien auf der Havel, die der Großprotz für den Großprotz arrangierte, an Urlaubsfahrten auf KdF-Dampfern, die unversehens zu schwimmenden Särgen wurden? An welche glanzvollen Zeiten eigentlich? Man vergibt sich nichts, wenn man in Drushba-Rufe einstimmt. Der Spitzbart ist siebzig; darauf könnte man einen heben. Aber die Limonade ist schal geworden. Zerknautschte Pappbecher liegen im Gras. Die Arme verschränkt, unbewegt, stumm, stehe ich zwischen schwitzenden Genossen. Ich errege niemandes Argwohn. 35 Grad im Schatten zeigt das Thermometer. In den zerfahrenen Schlußgesang fallen die ersten Windstöße. »Erkämpft das Menschenrecht!« höre ich, dann brandet noch einmal Lärm auf. Die Wagenkolonne braust davon. Rot, rot, rot! schreien die hastig eingerollten Banner der Revolution.

28. Juli, Sonntag

15 Uhr 30. Meinen Fußmarsch habe ich hinter den beiden Friedhöfen angetreten. Nach einer scharfen Rechtskurve gelange ich in den Schatten einer Ziegelmauer; aufgestockt läßt diese nur die Pappdächer einiger langgestreckter Schuppen erkennen. Das fünfstöckige Gebäude mit der handtuchschmalen Front von Fenstern passierend, das mich an ein freistehendes Haus in Turin erinnert, bewege ich mich in Richtung *Bernauer Straße,* die hier auf eine verrammelte Einfahrt stößt. Mit einer Gruppe von Ausflüglern gehe ich die ansteigende Straße hinauf, rechter Hand die ersten vermauerten Fenster, Drahtsperren auf den Flachdächern, zwischen Kaminen Spanische Reiter. Vor mir, mit aufreizenden Schritten, ein sommerlich gekleidetes Mädchen, dunkelhäutig, Pfälzerin oder Hessin, aber das ist nur eine Vermutung. Links die besetzten Fenster mit den Augenzeugen. Hier mietet man Dauer-Abonnements auf vorderste Logenplätze. Ein Gang durchs Wohnzimmer, vorbei an Häkeldeckchen und Nippes, Vaters Kissen unter den Ellbogen geklemmt, und schon erhält man eine Lektion in Geschichte aus erster Hand.

17 Uhr. Ecke *Swinemünder Straße.* Ich habe es mir in einem Gartenlokal bequem gemacht. Unter Laubbäumen und Lampions Familien mit Hund und Kleinkind. Die unvermeidliche Weiße mit Schuß. Eine dickfellige Kellnerin mit Schürze, die lustlos bedient. Schattige Allee, die die *Bernauer Straße* überquert und vor einer Sichtblende endet. Sonnenüberflutet die beiden vier Stock hohen Eckhäuser; die frontal gelegenen Fenster sind vermauert, die Rolläden der ehemaligen Wäscherei heruntergelassen. Durch das schüttere Laub der Robinien fällt mein Blick auf altmodische Gebäude, deren Fenster nur spärlich besetzt sind. Dort also sonnen sich die feindlichen Brüder, wächst das Gras auf sozialistischem Boden, sind die Fassaden kompromittiert durch Spruchbänder. Am gegenüberliegenden Souterrain deutlich sichtbar übergroße Lettern aus Löschkalk; aber nicht diejenigen sehen das knöcherne K und das zerfahrene Z, auf die sie gemünzt sind. Unbelehrbar, wie ich in diesen Dingen nun einmal bin, rufen sie andere Vorstellungen in mir wach als die gewünschten. Dieses unschöne Flickwerk aus Formsteinen, Ziegeln und Beton-

pfählen hat nichts mit der Mauer gemein, der man sie gern gegenüberstellt. Ihre Erbauer haben dieselbe Staatszugehörigkeit; aber das ist auch alles. Vielleicht ist unser schwaches Gedächtnis das einzige Vehikel, das die Geschichte vorantreibt.

17 Uhr 30. Hier gibt es Häuser mit ehemals fensterreichen, verwaschenen Fassaden. Nicht wenige haben etwas von der düsteren Trostlosigkeit Römischer Quartiere an sich. Gesimse bröckeln, Rinnen rosten, Anstriche blättern ab. Und nun haben sie auch noch die Vordereingänge eingebüßt, und die Mehrzahl ihrer Fenster. Wessen Behausung nicht bis zur Hoffront durchgeht, ist auf künstliche Beleuchtung angewiesen. Auf nichts gestützt als auf meine fehlbare Phantasie, denke ich mir, daß Grenzwächter Mauerspione Kommißköpfe hier ihr Unwesen treiben. Vielleicht richten sie in diesen abgedichteten Zellen Magazine ein. Vielleicht kauern sie hinter Sehschlitzen und Luftlöchern, horten einen genau bemessenen Vorrat an Sonne, Frischluft und kapitalistischem Alltag. Die Schupos, die uniformierten Wächter auf der Gegenseite, sehen auch nicht aus, als schleusten sie lediglich die wenigen Autos, die hier im Schrittempo vorfahren, an der »Schandmauer« entlang. Von meinem Platz aus hat es den Anschein, als seien die Fahrzeuge unbesetzt bis auf die Fahrer. Die Schräglage der Karosserien erklärt indes manches: sie rührt nicht von geplatzten Reifen her, sondern von ungleichmäßiger Belastung; die Insassen drängen nämlich auf der abgelegenen Seite ans Fenster. Aus einem der gemieteten Klein-Busse, das Wagendach ist zurückgeschoben, ragen sonnenverbrannte Hälse und Köpfe. Ich wäre nicht weiter überrascht, schwenkten anstatt der Köpfe Teleskope hinüber.

17 Uhr 50. Die vier Kranzgerüste und Namensleisten sind auch von hier deutlich zu erkennen. Sie lassen sich ebenso wenig verscheuchen wie die Vorstellung, daß wenige Schrittlängen von hier Menschen sich aus Wohnungen gestürzt und Sprungtücher verfehlt haben. Das Pflaster freilich verrät nichts davon. Der Regen hat längst die quadratischen Fliesen blankgewaschen. Man blickt auf dieses Stück Gehsteig und fröstelt mitten in der Julihitze. Passanten stehen reglos in einiger Entfernung, bilden vor nackten Hauswänden scharf-

umrissene Konturen. Das Mädchen steht im Halbprofil. Was jetzt dieses Gesicht verdüstert, ist Trauer, Bestürzung, nicht Rasse oder Naturell. Unwillkürlich denkt man an einen der beiden hemdsärmligen Begleiter, der diesen Modellfall der Anatomie heimführen wird – gänzlich unverdient, hört man sich sagen, während die Namensleisten verblassen und der eigene Schatten sich dem Schatten makelloser Beine nähert. Das gegenüberliegende Trottoir ist leer, gemieden. In Abständen die sichernden Schupos. In der Anlage nebenan die besetzt gehaltenen Bänke: Witwen Pensionäre Rentner, die kurzsichtig auf das Hindernis blicken.

18 Uhr 10. Ein Betrunkener kreuzt auf, überquert randalierend die Fahrbahn, verscheucht durch sein anstößiges Benehmen einige humorlose Kleinbürger. Ein Globetrotter in Shorts, seinen Feldstecher auf einen der Postenstände richtend, blickt ungehalten nach dem Störenfried, wechselt demonstrativ seinen Standort. Die Kellnerin, nach wie vor lustlos, tritt, sich die Hände an der Schürze trocknend, aus dem Räucherdunkel der Theke. Maulend trollt sich der Betrunkene straßenaufwärts davon. – »Junge, Junge«, höre ich mit halbem Ohr, »wir sind vielleicht eine bescheidene Gesellschaft! Glotzt nur, ihr Stockfische! Der Adolf, der hat euch vielleicht was eingebrockt. Da werdet ihr noch zu löffeln haben. Daß die Iwans am Drücker sind, recht geschieht euch!« – Und dann völlig übergangslos: »Es weht die Fahne Schwarzweißrot.« – Fahrlässig kreuzt er die Fahrbahn, läuft, den einen Fuß auf der Bordkante, den anderen im Rinnstein, unter den Allee-Bäumen dahin. Seine Stimme klingt blechern in der nun fast leeren, aufgeräumt wirkenden Straße. Der Motorenlärm zweier Pkws löscht sein Geschwafel aus.

18 Uhr 30. Den schäbigen, ausgeleierten Waggon der Linie 2 besteigend – auf der Plattform unbeteiligte, beschäftigungslose, vor sich hindösende Schaffnerinnen –, sehe ich den Krakeeler wieder. Die schlaksigen Arme auf der Schulter eines Nebenmanns, lehnt er am Ausschank einer Stehbier-Halle. Schweigend die kurzhalsige Flasche zum Munde führend, ignoriert sein Nebenmann den Auftritt und das Lamento mit der dumpfen Gelassenheit eines Trinkers. – »Pah, wollte kein Stoppelhopser werden bei denen da.« – Und wieder über-

gangslos, als erkläre er rückgreifend die Ursachen seiner Trunkenheit: »Ich war in Polen.« – Er stellt die halbleere Flasche beiseite, macht in Hemdsärmeln und flatternden Hosenbeinen militärische Übungen. – »Das Ganze ohne Tritt marsch!« – Entdeckt bei einer strammen Linkswendung, quer über die Geleise hinweg, eine der Schaffnerinnen; die fährt aus dem Halbschlaf, streicht sich erschreckt das Haar aus der Stirn, öffnet das Fenster, gibt lakonisch an ihre Kollegin weiter, was sie von draußen, durch Hitze betäubt, akustisch auffängt. – »Ich war ein großer Hund«, sagt sie und bricht in nervöses Kichern aus. Er aber sagte deutlich hörbar: roter Hund, spielte ungeniert auf seine politische Vergangenheit an. Wieder vollführt er eine seiner abrupten Bewegungen, zielt unsicher erst auf die rechte, dann auf die linke Brustseite – »Ein schöner Klempnerladen. Vom Pleitegeier reden wir später.« – Er hat Glück, daß man ihn so gründlich mißversteht. – »Damals bei *Korowino,* Sommer 43« – sein Blick wird starr und herausfordernd – »hättest du dich nicht so geziert, Puppe!« –

»Abfahren!« ruft die Schaffnerin und klappt mit einem Ruck das Fenster hoch; aber der Triebwagen mit dem blockierten Anhänger rührt sich nicht von der Stelle. – Erst hatte mich der Schwätzer, der so freigebig mit Bekenntnissen um sich warf, irritiert, aber nun weckte er meine Anteilnahme. Gar so zusammenhanglos war das alles gar nicht. Seine Zwangsvorstellungen – bilden sie nicht den Bodensatz, auf dem unser nationales Dilemma Trunkenheit auslöst, während wir, eine Etage darüber, stocknüchtern, durch Vergessen abgesichert, mit schlechtem Gewissen die Fenster schließen? Die Schatten der Kamine und Antennen fallen schräg auf fensterlose Fassaden. Brandmauern stehen um verwaiste Hinterhöfe. Herumliegende Blechteile eines Opels P 4 erinnern an die Flügeldekken eines auseinandergenommenen Käfers. Ich aber kann nicht vor der Mauer überwintern; sie wird nicht durchlässig davon, daß ich sie anstarre.

Sonntage in Friedrichshagen

Nicht nur ich habe jenes müggelseeisch-kreuzbergische Vierer-Gespann gekannt, das eine Bruderschaft von Kanalpennern in der Nachfolge Zilles darstellte und somit eine literarische Fronde. Jeder von ihnen war wie geschaffen, diese Kumpanei »lyrischer Eckensteher« in voller Besetzung zu vertreten, und jedem von ihnen verdanke ich unvergessene Auftritte. Mit Fuchs alias Pellmann alias Krümelnehmer bewohnte ich einmal sechs Wochen das Stomps'sche Mäuseschloß in *Stierstadt* (des nämlichen Schloßherrn, der in seinen tierlosen Fabeln absichtlich nur »Zweibeiner« gelten läßt!) Von Bieler alias Bonifaz, dem Matrosen in der Flasche, erfuhr ich bei doppelstöckigen Wodkas die Geschichte seiner Anheuerung auf einem Heringfänger. Schnell, der Verfasser der »Geisterbahn«, stellte mich nach einer Rezitation von Courths-Mahler-Texten im *Hansa-Theater* mit den Worten: »Sie sind also der Knülch, der nicht trinkt?« –

Drei geborene Trinker, allein schon von ihrer rabelais'schen Statur her, drei Stegreif-Komödianten, drei Spaßvögel, drei Schriftsteller. Unlängst haben sie ihren vierten Mann verloren: Bobrowski, den rasch berühmt gewordenen Sarmaten, der als Sohn eines Eisenbahners polnischer Abstammung im ländlichen Litauen aufwuchs, Klopstock als seinen »Zuchtmeister« angab und mit einem einzigen Satz seine Poetologie umschrieb; Bobrowski, der am Ilmensee als Soldat die Sprache wiederfand, die es ihm angesichts der geahnten Greuel verschlagen hatte: »Leute, es möcht' der Holunder sterben an eurer Vergeßlichkeit . . .«

Sein festes Schuhwerk war an ihm aufgefallen. Mir fiel die proletarische Selbstsicherheit auf, mit der er auftrat, und ich notierte damals spontan: »Bobrowski im unverwüstlichen Manchester, der ihn ein Menschenalter beherbergen wird.« Aus einer vergessen geglaubten Notiz klaubte ich das unfertige Protokoll über eine erste Begegnung in Ostberlin . . .: An einem trocken-heißen Junitag mit einem der Passantenschübe ausgespuckt zwischen ein- und ausfahrenden S-Bahn-Zügen. Eingeschlürft wie eine Auster von der Menschenschleuse unter der Normaluhr. Ins Schwitzbad sich drängelnder Ausflügler, Pendler gestoßen. Eingepfercht in dicht aufgeschlossener Besucherschlange. Mein Schweizer Kollege Walter Gross aus Winterthur eine geschlagene Stunde ungeduldig wechselnd zwischen einem Fahnenköcher der FDJ und einem Aushang mit dem Steckbrief Globkes. Mit gestempeltem Tagesschein und schon unter Zeitdruck die menschenentwöhnte *Friedrichstraße* hinaus. Passieren einer Pförtnerloge und Überqueren eines mit Leergut verrammelten Hinterhofs. Die unvermeidbare letzte Geduldsprobe im Treppenhaus. Endlich der Schlüssel zum Schloß der Türe zum Lektorat des volkseigenen *Union-Verlags* . . . Bobrowski, das Fensterkreuz im Rücken, das eine rötlich-weiße Ziegelwand vierteilte jenseits der Sperrzone im Niemandsland. Bobrowski, mit einladender Handbewegung uns ans offene Fenster nötigend, als gewährte er zwei schreckhaften Provinzlern Einblick in seinen Alltag an der Mauer. Noch unter gelinder Atemnot faselte ich von der Umkehrung der gewohnten West-Optik: »*Checkpoint-Charlie* einmal von vorn und oben und der Postenstand der Nationalen Volksarmee despektierlich von hinten!«, was mir Bobrowskis sanften Verweis eintrug: Hier sei das Ärgernis nicht zu besichtigen; hier müsse mit ihm gelebt werden! Er bot uns Mürbkekse an, die die trockene Hitze fühlbarer machten, die aus der Sperrzone, reflektiert von der leeren Wand, zu uns hereinschlug. Sein unwirscher Blick, der sich erst aufhellte, als er den faltenschlagenden Nacken des Postens vor Gewehr gewahrte, die fast menschlich-harmlose Rückseite mit dem verwaschenen Drillich über den Gesäßbacken, und ich von der Gefechtsbereitschaft über leicht eingeknicktem Standbein sprach . . .

Sonntage dann im überfüllten Vorort-Zug hinaus zum *Müggelsee.* Nach schweißtreibendem Fußmarsch die *Ahorn-Allee* für Linksabbieger wohltuend im Schatten. Pflaster aus märkischem Bruchstein längsseits schmalbrüstiger Häuser mit zu groß geratenen Balkons, die den Eindruck erwecken, als genüge schon das bloße Betreten, um sie zum Kippen zu bringen. Das Haus Nummer sechsundzwanzig. Bobrowski in zerknautschten Manchester-Knickerbockern, türenöffnend voran in einen Flur, den eine überfüllte Kleiderablage verdunkelte. Kühles Parterre-Zimmer mit hohen vorgelegten Läden.

Bücherregale vor Tapetenwänden und hinter Glas. Kleinformatige Bilder in Ölspachtel mit Farbflächen wie aus geschmolzener Emaille. Bobrowski, diese wunderbare Masse Mensch mit dem Gestus eines Trinkers aus Passion, gläserfüllend vor einem Liegesofa, das querab im dämmrigen Raum stand. Auf Ellbogen sich stützend und somit auf dem Bauch, masselnd in jenem Sächsisch, das mir aus Rekrutentagen her vertraut war, ein junger, glückloser Maler, der in D. nicht mehr malen darf, was er in A. nicht malen möchte – und am Fußende, das eigene Konterfei in der verkrüppelten Malhand, sein westdeutscher Kollege, der zwar in A. malen darf, was er in D. malen möchte, in A. aber nicht absetzt, was er in D. nicht erst abzusetzen genötigt wäre . . .

Im schräggestellten Ohrensessel, dessen gepolsterte Nakkenrolle sie nach Möglichkeit mied, eine Absolventin spartanischer Couleur, dozierend, dem parteilosen Malerkollegen die Leviten lesend. Breitbeinig, mit dem Hocker unter den zupackenden Händen, rückte Bobrowski den ideologischen Streithähnen ans Gefieder, brachte mit ein paar Streicheleinheiten den klassenkämpferischen Argwohn zum Erliegen. Vor leicht verstimmten »litauischen Clavieren« zwang er uns seine erzählerische List auf: »Die Drewenz ist ein Nebenfluß in Polen. Das ist der erste Satz...« Auf den langen zweiten Satz hin öffnete sich eine Flügeltüre wie auf einem livländischen Stilleben. Ein bäuerlich anmutendes Paar, hoch in den Siebzig, wie ich schätzte, saß offenbar schon seit geraumer Zeit feierlich aufgeräumt vor einem Berg stark duftender Mohnstriezel, machte Anstalten, sich zu erheben, während wir, die Gartenwildnis von *Malken* und *Briesen* noch vor Augen, die Sitzplätze wechselnd, zurückkehrten zu Kuchen und schwierigen Gesprächen deutsch-deutscher Verkrampfung . . .

Aber dann stand Bobrowski mit einem Mal auf, trat in den Bilderschatten ein, sprach mit seiner traurig-wohllautenden Stimme:

»Es kommt
Babel, Isaak.
Er sagt: Bei dem Pogrom,
als ich Kind war,
meiner Taube
riß man den Kopf ab.

Häuser in hölzerner Straße,
mit Zäunen, darüber Holunder.
Weiß gescheuert die Schwelle,
die kleine Treppe hinab –
Damals, weißt du,
die Blutspur.

Leute, ihr redet: Vergessen –
Es kommen die jungen Menschen,
ihr Lachen wie Büsche Holunders.
Leute, es möcht' der Holunder
sterben
an eurer Vergeßlichkeit.

»Herrische Übergröße« oder »Der dicke Theiss«

Gleißendes Licht über einer Folie aus Perlmutt und opalisierendem Blau. Der Hochdecker mit seinen beiden *Rolls-Royce*-Motoren bewegt sich mit der Stetigkeit einer Schnecke auf ihrer Kriechspur. Unter der Lupe des Bullauges das Mäanderband lehmfarbener Bäche und Furten. Linienmuster der Trampelpfade, von nackten Sohlen in den Savannenocker getreten. Rechtecke, Rhomben, Segmente, büffelschwarz, hyänengefleckt, mit der Spachtel in den bröseligen Farbgrund gezogen. Schürfstellen dazwischen; ein Streuherd auffälliger Hautpusteln: das grobkörnige Pigment des Schwarzen Mannes als hervorstechendste Signatur. Staubboviste, Kolonien von Pilzen: Rundhütten der Kikuyus. Langschädlige Hügel, von Kraushaar bedeckt. Zebragestreifter Sonnenraster. Der *Mount Kenya,* der die Perspektiven zurechtrückt. Ich hänge sechstausend Fuß hoch über der afrikanischen Steppe.

Die Fahrt vom *Eastleigh*-Flughafen ins Zentrum von *Nairobi* ist für den Ankömmling weniger strapaziös als deprimierend. Zerfranste Peripherie im Süden. Den *Race Cours* entlang unter der niedrig hängenden Wolke von Küchendünsten. Vorbei an Ladenfronten aus plattgeklopften Kanistern. Eingeborenen-Basare im ätzenden Geruch von Ziegenmist, schlecht gebrautem Dünnbier und faulenden Mangofrüchten. Betäubende Essenz aus Fusel, ranzigem Fett und fliegenumsirrtem Schlachtfleisch. Im schrittweisen Vorfahren Verkehrsinseln unter blühendem Jacaranda. Schwarze Polizisten im Dauer-Zeremoniell präziser Viertelswendungen. *Nairobi*–: ehemaliges Zelt- und Barackenlager, von verabschiedeten britischen Majoren befehligt. »Jagdrevier der Kraftprotze und Taugenichtse«. Geschichts- und charakterlose Niederlassung, die ihre Existenz, kennt man die Episode dieses mörderischen Bahnbaus, einem geplatzten Wechsel verdankt. *Nairobi:* »Ein Platz an der Sonne, für düstere Leute«.

In die aseptische Kühle des *Norfolk*-Hotels war ich eingetaucht, übte mich vor meinem neuen Gastgeber, einem langjährigen Ostafrika-Korrespondenten, in der englischen Sitte des Teetrinkens. Ich hatte lackschwarzes Fachwerk und kalkweißes Mauerwerk vor mir und im Rücken das Zweirad-Gespann aus der Zeit Lord Delameres. Ahnungslos hatte ich am Vorabend des Aufstands *Sansibar* verlassen (die Lizenz als Reporter hätte ich mir durch diesen stupiden Mangel an politischer Witterung wohl gründlich verscherzt!). Mit einem Pistenhüpfer der *East-African-Airway* war ich nach *Daressalam* zurückgeflogen, auf der Flucht vor der Hitze und in Ermangelung eines Schlafplatzes. Zwei abenteuerliche Safaris im geländegängigen *Landrover* hatte ich mitgemacht, als nichtjagender Gesellschafter trophäensüchtiger Hochadliger und Industrieller, die Jagd machten auf ausgesuchtes Großwild. Ich hatte mich den Anforderungen im Camp glänzend gewachsen gezeigt. Auf der Kratersohle des *Ngorongoro* hatte ich das seltene Exemplar einer Elen-Antilope gesichtet, und wenigstens den Makel absichtlicher Waffenverweigerung wettgemacht mit dem Nachweis eines völlig intakten Sehvermögens. In Gegenwart des Grafen Meran, des ehemaligen Jagdbegleiters des belgischen Königs, hatte ich die Mutprobe vor einem Büffelbullen bestanden, das Tier mit seinem ausladenden Gehörn anstarrend wie eine Projektion meiner verwegensten Einbildungskraft. Über meinem kaltwerdenden Tee berichtete ich über diesen Gemütszustand halber Gegenwehr und wachsender Faszination.

Bis ich an der leisen Ungeduld meines Gastgebers bemerkte, daß meine Zeit für ausholendes wie raffendes Erzählen auch schon abgelaufen war. Vollendet höflich bleibend, richtete er meine Aufmerksamkeit auf zwei würdevoll auftretende Eingeborene, die mit energisch scheuchenden Handbewegungen einem auffallend würdelosen, aber imposanten Mann Platz schafften, während eine Schar aufgeregter Hausboys heranstürzte und sich um das Gepäck stritt. Im Aufstehen machte mein Gastgeber wie nebenbei die Bemerkung: Die Kikuyus zusammen mit einer Minderheit von Luoros besäßen zwar die politische Macht im neuen Kenya, aber die Goanesen zählten nach wie vor zum bevorzugten Personenkreis der K&K, der Köche und Kellner. Ob ich ihm nicht einmal das Vergnügen machen wolle, ihn zu einem richtig fashionablen Dinner zu begleiten, um sie kochen und servieren zu sehen? – Unter kreisenden Flügeln eines träge schaufelnden Ventilators stoppte er den verschwitzten Ankömmling im modischen Leinendreß, der dem Safari-Look um Jahre voraus war. – »Der dicke Theiss! Willkommen in *Nairobi*!« – Und zu mir gewandt, als der Angesprochene mit beiseiteschiebendem Ungestüm die Stehbar ansteuerte: »Pardon, ich denke, Sie werden sich schon noch kennenlernen!«

Kennenlernen war wohl nicht ganz der treffende Ausdruck für das, was sich zwischen mir und dem »D D T« (so stellte er sich vor, in einer Mischung aus Herablassung und forcierter Kumpanei) im Lauf der nächsten Stunden in der Lounge des Norfolk abspielte. Am Benehmen meines Gastgebers lag es wahrlich nicht, daß die Vorstellung so gründlich mißglückte. Er hatte volles Geläut in der Stimme, und deutlich hörte ich, wie er meinen Namen nannte und mich als Kollegen einer verwandten Fakultät ausgab. Es mußte an den besonderen Umständen liegen, daß der wohlgemeinte Versuch, mich vor dem weitgereisten Hamburger Senatorensohn als Person kenntlich zu machen, kläglich scheiterte. Er schien hier gesellschaftsfähig zu sein in einem mir schwer aufschließbaren Sinn. Vielleicht hatte ich im entscheidenden Moment eine zu lasche Bewegung gemacht, mich als Gast zu wenig vom Hotel-Personal abgehoben, das schwatzend, weil um Koffer sich balgend, zudringlich herumstand.

Ballonfahrer, Pokalgewinner, Titelverteidiger, Rekordhalter Theiss (Kenntnisse in Thermik hätten mir wohl angestanden!) hatte seine probaten Methoden, Leuten minderen Durchsetzungsdrangs Respekt abzunötigen. Propaganda-Neufilmer unter Goebbels, Wochenschau-Reporter an den Brennpunkten der Front, hatte er einfach die interessanteren Schauplätze, die aufregenderen Einsätze vorzuweisen. Alter Haudegen, der 1945 »SS-Heinis Flötentöne beibrachte«, der Kamera-Teams »in Trab setzte und noch immer in Trab setzt«. – Mir sah man es an, ob ich nach einer Minennacht im Vorfeld ausreichend Schlaf gefunden hatte oder nicht. In seiner Gegenwart war ich zu ständigen Auskünften über meinen militärischen Standard angehalten. – Exgatte einer Miß Amerika, leicht das eine Bein nachziehend wie ein gehbehinderter Matador, dessen Verletzung delikater Natur ist. Kollegialität,

Gleichheit, Wertschätzung waren unbekannte Vokabeln für ihn, und wohl nur die Etagenkellner in ihrem gutsitzenden Pagendreß mochten genügend Erfahrung haben im Umgang mit solch herrischer Übergröße.

Mit mir hatte er offenbar seine wohlerwogenen Pläne. Zunächst einmal unterwarf er mich dem Einweisungs-Ritus völliger Nichtbeachtung. Er stellte keinerlei persönliche Fragen an mich, holte vielmehr Erkundigungen über mich ein, zeigte sich über meinen Stipendiaten-Status auf eine Weise informiert, der mich als staatlichen Almosen-Empfänger bloßstellte. Er erledigte solche Formalitäten gleichsam in einem Aufwaschen, leitete aus der Ungleichartigkeit der Charaktere eine Kampfansage an den Schwächeren ab, hielt mich wenigstens einen Abend lang in diesem Zustand kränkender Beziehungslosigkeit.

Auf einem Empfang des Generalkonsuls in der *Coronation-Avenue* verbrüderte er sich mit einem Attaché, der – wenn ich richtig verstanden hatte – in heikler kultureller Mission reiste, gab sich beim ersten Glas unverdünnten Whiskys als Pragmatiker der Macht aus. Beinahe Rücken an Rücken mit ihm, von ihm als ernstzunehmender Trinkpartner nicht einmal versuchsweise wahrgenommen, wurde ich unfreiwilliger Zeuge entlarvender Selbstgespräche.

Weder Kosten noch Strapazen habe er gescheut, um zum Jahrestag der Unabhängigkeit nach *Kenya* zu reisen, als Botschafter des guten Willens sozusagen, um die Sache des Schwarzen Mannes zu seiner eigenen zu machen. Für *Nanyuki* und *Amboseli* habe er übrigens großartige Filmpläne. Mit entwaffnender Unverblümtheit sprach er die Schlagworte und Parolen der *KANU* nach, die bereits abgelöste Freiheits-Formel: »Uhuru!« wie die noch druckfeuchte: »Harambee!« – Wüstenüberquerer, Aufwindsegler, Ballastabwerfer Theiss. Nein, seinen Ballon habe er in Beirut zurückgelassen, zusammen mit einer bildhübschen Libanesin. – Beim dritten Glas trat er an schwarze Botschafts-Sekretäre heran, solidarisierte sich an diesem neutralen Ort anbiedernd stimmmächtig mit den Forderungen *Kenyattas.* Mann freimütiger Proklamationen, Fürsprecher landloser Kikuyus, die er nur aus einer Bildfolge der *Daily Nation* kannte, Völkerversöhner

Theiss, ein besserer Deutscher, bessergestellt vor allem.

Sein Conquistadoren-Freimut wirkte in diesem Stammland der Professional Hunters und der abgehalfterten britischen Majore so aufreizend wie erheiternd. Seine hemdsärmlige Direktheit – in diesem Klima schläfriger Arroganz und diplomatisch verbrämter Dementis – forderte zu beifälligem Gelächter und scheinheiligen Trinksprüchen heraus. Im kleineren Kreis verließ ihn dann der hochfliegende politische Impetus. Mit leichter Schlagseite, die seine Erscheinung nur noch einprägsamer machte, leistete er sich den Ausrutscher: er sei nach *Nairobi* gekommen, »um Kenyattas berühmten Fliegenwedel auf Zelluloid zu bannen . . .«

Am Tage der »Uhuru«-Feierlichkeiten, als die von Jomo Kenyatta, dem »Flammenden Speer« gestellte Frist zur Waffenniederlegung ablief – ». . . Holding aloft the Kenya Flag, the former Mau-Mau-Fighters march into the Ndungu Stadion at Fort Hall . . . Women spectators hailed the forest fighters as they handed in their weapons . . .« – schoß Schnappschuß-Experte Theiss in der von Hitze wie gelähmten und von »Harambee«-Rufen heiser geschrienen Stadt Nahaufnahmen, während ich aus Meldungen der *Daily Nation* und des *East-African-Standard* – für den eigenen Gebrauch wohlverstanden – ein kleines Dossier anlegte.

In der zweiten Phase meiner Abrichtung, als bereits meine Eignung als Ersatzmann zur Debatte stand, richtete er schon einmal ein persönliches Wort an mich: Ob mir das Klima in der Steppe nicht doch mehr als erträglich zusetzte, ob mich die Landplage der »Dudus« bei meiner Störanfälligkeit nicht um das bißchen Verstand gebracht habe. Noch der unausgeschlafenste Liftboy müsse mir die nächtliche Tortur unter dem schweißtreibenden Moskitonetz angesehen haben . . .

Ja, ging ich auf den nun einmal gewählten Tonfall hämischer Unterstellung ein und merkte zu spät, wie er in mir den eingefleischten Reflex eines Hundes auslöste, der seinem Herrchen brav apportiert: Ja, in *Mombasa* hätte ich lange gezaudert, was ich tun solle: bei laufendem Ventilator wachzuliegen oder bei heruntergelassenem Moskitonetz zu schwitzen. Ich hätte die erste Nacht einfach damit zugebracht, abwechselnd beide Schlaf-Methoden auszuprobieren. In *Voi,* im Grenzort, sei ich aus dem *Landrover* geklettert und hätte unter den Schuhsohlen ein Geräusch vernommen, das sich wie das Knirschen von Kies anhörte. Das chauffierende Freifräulein habe mir lachend erklärt, das seien nur »Dudus«, harmlose Käfer. Im Scheinwerferlicht hätte ich sodann die Prozessionen wandernder »Dudus« ausgemacht. Die Freitreppe ihres Hotels hätte übrigens eine recht praktische Einrichtung gehabt: der wie auf einem Fließband anrückende Nachschub lichtsüchtiger »Dudus« sei in einen übergitterten Graben gestürzt. Aus dem Duschen im Hotelzimmer wäre auch nichts geworden: beim Aufdrehen der Wasserhähne seien zunächst nur »Dudus« in die Wanne gepurzelt . . .

Wenn er den fast schattenlosen Lichthof des *New-Stanley*-Hotels betrat, waren die Rollen für den Drehtag bereits endgültig verteilt: Er hatte seinen nun schon gewohnten »großen Auftritt«, auch wenn er nur einige Entlüftungsschritte machte. Ich bekam meine allmorgendliche Lektion vorgesetzt: Wie benimmt sich ein erwachsener Mann unter erwachsenen Männern. Auf meine konkrete Situation bezogen: Wie bringe ich es fertig, vor Hotelgästen durch das Foyer zu gehen, die durch ihr Sitzen in Sesseln anzeigen, daß sie das Gehen durch Foyers erfolgreich für sich gelöst haben?

Es versetzte mir jedesmal einen leichten Schlag, wenn er vor dem Receptions-Office das Schlüssel-Ritual absolvierte, während ich genötigt war, die Schlüsselübergabe als bloße Handreichung vorzunehmen. Er besaß eine hierzulande noch immer hochgeschätzte Fähigkeit: Personal um sich zu versammeln und »auf Trab zu bringen«, in diesem Fall eine Mannschaft. Während seiner Anwesenheit – es war nicht einfach massierte Körperlichkeit, die Luftraum beanspruchte und Volumen verdrängte – war ich immer versucht, mich zu ganz ungewohnten Leistungen anzuspornen, als nähme ich unter Selbstbehauptungs-Zwängen Stellproben vor einem Spiegel. Glückte mir einmal ein solcher Kraftakt, in dem ich Ausdauer mit Bedürfnislosigkeit geschickt kombinierte, sperrte er mich wie einen renitenten Sportler. Mannschaftstrainer Theiss wußte, wie man mit »Gringos« umspringt.

Als Dokumentar-Filmer – einen jugoslawischen Kameramann und einen staatenlosen Tontechniker im Gefolge – tauchte er eines Morgens draußen in *Mulhagi* – wo mein Gastgeber ein feudales Landhaus bewohnte – mit einem verschrammten VW-Kombi auf, der der landesüblichen Vorschrift des ›Four-Wheel-Drive‹ nicht entfernt entsprach, entfaltete eine hektische Betriebsamkeit. Offenbar reiste er nicht auf eigene Rechnung, wie ich vermutet hatte, sondern im Auftrag eines Bonner Ministerialen, der ungenannt bleiben sollte. Er machte aus dem Lichthof des *New-Stanley* einen Jahrmarkt der Eitelkeiten. Ambitionierte Komparsen, vor Stunden noch über eisgekühlten Ginger-Tonic ihre blasierte Langeweile bebrütend, nahmen mit bedeutsamen Akzent-Verschiebungen eine längst fällige Aufwertung als Charakter-Darsteller vor.

Das war das Startzeichen wohl auch für mich. Ich mußte mich nun entscheiden, ob ich das nach außen hin schmeichelhafte Angebot, als Z. b. V.-Mann unterzukommen, annehmen oder Charakter beweisen und Filmfreuden entsagen wollte. – Schnellstarter Theiss, die Fahrtüchtigkeit seines Wolfsburger Modells auf asphaltlosen Pisten erstmals anzweifelnd, hatte das Unternehmen *Nanyuki* zurückgestellt und die Expedition in die Weidegebiete der Massai (»Wäre doch gelacht, wenn ich die Brüder nicht vor die Kamera brächte!«) aus Gründen des Wetters vorgezogen. Mein spontan vorgetragenes Anerbieten, einen allradangetriebenen *Landrover* beizusteuern und damit meinen Einstand zu feiern, war im Lärm der trinkfreudigen Komparsen untergegangen.

Am anderen Morgen bei aufklarender Sicht – verblüfft sah mich Expeditionsleiter Theiss aus einem fahrbereiten Geländewagen steigen. Seine Verblüffung nahm belustigende Formen an, als er einen uniformierten Kikuyu am Steuer erblickte, abkommandiert zu meiner freien Verwendung. Unter normalen Voraussetzungen wäre mir der eigene »Fahrer und Wichser«, um den Landsknechts-Jargon des dicken Theiss zu übernehmen, gegen den Strich gegangen. Die Tatsache, daß ich als Afrika-Stipendiat über ein Fahrzeug verfügte, ließ mich ganze Stufenleitern nötig scheinender Andienungs-Phasen überspringen, enthob mich der Rolle bloßer Verfügbarkeit. Mit dem schwarzen Fahrer, der eine Art Kompensations-Funktion übernahm, wurde ich zum Partner von einigem Handelswert. Ich war nicht länger leicht abstoßbares Objekt seines Mutwillens und seiner sporadischen Neugier.

Das nicht mehr aus dem Weg zu räumende Ärgernis: daß der auf läppischen Etat gesetzte Stipendiat, der auf Freiplätze angewiesen war, das Privileg größerer Beweglichkeit zugesprochen bekam, während der kulturwillige Bonner Sendbote auf seinen VW-Kombi angewiesen blieb und folglich an feste Straßen gebunden, blockierte ihn in seinem Selbstverständnis als natürlichem Bezugspunkt männlicher Aktivitäten.

Erst auf der Fahrt ins *Amboseli*-Reservat, im vollbepackten *Landrover* und inmitten der zusammengerückten Crew, die die Fahreigenschaften des englischen Fabrikats bestaunte, löste ich das harmlose Komplott gegen den Theiss'schen Führungsanspruch durch die glaubhafte Versicherung, lediglich mein früheres Eintreffen in *Mulhagi* habe mich zum Nutznießer britischer Robust-Technik gemacht. Judith, einzige Tochter meines Gastgebers, der beim zuständigen Presse-Offizier, einem spendablen Kolumnisten der *Daily Nation*, ein gutes Wort für mich eingelegt hatte, Judith versöhnte den dicken Theiss ohnehin schon durch ihre bloße Gegenwart. Hüfte an Hüfte mit dem sichtlich auflebenden Kundschafter und kompaßkundigen Spurensicherer, versetzte sie ihn durch früh geweckten Jagdinstinkt in einen Zustand erhöhter Witterungsbereitschaft. Ihre offensichtlich vor den Eltern verheimlichte Zusage, Massai-Aufspürer Theiss als unbezahlte Assistentin in den Busch zu folgen, ließ ihn den Verzicht auf den oftmals beklagten Liebreiz der Libanesin verschmerzen durch den unbezahlbaren Liebreiz Judiths. Mein freigebiges Kompliment hinderte sie indes nicht vor bloßstellender Nachrede: mein Kokettieren mit meiner sprichwörtlichen Jagdunwilligkeit habe auf den Offizier erheiternd gewirkt. Solch erklärter Unbeweglichkeit müsse auf die Beine geholfen werden, sprich: auf die Räder!

Einen Literaten erkenne er schon daran, wie dieser Konditionsschwäche als Charakterstärke ausweise. – Konditionstrainer Theiss hatte auch diesmal die Lacher auf seiner Seite. Nach strapaziöser Schleichfahrt über verschlammte Pisten und fliegenverseuchte Ödflächen, nach improvisierter Jagdeinlage auf flüchtende Weißbart-Gnus – aufgelassene *Manyattas* in graphisch einprägsamer Verfilzung ihrer geschleiften Dornwälle flankierten uns –, war die Verwandlung perfekt. – Ob ich nicht von meinem hohen Roß herunter wollte, nur so zum Spaß? Tierliebe sei eine Sache, Großwild-Jagd eine andere! – Meine gespielte Unterwerfungsabsicht beantwortete er mit dem genießerischen Behagen des geübten Rollenverteilers: »Wissen Sie was? Sie unterstellen mir für die Dauer des Unternehmens den *Landrover* samt Fahrer. Und ich ernenne Sie zu meinem Scriptgirl!« – Der Fahrer höre eh' schon auf sein Kommando, sei der reinste Überläufer. – Dann sei sein Angebot an mich geradezu generös: »Abgemacht also, ich gebe hier die Befehle und Sie Ihren Kommentar, hinterher, versteht sich, wenn das Unternehmen gelaufen ist!«

Eine Chronik, besser Manöverkritik frei nach Theiss'schem Muster, sei nicht gerade nach meinem Geschmack, wohl aber reize mich das unbeschönigte Protokoll meiner allmählichen Anpassung, meiner Unterwerfung. – »Sie haben wohl Schiß, ich ernenne Sie zu meinem Adjutanten, mit dem Hintergedanken, mir einen Memoiren-Schreiber heranzuziehen?« – Auf den feinen Unterschied zwischen Chronisten und Protokollanten lege ich denkbar großen Wert. Zum bestellten Auslober und Schönfärber fehle mir einfach das Organ. Gleichwohl biete ich ihm – zwischen überhandnehmender Faszination und schwacher Gegenwehr schwankend – eine Stilprobe guten Willens an: *»Kibwezi,* Mitte Januar 1964: Das bundesdeutsche Kamera-Team unter der hinreißenden Regie- und Menschenführung des bewährten Dokumentar-Filmers, vormaligen Frontberichterstatters Goebbels'scher Protektion, vormaligen Ballonfahrers, Pokalgewinners, Titelverteidigers, Rekordhalters zu Außenaufnahmen ins *Amboseli*-Reservat eingereist, konnte nach stundenlangem geduldigen Anpirschen an einen Stammes-Klan der menschenscheuen, nilotischen Viehzüchter, deren Häuptling *Izewbik* überreden, eine Rinderzählung mit Brandeisen-Kennzeichnung im Originalton abzudrehen, zu den fair ausgehandelten Bedingungen eines Flitter- und Feuerstein-Tauschs. In der Dämmerung des kommenden Tages soll die fünfköpfige Mannschaft mit mir als neutralem Hofschreiber die Fahrt ins Bergland von *Amboseli* antreten. Obschon in spontaner Zuneigung füreinander entflammt, werden Regisseur und Assistentin auf jeden Liebesbeweis verzichten und das abendliche Biwak auf getrennten Liegeplätzen verbringen, eingedenk ihres übernommenen kulturellen Auftrags und ihrer hohen völkerversöhnenden Verpflichtung . . .

Im einsetzenden Gewittersturm weckte das Geprassel hochschlagender Flammen in mir ungewollten rebellischen Unmut. Nach dem wenig diskreten Verschwinden des so heroisch gesinnten Paars ritt mich der Teufel der Eigenliebe und ich brachte an meiner hymnisch gestimmten Stilprobe erste hämische Korrekturen an. Das spartanisch schlichte Essen im regendurchlässigen Zelt ließ mich an das versäumte Dinner im wohltemperierten *Norfolk* denken. Vielleicht hatte mein Gastgeber gar keine Gelegenheit gefunden, seine Einladung wahrzumachen und mir die Koch- und Servierkünste der K & K-Goanesen vorzuführen. Vielleicht hatte der plötzliche Auftritt des Courmachers und Mädchenaufreißers Verwirrung gestiftet, in der sich gute Manieren und Tischsitten vergessen. Vielleicht waren Judiths Eltern bei aller gezeigten Freizügigkeit schockiert über dieses Buschfeuer verfrühter Geschlechterliebe, billigten gar nicht das einseitige Verhältnis zwischen dem Weltmann, der in Schlagzeilen zuhaus war, und der nicht ganz volljährigen Tochter, die von Schlagzeilen träumte. Möglich, daß sie sich schon eine skandalumwitterte Ballonreise antreten sah, anstelle der ferngerückten Libanesin, die die Titelseite eines Beiruter Journals eingenommen. Möglich auch, daß der dicke Theiss an eine spektakuläre Übertrumpfung früherer Rekordfahrten dachte, mit einer Co-Pilotin an Bord, die ihm zuliebe das fällige Abitur verweigerte . . .

Und ich hatte diesen stimmächtigen Liebhaber Schwarzafrikas überhaupt erst instand versetzt, sein Abenteuer zu starten und ins Unkontrollierbare übersteigerter Gefühlsaufwallung und überzogener Distanzen auszudehnen. Mit seinem Backtrog von Kombi wäre er über sein bescheideneres Vorhaben, »Kenyattas Fliegenwedel auf Zelluloid zu bannen«, nicht hinausgekommen. Ich war dafür haftbar zu machen, daß Judith in tropischer Regennacht auf männlichen Schutz angewiesen war. Mein argloser Handel mit einem Objekt von zu hohem Tauschwert – im Prasseln theatralischen Donners konnte ich mir die verzeihlichere Version meines Versagens aussuchen: hatte ich einen Vertrauensbruch begangen oder war ich nur meiner eigenen Leichtgläubigkeit aufgesessen?

Gerüchte wollten von einer Schließung der Grenze nach *Tanganjika* hin wissen. Stimmte es, was ich in einer englischsprachigen Gazette gelesen hatte, daß nahezu alle weißen Farmer *Kenya* verlassen würden, wenn sie nur könnten? Stimmte es, daß das Verstümmeln von Rindern (»the maiming of cattle continues unabated«) unvermindert fortdauerte, daß die Bemühung, den kriminellen Vergeltungs-Wahn zu stoppen, fehlgeschlagen war? Wurde in den Wäldern wirklich noch immer geschworen wie in den Tagen finsterster »Mau-Mau«-Schwüre? Waren die militanten Flügel der *Youth Wing* tatsächlich außerhalb jeder administrativen Kontrolle? War die Waffenniederlegung im Stadion von *Ndungu* eine Farce und Jomo Kenyattas Formel: »In unserem Country ist Platz für weiße, schwarze und braune Menschen . . . Wir brauchen alle Hände und alle Gehirne . . . Laßt uns zusammenarbeiten für eine glücklichere Zukunft. Harambee!« eine leere Geste der Ohnmacht?

Erlebte ich hier im Aufruhr der Elemente und im Hyänengelächter das Ende der weißen Vorherrschaft? Wurde ich Augenzeuge eines ruhmlosen Abtritts von der kolonialen Szenerie? Oder war dies nur der melodramatische Auftakt zu einem politischen Katzenjammer, dem die Einsicht folgen würde, daß alles beim alten blieb?

Harambee

Die weißen Farmer aus den »highlands«, die im wohltuend kühlen *Norfolk* beim Lunch sitzen, fahren von Zeit zu Zeit zu Geschäften und Einkäufen in die europäisch anmutende City. Im *Outspan* in *Nyeri* zu einigen frühen Drinks eingesessen, kommen sie aufgekratzt aus der Gegend von *Nakuru* und *Fort Hall.* Sie mieten sich für ein, zwei Tage in einem der besseren Cottages ein, nehmen ihren »Madras-Curry mit Täubchen in Aspik« zu sich – nicht mehr ganz mit dem alten Behagen. Der Ober in der schneeweißen durchknöpfbaren Livree, ein Goanese mit blitzenden Goldzähnen, scheint dieses Tisch-Ritual schon zu einer Zeit in Gang gehalten zu haben, als die Farmer noch die Backenbärte gedienter Gardeoffiziere trugen und ihre Töchter mit den unfertigen Gesichtern von Karnikkeln noch vor den Bergen zart-roten Roastbeefs herumalberten. Bequeme Tweeds und saloppe Shorts haben die wetterfesten Drilliche der frühen Siedler abgelöst, und von der »Ordensgesinnung der weißen Herren« ist nicht mehr viel zu spüren. Während das Geklapper schweigend gehandhabter Bestecke an mein Ohr dringt, blättere ich in einer englischen Wochenzeitschrift, klaube mühsam Vokabel um Vokabel aus dem Bedeutungsgeflecht schwer durchschaubarer Sachverhalte, lese aus diesem Schmelztiegel mit hohen Temperaturen die umschlagende »public opinion«. Den Atem leise schnurrender Ventilatoren im Nacken, notiere ich in einer Atmosphäre gezügelter Unrast Gerüchte von Viehdiebstählen und verstümmelten Rindern auf Farmen in nördlichen Distrikten.

Die Farmerin schien außerstande, ihren Redefluß einzudämmen. Lediglich Luftmangel zwang sie, gelegentlich Pausen einzulegen. Mit schlesischem Streuselkuchen bot sie zugleich zwei heiratsfähige Töchter an, beide frühreif und altklug, beide mit einer ausgesprochenen Vorliebe für gesattelte Pferde. – »Unseren Doktor müßten Sie einmal hören«, fuhr sie energisch fort (womit hatte sie eigentlich begonnen?). »Im Forest sind noch mehr als genug dieser schwarzen Strolche. Was meinen Sie, wo das gestohlene Vieh hinkommt? Wir können die Spuren verfolgen, die führen mitten in den . . .« (Forest, dachte ich, während ich meine zweihundert Englisch-

Vokabeln zum Rapport berief, Forest, das muß der Wald sein). – »Vielleicht haben Sie von dem Überfall bei *Eldoret* gehört.« (Geheimschwur und Gegenbann. Die schrecklich zugerichtete Frau, über das Lenkrad gebeugt, brach sie zusammen, setzte die Hupe in Betrieb, weckte den einzigen Polizisten im Ort.)

»Damen von sanfter Gemütsart und in durchsichtigen Abendkleidern«, sagte ich halblaut vor mich hin, »trugen in ihren Handtaschen herausfordernd Pistolen«. – »Welche Bücher kennen Sie speziell?« – Ruarks »Schwarze Haut« (eine ungeduldige Handbewegung, als bereite ihr allein schon dieser Name Widerwille). – John Gunthers »Afrika von innen« (respektvolles Grinsen, das mehr dem Leser als dem Verfasser gilt). – Nebels Essayband –: »Herrschaft wird und muß immer ausgeübt werden« (sie hörte schon nicht mehr hin, wies die Schützenhilfe im Eifer von sich). – »Wissen Sie, mein Mann sagte immer: Was haben die Schwarzen auf einmal?« (Die patriarchalische Übereinkunft von vorgestern.) – »Sie müßten sie sehen: sie sind wie die Kinder. Wir sind doch immer ganz gut mit ihnen gefahren! – Frau Hauschild«, tönte es unbeirrt weiter, »was die frühere Besitzerin war, die hinterließ uns stapelweise Bücher«. (Meterware, wie ich schon beim Eintreten gesehen hatte, für ein Nasenwasser erworben, um hier Staub anzusetzen.) – »Die hatte nämlich schon damals diesen Headman, zu dem kam eines Tages« – (irgendein Schwarzer, von seiner *Shamba* vertrieben, machte Schadensersatz geltend. Aber gab es das überhaupt?) »Anstatt dem Lümmel über den Mund zu fahren, ließ sich die Hauschild auf langatmige Erklärungen ein.« (Ich hatte von den Squattern gehört, dieser hart und ehrlich arbeitenden Pächterschicht.)

Geschickt schlüpfte die Farmerin in die Rolle eines dieser Pächter, deren Fähigkeiten sie nicht sonderlich hoch einschätzte. – »Warum pflügt ihr eigentlich in einem fort? Warum gebt ihr euch solche Mühe, die Erde des Schwarzen Mannes umzugraben? Wir Kikuyus säen, und wenn wir Glück haben, ernten wir auch. – Nach spätestens drei Ernten ist euer Boden ausgelaugt. – Dann ziehen wir eben weiter und versuchen es anderswo. – Die Folgen kennt ihr so gut wie wir.« – (Schien ihr dieser fingierte Dialog geeigneter, meine vorgefaßte Ignoranz zu brechen?) – »Die haben auf ihren *Settlements* doch keine blasse Ahnung. Manche sind einfach hergegangen und haben ihr Saatgut aufgefuttert. Nun wissen sie weder aus noch ein.« (Mir war diese Geschichte nicht fremd; ich hatte auch Varianten vernommen wie: Gib mir fünfzig Shillinge, Bass, und ich fahre deine Memsa ins Hospital! Die alte Masche, die Raffgier der neuen Siedler. Dagegen stand der Edelmut der weißen Farmer.) – »Was glauben Sie, wer dem armen Teufel die fünfzig Shillinge vorschoß?« (Sein ehemaliger Brotherr natürlich.) – »Wir sind ja nicht nachtragend. Mein Mann ging noch in derselben Nacht, um das verirrte Schaf heimzuholen. Uns waren die Schwarzen lieb und teuer« – (lieb und teuer wie Hunde, wie Haustiere. Sie hatte das Stichwort selbst gegeben.)

Und ohne Atempause (hatte sie auch nur einmal hingehört?) – die Waffenniederlegung der Mau-Mau-Leute in *Fort Hall.* Am vorletzten Tag vor der ablaufenden Frist waren sie angekommen, in halbmilitärischer Ordnung, unter einer zerschlissenen Fahne. Eines der Photos (ich hatte die Bildfolge in der *Daily Nation* nicht überschlagen) zeigte ihre handgemachten Gewehre und einen Uniformrock der King-African-Rifles, ein zweites in Großaufnahme drei Männerhände, die je fünf Schuß Karabiner-Munition hochhalten. – Die Farmerin winkte unwillig ab. Ihr knapper, fast deftiger Kommentar: »da sind ganze sechzig Schwänze herausgekommen! Glauben Sie, die kommen freiwillig aus ihren Schlupfwinkeln?« – Die beiden Töchter machten sich zum Ausreiten fertig. – (Satteln, umsatteln, ins Geschirr steigen, dachte ich. Mit dieser Faustregel konnte man es hier fraglos zu etwas bringen.) – »Haben Sie auch genug Kuchen zu sich genommen? – Danke ja! Es war eine lehrreiche Unterhaltung.«

Im Schwimmbad – »Members only« (eine der Englisch-Vokabeln, die mir geläufig sind) – die Tochter meines Gastgebers im enganliegenden Schwimmdreß. Vornübergebeugt in ihrem Klappstuhl Frau von Kalkstein. Markanter Vogelkopf auf überlangem Hals; kühlgraues Steppenauge über wachsendem Kippenberg. Kettenraucherin. Turnierreiterin oder Fechtmeisterin, hatte ich geschätzt, als ich ihr zum ersten Mal gegenübersaß in ihrem Bungalow am Stadtrand, draußen in

Mulhagi, wo die Kaffeesträucher nahe an die Veranda heranrückten. Dunkler, vollgestopfter Empfangsraum mit zusammengelesenem Mobiliar. In einem Sessel aus abgewetztem Büffelleder kauerte sie, ihr verstorbener Mann Ostpreuße. Sie ehemals deutsche Meisterin, er Amateurmaler. »Mit Bildern hielt er seine Plantage über Wasser«. Mit ihrer freien Hand fährt sie umher und weist auf eine verhängte Staffelei. Tochter Astrid malt und hütet in ihrer Freizeit das väterliche Erbe.

Das eine Jahr kam der Regen zu früh, das andere Jahr zu spät. Mitunter blieb er auch ganz aus. »Sie können sich denken, wie da unser Kapital zusammenschrumpfte.« Fünfunddreißig Jahresabläufe: Ernten, Mißernten. »Drei Farmen hochgepäppelt und verloren. Zwei Kriege und zwei Internierungen durchgestanden.« Die fahrige Hand steigt zum Faltenkinn hoch, sackt durch, streift den Aschenbecher. – »Sechs nicht ganz leichte Geburten.« Die vier Jüngsten sprechen deutsch, als wären sie in Ostpreußen aufgewachsen; dabei haben sie es nie gesehen. »Abends Hauskonzerte«, während draußen auf dem Halm die Ernte fault. Ihre Farm bei *Nakuru,* die letzte, wie ich erfahre, zum Glück rechtzeitig an den Mann gebracht, an den falschen Mann, den Schwarzen. »Aber das ist nun nicht mehr zu ändern. Der Jüngste kümmert sich gottlob um das verbliebene Inventar.«

Sie selbst also nur auf Abruf hier? (Ich hätte mir die Bemerkung über die abgewetzten Sessel sparen können.) Eine ausgedehnte Safari ist geplant und im Anschluß daran eine Reise in den Norden. Nicht in die eigentliche Heimat Schlesien, »die ist abgeschrieben wie so vieles.« Eine Karriere also abgebrochen, Elternhaus, Vaterland preisgegeben für einen lebenslangen, den afrikanischen Traum. Der Name allein schon, den sie eintauschte –: einer ihrer Vorfahren enthauptet; sie selbst eine Geborene von und zu – gleichviel. »Eine ausnehmende Schönheit in ihrer Jugendzeit«, hatte mir mein Gastgeber versichert. Geblieben ist die herrische Geste der ruhelosen Hand. Während das Ehrengericht der Deutsch-Ordens-Ritter den Schiedsspruch über den »starrköpfigen Polacken« fällt, der sich weigerte, der polnischen Krone seinen Lehnseid aufzukündigen, wendet Judith in ihrem Sonnenhunger ihren gesalbten Rücken.

Mister Doic, ein drahtiger, mittelschlanker Mann schottischer Abkunft, in *Kenya* geboren, ein »weißer Afrikaner«, wie er mit Nachdruck betonte. Ein »steinreicher Europäer«, hatte Mister *Ruthuku,* Pressemann von *Nyeri,* mir versichert, und ich hatte beobachtet, wie sein so verbindliches Lächeln einen scharfen Zug annahm. Ein »Farmer aus dem Hochland«, hatte ich gefolgert. Aber damit war Mister Doics Steckbrief noch nicht komplett. Eine handkolorierte Zeichnung zeigte ihn in der Uniform eines englischen Colonels mit Ärmelschild, Ordensspange und straff gezogenem Mittelscheitel. In seinem Lehnstuhl sich räkelnd, hatte er eine ungemein gewinnende Geste gemacht, indem er die beiden Handinnenflächen vielsagend nach außen kehrte.

Menschenkenner Theiss, dem solche Gesten nicht leicht entgehen, bot ihm spontan die Rolle eines weißen Farmers in seinem Dokumentarfilm an, eines Farmers, der nicht an Flucht denkt. Mister Doic machte eine weitere verblüffende Handbewegung, die einen glücklichen Regisseur und zwei sprachlose Augenzeugen zurückließ, und gab sich optimistisch, was seine eigene berufliche Zukunft anbetrifft, die er mit der seines Gastlands gleichsetzte. Er scherzte gewinnend über die schwarzen Siedler, sprach über die Settlements wie über einen Bierulk, führte nicht wirtschaftliche, sondern hochpolitische Erwägungen ins Feld. In seinem Lehnstuhl wie in einer Feldstellung verschanzt, gab er sich mannhaft und jovial in einem, kam nicht auf die Idee, seinen künftigen Partnern etwas Trinkbares anzubieten; dabei war neben dem offenen Kamin eine ganze Batterie Gläser aufgefahren.

Und nun ist der ehemalige Artillerist zu spät gekommen, steht etwas verdutzt im Eingang des *New Stanley* – ein schlechter Verlierer, wie mir scheinen will; aber ich täusche mich. Die alte Schule bricht durch; ihr cleverer Absolvent fängt sich erstaunlich rasch; sein Unmut verfliegt im Handumdrehen. Schulmeister Theiss mit scherzhaft erhobenem Zeigefinger geht auf ihn zu. Sein massiger Körper verdeckt den eher schmächtig wirkenden Colonel. Mit polterndem Charme weist er auf die Uhr, deckt ihn mit seinem schauderhaften Schul-Englisch ein. Mister Doic tritt militärisch ab. Die Schwingtür schlägt scharf zurück. Für einen Augenblick sehe ich das Spiegelbild dieses verkörperten Schottengeizes. Dompteur Theiss aber tritt in die Arena zurück. Dies ist nicht der erste Dressurakt, dem ich mit Staunen beiwohne. Der Farmer am Tisch ist kein Farmer, seine Partnerin nicht seine Ehefrau oder Lebensgefährtin; doch bot sich der wettergebräunte Pensionär mit seinen energischen Bewegungen geradezu an. Der Lichthof im *New Stanley* war ausreichend mit Schaulustigen besetzt, die Szene drehreif. Die Eiswasser schlürfenden Komparsen in ihren Polohemden und grellfarbenen Pullis saßen günstig verteilt. »Harambee!« höre ich wohl zum dreißigsten Mal. »Harambee!«

Die Zauberformel beginnt auch jetzt wieder zu wirken. Der präparierte Vogelkopf stößt über den Tisch vor. Das Farmer-Double dreht wie einstudiert seine Handinnenflächen nach außen. Mister Doic lächelt schottisch aus dem Rahmen, in den ihn die zurückschlagende Schwingtür gestellt hat. Von der mißglückten Ersatz-Geste in Rage geraten, winkt Spielleiter Theiss den Colonel gebieterisch in die Szene zurück; der verzögert seinen Auftritt durch sparsamste Muskelarbeit. Doch der Lederhals strafft sich. Die Zigarettenhand schiebt sich in die Viertels-Totale, beschreibt eine flache Ellipse über dem Kippenberg inmitten eines Arrangements von Gläsern –: eine geglückte Bildschöpfung. »Sechster Tag, und Er sah, daß es gut war.« Gottvater Theiss breitet zufrieden seine behaarten Dirigenten-Arme aus.

Auf Tagesfahrt zum *Mweiga-Settlement.* Zwischen dem umzäunten Gelände und den Höhenzügen von *Nakuru* ein Gürtel mächtiger Schattenbäume. Unbefestigte Landstraße hinter *Limuru,* Spitzkehre und Gegengerade, ausschwingender Bogen nach Osten, von Staubfahnen markiert. Drehscheibe *Mount Kenya.* Dolomiten-Reminiszenzen. Die Rundhütten der Kikuyus, weggedreht wie auf einer Rangierbühne. Schwarzscheckiges Magervieh zwischen Beständen von Futtermais und Leguminosen. Im unübersichtlichen Gartengelände eine Neusiedler-Stelle. Zehnköpfiges Familien-Kollektiv. Am Drahtzaun die obligate Schar halbnackter Knirpse. Eine rachitische Göre, die im kniehohen Gras einen Twist tanzt. Der primitive Wohnschuppen auf die blanke Erde gepfählt. Blechtonnen unter dem Dachvorsprung; Rinne aus halbierten Konservendosen, die das kostbare Regenwasser ableitet. Rohbehauener Tisch, daneben Hackbrett, eine Kollektion rostiger Haumesser. Angrenzend ein Gatter mit dürftigem Federvieh. Ein schwarzer Hahn tritt eine weiße Henne. (Anstelle soziologischer Recherchen die filmische Impression; anstelle unverjährter Gewalttaten das Instrumentarium von Messern.)

Aus dem Wagenschlag des *Landrovers* fährt ein muskulöser Unterarm, Signalarm, der hochschnellt. »Langsame Schwenks. Aufblenden und abfahren!« Linker Hand sehe ich, gebeugt unter Kopflasten, vier gleichaussehende Frauen ununterscheidbaren Alters. Schienengleicher Bahnübergang mit Schmalspur-Geleisen. Im Hintergrund vor einer überhöhten Kurve im Stechginster ein Trupp schwarzer Streckenarbeiter. Ungleich gekrümmt die schweißglänzenden Rücken, unregelmäßig das Auf und Nieder unlustig geführter Pickel und Hämmer. Kein Blitzen von Metall in der Sonne, ein lahmarschiges Zwinkern nur. Anführerlos eine weitere Gruppe von Kikuyu-Frauen mit Holzbündeln; in Höhe des geparkten *Landrovers* verlangsamen sie neugierig ihre Gangart. Der zackig hochschnellende Unterarm schon im zügigen Arbeitstakt. Der schwarze Vormann, verlegen unter Lachanfällen, spricht unernst wie zu Gespielen; das Tempo der Streckenarbeiter bleibt tadelnswert schleppend.

Da hält es Vormann Theiss nicht länger auf seinem Sitz. Umrißscharf vor dem gleißenden Horizont unterzieht er sich einer schweißtreibenden Pantomime. – »Den Brüdern mal zeigen, was eine Harke ist.« Während die Frauen unter ihrem Stirnjoch apathisch herüberblicken, stehen glücklich sechs der Pickelträger in Reichweite der Kamera und die restlichen vier publikumswirksam im gewünschten Tiefenschärfe-Bereich. Drei Pickel jeweils »Hoch das Bein!« und drei jeweils nieder »auch wenn's schwerfällt!« Zwölf schwarze Unterarme – »Takt halten, ihr müden Säcke!« – und ein von der Sonne gefährlich geröteter Signalarm halbwegs im Rhythmus. »Langsame Schwenks. Aufblenden und abfahren!«. Die beiden Vierergruppen lastmüder Kikuyus entfernen sich in entgegengesetzten Richtungen.

Die Wagenkolonne, von einem Vorspann »weißer Mäuse«

angeführt, bog schwungvoll in die *Coronation-Avenue* ein. Acht schwarze Limousinen stoppten gleichzeitig. Die Wagenschläge sprangen auf. Jomo Kenyatta, der »Flammende Speer«, National-Heros der Kikuyus, Missionsschüler, Landarbeiter, gelernter Zimmermann, Premier des frei gewordenen britischen Protektorats, erschien an der Spitze seines ministeriellen Gefolges. – »Was meinen Sie, bleiben wir sitzen, wenn der Alte auf uns zukommt?« fragte Nachholschüler Theiss, nahm immerhin vorsorglich schon mal die Hände aus den Hosentaschen. Das Kamera-Team erhob sich im Zeitlupen-Tempo. Kenyatta, den unvermeidlichen Fliegenwedel in der erhobenen Rechten, winkte großväterlich herüber. – »Wat e Jäck!« sagte Judith in unverkennbar echtem Kölsch und rutschte, kaum daß der Premier uns den Rücken kehrte, unschlagbar in ihrem Abiturienten-Hochmut, spreizbeinig in ihren Sessel zurück. –»Harambee!«

Lektion in Zoologie

Arusha – trigonometrischer Zirkelpunkt zwischen dem Cap und Kairo. Der teeschlürfende Weiße im Vestibül des *New-Arusha*-Hotels kauert in der Haltung eines Nabelbeschauers. Kopf und Gliedmaßen dieses Kontinents sitzen anderswo. Hier ist weniger das knirschende Getriebe der Geschichte vernehmbar als das gedämpfte Tam-tam eines Museums für Vorgeschichte. Hier liegt man halbwegs bequem wie im Mutterschoß. Die Dunkelheit außerhalb der eigenen Einmann-Zelle ist beträchtlich. Doch über dem Platz unter der Turmuhr, über das Sternmuster der fünf auslaufenden Straßen, bewegen sich die Weißen mit dem selbstsicheren Gang alter Kolonialherren. Hinter *Babati,* am Großen Graben, im Vorgelände des *Oldeani,* residieren sie; die besetzten Parkplätze zeugen von ihrer materiellen Omnipotenz. Mag sich aus der stil- und neurosenbildenden Elite der Gründerjahre eine geduldete Minderheit hochbezahlter Spezialisten mausern, vorläufig sind die Veränderungen nicht nennenswert.

Die Küste mit ihren hellhörig machenden Fiebern liegt weit ab. Die junge Republik hat Hände, aber sie reichen vorerst nicht bis hierher. Es herrscht die alte reinliche Scheidung vor, nicht die in Böcke und Schafe; aber es gibt eine Rangliste der Pigmente. Schwarz kommt aus der Tiefe, Weiß aus der Höhe. Was dazwischen angesiedelt ist, hält sich an Handelsspannen und Lizenzen. Je zivilisierter ein Stamm, desto anfechtbarer sein Ruf. Natur, gesehen in Lebenden Bildern. Zwanzigköpfiges Dienstboten-Kollektiv zu einem Shilling pro Tag und Nase. Das gibt einem Statur und gesellschaftlichen Nimbus. Es gibt hier nicht die massive Phalanx weißer Farmer wie im benachbarten Kenya. Die Anbaugebiete sind verschwindend klein. In der Regenzeit überzieht sich das Land mit hektischem Grün, Sturzbäche ertränken das ausgedörrte Weideland. Der eintönige Umschlageplatz zieht einen Grünland-Gürtel um seine Blößen. Erdhütten der Mbukwe, nicht ganz mannshoch und wasserdurchlässig. Manyattas aus gestampftem Lehm. Massaihirten in ihren erdbraunen Umhängen. Sechzig Farben für das magere Vieh und keine Bezeichnung für Grün . . .

Nun hause ich allein in einem vergammelten Zelt ohne Boden, abseits der Feuerstelle, die auch tagsüber unter Glut gehalten wird. Vor dem Zelteingang üben die Zikaden ihre Dauer-Konzerte. Schwarze Dudus wandern um die Kerosin-Lampe, die in der Dunkelheit meinen Standort markiert, verbrennen sich in sinnlosen Anflügen ihren Chitinpanzer. Im Waschwasser schwimmen ertrunkene Käfer. Oberhalb des Feldbetts, das ich nur im bekleideten Zustand aufsuche, halten Gottesanbeterinnen ihre Abendandacht. Ich bin zum Umfallen müd', dabei ständig auf dem Sprung.

Unser Camp befindet sich unmittelbar am Fuß des *Lolkosalo,* eines mächtigen, bewachsenen Felsrückens. Sechs Zelte umstehen die Feuerstelle, in Abständen, die mir bedenklich scheinen. Die Küchenboys kampieren im Schutz des Wagenparks, um die heißen Aschenkuhlen geschart, aus denen sie schmackhafte Gerichte zaubern. Glanzstare turnen über mir im Geäst. In der Nähe der Fahrzeuge wäre mir wohler.

Natürlich konnte ich nicht kneifen und im Camp zurückbleiben. So bin ich also mit von der Partie, kauere in einer Kluft, die mich einem amerikanischen GI zum Verwechseln ähnlich macht, auf dem Rücksitz des hartgefederten Landrovers. Vor mir im Führerhaus der Professor, unter erhöhtem Blutdruck leidend, sein riesiges Teleobjektiv wie eine Waffe quer über den Knien. (Auf ihn werde ich zurückkommen.) Neben ihm Fräulein Hossbach, die Göttinger Assistentin und Präparatorin. Am Steuer Selemani, der gewitzte schwarze Fahrer, mit einem sechsten Sinn für Fährten begabt. Auf der Pritsche neben mir, in fast gleicher Aufmachung, Herr Albanus – und, nicht zu übersehen in ihren knappsitzenden Jeans, Ihre Königlich-Kaiserliche Hoheit, Ikok genannt, die charmante Österreicherin mit dem resoluten Mundwerk.

Vorbei an mannshohen Dornwällen und sperrigem Gefilz geht die Holperfahrt, über ausgefahrene Wege, in den Radspuren der rotbraunen Tonerde. Die Lehmkuppen umzäunter Manyattas tauchen auf. Rudel halbnackter Kinder laufen uns entgegen, unter Fliegen-Perücken. Scheckiges mageres Vieh dreht die Köpfe her. Massais um eine Feuerstelle versammelt, die Brandeisen glühend. Ein gefesseltes Kalb mit stierem Blick. Stechender Geruch von versengtem Fell. Vor sich hinbrabbelnde Alte, die das stöhnende Tier bespricht. Ein junger Moran, die Schatten werfende Hand über den Augen, stützt sich auf seine Wurflanze; unter dem Stirnzopf das Rasseprofil, das er gegen »Shillingi« zur Schau stellt. Vor dreißig Jahren, wettert in schönem biblischen Zorn der Professor, wäre es undenkbar gewesen, daß ein Massai sich herabgelassen hätte, Trinkgeld anzunehmen. Die schädlichen Folgen unserer Zivilisation – Degenerationserscheinungen ...

Stunde um Stunde verrinnt über geduldigem Anpirschen, Drosseln des Motors, plötzlichen Schwenks unter Staubfahnen und Fliegenschwaden, in der zunehmenden Hitze, im schrittweisen Vorgehen gegen Thomson-Gazellen, die in »hohen Fluchten«, wie der Professor schwärmt, entkommen. Selemanis freie Hand weist in eine baumbestandene Senke. Herr Albanus, Amateur-Jäger, Standschütze, Liebhaber der freien Wildbahn, folgt ihr, preßt seinen Feldstecher unter den Hutrand. Selemanis einweisende Hand beschreibt einen Bogen. Herr Albanus, geduldig, als befinde er sich im Manövergelände – zwei Daumensprünge rechts, eine Daumenbreite links – folgt ihr dichtauf mit dem Nachtglas. Der Professor, unbekümmert euphorisch, zieht an seiner Meerschaumpfeife, öffnet den knarrenden Wagenschlag, vertreibt das aufgespürte Wild. Ihre königliche Hoheit kaisert etwas derb Wienerisches. Fräulein Hossbach in ihrer Verzweiflung schließt die Augen. (Nicht das Benehmen des Professors reizt mich. Ich werde ihn nicht als Greenhorn zeigen, das Großwild verscheucht.)

Vor Einbruch der Dämmerung, gerade noch im schwindenden Büchsenlicht, auf kurze Distanz: ein Weißbart-Gnu, das aus der Herde auskeilte. Das angeschossene Tier machte seltsame Sprünge, schüttelte sich unwirsch, ging zögernd auf die Vorderläufe nieder. Wir fuhren im Schrittempo an das stark schweißende Tier heran. Obwohl von einem zweiten, gezielten Schuß gestreckt, erhob es sich noch einmal, tanzte unsicher, als suchte es Schritt zu fassen, im Kreis herum, brach über der Hinterhand zusammen. Das widerliche Zeremoniell begann. Selemani überreichte dem Meisterschützen einen in Blut getauchten Zweig, drehte das mächtige Gehörn her. Herr Albanus stellte sich in Positur ... Im Camp empfangen uns die

Boys mit ziemlichem Hallo. Beim aufgehenden Mond prasseln die Feuer. Das ausgeweidete Tier liegt unter einer Plane. Am anderen Morgen sind die Schirm-Akazien voll von Geiern.

Zweifußbreiter Wegrand, erhöhtes Grasbord neben der Straße, die nach *Moshi* führt. Packesel Schafe Höckerrinder. Lastträgerinnen, barfüßig, unter Packen von Maisstroh und Kanistern. Die von Grevilleen beschatteten Kaffeesträucher, Papaias mit ihren Blattkrausen in Stammhöhe. Eine Omnibus-Haltestelle für Eingeborene. Eine Benzin-Station. Ein Post-Office. *Usa-River.* Der Landsitz meines Gastgebers, kenntlich an den beiden handgeschnitzten Massai-Kriegern, die die Auffahrt flankieren (sie stehen, gegen Diebstahl gesichert, auf Naturstein-Postamenten).

Geharkter Kiesweg, der eine halbe Achterschleife beschreibt. Hinter einer Einfassung aus ungeschältem Stangenholz beginnt eine Pferdekoppel, die kleine Dressur-Ritte erlaubt, Turnierplatz mit Hürden, in den Farben Rotweißgrün (der Hausherr ist gebürtiger Ungar). Die Auffahrt ist mit Hecken der leuchtenden Bougainvillea bepflanzt. An waagrecht gespannten Drähten die Blattranken mit ihren kardinalroten Blüten. Auf ansteigender Pläne sechs oder sieben kellerlose Flachbauten mit Kalkwänden, Eternitdächern und rotlackierten Estrichen. Der Hauptbau steht einladend inmitten von vielfachen Abstufungen von Grün. Der hochgelegene, regensichere Eingang wird eingerahmt von zwei respektablen Stoßzähnen.

An den Innenwänden, beiderseits des offenen Kamins, der abends geheizt wird, hängt handgefertigtes Hausgerät: Schöpfkellen Kalebassen Fischreusen Vogelbauer. (Trophäen, die ein Kleinstadt-Museum füllen könnten.) Die kreisrunde Tischplatte ist verhängt mit dem Haarbalg eines Kolobus-Affen; die schwarzweißen Zotteln verdecken nicht den abgesägten Fußstumpf eines Elefanten. (Die auffälligste, nicht die einzige Geschmacklosigkeit, auf die ich stoße.) Unter den Staubfängern gespreizter Fänge und Stoßfächer, unter ausladenden Gehörnen (ein jedes hat seine Geschichte und keine bleibt unerwähnt): die fürstlich gedeckte Abendtafel. Stumm die beiden schwarzen Hausboys. Das Dreisprachen-Gemisch des Gastgebers und das Küchen-Kisuaheli der resoluten Haushälterin halten das Zeremoniell weißer Fingerhandschuhe in Gang.

Von einem Rondell aus fällt der Blick auf ein Freigehege. Laubbäume mit dichtem Blätterdach über einem Arrangement von Sesseln. Schilfinsel in einem Teich, von einer Schicht rostroter Algen überzogen. Die Morgenbrise hält die Randzonen frei. Der schmale Streifen stehenden Gewässers täuscht Tiefe vor. Unter dem Maschengitter des Laufgrabens stämmiger Riedbock (nicht einmal die Schweißhunde des Hausherrn trauen seiner angeblichen Sanftheit). Sanft und Vertrauen erweckend dagegen der Große Kudu mit seinen Ohrlöffeln. Nachts dient die Insel als Schlafplatz. Zwei Marabus, mit der Würde von Amtsschreibern, halten sie besetzt; zwei Kronen-Kraniche machen sie ihnen streitig. Unentwegt auf ihrem Standbein, demonstrieren sie in Lebenden Bildern die unaufhebbare Belagerung. Auf den Rasenflächen, vor hell erleuchteten Fenstergevierten, hinter den gewaschenen Chassis der Fahrzeuge, vor üppigem Blattgrün verharren die schwarzen Hausboys in unveränderlichen Posen. Im okarinaähnlichen Geflöte eines Vogels, dessen genauen Standort ich nicht auszumachen vermag, im Quarren von Fröschen vom Teich her, der seinen Algenschleier lüftet oder zuzieht, im monotonen Zirpen der Zikaden, das ich nicht mehr aus den Ohren bekomme, im stumpfsinnigen Anflug der Dudus gegen die Lampen lerne ich mühsam die erste Lektion in Zoologie.

Da saß er, der Professor, und hielt Hof. Jagdliebhaber, Tiermaler, preußischer Staatsrat. »Ich hatte nur den Reichsmarschall über mir.« Das hätte als Steckbrief genügt, und doch wollte ich mehr wissen. Wie war es damals eigentlich? »Wenn Sie in mir einen verkappten Nazi wittern, so täuschen Sie sich. Ich war nicht einmal nominelles Mitglied. Ich habe nicht wie Sie mit der Waffe in der Hand gekämpft. Ich habe es auf subtilere Weise getan: mit meinen Bildern. Erinnern Sie sich? Große Deutsche Kunstausstellung in München. Hatte einen Saal für mich allein. Eines meiner Bilder – ich sage es noch immer ohne Schamröte: jawohl, ein pflügender deutscher Landmann, nichts weiter. Blut und Boden, wenn Sie so wollen! Ach, Sie können es nicht leugnen: es war schon ein Zug ins Gigantische, ins Geniale. Denken Sie an die Autobahnen! Wenn ›er‹ sie nicht großzügig geplant hätte, wir erstickten in unseren eigenen Karosserien. Und wo, sagen Sie, wo hatte es das jemals gegeben, daß ein Werktätiger für ein Trinkgeld hinausfuhr? Die Flotte Robert Leys – eine Flotte von schwimmenden Särgen? Sie können nicht aufhören, das eigene Nest zu beschmutzen. In schöner Regelmäßigkeit rücken Sie mit Ihren fünf Millionen Juden an. Aber es gibt noch Gerechtigkeit, und ich habe gottlob Freunde. – Welch unvergleichlicher Abend! Sie wollen Schriftsteller sein und sitzen stumm da. Herrgott, wie jung bin ich, gemessen an Ihnen, der Sie mein Sohn sein könnten! – Hoheit, darf ich Ihre Aufmerksamkeit auf dieses schwelgerische Grün lenken?«

Auf unseren Querfeldein-Fahrten immer wieder eindrucksvoll das Auftauchen und Flüchten der von uns überraschten Tiere. Vogel Strauß, dessen kniestrümpfige Verdrießlichkeit an ältliche Tänzer erinnert, die sich an einem Hundertmeter-Lauf beteiligen. Giraffen, deren leicht schwankendes Gehen auf Stelzen meine Lachmuskeln strapaziert. – Einmal im Morgengrauen eine Herde wandernder Elefanten. Wir fuhren im ersten Gang die Serpentinen nach *Manyara* hinauf. Neben unserem Landrover herlaufend, ein Huhn unter den Arm geklemmt: ein wild gestikulierender Schwarzer. Ich war der Meinung, er verlange mitgenommen zu werden, und begriff seine Erregtheit erst, als wir unmittelbar vor der Herde bremsten. Einer der Bullen begann loszutrompeten.

Abends auf der Rückfahrt eine ununterbrochene Prozession von Kleinwild. Wildkatzen tauchten in den Lichtkegel. Hasen hoppelten aus der Fluchtlinie unserer Räder. Ein Nachtvogel schlug auf den Kühler auf, bildete für Augenblicke eine makabre Trophäe. Nach mehrstündiger Fahrt, als markierten sie lediglich die riesigen Entfernungen, eine Shell-Station, einige Hütten aus Wellblech, ein paar Autoleichen. Zu beiden Seiten endlos die Savanne – sanft ansteigend, abfallend oder auch bretteben auf Meilen hin. Die Natur dominierend; der Mensch ephemer.

»Sie gehen heute nachmittag mit dem Grafen nach *Momella* hinauf«, sagte mein Gastgeber. »Von den Trappes werden Sie gehört haben.« Nicht nur gehört, ich hatte über sie gelesen. In dem verstaubten Regal, das Jagdlektüre und zoologische Nachschlagewerke enthielt, stand ein gutes halbes Dutzend angelesener Scharteken, allesamt dieser seltsamen Frau gewidmet. »Der Graf wird Sie einweihen.« Graf Meran, ein Kenner von Wildwechseln und Fährten, ein Kenner der Stammbäume europäischer Fürstenhöfe. (Ihm am wenigsten trug ich seine unzeitgemäße Leidenschaft nach.) Meine Uniform mit einer zivilen Kombination vertauschend – Fahrtstaub aus dem Camp hing noch in ihr –, machte ich mich zur Abfahrt bereit. Selemani schloß die Kühlerhaube, hob die ölbeschmierte Hand, sah ruhig zu, wie der Graf seine Wildleder-Handschuhe überstreifte. Vom Rücksitz aus überblickte ich das Spalier grinsender Hausboys den Kiesweg hinab.

»Schauen S'«, sagte der Graf, »dieser blauschwarze Bergrücken, der so unscheinbar herschaut, der Meru, ein runder Viertausender.« Aus einer Kumuluskrause ragte eine kegelförmige, schneelose Kuppe. So unscheinbar fand ich sie nun wieder nicht. Längst hatte ich begonnen, umzulernen. (Dieses Land kannte andere Größenordnungen; sie waren nicht das einzige Phänomen, auf das ich hereinfiel.) Dem Grafen schien es Spaß zu machen, mich, den Stubenhocker, den Städter, der seine Zeit vor Verkehrsampeln totschlug, hereinzulegen. Aber hier wehrte sich etwas in mir. Ich konnte mir nicht helfen: verglichen mit dem Großglockner war dies hier ein schmächtiger Berg.

»Wir müßten eigentlich gleich auf Büffelwechsel stoßen«, meinte der Graf. »Natürlich ist's a Glücksach', ob man Großwild aufstöbert. An der Losung sehen S' sofort...« – »Elefanten«, sagte ich, aufgeregter, als ich wollte; aber der Graf lachte. »Wann S' denen folgen wollen, müssen S' schon an Hubschrauber mieten. Diese Fährten ist mindestens a Wochen alt. Aber dorten«, der Graf wies mit der freien Hand auf eine frische Losung, »die Büffel müßten S' im g'schlossenen Wagen wittern. Schaun S', was red' ich?« Ich hatte den Bullen vor dem Grafen gesehen. Er stand unbeweglich, als wäre er taub oder geblendet. Ich redete verworrenes Zeug, saß sprachlos vor Schrecken. Der Graf aber brachte das Fahrzeug ohne großen Lärm zum Stehen, lobte meine exakte Zielansprache.

»Das müssen S' irgendwann g'lernt ham«, meinte er. Ich sagte, daß das eben Kenntnisse seien, wie man sie zwangsläufig im Krieg erwerbe. »Alter Fronthase!« sagte er anerkennend. »Auf jeden Fall Nichtjäger!«

»Hier geht's zur *Momella-Lodge.*« Hardy Krügers afrikanisches Domizil. »Hatari« – atemverschlagende Hetzjagd durch Staub und Hitze. Gefilmter Alltag eines Tierfängers. Attacke der Nashörner. Duell eines Dickhäuters mit einem zerbeulten Studebaker. Fünftonner auf dem Riffelbrett. Der Rammstoß gegen die mit Reifen abgesicherte Laderampe. Giraffenhälse in Zeitlupe vor der langsam heranrückenden Schlinge. John Wayne auf dem Fangsitz. Keine fünf Meilen von hier hatten Krüger und das Präsidenten-Double ihre Kapriolen gedreht. Das also gab es wirklich? Nicht nur als surrealistischen Bühnenspuk bei Ionesco? Dallas im Staate Texas, aus dem Land der Viergallonen-Hüte. Heimtückischer Anschlag auf seinen Vorgänger. (Ich hatte an Bord des Schiffes davon gelesen.) »Und dort geht's zur Farm.« Der Landrover, ein geländegängiges, militärisch aufgehalftertes Fahrzeug mit Vierrad-Antrieb, kletterte, sackte durch, machte Sprünge, preschte durch Sumpflöcher, schlingerte wie ein Boot bei Seegang, bekam Schlagseite. Der Meru, blauschwarz, tauchte auf, verschwand hinter Anhöhen, trat seitwärts aus Büffeldickichten. Der Weg schlug einen Halbkreis. Der verfinsterte Gipfel drehte sich wie auf einer Drehscheibe weg, stand drohend mit nackten Flanken. Ausläufer eines Waldgürtels rückten heran. Ein Steilhang, mit Baumleichen versperrt und mit Kolobus-Affen bevölkert, schnitt uns den Weg ab. Seltsam gefiltertes Licht drang herein. »Ngurdoto, ein erloschener Krater«, erläuterte der Graf. Er öffnete den Wagenschlag, stand in seinem Lodenzeug, grün, grün bis ins kühle Jägerherz. Ein saftstrotzender Kessel öffnete sich unter mir. Lagerplätze der Büffel; der ganze Talrand lag voll davon. Tiefsegelnde Höckervögel im Anflug. Sumpfreiher im Stelzengang.

Vor Einbruch der Dunkelheit, mit Blick zum Kibo, dessen Schneehaupt seit Tagen verhüllt ist, im Windschatten eines Vorderhangs. Ich sehe Wellblech-Gevierte, Kalkstein-Einfassungen, Gatter und Remisen. Schemenhaft im Dämmerlicht steht das Herrenhaus, das beim flüchtigen Hinsehen eher wie eine weiträumige Stallung wirkt. Aber dann gehe ich über eine richtige Freitreppe, fünf sechs gemauerte Stufen nach oben. Eine Art überdachter Kaminplatz öffnet sich, eine Vorhalle mit Sesseln und einem Rauchtisch. Der Farmer kommt uns entgegen im olivgrünen Drillich. Ein untersetzter, fast bulliger Fünfziger, ein weißer Afrikaner, im Land geboren. Seine Vorfahren waren Schlesier. (Ein Dialektanklang ist auch bei ihm herauszuhören.) Seine etwa gleichaltrige Frau lebensfroh, energisch; er wortkarg, mürrisch bis zur Unhöflichkeit. Spröde, in sich gekehrte Natur, in Jahreszeiten denkend, in Wettern gegerbt, einzige Passion die Jagd. (Die Trophäen an den Wänden bezeugen sie.) Er bittet den Grafen herein, der mich noch auf der Freitreppe vorstellt. Mit dem Argwohn eines Wildhüters, der die Anwesenheit eines Nichtjägers in seinem Revier duldet, nimmt er mich zur Kenntnis.

Die Hausfrau enthebt mich der Peinlichkeit, zieht mich in ein formloses Gespräch, das stillschweigend meine Vertrautheit mit ihrem Hauswesen voraussetzt. Zum Glück bin ich eingeweiht. Wer hier heraufsteigt, schlüpft in die Gebets-Rolle des Wallfahrers. *Momella,* das Mekka der Großwildjäger. Jagdsitz der berühmtesten Jägerin Afrikas, die jahrzehntelang Stoff für Legenden abgab, die von den Briten einmal mehr gefürchtet wurde als eine Kompanie Askaris. Elfjähriger Hosenmatz, der peng! peng! in der revolverschnäuzigen Manier eines Cowboys hereintritt. Komplett das schießfreudige Trio: Enkel und Sohn, die treffsicheren Nachfahren.

Der Hausherr in seinem Sessel, die Faust auf der Lehne, spricht vor sich hin: Bruchstücke einer Beichte, nicht für fremde Ohren bestimmt. Die Hausfrau, auf resolute Weise gesprächig, gibt mir nicht allzu viel Spielraum. Immerhin sitze ich günstig, habe den Hausherrn vor mir, den Grafen zur Seite, der sich auf vertrautem Gelände bewegt. Irgendein Einzelgänger von Elefant scheint in eine der Pflanzungen eingedrungen zu sein. Details dieser eindrucksvollen Verwüstung werden gegen mich, den Neuling, genießerisch ausgespielt. Mit Schadensfällen rechnet man hier. Man spricht darüber mit dem gewichtigen Ernst von Leuten, deren Schicksalsunempfindlichkeit solche Attacken geradezu heraufbeschwört; wenn nicht politische Wetterstürze das eigene Konzept durchkreuzen. »Wir sind Kummer gewöhnt.« Die Hausfrau, energisch auf Spurbreite ihres Mannes, hilft mir auf den Sprung. Es ist von einem Kalfaktor die Rede, der den elfjährigen Revolverhelden geohrfeigt haben soll. Vielleicht hatte den herkulischen Schwarzen – seit Menschengedenken auf der Farm, wie der Graf erläuterte (und niemals das Mindeste vorgefallen?) – das Geknalle mit den Pistolen erschreckt. Die Hausfrau wirkt aufgebracht, das Gesicht des Hausherrn ist von einer ungesunden Röte überzogen. Etwas Hochpolitisches offenbar, ein ziemlicher Schlamassel. Soll sich geweigert haben, einen Kniefall zu machen.

Ein Obmann der Partei kreuzte auf, mit der unbilligen Forderung, zu den Uhuru-Feierlichkeiten einen Lkw zu stellen. »Schwarze Tagediebe zu kutschieren. Daß ich nicht lache!« Man ist mit wilden Elefanten fertig geworden, man wird auch mit rebellischen Hausboys fertig werden. Übergangslos die Verkehrung dieses Geheimbunds in ein Lachkabinett. Mit sichtlichem Behagen schildert der Hausherr den Prozeßverlauf gegen den widerspenstigen Kalfaktor. Die Beschwörung des Notstands »Wenn es hart auf hart geht«. – Der Hausherr, auf besorgniserregende Weise lebendig, die Faust gelockert. »Dieses schwarze Großmaul wie verdonnert. Konnte nicht mal seinen eigenen Namen buchstabieren.« Der herkulische Schwarze also auf der Armesünderbank? Vom weißen Distriktrichter – einer bärbeißigen, von Lachanfällen geschüttelten Lordschaft – ins Gebet genommen?

Spät abends fuhr ich mit dem schweigsam gewordenen Grafen auf den Landsitz meines Gastgebers zurück. »War die Trappe eigentlich eine erfolgreiche Farmerin? Hatte sie eine glückliche Hand – ich meine nicht nur im Schießen?« Ich sprach so vor mich hin. »Als Jägerin war sie wohl einmalig. Man erzählt sich, daß sie ohne Zelt, ohne Hängematte im Freien campierte, zwischen den Pferden, die sie vor den englischen Kolonialtruppen hertrieb. Kitchener selbst setzte auf ihre Ergreifung eine Kopfprämie aus – oder war es umgekehrt? Erließ er der legendären Waldläuferin großmütig die Schmach der Gefangennahme?« – »Was immer Sie davon behalten haben: eine einmalige Natur.« Büffelkühe mit mächtigen Hinterteilen versperrten uns den Weg, scheuerten mit behaarten Flanken an Kotflügeln und Nietensträngen entlang, zwangen uns, im Schritt zu fahren. »Haben Sie seine geballte Faust gesehen? Härte, ich weiß, eine geschätzte Eigenschaft – bei Nutzhölzern.« Auf der Windschutzscheibe das Geprassel platzender Chitinpanzer. »Nachgiebigkeit, schauen S' . . .« »Einigen wir uns dahingehend: Er ist ein gefürchteter Jäger.« – »Finden S', daß das wenig ist?« – »Es ist nicht genug. Aber ich biete keine Alternative an.«

Die kleine Regenzeit (klein in Anführungsstrichen) foppt uns und schickt programmwidrig kühle Schauer. Dadurch bin ich, mehr als mir zuträglich ist, ans Haus und seine Bewohner gefesselt. Die beschäftigungslosen Jäger sitzen vor dem Kamin, der jetzt auch tagsüber geheizt ist, erzählen sich Anekdoten, zu denen ich in Gedanken Aphorismen beisteuere: Sprich einen Jäger an, und er wird dich als Wild ansprechen. – Man tötet ein Tier nicht, man trägt ihm einen Schuß an. – Die Leidenschaft des Jägers ist eine Passion, die des Trinkers ein Laster. – Das Jägerlatein ist der Klartext zu einer Messe, die mit Gewehren zelebriert wird . . . Mir zu Füßen liegt der Dobermann meines Gastgebers. Der Graf klärt mich über die Vorzüge des Rüden auf, erläutert anschaulich dessen Fähigkeit, kalte und warme Fährten aufzuspüren, tadelt aber dessen Benehmen auf Jagd. An der Jagd selbst wenig interessiert, ist seine abschließende Meinung. Ohne besondere Passion also, und ich kann es ihm nachfühlen. Wir scheinen die einzigen hier zu sein, die ohne jägerischen Ehrgeiz sind.

Allmählich stellt sich Langeweile ein. Es gibt plötzlich Leerläufe, denen ich nicht recht gewachsen bin. Während ich unschlüssig unter das gastliche Dach trete, Jagdlektüre aufschlage und zurückstelle, frage ich mich, ob ich nicht besser vom Rondell mit seinen schräggestellten Sesseln das Freigehege betrachte. Ich kenne nun schon die Stellung der beiden Marabus ziemlich genau, die der Kronen-Kraniche nicht minder. Die stehen mit beinahe schon aufreizendem Gleichmut auf ihrem Standbein, zentimetergenau vor der Insel, die nach wie vor die alte Besatzung aufweist. Die Webervögel sind wie eh und je um ihre kunstvoll aufgehängten Nester bemüht. Der Pelikan fischt im Trüben. Der Große Kudu mit seinen Ohrlöffeln übt sich in Sanftheit. Es wird gut sein, anderen Herrschaften Platz zu machen. War nicht gestern die Rede von einem sportlichen Grafen mit Anhang?

Natürlich war ich darauf gefaßt. Ein dankbares Thema zum Abschied. Die Gesetzmäßigkeiten von Zeugung, Geburt und Tod. Nicht zwingender hierzulande, aber augenscheinlicher, sinnfälliger. Ich war meinen Gesprächspartnern nicht um Gedankenflüge voraus, aber ich hinkte auch nicht hinter ihnen her. Die unentwegten Pilger zu Sonnauf- und -untergängen sagten pathetisch (und das nahm mich gegen sie ein), hierzulande fänden die zwei getrennten Hälften der Seele wieder zusammen. Das seien zweifellos ganz neue Erfahrungen, erwiderte ich, auf die ich lieber verzichtete. Ich müsste umschalten auf eine Lebensweise, die faszinierend sei und abstoßend in einem. Ich verwandelte mich in den Jäger in mir zurück, den ich überwunden zu haben glaubte. – Hierzulande, warf Fräulein Hossbach ein und präparierte sich für das »Erlebnis der Ebene als solcher«; hierzulande rückte der Professor »schwelgerisches Grün« in den »unverstellten Raum«; verwies Herr Albanus – zwei Daumensprünge rechts – auf das in »Rudeln stehende Großwild«; hierzulande mundwerkte Hoheit über der »zünftigen Landschaft«; pirschte der Graf hinter dem »Menschen als Fährtengänger«. – Wer von uns, sagte ich, antwortet auf eine solche Herausforderung noch mit seiner Natur? (und das nahm sie gegen mich ein); die sei doch null und nichtig angesichts dieser Explosivkraft von Fruchtfleisch und Chlorophyll.

Arusha – bizarres Geschachtel von Wellblech und weißgetünchten Ziegelwänden, gegen das Bergmassiv gestaffelt. Die Queens-Way entlang mit ihren hochgelegenen Trottoirs. Twiga-Bookshop und Farmer-Stores, von rotblühenden Königs-Akazien beschattet. Die Subzali-Garage. Namensschilder indischer Kaufleute. »Patels« in jeder Preislage und Altersstufe. Fensterfronten, verwechsel- und austauschbar hinter einfarbigen Markisen. Vorratslager, vollgestopft mit Haushalts-Artikeln und technischem Gerät. An der Einmündung in die Goliondi-Road Coopers Reisebüro. Ein Schaukasten mit der *Union Castle*. Über die Straßen-Rosette hinweg das *Kleine Theater* ohne Spielplan. Durchgehende Balustrade, von vier plumpen Säulen getragen; blaßblaue Jalousien, Billettschalter und Schwarzes Brett ohne Plakataushang. Linker Hand die Standard-Bank, die mit den Barclays zusammen den Geldumlauf kontrolliert. Vor dem Inderviertel ein Park mit einem Bestand hochstämmiger Sykomoren. Vier leuchtend weiße, minarettähnliche Türmchen: Tempel der strenggläubigen Sikhs, wie mich der ›Kleine Knaur‹ nachträglich belehrt. Die India-Road mit Tankstelle, Auto-Salon und einer Filiale für optisches Zubehör. Als malerischer Kontrast die barfüßigen Boys, die mit viel Geduld und, wie ich sehe, wenig Glück Souvenirs anbieten.

Vor einem der bewachten Parkplätze stehen Warangis in abgetragenen Militärmänteln, Warushas in pittoresken Umhängen, Polizisten in hellgrauem Khaki und schwarz gewichstem Lederzeug, Farmer in reichlich geschnittenen, knielangen Shorts, wetterfesten Windblusen und verschnürbaren Trenchcoats. Einer von ihnen läuft mit weitausgreifenden Schritten wie unter Kommando. Martialischer Schotte mit einwärts gedrehten Armen, verabschiedeter Sergeant, Pracht-Exemplar einer uniformierten Bulldogge, die in diesem überzähligen Museum zu überwintern scheint. Dann die stocksteifen englischen Ladies, die mit Vorliebe am frühen Mittag die Queens-Way entlangstaksen, ihren korbtragenden Boys um Armlänge voran. Oder die Weißen Väter in ihren unsportlichen Soutanen, die ihren missionarischen Eifer austragen mit dem Elan von Kurzstreckenläufern. – Vor einer Fassade im Schattenraster die schwarz-grüne Flagge Tanganjikas. Ein verwaschenes Spruchband: »Lang lebe Dr. Nyerere!« Im Rinnstein zusammengeschwemmt Fähnchen und Papierschlangen. Die Bilder des Präsidenten noch nicht aus den Fenstern geräumt. Drei Tage lang hatten die Weißen Grund, sich über die geschlossenen Läden und Schalter zu mokieren. Uhuru! heißt die Zauberformel Ostafrikas, die auch hier in Arusha noch nachwirkt. In der Eingeborenen-Vorstadt, beiderseits der geteerten Straße, die zum Flugplatz führt (einmal am Tag, so erfuhr ich, startet und landet eine Maschine der East-African-Airway), traf ich die Nachfeiernden vor ihren primitiven Behausungen. Eindrucksvoll in der Dunkelheit die erleuchteten, wie nach außen geschlagenen Innenräume:

Schlafkammern, Magazine, die Parteiräume der TANU. Männer und Frauen tranken vor rasch improvisierten Theken einheimisches Dünnbier. Unter flaschengrünen Lampen die Tiefsee-Fauna schweigsamer schwarzer Trinker. In der gewitterschwülen Nacht beginnen die Exzesse großblättriger, geschlitzter Bananenstauden.

In London notiert I

Speakers Corner, Sonntagnachmittag

Die paarweise postierten Bobbies – zurückhaltend hilfsbereit und gelegentlich aus dem Gleichschritt fallend – halten das Auge des Gesetzes maßvoll aufgeschlagen und gelegentlich mit einem Zwinkern. – Das Hervorstechendste an diesen Meetings unter freiem Himmel sind die in Ausdehnung und Dichte wechselnden Pulks, die sich um religiöse Eiferer, politisierende Amateure, Menschheitsapostel oder auch nur um Sonderlinge bilden. Ein Stehpult oder eine Art Kanzel unter einer der mächtigen, ausladenden Akazien gibt dem, der sie betritt, noch nicht zwangsläufig Autorität, und Gelächter ist dem, der diesem demütigenden oder auch nur strapaziösen Wettbewerb nicht gewachsen ist, ganz sicher. Der junge, selbstbewußte Tory, der hier seine ersten Sporen verdient, lernt das Fürchten ebenso wie der zukünftige Labour-Abgeordnete, und der Geistliche, der sich dem Beschuß gezielter Fangfragen aussetzt, läßt sich schwerlich mehr aus dem Konzept bringen durch pietistisches Aufmucken seiner Gemeinde.

Unter hochgehaltenen Regenhäuten drängte ich mich an eines der leiterähnlichen Podeste heran, das ein Sprecher der »Black Muslims« seit einer knappen Stunde eigensinnig besetzt hielt. Aus der gut zweihundertköpfigen Menge, die geduldig im Blättermatsch von einem Bein aufs andere trat, prasselten die Einwürfe hageldicht. Der gut gewachsene Schwarze, dem die Streitlust seiner Herausforderer offenbar schmeichelte, verschanzte sich zunächst wie ein Clown hinter dem zugereichten Schirm. Ihn energisch zuklappend, startete er eine massive Attacke gegen den Herrschaftsanspruch der weißen Südstaatler. Ich hörte nur Stichworte heraus (des Englischen nur unzureichend mächtig): Slums von *Atlanta,* Segregation an den Schulen, das Vorgehen der Nationalgarde in *Little Rock* (ein alter Hut schon, wie ein Zuhörer gereizt einwarf), das Verdonnern der gemäßigten Bürgerrechtler, »a summer of violence in Alabama« – seine furiose Apotheose der »Black Power« löste höhnisches Pfeifen und im Schlagwechsel der Einsprüche meckernde Heiterkeit aus. Auf mich wirkte dieser Experten-Gleichmut, dem moralische Erwägungen fremd sind, wie der abgeschwächte Reflex jenes Hochmuts, dem ich in *Kenya*, in den »White-Highlands« begegnet war.

In einem Pulk, der an seinen Rändern zu zerbröckeln begann, fiel mir ein heiser geschrieener Dauerredner des »Pan African Crusade« auf. Seine hysterische Gestikulation zwang selbst seine schwarzen Brüder zu Ausbrüchen des Unmuts und einer verquälten Heiterkeit. Der rabiate Verfechter eines Kreuzzugs gegen die weißen Afrikaner warf wie ein unterernährter Pantomime die aus meiner Perspektive überlangen Arme hoch, hielt seinen Oberkörper in einer Lage, die mir das ungehinderte Atmen schon nicht mehr erlaubte. Auf Rufweite vor ihm, die in Bewegung geratene Menschenmenge um Kopflänge überragend, ein herkulisch gebauter Schwarzer im sonntäglich aufgebügelten Overall. Als genierte er sich vor den wenigen Weißen, deren Schadenfreude er fürchtete, versuchte er, mit dem Ausdruck ärgerlichen Abscheus, den Anfall dieser fanatischen Parteigängers zu stoppen. Ich hörte sein prononciert ausgesprochenes: »Keep your noise within bounds of reason!« »Halte deinen Lärm in vernünftigen Grenzen!«, und er nötigte mich unwillkürlich zum Lachen, als er, mit ruhig verschränkten Armen dastehend, im Unterton sarkastischer Resignation hinzufügte: »There's no bound to his ambition!« »Da ist keine Grenze in seinem Ehrgeiz!« – Mich fesselte das fast wortlose Duell dieser beiden nach Aussehen und Temperament so verschiedenen Gegenspieler, und noch im Abtreten sah ich den vor Anstrengung dampfenden Sprecher, den schon etwas aufgeweichten Karton mit der Losung: »Alle Macht den Schwarzen!«, seinen Umhang aus Igelit, der sich im einfallenden Wind wie ein Bremsfallschirm blähte.

Unüberhörbar und nicht zu übersehen in seinem Pfarrer-Habit, gegen unvermeidliches Unterkühltwerden geschützt durch ein ärmelloses Lederwams, das ihm das markante oder schon verwegene Aussehen eines Vortrekkers gab, ein Prediger der Methodisten. Seine triefenden Haarsträhnen bewiesen, daß dieser harttrainierte Kanzelstreiter vor dem heftig einsetzenden Regenschauer nicht geflüchtet war. Von seinem wortgewaltigen Plädoyer für den mundtot gemachten Gott war er durch bloße Witterungsunbill nicht abzubringen.

Kämpferischer Nachfahre der Erweckungsbewegung *Wesleys* und *Whitefields*, entpreßte ihm der rüde Zwischenruf: Niemand störe den Staatspensionär auf seinem Alterssitz – zornigen Unmut, der sich in der Schmerzens-Äußerung der hochgereckten Hand pathetisch steigerte. – Gott scheine der Prügelknabe zu sein, den jeder geworfene Knüppel zwangsläufig treffe. Aber der fade Wortwitz seiner Widersacher bliebe ihnen sicher noch einmal im Halse stecken. – Politisch schonungslos ins Verhör genommen, verwahrte er sich gegen die Unterstellung, ein Mann des Establishments zu sein. »Ich bin nicht gegen Demonstrationen, aber ich bin gegen Demonstrationen, die aus Halbwüchsigen politische Gegner macht.« – »Wie«, rief er einem der couragiertesten Schreier zu, »du bist ein menschliches Wesen und willst Wilson hängen sehen? Wie, du willst das Hängen nicht selber vornehmen? Was willst du eigentlich? Du plädierst doch für das Gewaltsame, den sozialen Umsturz. Du schwärmst für den erschossenen *Guevara*, trägst einen Trauerflor im Knopfloch (sicherlich nicht für einen verstorbenen Onkel!)« – und bevor der verblüffte Student das Gelächter abschütteln kann – »wollen Sie mich lehren, die Armut mit meinem Nächsten zu teilen? Jesus Christus ist noch immer der erste Revolutionär –.« Noch während ich dem Studenten mein Mitgefühl bekunden wollte, der die Antwort schuldig geblieben war und inmitten all der Gaffer etwas verdattert dreinsah, schoß der ergraute Kirchenmann auf einen Alten zu, dessen fistelstimmiges Dazwischenreden er lange stillschweigend hingenommen hatte: »You are always get more to be stupid!«. Der solches Verdonnertwerden sichtlich Genießende erwiderte, für jeden der Umstehenden hörbar: »And you always wiser!« Ich brauche nicht zu erwähnen, wer von den beiden den größeren Lacherfolg einheimste . . .

In einsetzenden Nieselregen lasse ich zurück den Sandalen tragenden Franziskaner in seiner schlicht geübten Andachtsfigur, zurück den Sprecher der »World Association for Freedom and Peace«, der über der beige-weiß-grünen Flagge Indiens heilige Kühe melkt. Er wird seine Drohung, unter Protest abzutreten, so wenig wahrmachen wie der große Inbrünstige, der Gottesverwirklichung innerhalb von sieben Tagen verheißt. Der Dockarbeiter aus *Aldgate* mit seinen gewichsten Gamaschen, der seinen Renner an der Lenkstange führt, als prüfe er ihn auf seine Verwendbarkeit für einen Hochseilakt, läßt respektvoll zurück einige Dandys aus *Kensington* mit ihren nicht gerade wetterfesten Miezen. In abenteuerlicher Kostümierung und mit einem Hauch von Verruchtheit, Hippies mit ihrem Anhang verschwinden in einen der gekachelten *Subway*. Den unterirdischen Weg zur *Marble Arch* nehme ich über quergestellte Mädchenbeine. Ihren verkehrsbehindernden Übermut werte ich als touristische Attraktion.

Exkursionen, an beliebigen Wochentagen

Bei einsetzendem Nieselregen – der wohl häufigsten klimatischen Mißhelligkeit, die mir zusetzt, zwischen Liegestühlen, die auf den weitläufigen Rasenflächen wie Strandgut zurückbleiben, teppichdichter, unkrautfreier englischer »Lawn«, wie ich ihn aus den Vororten von *Nairobi* kenne. Hier betrete ich ihn ungeniert auf meinen morgendlichen Langläufen zwischen *Hydepark* und *Marble Arch*. Ein unerwarteter Sonnendurchbruch sieht die Entenpools im *St. Jamespark* von Spaziergängern bevölkert. Erwachsene spielen mit belächelter Ausdauer die Spiele der Kinder, die ihnen wie in feierlicher Absprache, ihren kindischen Spieltrieb nicht zu stören, zusehen, als durchschauten sie listig diesen pädagogisch getarnten Rollenwechsel. Papieradler hoch im Drachenwind, von sachkundigen Blicken begleitet, Experten dieser luftigen Disziplin.

Mein lachhafter Eigensinn, lieber die Strapazen eines zeitraubenden Umwegs in Kauf zu nehmen als die Peinlichkeit einer mißverständlichen Auskunft – mitunter führt er sogar zu Entdeckungen. An einem gewöhnlichen Montag bei luftigem Geschiebe aufstrebender Kumulustürme unter der Einflugschneise nach *Hounslow* durch den Park von *Richmond*. Hinter einer Ödfläche von eindrucksvoller Großartigkeit jagte eine Mannschaft in gestreiften grün-weißen Trikots vor brandroter Farnkraut-Wildnis einem Lederball nach. Zahme Damhirsche spurteten wie Außenläufer am Rand des Spielfelds dahin. Ein angrenzendes Wohnviertel mit leerstehenden Quartieren zeigte sich abbruchreif. Ramponierte *Bentleys* und ausgeschlachtete *Rolls-Royce-Limousinen* parkten besitzerlos längsseits überwucherter Mauerreste. Verwahrlostes Inventar verstaubte hinter vernagelten Fensterläden: Objekte fallierender Makler: »To be let! For sale! To be let!«

Die Lackanstriche gemauerter Einfriedungen lassen die weißen, zweifensterbreiten Fassaden am *Belsize Square* gespenstischer erscheinen, als sie es beim Betreten sind. Der Himmel über diesen nordwärts gelegenen *»Outkirts«* rot wie bei einem Flächenbrand. Hochgelegene Beletagen mit vorhanglosen Scheiben, säulenschlanke, jungfräuliche Portikos mit archaischem Dekor. Nachtmahre von sechszügigen Kaminen als Firstreiter, Abflußrohre, an fensterlosen Schmalseiten gebündelt, Knotenstränge von herbem architektonischen Reiz. In wohnlich eingerichteten Souterrains Studentinnen, ausgestreckt im zwanglosen »Teach in«. Die Gegend hochherrschaftlich auf den ersten Blick hin. Ein Mieter, zeigte er sich auf einem der geländerlosen Balkone in voller Größe, wirkte wie ein Selbstmörder oder Fassadenkletterer, eben der Obhut einer psychiatrischen Anstalt entschlüpft. Fahrt mit dem roten Elefanten nach *Whitechapel, Ham, Stratford* und im Dämmerlicht rußschwarzer Brücken, verspunteter Stichkanäle und graphitschwach an den Horizont gerückter Verladekräne zurück über *Algate, Holborn, Tottenham.* Einige der sehenswerten »Pubs«, wie John Braine sie beschrieb, nicht im eigentlichen Sinne aufgesucht, sondern besichtigt. *»Charpenters Arm«, »Kings Head«* und *»Die drei Nonnen«.* Eingeschossige städtebauliche Raritäten aus verfugtem Klinker, weißen Putzfeldern, engstehendem schwarzen Fachwerk und Bleiverglasung. »Public Bar« und »Privat Bar« mit übers Eck gesetzten malerischen Eingängen. Die Schwingtüren der »Western Saloons« haben hier eines ihrer frühen architektonischen Muster. Schankräume mit Polsterbänken vor orangefarbenen Tapetenwänden, Windsor-Sessel und Amateurfotos lokaler Cricketteams – nur für Männer, die die Gesellschaft trinkfester Männer schätzen, ein Ort unwiderstehlicher Anziehungskraft. Die Trumans haben das Brauermonopol.

In der *Kilburn High Road,* neben einem Einstiegsschacht der U-Bahn, hing ein weithin sichtbares Plakat mit einem Lebensretter der Heilsarmee. Ein aus der Themse gezogenes Mädchen mir entgegenhaltend, traf mich sein brennender Blick als unausweichbarer Vorwurf, als warnte er mich vor meiner eigenen Nachlässigkeit. »Now you will care?« »Jetzt willst du dich kümmern? – Jetzt, wo es zu spät ist?«

Nichts, was deinem Nächsten widerfährt, das nicht auch dir widerfahren könnte. Was du dem geringsten deiner Brüder antust – ach, ich weiß, du hast zu viele Brüder! Leidlich zu Fuß, aber überfahren von dem, was zu deinem Heil bestimmt ist, kommst du allzu leicht unter die Räder. Dein guter Wille allein, du weißt es nicht erst seit heute, reicht nicht mehr aus. Die Nachfrage nach Nächstenliebe, nicht nach bloßer Menschlichkeit, stellt sich täglich erneut. Dein Angebot partiellen Mitleids ist nicht mehr gefragt. Gefragt wäre: Deine Teilhabe an Veränderungen, die auch dich veränderten! Im Regelfall ausgeklammert, fallweise nur haftbar gemacht für dein eigenes Versagen, verlierst du die Übersicht darüber, wann du gewogen wirst und wann für zu leicht befunden. Erste Schritte zählen nicht länger, wenn du die zweiten verschenkst im Warmtreten deiner Füße. Deine bemühte Suche nach Teilhabe und Anteilnahme. Deine Sucht, beteiligt zu sein an dem, was in der Welt vorfällt, was an Dir vorbeifällt. Dein Anteil Menschenfreundlichkeit in gelegentlichen Anfällen von Großmut. Selten genug einer echten Reaktion fähig, schon eher zu Abreaktionen auf dem Papier, ganztags beschäftigt mit der Bezeugung deiner Nichtbetroffenheit ...

John Braines ledige Sekretäre fallen mir ein, die ein Wochenende in London verbringen, Kassierer aus *Warley* und *Dufton*, die ihre Bomberraids über Köln und Dresden als Trauma mit sich herumschleppen. Zehnt-Klasse-Männer, die, wenn es hoch kommt, Mädchen der siebten Einkommens-Klasse schaffen, vorausgesetzt, ihr Bankkonto ist nicht an jedem Monatsletzten heillos überzogen. – Auf einen der knallroten Doppeldecker wartend, die nach *Bayswater* fahren, lese ich über eine maßgeschneiderte Schulter hinweg die auf dem Kopf stehende Schlagzeile: »Werde erwachsen oder trete zurück!«

In London notiert II

Bakerstreet – Hollandpark und zurück

Madame Tussauds Wachsfiguren-Kabinett besichtigt, das zur Zeit lediglich zwei Deutsche der Schaulust der Besucher freigibt – »Wer ist dieser fette Mann mit Zigarre?« fragte ein durch einstündigen Rundgang quengelig gewordenes Gör und zerrte Vater oder Onkel oder älteren Bruder unwirsch am Ärmel. Ich drehte mich unwillkürlich um, weil mir die Pause unangemessen lang schien, und mir fiel der Ausspruch Luthers ein: »Hier stehe ich und kann nicht anders!« und die aktuelle Version: »Wie stehen wir wieder da? Wir könnten auch ganz anders!«

Aus den qualmverhängten Feuerdecks des Flaggschiffs des Admirals in die Gruselkammern berüchtigter Londoner Mörder entlassen. Das Tonband-Gewimmer getroffener Kanoniere noch im Ohr, betrat ich die Stickluft der unterirdischen Verliese wie der Augenzeuge eines historischen Unfalls. Von der Vorstellung genarrt, schwankende Schiffsplanken betreten und den Brandgeruch angesengter Uniformen eingeatmet zu haben, dachte ich, daß Nelson noch immer stirbt und daß nur die Mörder überleben, nicht aber deren Opfer.

Die Musterschau im *Commonwealth-Institut* ist ein Ort freundlicher Unterweisung. Sie gibt dem, der einer Trophäensammlung des Britischen Empires auf der Spur zu sein wähnt, keinerlei Handhabe. Die großzügig hinter Glas gestellten, staubfreien Diagramme und ethnologischen Chiffren lassen, was einmal unter dem *Union Jack* seufzte, nicht einfach unter den Tisch fallen. Während ich die wettergegerbte Haut Chichesters, der jüngsten Lordschaft, und das V-Zeichen zweier gespreizter Finger als Beweisstücke hervorkramte, dachte ich mir, wie leicht es doch einem Engländer gemacht wird, erwachsen zu werden. Geschichte nichts als ein lückenloser Beleg weltweiter Aktivitäten.

Auf einer Parkbank notierte ich: Der demonstrativ gezeigte Frei(beuter)mut des Engländers ist politischer als der Bekennermut und Missionierungsdrang des Deutschen. Sein glücklicheres Naturell kennt nicht die Konfliktsverfallenheit, die sich in Selbstbezichtigungen wundläuft. Belastet mit nicht verkrafteter geschichtlicher Erblast, mitgenommen von soviel Schicksalshaftung, lerne ich hier politisches Argumentieren als eine Äußerung des Erwachsenseins, das nicht die Wirkung einer Frustration ist . . . Worin aber zeigt sich dieses, wenn nicht in militärischer und also sanitärer Präsenz? – im angemessenen Symbol eines stilisierten Zeltdachs. Und was bleibt im nachhinein? – sportlicher Enthusiasmus. Als hätte nur etwas wie ein überseeisches Wettrudern stattgefunden . . .

Shaftesbury Street – Sonnabend 17 Uhr

Die angestrahlten Silhouetten John Lennons, Michael Crawfords und Roy Kinnears hingen, von Windböen gebeutelt, zweistockwerkhoch über dem *Picadilly Circus.* Mich in die dichtaufgeschlossene Dreierreihe einordnend, die sich im Schneckentempo die *Shaftesbury Street* herunterbewegte, ein schwer zu bändigendes Exemplar des Observer unter dem bockig ausscherenden Schirm, nicht annähernd so eindrucksvoll beschäftigt wie die beiden konkurrierenden Schlagzeuger am Straßenrand, las ich die Schlagzeile: »Stoppt diese Kriegsspiele!« Vom Getöse des plärrenden Zweimann-Betriebs nicht ernstlich gestört, im Lesen nach einem Six-Pence-Stück angelnd, übersetzte ich mir partienweise die Vornotiz zu dem Filmschocker: »How I won the War«.

Die Clownerien Jack Mc Gowrans mit der rußgeschwärzten Friedenstaube. Die hohe Sterblichkeit dieser Komödianten in Uniform, die unter Panzerketten oder mit Bajonetten im Bauch in Kartoffelfeldern krepierten. Zwei führende englische Verleiher hatten mit Boykott gedroht. *Daily Express* stieß kräftig ins nationale Horn: Diese barbarische Komödie schmähe die Armee und verspotte das Heldentum. Stilparodist Lester montiere Formeln der Kommißklamotte mit dokumentarischem Material und »slapsticks«, die in Brutalität umschlügen. Dem Londoner Premieren-Publikum vergehe bald das Lachen. – Dem Publikum in der Bundesrepublik übrigens auch, dachte ich, während ich, von einem Bein aufs andere tretend und auf Tuchfühlung mit Vorder-, Neben- und Hintermännern, Kenneth Tynans Interview nachlas:

Lester: »Es gibt Filme wie Sergeant York, da nimmt einer ein Maschinengewehr, mäht 250 Gegner nieder, rollt über in einen doppelten Salto und dies in einer Uniform, die keinerlei Kampfspuren aufweist ...« Drehbuch-Autor Wood: »Die Leute sind in Wirklichkeit keine Maschinen, gemacht und entworfen zum Töten ...« Seine Feststellung, er halte Stanley Kubricks »Path of Glory« für einen fast geglückten Antikriegsfilm, kehrte Lester sarkastisch um: »Alles ist in schönster Ordnung, solange uns Kirk Douglas anführt.« – Wood: »Kameradschaft wird immer als die rettende Tugend im Krieg herausgepickt. Die Leute machen einen derartigen Fetisch daraus, als ob sie sagen wollten: Ohne Krieg keine Kameradschaft!« Lester spricht von der Tank-Opern-Qualität. Waffen seien wunderbare Objekte der Identifikation, »besonders im Kino, in der geheiligten Sicherheit eines Logenplatzes, zwanzig Jahre danach und mit beiden Füßen auf dem Teppich.«

Tynan: »Was war Ihrer Ansicht nach das moralisch bösartigste Vergehen der Alliierten im Krieg?« – Wood (ohne zu zögern): »Wahrscheinlich die Zerstörung Dresdens.« Ein anderes Kainsmal sei »die Veränderung des Einzelnen durch den Dienst an der Waffe.« – Tynan: »Meinen Sie, daß es unmoralisch sei, sich zu verteidigen?« Wood: »Ich kann nur sagen, von dem Moment an, wo der erste Schuß gefallen ist, beginnt es, schmutzig zu werden.« – Tynan: »Angenommen, Sie wären Schullehrer und ein Nazisoldat käme in ihr Klassenzimmer und erschösse Ihre Schüler als Geiseln, und Sie hätten ein Gewehr im Pult ...« – Wood: »Ich würde den Bastard erschießen. Das ist eine schreckliche Tatsache der menschlichen Kondition.« – Lester betont den »Anteil an Verantwortung des Einzelnen«, räumt ein, sein Film gebe keine schlüssigen Antworten. Wood spricht von Leuten, die »eine fremde Art von geächteten Tieren« würden, eilten sie nicht patriotisch gesinnt unter die Fahnen.

Tynan: »Wenn sie 1939 im wehrpflichtigen Alter gewesen wären, hätten Sie gekämpft?« – Wood: »Ja, und ich hätte wohl das gleiche getan, wenn ich ein Deutscher gewesen wäre. – Wir nahmen ja die Waffen nicht auf, um die Millionen Juden zu retten. Wir hätten sonst über Buchenwald Truppen abgesetzt und nicht über Arnheim. – Churchill sprach immer nur vom britischen Empire. – Churchill war ein erstklassiger Journalist und ein drittklassiger Schauspieler und nichts anderes. Das einzige, was uns als Tatsache wert schien, die Aufzucht von Leuten, die Kriege gewinnen.« – Tynan: »Würden Sie Courage als eine Tugend bezeichnen?« – Wood: »Ja, aber nicht notwendiger Weise im Krieg.« Tynan: »Ist da ein Unterschied zwischen Courage und Heroismus?« – Lester: »Es wäre Courage, Akte des Heroismus in Kriegszeiten zu verhindern.«

Lesters und Woods Film mischt die wildeste Farce mit der extremsten Grausamkeit. Seine Absicht ist: einen Schock zu bewirken, gerade auch im Besucher, den dieser Film eigentlich überfordert. Lester und Wood akzeptieren die Tatsache, daß der Mensch von Zeit zu Zeit in eine Uniform schlüpft und um sich schießt. Aber sie meinen, er solle das um Himmelswillen nicht zu seinen denkwürdigsten oder ehrenhaftesten Taten zählen. Er solle sich nicht so blutig stolz fühlen. Lester wie auch Wood sprechen für das schlechte Gewissen ihrer Landsleute. Sie tun es mit einer Vehemenz, die unserer verschämten Selbstgenügsamkeit ins Gesicht schlägt. Eines ist sicher: Wir sind nicht das Gewissen der anderen! Und wir sollten nicht allzu besorgt sein, daß auch anderswo Gerechtigkeit geübt wird – wenn dieser ungebrochene geschichtliche Impuls zu solchen Einsichten kommt. – Lester: »Niemand, der getötet hat, in wessen Namen auch immer, hat irgend einen Grund, sich aufzuspielen . . .« Sätze, unseren Heuchlern und Philistern ins Stammbuch geschrieben.

Imperial-War-Museum

»Das Zeitalter des Kampfes, das für die feudale Gesellschaft charakteristisch war, ist abgelöst durch das Zeitalter des Meinungsaustauschs. Der Krieg zwischen zivilisierten Ländern ist zunehmend unwahrscheinlich geworden.« (Ein aufgeklärter Victorianer)

Ufergelände an der *Yser* mit schüchtern nachgewachsenem Baumbestand. Koppeln für weidendes Vieh unter der Hochwassermarke. Ein Damm, der nach links führt und sich im nebelgrauen Horizont verliert. Jahreszeit: Herbst, vermutlich früher November. Ein Ortskundiger erklärt einem Besucher den Verlauf der Stellung am Kanal. Dann eine Kehrtwendung – Photos des gleichen Abschnitts aus dem Spätherbst Siebzehn. Die toten Landschaften von *Zillebeke* und *Paschendaele.* Unkenntlich gewordene Sappenköpfe, abgesoffene

Postenstände, zerstampfte Brustwehren. Ein gleichmäßig zerhackstücktes Trichtergelände, ein unentwirrbares Gemansche aus Sumpferde, Holzfasern, Uniformstücken und Kadavern. Der Kanal ein morastiges Rinnsal hinter Andeutungen von Erdaufwürfen. Trichterlinie eines Damms, auf einen Ort zuführend, von dem nichts geblieben ist als ein Wegweiser. Einziger Fixpunkt für den gründlich gestörten Orientierungssinn: die Stümpfe eines von Schrapnellfeuer zerfetzten Waldstücks. In eben noch erkennbaren Regenlöchern ein paar Überlebende, um eine angewärmte Konserve geschart. Einer schanzt. Einer knackt Läuse. Einer schlägt sein Wasser ab. Einer stellt sich dem Schnappschuß. Einer hängt seinen Karabiner an einer Hand auf, die wie einzementiert aus einer Faschinenwand ragt . . .

Die wandfüllenden Photomontagen allein helfen mir auf den Sprung. Das Prinzip der Materialschlacht, verdeutlicht als ein ungeheuerlicher Mahlvorgang, der das klassische Panorama offener Feldschlachten kleinschrotet zu Menschenmüll, gibt meiner nachhinkenden Phantasie die nötige Schärfe. Ein noch so komplettes Arsenal auf Hochglanz gewienerter Mörser, Haubitzen und Flügelminen gibt keinerlei Auskunft darüber, was Krieg ist. Die mörderischste Waffe, aus dem Waffengang gezogen, wird zum mechanischen Requisit. Dieser ganze katalogisierte Klempnerladen ist eine Angelegenheit der Sammler und Souvenirjäger. Waffen, Uniformen, Ausrüstungsgegenstände stiften keinen plausiblen Zusammenhang, der identisch wäre mit dem Tod, dem Töten oder Getötetwerden. Die Binsenwahrheit: »Die Zeit heilt Wunden« – hier vor diesen Wänden fixierter Schrecken wirkt sie als Farce . . .

Euston Station zum Beispiel

mit seiner runden Million Fahrgäste im Tagesschnitt. Dieses nun schon eingedrillte Auf-Barrieren-Zuschießen, Sperren-Passieren, Auf-Tuchfühlung-Gehen, dieses Eingeschlürftwerden, dieses willenlose Einschwenken und mechanische Stoppen wie unter Kommando. Auf Rolltreppen fünf Stockwerke tief hinab in den Bauch, in die Gedärme Groß-Londons, im Ventilatorenwind mannshoher Röhrengeniste. Über hallende Korridore im Geklapper von Pfennigabsätzen, in der

Zugluft schäbiger Plattformen, unter nässenden Gewölbescheiteln – der überdimensionierte Tausendfüßler, »down to the heels«. Auf Lichtzeichen wartend, Reflexen folgend, Umsteiger nach *Notting Hill Gate, Metropolitan-Line*, vermutlich *Southernbound* über *Bondstreet* nach violettem Index. Richtungspfeile beachten, meinen oft gerühmten Orientierungs-Sinn auf die Probe stellen, Rücken an Rücken mit »Ticketholders«, die ihre Route auch im Schlaf fänden.

Im Anfahren und Bremsen das nun schon zwanghafte Aufrücken, Platzwechseln, Beiseitetreten und geduldige Schlangestehen, als gelänge mir das Ausscheren aus der Touristen-Mentalität durch eine Flucht nach unten. Mein lachhafter Tick, meine Selbsttäuschung, als ließe sich das Londoner Lebensgefühl auffangen und filtern in diesen Menschenschleusen, als genügte es mit der *Daily Mail* oder dem *Observer* vor der Nase, einzutauchen in den Strom von Passanten, um als einer der ihren zu gelten: gesichtslos unter Gesichtslosen. Eine mittelschwere Anfechtung, ausgelöst durch die Werbe-Offerte eines zu sparsam verwendeten Textils, zeigt mir meine Anpassungsfähigkeit. Immerhin habe ich schon den Sprung geschafft vom Sightseeing-Touristen zum Absteiger in die Kategorie des second class-Privathotels.

Bayswater als Standort für meine Streifzüge, für mein planvoll zielloses Flanieren. Das nicht mehr kontrollierte Aufschnappen von Slogans verrät mehr als einmal meine beginnende Dressur, dieses Überredet-werden zu einer neumodischen Brüderlichkeit, als bräche ich bereits hinter mir die Brücken ab, verleugnete meinen Stipendiaten-Status: »Wenn Du abgefüttert bist mit dem, was den Geschmack nicht hält, wird es Zeit für einen Wechsel, bevor es das Wetter tut!« Ungefragt sehe ich mich in die knallharte Folge von Imperativen gezogen: »Be firm!« »Come over!« »Chance your mind!« Aufgefordert, standhaft zu bleiben oder überzulaufen, empfange ich Anweisungen aus dem Befehlsstand der Werbetexter: »It cries to be changed.« »Es schreit danach, geändert zu werden«. Auf Empfang geschaltet, solidarisch mit Konsumenten, schnappe ich begierig auf, diesen nicht zu übersehenden Köder zweier sandelfarbener Beine: *Tenderelle*. In Lücken zwischen bewegten Körpern, auf Fließbändern montiert, in

Schnellschüssen auftauchend, diese Zweitausstattung mit Körperteilen, die ich gratis mitnehme in meine möblierte Absteige. In Schmutzwinkeln zerfledderter Boulevardblätter die Projektion meiner geschrumpften Begierde.

Und im Endspurt, wenn ich schon etwas belämmert um eine Ecke schussle, mit wenig mehr als den Schlacken meines männlichen Charmes, der Blickfang der Blickfänge, der mich umhaut nach soviel geschlucktem Schwachsinn: ein lebendfrisch vor mich hingepinseltes Beinpaar, präsentierend den halterlosen Strumpf, so daß ich ernstlich versucht bin, die abendliche Hetzjagd an dieser Abzweigung zu beenden und mich in Sichtweite dieses appetitlichen Beinfleischs häuslich einzurichten. »No suspender? – Yes, no suspender!«

Blumen für Balmoral

Eine dokumentarische Erzählung

Der Anlaß ist für jedes mögliche Resultat schlimm genug...

(Archiv Mertens)

London (kna). Ein totes Kind aus Biafra ist als Protest gegen die britischen Waffenlieferungen nach Nigeria in die Sommerresidenz der englischen Königin in Balmoral gebracht worden. Die englische Sozialarbeiterin Susan Garth, Gründerin eines Hilfswerks für Kinder aus Biafra, hatte den Leichnam eines fünfjährigen Mädchens Mitgliedern des königlichen Haushalts in einer Kiste übergeben. Man hatte den Kindersarg in dem Glauben, es handle sich um eine Kiste mit Blumen, angenommen. (Presse-Notiz aus der SZ, 25.9.68.)

I

Ich versuche sie mir vorzustellen: wie sie es fertiggebracht haben mag, einen so ausgefallenen Entschluß zu fassen, sich nach *Balmoral* auf den Weg zu machen, das im Schottischen liegt, von ihr nicht sonderlich geschätzt als Landschaft. Ihrem kränkelnden Vater zuliebe läßt sie den nicht ganz einsichtigen Grund eines Besuchs bei einer hochvermögenden Gönnerin fallen zugunsten einer Besichtigung der Sommer-Residenz Elizabeths II. Der Vorschlag ihres monarchisch angehauchten Vaters, der eine eingestandene Schwäche für Philipp und dessen Fähigkeiten als Prinzgemahl hegte, mochte ihr auf den Sprung geholfen haben. Zweifellos kannte sie die Vorliebe ihrer Landsleute für Balmoral. Das ungute Gewissen überängstlichen Eltern gegenüber kaschierte sie immerhin mit bemerkenswerter List: sie habe nichts anderes vor als jeder beliebige Besucher dieser königlichen Absteige: mit einem ausgesuchten Geschenk ihre Ergebenheit zu bekunden, wobei freilich die Doppeldeutigkeit ihrer Anspielung ganz auf das Konto meiner eigenen Deutungs-Willkür ginge . . .

Balmoral –: der Weg dort hinauf führt über Aberdeen. Girdle Ness ist nicht weit, stromaufwärts Aboyne – Ballater – Glen Girnoch mit dem königlichen Salmon im River Dee (Gladstone scheute die beschwerliche Reise nicht und Disraeli erkältete sich hier zweimal schwer). Für den reisenden Snob, der sich über den New-Baronial-Style mokieren mag, über Douglas Simpsons »insistence of good craftmanship«, bietet *Balmoral* eine wahrhaft dramatische Szenerie: im Sommer sind die Hügel »aflamed with colour«, ein Schwall von sattgrünem Rasen springt den Besucher an, und da ist »a danger providing an anticlimax«. Für Susan Garth fraglos eine Reise, die sie schon aus Zeitmangel nicht unternähme und wohl auch nicht aus Abneigung gegen das Hochland der jagenden schottischen Barone. Nie weiter gekommen als bis Durham-Newcastle, das erste Mal freilich schon als Flaschenkind, als sie aufs Land gebracht wurde, in Sicherheit vor Görings fliegenden Krautfressern . . .

Ihre Mutter – eine sendungsbewußte und dabei rechthaberische Natur – meinte schon zu einer Zeit, als die gut gehaßten Deutschen ihre »Baedeker-Raids« gegen Norwich flogen und die »poorer quarters« ausräucherten, Armut und soziales Elend ließen sich mit der Sammelbüchse vor der Brust aus der Welt schaffen. Von einem Tatwillen geleitet, der ihren anfänglichen Altruismus in militanten Gemeinsinn verkehrte, ließ sie sich in Erster Hilfe ausbilden, stand als Freiwillige unter der ›Defence-Regulation‹, saß Brandwachen ab als Jungvermählte, trug am St. Johns Flaggentag den Ehrenhut mit dem weißen Streifband der ›Welfare Workers‹. Obschon sie nicht wie eine ihrer begünstigteren Schwestern das Glück hatte, mit Churchill als Spender auf ein Titelblatt gerückt zu werden, hatte sie Flausen im Kopf, machte Miß Florence Hancock zu ihrem erklärten Vorbild. (Allein schon durch deren Vornamen schien sie ihr als Nachfahrin der legendären Nightingale bestätigt, und sie verwünschte sicher insgeheim, daß man in der Wahl ihres Vornamens nicht vorausblickender verfahren war.) Sie dürfte – wenn sie sich meiner Einschätzung nicht entzieht, ehrgeiziger, zielstrebiger, rücksichtsloser gewesen sein als ihr subalterner Müdling von Mann, der als gedienter Minen-Lotse immer noch der Meinung war, überstürzter Ehrgeiz verderbe den Charakter, und der eigentlich erst dann seine Mannesehre entdeckte, als es für eine soldatische Laufbahn schon zu spät war . . .

II

Für Susan Garth – meine Klientin – also eine angemessene soziale Herkunft, eine nicht ganz beliebige Kindheit und eine Laufbahn von halbwegs provokantem Zuschnitt: auf freiwilliger Basis abgeleistet das Sozialtraining mit dem abschließenden ›Counsel Certificat‹, wähle ich für sie denkbare Arbeitsbereiche, »fulltime salaried«, versehe sie mit einschlägigen Kenntnissen in Sozial-Hygiene, kennzeichne sie als im Außendienst erfahren und als »Lady Almoner» in einigen näher zu bezeichnenden Bezirken Groß-Londons beliebt.

Cheshunt Cottage z. B. im Norden über Waltham Cross. Als Lernschwester im Nachtdienst in einer Abteilung für spastisch Gelähmte, überquerte sie zweimal am Tage, und dazu häufig im Nieselregen, die Turner Hill, blieb ungern auf ihrem Zimmer in der Church Lane, lief in ihren knapp bemessenen freien Stunden lieber in den Wald von Wormly, zeigte sich überhaupt wenig seßhaft. Obwohl sie Kindern zugetan war, schlug sie das Belgrave Hospital in Clapham aus, zog Neasden westlich von Cricklewood vor und nicht nur, weil sie den Gladestone Park zwischen Willesden und Dollis Hill durch die Schienenstränge der British Railway aufregend durchschnitten fand. Sie las in ihren Nachtwachen mit deutlichem Vorbehalt John Braines *Room at the Top*, zeigte sich bei Besuchen eines wißbegierigen jungen Mannes aus Clapham ausgesprochen spröde. Ihr altkluges Verhalten richtig bewertend, nötige ich sie gar nicht erst, ein ihr abgetrotztes Versprechen einzuhalten, das sich auf ein von ihr als verfrüht erkanntes Stelldichein bezog. Durchaus denkbar, daß sie bei ihrer übertriebenen Dienstauffassung ihr berufliches Training auch in ihren Abendstunden fortsetzte. Ich vermute, daß sie das Handbuch von Moss über ›Welfare Service‹ erst auslieh und dann käuflich erwarb, dagegen das Abonnement eines Modejournals vorzeitig aufkündigte. Sie dürfte meines Erachtens Coleridge und Carlyle geschätzt und davor zurückgeschreckt haben, John Brains *Room at the top* zu Ende zu lesen . . .

Entsprechende Vorkenntnisse vorausgesetzt – etwa über die Anfänge der sogenannten ›paupers‹, der unerwünschten, elternlosen Kinder, die unter dem Armengesetz standen, nahm sie das sicher nicht gefühlloser auf als eine Novizin des III. Ordens, nur daß sie gesellschaftsbezogener dachte und also kritisch, was sie daran hinderte, den caritativen Elan ihrer Mutter überzubewerten, der als Antwort offenbar nicht ausreichte. Die haarsträubenden Rapporte über die ›parishworkhouses‹, der isolierten Plätze für Minderjährige im Norden Englands –: sie sagte das nicht als bloße Schullektion auf. Die Statistik von Jonas Hanway über Kindersterblichkeit, der Schacher mit Kindern als billigster Arbeitskraft, haben ihr die Schamröte ins Gesicht getrieben. Die Lebensbedingungen der dem Tageslicht entwöhnten Kulis im schulpflichtigen Alter, die Beleglisten der graugesichtigen Steiger im Stimmbruch, die Akkordsätze der Arbeitstiere in den ›cotton-mills‹ und Manufakturen –: das alles dürfte ihr berufliches Interesse geweckt haben, ihre Solidarität mit den Erstgeborenen in Krücken. Es dürfte ihren Entschluß, ins Sozialfach einzusteigen, beeinflußt haben, mehr als sie unter den gegebenen Umständen einräumen wird, da eine altersbedingte professionelle Sachlichkeit und wohl auch eine gespielte Abgebrühtheit sie dazu verleiten, ihren frei gewählten Beruf als einen Job auszugeben, den sie nach Belieben ausübe oder aber an den Nagel hänge.

Der ›Regulation of Child Minders‹ entsprach sie wohl in idealer Weise, auch der Forderung nach einem gewissen Standard in ›suitable conditions‹. Sie kannte ihr spezifisches Milieu und seine Verhaltenszwänge, glaubte an deren allmählichen Abbau in einem Klima sozialer Gerechtigkeit, wußte nichtsdestoweniger um den Leerlauf einer Besuchs-Routine, die sie einem staatlichen Gesundbeter ähnlich machte. – Beschlagen in Verfahrensweisen der ›Adoption Order‹, wußte sie natürlich, wie ein Antrag auf dem Dienstweg durch die Instanzen des ›Juvenile Court‹ geschleust werden kann, wußte sie, wann eine Adoption aussichtslos erschien. Zu ihren Eignungstests hatte sicher auch die Definition der nicht legitimen Sprößlinge gehört, die ›meaning of protected child‹ – Einstufungen, die auf ihre Schützlinge aus Biafra haarklein zutrafen. Die Adoption ist demnach kein so abwegiges Thema für sie, wie es auf den ersten Blick hin scheinen mag, auch wenn sie sich zunächst einmal Naheliegenderem zuwandte und auf plumpe Anfragen hin sich als nicht damit befaßt ausgäbe . . .

III

Ich versuche sie mir vorzustellen: wie sie ganz gewöhnliche Arbeitstage über der Sozialkartei ihres Londoner Distrikts verbringt, den ich einmal einen Monat lang täglich mit der Bakerloo-Line durchfuhr. Ich versuche mich in ihre Ausgangslage einzudenken: wie sie anläßlich einer der angesetzten Visiten in vernachlässigten Wohn-Quartieren, deren unzulängliche bauliche Beschaffenheit sie anwiderte, auf wenig mehr verfiel als auf die eingelernten Hohlformeln amtlicher Beschwichtigung, wie sie beim Anblick verwahrloster Kleinrentner, deren bewegungsarmes Dahinsumpfen ihren Gerechtigkeitssinn einer harten Probe unterzog, ohne zu stottern die Brauchbarkeit gewisser gymnastischer Übungen anpries.

Ich versuche mich in sie einzufühlen: wie sie während eines Routinegangs an der Peripherie von Gunnersbury, wo sie nicht ungern hinfuhr, weil ein farbiger Anwalt, ein Barrister, ihr einmal seinen Sitzplatz angeboten und ihre arglose Anspielung auf London als einer Heimstätte schwarzer und weißer Menschen mit einem kapriziösen Lächeln übergangen hatte, das sie nachträglich als »sophisticated« kennzeichnete – auf *Balmoral* verfiel, das auf keiner ihrer Urlaubslisten rangierte . . .

Ich vergegenwärtige mir den Tagesablauf einer heute Dreißigjährigen, die mit ihren Eltern wieder Tür an Tür wohnt, nachdem sie fast ein Jahrzehnt als zugeknöpfte Untermieterin lebte und selbst ihre Sonntagsbesuche einschränkte, bis von ihnen nicht viel mehr blieb als die Leerform einer Visite ihrer sozialen Klientel. Ich vergegenwärtige mir ihr Zusammenleben mit dem ungleichen Elternpaar. Eigentlich schon über das Alter hinaus, sich mit der wöchentlichen Inventur ihrer Aussteuer zufriedenzugeben, aufs Bücherlesen erpichter als auf die aus dem Kaffeesatz gelesenen Prognosen eines nächstfälligen Heiratstermins, ließ sie sich von ihrer Mutter mahnen und eine zweite Garnitur Paradekissen aufschwatzen, nahm es hin, daß ihr gehbehinderter Vater, den Verschwörerblick ihrer Mutter vor aufgerissenen Wäscheschränken meidend, ins Imperial-War-Museum in die Lambeth Road flüchtete, um bei freiem Eintritt mit einem dienstgleichen Wärter abgeschmackteste Erörterungen über Rang- und Ordensfragen vorzunehmen, duldete es, daß er sie ins Grusel-Kabinett der Madame Tussaud mitschleppte und ins Feuerdeck von Nelsons Flaggschiff, wo ihn angesichts feuernder Zwanzigpfünder und stöhnender Kanoniere das große vaterländische Bibbern befiel ...

Ich versuche sie auf meiner Spur zu halten: sehe sie, wie sie ihren möglichen Verlobten, den hochsemestrigen Technologen, der sich für Docks und das tristere Wapping erwärmt, von einem Besuch in Elephant & Castle abrät, dringliche Heimarbeit vorschützt, sich auch für den vorgerückten Abend mit angeblichem Dienstkram für entschuldigt hält, seine Begleitung anläßlich der Übernahme ihrer schwarzhäutigen Schützlinge unüberstimmbar ablehnt und ihre Vorkehrungen trifft, die er in Bausch und Bogen verwerfen würde, erführe er rechtzeitig von ihren Plänen ...

Sie überprüft also zunächst die Liste der Neuzugänge. Sie veranlaßt die Überweisung zweier »displaced orphans« aus Enugu, die offenbar den Flug in der Chartermaschine nicht verkraftet hatten. Sie läßt den beiden bettlägrigen Waisen ihre ganze Sorgfalt zukommen, erlebt mit einem Gleichmut, der sie überrascht und an ihr abstößt, wie das jüngere Mädchen zusehends verfällt, faßt sodann ihren einsamen Entschluß, der gegen ein Dutzend Paragraphen der Bill of Rights verstieß, vermutlich auch gegen den Crown Cases Act von 1848 ...

Ich nehme an, daß sie ihre Vorkehrungen gar nicht zuhause trifft, sondern im Büro des von ihr gegründeten Hilfswerks; sie hat also eines schon nicht in Rechnung zu stellen: den gewissen schludrigen Argwohn ihrer Mutter, die mit Sicherheit nach dem sperrigen Gepäckstück fragte, das in der engen, verstellten Dreizimmer-Mansarde, wie ich sie mir für Susans Eltern typisch denke, nicht unterzubringen wäre, und ihre allenfalls glaubhafte Ausrede, es handle sich um die Kleiderspende ihrer hochvermögenden Gönnerin, vor unliebsamer Überraschung nicht schützte. Sie macht sich also daran, ein dienstfreies, verlängertes Wochenende dafür vorzumerken, um sich in *Balmoral* zu empfehlen mit ihrem Mitbringsel ...

IV

Da ihr ein rein verbaler Protest nicht liegt, folglich knifflige handwerkliche Probleme fast von selber entstanden, konnte ich sie nicht gut auf die Reise schicken in der Meinung, die Frage der Beförderung und Zustellung löse sich unter Zuhilfenahme erzählerischer Tricks. Frage Eins stellte sich ihr vor Antritt der Reise:

Welche Abmessungen muß eine Kiste haben, der man – obschon sie ein totes Kind enthält – ansieht, daß sie geeignet ist, Blumen während mehrer Tage transportfrisch zu halten? Ich hatte mir natürlich auch überlegt, ob ein Cellokasten das geeignete Behältnis abgäbe. Eine Cellistin auf Reisen, dachte ich mir; sie ginge damit unliebsamen Auftritten von vornherein aus dem Weg, reiste unbehelligt von bedenklich blickenden Zugschaffnern, ließ bahnamtlichen Argwohn gar nicht erst aufkommen. In *Balmoral* aber hätte dieser an sich verblüffende Einfall, folgerichtig durchgespielt, seine Untauglichkeit unter Beweis gestellt: Blumen und Cellokasten gingen nicht recht zusammen. Ein von ihr zurückgelassener Instrumenten-Koffer wäre nicht als Präsent erkannt worden. Das Fundstück wäre nicht der königlichen Familie ausgehändigt worden, sondern der British Railway, genauer dem Office of lost Property. Ihre Mission scheiterte kläglich an ihrem mangelnden Kombinationsvermögen ...

Über Fertigungsweise und Kosten einer Kiste von leicht konischem Zuschnitt einigt sich schnell, wer als Auftraggeber davon ausgeht, Blumen in einen Behälter legen zu wollen, der einem Sarg zum Verwechseln ähnlich sieht. Ich nehme also an, daß sie einen Handwerker beauftragte, der – ohne selber Bedenken zu äußern – ihr einen Sarg schreinerte, der – wasserabweisend und stoßgesichert verpackt – das Aussehen einer Kiste annahm, die tauglich scheint zur Lagerung und Beförderung kühlzuhaltender Chrysanthemen. Ich setze voraus, daß dieser spezifisch leichtes Material verwendete, wie es

Modellbauer bevorzugen. Bei einer Reihe kniffliger Einwände halte ich mir einfach die Ohren zu und vertraue darauf, daß sich die handfesten Fakten, die ein gewiefter Leser nicht unbesehen hinnimmt, syntaktisch tarnen wie vieles in diesem Kapitel. – Blumen haben so gut wie kein Gewicht; das mußte Susan Garth immerhin bedenken.

Ein fünfjähriges Ibo-Mädchen, auch wenn man annimmt, daß nicht viel von ihm übrigblieb, vergrößerte die Gepäcklast erheblich, und dieser Einwand will auch rechnerisch vorgetragen sein: Wieviel Gewicht hatte demnach die kindliche Tote, die Susan Garth ins Chrysanthemen-Kühlfach legte, um ihren gewichtigen Protest zu belegen mit der Gewichtslosigkeit dieses geschrumpften Körpers?

V

Die Eisenbahner-Akte von 1868, die ›Regulation‹, die das Reisen ohne gültigen Fahrausweis untersagt und die erwiesene Absicht der Fahrgeld-Hinterziehung unter Strafe stellt –, ich hatte sie aus purer Neugier angelesen. Die erbetene Auskunft war nicht sonderlich ergiebig, und Verstöße gegen den Schwarzfahrer-Paragraphen waren bei Susan Garth nun einmal nicht denkbar. Von dem massiven Verstoß gegen die Bestimmungen der Gepäckverordnung (die den Transport von Toten in Koffern wohl kaum vorsehen), will ich nicht erst reden; das löste ein Rattennest juristischer Tatbestände aus, denen ich als Entflechter schwerlich gewachsen sein dürfte.

Technische Pannen überspringend und Fehlleistungen meiner Recherche unterschlagend, die einem stattgehabten Rechtsbruch Vorschub leistet, verdeutschte ich mir die Verordnung über Gefährdung der Sicherheit von Fahrgästen, las Einschlägiges über Rechtsbeugungen, wie sie etwa in Schottland geahndet werden, machte mich über die ›Sheriff-Courts‹ keineswegs lustig (»extend to nearly all actions«) und damit über Susan Garths möglichen Kläger, über den ich im Magazin der *Sunday Times* las: er benehme sich wie ein Friedensrichter des Wilden Westens, nur daß er, anstatt in den Sattel zu klettern, die Richterbank besteige . . . Am Tag des »Campel-

Trial« – die annähernd hundert verhandelten Fälle schließen beinahe das ganze Spektrum vorstellbarer Rechtsbrüche ein (das zweimalige »assaults, assaults« fällt auf, das auf einen gewissen Überdruß des Artikelschreibers vor »common offences« schließen läßt). Susan Garths Verstoß würde demnach wenigstens nicht unter die ordinären Vergehen eingereiht . . .

Die ›Halsbury‹-Statuten – ich hatte sie mir aufgehalst, um vorbeugend gewisse Rechtsmittel ausfindig zu machen, ihre Abweichung von dem, was mir als juristischem Laien halbwegs bekannt schien. Ich machte richtiggehend Überstunden, verbohrte mich in die ›Legal-Aid-Schemes‹, die den Modus der zulässigen Rechtsbeihilfe umschrieben: Einmal beschuldigt, erscheine der Beklagte erst am Tage der Verhandlung vor dem Gericht (ein schwacher Trost, wie ich meine, für den Fall des Falles, Susan Garth würde wirklich von dem »bestmöglichen Richter« verdonnert). Einmütige Beschlüsse der Geschworenen würden als solche bekanntgegeben, andernfalls blieben ihre Stimmen geheim. In Fällen, in denen der Sheriff eine Anklage als nicht stichhaltig genug belegt zurückweise und sich für eine qualifizierte Entlastung (›exoneration‹) nicht stark mache, verhänge er kraft Vollmacht »bedingten Freispruch«; der Beklagte sei dann zwar auf freien Fuß gesetzt, aber ein gewisser Verdacht folge ihm unvermeidbar nach. (Ich fürchte, daß Susan Garth bei solchen Vorbehalten sich nicht freigesprochen fühlte und folglich schuldig.) Ich schlug noch einmal das Jahrbuch der ›Social workers‹ auf, stieß auf die Sparte: ›Probation-Service‹ (immerhin ein ironischer Aspekt, da Susan Garth bei erwiesener Straffälligkeit mit einem Urteilsspruch zu rechnen hatte und Gefahr lief, selber – als Fachkraft des ›Probation-Service‹ – unter dessen Verdikte zu fallen) . . .

VI

»Children of Misery – baptised in tears«, »Kinder in ihrem Jammer – getauft mit Tränen« lautet die etwas freie Übersetzung einer Annonce aus dem *Spectator*. Dem Zwang, den dokumentarisch belegten Zerfall von Körpern festzuhalten, die von Hunger-Ödemen gezeichnet sind, in seinen widerwärtigen und erschütternden Phasen, entgeht man nicht leicht. In einem Handbuch über Mangelkrankheiten las ich: Hunger sei, objektiv gesehen, der Zustand des Körpers bei teilweisem oder völligem Nahrungsentzug. Subjektiv drücke er das Gefühl eines zunehmenden Mangels aus. Im Zustand der ›Inanition‹ gingen die wesentlichen Körperfunktionen in normaler Weise weiter. Der Körper bestreite dann seinen Energie-Bedarf aus der eigenen Substanz. Es komme zu einem Einschmelzen der Kohlehydrate-Reserven. Durch die Ansammlung von Gewebewasser unter der Haut und in der Bauchhöhle entstehe die typische Aufschwemmung. Akuter Eiweiß-Mangel im Blut führe zu einer Trennung des Blutwassers von seinem Bindemittel. Der Mangel betreffe die »feindisperse Phase der Albumine« mit einer allmählichen Verschiebung der Eiweißkörper zur Globuline hin. Kurz vor dem Tod komme es zu einer »prämortalen Eiweiß-Zersetzung« . . .

Wer Gelegenheit hat, vor Stellwänden mit Groß-Photos Hunger-Kinder aus Biafra zu betrachten, sieht mit peinvoll geschärfter Aufmerksamkeit nicht nur die schaurige Deformation von Bäuchen und Gliedmaßen, er entwickelt auch ein besonderes Gedächtnis für Befunde der Haut.

In einem Spendenaufruf im *Listener* belehrt mich das *Oxfam*-Komitee: Du kennst das Wort »Unterernährung« nur noch aus Lexikas, aber dieses Ibo-Mädchen, das schon zu schwach ist, sich auf den Beinen zu halten, »she knows, what it means«, sie weiß was es bedeutet. Mit übergroßen, fieberstarren Augen sitzt, auf Haut, Sehnen und Knochen geschrumpft, mit grindigen, rachitisch verformten, einwärts geklappten Beinen, eine etwa fünfjährige Angehörige des Ibo-Stammes, zupft mit ihrer fleischlosen Hand – als wäre dies die letzte ihr verbliebene Möglichkeit des Spielens – an der (wie ihr englischer Kommentator schreibt) »peeling skin«, ihrer zu weit gewordenen Haut . . .

VII

Auf einer Streckenkarte der British-Railway knoble ich aus, welchen Weg Susan Garth gewählt haben mag: den küstennahen über Durham-Newcastle (der sie einer Erinnerung aussetzt, an der ihr wenig gelegen sein kann) – oder die westliche Route über Penrith-Carlisle in Cumberland (die mich einer Erinnerung aussetzt, die ich besser unter Verschluß halte). Je eine nahezu gleichlautende Erklärung ausklammernd: die möglicherweise schmerzliche Erfahrung mit einem Jahr Aldgate verknüpfend mit einer gar nicht erst gemachten Erfahrung mit einer Muriel Rowley aus Glassonby –, überspringe ich diesen kritischen Abschnitt ihrer Reise, überlasse sie ganz dem Eindruck einer ersten Ankunft »im wahrsten Herzen Schottlands«, vertraue sie – Prospekte lesend – Wendel Holmes »incomparable loveliness« an, der sich auch eine Susan Garth nicht gänzlich zu entziehen vermag, lasse ihr »vividly evoked from its natural beauty« die Wahl zwischen einem Gang durch die City »full of contrasts fascinating in its classical adornment« und einem Aufenthalt in der Waverly-Station, ein bestimmtes Schließfach im Auge behaltend, verfüge über sie lediglich in Höhe von Montrose, wo ich sie beim Eintritt eines männlichen Fahrgasts im Schottenrock unansprechbar an ihrem Platz festnagle, im Gepäcknetz über ihr das auch für einen wohlwollenderen Passagier ungewöhnliche Frachtgut . . .

Das Umsteigen verlief eigentlich recht glimpflich für sie. Einen Gepäckträger nahm sie beidemale nicht in Anspruch, nicht etwa der ersparten Trägergebühr wegen; wohl aber weil sie fand, das sei eine Angelegenheit, die sie ganz auf sich gestellt zu regeln habe. Wie sie es fertig gebracht haben will, aus dem vollbesetzten Diesel-Pullmann zu kommen – über gewisse neuralgische Punkte sehe ich nicht großzügig hinweg; nur setze ich eine Reisende ihres Formats nicht gern einer lückenlosen Überwachung aus. In der Waverly-Station schien es mir, als reichte ein sportlicher Fahrgast im klassischen Schotten-Karo das unkommode Begleitgut mit ausgesuchter Höflichkeit aus dem Abteilfenster. Doch will ich es nicht allzugenau wissen: meinetwegen nötigte er sich ihr nur auf, half ihr – ungebeten oder auch gegen ihren möglichen Einspruch – aus einer raschen Verlegenheit. Wenn es sie beruhigt, schwäche ich weiter ab und behaupte, ein Fahrgast habe sie beim Umsteigen belästigt. Behindert im Sinne der Verkehrsordnung hat er sie gleichwohl nicht; auch auf sie trifft zu, daß sie niemand wissentlich gefährdet hat. Als Passenger, wie dieser im ›Hackneys Carriage Act‹ von 1843 definiert ist, schien sie sich keineswegs verkehrswidrig verhalten zu haben. Immerhin mochte sie als sensible Reisende mit einem ausgeprägten Gespür für Mündigkeit und öffentliche Gleichheit ihre Platzbelegung als nicht eben korrekt bezeichnet haben . . .

In Aberdeen sehe ich sie mit Anzeichen energisch bekämpfter Müdigkeit aus dem Zug steigen, ihr unverändert platzfressendes Gepäckstück in einem Schließfach verwahren und (ohne den nachgesagten »granitenen Schimmer« des Poeten Frazer auf sich wirken zu lassen) sich nach dem CLIFTON-Hotel durchfragen, wo sie zwischen Einbett-Zimmern der Kategorie I und II das preiswertere wählt zu 22 Schilling, den Antrag eines jüngeren Hotelgasts, sie zum Strand zu begleiten, ausschlägt, anderntags zeitig genug die Fahrt antritt, um die »genußvollen 17 Meilen bis Banchory« zu verschlafen. Weitere 23 Meilen bis Ballater sehe ich sie in einem Periodical für ›Livesaving‹ blättern und – ohne die Allüren einer Lebensretterin angenommen zu haben – in besagtem Ballater den Zug verlassen, als Umsteiger nach *Balmoral,* mit lediglich einer zugestandenen Teepause an einer Stehbar, die nach Auskunft eines Prospekts keine vergrämten Kellner kenne; die restlichen 8 Meilen im Überland-Bus sodann kräftig horizontal und axial bewegt, vor flink sich wegdrehendem Panorama der Upper-Deeside-Region . . .

Der Prospekt des ›Scottish-Tourist-Board‹ weist Ballater als einen landschaftlich ergiebigen Ort aus mit »fine surroundings«, einem vielversprechenden Flußknie, an dem sich Rassevieh den wohlgenährten Pansen scheuert, mit Ladenfronten, die über der Türe die ›Royal Arms‹ als Hauswappen führen, und mit einer Station, berühmt durch das königliche Händeschütteln mit dem Provost der Country (ein Reisender, der selbstsicher in einem Gladstone-Kragen erschiene, löste beim Station-Officer eine leichte Panik aus). – Susan Garths Antwort – falls sie genötigt würde, den wirklichen Zweck ihrer Reise zu nennen – wirkte im Beisein des Tankwarts, der die königliche Anstecknadel auch im Dienst trägt, wie ein böswilliger, antimonarchischer Affekt . . .

Aboyne mit seinem »feinen, grünen Herzen« beschwört die Vision des »Green of Charleston« herauf, aber auch die des versprengten Colonels, der – seiner eigenen Exekution entgangen – Culloden legendär machte; ein – um den Werbetextern zu folgen – wahrhaft »glorreicher Flecken« (in unmittelbarer Nähe starb Macbeth). Doch jede gesegnete Krümmung, die der Reisende hinter sich läßt, bringt ihn dem heißen Wannenbad näher, das ihm mit dem Straßenstaub in einem einfachen Waschgang die Erinnerung an schwarze Moore und die »cruel mountains« aus den verschwitzten Poren treibt – –. Susan Garth muß gewußt haben, was sie mit ihrem Verzicht, Ballater – Aboyne zu besichtigen, sich entgehen ließ: Sehenswertes! (sie mag es verschmerzt haben), wie sie geahnt haben mag, was sie versäumte, als sie es vorzog, diese Reise auf den einzigen Zweck hin auszurichten, der ihr vertretbar schien, und sie es in Aberdeen auch dann nicht hielt, als sie bei fühlbarem Druckanstieg und zunehmender Erwärmung sich der erinnerten Mahnung eines verordneten Pflichtschwimmens entzog unter einem Vorwand, den ihr auf Schlankheit und Diät eingeschworener Verehrer niemals gebilligt haben würde. Sie mag *Balmoral* mit weniger Bedauern als mit der begründeten Befürchtung verlassen haben, sie sei nun als Eigentümerin dieser beinahe schon monströs wirkenden Fracht erkannt, und es werde ihr postwendend nachgetragen, was sie so leicht nicht losgeworden: ihr makabres Präsent . . .

VIII

Ihre Befindlichkeit als Mensch: ich stilisiere sie nicht gedankenlos zur profilierten Persönlichkeit, deren Zug zur Größe gleichsam in ihrem Naturell angelegt scheint und nur der ungestörten Entwicklung bedarf, um zu Anstößen von solcher Folgerichtigkeit zu kommen. Ich möchte sie mir als normales, in seinen Anlagen nicht sonderlich beschnittenes Geschöpf vorstellen dürfen, das sich ihrem mutmaßlichen Bezwinger nicht aus anerzogenen Skrupeln oder aus familiärem Dünkel widersetzt. Nicht also jener Makel des nicht auszutragenden Geschlechts, das auf die Sublimierung durch Nächstenliebe angewiesen bleibt. Ihr Äußeres von jenem schwer definierbaren Liebreiz, der einen Bewerber nicht gerade zum Äußersten hinreißt, und von jener Dezenz des Ausdrucks, die andere Sensorien verlangt, als sie ein angepaßter Charakter mitbringt. Alles in allem ein unauffälliger, ausdrucksschwacher, verträglicher Mensch mit Abweichungen zum Überspannten hin, würde ein etwas voreiliger Physiognomiker in einem ersten Gutachten anmerken . . .

Ich denke sie mir also weder schlagend genug begabt noch mit jener dialektischen Verstandesschärfe gefrierfrisch gehalten, die Parteilichkeit als attraktive Mitgift einbringt. Sie scheint mir nicht mehr jung genug an Jahren, um durch die spontane Frische und bezeugte Unschuld ihres Protests bestechen zu wollen. Doch ist sie sicher nicht schon in dem Alter, in dem sich Eigenarten verhärten und zu Grenzfällen der Pathologie werden. Hier wirkt kein verklemmtes Charisma nach, das sich aus dem religiösen Sacheifer der Mutter zwingend ableitet. Ich denke sie mir frei von derartigen Vorbestimmtheiten und ganz ohne nennenswerte Frustrationen. Ihre Reise nach *Balmoral* schlichtweg zu einem grandiosen Tick abzuwerten, zum sinnentzogenen, wenig pietätvollen Gag einer Sozialhelferin mit ›starken Nerven‹, erscheint mir unzulässig. Auf die fixe Idee zu kommen, einmal ›etwas Ausgefallenes‹ zu tun – auszubrechen aus dem öden Einerlei reizloser Pflichtleistung –, mit dieser Deutung gebe sich zufrieden, wer Susan Garths Tat als Kuriosum abtut. Er begibt sich damit des Rechts, Vorgänge von einiger zeitgeschichtlicher Relevanz werten zu wollen. Susan Garth muß für couragiert genug gehalten werden, für voll verantwortlich und kraftvoll genug herausgefordert. So bleibt sie der politischen Deutung einsichtiger und der bloß privaten Sinngebung entzogen.

Zu einem ergiebigen Fall für Kommentatoren mache ich sie damit noch nicht. Auch ich sähe sie lieber als frühzeitig flügge gewordene Jungsozialistin von typisch englischem Zuschnitt, die klassenbewußt neben dem *Daily Worker* Mutters demonstrativ aufgelegtes Bibelwort duldet und sich an den Henkelmann des Vaters, der Streikbrechern kühl die Leviten liest, nicht erst gewöhnen muß. Aber ich habe nicht die Wahl, etwas so ausgesucht Proletarisches mit einer so astreinen

Herkunft anzubieten. Auch bei Annahme eines vorgegebenen mütterlichen Erbteils versuchte ich, ihren Einfall von seinen mittelbaren Anlässen abzutrennen, ihn als einen Einfall spontaner Menschlichkeit zu werten.

Die schlagende Beweiskraft ihrer Demonstration lag in ihrem bezeigten Mitgefühl. Vielleicht eine bloße Zeitungsnotiz genügte, ihre leichte Empfänglichkeit zu wecken für das, was ihr erklärter Verlobter belustigt und mitunter verärgert als romantischen Spleen abtat: ihr Ungenügen an einer Welt, die – weil sie außerhalb der eigenen Verantwortbarkeit liege – unnütze Leiden hervorrufe. Vielleicht hatte sie zufällig im *Observer* von Bombenangriffen auf zivile Objekte im Kessel von Umuahia gelesen. Vielleicht hatte sie Forsyth's Bericht im BBC gehört, der im verlassenen Onithsa 300 Zurückgebliebene der Apostolischen Gemeinde als Verstümmelte vorgefunden hatte. Gegen den wahrscheinlichen Einspruch ihres Vaters, der Forsyth's Abberufung gutheißen mochte, hatte sie dessen Entlassung aus Disziplinar-Gründen, eine unmittelbare Folge seiner »allzu freimütigen Berichterstattung«, vor den Kopf gestoßen und ihre Ansprechbarkeit in Richtung auf eine stärkere Anteilnahme hin geschärft.

Sie dürfte über Biafra nicht mehr gelesen und von dem Konflikt zwischen Gowon und Ojukwu nicht mehr begriffen haben, als einer durchschnittlichen Intelligenz zumutbar war, bedenke ich dazu noch die sicher nicht seltenen Versuche ihres Freiers aus Clapham, seine übertrieben zärtlichen Anschläge auf ihre tapfer behauptete Freiheit. Sie kann also kaum mit geschärftem Wahrnehmungsvermögen an den Komplex Biafra herangetreten sein. Schwerlich auch wird sie Gedankengänge entwickelt haben, etwa daß das Prinzip der Nichteinmischung, dieser Ladenhüter der Kabinett-Diplomatie, heutzutage überholt sei. Gegen den scharfsinnig belegten Einwand ihres Aufpassers: Biafras Sezession sei eine interne Angelegenheit Nigerias und somit nicht Gegenstand privater Erörterung, wird sie nicht gerade Stichhaltiges vorgebracht haben. Auch dürfte sie die Erklärung der britischen Regierung, sie werde ihre Waffenlieferungen nach Lagos einstellen, »wenn die Absicht des Völkermordes erkennbar« werde, nicht gekannt haben.

Von den Massakern in Ikot-Ekpene mit 8000 ermordeten Ibibios, von dem Ausspruch Adekunles, auf jeden zu schießen, der sich in seinem Befehlsbereich bewege oder nicht bewege, von der täglichen Todesrate im Kernland der Ibos wird sie vermutlich erst nach Gründung ihres Hilfswerks erfahren haben. Geläufig war ihr dagegen die frühe Meldung eines Journalisten der *Sunday Times*, der von Wolken von Aasgeiern schrieb, die über den Flüchtlingslagern kreisten, geläufig waren ihr Berichte, wonach sich das Haar der kindlichen Letalen rötlich verfärbe und die Gesäßbacken sich in ledrige Hautfalten zurückbildeten –: Notierungen dessen, was ihren Sinn für das Angemessene und Schickliche empfindlich störte, – der entscheidende Anstoß vielleicht, der sie veranlaßt haben mochte, sich biafranischer Kinder anzunehmen.

IX

Eine »gewisse Überlebens-Chance« muß für ihre Schützlinge bestanden haben, sonst hätte sie der selection officer von Ikot-Ekpene kaum für den Abflug nach London freigegeben. Und eines darf mit gutem Grund ausgeschieden werden: Susan Garth habe mit einer spektakulären Adoption Aufsehen erregen wollen. Ihr Entschluß, Hunger-Kinder aus Biafra aufzunehmen und herauszufüttern, ging sicherlich von einer sachlichen Einschätzung ihrer Möglichkeiten aus. Daß das Ibo-Mädchen kurz nach der Überführung an völliger Auszehrung einging, darf meines Erachtens nicht zu dem Trugschluß verleiten, Susan Garth habe die Betreuung leichtfertig und von bloßem Eigennutz geleitet, vorgenommen. Schon der leiseste Gedanke, der Tod dieses Mädchens sei ihr gelegen gekommen, weil sie dadurch erst ein geeignetes Demonstrations-Objekt gegen das Königshaus in die Hand bekommen, ist eines Lesers, der meiner Mandantin bis hierher folgte, unwürdig. Der Passus »eine gewisse Überlebens-Chance« erklärt den frühen Tod des Kindes – meines Erachtens – zureichend genug, um Susan Garth von jedem Schatten eines Verdachts freizusprechen. Das wäre mir ein pharisäischer Vorwurf, der die fahrlässige Unbetroffenheit einer sich selbstgefällig heraushaltenden, unaufgeklärten Öffentlichkeit als Vergehens-

Faktor ausschließt und seinen ganzen Scharfsinn auf das Menschlich-Unzulängliche der wenigen wirklichen Helfer richtet. Um zu den harten Fakten des Falls zu kommen:

Ein special-report im *Economist* »Nigeria in der Agonie« spricht vom »bittersten Problem«, das nur privat diskutiert werden könne. Ein Auberon Waugh schreibt: »sehr wenige Leute haben irgendein Bewußtsein der Tatsache – wie die meisten Deutschen nach dem verlorenen Krieg –, daß sie unfähig sind zu sehen, was in ihrem Namen getan worden ist. Was immer unsere Absicht sein mag, im Effekt ist es Völkermord. Sogar dann, wenn wir die geschätzten Zahlen durch zehn teilen, sind wir mit einem Verbrechen gegen die Menschlichkeit belastet, mit dem »blutigen und gräßlichen Fehler des ›quick kill‹, des schnellen Tötens« –. Frank Giles dagegen, Foreign Editor der *Sunday Times*, beruft sich in einem Leitartikel darauf, daß es absurd wäre, die Waffenlieferungen nach Nigeria zu stoppen, weil wir »keinen Nutzen daraus ableiteten, es sei denn, ein ›moralischer Schauer‹ (»a moral thrill«) würde beschrieben als Nutzen–«.

X

Susan Garth – ich sehe sie also graduell unterschieden von einem Zeitgenossen, der nur seine Betroffenheit eingesteht, da sie Konsequenzen zog aus der unerträglichen Lage, unterrichtet zu sein und zugleich hilflos. Es liegt nach allem, was ich über sie an Vorstellbarem und Wahrscheinlichem zusammentrug, auf der Hand, daß sie für Mertens wie gerufen kommen mußte, um auf der Annahme einer literarischen Adaption, durch die Dauer einer Einwirkung auf sein politisch empfängliches Gemüt entstanden, zu einem glaubhaften biographischen Konnex zu kommen. Indem er die Beweggründe und Motive untersuchte, die sie zu diesem folgenreichen Protest veranlaßten, empfiehlt er sich – obschon sie als sein erdachtes Geschöpf unabhängig von ihm existiert – als ihr möglicher Liebhaber . . .

Nachzutragen bliebe Susan Garths Auftreten in *Balmoral*. Mit Absicht übergehe ich dabei das umständliche Zeremoniell der Übergabe, die sicher streng nach Protokoll vor sich ging. Da ihr an einer Unmutsäußerung wenig gelegen sein konnte, reihte sie sich unauffällig in die Gruppe wartender Besucher ein, verhielt sich unter soviel staatstragendem Enthusiasmus tadelsfrei. In Gegenwart eines walisischen Stauers, der seine monarchische Gesinnung bis von Hastings herauftrug, benahm sie sich zurückhaltend bis wortkarg, lehnte sein Angebot, ihr beim Tragen des unhandlichen Geschenks behilflich zu sein, höflich bestimmt ab. Mitglieder der königlichen Familie nahmen den Kindersarg mit jener Arglosigkeit in Empfang, die das unreflektierte Bezeugen von Ergebenheit zur schönen Gewohnheit macht . . .

Namibisches Tagebuch

7. Februar sechsundachtzig

Mit angezogenen Knien und mit dem Rücken zum Cockpit in einer viersitzigen *Beechcraft* der »Namib-Airlines«. Eine englisch sprechende Dame, noble Mitdreißigerin im Safari-Look, gleichfalls mit angezogenen Knien, verwöhnt mich mit ihrem freigebigen Augenfutter. Meine Versuche, mich dankbar in Allerwelts-Floskeln zu flüchten, erwidert sie mit einem übertriebenen Kompliment. Hinausblinzelnd in die mondähnliche Landschaft, die keinerlei Markierungen aufweist, nichts, was Menschenhand hinterlassen haben könnte, befällt mich angesichts dieser vegetationslosen Einöde ein leichtes Schwindelgefühl. Erst als sich zwischen Unendlichkeits-Flächen verkrusteten Sands tundraähnlicher Bewuchs im Niederschweben herdenartig ausbreitet, ja aufbuckelt, wage ich den für mein Metier verräterischen Satz: »It looks like animals, but I know, there are only bushes and shrubs.«

8. Februar

Stadtgang durch *Swakopmund,* das buchstäblich auf Sand gebaut ist. Über Salzpisten erreichbar, dieses architektonische Kleinod, Relikt deutscher Weltbeglückungs-Euphorie. Noch immer gibt es sich dem Meer preis, hingebungsvoll beleckt. Noch immer sperrt es sich gegen den Treibsand, heimtückisch belauert, den Elementen ausgesetzt wie ein nackter Körper.

11. Februar

Extrem fremd dieses künstliche und künstlerisch hochwertige Stadtgebilde, diese zivilisatorische Enklave inmitten menschenfeindlicher Leere. Unmittelbar da, wo die fast schon neurotisch anmutende Sucht, mühsam Gepflanztes am Wachsen und Blühen zu halten, in Nachlässigkeit umschlägt, fängt die Wüste an, der klinisch reine Sand. Ich laufe zunächst einmal wahllos kreuz und quer durch Straßen, die – obschon aus dem Nichts kommend und ins Nichts führend – deutscher Tüchtigkeit entsprungen, wilhelminische Träume wachhalten. Auf Schritt und Tritt deutsche Stimmen. Das lebende Paradox: die Unwirtlichkeit des Landes und diese beinahe banale Vertrautheit deutscher Geschäftigkeit. Im Café »Treffpunkt« jungen Tierfänger getroffen, der für bundesdeutsche Zoos Wildtiere fängt. Langer, schlaksiger Blonder; muß an meinen Sohn Christoph denken, der die gleiche Unbefangenheit besitzt, mit Fremden ungeniert Kontakte zu knüpfen.

18. Februar

Fahrt mit Heimbewohnern des ehemaligen »Prinzessin-Rupprecht-Lazaretts« in die *Namib*-Wüste. Ein Herr von Somnitz am Steuer. Teerstraße in Richtung »Rössing-Mine«. Abzweigung in einen pistenlosen Savannen-Gürtel. Abrupter Übergang auf flache Geröllhalden, wo alles von Feldspat und Glimmer nur so glitzert. Faszinierende Schleichfahrt an Sanddünen entlang. Gegen Mittag grandioser Fernblick. Tiefe Talabstürze, gestaffelte Felsformationen, Basalteinschübe, Aderngeflecht scharf durchs Gestein. Auswürfe wie von vulkanischen Eruptionen. Vergeblich suche ich nach Kratern und erloschenen Feuerschloten. Über die »Pad«, wie die Afrikaner sagen, die Wellblech-Pisten, die Waschbrettriffel-Pfade, im Höllentempo. Heimleiter von Somnitz erklärt mir die Taktik seines halsbrecherischen Fahrens: nur so sei die Strapaze des Geschütteltwerdens halbwegs zu ertragen, arte nicht in eine Tortur aus. Eine Fahrt auf der Achterbahn, meine ich, sei dagegen doch ein harmloses Vergnügen.

Im Tal der »Welwitschia mirabilis«. Eigentlich erst vor einem Prachtexemplar, dessen Alter Experten auf Grund einer Kohlenstoff-Analyse mit 1500 Jahren angeben, geht mir richtig auf, was dieses botanische Fossil für eine Kostbarkeit ist. Eingezäunt wie ein nationales Denkmal, von weitem mehr an Trümmer eines Helikopters erinnernd, als an eine lebendige Pflanze, liegt sie mit ihren langen Blattzungen, ihrem Blütenquirl, den geschlechtsspezifischen Wülsten mitten im Sand, im Umkreis nichts als das Geglitzer feingemahlener Quarze. Der Sinn dieser ungewöhnlichen Einfriedung leuchtet dem umweltgeschädigten Europäer sofort ein – souvenirsüchtige Touristen würden diesen Methusalem der Nacktsamer unweigerlich Stück für Stück absäbeln und ihrer Exoten-Sammlung einverleiben.

Die mittägliche Siesta – es duftete gaumenschmeichelnd

nach geschmortem Hammelfleisch – endet im allgemeinen Palaver. Weiter geht die endlose Schütteltour über das ausgetrocknete Flußbett des *Swakop*-Rivers. Wiederholt hat es den Anschein, als stecke nun der Japaner, ein *Datsun-Combi,* endgültig im Treibsand fest; aber immer wieder würgt der routinierte Pistenfahrer das mit Hausrat und Passagieren vollgestopfte Fahrzeug durch trügerische Sandfallen. In meinen Respekt für solch meisterhaftes Lenken und Schalten mischt sich doch schon ernste Besorgnis. Leicht eingeschüchterter Hecksitzer, neben einer Schwester Oberin, die nur noch schicksalsergeben ihr schönes Haupt schüttelt, schwöre ich, künftig ähnlich unkontrollierbare Körperbeschleunigungen strikt zu meiden. Eine Beule an meinem schon bedenklich gelichteten Schädel bleibt sichtbares Zeichen meiner schlecht ausbalancierten Gelassenheit.

Als ich – auf die Teerstraße hochkurvend – das Ortsschild von *Swakopmund* sehe, bin ich ehrlich erleichtert. So stolz ich war, diese Knochenzähl-Tour überstanden zu haben, der feste Boden unter den Füßen tut mir gut und dankbar nähere ich mich der nun schon vertrauten Silhouette dieser Bäderstadt am *Benguela*-Strom, der mich mit seinen frischen Brisen munter macht und arbeitsfähig hält. Am Morgen bei der Abfahrt, angesichts endloser Strichlisten hölzerner Leitungsmasten, mit Drähten verspannt und mit Porzellan-Isolatoren bestückt, die noch aus den Beständen der Schutztruppe stammen, hatte ich eine eintönige Fahrt erwartet. Aber die *Namib* zeigte sich als Mondlandschaft, Buschsteppe, Geröllfeld und Modelliertisch goldgelber Sanddünen, vom Bildhauer Wind zu geschliffenen Kurven und makellosen Parabeln geformt.

Ende Februar

Am Mittagstisch, mir zur Rechten, ein älterer Herr im Lodenhemd, weißhaarig, rotgesichtig, offenbar an Bluthochdruck leidend, schwerhörig, trotz Hörapparat. Außerordentlich schweigsam während der Mahlzeiten, aber beim Aufstehen überraschend freundlich, fast jovial den Arm hochhebend beim Grüßen und Hinausgehen. Zunächst wirkt er auf mich, als blicke ihm das Heimweh selbst aus den Brillengläsern. Doch weit gefehlt! Meine Vermutung, er habe die strapaziöse

Flugreise auf sich genommen, weil er in *Windhoek* seine Kinder und Enkel besucht und nun einen Abstecher an die Küste gemacht habe, stellt sich als falsch, ja unsinnig heraus. Ihn eines Abends nach Einbruch der Dämmerung zufällig treffend, in der »Roon-Straße«, die tagsüber von Schaufenster putzenden Owambos oder arbeitslosen Hereros flankiert wird, erfahre ich, daß er keinerlei Verwandtschaft in Südwestafrika habe, zu seinem privaten Vergnügen reise, überhaupt keinerlei kolonialgeschichtliche Ambitionen kultiviere. – Ja, wie denn das? frage ich, während wir schon im Halbdunkel stehen – einfach aufs Geratewohl auf die südliche Halbkugel? Und niemand, der Sie hier erwartet, den Sie persönlich kennen? – Fast mit einer Spur verächtlichen Mitleids, als nehme er Reisende wie mich, die im Auftrag reisen, die Zielorte, Anlaufstellen und Kontaktadressen brauchen, für nicht ganz voll, meint er: Er sei schlicht Einzelreisender, ein Einspänner ohne jeden Anhang. Auf seine alten Tage hin habe er plötzlich Lust bekommen, etwas Ausgefallenes zu unternehmen. Er habe einen Reiseprospekt besorgt, eine äußerst preisgünstige Flugpauschale gebucht, und so sei er von Luxemburg aus gestartet mit einem dieser Großraum-Jets. Mit Kopfhörern versorgt, mit heißen Nackentüchern wachgehalten, habe er die 15 Stunden gut überstanden. 1900 DM für Hin- und Rückflug. Das müsse man sich einmal vorstellen.

Wo er denn herstamme? frage ich ihn, nun ehrlich entwaffnet. – »Aus dem Bremer Land«, sagt er, in unverkennbarem Plattdeutsch, und es klingt, als sei er selbst über diese Tatsache höchst erstaunt. – Von Bremen nach *Swakopmund*, meine ich anerkennend, sei ja nun der allernächste Weg. Eine ungewöhnliche Strapaze für jemand, der nichts als sein Vergnügen im Kopf habe. – Nein, strahlt er mich an. Morgen schon fahre er mit dem Nachtschnellzug nach *Windhoek* zurück. Von dort reise er über *Keetmanshoop* nach *Lüderitzbucht*. – Als ich darauf hinweise, daß das allein schon eine Strecke sei, die mancher in seinem ganzen Leben nicht abstrample, sagt er unbeeindruckt: »Ich habe einen Liegeplatz gebucht.« Die Fahrt dauere freilich die Nacht und den ganzen folgenden Tag. Sich vorbeugend, sagt er – verschmitzt die Augenbrauen hochziehend –: »Es kommt noch verrückter. Ich will noch bis

Kapstadt runter.« – »An den äußersten Punkt der südlichen Hemisphäre?« – »Quer durchs Irrenhaus der Apartheid!« – Mein Respekt ist gar kein Ausdruck für den Grad meiner Verblüffung. Während wir beide schon im Dunkel stehen, fällt er in seine bei Tisch eingeübte Schweigsamkeit zurück. Die Sonne hat es auf einmal eilig, auch noch die letzten Fächer ihres Lichts zuzuklappen . . .

Anfang März

Barfuß, in kurzer Hose und mit zerknautschter Segeltuch-Mütze wenig salonfähig behütet, durch den heißen Ufersand. Die Sonne senkrecht über mir; ihr Standort nicht genau auszumachen, aber wohl leicht über die Ekliptik hinaus im Norden. Das Meer liegt da in majestätischer Ruhe, schmatzt wie ein satter Riese. Vor *Henntisbay* und *Wlotzkas Baken* Flamingo-Kolonien, Salzpfannen und die Guano-Bänke auf Stelzen. Am Strand durch die Brandungsausläufer gestakt, von Pelikanen umflügelt. Eine Welle mit langer Gischtzunge überschwemmt meinen Liegeplatz, macht alles klitschnaß. Abends wieder wie schon üblich lange gelesen. Büffle mit unsinniger Ausdauer Englisch oder Afrikaans . . .

22. März sechsundachtzig

Seit gestern nachmittag in *Windhoek*. Mache mich unverzüglich auf den Weg, die so gepriesene »Kaiser-Straße« einem ersten Augenschein zu unterziehen, gerate prompt in einen Platzregen. Tüchtig getauft, in einem leeren Biergarten ein tellergroßes Wiener-Schnitzel verspeisend, bleibt der erwartete Schaueffekt aus. Vielleicht stellt sich morgen, ausgeruht, mich an die Höhenlage gewöhnend, das von einem Touristen zu fordernde »Aha!«-Gefühl nachträglich ein. *Swakopmund* mit seinen elementaren Bedingungen: Wasser – Sand – Jugendstil (Meer – Wüste – Kunstprodukt) wirkt noch mächtig in mir nach. Wohl nur deshalb dieser mangelnde Erlebnisreiz. Leicht benommen von der pantomimischen Ausgelassenheit flanierender Owambos, tollohrig im Stimmengewirr aus Afrikaans und Otshiwambo, fühle ich mich ausgesetzt – ein Stummer inmitten pulsierender Lebendigkeit und Fremdheit . . .

INHALT

DER UMSCHULER

AUFENTHALTE

WERKAUSGABE

Band 1
Zwischen zwei Feuern / Mit dem Rücken zur Wand
Band 2
Der Umschuler / Aufenthalte
Band 3
Vertrautes Gelände / Ansichten und Perspektiven
Band 4
Jankerbriefe / Literarische Korrespondenz 1951–1987
Nachwort, Biographie, Bibliographie, Personenregister

Josef W. Janker
Werkausgabe in vier Bänden
Band 3

Josef W. Janker

VERTRAUTES GELÄNDE

ANSICHTEN UND PERSPEKTIVEN

Prosa, Aufsätze, Reden

Herausgegeben von
Manfred Bosch

Verlag Robert Gessler

Herausgegeben von Manfred Bosch im Auftrag der
Stiftung Literaturarchiv Oberschwaben.

Gefördert durch die Stiftung Literaturarchiv Oberschwaben,
das Ministerium für Wissenschaft und Kunst, die Stadt Ravensburg,
den Bodenseekreis, den Kreis Ravensburg und die
Kreissparkasse Ravensburg.

Die Stiftung Literaturarchiv Oberschwaben dankt allen Spendern.

Nachdruck der Erzählung „Das Telegramm" mit freundlicher
Genehmigung der Eremiten-Presse,
Copyright Eremiten-Presse Düsseldorf, 1977.
Nachdruck des Kapitels „Ansichten und Perspektiven" mit freundlicher
Genehmigung der Kreissparkasse Ravensburg,
Copyright Kreissparkasse Ravensburg 1973 – 1982.
Fotos: Josef W. Janker S. 15, 44, 69, 73, 160;
Rupert Leser, Bad Waldsee S. 99, 130; Stadtarchiv Ravensburg S. 9, 19, 21.

Design: Reinhard Binder, Berlin.

Satz und Druck: Druckerei Robert Gessler, Friedrichshafen.
Bindearbeiten: Großbuchbinderei Moser, Weingarten.

Printed in Germany – ISBN 3-922137-45-8

VERTRAUTES GELÄNDE

Nadelgeklapper Erinnerung

Dein polyglotter Ehrgeiz – richte ihn ruhig als Exotik-Museum ein, laß die Brandung des *Benguela*-Stroms, von Kormoran-Schwärmen horizontnah beflogen, von Delphinen anmutig übersprungen, durch Deinen Schlaf donnern – Dein provinzielles Gemüt leugnest Du vergeblich. Aus der Wüste *Namib* zurück, mit Kolonialhistorie austapeziert, magst Du das illusionäre Fernweh derer nachkosten, die dieser tödlichen Abwesenheit von allem, was Leben, was Menschennähe erst möglich macht, fasziniert erliegen – ihre einschüchternde Leere leerte auch Dein Gehirn. Aber nie konntest Du sicher sein, ob Dich nicht mitten im vielsprachigen Getümmel, vor Potemkin'schen Fassaden und Jugendstil-Arabesken, hundsgemeines Heimweh befiel, das zwölftausend Kilometer chimärischer Distanzen augenblicklich aufzuheben wünschte. Über die Eselsbrücke gewöhnlicher Zimmereinrichtungen konnte es passieren. Dein schon rückwärts gewandter Blick, wie es Dein Aschenhaar wohlwollend nahelegt, blieb wo hängen?

Deine süffisante Art, mich als reumütigen Nestflüchter bloßzustellen, hat etwas penetrant Verführerisches. Gut, gut! Schuldbewußt räume ich ein: das Elternhaus in der *Oberen Breite* klammerte ich Jahrzehnte geflissentlich aus, mit schlechtem Gewissen.

Gib es nur zu: die mit Hobelbank, Kachelofen, Kommode und Kanapee nicht eben stilvoll möblierte Stube, in der Großvater seinem eher kargen Broterwerb nachging ––

Auf schmales Taschengeld gesetzt, leistete er sich Launen. Nicht selten war ich eines seiner Opfer mit loser Zunge ––

All das fesselt Dich nachhaltiger, als es der *Kisuaheli*-Schüler in Dir wahrhaben will.

Vertraute Befindlichkeiten bei weggesackten Details. Wenn mir mein Gedächtnis kräftig eins vors Schienbein gibt, dürfte die Hemmschwelle nicht allzu hoch sein.

Mit kaum verhohlener Neugier fragst Du: wie war das eigentlich damals, bevor Dich die babylonische Sprachenverwirrerin nötigte, spanische, afrikanische, russische, englische, italienische Vokabeln nachzuplappern?

Ja, hing nicht über der Bettstatt ein geschnitzter Blätterfries, der alte *Trierer* Veduten rahmte? Schlug nicht die Pendeluhr, das einzige Prachtstück über *Kolping-Losungen* und Ehren-Urkunden, verwirrend oft Stunden, die ich gar nicht gelebt hatte? Und blieb nicht ein von der Tante aus Übersee zurückgelassener Alligator, mit dem wir abends arglose Kirchgänger erschreckten, unauffindbar versteckt?

Du hast sicher noch den undefinierbaren Duft aus Sauerkraut, Kerzenwachs und Schnupftabak in der Nase.

Ja, denn im irdenen Tiegel schmorte ein nach altem Hausrezept angesetztes Filderkraut.

Ich vermute eher, Großvaters Schnupftabak gab ihm die spezielle Würze.

Wenn ich von der Schule heimkam, blieb ich immer vor der offenen Türe stehen, schnupperte gierig.

Daß Großmutter Dir den jüngeren Bruder vorzog, hast Du wohl nie ganz überwunden! Aber nun mal ganz ehrlich: was bezweckst Du eigentlich mit dieser poetischen Biographie? Was hoffst Du ausfindig zu machen?

Ich denke doch Heimat –
vertrautes Gelände . . .

Damals – jener heiser geschrieene Imperfekt, der die Schachtdeckel anhebt. Damals – als auf Paukböden, Abbundplätzen und in Kontoren noch ein strammes Regiment herrschte. Damals – als sich der nationale Koller Luft verschaffte in den Lehrfächern Deutsch und Geschichte. Dieses auf Hochglanz gewienerte Gedächtnis, das mit dem Wallach-Geschnaube des Einjährigen protzt. Das Nadelgeklapper Erinnerung, das sich zurückstrickt in die Etappe von Artois und der Picardie. Vaters »schwarzer August in Flandern«, seine Gefangennahme durch die Tommies oder die private Version eines »Klarinettisten in Wickelgamaschen«.

Damals – die Ausdruckshemmungen und Verschlafenheiten eines schwachen Charakters: jene amphibische Doppelgeschlechtlichkeit, die als Fisch nicht ins Wasser findet und als Zweibeiner nicht an Land. Die hochmütigen Unterstellungen, als sei die Keuschheit der Schlüssel zur Vollkommenheit. Der gegenaufklärerische Impetus, die herrschaftsverlängernden Irrtümer: Daß der Ursprung des Bösen im Sündenfall liege, daß Obrigkeit sei, was Gewalt über mich hat, daß der Krieg den Menschen erziehe, bevor er ihn tötet!

Mein Glaube eine Art hydraulischer Widder in mir, mit einer Fallhöhe, die mein Begreifen weit unter sich zurückließ. Das Ärgernis standesbedingter Armut entschärft durch das Ellbogen-Charisma der Sonntagschristen. Zeigte nicht schon das Gleichnis vom Kamel im Nadelöhr, auf welcher Seite die himmlischen Sympathien lagen? Ein Ausgleich in Gerechtigkeit war somit verheißen. Und im Fliederduft Marianischer Antiphonien kam sich auch der mittellose Katholik verschwenderisch vor . . .

Nun sagt aber ein gebeuteltes Naturell, das gewisse Illusionen nur unter Schlägen freigibt, nicht nur seine gelernte Lektion auf, etwa: Damals – als ich nicht mehr jung und grün genug war, auf juliknisternden Abbundplätzen auszuschlagen, und nicht erwachsen genug, aus der Hühnerlosung auf Reißböden Chiffren meiner Selbstfindung zu lesen oder: Damals – als ich, in die Zwangsjacke einer Uniform gesteckt, zur Flucht ansetzte und mit Grenzen großzügig umsprang oder: Damals – als ich die angeborene Platzangst des Katholiken austrug unter der Fuchtel eines raumfressenden Größenwahns . . .

Obere Breite Straße in Ravensburg, um 1930

I

Einen Nachruf verfassen, eine Geschichte erzählen, handfest, poesievoll, heißt einem Fabelwesen nachstellen. Damit kann ich nicht aufwarten. In meiner Kindheit, die ich mit vier Geschwistern im Sakristei-Schatten verbrachte, war kein Platz für romantische Verstiegenheit. Eingeschriebener Pflegebefohlener der Öffentlichen Wohlfahrt, drückte ich deren Mittagstische mit dem Heißhunger des nie ganz Gesättigten. Das verwinkelte Haus Nr. 5 in der *Oberen Breite,* das vierzehn Enkelkindern mehr Unterschlupf als Heimstatt bot, ließ nicht zu, daß ich an Startrampen zimmerte für höheren Ehrgeiz. Alpdruck und Wundertüte in einem, zeigte es sich mir – aus dem Legendenschatz bibelbeschlagener Vorfahren gespeist – eher als Ort der Läuterung, der durchaus seine eigenen Schrecken kannte, seine stillen Tröstungen. Früh schon hielt ich ihm zugute, daß es sich sündhaften Kapriolen so wenig verschloß wie tugendstrenger Verheißung.

Ich habe nicht wie Heinrich Böll das Glück gehabt, den feierlichen Leerlauf des Hochfests der Liebe in einer Satire bloßzustellen, als ein Dauer-Arrangement sanften Bescherungs-Wahns. In meiner Verwandtschaft findet sich nicht jenes Sortiment linksrheinischer Originale, deren beglaubigte anekdotische Präsenz selbst einen amusischen Nachfahren zum Satiriker macht. Mein Großvater, Holzschnitzer aus dem Bayerischen Wald, war ein politisierender Stubenhocker. Seine Fußwanderung durch Bismarcks kleindeutsches Reich bildete seinen einzigen ausschlachtbaren Fundus und Erfahrungsschatz; ihn aber gedenke ich weidlich zu plündern. Ich stehe da sozusagen, wie meine Tante Josefine es formuliert haben würde, auf einem »gemähten Wiesle«.

Mein Vater, selbständiger Schuhmacher, der eine schlechtgehende Werkstatt betrieb, war ehrenamtlicher Vize-Mesner von *St. Jodok*. Werktags das unterbezahlte Handwerk, sonntags sein gewichtiges Amt als Mann des Klingelbeutels, seine aus Sympathien genährte Achtbarkeit. Ostern, Pfingsten, die beiden Himmelfahrten, durchgestanden mit Betsing-Messen unter elterlicher Aufsicht oder in Freßtouren über Land, paradiesisch in Zonen erblichen Schwachsinns. Weihnachten in meiner Erinnerung mit reichlichem Schneefall, frühzeitig geschlossenen Läden und endloser Mitternachts-Mette. Nachträglich fühlte ich Genugtuung, wenn das Kirchenvolk im Dunstkreis durchnäßter Mäntel und Pelerinen in mittlerer Tonlage drei Strophen von »Stille Nacht, Heilige Nacht« ohne merklichen Stimmschwund durchhielt. Weihnachten der frühen Dreißiger. Die Erinnerung an Vaters beharrlich um eine Terz zu hoch angesetztes Klarinetten-Solo, das mich zwang, im Höhepunkt himmlischen Entrücktseins meine Stimme kläglich abzuwürgen. Meine Geschwister, mit hochroten Ohren vom gesüffelten Glühwein, in der von Küchenschaben durchknisterten Stille. Die überheizte Stube mit der schiefgewachsenen Rottanne, die vorzeitig ihre Nadeln verlor. Die unter Leintüchern versteckten kümmerlichen Geschenke, die im diffusen Kerzenschimmer winterlich eingeschneite Gebirgszüge bildeten . . .

Trotz eines beständigen Mangels an Lesestoff war ich von einem wahren Geschichten-Hunger befallen. In meiner Vorstellung gab es eine begüterte Schicht, eine passionierte Leserschaft, die nach handfesten Stories begierig war wie nach einem gut abgehängten Stück Fleisch. Da wurden von wundermächtigen Dichtern Legenden und Märchen verfaßt, von akademischen Lohnschreibern schlüsselfertige Novellen am laufenden Band produziert. Ganze Falknereien wurden frei Haus geliefert, landeten cellophanverpackt unterm Christbaum. Umstelltes episches Hochwild in Fallen, vom umsichtig genasführten Leser genießerisch aufgestöbert. Noch längst nicht alles Seemanns-Garn war zu Lametta versponnen. Nach wie vor sah ich – meine Nase am Schaufenster der »Dorn'schen«-Buchhandlung plattdrückend – Schürfstellen fabulöser Inspiration von Ehrfurcht heischenden großen Namen besetzt: Bruce Marshall tilgte kraft Anrufung das Sündenbabel skandalöser Establishments vom Erdboden, spannte meine kindliche Erwartungsfreude vor die Futterkrippe der Allegorie. Das flandrische Erbe eines Timmermans strahlte mich an, *Felix Culpa,* die glückliche Schuld, pausbäckig zwischen Ochs und Esel auf der Strohschütte; das Wunder von Bethlehem, ausgelegt als göttliches Fangeisen im Dickicht dieses epischen Waidwerks. Bücher, Titel, Verfasser, ihre Namen austauschbar, einen Zauber verbreitend, der auch in einem empfindungsärmeren Gemüt, als ich eines mit mir herumtrug, lange noch nachwirkte . . .

II

Posaunengetragen, baßgrundiert, von einem Tenor (»einen bessren find'st Du nit«) kastratenhaft ins hohe C getrieben, nachschleppend über geharkten Kies (»als wär's ein Stück von mir«), über die *Stapf'sche* Madonna hin, die mit einem Arm voller Grabkreuze unter der geschweißten Kettenhaube dahockt, das Lied vom »Guten Kameraden«. In Dreierreihen gestaffelt Fahnenabordnungen, Delegationen im gestoppten Leichen-Kondukt, das Standbein vorgestellt, die Hände über der Leistengegend gekreuzt, Landwirte, Fuhrknechte, Gespannhalter, überanstrengt im gewienerten Küraß, gichtgekrümmt, ziehen den schweren Säbel nicht mehr mit der gewohnten militärischen Exaktheit. Das Städtische Orchester in kleiner Besetzung angetreten; Kesselpauke, Schellenbaum und Querpfeife beurlaubt; verschluckt *»der Toten Tatenruhm«,* hinabgewürgt das »dulce et decorum est«. Der Dirigent, manschettenberingt, die Arme hochwerfend auf gebremster Himmelfahrt, zeigt sich im vorbildlichen ›Stresemann‹. Jagdloden und Förstergrün durchforsten das Zylinderschwarz barhäuptig stehender Honoratioren. Der emailleblaue Himmel mit Ordensspangen eingefaßt. Hinter gelichteten Asternbeständen verregneter Allerheiligen-Schmuck. Birken entlauben sich fröstelnd im Getöse von geschmettertem Blech.

Unauffällig sich aus dem Schirmspalier lösen, unter einer spinnwebverklebten Thuja durchtauchen, durch Blätterfall und Laubkehricht gehen. Familien-Begräbnisse seitwärts unter verlöschenden Namenszügen. Todesengel abflugbereit über wohltätig wucherndem Efeu. Biographien beruhigt in Bibelsprüchen. Leutnants und Fähnriche hinter schwarz-weißen Medaillons, das Blücher'sche Eiserne Kreuz von Anno 1813, unschlagbare Konkurrenz unter den Kreuzen. Unter Ahorn- und Platanengeraschel stillhalten und an die »gebeilten, gestockten oder scharrierten« Natursteine herantreten.

Graveuren und Steinmetzen die schuldige Reverenz erweisen.

Daß er sein eigenes Grabkreuz schnitzen würde – eigentlich war nichts Überspanntes daran. Die Imitation aus dem *Garmischer Land,* das Wegkreuz mit dem geschindelten Steildach, unleugbar seine gediegenste Arbeit; unter ihm ruhte schon meine frühverstorbene Mutter. Nach fünfundzwanzig Allerseelen-Gängen um einige Parzellen versetzt, überstand es den Umzug wider Erwarten gut. Die noch lesbare Inschrift wurde mit dem Stechbeitel entfernt, der morsche Sockel verkürzt. Unter einsetzenden Herbstregen und Januarfrösten blätterte der Firnis rasch ab. Seltsamer Weise widerstand das Sterbebild unter der Klebefolie jeder Witterungsunbill, und noch immer erkennt man die eisgrauen, erloschenen Augen, in die der Altersstar schwach blakende Windlichter stellte.

Gedämpftes Halali! Der hier achtzigjährig schlummert, wurde ohne militärischen Pomp zu Grabe getragen. Der *Rotkreuz*-Jubilar und verdiente *Kolpingsbruder* fuhr ohne Blechgeschmetter in die Grube. Er heuerte nicht wie der Stellmacher und Leichtmatrose Friebott auf einem Frachter nach *Swakopmund* an. Er lief nicht den »langen Weg von den Teutonen über die Hohenstaufen, damit ein paar Deutsche Raum und Sonne erfahren«. »Damit Verkündigung niemals aufhört«, entdeckte er nicht etwa seine »afrikanische Bestimmung«, sondern seine Berufung in einen Bettelorden der *Eifel.* Daß die Welt »so englisch ist und so wenig deutsch«, störte ihn herzlich wenig. Er fand genügend Himmelsstriche unter der Windrose. Flügge geworden mit den Losungen *Kolpings,* mauserte er sich nicht an »Grimm'schen Schwarmtagen«. Den Satz des Kaisers, fettgedruckt in Depeschen: *»Wir sind das Salz der Erde!«* bezog er auf seine Pilgerschaft als Christ. Er war kein Manes Himmerod. Er hatte es versäumt, als einziger Überlebender seines Regiments aus den Schlammtrichtern Flanderns zurückzutippeln und in der abgegrasten Montur gegen rheinische Separatisten zu kämpfen. Er war um ein ganzes Dezennium zu früh aus dem Mutterschoß gekrochen. Die Jünger'schen »Stahlgewitter« kannte er nicht einmal als Metapher. Während seine Söhne, stiefmütterlicher als er in diese Welt der Sappenköpfe und vorgeschobenen Posten geworfen, stolpernd das Sperrfeuer von Wytschaete und

Paschendale unterliefen, schnitzte er für ein Butterbrot die Orgelempore von *Liebfrauen*. Die poetische Kategorie des »absoluten Getöses« blieb ihm ebenso fremd wie die Jünger'sche Lieblingsfarbe, das »fast schwarze Rot, das wild und schwermütig stimmt«. Von ihm ist kein einziger nennenswerter Ausspruch verbürgt und schon gar nichts, was jenem Trompetenstoß gleichkommt: »Jetzt zieht Leutnant Jünger seinen Mantel aus!«

Die Genealogie meiner Verwandtschaft väterlicherseits nimmt sich trotz schwacher mündlicher Überlieferung respektabel aus, wenigstens für mich, der ich den Mangel an Biographischem durch Zeitkolorit ersetze. Einer Schatulle, Jahre hindurch unentdeckt, verdanke ich die Einsicht in einen Fundus, der neben einer Uhr mit Sprungdeckel, einem Granatschmuck mit zum Teil steinlosen Fassungen, eine Anzahl stark vergilbter Lichtbilder enthielt. Eines davon, aufgenommen zur Zeit des Berliner Kongresses, zeigt einen meiner Vorfahren: einen hageren, spreizbeinigen Mann von unentschiedenem Alter. Zwischen breitklaffenden Reversen läuft, an Schnüren aufgereiht, eine klirrende Münzborte aufwärts. Die abfallenden Schultern, das flache, kantige Rhomboid des Schädels, die Ohrmuschel keck unter der angehobenen Hutkrempe, die engstehenden, stechenden, fast brauenlosen Augen – dieses etwas steifleinene Konterfei eines gestandenen Mannsbilds, das sein Selbstverständnis noch ganz aus seinem martialischen Äußeren herleitet. Anrainer des böhmischen Grenzgebiets um den Arber, unter *Metternich* und seiner Unheiligen Allianz geboren, wies ich ihm den Marktflecken *Bayerisch Eisenstein* als Wohnsitz zu ...

Nachhaltiger fesselte mich die Erscheinung seines – wie ich annehme – ältesten Sohnes, eines in bäuerliche Enge verpflanzten aristokratisch sich gebärdenden Sprößlings, der bei unüblicher Eleganz einen Wimpernschlag reizbarer Verschlagenheit vorwies und schon jenes hochfahrende Gebaren an sich hatte, das sich zwar noch nicht zu politischer Willensäußerung aufrafft, wohl aber eine Spürnase für Delikates und für Intrigantes besitzt (einer »Grauen Eminenz« über die Schulter gesehen). In dieser Richtung bewegte sich sein meist brachliegendes Talent. Gesetzteren Alters las er die »Blaubart«-Fort-

Urgroßvater Janker, um 1860

setzungen der Marlitt in der *»Gartenlaube«,* ließ sich über die gesundheitsschädigende Wirkung der Schnürtaille aufklären. Hochbetagt bestieg er, sicher als erster seines Geschlechts, die »Pferde und Passanten scheu machende, dampfbetriebene Straßenbahn« . . .

Von allen Gerüchten, die über seine Mutter im Umlauf waren, behielt ich nur das eine im Gedächtnis: Sie verberge unter ihrem Gemüse, das sie im Zweiräder zum Markt führte, eine einläufige Flinte. Ihr Porträt, das an einschüchternder Strenge nichts zu wünschen übrig läßt, zeigt sie im Kreis ihrer Familie. Sie trägt ein sackartiges Lüstergewand, breitflüglige Reverse aus genoppter Seide und einen plastronähnlichen Einsatz. Ein Kopftuch, stilwidrig mit abstehenden Enden, legt sich um das großflächige Gesicht. In das erzwungen wirkende Idyll verschränkter Ruhe mehr eingesargt als gebettet, hockt die grobknochige Frau, deren störrische Resolutheit den Umgang mit Flinten und argwöhnischen Förstern glaubhaft macht, über ihren aufgeplusterten Röcken . . .

Es machte mir Vergnügen, dieses Störrische, Zugeknöpfte, spröd Würdevolle, das mich aus den Photos ansprang, auf den einzigen Vorfahren übertragen zu sehen, mit dem ich vertraut war. Ich brauchte nur in das tiefergelegene Stockwerk hinabzusteigen, und schon hatte ich die Verkörperung dieser Eigenschaften in Reinkultur vor mir. Er hatte das großflächige Gesicht seiner Mutter, ihre Robustheit. Mochte er während seiner Jünglingsjahre die Weltläufigkeit seines älteren Bruders imitiert haben. Noch vor seiner Militärzeit streifte er dessen Saloppheit, dessen Dünkelhaftigkeit mit erstaunlichem Freimut ab.

Ihn durch seine Gesellen- und also Wanderjahre zu begleiten, verlangte von mir ein eingehendes Kartenstudium. Durchs Hopfengäu von *Wolnzach* lief er, den Erlaß Bismarcks über das Sozialisten-Gesetz zwischen der Leibwäsche, den Schock des Kaiser-Attentats im Blut, ins Augsburgische lechabwärts. Er schlug sich durchs Ries, ließ in *Nördlingen* für magere Hausmannskost und zwei preußische Taler ein sauber geschnitztes Blätterfries zurück, stromerte im Trachten-Janker mit Tippelbrüdern jagstaufwärts, wärmte sich, gar nicht maulfaul, am Kulturkampf, erklärte sich mit Windthorsts

Zentrum unbesehen solidarisch. Während das neunundneunzigtägige Interregnum Friedrichs III. zu Ende ging, streunte er in einem Bucheckern-Herbst durch die *Hohe Haardt.* Mit der heiligen Nüchternheit des Wallfahrers strebte er dem Unterlauf der *Mosel* zu, nun schon wie ein springender Lachs vor dem letzten Wehr. Den ehrwürdigen Ziegelstein-Torso *Trier* vor Augen, dessen Jubiläum an das ungesäumte Gewand Christi geknüpft war, hatte es mit einem Mal den Anschein, als habe er die spartanische Lebensweise auf sich genommen, dieser einen Ankunft zuliebe.

Unschwer nachzutragen seine Ehrenwachen vor dem Hl. Rock, seine Anwartschaft als Novize des Dritten Ordens. Mühelos nachzuzeichnen, wie er, nach einmaligem Stellenwechsel, von seinem Nordwestkurs abkam, nach gewaltsamem Schwenk, feierlich aufgeräumt, in den schwäbisch-alemannischen Südwesten vorstieß. Beim ersten Anlauf schon schnitt er seine Zukünftige, mit dem Schnitzmesser gleichsam, aus dem etwas blutarmen Tochterstamm eines Papierhändlers. Mit der Klassenersten und »Oberstkönigin«, sie schwängernd, kehrte er zurück ins *Trier* der frühen neunziger Jahre. Erst beim zweiten Anlauf schrieb er sich ins türmereiche *Ravensburg* ein, faßte endgültig Fuß zwischen Kindbett und Hobelbank, während der Aviatiker Blériot sich über den Ärmelkanal warf, Bismarck, Memoiren diktierend, dem Altersbrand entgegenging . . .

Zwischen Votivtafeln und Erinnerungsstücken hingen die Porträts aus seinen Jünglings- und Mannesjahren. Über dem Holzrost einer abgeschlagenen Bettstatt entdeckte ich die stockfleckigen, unter Glas gepreßten Photos aus seiner Kindheit. Eines – das sich mir einprägte – zeigte den Milchbart in Dreiviertels-Schwenkern; ein zweites präsentierte ihn in der feierlichen Verdrossenheit des ersten Schultags; ein drittes hielt den störrischen Gleichmut eines im Anlauf steckengebliebenen Zöglings fest. Ein viertes Porträt, dessen unfreiwillige Komik mich zum Lachen reizte, verewigte ihn in der Paradekluft eines Fußartilleristen. Die dünnen Beine in ein hautenges Hosen-Futteral genäht, den gezogenen Pallasch leicht angehoben an der Hüfte. Ein weiteres Bild, von einer Silberdistel flankiert, zeigte mir den manöverkundigen Veteranen, der niemals im Feld stand, ein letztes aber, wie ihn mir die Erinnerung frisch hält: den Stichel oder Geißfuß in der Linken, das Klopfholz in der Rechten, die schon etwas geschwächten Augen über einem unbedeutenden Schnitzwerk . . .

III

Schlagzeilen des *Oberschwäbischen Anzeigers* vom 13. Februar 1929 –: »Arktische Nacht brachte schlimme Brandkatastrophe – Bei 30 Grad minus wütete Großbrand.« Pflichteifrig nimmt ein Schutzmann namens Stotz zu Protokoll, was sich in jener verhängnisvollen Nacht im Haus des Schneidermeisters August Dörrer ereignete, während ein ungenannter Berichterstatter alle Register einer dramatisch aufgezäumten Reportage zieht –: »Just als das Treiben Prinz Karnevals seinen Höhepunkt erreicht haben dürfte – –, wurden unsere tapferen Feuerleute der Weckerlinie aufgerufen – –«. Schutzmann Stotz, jede persönliche Gefühlsäußerung strikt vermeidend –: »Friedrich Dörrer, lediger Schreinerlehrling, allein im Elternhaus – wechselte Sicherungen aus, löschte dann die Lichter, legte sich schlafen – –. Bei der Vernehmung erst kommt es ihm »siedendheiß, daß er das angesteckte Bügeleisen versehentlich nicht ausgeschaltet hat«. Laut polizeilichem Befund ergriff das Feuer das ganze Haus. Der vergeßliche Lehrling – ein zufällig des Wegs kommender Passant bemerkte den Feuerschein im Erdgeschoß und schlug Alarm – »konnte mit Mühe und Not durch das Fenster ins Freie gelangen und so sein Leben – notdürftig bekleidet – retten . . .«

Der Chronist der *Volkszeitung* schildert den Einsatz der »unerschrockenen Weckerlinie« in beklemmender Emphase –: »Von der mechanischen Steigleiter aus wurden ungeheure Wassermengen auf die Feuerherde geschleudert – –. Unglücklicherweise boten die hohlen Deckenböden dem Feuer einen günstigen Weg – –. Die drei Anwesen Dörrer, Neubrand und Pfauth brannten innerhalb kürzester Frist voll-

Brand in der Klostergasse im Februar 1929

ständig aus ——. Der buchstäblich im Eis erstarrte Brandplatz bot einen schauerlich schönen Anblick ——.«

»Die fast im Eis erstarrten wackeren, über jedes Lob erhabenen Mannschaften ——« (ich lasse nichts über sie kommen, mein leiblicher Vater war mit von der nassen Partie) »Zeitweise waren die Hydranten eingefroren. Das sonst so wohltätige Wasser konnte seine Wirkung nicht in gewohnter Weise ausüben: das Wasser gefror, kaum daß es festen Boden in irgendeiner Form erreichte ——« (ein im Feuereifer durchaus verständlicher Lapsus!) »Es läßt sich nicht leugnen, daß eine ganze Anzahl von untätigen Zuschauern der Feuerwehr gar oft hinderlich im Weg stand —« (irgendwo in der vor Kälte bibbernden Menge steckte auch ich, als naseweiser Erstkläßler, kenntlich an sogenannten »Baurabossa« und knielangen Hosen, den »Dreiviertelsschwenkern«).

Eine mir vorgelegte Photoserie der Sammlung *Zittrell* gibt den Blick frei in die brennende Häuserzeile der *Klostergasse.* Männer der Weckerlinie auf einem ausgebrannten Dachstock, typisch in ihren Messinghelmen (Vater hatte einen solchen auf Hochglanz gewienerten im Schlafzimmer deponiert). Im Hintergrund die bereits eingefahrene Steigleiter, Brandschutt auf dem Trottoir, angekohltes Mobiliar und gefrorenes Löschwasser an Dachtraufen, Ortgängen, Altanen (die Eisbärte in meinem Gedächtnis sind ja nicht schlankweg erfunden).

Und doch erscheint es mir als wahre Kärrnerarbeit, das Lokalkolorit jener Jahre anhand solcher Reportagen in sinnliche Wahrnehmungen umzumünzen. (Die Erinnerungen an Flächenbrände von *Wjasma, Smolensk* und *Witebsk* überlagern sie heillos.) Und nie wirkte Kälte als denkwürdiger Schrecken in mir nach. Auf Kälte reagierte ich offensichtlich mit erfinderischem Trotz. Dem unfreiwillig komischen Nachtrag des Chronisten sende ich einen elegischen Seufzer nach: »Gestern nachmittag überflog eine stattliche Schar Schneegänse die Stadt in südwestlicher Richtung ——.« (auf den Tag genau 16 Jahre später versank *Dresden* im Feuersturm!)

Suche noch etwas mühsam nach Bildern, die im Schwemmsand meiner Kindheit verschüttet liegen. Oder war es gelebte, erfahrene Wirklichkeit, daß ich einmal nachts mit meinem

Vater und den schon ihren Windeln entwachsenen Geschwistern an die Hochwasser führende Schussen trat und zwischen den Leuten herumschusselte, die den Helfern des Technischen Dienstes den Weg versperrten? War tatsächlich die Rechenwiese unterhalb des Sennerbads und der Gossnerhalde kilometerweit überschwemmt? Waren die Keller im Deisenfang und Ummenwinkel vollgelaufen? Zeichnete der sonst so harmlos vor sich hinplätschernde Höllbach wirklich eine reißende Lehmspur in die schmutzig-braune Flut? Kreisten in der gefährlich heranbrandenden, donnernd übers Wehr schießenden Schussen, die sonst unter Pappeln und Weiden gemächlich dahintrieb, entwurzelte Bäume, Hausrat und ertrunkene Kälber? Spielte mir da mein Gedächtnis – aus lauter Wichtigtuerei – einen simplen Streich? Zügle ich also lieber meine fieberhaft arbeitende Phantasie und zapfe erst einmal Archiv-Quellen an (die fließen in diesem Fall nur spärlich) . . .

Hochwasser, Juni 1926

Oberschwäbische Volkszeitung vom 8. Mai 31: »In der Nacht vom Mittwoch auf Donnerstag fiel heftiger Regen, der in seiner Dichte und Ausdauer von unheilvollen Folgen begleitet sein sollte ––. Ettishofener Straße völlig überflutet, Hasenbach und die Gegend um die Bleiche nur mit Kähnen erreichbar ––. Gärten der Rechenwiesen weithin unter Wasser ––. Schmutziggelb wälzen sich die Wassermassen die Schussen hinab, vom oberen Escher-Wehr wälzen sich die reißenden Fluten« (und ich wälze mehr als dreihundert Seiten Druckerschwärze, nur um zweimal auf dieses gewalttätige oder auch unflätige Verb zu stoßen). »Der Höllbach kam mit der Wucht eines kleinen Gebirgsbachs angeflossen. Die steigenden Fluten führen Treibholz und ›manchen in ihren Bereich gekommenen Gegenstand‹ im raschen Lauf mit sich.« (nichts ist mit meinen ertrunkenen Kälbern!) »Hochwasser in seiner Schwere reicht nahezu an die Katastrophe von 26 heran« (die verschlief ich als knapp Vierjähriger, das mag entschuldbar sein). Der wacker-biedere Bericht vom Schauplatz endet mit einem Stoßseufzer: »Man kann nur von Herzen wünschen, daß der Himmel nicht noch einmal seine Schleusen öffnet ––.«

IV

Diese behagliche Unrast in mir, die mich umhertreibt wie einen Korken auf einem Wasserstrudel . . .

Will ich auf meinem nostalgischen Trip wenigstens zeitweise den Herzschlag des Vergangenen spüren, muß ich tiefer in mich hineinhorchen, als es im mittäglichen Verkehrslärm möglich ist. Brauche ja nicht gleich in einen brodelnden Gefühlstrichter zu stürzen, nur weil ich den frühen Dreißigern meine skeptische Reverenz erweise. Zwangsläufig risse das Dämme ein – das katholische Erbe würde frei gespült, Armut, Dürftigkeit als schicksalshafte Fügung hingenommen, als tilgten die im Jenseits einzulösenden Wechsel auf Tugendhaftigkeit den Armeleute-Mief. Ich hüte mich also, dieses aufgeschnappte Reizwort als Einstiegsluke zu benützen. Doch die Suche nach Wegzeichen, die diese Schnitzeljagd ins Vorvorgestern markieren, trete ich voll springender Neugier an. Einiges erkenne ich unschwer wieder; anderes täuscht Vergangenes wohl nur vor. Neben Verwahrlosung und Hinfälligkeit, die mir auf den Sprung hilft, sehe ich auch genug, was mir den Blick zurück höhnisch verwehrt. (Die Erinnerung kann auch vor einer Neonleuchte kapitulieren!) Muß ich von der Vorstellung, Heimat lasse sich wie ein Puzzlespiel stehen gebliebener Relikte zusammensetzen, schon jetzt Abschied nehmen?

Die Stadt ist schöner als je zuvor. Da hilft mir wohl nur die Flucht in die Rosen-, Roß- und Rosmarin-Gasse, um eintauchen zu können in den Verhau von Hinterhöfen, Hasenstall-Idyllen, lichtarmen Treppenhäusern und verwitterten Veranden. Gewisse Partien der Gerber- oder Judengasse zeigen sich ungeniert in ihrem Alterszerfall, mit schmalbrüstigen Traufhäusern und kleinteiligen Fenstern. Ein aus den Fugen geratenes Wohnhaus in der Goldgasse macht mich im Nu zum Augenzeugen. Unbewohnbar geworden, trägt es über seiner schäbigen Fassade die Sprüh-Parole: »Wohnraum darf kein Traum sein!« (Ich denke, Sympathie mit Hausbesetzern wird hier am falschen Objekt demonstriert.)

Einen dieser tristen Hausflure betretend, taste ich mich im Dämmerdunkel des Oberlichts in den muffigen Schlauch vor, sehe die Kellerfalle und das Walzenmuster an den stockfleckigen Wänden. Noch immer dieser schwach haftende Geruch aus verflüchtigtem Ammoniak und aufdringlichem Bohnerwachs. Damals ein mir vertrauter Geruch in einem mir vertrauten Milieu. Zu ebener Erde gelegene Wohnpferche, das von Dauerlesern besetzte Plumpsklosett über der undichten Versitzgrube. *Nena Sahib's* Neunhundert-Seiten-Schmöker als einziger Lesestoff (heimliches Laster des künftigen Literaten?). Und im Alten Friedhof das Standbild der *Germania* (ihr klassischer Busen unterwies Dich einmal in weiblicher Anatomie . . .)

V

Die »Schwanderin«, meine Großmutter väterlicherseits – durch ihr bloßes Erscheinen erweckte sie in mir erste Regungen von Feindseligkeit. Sie übte jene selbstherrliche Vormachtstellung aus, die mich ihre Nähe meiden ließ – wie einen Posten vor Gewehr. Solche entschiedenen Abneigungen entstehen ja nicht im luftleeren Raum. Ein im Grunde belangloser, aber willkommener Anlaß dürfte ihre Reizbarkeit ausgelöst haben. In ihren Augen von jeher ein Ausbund an Wunderfitz und verwerflicher Einbildungskraft, wies ich ihr gewissermaßen die Richtung des geringsten Widerstands. Ich war für sie das am leichtesten auf Trab zu bringende Objekt ihrer Maßregelung und zugleich ihr aufsässigster Untertan.

In den Duftschwaden von Bratäpfeln saß ich, im Rindengeruch frisch geschälter Weidenruten, die Großvater für seine kunstvollen Palmen zurechtschnitt. Mit mir saßen Geschwister, Tanten, Vettern und Kusinen, befangene Zöglinge erbaulicher Unterweisung. Die »Schwanderin« haspelte ihr legendäres Garn ab, unabsichtlich Gebrechen ihrer Sippschaft bloßlegend, unter Berufung auf eine stehen gebliebene Uhr und Klopfzeichen bei Nacht. Das zweischläfrige Bett in der Jungfernkammer. Der noch immer abendfüllende Bericht über einen verhängnisvollen Gang zum Alten Friedhof. »Seffeles« rührender Versuch, das schiefstehende Grabkreuz ihres frühverstorbenen Bräutigams aufzurichten, ihr bezeugtes Mißgeschick. In ihrer begreiflichen Furcht habe sie sich mit der Spitze des Kreuzes selber angepflockt (den Staubfänger ihres fußlangen Rocks und nicht aus Versehen?). Das »Seffele selig» habe das Symbolische des Angepflocktseins lebhaft empfunden und »spornstreichs« ihre schöne Seele ausgehaucht. Meine respektlose Bemerkung: das »Schrättele« sei wohl aus lauter Edelmut verschieden, löste ihren scharfen Verweis aus. Rechthaberisch wandte ich ein, aus purem Schreck sterbe niemand, wohl aber an Herzversagen! Aus mir sprach nicht jugendliches Vorlautsein, aus mir sprach »Blasphemie«.

Ihr Rüffel war rasch verschmerzt. »Seffeles« Tugendhaftigkeit aber litt nicht unter meinem altklugen Einwand. Ihre beispielhaft schnelle Flucht aus ihrer sterblichen Hülle verlieh ihr ein Ansehen, das das einer gewöhnlichen »Armen Seele« weit überstieg. Doch die Unschuld anekdotischer Eintracht schien empfindlich gestört. Meine Neugier aber verlagerte sich ganz in die historische Dimension.

Mein zweitjüngster Bruder, im Zuge notwendiger Restaurierung die »Nummer 5« bis zur Unkenntlichkeit verschönernd, wunderte sich kürzlich über die literarische Verfälschung dieses offenbar aktenkundigen Kriminalfalls. Nach ihm war »Seffele« nicht ihrem himmlischen Bräutigam gefolgt, sondern brutal ermordet worden. Nicht die Gerbergasse war Schauplatz dieser Gewalttat, sondern ein Haus in unmittelbarer Nähe des Münsters. (Warum hatte sich das nicht in Dir eingenistet? Legtest doch sonst so fleißig Leimruten für die Lockvögel Deiner Phantasie!) Schleierhaft scheint mir nun, was mir da (Motiv wie ungleich dramatischere Folgen verdrängend) im Gedächtnis haften blieb – oder war ich auf Mystifikation aus? So billige ich meinem Halbbruder die authentischere Version zu, was mich allerdings nicht zwingend nötigt, meine »Seffele«-Legende, die mich in offene Gegnerschaft zur »Schwanderin« brachte, öffentlich zu widerrufen.

Als ich eines Mittags aus dem *Affenkasten* heimkam – im Geschichtsunterricht war ich erstmals auf ein Bildnis Friedrichs des Großen gestoßen – verblüffte mich ihre Ähnlichkeit mit dem »Alten Fritz«.

Bettlägrig, seit ich sie kannte, lag sie eingeräuchert zwischen Wachsstöcken und Votivtafeln, mit abstehendem Silberzopf und schulmeisterlich geschwungenem Krückstock – ein lebender Anachronismus! Noch nach Jahren tauchte das Bild hartnäckig vor mir auf. Sie war hoch zu Roß (und dabei längst gestorben). Sie trug den auf Taille geschnittenen, abgeschabten Leibrock des Königs. Ihr Auge blitzte herrisch. Die »Langen Kerle« ihrer Garde standen ausgerichtet unter Präsentiergriff. Im Blutdunst und Nebel lag das zerstörte Roßbach – ihr Sieg! Als die Filmvorführung zu Ende war und der vollbesetzte Zuschauerraum im *Eden-Kino* in Aufruhr geriet, blieb ich in der vordersten Stuhlreihe wie angedonnert sitzen. Kalt sah die nun leere Leinwand auf mich nieder. Die königliche Bataille verlor sich in einem Handgemenge vor den Notausgängen. War der Spuk noch immer nicht zu Ende? Kam ich nie mehr aus dem Adlerblick dieser friderizianischen Doppelgängerin frei? Als wäre es gestern erst passiert, die Unterrichtsstunde über die Schlacht bei Leuthen, mein überstürzter Heimgang von der Schule. Als läge die von Weihrauchduft und Schnupftabak geschwängerte ebenerdige Stube noch immer unverändert vor mir. Sie in ihrem Paradehemd, in ihrer wahrhaft königlichen Blässe. (Noch im Tod wies sie Dich zurecht!) Ich aber erwies ihr Respekt wie einem toten Gegner . . .

VI

Auf einen Sprung hinunter zum *Affenkasten* gegenüber vom *Kolpinghaus.* Noch immer steht er unverändert hinter den jetzt ausgewachsenen Linden. Lediglich das verbretterte Pissoir ist verschwunden. Der erste Schultag dämmert herauf: *ABC-Schützen* mit der Wundertüte im Arm (Du brauchst nicht langatmig zu erläutern, warum Dir diese Wortbildung mißfällt!). Für mich war der Schuleintritt kein weltbewegendes Ereignis. Ein Schnappschuß zeigt mich zusammen mit Louis, meinem unzertrennlichen Vetter. Irgendwelche aufregenden Empfindungen verbinde ich mit der Schulzeit nicht. Den Umgang mit Kindern war ich gewöhnt. Das Stillsitzen »Parieren geht über studieren!« war mir früh eingebleut worden (als Mutters Musterknabe in Sachen Küche, Kirche, Kundschaft).

Will ich zurückrufen, was damals meine Phantasie beflügelte –: ein vages technisches Interesse, schwer auslotbare musische Schwärmerei, geschlechtliche Wißbegier und wohl auch ein Anflug von Fernweh, brauche ich nur dieses Panoptikum aus Kinderreichtum, Handwerkerstolz und vergnüglicher Armut aufzuklappen, das sich in der *Oberen Breite* etabliert hatte. Eine Annäherung an Augenblicke scharfbelichteter Glückserwartung gelingt mühelos (fürs heulende Elend fehlte Dir der Dolmetscher!), sobald ich mir die Ohren verstopfe und die Augen schließe. Schon ist die Illusion komplett: Die von Pkw's zugeparkte Straße zwischen der Sakristei von *St. Jodok* und dem *Restehaus Rummler* entleert sich im Nu. Zurück bleibt ein lackschwarzer *Opel P 4,* das *Café Decker* und die Sattlerei (wo ein rabiater Nazi haust), zurück bleibt die *Kanne,* ein anrüchiges Etablissement, einzusehen von umliegenden Veranden und Altanen. Für die biederen Anlieger – schaffige Hausfrauen, bigotte Jungfern und Mitglieder des Dritten Ordens – ist die diskret abgestellte Limousine ein sprechendes Ärgernis (für den Zwölfjährigen, der den Schulranzen am liebsten in Luft aufgelöst sähe) »schlankweg eine Wucht«. Befremdliche Phantasien suchten mich heim. Diese Lokalität, ein Ort des »halbseidenen Gewerbes« (wie Dein Onkel meint), der »kaschierten Unzucht« (wie Großvater grollend hinzufügt), gibt dem katholischen Ambiente einen Anhauch von Verderbtheit, ja Verruchtheit. Meiner durch Sinnesreize geschärften Wahrnehmungsfähigkeit setzte Großvater noch den Stachel, durch sein dramatisches Herabrufen biblischer Plagen auf die »gottlose Bagage«. Im Morgengrauen, auf dem Weg zur Frühmesse, wirkte das exotische Gefährt, diese Nobelkutsche der Sinnenlust, so aufreizend wie deplaciert. Mein kindliches Gemüt indes – Zweideutigkeiten nicht gewachsen – verschaffte sich vorerst noch Luft, indem es in albernes Kichern ausbrach.

VII

. . . Frühmorgens beim ersten Glockenschlag / das Bett zu verlassen / an den schlafenden Geschwistern vorbei / die Schlafschläuche entstöpselt / mit der gestauten Atemluft / über Spreuelsäcken / die Abziehbilder freigelegt / über den Näbeln keuscher Kusinen / im Halbschatten Häuser / mit vorgelegten Läden / Schraffur von Jalousien / ein abgestellter *Opel P 4* / in seiner lasterhaften Dinglichkeit / in den Auslagen Backwerk vom Vortag / ein aus Schweineschmalz modellierter / Hoheits-Adler / der Reifenmann von *Michelin* / die kleinen algebraischen Teufel / auf der Schiefertafel / das Gesetz von der Schwerkraft / die Äpfel in Großvaters »Ländle« / Kürbisse / unförmig wie Wasserköpfe / die Lehre vom Dreisatz / mit drei Sätzen hinterm Zaun / als unerkannter Dieb / oder der Gang nach Canossa / falls der Mundraub herauskommt / die unechten Brüche / »Rotbart Lobesam« / und die halben Türken / die Kälberviertel / vom Metzger *Boos* nebenan . . .

VIII

Solange mir nur die knöcheltiefen Rinnsale des *Höllbachs* und *Krebsertobels* für erste Erkundungen zugänglich waren, bot sich mir die Gelegenheit, mit dem nassen Element Bekanntschaft zu schließen, selten genug. Vor dem fragwürdigen Vergnügen eines Bads lag die Beschwernis eines barfuß zu bewältigenden Fünf-Kilometer-Laufs. Der Rückweg vom *Flappach* über den Höhenweg der *Molldiete* war ein ziemlicher Schlauch. Die schweißfeuchten Körper zogen stechwütige Bremsen an. Und der Erfrischungs-Effekt war verflogen, kaum daß ich die Fichtenschläge oberhalb von *Ittenbeuren* hinter mir gelassen hatte. Tauchübungen über eine lächerliche Distanz bestärkten mich zunächst in der Meinung, Schwimmen erlerne sich wohl ganz von selbst. Ich dürfe mich eben nicht im seichten Uferbereich herumdrücken, bis fröstelnde Schauer die Schulterblätter hochkröchen. Lernbegierig krebste ich im handwarmen Moorwasser herum, wagte mich vor albern heranschießenden Gleichaltrigen demonstrativ ins brusttiefe Wasser. Aber die Bewegungen meiner Arme ließen sich mit denen meiner Füße nicht in Einklang bringen. Aus der ungenau abgesehenen Trocken-Gymnastik der Anfänger und fehlerhafter Atemtechnik wurde ein gegenläufiges Rudern, ein heilloses Gezappel. Wenn meine Gespielen, die den Bogen längst heraus hatten, mit offenen Augen tauchend, Handstände im Wasser vorführten, gab ich vor ihnen – hustend und prustend – keine allzu gute Figur ab.

Doch die entscheidende Probe, meine Wassertaufe, so tröstete ich mich, fände wohl erst statt, wenn es mir gelänge, in einem vor den Eltern verheimlichten Vierstunden-Gewaltmarsch den sagenhaften See zu erreichen. Erst beim Eintauchen in die geheimnisumwitterte Flut würde sich zeigen, was stärker wäre: mein Behauptungswille oder meine Berührungsscheu. Mich der unerklärlichen Tiefenangst zu widersetzen, wollte ich das Äußerste wagen. Schulkumpel, Söhne begüterter Eltern, die den See nicht nur vom Hörensagen kannten, machten mir den Mund wäßrig. Ihr prahlerisches Gehänsel durfte nicht länger ohne dramatische Antwort bleiben; meine Selbstachtung hing davon ab. Es konnte nicht mein einziges Sonntagsvergnügen sein, auf Schnitzeljagd bis zum »*Leibinger-Buckel*« und Bismarck-Hain hochzutigern, nur um einen Fernblick auf den See zu ergattern. Mich wurmte es nicht wenig, diese »Herren-Söhnchen« im Manzeller Strandbad zu wissen, während wir wie die Paviane auf hochragenden Kiefern Maulaffen feilboten, unter uns nichts Aufregenderes als die Eisrutsche der Brauerei, die Lourdesgrotte und die Kreuzweg-Stationen.

IX

... Überschüttet in Vorgärten / unter Sturzbächen von Fallobst / Außenbezirke der Stadt / mit ihren Kleintier-Gehegen / Zwischen Scharen aufstiebender Hühner / eine Läuferriege von Zehn- und Zwölfjährigen / in einem Wettlauf zum fernen See / Unter Möwenfittichen / Dein angestachelter Mutwille / der buchstäblich ins Wasser fiel / Von Brechreiz geschüttelt / verging Dir gründlich die Lust / zu weiteren Mutproben / ansaugender Schlund eines bodenlosen Beckens / Schattenriß eines Pfahlrosts / von Gründlingen und Elritzen / schräg durchschossen / Heraufgerückt in die sagenhaften Bezirke eines Tagtraums / bei stark verändertem Sonnenstand / schon unter entnervenden Pfiffen / rangierender Lokomotiven / durch einen Abgrund an Teilnahmslosigkeit geschieden / pralleutriges Vieh auf der Dämmerweide / sich querstellend das Kehrbild einer Wolke / Wiederkäuerin von längst Gekautem (als sei Deine bevorzugte Art, Dich zu bewegen, noch immer das Gehen auf allen Vieren, zurück ins Paradies) ...

X

An einem Sonntag im Frühsommer vierunddreißig überredete ich meinen gleichaltrigen Vetter und meinen nächstjüngeren Bruder, die Elfuhrmesse zu schwänzen und die geplante Fußtour unverzüglich anzutreten. Der Marsch über die volle Distanz der zwanzig Kilometer überforderte nicht nur mich. Meinen zehnjährigen Bruder, der tapfer mithielt, brachte er mehrfach an den Rand totaler Erschöpfung.

Mir war klar, daß ich nach geglücktem Unternehmen nicht mit Schonung rechnen konnte. Mit der üblichen Ausrede, mich habe es einfach übermannt, brauchte ich nicht mehr zu kommen. Als Anstifter stand mir in der nächst fälligen Beichte eine saftige Buße bevor. Strafverschärfend wirkte allein schon der Vorsatz, handelte es sich doch erstmals nicht um spielerisch verschuldete Verspätung, die einsehbar blieb, sondern um eine Verfehlung am Rand der Fahrlässigkeit.

Also lief ich mit beängstigender Ausdauer, mein schlechtes Gewissen mit Singen und lautem Reden übertönend, von der Schritt haltenden Müdigkeit nicht ernsthaft behindert. Eine mich in Erstaunen versetzende Leichtigkeit stachelte meinen Ehrgeiz an. Läufereigenschaften wenigstens schien ich im Überfluß zu haben. Dann lag die majestätische Silberschwinge vor uns, verschlug mir glatt die Sprache. Während mein Bruder sich der Länge nach ins Gras fallen ließ, Louis aus einem Abfallkorb eine Konservendose fischte, um ein provisorisches Angelgerät zu basteln, stand ich barfüßig auf einer von Moos und Algen glitschig gewordenen Steinstufe. Ungestüm beugte ich mich über die Uferböschung, um die nun nicht mehr aufschiebbare Mutprobe hinter mich zu bringen. Schon antwortete mir der See mit einem Schwall Gischt. Schon kam der langerwartete Schrecken auf mich zu. Louis hielt mir die präparierte Dose hin. Zu spät bemerkte ich, daß ich – auf der blanken Fußsohle ausrutschend – das Gleichgewicht verlor. Hätte ich mich als schwimmtauglich erwiesen – das Ekelgefühl, Elritzen-Wasser geschluckt zu haben, wäre sicherlich schnell verflogen. So aber würgte ich nur noch, schlug in panischer Angst um mich. Hätte mich mein Vetter nicht geistesgegenwärtig am Schlawittich gefaßt, ich glaube, ich hätte mir weniger den Tod angetrunken, als vielmehr mich ertränkt im eigenen Schrecken . . .

XI

. . . Sonntagnachmittage in der *Roßbachstraße* am *Gänsbühl* / Louis, Dein Vetter und erster Freund / zwischen Stößen von Malvorlagen / Im amphibischen Licht eines Terrariums /

Dein schwerleibiger Onkel vor seiner Staffelei / mit seiner schlechtgetarnten Gier / nach gewissen fleischlichen Sensationen / die ihm das Leben vorenthalten / und für die sein nie zu stillender / Hunger nach Gebratenem / einen mehr als kümmerlichen Ersatz bot / Zwischen der Malwut des gebremsten Cholerikers / und der erhabenen Tollheit des Knaben / die Tante in ihrer Hinfälligkeit / auf vorgewärmten Sitzkissen / schon zu Lebzeiten aufgebahrt / unentschieden zwischen Schwächeanfällen / und unerklärlichen Aufschwüngen / einer neugesetzten widerrufbaren Frist / bei überlebtem Bedürfnis / ihr strenges Tee-Zeremoniell / in Versehgängen einübend / ihren vorweggenommenen Tod . . .

. . . Zwischen Pelerinen-Geraschel und Atemgeräusch / in den knarrenden Kniebänken von *St. Jodok* / heilsamer Schrecken angesichts dessen / was zunächst einmal / weniger folgenschwer als lästig war / (Wenn Deine Hoffart einen Spiegel braucht, blick' in den Beichtspiegel!) Triumph des Sünders / der die Gnadenmittel handhabt wie eine Droge / die Hölle schloß sich noch / mit einem kaum hörbaren: / ich widersage! / Vor der behaarten Ohrmuschel des Kaplans / blieb Raum für Deine formlose Zerknirschung / Der hartarbeitende Geistliche hinter dem Gitter / machte kein Anrecht geltend / auf Deine Unterwerfung / *»Wer mein Fleisch ißt und mein Blut trinkt«* / die nicht geheure Zumutung / wo Dich weniger das Verborgene in Brotgestalt anzog / als das Unverwandelte, das Stoffliche / Fleisch, das sich der Verwandlung widersetzt / (Was spornte Deine Phantasie an?) Stirnlocke und Strumpfband einer Dreizehnjährigen . . .

. . . Hatte schon Liebe im Sinn / Nachtigall oder Lerche / auf alle Fälle waren Vögel im Spiel / Juliane / schön wie ein geschnürter Engel / *»Soll ich glauben der körperlose Tod entbrenn' in Lieb und der verhaßte mag're Unhold ——«* / Ein Bettnässer von Rivale / verpatzte Dir den hochdramatischen Auftritt / Juliane – von ihrer verschreckten Mutter zur Rede gestellt / nannte den vorgetäuschten Gifttod eine Mutprobe / (O wackrer Apotheker! Ging Dir da erst auf, daß Dir ein unschädliches Gurgelmittel in die Hand gefallen war?)

. . . Der Patenschaft eines kinderlosen Paars / das vis-à-vis von *St. Jodok* / ein Friseurgeschäft betrieben / gingst Du eigentlich unverschuldet verlustig / kein Sinneswandel der biederen Alten kränkte Dich / Du fielst einfach gedankenlos / aus der Hinterlassenschaft einiger Spiegel / Handwaschbecken und falscher Zöpfe / als schon die Tante aus Übersee / sich einzuschiffen begann / die hochfliegenden Pläne des künftigen Figaros / zunichte wurden / des Gigolos und Leichtmatrosen / der Seesack und spanische Vokabeln / in seine magere Barschaft aufgenommen / die phantastische Reise preisgab / einer Laune zuliebe / (Einspruch! Dir war der Zugang zur Futterkrippe, der Sprung nach *Argentinien* schlicht verwehrt) Vater hatte nämlich / ein Machtwort gesprochen / Er wünschte nicht / daß ein weiterer Angehöriger seiner Sippschaft / ins Land der »Schlangenfanger« auswanderte / der spuckenden Lamas / Und er wollte seinen unbezahlten Gehilfen / der ihm die geflickten Schuhe / der Kundschaft austrug / nicht vor der Zeit verlieren / (Folglich triebst Du weiterhin Rechnungen ein) / bruttelnd oder auch lammfromm / wenn die gefleckte Deutsche Dogge / im Park der Brauerei *Leibinger* / Dir den Zutritt verwehrte / zur hochherrschaftlichen Villa . . .

. . . Polonaise in As-Dur / hinter spaltbreit geöffneten Türen / die Stubenmädchen / mit ihren renitenten Körpern sperrten / Nach Einbruch der Dämmerung / die lärmenden Umzüge der Roten / das gockelstolze Scharwenzeln der Gold-Fasanen / der Blähhals des alten Hafners / aus der *Unteren Breite* / gefüllt mit dem Streufutter seiner proletarischen Parolen / *Rotfront marschiert* (und Du als einer der jüngsten Fahnenträger von *St. Jodok*) unter dem dröhnenden Ansturm / des *Pange Lingua* . . .

XII

Will ich meinen Parforce-Ritt ins Vergangene mit ein paar Finessen spicken, muß ich für eine lokale Humoreske sorgen. Ich bewohnte schließlich Schauplätze stadtbekannter Originale, spleeniger Einzelgänger, deklassierter Außenseiter.

Schmunzelnd lasse ich sie Revue passieren: die schrullige Saumarie, die ihren mit Schweinefutter gefüllten Kinderwagen durch die Unterstadt schob; den in Flandern verschütteten Straßenkehrer, der mit seinem Besen in Anschlag ging wie mit einem Karabiner; die hexenhaft wirkende Kettlerin in der *Möttelin*-Straße, der ich Mutters gestrickte Füßlinge zum Abketteln brachte; den kuriosen Bonaventura Hager, der zwischen *Frauentor* und *Grünem Turm* seinen Stand aufschlug mit Souvenirs und selbstgepinselten Kitschpostkarten. Die Lästermäuler der *Oberen Breite* hatten Hochsaison –: »Saumarie, Dein Karre isch hi'!« – »Kehr' it allbott, sei koin Fallot, mach' it in d' Hos', schiaß en Franzos'!« – »Kettlerin, Bettlerin, Wetterhex, d' Stimm' verschlägt's!« – »Bonaventur, Bonaventur, hoscht a göttliche Statur!«

Harmloses Spießruten-Laufen, im Gefolge johlender Claqueure – ich als maulfauler, genierter Chronist. Einige aufgeklärte Klassen-Kameraden wetzten am »Stein des Anstoßes« ihre losen Zungen. Doch es war auch die Zeit der ersten Schlägertrupps, der braunen Machthaber, der Schurigler, der schlagfertigen Gleichschalter, der uniformierten Wichtigtuer, der humorlosen Denunzianten. Der Spaß hörte schlagartig auf, als ein wildgewordener HJ-Führer mich am Staatsjugend-Tag über einen Sturzacker scheuchte, bis mir vor Wut und Erschöpfung die Luft wegblieb. Wollte mich da ein ins Braunhemd geschlüpfter Menschenfreund beizeiten an Bewegungsarten gewöhnen, die das Überleben sicherten? Trat ich – unter eingebildeter, eingeredeter Feindeinwirkung – ins Zeitalter der Kriechtiere ein? Unter dem Wahlspruch: *»Gelobt sei, was hart macht!«*

Das mit den »Füßlingen« und dem »Abketteln« will erklärt sein. Diese Ausdrücke schnappte ich zu einer Zeit auf, als ich mit Strümpfen und Socken zur »Wetterhex« geschickt wurde, die auf mich einschüchternd wirkte. Sie bediente in ihrer von Katzen, Hühnern und Stallhasen bevölkerten Dachstube einen Rundstrick-Apparat und eine Kettelmaschine, die die fehlenden Fersen und Zehenschlüsse fertigte; eine Technik, wie sie auf der Flachstrick-Maschine, wie mir Mutter erklärte, durch Abwerfen der Nadeln nicht möglich war. Das war schon zu der Zeit, als Vater sein Handwerk an den Nagel hängte. In unmittelbarer Nachbarschaft nämlich war eine Schnellbesohl-Anstalt aufgemacht worden, die ihren kundenfressenden Betrieb eröffnete, ohne jede Rücksicht auf die Tradition gediegen-biederer Handarbeit. Zu dieser Zeit, als Arbeitslosigkeit sich zum nationalen Desaster aufblähte, als zahlreiche Handwerker ihre Existenz-Grundlage einbüßten, tauchte im Jankerhaus ein aus Bayern zugezogener Vulkanisieur auf, der in der *Eisenbahn-Straße* einen Einmann-Betrieb unterhielt. Dieser stattliche Mann, blauäugig, mit gepflegter Hitlerbürste auf mich wie eine Nobel-Ausgabe des Braunauers wirkend, stellte meinen Vater als zweiten Mann ein, was ihn freilich nicht davor bewahrte, zwei Jahrzehnte später als »tariflich entlohnte Hilfskraft« geführt zu werden. Aber in diesen Jahren spontaner freundschaftlicher Zuwendung, als dieser Gönner noch Patriarch in seiner eigenen Familie war, die Gott mit reichem Kindersegen beschenkt und aus »unerforschlichem Ratschluß« mit unheilbaren Leiden »heimgesucht« hatte, kam er aus einem hochherzigen Impuls heraus auf eine rettende Idee: In unserer guten Stube wurde eine mechanische Strickmaschine aufgestellt, auf seine Kosten und auf einer juristischen Basis, die mir unklar blieb. Wollieferungen machten aus dem Wohnzimmer ein Warenlager. Strickwaren – Westen, Pullover, Strümpfe, Socken, Schals und ganze Kleider – nadelten sich unter Mutters flinken Fingern. Abgesprungene Kunden meines Vaters wurden geschätzte Abnehmer von Mutters preiswerter, sprich: »billiger« Strickkunst. Ganz nebenbei versorgte sie fünf Kinder, drei davon halbwüchsig, bekochte den von Außenarbeit und Montagedienst gezeichneten Ehemann, der es sich nicht nehmen ließ, sein geselliges Naturell im »Sängerkranz« aufzuwärmen und mit seinem nie auf volle Stimmkraft geprüften Ersten Baß eine bescheidene Rechtfertigung zu erwirken für sein »aushäusiges« Wesen.

Vornehme Adressen lernte ich kennen auf meinen Schneidergängen. Die Zahlungsmoral der begüterten Kundschaft ließ oft zu wünschen übrig, und mitunter mußte mein Taschengeld herhalten, um den dringendsten Bedarf an Milch, Brot und Butter zu sichern. Doch erinnere ich mich mit Vergnügen an Streifzüge in die *Federburg,* auf die *Kuppelnau* oder den *»Leibinger Buckel«*. Kommerzien-, Medizinal-, Oberstudienräte, Doktoren, Pädagogen, Veterinäre residierten dort in ihren Herrschaftshäusern und Villen, und erste soziale Konflikte legten ihren schlafenden Keim. Eine nicht ganz geheure familiäre Beziehung zum Arbeitgeber und Wohltäter bahnte sich an. Eine Patenschaft krönte die Kumpanei der beiden Frohnaturen. Zweimal auf dem Weg ins Kloster *Sießen* erlebte ich im Fond einer schweren Limousine den ungehörigen Rausch von Geschwindigkeit. Im Paramentensaal trat mir eine hoheitsvolle Ordensfrau entgegen, mit dem exotisch klingenden Namen »Maria Kalasanza«. Während Vater und Patenonkel die Betstille wenig pietätvoll mit lärmend absolvierten Klimmzügen im Turnsaal durchbrachen, sah ich mich mit vertrockneten Kuchenresten belohnt, die nach Weihrauch und Kerzenwachs schmeckten. Glanzvoller Höhepunkt des Kirchenjahrs: die Fronleichnams-Prozession. Als einer der vier Honoratioren, die in Frack und Zylinder den Traghimmel über die goldschimmernde Monstranz hielten, Vaters Chef und ungleicher Freund – eine demonstrativ bezeugte Beziehung, die in jedem klassenbewußten Proleten einen leisen Schauer auslösen mußte.

Daß diese so offen ausgelebte Sympathie im Jankerhaus auch zwiespältige Gefühle auslöste, darf bei solch personenreichem Szenarium nicht verwundern. Alteingesessene, »verhockte« Armut bringt neben Tugenden auch Laster hervor. Neid und Mißgunst über diesen »lukrativen Nebenerwerb« machten sich breit. Kein Wunder auch, wo ringsherum Schmalhans Küchenmeister war. Doch auch die moralische Seite dieser »Liaison« fand neugierige bis scharfzüngige Häme: diese so sichtbar abgepolsterte materielle Existenz verdanke sich wohl eher einer »verheimlichten Liebschaft« als tätig bekundeter Nächstenliebe. Als das bösartig in Umlauf gesetzte Gerücht den Adressaten nannte, riß bei mir der Geduldsfaden. Bei der ersten Begegnung im Treppenhaus sprang ich dem als »heimlichen Roten« angeschwärzten Eisendreher an den Hals, hämmerte mit den Fäusten auf seine behaarte Brust: »Mutter ist keine solche ––, merk Dir das!« (Dir fehlten einfach die Worte, um die Infamie seiner Verdächtigungen drastisch genug zu belegen). Eine Tracht Prügel, die ich klaglos über mich ergehen ließ, besiegelte sozusagen meine Mannbarkeit . . .

XIII

Hochsommer –: Erntezeit, Zeit der Reife, des Überflusses, der köstlichen Fülle. Jahreszeit fingerfertiger Sammler, wuseliger Pflücker, geduldiger Sortierer, kreuzlahmer Ährenleser. »Dein biblisches Pfund laß wuchern!« Ernten aus meiner Sicht bedeutete Frühaufstehen, Bewegungszwang an endlosen Vormittagen, in Sonne, Hitze, Heustaub und Bremsenplage. Ernten hieß Knochenarbeit plus Langeweile, der schiere Verlitt. Ernten hieß ungeschicktes Hantieren mit langstieligen Rechen auf Stoppelfeldern, halbe Tage unterm Kuratel schaffiger Mägde und der anzüglichen Derbheit der Knechte. Ernten – das war aus der Sicht des verweichlichten Städters eine reine Schikane, eine verkappte Disziplinierungs-Kampagne, das Vorspiel auf das, was auf dem Feld der Ehre gesungen werden sollte: *Es ist ein Schnitter, der heißt Tod!*

In meiner Vorstellung reichten die Felder von Horizont zu Horizont, obgleich es nur bescheidene Tagwerke waren. Ich konnte nicht einfach aus der Reihe tanzen, nur weil ich nicht rechtzeitig gelernt hatte, meine Gelüste und niederen Instinkte zu beherrschen. (Die Sprüche des rebellierenden schlechten Gewissens kenne ich so gut wie Du: Hier kannst Du gar nicht soviel sündigen, wie Du im Voraus gebüßt hast!) Ernten, aus der Sicht des sensenschwingenden Knechts und der garbenbindenden Magd, die fremden Besitzstand vermehren halfen, war das eine Sache der enggeschnürten Moral, der durch Gotteslohn, Handgeld und Naturalien abgegoltenen Standesehre. –

Damals im Jahrzehnt des braunen Reichsnährstands zog es die minderbemittelten Städter aufs Land hinaus. Mit gemischten Gefühlen entsinne ich mich der sonntäglichen Gewaltmärsche ins Zocklerland. Vater mit seiner *Voigtländer* auf Motivsuche. Konterfeis seiner fünf Sprößlinge ablichtend, schoß er Sitz-, Steh- und Liegevarianten familiärer Eitelkeit. Dokumentierter Vaterstolz – (ohne ihn hätte ich keinerlei

Belege mehr für Deinen famosen Dünkel). Was sich in der Sommer- und Herbstvakanz in den Stuben und Gesindekammern weitschichtiger Verwandter abspielte, unterschlage ich lieber. Wenn in der Herrgottsecke zum *Angelus* das kuriose Ritual abschnurrte wie ein zahnlückiges Räderwerk, wenn Bauer und Bäuerin, Knechte und Mägde in verschludertem See-Alemannisch das *Vaterunser* herunterbeteten, (daß Dir als Zwölfjährigem das Zwerchfell hüpfte vor unbändiger Lachlust), war ich reichlich entschädigt für die im Vorgriff schon erlittene Unbill. Brotlaib, Mostkrug und ein Bündchen Geräuchertes als Köder auf dem blankgescheuerten Tisch. Mutters weitsichtiges Planen und als Gegenleistung für genossene Gastfreundschaft das Versprechen der Erntehilfe. Du verdingtest Dich mit Vorliebe als Hütebub. Vor mir brauchst Du nicht schalkhaft-verschämt den Unschuldsengel zu spielen. Meinst Du, ich wüßte nicht mehr, daß Du mit der Steinschleuder anrücktest, um von der bewohnbaren Astgabel eines Birnbaums aus die Kühe in Schach zu halten?

XIV

Ich bin ihr sicherlich nie während eines Ernteeinsatzes begegnet; aber ich kenne sie gut, nicht persönlich natürlich. Diesen hageren, starkknochigen Typ, wie man ihn zwischen Laimnau, Gattnau, Beznau und Hemigkofen häufig antreffen konnte, habe ich in meiner Kindheit dutzendfach in Reinkultur erlebt. Ihren dinarischen Habitus mit dem verquält aufrechten Gang, dem zupackenden Lebensernst, der sich kaum Schwächen, »Wehwehchen« zugesteht, verbinde ich bruchlos mit dem Menschenschlag, aus dem sich eine Seitenlinie meiner gemischtrassigen Sippschaft konturenscharf rekrutierte. Doch die Ähnlichkeit mit einer Verwandten mütterlicherseits wäre rein zufällig, heiße sie nun *Rosina, Sofie, Genoveva, Walburga* oder auch *Albertine*. Jede von ihnen, auf ähnlich würdevolle Art gealtert, hätte ihre liebe Not, sich merklich von ihnen zu unterscheiden. Jede ist bis ins hohe Alter arbeitsfähig geblieben, obschon Jahrzehnte geplagt nicht nur mit dem, was Frauen eben so zustößt. Stillschweigend setze ich voraus, daß sie fast sechzig Jahre alle in der Landwirtschaft anfallenden Arbeiten (von denen Du altklug daherreden wirst) ohne Murren erledigt hat. Ihre abgeschafften Hände, wettergebräunt, mit rissiger Haut und schlecht heilenden Schrunden, sind von der Gicht gezeichnet. Immer schon trug sie über längst aus der Mode gekommenen Kleidern geblümte Schürzen, im Ausverkauf erstanden. Den von Sonne und Regengüssen gebleichten Strohhut, der am oberen Rand brüchig geworden ist, nähme sie wohl am liebsten ins Grab mit (wenigstens haftet Deine Einbildung hartnäckig an dieser kindlichen Vorstellung). Ein nie ganz sich verlierender Ammoniakgeruch hängt ihr an, hält blasierte Städter wie Dich auf dümmlicher Distanz. Mit *Hunden, Katzen, Kälbern, Kühen* stand sie und steht sie auf vertrautem Fuß. Wie sollte sie auch die Zutraulichkeit von Tieren nicht dankbar dulden, wo ihr der gesellig-unbefangene Umgang mit Menschen, geschweige Partnern, lebenslang versagt blieb? Siehst Du sie zufällig einmal beim Mähen oder Sensendengeln, begegne ihr nicht übertrieben höflich, als müßtest Du stellvertretend Abbitte leisten. Doch grüße sie auch nicht herablassend, gönnerhaft, bloß weil Du die Welt gesehen hast und sie nur ihre *Schleinseer* Parzelle . . .

XV

Pedantisch, wie das so meine Art ist, starte ich – um den ersten Schrecken über die Leere meines Gehirns zu überdekken – ein kleines Rechenexempel, zähle stumpfsinnig Hopfenstangen. Bei 422 verliere ich die Übersicht und wohl auch die rechte Lust: zählte ich etwa aus Versehen die Schattenrisse mit? (Nun, Dir würde es nicht im Traum einfallen, mich zu korrigieren, indem Du nachzählst.) Aus einer gewissen Höhe besehen, gewinnt ja diese Masse Rundholz, die der Zimmermann in mir auf runde einhundert Festmeter veranschlagt, die Leichtigkeit und Akkuratesse einer Kaltnadel-Radierung. Mir würde ganz schön mulmig, sähe ich mich in die Lage versetzt, Hopfengärten unter mir wegsacken zu sehen, daß sie auf Nadelkissen-Größe schrumpfen. (Zum Glück zwingst Du mich nicht, meine Höhentauglichkeit unter Beweis zu stellen.) Vorerst halte ich mich lieber zu ebener Erde auf, verbringe einen traumhaft schönen Nachmittag in der Tettnanger Gegend. »Domäne Kaltenberg« aus gehöriger Distanz, im Nahblick, schon süchtig nach Kindheits-Erinnerungen: Tannau, Laimnau, Gattnau, Nitzenweiler, Hiltensweiler, Berger Höhe oberhalb von *Beznau.* Und spätestens da fängt mein melancholischer Pudel zu jaulen an. In einem Anflug von Wehmut kraule ich meiner Neugier das Fell, fühle die Zeitschranke fallen. Der Sprung zurück gelingt mühelos:

August fünfunddreißig – ein Jahr vor den Berliner Olympischen Spielen. Dreizehnjährig rückte ich zum Hopfenbrocken ein, Zauberformeln sportlichen Wettbewerbs im Kopf, und so gar nicht willens, mein Tagessoll abzuleisten, um die kümmerlichen Einkünfte meines Vaters aufzubessern. Eine der Tausendstock-Plantagen, in denen ich die Langeweile und Strapaze eines Zwölfstunden-Tags durchzustehen hatte, erkenne ich unschwer wieder. Alles ist für Augenblicke gegenwärtig: das verdrießliche Sitzen unter der regendurchfeuchteten Sack-Kapuze, die klebrigen, unentwirrbaren Ranken im Schoß, die widerwärtigen Berührungen auf der Haut durch Heuschrecken, die in ihrem Tarngrün Teil einer widerwärtigen Natur waren, das monotone Gefingere schwatzender Frauen vornehmlich älterer Semester, deren hochgeschraubte Pflücker-Norm mich von vornherein zum Versager stempelte. Gegenwärtig ist meine Flucht zu den bremsengeplagten Kühen, gegenwärtig mein damaliges Eingeständnis, als Viehhirte tauglicher zu sein denn als Pflücker, der ich täglich auf meinen vier Vierteln sitzen blieb, der ich mich weigerte, den geforderten obligaten Nachschlag zu liefern, den »Schochen«, der das Maß voll machte in jeglicher Hinsicht . . .

Reichlich überzogene Darstellung, wirst Du mir vorhalten, absichtlich eingefärbt, um aus alltäglichen Banalitäten literarisches Kapital zu schlagen. Schon möglich, mein Lieber, aber vielleicht verblaßte auch, was Dir in der Kindheit über diese weitläufige Verwandtschaft der Basen und Geschwistrigen-Kinder zu Ohren gekommen war, zu bloßen Namen: die *Zürns,* die *Bruggers* und deren vornehmes Pendant, die *Sonderhoffs* in Hemigkofen. Vielleicht sind das für Dich nicht einmal mehr geläufige Namen: Georg Zürn, der im Kopf nicht ganz richtig war und »Judenstricke« rauchte, Rosina, die das »Fallende Weh« hatte. Abends vor dem Einschlafen auf dem Strohsack das bewegungslose Liegen, wollte ich mir nicht – das Geschlecht meldete sich schüchtern – durch verräterisches Knistern das anzügliche Gerede der Knechte auf den Hals ziehen. Vorher die beliebten Pfänderspiele, verstohlen ausgetauschte Küsse, unbeholfene Zärtlichkeiten, schierer Mundraub im Rücktausch der Pfänder, harmloser Utensilien. *Kugels* frühreife Töchter mit ihrem unerschöpflichen Liedschatz »Letzter Rosen« und vergeblicher Liebesmüh'. Die Zweitälteste von sieben mit ihrem herben Liebreiz. Paradiesäpfel hinter der Batistbluse versteckt; mein flinkes Auge graste auf verbotener Weide. Albertine mit ihrem jungenhaften Ungestüm, die mir mehr als einmal aus einer verfänglichen Lage half . . .

XVI

Ein leerer Bauch tröstet sich leicht mit einem vollen Kopf. Penibel verwalteter Mangel hält sich schadlos an Illusionen. Der vegetarischen Darbnis, der fleischarmen Abfütterung antwortet ein Erlebnishunger, der sich vorerst noch Luft verschafft in mimischer Exaltation. Erzwungene Abstinenz – eine Schlemmerei in Gefühlen und Phantasien kompensiert sie. Irdische Dürftigkeit, materielle Notdurft, in der Zwickmühle von Aufsässigkeit und spartanischem Ideal. Wenn ich abends, das Gebetläuten absichtlich überhörend, vor verschlossener Haustür stand und mich zur Strafe auf eingeweichtes Brot gesetzt sah, das ich aus den Hasenställen meines Onkels entwendete, der im Ruf eines Proleten stand, büßte ich die mutwillige Auslegung elterlicher Ordnungswillkür, die offenkundig wurde, sobald eine Maiandacht fällig war oder eine abendliche Novene.

Die Armut – unkündbare Dauermieterin – hockte im Jankerhaus wie eine Hundszecke im Haarbalg. Der Einfallsreichtum verhinderter Parodisten machte sie zur Bühnenfigur. Gegenspielerin Melpomenes, meiner erklärten Muse, wies ich der hohlwangigen Schreckschraube nur stumme Rollen zu. Mir schwebten opernhafte Verstrickungen vor; sie aber zog die Mundwinkel herunter, als wäre das Leben nichts als ein anödendes Alltags-Ritual, im eintönigen Wechsel von Nahrungsaufnahme, Bewegungszwang und traumlosem Schlaf, ein einziges Trauerspiel.

Die angeborene Mittellosigkeit – die Rollenhaftigkeit meiner Auftritte nahm ihr den schärfsten Stachel. Die anerzogene Bedürfnislosigkeit – Großvater hinderte sie nicht, Weltpolitik aus der Sicht eines Verschwenders zu sehen. Bayerischer Dickschädel, der am liebsten schon zum Frühstück einen Preußen verspeist hätte, verteilte er großzügig ganze Provinzen, setzte mißliebige Parlamentarier ab, machte Windthorst zu seiner Gallionsfigur. Politik hatte absolute Priorität. Kein Wunder, daß er mehr über Zeitungen saß als über seinen Stemmeisen und Schnitzmessern aus feinstem englischen Stahl. Fünfunddreißig wetterte er gegen Mussolinis Schwarzhemden, die »Katzelmacher«; sechsunddreißig lästerte er über das Imperium der Faschisten, die am 5. Mai *Addis Abeba* besetzten. Das war für mich ein willkommener Anlaß, mich in ein Leintuch zu hüllen, mir das Gesicht zu schwärzen, um als *Haile Selassie* die Huldigungen der Geschwister und Kusinen engegenzunehmen.

Seit Großvater einen Reichsadler aus Schweinefett modelliert hatte, der im Schaufenster der Metzgerei *Boos* bewunderter Blickfang war – die Besitzerin revanchierte sich freigebig mit einem Dauer-Abonnement auf Wurstabfälle –, gefiel er sich in der Rolle des parteiischen Wohltäters. Allabendlich, mit Ausnahme des durch Fasten vorbelasteten Freitags, bildete sich vor dem Jankerhaus eine Schlange hungriger Mäuler, begierig, aus Schnupftabak-Fingern einen Zipfel Wurst zu ergattern. An der Größe und Qualität ließ sich die Einschätzung ablesen, die der selbstherrliche Spender fleischlicher Genüsse für den Empfänger hegte. Er, der nie eine schwäbisch-alemannische Vokabel in seinen Wortschatz aufnahm, wurde kein zweiter *Salomon*. Seine Spendierlaune teilte willkürlich ein: in Beschenkte und Gemaßregelte. Wenn er meinem Bruder einen saftigen Kanten Leberkäs mit röscher Kruste zuschob und mir ein Rädchen vertrockneter Blutwurst, fühlte ich mich in meiner Hoheitswürde als *Negus* (»Haile, sei leise!«) ernsthaft gedemütigt.

Mündlicher Überlieferung zufolge wohnten im Hinterhaus unterm Blechdach einmal italienische Streckenarbeiter. Die über eine Katzenstiege erreichbare »Italienerkammer« barg einen Fundus unverkäuflicher Schnitzereien und Gipsmodelle. Zwischen abgelegtem Hausrat stapelten sich Jahrgänge der für mich unlesbaren *La Prensa* aus Buenos Aires, die meine Tante aus Übersee regelmäßig per Schiffsfracht schickte. Diebisches Vergnügen empfand ich, wenn es mir gelang, Großvater, der gern ein Nickerchen machte, den Schlüssel zu stibitzen. Dann mauserte sich diese Rumpelkammer zum Olymp. Für Augenblicke trunkenen Entzückens öffnete sich mir eine Galerie respektheischender antiker Heroen; mein angeschlagenes Selbstwertgefühl war wieder intakt. Ein nur mittels Leiter betretbarer Zwischenboden überm »Lädele« wurde zur Fluchtburg, wo Schillers jugendlicher Held sich von der Kränkung erholte, wenn Vaters Knieriemen zum pädagogisch verlängerten Arm seiner unernsten Erziehungsversuche wurde.

Mit Vorliebe sprach er damals von »Fehlen« / alemannischer Ausdruck für minderjährige Mädchen / Inge – ein frühreifes, aufgeklärtes Geschöpf / war der erklärte Schwarm / der halben Unterstadt / Eine überaus gelehrige Schülerin / frivoler Liebelei / zeigte sie im Umgang mit ihrem Körper / eine Selbstsicherheit / die mich frappierte / In Pfänderspielen / war sie zu artistischen Entblößungen bereit / die Mädchen herberen Schlags / nicht einmal zu denken wagten / Pauline – sportlich burschikos / von knabenhafter Unbefangenheit / haßte Pfänderspiele / fand das »Knutschen und Schmusen« / über ausgelosten Pfändern / widerwärtig / liebte Schnitzeljagden / die sie in einer Horde / losgelassener Dreizehnjähriger / in den hintersten Deisenfang führten / wo die Zigeuner hausten / die »Tschaggalas« / Sofie – von mir gekürte Hinterhof-Muse / erschien mir wie der Inbegriff / von Liebreiz und Zerbrechlichkeit / Doch stand wohl meine eigene Schüchternheit / gegen ihre Berühungsscheu / so daß sich unsere stummen / Bekundungen von Sympathie / gegenseitig blokkierten ...

(Prächtig, prächtig! Allmählich läufst Du zu großer Form auf.)

Gretel – lebenstüchtige Tochter / eines Haarkünstlers / aus der *Rosengasse* (Du würdest Deinen Klassenkameraden niemals erlaubt haben, abschätzig von einem Friseur zu reden!) Gretel war wunderfitziger / auch berechnender / als mir vertretbar schien / Sie ließ sich ihre Zuneigung / schlicht honorieren (machte Dich tributpflichtig mit der Auflage zeitlich gestaffelter Präsente). Musterstücke aus Mutters Wollsortiment / entwendete ich / kaufte mir ihre schäbige Gunst / schwafelte vor Louis / der mich durchschaute / von Seelenverwandtschaft (Bescheidener Triumph für Dich: Dein listig erzwungenes Verlöbnis unter den Zypressen des Alten Friedhofs) ein mit Ringtausch und Schwurfinger / besiegeltes Geheimnis / Während ich / unter der achtäugigen / Wißbegier meiner Geschwister / zu Teilgeständnissen neigte / verriet sie der erstbesten Klatschbase / den einseitigen Pakt / Der Wollieferant blieb eben gefragter als der Liebhaber!

(Hört, hört! Welch schöne Verstocktheit schlägt sich da durchs pubertäre Unterholz! Nicht zu vergessen Dein prahlerisches Auftrumpfen vor Gleichaltrigen, das Dir den ehrenrührig-schmeichelhaften Ruf eines »Mädchenpfützers« einbrachte.) Einmal überraschte ich meine Kusine, wie sie vor einem Spiegel heimlich ihre Lippen nachzog. Großvater, der hinter jedem Waschvorgang, der übers Händeschrubben hinausging, Hoffart witterte, stellte sie zur Rede. In seinen Augen war ihre kindliche Eitelkeit wohl schon ein beichtwürdiges Vergehen. Tapfer ihre Partei ergreifend, verdarb ich mir die Anwartschaft auf saftigere Wurstzipfel. Als ich mit einem leuchtenden Kußmal auf der Wange im Hausflur erschien, konnte ich mich kaum retten vor dem Gehänsel meiner Geschwister. – Zu dieser Zeit, als die *Legion Condor* in Spanien ihren *Heinkel & Messerschmitts* »Freie Jagd!« gab, war Großvater solch ein Faschistenverächter, daß ein einzelner »Goldfasan« seinen Appetit schon nicht mehr stillte. Über den »Fettwanst aus Karinhall« spottend, schlurfte er – sich eine Prise Schmalzler untern Schnauzbart schiebend – vors Haus, hielt zum Zeichen des Abscheus beide Zeigefinger vor die Stirne. Niemand mußte erst lange rätseln, wer da gemeint

Haus Nr. 5 Obere Breite Straße in Ravensburg, Elternhaus des Autors, um 1930

war. *Göring* war mal wieder an der Reihe und *Goebbels,* der »Leibhaftige!«

(Kurios, kurios, seine fahrlässigen Possenspiele auf offener Straße!) Wäre Großvater nicht ein stadtbekanntes Original, ein allseits beliebter *Rotkreuzler* gewesen, der an Fronleichnam wie am Rutenfest seinen Bauchladen mit *Hoffmanns-Tropfen* und Würfelzucker vor sich hertrug, blutarme Gören zum Ohnmachtsanfall geradezu animierend, wer weiß, wie lange die lokale NS-Obrigkeit seine Ausfälle toleriert hätte. Aber Du greifst in Deinem Überschwang, dramatische Knoten schürzen zu wollen, weit voraus. Noch herrschte ein labiles Gleichgewicht zwischen belustigter Neugier, hämischer Schadenfreude und frostigem Gewährenlassen. Die politische Burleske stand auf dem Spielplan.

XVII

Als meine Tante aus *Trier* mit ihren sechs »Plagen« ankam und den dreistöckigen Verhau aus Alkoven, fensterlosen Zimmerschläuchen, Dachschrägen, Treppenabsätzen und Trokkenbühnen mit dem flapsig-komischen Naturell dieser moselländischen Lebenskünstler füllte, war nicht nur die Christenpflicht tätiger Nächstenliebe auf die Nagelprobe gestellt: *»Wer mich aufnimmt in seinem Namen!«* Brachliegende Talente bildeten im Handumdrehen theatralisches Personal. Mir verwandelte sich das mit Körpern bis an die Grenze statischer Belastbarkeit vollgestopfte Haus in eine Bühne mit Schnürböden, Kulissen, Soffitten und Falltüren.

Die alles schlagende Attraktion, meines gleichaltrigen Vetters ganzer Stolz: ein Grammophon mit einem Stapel Schallplatten. Ein Hund vor einem Trichter. *»His Masters Voice.«* Erstmals hörte ich die Stimme Benjamin Giglis, sein atemverschlagendes *»Lache Bajazzo!«* von Ruggiero Leoncavallo oder das Frösteln machende *»Wie eiskalt ist dies Händchen!«* aus Giacomo Puccinis *La Bohème.* Mit einem prachtvollen jugendlichen Tenor begabt, in den oberen Lagen leicht knödelnd, schmetterte der angehende Handelslehrling seine Arien, im lässig imitierten Italienisch des geborenen Herzensbrechers. Das Unvermeidliche nahm seinen Lauf. In die Kaugeräusche magerer Mittagskost drang das Bach-Gounod'sche *»Ave Maria«* oder das Furioso aus Pietro Mascagnis *»Cavalleria rusticana«*. Mich hielt es nicht lange bei den Hausaufgaben. Abspüldienst und das obligate Wollespulen waren in halber Zeit erledigt. Auf dem Kellervorplatz wurde eine behelfsmäßige Bühne errichtet. Ein ausrangiertes Kinderbett, wichtigstes Requisit, wies der Stoffsuche Ziel und tragisches Gefälle. Mein malender Onkel – als versierter Kopist hin- und hergerissen zwischen Herz-Jesu-Inbrunst und Rubens'scher Fleischlichkeit, avancierte zum Kulissenzauberer. Selber nur mit einem brüchigen Bariton »begnadet«, kam ich für eine tragende Rolle nicht in Betracht. Weil ich einmal unvorsichtig genug war, mich in einem schäbigen Frack zu zeigen – wohl noch aus Großvaters Brautzeit stammend –, war mir ein Gastspiel als Dirigent der *Mailänder Scala* sicher. Ein dankbares Publikum – die um die Bittsteller aus Großvaters Wurstladen verstärkte Sippschaft, die abends Schlange stand – zeigte sich in melodramatischer Verständnis-Innigkeit meinem Ideal der »opernhaften Verstrickung« glänzend gewachsen.

Als »Jack Trummon« alias »Jankibura« (aus Janker und Bures zusammengesetzt; ein damals berühmter Sänger fast gleichen Namens und Karl Erb, gefeiertes Stimmwunder Deiner Heimatstadt, liehen geborgten Glanz) die Titelrolle des »Rudolfo« sang, lag nicht die verführerische Inge oder die keusch-kalte Sofie im Kinderbett, auch nicht die burschikose Pauline oder die mir sündhaft anverlobte »Wollelster«, sondern mit angezogenen Knien mein Bäschen vom ersten Stock. Als Zwölfjährige von fernöstlicher Puppenhaftigkeit, spielte sie hinreißend stumm die Rolle der sterbenden »Mimi«, zeigte in ihrem Mandelblüten-Gesicht süß verdämmernden Liebesschmerz. Mich fror es bis in die Haarspitzen und ich vergaß ganz, den Taktstock zu heben, als die berühmte Stelle kam mit dem herzabschnürenden *»Wie eiskalt ist dies Händchen!«* Meine Tante Josefine, so erschreckt wie gerührt über die Verwandlungsfähigkeit ihrer Tochter, offenbarte sich dem Publikum in hochgradiger Erregtheit.

Wer dem Opern-Spektakel die kühle Schulter wies, war Großvater. Vor seiner neuesten Errungenschaft, einem Volksempfänger sitzend, trennte er sich nur von ihm, wenn häusliche Pflichten oder ein nicht länger überspielbares Schlafbedürfnis ihn zwangen, ihm den Rücken zu kehren. Sein Ausdruck schnaubender Verachtung bekam nun eine dialektische Note: sein pantomimischer Trick, *Goebbels* als »leibhaftig Gehörnten« öffentlich bloßzustellen, schlug um in Polemik und biblische Unheilsverkündung. *Nostradamus'* gereimte Weissagung und *Zarathustras* Erlösungslehre bezog er nun aufs aktuelle Tagesgeschehen. Seine Bärbeißigkeit, seine Ausfälligkeit – von naiven Gemütern als Altersstarrsinn lächerlich gemacht – steigerten sich zum Affront. – (Spiel' Dich bloß nicht auf! Auch Du sahst in seiner »Faxenmacherei« lange genug nur ein geduldetes Ärgernis . . .)

XVIII

Wie einer der Anwärter auf den ersten sturzfreien Durchgang, erschien Louis auf dem zugefrorenen Weiher am *Deisenfang.* Mit rudernden Armschwüngen flog er aufs Eis hinaus, unbekümmert um das hämische Grinsen Gleichaltriger, deren einfallsreiche Verschlagenheit ich fürchtete. Einen heiseren Vogelruf ausstoßend, schoß er ihnen davon, ließ das Feld mittelmäßiger Läufer hinter sich zurück. Er machte mit einem Mal vergessen, daß er »Absatzreißer« und zu knielangen *Bleyle*-Hosen ein lächerliches Stirnband trug. In tollkühner Schräglage, die Fußspitzen nach außen drehend, fuhr Louis seine Bogenachter und Doppeldreier, schnitt – bei kräftig durchgebogenem Kreuz und der Schwerkraft spottend – seine Viertelsmonde ins suppige Eis. An den Rändern und tauenden Schlieren schäumte das Grundwasser herauf, mit den Ablagerungen von Schilf und Kalmus, dem starräugigen Geschiele gefleckter Barsche, den unaufhörlichen Strudeln unter dem Eis, während Louis einsank, wegbrach unter bösartig erschrecktem Gekicher, stehend einfuhr wie ein wassernder Löffelreiher . . .

. . . Auftritte von Louis / die er im Alleingang bestritt / Nach mustergültigen Abgängen / vom Barren oder Pferd / hechelnd wie ein junger Spaniel / aber körpertrocken am Hochreck /

seine sprichwörtliche Gewandtheit / die auslastbare Stille / zwischen seinen konkurrenzlosen / Klimmzügen und Achselhängern / Mitschüler sprachlos vor Neid / unter der Fuchtel eines alten Graukopfs / der bereicherte die Nachwelt / um einige trockene Lehrsätze / der Planimetrie / Turnhalle und Sportplatz, ich weiß / zählten nicht zu den Örtlichkeiten / die Du freiwillig aufsuchtest / Körpertraining, Schlagwechsel / das Herumstehen im Turndreß / die kalten Lederrücken der Böcke / (das alles setzte Dir ziemlich zu, machte Dich steif vor Ekel und innerer Abwehr, ließ Dich das Ende der gymnastischen Folter mit Ungeduld herbeisehnen.) Turnerriegen armschlagend / in durchschwitzten Leibchen / Läuferinnen vor dem Start / seilhüpfende Sprinter im leichten Urindunst / (Deine geradezu krankhafte Berührungsscheu!) . . .

XIX

Primitive Knüppel-aus-dem-Sack-Spiele / kamen damals in Mode / das bündische Jugend-Ideal in Verruf / Parolen des *Stürmers* tauchten auf / der *Völkische Beobachter* / sah Dir über die Schulter / Decknamen für Anrüchiges oder Barbarisches / das sich noch mit der Maske des Biedermanns tarnte / Man half der Historie in die Kinderschuhe zurück / Brust, Achsel und Schulter / avancierten zu Platzhaltern nationalen Übermuts / Das affige Getue mit Fangschnüren und Lametta / steckte ganze Klassen und Jahrgänge an / Traditionsverbände / deren bauchrednerisches Habacht-Geschrei / gestern noch eine Marotte der Stammtische war / mauserten sich zum chauvinistischen Kartell / Sollstärken, Dienstgrade, Kalibernormen / zogen dem Wortschatz des Gemeinen Mannes / der mit einem Mal hoch hinaus wollte / ein strammsitzendes Korsett ein / Dreistelliges machte die Runde / HJ-Bann 124 Welfen, Infanterie-Regiment 247, Füsilier-Bataillon 127 – (Du sagtest wie ein richtiger Großkotz: Eins-zwo-sieben!) Verändertes politisches Klima einer Stadt / die der Braunfäule nur halbherzig widerstand / gegen den Rotlauf aber immun blieb . . .

. . . Vergleiche hinken (das ging Dir früh genug auf). Vaters Trophäen-Sammlung von Zündern, Kartuschen, Ausbläsern und gravierten Führungsringen: (als Beitrag ist sie einfach abendfüllender als Dein schülerhaftes Aufsagen von Ordnungszahlen.) Noch bist Du als zweiter Mann in diesem Duo vaterländischer Rivalität wohl gelitten. Du bleibst aufgefordert, herzhaft mitzumischen und es dem württembergischen Musketier nicht allzu schwer zu machen, Dich einen »jungen Spund« zu heißen. Also gleich noch zum Eingewöhnen Vaters Standardgeschichte aus Flandern, wenn die obligate Partie Schach von ihm gewonnen und das Viertele Konsumwein von *Gaissmaier* »geschlotzt« ist.

Eine gern gesehene pantomimische Einlage: Vater schüttelt sich, als läge er im verschütteten Kreidestollen. Obwohl es leicht fiele, ihm beizuspringen, hüstelst Du nur künstlich, als reize Dich niederrieselnder Kalkstaub. Aber Du suchst ihm zuliebe auf der Generalstabskarte Kortryk, Maubeuge und Cambrai auf. (Brav gemacht, aber schalte zügiger, im Vorgriff auf ein Ereignis, das eine scharfe Zäsur setzte in dieser vorerst noch ereignisarmen Zeit –:)

. . . Ein denkwürdiger Hochsommertag des Jahres vierunddreißig / genauer: der zweite August / Die Glocken von *St. Jodok* / fallen in die Verkehrsstille / zu Ehren des toten Marschalls / auf Gut Neudeck ein / Mit Deinem klapprigen Holländer / kurvtest Du über das gefegte Trottoir / an mutwillig geschleiften Staubkegeln entlang / die längsseits des Rinnsteins zerflattern / Die eben noch in Habachtstellung / Hindenburgs Tod betrauernden Passanten / geraten in belustigte Unruhe / ein lärmender, jahrmarktähnlicher Tumult entsteht / Sich durch das rüde Geschiebe der Schaulustigen zwängend / siehst Du den Straßenkehrer / das stadtbekannte Original / am Boden liegend / den Reisigbesen im Anschlag / wie einen geladenen Karabiner / sein schweißiges Nackenhaar / bildet in den Stößen des Fallwinds / widerspenstige Büschel / Zu Deinem Gaudium wie zu Deinem Befremden siehst Du / wie er mit seinen ungeschlachten Händen / richtigen »Totschlägern« / sich vom Pflaster abstößt / und mit einem nicht endenwollenden Wutschrei / gegen einen imaginären Gegner anstürmt / Dieser periodische Anfall von »Grabenkoller« / eine lokale

Attraktion gemeiner Schaulust? (Einspruch: die erschütternde Heimsuchung eines Veteranen, verschüttet in den Kreidestollen von Cambrai . . .)

XX

. . . Einmal in der Vesperpause / die gellenden Schmerzensschreie Konetschnys / des einzigen Terzerol-Trägers der Klasse / Wer über die Teerrinne gebeugt stand / zog seinen Schnapphahn zurück / stürzte ins Freie / von anarchischen Gefühlen durchschauert / Du siehst sie noch heute / diese sich öffnende Gasse vor ihm / die wachsbleiche Stirne des Kläffers vom Dienst / der Louis mit Vorliebe ein Bein stellte / den nagelgroßen Blutfleck / auf der Handinnenfläche / Der Deutschlehrer kam angejammert / es hagelte Püffe und Kopfnüsse auf die Umstehenden / Die Klassenmeute brach in weinerlich-mekkerndes Kichern aus / . . .

. . . Sechsunddreißig dann Deine sportliche Periode / Du brachtest einen Mittelstreckler als Helden ein / versuchtest Dich an ihm / mit einem athletischen Psychogramm / Du stattetest Deinen Läufer mit arischer Blondheit aus / und folglich mit pigmentarmer Haut / verschobst seine Startpflöcke intrigenhaft / unter eine knallige südliche Sonne / In einem kräfteraubenden / mörderischen Antritt / ließest Du ihn an Dir vorbeiziehen / sahst wohl schadenfroh / wie er von hinten ins Kreuz fiel / ließest ihn sich totlaufen / bis auch Dir der Atem knapp wurde / seine Prahlerei sich auflöste / im Mißverhältnis zwischen zuviel Sonne / und Deiner mutwilligen Platzbelegung / Stockschwerenot! was nährte ich da an meinem Busen? einen Rassemuffel reinsten Dünkels, einen Niggerfreund, einen unsicheren Kantonisten. Das Aufsatz-Thema lautete doch wohl: »Nenne und beschreibe ein Sport-Idol!« Ich höre noch das Schandmaul Konetschny aufjaulen vor gekränktem Nationalstolz, als Du von *Jesse Owens*, dem schwarzhäutigen Wunderläufer, schwärmtest: Er sei der Allergrößte. – Dein olympischer Überschwang in Ehren! Aber vorerst erführe ich lieber Einzelheiten über Deine vielbeschwatzte Rekordfahrt als Rad-Amateur, eingefädelt von einem angehenden Stukkateur . . .

XXI

Für einen Oberschwaben – genauer lokalisiert: für einen Ravensburger – liegt Vorarlberg sozusagen vor der eigenen Haustür (das bayerische Einsprengsel Lindau als Fleckerlteppich, ich sage nicht Fußabstreifer). Die natürliche Beziehung wäre also ein Nachbarschafts-Verhältnis, das sich auf gewachsene Bindungen stützen kann (der alemannische Zungenschlag, das Stammes-Idiom, das die Mentalitätssperre gar nicht erst einrasten läßt). Hinzu kam bei mir die Klammer geknüpfter Blutsbande – ich hatte drüben Verwandtschaft. Meine Stiefmutter war eine gebürtige *Harderin,* und in *Dornbirn* lebte die Schwägerin eines Münchner Schiffsbauers, der mit meiner verstorbenen Mutter verwandt war. – Bei all diesen günstigen Voraussetzungen – meine Beziehung zu Vorarlberg ist eine Beziehung der Sympathie geblieben wie der mangelnden Kenntnis. Das will erklärt sein!

Bregenz war für mich schon in der Kindheit die geheimnisvolle Schwelle zum Süden; der aber war von den Höhenzügen, die das Schussental umgeben, mehr zu erahnen als optisch wahrzunehmen. Doch was ist die stärkere Triebkraft? Ahnung, die Sehnsüchte weckt – oder Wissen, das kühl zur Kenntnis nimmt? Auf jeden Fall war diese Traumschwelle für mich weder erreichbar noch überschreitbar. Selbst die Annäherung, das naseweise Abtasten ihrer rotweißroten Markierung war mir verwehrt. Als bloßes Sonntagsvergnügen waren solche Ausschweifungen nicht zu haben – und so blieb meine Neugier für lange Zeit auf Eis gelegt. Reisen waren in meiner Familie nicht etwa verpönt, sie waren schlicht unerschwinglich. Fußmärsche ins Ravensburger Hinterland waren Vaters probates Rezept gegen das schlimmste Fernweh. Amateurhaft-liebevoll hielt er diese Ausflüge, die die Peripherie der Mehlsäcke, Mostköpfe und Hopfensäue nie wirklich überschritten, geschweige denn sprengten, auf seiner alten »Voigtländer« fest . . .

Hörbranz: Das verheißungsvolle Licht über dem majestätisch ruhenden See. Das morgenfrische Grün, von reinerer Beschaffenheit als das gemästete güllegetränkte heimischer Viehweiden. Meine ausgehungerten Augen, an entschlußlos Gerades und abgeschlafft Konvexes gewöhnt, hüpfen wie Lämmer. Bregenzer Leutbühl: Zum Grün der Höhenzüge gesellt sich die Patina der Kupferhelme und Zwiebeltürme. Damals blieb wenig in meinem Gedächtnis haften: das Freibad auf Stelzen, die Grünspanzwiebel der Seekapelle, das Backsteinrot der Herz-Jesu-Kirche. Lauterach-Wolfurt-Schwarzach: Den Bewegungsablauf der Kurven vermag ich nur unvollkommen synchron zu schalten mit dem Höhenflug der bewegten Kammlinie. So kultivierte ich – mit meinem roten Renault 14 vergnüglich im Schlendergang – einen Fahrstil, der es meinen Hintermännern erlaubt, mich verachtungsvoll zu überholen. Bei nicht ganz so extremen Halsverrenkungen entdecke ich die mir gemäßere Mittellage: bebaute Südhänge, Streusiedlungen, Kleinteiliges, Parzelliertes, das ich ohne Schwindelgefühle abgrase, Augenfutter, im Handumdrehen verdaut. Doch immer wieder dieser zwanghafte Aufblick, der mich nötigt, augenblicklich zum Stillstand zu kommen. Der Höhenrausch meiner Augen erträgt nicht länger die gleichzeitige Beschleunigung in der Horizontalen. Als reiche die Beschwingtheit der Linien, an den Himmelsrand gerückt, nicht aus: Bildstein mit seinen Doppeltürmen. Barockes, als Kopfschmuck getragen. Damals hatte ich kein Organ für landschaftliche Schönheit!

Damals – wohlfeiles Schlüsselwort der Erinnerung, das meine Phantasie auf Trab hält. Ich will – um Dich nicht kopfscheu zu machen – präzisieren: Frühsommer 1940. Ein ehemaliger Mitschüler, demonstrativ die Mitgliedschaft in der HJ verweigernd, als Klassenprimus preiswürdig, aber gleich mir getadelt wegen mangelnder Staatsgesinnung der beiden Väter, machte mir den phantastischen Vorschlag, ihn auf seiner Dreitages-Tour durch Vorarlberg zu begleiten. Als Attraktion eine Zweipässe-Fahrt, als Zielvorgabe ein Rundkurs von annähernd 400 km – eine vorsätzliche Schikane. Wie mein Vetter Louis war ich stolzer Besitzer eines Fahrrads »Marke Eigenbau«. Eine Beschreibung der beiden Typen kann ich mir ersparen; sie fände schwerlich die richtige Nuance zwischen ramponiert und ausrangiert. Louis hatte an seinem Gesundheitslenker einen Windmesser montiert; dafür zeigte meine Bereifung mehr Profil. Als Freund Ludwig die beiden »Unzertrennlichen« vor ihren reparaturanfälligen Vehikeln einer flüchtigen Inspektion unterzog, meinte er nur trocken zu Louis: »Gut, ich will Dich von Deinem Glück nicht abhalten. Aber bei der ersten Panne ziehst Du stillschweigend Leine!«

Bei der Gießenbrücke, noch im Auslauf der Gefällstrecke, hörte ich hinter mir, die Bremsbacken meiner Schuhsohlen von der Felge nehmend, das verräterische Zischen entweichender Luft. Louis hatte seinen ersten Plattfuß. Aber es war wohl nur der verrutschte Ventilschlauch; denn noch vor der Beznauer Steige sah ich ihn hinter den Chaussee-Bäumen auftauchen, den Barrenturner und Schlittschuhläufer, der mir in seiner drahtigen Behendigkeit schon immer Respekt abgenötigt hatte. Als er neben mir zum Stehen kam, atmete er hechelnd wie ein junger Spaniel. Freund Ludwig warf mir einen Blick zu, in dem sich Ungeduld, Spott und Mitleid gegenseitig blockierten. – Ein Windhund und zwei Promenadenmischungen! fuhr es mir durch den Kopf; die bilden zwar ein Trio, aber sicherlich kein Gespann!

Lindau-Zech – am Zollamt Ziegelhaus: Exakt am Pfingstsamstag-Morgen überschritt ich erstmals (nach einem Start unter denkbar miserablen Bedingungen, die besorgten Mahnrufe meiner Eltern noch im Ohr, aus ihrer nun doch schon lästigen Fürsorge schlüpfend, aber wohl ausgestattet mit stempelfrischen Papieren) die Traumgrenze an der Leiblach. Den Pfänderrücken im Blickfeld, fiel mir nichts Erhebenderes ein als ein aufgeschnapptes Stichwort: Nagelfluh! Ich hatte keinen blassen Schimmer, woraus diese geologische Formation, dieses Konglomerat bestand. Ich dachte an etwas Festverbackenes, an eine Art versteinerten Schwartenmagen. In die Leere meines blamablen Nichtwissens platzte Louis mit seinem zweiten Plattfuß. In seiner Ratlosigkeit vollführte der Pechvogel eine Pantomime stummer Verzweiflung. Freund Ludwig kam angeschossen, bremste scharf. Die langen Beine lässig gespreizt, hielt er sein nagelneues Dreigang-Rad wie ein schwer zu zügelndes Rennpferd. – »Entweder Du sorgst dafür, daß Dein Vetter umkehrt, oder ich starte allein!«

Hohenems: In der Gaststätte »Alte Post« bestelle ich – meinem Lahmarsch von R 14 eine Schattenpause gewährend – ein obligates Tagesmenü: Kalbsbeuschel mit Kartoffelknödel, als Nachtisch Apfelmus. Den toten Punkt überwinde ich erst, indem ich eine Viertelstunde dem munteren Plätschern eines Gebirgsbachs lausche. Damals blieb mir nichts im Gedächtnis als ein Steinbock. Das Wappentier schleifte seinen Hodensack fast am Boden daher (oder war es das milchpralle Euter einer Ziege?) Fatales Zwittergebilde, das meine Vorstellung klarer Gattungsbegriffe heillos durcheinander brachte. Steinschlaggefährdet das Schloß; der Innenhof unter einem Kotzbrocken von Fels, der drohend auf mich herabsah. (Wie ich erfahre, stehe ich unmittelbar am Fundort einer Nibelungen-Handschrift. Nordisch-Teutonisches läge also näher als meine hitzige Vision vom Süden.)

Ich hatte damals auch keinen Blick für architektonische Finessen. Dornbirn zum Beispiel! Sonst hätte mich die Tempelvorhalle von St. Martin wenigstens für eine Andachts-Minute in ihren Bann gezogen. Sonst hätte mir als gelerntem Zimmermann dieser klassizistische Kirchenraum mit der Gewölbetonne von imponierender Spannweite fachliches Interesse abnötigen müssen. Nichts dergleichen! Im Dämmerlicht des mächtigen Mosaikgiebels ins fünfstrahlige Straßenkreuz einmündend, rückte mir lediglich etwas Dunkles, Pompöses ins Scheuklappen-Blickfeld, dem ich mich instinktiv durch Flucht entzog. Ums Haar verursachte ich eine Karambolage, weil ich meinem Freund, der mir Stichworte aus der griechischen Mythologie zurief, zu dicht auf sein Rücklicht auffuhr. Vor einem ochsenblutroten Unikum von Holzhaus kam ich glücklich zum Stehen.

Am frühen Nachmittag hatte ich einer Familie Fleisch (der Name allein schon löste Widerspruch aus in dieser Zeit des verordneten Mangels!) einen Anstandsbesuch abgestattet. Er, ein wohlhabender Architekt, sie, eine Mittdreißigerin, die wie ihre älteste Tochter aussah. Eine Verwandtschaft zum Vorzeigen, aber Freund Ludwig – Neudeutscher mit moralischen Zielvorstellungen (sein Zeitplan sah vor, frühestens auf der

Höhe von Feldkirch zu zelten) – drängte zum Aufbruch, kaum daß die Hausfrau dazukam, uns ihr nobles Interieur vorzuführen und ihre appetitliche Tochter.

Diese Nacht im klatschnassen Zweimann-Zelt am Fuß eines Bahndamms. Ein Platzregen hatte im Nu unsere Klamotten durchnäßt. Fröstelnd kauerte ich auf der hohen Kante, hatte Rückendeckung durch den schlafenden Freund, nicht durch meinen Vetter. Ich kam mir wie ein Verräter am eigenen Blut vor. Um in einem Härtetest meinen sportlichen Ehrgeiz auf die Nagelprobe zu stellen, hatte ich schnöde die Gefühle des Mitleids wie der Solidarität mit Füßen getreten. Vom rumpelnden Geräusch vorbeiratternder Güterzüge abgelenkt, verfiel ich einer Stimmung fatalen Gleichmuts. Rollten da nicht Truppentransporte durch die Dunkelheit? Streifte mich nicht der Anhauch einer brutalen Wirklichkeit? Blutsbande oder Freundschaft – war es nicht schon zu spät für solch kindische Regungen? Ich hatte das Fanfaren-Geschmetter noch im Ohr, das mir durch Mark und Bein ging. Irgendein hochdramatisches Ereignis war ausposaunt worden. Glanzvolle Siege, der Fall einer Stadt oder der Untergang einer französischen Armee. (Ich bin nicht willens, anhand einer Zeittafel die exakten Daten und Schlachtorte nachzublättern!) Pfingstsamstag 1940: Wie ein Windhund den gezogenen Hasenbalg, hatte ich das Schlußlicht eines Dreigang-Rads vor Augen ... Götzis hinter Altach mit klobiger Doppelturm-Silhouette. Ein einsamer Mammutbaum – so bizarr wie deplaziert – rückt in die Ziellinie. Im Föhnfenster eine Touristen-Attraktion: Wildgezacktes, eine einzige Gipfelpolka. – Röthis mit Muntlix und Batschuns: Fortwährend Ansporn, Ermunterung, Stimmungsmache, Gemütsaufhellung, reinste Andachts-Entrücktheit. Wenn diese Landschaft vor Rankweil das *»Sursum Corda«* so unermüdlich durchhält, kann ich nicht länger in abgeknickter Körperhaltung verharren. Aus meinem rollenden Backtrog steigend, strecke ich mich – so kreuzlahm wie höhensüchtig – in die angenäherte Vertikale. Doch schon erfaßt mich leises Schwindelgefühl vor diesem Überangebot an hochalpiner Dekoration.

Es will mir nur schwer gelingen, die Faszination nachzuvollziehen, diesen hirnrissigen Ehrgeiz, der mich zwang, mich auf diesen ungleichen Wettbewerb einzulassen. Ich hatte mich – um mir vor dem Freund keine Blöße zu geben – freiwillig dieser Strapaze unterzogen, in Verkennung meiner Möglichkeiten. War ich nun – bis an die Grenzen meiner Kraft und Ausdauer gehend – jeder Herausforderung gewachsen, jeder Verführung gleich hilflos ausgeliefert, auch der militärischen? War künftig alles mit mir anzustellen, was übersteigertes Geltungsbedürfnis befriedigte? Erwies ich mich, die Zähne zusammenbeißend, tauglich für jede Forderung des Größenwahns? Felddiensttauglich! – das wirkte auf jugendlichen Übermut und völkische Verblendung wie ein Adelsprädikat!

Frastanz mit flüsternden Wildwassern schon im Rücken, mache ich Station in Bludesch-Nenzing. In der Kirche, in der es nach Weißkalk und Firnis riecht, halte ich ein stilles Memento mori! für Louis, den Barrenturner, Schlittschuhläufer und verhinderten Rennfahrer, der beim ersten Infanterieeinsatz durch Kopfschuß fiel und auf Kertsch begraben liegt. Handwerker turnen auf Gerüsten. Pinselfrisch die Apsis mit zierlichen Gewölberippen. Farbprächtig manieristisch eine von Engeln assistierte Himmelfahrt Mariens. In einer Kniebank mich zurücklehnend, widme ich Freund Ludwig eine Gedenkminute voll nachgeschickter Seufzer und Stoßgebete, die ich mir wohlweislich verkneifen mußte, als er mich im Nieselregen hinter Stuben die Spitzkehren und Gegengeraden hochjagte. Ihm verdankte ich das befreiende Gefühl des Losgelöstseins, des Entbundenseins von jeglicher Erdenschwere. Im Dahinpreschen über Gefällstrecken erlebte ich den Rausch der Geschwindigkeit, wenngleich ich mitunter ängstlich über die Schulter zurückblinzelte, ob mein Schutzengel auch Schritt hielt mit diesem mörderischen Tempo. Schußfahrt hinterm Fernpaß, die Socken über die klammen Finger gestreift. Was physische Robustheit und seelische Belastbarkeit betraf, Freund Ludwig ging oftmals hart an die Grenze des Zumutbaren. Er kann nicht ahnen, daß mich sentimentale Neugier zu dieser nostalgischen Reprise überredete, den Nachgeschmack jener Wehmut verkostend, die dem Gefühl der Entgrenzung, des selbstverfügten Ausbruchs aus Stubenenge und Klassendünkel, auf dem Fuß folgte – wie mein Körperschatten dem speichenflirrenden Phantom:

Rekordsucht als letzter ziviler Reflex vor der großen Vergatterung!

Diese Ochsentour Etappe für Etappe abzuklappern – St. Anton – Landeck – Imst – Nassereith – Biberwier – Lermoos – eigentlich überfordere ich damit schon meine Kondition wie die Nachsicht meiner auf Schnelligkeit versessenen hupenden Hintermänner. An der Peripherie von Bludenz – Tschalenga im Ohr – erlahmt mein literarisch aufgesattelter Drang nach Süden. Seit ich auch seine desolaten Landstriche kennenlernte, ist mein Bedarf an Exotik restlos gedeckt. Das Land zwischen dem See und dem Montafon – das mir vorerst nur seine Schauseite zeigt – also groß genug für eine unter der Asche glimmende Sehnsuchtsglut? Und mein so beklagter Mangel an topographischer Kenntnis? Nach dieser Tagesfahrt wohl nicht mehr ganz so blamabel, denke ich. Immerhin gebe ich mir sichtlich Mühe, mit meiner ungebrochenen Sympathie für Vorarlberg halbwegs Schritt zu halten. Ich brauche ja nicht gleich in Lobhudelei zu verfallen, um mir eine Option offenzuhalten für eine Beziehung, die einem Nachbarn wohl ansteht!

(Dein grenzüberschreitender Enthusiasmus in Ehren! Mehr aber reizte mich Deine berufliche Laufbahn als Zimmermann und Wassersportler!)

XXII

Daß »Lehrjahre keine Herrenjahre« sind, erfuhr ich zeitig genug am eigenen Leib. Der Abbundplatz der Zimmerei lag unmittelbar auf dem Weg zum *Flappach*. Oftmals stand ich – mit der Stoßaxt in den Händen – auf dem hitzeflimmernden Reißboden, während meine Geschwister, die Badehosen über ihren Köpfen schwenkend, ihr Bedauern äußerten, daß ich nicht mit von der nassen Partie sein könne. Von der Tatsache einmal ganz abgesehen, daß mein Lehrmeister mir die Erlaubnis, mich dem lustigen Trio anzuschließen, glatt verweigert haben würde, ich war auch nicht sonderlich erpicht, mich als Nichtschwimmer endgültig zu blamieren. Ich konnte triftige Versagensgründe vorbringen, ohne mich dem Gehänsel meiner gleichaltrigen Kumpane auszusetzen, die als Pimpfe im Jungvolk sich mausig zu machen begannen. Zudem lief in diesem Frühsommer vierzig die Frist ab, die ich mir bei Antritt der Lehre selbst gesetzt hatte. Ich machte eine Drohung wahr, löste ein Versprechen ein, als frischgekürter Geselle keinen Tag länger, als es der Anstand vorschrieb, auf diesem Abbundplatz zu verbringen, auf dem ich die wenig rühmenswerten Leiden eines Lehrlings ertragen hatte.

Als mich anfangs Juni eine Anfrage der lokalen Behörde aus dem Arbeitstrott riß, ob ich mir zutraue, innerhalb von drei Tagen nach *Flensburg-Mürwick* zu reisen, um einen heimwehkranken Dienstverpflichteten abzulösen, sagte ich begeistert zu. Gegen den erklärten Willen meines Meisters und gegen die ängstlich-fürsorglichen Einwände und Bedenken meiner Eltern, setzte ich es durch, zwischen den Ort meiner dreijährigen Demütigung und den Ort künftiger Bewährung runde tausend Kilometer zu legen – (eine etwas überzogen wirkende Geste des Übermuts, wie ich heute meine). Ganz auf legalem Dienstweg und unter Wahrung meiner Würde enthob mich da ein Geniestreich möglichem peinlichen Verdacht, im feuchten Element ein glatter Versager zu sein. Aber daran dachte ich, ehrlich gestanden, vor lauter Aufregung überhaupt nicht, als ich mit meinem Pappkoffer, der meine paar Habseligkeiten enthielt, an einem Montagmorgen den Frühzug bestieg . . .

Der zweite Denkzettel, den ich verabfolgt bekam, weiß Gott, es war ein Nasenstüber der verschärften Art, der mir Tränen der Scham in die Augen trieb. An alles nur Denkbare hatte ich gedacht: an öde Barackenlager, an Nachtschichten bei Flieger-Alarm, an Akkordkolonnen, an sonntägliche Sonderschichten, nicht aber an die Möglichkeit, unmittelbar an der *Förde,* im Brackwasser des Marinehafens eingesetzt zu werden. Daß ich einem Einschaltrupp zugeteilt wurde, der seinen Arbeitsplatz auf träge in der Dünung dümpelnden Flößen hatte, darauf war ich nicht gefaßt, das machte mich in den ersten Tagen kleinlaut vor Beklommenheit und verdrängter Furcht. Die Lachsalven auslösende Panne ereignete sich zum Glück bei hochsommerlichem Wetter. In hüfthohen Seestiefeln auf einem Achtzehnmeter-Floß hantierend – meine Geschwister wären vor Stolz errötet, meine Kumpane vor Neid erblaßt, hätten sie mich in dieser Aufmachung sehen können –, zog ich ein zweites, mit Baumaterial beladenes Floß längsseits, um es mittels Achterschlägen festzuzurren. Der unmerkliche Wellengang, den mein Magen wohl registrierte, mein Verstand aber ignorierte, klemmte für eine offenbar längere Zeitspanne das zweizollstarke Hanfseil ein, an dem ich mit aller Kraft zog. Bei der ersten leichten, von mir nicht wahrgenommenen Abdrift des aufholenden Floßes gaben die sich trennenden Rundhölzer schlagartig lose im Wasser hängende Seilschlaufen frei. Waagerecht schoß ich über die glitschigen Planken, verlor das Gleichgewicht, stürzte kopfüber ins Seewasser, in dem Ölrückstände, Küchenabfälle und Präservative trieben, von Matrosen des Wohnschiffs *MS Patria,* das oberstrom vor Anker lag, gedankenlos über Bord gekippt. Ich verspürte einen durch den Aufprall im Wasser gedämpften, nicht übermäßig heftigen Schlag am Hinterkopf, sah Wasserwirbel, Luftblasen gurgelnd in die Höhe schießen. Eine eigenartig tosende Stille war um mich. Nicht eigentlich Furcht vor der Tiefe befiel mich, eher Staunen über das Tauchvermögen eines Körpers, der die Kontrolle über sich verloren. Ich wunderte mich über das von Lichtbündeln durchschossene Flaschengrün. Warum hellte sich das sinnverwirrende Dunkel auf, wo doch Schwerkraft in mir wirksam war, die mir orgelnd in die Gehörgänge schlug?

Verzerrt, aber doch erkennbar, tauchte über mir die mehrfach geknickte Gestalt eines Mannes auf, der einen Südwester trug. Von seinem überlangen Arm lief eine gebrochene Linie auf mich zu. Ein Kapriolen schlagender Haken tanzte vor mir her. Das Fangen des Enterhakens ein Vorgang spielerischer Eleganz. Das im Sturz mechanisch ausgelöste Stoßgebet nicht einmal zu Ende sprechend, gelang mir nach Ewigkeiten nutzlosen Greifens der rettende Griff. Wie ein begossener Pudel hievte mich Nils Harms, der plattdeutsch sprechende Kapo, aufs Floß zurück. Das um mich aufbrandende Gelächter machte mich so verlegen, daß ich vor Scham völlig vergaß, mich bei dem großen Blonden aus *Flemhude* zu bedanken. Nils Harms sprühte im Wasserblau seiner Augen nur so vor guter Laune. Die nun überfällige Lehre aus dieser Blamage:

Leute wie ich sollten lieber auf dem Trockenen bleiben! Können vor Lachen! sage ich da nur, wenn eine Behörde unwissentlich, aber höchst wirksam Schicksal spielt . . .

XXIII

Meine Wasserscheu, geradezu zwanghaft hat sie mich ans Wasser getrieben. – Die Flucht des noch nicht Achtzehnjährigen, der sich patriarchalischer Bevormundung listig entzogen, hatte auf einem Floß in der Flensburger-, später in der Kieler-Förde geendet. Zweimal war ich in Seestiefeln und Südwester blamabel baden gegangen, hatte nicht das Schwimmen gelernt, wohl aber das verquält tapfere Grinsen unterm Gelächter meiner schwimmkundigen Lebensretter. Zehn Monate Schichtarbeit in Mürwick, zeitweise als Einschaler in einer Akkord-Kolonne, zeitweise als Maschinist bei Unterwasserbohrungen – ich hatte genug Seewasser geschluckt, wollte endlich wieder festen Boden unter den Füßen spüren.

Eine zufällig entdeckte Annonce der »Usa«-Kolonialschule Bitterfeld enthob mich dem allmählich lästig gewordenen Zwang und halbmilitärischen Drill. Nach bestandenem Eignungstest landete ich glücklich in der Breitewitzer Mühle bei Gräfenhainichen. Die Baracke der zwanzig aus allen Reichsgauen zusammengewürfelten »Afrikaner« lag unmittelbar an einem Weiher: Wasser in maßvoller Ausdehnung, aber doch tief genug, um einen Nichtschwimmer wie mich melancholisch zu stimmen. Nachts ging auch gleich der »Heilige Geist« um. Ein selbsternannter »Häuptling und Schamane« brauchte zum fälligen Einstand ein »Wasseropfer«. Ein schmächtiger, sommersprossiger Westfale, durch schüchternes Auftreten geradezu vorherbestimmt, Spielball rüder Kraftmeierei zu werden, wurde unsanft aus erstem Schlummer gerissen, mit stallwarmem Kuhmist präpariert und kopfüber ins morastige Wasser gestürzt.

Ich mußte befürchten, auf ähnlich brutale Art »getauft« zu werden. Offenbar galt es als mannhaft, solchen Unfug stillschweigend hinzunehmen. Angesichts der wassersüchtigen Meute, die schon für's erste freie Wochenende Schwimmwettkämpfe ausschrieb, konnte ich meine Wasserscheu nicht länger vertuschen. Nur eine Finte, ein rotzfreches Manöver, vermochte mich vor der hochnotpeinlichen Prüfung zu bewahren. Also kaperte ich, in einem Anfall wilder Selbstbehauptung, ein alles andere als seetüchtiges Boot, das im Schilf vor sich hindümpelte, bugsierte es ins offene Wasser. Meine »Leidenschaft für's Paddeln« beteuernd, erklärte ich in seemännischer Weitsicht den Weiher zum Hoheits-Gewässer. Breitewitz brauche in diesen kriegerischen Zeitläufen einen regulären Küstenschutz. Mein Vorschlag wurde einstimmig gebilligt. Ich ließ mich als »offiziellen Späher vom Dienst« abkommandieren. (Photos vom Mai einundvierzig belegen, wie ich – den Kopf siegesgewiß über Wasser haltend – den tollkühnen Beweis meiner maritimen Tauglichkeit antrat!)

XXIV

Wohl nicht ganz durch Zufall landeten ein paar zerfledderte Jahrgänge des *Kyffhäuser* in Deinem Zimmermanns-Spind. Auszüge daraus bildeten den Grundstock Deines paramilitärischen Wissens: soldatischer Jargon, romantische Verstiegenheiten, die ein naßforscher Kommißkopf verzapft hatte –: »Krieg in der dritten Dimension« hieß es da im reinsten Höhenkoller. Einjährigen-Schwachsinn machte sich darin mausig. Dir wurde die umwerfende Erkenntnis eingetrichtert, »daß des Kriegsgotts starke Hand / es nie ganz zähme / das luftige Element / Flieger gehörten der Erde nur gastweise an / um durch Berührung mit ihr / Kraft zu schöpfen für einen neuen Aufstieg.« – Nachts kamen die englischen Flugboote und lehrten Dich erstmals, was ein »luftiges Element« ist. Die Druckwellen des Flakfeuers ließen die halbvollen Kaffeekannen auf den Spinden hüpfen. Schlaflos in der Baracke liegend, wartete ich darauf, daß sie – an die Kante vorwandernd – das Übergewicht bekämen, sprang erst im letzten Moment von der Pritsche. Einmal sprang ich zu spät . . .

Dich aber vereinnahmte »Kamerad Schnürschuh« / in einem ersten Exerzitium der Großmannssucht / Von der »neuen Umgangssprache« hieß es, »sie drängt sich nicht auf /

ist aber verfügbar / wenn man ihrer bedarf« / Du bedurftest ihrer vorläufig noch nicht; aber fortan gab es bei Dir »Gehackten Hund / Heldenfett / Drahtverhau / Strammen Max / und Blaue Bohnen« / (Du ahntest in Deiner Unschuld nicht, daß der Krieg eine Angelegenheit sinistrer Köche ist!) Von ledigen »Himmelfahrtskutschern / und urlaubsreifen »Karbolmäusen« / war nun die Rede / Handliche Führer für Hinterbliebene / priesen sich an / Inserate schwärmten von / »garantiert bruchsicheren Prothesen« / (Das alles fiel unter das Stichwort: »Wehrertüchtigung«, gehörte zu den nachweisbaren Verfinsterungen und war nicht weiter berichtenswert.) In militärischer Didaktik übtest Du Dich. Vor Deiner Süßholz raspelnden Kusine verschanztest Du Dich mit klassischem Exerzier-Reglement. Die Glücksbringerin, die mit Nagelfeile und Frisierhaube gegen Deine Fremdensucht Sturm lief, stopptest Du mit einem Sperrfeuer waffentechnischer Details . . .

Du knüpfst das Bündel / formloser Feldpostbriefe / in unregelmäßigen Zeitabständen geschrieben / arglos auf / und steckst es gleich wieder in die Schatulle zurück / angewidert von dem öden indikativischen Tonfall / Deiner gleichlautenden Mitteilungen / Von Trockenobst und Dörrgemüse ist die Rede / als hinge von der prompten Belieferung / Dein Wohlverhalten bei der kämpfenden Truppe ab / Einen Schwall verbrauchter Wörter / ließest Du vom Stapel / trugst lamentierend / die immer gleichen Wünsche vor / bliebst eigenartig stumm / Doch legtest Du Dir Deine eigenen Verschlüsselungen zurecht / die banale Chiffrierung organisierten Mangels / Das einzige / was Du unverschlüsselt durchgabst: / die stereotype Durchsage vor Einsätzen / »liegen in beschissener Vorderhanglage« . . .

XXV

Er fuhr durch polnisches Land. Die Räder rollten für den Sieg. Er war einer unter Vielen und zum ersten Mal allein. Zusammengepfercht hockten sie in einem brechend vollen Waggon der Reichsbahn. Stroh knisterte; Gewehre schaukelten; eine Karbidlampe blakte. Durch die schadhaften Bohlenwände sickerte die Kälte wie Wasser durch die mürb gewordenen Planken eines Weichselkahns. Während eines Lokomotiven-Wechsels war er leichtfertig aus dem Waggon geklettert, um mit Schnee oder Tropfwasser seinen schlimmsten Durst zu löschen. Bald schon spürte er die Folgen seines Leichtsinns. Was aber nun? Es wäre unklug gewesen, um einem Bedürfnis nachzugeben, durch einen Schritt ins Freie gleich ein Dutzend andere Bedürfnisse auszulöschen. Aber der Drang, in die Hocke zu gehen, war übermächtig. Er ließ sich also durch einen Spalt der Schiebetüre aufs Trittbrett gleiten. Die Griffe, an denen er sich festklammerte, um nicht vom Fahrtwind fortgeweht zu werden, waren brennend kalt. Die Kupplungen knallten; Schneewind blies nadelspitz. (Sage es ruhig sportlich unterkühlt: er hatte Mühe, an diesem fliegenden Turngestänge seine Übung zu absolvieren.)

Die Erinnerung an Louis ist so jung wie Dein Gedächtnis alt. Du betrittst die Schauplätze Deiner Kindheit und Jugend nicht, ohne seine schmächtige Gestalt im Handstand auf einem Barren zu sehen oder im Klimmzug an einem Hochreck. Louis war auf seiner Fahrt nach *Taganrog* in eine ähnlich fatale Lage geraten. Die Episode wäre nicht weiter berichtenswert, wäre seine Schamhaftigkeit nicht Teil seines Charakters, die er auch als Soldat nie ablegte. Sie verwehrte ihm nun, sich vor den hänselnden Stallgefährten zu entblößen, zwang ihn, sich jenseits des Bahndamms in den Zugschatten zu setzen. Der Aufmerksamkeit der Meute entzogen, kauerte er im toten Winkel. Da aber rollte der Transportzug an, ohne daß die Lokomotive ein Vorwarn-Signal gab. Louis, obschon katzenhaft schnell auf den Beinen und in den Hosen, kam nicht mehr auf das rettende Trittbrett zurück.

Dir ist die »Nogaische Steppe« vom Unterricht her ein nichtssagender geographischer Begriff. Du nimmst einfach an, daß sie wegverloren genug ist, um einem waffenlosen Jüngling Angst einzujagen. Und so stellst Du Dir massenhaft flaches Ödland vor, das in der Hitze wie ein riesiger Lehmschild geborsten ist; Gräser, die vor Dürre brechen, sobald man auch nur in ihre Nähe kommt; eine Sonne, fischmäulig, monströs, rotierend vor wabernder Glut – und Louis, wie er sich ungläubig umdreht, den lodernden Horizont sich ausweiten sieht wie in äußerster Fliehkraft.

Der schmucklose Bericht Deines Maler-Onkels klammert diesen klimatischen Aspekt natürlich weitgehend aus. Für eine beschränktere Einbildungskraft zählt mehr das rein Faktische, der Vorfall als solcher. Auch Dir war die Hilfsbereitschaft des russischen »Mushik« zu Ohren gekommen, der in einem überwachsenen Hohlweg auf den völlig verstörten Deutschen gestoßen war. Auch Dir schien es so rätselhaft wie wunderbar, daß dieser namenlose Bauer den halbverdursteten Soldaten in seine Kate mitgenommen, ihn verköstigt, ihm einen Schlafplatz hergerichtet und ihn am anderen Morgen wohlbehalten zum nächsten Sammelplatz kutschiert haben soll. Eine Bestätigung für den Wahrheitsgehalt dieser Rettung blieb Dir versagt: Als Soldat bist Du dem Geretteten nie begegnet. Louis fiel beim ersten Feuergefecht auf der Insel *Kertsch* durch Kopfschuß. Warum er von einem Bauern gerettet worden war, um von einem anderen, der vielleicht die gleichen Vorzüge als Gastgeber besaß, getötet zu werden, schien Dir freilich gegen jede Logik und Vernunft zu sein, eine Gleichung mit lauter Unbekannten!

An mehr konntest Du Dich, an mehr wolltest Du Dich nicht erinnern. Die Räder rollten noch immer für den Sieg! Kupplungen knallten; Gewehre schaukelten im eintönigen Rhythmus der Fahrt; eine Tranfunzel blakte. (Das alles nahmst Du schon gar nicht mehr wahr.) Daß Du, aufgeschreckt durch die Gleichartigkeit eines Vorfalls, in einem Augenblick hellhöriger Trauer, Louis anriefst, war nur natürlich. Mehr war wohl auch nicht erforderlich – und an das andere brauchtest Du nicht zu denken – dem fuhrst Du ja entgegen ...

XXVI

Das »Germany calling! Germany calling!« klang zwar in meinen Ohren gedämpft, doch in der Schneeluft der verschneiten *Oberen Breite* war es deutlich zu hören. Das gewissenhaft verdunkelte Elternhaus lag im ersten Schlaf. Zwei Stockwerke mit kriegsmäßig verhängten Fenstern. Nur die beiden schlecht schließenden Läden im Hochparterre ließen Streifen von Licht durch. Aus begreiflicher Rührung auffahrend – das Heimweh hatte mich erst in der Höhe von *St. Jodok* übermannt –, drückte ich den Klingelknopf stürmischer als nötig. Mit der nachgebenden Haustür in den Flur stürzend, schoß ich wie ein Schießhund auf die Alkoventür zu, vor deren abgesunkenem Türstock ich gewöhnlich instinktiv in die Knie ging. Ohne anzuklopfen, trat ich bei dem Alten ein, der nach dreißig Jahren Umgang mit Schwaben nicht eine einzige schwäbische Redensart aufgeschnappt und sich zu eigen gemacht hatte, und hielt betreten inne. In dem spärlich beleuchteten Alkoven kauerte er mit seinem Volksempfänger unter einer Wehrmachtsdecke. Mir schien diese halbe Maßnahme bei seiner chronischen Schwerhörigkeit wie äußerste Widersetzlichkeit. Respektlos hob ich einen Zipfel der Decke an, redete beschwörend in das Schnupftabak-Dunkel hinein; er aber drehte sich mit einer so entwaffnenden Geste nach dem Störenfried um, daß ich den angestauten Ärger kurzerhand verschluckte. Wie einen Mitverschworenen winkte er mich an die schwach leuchtende Skala heran, vergaß völlig, in welchem Aufzug ich vor ihm stand; ein Blutsverwandter zwar, aber nichtsdestoweniger ein Gegner, ein hasenherziger Uniformträger, ein Verblendeter.

Das alles wirkte auf mich in seiner Unbekümmertheit und Fahrlässigkeit wie eine Herausforderung, ein einziger Affront. Dieser hochgradige Eigensinn in der blauen Schürze provozierte die furchtsamen Gemüter. Dieser bayerische Holzschnitzer, der, über Grabinschriften räsonierend, sich auf ein kurzfristiges *Goebbels*'sches Interregnum eingerichtet hatte, lief wie ein Minenhund mit brisanter Ladung in die Nachbarschaft, hielt mit seiner Meinung niemals hinterm Berg. Eine Prise Schmalzler in die Nasenlöcher hochziehend, nahm er ungerührt die Warnung hin: »Machen Sie's halblang, Janker! Sie mit Ihren Siebzig und noch die Englische Krankheit!«

Die zwei Fronturlaube, die ich zwischen Verwandten-Besuchen und abendlichen »Novenen« absaß. Die endlosen Partien Schach, das akustische Ärgernis, unzulänglich abgeschirmt hinter der schalldurchlässigen Decke. Ich ließ den couragierten Alten weder gewähren, noch tadelte ich energisch genug seinen »strafbaren Leichtsinn«. Erleichtert und mit schlechtem Gewissen nahm ich von ihm Abschied, duldete sein nässendes Kreuzzeichen auf der Stirne, widersetzte mich nicht der Segensgeste des Alten, der seine Tränen nicht zurückhielt zu einer Zeit, wo ich Zärtlichkeit lieber bei anderen übte, als an mir duldete. Seine Eigenmächtigkeit, seine störrische Widersetzlichkeit, seine unzimperliche Bekundung von Couragiertheit – jedem Einsichtigen erschien sie als ein hochpolitischer Akt mit den Qualitäten einer Tugend. Und das sollte nichts als ein Alters-Tick sein? Erfunden die schwarze Liste der Kreisleitung, unter den Tisch gefegt die von ihm zwar nicht erkannte, gleichwohl mörderische Konsequenz? Nichts bliebe vorzuweisen als die Aufsässigkeit eines kauzigen Alten in diesem – durch Zufall? – verschont gebliebenen Haus? Und vor diesem »politisierenden Stubenhocker«, der das Kunststück fertig brachte, aus einem ehrbaren Handwerk eine brotlose Kunst zu machen, und mir – seinem mißratenen Enkel – Stoff und Motiv liefert für diesen Nachruf, sollte der Hut gezogen werden? Mir fiele wahrlich kein Stein aus der Krone . . .

Weihnachten zweiundvierzig, das einzige kalenderwürdige Ereignis, das fatale Jubiläum zwischen Vater und mir, der ich auf den Tag genau fünfundzwanzig Jahre nach seiner Fahrt ins Flandern des Schlammwinters Siebzehn eine Fahrt in die russische Eiswüste antrat, in einem gespenstisch leeren Zug, den ich Abteil um Abteil durchkämmte, auf der Suche nach Weggenossen, die gleich mir diese unheilige Nacht durchfuhren. »Mach's gut!« und jenes gedankenlose, beinahe schon zynische: »Komm' gesund wieder!«, als führe der knapp Zwanzigjährige aus eigenem Antrieb ins schmutzstarrende *Smolensk*, aus blankem Übermut ins eingeäscherte *Wjasma*, als wirkte nicht massiv der Gewissenszwang einer Generation nach, die in »Materialschlachten mannbar geworden« war. Ich meinte jenen unbelehrbaren Hochmut zu spüren, der alle fünfundzwanzig Jahre seine aus Nestwärme und Andachtsenge entwachsenen Söhne in ein neues *Langemarck* oder *Moskrosenz* entläßt. Löchere ruhig einen Angehörigen des Jahrgangs Zweiundzwanzig. Frage ihn, warum hartnäckig jeder Versuch, den Hl. Abend als dichterische Parabel zu werten, scheitert an dem rigorosen Einspruch einer Erfahrung, die unter Feuerstößen sich verengte zu einem Schußfeld zwischen Dezember-Leichen . . .

Stilliegen bei Stilproben

Schönbrunn – Ried – Schömberg

Nun ist die keimfreie Milch getrunken, das so bekömmliche Frühstück verzehrt, die Gewichtszunahme registriert, die Fieberkurve nachgetragen, die vorgeschriebene Medizin – das schwedische Präparat *Pasalon,* auf einer Oblate serviert – eingenommen. Die Verschattung im linken oberen Lungenflügel tritt schon auf der Stelle.

Ich sitze im sogenannten Gesellschaftszimmer, das meistens leer steht, schreibe an einem Brief, dessen Adressat ich erst dann bestimme, wenn mir die Stilart dieser Aufzeichnung klar geworden ist. Einen ersten Erkundungsgang durch den Kurort habe ich bereits absolviert, an der Seite meines Bettnachbarn, der eine Bakelit-Orgel mit sich führt. Er ist ein zur Rüpelhaftigkeit neigender Pfiffikus, musikliebend, wie sich zeigen wird, von jener entwaffnenden Rücksichtslosigkeit, die das Lästigfallen durch selbstverursachten Lärm schon gar nicht mehr wahrnimmt. Abends ein biederer, trinkfreudiger Plauderer, der in mir einen willkommenen Dauerhörer gewonnen zu haben meint. Nachts eine Großwildkatze, deren Knurren und Fauchen an einen bevorstehenden Dressurakt denken läßt.

Schönriedberg, staubfrei und mit mildem Reizklima, wenn man den Prospekten trauen darf, ist ein vielgliedriges, auf Umsatz und Verzehr bedachtes, bei aller Aufgekratztheit etwas farbloses Gemeinwesen, das als Markenzeichen die höhenluftumspülte Liegehalle führen sollte. Die Kapazität an Betten schätze ich überdurchschnittlich hoch ein. Wald in schlagbaren Beständen ist im Übermaß vorhanden. Hochstämmige Fichten warten auf Schiffseigner, die mächtige Mastbäume zu schätzen wissen. Statt dessen streifen Pneumothorax-Träger durchs flüsternde Unterholz, auf der Spur ihres »Kurschattens«. Ich weiß nicht, ob die vielfach verschlungenen Initialen, dieses »Ich schnitt es gern in deine Rinde« hinterlassungsfähige Gebilde sind.

Josef W. Janker während eines Sanatoriums-Aufenthalts, Ried 1951

Unser Haus *Waldfrieden* ist ein nicht unsympathisches, mit Erkern und Mansarden bestücktes, mit Markisen behangenes vielflügeliges Fenstertier. Es gibt hier ein »Schwalbennest« und einen »Jungfernstieg«. Ich glaube aber nicht, daß die Nistfreudigkeit gewisser Zugvögel, deren Heilungschance für gering erachtet wird, Anlaß zu dieser Namensgebung bot oder die Kletterkünste verwegener Patientinnen im Stadium letzter Liebes-Euphorie. So mache ich kurzerhand die schöne Willkür des Zufalls dafür haftbar. Hier läßt es sich – von Moribunden umgeben – vortrefflich leben. Das Essen ist reichhaltiger, als ich es mit gutem Gewissen im Wechsel von Suppe, Fleischgericht und Nachtisch zu mir nehmen kann. Ich werde Schwierigkeiten haben, das alles normal zu finden; aber ich werde mir Mühe geben, mich einzugewöhnen und dieses Stilliegen als eine Art erzwungener Exerzitien zu begreifen. Mitunter ist mir, als wäre das Haus *Waldfrieden* mir als Ort der musischen Läuterung bestimmt, eines Purgatoriums, mich von den Schrecken des Krieges zu erholen wie für sie zu büßen.

In den ersten Tagen schon wurde ich von den Alteingesessenen getestet. Merkwürdigerweise schienen die Cliquenführer, veritable »Vollplastiker«, die elf Rippen eingebüßt hatten, in mir einen aussichtsreichen Anwärter zu sehen. Obwohl ich ungeduldig abwinkte, drohte man mir mit Kumpanei. Was mir dabei auffiel: die Gesellschaft, hier nur durch die Gemeinsamkeiten verordneter Muße ausgewiesen, durch die Kunstfertigkeit geblasener Rauchringe und gestürzter Kegel, meldet ihre Ansprüche mit unverhohlenem Ingrimm an. Die Bekömmlichkeit reiner Luft wird keineswegs in Frage gestellt, aber wehe dem, der bei offenem Fenster zu schlafen gewohnt ist und sich über die Willkür der Raucher beschwert. Honorables Benehmen und menschliche Rücksichtnahme bleiben rasch auf der Strecke. Es sei höchste Zeit, ein Exempel zu statuieren und die Spielverderber an den Pranger zu stellen. Wer die Kameradschaft verletze, habe keinen Platz – keinen Platz bei wem? denke ich unwillig, während mein Bettnachbar, von Beruf Gerber, im Schlaf die ohnehin nicht sehr strapazierfähige Papierhaut meiner Geduld gerbt.

Ich habe hier im Park den lebhaftesten Verkehr an Vögeln. Untätig ausgestreckt, neben mir mißglückte Entwürfe erster Stilübungen, beobachte ich mit fast kindischer Neugier, wie über mir einige Baumläufer turnen, im Federgewicht ihres niedlichen Balgs und dem Instrumentarium ihrer gespornten Eleganz. Wenn durch das reichlich durchlüftete Geäst, das ein unablässiger Luftzug in Bewegung hält, die Klagelaute erschreckter Amseln dringen, weiß ich, daß ein schnurrbärtiger Räuber im Anzug ist. Mittels unauffindbarer Zugänge, die meinem Scharfsinn verborgen bleiben, betritt er sein Jagdrevier, das er, unbekümmert um meinen tadelnden Ordnungsruf, unter dem unsinnigen Geflattere kaum flügge gewordener Piepmätze durchstreift. Was ich dabei lerne: es gibt genug Tod auf dieser Welt – auch ohne Krieg!

Gestern erschien zu meinem nicht geringen Erstaunen ein leibhaftiger Fuchs vor der Liegehalle: brandrotes Fell, sehr wachsame Lauscher. Heute morgen erwachte ich unter einem ohrenbetäubenden Getöse, das ich für Artilleriefeuer hielt. Es war aber nur ein Lkw mit Anhänger, der zu einer nahen Baustelle fuhr. Meine Reizbarkeit musikliebenden Gerbern und wildgewordenen Fahrern gegenüber ist hoch explosiv. Und die sogenannte Morgenstunde hat nicht Gold im Munde, sondern Schlagerschmalz und Auspuff-Gestank.

Die Tage des Nachsommers kommen in Glockenschuhen und vierhebigen Jamben. Die Sonne ist noch zahm und mit dem Verzehr des Morgennebels beschäftigt. Der Blick von meiner Liegehalle geht nicht weit. Die Tannenwipfel fangen ihn rechtzeitig ab, um sich in lyrischem Höhenflug zu verlieren. Die Exoten im Park lenken ihn auf Nahes, Grelles, Greifbares. Es wird viel mit Damen mir unbekannter Herkunft geflirtet, die, botanischen Edelgewächsen vergleichbar, ihre Taufrische bereits hinter sich haben, ebenso häufig ihren Standort wie ihre Partner wechseln. Selbstverständlich ruht auch das Tier in mir nicht ganz, trotz stark geschnürter Atem-Kapazität. Schließlich stehen einige scheue Äserinnen zu verlockend in den Duftstauden ihres Geschlechts, als daß ich mich auf die beschauliche Artenbestimmung eines Tierfreunds beschränken könnte. Dabei wird Kleingolf gespielt und um Pfennige gewürfelt. Einige ältere Semester, dem

Studium der Botanik obliegend, wechseln die Stimmlage oder auch die Gangart, je nachdem, ob sie mir, dem unliebsamen Beobachter, begegnen oder vor eines der exotischen Wunder treten. Unter einem Mammutbaum die starkadrigen Blatttrichter der Gunera scabra, Farnwedel und Kriech-Wacholder mit ihren Verstecken für Kleintiere. Am Teich die Seerosen, die verspätete Kür der Wasserläufer, die Spiegelungen des Blatthimmels, das Flügeldiagramm der Schwalben, die Sturmhuten des Rittersporns in diesem unkriegerischen Gelände. In meinem Gefolge unverdrossen mein Bettnachbar mit seiner dröhnenden Bakelit-Orgel . . .

*

Wieder haben die Schwalben
ahnungsvoll schon am Morgen
leicht diesen hohen gebläuten
Himmel uns näher gebracht.

Daß sich die Blicke erhöben
leichter den Himmel gewännen
ließen ihn nachtschwere Falter
früh schon auf Flügeln tiefer.

Rosen verborgen im Grünen
duften von Bienen umsungen
blau flirrt der zarten Libelle
duftig gewirktes Geflügle.

Herbstliches Leuchten
blutrot am Saume
länglich gestreifter
Wolken im Westen.

So sind die Straßen und Gassen der Stadt,
in den Nächten des Vollmonds:
duftend und trunken.
Dolden des Flieders schaukeln im Wind.
Burschen wittern verfrühtes Wild schon.
Bebend unter zu engem Mieder
das Herz einer Schönen, das nun jäh erwacht ist.
Trug nicht der See, der heiter verträumte,
jüngst einen wimpelgeschmückten Kahn?
Hoben und senkten ihn nicht ruhige Wogen?
Siehe! auf dem Samt ihres bewegten Busens
eine silbergefaßte, tanzende Brosche.

Zelturlaub bei Kressbronn 1953

Notizen aus der Zeltstadt

29. Juli, am See und unter einem verhangenen Himmel

... Schlafen Sie noch? – Hier ist es bereits dämmrig. Die Ufer wirken verlassen trotz tuschzarter Umrisse der Fischerboote. Der unbewegte See hält dem unbewegten Himmel einen Spiegel vor. Zwischen blankgeschliffenen Kieseln die Anschwemmungen der Nacht, Girlanden von Tang und die Skelette trockenen Geästs. Im Schilfdickicht die Hinterlassenschaften der Strandläufer, Weidengebüsch mit den Seiltricks von Wegelagerern, Spinnengeniste. Tau auf verschiedenfarbigen Beeren, Faulbaum oder Pulverholz. (Kenntnisse des Botanikers wären angebracht, nicht die des Feuerwerkers!) Die Zitadelle der kleinen Sandburg ist mit Holunderstengeln bestückt. In der Kiesmulde des künstlichen Beckens liegt ein rostbrauner Segler vor Anker. Zu welcher Belagerung schürte er die kindliche Kanonade?

31. Juli, beim Warnruf eines Eichelhähers

... Die Zeltstadt gleicht im Morgengrauen einem schlafenden Heerlager. Hängen Standarten im Wind? Bauscht sich über den erloschenen Feuerstellen die Bannerseide eines provençalischen Herzogs? Gähnt verschlafen unter seiner Mähne der flandrische Löwe? Bin ich ein Schleppenträger oder Schildknappe im waffenlosen Gefolge einer Kurtisane? Hängt der türkische Halbmond im Geäst? Sind Sie ausgesandt, schlafmützige Wächter in verspätete Umarmungen zu locken? Fiel ich aus einem unzeitgemäßen Traum in die katalaunischen Gefilde zurück? Guelfen und Janitscharen? (Ich habe Geschichte immer nur aus zweiter Hand vernommen. Im Reißwolf meiner Vergeßlichkeit blieb nichts als Historien-Makulatur!)

4. August, nach einwöchiger Regen-Serenade

... Endlich erscheinen auf der Giebelwand die orangefarbenen Reflexe der Sonne. Es ist kaum zu fassen: das Zelt, seit Wochen unsere einzige Unterkunft, wird mit einem Mal transparent, gibt es auf, feste Form und Gehäuse zu sein, ist nicht länger ein Dach, von vier Wänden getragen, entläßt

Segel von Licht im Plätschergeräusch nahen Wassers, vom freundlichen Fächerwind zauberisch umweht. Endlich löst die Jahreszeit ihr Versprechen ein. Endlich ist der Sommer mehr als ein einsilbiger Wechsel von Kalenderblättern.

5. August, über einem angefangenen Brief

... Mir gegenüber, im offenen Einmann-Zelt, ein Schauspiel-Eleve beim morgendlichen Rollenstudium. Sie würden, falls Sie Augen dafür haben, auf Anhieb die auffallende Ähnlichkeit mit Walter Görlach, meinem *Dresdner* Kumpan, bestätigen, mit dem ich als Fahnenjunker im April fünfundvierzig vor der Rattenfänger-Stadt *Hameln* im Einsatz stand. Die gleichen unwahrscheinlich blauen Augen, der gleiche unwiederholbare Wuchs, nur kräftiger, modellierter, männlicher. Tiefe, ein wenig nachbebende Stimme, als vibrierte sie unter einem Übermaß zorniger Anmut. Dunkles, fast negroides Pigment der Haut, leichte Schweißbildung an den Schläfen, Ansatz zu Kraushaar. Gäbe einen phantastischen Othello ab, wenn man ihn nachschminkte und ihm die angebliche Untreue Desdemonas hinterbrächte. Aber der mit schiller'schem Pathos aus dem Zelt tretende Eleve memoriert, wie ich gleich heraushöre, Partien aus dem »Tell«, ahnt nicht, daß der Apfelschuß ein Anachronismus ist, hier, wo an jedem Ast ein makelloser Apfel nachwächst und in jedem Sportzweisitzer ein künftiger Fronvogt. – Im übrigen habe ich versäumt, Sie mit unseren Nachbarn bekannt zu machen: Da ist Wolfgang, ein junger Bildhauer; da ist Gertrude, die Jung-Lyrikerin aus *Bad Sachsa;* da ist ihre exotisch anmutende Freundin und Chauffeuse, die liebend gern in die Rolle Desdemonas hineinwüchse, fände sie wirklich Mut zu dem Seufzer: »O Tell, warum verweigerst Du mir ein weiteres ›O‹?« Gertrude ist übrigens dabei, Englisch-Vokabeln, die Wolfgang ihr zärtlich zuwirft, für eine lyrische Zeile zu präparieren.

6. August, unterm Sternbild der Leier

... Das mörderische Konzert der Frösche im Ohr, zwänge ich mich aus meinem Schlafsack, wüte schweigend gegen die unsichtbaren Störenfriede mit Verwünschungen, die sie auch nicht einen Augenblick aus dem Konzept bringen. Der Dauerlaut aus Stumpfsinn und Inbrunst läßt nicht einmal Flucht zu. Lärmfallen einer Schilfnacht sind es, die mich umstellen, ausgeschlagen mit den Blähsäcken der Unken, bespickt mit dem Köder meiner Schlaflosigkeit. Die Stechmücken, gottlob, haben es aufgegeben, sich in Schwärmen auf nacktes Fleisch zu stürzen. Sonnenhunger und Begierde träumen unter Latex und Organza einem störungsfreien Wochenende entgegen. Die Marter des Röstens, tagsüber mit der Standhaftigkeit eines Säulenheiligen ertragen, hat der Genugtuung Platz gemacht, einer Bronze-Statue ähnlich zu sein. Das verleiht ein Gefühl der Solidarität mit Schwarz-Afrika. »Black is beautiful«. Und löst nicht der Wunsch, eine dunkle Haut einzutauschen, die leidige Rassenfrage (wenigstens für die Dauer einer Bade-Saison?)

6. August, im Schatten auf der Lauer

. . . Seit Tagen kauert im Rücksitz einer ramponierten Limousine ein Sergeant der U.S.Army. Er zeigt das nahezu vollendete Muskelspiel eines schönen Wiederkäuers. Die einzige Tätigkeit, der der Ordensträger mit Ausdauer nachkommt, ist das Drehen seines Mützenschirms nach dem jeweiligen Stand der Sonne. Er scheint nicht die Absicht zu haben, in der Sonne zu schmoren wie seine weißhäutigen Verehrerinnen, deren melancholische Seufzer ich neidvoll registriere; denn er ist schwarz wie mattiertes Ebenholz und damit allen Sonnen-Anbetern um Dutzende von Sommern voraus. – Ich hätte meinen Brief an Sie längst beendet, wäre nicht die angenehme Beschwernis des Orts, der Stunde, der Jahreszeit. Sehen Sie selbst, alles verleitet zum Nichtstun: der Strand, das Wasser und das sommerliche Wetter. (Das *Hoch Roger* liegt mit seinen Ausläufern über der nördlichen *Biskaya*. Experten sagen *Roger* eine lange Dauer voraus).

7. August, bei Durchsicht meiner Texte

. . . In einem Augenblick, da der Wind seinen Atem anhält und die Segel schlaff in sich zusammenfallen, überkommt mich die bange Gewißheit: ich bin fünfunddreißig und habe nichts für die Unsterblichkeit getan! Weder habe ich einen Sohn gezeugt noch einen Baum gepflanzt noch ein Buch geschrieben. Meine Arbeiten sind bestenfalls passable Stilproben, Spielereien mit Worten, flüchtige Zeichen im Sand. Der Wind wird sie auslöschen und unbekümmert darangehen, die Segel mit neuem Atem zu füllen. Die Boote werden in aufreizender Folgerichtigkeit über den See ziehen, und es wird sein, als hätte es meine Zeichen und Wehmuts-Chiffren nie gegeben ...

7. *August, und abends, nicht wahr? fallen die Barden ein*
... Man erinnert sich längstvergangener Geschichten und längstverjährter Verbrechen – am Lagerfeuer feiern die Legenden fröhliche Urständ. – Ach, dieses Volk von Bauchrednern! Tagsüber sieht man sie in Scharen am Strand in harmlosen Zusammenrottungen. Sie bringen kaum ihre Augen, geschweige denn ihre Münder auf, aber aus umgehängten Tragtaschen lärmt und quakt es wie aus den abseits liegenden Tümpeln. Und nicht wahr, was geblasen wird, wird auch geritten? Sparen Sie Vorwurf und Tadel, wenn Sie unbelästigt Zeltfreuden genießen wollen! Sie haben ein kurzes Gedächtnis, aber Bedarf an Flügelmännern. (Wenn die Pappeln die Gefolgschaft verweigern, droht man ihnen mit Axt und Säge.) Sie beschwören in ihren Liedern die Zukunft, aber ihre Vergangenheit antwortet. Es ist von Madagaskar die Rede, aber sie meinen natürlich die Krim. Wären nicht Verrat und Sabotage über sie hereingebrochen, hätte ihnen bis zum Elbrus ein Jagdrevier offengestanden für deutsche Art und Mannesmut. Noch während sie Freundschaft rufen, schließen sie die Visiere. Und wenn sie, ihrer Heldengesänge müd, auseinandergehen, um sich im Zelt an ihren Beischläferinnen zu wärmen – wissen Sie, welche Absprache sie für den nächsten Julmond getroffen haben? Wer gibt Ihnen die Gewähr, daß sie den Warnruf eines Eichelhähers nicht für ein Hornsignal halten – und marschieren?
... Leg nicht im Frührot die Waffen parat. Schließ nicht beim leisesten Standlaut, den du nicht deuten kannst, dein Visier. Mach nicht den Spieltisch deines Sohnes zu Aufmarschplätzen. Deine Hundertschaften aus Blei. Gib Order an alle Vögel, ihre Annäherung auszuposaunen, ihre Kampfstärke zu verraten. Wirf nicht Parolen unter die Schlafmützen,

sondern Reizworte unter die Hellhörigen: Nicht der ist der Kaiser und der der Dieb! Nicht der ist dein Führer und der dein Vasall! Helmbusch, Ordensspangen, Schleppsäbel, Affenschaukel, entrümple deine Monturen. Bruder im Felde, diese Spiele taugen nichts. Erst wenn die Kesselpauke das große Gähnen befällt, der Rotlauf die Gewehre, Rost die Kanonen, erst wenn die Generäle unpäßlich werden, die Soldaten den Gehorsam verweigern, die Füsiliere das Standrecht – altert der Krieg!

*

Kommt die Nacht heraufgegangen,
katzenleis' auf bloßen Sohlen,
kommt der Tod nicht minder leis'.

Fällt der Tag aus lichten Höhen,
rasch und wie auf Schwalbenschwingen,
fällt der Tod nicht minder schnell.

Schlägt das Herz des Sibiriaken
mir nicht gleich wie das des Deutschen?
Welch ein Verlust, als ich auf meinen Schultern
eines Jünglings Leichnam trug!

Auf den Feldern dieser Tage
blühen Schmerzen wie Gladiolen . . .

Römisch Zwei

Unter römisch Zwei hatte es begonnen, optisch, akustisch, ein episch-dramaturgischer Wechselbalg: »Eines Morgens am Wehr.« Erfunden der Auftritt einer Frau Zeissig, der Witwe eines im Osten verschütt gegangenen Rittmeisters, aus dem Baltikum geflüchtet und im Raum südwestlich der Iller untergekommen, später ansässig. Eine noch immer attraktive Frau mit »bemerkenswert hellen, durchdringenden Augen«. Erfunden der Auftritt eines Amtsträgers namens Lorenser, im Luftzug des Bildersturms fünfundvierzig vom Postament gefegt, vorzeitig zurückbeordert auf Probe: Suchdienststelle des Roten Kreuzes, Halbtagsstellung vorerst, abends mit der Detektiv-Lupe über seinem Privatarchiv: »Eine Zeißlich ist hier tatsächlich vermerkt. Wohnhaft zuletzt in Hamburg. Von Beruf Tänzerin. Trat unter dem Künstlernamen ›Theresa‹ auf, in einem drittklassigen Nachtkabarett. Das arme Luder soll sich aus einer Mansarde gestürzt haben ——.« – »Zeissig, ich sagte deutlich: Zeissig! Letzte Anschrift Dorpat.« – »O Pardon, Verehrteste, aber sagen Sie selbst, die Ähnlichkeit der beiden Namen ist verblüffend.« – »Ihre Zumutung, mein Herr, ist ungeheuerlich.« – »Bitte gehorsamst um Nachsicht! Das Schicksal hat uns alle durch den Fleischwolf gedreht. Woher wollen Sie wissen, was aus Ihrer Tochter geworden ist?« – »Sie haben leicht den starken Mann spielen. Sie sitzen leidlich gut.« – »Früher, Gnädigste, saß unsereins bedeutend besser.« (Mertens, der sich in der Rolle des Jungfilmers gefällt, läßt Kamera an senffarbener Breecheshose hochfahren. Er zeigt Lorenser einmal als Amtswalter in Uniform und einmal, sichtlich gealtert, in schäbigem Zivil.) »Im Vertrauen, Verehrteste, der Abstieg fiel unsereinem nicht eben leicht. Sie als Witwe eines Höheren SS-Führers werden verstehen ——« – »Erlauben Sie, mein Mann fiel auf dem Feld der Ehre!« – »Auch unsereins hatte seine Anfechtungen. Sie müßten mein Geheim-Archiv kennen.«

Mertens' unbekümmerter Griff in die Flimmerkiste, sein hemdsärmliger Exkurs in Kriminologie. Das Kuhauge Lorensers über Lageplänen mit den Daumenabdrücken von Höhenlinien. Die wandernde Lupe über der Häuserspinne im Fadennetz, mit der blaugezogenen Linie, die einen Kanal markiert. Frauengestalt in verwaschener Chintz-Bluse auf dem Wehrsteg, die ungehalten heraufwinkt. Zudringlicher Schnüffler aus der Nahaufklärer-Perspektive. Das Hochwasser führende Wehr.

Kameraschwenk aus dem Schnürboden, fährt auf blitzenden Nickelhahn zu. Im Glassturz die verschwommene Visage Lorensers, des verdutzten Trinkers über dem abgeblasenen Bierschaum. Behaarte Männerpratze, die auf die Hinterbacke einer Kellnerin klatscht. Mertens' furiose Regie, die Windfang in die Totale nimmt. Auftritt eines nicht mehr ganz jungen Mannes im Dreitagebart, der, nachdem er seinen Pappkoffer abgestellt hat, die deutliche Präsenz eines Reisenden ohne Anschluß gewinnt. »O, so warten Sie doch! Sie wollen doch sicher erfahren, wo Frau Zeissig wohnt!« (Eindringlich gestellte Frage an Mertens:) Worauf läuft das Ganze eigentlich hinaus? Haben Sie irgend ein Anliegen vorzubringen? Irgend etwas Allgemeinverbindliches? Was menschlich Belangvolles?

Was war nur in ihn gefahren, daß er Abende lang sein Zimmer hütete, in der freiwillig angetretenen Einzelhaft aushielt? Von niemanden dazu ermächtigt, schrieb er mit ungeübter Hand, schwitzend vor Anstrengung: »Der Strahl eines Scheinwerfers glitt durch die einsetzende Stille.« (Eine Stille wird eingesetzt; ein blutiger Laie verfügt über sie). »Wie eine langfingrige Hand faßte der Strahl nach den hohen, schmalbrüstigen Fassaden«. (Aus diesem Griff kam Mertens so schnell nicht frei.) Dieser verkörperte Strahl »streifte ein Fenster zu ebener Erde«. Natürlich saß dahinter jemand, für dessen Vorstellung er das benötigte Quantum Licht brauchte. (Soviel haushälterischen Sinn hatte Mertens immerhin, daß er achtundvierzig im zeitigen Frühjahr und also lange vor dem Stichtag X einen Scheinwerfer nicht funktionslos umhergeistern ließ!) Ein Mann also hinter einem Fenster zu ebener Erde, sein Name: Johannes. »*Da war ein Mann von Gott gesandt* ––«. Student der Germanistik im ersten Semester (das würde ihm schmeicheln), in die Panzernahkämpfe von Hameln verwickelt (als frisch gebackener Leutnant ohne Befehlsgewalt), nach Hamburg verschlagen (seinen Ferntick hat er wohl noch immer nicht auskuriert?), Textdichter an einem Tingeltangel-Theater, Jungfilmer (von eigenen Gnaden, versteht sich!).

»Mein ganzer Erfolg bestand letztlich darin, daß Theresas zahlungskräftige Bewerber jetzt einzeln und zu festgelegten Zeiten vor ihrer Garderobe aufkreuzten, anstatt wie früher rudelweise in ihrer Mansarde.« (Johannes war selbst kein Jäger, hielt es aber mit deren Rotwelsch) »Der Himmel an Rotlauf erkrankt« (so folgerichtig wie poetisch). »Frau Zeissig, in ihren Sessel eingenäht, eingesargt«, das lotete tief, hatte seine Senkbleie im katholischen Erbe. Mertens' eigenmächtiger Stelzenlauf mit der Sprache, der erhabene Krampf. (Er war der Sänger und Prediger ihrer gemeinsamen Verfehlungen, nicht ihr Protokollant!)

»Hat Theresa in Ihrer Gegenwart irgend etwas über ihre Herkunft, ihr Elternhaus oder ihre Kindheit in Dorpat erwähnt? Haben Sie bemerkt, daß sie ein Medaillon bei sich trug? Wäre es denkbar, daß Sie es übersehen haben könnten? Intime Beziehungen verbieten sich doch wohl von selbst?« Die Witwe in ihrer Sesselklausur: »Sie haben versäumt, mir die näheren Umstände ihres Todes zu berichten.« (Sein pathetisch beschriebenes Ritual ihrer Bestattung). »War wenigstens ein Geistlicher an ihrem Grab? Hatte sie kirchlichen Beistand?« Mertens, der Eintänzer in Liebe und Syntax (»das Wasser des Mitleids schon an den Knien«)—: »Sie wurde eingeäschert. Ihre Urne befindet sich auf dem dortigen Zentralfriedhof. Die genaue Lage habe ich Ihnen notiert.«

Mit leicht rudernden Armen »vor der Takelage des Fensters« Frau Zeissig, sie schwankte bedrohlich. Johannes fing sie linkisch auf. (Mertens aber ließ Wind herein, frische Luft). Das Seestück war komplett. Eine Hafenmole zwar nicht in Reichweite, aber er »unter dem Lorbeersturz seiner Eingebung« (schwelgte in Storm'schen Zwielichtigkeiten). Der Stichkanal aus Blaupausen-Gestrichel und ein aufziehendes Sturmtief werden herangezogen, um das Drama glaubwürdig zu machen. Auf dem Wehrsteg unter Lorensers Lupe (»ein Totenvogel namens Zeissig«), stemmte sich gegen den andrängenden Nordnordwest. »Wasser zieht an.« *Aquis Submersus.* Inquisitorisch die Stimme über ihr. »Wasser ist barmherziger als die Menschen. Ein Sprung, und Du bist ihre Nachstellungen ein für alle Mal los.«

Sie erwachte wie alle Tage kurz nach Sieben, um zur Molkerei zu gehen. Der letzte Anteil Butter in dieser Dekade, der ihr noch zustand. Auf dem Rückweg auf einen Sprung in die Betsingmesse. Vormittags vielleicht die vernachlässigten Geranien-Beete auf ihrem Balkon. Nachmittags ein Gang ins Vorwerk. Sie würde bei ihrer Zugehfrau einkehren und während des »Hochstubens« den Pullover auftrennen, den sie für Theresa zu stricken angefangen. Zum Glück war sie über das Vorderteil nie hinausgekommen. – Beschreibbare Wirklichkeiten, ein zwei unverkrampfte Halbsätze. Und wieder sein blutleerer Schlendrian zwischen eingefahrenen Klischees und Verstiegenheiten. Gelächter, das in den Gehörgängen nachhallt:

»Treibe ihn in seinem Edelmut, Dich zu retten, nicht zu weit! Mute einem Nichtschwimmer nicht zu, Dich aus dem Wasser zu fischen!« Sie stand, die Arme in pathetischer Gebärde erhoben, auf dem wegsackenden Parkett ihrer Dorpater Wohnung. Der in Glas gefaßte Nachlaß des Kommandeurs dreistocktief hinab in die Straßenschlucht. Der atemverriegelnde Wahnsinn: »Rettet denn niemand mein Kind? Hält denn niemand die Schaukel an? Johannes – –!«

Auf beigelegtem Briefbogen, beginnend mit einer »Girlande hochfahrender Majuskeln«, handschriftlicher Nachsatz, Metapher aus der Vorratskammer einer Hausfrau, die sein vierseitiges Rührstück hochgehen ließ (wie den Treibsatz einer Springmine): »und die Erbsenschote des Schicksals bricht auf und eine halbe Stadt steht Kopf vor Mitleid und Entrüstung«.

Meersburger Impression 58

Die Touristen-Hochburg am See entließ gerade die ersten Frühjahrs-Kollektionen. Viel Gängiges und Solides, eine Menge Volk, kaum Publikum. Touristen-Idyllik, das unabänderliche Farb-Spektakel, die bekannten Duftstauungen: verwaschenes Amber und Lavendel, wenig Dezenz, dafür allzuviel Geschmack selbst beim landläufigsten Flittchen. Schließlich die gewohnt heiteren Paraden: weitschwingende Röcke über Steiltreppen, Sicht natürlich unbehindert. Seeseite etwas bewölkt, Beine nicht immer nach Maß. Himmel und Wasser überaus freundlich. Hüte als sanfte Aperçus über einem Jahrmarkt von Müßiggang und Langeweile.

Nach einem ersten zielstrebigen Bummel die verständliche Frage: nanu, keine Dichter? Die Antwort prompt, aus Fliedergehängen, Pergolas, Fachwerkfluchten und Hinterhöfen, gedämpft, mit unverkennbarer Ironie: keine Dichter! Dafür aber Pensionäre und Staatsbeamte, aktenkundig bebrillt, eine behördlich einwandfreie Miene zur Schau stellend; Vergnügungsreisende, die nicht den Mut aufbringen, vergnügt zu sein; Damen mancherlei Geschlechts und Alters, mit sagenhaften Ambitionen, nach denen sich niemand ernsthaft zu erkundigen wagt; saloppe Biedermänner in Photo-Psychose, hemdsärmlige Sybariten; eifrige Bildungsschnüffler, den Baedeker im Anschlag. Unter heillos verschnittenen Platanen, jahrzehntelangem Züchter-Ehrgeiz erlegen, nur erst spärlich belaubt – eine Anzahl von Frauen, in frevlerisches Schwarzblau gehüllt, gitarrenbewehrt, daneben ein Mädchen, ungeschickt sein Tamburin schlagend, im Anhauch seines bläßlichen Mundes: »Jesus, Du meine Zuversicht!«

Einmal, auf meiner Suche nach Dichtern, begegnete ich einer wild gestikulierenden Gruppe. Ein jugendlicher Choleriker, zwei jugendliche Hysterikerinnen – ihr Alter vorsichtshalber auf fünfzig geschätzt –. Er in knielangen, gebleichten Shorts, sie in hochgeschlossenen Taft-Rüstungen, das Visier geöffnet, und ich hörte etwas benommen, während ich mich zur Flucht wandte: »die Kunst, meine Liebe, eine Angelegenheit des öffentlichen Rechts«.

Später stieß ich auf eine erste heiße Spur. Aber erst am Bootshafen gelang es mir, das Edelwild, das ich gesucht hatte, zu stellen. Wissen Sie, reinrassige Inkarnationen des Worts und der Metapher. Einer davon aus der *St. Galler Hochwacht,* mit knabenhaften Bewegungen, ein wortkarger Äser, emsig um eine bayerisch sprechende Kälbin besorgt; der Zweite ein versierter Segelfachmann, aus *Philippsburg* stammend. Kleines Walsertal oder so, vorübergehend in ein revierfremdes Gehege einbrechend, stämmiger Vielhufer, unlängst prämiert. Abends nahm er mich in seinem R 16 nach *Friedrichshafen* mit, neben mir, auf dem Rücksitz, ein Durcheinander von Blättern: *»Was ich in Rom sah ...«* und anderes mehr. Aber das waren nur die Habseligkeiten einer merkwürdigen Gefährtin dieses Platzhirschs, der redend und lenkend allgegenwärtig war. Ich hatte die scheue Klagenfurterin schon lesen hören. Es wird Jahre dauern, um aus der *»Anrufung des Großen Bären«* herauszukommen. Ihr kleiner vergilbter Strauß lag achtlos auf ihren Blättern, ihre Handschuhe gleichfalls. Und ich sah, wenn sie sich umdrehte, den seltsamen Ausdruck in ihren verdunkelten Tieraugen. Antilope oder Zebu, schätzte ich; sie hatte kein Feuer zur Hand, glaubte, ich besitze welches, dabei spürte ich keinerlei feuriges Element in mir. Teilnahmslos und bewegt ließ sie sich meine Geschichte vortragen, die nichtssagende Geschichte eines lädierten Zweihufers, während der kapitale *Philippsburger* am Steuer saß und den weinrot gepolsterten Franzosen durch ein Dickicht freundlicher Dunkelheiten lenkte. Seltsam, kein Geruch nach Blattgrün, Fell und Losung, sondern ein starker, nüsternfremder Geruch nach Prominenz und Zelebrität.

Wir hatten offenbar die Wälder verlassen, in denen Stimmen gewohnt hatten. Ich hatte die Sprache der Tiere verstanden; das freundliche Exil, in dem ich mich eine Zeitlang aufgehalten, war nun eine Art schalltoter Raum inmitten grenzenloser Dämmerung. Die Stimmen der Tiere, schlankhüftiger Gazellen, scheuer Antilopen, waren verklungen. In den Spiegeln, in denen sich mein Blick, von Kristall-Leuchtern vervielfältigt, verfangen hatte, schwammen teilnahmslos Gesichter. Die Hände hatten den Beifall ganz allein besorgt. Es gab keine Absprache zwischen ihnen und den Augen. Münder, Ohren, Stirnen, Haaransätze waren nichts als ein modisches Zubehör, Ausstellungsstücke von erlesener Eleganz. Hier hatten Maskenbildner ihre Kunst bewiesen.

Das Zusammenspiel, das ich in den Pausen betrieb, hatte keine Menschen ergeben. Stückwerk war dies alles, und ihre Stimmen, Spieldosen entnommen, klangen blechern. Und die Stimmen meiner Tiere, deren Herkunft niemand zu ahnen schien, hingen über diesem Schloß-Spektakel wie Formeln und Beschwörungsriten aus einer verlorenen Welt. Ich nahm sie mit in den Abend; sie blieben, hielten sich über Abschied und Heimkehr hinaus. Auch das andere hielt sich, schob sich immer wieder hartnäckig dazwischen: »Die Kunst, mein Lieber, eine Angelegenheit des öffentlichen Rechts«, und, schwächer schon und verebbend: »Gott, sehen Sie nur, diese hübsche Kollektion, diese zauberhaften Muster...« und, noch einmal mein Ohr erfüllend: »Jesus, Du meine Zuversicht!«

Schloß Sanssouris*

Die Einheimischen, denen ich auf meinem Gang durch das hessische *Stierstadt* begegnete, erwiesen sich als ortsunkundig. Meine Frage nach dem Schloß löste Kichern oder Befremden aus. Ich hatte nicht erwartet, den »Weißen Raben« gehißt zu sehen oder das Verlags-Signet des »Eremiten«. Solch hochtrabende Heraldik war mir fremd, doch eine Spur feudaler Euphorie, die mich bei Nennung des Namens befallen hatte, wirkte in mir nach. Besitzer einer hochherrschaftlichen Baulichkeit konnte der Schloßherr wohl nicht sein. Die Gerüchte, die über seine spartanische Lebensweise im Umlauf waren, schlossen Vermögen wie Grundbesitz weitgehend aus. Vielleicht war er Pächter einer verfallenen Burgruine, vielleicht Dauergast im Herrenhaus eines spleenigen Mäzens. Auch mochte die Bezeichnung, die ich gebrauchte, nicht ganz korrekt sein. Dem Verleger-Fürsten wurden genug solcher närrischen Einfälle zugeschrieben; auch schien durchaus denkbar, daß er sich die irreführende Bezeichnung zugelegt hatte, um seinen Besuchern bei ihrer Ankunft einen gelungenen Schabernack zu spielen.

Eine Bäckersfrau, bei der ich »frischen Streuselkuchen« kaufte, ließ sich auf ein kurzes Geplauder mit mir ein. Mich in den Schatten der Markise dirigierend, die ihre Auslage vor der Morgensonne schützte, musterte sie zunächst einmal mißtrauisch mein unhandliches Gepäck. Mit unverkennbarem Argwohn sann sie meinen Angaben nach, während ich, noch immer atemlos vom Schleppen des unförmigen Koffers, den trockenen Kuchen hinunterwürgte. Durch offenbar undeutliches Aussprechen hatte ich eine einleuchtende Assoziation wachgerufen: Sanssouci. Das weckte bei der Bäckerin sofort eine vage Erinnerung an den Geschichtsunterricht. »Eremiten-Presse« sagte ihr zunächst nichts, dann aber meinte sie, das gehe wohl mehr ins Alte Testament; sicher war sie nicht. Doch gab sie ihre zögerliche Auskunft von der Ladenschwelle aus, wo sie immerhin den Vorteil hatte, höher als der verdächtige Fremde zu stehen. Schließlich konnte man nicht wissen, wozu ein schwitzender und zu Atemnot neigender Mensch

* ohne Mäuse

fähig war, der so disparates Zeug wie *Sanssouci* und *Eremiten* daherfaselte. Da ich mit dem Verzehren ihres Ladenhüters vollauf beschäftigt war, blieb ihr Zeit, etwas Ordnung in meinen Redeschwall zu bringen. Die Berufsbezeichnung Verleger brachte sie sichtlich in Verlegenheit. Aber der Name arbeitete mächtig in ihr; das war ihr anzusehen. Ich erschien ihr um einiges vertrauenswürdiger, hatte ich doch einen Namen genannt, der ihr nicht ungeläufig schien. Ich wollte gerade erläutern, daß dieser Verleger ein Mensch sei, der Bücher nicht nur herstelle, sondern sie am liebsten auch selber verfaßte. Aber da hatte es schon in ihr gezündet. Sie stemmte ihre mehligen Arme in die Hüfte und strahlte. Das Geduldsspiel hatte sich also gelohnt, der Kauf des trockenen Kuchens sich als taktisch kluge Maßnahme erwiesen. »Ach, jetzt blicke ich durch: Sie meinen ja diese Spinner in der Baracke!«

Mir hatte ein Berliner Lyriker und Holzschneider den miserablen Zustand der Baulichkeit geschildert. Doch sah ich keinen Grund, die Stierstadter Nobel-Adresse anzuzweifeln. Da in mir von Zeit zu Zeit der handwerkliche Urtrieb zum Vorschein kommt, hatte ich mich spontan bereit erklärt, die Instandsetzung vorzunehmen – unentgeltlich, das verstand sich von selbst. Daß es auf großzügige Improvisation ankäme und nicht auf penible Kleinarbeit, machte mich eher neugierig als stutzig. Meine Unternehmungen trugen fast durchwegs den Stempel gewagter Notbehelfe. Günter Bruno Fuchs, Initiator der *»Rixdorfer Drucke«*, hatte mich gebeten, gleich das benötigte Handwerkszeug mitzubringen. Genügend Hilfskräfte, so versicherte er mir, ständen bereit, wenn es »hart auf hart käme, in die edlen Lyrikerhände zu spucken.« Ich wußte, daß VauO Stomps, der *»Eremit von Stierstadt«*, ein Anziehungspunkt sondergleichen war. Von der Buchmesse war mir berichtet worden, daß sein Stand mit klebefeuchten Erstdrukken ganze Rudel junger Poeten anlocke. Diese Laufschule für Debutanten war ein höchst wirksamer Magnet. Ich konnte damit rechnen, auch einige der Anwärter auf künftigen Autoren-Ruhm im »Schloß« anzutreffen. Ob ich in ihnen brauchbare Handlanger finden würde, wagte ich zu bezweifeln.

Das »hochherrschaftliche« Anwesen aber war nun nicht länger zu übersehen. Unter einem langgestreckten schadhaften Ziegeldach erblickte ich malerisches Fachwerk. Läden, die die Mittagssonne weniger aussperrten, als sie dämpften, gaben der Baulichkeit, der mit der Bezeichnung Baracke fast zuviel Ehre erwiesen wurde, etwas einladend Gemütliches. Die offen stehende zweiflüglige Tür, dazu ein lieblos gezimmertes Vordach, das primitives Sitz-Mobiliar kärglich beschattete. Viel war von der verschlafen wirkenden Residenz nicht zu sehen. Der ebenerdige Schuppen war so eingesponnen in das Blätter-Gefilz wuchernder Selbstklimmer, daß ich befürchtete, er könnte in der feucht-heißen Umklammerung vergessen, daß er ein von Menschenhand erstelltes Gehäuse sei, und seinerseits Blätter treiben. In einem halbleeren Bassin schwamm verloren ein einzelner Goldfisch. Unter Maschendraht lag eine Schildkröte unter einem Salatblatt vergraben. Begonienstöcke dünsteten in der September-Hitze.

Bei meinem ersten Rundgang durch den Zimmer-Schlauch stieß ich auf Unordnung und Verwahrlosung, die ich erst später als künstlerische Freizügigkeit abzumildern fähig war. Mächtige Papiertürme versperrten mir den Weg, Regale mit verstaubten, offenbar aber gelesenen Büchern, eine Druckerpresse mit Leukoplast-Bandage und eine bockige *Linotype*, an die sich gerade niemand heranwagte, weil sie flüssiges Blei verspritzte. Der »Rittersaal« war ein etwas weitläufiger Raum. Ein arg ramponierter Ohrensessel, in dem mich der Ober-Eremit huldvoll empfing, verlieh der von Sonnenfingern durchschossenen Räumlichkeit vor einer Galerie großformatiger Bilder einen gewissen verblichenen Glanz. Von seinen Getreuen umgeben, Druckerschwärze im Haar, einen Probeabzug vor der Brille, verbeugte sich VauO Stomps mit weltmännischer Grandezza: »Durchlaucht, ich hoffe, Sie hatten eine angenehme Reise. Mein Zeremonienmeister wird Ihnen den Südflügel der Residenz reservieren.«

Auf dem einzigen Tisch, der benützbar schien, lagen zwischen Brotresten, Zigaretten-Stummeln und Margarine-Rückständen Stapel gefalzter Druckbögen. Ich machte die schüchterne Bemerkung, ob denn die Buchproduktion zügig voranschreite? – Wenn er mehr freiwillige Helfer hätte, die sich gegenseitig den Rang abliefen, wäre er längst fertig, meinte der Schloßherr schalkhaft. Ich mußte erst einmal kräftig schlucken, bevor ich den Hintersinn seiner Anspielung begriff. VauO Stomps liebte die Camouflage, das literarische Versteckspiel; und es dauerte eine geraume Weile, bis ich dahinter kam, daß er das Gegenteil von dem meinte, was er sagte. — Wann ich denn mit dem geplanten Umbau beginnen könne? fragte ich, meinen besorgten Blick auf das schadhafte Dach richtend, das mit Dachpappe notdürftig geflickt war. – »Solange diese schöne Trockenheit anhält«, meinte er listig, »scheint mir der Dachdecker entbehrlich wie ein Kropf.« – »Dann bin ich als Zimmermann zumindest überflüssig«, warf ich ein. »Wozu habe ich mich mit einem Koffer voll Handwerkszeug abgeplagt?« – Die Getreuen sahen mich grinsend an. – »Vertauschen Sie es mit Schere, Falzbein und Leimtopf!« sagte der Verleger gut gelaunt. – »Rücken Sie an unseren Tisch heran. Ich mache aus Ihnen im Handumdrehen einen perfekten Buchbinder.«

Ein letzter bedenklicher Blick gegen das schadhafte Dach. Kaum hatte ich mich in meine aufgezwungene Rolle gefunden, als ich auch schon einem Eignungstest unterworfen wurde. Sich auf einem der wackligen Hocker niederlassend, die leeren Gläser beiseite schiebend, nahm die mausgraue Exzellenz einen Stoß Blätter in die Hand, klemmte ihn unter den Ellbogen und ließ Blatt um Blatt durch seine Finger gleiten. – »Sehen Sie, so zählt man Papier, wenn man wie ich keine Geldscheine zu zählen hat!«

Abends auf meinem Schlafplatz, einem der Papierstapel, auf dem ich eine Decke ausgebreitet hatte, um meine hochkant gestellte Hüfte etwas abzufedern, fiel mir ein, daß ich wieder einmal leichtfertig buchstabiert hatte. Ich saß in einem Schloß ohne Mäuse; einer der von VauO Stomps verlegten Gedichtbände trug den Titel: »Ratten werden verschenkt«. Sanssouci gehörte einem königlichen Flötenspieler – *Sanssouris* aber einem königlichen Fabelschreiber.

Das Telegramm

»Es ist ein Telegramm für Sie angekommen«, sagt mein Gastgeber und deutet, blind vor Eifer und Wohlwollen, mit dem Lötkolben nach oben. »Danke ergebenst!« rufe ich, starr vor Schrecken und Wißbegier, und trete, meinen Hut lüftend, in das altertümliche Vestibül. Aber da stockt mein Atem und Schritt. Vor mir, in der Dämmerschwüle des Augusttags, in Nischen und Winkeln, auf Stufen, Podesten und Balustraden, türmen sich die seltsamen Erzeugnisse der Muße, des Fleißes und jenes erstaunlichen Formwillens, von denen mein Gastgeber gelegentlich gesprochen und die nun, aus unsichtbaren Werkstätten ans Licht gezerrt, aus Leimpfannen, Pressen, Schmelztiegeln und Gebläsen hervorgegangen, durch irgend einen bösartigen Zauber vervielfacht, das Haus überschwemmen. Da ich befürchten muß, daß mein Gastgeber, Erläuterungen gebend und Beifall heischend, mir nachfolgt, strebe ich emsig, umsichtig, geduldig weiter, taub vor Ergebenheit, gewinne so Meter um Meter eines wertvollen Terrains; denn oben unter dem Dach, vier Stockwerke über der erstaunlichen Sammlung, liegt das Telegramm.

Ich kann mir nicht vorstellen, daß irgend etwas Bedeutsames vorgefallen sein soll. Vielleicht die Mitteilung über eine bevorstehende Hochzeit oder die Nachricht über das Begräbnis eines weitläufigen Verwandten. Was wird schon Dringliches geschehen sein? Schwager und Schwester in einem Zustand permanenter Darbnis; Mutter auf Störnäherei, um der Darbnis zu steuern; mein jüngster Bruder, von Klassenabstieg zu Klassenabstieg auf kümmerlicheres Taschengeld gesetzt; Vater schließlich, ein altes, standhaft verschwiegenes Leiden mit sich herumschleppend, das Bett aufsuchend und es wieder verlassend, Vater, dem körperliche Gebrechen ein Greuel sind . . .

Unverdrossen, aber doch schon etwas besorgt, winde ich mich zwischen topfartigen und flaschenähnlichen Gebilden hindurch. »Ich habe wertvollere Stücke als diese«, argwöhnt die Stimme meines Gastgebers, durch irgend eine Hexerei vergegenwärtigt. »Wenn Sie auf dem nächsten Treppenabsatz auf die Keramiken stoßen, so achten Sie auf die hervorragende Brenntechnik. Sie stammen alle aus der vorletzten Phase meiner bukolischen Periode.« Nicht nur der Treppenabsatz, auch der angrenzende Flur ist voll von diesen Absonderlichkeiten. Noch immer behutsam, eifrig, höflich über Glasgeblasenes und Gebranntes kletternd, fällt mein Blick quer über den Lichthof in das gegenüberliegende Stockwerk. Auch dort entdecke ich die merkwürdigen Nachbildungen, die an Musik und Anatomie gleichzeitig erinnern. Larynx anthropos! denke ich, während ich benommen, aber zu Höflichkeit und Wohlwollen entschlossen, Stufe um Stufe dieser endlosen Galerie emporsteige.

»Der Professor hat mir erlaubt, daß ich einen Teil seiner Sammlungen säubere«, tritt geharnischt, Staubtuch und Besen schwenkend, die Putzfrau um die Ecke, zwingt mich unter Wolken barbarischen Staubs zur Flucht in ein Nebengelaß. »Wenn Sie die Abgüsse aus meiner heroischen Epoche sehen wollen«, flüstert verschämt eindringlich die Stimme meines Gastgebers, »so brauchen Sie sich nur um diesen Sagittalschnitt herumzubemühen. Es sind kostbare Funde darunter, die mir früh den Ruf eines bedeutenden – –«

»Den Tee können Sie natürlich mit uns einnehmen«, herrscht mich eine trocken-lehrhafte Gouvernantenstimme an. »Mit Vergnügen!« huste ich, Hekatomben ehrwürdigsten Staubs hinunterschluckend, Tagreisen entfernt von der nächsten erfrischenden Oase. »Berichten Sie mir von den Fortschritten Ihrer Studien«, nörgelt die Alterslose hinter verfallenen Zahngehegen, meinem umherirrenden Blick für immer entzogen.

»Sie dürfen mich nach dem gemeinsamen Mittagsmahl in die Städtische Galerie entführen«, lockt die Tischdame, minderjährig, tugendsam aus haushälterischen Erwägungen heraus. »Räumen Sie die Etagere beiseite, heben Sie den Überwurf aus Brokat etwas an und klettern Sie unter diesem Torso hindurch. Vorsicht! Werfen Sie ihn nicht um. Er stammt, wie das meiste hier, aus Vaters empfindsamer Periode.« Gehorsam, unterwürfig, gewissenhaft räume ich die Etagere beiseite, hebe den Überwurf aus zerschlissenem Brokat etwas an und krieche unter den Torso aus Ziegelsplitt. Aber kaum habe ich mich aufgerichtet und meinen Anzug in Ordnung gebracht, albert die Fahrlässig-Zudringliche schon aus einer entgegengesetzten Ecke. »Aber nein doch, diese Ungeschicklichkeit! Ihr Orientierungssinn scheint nicht sehr ausgeprägt. Hören Sie denn nicht, mit was ich Ihnen auf die Spur zu helfen versuche«?

»Sie sind zu einfallsreich«, rufe ich, mühsam um Fassung ringend. »Wenn Sie mir den Weg in mein Zimmer zeigen könnten, wäre ich Ihnen sehr verbunden. Ich möchte nicht gern in diesem Aufzug vor Ihnen erscheinen.« Aber die Tollgewordene mißversteht mich gründlich. »Sie Wüstling!« empört sie sich. »Ich heirate keinen Neandertaler.« »Vielleicht die Mitteilung über eine bevorstehende Hochzeit« memoriere ich in einem Anfall von Schwäche und Zerknirschung. Ich werde der Empfänger der Nachricht meiner eigenen Heirat sein. –

»Ich habe mich für unseren ersten gemeinsamen Abend schön gemacht«, flötet die Hausamsel aus ihrer Dufthecke hervor. Unter Flaumgestöber, das mir zeitweilig die Sicht nimmt, zeige ich, wie gerührt ich bin über soviel hartnäckige Anhänglichkeit, beteure aber, daß ich nicht imstande sei, der Einladung Folge zu leisten, da ihr Herr Vater sich ganz offensichtlich den Scherz erlaubt habe, mich in einem Irrgarten künstlicher Kehlköpfe gefangen zu halten.

»Lassen Sie sich durch die Vielfalt der Muster nicht erschrecken, junger Freund!« sonort der Wohllaut meines Gastgebers neben mir. »Wenn Sie auf den Vorplatz hinaustreten, werden Sie erkennen, daß meine Schöpfungen von grandioser Formenfülle, aber auch von großer Sinnfälligkeit zeugen. Alles, was sich hier Ihrem staunenden Auge darbietet, ist instrumentgewordenes Organ, organgewordenes Instrument. Betrachten Sie diese Nachbildung aus Glasguß und getönten Quarzen. Eine frühe Studie aus meiner blauen Periode.«

»Wenn Sie fortfahren, sich im Kreis zu drehen«, sagt die zum Ausgang Gerüstete und trommelt nervös gegen ihr Fischbein-Mieder, »schließt die Galerie. Es bleibt Ihnen dann nur noch die Wahl zwischen einer Abendandacht und dem längst fälligen Besuch bei einer argwöhnischen Tante, die auch nicht den Schatten eines Flirts dulden wird.« Da ich nicht einsehe, warum ich ihr in die Städtische Galerie folgen soll, wo ich mitten unter schlechten Kopien stehe, rufe ich, außer mir vor Verlegenheit und Gereiztheit: »Mit Ihrer gütigen Erlaubnis, die Abendandacht!«

»Wir haben uns erlaubt, in Ihrem Zimmer einige Veränderungen vorzunehmen«, sagt das Zimmerfräulein, anmutig bestürzt, in einer erschreckend makellosen Schürze, als ich keuchend den letzten Treppenabsatz erreiche. Entwaffnet von so viel Charme und Liebreiz, sinke ich gegen das Geländer und schließe die Augen. Es ist zum Steinerweichen! Da spricht das arglose Geschöpf von einigen Veränderungen, während ich mein Zimmer unbetretbar vorfinde, angefüllt mit mannshohen Kehlköpfen, vollgestopft mit dem Plunder eines Besessenen, den Ausgeburten eines Irren, der mich eines Abends nach einer Lesung einlud, in seinem geräumig-heiteren und, wie er hinzufügte, ein wenig musealen Hause meinen Studien nachzugehen, beim Schein eines Kaminfeuers vertraulich einige Vitrinen öffnete, von eigenen bescheidenen Versuchen sprach, einer Sammlung, die er unter Opfern aufgebaut und erweitert habe.

Und ich Unschuldslamm lasse mich überreden, betrete sein gastfreies Haus, beziehe ein Mansardenzimmer, nehme an den gemeinsamen Mahlzeiten teil, lerne Thekla, eine Halbwüchsige mit Hühnerbrust und Garnfingern kennen, vernehme die respektheischende Stimme einer Bettlägerigen, die niemanden empfängt außer ihrem überfütterten und ewig gelangweilten Pudel, sehe flüchtig in einem abgedunkelten Flur ein besenschwenkendes Faktotum, das Fenster aufreißt und Gardinen aus dem Schlaf scheucht, flüchte vor soviel mißverstandener Gastfreundschaft über zahllose Treppen und Podeste, stehe aufatmend vor dem verführerischen Liebreiz einer Mädchenschürze. Und nun öffnet die Vertrauensselige spaltbreit die Türe und seufzt: »Wir haben uns erlaubt, in Ihrem Zimmer einige Veränderungen vorzunehmen.«

Nach einer unruhigen, von Traumgesichten durchzuckten Nacht erwache ich zuversichtlich unter einem hochgelegenen Fenster. Mich durch das Nadelöhr zwängend, hilflos rudernd zwischen Fußboden und Decke meines unkenntlich gemachten Zimmers, nehme ich im undeutlichen Frühlicht die Schemen und verkörperten Alpdrücke wahr, in der beängstigenden Stille eines Museums für Vorgeschichte. Unter Schluckbeschwerden, die Arme aufgestützt, die Beine schräg zwischen der Fensterleibung, lasse ich mich auf eine Kredenz nieder. Mit versagender Kraft, aber unbeirrbar höflich, ducke ich mich unter die Erpresserstimme meines Gastgebers. »Betrachten Sie nun mein Meisterstück! Das unvergleichliche Exemplar eines *Larynx anthropos*!«

Als es mir am Abend des dritten Tages gelingt, das Telegramm zu öffnen, lese ich ermattet, sanft die nörgelnde Stimme Theklas aussperrend: »halte daher eine Verlängerung Ihres Studien-Aufenthaltes für unangebracht – stop – dachte, Sie brächten etwas Verständnis für die Versuche meines Mannes auf – stop – Ihre Fähigkeiten als Erbschleicher mögen ausreichend sein – stop – als Liebhaber meiner Tochter sind Sie eine Zumutung – –«

*

Wär' es kein Glück, mit ihr zu liegen
unter reich bestirntem Himmel am Wegrand,
begierdelos,
in jener wundersamen Spanne
von Sättigung und Hunger?
Und die reifende Frucht des Mondes,
noch verhangen,
wie eine Verheißung für südlichere Nächte!

*

Nun ist sie von mir gegangen,
sie,
die mein Herz so streng besetzt hielt.
Reich wie ein König ward ich beschenkt,
aber je mehr ich's bedenke,
fällt mich Wehmut an.

Gewisse stehende Bilder

Das gedämpfte Rauschen schwillt zum gebändigten Brausen an, ebbt merklich ab, je nachdem ich meinen Standort verändere. Das von sperrigem Wildwuchs unpassierbar gemachte Steilufer gibt den Blick auf die Untere *Argen* nur bruchstückhaft frei. Wie ich in den *»Flunauer Sack«* schlüpfen soll, ist mir schleierhaft. Doch nachdem mich das an- und abschwellende Geräusch von stürzendem Wasser lange genug gefoppt hat, entdecke ich einen Trampelpfad, der mich zunächst einmal zu unmöglichen gymnastischen Verrenkungen nötigt. Doch nach einem letzten Hupfer über ein unterspültes Wurzelgeflecht werde ich für die Beschwernis reichlich entschädigt. Eine Flußschleife mit Findlingen liegt vor mir in sanft ziehender Strömung. Gestrandete Baumleichen, waagerecht übers Wasser ragende Weiden, halbe Veteranen schon, eine Andeutung von Wildwasser-Strudeln. Ein fabelhaftes Terrain für Pfadfinder und Sportfischer bietet sich an; aber ich bin weder das eine noch das andere. Vom Sitzen auf einem bemoosten Findling wird mir der verlängerte Rücken kalt. Reingeschlüpft bin ich ja nun in den Sack, wie aber komme ich wieder heraus? Tief durchatmen, alter Knabe, nicht seufzen! Fing das Ganze, was mich bis zur Stunde auf Trab hält, nicht mit einer Naturstudie an?

Sie war von stillem Liebreiz und verhaltener Anmut. Meine erste Annäherung – von einer Begegnung konnte damals noch keine Rede sein – vollzog sich in vertrackten, zeitraubenden Anläufen. Juni 1947 in *Röhrmoos* bei Dachau. Sie war – mir den Rücken kehrend – in den Anblick eines schilfbestandenen Weihers vertieft und – dem düsteren Gefunkel wehrlos ausgeliefert – wohl ganz ohne Gespür für meine stumme Gegenwart.

Momentaufnahmen einer gestoppten Bilderfolge, wie sie das Gedächtnis aus Zufallstreffern erinnerungssüchtig montiert: Juni 49 im *Hallertauer Hopfenrevier.* Sie im unbeheizten Freibad ihres Nandelstädter Viertels, als Älteste von Vieren unfreiwillige Kindsmagd, die vor der schaffigen Mutter karge Badefreuden verheimlicht . . . Juli 50 in der Höhe der Kreßbronner Bodanwerft. Die aus Geschwister-Aufzucht und häuslicher Fron vorübergehend Entlassene auf Badeurlaub im selbstgeschneiderten Zelt. Vor gischtüberworfenen Wellenkämmen zeigte sie mir ihre Schwimmkünste, Entzückungsrufe ausstoßend, wenn eine Woge sie mir den Blicken entriß, während ich im knöcheltiefen Wasser verzweifelt mit den Armen fuchtelte, ein nur noch komisch wirkender Signalmaat am sicheren Ufer . . . Gewisse stehende Bilder bewahrt mein Gedächtnis taufrisch auf. Was aber will ich mir damit beweisen? Meine Tauglichkeit wenigstens als Archivar der verloren geglaubten Geschichte einer wahren Empfindung?

Sie ist eine vorzügliche Schwimmerin. Das Wasser ist ihr eigentliches Element. Sie gehört einer Spezies Mensch an, die mir wesensfremd ist. Sie beherrscht eine Fortbewegungsart, was rede ich? eine Lebensform, die mich verleiten will, den aufrechten Gang preiszugeben und den Schwebezustand in der Waagerechten nicht nur probehalber zu lernen, sondern als natürlich anzusehen. Füllten sich die Abgründe zwischen uns mit Wasser und anderen biblischen Plagen, ich würde hoffnungslos von ihr geschieden. Es schreckte sie nicht sonderlich, sich auf Wasser und Brot gesetzt zu sehen, vorausgesetzt, das Wasser wäre nicht rationiert. Lebensnotwendig allein wäre diese einzige Bindung. Ließen sich Träume von einem glück- und gleichnishaften Leben verwirklichen, flüchtete sie bedenkenlos aus den schalgewordenen Bindungen eines halben Wohlstands, lebte als Einsiedlerin konfliktfrei in der Zikadenstille eines griechischen Archipels. Das Nackenhaar sträubt sich mir bei der bloßen Vorstellung, diese schreckhafte Person, als erklärte Einspännerin eines Beschützers und Beischläfers wahrlich nicht bedürftig, nächtigte im Freien, mit Fledermäusen im Haar. Die selbstgewählte Einsamkeit am Tag nicht fürchtend – ein liebend gern bezahlter Preis für die vollkommene Übereinstimmung zwischen ihr und dem hautnah sie umschließenden, wohltemperierten Wasser –, schlösse sie, wie ich sie kenne, die Nacht als Tageszeit einfach aus ihrem Bewußtsein aus, lebte zeitlos.

Diese Vision einer arkadischen Idylle, oftmals vor mir und den beiden flügge gewordenen Söhnen beschworen, lange schon schwebt sie als verführerisches Gebilde vor ihrem flüchtenden Auge. Mühelos stellen sich Erinnerungen an schattenlose Strände und Küstenstriche ein: jederzeit abrufbare Verheißungen, wenn die eigenen vier Wände bedrohlich auf sie zurücken, eine Emphase, die eine lebenslang gehegte Vorliebe für südliche Klimazonen bezeugt. Erzähltes, Erlebtes, Vorweggenommenes, längst schon Verjährtes, verdichtet zu Bildern eines wunschlosen Einverständnisses mit der Natur, eingestimmt auf den Dreiklang von Wasser, Sonne und Sand. Emsig genährte Illusionen, eine mit Prospekten gefütterte levantinische Hoffnung, die wie eine schlecht versorgte Wunde aufbricht, sobald der Sommer erste Signale setzt, als stünde nun der Aufbruch an gesegnete Küsten des Lichts unmittelbar bevor . . .

Dabei sind die Weichen schon gestellt für ganz banale Zurichtungen: zwei Zimmer und ein Flur müssen tapeziert und geweißelt werden, solange die vom Fernweh befallenen Söhne außer Haus sind. Den zunächst beliebäugelten Plan, eine preisgünstige Flugpauschale zu buchen für den *Goldstrand bei Varna*, hat sie tapfer, wenn auch nicht klaglos, begraben. Der wohlverdiente Urlaub am Wasser ist damit – wie so oft schon – ins Wasser gefallen. Bleiben die wenigen warmen Tage des auslaufenden Sommers. In diesen von Sonne und Wärme nicht eben verwöhnten Landstrichen nördlich der Alpen sind Badetage ausgesprochene Glücksfälle. Viermal, wenn es hochkommt, ein Ausflug zum *Tunauer Strand* oder zum stadtnahen *Flappach*. Und bei Nichteinlösung das vage Versprechen, künftige Sommerfreuden energischer anzumahnen als bisher. Meinen Hinweis, so ausgeprägte Wasser-Existenzen wie sie gehörten regelmäßig ins Hallenbad, wischt sie argwöhnisch vom Tisch. Wie immer, wenn ich ihr zu Gefallen einem gehobeneren Badeanspruch das Wort rede, kontert sie leicht pikiert: die Tretmühle eines Vierpersonen-Haushalts lasse solche eingeplanten Vergnügungen schlicht nicht zu. Meine Vorschläge seien weltfremd und demütigend in einem. – Sie hat schon immer nahe am Wasser gebaut, das will besagen, sie löscht ihre wild aufschießenden Melancholien mit Tränen . . .

Delphinische Paarung

Den in der flirrenden Mittagshitze liegenden Baggersee betrete ich in der planenden Umsicht eines Familien-Häuptlings, der für die Seinen freien Liegeplatz sucht und für sich selber Schatten. Das lachhaft demonstrative Umherstolzieren eines Sombreroträgers, der reichlich ungeniert Bierbauch und Hängebacken vorzeigt, reizte mich, mir Pantomimen auszudenken, brächte ich das Talent dafür auf und vor allem Courage. Versuchsweise schritte ich das Uferterrain ab, mit dem besorgten Gesichtsausdruck eines Limnologen, dem die Schadstoffbelastung der einheimischen Gewässer schlaflose Nächte bereitet. Probehalber liefe ich über gepflegten englischen Rasen, in der distinguierten Haltung eines Weltmanns, der Wohlstands-Dickhäutern die feinere epikuräische Lebensart beibringt. Und nur so zum Spaß setzte ich mir die Stielaugen eines Voyeurs auf, zu dessen ehrenamtlicher Tätigkeit das Begehen öffentlicher Strände zählt.

Indessen stake ich gesenkten Blicks – um größeren Kieseln auszuweichen – mit käsweißen Beinen, die merklich schlaff gewordenen Waden von Krampfadern marmoriert, durch seichtes Lehmwasser, das sich wolkig verfärbt beim Aufwirbeln des Schlamms, den ich angenehm teigig um die Knöchel spüre. Zunächst noch mit den Zehen feinkörnigen Sand modellierend, fühle ich prickelnde Frische in mir hochsteigen. Schon stehe ich – verwundert über mein ungestümes Vorgehen – bis zu den Knien im durchsichtigen Kieselwasser. Schon beuge ich den Oberkörper vor, berühre mit den Handflächen das eher kalte als überschlagene Wasser, benetze erst Partien der Schläfen, dann der Brust, koste den Abkühlungs-Effekt mit angehaltenem Atem aus, weiß nicht recht, wie ich ihn einschätzen soll.

Ein im Schwimmring hängender, wacker sich abstrampelnder Dreikäsehoch sieht mich dabei unverwandt an. Sein herausforderndes Rudern beschämt mich und spornt ihn gleichzeitig an. Schon wirft er sich in Positur, als setze er gleich zum Hechtsprung an. Eigentlich ist es gar keine Frage des Abgehärtetseins, denke ich. Verweichlicht bin ich doch wohl nicht. Den gelinden Schrecken beim Untertauchen schüttelte ich eher unwillig als furchtsam ab, ginge es nur darum, Schwimmbewegungen vorzutäuschen, solange seine kurzgeschlossene Aufmerksamkeit anhält. Doch mit einem Schwall Spritzwasser mich überschüttend und halb blind machend, stürzt eine wohlgeformte Schwimmerin an mir vorbei. Nach Luft schnappend, folge ich ihr völlig kopflos im Kielstrom ihrer wirbelnden Beine, genieße in Gedanken die Kapriolen zärtlicher Annäherung wie verschmelzender Durchdringung, diese betörenden Phasen zeitlupenhaften Eintauchens in einen schattenhaft vorbeihuschenden Körper. In meiner Vorstellung vollzieht sich eine delphinische Paarung; aber es ist nur ihr silbergrauer Badeanzug, der mich an Fischleiber denken läßt, an kühlen Geschlechterrausch. Mit jagenden Pulsen bleibe ich hinter meinem kühnen Vorhaben zurück, löse mich widerstrebend aus ihrem Sog, als sei es nur meine Wasserscheu und nicht auch meine Behinderung durch das Alter, die mich von solch übermütigen Balzspielen ausschließt.

Spielender Junge

Wassergespenst

Für den wurfbereiten Buben – der mein Sohn sein könnte – ist es vorerst noch ein Spiel kurzlebiger Neugier. Eben noch mag er Kiesel als schnelle Flitzer über die reglose Wasserfläche gejagt haben. Jetzt hält er einen Stein in der kindlichen Wurfhand, der ihm zuliebe keine großen Sprünge machen wird. Will er mit dieser Drohgebärde Eindruck schinden bei einem von ihm erspähten Wassergespenst? Will er das Zyklopen-Auge treffen, das in einer imaginären Tiefe lauert? Will er sich beweisen, daß er schon für Kraftproben taugt? Ganz ohne Knieschlottern vor dem abgründigen Wasserschlund, den Fuß sicherheitshalber im Schwimmring, die Steinbarriere als letzter Schutzwall zwischen ihm und dem nicht geheuren Dunkel? Bodenloser Leichtsinn seiner Eltern! Ich denke, die wie eine vulkanische Eruption aufschießenden Wasserspritzer und Lichtfunken verraten ihre wachsame Nähe. Der Vater unterstützt den mutigen Herausforderer mit einem flankierenden Scharmützel. Sollte der Filius der Tücke des geschleuderten Steins nicht gewachsen sein und das Gleichgewicht verlieren, hievt er ihn mit sanftem Nachdruck aufs Trockene. Einer anatomischen Musterung hält das lebhafte Kerlchen spielend stand. Vorzüglich ausgestattet, auf der Schwelle zwischen den Spielen der Kindheit und den Abenteuern der Jugend, sind Herausforderungen für ihn die natürlichste Sache der Welt, ein notwendiges Stadium vor den unverzichtbaren Mutproben . . .

»Unternehmen Enterprise«

Zoom ist über das Sprechblasen-Alter längst hinausgewachsen. *Goom* – drei Jahre jünger und um einen Kopf kleiner – hat die Sprechblasen gerade erst entdeckt und für sich nutzbar gemacht. Die Vorliebe für interstellare Raumflug-Abenteuer teilen sie beide. Ihre sonst so divergierenden Interessen finden in technischen Phantasien eine letzte Spielmöglichkeit. Über der Rollenverteilung geraten sich der einfallsreichere *Zoom* und der spielfreudigere *Goom* nicht selten in die Haare, doch bleibt der Führungsanspruch *Zooms* in der Regel unbestritten. *Goom* nimmt mit dem Navigator vorlieb und rückt – wenn es hochkommt – zum Copiloten auf. Raum-Commander und Logistiker mit obligater NASA-Erfahrung ist und bleibt *Zoom*.

Das fliegende Personal der Raumflotten und terranischen Basen kenne neuerdings sogar ich. Namen wie »Die phantastischen Vier« oder »der grimme Ben, der Amok läuft« oder der superkluge Mausbiber »Gucky, dem zu seinem solaren Wohlbefinden nur noch Mohrrüben fehlen«, sind mir vom Vorzeigen und Hörensagen bestens vertraut. Längst weiß ich, daß die »telepathiebegabte Shira« eine Mutantin ist und »Unser Mann im All« gegenwärtig unschlagbarer Favorit. Commander Straker aus der Dauerserie *UFO* wurde abgelöst durch Commander Kirk aus der Dauerserie *Unternehmen Enterprise*, das samstags pünktlich 17.45 Uhr in erdferne Galaxien startet. Begehrteste Rolle natürlich die von Mr. Spock mit den überlangen Ohrmuscheln, aber wo einen Maskenbildner hernehmen?

Auf *Gooms* Zeichenblättern tauchen seit einiger Zeit nicht mehr die lustigen Aeroplane mit den vielen Bullaugen auf, sondern die Strichlinien eines überdimensionierten Diskus, huckepack auf zwei merkwürdig verformte Ellipsen gesetzt. Selbst beim Essen kann es mir jetzt passieren, daß mich der »Nachtfalke« aus den *Hit-Comics* mit Beschlag belegt und mir sein »hypersensibles Gehör« anpreist oder daß der »unglaubliche Halk« Kleinholz macht aus einem »Herkules-Expreß«. Ich bin dann drauf und dran, Messer und Gabel fallen zu lassen aus Protest, weil über dem Tellerrand der umwerfende Satz auftaucht: »Aus dem umwölkten Gehirn des Monsters steigt langsam ein Gedanke auf . . . aus der fast vergessenen Intelligenz des Bruce Banner.«

Zoom und *Goom* – haltet mal für eine Weile die Luft an! Und macht Schluß mit diesem Kauderwelsch der Planetoiden-Gangster! Jetzt wird nicht mehr »teleportiert« und auch nicht mehr »gebeamt« und mit der Zeitgrenze Fangball gespielt. Wir sitzen nämlich nicht in einem »Lastenraumer der WEGA-Linie«. Wir kreisen nicht »paralysiert wie Gucky und Shira in energetischen Feldern«. Wir tauchen auch nicht mit der *Chrest IV* in den Linearraum ein, um die »Frogs« abzuschütteln. Wir sitzen schlicht in einem ganz gewöhnlichen *Renault 16* und befinden uns auf halbem Weg nach Kappel. Wir wollen also schleunigst wieder Boden unter die schwerelosen Fußsohlen kriegen und sehen, was wir mit unserer kopflastigen Intelligenz auf ebener Erde anfangen. Schaltet also mal bitte auf Bodenempfang! Und laßt endlich den »Pekinesen« von Bord!

Goom kugelte sich auf dem hinteren Sitz und gluckste nur so vor Lachen. – »Hört Euch bloß mal den an! Der weiß noch nicht mal, was ›Telekinese‹ ist!« Ich stellte mich absichtlich begriffsstutziger, als ich war. *Zoom* schaltete sofort und belehrte mich, meinen Wortwitz offenbar überhörend: »Telekinese ist eine Fähigkeit, die übers bloße Gedankenlesen weit hinausgeht. Aber wie soll das ein Mensch auch wissen, der noch im XX. Jahrhundert herumkrebst?« – *Goom* zeigte sich überfordert, das sah ich deutlich im Innenspiegel. Um der bloßstellenden Fragerei enthoben zu sein, vertiefte er sich schleunigst in sein vom vielen Blättern zerknautschtes Perry-Rhodan-Heft, stellte sich, als höre er nicht. – »Wie macht doch gleich unser lieber Halk?« fragte der aufgekratzte *Zoom*. – »Blapp! Wok! Peeoww! Thoom!« – »Aufhören!« sagte ich – »Oder ich lasse Euch augenblicklich mit Euren Monstern allein!« ––

An unser Kappeler Bauernhaus angebaut ist eine gut drei Stockwerk hohe Scheune, luftig und weiträumig genug, um Platz für eine Kinderwerft – ein winziges schwäbisches Cap Caneveral – zu bieten. *Goom* war der Erste, der die senkrecht gestellten Leiterbäume entdeckte und ihre Verwendung als Montagetürme für eine »erste Raketenstufe« vorschlug. Von einer fünf Meter hoch gelegenen Tenne, die ich von Heunestern und Spinnweben gründlich gesäubert hatte, kabelte er seine aufregende Meldung: Soeben himmlische Plattform bestiegen – stop – errichte hier Außenstation für Engel – stop! *Zoom* kletterte gewandt hinterher, nicht ohne nachzukabeln: Engel in Wirklichkeit – stop – Astronauten im Kindesalter – stop – Plattform ganz einsame Klasse – stop – auch für Mondkälber landesicher – stop! Von hier oben aus liege die gute alte Erde ziemlich im Duster. –

Goom griff den Einfall begeistert auf: Italien richtig länglich wie ein Stiefel. – Nachäffer, Nachäffer! rief *Zoom* und zeigte sich ganz unerwartet von seiner verletzlichsten Seite.

Die nachsichtig aufgenommene Idee, planetarischem Ehrgeiz zunächst zu entsagen und in Erdnähe zurückzukehren – eigentlich entstand sie erst nach eingehender Materialsichtung. *Zoom* hatte die Vorstellung von einer Raumkapsel, die sich einer Kugel wenigstens annähere. Als ich ihm entgegenhielt, daß sich so sperriges Material wie Bretter und Rahmenschenkel kaum zu aerodynamischer Form eigne – Was wir hier sägen und nageln, wird im Windkanal keine gute Figur machen! – verzichtete er sofort auf seine weitgehenden Entwürfe und forderte »eine ganz gewöhnliche Kiste, die Platz bietet für drei Passagiere«. *Goom* gab sich nicht so schnell geschlagen und wünschte eine »eckige Kugel mit möglichst vielen Kanten«. – »Kannst Du mir vielleicht verraten, wie wir die Kanten sägen und nageln sollen?« – Meinetwegen also, meinte *Goom* friedfertig, »dann halt eine Kiste mit ein paar Schrägen!« – »Nun laß nicht gleich die Flügel hängen«, sagte ich aufmunternd. – »Es gibt eine Möglichkeit, eine Mondfähre zu bauen« – und ich sah an *Zooms* Reaktion, daß er den Vorschlag, Planetoidenschwärmen und Raumkreuzern den Rücken zu kehren, zumindest erwägenswert fand. – »Ihr werdet nicht gleich vor Langeweile gähnen, wenn Ihr mal eine Mondlandung gewissenhaft simuliert. Im übrigen kann *Zoom* uns bestätigen, daß die *›Eagle‹* nicht bloß eine Schachtel auf vier Stelzen ist. *Zoom,* erkläre *Goom,* welche Form die ›Eagle‹ hat!« – Schnellschalter *Zoom* zögerte, so daß ich ein wenig nachhalf: »Ihr habt doch kürzlich im Unterricht geometrische Körper abgewickelt.« – Der Groschen fiel. *Zoom* alberte wie gewöhnlich herum: »also die ›Eagle‹, also der Igel hat die Form eines Pyramidenstumpfes.« – »Was heißt ›Eagle‹ auf englisch?« fragte ich schulmeisterlich. *Goom* sagte: »Der Igel ist ein englischer Adler!« – »Bravo!« rief *Zoom* anerkennend aus, »Du machst ganz entschieden Fortschritte.«

Goom zeigte sich beim Nageln weitaus geschickter, als ich zunächst vermutet hatte. *Zoom* sorgte sich um die Sicherheit *Gooms,* forderte ein Geländer für den unter den Bedingungen aufgehobener Schwerkraft unerfahrenen Kompagnon. *Goom* protestierte lauthals: er sei in diesen läppischen Höhenlagen absolut schwindelfrei. Prompt kletterte er über einen der Leiterbäume auf die Plattform, lief balancierend auf einem Balken längsseits der ganzen Scheune, hielt die Arme waagrecht wie ein gelernter Seiltänzer. *Zoom* gab eine exakte Bestimmung seines Standorts, meinte, jetzt sei eine weitere Außenstation fällig, die unter lunaren Bedingungen arbeite. – »*Zoom,* mach's bitte halblang und halbiere Deine Distanzen!« sagte ich. »Die Scheune ist mir dort oben entschieden zu luftig«.

Brett auf Brett gesetzt, Kante an Kante angepaßt – eine geschlagene Stunde hielt ich den Arbeitseifer der beiden Raummonteure in Schwung –, die vier schablonengleichen Trapezseiten stiegen nur so in die Höhe. Die stark nach oben sich verjüngende Kiste aus ungehobelten Brettern lief zu großer Form auf. *Goom* nagelte im Akkord, als würde er pro geschlagenen Nagel entlohnt. *Zoom* umgab sich mit der denkerischen Aura des leitenden Ingenieurs. »Donnerwetter, Ihr legt ein Tempo vor, als liefe bereits schon der Countdown. Meinen Respekt, wenn wir jetzt noch eine Einstieg-Luke aussägen und die Stelzen auf Teller setzen, damit die Fähre nicht im Mondstaub versackt, können wir mit der Installation der Triebwerke und der Brennstoffzellen beginnen.«

Die Besichtigung der im Rohbau fertigen Mondfähre weckte noch einmal spontanes Interesse. *Zoom* und *Goom* zwängten sich durch die hüftenge Luke, machten es sich im Innern der hochgebockten Kiste halbwegs bequem. –

»Ganz schön duster hier drinnen. – Richtig aufregend. – Und hier montiere ich meinen Empfänger und hier die Lichtschranke. – Das alles will aber beschafft und installiert sein. –

Einen Satz Glühbirnen kaufe ich mir vom nächsten Taschengeld. Und vom letzten Weihnachten habe ich ja noch meinen Philips-Spielcomputer. – Und ich stifte meinen Kompaß und meinen roten Sturzhelm. – Ich übernehme den Einbau der Elektronik. – Und ich bediene die Triebwerke. – Die wir erst einmal montieren müßten. – Den Liegeplatz an der Einstieg-Luke beanspruche ich. – Und ich übernehme das Kommando an der Facerkanone. – Du riskierst eine ganz schön vorlaute Lippe.« – Das Raum-Vehikel wurde nun in Minuten zum Tollhaus. – »Immer langsam mit den jungen Pferden. Bevor Ihr die Fähre in Dienst stellt, solltet Ihr etwas für ihr Äußeres tun. Mit Nieten versehen, würde sie gleich viel attraktiver. – Getauft wird sie auf den Namen *»Nova X«*. –

Unmöglich, einer Supernova kannst Du diesen Namen geben, aber nicht einer Mondfähre. – Dann taufe ich sie eben auf den Namen »Super-Goofy«. – »An Bord der ›Eagle‹ dulde ich keine Kindereien!« sagte *Zoom,* in der angemaßten Würde des selbsternannten Kommandanten.

»Was habt Ihr bloß auf einmal?« fragte ich, als die nun fällige Balgerei ausblieb. – »Wir stören Dich nur ungern, aber – –.« Als hätten der erwachsen wirkende *Zoom* und der dem Sprechblasen-Alter entschlüpfte *Goom* mich bei kindischer Spielerei ertappt, zog ich meinen Kopf aus der leeren OMO-Trommel, die ich als Triebwerks-Attrappe aufgehängt hatte. (Ich hoffe, die Kappeler Mondfähre wird nicht zum verlästerten Denkmal meines eigenen Spieltriebs) – »Wir sind keine Spielverderber, aber jetzt sollten wir starten und heimfahren, wir verpassen sonst noch – –.« »Na, was denn?« rief ich und hatte auch schon meine Abreibung weg: »Unternehmen Enterprise! Du weißt doch, pünktlich samstags 17 Uhr 45.« – –

Daß diese Geschichte rundum frei erfunden ist, wirst Du nach allem, was Du von mir kennst, nicht ernsthaft glauben. Die Charakterisierung von *Zoom* und *Goom,* deren Erkennbarkeit ich als einzige Voraussetzung forderte, hältst Du hoffentlich für halbwegs gelungen! Gar nicht mal so unflott, meinst Du? Den Mangel an natürlicher Autorität mit Kumpanie kompensierend, entnahm ich *Zoom* und *Goom* nach einigem Zögern meinem reichhaltig bestückten Arsenal. Deren römische Entwicklungs-Phase konnten unsere Nachbarn in der Villa Massimo aus belebender Nähe verfolgen, nur ergriff damals das »kindliche Unbewußte« noch nicht solch drastische Maßnahmen, um die »Trivialmythen« fliegender Domestiken zu verkörpern und die wildesten Träume nach außen zu kehren.

ANSICHTEN
UND
PERSPEKTIVEN

Der kleine Bruder

Beim Frühstück trennt uns lediglich ein etwas weitläufiger Stadtteil; da sitzen wir noch verschlafen auf den vier Buchstaben, beide damit beschäftigt, den Alten Adam an die Startpflöcke zu schleifen. Ein Blick aus dem Fenster –: Du kannst die Südseite des *Oberzeller Forsts* im Frühnebel liegen sehen und ich die etwas entferntere Nordseite. Beim Mittagessen wird bereits das halbe Europa zwischen uns liegen, nachdem unsere verschiedenartigen Metiers verschiedenartige Formen der Fortbewegung ausgelöst haben. Ich werde lächerliche achtzehn Kilometer hinter mich gebracht haben, ländliche Hausmannskost in einem fast leeren Gastzimmer der Fürstlichen Domäne zu mir nehmen und über Landschaften meditieren, vielleicht auch nur in schon peinlicher Ideenflucht mit mir selber reden. Du wirst annähernd tausend Kilometer übersprungen haben, in einem Erster-Klasse-Lokal fliegender Gourmets eine Brüsseler Spezialität serviert bekommen und mit Elektronik-Experten über ein neues Großprojekt verhandeln. Du also im Anflug auf die *Benelux*-Metropole und ich im Anmarsch auf *Wolfegg*. Der Große Bruder (Orwell bleibe mir ja vom Hals; mein Ältester könnte ohne die Spur von Ironie eine aktuellere Variante totaler Überwachung beisteuern!), der Große Bruder also geht mit Landschaft hausieren, der Kleine Bruder mit technischem Know-how. Der Große Bruder reist in der Region umher, der Kleine Bruder auf dem Kontinent. Gottlob ist der Große Bruder auf den Kleinen Bruder nicht eifersüchtig, hat er doch Kenya und Tanganjika als ergiebige Stofflieferanten in Reserve. Selber einmal ein ungeduldiger Nestflüchter, kann er es sich nun leisten, ohne gleich Komplexe zu bekommen, ein »Heimschmecker« zu sein, ein »Hockebacher« . . .

Während ich hier unten keiner Menschenseele begegne, sitzt Du Ellbogen an Ellbogen mit Passagieren der Economic-Klasse. Du hast das leise Brummen der Düsen-Aggregate im Ohr, ich das gleichmäßige Plätschern der *Wolfegger Ach*. Du hängst angegurtet in der druckfesten Kabine; ich sitze mit den Fersen aufgestützt auf einer Geröllbank, Wasserwirbel und sich sperrendes Treibholz zu Füßen. Deine kostspielige und unnatürliche Art des Reisens ist Dir zur zweiten Natur geworden; ich hingegen begnüge mich mit diesem mehr »irdischen Vergnügen«. Parzellen, Gemarkungen, Landstriche, Regionen, Provinzen, Länder – an einem einzigen Vormittag läßt Du sie unter Dir Revue passieren; ich aber habe gerade genug Atemluft zur Umrundung dieser einen Parzelle, der Samhofer Wiesen vor *Wassers* . . .

Landschaften, aus der Troposphäre gesehen, verlieren ihre topographische Eigenart. Die kräftig modellierte Hügelformation zwischen Adelegg und Haidgauer Heide, die eiszeitlichen Aufschüttungen über dem Molassetrog, von Deinem Fensterplatz aus betrachtet, streckte sie sich zu einem bloßen Flachrelief. Die Gemarkung *Wolfegg* schrumpfte zu einem Flicken-Teppich, die Parzelle, die ich Meter um Meter abschreite, zu einem Fliegenschiß. Ein Augenblick der Zerstreutheit und Du fändest Dich bereits jenseits dieser Landschaft, jenseits der Grenzen, die meiner Wißbegier gesetzt sind und die ich, altersbedingt, ohne besondere Gemütsaufwallung, respektiere . . .

Nachtrag: wenn Du erst wieder zurück bist, um eine Verschnaufpause einzulegen, werde ich Dir ein Luftbild von meinem Geburtsort vorlegen, das mich anregte, nicht alltägliche Gedankengänge an einen Deiner Routineflüge zu knüpfen. Übrigens besuchte ich *Wolfegg* nicht zur Zeit der Schneeschmelze – da hätte ich mir nur nasse Füße und einen Schnupfen geholt –, sondern im September, als die Fürstliche Residenz in spätsommerlicher Prachtentfaltung auf dem Präsentierteller lag. *Wolfegg,* das sich vom Ehrgeiz anstecken ließ, ein »Kurort mit viel Natur«, mit »viel Herz« zu sein. Plakate zeigen das so »vielgeliebte« werbewirksam mit dem Pfeil Amors durchbohrt. Landschaft künftiger Herzlichkeit oder künftiger Libertinage? Oder wird – aus Mangel an Gelegenheit – Fremdenscheu fürs erstere nicht tauglich sein und das zweite nicht zulassen, aus reiner Geniertheit?

Etüde I

Angenommen, meine Testperson ist männlichen Geschlechts, akademisch gebildet und im heiratsfähigen Alter. Angenommen, er ist Chemiker in einem mittelgroßen Keramikbetrieb. Ihm ist eine Moorbadekur von 14 Tagen verordnet worden (10 Vollbäder, 8 Massagen, aktive Bewegungstherapie, Heilgymnastik). Er kuriert eine Fraktur aus, einen komplizierten Unterschenkelbruch, der gut verheilt ist, Folge eines unverschuldeten Unfalls. Angenommen, er hat ein Faible für historische Relikte, wobei ihn Fossiles stärker anspricht als Antikes oder gar Barockes. Beim »geselligen Wattenlaufen« im Sog des heilkräftigen Moorschlamms weiß er witzig pointierte Lektionen über Pektine, Humine, Sedimentvolumen und Sorptionsvermögen des Torfs zu erteilen, die unterhaltsam wirken. Ihm ist geläufig, was ich nur auswendig lernen könnte, um es gleich wieder zu vergessen: daß der Badetorf (25 Kubikmeter müssen allein für ihn gestochen werden!) 30 % Calzium-, 12 % Eisen-, 28 % Schwefel- und 19 % Silizium-Oxyd enthält. Einer etwas kapriziösen Endzwanzigerin, die in »Maria Rosengarten« ein nicht näher bezeichnetes Frauenleiden auskuriert, erklärt er die Wirkung »gut humifizierter Torfe« auf Muskeln und Gelenke. So kommt er schneller, als er es sich gewünscht hat, zu einem »Kurschatten«.

Weil ihre Badetermine sich überschneiden und sie zudem noch Vollpension gebucht hat, trifft er sie meist erst am späten Nachmittag vor dem *Kurpark-Café*. Weil sie – aus ländlichem Milieu kommend – die Betriebsamkeit der kleinen Residenz in vollen Zügen genießt, und er ihr nicht entschlossen genug den Hof macht, bleibt ihre Beziehung zwangsläufig rein platonisch. Einzelgänger weniger aus Veranlagung als aus Selbstachtung und rascher Ermüdbarkeit, hält er sich notgedrungen auf halber Distanz, während sie ihn – in ihrer ungleich bildhafteren Ausdrucksweise – auf Sparflamme setzt. Ihre Unpünktlichkeit stört ihn anfangs kaum, wohl aber irritiert ihn ihr fast zwanghaftes Verweilen vor Auslagen, ihre hausfrauenhafte Art, Preisvergleiche über Kosmetika anzustellen, als suche sie verschämt auf Umwegen Vertraulichkeit, ja intime Nähe. Meistens aber läuft sie fünf Schritte voraus, promeniert selbstvergessen die Trottoirs entlang: *Hochbrücke, Marktstraße, Salvator-Kolleg, Herrenstraße, Altes Wachhaus.* Wenn er sie einholt, findet er sie wie in ewiger Anbetung versunken vor einer Kollektion gefaßter Steine, Strandbrillen, Negligés oder auch nur modischem Krimskrams. Er bleibt dann höflich hinter ihr stehen, beugt sich wohl auch einmal über ihre Schulter, und das jähe Verlangen, sie zu berühren, überfällt ihn mit einer Wildheit, die ihn erschreckt und abstößt. Oder er heuchelt Interesse für ihre kostspieligen Vorlieben, in der irren Hoffnung, sie durchschaue seinen pädagogischen Trick, ihr unter befreiendem Lachen das affige Konsumgebaren auszutreiben. Doch sie wechselt lediglich die Straßenseite und damit die Reihenfolge der zu besichtigenden Geschäfte. Fast kann er die Uhr danach stellen, wenn sie – vor eine Geschenk-Boutique tretend – Amethyst-Drusen, geschliffene Achate und Malachite bewundert, während er – sich dafür hassend, daß er sie in ihrer infantilen Schaulust nicht einfach stehen läßt – zum zehnten Mal den Spruch liest: »Man soll dem Ochsen beim Dreschen das Maul nicht verbinden.«

Warum setze ich ihn einem so enervierenden Verhältnis aus, wenn ich ihn doch auf den *Leprosenberg* hochzuscheuchen gedenke? Für die Zeit seiner Bekanntschaft hat er jedenfalls eine plausible Erklärung zur Hand, von dem Angebot, *Wurzachs* geschichtsträchtige Vergangenheit kennenzulernen, keinen Gebrauch gemacht zu haben. Was ihn in meiner Beurteilung als Testperson noch immer geeignet erscheinen läßt: obwohl er nach wie vor rasch ermüdet und er die Beziehung nicht seinem Faible für historische Relikte opfern will, zwingt er sich in der ihm verbleibenden zweiten Halbzeit zu einer Besichtigung des barocken Treppenhauses. Durch hilfreiches Assistieren gelingt es mir, ihn an der *Portalwache* festzuhalten. So liest er den befremdlichen, weil paradoxen Spruch: »Hier fiel Leopold Truchseß, Erbgraf von *Wurzach,* durch Zufall unter dem Eisen freundlicher Krieger . . .« Über Schlammpackungen und Wassergüssen vergißt er zwar den denkwürdigen Satz, bleibt aber auf eine ihn neugierig machende Art auf Empfang geschaltet. Anläßlich einer Vernissage, bei der Bilder aus dem Nachlaß von Sepp Mahler gezeigt werden, erfährt er, daß der Moormaler im Siechenhaus zur Welt gekommen ist. Schließlich rafft er sich eines Tages auf; der knappe Kilometer zum *Leprosenberg* macht ihm sichtlich zu schaffen. Über eine Staffel nähert er sich der Kapelle, aber die Tür ist verschlossen. Zögernd klingelt er, aber niemand zeigt sich. Er läuft unter der schadhaften Dachtraufe um den Chor herum, betritt einen schäbigen Hinterhof. Ein schwerhöriger Bewohner des reparaturbedürftigen Anwesens hämmert in einem Schuppen, zeigt sich außerstande, ihm Auskünfte zu geben. Er flüchtet nicht eigentlich, als sich ein Fenster im Obergeschoß öffnet und eine Frau sich schwerfällig herausbeugt, aber er macht einen Rückzieher. Sein Anflug von Bildungseifer – durch widrige Umstände gebremst – schlägt angesichts dreier Fabrik-Schornsteine in technisches Interesse um. Ein sich ankündigender Kaltlufteinbruch macht sein auf Historie abzielendes Vorhaben schnell zunichte.

Von dramatisch bewegter Szenerie umgeben, vom Aufruhr der Elemente überflackert, bin ich meiner Testperson gegenüber sichtlich im Vorteil: auf mich wartet kein »Kurschatten«. Die jetzt fällige Epiphanie des blutigen Karfreitags 1525 leiste ich mittels Phantasie und einem einzigen Satz des Bauernjörgs: »da han ich anheben zu schießen und sie geduldet, daß das Geschütz zum dritten Mal unter sie abgegangen . . .« Doch die Vergegenwärtigung des geschichtlich hochbedeutsamen Moments hält nicht lange vor. Die Gegenwart holt mich schneller ein, als einem Kenner Wurzachs lieb sein mag. Vor einer rostüberzogenen Gedenktafel stehend, notiere ich: Eine geschmackvoll restaurierte Belanglosigkeit zieht meine Aufmerksamkeit eher auf sich als ein verwahrlostes Zeugnis einer Stilepoche. Wer der tristeren Wirklichkeit gewachsen ist, hole sich bei Schwester Figalist den Schlüssel . . .

Heraldischer Rundlauf durch sieben Jahrhunderte

Das barocke Treppenhaus, durchs Fischauge einer Kamera gesehen, nimmt vollkommene Kugelgestalt an: schwarz gefaßtes, an den Linsenrand gerissenes Geländer, schön geschwungene Balustrade, Hälfte eines aus der Achsmitte gedrückten Speichenrads, in der Zentrifugalkraft sich bewegender Gesimse, Pilaster und konvex gelagerter Wände. Die Tiefenschärfe – eine enorme Fallhöhe suggerierend – lädt zum Kopfsprung ins Bodenlose ein. Aus der angeschnittenen Schädeldecke des Gewölbes, das ein schwindelfreier, auf dem Rücken liegender Freskenmaler mit ausschweifenden Gedanken durchwölkte, blicke ich fallsüchtig auf die tiefer gelegene Galerie, auf der die Geschlechterreihe derer von Waldburg-Wolfegg-Zeil-Trauchburg zum heraldischen Rundlauf durch sieben Jahrhunderte antritt. Ein betagter Grundherr aus absteigender Linie führt mich während meines Vorbeiflugs in die Genealogie des Ortsadels ein, nennt das »liber taxationis« von anno 1353, macht mich auf Erbteilungen aufmerksam, die immer auch Herrschaftsteilungen gewesen seien, gerät angesichts des dynastischen Karussells in sichtliche Wallung.

Ein aus dem Jahrhundertschlaf aufgeschreckter lokaler Souverän – ich befinde mich freischwebend im Zentrum dieses architektonischen Augapfels – faßt mich kräftig beim Wickel: »Nenne er mir drei markante historische Daten und Vorkömmniße!« – »Bauernrevolte, Karfreitag 1525«, rufe ich, im Anblick hörbar aufseufzender Erbgrafen, Fürstäbte, Truchsessen und adliger Lehnsherrn wie zum Rapport bestellt: »Der Bauernjörg läßt seine Geschütze vom *Leprosenberg* sprechen, die ›vorwitzige Freiheit‹ aufsässiger Bauern wird hart gezüchtigt. Mutter Sybilla Fimpler, Ordensoberin von *Maria Rosengarten,* klagt ergreifend über die Schrecken einer 26maligen Plünderung, ›zuletzt ist ales mit ain ander hin gewesen‹ ––«. – »Bravo! Was weiß er über die Schenkung Georg III. und seiner Mutter Helena, die dem erlauchten Geschlecht der Zollern entsprossen?« – »Berühmt wurden ihre Trisenet-Schnitten, eine Art Lebkuchen, ein ganz vorzügliches Backwerk!« – »Was zeichnete die *Wurzacher Residenz* vornehmlich aus, die segensreiche Stiftung des Hauses Waldburg, die ein päpstliches Breve beglaubigte −−?« − »Die Webstühle der Paulaner«, rufe ich, den ungehemmten Sturz mit rudernden Armschwüngen auspendelnd, »die Textilmessen der Provence und Champagne wollten schließlich beschickt sein. Also sage ich Ihnen, Durchlaucht: Leinwand, Barchent, Torf und neuerdings Glas! Sie müssen nämlich wissen, flüssiges Glas tropft da vollautomatisch im Schichtbetrieb. 850 Glasbläser an sogenannten Doppeltropf-Maschinen stellen Gebirgslasten von Zerbrechlichem her, Serienartikel, Flaschen, auch Konservengläser, einen ausreichenden Vorrat, denke ich, um den Genius loci von Wurzach einzuwecken und haltbar zu machen, zur höheren Ehre Ihrer werbewirksamen Dynastie.«

Und in einer tollkühnen Kehrtwendung, einer übermütig-spielerischen Umkehrung des Eintauch-Vorgangs, jeder Körperschwere spottend, trete ich den Aufstieg aus geologischen Tiefenschichten an, durchstoße tertiäre Molasse, die mächtigen Torfschilde des alluvialen Rieds, steige jubelnd aus Wannen heilkräftigen Moorschlamms, auffahrend in den Himmel der Steinmetze, Skulpteure und Stukkateure, der Reusch, Schütz, Ruez, Kählin, ihre Augenschmäuse schwindelerregender Phantasien weniger genießend als blindlings in mich einsaugend, zu dieser Orgie verführt durch das Fischauge, die technische Wunderlinse . . .

Kleinod Sebastianssaul

Dem vollbesetzten *Kässbohrer-Setra*-Omnibus aus *Bad Liebenzell* folge ich zunächst einmal in gehörigem Abstand. Die Lüfterklappe vorsorglich geschlossen haltend, um die Abgaswolke des tiefliegenden Auspuffs nicht ins Wageninnere zu lassen, nähere ich mich bei leichtem Bodendunst, der sich in der Morgensonne zusehends verflüchtigt, dem Ort *Reichenhofen.* Wie zu erwarten, biegt der sanft auf die Seite sich legende Omnibus von der Straße ab, hält aber nicht in Höhe der blank geweißelten Pfarrkirche, obwohl in ihr Multschers schwäbische Madonna zu besichtigen wäre, sondern wendet nur, weil er sich verfahren hat, beschleunigt dann mäßig bis *Herbrazhofen.* Die Serpentinen zum *Schloß Zeil* nehme ich im zweiten Gang, immer im Windschatten des Wagens, dessen beschlagene Heckscheibe eine Galerie verschwommen gezeichneter Mädchenköpfe offeriert. Vor der Schloßkirche und dem prachtvoll herausgeputzten Wehrgang parken reihenweise Pkw's, doch zu meinem Erstaunen läßt die *Liebenzeller* Reisegruppe den fürstlichen Adelssitz auf beherrschender Anhöhe unbeachtet links liegen, schlägt einen leichten Bogen nach Seibranz. Unterhalb einer Tannenschonung drosselt der Fahrer die Geschwindigkeit merklich. Die rotaufleuchtenden Bremslichter verursachen mir regelrechtes Herzklopfen. Zu meiner maßlosen Überraschung rollt der Omnibus – Blinkzeichen gebend – auf den Vorplatz eines Gehöfts mit schwarzgelb schraffierten Läden. Kein Zweifel, die *Liebenzeller* scheinen offenbar das gleiche Ziel wie ich anzusteuern: *Sebastianssaul!*

Meinen Renault 16 dicht hinter dem staubbedeckten Omnibus abstellend, beobachte ich, daß nicht eine Mädchenklasse aussteigt, wie ich vermutet habe, sondern eine Gesellschaft gemischten Alters und Geschlechts. Doch bevor ich dazu komme, Enttäuschung zu spüren, klettern unter Lachen die fünf Mädchen heraus, deren plattgedrückte Nasen und Münder mich eben noch verwirrten.

Hinter der vorgehaltenen Hand geflüsterte, vertrauliche Anrede an das vergnüglich kichernde Quintett, genauer gesagt, an die Zweite von links: Er müsse um Nachsicht bitten für seine Dreistigkeit, seine Heimlichtuerei; aber er müsse ihr unverzüglich gestehen, wie verlegen ihn diese unerwartete Begegnung mache. Ihr Äußeres, vor allem die spöttisch überlagerte Neugier, mit der sie ihn mustere, erinnere ihn an eine geborene *Glasenapp* aus der *Herrschaft Blumberg,* die er im Februar fünfundvierzig schwärmerisch verehrt habe, in den wenigen Tagen, die ihm geblieben seien, bis die Sowjets südlich von *Stettin* die *Oderfront* durchstießen.

Sicherlich falle ihr auf, daß er stimmlich behindert sei. Nur aus diesem leidigen Grund halte er sich diskret im Hintergrund. Eigentlich sei *er* ja befugt, hier als Fremdenführer die Werbetrommel zu rühren, sei er doch anhand eines Leser*-Photos legitimiert, über *Sebastianssaul* Lokalhistorisches auf den poetischen Nenner zu bringen. Ihre frappante Ähnlichkeit mit der Pommerin, von der er nie wieder etwas gehört habe, alarmiere ihn geradezu. Wenn sie nur einen Moment lang ernsthaft zuhören könne, biete er ihr seine persönliche Führung an. In der Gruppe falle es nicht weiter auf, wenn sie sich couragiert von ihr löse und mit ihm die paar Schritte mache, die nötig seien, aus dem Lärmpegel dieser geschwätzigen Seniorinnen herauszutreten. Er hoffe, sie wisse solche Bevorzugung zu schätzen, sehe er sich doch immerhin im Stande, sie in Band V von *»Ansichten & Perspektiven«* schmeichelhaft zu verewigen. Auch sei es ihm ein Leichtes, sie in die Chronologie dieser ehemaligen Domäne des Grafen Johann Jakob einzuweihen, der 1674 mit seiner Gemahlin, einer Gräfin von Wolkenstein, eine Säule errichtet habe, zu Ehren des Hl. Sebastian. *»Sebastianssaul«,* 1959 erst auf ihren jetzigen Standort versetzt, trage sie das Allianzwappen der Stifter. Der Weiler gleichen Namens liege auf Zeiler Gemarkung am nördlichen Ende des *Brunnentobels . . .*

Lehrerin sei sie? Die Fächer Deutsch, Geschichte und Biologie unterrichte sie? Dann setze er intime Kenntnisse auf verwandter Ebene voraus. Gleich hinter den beiden Eschen liege übrigens ein kleiner Teich mit einer Buschinsel. Ob sie mit ihm nicht beherzt durch das seichte Wasser waten wolle? Sie könne dabei ihr Fachwissen über Botanik auffrischen, er

** Rupert Leser, Bildberichter aus Bad Waldsee*

seines über Anatomie. Ein intellektueller Flirt sei denkbar, eine listig getarnte Sympathie-Bezeugung, die Kunstbeflissenheit vorschütze, um keinen Verdacht zu wecken. Sie solle doch beileibe nicht meinen, das Allgäu sei nur eine nach kuhwarmer Milch und Molkewasser riechende Käseküche! Das Allgäu habe mehr zu bieten als glückliche Kühe auf immergrünen Weiden. Sie sehe ja selbst, mit welch dramaturgischem Geschick der Photograph das Pferd in die Bogenöffnung bugsiert habe, zum Entzücken vornehmlich älterer Herrschaften, deren gespielte Naivität ihn unsicher mache. Wenn sie den Rückweg über *Wangen-Amtzell* nähmen, könnte sie von der *»Reichsdose«* aus einen *»Drumlin«*, eine verblüffend rundliche Hügelkuppe sehen, die die feinsinnige Metapher »Am Busen der Natur« eigentlich erst rechtfertige. Worauf er denn hinauswolle? Was er mit seiner Ohrenbläserei denn bezwecke? Daß sie begreifen lerne, was sie vermissen wird, wenn sie sein Angebot ausschlage ...

Der mit der Örtlichkeit vertraute Leser aber weiß längst, daß diese Episode frei erfunden ist. In Wirklichkeit kam ich an einem windigen Oktobernachmittag als einziger Besucher. Ein auf dem Traktor umherkurvender Knecht musterte mich eher befremdet als verwundert. Die ihm nachmaulende Stallmagd nahm nicht die mindeste Notiz von mir. Zwei Kälber – von einem ungestüm ausbrechenden Schimmel gejagt – gerieten in leichte Panik. Ein schwarzer Schäferhund in seinem Lattenzwinger überschlug sich fast vor lauter Dressureifer. Der Teich, nahezu wasserlos und alles andere als ein Ort frivoler Zweisamkeit – lag verödet, ein verlandender Tümpel. Ernüchterung befiel mich angesichts der reduzierten Natur. Wie eintönig wirkte jetzt das mit Stacheldraht abgesperrte ländliche Kleinod! Welcher Stimmungsabfall! Welch erkältender Unterschied zu der sommerlich heiteren Impression! Wie fern rückte mir Pommern!

Etüde II

Sie gehen – ein ungleiches Paar, das auffällt – Arm in Arm durch die gleißende Helligkeit des Parks. Selbst im mitleidlosen Licht dieses Föhntags ist sie eine noch immer blendende Erscheinung. Ostelbischer Typ, eine glückliche Mischung aus altem Erbadel und burschikosem Charme, unverschuldet verarmt durch Kriegseinwirkung und erzwungene Flucht. Er hingegen lebt ganz aus seinem Kopf, verwöhnter Sprößling einer Geschlechterfolge von Akademikern. Das Mißverhältnis zwischen leptosomem Körper und mächtiger Schädelpartie wüchse sich zu einem ernsthaften Handicap aus, wäre da nicht seine Stimme, ein orgelnder Baß. Ihre Vorzüge liegen sozusagen auf der Hand, seine machen sich erst auf dem Umweg über die Akustik geltend. Sie zehrt noch sorglos von den Zinsen, wenn Gleichaltrige das Kapital ihrer Jugend längst aufgebraucht haben. Er aber wirkt wie das Endprodukt aus Muskelschwund und Bildungsüberhang. Sollte es bei ihr einen kritischen Punkt geben, wo sie das Alter wie ein Feind belauert, so ist es ihr Hals. Er aber hat das Altern als nicht mehr aufhaltbaren Prozeß zu einem Denkspiel mit tödlichem Ausgang stilisiert. Er hat Humor genug, von sich als einem wandelnden Gehirn zu reden, das sich schwertue, Bodenkontakt zu halten . . .

Natürlich ist er, als sie die »dreischiffige Stufenhalle« von *St. Georg* betreten, ganz in seinem Element. Minutenlang hält er sein Mähnenhaupt mit der fliehenden Stirn effektvoll gegen das Sterngewölbe im Chor. Ihm fällt gleich die »Achsverlagerung« auf, aber mit so diffizilen Details verprellt er sie bloß. Als sammle er sich für den bevorstehenden Auftritt, atmet er hörbar durch. Sie stellt sich, Schalk in den Augenwinkeln, auf die unvermeidbare Belehrung ein, neigt ihm ihr schönes Profil mit der Pagenfrisur zu. »Spätgotischer Flügelaltar mit figürlicher Passionsgruppe, Grabplatte mit Relief einer Anna Selbdritt« – seine Hände ziehen liebevoll Formen in der Luft nach – »Fresco aus der Zeit um 1330«. Vorsorglich schirmt sie mit ihrer Linken ihr Ohr ab, weil sie seine stimmlichen Fähigkeiten einzuschätzen gelernt hat, wirft ihm – verwirrte Schülerin – mit der freien Rechten eine Kußhand zu. Er ahnt im Voraus, daß sie sich an dem überlangen Corpus des Gekreuzigten und dessen vom Fleisch gefallenen Armen stoßen wird. Da sagt sie auch schon in einer Anwandlung von dümmlicher Wißbegier: »Lachhaft dünn, sieh doch nur, eine unmögliche Anatomie!« Er aber – ganz gekränkte richterliche Instanz – kanzelt sie nicht einfach herunter. Sich betont langsam auf den Absätzen herumdrehend, fixiert er das »gotische Maßwerk der Emporenbrüstung«. Nachdem er lange genug für ihren Fauxpas gelitten hat, zieht er sie wie ein unartiges Kind aus der Kirche . . .

Sie gehen Hand in Hand, ein verliebt tuendes Paar, das genierliches Kichern auslöste, hätten die Buben am Ort schulfrei und flankierten ihren Gang zu den Turteltauben. Über sich das Jaulen und Winseln von ersten Windböen, geisterhaft jagende Vorreiter eines aufziehenden Sturmtiefs. Auf dem Kapellenpfad zur *Moritzhöhe,* wo der Kreuzweg beginnt, reißt er sich übermütig von ihr los, läuft knabenhaft leichtfüßig vor ihr her. An einem Tümpel mit Hühner- und Entenauslauf holt sie ihn ein, vergißt über dem naiven Entzücken, mit dem sie die Futtersuche der scharrenden Hühner verfolgt, ihn zärtlich zu maßregeln. Er macht sich albernd über die »unbedarften Hennen« lustig, sie über »dieses selbstverliebte Stolzieren, diesen Hahnenkoller«. Laub wird durch wandernde Luftwirbel hochgerissen. Ein schnatternder Enterich hängt seinen Bürzel ins Wasser: Station Eins: *Pilatus wäscht seine Hände in Unschuld!*

Entlang der raschelnden Buchenhecke versucht sie, mit ihm Schritt zu halten. Doch schon vor der zweiten Bildsäule fällt sie in ihren Hüftgang zurück, während er – von Ehrgeiz gepackt – seinen fast stelzenhaft ausgreifenden Mannsschritt im Tempo steigert. Zurückbleibend, seufzt sie kokett. Er aber – bleich vor Lufthunger – sackt schlagartig in den Knien durch. *Jesus fällt zum ersten Mal unter dem Kreuz!* Erschreckt stürzt sie zu ihm hin, fächelt ihm mit ihrem Halstuch Kühlung zu, wischt ihm besorgt die Stirne trocken. Station drei: *Veronika reicht Jesus das Schweißtuch!* – Unweit einer Tannenschonung revanchiert er sich wie ein Kavalier der alten Schule für ihren Liebesdienst, legt ihr das ganze sichtbare Alpen-Panorama zu Füßen, mit einer Gebärde, als verschenke er eine seiner kühnen denkerischen Visionen. Auf eine Jungmoräne verweisend, will er schnell noch ein Kapitel Geologie aufschlagen; das Stichwort der »glazialen Serie« fällt. Weil sie seiner Lektionen überdrüssig zu werden beginnt, läuft sie ihm auf und davon. Aber sie bleibt mit ihren Absätzen in einer Brombeer-Ranke hängen. Obwohl er ihr geistesgegenwärtig nachsetzt, stürzt sie und verletzt sich leicht am Knie. Sie ritterlich stützend, führt er sie die wenigen Meter zur Kapelle, wo das *Habel'sche Mosaik* zu besichtigen ist. Kaum im Innern, vergißt er seine Samariterrolle, schlüpft in die ihm gemäßere des Kunstexperten. Um vor weiterer Belehrung sicher zu sein, legt sie sich ungeniert auf eine Bank, leistet sich eine kleine Unpäßlichkeit. Das aber tut ihrer Liebe vorerst noch keinerlei Abbruch!

Sie laufen Schulter an Schulter gelehnt, ein unmögliches Paar, auf gleichem Weg in den Ort zurück. Versöhnlich gestimmt, nimmt er aus ihrer Handtasche eine Kleinbild-Kamera, stellt umständlich – gegen den sprunghaft andrängenden Wind kämpfend – Blende und Tiefenschärfe ein. Offenbar kein Liebhaber-Photograph, der Erinnerungen fürs Familienalbum festhält, bugsiert er sie mit sanftem Nachdruck vor den Treppengiebel von *St. Georg,* bis die »barockisierende Turmhaube« ins Bild kommt. Unzufrieden mit seiner Motivwahl, dreht er sie vor einem verwitterten Epitaph voll ins Profil, spürt ihren wachsenden Widerstand, weil ihr Halsansatz ihr zu exponiert erscheint. Ihr zuliebe verzichtet er auf die eigenwillige Perspektive, postiert sie schließlich im Schloßpark, so daß Mittelrisalit und die vasengekrönte Balustrade den hochherrschaftlichen Hintergrund bilden. Ihr Pagenkopf kommt standesgemäß unter die Wappenkartusche mit den rotgoldenen Rauten zu liegen. Sie macht ihre Augen schmal vor Glück und innerem Behagen . . .

Etüde III

Eigentlich hat sie das Alleinsein recht mühsam lernen müssen. Den Tod ihres abgöttisch verehrten Mannes, eines vorzeitig pensionierten Studienprofessors, dem man sein Alter nicht ansah und der – 67jährig – an den Folgen einer Coronarinsuffizienz (was immer ein medizinischer Laie sich darunter vorstellen mag) vogelleicht wegstarb, hat sie lange nicht verwunden. Nach dem Begräbnis, das über familiäres Zeremoniell hinausreichte, weil das allseits bedauerte Abtreten des verdienstvollen Ehrenämtlers in den örtlichen Kulturbetrieb eine empfindliche Lücke gerissen hat, blieb sie betäubt zurück wie nach einer Amputation. Ein Gefühl lähmender Apathie, ja wachsender Erstarrung befiel sie, als könnte sie sich fortan nie mehr zu dem Willensakt aufraffen, die verwaiste Vierzimmer-Etage zu verlassen. Nach Einschätzung ihrer Lage und der tristen Umstände zählte sie als Mensch gar nicht, weder als juristische Person (was Erbschaft und Nachlaß-Verwaltung) noch als moralische Existenz (was ihr eigenes Weltbild betraf), war sie ja immer nur das lautschwache Echo ihres Mannes, seiner stilvollen Bekenntnisse zu kultiviertem Mittelmaß. Doch sein gesteigertes Geltungsbedürfnis, das er mit pädagogischem Elan verblüffend wirksam kaschierte, ging ihr völlig ab. Mit sich selbst etwas anzufangen, ein Leben nach eigenen Regeln, eigenen Maßstäben einzurichten – zu Lebzeiten ihres Mannes wäre ihr nicht einmal im Traum der Gedanke gekommen, empfand sie doch das Schlagzeilen-Gerede über Emanzipation und Selbstbestimmung der Geschlechter, in ihrer Scham verletzt, als reine Hoffart. Hätte nicht ihre Tochter mit resoluter Beharrlichkeit sie aus ihrer Lethargie gescheucht, säße sie wohl noch immer über Photoalben und Erinnerungsstücken, eingeschnürt in ihre Trauer wie eine Mumie in ihre Linnen. So aber pendelte sie sich nach einer Phase tief verstörender Abwesenheit und heftiger Depressionsschübe in einen Zustand schmerzfreier Empfindung von Leere . . .

Den Jahrestag ihrer Witwenschaft, auf den ersten Adventssonntag fallend, hat sie gefaßter überstanden, als es ihr schicklich scheinen wollte, abgelenkt durch die lärmende Umtriebigkeit ihres einzigen Enkelkindes. Entgegen der rigoros eingeübten Gepflogenheit, nüchtern zur Frühmesse zu gehen – ihre ganzen Energien wandte sie auf, an dem schülerhaft braven Vorsatz festzuhalten –, hat sie an diesem schneereichen Dezembermorgen das Vorläuten absichtlich überhört. Eine ihr nicht recht erklärbare Anwandlung von Aufsässigkeit hindert sie daran, wie üblich das noch schlafstille Haus zu verlassen. Unter befremdlichem Schauer sagt sie sich das von ihrem Mann in politischem Zusammenhang oft und als Maßregel gebrauchte Reizwort ›Renitenz!‹, vor: spürt nicht einmal übermäßige Gewissensbisse. Als entdecke sie erstmals die Annehmlichkeit unbefristeten Liegens und Vor-sich-Hindösens, bleibt sie länger als entschuldbar im warmen Bett, schwänzt das Rorateamt, eingehüllt von einem lange nicht mehr gekannten Behagen. Ihr seliger Verstorbener – dessen ist sie sich auch in diesem Zustand erster versuchter Abnabelung sicher – würde nicht zögern, es als ›sinnlich-animalisch über Gebühr befrachtet‹ zu tadeln, ja zu verwerfen . . .

Wie aber löst sie diesen Widerstreit zwischen Vermächtnis hütender Pietät und beginnender Selbstfindung? Indem sie eine eingefleischte Gewohnheit beherzt abstreift oder ihre momentane Verwirrung als sündhaften Anflug von Verweichlichung reumütig überwindet? In dieser Fallstudie schrittweiser Ablösung von geliebten und gehaßten Zwängen, biete ich verständlicher Weise nur sanfte Strategien an. Bei leichtem Schneetreiben sehe ich sie zwischen Tannenbäumen etwas ratlos stehen, mit dem Rücken zu mir und folglich nicht unmittelbar unter meiner Kuratel. Immerhin muß sie die Anfechtung von sich gewiesen und das Haus verlassen haben, wenngleich mit einiger Verspätung, weil die Frühmesse längst zu Ende ist. Ob sie allerdings nur Bäume besichtigt oder ein nicht zu teures Exemplar von Weißtanne käuflich erwirbt, bleibt – will ich sie nicht in Verlegenheit bringen – bloße Spekulation. Nachzutragen wäre meine Befürchtung des Widerrufs der verbindlichen Zusage, mit ihrer im Nachbarort standesgemäß verheirateten Tochter und deren quirligem Jungen gemeinsam den Hl. Abend zu verbringen.

Abschied als Schicksal

Versetze ich mich in die Lage des jungen Reisenden, der das Hochheben von Traglasten offenbar als sportliches Training vorführt, empfinde ich lebhaft, wie die Leichtigkeit des jugendlichen Kraftakts die Geste spontaner Hilfsbereitschaft aufs Schönste aufhebt. Doch rasch holt mich penible Neugier ein, die dem Vorgang der Lastaufnahme eine fast kriminalistische Aufmerksamkeit widmet: Schwenkt der bewegungsfreudige Fahrgast das Gepäckstück von sich weg oder auf sich zu? Reicht er es der Reisenden hinunter oder sie es zu ihm herauf? Wohne ich einem Abschied bei oder einer Ankunft? Bei oberflächlicher Musterung erscheint mir die Bahnhofs-Szene durchaus schlüssig. Die warmverpackte Seniorin mit dem Kopftuch einer Bäuerin, behängt mit einer Einkaufstasche, die Reiseproviant, Strickzeug und ein Mitbringsel für die Enkel enthalten dürfte, holt tief Luft für den schwierigsten Akt des Einsteigens. Nach einem letzten Händedruck und der Mahnung, nicht länger in der Zugluft des Bahnsteigs stehen zu bleiben, betritt sie das halsbrecherisch hochgelegene Trittbrett, gleich unter zweifacher Assistenz.

Mein schönes Konzept – ich lasse es mir nicht verderben durch eine mißverständliche Handreichung. Freilich: rein optisch gesehen, stellt die Dreiergruppe zunächst einmal nichts als ein Lebendes Bild dar, beliebig abzuwandeln auf jedem Bahnhof. Ganz in ihrem Element die freiwillige Helferin der Bahnhofs-Mission. Eine Abschiedsszene auszuloten mit dem Senkblei des Menschenkenners – das ist mein, nicht ihr Anliegen. Sie hat hilfreich zu sein, nicht einfallsreich! Als Nachweis ihrer ehrenamtlichen Tätigkeit genügt oftmals ein leichtes Bugsieren, symbolisches Geleit. Nicht alle Tage passiert es, daß jugendliche Tatkraft ihr höflich zuvorkommt. Die Züge sind nicht gerade voll von muskelstarken Jünglingen, die darauf erpicht sind, gebrechlichen Damen Kavaliersdienste anzutragen.

Der bebrillte Hutträger, den ich abgedrängt hinter der Helferin ausmache, mit Blähhals und Speckgenick auch nicht mehr der gelenkigste Kopf, beobachtet das beiderseitige Bemühen mit jener unwirschen Teilnahme, die ältere Herrschaften gewöhnlich kennzeichnet, die Samariterhilfe vorerst noch unwillig von sich weisen. Erleichterung dagegen, ja aufseufzende Dankbarkeit verrät das Gesicht der beidhändig bepackten Mantelträgerin. Für wortreiches Palaver freilich fehlt ihr die Atemluft. Ihre Kurzatmigkeit, durch ein wohl schon chronisches Asthma hervorgerufen, läßt Überschwang und Schwatzhaftigkeit schon lange nicht mehr zu. Leicht ungehalten über sich, weil sie ihm solche Umstände macht (wem? dem Bruder, Schwager, Ehemann?), erwartet sie ungeduldig die Abfahrt des Zuges. Zum Glück hat er ihr einen Fensterplatz reservieren lassen. (Wer denn nur? Wohl kaum der Bruder. Blutsverwandtschaft lese ich nicht aus ihren Profilen. Ihre Nasen sind alles andere als typengleich.)

Und nun sehe ich meine Rolle als ungebetener Zugpassant bereits nicht mehr frei von Skrupeln. Eine erfundene Biographie entlarvte mich schnell als selbstherrlichen Schicksals-Arrangeur, eine brav recherchierte als stocknüchternen Reporter. Im ersten Fall mangelte es meiner Erzählung an statistischer Verbindlichkeit, im zweiten an psychologischer Glaubwürdigkeit. Vor die Wahl gestellt, unglaubwürdig oder unverbindlich zu sein, flüchtete ich mich in die poetische Symbiose. Sie entlastet mich zwar nicht vom Vorwurf der Fremdbestimmung durch willkürliche Motivverknüpfung, doch erspart sie mir den Makel, phantasielos zu sein.

Versuche ich mir also vorzustellen, welches Ereignis wohl die Kette sich überstürzender Aufbrüche ausgelöst haben mag, lande ich zwangsweise im Krieg. Als wohlwollend geschätzte Siebzigerin dürfte sie schwerlich im Windschatten der Geschichte großgeworden sein. Der Luftkrieg, der Bombenterror mag sie verschont, familiäres Glück sie lange wie unter einem Glassturz gehalten haben. Unschwer nachzurechnen, wie alt sie war, als die Russen im Januar 45 Schlesiens Grenze überschritten.

Angenommen, sie hörte als gebürtige *Gleiwitzerin,* in *Beuthen* verheiratet, die Hiobsbotschaft zunächst als Gerücht. Angenommen, sie geriet wie Tausende ihrer Landsleute in Panikstimmung, als *Litzmannstadt* verlorenging und bei *Myslowitz* Feindpanzer nach *Kattowitz* vorstießen. Möglich, daß sie jetzt schon Fluchtvorbereitungen traf, Abschiedsgedanken wälzte in schlaflosen Nächten. Nicht von der Hand zu weisen, daß ihr Mann von ihr überstürzt Abschied nehmen mußte, weil Panzerrudel im Vorfeld von *Beuthen* aufkreuzten, und er – nach *Glogau* abkommandiert – einen listig umdatierten Kurzurlaub absaß, das Schreckgespenst der Standgerichte im Genick. Vielleicht erst die Meldung vom Einmarsch der Russen am 28. versetzte sie in heillose Aufbruchspanik. »Es dauerte nicht lange, so schlugen nachts Gewehrkolben gegen die verschlossene Haustür. ›Otwirai!‹ Wie oft habe ich dieses Wort noch gehört? ›Otwirai!‹« – Massenhaft Belege lassen sich finden. Aus einer Hundertzahl verbürgter Vorfälle wähle ich den Bericht Nr. 8 aus Schönwald, Kreis Gleiwitz. (Er stehe für jede denkbare schrecklichere Variante!) »In wenigen Minuten war das Dorf dicht besetzt. Plündernd ... zogen die Russen von Hof zu Hof. Nichts war vor ihrer Hand sicher. Kein Mädchen, keine Frau ...« Das Schockerlebnis mehrfacher Vergewaltigung mag ihr erspart geblieben sein. Ein Schlüsselerlebnis ihrer Jugend erfinde ich ohne Gewissensbisse: den vorstellbaren Tod ihres Vaters, der einen unauslöschbaren Eindruck in ihrem kindlichen Gemüt hinterließ. Schon möglich, daß sie – um nicht aus der Übung zu kommen – Abschiede provozierte und mutwillig früh ihr Elternhaus verließ. Möglich auch, daß sie einen jüngeren Bruder verlor, warum nicht als Freiwilliger der Waffen-SS in einem Wald bei *Bastogne?* (Solche Schicksale sind austauschbar, verfälschen nicht die Wirklichkeit meiner Klientin). Wahrscheinlich erfror ihr auf der Flucht über die vereiste *Klodnitz* ihr jüngster Sohn. (Statistiken jedenfalls weisen meine Vermutung nicht als bloße Erfindung aus!) Daß sie Abschiede, daß sie Aufbrüche schwerer verkraftete, als ich sie nachempfinden kann, bezichtigt mich nicht gleich der Gefühlskälte. Muß ich erst einen lückenlosen Nachweis ihrer Abschiede liefern? Den des Verlusts ihres bei *Glogau* gefallenen Mannes, den des Verlusts ihrer geisteskranken Schwester, den des nie geklärten Verschwindens ihrer Mutter im Schreckenslager *Lamsdorf?*

Was eigentlich bezwecke ich mit dieser Hommage, die einer Frau unbekannter Herkunft gilt, die ich zufällig auf einem Bahnsteig für wenige Minuten beobachtete, bevor der Schaffner die Zugtüre hinter ihr zuschlug, sicherlich ahnungslos oder abgestumpft, weil Abschiede alltägliche Vorgänge sind? Warum unterziehe ich mich dieser syntaktischen Buß-übung? Damit ich niemanden willentlich kränke durch Unachtsamkeit oder Überheblichkeit! Damit ich niemanden übersehe, der Menschenantlitz trägt, gezeichnet von Abschieden!

Sehenswerte Charakterköpfe

Geisterstunde

Unter dem Kristallüster im vertraulichen Gespräch: Bischof und letzter Souverän des Hauses Württemberg, Schirmherren eines Kongressees »Tradition & Brauchtum«, den ich zur Geisterstunde ins Schloß *Altshausen* einberufe. Vor der Freitreppe formieren sich zum Defilee: weltliche und kirchliche Hoheitsträger, Diözesanbeauftragte, Kulturreferenten, Traditionshüter im schlichten Jagdloden und im Prälaten-Habitus, Sachwalter regionalen Brauchtums, amtierende Präsidenten, von Ehrenjungfern eskortiert, als träten sie gleich zum Ritterschlag an. Mit angemessener Verspätung fahren im Landauer vor hochwillkommene Gäste im Trachten-Janker —: ihre Titulatur reicht von Erlaucht über Durchlaucht bis Kaiserliche Hoheit. Das akademische Viertel halten strikt ein: die Volkskundler und Experten für Sitte und zeitgemäßes Brauchtum, zu Kürzestreferaten in einen Nebentrakt des Schlosses gebeten. Delegierte örtlicher Vereine, von livrierten Saaldienern in Zweierreihe geordnet, rücken ihre Krawatten und Ordensspangen zurecht. Der Zeremonienmeister der *Milka* ruft auf Namen und Titel ehrenamtlich tätiger Funktionäre.

Dem landesväterlich wohlwollenden Blick des Herzogs stellen sich: die Vorstände von 16 Kyffhäuser-, Soldaten- und Kriegerkameradschaften, die Schützenkönige und Ersten Ritter von gut einem Dutzend Schützen- und Kleinkalibervereinigungen, die Gildenmeister traditioneller Schützengilden, die Zunftmeister der Narrenzünfte *»Nibelgau«*, *»Altdorf 1348«*, *»Kuhschelle weiß-rot«*, *»Narrenau«* und *»Schwarzer Veri«* vom *»Alemannischen Ring«*. Volkstrachtenverein und Trachtenverband mit je einer Trachtengruppe, die Volkstanzgruppe *Mittelurbach* mit ihrem Vortänzer, der »Silcher-Chor« mit seinem Chorleiter, die Musikkapellen *»Concordia«*, *»Sternberg«* und *»Harmonie«* mit ihren Dirigenten. Vor dem Bischof beugen ihr Knie zum Ringkuß: die Ritterschaftsführer der Blutreitergruppen, die Abgesandten der *»Stefanus-Gemeinschaft«*, die Senioren vom *»Kolping«*, der Erste Vorsitzende der *»Rutenfest-Kommission«*, des *»Reit- und Fahrvereins«* und des *»Fleckvieh-Zuchtverbands«*.

Im zugigen Windfang holen sich einen Schnupfen die Nichtgeladenen, die ungebetenen Zaungäste, die der Wunderfitz nicht schlafen läßt. Durch den offenen Kamin begehren Einlaß: manierliche Schloßgespenster –: Schrättele, Faselhannes, Ried- und Funkenhexe, die in der Garderobe Versteken spielen. Einige der tiefdekolletierten Ehrenjungfern fahren fluchtartig in ihre Pelze. Auch weniger schreckhaft veranlagte Damen suchen, von einem unerklärlichen Frösteln befallen, die Nähe ihrer Kavaliere. Pankraz, Servaz und Bonifaz improvisieren einen Stehimbiß mit Knauzenwecken, gefrosteten Spinatwachteln und Äpfeln im Schlafrock. Die kalte Sophie kredenzt Eisgekühltes.

Höhepunkt des mitternächtlichen Schloßspukes: Schülerinnen vom *»Klösterle«* stellen Lebende Bilder: der Malefizschenk von *Oberdischingen* und der *Schwarze Veri* trinken Brüderschaft. Die Ahnherren oberschwäbischer Dichtkunst: Jakob Bidermann, Abraham a Santa Clara, Sebastian Sailer, Borromäus Weitzmann, Michael Jung und Michel Buck halten einträchtig einen Stehkonvent ab.

Ein Arbeitskreis von Sprachschatz-Entrümplern nimmt Redensarten aufs Korn: »Er traute ihm nicht über den grünen Klee« (dabei hatte er seit der Kinderlandverschickung kein Kleefeld betreten!). »Er lobte ihn über den Schellenkönig« (dabei kannte er nicht einmal die Grundregeln des Kartenspiels). Weil die Gralshüter »deutschen Liedguts« stimmstark vertreten sind, stimmen sie einstimmig für die Wiederbelebung der *»Silcher-Chöre«*. Weil sich's im Dustern so schön »aadachtlat«, bändeln offenherzige Schärpenträgerinnen mit beherzten Schärpenträgern an. Eine Fusion der 16 Kameradschaften waffenlärmgeschädigter Veteranen zeichnet sich ab. Einer Zecherrunde unentwegt dozierender Volkskundler über die Schulter blickend, schnappe ich druckreif gesprochene Sätze auf: Der Brauch ist wie ein klimatisch verwöhntes Klettergewächs, nicht alle Ableger fassen Wurzeln – oder einleuchtender: Der Brauch ist wie ein Korsett, trägt man es nicht, verliert man jede Haltung! Wie aber schützt man, was man so notwendig braucht, vor dem Mißbrauch, damit der

Brauch nicht zum Gebrauchsartikel für Nostalgiker entartet? Erwachte hier im Schloß das alte, kreuzlahm gerittene Brauchtum zu neuem Galopp durch künftige Jahrzehnte?

Meinen verehrlichen Zitat-Lieferanten, bei denen ich ungeniert Anleihen vornahm, gestehe ich gern, daß mich die Einberufung dieses Geister-Symposions königlich amüsierte. Der Chronist dieser aufwendigen Heerschau oberschwäbischen Brauchtums entläßt jedenfalls Bischof und Herzog aufatmend dort, wo er sie antraf: unter dem Kristallüster. Er vermerkt als Kuriosum, daß der als Souvenir in den Handel gebrachte Scherenschnitt reißenden Absatz bei den Teilnehmern finden dürfte. Einem »on dit« zufolge soll der Regierungspräsident – der Kulturaufforstung in der Region einen hohen Stellenwert zuerkennend – fernmündlich zugesagt haben, die laufenden Zuschüsse angemessen aufzustocken.

Was aber verbuche ich persönlich in dieser Geister-Bilanz? Sehenswerte Charakterköpfe!

Bischof Leiprecht und Herzog von Württemberg im Gespräch

Das Klassenbild

Elmar Hügler, aus *Ravensburg* gebürtiger Filmemacher, leitet sein »Klassenbild« mit einem Satz ein, um den ich ihn beneide: »Wer hier geboren wurde, hatte im Laufe seines Lebens 14 Türme zu besteigen – um den Verdacht zu widerlegen, er kenne seine Geburtsstadt nicht.« Seine Bemerkung, daß in dieser Stadt »seit Jahrzehnten dem Leben Tribut gezollt« werde, ist eine gelinde Untertreibung, die schlankweg unterschlägt, daß *Ravensburg* sein Gründungs-Jubiläum längst auf dem Buckel hat. Hügler, *Spohn*-Schüler und somit bestens geeignet, auf Speichern zu stöbern und Klassenbilder ans Licht zu heben, bringt die hier noch so mächtige Metaphysik ins Spiel, durch witzigen Verweis auf die Waldschenke *»Zur Höll«* und auf das *»Café Himmel«* (das im verfeindeten Weingarten zu literarischen Ehren kam).

Jahrgang 1900: auf dem blaß-braunen, großformatigen Photo die Sechzehnjährigen, zur Zeit der Sommeschlacht aufgenommen. Einer von ihnen kehrte von einem Einsatz an der Ostfront nicht zurück. Ein anderer blieb nach einem Luftangriff auf Bremen verschollen. Einer – ein Halbjude – emigrierte nach Australien, einer holte sich einen Nervenzusammenbruch, entging in der Heilanstalt nur durch Zufall der Euthanasie. Einer vergiftete sich nach Abschluß seines Chemiestudiums mit Zyankali, symbolisch endend wie Faust II.

Von den Jünglingen im ersten Flaum (einer von ihnen wird zeitlebens nicht davon loskommen), die sich zum obligaten Klassenbild vor dem *Spohn'schen Gymnasium* zusammenfanden, leisteten nur wenige der Einladung Folge, das historische Altenschießen zu besuchen und als gefeierter Jahrgang vor Hüglers Kamera-Auge zu treten. Stramm also mit Fahne unter Trommelwirbeln vor dem Böllerqualm des *Mehlsacks*. Lebensläufe, herausgegriffen, Schicksale, typisch für unsere Zeit. Was aber spricht sich in ihnen aus? Der Korpsgeist Alter Herren, der kriegerische Geist einer Epoche? Wirkte das Erbteil des Hohenzollern in ihnen nach, den sie, volljährig geworden, ins holländische Exil gehen sahen? Waren die Ingenieure aus Leidenschaft, die heimlichen Geigen-Virtuosen, die Orgelbauer und Erfinder fliegender Autos überzeugungstreue

Demokraten? Sympathisierten sie mit den Freikorps, ließ sie der Mord an Rathenau kalt?

Hüglers Bericht, leidenschaftslos und unverkrampft, sichtet die gegebenen Fakten, läßt Gesichter für sich sprechen, zeigt, was über Berufswechseln, Umzügen, Regressionen geblieben ist: das Familiäre, »Musik als privates Therapeutikum«.

Ein einziger von ihnen – ein Fabrikant mit dem kleinen Kapitänspatent – hat sich politisch betätigt und verschweigt es nicht: In einer bitterkalten Januarnacht des Jahres 1919 kletterte er am Blitzableiter des *Blaserturms* hoch, um eine Terroristenfahne abzureißen und an ihrer Stelle die schwarzweißrote zu hissen. Beantwortet dieser Akt der Tollkühnheit die Frage nach den politischen Überzeugungen seiner Klassen-Kameraden?

Hüglers Dokumentarfilm verfolgt nicht die Absicht, eine Lektion in Geschichte anhand von Einzelschicksalen zu geben. Dafür ist sein künstlerischer Impetus zu sehr dem Menschlichen verpflichtet. Hinter den Bildsequenzen, die mit großem Gespür für stoffliche Dezenz geschnitten sind, macht sich Respekt geltend vor dem gelebten Leben. Der physiognomische Reiz von Gesichtern zählt mehr als ihre soziologische Gewichtung. Nicht ihre Bewußtseinslage wird ablesbar, und Erhellendes zur Zeitgeschichte ist nicht zu erwarten. Der Mensch gewinnt vielmehr Kontur unter der szenischen Assistenz von Böllerschüssen. Der alte deutsche Traum, das Heraustreten aus banalen sozialen und politischen Funktionen, bei Hausmusik wird er kultiviert. Jeder ist im Grunde ein verhinderter Poet oder Musikus. Der Sozialrentner, den nachts die Lust zum Dirigieren überfällt, ebenso wie der Glockengießer, der einmal in der Woche als »Schlaraffe« in Ritterrüstung auftritt. Der »Kindergott von Nikolasee«, dessen Hausapotheke von 95 auf 25 Gewürze geschrumpft ist, ebenso wie der Freizeitmaler mit seinen Motiven aus oberschwäbischen Marktflecken. Lebensläufe, Gesichter, Anekdotisches – das Leben ein Klassenausflug. Hügler gibt nicht das Porträt einer Klasse (definiert im Sinne von Marx). Sein atmosphärisch dichter Bericht, der sich kurzweilig durchblättern läßt wie ein Familien-Album, stellt Hüglers glückliche Hand als Kurz-Porträtist erneut unter Beweis.

Eine Reise aus sentimentalem Anlaß

Ich stelle mir vor, daß er aus Übersee angereist ist, aus keinem anderen Anlaß, als am Altenschießen teilzunehmen. Ihm zu Ehren lege ich ein faszinierendes Puzzle aus: einer alteingesessenen, wohlbegüterten Ravensburger Familie entstammend, erlebt er eine behütete Kindheit und konfliktarme Jugend, besteht das Abitur als Klassenprimus mit Auszeichnung. Ohne mich anbiedern zu wollen, mache ich ihn um ein Jahrfünft jünger, als er sein mag, zähle ihn zu den stillen Hoffnungen des Stresemann-Jahrs 26 (als Oberstfähnrich wie als Tambourmajor des *Spohn*'schen Trommlercorps war er während des Rutenfests sicher Hahn im Korb). Durchaus denkbar, daß ein von Natur und Elternhaus so sichtlich begünstigter Jüngling eine standesgemäße Erziehung erhält, in Heidelberg als Jurastudent einer honorigen Verbindung beitritt, daß er die angetragene NS-Mitgliedschaft als praktizierender Katholik charaktervoll ausschlägt und sich nach beendetem Studium in der ehemals reichsunmittelbaren Handelsmetropole und nachmaligen, in den Windschatten der Historie gerückten, vorderösterreichisch-bayerisch-württembergischen Oberamts- und Kreisstadt als Anwalt niederläßt.

Naheliegend, daß er die Beziehungen seines alten Herrn zu einem Cartellverband nützt, sich eine eigene Advokatur einrichtet und mit der Wahl seiner Braut eine so ausnehmend glückliche Hand verrät, daß die Zahl seiner Klienten sprunghaft ansteigt. Den Militärdienst mit jener würdevollen Reserviertheit ableistend, die den Verdacht, er entziehe sich fintenreich dem Dienst an der Waffe, nicht ganz entkräftet, avanciert er lustlos vom Reserveleutnant zum Ordonnanzoffizier, speckt er in einem Gefangenen-Camp der US-Army bei Hungerrationen vorteilhaft ab, kehrt unverletzt heim, ungebrochen an Körper und Geist. Nach der Währungsreform eine Wahlperiode lang Rechtsberater mit politischen Ambitionen – mit dem *›Ahlener Programm‹* als nicht gerade zugkräftiger Nummer auf Stimmenfang –, befällt ihn nach verlorener Wahl erstmals das Fernweh.

Zuerst spärlich und später regelmäßig eintreffende Ansichtskarten aus Santiago verraten, daß er den politischen

Katzenjammer überwunden, detaillierte Lageberichte aus *Valparaiso,* daß er beruflich Fuß gefaßt hat. Die Aera des John Foster Dulles, der die Doktrin des ›roll back‹ erfand, brachte für Chiles Salpeter-Industrie einen kurzfristigen heißen Boom. Der charismatische General Ibañez – mit populistischen Maßnahmen Hoffnungen erweckend – war Präsident geworden. Vor diesem politischen Hintergrund – als Syndikus einer deutschen Tochtergesellschaft – denke ich mir eine Karriere aus, die lokale Leitartikler auf Trab bringt und die ziemlichen Spielraum läßt für Spekulationen; eine jedoch schließe ich vorsichtshalber aus: diese Karriere könnte sich außerhalb gültiger Rechtsnormen gehalten haben.

An dieser Stelle bitte ich ihn erstmals in aller Form um Nachsicht. Ich bin mir der Anmaßung einer Person gegenüber, die ein Anrecht hat auf Schutz ihrer Privatsphäre, durchaus bewußt, und ich sehe ein, daß es einer Amputation gleichkommt, ein erfülltes langes Leben, das die gängigen Klischees von Fortkommen und gehobenem Wohlstand hinter sich läßt, in ein Dutzend Sätze zweideutigen Charakters zu pressen. Obschon ich über keinerlei telepathische Fähigkeiten verfüge, lasse ich ihn unternehmungslustig die Überfahrt an Bord der polnischen *»Batory«* antreten. Ein Flug – bilde ich mir ein – sei sicher nicht nach seinem Geschmack. Mit zunehmendem Alter hasse er die jähen Ortswechsel und Zeitverschiebungen. Da ihn nichts Berufliches mehr belaste, keine brandeiligen Termine vorlägen, habe er massenhaft Zeit. Folglich nähme er sich auch Zeit. Dies sei schließlich eine Reise aus sentimentalem Anlaß.

Aber nun zwingt mich literarische Höflichkeit doch noch zu einem Zeitsprung. Ich kann ihm nicht auch noch als Schnüffler in die Intimität seiner Kabine folgen. Seine alles in allem gesehen denkwürdige Ankunft liegt schon hinter ihm. Der Augenblick des Wiedererkennens lange vermißter Gesichter ist ausgekostet. Er hat den Vorabend auf der *Kuppelnau* zugebracht, hat im Festzug seine Altersriege angeführt, das ihm von der Enkelin angeheftete Büschel Rosen ist bereits leicht angewelkt. In schöner Beherrschtheit tritt er an den Schützenstand heran. Er gibt sich auch jetzt keinerlei Blöße, er hat seine Kaumuskeln unter Kontrolle. Ihm fällt nicht wie mir das Kinn herunter, nur weil er sich auf seine Sehkraft konzentriert. Dem stark gerupften Reichsadler gilt sein Augenmerk, der bereits Federn gelassen und sein Herz verloren hat. Das Szepter – suggeriere ich ihm – wäre schon eine Trophäe wert, im Klubhaus zu *Valparaiso* ausgestellt zu werden. – Während er durchatmet, den Atem anhält, Druckpunkt nimmt, habe ich genügend Zeit, mir sein markantes Profil einzuprägen . . .

Stammtisch ist nicht gleich Stammtisch

Was ein gestandenes Mannsbild ist, hat seinen Stammplatz am Stammtisch (während ich es nur zu Stammgerichten brachte). Ein Stammtischler muß nicht unbedingt zu den Honoratioren am Ort gehören. Stammbaum und akademischer Grad sind nicht Voraussetzung. Man ist kein Ausbund an Reinrassigkeit und Intelligenz, aber auf tadellosen Leumund wird Wert gelegt. Die Anwartschaft erwirbt er sich allein durch sein Sitzfleisch und durch sein politisches Wohlverhalten. Den Vertretern der weltlichen Obrigkeit bezeugt er demonstrativ unterkühlten Respekt. Mit dem Pfarrer wagt er sich nicht ernstlich anzulegen, doch vermeidet er – seiner Gesundheit zuliebe – das Knien auf fußkalten Kniebänken, auch entzieht er sich – Schwerhörigkeit vorschützend – der an Sonntagen fälligen Gardinenpredigt. Den ehemaligen Stabsfeldwebel hängt er nicht bei jeder sich bietenden Gelegenheit heraus, aber wie er an Kirchweih und Jahrmarkt vor dem Schießstand Druckpunkt nimmt und ganz Haltung ist, das macht ihm so leicht keiner nach.

Sonst aber führt er ein durchaus ziviles Leben. Er hat sein »Geregeltes«, kennt Arbeitstrott und ärztlich verordnete Abstinenz. Fleischtage machen ihn ausgesprochen munter. Er bringt dann sogar die landesübliche ornithologische Zeitwortform für Beischlaf über die Lippen. Liebhaber eines geräuschvoll gedroschenen Männerskats – ein gutes Blatt in Reserve und seine Fähigkeit, hoch zu reizen – das macht ihn rasch zum unersetzbaren dritten Mann. Sein Wohlbefinden steigert sich, wenn die gemeinsamen Interessen einen Spielraum lassen für persönliche Eigenheiten. Dreht sich die Aushilfskellnerin erst einmal nicht mehr zimperlich weg, wenn er ihr länger als zumutbar um die Hüfte faßt, fühlt er sich in der ehrenwerten Männerrunde »sauwohl«.

Der Apfel fällt bekanntlich nicht weit vom Stamm, folglich findet der volljährig gewordene Sohn den Weg ins Stammlokal wie der Hund zum Laternenpfahl. Der Neuling zahlt seinen Einstand – wie es Brauch ist – mit flüssigem Gold, was die Kehlen nicht gleich zu einer wertbeständigen Anlage macht, aber die Stimmbänder um eine Tonlage höher stimmt. Sangesbereit befeuchtet der erste Bassist am Ort die liedgewohnte Lippe. Standhaft auch nach acht Halben, feiert der Junior seine Einberufung zum Bund – wobei nicht Moses im Spiel ist, sondern ein Stabsarzt der Pfullendorfer Garnison –, lüftet seinen Hosenbund . . .

Stammtisch ist nicht gleich Stammtisch! Das geht mir durch den Kopf, als ich an einem Sonntagmorgen Gelegenheit habe, im Gasthaus »Goldenes Kreuz« in Pfrungen einem Frühschoppen beizuwohnen. Schon beim Eintreten merke ich: das läßt sich nicht auf den üblichen Nenner bringen. Zwar gibt es auch hier den reservierten Tisch vor dem Madonneneck für die Senioren, aber die Jungbauern und Landwirte an den vollbesetzten Tischen benehmen sich nicht wie Stammtischler der zweiten Wahl. Bürgermeister Rimmele sitzt mitten unter ihnen. Hier gelten offenbar andere Zugehörigkeits-Regeln. Hier mißt man gesellschaftliches Ansehen an anderen Kriterien als denen der Sitzordnung, und hier gelten noch die getroffenen Absprachen: kommen die ersten Gäste zum Mittagessen, wird der Stammtisch unaufgefordert geräumt. Das spricht zumindest für gute Manieren: kein Durst ist so groß, daß er nicht innerhalb der gesetzten Frist gelöscht werden könnte! Und dem Hochstuben und Schwadronieren sind klare Grenzen gesetzt. Die Ehefrauen brauchen nicht zu fürchten, daß der Sonntagsbraten im Rohr verschmort vom vielen Aufwärmen. (Matthäus Walser, Verseschmied vom *Weitfeldhof am Höchsten*, drückt das Dilemma der Spätheimkehrer anschaulich genug aus: »zwei Augen schauen mich an, wenn der Haussegen schief hängt – eines aus der Suppe und eines blickt vorwurfsvoll!«)

Gilt wohl auch hier das alte Auswahl-Prinzip? Gibt es in dieser folgsamen Zecherrunde so etwas wie einen harten Kern, einen inneren Kreis von Bevorzugten? Der erste Augenschein spricht dafür, daß nicht unbedingt die das Sagen haben, die das loseste Mundwerk führen. Aber bei näherem Hinhören wird mir doch klar: hier tagt ein erweiterter Ortschaftsrat, nicht ein üblicher Stammtisch. Auf jeden Fall sehe ich mich veranlaßt, meine über den Daumen gepeilte Faustregel: wo Männer sitzen, sitzen sie, um zu trinken, umzustoßen und eine seriösere Variante gelten zu lassen: wo Männer sitzen und trinken, tun sie das fürs Gemeinwohl. Es dauert auch gar nicht lange, da kommt der Raiffeisen-Mann. Der Milchpfennig wird ausgezahlt, der Kompetenzen-Wirrwarr, den die Kreisreform geschaffen hat, ausgiebig durchgehechelt. Ein triftiger Grund also, die Debatte abzuwarten bei einer weiteren gestauchten Halbe Bier . . .

Die Kandidaten Eins, Zwei, Drei . . .

Phase I: OB-Wahl wirft Schatten voraus

»Gammler ziehen südwärts, sie ernähren sich mühsam wie das sprichwörtliche Eichhörnchen« – meldet unter einem frühherbstlichen Datum die Glosse im Stadtspiegel. – Die Masse der Kirchgänger strömt aus dem regennassen Beton-Kubus der Dreifaltigkeits-Kirche am *Mittelösch*«, gerinnt in familiärer Aufgeräumtheit zu Dreier- und Vierergruppen, verläuft sich, Hüte lüftend und damit Abstände schaffend, zwischen geparktem Wohlstandsblech. Die Litfaßsäule vor dem *»Storchenhof«* steht im Brautschmuck ihrer weißen Klebringe. Leere Anschlagtafeln, von städtischen Bautrupps errichtet, warten auf die druckfrischen Konterfeis. Stammtisch-Pendler beim Elfuhr-Schoppen unterbrechen ihren Dauer-Skat, decken die Namen ihrer Wahlamts-Kandidaten auf, proben die Abwandlung einer himmlischen Örtlichkeit mit der Endung »Eis«. Wahlhelfer in spe drehen und wenden das kommunale Ereignis, gebärden sich wie Buchmacher bei Pferderennen, versteifen sich auf eine oberdeutsche Umlaut-Variante mit schwäbischen Suffix. – »Die Wahl wirft ihre Schatten voraus«, meint der Kulturredakteur vom Dienst in einer Anwandlung von berufsmäßigem Sarkasmus . . .

Während an zwei darauffolgenden Wochentagen Plakatierer mit Stehleiter und Leimtopf anrücken, Kandidat Eins mit Lichtbild und einprägsamem Slogan auf den Anschlagtafeln Platz nimmt, beargwöhnt Kandidat Zwei den freien Wettbewerb auf Litfaßsäulen: »Auf keinen Fall möchte ich mein Bild neben ein schäumendes Glas Bier oder eine für eine Zigaretten-Firma werbende Diva setzen«, womit Kandidat Zwei freilich zugibt, daß die Eitelkeit, wenn nicht ein politisches Laster, so doch eine menschliche Eigenschaft ist. Während das »nicht gestützte CDU-Mitglied« in schwarz-weißer Trauerumrandung verspätet nachrückt und seinen Entschluß zur Kandidatur »trotz mancherlei Einwände und schwarzseherischer Prognosen aus freien Stücken« bekräftigt, meldet sich ein Rechtsrat aus dem Dieburger Landkreis als Gegenkandidat der SPD. Aus hochgelegenen Fichtenbeständen tretend, stößt der »rote Eindringling« den Balzruf des »Nichtversippten und Nichtverschwägerten« aus, das so ehrenwerte wie anfechtbare Sprichwort bemühend: »Aller guten Dinge sind drei!« ...

Phase II: Lebensläufe

Kandidat Eins, Angehöriger eines schwarzen Jahrgangs, brillierte nach Einschulung im *»Affenkasten«* und höherem Bildungsweg über maritime Lehr- und Wanderjahre als juristischer Referendar in den Nachkriegsjahren. Nach Kontakten mit einem literarischen Zirkel zur Zeit der Währungsreform Großes Staatsexamen und Laufbahn im höheren Verwaltungsdienst. Rasch aufrückender persönlicher Referent (Kulturetat des Landes), bezog der »Sohn eines einfachen Handwerksmeisters«, wie er betont untertreibend seinen gesellschaftlichen Status grundiert, nach seiner Heirat zunächst einmal eine Parterrewohnung in einem Vorort der Landeshauptstadt und später – in seiner knapp bemessenen Freizeit Musenfreunden eine intelligent unterkühlte Gastfreundschaft gewährend – ein schönes Eigenheim am *Filderrand* ...

Kandidat Zwei, Enkel eines Ehrenbürgers, dessen Name eine Allee an der Jagst ziert, übersprang nicht die vorgegebenen Stationen: Reifeprüfung, RAD und eine zünftige Banklehre. Der hochgewachsene Jurist nennt nicht nur schlichtweg seine Einberufung zum Militär, sondern bereitwillig auch den Truppenteil, bei dem er »diente«. Vor der »Zwangspause Krieg« Gerichtsreferendar in einer benachbarten Hopfen-Domäne, lebt der nunmehrige Amtsgerichtsrat und Jugendrichter »voll arbeitsfähig«, mit goldenem Sportabzeichen und diversen katholischen Ehrenämtern versehen, in seinem Haus am *Erlenweg:* »tatkräftig, beweglich, zielstrebig«, wie seine Wahl-Offerte lautet ...

Kandidat Drei, Sohn eines evangelischen Lokomotivführers aus dem *Halle*'schen, entdeckte als Abiturient einer Realschule mit »altsprachlicher Richtung« seine heftige Neigung für Flug-Modelle. »Richter kraft Auftrags in *Liebenwerda*«, rückte der ehrenamtliche Gutachter in die Staatskanzlei von Sachsen-Anhalt auf. Als praktizierender Christ »mit den üblichen Mitteln unter Druck gesetzt«, purgiert sich der Republikflüchtige im Fegefeuer einer nochmaligen Examensmühle, wirft Ballast ab. Seinen Zug in den schwäbisch-alemannischen

Süden mit der Ambition eines OB-Kandidaten verknüpfend, setzt sich der mehrfach verwundete Sanitätsdienstgrad, der eine gebürtige Schwäbin zur zweiten Frau nimmt, dem Makel einer »nominellen SED-Mitgliedschaft« aus und dem Verdikt einer ungültigen zweiten Ehe . . .

Phase III: Kandidaten auf Stimmenfang

In elegischen Einspaltern, bemüht einer der ungenannten, ortsansässigen, wenngleich nicht einheimischen Poeten den »Pinsel des phantasiebegabten Meisters Herbst«, der »zu lange im Regenwasser des Sommers gestanden« und sich »bei Pappeln ausgesprochen knausrig« gezeigt habe. – »Doch gemach: jedes Ding hat zwei Seiten«, folgert der lokale Genius und zieht das nächsthöhere Register: »Die Zeit ist da, wo die Geister sich scheiden!«

Doch vorerst füllen diese, in Sakkos eingenäht, in handfesten Verkörperungen über gestreuten Interessenlagen, die Nebenzimmer im *»Heilig Kreuz«, »Holderbrunnen«, »König Rösch«* und, mäßig angeheizt von patriotischer Aufwallung, Stadtrand-Lokalitäten, umsatzsteigernd bei gestauchten Bieren. Die Kandidaten, demonstrativ pünktlich unter Vorantritt ihrer Wahlhelfer, stecken im renitenten Aufmucken von Randstadt-Siedlern ihr Terrain ab, unterbreiten im herzwärmenden Beifall und im Altersknarren nußbraunen Getäfers ihre Offerten, erproben ihr Repertoire vor der kniffligen Mentalität von Altbürgern und ihrer widerborstigen Lobby.

Das Stammtisch-Deutsch der politischen Amateure kommt zu Ehren. Im beifälligen Stühlerücken verschaffen sich die warmlaufenden Kandidaten Gehör. Kellnerinnen vor belagerten Schanktischen und im Clinch mit Stehbier-Trinkern, verbergen mit mühevollem Charme, daß sie hinter ihren Geldkatzen und gestärkten Schürzen auch noch Körper haben. »Ruhender Verkehr«, »Bildungsnotstand«, »Altstadt-Sanierung« – in einstündigen Sitzungen abgehandelt – erhitzen die verhemmten Gemüter, geben ein maulfaules Stichwort-Sortiment ab für sachliche Einwände, bilden Anlaß zu palaverreichem Gequengel. Die Kandidaten auf Stimmenfang ziehen die schwereren Register, mischen Obertöne ins kommunale Terzett . . .

Phase IV: »Fortiter in re . . .«

Der Wortlaut-Donner hochoffizieller Protokolle klingt in der Provinz merklich abgeschwächt. Das nicht mehr ganz taufrische Konzept der »Formierten Gesellschaft«, die sich der Roßkur einer Gesundschrumpfung unterzieht – ; hier unten leben nicht gerade ihre forschesten Nachbeter. Von den heroischen Worten des Fabrikanten Klingsporn: »soziale Sicherheit und Gerechtigkeit – die gibt es doch nur auf Friedhöfen!« blieb nur ein Nachhall und von den hochtrabenden Leitsätzen: »der soziologische Typus des Unternehmers hat ganz wesentlich mit Freiheit zu tun« blieben die mittlerweile geflügelten Worte Erhards von den »Pinschern«. Das Marktdeutsch »freier Unternehmer« wirkt gleichwohl noch immer wie der natürlichste Sprechzwang. Das vorbeugende Selbstlob und die Beständigkeit in Vorurteilen gelten nach wie vor als Ausweis des Erwachsenseins. Der angelernte festliche Überschwang an Stichtagen, das hochbemühte Hätscheln des immer gleichen Reflexes, hält eine Alterslustigkeit in den Sätteln; in ihr klingt selbst die Ellbogen-Freizügigkeit als freiheitliches Credo einigermaßen stimmig.

Bildungsgang, Sachverstand und Naturell der Kandidaten werden in bedächtigem Zuhören und geschmäcklerischem Abwägen getestet. An Sitzordnungen leichter ablesbar als an Physiognomien die politisch, berufsständisch oder landsmannschaftlich eingefärbten Wählerschichten. Dezimierte Jahrgänge darunter in ihrer Waffenscheu. In der fallweise streitbaren Majorität von Katholiken eingeschworene Leppich-Aktivisten, deren robuste Heilsgewißheit nicht leicht ins Stottern gerät. Spurtfreudige Leistungs-Fetischisten, die in der Wahl einen Wettbewerb harttrainierter Matadore sehen – oder die exponierten Aufsteiger in Namenslisten, an Profilierungssucht leidend, die sich von ihrer Stimmabgabe unmittelbar gesellschaftliches Renomee erhoffen. Die Grundsatzfesten, die das »Fortiter in re« des Lateiners gern von dem Nachsatz trennen: »suaviter in modo« . . .

Phase V: Einübung in Fairneß

Kandidat Eins: kräftezehrend konzentriert, ein haushälterischer Spieler, der keinen verkorksten Bällen nachläuft, der keine Steilvorlagen bringt, wo Flachpässe angezeigt sind, baut sein Image mit bewundernswerter Taktik aus: Sachlichkeit und Noblesse. Mit trockenem Charme durchdachte Oberliga-Spielzüge anbietend, erläutert er in einstündigen Referaten sein straff gebündeltes Programm, aufgeschlüsselt nach Prioritäten. Man müsse von der »Bürokratie alten Stils« loskommen und »Provisorien mit Zwischen-Finanzierung« den Vorzug einräumen, um den »Alpdruck von Lehrern, Eltern und Schülern zu nehmen«. Den »chronischen Mangel an Schulraum«, das »Dilemma verstopfter Stadtkerne« und eine »gewisse strukturbedingte Schwerfälligkeit der Verwaltung« auf eine Stufe stellend, ruft der hochtrainierte Läufer nach »echter Leistungssteigerung«.

Kandidat Zwei: sozialkritisch am Drücker, seine Pappenheimer kennend, erweist sich auch als genuiner Kenner der städtischen Topographie: *»der Kongo«*, erklärt er im Tabaksqualm meuternder Siedler und Kleintierhalter, »liegt nicht an der Peripherie« und spielt damit auf ein unterentwickeltes Viertel jenseits des Bahndamms an. *»Schussen-Anrainer«*, läßt er couragiert verlauten, » sprechen ihren Kandidaten vor Ort«. Seine planerischen Ambitionen hervorhebend, betont er seine Entschlossenheit, den Nachbarschaftsvertrag »unter dem Aktenstoß hervorzuholen«. Zusammenarbeit mit Anrainern bedeute nicht zwangsläufig, wie gehabt, deren Eingemeindung. Aus der Sicht des Strafrichters, der Verkehrssünder verdonnern müsse, sei die Entflechtung des innerstädtischen Verkehrs, das Entkorken der verstopften Flaschenhälse, »eine erste und ernste Pflicht«.

Kandidat Drei: faßt unaufgefordert heiße Eisen der Marktwirtschaft an, tadelt Grundstückswucher hemdsärmliger Makler, verlangt vom Fiskus den »Aufkauf noch verfügbaren Geländes durch die Öffentliche Hand«. Eine Politik des Ausgleichs befürwortend, die »auch dem sozial Schwachen auf die Beine hilft«, steigert er sich – in Überschätzung örtlicher Gegebenheiten – in einen Predigerton, der in einem befremdlichen Gegensatz steht zu seinem Gründer-Optimismus, die Gemeinde »künftighin krisenfest zu machen«. Einige vermeidbare Gemeinplätze koppelt er listenreich mit der Bemerkung: als »Nichteinheimischer« sei er »unabhängig und also unvoreingenommen« – ein erster sanfter Seitenhieb in der etwas reizlosen Auffächerung eines Programms, das aus Abstrichen bestehen wird.

Phase VI: Wahl-Karussell dreht sich

Weil sie die »lebendige Beziehung einer angeblichen Unabhängigkeit« vorziehen, fragen »unabhängige Wähler« in einem Aufruf unverblümt: »Ist Kandidat Drei wirklich unabhängig?« Von der SPD »gesucht und gefunden«, von der FDP nach einer spektakulären Kehrtwendung entdeckt, bleibe Kandidat Drei auch in Zukunft auf seine Hintermänner und Rückenstärker angewiesen. – Fünf Kaufleute, drei Ärzte, zwei Rechtsanwälte, je ein Handwerksmeister und ein Schriftsteller-Ingenieur stellen daraufhin die Gretchenfrage: »Weiß die FDP, was sie tut?« und empfehlen nach »sorgfältiger Überprüfung hinsichtlich Charakter und Eignung« Kandidat Eins. – »Warum ist Kandidat Eins richtig?« – »Kandidat Eins ist richtig!«

Kandidat Zwei in sympathisch weitschweifiger, mundartlich eingefädelter Sprechweise: »Fernziele – Nahziele – Sofortmaßnahmen!« Kommt nach akademischem Geplänkel über Zuständigkeiten, das ihn bis in den Tonfall hinein als freundlich konfusen Entflechter ausweist, auf die Lieblings-Idee einer Altstadt-Sanierung zu sprechen, die von einem Teil der Bürgerschaft, wie er resignierend anmerkt, »allem Anschein nach falsch aufgefaßt worden« sei! – Rechtschaffene Wähler, mit Kandidat Eins solidarisch, verweisen auf die »Solidität seiner Auffassungen« und auf seine »klare und saubere menschliche Haltung«. – Anhänger einer persönlichen Initiative verlangen anzeigenlautstark nach dem Bewerber, der »mehr mitbringt als nur einen guten Ruf!« – Aufsehen erregt die Erklärung eines streitbaren Stadtrats: Die Freien Demokraten sähen sich zu einer »Änderung ihrer bisherigen Haltung veranlaßt.« Kandidat Eins wie auch Kandidat Zwei hätten angekündigt, »die bisherige Rathaus-Politik fortzusetzen«. – »Auch die CDU will neuen Stil, aber kein rotes Rathaus!« tönt es tags darauf fettgedruckt aus den Zeitungsspalten . . .

Der Anzeigen-Krieg, spaltenfüllend und gewinnabwerfend, verstärkt sich; das Wahl-Karussell kommt auf Touren. Wahlhelfer beider Couleur verunglimpfen mit Kennerschaft und gemütvoller Häme. Zum Austrag sachlicher Gegnerschaft kommt nun die Nabelschau, zum Nachweis der Fähigkeit tritt die Tugendprobe vor Zeugen. Auffällig, wie nun in den Anzeigen die berufliche Eignung der Kandidaten merklich zurücktritt hinter deren Charakter. Nicht mehr die Qualifikation der Bewerber scheint ausschlaggebend, sondern der gesicherte Nachweis ihrer Herkunft, ihr gesellschaftlicher Status. Als obstinater Unterton unüberhörbar der boshaft lancierte Einwand: »Kandidat Eins entdeckt nicht erst jetzt die Stadtteile von R.; er kennt sie von Kindheit an«. – Custos indes statuiert ein Exempel »vorbildlicher Pünktlichkeit«, rügt vorbeugend »Dauerredner auf Verbandsebene«. Bemerkenswert die »Burschung« zweier Füchse und die »Philistrierung zweier Geburschten« auf dem Festkommers einer farbentragenden, nicht schlagenden Verbindung . . .

Phase VII: Ansonsten sehr gesittet

Die traditionsstrenge Bürgerschaft, alljährlich vom »Rutenfieber« und anderen periodischen Pulsbeschleunigungen befallen, wertete das Treffen der »Beat-Fans« in der *Sauer*'schen Mehrzweckhalle nicht gerade als kulturelles Ereignis, aber die numerische Stärke der jugendlichen Saalbenutzer nötigte Respekt ab. Die Lokal-Redaktion gab sich aufgeschlossener als sie gewöhnlich ist und geizte nicht mit ihren Spalten. Ihr Kultur-Redakteur fand den »Auftritt der Lords überwältigend« (»halten ihre Instrumente, als seien sie Maschinen-Pistolen-Schützen«). Der modisch versierte Zeitungsmensch sah sich ungeniert und mit sichtlichem Vergnügen unter den Schlagzeugern, Gitarristen und Dauertänzern um, berichtete kenntnisreich von »Strumpfhosen mit Lochwirkerei«, von »hochhackigen Schnabelschuhen« und von der »Arbeitstracht der Cowboys«. Ihren kunstvollen Spektakel bewertete er nicht nur nach gemessenen Phon-Stärken und das Benehmen der langmähnigen Zwitter, deren Ruf zerbrechlicher zu sein scheint als eine Fuhre Spiegelglas, benotete er gönnerhaft mit der Bemerkung: »Ansonsten sehr gesittet!«

An diesem Vortag der Wahl erscheint in der Lokalpresse ein Artikel, dessen überzogener Euphemismus die Stammleser versöhnlich stimmt: »In knisternder Spannung« und »auf des Messers Schneide gleichsam« verbringe die Bürgerschaft die »Stunden der Entscheidung«. Aus dieser Prüfung gehe sie »irgendwie geläutert« hervor und »zu neuem Selbstverständnis erwacht.« Erfreulicherweise sei ein Wahlkampf geführt worden, der die »Grenzen der Fairneß kaum verletzt« habe.

Phase VIII: Ohrfeige für Wahlhelfer

Zu vorgerückter Nachtstunde wurde der Chronist dieser Aufzeichnungen ins Wahlbüro des Kandidaten Eins gerufen und im Beisein der engsten Mitarbeiter ersucht, aus dem Stegreif eine Grundsatz-Erklärung abzugeben. Nach ärgerlich knappem Wahlausgang, eines um Haaresbreite verfehlten Siegs, in der begreiflichen Nervosität des erneut anzublasenden Wahlkampfs, forderte man ihn zu einem »unzweideutigen Bekenntnis« auf. Nach einem auch für ihn anstrengenden Tag als Platzanweiser, nach ermüdenden Sitzungen in Tabaksqualm und verbrauchter Atemluft überrumpelte man ihn mit der Gewissensfrage: »Sind Sie noch unser Mann?«

Verblüfft über diese Äußerung freimütigen Disziplinierungs-Willens, verstärkte sich des Chronisten Kurzatmigkeit zu peinlicher Atemnot. Ehrenamtliche Zuträger schienen das Gerücht einer Kontaktaufnahme zwischen ihm und dem Kandidaten Drei hinterbracht zu haben, offenbar in der Absicht, ihn, den nicht geheuren Wahlhelfer, auf Herz und Nieren zu prüfen. Dieser Verdacht mußte ihn als einen Mann ins Zwielicht rücken, der sich zwar demonstrativ dem Gefolge des Kandidaten Eins anschließe, in Wirklichkeit aber »auf beiden Schultern Wasser« trage. Sein unter drohendem Stimmverschluß erzwungener Widerruf wirkte wie der mimische Reflex von Begriffsstutzigkeit. Verschiedentlich hatte der Chronist sein Bedauern ausgedrückt, daß nach halbwegs fairem Verlauf und bemüht sachlichem Austrag durch Übergriffe in die Intim-Sphäre der Kandidaten der Wahlkampf eine Verschärfung erfahren habe, die er nicht als zwangsläufige Polarisierung werte, sondern als Kaltlufteinbruch, als Rückfall in Kleinkariertheit. Er setze sich in seiner Vaterstadt nicht dem

Verdacht der Vetternwirtschaft aus, wenn er den Kandidaten Eins mit Vorbehalten empfehle. Als den sicher souveränsten Anwärter aus seiner Altersklasse halte er ihn für den geeigneten Bewerber des freiwerdenden Amtes.

Phase IX: »Sie wären mein Mann!«

In dieser Montagsausgabe entspricht ein vorhergesagter »Temperatursturz über Nacht« beziehungsreich einem »Spannungsabfall der Wählerschaft«. Der wachsame Einpeitscher, um Einfälle selten verlegen, warnt vor einem »Überhandnehmen begreiflicher Unlustgefühle«, regt vorbeugend an, den zweiten Wahlgang »schmackhaft zu machen« durch eine Koppelung mit einem Kirchenbesuch oder einem Spaziergang (»bei geringster Mühe«). In einem Nachruf auf den ersten Wahlgang würdigt Kandidat Eins die »überaus harte Arbeit« bis zur Erschöpfung seiner Mitarbeiter. Kandidat Zwei aber zieht, unter dem Eindruck seiner Niederlage, seine Bewerbung zurück: (»Kandidat Eins ein Gegen-Kandidat, aber nicht ein Kandidat der Gegenseite!«)

In Abwandlung der Verse von Eugen Roth (»Mensch und Unmensch«) reimt ein Gastwirt »quälen« auf »wählen« und zwei Tage darauf in einer weiteren Roth-Adaption: »Zahlen« auf »Wahlen«. – Die Arbeits-Woche der Wahlhelfer läßt sich poetisch an . . .

Unter dem Datum seines vierzehnten Hochzeitstags vermerkte der Chronist eine Kontroverse mit dem Kandidaten Drei im »*Gasthof zum Bären*«. Verspätet eintreffend, sah er sich nach einem freien Platz um, fand ihn ausgerechnet an einem Tisch, an dem schon Team Eins in nicht ganz kompletter Besetzung saß, die nämlichen Herren also, die ihm in unverblümter Kaderstrenge die Frage gestellt hatten: »Sind Sie noch unser Mann?« – Freundlicher grüßend, als er erwarten durfte, aber formeller, zugeknöpfter, als es in diesem Kreis geboten schien, saßen sie vor ihren halbvollen Gläsern.

Das Angebot des *Dieburger* Rechtsrats, mit Glas und Bierfilz zu ihm an den Tisch zu kommen, erwiderte der in Fahrt gekommene Chronist spontan, mußte dabei aber erleben, wie sich Team Eins demonstrativ abwandte und das Heranwinken des jovial wirkenden Herausforderers humorlos ignorierte.

Das Gespräch unter vier Augen eröffnete der musikliebende Gutachter mit einer Gebärde bewegender Herzlichkeit. – Eine Wählerschaft, die ein Gespür mitbringe »für die ureigensten Belange« und »ererbten Besitz von den Vätern als Lehen« verwalte, verdiene Liebe und Bewunderung. »Wie ich Sie einschätze«, erwiderte der nicht mit gleicher Herzlichkeit antretende Chronist, »überbewerten Sie weniger den Einfluß dieser in familiären Verflechtungen und Traditionen verfestigten Gesellschaft, als die vermeintliche Aufgeschlossenheit der gesprächsbereiten Bürgerschaft«.

Man sei hierzulande nicht versessen auf landfremde Bewerber, »und mit Wärme allein bringen Sie diesen Eisberg nicht zum Abtauen«.

Man habe die Abwahl einer bestimmten Person im Auge, nicht eine politische Wachablösung. – »Was glauben Sie, wieviele Schritte man Ihnen hier auf einmal zubilligt? Sie sind nicht in dem beliebten Kinderspiel, wo ein imaginärer Kaiser wesentlich großzügiger verfährt.« Der Rechtsrat in seiner Kontaktfreudigkeit machte es ihm nicht leicht, auf der vollen Spurbreite zu bleiben. »Gibt es nicht stärkere Gemeinsamkeiten«, fragte er, »als das zufällige Drücken einer Schulbank? Sie waren im Osten im Einsatz, lieben wie ich die großen Russen: Tschechow, Turgenjew. Ich habe wie Sie eine literarische Ader. Wir könnten einen Zugang finden über gemeinsame Interessen ...« Unbegrenzt gesprächsbereit, von seinen »politischen Freunden« schließlich zurückgerufen, wirkte der untersetzte Mann aus Halle ungemein menschlich. Er verabschiedete sich nicht wie der Kandidat einer politischen Partei, sondern wie ein Geistlicher in Zivil. – »Wenn man Pastoren wählen könnte«, sagte der gerührte Chronist, »Sie wären mein Mann!«

Phase X: Rücksicht auf Allerheiligen

Das Freistil-Ringen der Wahlmänner, Parteigänger, Stammtisch-Strategen und öffentlichen Auguren hinter dem Rücken der beiden Kandidaten aber geht weiter. Der »OB-Kandidat mit Herz«, maßvoll aufgebracht über die unsanften Methoden, sieht »eines der schmerzlichsten Kapitel angeschnitten«, bedauert das »Fechten mit schweren Säbeln unter der Gürtellinie«. Er selbst habe »kleinkarierte Beiträge mit dem Florett abgewehrt« und »geistige Primitivlinge gelten lassen«. (Der gemütsarme Chronist war dabei nicht sicher, in welche Rubrik ihn der sanftmütige Sachse einreihte.)

In einer Erklärung vor Presseleuten verwahrt er sich gegen die Unterstellung, »linientreuer SED-Mann« gewesen zu sein, kündigt Vorlage von Schreiben an, die ihn »eindeutig entlasten«. Weil seine Fähigkeiten als Fachmann »unanfechtbar« seien, flicke man ihm als Privatmann am Zeug. Weil er in R. »weder versippt noch verschwägert« sei, schwärze man ihn als »roten Eindringling« an.

Kandidat Eins, von plätscherndem Gelächter ermuntert, stoppt das »lächerliche Gerede von der einheimischen Blutwurst«, stellt eine Liste seiner »engeren Verwandtschaft« auf, legt mit Rücksicht auf Allerheiligen eine Versammlungspause ein. Um den Charakter von Allerseelen zu wahren, hält Kandidat Drei im *Kolpinghaus* einen Lichtbilder-Vortrag über Neu-Delhi.

Handwerksmeister und sattelfeste Unternehmer, die im Kandidaten Eins einen »befähigten Sohn unserer Stadt« erblicken, »mit einer für jeden nachprüfbaren Vergangenheit«, plädieren in einem Aufruf für den »Mann ihres Vertrauens«. – Kandidat Drei, in einem versöhnlich gehaltenen Schreiben, stellt entwaffnend fest, beide Kandidaten seien »gleichwertig«, beide seien Christen (»auch nach dem päpstlichen Dekret über die Ökumene«). – Der reimende Gastwirt reimt kennerisch »kennt« auf »rennt«, setzt schwachgebeugtes Verb vor starken Orakelspruch.

Phase XI: Der Bann ist gebrochen

Der stimmungsvolle Bericht über den Verlauf der Nachwahl, die erwartungsgemäß zugunsten des Kandidaten Eins ausfiel, zeigte die Maßschneider der Öffentlichen Meinung in ihrem Element. In bewährtem Rückgriff auf das vorgewärmte Vokabular sprachen sie unwiderlegbar von »angehäuftem Zündstoff« und von »erhitzten Gemütern«. Das Natürlichste von der Welt trat ein: die »entzündeten Leidenschaften kühlten ab«, die »Spannungen lösten sich«, der »lastende Bann brach«. Wie schon der erste Wahlgang stand auch der zweite in der »besonderen Gunst des Wettergotts«, der es sich nicht nehmen ließ, die Fahnen über den Wahllokalen »im milden Südwind« flattern zu sehen.

In den Außenbezirken der Stadt trat ein »Fliegendes Wahlamt« in Aktion. Im »blumengeschmückten, offenen Wagen« (historische Parallelen nicht scheuend oder nicht bedenkend) Kandidat Drei, Süßigkeiten unter Kinder verteilend. Der Wahleifer, in den Mittagsstunden »erfahrungsgemäß stagnierend«, kletterte nach beendetem Verdauungsschlummer »sprunghaft in die Höhe«. Um 15 Uhr schoß das *Spohn'sche Gymnasium* mit der »höchsten prozentualen Stimmabgabe« den Vogel ab, reichten die »Schussen-Indianer« die »rote Laterne« an die Stadtwerke weiter (wo sie bei gelagertem Koks und Rußstaub einen idealen Platz fand).

Der Zeitraffer zeigte Sieger wie Verlierer »einmütig Hand in Hand auf der Rathaustreppe«, im Abbrennen von Magnesiumblitzen. Der abgeschlagene Kandidat, achtunggebietend unterlegen, zitierte einen Vers aus den Psalmen Davids, den Sinnspruch auf dem Kupfermantel der Armensünder-Glocke, den nicht einmal ein »Einheimischer« unsouffliert aufsagt. Laut Valentin, der verschnupft »Wochenend-Splitter« zwischen *Schussen* und *Mehlsack* aufklaubte, waren die »sonst schweigsamen Schwaben nicht mehr zu erkennen«. Maßvoll ausgelassen aus der Sicht des Chronisten, füllten sie in spendabler Weinlaune bei »geschlotzten Viertele« diverse Altstadt-Lokalitäten . . .

Zum »Wachhund vom Dienst«, der bei der feierlichen Amtseinsetzung gleich ihm abseits unter dem Ölschinken eines Stillebens stand, das in altmeisterlicher Manier einen Affen vor einem Strauß Blumen zeigt, sagte er, übermütig geworden durch den spontan sich aufdrängenden Vergleich: »Die Affen bleiben draußen. Die Blumen überreichen die anderen . . .«

In Tagträumen einsam

Die vorteilhaft ins Licht gerückten Fassaden in ihrer perspektivischen Staffelung, markant eingefaßt vom Erker der *Humpisstube* und den Arkaden des *Alten Theaters,* wirklich eine fabelhafte Kulisse für das samstägliche Markttreiben zwischen *Blaserturm* und *Obertor.* Die mit Obst, Gemüse und Südfrüchten appetitlich vollbepackten Stände, das saisonbedingte Überangebot an Gurken, Tomaten, Karotten, Melonen, Riesenrettichen – nicht von der Hand zu weisen, ein vergnügliches Stelldichein der Gaumenlust und Augenweide, eine Sinnesorgie für Feinschmecker wie biedere Kostgänger. Entschieden wohler wäre mir, könnte ich das von der Morgensonne schon leicht angewärmte Trottoir entlangschlendern, ohne literarische Ambitionen, als Frühaufsteher, der inmitten des Anpralls von Blattgrün und schwelgerisch sich öffnendem Fruchtfleisch seine domestizierten fünf Sinne an kurzer Leine führt.

Es ist schon ein Unterschied, ob ich als Marktbesucher, der sich im Strom der Kauflustigen gemächlich treiben läßt, mit einer *Hasselblad* samt Teleobjektiv daherkomme oder kanzleihaft beflissen mit Notizblock und Bleistift. Daß jemand einen Obststand als Motiv wählt, das Farbspiel der Auberginen, Datteltrauben und Nektarinen unter der gestreiften Markise auf Zelluloid bannt, handwerkliches Dekor nicht verschmäht, das Wirtsschild der *»Drei Könige«,* die aus Goldblech gestanzte Baßtuba am *»Musikhaus Lange«,* leuchtet jedermann ein. Daß aber einer ohne technische Apparatur auftritt, sich naseweis über Schultern beugt, einen langen Hals macht, um sich ja nichts entgehen zu lassen, macht ihn verdächtig. Als Marktaufseher kann er sich schlecht ausgeben; den kennt schließlich jeder, der hier sein Standgeld bezahlt hat. Und eines ist sicher: weder den städtischen Hygiene-Kontrolleur glaubte man mir noch den seriösen Meinungsbefrager, der vor Ort Kaufverhalten und Konsumgebaren von Normalverbrauchern testet. Lasse ich es also besser gar nicht erst auf eine Stichprobe meiner Fähigkeiten ankommen, erweckte ich doch schneller den Argwohn der Händler als ihr Interesse. Warum mich und auch sie in Verlegenheit bringen? Worin läge der Witz, spräche ich sie unverfroren auf monetärem Sektor an, erschreckte sie mit einem auswendig gelernten Lehrsatz Keynes': »mit steigendem Einkommen wächst der Konsumverzicht«, schürte womöglich die Angstpsychose: »es gibt Leute, die erzeugte Güter nicht kaufen.«

Aber was juckt mich mein Fell? Über mangelnden Absatz braucht sich niemand ernsthaft zu beklagen. Man handelt mit leicht verderblicher Ware, aber die Handelsspannen fangen auf, was durch Schwund und Abfall an Einbußen verbucht wird. Meine Ware ist nicht leicht verderblich; dafür hat sie den Vorzug, nicht absetzbar zu sein. In Tagträumen bin ich seit jeher einsame Spitze. Geradezu provozierend wirke ich auf meine erdachten Gesprächs- und Handelspartner. In der rauhen Wirklichkeit eines Markttages aber bekäme ich die Maulsperre, bevor ich auch nur Luft holte, um laut zu denken . . .

Traut er sich nicht? – Oder traut er mir nicht?

Der stadtfein gemachte Altbauer aus der *Leutkircher Gegend* umklammert den Schaft der Schirmmarkise, hinter der ich mich als fliegender Händler postiert habe, als trage er eine schwere Prozessionsfahne. Seine tiefliegenden, von Krähenfüßen umzirkelten Augen, die der Altersstar getrübt haben mag, sein leicht verschobenes Kinn mit der Rasur vom Vortag, die eingefallene Wange, die dem von Paradontose geschrumpften Kiefer fleischlos aufliegt, der lippenlose Mund mit der scharfausgeprägten Nasenfalte – all das fesselt mich nachhaltig, steht er doch keine drei Schritte vor mir, in seiner leichten Aura von Stalldunst. Sein Hemd frisch geplättelt, der Kragenknopf geschlossen, der Hut mit Krempe sorgfältig gebürstet – ein Mehr an feiertäglicher Aufgeräumtheit brächte ihn sicher in arge Verlegenheit. Marktfähig geworden, um seine Aufmerksamkeit wenigstens für die Dauer eines Eignungstests wachzuhalten, biete ich Gebrauchsartikel zu Schleuderpreisen an: Allzwecktücher, Wundertüten, Wegwerf-Servietten, Essenzen gegen Haarausfall, Mitesser, Kreislaufschwäche, Bandscheibenvorfall. Doch je länger er in seiner Blickverlorenheit meine Auslage mustert, desto schwerer fällt mir die Vorstellung, vor ihm als meinem einzigen Dauerkunden diese Verkaufsschau abzuziehen. Bauernfänger, Schaumschläger, Beutelschneider in einer Person, stachle ich mit geschickt ausgelegten Ködern seine Neugier und Kauflust an, flechte leutselig Sprichwörter ein: »Wo Tauben nisten, fliegen Tauben zu!« und »Ein Hab-ich ist besser als ein Hättich!«, lanciere den konkurrenzlosen Messeschlager. Aber weil weder mein wohlfeiles Sortiment an Trikotagen ihn aus seiner Blickstarre weckt noch meine Werbeaktion mit Rasierklingen, räume ich fortwährend meinen imaginären Verkaufsstand um, biete Scherzartikel an in der Manier des Billigen Jakob, gebärde mich schließlich – weil sich der Leidensausdruck in seinem Gesicht nennenswert verstärkt – als Heilpraktiker: »Sie leiden unter anfallhaft auftretendem, meist halbseitigem Kopfschmerz? Sie haben Ohrensausen, verspüren Übelkeit, sind lichtscheu, anfällig gegen Migräne? Sie liegen nachts wach und Ihre Galle fängt an zu rumoren? Oder Sie haben das

Malheur, daß Sie vergeblich dort sitzen, wo selbst ein Kaiser zum Mensch wird? Nehmen Sie auf ein Glas Wasser drei Tropfen meiner patentierten Tinktur. Sie werden sehen, der Stuhlgang wird wieder zum schönsten Gang. Oder Sie plagt das verflixte Rheuma in der Schulter? Lassen Sie sich von Ihrer Frau verwöhnen. Sanfte Hände massieren Ihre Schulterblätter, eine Wohltat für die Haut und die verspannte Muskulatur. In meinem Präparat liegt die Heilkraft der Natur, eine geballte Ladung aus 87 Kräutern – –!«

Sonderlichen Eindruck aber scheint das nicht auf ihn zu machen. Traut er sich nicht? Oder traut er mir nicht? Protestiert er gleich gegen diesen Schwachsinn? Oder wagt er ganz einfach nicht, mit einem Marktkram heimzukehren? Fürchtet er, seine resolute Frau, die nichts für Wehleidigkeit übrig hat, könnte ihm gehörig den Marsch blasen? Sein weggesackter Blick spiegelt Zurückliegendes, Versunkenes, Unaufschlüsselbares. Zwischen Knoblauchzehen, gebündelten Heilkräutern und brandneuen Marktschlagern scheint er es vergeblich zu suchen. Meinen Marktwert aber schätze ich nach diesem fehlgeschlagenen Debut als fliegender Händler nicht mehr sonderlich hoch ein. Meinen Einstand als Wanderprediger der Naturheilkunde sehe ich vorläufig wenigstens als gescheitert an. Von geschäftigen Passanten umringt und an einen Bratwurststand abgedrängt, erlebe ich Mobilität als befremdliches Phänomen wie belebendes Stimulans. Niemals zuvor sah ich so wohlfeiles Angebot an hochbeiniger Schönheit in jeder Preislage. Wie doch das Denken in marktwirtschaftlichen Kategorien auf das eigene Vokabular abfärbt!

Am Rathausbrunnen die in Stein gehauene Marktfrau: traditionsreicher Standort der Züchter und Kleintierhalter. Früher in meiner Kindheit war der gepflasterte Platz mit Lattenverschlägen vollgestellt. Kaninchen, Tauben, Leghühner, schlachtreife Hähne und gemästete Gänse – Federvieh, das Balg an Balg die Hälse verdrehte und sich stockheiser krähte. Für einen zartbesaiteten Schüler wie mich ein Anblick, der Platzangst auslöste und Anzeichen von Panik, wenn ich Mutters Strickkünste gegen einen alten Stallhasen einhandelte . . .

Mein mit mir grau gewordenes Laster

Harder Sondierung

Von einem Deutsch radebrechenden Jugoslaven, dem einzigen Passanten, dem ich begegne, eingewiesen, fahre ich im Schrittempo Richtung Ortsmitte, finde unweit des Gasthofs *Engel*, wo ich zum Mittagessen erwartet werde, einen günstigen Parkplatz. Durch sonntäglich verwaiste Straßen schlendernd, sehe ich hinter Dächern und Fachwerkgiebeln die Turmspitze der Kirche aufragen, scheue davor zurück, ihr einen Besuch abzustatten für ein stilles Memento mori! Auf hungrigen Magen die frösteln machende Leere eines Kirchenschiffs, das ist mehr, als ich im Augenblick verkraften kann. So trete ich – wohl eine Spur zu unbekümmert – vor die Auslage eines Kosmetik-Salons, stehe perplex (von makellos bewimperten Augen pupillenscharf fixiert) vor dem lebensgroßen Konterfei kapriziöser Kühle. Dieser Blickfang aus Intimität und Unnahbarkeit saugt mich förmlich an die von meinem Atemhauch beschlagene Scheibe.

Mir ist noch immer nicht ganz geheuer nach meinem öffentlichen Auftritt. Als einer der Juroren im Ersten Harder-Literatur-Wettbewerb hatte ich mit Kurzgutachten kräftig mitgemischt. Dem Wunsch der beiden lokalen Mandatsträger, anläßlich einer Buchtaufe zu sprechen und die Preisträgerinnen zu würdigen, hatte ich offensichtlich nicht nachhaltig genug widersprochen. In familiärer Vertrautheit gruppierte sich das Publikum nach der Matinee um den Stehimbiß, den ich mir aus Gründen der Appetitsteigerung lieber verkniff. Im Kaugeräusch röscher Schinkenseelen bildete das alemannische Idiom einen Stimmenpegel herzlicher Unbefangenheit. Mit meinem forcierten, künstlich wirkenden Hochdeutsch kam ich mir wie ausgesperrt vor. Dabei stammte meine verstorbene Stiefmutter justament aus dieser kulturfreundlichen Marktgemeinde, die vom literarischen Ehrgeiz angesteckt war (einem sich offenbar im Seewasser wohl fühlenden Bazillus). Irgendwo im Umkreis weniger hundert Meter mußte ihr Geburtshaus stehen, falls es nicht längst der Spitzhacke zum Opfer gefallen war.

Wohl schon zum vierten Mal in *Hard* zu Besuch, zweimal privat und zweimal als Funktionär, kultiviere ich mein schlechtes Gewissen wie ein mit mir grau gewordenes Laster. Abbitte zu leisten für jahrzehntelanges Ausklammern familiärer Belange. Mich bußfertig zu erweisen zumindest durch Wißbegier – das war ich ihr doch schuldig. Ahnenforschung zu betreiben, lang Versäumtes endlich nachzuholen. Im Pfarrhaus zu klingeln, um in alten Matrikeln nach dem *Matscher*-Geschlecht zu fahnden – das war mir doch zumutbar. Ich war doch sonst nicht so zimperlich, lief weiß Gott nicht nur an Allerheiligen auf Friedhöfe, um auf verwitterten Grabsteinen Familiennamen abzulesen und Sterbedaten in Beziehung zu setzen zu meiner eigenen Lebenserwartung. Wenigstens in die Totenstille des Kirchenschiffs einzutauchen, um in einer der Kniebänke, in denen sie als Schulmädchen ihre eingebildeten Sünden abbüßte, eine Abschlagszahlung vorzunehmen. Schlichte Chronistenpflicht wäre es, den Pfarrer aus seinen Brevierstudien zu scheuchen und längst fällige Auskünfte einzuholen. Aber anstatt die erste Rate einer Wiedergutmachung abzustottern und zielstrebig die Gräberreihen entlang zu gehen, lief ich im scharfen Geherschritt lieber über die Bootswerft und den Gondelhafen zum *Achdamm* hinaus, eine strafbar lang verweigerte Regung der Pietät in die Füße verlagernd.

Einmal – eine muntermachende Morgenbrise blähte Segel und Spinnacker – kreuzte ich an Bord einer seetüchtigen Yacht namens *Shamrock* in der *Fußacher Bucht* auf. Obschon mir die Turmspitze von *St. Sebastian* stundenlang vor den Augen tanzte, kam ich nicht auf den Einfall, eine mittägliche Flaute auszunützen und einen Abstecher vorzuschlagen ins benachbarte *»Seezentrum«*. Schuldbewußt räume ich ein, die Erwähnung dieser hochsommerlichen Segeltour ist pure Augenwischerei. Nicht der leiseste Schimmer eines Gedankens streifte mich, einen Landgang vorzuschützen, um Erkundigungen einzuholen über meine verstorbene zweite Mutter. Vielmehr spielte ich arglos die Rolle des tumben Nichtschwimmers, versäumte sogar, aus meiner Wasserscheu humoristisches Kapital zu schlagen (dabei ist der Besitzer der *Shamrock* ein gewiefter Trommler des Kapitals!).

Zum Jahresanfang stattete ich Hard einen dritten Besuch ab. Zugegeben, diesmal hatte ich ein schlagendes Alibi. Mit vier Juroren und den beiden lokalen Mandatsträgern im Gasthaus *Zur frohen Einkehr* abgestiegen, sondierte ich während neun Stunden die Preiswürdigkeit der in die engere Wahl genommenen Manuskripte, eine strapaziöse Prozedur, die kaum Zeit ließ für einige Entlüftungsschritte. Wie aber war das am 1. Februar, dem Tag der Preisverleihung? Ich entsinne mich genau – es war ein Freitag. Ich war absichtlich früh gekommen, voll löblichem Ernst, mich sippenkundlicher Nachforschung zu unterziehen. Meinen roten *Renault 14* hatte ich ordnungsgemäß geparkt. Ein paar Minuten in der würzigen Schneeluft, so hoffte ich, würden Gliedersteife wie Beklommenheit schnell verscheuchen. *Mesnergasse, Heimgart* und *Hofsteig* unternehmungslustig abklappernd, blieb ich vor der Auslage des Kosmetik-Salons hängen. Die Werbe-Schönheit hinter ihrer Hochglanz-Folie vermissend, befiel mich lähmende Melancholie. Der Suggestivkraft ihrer Augen beraubt, stierte ich belämmert auf modische Accessoirs, die auf Kundenfang getrimmten Verkaufsschlager der Saison. Aus einem Fenster über mir lehnte sich eine rotgesichtige, offenbar im Klimakterium stehende, an fliegender Hitze leidende Frau. Ihr abschätziger Blick bewirkte in mir eine innere Blockade. Eben noch fest entschlossen, den unvermeidbaren Gang zum Pfarrhaus anzutreten, verfiel ich nun – vor dieser Musterungs-Instanz kühlgrauer Augen für untauglich befunden – der Hypochondrie. Völlig vergessend, daß gleich um die Ecke mein Auto stand, stapfte ich durch den nässenden Neuschnee, wärmte mich im »Seezentrum« an einem heißen Glühwein. Der Verleihungsakt fiel – was mir nur recht sein konnte – in die frühen Abendstunden. Dunkelheit und mein durch Weingenuß leicht benebeltes Gehirn enthoben mich gottlob jeglicher moralischer Verpflichtung, meinen im Übereifer gefaßten hochgemuten Vorsatz einzulösen.

Auf der Heimfahrt durch eine konturlos gewordene Landschaft – die Scheibenwischer schabten mühsam Segmente vom Pappschnee frei – überfiel mich förmlich der Katzenjammer. Meine konfuse Reaktion, weil ich ein Kunstgebilde, das fähig war, Tagträume auszulösen, nicht an seinem gewohnten

Platz vorfand. O *Iris* und *Epidermis!* – was war nur in mich gefahren, daß ich vor der Auslage stand wie ein bei einer Sittenwidrigkeit ertappter Lüstling! O heilige *Juvena*, nur keine nachträgliche Beschönigung –: ich hatte mich – der Suggestion von Oberflächenreizen erliegend – auf lächerliche Weise bloßgestellt, zeigte deutlich Blessuren.

Nach einem vorzüglichen Preisessen, das von Trinksprüchen unterbrochen wird, finde ich mich zwischen Preisrichtern und Preisträgerinnen in durchaus gehobener Stimmung. Trotz einer ausgezeichneten »Spätlese« aber vermag ich meine Stimmbänder nicht auf jene Lautstärke zu trimmen, die dem Tischgemurmel ernstlich Paroli bieten könnte. Die fair austarierte Mischung an Wohlwollen und kritischem Urteilsvermögen bringe ich nicht an den Mann, exakt gesprochen nicht an die Frau. Dabei werde ich von der *St. Galler* Preisträgerin, die mit ihrer poetischen, schwermutsvollen *»Stickvorlage«* den einmütigen Beifall der Juroren herausgefordert hatte, lebhaft flankiert. In Argentinien aufgewachsen, verrät sie mir, die Preissumme für eine Südamerika-Reise auf die hohe Kante legen zu wollen. Den zugespielten Ball dankbar auffangend, rede ich von meiner argentinischen Tante wie über ein Fabelwesen, doch mein Versuch, die Sippenforschung als Thema servierfähig zu machen, bleibt akustisch hängen im gedämpft brodelnden Wortschwall.

Improvisierte Tischreden wecken in mir unweigerlich den Formulierungs-Gehilfen.Leider haben die geglückten Seltenheitswert; sie verlangen den Charmeur wie den Scharfrichter.

Eine auswendig gelernte Causerie, eine geschliffen formulierte Sottise wäre als Beitrag sicherlich willkommen, etwa nach dem Muster –: »Professionelle Redner verwenden gern die Begrüßungsformel: Ich habe die Ehre und das Vergnügen. Lassen Sie mich dieses Klischee kurzschließen zum reinen Vergnügen. Jugend und Talent, Talent und Jugend – wer spräche da trocken von der Ehre? Die mag dem Alter ihr bitteres Brot versüßen, wenn das Vergnügen sich endgültig verabschiedet. Was ist denn dieser hochgepriesene Wert, der Reife und Reputation suggeriert? Was diese Edelwürze über all der Hinfälligkeit, dieser Alters-Charme gestoppter Leidenschaft und abgekoppelter geschlechtlicher Potenz? Wer wie ich im Glashaus sitzt — —« So oder ähnlich möchte ich reden, der hämischen Aufmerksamkeit meiner Altersgefährten sicher; aber ich finde nicht den Mut, an mein Glas zu klopfen, mich zu räuspern und nach dem Sprichwort zu verfahren: »Wenn es dem Esel zu wohl wird, geht er aufs Glatteis!«

Ich war eben doch wohl eher eine Art Vorzeige-Provinzler mit Alibifunktion, der gelegentlich einmal in einen Raptus ihn entlarvender Geschwätzigkeit verfällt. Mitunter frage ich mich, welchem Umstand ich eigentlich meine Berufung in diese Wettbewerbs-Jury verdanke, analytischer Befähigung nicht gerade verdächtig. Auch nach dem dritten Viertel »Spätlese«, wenn die Bodenhaftung sichtlich nachläßt und ich ganz eindeutig abhebe, springt mein schlechtes Gewissen mir hinterher. Dem Vorwurf, weder die Neugier des Chronisten gezeigt zu haben, noch die Pietät des Blutsverwandten, entziehe ich mich vorderhand nicht kaltsinnig. Wie ich mich einschätze, werde ich beim nächst fälligen Besuch in Sack und Asche gehüllt auftreten, den künftigen Biographen und Chronisten schon in meinem Gefolge.

Früher verliefen meine Ausflüge ins Vorarlbergische — das Frühjahr als bevorzugte Jahreszeit — stets nach dem gleichen Schema. Aus dem Apfelblüten-Schaum reckte sich zwiebelwüchsig der Kirchturm von *Kressbronn*, dem früheren *Hemigkofen*, wo die Modistin *Sonderhoff*, ehrbare Kupplerin, ihren Hutladen hatte. *Pfänderrücken* und *Bregenzer Bucht* schon zum Greifen nah'. Gestaffeltes Grün und Silberglanz, längsseits tuschzarter Uferlinien das Panorama. Wie eine Fata Morgana die schneebedeckte *Scesaplana*. (Wenigstens in meiner Einbildung Traumziele von atemraubender Schönheit.) *Bregenz-Vorkloster* hinter mir zurücklassend, wies ich dem reizlosen Seenest in der *Fußacher Bucht* stets die kühle Schulter, fand es unter meinem Niveau, den unscheinbaren Schilfgürtel in meine Streifzüge einzubeziehen. Las ich zufällig einmal — weil ich mich in *Höchst* verfranst hatte — den Ortsnamen, blieb mein Puls beschämend normal. Als ich diesen pflaumenweichen Vierling, zwölfjährig, erstmals auf der Zunge zergehen ließ, alberte ich: Hagebutten, Ananas, Rhabarber, Dünnpfiff! Heute aber kehre ich dem Kirchturm von *St. Sebastian* nie den Rücken, ohne daß dieser göttliche

Zeigefinger seinen Tadel in strenge Schatten schnitte. In diesem Zustand leichten Abgehobenseins, werte ich meine Haltung aufgeschobener, wenngleich nicht aufgehobener Bußfertigkeit immerhin schon als Fortschritt. Das Stadium heilsamer Zerknirschung habe ich jedenfalls durchschritten, das beflissener Neugier erwartet mich. Und eines dürfte feststehen: mit der postalisch eingeholten, pfarramtlichen Auskunft, daß besagte *Anna Matscher* im Haus Nr. 68 geboren und durch einen Kaplan Hackspiel getauft wurde, ziehe ich mich nicht aus der Affäre.

Jankers früh verstorbene Mutter

Schreckhafter Pietätler

Bruderherz, Dein hingebungsvolles Stöbern in Photos und alten Briefschaften belustigt mich. / Ich komme langsam in das Alter, wo man beginnt, den Rückwärtsgang einzuschalten. Eine ganz natürliche Neugier wendet sich verstärkt der eigenen Herkunft zu. / Im gängigen Jargon gesprochen: die Nostalgie-Welle holt Dich ein. / Du verkennst meine Absicht! Mein schlechtes Gewissen kreist enger und enger um unsere früh verstorbene Mutter. / Und Du denkst, im Krebsgang stößt Du ganz von selber auf ihre fast verwischten Lebensspuren? / Eins wirst Du mir zugeben: unsere vielköpfige Verwandtschaft bietet wahrlich Stoff genug für eine Familien-Chronik. / Jahrestage im Überfluß, die Todesfälle, Kindstaufen, Hochzeiten, Musterungen betreffen (das Generationen-Schicksal der Felddiensttauglichen!) Allein die Datenerfassung und steckbriefliche Auffädelung brächte Dich arg ins Schwitzen. /

Schon mein Auswahl-Prinzip mag anfechtbar sein: das Anekdotische und Skurrile dem statistisch Belangvollen, soziologisch Stichhaltigen vorzuziehen. / Du sagst es, Josef Weh! / Ehrlich, ich habe nicht die leiseste Idee, wie ich die Eltern, Großeltern, vier verblichene Onkel, fünf Tanten, sechs Vettern, acht Kusinen bei vier Geschwistern, samt überseeischem Anhang, altersmäßig korrekt in die kopfstehende Pyramide einrücken könnte. / Rechne nicht mit mir als Buchhalter oder gymnastischem Betreuer! Aber ich gebe Dir ein erstes Stichwort: ehemaliger Oberkellner im *Hildenbrand*, zeitweilig als Spieler mit kleinstem Einsatz in *Monte Carlo*, gefallen am 11. Mai 1915 in den *Argonnen*. Warum rollst Du nicht Sätze aus, die wie Zündschnüre abbrennen? /

Die griffige Formel vom »polyglotten Naturell« sitzt mir jetzt im Hals wie eine verschluckte Fischgräte. Schuldbewußt gestehe ich, daß sie sprachverliebte Übertreibung ist. Gewiß, da waren zwei Tanten väterlicherseits in Übersee (eine lebte mit einem Fabrikanten, der mittels Fesselballons Reklame machte, in *Argentinien*) / Eine lebte mit einem Münchner Lithographen, der seinen Beruf an den Nagel gehängt hatte, auf einer Teefarm in *Missiones-Caraquatay*. / Eine dritte Tante war in England zeitweise Köchin oder gehobene Saaltochter, verliebte sich nach ihrer Rückkehr auf den Kontinent in einen Weltkrieg-Eins-Flieger, floh, als die ersten Bomben fielen, aus Trier mit ihren sechs Bälgern. / Rein als Trainingsanweisung verstanden: Warum rastet Deine verschrobene Phantasie bei einer Kusine leichter ein als bei Nennung des Namens der leiblichen Mutter? / Weil ich besagte Kusine persönlich kenne. / Du willst sagen: als leicht entflammbarer Jüngling folgenlos poussiertest. /

Mach' Dich ruhig über mich lustig, aber vergiß nicht: an unsere Mutter erinnern mich lediglich drei kleinformatige, stark verblaßte Photos. Doch was suche ich krampfhaft nach Entschuldigungen? / Warf vielleicht der Krieg seinen übermächtigen Schatten zu lange auf diese natürlichste aller Beziehungen? / Ihr Sterbebild zeigt eine Kreuzerhöhung nach *Subleyras.* Am 10. November 1925 wurde die Schuhmachers- und Mesnersgattin »nach langem Leiden im schönsten Lebensalter von 27 Jahren ihrem Gatten und den Kindern durch Tod entrissen.« / In Schubläden stöbernd, fandest Du die braunrandigen, stockfleckigen Lichtbilder. Eines präsentiert sie im selbstgeschneiderten Sommerkleid mit weißem Halskragen und Elfenbeinkette. Ihre hohe Stirn, die strenge Hochfrisur, die die Ohrmuschel freilegt, bei kräftig gezeichneten Nüstern und Brauen und einem schweigsamen Mund, / gibt ihrem Konterfei etwas stilvoll Beherrschtes, fast südländisch Fremdes, Romanisches. / Weil sie als praktizierende Katholikin solche Benennungs-Hoffart mißbilligt haben würde, definiere ihren Typus lieber schlicht als mittelmeerisch herb. / Obwohl aus *Anger* bei Reichenhall gebürtig, also mit Dauerblick auf Untersberg und Hochstaufen, ländlich-alpin aufgewachsen, war sie für mich keine Älplerin mit dinarischem Habitus. / Das Jodler-Naturell war ihr sicherlich fremd, wenn nicht zuwider. / Als Erstkommunikantin mädchenhaft scheu, zeigt sie sich auf einem dritten Lichtbild, anläßlich einer Liebhaber-Aufführung, in der Rolle einer indischen Maharani, meine Meinung bestätigend, daß sie ihrer eigenen Einschätzung nach eine Grenzgängerin exotischen Lebensgefühls war. / Nun schließ' nicht von dieser vielleicht rein zufälligen Rollenwahl gleich auf ihren Charakter! Übereinstimmende Auskünfte bezeugten, daß sie mehr auf der Orgelempore zuhause war als auf den Brettern, die angeblich die Welt bedeuten. /

Du hast sicherlich Recht, Bruder: die Partitur und nicht das Rollenbuch war ihr bevorzugtes Ohren- und Kehlkopf-Futter! / Kein Wunder bei diesem Springquell familiären Frohsinns, wo ihr lieblicher Sopran mit der Altstimme der Schwester und dem Tenor des Bruders den geschätzten geschwisterlichen Dreiklang produzierte. / Nun mal ohne jede Flachserei: für mich war sie etwas verehrungswürdig Fremdes, von weither Eingeschwebtes, nicht zu dauerhaftem Aufenthalt bestimmt. / Ist Dir eigentlich klar, daß Du ein nachträgliches Todesurteil fällst, indem Du ihr Lebensunfähigkeit bescheinigst? Im Klartext gesprochen: sie starb an einem ganz irdischen Gebrechen; sie entschwebte nicht einfach wie ein abstraktes Wesen. /

Verzeih', Bruderherz! Durch mein Fixiertsein auf Photos entwarf ich von ihr ein Idealbild, eine Kunstfigur. / Warum unterstellst Du ihr auch exotische Ambitionen? Für Extravaganzen war im kirchlich straff gezogenen Tugendraster keinerlei Platz. Ihre zugegeben fremdartige Erscheinung blieb schlicht gefaßt in profaner Rechtschaffenheit. Die Vorherrschaft des bayerisch-pausbäckigen wie hager-dinarischen Typus stellte sie durch ihren südländischen Habitus nicht ernsthaft in Frage. / Wahr ist, die wenigen überlieferten Daten, Stationen und Episoden legen ihr kurzes Leben nicht eben verschwenderisch aus. / Chronischer Faktenverschleierer, willst Du ihr durch wissentliches Unterschlagen beruflicher Qualifikation eine eigene Biographie verweigern? / Klartextfanatiker! Die Komplettierung selbst ihres schattenhaft kurzen Lebenslaufes erforderte eine mit Jahreszahlen exakt belegbare Chronologie; sie liegt mir nicht vor. /

Rekapitulieren wir: Da waren zunächst eine bestandene Schneiderlehre, ein oder auch zwei Stellenwechsel bei einer *Münchner* Herrschaft, der glücklich gestartete Versuch, eine Maßschneiderei aufzumachen, mit der Schwester als Kompagnon ——. / *Schwabinger* Milieu, betuchtere Kundschaft, nehme ich an. / Phantasievoll gefolgert! Und dieses Kapitel wolltest Du glatt unterschlagen. / Später ein leicht aus dem Rahmen fallendes, aber durchaus standesgemäßes Schicksal —: himmlisch-irdisches Komplott einer Doppelhochzeit. / Wie denn das? Zündete da der Liebesblitz gleich zweimal oder war eines nur ein kalter Schlag? / Auf jeden Fall ein Schachzug der herrischen »Schwanderin«, die ein Machtwort sprach: / Der Julius bekommt die Nandl aus *Anger* nur unter der Bedingung, daß er für seinen älteren Bruder gleich noch die ledige Schwester freit! / Vernunftheirat wohl nicht aus Gründen der Familien-Räson, sondern der Sparsamkeit! / Einziger zugestandener Luxus: eine Kutschenfahrt durch die *Münchner* Innenstadt. / Vermutliche Route: *Ludwigstraße, Siegestor, Feilitzsch-Platz, Englischer Garten* und über *Kleinhesseloher-See* zurück. / Eine der beiden Zugereisten wird sterben, kaum daß sie ihr oberschwäbisches Exil richtig kennen lernt, die andere wird ein Leben lang auf einer Wärmflasche verbringen. /

Auf Grund der spärlichen Auskünfte, die von Vaters Seite über den Verlauf der Krankheit zu erhalten waren –– / einfache Leute machen von Schicksalsschlägen wenig Aufhebens, / vermag ich weder eine medizinisch hieb- und stichfeste Diagnose nachzuliefern noch eine glaubhafte Anamnese. / Wer mit der göttlichen Vorsehung auf den Tanzboden geht, geht mit ihr auch ins Bett! /

Mein stümperhafter Bericht stützt sich auf mangelhafte Gedächtnis-Protokolle: »Der *Herr* hat's gegeben, der *Herr* hat's genommen!« / Weil Du an ein profanes Leiden nicht denken magst, lege ich Dir eine soziale Hypothese vor – die mag laienhaft klingen: Verelendung und materieller Notstand durch die Folgen des Krieges und der Inflation. / Ihre seelische Verfassung, ihre nervlich-vegetative Zartheit mag der Krankheit Vorschub geleistet –– / diese durch Hunger, Kindbett und Entbehrung eingeleitete Phase der Auszehrung begünstigt haben. / Doch ihre körperliche Konstitution, von Harmonie geprägt, von Wohlbeschaffenheit des Gemüts, lieferte keinerlei Fingerzeige für solch fatale Entwicklung. /

Ich decke keinen Familien-Makel auf, wenn ich kommentarlos sage: sie starb an galoppierender Schwindsucht! / Vater hatte mir seine Alltags-Misere als selbständiger Handwerker, tapfer und lebenslustig, wie er war, eher verschwiegen. / Lobenswerte Überlegung, übersiehst Du doch sonst gern den Aspekt sozialer Verflechtung. / Brachte er allerdings, wie mir zu Ohren kam, ein frisch besohltes Paar Schuhe nicht noch am gleichen Abend zur Kundschaft, um die Rechnung zu kassieren, rannte Mutter nicht unmittelbar danach mit den Millionen zur Milchfrau oder zum Bäcker, war die Arbeit für die Katz. / Wem sagst Du das? Die Blütezeit der Inflation, wo man mit Banknoten ebenso gut hätte tapezieren können, von profanerer Nutzung einmal ganz zu schweigen. /

Eine an der Lunge Erkrankte hätte Schonung verdient, vor allem aber kräftige Hausmannskost gebraucht. / Stattdessen fehlte selbst für den Säugling oft genug die dringend benötigte Tagesration an Flaschenmilch. / Du warst, wie man mir erzählte, noch kein Jahr alt, als es mit ihrer Gesundheit rapid bergab ging. / Lebendes Paradoxon: dafür bekamst Du später (ein Paradefall ausgleichender Gerechtigkeit) die Motten, obwohl Du damals der Rockschürze der Mutter längst entwachsen warst. / Während Du, Bruder, trotz vierjähriger Arbeitsfron in einem sowjetischen Bergwerk, organisch völlig gesund bliebst, obwohl Du damals (als sie hochgradig anstekkungsfähig war mit ihrer offenen Tbc) als Kleinkind noch in den Windeln lagst. /

Mit zwei Bettnässern in seiner Schusterwerkstatt zurückbleibend, erregte Vater in der weitläufigen Sippschaft mitleidige Besorgnis. /

Dankbar nahm der noch jugendliche Witwer die Vermittlung einer *Hemigkofer* Modistin an, die freundschaftliche Kontakte ins nahe *Vorarlberg* unterhielt, unter anderem auch mit einer Familie namens Matscher. / Deren patriarchalisch-energisches Oberhaupt, wohlbeleumundeter Vorarbeiter einer *Harder* Schreinerei, zog später mit seiner Frau und den beiden Töchtern nach *Opfenbach,* um dort als selbständiger Zimmermann schlüsselfertige Häuser zu bauen. Vorzeitig erkrankt, verkaufte er notgedrungen seinen Betrieb, um sich mit dem Erlös ein finanzielles Rückenpolster zu sichern. Doch die Inflation ließ sein Vermögen auf ein Nichts schrumpfen. / Anna Matscher, ehemalige Novizin der Franziskanerinnen, von Motiven der Nächstenliebe wohl stärker beherrscht als von solchen der Gattenwahl, erwärmte sich für den Schuhmacher und künftigen Vizemesner, begab sich, mütterliche Nest-Instinkte resolut mit dem Erbteil klagloser Pflichterfüllung verknüpfend, unzimperlich ins kinderreiche Ehejoch. / Die gleichfalls aus *Hard* gebürtige ältere Schwester, die im Kloster längst die Gelübde der Armut, des Gehorsams und der Keuschheit abgelegt hatte, machte es ihr leichter, das aufgegebene Ordens-Ideal halbwegs wettzumachen im Sakrament der Ehe. /

Ist Pietät, das Totengedenken, eine Art ritueller Trauerarbeit, die die Verstorbenen davor bewahrt, endgültig ins Vergessen abzusacken? / Du sprichst, als wärst Du mit Deiner Bußübung auch schon am Ende. / Ich bin noch mitten in der Bestandsaufnahme! / Dann blättere ein weiteres Kapitel unserer Kindheit auf, das Deine knabenhafte Betroffenheit über diesen Verlust glaubhaft belegt. Du zögerst verlegen? / Mit nicht ganz verständlicher Ungeduld greifst Du meiner Sühneleistung voraus, liest mir die Leviten! /

Um ihr Bild, das Du mit Dir herumträgst, komplett zu machen, fehlt nur noch Vaters Reliquiar – diese Eselsbrücke für Begriffsstutzige! / Natürlich entsinne ich mich noch lebhaft an ihr fast lebensgroßes Porträt, das mehr als ein Jahrzehnt einen bevorzugten Platz in der guten Stube einnahm. In einem ovalen Goldrahmen ihr handkoloriertes Konterfei. Perlmutterfarbene Büste, das Fransentuch um die Schultern, von einer Granatbrosche zusammengehalten (ihre steinlose Fassung diente Dir später als Spielzeug) / Opalisierende Stirne, Pfirsichschimmer reiner Haut, atmende Blässe, ihr Mandelblick, der mir ihre überirdische Herkunft suggerierte. / Aus verklärendem Abstand die schwärmerische Überzeichnung. Stolz und geheime Wunde Deiner erwachenden Jugend. / Für die noch jugendliche Stiefmutter, die ehemalige Hutmacherin, muß das Prachtbild eine ständige Herausforderung bedeutet haben, vielleicht sogar eine Kränkung. / Wo denkst Du hin? Aus der Sicht der früheren Novizin wohl eher eine Nagelprobe der Selbstverleugnung. / Du magst Recht haben! Eigentlich nur einer Katholikin, die das Sakrament der Ehe höher einschätzte als ihre fleischliche Komponente, war diese optische Präsenz ihrer Vorgängerin zumutbar. / Vergiß bitte nicht, lieber Bruder –: Demutshaltung, das ist wie ein Standbein des Glaubens. / Ihr Leben unterm Kuratel der bettlägrigen »Schwanderin«, die mit ihrem Krückstock das Jankerhaus mit seinen siebzehn Insassen kommandierte, war sicherlich kein Zuckerlecken. Aber was mochte Vater überredet haben, das Ärgernis klammheimlich verschwinden zu lassen? / Vielleicht ein kriegsbedingter Anlaß! Vater brauchte ja eine freie Wand. / Richtig, jetzt sehe ich sie wieder vor mir, die Generalstabskarte, auf der er mit roten und blauen Fähnchen die Frontverläufe absteckte. / Fiel Dir in Urlaubsgesprächen nie auf, daß er ein verhinderter Stratege war? / Als ich fünfundvierzig im zeitigen Herbst aus Gefangenschaft zurückkehrte, fiel mir der helle Fleck auf der angerußten Tapete nicht weiter auf. Ich mußte ja erst wieder den verkümmerten zivilen Reflex in mir wecken. Meine fünf Sinne arbeiteten schon seit längerem nicht mehr synchron. Der eingepflanzte Schrecken hatte mein Gehör total mit Beschlag belegt. Sehen und Wahrnehmen führten ein Schatten-Dasein. Mein ausgehungerter Animus mußte erst mühsam lernen, was Leben, was Wohnen heißt, was Mobiliar bedeutet, intaktes Interieur. Erst allmählich verdrängte ich aus meinem Kopf den angehäuften Sprengschutt. Mich an die Bewohnbarkeit von Räumen gewöhnend, entdeckte ich den auffälligen Fleck, das anklägerische Indiz. /

Warum anklägerisch? Angenommen, Dein wachsendes Unbehagen hätte Dich schon früher aufgescheucht. Angenommen, Vater hätte Dir in einer melancholischen Anwandlung von Reue die wahren Gründe genannt. Dein Spürsinn hätte das vermißte Bild auf der Bühne oder im Keller aufgestöbert. Wäre mit der Klärung der Schuldfrage Dein schlechtes Gewissen gleich wieder eingeschlafen und diese späte Reverenz unterblieben? Als Dein brüderlicher Sparringspartner frage ich: War nicht dieses schleichende Aus-dem-Gedächtnis-Fallen das eigentlich Belastende, Verstörende für Dich? »Aus den Augen, aus dem Sinn!« Daß sie Dir einfach entschlüpfte, ohne daß Du ihren Verlust beklagtest, schlimmer: ohne daß Du es bewußt registriertest! Das machte Dich lange Zeit stumm vor Peinlichkeit. Hätte sie nämlich in Deinem Gedächtnis eine bleibende Wohnstatt gefunden, hättest Du auf optische Nachhilfen, auf Eselsbrücken verzichten können. Aber verkriech' Dich jetzt nicht vor lauter Selbstvorwürfen in Dein Schneckenhaus. Die menschliche Furcht vor dem Tod kennt eine erlaubte List –: sie schiebt die Toten kurzerhand ins Schließfach der Pietät! – Schreckhafter Pietätler! Was ist schon ein Bild gegen die Lücke, die es auf der Wand hinterläßt, vorausgesetzt, Du füllst sie aus mit Hilfe Deiner Phantasie!

Besuch in Siessen

Bei meinem letzten Besuch war sie aufgeräumt wie seit langem nicht. Zum ersten Mal sah ich sie ohne Flügelhaube. Geniert wie eine Jungfer lag sie in ihrem Krankenbett. Offenbar fand sie es ungehörig, den Neffen mit bloßer Kopfbinde zu empfangen. Den klösterlich-herben Zug des sonst scharf gerahmten Gesichts vermissend, hielt ich verlegen ihre wachsbleichen Hände, länger wohl, als unter Verwandten üblich. Doch sie ließ nicht lange Verlegenheit aufkommen. Selbstvergessen knüpfte sie den gerissenen Faden eines Gedankengangs, erzählte – ohne mich zunächst einzubeziehen – aus ihrer Opfenbacher Kindheit. Schultage, ein Klassenausflug nach *Bregenz*, die Schulentlaßfeier – Bildfolgen einer frühen Erinnerung, die sie wie eben erst gehobene Schätze vor mir ausbreitete.

Unvermittelt fragte sie nach Photos ihrer seligen Mutter, ihres kindlich respektierten Vaters, brachte erstaunliche Details zu Gehör. Lebhaft ordnete sie Namen, Orte, Verwandtschaftsgrade. Mir schien es, als kehre sie mit jagenden Pulsen in ihre Novizenzeit zurück, überschreite noch einmal die Schwelle nach rückwärts, die Profeß und Ewiges Gelübde absteckten, streife die Ordenstracht der Franziskanerinnen wie eine Verpuppung ab. Rührende Resolutheit mischte sich mit erschrockenem Erstaunen, schwankend zwischen schuldhafter Anwandlung und schwelgerischem Erinnern, als stände sie noch einmal vor der Wahl, den Schleier zu nehmen oder zu verweigern. Mitunter hatte ich den Eindruck, daß sie mich mit meinem jüngsten Bruder verwechselte.

Mehrmals sprach sie mich mit seinem Vornamen an, fragte besorgt, ob die beiden Mädchen – ich habe zwei Söhne fast gleichen Alters – auch fleißig und gottesfürchtig seien. Warum sollte ich sie verwirren, indem ich sie pedantisch berichtigte? Einen Lidschlag später schlüpfte sie schon wieder in ihre Jungmädchen-Phase zurück. Zeitweise strahlte sie einen wehmütigen Charme aus, als müsse sie in den wenigen Augenblicken des Sich-gehen-lassens Versäumtes, wenn nicht nachholen, so doch vorkosten. Keinerlei Bedauern sprach aus ihrem aufgescheucht wirkenden Blick, eher eine spielerische Neugier, ob da möglicherweise außerhalb der Klostermauern etwas gewesen wäre, was durch ihre Weigerung unbesetzt geblieben war, ungelebt, unerlöst. Doch diese Anwandlung verhuschte nur so. Burschikos fast streckte sie ihren Fuß unterm Deckbett hervor, der eine bösartige bläuliche Schwellung aufwies. »Jesus, jetzt guckscht halt schnell auf d'Seit'!«, sagte sie in familiärem Tonfall, als hinge er leibhaftig im Zimmer. Nachdem sie die schmerzende Geschwulst gelüftet, zog sie den Fuß – wie vom schlechten Gewissen heimgesucht – schnell unter die Decke zurück. »Gell, Du bischt mir it bös'?« Sie meinte damit nicht etwa mich, der ich in maßloser Verblüffung dahockte, sondern ihren himmlischen Bräutigam. Mir wurde leicht ums Herz, nachdem ein Gefühl ansteckender Heiterkeit meine Beklommenheit verscheuchte. Hier lag – wie ich sah – keine irdisch entrückte Braut Christi auf ihrem Totenbett. Ein ältliches Mädchen in Nonnentracht, mir spitzbübisch zuwinkend – schlummerte in die späte Dämmerung hinüber, versöhnt mit ihrem Gott, der sie der Welt und ihren zweifelhaften Genüssen rechtzeitig abspenstig gemacht hatte . . .

VORSPIEL ZU EINEM ABSCHIED

Dieser Sommer, in kleinen Raten abgestottert, mit knausrigen Vorschüssen auf Sonne zwischen Regen-Intervallen, verabschiedet sich lustlos. Sei's d'rum! Beschwöre ich also nicht länger diesen Dreiklang aus Sonne, Himmelsbläue und Ährengold. Dieser Sommer war bestenfalls durchwachsen wie ein geräucherter Bauchspeck; mehr über ihn zu verlieren, wäre Schönfärberei. Ein dauerhaftes Azoren-Hoch zu etablieren – die Meteorologen gaben sich erdenkliche Mühe. Die sporadischen Aufhellungen und periodischen Verfinsterungen, muß ich sie als Ausdruck des herrschenden Mißmuts werten? Entsprechen sie dem Stimmungstief demoskopischer Umfragen? Läßt die politische Großwetterlage keine stationären Hochs mehr zu? Wäre ich ein unausgelüfteter Charakter, meine Gemütslage entspräche millibargleich diesem Wechselbalg aus fliegender Hitze und Kaltluftstaus. Muß ich mich in diesem Stadium beginnender Demaskierung duckmäuserisch verhalten? Mitnichten.

Trendwende, sagen die einen, Atempause, die anderen. Gesundschrumpfung, meinen die Optimisten, Auszehrung die Pessimisten. Ballastabwurf, sage ich mir selber, fasse mich vergnüglich am Portepee. Verunsicherte Kundschaft, rundum versorgte Ruheständler, verwöhnte Kultur-Schnorrer wie ich, saturierte Wegwerfer kriegen das große Hemdflattern, als begänne demnächst das eigene Überlebenstraining. Sitzen wie ich am gedeckten Tisch, keine Kostverächter fürwahr, sprechen mit vollen Backen angewidert, als kauten sie als Waldläufer Engerlinge und Baumrinde. Soll ich also in modische Wehleidigkeit verfallen, mit ihnen solidarisch untergehakt Trübsal blasen? Mitnichten.

Wenn es wirklich Abschied zu nehmen gilt von liebgewonnenen Gewohnheiten – ein gedämpfter Seufzer mag statthaft sein, mehr nicht. Ob ich selber zur Einsicht so tauglich bin wie willens, muß sich erst noch weisen. Der kopfscheu gewordene Homo faber gehe auf Tauchstation (mag er von den Fischen lernen, wie man Haltung bewahrt!). Nur kein wehmütiges Lamento, kein tränenumflorter Rückblick auf große Sommer.

Den Jahreszeiten stürmischen Wachstums, der Prosperität, der ausgelasteten Kapazitäten folgt eine Phase heilsamer Ernüchterung, des Atemanhaltens, der gedrosselten Muskelkraft. Der den Flegeljahren entwachsene Zeitgenosse schaltet auf Normalgang. Dem Größenwahn wird die Luft abgedreht. Keine Sorge, der geheiligte Fortschritt kommt schon nicht gleich auf blanken Felgen daher!

Hilfe, wo ist das nächste Mauseloch, in das ich mich vor Schamröte verkriechen kann? Ich bin bis auf die Knochen blamiert. Eine Schmährede lasse ich von Stapel, auf einen Sommer, bevor er noch ins Finale kommt! Was ist bloß in mich gefahren, daß ich den Löwenmonat August, der statistische Mittelwerte lässig überspringt, hämisch verunglimpfe, als wäre er ein vorgezogener Gilbling, ein Sendbote des Herbsts? Sitzt der Schock, die Sechzig überschritten zu haben, doch tiefer, als es der gespielte Gleichmut wahrhaben will? Macht sich in meinem elegischen Nachruf ein kindischer Mutwille geltend, der den Esel Existenzangst prügelt und das Schoßhündchen Wohlstand meint?

*

Mit auf Empfang geschalteten Antennen schleiche ich eine Chaussee entlang, die sich behäbig zwischen schönbelaubten Hängen dahinzieht. Ob mir diese Landschaft noch immer in herzhaften Sätzen antwortet? Ein heiterer, taufrischer, vogeldurchschwirrter Morgen erwartete mich, besäße der *Porsche* hinter mir nicht die Fähigkeit, sich aus der Schlangenlinie der Kolonne herauszulösen, wenn ein Herausforderer ihm auf die Fersen rückt. Angestrengt steuernd, lauthals flankiert von einer röhrenden *Kawasaki*, nehme ich die Kurve hinterm *Waldbad* sanfter, als es dem vorpreschenden Ausreißer lieb sein mag. Das riskante Überholmanöver eines roten *Ford Capri* verbuche ich nur mehr rein statistisch. Wäre er elegant gefahren, mit traumhaft sicherem Gespür für Distanz und Annäherung, Fliehkraft und Windlast, grüßte ich ihn zuvorkommend respektvoll. Keine Sekunde hätte ich gezögert, ihm einen schmeichelhaften Satz zu widmen: Der Mann ist mir an Reaktionstüchtigkeit und Fahrstil haushoch überlegen.

Löffelmühle, Bergatreute in langen, schwingenden Kurven, an Kiesel-Barrieren entlang. *Witschwende, Wassers* im Schlenkergang. *Wolfegg* in langsamen Serpentinen. Erbgräfliche Residenz in werbewirksamer Tiefenschärfe. Vergessener, geschmähter, liebgewonnener Ort meiner Herkunft. *Kißlegg* zur Vesperzeit an die fürstliche Brust genommen. Als Löwe-Geborener wähle ich ein zum Tierkreiszeichen passendes Lokal. Die Kellnerin, die mich wortkarg bedient, ahnt nicht, daß sie sich mit ihrer Zugeknöpftheit eine Lobes-Hymne auf ihren Berufsstand verscherzt.

Vor *Rempertshofen* lasse ich noch einmal meine Antennen kreisen. Einen Schwarm Zugvögel beobachte ich bei ersten Flugmanövern. Hat der Eichelhäher zum Sammeln geblasen? Räkelt sich der Herbst schon im ersten Fallobst-Segen? Die wirbelnde Wolke schießt pfeilschnell daher, im Hochsteigen bildet sie einen Fächer aus Flügeln, am Scheitelpunkt des Loopings einen konzentrischen Kreis. Wie auf geheimes Kommando Richtung und Geschwindigkeit ändernd, fällt sie steinschwer nach unten, löst sich in zerflatternder Spirale – eine Phalanx flugtüchtiger Stare, eine exakt fliegende Formation, ein zwitscherndes Diagramm des Abschieds. Mit geheuchelter Wehmut – immerhin heimste ich bei ihrem Anblick fünf ganze Sätze ein – sehe ich den Schwarm geisterhaft schnell nach Süden abdrehen. . .

*

Eine Hexerei ist's wohl nicht, eher eine Vorstufe mathematischen Größenwahns! – Mach's halblang, hier haben offenbar clevere Produzenten die Natur überlistet – oder ihr auf den Sprung geholfen. – Auf's Legesoll gedrillte Hühner, der nacktarschige Nutzen, die pure Effizienz. – Ein geradezu neurotisches Verhalten spricht sich da aus – meinst Du das der Hühner oder der Käfighalter? –

Ich weiß, es fällt Dir schwer, in marktgängigen Kategorien zu denken. – Du meinst also, sie sähe wie eine normale Henne aus, älteres Semester eben? – Mir scheint, das ist eine aus den oberen Rängen der Hühner-Hierarchie, vielleicht die Rangälteste. – Für mich hat sie etwas von einer Aufseherin, die ihre eingeschüchterte Belegschaft unter Kuratel hält. –

Ach Du dickes Ei! Sag bloß noch, sie erinnere Dich an eine Gefangenenwärterin. – Angesichts massenhaft sich drängenden Federviehs, ist es da abwegig, an Barackenmief und Gefangenenpferch zu denken? Es ist der gleiche lebensfeindliche – Vorsichtig, zungenflinker Apostat, versündige Dich nicht grundlos an den wackeren Erfindern der Käfighaltung. – Hut ab vor diesem ökonomischen Geniestreich, der planerisches Kalkül und Profitmaximierung auf den Nenner bringt. – Einem eingefleischten Drang folgend wie die Henne dem Lege-Reflex, suchst Du Dir immer die dankbarsten Gegner aus. – Früher dachte ich immer, Tierhaltung habe etwas mit Tierliebe zu tun. – Ein so scharfsinniger Denker wie Du sollte künftig auf sein Frühstücks-Ei charaktervoll verzichten.

– Also, wenn Du mich fragst: ihr verdrießlicher Gouvernanten-Blick sagt alles. – Und von ihr schließt Du auf den Zustand, die Verfassung der sechstausend anderen, – die hinter ihrem Rücken, weil sie der Hackordnung unterliegen, gehässig ihre Schnäbel wetzen. – Und brav ihr Legesoll erfüllen. Da fallen die goldenen Eier nach der Stoppuhr. Da wird geerntet, da wird Umsatz gemacht. – Auf mich wirkt das wie Zuhälterei. Wehe den Hennen, die nicht ständig auf den Strich gehen! –

Du solltest Deine unkeusche Phantasie kastrieren lassen. Solche absurden Vergleiche zu ziehen. Weißt Du nicht, daß sie in der Zwangsjacke des Zölibats stecken, daß keine von ihnen je einen Hahn zu Gesicht kriegt? – Diese Lege-Batterie also nichts als ein Nonnenkloster? – Geheiligte Unvernunft, als kenne das Huhn als einzigen Lebenszweck nur das Eierlegen im Akkord. –

Pariere meine Ausfälle, aber werde nicht ausfällig. – Wer weiß, vielleicht ist das Gerede über Verhaltensstörungen kasernierter Hühner bloße Stimmungsmache. – Gelt, sind denn Soldaten, nur weil sie kaserniert sind, verhaltensgestört? – Vielleicht ist unsere Henne nichts als eine Unruhestifterin, die Platzangst und Fluchtstimmung durch ihr exaltiertes Benehmen erst auslöst. – Vielleicht wiegelt sie absichtlich rangniedere Hennen auf, beschädigt mutwillig ihr Federkleid, verweigert Streck- und Entspannungsübungen, um Tierschützern einen Vorwand zu liefern, Sturm zu laufen gegen kaltsinnige Käfighalter. –

Mann, hast Du Humor! Wohl angesteckt vom grünen Bazillus, was? Darf ich Dir eine ausgewogene Charakterisierung vorschlagen? – Erboste Henne aus Lege-Batterie, scharf ihren Photographen fixierend. Ein Kabinettstück Leser'scher Porträtkunst!

*

»Sie säen nicht, sie ernten nicht, sie sammeln nicht in ihre Scheuern, ihr himmlischer Vater ernährt sie doch!« – Wer aber ernährt einmal Deine Kinder und Kindeskinder? Reifen in der mit Kontakt-Herbiziden gesättigten Erde überhaupt noch künftige Ernten heran? Trägt das Saatgut noch die *Verheißung sättigender Fülle?* Ist der *Todeskeim* schleichenden Mangels schon gelegt? Wer nimmt den wildgewordenen *Herkules mit der chemischen Keule* an die Kandare oder entmannt ihn mit dem biologischen Skalpell? (Kleinmütiger Ignorant, nun geh' nicht vor Schreck gleich in die Knie!) Absolviere wie ich ein grünes Exerzitium. Trau' denen, die von Wachstum reden und Rentabilität meinen, nicht über'n grünen Klee. Fall' nicht länger auf die allgegenwärtigen Verführer herein, die Dir einreden wollen, noch herrsche *schönstes Gleichgewicht,* die Natur sei jetzt erst in ihrem Element, habe sozusagen ihre rohe Phase erst überwunden. Wie lange noch willst Du dulden, daß sie vom grünen Tisch aus Beschwichtigungen träufeln ins giftgeschwängerte grüne Herz aller Dinge?

Natur und Leben sind nicht mehr in harmonischem Einklang! Wenn Deine eigenen Sinneswahrnehmungen Dich täuschen, wenn nicht Dein Gewissen – hellhörig – Alarm schlägt, leg' Dir Tentakel zu, moralische Sensoren. Lies Rachel Carsons Warnung *Der stumme Frühling* und Du wirst begreifen, was passiert, wenn wir die Natur weiterhin domestizieren, wenn wir den blauen Planeten bis aufs Hemd plündern. Unsere Sorglosigkeit, die einmal kriminelle Züge annehmen kann, ist unser *Verhängnis.* – Fällt dann das biblische Manna vom Himmel?

Dieser klapprige Typ da vorn an der Ausfahrt – das Spielbein lässig aus der Hüfte heraus schlenkernd, als habe er vom zu langen Stehen Muskeln und Fleisch eingebüßt –, soll ich anhalten, um ihn nicht zu brüskieren? Was mich für ihn einnimmt: den Daumen hält er nicht römisch-imperatorisch nach abwärts, als plädiere er für den Tod des unterlegenen Gladiators, sondern ziellos halb nach oben. Trotzdem: wäre es dämmrig oder gar schon düster, ließe ich die Windschutzscheibe lieber geschlossen. So couragiert bin ich nicht, daß ich bei schwindendem Tageslicht den forschen Samariter spiele. Jetzt rächt sich meine betuliche Fahrweise, jenes untertourige Dahinschlendern bei Wahrnehmungen landschaftlicher Reize, während ich brav meine ökologische Lektion aufsage. Schösse ich in der statthaften, eigentlich schon fahrlässigen Geschwindigkeit über den regennassen Asphalt, wäre ich des Mitleids enthoben und erst recht der Höflichkeit. So aber bleibt mir nur die Wahl zwischen dem Angststart eines ausgesprochenen Hasenfußes und dem beherzten Versuch einer möglicherweise banalen, folgenlosen Begegnung.

Mit gemischten Gefühlen komme ich zum Stehen, blinke aufreizend korrekt. Öffne einladend den Wagenschlag. Wortlos steigt der Fremde ein, weist auf meine Frage – wohin noch so spät? – mit raumgreifender Geste ins Unbestimmte, den fleischlosen Schädel abgewandt, als verberge er einen körperlichen Makel. Zum Glück mißfällt ihm meine Art, ein Fahrzeug zu steuern. Schon nach wenigen Kilometern beginnt er nervös auf die Armlehne zu trommeln. Kaum habe ich eine Kostprobe meiner Fahrkünste gegeben, fordert er mich auch schon mit einer herrischen Gebärde auf, anzuhalten. Ich tausche den köbeligen Gesellen gegen eine gehörige Ladung Frischluft. Als er im Gegenlicht die Fahrbahn wechselt, sehe ich ihn noch einmal –: hinter seinem schmuddeligen Trenchcoat umrißscharf sein Skelett, als stünde er vor einem Röntgenschirm und nicht vor dem Abendhimmel. – Der Tod als Anhalter! – Kernbeißer, Hosenscheißer! Dieser Tagtraum ist eine Schuhnummer zu groß für Dich . . .

*

Deinen sentimentalen Kehraus starte am besten gleich hinter der Eselsbrücke. Lauf', aber lauf' unverkrampft an diesem alles andere als strahlenden Löwenmorgen. Im kurzphasigen Ampelgrün schwebe übers hochtourige Fließband in den *Alten Friedhof,* leichtfüßiger, als es Deinem Alter zukommt. Schon etwas knieweich laß' Dich auf einer Anlagenbank nieder, solidarisch mit Rentnern und Kriegsbeschädigten. Der *Germania* entbiete neidvoll Deinen Morgengruß. So vaterländisch entblößt wollte ich den Siegeskranz hochhalten, als wären Sedan und Gravelotte die letzten deutschen Schlachtorte. Das Parkdeck am *Unteren Tor* (wie andere innerstädtische Bausünden) übersiehst Du wohl besser. Schau nur, der *Gemalte Turm,* der Harlekin unter den Türmen, grüßt Dich augenzwinkernd. Grüß' zurück, allzu vielen Gratulanten läufst Du sicherlich nicht übern Weg. Brauchst also nicht zu fürchten, auf Deinem Gang durch die Unterstadt vor lauter gelüfteten Hüten aus einer Verlegenheit in die andere zu fallen. Atme lieber vorsorglich einmal durch, das verscheucht noch am ehesten diese verdrießliche Anwandlung von Niedergeschlagenheit und unterschwelliger Fremdenfurcht. Lasse den Schub strebsamer Passanten – mandeläugiger Vietnamesen und blickscheuer Türkinnen – kommentarlos an Dir vorbei.

Mokiere Dich weder über die Stehkonvente palavernder Levantiner noch überhöre das bärbeißige Geraunze bornierter Eckensteher, denen die ganze Ausländerei gegen den Strich geht. Steh' nicht als Wellenbrecher im wuseligen Treiben stadtfein gemachter Landleute, die sich beim *Oberpaur* in der Warmluftschleuse drängen, scharf auf Herabgesetztes wie Schwangere auf saure Gurken. Und bleib' auch nicht gleich mit offenem Mund stehen, wenn eine gestelzte Blondine vorbeiturtelt, die – vor einer Ampel gesichtet – einen mittleren Verkehrsstau auslöste. Nimm's mit Gefaßtheit hin, in diesem Schwarmbetrieb aus Flanierlust und Konsumzwang nicht erkannt zu werden. Vor diesem Bandwurm auf die Trottoirs quellender Schuhe und Textilien zählen andere Qualitäten und Prioritäten, als Du sie kennst. Obgleich ums Eck Dein Elternhaus steht, ist das Dir vertraute Personal längst ausgewechselt. Langsam aber sicher wirst Du zum lokalen Relikt aus den frühen Dreißigern.

Aber unverdrossen schlendere die *Karlstraße* entlang, unter hochbelaubten Bäumen wie unter einem Baldachin. Plätscherndes Wasser heißt Dich willkommen. Dem Kaiser auf dem Marmorsockel erweise Deine Reverenz, aber laß' Dich auf keinen Disput ein, als überwältigte Dich historisches Ergriffensein. So beschlagen in preußischer Geschichte bist Du nicht, als daß Du angesichts dieses unverdächtigen Hohenzollern (»zog bei klugem eigenen Zurücktreten die fähigsten Paladine des Reiches in seine Regierung«) Deine Denkerstirne in kleidsame Falten legen könntest. Begriffsstutzig gehst Du, genierlich bei so ärgerlich-peinlichen Bildungslücken, zwischen *Württemberger Hof* und Jesuiten-Filiale in Richtung *Eschersteg,* um eine Spur zu beeilt für einen asthenischen Frühinvaliden. Nichts wie hinaus ins *Kappeler* ländliche Gefild, wo Einsamkeit naturgegeben ist und nicht gesellschaftlich bedingt . . .

Selbstbezichtigungen

Haupt- und Nebensätze oder: Ominöser Stichtag*

Wäre ich ein vollmundiger Redner, einer, der seine Sätze durch den Feuerreifen springen läßt, wie der Dompteur seine Berberlöwen – ich spräche sechzig Haupt- und Nebensätze fehlerfrei aus dem Stegreif, für jedes Lebensjahr einen! Und ich käme dabei weder außer Atem noch in den Verdacht, mein eigener Plagiator zu sein, der Sätze aus dem *Umschuler* musterschülerhaft aufsagt. Doch Ihre sprechende Gegenwart – jeder von Ihnen ein Demosthenes, ein Ulrich Megerle, wenn es darum ginge, den Janker einmal Mores zu lehren – lähmt mich beim eitlen Versuch, das Sprechen im freien Fall zu üben. Dabei möchte ich das Sprechen handhaben wie ein Fechter sein Florett, als Spielanweisung für gelenkigen Dank!

Wie erkläre ich mir den fatalen Sachverhalt, daß ich zum Redner so gar nicht tauge? Im Allgäu, speziell über dem Wangener Engelberg, herrscht meines Wissens jene atmosphärische Verdichtung, die schon für die Wiege eine hochgestimmte Tonlage als natürlich anschlägt. Kehlkopf, Stimmbänder, Rachenraum, Gaumen, in glücklicher Proportion zur unteren Gesichtshälfte, bilden eine barocke Stileinheit aus Schnecke, Volute und engelhaft schwebender Spirale, die den *Larynx Anthropos* kennzeichnet; er allein bringt den reinen Münch'schen Orgelton hervor.

Einen prächtigen Resonanzboden gibt auch das badische Seebecken ab. Die entschiedene Prägung durch großes Wasser, das, einer Membrane gleich, Land nur als Passepartout gelten läßt, muß den Nußdorfer Laureaten früh zum Singen ermuntert haben. Ein angehaltenes Hohes C zum Beispiel über dem seidig gespannten Tuschespiegel (wie ihn Ficus malt), das ist so schön wie ein Walser'scher Satz aus dem *Einhorn*, an der Geschmeidigkeit einer auslaufenden Welle schmeichelnd entlang geführt. – In Ihrem Band *Heimatlob*

* Rede von Josef W. Janker anläßlich seines 60. Geburtstages

preisen Sie die Unbestimmtheit des Elements. Darf ich Sie mit der spitzfindigen Bemerkung zum polternden Widerspruch reizen –: Wasser täusche in konstanter Unruhe Gleichmut wie Springlebendigkeit nur vor, einzig zum Zweck, Zweideutigkeit zu demonstrieren? Elastizität mit Sprengkraft zu verknüpfen im gesprochenen Wort – wer macht Ihnen das nach?

In der Schussenniederung, wo es keine Resonanzböden gibt und keine durch Konkaven und Ellipsen vorgezeichneten Fluglinien, tun sich einheimische Redner schwer. In dieser beruhigten Mittellage mit ihren Kaltluftstaus und Zonen der Windstille, füllen sich die Blasbälge nur mühsam mit Atemluft. Doch schon die Höhenlage bei Waldburg scheint förderlich für angehende Oratoren. Südlich davon, genauer bei Maiertal, lokalisierten unlängst Seismographen lebhafte tektonische Hebungen und Senkungen, verursacht durch die Lockerungsübungen eines epischen Jungriesen. Sie lösten in der Region eine beträchtliche Eruption aus, ein sogenanntes Nahbeben der Stärke sieben auf der nach oben offenen Renz'schen Skala. Eine *vorläufige Beruhigung* ist nicht zu erwarten.

Als musikalischen Banausen aber schätzte mich ein, wer mich mit einer Maultrommel gegen dieses Triumvirat aus Orgelbässen, Tenorhörnern und Maiertal'schen Oboen antreten sähe. Ich bitte um Nachsicht. Weil ich nicht wie Karlheinz Schaaf den süddeutschen vom norddeutschen Konjunktiv unterscheiden und nicht wie Armin Ayren witzig mit ihm spielen kann, sage ich lieber, um meine Herkunft zu verraten, einige Passagen aus einem Schulaufsatz auf: Der Josef als Ältester von Fünfen macht sich bei der Mutter lieb Kind. Schon im Kindesalter taugt er zur Kindsmagd. Die Mutter als Strickerin schätzt Josefs geschickte Hand. Beim Wollespulen ist er unschlagbar. Vaters Wertschätzung verdient sich der Josef durchs Schuhaustragen. Der mangelnden Zahlungsmoral der Kundschaft hilft der Josef listig auf die Sprünge, indem er seinen Fuß in die Türe schiebt. Josefs kindische Anwandlung, als Ministrant ins Jungvolk einzutreten, unterbindet der Vater schlichtweg brachial. Das Abgangs-Zeugnis der Katholischen Volksschule weist den Josef als »normal entwickelten, ausdauernden, etwas langsamen« Schüler aus. Sein Lehrmeister meint nur: »Den Lahmarsch werd' ich Dir schon austreiben!«

Von sechzig fehlerfrei zu sprechenden Haupt- und Nebensätzen probehalber also die ersten neun. Wäre mir mit dem *Umschuler* nicht ein richtiger Mannsschritt geglückt auf diesen ominösen Stichtag zu, ich wäre mit meinem Rede-Latein schon am Ende. Tief durchatmen, das hilft über die erste Verlegenheit hinweg . . .

Ein Gastgeber macht sich lächerlich, läßt er die Witze der letzten Saison als seine eigenen beklatschen. Ein Autor, dessen Stärke einmal das wohldosierte Schweigen war, verscherzt sich alle Sympathien, wird er aus purer Panik geschwätzig. Wohl beraten von meiner besseren Hälfte, ziehe ich eben noch rechtzeitig die Notbremse, verstopfe manch erinnerungssüchtigem Ohrwurm das anekdotische Schlupfloch. Eine Regel des Anstands beherzigend, raffe ich ein ganzes ländliches Jahrzehnt in einem Schlüsselsatz zusammen –: Kappel, eine Flucht-, eine Fluchburg! – absichtsvoller Versprecher meiner zu Sarkasmen neigenden Frau; er macht das Idyll »Habonis villare« doppelbödig bis illusionär . . .

Zunächst einmal schlug ich in die bukolische Holunder-Wildnis, in den heillosen Verhau erste Flugschneisen für meine Phantasie, bastelte – zu naivem Tatendrang angespornt – luftige Improvisationen. Das fällige Kappeler Jubiläum setzt in das gemeinsame Bemühen, das aus Napoleons Zeiten stammende Fachwerkhaus bewohnbar zu machen, eine erste Markierung wie ernste Zäsur. Zur Zeit aber scheint die Dauerbaustelle mehr von Blumen-Liebhabern, Malern, Philosophen und Jungmusikern frequentiert zu sein als von Handwerkern. Ich vergesse dabei nicht die Niederbayern, die auf Kappeler Landluft abonniert sind und seit fünf Sommern regelmäßig hier ihre Rollbraten-Saison eröffnen.

Gärtnerischer Elan rückte das kaltgestellte Objekt der Denkmalspflege in den Rahmen eines mühsam gebändigten Stücks Natur. Teile des Ödlands, wo die Scheunen-Pagode mit ihrem durchhängenden First Schaulustige anzog, hat sie bereits eingeholt und mit einem blühfreudigen Balsaminen-Dschungel überzogen. Mitunter wächst mir schon mal diese ganze kraftmeierische Vegetation über den Kopf. (Der Josef allerdings würde den Vorgang der Photosynthese als fortzeugende Wirkung des Schöpfungsakts verstanden wissen wollen!) Die Botanik, als neues Studienfach zwangsläufig mich mit Beschlag belegend, versetzt mich in die angenehme Lage, für meinen neuen Gegner exakte lateinische Gattungsnamen zu finden –: Lysimachia punctata, der Schmarotzer am Wasserloch oder Physostegia virginiana – von wegen jungfräulicher Zurückhaltung!) Beeindruckt von soviel Wachstumskraft und partiellem Zerfall, stelle ich demnächst einen Antrag auf vorzeitige Pensionierung.

»O Donna Clara...«

Ich gehöre nachweisbar nicht zu den Schriftstellern, die schon mit Zwölf ihren Fundus an Klassikern und Romantikern auf dem elterlichen Dachboden entdeckten und an ihnen lyrische Sensibilität schulten und ein sicheres Gespür für die Hölderlin'sche Kadenz der fallenden Zeile: »– es fallen Die leidenden Menschen Blindlings von einer Stunde zur anderen – Jahrlang ins Ungewisse hinab.« Mir hilft solches Stöbern herzlich wenig, weil von frühen Denkanstößen und stilbildenden Einflüssen auf ein empfängliches Gemüt bei mir keine Rede sein kann. Meine Eltern verwahrten auf der sogenannten Bühne einige Stapel verschnürte Jahrgänge des *Reinmichel.* Zwischen einer mütterlicherseits in die Ehe eingebrachten bebilderten *Hauspostille* und einer vom Großvater entliehenen ledergebundenen *Bibel,* in der gewisse anstößige Partien der Schöpfungsgeschichte wohlweislich fehlten, behauptete sich über zwei Jahrzehnte hin unangefochten Vaters Weltkrieg I-Vermächtnis: »Die Gespenster am Toten Mann« und die »Sieben vor Verdun«.

Damit ich nicht allzu unbeleckt von literarischem Erbe erscheine: von Goethe hatte ich immerhin die Spruchweisheit aus dem *Faust* aufgeschnappt: »Wer immer strebend sich bemüht, den können wir erlösen.« Doch von strebender Bemühung hielten meine Eltern nicht viel, wohl aber von gottwohlgefälliger Arbeit, die an ihnen ihre Spuren hinterlassen hatte. Von Schiller hatte ich die handwerklich ungenau übermittelte Kenntnis des Glockengießens gewonnen, aber auch die wenig Annehmlichkeit verheißende Forderung übernommen: »Rinnen muß der Schweiß, Soll das Werk den Meister loben. Doch der Segen kommt von oben –.« (Der kam dann auch bald von oben, anders als Schiller sich das gedacht haben mochte, und was Schwitzen heißt, lernte ich beizeiten kennen, in Rufweite eines Lehrmeisters auf einem hitzeflimmernden Abbundplatz!)

Um mich genauer zu entsinnen –: wie war das eigentlich mit Heinrich Heine? Gab es so etwas wie spontane Sympathien meinerseits, die mich berechtigten, von einem »persönlichen Verhältnis« zu sprechen. Kannte ich als Halbwüchsiger irgend etwas von ihm, das über die *Loreley* hinausging oder über das Menetekel *Belsazars* und das ich ohne schlimmere Versprecher hätte aufsagen können? War ich vielleicht – unbekümmert um seinen Namen und seine Lebensumstände – in einer schwierigen Phase der Selbstfindung ein dankbarer Nachbeter seiner strophenreichen Verzückung? »Ich hab' mit dem Tod in der eigenen Brust Den sterbenden Fechter gespielet.«

Besaß ich wenigstens in der Zeit des Stimmbruchs ein Organ für diese schweratmende Gebrochenheit, die so schaurigschöne Liedanfänge erfand: »Da hab' ich viel blasse Leichen Beschworen mit Wortesmacht.«? Und nun mal ganz ehrlich: verballhornte sich mir nicht Don Ramiros 38strophige Schauermär im *Buch der Lieder* zu einem in meiner Jugend oft gehörten Schlager: »O Donna Clara, ich hab' dich tanzen geseh'n und deine Schönheit hat mich verrückt gemacht«?

Um das Unübliche, ja »Hoffärtige« einer solchen frühen Heine-Nachfolge einmal in Reinkultur vorzuführen: da geht ein Lehrling im ersten Lehrjahr, der seine 60-Stundenwoche auf Baustellen und zwischen schweinigelnden Altgesellen verbringt, aus eigenem Antrieb in eine Buchhandlung und kauft von seinen drei Mark Taschengeld einen Band Heine: »Die Welt ist dumm, die Welt ist blind, wird täglich abgeschmackter. Sie spricht von dir, mein schönes Kind, Du hast keinen guten Charakter.« Da wagt ein zum Wehrdienst Eingerückter, der seinen ersten demütigenden Appell vor dem offenen Spind über sich ergehen lassen muß, die vorlaute Lippe: »Die Konterbande, die mit mir reist, die hab' ich im Kopfe stecken.« Da zitiert ein zu Kniebeugen und Liegestütz verdonnerter Rekrut mit schöner Absichtslosigkeit, während Gefreite ihm das Exerzier-Reglement einbleuen: »Noch immer das hölzern pedantische Volk, noch immer ein rechter Winkel in jeder Bewegung und im Gesicht der eingefrorene Dünkel.« Da memoriert ein Schütze Arsch im dritten Glied, unbekümmert um die Beschimpfungen des grätschbeinig stehenden Rekrutenschleifers: »Wir aber besitzen im Luftreich des Traums die Herrschaft ganz unbestritten« – und in sarkastischer Abwandlung: »Die anderen« (die traumlos bleiben) »haben sich auf platter Erde entwickelt.«

Wären damals wehrpflichtige Jugendliche in rühmlicher Anzahl vom Heine'schen Bazillus angesteckt gewesen, von Heines »uneigennützigem Groll gegen alles abgedroschen Gebräuchliche« erfaßt, gegen das »Mittelmäßige, das sich unerträglich breit macht«, hätten sie als schlagfertige Verfechter eines uneinschüchterbaren Freimuts gehandelt, – die braunen Einschüchterer hätten es nicht so leicht gehabt, stallfromme, maulfaule, schicksalsergebene Mitläufer wie mich heranzuzüchten.

Mit Heine auf diffizilere Weise befaßt – der es tadelte, »ein blinder Knecht verjährter Gedanken zu sein« – schwäche ich solch rigoroses Schlußfolgern, das eine ganze Generation mit Verdacht belegte, aus wohlerwogenem Eigeninteresse ab und frage mich: Haben Gleichaltrige, in ganz ähnlich geschnürter Lage, unter gleich mißlichen Umständen, das offenbar Selbstverständliche vollzogen und die ihnen zumutbare Vereinsamung ertragen, ohne später vom Ehrgeiz geplagt zu sein, nun Schriftsteller werden zu wollen? Haben sie mir also auch in charakterlicher Hinsicht etwas Entscheidendes voraus, von ihrem Privileg, Heine-Kenner zu sein, einmal ganz abgesehen?

Der eingestandene Nachteil so unverhältnismäßig später Bekanntschaft scheint mir immerhin in etwa aufgehoben durch den unstrittigen Vorteil eingehender Kenntnisnahme, die spontanes Entdecken mit manch unwilliger Repetition des bereits schon einmal Verlästerten verknüpft und aus bloßer Freundespflicht pietätvollen Nachlesens ein Leseabenteuer erster Güte macht. Der von Liebesqualen geplagte Schützling der Rahel Varnhagen, der »brütend auf alten Liebes-Eiern saß«, die Tod ansagende, melodramatische Süße: »Mein Lieb, ich kann nicht aufstehn, es blutet auch mein Haupt«, ließ mich nicht gleich den Hut ziehen vor dem Jüngling, der für mein Begreifen »die einsame Träne, die den Blick getrübt« zu flink in Verse faßte. Erst die Entdeckung des politisch gepolten Prosaikers, der die einzigartige Verbindung von scharf aufsitzendem Witz und zartestem Gefühl zustandebrachte, löste den Bann, und ich kultivierte eine Zeitlang die hochkarätige Heine'sche Empfindung: Die Deutsche Sprache, das ist, »als ob das Herz recht angenehm verblute – –.«

Auf der Reise durch Preußisch-Polen im Spätsommer 1822 – das Datum inspiriert mich – nahm Heine eine schärfere Beobachtung der Szenerie vor, nachdem sich sein thematischer Impuls »der poetische Wille im Dienste politischen Denkens« abgeklärt hatte. Heine studierte die »Resultate einer ausgebildeten Aristokratie«, untersuchte die »preußische Polenpolitik an Ort und Stelle«, setzte eigenmächtig die polnischen Juden als dritten Stand ein. Obschon er sich sonst nicht gerade vornehm zurückhielt, wenn es darum ging, seine eigenen Arbeiten lobend zu empfehlen – das *Polen-Memoire*, »einem Zustand heftiger Kopfschmerzen abgerungen«, fand keineswegs seinen uneingeschränkten Beifall. Heine, der böse Erfahrungen mit preußischen Zensoren gemacht hatte: »Ich bin neugierig, wieviel Tannenbäume mir die Zensur aus dem Oberharz herausstreichen wird«, der freimütig bekannt hatte: »Ich leugne nicht, daß ich die Bäume der Flur mehr liebe als Stammbäume, daß ich das Menschenrecht mehr achte als das kanonische Recht – –.« Heine beklagte sich: »höheren Orts bin ich schon hinlänglich angeschwärzt.« Aber er beklagte sich nicht nur; er gab kräftigen Anlaß, daß die Klagen über ihn nicht verstummten: »Wenn Vaterland das erste Wort der Polen ist, so ist Freiheit das zweite. – – Jener Grundsatz von der stürmischen Freiheit, die besser sein mag, als ruhige Knechtschaft, hat dennoch, trotz seiner Herrlichkeit, die Polen ins Verderben gestürzt. – – Wir wissen, die Freiheiten müssen untergehen, wo die allgemeine gesetzliche Freiheit gedeihen soll.«

Stichhaltige Belege für Heines scharfzielende Attacken fand ich in seinem Pariser Journal zu Dutzenden. Zwei davon, die das vielstimmige Wutgeheul höfischer »Lohn-Lakaien« hervorriefen, sollen herausgegriffen sein: »Ich will nicht die konstitutionellen deutschen Fürsten anklagen, ich kenne ihre Nöte, ich weiß, sie schmachten in den Ketten ihrer kleinen Kamarillen, und sind nicht zurechnungsfähig. – – Ich traue nicht diesem Preußen, diesem langen frömmelnden Gamaschenheld mit – – dem Korporalstock.«

Endlich kam ich dahinter, warum dieser getaufte Düsseldorfer Jude, der die heutzutage arg strapazierte Vokabel »Charaktermaske« erfunden, der freiwillig das Exil auf sich genommen hatte, bei seinen Landsleuten so in Verruf gekommen war. Es mußte ja einen Grund geben für diese tiefverwurzelte, noch immer spürbare Abneigung gegen den Dichter eines »frevelhaften Übermuts«, der selbst in der Vaterlandsliebe, wiewohl von verzehrendem Heimweh befallen, »nur eine Krankheit« sehen wollte, »die ein verschämteres Gemüt lieber verbirgt.« Nicht der Schranken und Konventionen sprengende freie Bürger mit seinem geöffneten Horizont war des Lobes würdig, sondern der sitzengebliebene Kleingeist, der sich über den wortmächtigen »Franzosengünstling« das Maul verriß: »Willkommen, Landsmann –– bist lange ausgeblieben. Hast dich mit fremdem Gevögel so lang in der Fremde herumgetrieben.«

Heines brisantes, auf Klärung oder Konfrontation bedachtes Reden, das so scheinbar Widersprüchliches formulierte wie: »Nur vor dem König soll man sein Knie beugen« (vor dem Bürger-König Louis-Philippe genügte ein männlich kräftiger Handschlag), war nicht goutierbar in einem Milieu ängstlicher Anpassung und kleinkarierter Beschränkung auf das Bestehende. Um eine sicher erlaubte Umkehrung eines Heine-Zitats vorzunehmen: Die Schafe im kleindeutschen Pferch waren nicht darauf abgerichtet, mit den republikanischen Wölfen zu heulen! Obschon ich im zeitigen Frühjahr fünfundvierzig eine Harzreise über *Wernigerode* hinaus antrat und – mit einem Marschbefehl versehen und mit Durchhalte-Parolen gefüttert – mich Heines Reiseroute annäherte, zu einer Bildungsreise wurde es nicht. Reichlich Ozonluft einatmend, ahnte ich nichts von diesem berühmten Vorgänger.

Schwäbisches Erbe?

Wie bei so manchen Altersgenossen war es der Krieg und nicht die angeborene musische Neigung, der mir die entscheidenden Anstöße lieferte – eigentlich hätten sie eine Gewähr dafür sein können, die nun schon seit fünfzehn Jahren durchgehaltene Existenz als Prosaist in gewohnter Weise weiterzuführen. Als Stallgefährte von hochfavorisierten Suhrkamp-Champions in Dreijahresabständen ins Rennen geschickt, als »Autodidakt auf nüchterner Erkenntnisjagd«, in einigen exotischen Reservaten Ostafrikas Großwildjäger attackierend und von bayerischen Rotwildjägern verleumderisch attackiert, mit Stipendien und einigen Preisen bedacht, ohne daß mich gleich der Hafer stach – auf dieser zugegeben schmalen Basis hätte ich schon weitermachen und mir einige Brötchengeber warmhalten können, als abgestempelter Außenseiter sozusagen, der auf Erfolglosigkeit abonniert ist. Ich hätte zweifellos – bei etwas größerer Wendigkeit – alte Beziehungen spielen lassen und einige brachliegende Parzellen poetisch beackern können, wenn nicht Kappel gewesen wäre, das auf der Basis der Rentenkapitalisierung erworbene Haus in seinem beklagenswerten Zustand.

Notgedrungen mußte ich meine akribische, skrupulöse, zeitraubende Methode, Texte zu verfassen, preisgeben, meine ausufernde Korrespondenz rigoros einschränken und meinen literarischen Ehrgeiz drosseln. Doch schon offeriere ich Ihnen eine erste schöne Lüge: wahrscheinlich war zu diesem Zeitpunkt, als man mir auch noch den Luxus gestattete, zum PEN-Jubiläum nach Dublin zu fliegen, mein Ehrgeiz bereits angeknackst. Meine Frau brachte das Dilemma auf den knappen Nenner: die Wiederentdeckung meiner handwerklichen Fähigkeiten sei ein willkommener Vorwand, von der nicht eben üppigen Produktion abzulenken und die Misere der unterbezahlten Kunstausübung zu tarnen.

Aber meine privaten Probleme sind ja nur insofern von Belang, als sie das gestellte Thema tangieren: Schwäbisches Erbe! Was also ist schwäbisch an mir? Was bedeuten mir Landschaft, Herkunft und Biographie? Spricht sich da eine typisch schwäbisch-alemannische Verhaltensnorm aus, die bei anerzogener Ausdrucksscheu mangelndes Durchsetzungsvermögen bewirkt? Wirken hier stammesgeschichtlich bedingte Handicaps und persönliches Mißgeschick zusammen? Bin ich ein Paradefall dieser Kombination aus störanfälligem Naturell, Konditionsschwäche und Bildungsdefizit? Dieses höflich-linkische Beiseitetreten, die als Schüchternheit wie als Unbedarftheit auslegbare Bereitschaft, dem robusteren Talent Platz zu machen, hat sie in der See-Region ihre Vorläufer? Wirkte sie etwa gar typenbildend? Hat sie in dieser peripheren Provinz noch immer ihre Aspiranten, die auf Schonung angewiesen sind? Ist der auf sich gestellte, wenig durchbruchswillige Typus eine lokale Besonderheit?

Die schwierigen Jahre der Pubertät und Ichfindung verbrachte ich außerhalb der gewohnten Nestwärme: in einem sprachlich zunächst fast unverständlichen Idiom. Plattdeutsch, Kisuaheli und Küchenenglisch stürzten auf mich ein. Als einziger Schwabe in einem Weißenfelser-Pionierbataillon hatte ich keinen leichten Stand. Gehänselt wegen meines schwerfälligen Dialekts, schaltete ich auf eine flinkere Denkungsart um, verfing mich im belustigenden Wortschwall des Sächsischen, machte meine Kumpel, mit denen ich im Schnee und später im Schlamm lag, vergessen, woher ich kam. Das für Freundschaften empfängliche Alter sah mich weitab vom heimischen Pferch. Kein Wunder, daß meine gleichaltrigen Gefährten aus *Leipzig, Dresden* und *Zwickau* stammten, die ich nach dem Krieg nie wieder sah. Entfremdet meiner eigenen Herkunft, fühlte ich eine gewisse innere Leere, hatte kein Organ mehr für die behäbige Sprechweise meiner Landsleute. Diejenigen, deren Erfahrungen, Entbehrungen und Verstörungen ich teilte, hatte der Krieg restlos verschlungen. Fünf Jahre Hunger, Waffendrill und physische Angst lösen sich nicht in Wohlgefallen auf, nur weil man körperlich unversehrt heimkehrt . . .

Mit geknickten Flügeln kehrte der Ausreißer, der sieben Jahre Fremde als angemessene Lehrzeit ansah, heim ins elterliche Refugium, wurde mit seinen fünfundzwanzig Jahren Kostgänger an Vaters Tisch, strafte so seine hochmütige Ankündigung Lügen: mich seht Ihr nur noch als Urlauber! Euch trete ich nur noch als gemachter Mann unter die Augen!

– Ich war an einem toten Punkt angelangt, wo ich mir überlegen mußte, ob ich als invalider Eckensteher meine Rente verzehren und mein Kriegsleiden kultivieren oder ob ich – in selbstverhängter Klausur – mein unbeholfenes musisches Naturell an die Kandare nehmen und Schriftsteller werden wollte.

Hat man Bölls Wort noch im Ohr – Janker sei »auf authentische Weise unpolitisch«, so klingt reichlich unglaubhaft, daß ich während langer Jahre eine Art Wachhund vom Dienst gewesen sein soll. Doch ein Aufsatz von Friedrich Hitzer im »Kürbiskern« beweist es hieb- und stichfest: »Der Publizist Janker probt in Ravensburg Proteste, die ihm auch in Hamburg oder München kein Lob einbrächten. Das ist nicht Provinz als Schicksal . . .« »Wer seinen moralischen Impetus«, schrieb ich damals vollkehliger, als es mir zustand, »nicht im Schreibvorgang verdampfen läßt ›zum schlichten Humanum, das ohne Rest aufgeht‹, sieht sich bis auf die lokale Ebene hinunter auf sein politisches Stehvermögen hin getestet.« Kein Wunder also, daß man mich zeitweise vor den Karren spannte und zum Hanswurst machte. Als gebürtiger *Wolfegger* wäre ich besser gefahren, ich hätte den Fundus lokaler Historie angezapft und den ungetrübten Springquell barocken Lebensgefühls sprudeln lassen. Was ich schrieb und publizierte, klang nicht immer nach Leib- und Magentröstern für literarisch empfindsame Oberschwaben. Was für einen praktizierenden Katholiken Hoffart sein mag: die skrupulöse Befragung der eigenen Person, die vor Selbstbezichtigungen nicht Halt macht, für mich war sie unabdingbare Voraussetzung.

Wie aber hätte mein Anteil am schwäbischen Erbe, von mir allzu stiefmütterlich behandelt, aussehen können: stilistischer Eigensinn, gebändigt durch das heimische Idiom!

Beckmesserisches

Auch im Zeitalter der beliebigen Verwendbarkeit des Einzelnen, muß es sich der Schriftsteller gefallen lassen, nach seinen Anlässen, Beweggründen und Motiven gefragt zu werden. Auch unter veränderten Bedingungen – denen seiner soziologischen Einstufbarkeit – ist der Schriftsteller dem Schriftsetzer so verwandt nicht, wie der geistreiche Thaddäus Troll dies suggerieren will. Bei Laune gehalten und folglich nicht zimperlich, hält er als »freiberuflicher, fiskalisch veranschlagter Unternehmer« die gern gehörte Antwort parat: »Ich schreibe, weil Schreiben für mich ein Job unter vielen ist!« Dabei gibt sich – auch wer von der Hand in den Mund lebt – in der Regel unaufrichtiger, als wer sich als Außenseiter zur Wehr setzt. Eine Landsmännin formulierte ihr Selbstverständnis als Autorin einmal verblüffend schrittsicher: »Ich schreibe unter drei gleichen Voraussetzungen wie Sie: volksbürtig, nicht akademisch gebildet, invalid.«

In frühen Briefen an Freunde bezeichnete ich mich noch – meiner literarischen Herkunft wie Bestimmung ungewiß – als »Manieristen, der keine Manieren« habe. Das meinte weniger den beklagenswerten Mangel an sozialem Instinkt; das betraf vor allem die »blinden Zugriffe ins schöne Leere«, die mir als Anfänger ein Zuviel an »falsch berechneten Sprüngen« zumuteten. Mit meinem angelesenen Halbwissen betrieb ich, »durch Anlage, Neigung und fahrlässiges Training bedingt, das lose Spiel einer sich blind schlagenden Phantasie«. Einem angehenden Inspektor des Zweiten Bildungswegs machte ich die Hölle heiß. Obwohl ich gegen seine Fabeln und 'Dreisessel'-Schlüsse nicht viel mehr zu setzen hatte als meine lufthungrigen Exaltationen, hatte ich ihn immer wieder am Kanthaken – als lebte ich Körper an Körper mit der Sprache und er in seinem blutschänderischen Verhältnis. Lag zu dieser Zeit in einem Park-Sanatorium im Hochschwarzwald, kurierte eine klinisch inaktive, beidseitige Tbc aus. Meinen ganzen Scharfsinn richtete ich auf die »Spielanweisung der gesundgeschrumpften Form« und der »schlank gehaltenen Episode«.

Der Weg eines »Aufklärers, der sich nicht recht erklären kann«, führt unter anderem auch unters Tarnnetz. Wem das

»Verhalten unter kriegsmäßigen Bedingungen zur zweiten Natur geworden ist«, nimmt seinen Kopf nicht höher als unbedingt nötig. Wem die »Welt in Querschnitte zerfällt, die es zu zerstören oder zu deformieren, also zu sprengen gilt«, empfiehlt sich schwerlich als Therapeut für das heile Ganze. Wer durch »Standortbestimmungen fast mathematischen Charakters« der eigenen »Ortlosigkeit« eine Bresche zu schlagen hofft, sucht keinen Einstieg ins stimmige Panorama. Um die »mörderische Absurdität des Krieges« vorzuführen, bedarf es nicht des »vollinstrumentierten Schreckens«. Die Schaltvorgänge sind wichtig, die den Einzelnen zum perfekten Durchlader, Druckpunktnehmer, Fadenkreuzsucher« umfunktionieren, der seine Abschußziffern als »Jagdstrecke« an seinen Helm pinselt (*killed in action*, um die aktuelle vietnamesische Variante heranzuziehen!) Die »Provokateure aus Schwäche und Nachsicht«, denen meine besondere Aufmerksamkeit gilt, die »bloßen Versager und Blindgänger«, um im militärischen Jargon zu bleiben – die Maschinerie verschleißt sie mühelos . . .

»Gewiß, ins Wasser gestoßen, lernt der Mensch im allgemeinen schwimmen, von den wenigen abgesehen, die ertrinken!« schrieb ich und empfahl gleichzeitig: »Ein Verhalten zu lehren für den Verhaltensscheuen und tief Verstörten«. »Der Einzelne haftet für die Niederlage auch im privaten Bereich« – ein damals bereits lästiger Nachweis. Zwei wichtige Komplexe, die eindeutig in meine Zuständigkeiten fallen, behandelte ich in der Auftragsarbeit: *»Du sollst nicht töten!«*, zwei Vorgänge von einiger zeitgeschichtlicher Relevanz: ein erster halber Schritt zum Menschsein hin und eine verschenkte Chance – ein schmales Feld von Motivverknüpfungen, ein auf Zeugenschaft versessenes Sprechen in Kommentaren. »Meine Phantasie – mein Bewußtsein. Ich denke, das ist ein Urteil!«

Selbstsicherer, als mir zukam, schrieb ich: »Meine Kritik bezieht sich auf diesen von der Geschichte überrollten, anachronistischen Lebensstil. Mag sich der politische Überbau vergleichsweise rasch vollziehen, die moralische Tiefenschicht ändert sich nach den Gesetzen der Trägheit.« – »Die Logik auf den Kopf zu stellen, muß noch nicht Kunst ergeben« – diesem

Vorwurf stelle ich mich. »Absurde Welt, durch Logik gespiegelt, zwingt diese zum Offenbarungseid. Ich meine, das Stilmittel der Überzeichnung ist auch eine Waffe . . .« »Ihre Empfehlung an mich: ›Der uns verleumdende Opponent mag sich getrost zum Getier rechnen – –‹ ist so dumm nicht gefolgert; das trifft noch immer den Nerv, läßt Tierliebe nicht unberücksichtigt, hat den Stellenwert des Widernatürlichen – –.« »Die Zuständigkeit der Ignoranz also rufen Sie an? Unser Gedächtnis wäre wie ein geköpfter Hahn; der schreit nicht mehr – –.«

Wie sich ein Schriftsteller in »dürftiger Zeit« ausnimmt, der zudem eine »überwertige Vorstellung von seiner eigenen Wichtigkeit« mit sich herumträgt –, Gisela Linder, Kritikerin der SZ, die hierzulande konkurrenzlos ihr neurosenförderndes Handwerk ausübt, könnte sicherlich ein kantenscharfes Porträt dieses sanften Irren liefern, der da, zwischen dem Nußdorfer Laureaten und dem langmähnigen Isnyer Bürgerschreck eingeklemmt, das milchverwertende Oberland in die Metapher hebt. In das beliebte Klischee vom »einheimischen Talent« wie in eine Münze geschlagen, die nur am Ort als Wechselgeld gefragt ist, durch Charakter ausgleichend, was ihm an Begabung abgeht, ohnedies kräftig belehrt durch die bezeugte Wirkungslosigkeit, sieht sich der lieblos Eingestufte dazu verdonnert, unter Einschluß ortsfester Turnerriegen, auf der »heimischen Spielwiese, dem Walser'schen Verständnis-Rasen«, seinen oft geübten Überschlag vor- und rückwärts zu ebener Erde vorzuführen.

Durch Herburgers Trillerpfeife zu einem »Härte-Training« aufgescheucht, das ihm das »Sonnenbaden in der eigenen Menschlichkeit« nachgerade verleidet, stellt er sich seiner Zensorin, der er Zitate samt Anführungsstriche verdankt. Nicht mehr konditionsschwach genug, um die gestern noch charmant in Abrede gestellte blondeste ihrer Lehrmeinungen brav zu schlucken: »Politik und Literatur sind schicksalhaft miteinander verquickt«, aber auch nicht ›vif‹ genug, modischen Opportunismus als saisonbedingtes Heulen mit den Wölfen abzutun, bezieht er ihre saloppen Ironien, die gar nicht ausdrücklich auf ihn gemünzt sind, mit der ihm eigenen Schmerzanfälligkeit auf sich, wagt mit halber Stimmkraft Beckmesserisches.

»Archimedischer Punkt*«

Die Verständnislosigkeit, mit der vornehmlich jüngere Schreiber traditioneller Dichtung begegnen, sie abwerten, ja bloßstellen, mag Verfasser, die sich klassischem Formen-Kanon verpflichtet wissen, echt verprellen. Die Unduldsamkeit, mit der Reim, Vers und metrisches Gesetz verworfen werden, verstört sie oder reizt sie zu rabiater Gegenwehr. Beklagenswert erscheint für ihr schöngeistig geschultes Auge, daß formstreng gefügte Sonette oder kunstvoll verknüpfte Metaphorik an der Literaturbörse keinen Handelswert mehr besitzen.

Der humanistisch Gebildete, für den das Studium generale noch prägende Kraft hat, der mit dem Fundus zitierbarer Verse abendländisches Erbe verwaltet sieht, der lyrische Harmonien schätzt, verschließt sich in stummem Stolz vor dem flach abschätzigen Blick cleverer Wortproduzenten. Der aus delphischem Dunkel raunende und beschwörende Endzeit-Mahner verspürt archaischen Zorn angesichts profaner Textemacher. Seine mit Herzblut getauften dichterischen Gebilde sieht er »als Perlen vor die Säue geworfen«, wobei ich, aus dem Strohpferch belustigt herausgrunzend, sage: nicht wenige dieser gescholtenen Vierbeiner sind des Schreibens durchaus kundig!

Als Vorsitzender der Fachgruppe Literatur, die gegen klimatische Unbill ja kein gemeinsames Dach anbieten will, brauche ich die Gemaßregelten nicht in Schutz zu nehmen und schon gar nicht in Schutzhaft. Ob eine Minderheit jüngster Schreiber »eher Verse der Sprachverstümmelung« schätzt, um privat geäußertem Verdacht das Ohr zu leihen, müßte ein Test erst erweisen. Ob »Aussagen ohne Ideen« und »bloßes Wortgeklingel« den Vorzug vor »tiefempfundenem Dichterwort« haben, wie erzürnter Musenstolz in gekränkter Brust wähnen mag, bleibe dahingestellt. Was auf literarischem Tableau vorexerziert wird, ist der Wehleidigkeit ebenso entzogen wie der bürgerlichen Respektierlichkeit. Natürlich sind Kollegen

* Aus einem Rundbrief an die Mitglieder der Fachgruppe Literatur des Bodensee-Klubs.

immer auch Kontrahenten, Rivalen im Kampf um künstlerischen Vorrang und Publikumsgunst. Die Freundlichkeit im Umgang mit Gleichgesinnten gilt der Person; das Interesse an ihren poetischen Hervorbringungen muß nicht geheuchelt sein. Doch ihre schöpferische Potenz, ihr unverwechselbares Ausdrucksvermögen stellt alles in Frage, was man selber als Künstler postulierte und wofür man nicht unbedingt schon mit seiner Seele bezahlte, wohl aber mit der Bloßstellung seines eigenen Charakters. Literarische Debatten führen also mitunter selbst zum Offenbarungseid. Wer die Metapher als Stilmittel liebt, sie beherrscht, kümmert sich nicht darum, ob sie literarhistorisch überholt ist. Wer den Reim schätzt, für den mögen reimlose Verse ein Greuel sein. Wer die Sprache der Propheten spricht, hat keine Stimme für weltliches Ungemach. Die Klage Hiobs, nicht aber das Lamento eines Sozialempfängers!

Einige Autoren praktizieren ein konfliktfreies Miteinander im Kollektiv kämpferischer Gesinnung oder neugierig-nachsichtigen Gewährenlassens; einige finden zur abgeklärten Haltung einfühlsamer Großmut, die den Partner beschämt. Begriffsstutzig stößt, wer seinem Ehrgeiz die Sporen gibt, auf schöpferische Impulse, die möglicherweise das stärkere Talent, die ursprünglichere Begabung ankündigen. Was bleibt, wo so eigensüchtig der Blick ins Fremde, Neue verstellt wird? Die ängstliche Abnabelung als bornierter Selbstschutz! Glücklich der Schreiber, der nicht nur auf Kontrahenten stößt, auf Kollegen, sondern auf Hörer, die ihr Urteilsvermögen nicht durch die eigene geheiligte Doktrin ruinierten!

Wage ich mich aus meiner selbstgezimmerten Kartäuser-Zelle, verlasse ich freiwillig meine Eremitage, habe ich die Wortfüchse und Schakale auf dem Hals, die meinen Triumph wie meine Blamage ausposaunen oder auch hämisch bekichern. Ein unter Geburtswehen oder in bloßer Spiellaune zur Welt gebrachtes lyrisches Schoßkind zählt in der Schublade gleichviel. Gebe ich es zur Besichtigung frei –: diese Erstgeburt aus hochsensibler Befindlichkeit und rigorosem Formwillen, lande ich möglicherweise unter Gelächter in der Wüste. Diesem offenbar unvermeidlichen Dilemma begegne ich – nicht durch Erfahrung gewitzt und schon gar nicht zu

Demutsgesten neigend – mit einem gehörigen Schuß Selbstironie, die die schärfsten Pfeile an die verwundbarste Flanke lenkt – durch entwaffnendes Stillhalten.

Der Autor – wie ich ihn sehe: als Invaliden mit beschädigter Syntax –, ist empfindsam, verletzlich als Mensch, robust als Schreiber. Ein gutgepolstertes Selbstbewußtsein steht ihm in aller Regel kaum zu Diensten. Als Zeitgenosse ist er suspekt. Opportunismus beklagt er wie eine schimpfliche Krankheit. Seine Rolle völlig verkennend, verschreibt er literarische Null-Diät als Roßkur. Sammelt er Kränkungen, Lieblosigkeiten, Fehlurteile wie eine Garderobiere liegengebliebene Schirme, ist er übel dran. Fürchtet er Kritik, obwohl er nach Bestätigung lechzt, ist der Konflikt schon im Keim gelegt. Der anerkannte Autor, unter die Jupiterlampen gerückt wie unters Seziermesser gelegt, mag sich wünschen, was der unbekannte Autor fürchten muß: Einsamkeit! Doch auch dies gilt: wem der Sprung an die Öffentlichkeit gelingt, ist nicht gleich eine Person öffentlichen Interesses wie Wohlgefallens.

Toleranz und Großmut sind Tugenden von Personen! Literarische Prämissen sind sie nicht. Historisches Bewußtsein und mein unterbelichtetes Talent, wer nennt mir die Voraussetzungen, die den Autor befähigen, dem Zeitgeist auf der Spur zu bleiben? Schreiben als Therapie, soweit so gut! Der Heileffekt, dem eine schmerzhafte Selbstbefragung vorausgeht, mag kreative Schübe auslösen. Küre ich indes eigenmächtig mein literarisches Weltverständnis zum archimedischen Punkt, verfalle ich dem Gelächter – es muß nicht einmal ein homerisches sein! Welche Fähigkeiten oder Eigenschaften also benötige ich, um mich als ernstzunehmenden Schreiber konturensicher zu profilieren? Welches ist die mir auf den Leib geschneiderte Manier, die mich zweifelsfrei kenntlich macht, mir Statur verschafft wie Legitimation sichert? Welcher Art Besessenheit gilt es zu verfallen, unter dem Anschein franziskanischer Selbstverleugnung, um außerhalb aktueller Trends, die unsereins doch nur als Trittbrettfahrer mitmachen könnte, ehrenhaft zu bestehen? Wie entginge ich dem, was einen unmerklich korrumpierte, wenn ich aus stupendem Mangel an politischem Instinkt Partei ergriffe, um mich lieb Kind zu machen bei denen, die nicht nur momentan das Sagen haben? Heilsamer oder auch heilloser Zwang, den Schatten, den ich auf Grund meiner Konfektionsgröße werfe, so absichtslos wie wirkungsvoll zu verlängern? Was hält einen gestandenen Autor in jenem wünschbaren Schwebezustand, gleich weit weg von der Einsamkeit des verkannten wie des gefeierten Genies?

Es ist schon ein Kreuz...

Eine literarische Laufbahn selbst von »begrenzter Dauer«, wie ich kürzlich einmal einsichtig formulierte, ist eines gewiß nicht: ein gemeinnütziges Unternehmen, das öffentliches Lob verdient. Eigennutz vielmehr ist – wie geschickt auch überlagert oder schönrednerisch vernebelt – grundierendes Element jeder Selbstdarstellung, ein schwer zu enttarnendes Geflecht aus Eitelkeit, Selbstverleugnung und kreativem Schaffenswahn, und noch der dichterische Eremit in seinem weltentsagenden spartanischen Habitus ist nicht frei von Eigenliebe und anfällig für Lob. – Es ist schon ein Kreuz, daß ein Verdienst gewürdigt sein will! Der Uneigennützige, der in Ehren alt wird, ohne sich Neurosen einzuhandeln, muß als Gesellschaftswesen erst noch gezüchtet werden, der Selbstlose, der – von Anfechtungen unbelastet – falschen Ehrgeiz und ehrsüchtiges Taktieren gar nicht erst verdrängen muß. Der Staat als künftiger Zuchtmeister schüttet also besser vorerst noch sein Füllhorn aus, solange er es sich nicht leisten kann, verprellte Staatsdiener um sich zu dulden. In Ordnung also: Orden für ordentliche Ordnungshüter, Verdienste für verdiente Bedienstete, eine offene Hand demjenigen, der erst dann seine Hand ausstreckt, nachdem er seinen Kopf hingehalten oder ein vergleichbar edles Körperteil!

Wenn ich aus Deiner Hand, die eine öffentliche ist wie eine private, diese Auszeichnung entgegennehme als reichlich verfrühte Ehrung, für die kein rundes Jubiläum den Anstoß gab, so doch wohl in dem stillschweigenden Einverständnis, daß nicht der Autor, nicht der Schriftsteller gemeint sein kann, sondern der Ehrenämtler, der unbesoldete Sachwalter, der mit einem Handschlag vergattert funktionierte, der seit mehr als einem Jahrzehnt einer vergnüglichen Pflicht obliegt, der eine absonderliche Neigung in sich großzog, was Amt und Ehren betrifft –: eine gewährte Portopauschale fast schon als Zeichen beginnender Korrumpierung wertend. Für Dich und einige wenige Augenzeugen ist es nicht bloße Renommiersucht und Angeberei, wenn ich den Klinkenputzer und Inspizienten der »Jungen Schauspielgruppe« erwähne oder das Vorstandsmitglied des »Ravensburger Kreises« oder das Gründungsmitglied des »Literarischen Forums Oberschwaben«. Während das ganz egozentrische Gerangel um Reputation ablief, um den Steckbrief des Literaten mit vorzeigbaren Trophäen herauszuputzen, also schon dieser altruistische Tick, also Ehrenämter und nicht zu knapp. Also Beisitzer, Stellvertreter Walsers beim VS-Kongreß in Hamburg, gastweise auch Delegierter und schließlich – mich auf die Region Oberschwaben und das Dreiländereck einpendelnd – Vorsitzender der Fachgruppe Literatur im Übernationalen Bodensee-Klub und Vorsitzender der Meersburger Drostepreis-Jury. Das eigene erzählerische Œuvre handlich genug, leicht als Handgepäck mitzuführen auf ratsamer Flucht bei politischen Wetterstürzen. Die Korrespondenz längst das normale Pensum übersteigend und bald nur noch am laufenden Meter zu messen . . .

In einer Gesellschaft der hochdotierten Repräsentanz, der aufs Gemeinwohl sich hinausredenden Nutznießer, wo Aufwandsentschädigung großzügig und Diätenregelung nach dem Grundsatz gehandhabt wird: wir werden so genierlich sein, uns nicht zu bedienen, wo wir dem Selbstbedienungsladen am nächsten sind? – da mag solch ehrenamtlicher Überschwang wie ein kindischer Anachronismus anmuten! Doch Hand aufs Scheckbuch – Verbirgt sich hinter solch unzeitgemäßem Eifer nicht der verkappte Ehrgeiz eines Langzeit-Strategen, der sich Anwartschaft auf öffentliches Lob so listig wie schafsfromm erschleicht? Was er reichlich überzogen »Kulturarbeit an der Basis« nennt, ist das nicht eher schöner Selbstbetrug? Betreibt er da nicht schlicht und sich Blößen gebend Denkmalpflege der eigenen Person? Kompensiert er nicht das früh sich abzeichnende Scheitern als Buch-Autor mit kollegialer Betriebsamkeit? Kontaktfreudigkeit als einziger Aktivposten in einer Bilanz der Illusionen und unechten Alternativen?

In den mageren Endfünfzigern und kargen Frühsechzigern waren die Aussichten alles andere als rosig, ein sozusagen mittelprächtiges Talent, eine nicht eben schlagende Begabung auszuschlachten und einen halbwegs zukunftsträchtigen Broterwerb abzuleiten, der mehr als nur seinen Mann ernährt. Der lyrisch Auserwählte, den sein Sendungsbewußtsein derart profanem Bestreben enthebt, mag künstlerische Berufung, die auf einen Beruf abzielt, mitleidig verwerfen. Von solch engelgleicher Ungebundenheit war ich in meiner irdisch bedrückten Lage himmelweit entfernt. Was aus der Sicht des glimpflich gestarteten Debutanten und hochgelobten Außenseiters zunächst wie eine Bestätigung seiner Tauglichkeit war, seiner wachsenden Fähigkeit, sich unverwechselbar auszudrücken, – aus familiärer Sicht wirkte diese handsame Verfügbarkeit über begrenzte stilistische Mittel wie ein mühsam verschleierter Beweis von Untüchtigkeit und mangelndem beruflichen Durchsetzungsvermögen. Doch zu seiner moralischen Entlastung muß gesagt werden: der Anpassung an das Vorgegebene, die handwerkliche Achtbarkeit, entzog er sich nicht etwa wehleidig, keineswegs! Ein ernstzunehmendes, zuweilen lebensbedrohliches Kriegsleiden enthob ihn mit beinahe schon theatralischem Aplomb der fälligen Entscheidung. Er verweigerte demnach nicht etwa zimperlich Leistungsnorm und beruflichen Standard? Als angehender Zimmermeister befand er sich auf dem besten Weg, eine solide Existenz aufzubauen. Im bombenzerstörten München war ein Meisterschüler seines Schlages, der eine gediegene Handwerker-Lehre und fünf Jahre Pionierdienst unbeschadet überstanden hatte, wahrlich nicht fehl am Platz. – Sein aus dem Rahmen fallender Entschluß, Schriftsteller zu werden, wäre demnach nicht als Ausflucht in wohlfeilen Ausdruckszwang und amateurhafte Formverstiegenheit zu werten?

Am Traditionsverständnis seiner Familie gemessen, wählte er sicherlich das Ausgefallene, das Abseitige oder – wie meine zweite Mutter einmal halb genierlich, halb entrüstet sagte – das Hoffärtige, das sich für einen praktizierenden Katholiken nicht schickt . . . Zum Glück für mich erzwang die Gesellschaft mein künftiges Wohlbefinden nicht durch mein Wohlverhalten, sie behielt jenes – sozial verpflichtet, freibeuterisch gesinnt – fürsorglich-gönnerhaft im Auge. Aus dem Invaliden sollte kein jugendlicher Eckensteher werden, aus dem Sanatoriums-Insassen kein Wohlfahrtsempfänger, und das rechne ich dieser Gesellschaft hoch an. Mag sie den Außenseiter auch tolerieren, lieben kann sie ihn nicht, dieses Ärgernis an Konditionsschwäche und großmäuliger Verweigerung.

Der Status des Frührentners allein erlaubte mir den Luxus, das Schreiben ernsthaft zu betreiben, ohne durch finanziellen Druck gezwungen zu sein, kleinlaut vom hohen Roß der Literatur herabzusteigen. Der Rentenanspruch war sozusagen mein Steigbügel für den vorerst noch ungesattelten Pegasus. Rückblickend nimmt sich dieses Kriegsleiden, diese Beschädigung wie ein Glücksfall aus (Pardon, ich weiß gut genug, daß diese Bemerkung gereizten Widerspruch auslösen müßte, käme sie den Leidensgenossen zu Ohren. Lachhaft, als hätte ich damals eine doppelseitige Tbc wie ein großes Los gezogen!) . . . Den bescheidenen Versuch, einen Teil meiner Dankesschuld abzutragen, startete ich – von einem unguten Gefühl befallen –, der eigenen literarischen Manier hörig zu werden – rechtzeitig genug durch meine ehrenamtlichen Tätigkeiten. Für manche von Ihnen mag sich das anhören, als spräche hier ein Schlitzohr salbadernd mit belegter Stimme. Doch ohne diesen Nachweis plagte mich wohl zeitlebens das schlechte Gewissen.

Pulvermühle 1967

Die Zwanzigjahr-Feier der »Gruppe 47« fand in nun schon traditioneller Abgeschiedenheit statt. Nach den spektakulären Auftritten in Schweden und Amerika schirmte sich dieser erweiterte Freundeskreis um H. W. Richter herbstlich-hermetisch ab, verschanzte sich in schwer auffindbarer ländlicher Idylle. Ort der wie immer formlos eröffneten Arbeitstagung: die Fränkische Schweiz, genauer: eine der Mühlen an der grünwassrigen *Wiesent*. Ein Transparent von der Größe eines Doppelbett-Lakens hieß die angereisten Schriftsteller willkommen. Die neugierigen Zaungäste, die das literarische Jubiläum in die von Napoleon aufgelassene »Pulvermühle« gelockt hatte, sahen sich für ihre strapaziöse Mühlensuche schlecht belohnt: ein wortkarger Brückenwächter blockierte die einzige Zufahrt, schied mit unbestechlicher Kennermiene die Geladenen von den Nicht-Geladenen. Mancher Literat mag sich dabei gefragt haben, nach welchen Merkmalen dieser fränkische Zerberus die »Spreu vom Weizen« trennte, zumal nicht alle unbekannteren Autoren ihr Visum griffbereit hatten, Richters obligaten Kartengruß.

Der mit Girlanden und Glühbirnen-Schnüren pfingstlich behängte Raum zeigte sich für eine Liebhaber-Aufführung gerüstet, nicht aber für ein literarisches Marathon. Das gefürchtete Sitzmöbel, auf dem die Lese-Delinquenten Platz nahmen – 1963 hatte ich in Saulgau in der »Kleberpost« das riskante Vergnügen genossen, wie sich Koryphäen der etablierten Kritik genüßlich auf mich einschossen –, wirkte vor der mit Herbststräußen bestückten Bühnenrampe wie aus Versehen abgestellt und vergessen. Die rustikale Aufgeräumtheit unter den gedrechselten Rad-Leuchten ließ jedoch nur die Neulinge zögern, die »alten Hasen« der Gruppe nahmen sie als willkommenes Stimulans.

Die Lesungen erbrachten wie selbstverständlich den Nachweis, daß die Gruppe nicht an akademischer Vergreisung eingehen wird. Das selbstsichere Nachrücken der jungen Garde sichert ihr jugendliches Flair, die Beweglichkeit derer, die unterwegs sind. Ilse Aichingers Grußwort zielte auf »Volljährigkeit«, das bedeutete in diesem Fall nicht politische Mündigkeit, das bedeutete Jugend, Exaltation der lyrischen Bartträger.

Die Gruppe, seit Jahren von übereifrigen Nachlaß-Verwaltern zu stillem Begräbnis aufgefordert, war – wie sich rasch zeigte – nicht in die »Pulvermühle« gekommen, um sich stilvoll aus freiem Entschluß in die Luft zu sprengen. Ließ sich politisch angehäufter Zündstoff auch nicht entschärfen, raufte sich doch eine Gruppe um Grass, Walser, Fried und Lettau formulierfreudig zusammen zu respektgebietender Solidarität. Die Resolution gegen den »Springer-Konzern«, in nächtlicher Debatte »juristisch einwandfrei und ohne Gewähr« durchgeboxt, sicherte der Arbeitstagung den Schlagzeilen-Affront, den die Verfechter einer »reinen Literatur« mit ehrlichem Widerwillen bedauerten.

Der Kritiker der WELT sprach herben Tadel aus, als er der Gruppe, deren Manifest zu »Meinungsterror und Diffamierung« auffordere, ein »Abkapseln im Kollektiv« vorwarf. Wie aber steht es um die vermeintliche unbrüderliche Haltung? Aus der bloßen Zugehörigkeit zur Gruppe leitet sich für das einzelne Mitglied noch keinerlei Renomee ab. Die gegen »Springer« gerichtete Resolution erweckt den Anschein eines Beistandspakts. Doch gibt es keinen gemeinsamen Rücken, hinter dem sich im Konfliktfall ein Versteck finden ließe, eine rechtliche Handhabe gegen Sanktionen. Da die Gruppe keine juristische Person ist, verantwortet sich jeder der 76 Unterzeichner in halsbrecherischem Alleingang. Schutz gewährte lediglich das eigene Stehvermögen, das eigene Renomee. Materieller Verlust träfe im Fall eines wirksamen Boykotts vor allem die nicht sattelfesten Freiberuflichen, die nicht arriviert genug sind, sich ihre publizistischen Plattformen auszusuchen. Und wer von ihnen durchschaute die Verflechtungen, die heutzutage schon die Medien kennzeichnen? Der Sündenfall hieße nicht Korruption, sondern Bankrott. Den meisten ginge schlicht die Luft aus . . .

Während der Lesungen fiel auf: eine gewisse Übersättigung an hochstilisierten, bemühten Texten, eine Reizbarkeit gegenüber der zynischen Masche (etwa Seurens, dem Amery »moralische und handwerkliche Bedenklichkeit« vorwarf). Das »Dilemma der Selbsterkundung« wurde zugegeben. Eine spürbare Bereitschaft für das Verständliche, Verläßliche, Nachvollziehbare förderte die ambitionslose Erzählweise. Sorglosigkeit wurde hingenommen, wenn sich eine genüßliche oder humoristische Komponente einstellte. Auf herbe Kritik stieß ein Autor, der mit hochgeschraubtem Anspruch auftrat, die erzählerischen Mittel aber nicht haushälterisch genug einsetzte.

Um einige Namen beliebig herauszugreifen: Reinhard Baumgart las Gedichte über Friedenstauben (die Tinte, die in Verhandlungen trocknet, ist nicht ihr Blut). Renate Rasp brachte ein Debut von seltener Schlüssigkeit zustande, trug »wunderbar böse« Verse vor. Der heiter-episch-behäbige Verlauf einer Prosa von Siegfried Lenz mit ihren »leisen Ironien« wurde fast mehrheitlich verworfen. Wiegenstein sprach von »sagenhafter Unglaubwürdigkeit«. Ich bewunderte Siegfried Lenz, wie gefaßt er den Verriß aufnahm. Pfeifenraucher haben es leichter, sie können sich ablenken. Ein Nichtraucher sitzt in solch einem Fall recht belämmert da. Bächlers Suche nach einem Falter (der seinen Schatten auf einen Satz Kierkegaards wirft) verfiel störrischem Schweigen, während die metalogischen Gedichte des Griechen Tsakiridis gerühmt wurden. Jürgen Becker, der im zweiten Wahlgang das Rennen machte, las Benennungs- und Aufhebungs-Collagen von stark dialektischer Spannung vor. – Eich erschien verändert mit Vollbart. Sein aufgeschwemmtes Gesicht war rot wie vom Gletscherbrand eines hochalpinen Forschers. Des Polen Nowakowski alternder sportlicher Charme entfaltete sich nicht so recht zwischen Lettaus sanften Aggressionen.

In die Klausur »schwitzender Sprachbemühung« und ihrer forensischen Widerlegung brach sonntags mit dröhnendem »Ave Maria« und wenig pietätvoll die rauhe Wirklichkeit ein. Angekündigt durch das Auftreten plakatehängender Heinzelmännchen, erschienen Studenten aus Erlangen, nicht zahlreich, aber lautstark mit ihren fahrbaren Untersätzen, schrieben den »Dichtergreisen« und »saturierten 47ern« respektlos ihre »linke Herkunft ins Stammbuch«. Die schußbereiten Kameramänner sahen sich für ihr Aushalten belohnt; sie hatten endlich, was sie brauchten, ihren Aufhänger, einen »echten Knüller«. Als Spiegel-Boss Augstein den Saal betrat, knallten im Vorraum reihenweise Luftballons. Das unruhig gewordene Auditorium brach in ansteckendes Gelächter aus. Hausherr Richter, einen der vorgepreschten Demonstranten am Schlawittich fassend, zeigte Nachsicht, unterbrach die Lesung eines schwedischen Gasts, die Episode einer empfindsamen Reise Bakunins ...

Der Lärm der rabiaten Choristen steigerte sich zum Tumult, als die Schriftsteller auf den Vorplatz heraustraten und sich die Losungen der findigen Werbetexter besahen: »Die Gruppe 47 ist ein Papiertiger«, »Ein Weißmacher ist zu wenig« und das fast ehrenrührige: »Hier tagt Familie Saubermann!«

Die Verlesung einer Resolution durch einen ihrer Initiatoren besänftigte zwar den Unmut der schärfsten Radaumacher, löste aber den Unwillen einiger Kollegen aus, die diese Eigenmächtigkeit zum Anlaß nehmen wollten, das Manifest zu widerrufen. Als die etwas ratlosen Schriftsteller sich von den Studenten trennten, um mit den unterbrochenen Lesungen fortzufahren, gab es einen Vorfall, den die einen als Skandal bezeichneten, die anderen als gelungenen Streich: am Fahnenmast, der am Morgen noch die traditionsstolzen Farben Frankens ins welkende Laub gehißt hatte, flatterte nun die rotblaue Flagge des Vietcong ...

Nach Einbruch der Dämmerung zeigte sich das Jubiläum der literarischen Großmeister von einer menschlicheren Seite. Der entstuhlte Saal, erntedankmäßig herausgeputzt, füllte sich mit Paaren, die das Tanzbein schwingen wollten. Auf der offenen Bühne stimmten die Dorfmusiker ihre Posaunen, Waldhörner und Klarinetten. Ein ländliches Tanzvergnügen war angesagt. Nach einer Polonaise, die Gruppenchef Richter höchst persönlich anführte, sah ich zufällig Peter Bichsel an einem Grammophon hantieren. Nanu, dachte ich, als ich den unmäßig schwitzenden Schweizer sah, will er gegen die strammen Bläser in ihren Kniebundhosen eine unfaire Konkurrenz aufmachen? Sprengt er ihr Marsch- und Polkarepertoire, das ein Dutzend Kehlköpfe zum Hüpfen bringen wird, mit irgendeinem faden Politsong oder einem furztrockenen Schlagzeuger-Solo? Aber da platzte auch schon ins schmetternde Blech, während die Musikanten verdutzt von ihren Notenständern aufblickten, das hinreißende »All you need is love!« Der oft gehörte Refrain lärmte, aber mein Trommelfell nahm es nicht einmal übel. »All you need is love!« »Alles was du brauchst, ist Liebe!« Der aus dem Takt geratene Dirigent setzte unwillig den Taktstock ab. Die perplexen Musikanten hielten die Luft an; kläglich erstarb ihr Klarinetten-Gezwitscher.

Weil mir kein handhabbares Objekt der Liebe zur Verfügung stand, verließ ich fluchtartig den Saal. Am erhöhten Ausgang begegnete ich Horst Bienek, der in seiner Ledermontur und mit der randlosen Brille auf mich wie ein sowjetischer Kommissar wirkte. (Bienek aber war 4 Jahre in sowjetischen Arbeitslagern, darunter auch in dem berüchtigten Workuta!) »Jetzt schauen Sie sich bloß diese Verrückten an. Widerlich!« Ich aber trat schnell ins Freie, um frische Luft zu schnappen. Meine momentane Verwirrung löste sich in ruhigen Atemzügen. Vor mir im schattenreichen Dunkel plätscherte gemächlich die grünwassrige Wiesent . . .

S.O.B. – Causerie*

»Sezession« – das Stichwort klingelt im Brockhaus: »Sezessionskrieg«, 1861 entstandener Bürgerkrieg infolge Abspaltung der Südstaaten; »Sezession Biafra«, durch Ojukwu erzwungene Abgrenzung gegen das Nigeria General Gowons; »Sezession Ostpakistan«, Bangla Desh; »Sezessionisten«, Abtrünnige einer »größeren Gruppe oder Akademie«. Eine solche Abtrennung aber dürfte es in Oberschwaben nicht gegeben haben. Lese ich Herbert Karl Krafts Würdigung in der »Schwäbischen Zeitung«: »Zwanzig Jahre ohne Sezessionskrieg!« (im casus belli wäre das ja eine Sezession von der Sezession, eine Abgrenzung von den Abgegrenzten gewesen!), so sprach man damals – »als man für eine Reise nach Ulm einen Passierschein benötigte« und mit einem Scheit Brennholz zu Veranstaltungen fuhr – über die Möglichkeiten eines Zusammenschlusses, nicht einer Abspaltung. Wovon auch hätte man sich separieren können – etwa von den ungestüm an die Staffeleien sich drängenden Sonntagsmalern?

Ich frage also lieber: an wen wandte sich diese Neugründung einer »Sezession Oberschwaben«? Gab es eine Öffentlichkeit, die von sich aus etwas unternahm, um nicht länger eine durch Blubo-Räusche gelähmte, sehentwöhnte Öffentlichkeit bleiben zu müssen? Gab es eine intakte Gesellschaft, willens und fähig, das vorgefundene oder auch hinterlassene Vakuum auszufüllen? Übernahm eine unverbrauchte Provinz, schöpferisches Potential freigebend, die Mittlerrolle, der die Talente verschleißenden, ausgebluteten Metropolen verlustig gegangen waren? Und all diese Vorgaben einmal vorausgesetzt, kam zu diesem Frühstart auf blanken Fußsohlen nicht ein zusätzliches Hemmnis: die Mentalität der Oberschwaben und seenahen Alemannen? Die von Herbert Karl Kraft nach »Sondierung der Lage« konstatierte »heilsame Ernüchterung«, war sie nicht eine verständliche Reaktion auf die Erschwernis, hierzulande als Künstler überhaupt Fuß fassen zu wollen?

* Auszug aus einer Jubiläumsrede vom Juli 1971

In die – wie André Ficus einmal treffend beschrieben – »abgelegene, weltferne Landschaft« stießen ja nicht nur die aus Krieg und Gefangenschaft entlassenen Autochthonen mit ihrem befremdlichen Anspruch als »Freischaffende«, sondern auch die Zugereisten, die Versprengten, die Flüchtlinge mit ihrem angeborenen Handicap als Landfremde. Vier allein waren gebürtige Berliner; andere kamen aus Witten/Westfalen, aus Magdeburg, Gera, Bielefeld oder Wunstorf; sie kannten aus ihren Studienjahren Dresden, Breslau, Rom, Paris, waren Schüler von Preetorius, Schmidt-Rottluff, Otto Mueller, Oskar Schlemmer, Georg Muche. »Jenes eigentümlich gewobene Netz aus Kontakten zu Gleichgesinnten« (ich zitiere wieder Ficus) war zerbrochen. Das provinziell Verhockte, das seine eigenen »Lokalgrößen« auf Lager hatte, die ungewohnte, ländlich-kleinstädtische Umgebung, mit dem für die Fremden unverständlichen Idiom, wirkte zunächst eher als Bremse denn als Anstoß für eine eigenständige Entfaltung durch Abgrenzung.

Aus der blickverengenden Perspektive eingefleischter Regionalisten: diese in den gesegneten Landstrich eingebrochenen besitzlosen Großstädter mit ihrem asthenischen Habitus und hoffärtigen Hochdeutsch – oder aus der Sicht der Ankömmlinge: dieser etwas verschrobene, vom Krieg verschonte Menschenschlag, diese kleinkarierte Sozietät, an Sitzordnungen leichter ablesbar als an Physiognomien. Und zwischen linkischer Schaulust, die das Ungewohnte, Neue wie einen Exoten hinter Gittern begafft, und hartleibigem regionalen Ehrgeiz, der das Geschmäcklerische als Kriterium für ein gestandenes Urteilsvermögen ausgibt, die zahlenmäßig nicht ins Gewicht fallenden musischen Pfadfinder, von ihrer Mentalität her gehemmt wie diese ganze ehrenwerte, maulfaule Gesellschaft.

Leicht haben Sie es also weiß Gott nicht gehabt, als Sie mit kleinem Fluchtgepäck hier ankamen und Ihre Raucherration für Pinsel und Terpentinöl einhandelten. Doch haben Sie – das gesteht Ihnen ein Einheimischer neidlos zu – vor den Widrigkeiten dieses zweiten Anfangs nicht kapituliert. Vielmehr haben Sie sich – mit bewundernswertem Einfühlungsvermögen – der neuen, sperrig dahertreibenden Wirklichkeit gewachsen gezeigt. Sie haben – in nie nachlassender Spielfreude – schwäbischen Fleiß und Eigenbrötelei sich nutzbar gemacht. Sie haben der Begriffsstutzigkeit Ihrer Gastgeber auf den Sprung geholfen, haben die Widerstände eines prosaischen Alltags zu Widerständen Ihrer Kunst umgeformt. Ohne sich zu schonen und ohne sich anzubiedern, haben Sie mit schöpferischer List die alemannische Dramaturgie des hochgeknöpften Eigensinns unterlaufen, haben aus Ihrem Sinn für das ›Aushäusige‹ Kapital geschlagen, von dessen Zinsen nun auch die Einheimischen zehren.

Meine Schmährede, gleichsam gegen meine eigene Mentalität, braucht Sie nun aber nicht zu bekümmern. Es bleibt Ihnen unbenommen, kraft Ihres wohlerworbenen Anspruchs Ihr Verdikt zu verhängen gegen den böswilligen Verzeichner. Nicht Württemberger der zweiten Wahl sind Sie geworden, sondern Wahl-Württemberger, Renommier-Oberschwaben, und das unterschlägt ja nicht die Voraussetzungen, unter denen Sie seinerzeit in diesen mit Rotkreuz-Emblemen, Marienweihe und Wettersegen durchs Schlamassel gekommenen Wetterwinkel verschlagen wurden. Ihre Namenszüge und Signets auf Ihren Bildern und Plastiken sind längst zu Kennmarken einer Qualität geworden, die sich durch Gediegenheit auszeichnet, zu einer oberschwäbischen Spezialität, die weder Ihre Herkunft verleugnet noch die Konstanten Ihres künstlerischen Naturells eliminiert. Eine gern ergriffene Gelegenheit also, einmal Exponate, die die Handschrift der »Sezession Oberschwaben« tragen, zum Eigengebrauch aufzubereiten und sie hier vorzuführen. Um für meinen Abgang Ihr freundliches Placet zu erwirken, spielt sie mir mein zu Abbreviaturen nur zu geneigtes Gedächtnis in einem Schnellverfahren zu:

... Da ist Erwin Hennings liegender Barfüßler mit dem Blickfang seiner vergrößerten Zehen und Fersen. In einem der langen Flure des Kißlegger Schlosses ihn betrachtend, erweckte er in mir die kaum zu bändigende Lust, mich in die gleiche ungenierte Schlaflage zu begeben ... Da ist eine Mahler'sche »Winternacht« wie mit Graphit gezeichnet, die helleren Gesichtsovale liegen unter ansaugenden Strichwirbeln ... Da tutet Ebells Schleppdampfer »Cäsar Wollheim« anheimelnd unter einem zunehmenden Hafenmond ... Da sind Suse Müller-Diefenbachs henkelarmige Turner aus gebranntem Ton, die zu einem Überschlag vorwärts am Reck ansetzen ... Da sind HAP Grieshabers Entwürfe für ein honorarfrei geschnittenes kyrillisches Alphabet mit sepiabraunen Schriftzügen ... Die in Kupfer geschlagenen christologischen Münzen der Hilde Broer prägen sich meinem Daumen ein ... Ursula Dethleffs »Bayerisches Requiem« transformiert sich in einem Schmelzvorgang zwischen erkaltenden Glasuren zu barock gerinnenden Bleimolluskeln ... Paul Königs »Walpurgisnacht« rückt in mein Gesichtsfeld mit Fratzen und faustisch verselbständigten Gliedmaßen ... Friedel Dethleff-Edelmanns »Haus der Baba Jaga« verschachtelt sich vor mir ... Hermann Waibels monochromes Polyester-Relief, im Wechselspiel von Licht und Schatten, erzeugt in mir die Illusion, in eine begehbare Fläche einzutreten ... Meret Eichler lädt zu archaischer Einkehr zwischen Schirmen und Häuserkuben bei aufgehobenen Größenverhältnissen ... Gerda von Bodiscos mutierende »Komödianten« machen sich auf den Weg ins blättertreibende Ornament ... Rosmarie Sack-Dyckerhoffs großer, gestrandeter, vom Fleisch gefallener Fisch bittet kniefällig ... Müller-Oerlinghausens bronzegetriebener »Orpheus« hält seine knielastige Leier neben einem sanftäugig hergewandten Walser'schen Einhorn ... Walter Herzgers Vogel flötet im Notenspalier ... Und da ist schließlich Herburgers heikle »Mißwahl« mit seitlich geblasenem Saxophon und den jurierten Hinterbacken einer podestierten Schönheit ... Und da ist – von André Ficus vor die weiße Schmähwand gestellt – die ergreifende Edith Piaf, über sich ein Liebespaar, das die Relationen des Verzichts herstellt ...

Zweierlei nun nehme ich für mich in Anspruch: daß ich einen Beitrag zu Ihrer Erheiterung lieferte, daß ich einen Katalog oberschwäbischer Eigenheiten aufblätterte, wert, vorgezeigt zu werden, wenn die Wachhunde vom Dienst einmal ihren bellfreien Tag haben. Zweierlei nehmen Sie für sich in Anspruch: daß Ihnen das Schmunzeln freigestellt bleibt, weil Sie beneidenswert freigeblieben sind von der scheuklappenlieben Gewohnheit, sich abzukapseln, daß Sie einer auf Abgrenzung versessenen Elite puristischen Zuschnitts ebenso wenig das Wort reden wie einer zufälligen Sammelbewegung von Talenten.

Keinerlei fachlicher Nachweis für eine kritische Würdigung Ihres bildnerischen Schaffens war von mir gefordert, keinerlei Legitimation im Sinne von Kompetenz und Fähigkeit, Sie einzustufen. Eher schon ein zwangloses Ansprechen außerhalb jeglicher Juroren-Pflicht, ein gutnachbarliches Über-den-Zaun-Reden. Dieses problemfreie Sich-Kennen und Sich-Schätzen gab meines Erachtens eine tragfähige Basis ab für diese Plauderei oder – wie es Ihr Geschäftsführer mir hilfreich zum Nachplappern in den Mund legte: für eine Causerie!

Binzwangen zum Beispiel*

Umweltschutz – Umweltgestaltung: aktuelles Schlagwort nur, zugkräftiger Wahlschlager der sozialliberalen Koalition oder kategorischer Imperativ für uns alle? Zugegeben: als Thema einer Festrede klingt das befremdlich in Ihren Ohren. Für den Kleinstädter und ländlich orientierten Bewohner Binzwangens mag sich hinter dem Wortlaut-Donner der professionellen Warner ein Scheinproblem verbergen, ausgetüftelt am grünen Tisch. Verschreckte Technologen, überängstliche Intellektuelle, wichtigtuerische Statistiker mögen sich in der Rolle einer Kassandra gefallen, hochgespielt von verunsicherten linken Vordenkern, die nicht mehr den Sozialismus propagieren, sondern Lebensqualität anpreisen. Aber lassen Sie mich ruhig einmal – bevor ich Binzwangen als Beispiel rühme – diese Schlagworte in den Mund nehmen, die das Unbehagen signalisieren an einer Entwicklung, die bei rigoroser Nutzung der natürlichen Reserven zur totalen Mobilisierung der ungehemmten Produktivkräfte führte und mit steigenden Wachstumsraten Prosperität als Dauerzustand verhieß.

Doch der Konflikt zwischen wachsendem Anspruch und begrenztem Potential der Natur spitzte sich dramatisch zu. Das so oft als Regulativ gefeierte freie Spiel der Kräfte war mit einem Mal empfindlich gestört. Die Selbstreinigungskräfte schienen in Frage gestellt, die Toleranzgrenze fahrlässig überschritten, der Marktmechanismus als Korrektiv nicht mehr Allheilmittel. Eine aufgescheuchte, aus trügerischer Sicherheit gerissene Öffentlichkeit rief nach der Öffentlichen Hand.

Auf den überschaubaren eigenen Lebensbereich übertragen, der sicherlich Ihr festlich geschmücktes Binzwangen nicht ausklammert: empfindlich äußert sich Unmut über Lärmbelästigung, Atemluftverpestung und Bodenschacher, wo hemdsärmlige Spekulation das Ärgernis anschaulich illustriert. Allergisch reagiert auf die Werbe-Slogans von der Heilkraft der Natur, wer auf Präparate der Pharmazie angewiesen ist. Aggressiver formuliert sein Naturverhältnis, wer

* Auszug aus einer Rede vom 5. Mai 1974

romantisch besungene Seen überdüngt weiß mit Waschmittel-Phosphaten und Gülle. In diesen künstlichen Paradiesen der vermarkteten Natur hört Natur auf, ein Gütezeichen, ein Wert an sich zu sein. Nie vergesse ich, mit welcher Ironie eine Kundin in Waldtrudering die treuherzige Beteuerung ihrer Gärtnerin quittierte, als diese Kopfsalat und Möhren anpries: »Garantiert ungedüngt, alles frisch aus dem eigenen Freilandbeet!« – während auf den kleinen Laden unweit der Einflugschneise die Rußschleppe einer startenden DC9 niederging ...

Verstehen Sie es also bitte nicht als literarische Stänkerei, wenn ich Ihre Aufmerksamkeit auf diese wenig erfreulichen Probleme richte. Sind es wirklich nur unschöne Auswüchse? Stelle ich an diesem Ort, der feiertäglich gestimmt ist, spielverderberisch eine zu düstere Prognose? Umweltverschmutzung mit den bedrohlichen Folgen eines gestörten biologischen Gleichgewichts – für den emissionsgeschädigten Bewohner von Ballungsgebieten ist sie bereits statistisch belegbare Realität, für den hellhörig gewordenen Zeitgenossen ein Menetekel von wahrhaft atemverschlagender Dimension!

Umweltschutz – Umweltgestaltung: für eine Festtagsgemeinde wie Binzwangen eine Zumutung? Ich drehe auch gleich die freundliche Kehrseite der Medaille her, suche nach griffigen Formeln der Beschwörung. Umweltgestaltung – so heiter-freundlich das klingt, es ist ein Akt der Notwehr. Einmal angenommen, die Einsicht in die Notwendigkeit einer Umkehr nähme sichtlich zu, liebgewonnene Denkgewohnheiten, eingebleute Verhaltenszwänge würden abgebaut, der Schlendrian würde gestoppt. Leistungswille und Karriere-Denken blieben nicht mehr einzig verbindliche Richtschnur. Umweltbewußtes Verbraucherverhalten im Wettbewerb mit kreativer Phantasie führte zu umweltschonenden Techniken und Verfahren. Das Verursacher-Prinzip würde als bindende Norm gültig und gewänne Rechtskraft. Selbstverantwortlichkeit und freiwillige Beschränkung würden gesellschaftsfähig. Ein wiedergewonnenes Gefühl von Angemessenheit und Augenmaß machte sich breit. Menschenwürde sähe sich neu definiert.

Wenn ein kleiner Ort wie Binzwangen mit seinen 800

Einwohnern in der Lage ist, einen solchen Dorfplatz herzurichten, daß er zu einem Mittelpunkt, zu einem Ort der Begegnung werden kann, der zu Gesprächen – meinetwegen auch zu Kontroversen – Anlaß bietet, dann werte ich das als gutes Omen. Kinder nehmen in der Regel als erste Notiz von der Eignung einer neugeschaffenen Anlage oder Baulichkeit. Für gewöhnlich in Hauseinfahrten, Hinterhöfe, auf Trottoirs oder Garagenvorplätze verbannt, entdecken sie mit dem ihnen eigenen Spürsinn jede neue Möglichkeit, die ihrem Spieltrieb auch nur halbwegs Auslauf und Betätigung verschafft. Kinder sind es vor allem, die über die Tauglichkeit eines öffentlichen Platzes befinden, begierig darauf, ihren eingeschränkten Spielbereich durch Freiräume zu erweitern. Ein solcher Freiraum ist hier in vorbildlicher Weise geschaffen worden.

Auf dem wohlgelungenen Plakat, mit dem Sie für Binzwangen werben, sehe ich Kinder unbefangen ins Spiel vertieft. Sie stehen nicht ratlos herum, sie wissen offensichtlich, wozu dieser Platz taugt, sie haben ihn prompt mit Beschlag belegt. Graphisch eindrucksvoll verfremdet, offenbar nicht bloß als Staffage ins Bild einbezogen, Ziegen, Hühner. Besonders Stadtkinder, technisch-motorisch, auch optisch überfüttert, werten Tiere sicher schon wieder als echte Sensation.

Von oben gesehen, müßte dieser schön geriffelte Mühlstein mit dem umlaufenden Band verlegter Bruchsteine die Form eines speichenlosen Rades annehmen. Dieser Platz, von Elmar Daucher gestaltet, einem Schwergewichtler unter den Bildhauern – ich sehe ihn wie Obelix Hinkelsteine vor dem Bauch tragen –.

Fließendes Wasser mit kaum merklichem Gefälle überspült Wackersteine. Die Radnabe dieses wie vom Himmel gestürzten Riesenrads – der biblische Elias könnte sie verloren haben – bildet einen Mittelpunkt von natürlicher Schlichtheit und Monumentalität. Elmar Daucher, mit sicherem Gespür für das Angemessene, hat Binzwangen etwas sehr Persönliches hinterlassen. Auf die im Plakat gezeigten Ziegen und Hühner anspielend, riskiere ich einen durchaus verständlichen, leicht verzeihlichen Scherz: was hier in Binzwangen noch fehlt, ist eine neue Spezies aus der Gattung der Tauchvögel, der »Hängestein-Daucher«. Diese Bezeichnung fiel mir spontan ein, als ich dieser Tage Dauchers »Porträt der Woche« las.

Zu meiner Person ist zu sagen, daß ich als gebürtiger *Wolfegger* mit der Genealogie oberschwäbischer Erbgrafen und gefürsteter Grundherren bestens vertraut sein müßte. In einem so geschichtsträchtigen Landstrich, wo älteste Siedlungs- und Herrschaftsformen durch Funde belegt sind, wäre es keine bloße Verbeugung vor der geheiligten Tradition, wenn ich stichwortartig Namen, Daten und Orte einiger herausragender Epochen aufzählen und anspielungsreich kommentieren würde. Etwa die höfische Variante, Aufstieg, Blütezeit und Niedergang der verarmten Veringer, der Justinger Freiherren, der Herren von Grüningen und Ingstetten. Der Truchseß wäre zu erwähnen – nicht der Bauernjörg zu Waldburg, sondern der auf Burg Landau, dem »ein Drittel des Gerichts zu Binzwangen« zufiel. Schenkungen, Verpfändungen, Erbteilungen, Einheiraten, Raubzüge, Übergriffe. Um eine Kostprobe auzubieten: von dem Württemberger Hartmann dem Älteren konnte Beham von Passau 1255 sagen: »er beherrscht Schwaben mit Hilfe der Kriegsmacht seiner Blutsverwandten . . .«

Doch brauche ich mich vor Ihnen gar nicht zu brüsten; diese Namen kennen Sie besser als ich, gelte ich doch, was Lokalhistorie anbetrifft, als nicht sonderlich beschlagen. Ein akademischer Festredner zöge nun gewiß alle verfügbaren Register; er stimmte einen vollen Grundakkord in herbem Moll an. Frühgeschichtliches, Eiszeitliches drängte erkältend herauf, lieferte ihm ehrfürchtige Schauer und die tiefere Stimmlage. Ein Festredner von Geblüt ließe es sich nicht nehmen, Sie zu einem atemberaubenden Abstieg in die Vergangenheit zu überreden. Als Experte der Hallsteinzeit, als Kenner keltisch-illyrischer Kultformen, als Archäologe, der von Grabgelegen auf der Heuneburg zu berichten wüßte, von Schnurkeramik und Toten in gestreckter Lage. Die Jahrtausende heraufschreitend, ließ er die einzelnen Epochen vor seinem geistigen Auge Revue passieren, gäbe sich schlicht als Archivar des geologisch jungfräulichen Landes. Er ordnete souverän geschichtliches Spielmaterial. Als ein »Übergreifendes« träte unverhüllt hervor das abendländische Erbe.

Voll in die Tasten greifend, legte er ein machtvolles Bekenntnis zur eigenen Region Oberschwaben ab, die er liebendgern als pädagogische Provinz sähe. Um zu zeigen, was er an abrufbarem Wissen über Ihr Binzwangen gespeichert hat, machte er schnell noch einige verblüffende Aussagen über die heimische Topographie, die gewachsene bäuerliche Tradition, die gewerbliche Struktur, berufliche Mobilität, schulische Effizienz, religiöse Substanz und kulturelle Ausstrahlung. Seine Schlußworte von bezwingendem Charme umkränzt: »Ich stelle Binzwangen in schöner Unbefangenheit eine durchaus günstige Prognose, dies trotz aller Unkenrufe von links, dies trotz gewisser berechtigter Warnungen. Mit Systemveränderern linker Couleur aber bleibe man ihm gefälligst vom Leibe.« Seine Stimme wirkte hierbei erstmals ein wenig verkrampft und unsicher.

Ohne falschen Zungenschlag

Einen »Nachruf zu Lebzeiten« zu schreiben, das hört sich reichlich absonderlich an; das klingt wie der sinistre Spaß eines Lebensmüden, eines mutwilligen Radieschen-Beschauers und gelernten Wegtreters. Mit allem versorgt, was ihn am Leben erhält, schlüpft er wie zu einer makabren Maskerade in ein vorgehaltenes Sterbehemd, spielt bis zum Wecken mit dem Gedanken an seinen fiktiven Tod. Das kommt mir vor, als nähme ein Mann bei guter Gesundheit, aber nicht ganz bei Trost, Anprobe bei den Kartäusern. Eine wie erfunden wirkende Filmszene schnurrt dabei in kuriosen Sequenzen ihr kaltes, überbelichtetes Zelluloid ab: ein unernster Mensch denkt sich einen Trick aus, wie er zu einem Begräbnis Erster Klasse kommen könnte. Er wählt seine Trauergäste aus Preisrichter-Gremien aus, die ihn lebenslang totschwiegen. Er nimmt die angereisten Kollegen ungefragt in Pflicht, beordert sie mit tiefverschleierten Verehrerinnen vor den Katafalk. Molltöne des Überzeitlichen rieseln aus verschwenderischer Chrysanthemen-Pracht. Ein geübter Bauchredner schon immer, hält er sich selber die Trauerrede, daß es seinen borniertesten Kritikern nur so durchs Gemüt schauert: er badet sich in schönem Selbstlob wie in einem warmen Medaillenregen. Bevor er in verschneiten Thujahecken untertaucht und unerkannt verschwindet, überredet er selbst seine voreingenommenen Landsleute zu dem tränenerstickten Ausruf: Wie er uns noch am offenen Grab beschämt! Ein wahrhaft denkwürdiger Abgang ——.

Nach ganzseitigen Nachrufen und einer profunden Würdigung – sein bloßes Wunschdenken würde gehätschelte Wirklichkeit: die *Landser*-Großbände des Pabelverlages verschwänden aus den Kiosken. Kirst, Konsalik und Konsorten streckten vor der Kleinarbeit seiner unheroischen Einzelgänger die Waffen, nähmen den längst fälligen Berufswechsel vor. Marine-Kameradschaften und Traditions-Verbände lösten sich freiwillig auf, vermachten ihre gesamte Barschaft in einer hochherzigen Schenkung einem Fond für Wehrdienstverweigerer. Eine höchst wünschbare Fernwirkung träte ein . . .

Um ernsthaft zu fragen: bedeutet die Aufforderung, einen »Nachruf zu Lebzeiten« zu schreiben, nicht vor allem, das Wenige, was zu sagen bleibt, rasch zu sagen und dann stillschweigend abzutreten? Ich denke doch, für einen Schreibenden besagt sie, sich der melancholisch stimmenden Einsicht zu beugen, daß ihm ein zweifacher Tod zugemutet wird: das Verstummen in der Öffentlichkeit und sein Ableben als natürliche Person. Gemeint ist demnach der gesellschaftliche Abschied, oft genug Jahrzehnte vor seinem physischen Ende.

Die nicht gerade mit überschwenglicher Gelassenheit hingenommene Entdeckung: mein Abtreten als sogenannter Kulturschaffender fällt nicht unbedingt mit meinem Ausscheiden als Paßinhaber zusammen. Ein berufslos gewordener Sozialrentner im wahlfähigen und wählbaren Alter überlebt sich also, ohne gleich wie eine Primel einzugehen, der man das Wasser entzieht. In seiner wohlgelittenen Eigenschaft als Mieter, Heimsparer, Invalide gewöhnt er sich an den schlimmen Gedanken, daß sein Name lediglich in Hauslisten und Einwohner-Karteien geführt wird. Falls es für ihn je so etwas wie Zeitgenossenschaft gegeben haben soll, falls seine linksgestrickten Außenseiter je in Laufställen vorgeführt worden sind, als literarische Eintagsfliegen eine Art Schonfrist genossen haben – nimmt er das rasche Vergessenwerden am besten wie ein Altersgebrechen hin.

Unnötige Demütigungen erspart sich, wer der lachhaften Bemühung, die eingeredete Wirksamkeit als Wirken in der Öffentlichkeit aufzubauschen, beizeiten abschwört. Zerstritten mit sich und einer Umwelt, die privates Ungemach wie ein gutverdauernder örtlicher Organismus schluckt, unsicher in der Bewertung seines moralischen wie politischen Stehvermögens, bleiben ihm als traumatisch Vorbelastetem Rückzieher in die geschmähte Vergangenheit, die ihn als Typus des »empfindlich Geschädigten« massenhaft produzierte, bleiben ihm stille Mitgliedschaften oder ein fragwürdiger Ruhm als lokale Größe . . .

Ich bin – und das sage ich ohne falschen Zungenschlag – Volksschüler, Handwerker, Umschuler, Autodidakt. »Im Taghaus der Sonne, in Konjunktion mit Merkur und Neptun, gut aspektiert von Jupiter, Mars und in Opposition zum Mond«, bin ich – ohne sonderlichen Respekt für solche astralen Verknüpfungen – als Sohn des Schuhmachers Julius Johann und der Zuschneiderin Anna Wimmer am 7. August 1922 geboren. Die Vierte Dimension war entdeckt. Das Blausäure-Attentat auf Scheidemann hatte Schlagzeilen gemacht. Mussolinis Schwarzhemden bereiteten ihren Marsch auf Rom vor. Die Inflation begann, mit wertlosem Papiergeld um sich zu werfen ...

In einem Schulaufsatz schrieb ich zum nicht geringen Verdruß meiner zweiten Mutter: »Ich bin im Schatten des Schlosses *Wolfegg* zur Welt gekommen – –.« Achtzehn Jahre später – das Indiz meines frühen Hochmuts befand sich noch immer wohlverwahrt in einer Schublade – bestätigte ich für mich die kühne Ortsangabe: Die Mauern des einstigen Mesnerhauses liegen wirklich im Schatten.

Vom eigentlichen Leben sah ich nicht allzu viel, Liebe als Mangelware war scharf rationiert. Für die frisch vergatterten Stoppelhopser zeigten sich Mädchen höchst selten auf Nahkampf-Distanz. Als zeitgemäßer Ersatz für Geschlechter-Liebe bot sich Wehrertüchtigung an. Sportlicher Ehrgeiz lebte sich aus vor Minensperren und Flandernzäunen. Die abgewandelte cäsarische Formel lautete nun: (Kommiß-)Brot und (Zusammensetz-)Spiele mit zerlegbaren Karabinern ...

Die immer hektischeren Stellungswechsel, die zur Preisgabe von Landstrichen führten, die russische, polnische und pommersche Namen trugen, verleideten mir gründlich die Lust für jegliche Art von Standort-Verlegung. Ich reise leidenschaftlich gern – mit kleinstem Gepäck, belasse aber totes Inventar lieber an seinem angestammten Platz ...

Die eingefleischte Gewohnheit, auch im Liegen auf dem Sprung zu sein, hat mich schreckhaft gemacht. Wenn ich einmal sicher sein kann vor Träumen, in denen ich nicht mehr das krampfhafte Wegdrehen meines jetzt vor Schüssen doch so sicheren Nackens übe, schaffe ich mir ein Lehrbuch für Stoiker an ...

Die ersten literarischen Fingerübungen fielen in die Zeit der Feldpostbriefe; das übliche stilisierte Lamento. In Gefangenschaft konfuses Märchen in holprigen Trochäen; das einzig Originelle daran: das verwendete Papier, das aus Brotsäcken der amerikanischen Armee stammte. Im Sommer und Herbst sechsundvierzig szenische Entwürfe auf den Latrinen diverser Münchner Baustellen. Ein Flickschneider stümpert sich durch fünf Hosenbeine hindurch, ein tragbares Kleidungsstück kommt dabei nicht zustande. Noch einmal also das mißverstandene klassische Klempner-Schema, noch einmal die magische Claudel'sche Fünf. Ein Kessel Buntwäsche, mit Manuskripten zum Kochen gebracht, lief sechsundfünfzig über, machte den Weg frei für den poetischen Weißzeug-Näher . . .

Die gleiche Sterndeuterin übrigens, die mir das Horoskop für mein Geburtsjahr stellte, erklärte im Juli siebenundsechzig, daß »Jupiter die Sonne mit Anhang überquere und ein Sextil zum Aszendenten werfe«. Zweiundsechzig schon will sie mich »sportlich angezogen in der Art des frühen Goebbels« geortet haben. Fatal inspiriert, meinte sie in einem Nachsatz: »Der Klient kann namhaft werden, er kann sich einen Namen machen; aber er muß einsam sein können– –.« Das sichtbare Siebtel Eisberg, das aus dem Wasser ragt; was darunter schwimmt, meine ich, bleibt auf jeden Fall einsam . . .

In kollegialem Respekt

Dank für damalige Weitsicht*

Bei welchem gesellschaftlichen Anlaß ich Ihre Bekanntschaft machte, vermag ich – verehrte Frau Dr. Müller-Gögler – nur noch auf gut Glück zu raten. Ich fürchte, ich berichte nicht mit jener Zuverlässigkeit, die den seriösen Chronisten kennzeichnet. Naheliegend die Vermutung, daß sie mehr beiläufig erfolgte, anläßlich eines ersten Kontakts der »Jungen Schauspielgruppe« in der Hektik einer Stell- oder Sprechprobe. Ich sporne mein lädiertes Gedächtnis zu einem regelrechten Kraftakt an, rufe Ihnen Stichworte zu: *»Um's göttlich Recht!«* Gerd Schulz in der Hauptrolle des Hurlewagen, Ihre Schwester Meli und der Cafetier Hoch in tragenden Rollen; Kurt Meysel, ehemaliger Dramaturg am Lessing-Theater Berlin, den es nach Oberschwaben verschlagen hatte, als Gastregisseur; sein munteres Ensemble, das aushilfsweise Chargenspieler stellte und gehobene Komparsen.

Als Inspizient hatte ich mir die ersten Sporen verdient, nicht als schreibender Eleve, obwohl ich ein fünfaktiges Seelen-Drama verbrochen hatte, im ehrgeizigen Wettbewerb mit dem jungen Baienfurter Arthur Renz, der sein pubertäres Erwachen in seinen »Frühlingsstürmen« jambisch-daktylisch sublimiert hatte. Es war die Zeit des hochherzigen Aufbruchs mittelloser Akteure, die sich moralischer Aufrüstung ebenso verschrieben wie dramatisch-lyrischer Improvisation. Robert Wiedmann dozierte, aristotelisch gesinnt und lässig zwischen Schulbänken hängend, vom »Nus, dem unbewegten Beweger«; Karl Adolf Sauer, Claudels »Seidenen Schuh« interpretierend, begeisterte ein wachsendes Auditorium mit prachtvoll nachklingenden rheinischen Diphtongen; Reinhold von Walter, der spätere Pasternak-Übersetzer, trug mit Verschwörer-Miene vor einer Handvoll Zuschauer erste Auszüge aus dem Roman »Dr. Schiwago« vor; Helmut Jaeger, schwierig als Zeitgenosse, verletzbar als Künstler, wachte asketisch streng

* Aus: *Stimmen der Freunde* zum 80. Geburtstag von Maria Müller-Gögler

über den Primat der reinen Dichtung, während der Königsberger Peter Armborst im Habitus des verwöhnten Haus-Poeten epikuräische Lebensart lehrte.

Ein deutlicheres Signal zu ernsthaftem Aufbruch: Ihr Hinweis auf Peter Hamm, der als Schüler in einem ausgeräumten Hotelzimmer Gedichte las und den Sie als Ihren Schützling mütterlich umsorgten. Ich brauche Ihnen, verehrte Frau Dr. Müller-Gögler, diese Episode nicht haarklein nachzubuchstabieren. Aber vielleicht nur soviel: Ich kam zu dieser Lesung etwas zu spät, mußte mit einem Stehplatz im Hausflur vorlieb nehmen, hörte also nur um vier Ecken herum diese leidenschaftliche Stimme. Wissen sollen Sie aber, daß diese von Ihnen angeregte Begegnung mich erst zu einer Konzentration meines bescheidenen Talents zwang, in dem sich eine beschädigte Natur und eine durch den Krieg verschreckte Phantasie zu sprödem Ausdruckswillen formierten. Nachträglich meinen Dank für Ihre damalige Weitsicht, die die Weichen stellte für eine literarische Laufbahn von begrenzter Dauer.

Ein so hochkarätiges Jubiläum feiert jemand wie Sie gewiß nicht im stillen Kämmerlein wehmütigen Gedenkens. Das Mai-Datum führt an den Nullpunkt zurück, an dem dieses Jahrhundert begann, löst Erinnerungsschübe aus. Zweimal brach die menschenverachtende Kriegsfurie aus ihren mörderischen Idyllen aus. Ihr titelreiches Werk, das die erzählerische Tradition gewissenhaft fortsetzte, innerhalb des Wertekanons christlich-humanistischer Bildung, und einprägsame, melodische Gedichte hervorbrachte, die Hesses stilles Entzücken waren, nötigt mir, der ich einen sparsamen Gebrauch von den überlieferten Stilformen machte, weniger Respekt ab als vielmehr bewunderndes Staunen darüber, daß Sie dieses ungeheure, selbstauferlegte Pensum schafften. – Fritz Diettrich, der mit unnachahmlicher Grandezza auftreten konnte (ich entsinne mich, wie er einmal beim *Gaissmaier* die ganze weibliche Belegschaft ins Schwärmen brachte, dabei erstand er lediglich zwei Bananen zum Preis von 25 Pfennig!), damals zeigte er mir ein Regal voll selbstverfaßter Literatur, sagte kühl: »Solange Sie Ihr Œuvre nicht mit ausgespannten Armen umfangen können, können Sie nicht wirklich mitreden!« – Sie haben – verehrte Frau Dr. Müller-Gögler – so schätze ich

Sie ein – den geforderten Diettrich'schen Meter längst vorzuweisen und Gewichtigeres dazu.

Eine im schwäbischen Oberland so dominierende Erscheinung wie Sie mag manches erfolglos schreibende Talent melancholisch, ja trübselig stimmen. An Ihrem vielschichtigen erzählerischen wie lyrischen Œuvre wird deutlich, was solch lebenslanges Verhaftetsein im schöpferischen Eigensinn vermag. Der Abstand wird sichtbar zwischen dem reichinstrumentierten Lebenswerk und einer literarischen Suite, wie ich sie pflege. Was Natalie Beer für Vorarlberg ist, das sind Sie fürs lesende Publikum zwischen Donau, Iller, Schussen und See: die Nestorin heimischer Dichtkunst, gleichsam ein Synonym für herzhafte Poesie und gemütstarkes Erzählen, das verbindlichen Regeln folgt. Die Literatur einer Region bedarf solcher Symbolfiguren, in denen sich dichterisches Ausdrucksvermögen brennpunkthaft sammelt und nachvollziehbar bleibt im gutwilligen Konsumenten. Ihre künstlerische Wirkung ist – um eine griffige Formel zu wählen – flächendeckend, meine hingegen punktuell.

Literaten von schwächlicher Antriebskraft profitieren sichtlich von Ihnen; sie gewinnen sozusagen erst unter Ihrem Matronat Statur und Respektabilität. Ohne Ihre Präsenz nähme nicht einmal das künstlerisch ansprechbare Publikum hierzulande experimentelle Literatur ernsthaft zur Kenntnis.

In kollegialem Respekt

In Memoriam Reinhold von Walter

Ich habe den Hofrat aus Petersburg nicht gut genug gekannt, um sagen zu können, ich sei mit diesem hochgewachsenen Deutschbalten im vertrauten Umgang gestanden. Aber ich kannte ihn länger als die meisten seiner Verehrer und Bewunderer hier, und das räumt mir vielleicht das Vorrecht ein, mich einigen erinnerten Episoden zuzuwenden. Reinhold von Walter tauchte in den Nachkriegsjahren im Ravensburger Kulturleben auf, das noch ganz im Zeichen von Hunger-Improvisationen stand und unterm menschenfreundlichen Patronat von Gouverneur Pierre Ulmer. Reinhold von Walter war eine jener singulären Erscheinungen, deren Faszination man sich nicht entzieht, ein integrer Mann, dessen Auftreten wie ein Wunder anmutete. Durch welche Glücksverheißung oder Vorbestimmung war dieser schutzbedürftige und so herrlich unbekümmerte Mensch durch die Kriegswirren gekommen? Welcher Engel hatte ihn hergeleitet in diesen oberschwäbischen Wetterwinkel, nach Kölner Bombennächten inmitten seiner mutterlosen Kinder? Begegnet bin ich ihm in regelmäßigen Abständen in einem der Schulsäle unterhalb des Mehlsacks. Als kurzatmiger ambulanter Dauerhörer in schwach besuchten Semestern, begleitete ich den Hofrat häufig zu Vorlesungen der hiesigen Volkshochschule, und fast immer auf halber Treppe überließ ich dem damals schon Siebzigjährigen den Vortritt.

Deutlich in Erinnerung geblieben sind mir Szenen im Vorraum der Gewerbeschule. Einmal erschreckte ihn offenbar der bemerkenswerte Zulauf von Hörern. Ich hatte einfach nicht den Mut, ihn darauf aufmerksam zu machen, daß die überwiegende Mehrheit dieser Bildungshungrigen, bei der das weibliche Element eindeutig überwog, ins Kolleg nebenan gehen würde. In dem leeren weißen, gespenstisch nüchternen Raum unter Milchglasleuchten das verschwindend kleine Häuflein seiner Getreuen. Rührend seine Bitte an mich um gewissenhafte Zählung der Hörer, getrennt nach Geschlecht und Altersgruppe, obwohl ein Schulkind der Grundstufe hätte aufzählen können, daß drei Damen und zwei Herren verteilt in unbequemen Bänken saßen. Unvergeßliche Abende bei geöffneten Fenstern vor den Kerzenbäumen der Kastanien. Die schon damals kaum hörbare Stimme, das abgewandte Sprechen gegen die Wand, die in Schaukästen Lehrproben von Zunftgenossen vorwies. Immer mir vor Augen dieses eigenartig verletzbare, hautlose Profil, das streng mit verlängertem Hals und Langschädel an die Porträtbüste Barlachs erinnerte.

Erinnerlich geblieben ist mir vor allem jene Vorlesung über das Kirchenschisma, die der Hofrat unvermittelt abbrach, um wie nach schwerem inneren Kampf und nach stockender Einleitung, in der mehrfach Worte und Halbsätze über »Agenten« und »Geheimnisverrat« fielen, ein Kapitel jenes Romans vorzutragen, der die Sensation des Buchherbsts 1958 bilden sollte. Des Hofrats hochgespielte nervöse Empfindsamkeit in diesem vorangehenden Sommer. Von dem mausgrauen *Porsche* des Verlags-Lektors gehetzt, der die übersetzten Kapitel einzeln abholte, übertrug er den Pasternak'schen Buchriesen »Dr. Schiwago« unter der Unerbittlichkeit des Einpeitschers, der gegen die Uhr anläuft. Ich habe ihn früher, als er noch in der Spohnstraße als mittelloser Pensionär über livländische Genealogien und österliche Parusie sprach, häufig besucht. Mit einem in seinem Handtuch-Garten gefällten morschen Zwetschgenbaum hatte ich mir sichtlich mehr Respekt erworben als mit meinen literarischen Gehversuchen. Eine seiner sinnreichen Widmungen bezieht sich nicht von ungefähr auf diesen Kraftakt. Unverändert Reinhold von Walters verletzbare Gegenwart unter dem Kristallüster vor einem Fenster voller Kakteen. Zwischen Stößen russischer Literatur, nachgedunkelten Ikonen und einer Wandbatik mit den Faßbaender'schen Zwölf Aposteln in glücklichen Augenblicken gelöstes Rezitieren von Versen Bloks, Jesenins und Majakowskijs. Ich in tapferem Eingeständnis meiner Bildungslücken vor dieser hermetischen Bilderwelt oder mich zur Wehr setzend mit dem verbalen Ingrimm des Autodidakten.

In seinem geräumig lichten Haus über dem Andermannsberg, zu Füßen den zypressenreichen Friedhof – ein Anblick, der ihn nicht erschreckt haben dürfte – besuchte ich ihn seltener, schon des zeitraubenden Anmarsches wegen. Nie ist mir ein Mensch fremder und verehrungswürdiger erschienen als dieser Deutschbalte, der sich weigerte, sein geliebtes Petersburg, dem er seine expressivste, vielleicht exaltierteste Dichtung widmete, in Leningrad umgetauft zu sehen. Von den älteren Künstlern, die ich kannte, besaß er jene Eigenschaft wohl am ausgeprägtesten: Glaubensinbrunst, gepaart mit Anmut und Generosität. Es war ein glücklicher Gedanke, ihn zu seinem 80. Geburtstag öffentlich in einer Feierstunde zu ehren. Eine spätere Huldigung hätte einem Menschen gegolten, der nur noch für eine Ehrung bereit schien: die Weihe des Todes.

Nachruf auf einen Frühvollendeten

Als Heimkehrer, ohne die Möglichkeit einer Heimkehr, verschlug es den jungen Ostpreußen nach dem Krieg ins schwäbische Oberland, in diese ihm so wesensfremde Provinz. Bei einem Geschwisterpaar, das in Ravensburg ein elterliches Erbe verwahrte, fand *Peter Armborst* zunächst einmal eine Bleibe, bald darauf aber eine anheimelnde Unterkunft. Ich entsinne mich des kleinen schmalbrüstigen Häuschens in der Altstadt mit Vergnügen und Wehmut. Die beiden ältlichen Mädchen wetteiferten geradezu, den ehemaligen Soldaten und Flüchtling an Sohnes Statt aufzunehmen. Armborst hatte den Sommer vierundvierzig in der Nähe von Minsk nördlich der Rokitno-Sümpfe zugebracht. Wie er mir erzählte, gehörte er zu einer Einheit, die einen Eisenbahn-Stützpunkt besetzt hielt. Gefährlich allein lief er die ihm zugeteilte Strecke ab, oftmals weit entfernt von jeder schützenden Palisade. An seine Berichte über jene erbitterten Rückzugskämpfe erinnere ich mich nicht mehr in Einzelheiten. Ich weiß eigentlich nur noch, daß er auf Umwegen hierher kam; einem glücklichen Umstand verdankte er es, daß ihm Gefangenschaft und Zwangsarbeit erspart blieben.

Die überaus anregende, eine zweite Jugend nachholende wie parodierende Zeit bildet denn auch den Schwerpunkt meiner Erinnerungen an diesen sprech- und sprachbegabten Außenseiter. Ich sehe ihn noch vor mir, in seinem selbstentworfenen Hausrock, zu dem er phantasievoll geschnittene Stoffschuhe trug und ein schwarzseidenes Barett. Er liebte Lampen als abstrakte Formgebilde; eine davon, die er selbst gebastelt hatte, stand lange zum Befremden meiner Kusine, die in ihm »ihren ersten Dichter« sah, in der niederen Stube. Armborst besuchte als Nachholschüler das *Spohn'sche Gymnasium,* machte seinen Deutschlehrern die Hölle heiß, erhielt einen begehrten Schülerpreis und spielte als Dorfrichter Adam im »Zerbrochenen Krug« teils Kleist, teils Armborst. Bei einem Rutenfest-Umzug sah ich ihn mit seinem Klumpfuß

* Peter Armborst, Ravensburger Lyriker, † 1957

und dem angeklebten Bart an der Spitze seiner Mitspieler durch das Obertor humpeln.

Er war seiner Herkunft nach ein verschlossener Grübler, seiner zweiten Natur nach aber ein Schalksnarr. Er führte in Gegenwart seiner schwerfällig reagierenden Gastgeber allerlei Possen auf, ließ sich mit Charme und gespieltem Sarkasmus in der schwesterlichen Klausur nieder. Die feierlich anberaumten Leseabende bestritt er als unumschränkter Hausherr zwischen Fünfliter-Humpen räsen Apfelmosts. Er war ein Magier des gesprochenen Worts. Wenn man ihn in seinem schwarzen Habitus über handgeschriebenen Manuskripten erblickte, sah er verändert und um Jahre gealtert aus. Er war ein trinkfreudiger Kumpan, wenn die abendliche Weihestunde aufgehoben war und der Possenreißer seine genierlichen Zuhörer von einer Verlegenheit in die andere stürzte.

Später – das Abitur war geschafft – heiratete der geborene Einzelgänger und Alleinunterhalter, ohne seine Freunde auch nur mit einem Wort verständigt zu haben. Er verließ die Mädchenhochburg in der *Oberen Breite,* nistete sich unterm Geisterdach der *Spohn'schen Remise* ein und verschanzte sich mit seiner Frau zwischen geschmackvollen Stilmöbeln. Als angehender Buchhändler machte er seinem Lehrherrn, als gewitzter Vater seinen beiden Söhnen zu schaffen. Er klebte an die Wände allerlei seltsames Kartenmaterial, legte sich Pfeife, Fidibus und gelegentlich im Sommer einen Bart zu. Er umgab seine Liegestatt mit einer respektablen Flaschen-Galerie. – Ein frühes, standhaft verschwiegenes Leiden nötigte den herzhaften Zecher zu vermehrtem Alkoholgenuß. An Nachmittagen in einer windgeschützten Gartenecke bildete er den Mittelpunkt manch scharfsinnig interpretierender Plauderei. Selbst noch im vorgerückten Stadium der heimtückischen Krankheit war er unterhaltsam und voll schwer verständlicher Anspielungen. Langeweile konnte in seiner Gegenwart nicht aufkommen, auch dann nicht, als er sich mehr und mehr zurückzog. Er schrieb eigenartig spröde Verse, die, vom ihm vorgetragen, hartnäckig im Gedächtnis hafteten. Er brachte eine Unzahl halbfertiger Skizzen zu Papier, die er als Durchschläge vorzeigte und niemals verbesserte.

In seinem Nachlaß, der die ganze Nachlässigkeit dieses

begabten Fragmentarikers zutage förderte, fand sich Skurriles, Spukhaftes, Versponnenes, Geschichten voll rätselhafter Monotonie neben Entwürfen zu schwierigen Kriminalstükken, die nicht einmal fortlaufend numeriert waren. Zeitweilig zog er als Archivar in die Landes-Bibliothek, saß über irgendwelchen Familienakten und Notariatsbeschlüssen aus der Zeit der Gänsekiele und Streusandbüchsen. Er schlief, wie er mir berichtete, mehrmals schon morgens an seinem Pult oder Schreibtisch ein, vermochte sich nur mühsam auf seine Arbeit zu konzentrieren. Eine günstige Offerte berief ihn in die namhafte Galerie »Valentin«, wo er noch einmal Anregung fand und Gelegenheit zu kenntnisreichen Gesprächen.

Im Frühsommer siebenundfünfzig klagte er wiederholt in Gegenwart meiner Frau, der er stundenlang vorlas, über Schwindelanfälle und unerträgliche Kopfschmerzen. Voller Todesahnung sprach er von literarischen Plänen (eine Art Hörspiel schwebte ihm vor über den Bombenabwurf auf Hiroshima). Er, der weder sentimental noch besonders anhänglich war, vermachte mir ein Blatt aus einer Mappe Franz Marcs. Er erlebte noch einige unbeschwerte Urlaubstage, ruderte auf dem Untersee, lag, wie man mir nachträglich mitteilte, ein letztesmal an der Sonne. Die tödliche Krankheit schlug zu. Einunddreißigjährig starb Peter Armborst; es war der 6. Juni 1957. Ihm aus dem Gedächtnis diesen Nachruf zu widmen, ist ein Freundesdienst, den ich ihm gern erweise, vorausgesetzt, er gibt mir – aus dem Jenseits gönnerhaft herüberwinkend – sein Placet.

Ein Nestflüchter macht seine Aufwartung*

Ich habe einen Freund anzusagen. Einen Kollegen vorzustellen, als assistierender Lyrik-Interpret – da müßte ich wohl passen! So aber komme ich leger in anrempelnder Direktheit: *Peter Hamm*, im klösterlichen Altdorf aufgewachsen, verlor früh seine Mutter. Sein Vater war praktizierender Tierarzt in Vogt. Seine Kindheit verbrachte Peter Hamm im Haus seiner Großeltern. Nach seiner ersten Lesung in einem ausgeräumten Zimmer des Hotels »Waldhorn« schrieb er mir wie zur Warnung: »Für Sie ist es das Beste, wenn Sie mich gleich abschütteln, denn leicht ertrinkt man, wenn man einem Ertrinkenden helfen will!« Nun, wir sind beide nicht ertrunken. Sein öffentliches Wirken, das in mir Begeisterung wie Besorgnis auslöste, versuche ich mir – Bilder beschwörend, Klängen lauschend – zu vergegenwärtigen. Eine Entwicklung blättere ich auf, die außerhalb pädagogischer Norm verlief und gutbürgerlicher Reputation, eine künstlerische Entfaltung, die vom expressiven Aufschrei über rabiates Verweigern zu brillanter Eloquenz führte und in ihrer lyrischen Ausdruckskraft zu Gedichten, die nahe am Verstummen liegen.

Bevor ich in die Anfänge dieser Freundschaft zurückblende, verweise ich pflichtschuldig auf den »Kulturspiegel«–Redakteur, den Verfasser und Herausgeber, den Filmemacher und Lyriker, statte ihn mit dem obligaten bibliographischen Signalement aus: 1956 »Sieben Gedichte«, 1957 »Licht hinterm Eis«, 1961 Herausgabe tschechoslowakischer Lyrik und der Gedichte Arthur Lundquists, 1966 »Aussichten« (Lyrik-Anthologie), 1968 »Kritik – von wem / für wen / wie?« (eine Selbstdarstellung deutscher Kritiker), 1980 »Robert Walser, Leben und Werk in Daten und Bildern«, 1981 »Der Balken« (Gedichte bei Hanser-München). Filme über Hans Werner Henze und Ingeborg Bachmann vermag ich nicht exakt zu datieren.

In Pfullingen bei Neske Verlags-Praktikant, an der Ulmer Hochschule für Gestaltung selbsternannter Presse-Referent, wählte er schließlich München und Tutzing zu seinem Domi-

* Peter Hamm, Lyriker aus Weingarten

zil. Seit gut einem Jahrzehnt pendelt der rastlos reisende Literat zwischen den Metropolen, wie ich zwischen Ravensburg und meiner Kappeler Dauerbaustelle. Sein Auftritt im gleichen Hotel, in dem er sein Debut als Junglyriker gab – ein Akt der Versöhnung oder schlicht der nachbarlichen Reverenz?

Als ich ihn 1954 kennenlernte, absolvierte der 16jährige gerade eine Lehre als Buchhändler. Er beendete sie vorzeitig wegen Meinungsverschiedenheiten mit seinem Lehrherrn. (Benns Schlüssel-Vokabel vom »gesteilten Leben« lieferte wohl den Zündfunken!) Der Internatsschüler von Wurzach, der keinen Abschluß schaffte, eine triste Hilfsarbeiter-Episode bei der Häute- und Fellverwertung in der »Höll« mehr durchlitt als durchlief, landete in einer Lindauer Nobelbuchhandlung. Als er sich Nobelpreisträgern, die eine Signierstunde gaben, allzu forsch näherte und sie in tiefsinnige Diskussionen verwickelte, wurde er kurzerhand gefeuert. Wie schon so manchesmal wurde ihm seine frappierende literarische Beschlagenheit, unterkühlt von seinem ironieversetzten Charme, zum Fallstrick. Seine Gastspiele jedenfalls waren von kurzer Dauer.

In den Jahren 1955–1957 traf ich Peter Hamm regelmäßig im Forsthaus Weingarten. Ich lernte seine zweite Begabung kennen: sein angeborenes musikalisches Talent, ein Erbteil mütterlicherseits, das er eher verschlampte als ehrgeizig pflegte. Oft improvisierte er am Klavier oder lauschte, die aufgeschlagene Partitur auf den Knien, die Interpretation des Dirigenten kritisch kommentierend, einem Satz aus Bruckners Vierter Symphonie oder auch Brahms' Zweiter. Vor dieser selbstvergessenen Art, sich in Musik zu verströmen und doch voll vibrierender Konzentration ihrem Kompositionsgesetz auf der Spur zu bleiben, saß ich nicht selten so perplex wie geniert. Und wenn Peter Hamm in unserer Mansarde oberhalb der Brunnenstube, diesem Traumwandler-Quartier für unbehauste Lyriker, von meiner Frau mit obligatem Mitternachts-Imbiß versorgt, mit von der eigenen Verzauberung nachschwingender Stimme Gedichte vortrug, war meine Aufnahmefähigkeit für ein solch massives Exerzitium oftmals nah' am Kippen.

Ein über zwei Jahrzehnte sich hinziehender Brief- und Besuchswechsel, verknüpft mit gemeinsamer Kollegen-Beschnüffelung, festigte eine Beziehung, die offensichtlich auf Sympathie beruhte, nicht auf Übereinstimmung gleichgerichteter künstlerischer Interessen. Auf Verlags-Empfängen parkettsicher, in Debatten kompromißlos, doch ohne ideologische Blickfixierung, die mich an gewissen Sprechern der linken Münchner Szene störte, erwies sich der junge Weingärtler als ebenbürtiger Kontrahent, als professioneller Literat, der sich mit ZEIT-Essays früh einen Namen machte. Unstreitige Höhepunkte der sechziger Jahre: die gemeinsame Reise nach Sofia als Gäste des bulgarischen Schriftstellerverbands, die erste Begegnung mit Ingeborg Bachmann in der Spiegelgasse zu Zürich. Verheißungsvoller Auftakt: die öffentliche Ehrung von Nelly Sachs, der späteren Nobelpreisträgerin, im Neuen Schloß zu Meersburg – Peter Hamm und ich fungierten als ihre Kofferträger.

Als hochtalentierter Kritiker geschätzt, als Herausgeber umworben, zur Freundschaft begabt wie selten einer, war der Partiturenlesende, Mappen voller Lyrikbände mit sich herumtragende jugendliche Rebell, der nachts über den Marienplatz geisterte, für mich ein Phänomen geniehafter Lebendigkeit. Zwischen Faszination und leisem Befremden schwankend, verfolgte ich seinen literarischen Werdegang mit wachsender Neugier. Der spröde Lakonismus meiner handwerklich geschulten Ausdrucksscheu kollidierte zu meinem Erstaunen nicht mit seiner Brillanz und intellektuellen Unerbittlichkeit. Die menschliche Beziehung, in Briefen angelegt, blieb über alle Wechselfälle literarischer und politischer Wetterstürze hinaus intakt. Dem exzellenten Fährtengänger (er hatte Nelly Sachs in Stockholm besucht, als in Deutschland noch niemand von ihr Notiz nahm!), dem Spurensicherer, der berühmte Zeitgenossen vorstellte und ihre Lebenszwänge wie Arbeits-Prinzipien einsichtig machte, dem hochgeschätzten Lyriker und streitbaren Essayisten erweise ich anläßlich seines Auftritts in Ravensburg erstmals meine Huldigung. Dem eingefuchsten Literaten, der so manche Häutung durchmachte, dem unersättlichen Liebhaber des schwierigen Schönen, der einmal unter dem Leitspruch Platens antrat: »Wer die Schönheit angeschaut mit Augen, ist dem Tode schon anheim gegeben!« halte ich diese Laudatio, weil eine bloße Auflistung seiner Verdienste mir ein Armutszeugnis ausstellte. Einen Freund sage ich an . . .

Nachruf auf Antonia Weiss*

Vor wenigen Tagen wurde *Antonia Weiss*, begleitet von zahlreichen Trauergästen, darunter Freunde und Bewunderer ihrer Kunst, zur letzten Ruhe gebettet. Die ganz auf den Zweiklang von Tod und Auferstehung abgestimmte Abschiedsrede des jungen Geistlichen sympathisch offen. Tröstung und Verheißung, ihre durch das Wort beglaubigte Zuversicht, die Antonia Weiss in ihre letzten Gedanken hineinnahm. Der Todesengel mit blauwehendem Mantel. Mahalia Jacksons aus Schwermutsschauern aufsteigende Halleluja-Stimme, den schlichten Einsegnungs-Ritus sieghaft überstrahlend. Unter leichtem Schneetreiben vor dem offenen Grab, unfähig eines letzten Grußworts, stand ich, während die Sprecherin der Fachgruppe Literatur, deren Mitglied Antonia Weiss war, ihren Nachruf auf »Anni Moschina« sprach.

Sie war nicht nur eine Kollegin von mir, sie war auch eine Jahrgängerin. 1922 in Graz geboren, absolvierte sie zunächst ein Schauspielstudium, bevor sie an der Akademie der Bildenden Künste in Stuttgart das Fach Graphik belegte. In der Meisterklasse von Professor Schneidler lernte sie den Maler und Schriftkünstler Oskar Julius Weiss kennen. 1945 ging sie mit ihm nach Ravensburg, um sich im Weiss'schen Haus in der Frauenstraße 2, das heute ein veritables Museum ist, weiträumig einzurichten. 1946 schon begegnete ich ihr, als mir das schmeichelhafte Ansinnen unterbreitet wurde, unterm gewaltigen Biberschwanz-Dach die luftige Improvisation eines Ateliers aufzuschlagen. Mit eigenwilliger Konsonanten-Betonung sorgte Antonia Weiss für einen temperamentgeladenen Charme, der sich bald zum vehementen Ausdruckszwang steigerte.

Aber noch zeigte sich ihre Begabung vornehmlich im Darstellerischen – und als sich die »Junge Schauspielgruppe« unter Dr. Meysel im *Spohn-Gymnasium* zu Stimm- und Stellproben einfand, gehörte Antonia Weiss zu den ersten Akteuren. 1952 debütierte sie erfolgreich in Sartres »Ehrbarer Dirne«. Als Inspizient erlebte ich ihre Bühnenauftritte aus der

* Ravensburger Autorin, † 21. März 1987

Sicht des Kulissenschiebers. Wann sie erstmals mit dem Schreiben anfing, vermag ich mit Daten nicht zu belegen. Aber ich wurde in den späten Fünfzigern Zeuge ihres Versuchs, mit leidenschaftlichem Sprachgestus nach unverwechselbarem Ausdruck zu fahnden. Und oftmals sah ich mein prosaisches Gemüt mit ihrer eigenwilligen Diktion konfrontiert, mit ihrer ungewohnten Bildhaftigkeit. Die wohl schönste gemeinsame Aktion war eine Reise nach Zürich, um der gefeierten Ingeborg Bachmann unsere amateurhafte Reverenz zu erweisen. Peter Hamm, Jung-Lyriker, hatte den Mitternachtsgang in die »Spiegelgasse« diplomatisch eingefädelt.

Ein Gruppenbild, das Antonia Weiss neben der berühmten Dichterin zeigt, ist nach wie vor in meinem Besitz. Die Grazerin und die Klagenfurterin äußerten mehr landsmannschaftlichen Vorbehalt als schwesterlich-musische Übereinstimmung.

Wenn ich mich zurückbesinne, will es mir vorkommen, als habe Antonia Weiss früh die Anzeichen beginnender Krankheit als Lebensschicksal erfaßt. Da wirkte schon bald ein zwingendes Diktum, lyrisches wie erzählerisches Ausdrucksvermögen ganz unter die Pole Leiden, Genesung und später – als die Mahnzeichen deutlicher wurden, eine schärfere Zäsur setzten – Tod und Auferstehung zu stellen. Ihr literarisches Wirken umfaßt Lyrik, Kurzgeschichten, Erzählungen, Hörspiele und schließlich vorwiegend Szenenentwürfe für Dreipersonen-Stücke. 1981 erschien ihr Erzählungsband unter einem Motto von Rilke: » . . .denn Bleiben ist nirgends«.

Um den eigentümlichen Reiz ihrer »Anni Moschina« nachzukosten, las ich diese wohl schönste Erzählung noch einmal; sie hat nichts von ihrer Jugendfrische und frühen Trauer verloren.

Zuviel der Ehre, bitte keinen Personenkult*

Sieben Jahrzehnte sind gewiß eine eindrucksvolle Zeit, gemessen am Flug eines Falters, der eine volle Metamorphose durchläuft. Ein Menschenleben, kein Hundeleben fürwahr, mit dem Wechselspiel von Geburt, Kindstaufe, Hochzeit, beruflicher Reputation und familiärer Verhaftung, mit privatem Glück wie Ungemach. Kein Grund für öffentliches Rühmen und Preisen »mit viel schönen Reden«, nur weil da Einer aus dem Kriegsschlamassel heimkehrte ins gemachte Nest oder einen fliegenden Start hinlegte, wo alles auf der Aschenbahn zum Wunderlauf antrat. Was bedarf es da der Lobrede, als wäre es schon ein Verdienst, bei günstiger Konstellation und halbwegs robuster körperlicher Verfassung die Siebzig zu erreichen? Nur wenn ein Mensch in freier Entscheidung, dem sozialen Gewissen verpflichtet, politisch aktiv wird, tritt er heraus aus dem schützenden wie einschnürenden privaten Pferch. Nur wenn er sich dem natürlichen Egoismus versagt, der hemdsärmlig das eigene Fortkommen verficht, zugunsten des Gemeinwohls, wird er eine Person öffentlichen Interesses wie Ansehens –: der neidlosen Bewunderung wie der hämischen Schadenfreude, wenn das Pendel zurückschlägt.

Durch das Votum Gleichgesinnter, der kritischen Assistenz couragierter Zeitgenossen, wird Öffentlichkeit erst legitime Instanz. Ich schreibe hier wohlgemerkt nicht von den Publikumslieblingen, die die Regenbogenpresse ins grelle Schlaglicht rückt. Ich spreche von den politischen Köpfen, den in kommunale Gremien berufenen Mandatsträgern, den Anwälten der sozial Schwachen, den einfallsreichen Provokateuren, die die Mächtigen im Land nicht fürchten, den stimmstarken Verächtern von leeren Hierarchien, den nicht korrumpierbaren Vertretern der öffentlichen Hand, den integren Ehrenämtlern. All diese Eigenschaften erst schaffen die Voraussetzung, bilden den feinen Unterschied zwischen einem stadtbekannten Original, einer Stammtischgröße und einem Mann der Öffentlichkeit!

* Aus der Festgabe zum 70. Geburtstag von Walter Münch

Einen Mann Ihres Formats und Ihrer menschlichen Ausstrahlung gilt es heute zu feiern –, und ich wäre in der Tat ein miserabler Laudator, beschränkte ich meine Teilnahme und Merkfähigkeit auf bloße formelle Wahrnehmung dieses November-Datums. Einen Mann des Rechts wie der janusköpfigen Muse, die den epischen Blick zurück im Zorn mit der lyrischen Utopie versöhnt. Einen forensisch geschulten Advokaten, den seine Senatorenwürde nicht hinderte, ein Mann des Volkes zu bleiben, einen Verfechter liberalen Gedankenguts, der den allseits beklagten Verlust an gewachsener Autorität in seinem Amtsbereich aufhob kraft seiner Kompetenz; einen oberschwäbischen Cicero auf dem Forum, wortmächtig, sprachbildkräftig, verletzbar als Person, robust als Schreiber, der eine anheimelnde wie räsonierende Prosa schrieb, seine Allgäu-Apotheose, der dieser Landschaft huldigte, seinen Landsleuten aufs Maul schaute wie ihnen die Leviten las. Haltbare Chiffrierungen, hinterlassungsfähige Gebilde schon seine Reden. Kostbar seine Briefe, seine anzügliche, genüßliche Direktheit –: »Ich würde auch lieber zu den Bulgaren fahren als nach Kißlegg in den Löwenzwinger« oder: »Der Erzengel aus dem Ried verfolgt Sie offenbar mit schweren Flügeln bis in die Heilige Stadt«. Fast sarkastisch sein Kompliment an mich –: »Ein netter Gedanke übrigens, daß Sie nicht von der Hand leben, auf der Sie sitzen, sondern von der, mit der Sie schreiben.« (5. September 1966), wobei ihm ja bekannt war, daß ich als Rentner von der öffentlichen Hand lebte!

Vergessen sei nicht der unermüdliche Anreger, der planerische Elan Ihrer *Euregio*, die ich in ihren Anfängen verfolgte. Vergessen sei auch nicht der mit Spürsinn ausgestattete Entdecker regionaler Talente, der die stille Begabten-Reserve mobilisierte. Manches Manuskript wäre in der Schublade verstaubt, hätten Sie es nicht unter Ihrem mäzenatischen Patronat aus der Taufe gehoben. Maria Menz mit ihren geistlichen Gedichten *Anmutungen* sei erwähnt: ohne Ihre energische Regie wäre dieser Forumsband nicht gedruckt worden. Belustigt wohl lasen Sie im Mai 1969 die barsche Janker-Schelte der Gisela Linder: »Janker – eigens aus Rom angereist – zu Beckmessereien«, die großzügig übersah, daß der gemaßregelte Romstipendiat mit seinen Hebammendiensten den Band mit ans Licht gehoben hatte. – Kuriose Begleitumstände, eine strapaziöse Partnerschaft mit einer Dichterin, die mich – hätte das Unternehmen fortgedauert – zu ihrem Proselyten gemacht hätte. Sie aber ermunterten mich mit einem Satz, der mir tröstlich im Ohr nachhallte: »Ich wünsche Ihnen weiterhin unbefangenen Mut gegenüber allen Oberschwaben und sonstigen Landsleuten – –.« Sie tadelten mich aber auch herb, als ich den amtierenden Landrat in einem Brief den »einzig wahren Souverän« nannte. »Zuviel der Ehre, bitte keinen Personenkult!«

Habe ich mit dieser Eloge zu Ihrem 70. Geburtstag wieder einmal gegen das ungeschriebene Gesetz der Bescheidenheit verstoßen, nach dem ein gestandener Oberschwabe sich Lob allen Ernstes verbieten muß? Zu meiner Entschuldigung führe ich an: Niemand hat meine langsame Mauserung, die eines Spätentwicklers, wie es einem gebürtigen Wolfegger und Mesnersohn wohl ansteht, über einen längeren Zeitraum hin wohlwollender verfolgt als Sie, verehrter Herr Dr. Münch. Ohne Ihre hellhörige Neugier, die dem Stimmschwachen Stimme auf Ihrem Forum leiht, wären die Literaten hierzulande echoloser gewesen. Drei Marien und ein unheiliger Josef ergeben noch keine Heilige Familie, aber so etwas wie oberschwäbische Stallwärme haben sie immerhin verbreitet in Ihrer Wangener Eselsmühle.

22. Februar 1987

Lieber Walser*

Sie werden am 24. März sechzig. Obwohl sich alles in mir dagegen sträubt, dieses Datum als Zäsur zu sehen, bin ich aufgefordert, Sie als Jubilar zu beglückwünschen; das fällt mir ehrlich gesagt schwer. Da wollen sich die fälligen Sterotypen wie: dankbarer Rückblick auf eine lebenslange Leistung, wohlverdientes Atemholen, feierliche Würdigung nicht recht einstellen. Sie als jugendlicher Laureat, als streitbarer Präzeptor der Literatur, als gefeierter Favorit im Rennen sollen sich ehrender Huldigung beugen, sollen so tun, als liebäugelten Sie mit der Absicht, sich auf dieser runden Zahl auszuruhen. Eine glanzvolle Bilanz wird gezogen und der Ohrensessel diskret herangerückt. Lachhaft, lieber Walser! Jemand wie der Janker wird Altersjubilar, weil anderes als alt zu werden ihm nicht bestimmt ist. Aber Sie, dem ich gerade noch die vierundfünfzig zubillige, nämlich die Summe aus vierundzwanzig plus drei plus siebenundzwanzig, Sie haben noch sechs lange Jahre des Vergnügens auf der Galeerenbank vor sich. Dann läßt sich darüber reden, ob Sie die Ehre des Alters annehmen wollen. Vorerst haben Sie in der Altersklasse der Jubilare nichts zu suchen.

Sie hängten mir einmal den fragwürdigen Ehrentitel »letzter Briefschreiber der Nation« an; das klang in meinen Ohren eher abschätzig als respektvoll. Keine nachträgliche Ehrenrettung, lieber Walser – einen leicht ironischen Zungenschlag hatte das schon für mich. War ja auch einsehbar: wer als Verfasser von Geschichten nicht eben produktiv ist, muß wenigstens als Verfasser von Briefen mit einem vorzeigbaren Ausstoß aufwarten, will er dem Metier des Schreibens nicht schamvoll den Rücken kehren. Adressat meiner Episteln waren ohnehin nicht mehr Sie, wenigstens nicht mehr zu dem Zeitpunkt, als Ihre Berühmtheit schon internationales Flair gewann. Ihre erzwungenermaßen kargen Kartengrüße bildeten ja auch nicht gerade ein kraftvolles Stimulans. Diese ganz

* Aus »Allmende« 16/17

natürliche Absicherung, Abkapselung war der Sachlage durchaus angemessen. Auf Ihrer Seite die schon nicht mehr abwälzbare Sympathie-Last von Kollegen und Bittstellern. Auf meiner Seite nach wie vor Kontakthunger, unzulänglich getarnt als kollegiale Assistenz mit nicht immer ganz selbstloser Kommentierung Ihres rasant sich fortentwickelnden Werks. Auf Ihrer Seite die schiere Unmöglichkeit, auch noch eine Korrespondenz zu führen, die dem Namen gerecht wird, die oftmals unerbetene Einmischung, Andienung, Anbiederung von Amateurschreibern zurückzuweisen und damit regionalen Ehrgeiz aufzuwerten. Auf meiner Seite begieriges Aufschnappen von allem, was sich in der See-Region literarisch zu mausern oder auch nur zu artikulieren anfing. Als Sie, lieber Walser, in einem taktisch denkbar günstigen Augenblick mir den Vorsitz in der Fachgruppe Literatur in einem fast kalten Handstreich abtraten, war meine Karriere als »unbesoldeter Briefschreiber« nicht mehr aufzuhalten.

Eine nun schon sternweit zurückliegende Beziehung, die in Ihre Startphase als *Suhrkamp*-Autor fiel, bescherte mir einen beinahe familiär-nachbarschaftlichen Umgang. Ich möchte mir vor Ihnen keine Blöße geben, wenn ich jetzt mit der anekdotischen Tour anrücke. Damit verscherzte ich mir nur das Recht, an dieser Gratulations-Runde von *Allmende* teilzunehmen. Aber ich kann es mir nicht verkneifen, einige frühe Episoden aus dem Tiefkühlfach zu nehmen und vor Ihnen aufzutauen: Es gab da einen Badetag in Tunau hinter den Iriswiesen. Sie ließen sich, auf dem Rücken liegend, von den Wellen schaukeln; nur Kopf und Zehen schauten aus dem Wasser. Zu Ihrer Rechten der Hamm und, Schulter an Schulter, der schwimmuntaugliche Janker. Sie glauben mir das nicht? Ein gelungener Schnappschuß, den ich Ihnen jederzeit vorlegen könnte, beweist es . . . Oder: Die Deutsche Afrika-Gesellschaft hatte afrikanische Botschafter und Diplomaten auf ein Sonderschiff gebeten und einheimische Künstler und Regionalgrößen zu einem zwanglosen Beisammensein eingeladen. Generalsekretär Splett aus Bonn wollte Sie für ein Afrika-Stipendium erwärmen. Da zeigten Sie einfach auf mich: Da, der Janker, der ist doch ein alter Afrikaner. Und ich reiste tatsächlich, blieb volle drei Monate in Tansania, Kenya und Uganda ... Oder: eine Ihrer Lese-Tourneen in der Schweiz. In Weinfelden saßen Sie im Gasthof, erwarteten den Deutschlehrer. Da brach salutierend ein Stab Schweizer Offiziere herein, verbreitete Manöverstimmung ... Oder: der gemeinsame Besuch in Herisau am Grab Ihres im Schnee verstorbenen Namensvetters ... Oder: die gemeinsame Berlinfahrt, abends im Hotel *Johanneshof* eine lärmende »Mastika«-Runde mit bulgarischen Lyrikern; die Fahrt anderntags nach Bonn zur SPD-Baracke, wo Willy Brandt Sie erwartete; schließlich die Nachtfahrt nach Tübingen, Ihr Treffen mit Peter Huchel, der ängstlich in die Runde blickte, als fürchte er Spitzel oder auch nur neugierige Hotelgäste ...

Episoden, Anekdoten, an die ich mich unweigerlich erinnere, wenn ich an Sie denke. Vielleicht weisen Sie mich schon unwirsch zurecht: Jetzt, Janker, Heilandsack, keine solchen Ohrwürmer bitte! Aber Sie müssen mir diese Sentimentalität schon gestatten. Literarisch habe ich Ihnen eh' nichts vorzulegen, was Sie genüßlich polternd zerrupfen könnten. Nicht einmal als Zulieferer-Betrieb für Regionales oder auch nur Kurioses taugte ich. Was hätte ich Ihnen auch zutragen können, was Sie nicht längst von Münch, Saueressig, Renz, Schaaf oder der Linder brühwarm serviert bekamen? Als Sparringspartner zu muskelweich, um Ihnen in Ihr intellektuelles Dauertraining folgen zu können, nahm ich jenseits der Seilabsperrung Platz. Die Janker'sche Manövrier- (ich sage wohlweislich nicht Konkursmasse) ist ja auch ausgereizt. Manfred Bosch sichtet sie gerade im Auftrag des Literatur-Archivs Oberschwaben für eine Auktion ...

Eine Zeitlang begleitete ich Sie auf Ihrer Suche nach Bauernhäusern. Ich nenne das Stichwort Schreggsberg bei Grünkraut. Da war ich als Mann vom Bau immerhin kompetent genug, handwerkliche Wertarbeit von Pfusch zu unterscheiden. Mein Kappeler Domizil sah Sie dreimal; eine zünftige Landpartie war der Anlaß, keine literarische Klausur. Mit leisem Tadel meinten Sie kürzlich, wann wir uns denn einmal wiederträfen unterm Ticken der Holzwürmer. Seit Sie, lieber Walser, unter der Bürde wachsender Berühmtheit seufzen, entschwinden Sie mir als Mensch. Erst wenn Sie wirklich einmal Altersjubilar sind, gibt es wohl wieder Möglichkeiten für einen kleinen Grenzverkehr. Sie wissen: die badische Grenze verläuft unmittelbar hinter Kappel. Wir müssen dann nicht unbedingt – wie seinerzeit mit Uwe Johnson – Kegel schieben und den kraftvollen Wurf aus der Hüfte üben. Vielleicht kann ich Ihnen meine Dauerbaustelle vorführen. Und Sie lassen sich auf einer Bank nieder, die ich gezimmert haben werde.

Feiern Sie wenigstens einen Nachmittag lang. Wie ich Sie kenne, brechen Sie mir doch einmal wie ein Zugochse in den Sielen zusammmen. Sie kommen ja doch nicht aus dem Geschirr . . .

Herzlich Ihr alter
Josef W. Janker

INHALT

Nachweis der Erstveröffentlichung der Texte aus Band 3
siehe Anhang Band 4

WERKAUSGABE

Band 1
Zwischen zwei Feuern / Mit dem Rücken zur Wand

Band 2
Der Umschuler / Aufenthalte

Band 3
Vertrautes Gelände / Ansichten und Perspektiven

Band 4
Jankerbriefe / Literarische Korrespondenz 1951–1987
Nachwort, Biographie, Bibliographie, Personenregister

Josef W. Janker

ZWISCHEN ZWEI FEUERN

Roman

MIT DEM RÜCKEN ZUR WAND

Erzählungen

Herausgegeben von
Manfred Bosch

Verlag Robert Gessler

Herausgegeben von Manfred Bosch im Auftrag der
Stiftung Literaturarchiv Oberschwaben.

Gefördert durch die Stiftung Literaturarchiv Oberschwaben,
das Ministerium für Wissenschaft und Kunst, die Stadt Ravensburg,
den Bodenseekreis, den Kreis Ravensburg und die
Kreissparkasse Ravensburg.

Die Stiftung Literaturarchiv Oberschwaben dankt allen Spendern.

Design: Reinhard Binder, Berlin.

Satz und Druck: Druckerei Robert Gessler, Friedrichshafen.
Bindearbeiten: Großbuchbinderei Moser, Weingarten.

Printed in Germany – ISBN 3-922137-45-8

ZWISCHEN ZWEI FEUERN

»Ab nach Kassel ...«

Die jungen Pioniere waren feldmarschmäßig angetreten. In ihren Stiefeln und Uniformen die spärliche Pracht ihrer neunzehn Jahre, bildeten sie mit ihren vom Frost geröteten Gesichtern eine Formation in Grau und Rosa. Während der schon etwas angejahrte Hauptfeldwebel die Namen der Angetretenen aufrief, nahm er in seinem Rapportbuch Eintragungen vor. Es war nicht schlüssig auszumachen, ob der Brillenträger nur routinehalber die Anwesenheitsliste abhakte oder willkürlich Mannschaften zusammenstellte für den geplanten Fronteinsatz. Die Vermutung, der ordenlose Vorgesetzte spiele eigenmächtig Schicksal, lag außerhalb ihres Argwohns. Seine Bellaute wirkten einschüchternd genug. Zwischen unsinnigster Erwartung und heilloser Ergebenheit drückten sie ihre Knie durch und die Hände stramm an die Hosennaht. Jeden einzelnen scharf fixierend, als läse er an ihren Gesichtern militärischen Schliff ab, nahm er die Wendungen affektierter, als es sein Dienstgrad ihm vorschrieb.

Doch seine Stimme, teilnahmslos Nummern über Namen stülpend, als spränge aus der Demontage einer Person der fertige Waffenträger, klang überanstrengt – sie mußte sich bald heiser geschrien haben –: »Siebenundsechzig, achtundsechzig, neunundsechzig«, jetzt setzte sie schlagartig aus. Der geharnischte Schritt verhielt auf dem verharschten Kies. Wieder sahen sie, wie er etwas in seiner Wachstuch-Kladde ankreuzte und – nach Sekunden des Zögerns – kurzsichtig weiterstakste.

Vielleicht hätte er die Gruppe glatt übersehen, wenn nicht Poßnitzer, der wie ein germanischer Schildknappe dastand, herausfordernd gehüstelt hätte. Nur in verschwommenen Umrissen nahm der Hauptfeldwebel die uniformierten Hasenfüße wahr. Aber das vorlaute Gehüstel wies ihm die Richtung. Natürlich – er entsann sich wieder –, das war die renitente Gefolgschaft dieses eleganten Strebers. Sie war als unzuverlässig verschrien – wachsweiche Hypochonder! Eine kleine Luftveränderung konnte da Wunder wirken. Während er seine beschlagene Brille wischte, kam ihm der rettende Einfall –:

Ja, warum rief er die Meute nicht geschlossen auf: Brielitz, diesen beherrschten Phantasten – Matasch, diesen Querulanten, der Versetzungsgesuche schrieb? – Warum sah er nicht zu, daß er diese Musterriege der Aufsässigkeit mit einem Geniestreich los wurde? – Liebschner, diesen Spaßvogel vom Dienst – Kopitz, diesen hellsichtigen Zauderer – Kuskat, der sich bei Appellen anstellte, als wäre er eine Jungfer, der es an die Unschuld geht! – Er hatte weiß Gott nicht die Absicht, sie hochgehen zu lassen. Aber auf Schonung konnten sie bei ihm nicht rechnen. Weder Hartwick, dieser eingefleischte Zivilist – noch der kleptomanisch veranlagte Richter, ganz zu schweigen von Fortner, der das Kunststück fertigbrachte, selbst im Stehen einzuschlafen!

Neun Mann hatten ihm gefehlt, die Marschkompanie komplett zu machen. Warum wurde er von falschem Mitleid gerührt? War er nicht ermächtigt, nach eigenem Ermessen auszuwählen? Es gab mancherlei Arten der Auslese: faire, noble, weniger zartfühlende, Nachhilfen des bloßen Zufalls wie strafender Willkür. Was scherte er sich darum, ob er ein Glücksbringer sei oder ein Todesbote? Hauptsache, er schonte die dienstbaren Geister: die Küchenbullen, Kammerfritzen, Waffenwichser, Schirrmeister, die gutbeleumundeten Putzer, seine Kommandierten. Hauptsache, er sicherte der Stammkompanie einen angemessenen personellen Bestand, der sein Überwintern sicherte, sein eigenes Überleben!

»Ab durch die Mitte mit den jungen Spunden!« sagte der Hauptfeldwebel, »Ab nach *Kassel*!« – Einer Standortverlegung nach Kassel hätte Matasch liebendgern zugestimmt. Gemessen an *Weißenfels* lag *Kassel* tröstlich weit im Westen. *Hessen-Nassau* – der Name allein schon suggerierte lässigen Dienstbetrieb, Garnisons-Schlendrian. Zwar wollte Matasch kein Nassauer werden, kein Schmarotzer-Leben führen auf Kosten anderer; er wollte nur nicht länger so nackt dastehen, mit blanker Nase nach Osten. – Das Pionier-Bataillon 14 war in Alarmbereitschaft versetzt worden. Die Rekruten-Ausbildung, einem beschleunigten Verfahren unterworfen, war abgeschlossen, das obligate Scharfschießen in *Zeithain* ohne sonderliche Pannen abgelaufen. Wie alle anderen, gutmütigschafsfromme Sachsen, Thüringer (»achtundsiebzig Auserwählte«, wie Poßnitzer süffisant meinte), hatte auch Matasch gehörige Flausen im Kopf, stopfte sich mit abwegigsten Phantasien voll. Einen Fronteinsatz hielt er für wenig wahrscheinlich. Wozu auch hatte man sie in fabrikneue Knobelbecher gesteckt und mit kunstseidenen Ohrenschützern ausstaffiert? Das war doch wohl ein Indiz dafür, daß sie gemäßigteren Klimazonen entgegenfuhren. Nur die kältegeschulten, robusteren Jahrgänge waren für die russische Front bestimmt. Für sie aber hielt ein gnädiges Geschick Etappen-Einsätze parat und – wenn alle Stricke reißen sollten – polnische Garnisonen an der Weichsel, mit der Möglichkeit großzügiger Schwenks in den Süden. Sollte er fürchten müssen, ins Gefrierfach abgeschoben zu werden, wo er doch fürs Treibhaus präpariert worden war? – Hartwick – die feierliche Aufgeräumtheit ihres Kommandeurs vor Augen und die scheinheilige Gerührtheit des Hauptfeldwebels – aber war es, als fasse ihn »irgendeine Fatalität hinterrücks am Wickel«.

Als Sammelplatz für die flaumbärtigen Pioniere war *Stötteritz* bei *Leipzig* bestimmt worden. *Stötteritz* aber lag in einer Himmelsrichtung, die nichts Gutes verhieß. Auf dem Verschiebe-Bahnhof, wo das Marsch-Bataillon zusammengestellt wurde, roch es verdächtig nach Eis und Schneeluft. Abmarschbereit in der Dämmerung stehend, lag ein Hauch aufbrechenden Heimwehs über dem verlorenen Haufen. Frauen und Mädchen begleiteten sie mit ihren feuchtglänzenden Augen (Zärtlichkeit als Vorschuß auf Tod und Verderben). Schon in der ersten Nacht, als auf der Höhe von *Oschatz-Riesa* ein Waggon Feuer fing und die Mannschaft mit knapper Not den Flammen entkam, schwante Matasch, daß der erste Schritt in die falsche Richtung gesetzt war. Aber noch konnte ein energischer Richtungswechsel diese fatale Bewegung stoppen, diese todessüchtige Triebkraft. Noch bedeuteten die Stationen *Dresden – Görlitz – Liegnitz – Litzmannstadt,* mit Lokwechseln in *Bunzlau-Kalisch,* nicht allzu viel. Verhängnisvoll würde seines Wissens erst der zweite oder dritte Schritt, wenn *Warschau* einmal hinter ihnen läge und die Morgensonne vom offenen Waggon aus nicht mehr zu sehen wäre. Das Fiasko vollends einläuten aber würde *Baranowitschi* . . .

In der ersten Phase ihres Aufbruchs erkannte Brielitz noch nicht, wer nun eigentlich von den Herren Offizieren, Feldwebeln, Unteroffizieren, Stabs-, Ober- und gewöhnlichen Gefreiten dem Ruf an die Front gefolgt war. Soweit es sich aus der Marschkolonne heraus feststellen ließ, kamen zwei der höheren Chargen, die er als Kommißköpfe fürchten gelernt hatte, in einem Schlitten nachgefahren, während der sympathische Zugführer zu seinem Bedauern in der Garnison geblieben war. (Unverdientes Massel, wie der Sachse sagte, launischer Zufall oder Protektion?) Ein farbloser Leutnant, der ihn wegen seines schwäbischen Dialekts gehänselt hatte, dienerte beim Kompaniestab herum; ein Muster-Gefreiter machte sich beim Hauptmann lieb Kind. Brielitz war schnell zur Hand mit Sympathie-Zuweisungen; zum Glück hielt er sich mit seinen Urteilen klug zurück. Ein verbürgter Spruch von ihm lautete: »Erst kommt der Mensch mit seinem Charakter, dann erst der Soldat mit seiner Befähigung.« Diese Meinung aber behielt er besser für sich. Militärische Logik kannte andere Rangfolgen. Doch auch zivile Logik entsprach nicht seinem Naturell. Würden ihn sonst – mitten in banalen Verrichtungen – Phantasien heimsuchen? Kein Wunder, daß er den Krieg als eine Art Betriebsunfall der Historie verstand, kombiniert mit den aus den Fugen geratenen Naturgesetzen. Seit er eine Nacht unter freiem Himmel verbracht hatte – bei lächerlichen dreißig Grad unter Null –, meinte er ernsthaft, dieser Kälteschock sprenge menschliches Durchhaltevermögen. – Nun, Brielitz wird dazulernen müssen!

Nach zehnmonatiger Dienstverpflichtung auf einer Großbaustelle der Kriegsmarine, verließ er *Mürwik* im April einundvierzig. Ein wahrer Glücksfall, daß er den Kontrakt mit der *Bremer* Firma konfliktlos lösen konnte. Die sich häufenden Fliegeralarme bei Nacht, das Auffahren aus erstem Schlaf, das nervöse Gestürze in die Splittergräben – Brielitz bekam einen Vorgeschmack, was sich da mit Riesenschritten näherte. Obwohl er einem halbmilitärischen Drill unterzogen war, kündigte das zuständige Arbeitsamt den Vertrag wunschgemäß, veranlaßte seine Überstellung in den Amtsbezirk *Bitterfeld.* Durch eine Annonce, die ihm ein Kumpel zustellte, der selbst weder Courage noch sonderliche Ambitionen aufbrachte, den Absprung ins »abseitig Exotische« vorzunehmen, avancierte Brielitz zum Kandidaten der »U s a«-Kolonialschule *Breitewitz*, lernte Matasch kennen . . .

Aus zweihundert Bewerbern aus dem Reichsgebiet ausgesucht, war er – mit zwanzig anderen »Afrikanern« nach *Gräfenhainichen* beordert worden. Das Jawort seines Vaters luchste er diesem mehr ab, als daß er es sich fair einhandelte. Dem Ruf unter die Fahnen, meinte er einlenkend, würde er sich mit diesem »Ausflug ins Zivile« ja nicht feige entziehen wollen. Der wehrfähige Sohn trete nun einmal in die Fußstapfen seines ehemals felddiensttauglichen Vaters. Fünfundzwanzig Jahre früher wäre ihm ja das Gleiche widerfahren. Am Hl. Abend siebzehn sei er in die flandrischen Schützengräben zurückgekehrt. (Brielitz ahnte allerdings nicht, daß ihm da bald schon ein Silberjubiläum ins Haus stand!)

Die endlose Dreier-Kolonne marschierender Soldaten Revue passieren zu lassen, die Helden auszusortieren – ein unmögliches Unterfangen. Die achtundsiebzig Anwärter auf Waffenruhm durch den Gewissenswolf zu drehen, wäre schon eine lohnende Denksportaufgabe. Brielitz, nicht gerade der scharfsinnigste Denker seines Jahrgangs, unterzöge sich ihr mit heiligem Ernst. Liefen hier unter bleiernem Winterhimmel gesichtslose Uniformträger, die ihre zivile Existenz am Kasernentor abgeliefert hatten – oder lediglich kriegerisch vermummte Einzelgänger? Stapften die künftigen Helden des Reichs im Gleichschritt durch feindliches Hinterland, den Visierblick schon jetzt auf erkannte Ziele gerichtet? Oder staksten Gleichaltrige durch den Schnee, die als Junggesellen den ersten Zahltag, als Abiturienten die erste Liebesnacht und als Idealisten die erste Ernüchterung erlebt hatten? Wollte er aus dem großen Haufen wirklich die Kraftmeier herausfiltern, die Säbelraßler, die Scharfmacher, damit sie ihr markiges Treuegelöbnis einlösten: »*Für Führer, Volk und Vaterland!*« Wollte er die verkappten Parteigänger, Blockwarte, NS-Sportler, die den braunen Bazillus schon in Klassenzimmern eingebleut bekamen, von den Mitläufern absondern, den lammfrommen Jasagern? Die Tapferen, Mutigen von den Wankelmütigen, die Herzensreinen von den Blasierten? Gab es verläßliche Eigenschaften, untrügliche Kennzeichen, die eine Trennung der Böcke von den Schafen zuließen? War Brielitz schief gewickelt, wenn er annahm, aus einem aufmüpfigen Sprößling würde ein couragierter Jüngling? Würden sich verschreckte Muttersöhnchen als furchtlose Späher entpuppen, weichherzige Träumer als kaltblütige Stoßtruppler, verspielte Kindsköpfe wie Liebschner als todernste Panzerknacker? Doch die nagende Kälte, die an den Nerven zehrende Müdigkeit machten es ihm schwer, sein Gehirn zu systematischen Sondierungen anzuspornen. Schließlich befiel ihn, einige Nachzügler bei ihrem großen Geschäft beobachtend, die niederschmetternde Einsicht: der Mensch sei eine flüchtige Erscheinung, hinfällig und würdelos . . .

Es war auf ihrer Fahrt nach Osten, irgendwo tief im Polnischen, jenseits der zerbrochenen Schlagbäume. Sie waren im offenen Karree angetreten. Ihr Transportführer erschien, ein wendiger Astheniker mit knappsitzenden Langschäftern. Eine Trillerpfeife, unerläßliches Requisit seiner Auftritte, schwirrte wie ein bösartiges Insekt um seine behandschuhte Rechte. Sich dem linken Flügel nähernd, musterte er argwöhnisch die wenig exakt gezogene Linie der Koppelschlösser. Als er Matasch entdeckte, der steif und verwundbar dastand, hörte das Schwirren für einen Augenblick auf. – Er fehle ihm gerade noch in seiner Sammlung, hörte Brielitz, der Schulter an Schulter mit Matasch stand. – Habe wohl Pech gehabt mit seinem Gesuch, Pech gehabt? – Wolle nach Afrika, Afrika, mit ein paar Kisuaheli-Brocken im hohlen Bauch. Wohl völlig verrückt geworden! Einfach kneifen. – Matasch, um einen Grad steifer, verwundbarer geworden, sagte flehend: »Ich will nicht kneifen, Herr Leutnant.« – »Nicht kneifen?« Und warum sträube er sich dann, an die russische Front abkommandiert zu werden? – »Weil ich für die Tropen ausgebildet worden bin.« Und als das bösartige Schwirren wieder hörbar wurde: – »Herr Leutnant, das war eine reguläre Schule, sie ist sehr bekannt!« Seine Schule sei auch sehr bekannt, auch sehr bekannt. Er ließ die Kordel schnellen, fuhr Matasch giftig an: »Bin ich hier in einem Panoptikum? Äh«, meinte er unvermittelt versöhnlich, als ein paar Lacher vernehmbar wurden, »bin ja schließlich kein Unmensch – äh, kein Unmensch!« Er sah sich befriedigt um, ging federnd in die Knie, peilte wieder an den Koppelschlössern entlang, als prüfe er an ihrem vorbildlichen Sitz die Einsatzbereitschaft der ihm unterstellten Truppe.

Gräfenhainichen –: Durch die Marotte eines oldenburgischen Herzogs, der sich dieses »Umschulungslager für Siedler und Auswanderer« aus seiner Privatschatulle leistete, wohl auch aus erklärter Abneigung gegen die offizielle Staatsschule *Witzenhausen,* hatte es Matasch mit einer Meute abenteuernder Milchbärte in die *Dübener Heide* verschlagen. *Breitewitz,* ein verwahrloster Gutshof von annähernd hundert preußischen Morgen, wurde für ihn zum Dorado verwegener Freiheitsräusche und eines snobistischen Fernwehs, das die drohende Einberufung zum Militär noch verschärfte. Die sächsische Imitation einer Tropen-Idylle war ein Paradies, wenn auch eines mit Webfehlern. Der Aufenthalt in dem landwirtschaftlichen Anwesen, das aus Wohnställen, Remisen, zwei Treibhäusern, einer Werkstatt und zwei primitiven Baracken bestand, war alles andere als eine Sommerfrische. Die *Lettow-Vorbeck* nachempfundene Kolonisten-Enklave, wo Kisuaheli und Schulenglisch die reichsdeutschen Dialekte babylonisch konterkarierten, litt mehr unter Mängeln der Hygiene als denen der Freizügigkeit. Auch blinzelte bei den obligaten Morgenfeiern die der Scholle verhaftete NS-Ideologie allzu verräterisch zwischen den Tageslosungen der »Erzeugerschlacht an der Heimatfront«. Reichsnährstandstreu trotz des feudalen Anstrichs, war *Breitewitz* nicht eben ein florierendes Unternehmen. Von einem Schulleiter namens *Von der Beck* energisch verwaltet, von zwei Ehemaligen, *Bwana Urban* und *Bwana Fundi,* patriarchalisch wie handwerklich penibel betreut, ernährte der auf Autarkie getrimmte Betrieb zwei Dutzend spartanische Selbstversorger mehr schlecht als recht.

Sie torkelten halb schlafend, vom Doppelband schneeverwehter Schienen eingefaßt, über den vereisten Bahnkörper. Matasch sah sich auch gleich auf den Sprossen einer endlosen Leiter turnen, als wäre das alles nur zu seiner Schikane erfunden. Er hüpfte mehr als daß er lief, fürchtete ständig, in einer der trügerisch überwehten Schwellenmulden zu stolpern. Seine Schritte, seine halben Sprünge glichen dem unbeholfenen Tapsen eines erblindeten Schneehuhns. War er wirklich so stupide talentlos für simple Dinge wie Gehen, Marschieren und Balancehalten? Oder stellte er sich nur so aus purer Widersetzlichkeit? – Die Gruppe, die es leid geworden war, sich an seinem Mißgeschick zu weiden, beschwichtigte ihn und verwies auf die Ankündigung des Leutnants, wonach sie noch vor Einbruch der Nacht in einem nahegelegenen Dorf Quartier bezögen. Wodurch unterschied es sich wohl von den vorhergehenden? – es hatte einen unaussprechbaren Namen . . .

Zunächst einmal versöhnte ihn das spielerisch gehandhabte Praktikum als agronomischer Eleve. Doch die Anziehungskraft dieses exotischen Ambientes schwächte sich allmählich ab; der Reiz des kuriosen Privilegs verlor sich zusehends im Alltagstrott bäuerlicher Fron. Die Feldarbeit im jahreszeitlichen Wechsel bei sich steigerndem Leistungssoll, nahm ihn unter ihre schweiß- und blasentreibende Kuratel. Schnell war sein Bedarf an Natur gedeckt. Die kreatürliche Nähe der zweiten Schöpfung, des lebenden Inventars, machte ihn kopfscheu, ließ ihn auf zimperliche Distanz gehen. Sonntags dann aufreizend Mädchenschwärme aus der Umgebung von *Gräfenhainichen, Jeßnitz, Zschornewitz* – kichernde Vögel hinterm Zaun, pubertäre Nestflüchter, possierlich pendelnd zwischen Geschlechter-Neugier und Fremdenscheu, argwöhnisch bewacht von Aufpassern der Hitlerjugend. Ihre Anpöbelungen hielten sich in Grenzen, obschon die Rivalen im Braunhemd zu einer Landplage wurden. Brielitz meinte freilich: die der Ratten und Feldmäuse sei schlimmer . . .

Die Dämmerung war längst der Dunkelheit gewichen. Das angekündigte Dorf entpuppte sich als verschneites Ödgelände mit Brandmauern und stehen gebliebenen Kaminen. Matasch, in einen gespenstisch flatternden Schal gehüllt, trat kleinlaut auf die unermeßliche Ebene hinaus. Er sah überhängende Schneewächten, die Windschutz boten, sah vom Frost bizarr verformtes Gehölz. Er mißtraute diesem Naturzauber. Die Absicht, ihn zu ködern, war allzu deutlich. – Lauter Finten! dachte er, nichts als Täuschungsmanöver. Von allem Anfang an bewußtes Irreführen. Sein Tun beargwöhnt, seine

Gesuche verworfen, sein Wunsch, in die Tropen zu gehen, als entschuldbarer Wahn bezeichnet. Immer Gegenläufiges, das verhaßte Diktat militärischen Zwangs, diese ausgeklügelten Spielregeln des Gehorsams, die Furcht, sich dem Gelächter ausgesetzt zu wissen, sobald das Stichwort vom »afrikanischen Spleen« fiel.

Die *Gräfenhainicher* standen zu *Breitewitz* in einem Verhältnis genierlichen Befremdens und schalkhaft angewärmten Respekts. Als Brielitz bei der Bäckermeisterin Jung den ersten »nassen Kuchen ohne Marken« kaufte, fragte sie ihn verschmitzt: »Sind Sie auch von die USA?« – Was ihn bei guter Laune hielt: die Bootsfahrten auf dem Entenweiher, die harmlosen Havarien. Was ihn alarmierte: die hochsommerlichen Siegesfanfaren. Was ihn innerlich abschottete: die Einsicht, daß er wohl einer schönen Selbsttäuschung aufgesessen war. Der Einberufungsbefehl, der ihn wie auch den völlig kopflosen Matasch jäh aus dem Traum scheuchte, setzte ihrem afrikanischen Seitensprung ein prosaisches Ende. Der Hoheits-Adler knallte ihnen in ihr Abgangs-Zeugnis in Kisuaheli, Englisch und Tropenkunde seine großdeutsche Klaue...

Lauter Finten! dachte Matasch und schlug den Kragen seines Mantels hoch, um seine Ohren vor der eisigen Zugluft zu schützen. Was gäbe er jetzt nicht alles, um noch einmal die aufregende Doppelrolle des melkenden Kolonialschülers und Kisuaheli sprechenden Stallknechts schlüpfen zu können. Damals – sie waren fast durch die Bank Städter, hatten zweierlei Hände, aber eine unbändige Sehnsucht nach Weite, Ungebundenheit und exotischer Fremdheit. Als er auf der *Breitewitzer Mühle* begann, sich als Auserwählter zu fühlen, erschien ihm die Welt der Kikuyus als Zauberformel, die ihm ein Schicksal außerhalb des Alltäglichen und Gewöhnlichen verhieß. Jetzt büßte er diesen hochgemuten Trugschluß mit einer Stummheit aus purem Trotz!

Mit einem Gesicht, vom Scharfmacher Frost ganz rosig geribbelt – Brielitz, hellwach und wie besoffen von Abschiedsgedanken. War da ein ganzer rebellischer, hoffnungsfroher Jahrgang auf dem Holzweg? So eingeschüchtert war er nun doch nicht, daß er die Latrinenparolen einiger Urlauber ernst nahm, die heillos ernüchtert von der Front zurückkehrten. Einfach verheizt zu werden, gedankenlos in die Eishöllen des Ostens hinein zu schliddern, das konnte nicht ihre wahre Bestimmung sein. Wer konnte sich kalten Bluts mit dem Gedanken abfinden, nichts als Schlachtvieh zu sein, Freibankfleisch für die *Hitler*'schen Strategen?

Brielitz, ein lebenskräftigeres Duplikat Mataschs, war ein lernbegieriger Mensch. Ein geborener Wolkenschieber auch er, mit dem beruhigenden Unterschied, daß ihm die rauhe Wirklichkeit nicht gleich die Stimme verschlug. Er erlebte den Osten nicht als Fiasko einer gescheiterten Hoffnung. Für ihn brach keine Welt zusammen, war er ja erst dabei, sich eine zu erobern. Das Maßlose und Formsprengende dieser Landschaft sprang ihn zwar fratzenhaft an. Aber dann erlebte er die läuternde Kraft der Kälte, nachdem ihn ihre Schrecken zunächst wie versteinerten. Widerstandslos nahm er zur Kenntnis, daß diese Weite und Leere den Einzelnen einfach schluckte. Er war als Mensch keine feste Größe mehr, als Soldat bestenfalls ein beliebiger Summand! Aber nie hatte würdeloses Lamentieren seine Handlungen und Empfindungen bestimmt. Nie war er wie der fallsüchtige Matasch über sein eigenes Selbstmitleid gestolpert. Wenn es Schnee war, was ihn geblendet hatte, so war es Schnee von gestern. Nur noch Feuer hatte es gegeben und die Schmelzwasser verjährter Täuschungen. Ein haltbareres Verständnis von Welt bahnte sich an.

Wenn Brielitz es sich in Ruhe durch den Kopf gehen ließ, wenn er die Frotzeleien überhörte, mit denen seine Stallgefährten seine Zugehörigkeit zur »Usa« kommentiert hatten, waren längst nicht alle Chancen für Matasch verspielt. Bei solch neurotischer Gemütsverfassung, sagte er sich, glucksend vor Mutwille und melancholisch verschattetem Mitleid, entbehrte ja die Vorstellung, zum *Afrika-Korps* abkommandiert zu werden, nicht einer gewissen realitätsfernen Logik. Sollte er denn hier, in der Zugluft dieses schlecht beheizten Waggons, auf einer gewöhnlichen Strohschütte, seinen afrikanischen Traum ausschwitzen, ausspucken? Mußte er jetzt schon, umgeben von sächsisch-thüringischen Stoikern, Abschied nehmen von einer sträflich lang genährten Illusion?

Schon die Fahrt im Güterwaggon hatte sie zu Gefangenen ihrer Naivität, ihrer Blindheit, ihrer Notdurft gemacht. Bilder peinlichen Versagens waren auf ihn eingestürmt. Die endlos scheinende Zugfahrt mit ihren verwechselbaren Stationen. Mataschs fixe Idee –: selbst wenn sie stur nach Osten führen, käme er doch prompt im Süden heraus! Brielitz hatte sich solcher Sophistik wohlweislich versagt. Der Blick durch die Schiebetür zeigte deutlich genug, wohin ihre Reise ging. Aber vorerst wies er seine düsteren Phantasien beherrscht von sich, vergaffte sich in das offene Land, das mit wehenden Schneefahnen gegen ihn herantrieb.

Baranowitschi aber rückte mit böswilliger Folgerichtigkeit näher. Das weißrussische *Minsk* kam mit seiner zerfransten Peripherie –: Matasch fand gerade soviel Zeit, sich vor einem vom Sockel gesprengten *Stalin*-Denkmal die fühllos gewordenen Füße warmzutreten. *Orscha* blieb auf der Strecke. *Smolensk* drehte sich auf einer Rangierbühne, wies ihm seine zerbombte Flanke. *Jarzewo* kam und fiel hinter das Schlußlicht des Zuges zurück. *Dorogobusch* »flutschte« nur so an ihm vorüber. Als *Wjasma* mit quietschenden Bremsen zum Stehen kam, sprang ihn die Kälte an wie ein reißender Wolf. Ertrug er den Kälteschock wenigstens mit einiger Gefaßtheit? Gefaßtheit ist gar kein Ausdruck für die augenblicklich einsetzende Apoplexie seiner Gefühle, seiner Wahrnehmungsfähigkeit, seiner Ansprechbarkeit. Diese traumatische Erfahrung, die Verhöhnung seiner Ideale, quittierte er mit einer totalen inneren Blockade. – Hartwick brachte sein eigenes Erschrekken auf den sarkastischen Nenner: Der Osten – eine offene Wunde des Reiches – schlucke alle Wehleidigkeiten!

Als Matasch vom neuen Transportführer zurechtgewiesen wurde, gab es eine kleine humoristische Einlage: »Hört ihr«, sagte er unterm Gelächter der Stabsgefreiten, »er fragt allen Ernstes, ob er als Kolonialschüler hier nicht fehl am Platz sei?«

»Wie gesprenkelt vom Aussatz . . .«

In der ersten Nacht, als sie im Gefängnis von *Wjasma* meuternd Quartier bezogen (unfaßbar schien ihnen, den hochgelobten Zweiundzwanzigern, daß man sie wie Kriminelle in verdreckte Zellen einwies), fuhr Kopitz wie gerädert aus dem Halbschlaf. Schreckbilder drangen auf ihn ein: Verwundete mit grotesken Kopfverbänden, Gefallene, auf Bahren festgefroren, Pferde mit vor Hunger aufgetriebenen Bäuchen. Eine Eispfütze hielt ihm einen Spiegel monströser Wahngebilde vor. Er spürte an seiner Schulter die vertraute Hand Hartwicks und atmete erleichtert auf. Aber dann ließ es ihm doch keine Ruhe, und sehr früh, als sie alle totenähnlich schliefen, trat er ins spärlich erhellte Treppenhaus, wo sie kreuzweise in allen nur möglichen Phasen der Erschöpfung lagen. Kopitz fand, daß ihn seine Ahnung nicht getäuscht hatte: reihum dämmerten böse Phantasmagorien . . .

Auf dem Platz vor dem Verschiebebahnhof wimmelte es von Verwundeten und Versprengten. Im gespenstischen Lichthof einiger Lampen bewegten sich wie Schemen ihre schwankenden Gestalten. Kopitz war es, als habe das uniformierte Grauen jegliche Physiognomie aus ihren Gesichtern gewischt. Als sie in die Nähe des Bahndamms gelangten, schwärmten sie plötzlich massenhaft aus. Kopitz sah, wie sie Waggons stürmten, Waggons, die ungeheizt auf vereisten Abstellgleisen standen. Doch das sahen die Dahinstürmenden in ihrer Hysterie nicht. Stumm und erbittert kämpften sie um die besten Plätze in den geplünderten Waggons. Jene, die noch die Kraft besaßen, sich anzuklammern, kletterten auf allen vieren die Böschung hinauf, stießen die Schwächeren zurück und erreichten keuchend den blockierten Lazarettzug. Die Abgeschlagenen rutschten wie loses Geröll den glatten Abhang hinunter. Ihre erfrorenen Stümpfe und Gliedmaßen verbreiteten selbst in der Eisluft einen penetranten Gestank. Oben auf dem Damm aber erhob sich das dumpfe Geraune der Entrüstung, ein gleichsam zwischen den Zähnen erstickter, wütender Aufschrei . . .

Nachdem eine zögernde Dämmerung die Trübnis des Tages umständlich ablöste, entdeckte Liebschner hinter einer

Schneewächte eine wenig einladende Örtlichkeit. Eher ein aufgelassenes Stellwerk als eine reguläre Station, fand sich nichts, was auf menschliche Anwesenheit hinwies. Halbzerfallene Türstöcke hingen schief im unverputzten Mauerwerk. Im Wind schlugen kleine quadratische Fensterflügel. Auf dem abgeblätterten Giebel klebte ein verwaschenes Namensschild mit der Endsilbe ». . . *koje*«. Doch trotz der Unwirtlichkeit durchforschte Liebschner die geplünderte Bahnwärter-Idylle mit einer Gier nach Stallwärme und Menschennähe, die der abgehärtete Hartwick kindisch fand.

Als nach weiteren zweieinhalb Stunden stumpfsinnigen Dahintrottens hinter einer zerschossenen Stallung ein kunstvoll gezimmertes Holzhaus sichtbar wurde, brach Liebschner förmlich in Jubel aus. Durch einen stallartigen Vorraum betraten sie eine ebenerdige Stube. Ein fast leeres Geviert von Wänden, nachgedunkeltes Blattgold der Ikonen, papierverklebte Fenster, vergilbte Fotos. Liebschner drückte sich beinahe die Nase platt, als er die Zierleisten aus Fliegendreck musterte und die Ornamentik des Frostes in den vom Atemhauch beschlagenen Scheiben. In der Tiefe des dämmrigen Raumes ein schmutzig-gelber Ofen-Koloß, die Herdkuh mit ihren Lehmflanken, ihren Backtrögen, Feuerkuhlen, die Aschen-Muhme mit ihrem Fellhimmel. Mit einer Unbefangenheit, die ansteckend wirkte, spähte Liebschner in alle Winkel; sein werbender Schmachtblick schien zu fragen: hält sich hier irgendein weibliches Wesen versteckt? Entzieht sich vielleicht eine liebesfähige Haustochter meiner zärtlichen Musterung? Unter dem amüsierten Befremden Hartwicks hob er ein paar Halbwüchsige aus ihren angewärmten Bettgelegen, bestieg unter dem genierlichen Gekichere einer Zwölfjährigen das mit Lumpen und Fellen bedeckte Höckertier. Aber er genoß den Triumph solch eigenmächtiger Erhöhung nicht lange. Noch während er auf die verblüfften Gastgeber hinabsah, flog die Bohlentür auf, Schnee wirbelte herein. Auf der Schwelle martialisch ein Kompaniemelder im Kradmantel. Ehe die Gruppe Poßnitzer recht begriff, was mit ihr vorging, stand sie auch schon unter Kommando und marschierte. Hartwick entzifferte auf einem Wegweiser ein anheimelndes »*Sasjezkaja*«.

Liebschner, der Traumtänzer, leistete sich Standard-Träume. Wunschquartiere belegte er kraft seines Charmes, nicht seines militärischen Ranges, der null und nichtig war. Eine Schaukel, an vier Schnüren von der Decke hängend, war sein wichtigstes Requisit. *Nastasja,* mandeläugig, mutterlos (also frei erfunden!), schaukelte hingebungsvoll, ihm zu Gefallen. Ein flackerndes Stearinlicht warf ihren stürzenden Schatten beängstigend umrißscharf auf den Estrich, der nach Landessitte mit Sand bestreut war. Mit einigen *Ave Marias* hatte er glücklich erreicht, daß die Madonna ihren vorwurfsvollen Blick von ihm abzog. Sein Einverständnis mit *Nastasja* also wunschlos und ohne jede himmlische Bevormundung.

Während sie in Schützenreihe durch knöcheltiefen Schnee stapften, zersprang hoch über ihren Köpfen eine Leuchtpatrone. Durch die Kälte tollohrig geworden, hörten sie den Knall wie in Watte verpackt, standen perplex im grellweißen Magnesiumlicht. Liebschner, die Schaukelschwünge Nastasjas in einzelne Flugphasen zerlegend, erlebte die Explosion im Scheitelpunkt zweier aufeinander zustürzender Körper. Rote Blitze schossen auf; Schnee stäubte. Plötzlich war ein stürmischer Frühling über ihm.

. . . Sie kam in ihren Pelzstiefeln den abschüssigen Weg herunter. Vorsichtig setzte sie Schritt für Schritt auf der wie poliert wirkenden Eisfläche. Liebschner, im Lehrlingskittel, saß hinter dem Fenster und rieb sich die klammen Finger warm. Der Werkzeugschuppen war lausig kalt; es zog wie Hechtsuppe, und das Sägeblatt, das er mit einer Dreikantfeile geschärft hatte, hob sich mit seinen Zähnen gegen die bizarre Pracht der Fensterblumen. Jäh unterbrach er seine Tätigkeit, preßte sein Kinn mit erstem schüchternen Bartflaum gegen das feindselige Weiß der Scheibe, sah durch das Schmelzloch, das sein Atem geformt hatte, die rosige Rundung ihrer Knie . . .

Gemessen am Charakterriesen Brielitz war Liebschner ein wahres Fliegengewicht. Zwei Rollen boten sich dem schlaksigen Bruder Leichtfuß aus *Grimma* an: die des Spaßvogels und Gruppenkaspers oder die des schweigsamen Schwärmers. Wäre ihm das Stillsitzen und Stummsein leichter gefallen, hätte er sich – als unproblematische Frohnatur – für den stillen Genießer entschieden. Wer sollte ihm denn beigebracht haben, daß es von Klugheit zeugt, seine Weisheit für sich zu behalten? Sein Herz war übervoll, folglich lief ihm (ganz wie das Sprichwort es will) öfter mal der Mund über. Er stammte ja nicht von der traurigen Sorte Mensch ab, die an der Welt und ihren Unzulänglichkeiten leidet. Er gehörte nicht zu den Nackthäutern, deren Verletzlichkeit ihre einzige Eigenschaft ist und ihr beliebtester Gesprächsstoff. Er war kein Hirn-, er war ein Augenmensch!

... denn ein Schlitten, von zwei Fuchsrappen gezogen, wirbelte eine Wolke blitzenden Schneestaubs auf. Schon traten die kulissenhaft wirkenden Häuser der Vorstadt in den Hintergrund. Die Zwiebeltürme der beiden Kirchen verflüchtigten sich, kippten über den flachgeschwungenen Horizont. Auf seinem einstündigen Bummel durch die weißrussische Metropole war er auf die Basilika gestoßen. Von jeglicher Ortskenntnis unbeleckt, gab er ihr den Namen »*Mariä Unbefleckte Empfängnis*«. Obwohl der Platz wie leergefegt wirkte, sah er sogleich Reifen spielende Gören. Mädchen mit Zöpfen spielten Verstecken, Buben im Stimmbruch Fangen. Wildwechsel, Fährten, der Paarungsruf der Tauben. – Ob der Heilige Geist wohl nur so groß ist wie eine dieser gewöhnlichen Tauben? – Einen Augenblick lang schnürte es ihm fast das Herz ab. – Als er in die Gasse der »*Unbeschuhten Karmeliterinnen*« einbiegen wollte, stutzte er. – Oho, dachte er und blinzelte aus schräggestellten, feuchtschwarzen Vogelaugen: Da steht was Knuspriges vor dem Wind! – Auch *Anjuscha* stutzte, als sie den ulkigen Deutschen in die *Uliza Gololjediza* treten sah. Schon hatte er beide Arme triumphierend hochgeworfen, als erwarte er von ihr, daß sie ihn stürmisch in die Arme schließe. Aber da war er bei ihr an die Falsche geraten. Absichtlich beschleunigte sie ihre Schritte, als müsse sie ihre gespielte Entrüstung in gelaufenen Metern ausdrücken. Eine Heeresstreife tauchte auf. Liebschner sah sich einer peinlichen Disziplinierung unterworfen ...

Doch das warf ihn nicht aus dem seelischen Gleichgewicht. Ein Anpfiff durch die Kettenhunde der Feldgendarmerie löste bei ihm ein unwirsches Achselzucken aus, eine Geste errötenden Bedauerns, eine heißblütige Verwünschung. Schon war er unterwegs zu noch kühneren Abenteuern, kaum daß seiner Jagdleidenschaft ein erster Dämpfer aufgesetzt war. Auf Pirschgängen die üblichen schnellen Musterungen, Küsse, Berührungen. Er beherrschte die Körpersprache, als Gleichaltrige noch am Rätsel der Geschlechterliebe herumknobelten. Aus dem fliegenden Stand heraus übte er Annäherungen, Begegnungen. Er wünschte sich Verschmelzungen, Durchdringungen.

Seit er *Smolensk* den Rücken gekehrt hatte, war alles wie verhext. Das geliebte Wild blieb aus. Die Witterung trug seinen Nüstern keine Duftmarken mehr zu. Die Spuren verloren sich im Eiswind. Ein mädchenloses Land seufzte unter der barbarischen Kälte. Nicht einmal die Ahnung von Menschennähe belebte seine Phantasie. Wo steckten sie bloß, seine Mädchenkinder, seine Kindfrauen, die er in Wirklichkeit ja nie berührt hatte, aber zur Liebe fähig jederzeit verfügbar wähnte? Das Verschwinden von Körpern aus der Landschaft bewirkte eine Verarmung seines Lebensgefühls, eine Beschneidung seiner Sinne. Als geschlechtliches Neutrum lief er durch eine Welt, die sich der sinnlichen Wahrnehmung entzog, die nur noch Hungergefühle auslöste und die Empfindung zunehmender Erstarrung.

Der graue, von Vögeln leergepustete Himmel war nichts als das stupide Gegenstück zu dieser Wüste aus Schneestaub. Verlor sich die monotone Marschsäule, die dem Horizont zukroch, in einer zerflatternden Ebene oder schon im trostlos ausgeweiteten Himmel? – Kopitz hielt sich in der Nachhut der Fußkranken auf, der armen Teufel, die an Durchfall litten oder an Erfrierungen. Je nachdem, ob Parolen über sagenhafte Unterkünfte in den Köpfen spukten oder sich als blanker Hohn erwiesen, beschleunigte die Kolonne ihre Gangart oder verlangsamte sie – dehnte sich wie ein dem Zerreißen nahes Gummiseil. Die herrischen Unterführer, wie Herdenhunde dahinschnürend, als ginge es dem heimischen Futterplatz zu, waren das einzig lebhafte Element in diesem Strom stockender Bewegung.

Längsseits des Trampelpfades, der eine dürftige Kiefernschonung flankierte, bezog die Gruppe Poßnitzer provisorisch

Stellung. Die Schonung war Teil einer schmalen Baumkulisse, die sich in ihren Einzelheiten abzuzeichnen begann und nicht mehr das imposante Aussehen vorwies, das das Zwielicht vorgetäuscht hatte. Aus dem nur mannshohen Gehölz ragten in unregelmäßigen Abständen einige schmächtige Föhren empor, deren Hauptäste wie amputiert wirkten vom Schrapnellfeuer. Das Gelände davor war topfeben und mit reifüberzogenem Gebüsch durchsetzt. Quer durchs sperrige Unterholz lief ein rotes Feldkabel. Am Endpunkt der Strippe befand sich eine Art Bakelittornister. Auf den Knien vor ihm ein Soldat im Russen-Halbpelz, der eine Kurbel drehte und in eine Sprechmuschel unverständliche Tarnnamen flüsterte: *Dora Ludwig neun, kommen!* Nachdem er immer wieder vergeblich den Sprechcode buchstabiert hatte, sackte er entkräftet in sich zusammen; die Stimme erstarb ihm förmlich in der nadelspitzen Atemluft. Nicht einmal einen flüchtigen Blick hatte er für Kopitz und Hartwick übrig, als sie neben ihm Posten bezogen und die Tagesparole riefen. Nichts als ein gebeugter Nacken bot sich ihnen zum Einstand, strähniges Blondhaar, Kummerfalten, Speckwülste. Nur als Kopitz übertrieben rekrutenhaft Einheit, Dienstgrad und Namen herunterrasselte, verscheuchte er ihn mit einer unbeherrschten Armbewegung.

Dabei war er weiß Gott nicht immer so wortkarg gewesen. Es hatte Zeiten gegeben, in denen er prahlerisch von Eroberungen sprach, kleinen frivolen Raubzügen – damals als sie, die Altgedienten, ihre Stiefel über die Grenze dieses Landes setzten. Von einem Rausch der Bewegung erfaßter strategischer Größenwahn! Im Park von *Sawelotsche* lernten sie dann die ersten Konterschläge des Gegners kennen, der nicht dulden wollte, daß seine Frauen den verhaßten Landräubern das Gastrecht gewährten. Im Spätherbst saßen sie an den Ufern der *Rusa, Moskau* vor Augen, die Hochburg des *Roten Zaren.* Sie blickten voll Ungeduld auf das ersehnte Angriffsziel (ein vorgewärmter Logenplatz in der *Uliza Gorkowa* lag zum Greifen nah). Aber darüber lastete ein schwefelfarbener, mißratener Himmel. Der Horizont riß auf in seiner ganzen Länge; die Schleusen barsten, und es war, als ergössen sich die Wasser der östlichen Hemisphäre über das gedemütigte Land. – Auch er befand sich unter den Abgeschlagenen, Abgeblitzten, zu Tode

Erschöpften. Die Regenflut rauschte; zäh mahlten im Erdreich die überlasteten Räder. Sie wurden zu großen, unförmigen Töpferscheiben, die sinnlos liefen – oder formten sie bereits die ersten Urnen für die Asche ihrer Niederlage, und die arglosen Blondköpfe bemerkten es nur nicht? Aber das nahe *Moskau*, dort winkte doch der Siegeslorbeer, rot vom Blut des gestürzten Diktators! Ein letzter kraftvoller Anlauf und die Herzkammer des *Sowjet*-Imperiums träfe zerschmetternd der deutsche Blitz!

Eines Morgens im Vorfeld von *Moshaisk* traf sie dann der russische Blitz: der Frost. Sie saßen fest mit ihrer gefürchteten Schlagkraft, und alles was ihnen zum Fanal eines endgültigen Sieges geworden war, versank in der Erde, die ihre Beute nicht mehr freigab. Halbtot vor Entkräftung, mit halbierter Mannschaftsstärke und kräftig gerupftem Gefechtstroß, erreichten sie die Auffangstellungen von *Mamushi* und *Moskrosenz* am *Jelnabogen, Grünpunkt* und *Rotpunkt*, unter deren Symbolkraft sie ihre sächsischen Tugenden gestellt hatten, klebten als glücklose Siegel an notdürftig geflickten Lkw-Verdecks, hingen wie kränkliche Nebelsonnen über Schildern, die ihre wegweisende Zuversicht eingebüßt hatten; der Rauhreif zog seine Tarnkappe darüber. Die optischen Signale, die das Schlachtfeld markierten, trieben mit den Neuzugängen, die als Ersatz in die ausgebluteten Kompanien stießen, ein regelrechtes Verwirrspiel. Doch der Tod selbst war reinlich, seine Signatur auf den weißen Ebenen eindeutig lesbar. Nichts Häßliches zeigte sich im gnädigen Vorgang des Erstarrens und Mumifizierens. Nur wenn die Sonne hinter die Wolken trat, um sich von diesen Greueln abzuwenden, waren die Schlachtbänke *Weißrußlands* wie gesprenkelt vom Aussatz der Gefallenen und Erfrorenen . . .

Das erste, was Hartwick auffiel, ja förmlich in die Augen stach: die völlige Reduzierung von Landschaft auf Weite und Leere. Was ihn zu einem Lachanfall reizte: die totale Abwesenheit von Soldaten. War der erschöpfte Strippenzieher vor seinem Leierkasten der einzige Waffenträger hier vorn? Wo blieben sie nur, die Tapferen, Edlen – Sappeure, Füsiliere, Jäger, Grenadiere? War dieser vereiste Schneewall die vorderste Linie, die Brustwehr des Reiches? War diese Nische, die er eigenhändig mit seinem Klappspaten herausgestochen, Kampfstand, Sichtschutz und Schlafplatz in einem? Das gespenstische Mondlicht zauberte zwar Ansammlungen bewaffneter Schatten ins Unterholz, täuschte Wehrhaftigkeit vor. Aber Hartwick entlarvte sie als bloßen Naturspuk und faulen Zauber.

Gleichwohl, wenn er keiner Mystifizierung aufsaß, mußten irgendwo die Helden ihre versteckten Kampfstände haben. War es laienhaft, hinter dieser unscheinbaren Kuppe zum Beispiel eine wohlgetarnte Feldbefestigung zu vermuten? Dieser Erdaufwurf, diese Andeutung einer Palisade – sah so eine Feuerleitstelle, eine Werferstellung aus? Mit ein wenig Spürsinn müßten die Laufgräben und Postenstände auszukundschaften sein, die waffenstarrenden Schießscharten, hinter denen die uniformierten Maulwürfe verschanzt lagen. Hartwick stand noch keine volle Stunde auf Wache, als er seine erste zynische Vermutung bestätigt fand: diese Hauptkampflinie, auf Generalstabskarten eine pulsierende Schlagader, war in Wirklichkeit nichts als eine spinndünne Vorfeldsicherung! Das gemeine Zwielicht täuschte Standorte und Stellungen nur tückisch vor. Er ließ sich durch solches Schattenboxen nicht irreführen. Er wehrte sich entschieden gegen die Eintrübung seiner Urteilskraft. Nur keine Illusionen und Trugschlüsse vor Ort! Morgen, wenn erst die Helligkeit den Spuk verscheuchte, würde er den militärischen Spurenverwischern schon auf die Schliche kommen. Er sähe ja dann auch, wo sie hausten: die Tapferen, Edlen, die die Ehre und das Ansehen der Nation meistbietend . . . Hartwick hütete sich wohlweislich, seine Einsichten an die große Glocke zu hängen. Wie seine Kompanie-Oberen zu Recht argwöhnten, war er ein Hirnmensch mit einem sechsten Sinn für Fatalitäten. Verwegener Bekennermut war nicht seine Sache. – »Ersticke an deinen Wahrheiten, aber verschon andere damit!«

Ein afrikanischer Traum

In der Nebelfrühe des heraufziehenden Tages gab es den ersten Alarm. Ein Spähtrupp der Sowjets hatte sich im toten Winkel einer Bodensenke durch die eigenen Linien geschoben und feuerte nun, von den Pionieren gestellt, blindlings und auf verlorenem Posten, im Gehölz umher. Das wilde Geschieße verlor sich rasch in ein ermattendes Geplänkel. Eine Zeitlang noch hörten sie Schüsse, die bald nur mehr vereinzelt fielen. Dann kam ein unterdrücktes Stöhnen aus dem Unterholz, das zu einem qualvollen Schrei anwuchs. Dem Schmerzenslaut folgte leises Wimmern, das unvermittelt abbrach. In die angespannte Stille hinein fielen halblaute Rufe der Ratlosigkeit.

Matasch, der zu Tode erschrockene »Afrikaner«, lag dekkungslos in einem Schneefeld. Ihm kam es vor, als gälte das Feuer ihm allein, als würden die leuchtenden Schnüre ein engmaschiges Netz um ihn flechten. Matasch war dem Weinen nahe. Er kam sich verschaukelt, übertölpelt vor, vom russischen Frost festgenagelt statt von südlicher Sonne. Dabei hatte ihm vor Tagen noch alles offen gestanden. Ein unmerklicher Schwenk nach Süden, rechtzeitig vor der *Weichsel* eingeleitet – und er wäre in Sicherheit gewesen. Ein Jahr der Eroberungen, des Abenteuers hätte vor ihm gelegen. Das Zweistromland (*Baku* besetzt und das gezeitenlose Gestade von *Apscheron*) – sein stürmischer Flug unter der Windrose (die Unheilsvögel des Ostens endgültig verscheucht!) – die levantinische Küste fiel hinter ihm zurück ins schäumende Kielwasser. Sandmeere rückten heran, Wanderdünen – die Stoßrichtung eindeutig auf Südkurs, über den Wendekreis des Krebses hinaus. Vor ihm der Schwarze Kontinent! – Aber nun lag er auf der gefrorenen Russenerde. Es gab Feuer, ein Netz von Phosphorschnüren, und er darin gefangen, aber keine Sonne. Nur die Erinnerung an hochfliegende Ideale (Exaltiertheiten, wie sein Vater meinte), das wehmütige Wissen um südliche Himmelsstriche, zerfetzte Träume, Zusammenbrüche . . .

Vor ihnen tauchten in lockeren, gefährlich schwärmenden

Rudeln erste Gegner auf. Das schmutzige Erdbraun ihrer Uniformen war durchsetzt mit Feuerrosen. Wind war aufgekommen. Der abgehobene Schnee stäubte in wehenden Schleiern vor den Angreifern her, ihnen ins Gesicht. – Poßnitzer beruhigte die Nervosität der Gruppe mit der lapidaren Feststellung: die Wucht des frontal geführten Stoßes sei gebrochen, die weiträumige Attacke längst gestoppt. Seine Lagebeurteilung hatte Hand und Fuß. Mehr und mehr verlor sich das Gefecht in einer sinnlosen Raserei der Handfeuerwaffen. – Hartwick – mit frosttauben Fingern eine Ladehemmung beseitigend – nickte anerkennend zu ihm hinüber.

Während Matasch entgeistert vor sich hinstierte, hantierte Brielitz an seinem Karabiner herum. Er rückte das Visier zurecht, stieß die Kammer auf, sah die Patronen nach, wie sie geordnet aufeinander lagen: glatt, kühl, beziehungslos – und er dachte daran, in was sie sich wohl bohren würden, wenn er abdrückte, in welchen Ast, welche Schneewächte, welche Humusschicht, welches Geflecht von Adern, welchen Muskel, welches Fleisch – und er dachte gleichzeitig daran, was passieren würde, wenn er, entgegen dem strikten Befehl, nicht in Anschlag gehen, nicht abdrücken, nicht schießen würde.

Als der Gefechtslärm erneut aufzuflackern begann (die Schüsse knallten im Windwirbel wie Erbsen im Feuer), erwachte Matasch aus seiner Lethargie. Umständlich fummelte er an seinem Gewehr herum, sicherte, entsicherte, das Visier auf Unendlich gestellt. Er schraubte die Kappen seiner Handgranaten ab, legte die Schnüre mit den porzellanweißen Knöpfen aus. Obwohl ihm sein Gehör die Alarmzeichen eines befremdlichen Geräusches zutrug, konzentrierte er sich ganz auf die Wahrnehmung des Musters parallel gelegter Schnüre und Knöpfe.

Brielitz zuckte nicht einmal mit den Mundwinkeln, als er die *Panzerechse* kommen hörte. Als sie mit ihrem Rohrrüssel in sein Blickfeld schrägte – ihre gepanzerte Flanke zitterte sekundenlang im gleißenden Schneelicht –, als in einem scharf-trockenen Schlag gegen sein Trommelfell die lauernde Stille barst, überfiel ihn lediglich ein leichtes Frösteln in der Nackengegend. In einer aufreizend wirkenden Gemütsruhe nestelte er die Handgranaten los, schraubte die Deckel ab, machte sie wurfbereit. Aber da entzog sich das Ungeheuer in einer hochaufstäubenden Schneewand. Brielitz hängte die Wurfgeschosse, die ihn an schlafende Fledermäuse erinnerten, sogleich an sein Koppel zurück. (War dieser Vergleich bereits ein erstes Anzeichen von Realitätsverlust?)

Matasch – voller Widerwillen gegen das feindliche Weiß – gefiel sich in weinerlichem Selbstmitleid. Warum war er nicht freiwillig zur Marine gegangen, war Matrose geworden und zur See gefahren? Seine Wünsche wären respektiert worden, seine Gesuche nicht kurzerhand in den Papierkorb gewandert. Auch bei den Fliegern hätte Aussicht bestanden, ein Stück Welt zu sehen. (Sah er denn keines? Was war das hier?) Matasch übertrug seinen Widerwillen auf alles, was sich auf der Erde bewegte, was an ihr klebte, sich mühsam in sie hineinfraß. Er haßte Rad und Raupe, Rüssel und Pranke, sah in den Flugzeugen späte Nachfahren der Vögel, in den Schiffen wohlgeglückte Kopien der Fische.

Bei einem der Einschläge fielen Abschuß und Einschlag fast zusammen. Eine Rauchwolke sprang auf, Splitter schwirrten, der Atem der Explosion versengte Laub und Geäst. Als das rasiermesserartige Schwirren verklungen war, entdeckte er in unmittelbarer Nähe einen kreisrunden Trichter mit häßlichgrauem Bodensatz. Sternförmig liefen Schürfrinnen und Brandspuren nach außen. Im Zentrum des Trichters: zu Asche verbrannte, weiße Erde. Die Wucht des Einschlags hatte den Preßschnee waschschüsselflach abgehoben. Als Brielitz in seinen Kampfstand zurücktrat, sah er in einem Kiefernstamm oberhalb der Brustwehr einen messerlangen, schartigen Splitter, der bläuliche Ausglühungen aufwies. Brielitz war den halben Nachmittag damit beschäftigt, den in Kopfhöhe plazierten Splitter aus dem rötlichen Splintholz zu pulen. Kühl nahm er zur Kenntnis, daß er mit diesem ersten Souvenir seine Angst eintausche gegen ein sonderbares waffentechnisches Interesse.

Noch während er Span um Span mit dem Seitengewehr vorsichtig ablöste, ließ das Infanteriefeuer nach. Der durch Ausfälle offenbar geschwächte Gegner stellte seine Angriffe vorübergehend ein. Nur auf dem Platz, den Matasch Hals über Kopf verlassen hatte, lag noch immer vereinzeltes Schrapnellfeuer: wild, zügellos, fontänenschießend. Aus dem verhängten Schneehimmel fiel eine tote Krähe; sie fiel langsam und in schraubender Bewegung. Die froststarren Fänge glänzten. Lautlos trieb der Federbalg in der schwachen Dünung. Gegen Abend begann es erneut zu schneien.

Matasch, der sich nach ihrer Ablösung strikt weigerte, für einen an Dysenterie erkrankten Kumpel freiwillig auf Wache zu ziehen, löste in Brielitz eine hitzige Reaktion aus –: Verweigerung, Rebellion als geistig-moralische Haltung, gut, das sei eine Sache – Meuterei eine andere! – »Halt!« warf Hartwick gutgelaunt ein, »das ist mir ehrlich eine Nummer zu groß!«

Matasch, in einem Zustand dumpfer Aufsässigkeit, weigerte sich, seinen Schlafplatz zu verlassen. In kindischem Trotz klammerte er sich an die Pritsche, auf der er in gekränktem Schweigen vor sich hinbrütete. Hartwick beschwor ihn, seinen unsinnigen Widerstand aufzugeben. – Gewiß, es gebe angenehmeres, als aus dem nestwarmen Dunkel gescheucht zu werden. Ja, auch ihm hingen die Parolen der Muntermacher zum Hals heraus. – Besänftigung der Angst durch das Beispiel des Muts! Das höre sich prächtig an in beschußsicheren Unterständen. Auch ihm sei einmal eine solche Durchhaltephrase entschlüpft. Ob er sich wohl noch erinnere? Zwischen Waschtrögen und Verdunkelungsrollos habe er den starken Emil gespielt, ihn, Matasch, in einem Anfall von Geschwätzigkeit, in die Enge getrieben. Bekehren wollte er ihn, ihm den Star stechen, ihn in einer Art Willenstraining nötigen, diesen »dümmlichen Traum vom Süden« auszuschwitzen. Brielitz, sein schwäbelnder Anwalt, von Mitgefühl heimgesucht, habe sich energisch dagegen gewandt: – Er sehe in Mataschs Weigerung eine starke Antwort auf ein Verhängnis! – Verhängnis? Er spreche lieber von Fatalitäten!

Der in zarten Kräuselungen hochsteigende Rauch weckte Liebschners Neugier, nicht seine Wachsamkeit. Obwohl die Stellung des Gegners im ersten Frühlicht lag, konnte er keinerlei Brandherde ausmachen. Auch war nicht recht einzusehen, was in dieser eisigen Einöde brennen sollte. Zunächst hatte er an eine Tarnaktion der Russen gedacht. Vielleicht daß sie im Schutz künstlichen Nebels eine gewaltsame Aufklärung vornähmen. Doch als im Niemandsland alles still blieb, kam Liebschner auf den naheliegenden Einfall: die Sowjets mußten Brennholz in die vorderste Linie geschafft haben, um sich »rotzfrech» um ein offenes Lagerfeuer zu verschanzen.

Liebschner, der sich ein »gemütliches Aufwärmfeuer« mit Kosakenliedern vorstellte, spürte »hundsgemeines Heimweh«. In seiner blühenden Phantasie hockten da Gleichaltrige vor der knisternden Glut von Birkenscheitern, an unverschuldeter Trennung leidend wie er und an den »Erinnerungen des Blutes«. Aller militärischer Vorsicht spottend, saßen sie im Flammenkreis und »riskierten eine starke Lippe«. Er aber war ausgeschlossen, abgesondert von dem, was »Leben, Wärme, was Kameradschaft« bedeutet! Freundschaft, Sympathie, Zuneigung ersehnte er sich. Auch in der Zwangsjacke soldatischen Drills wollte er den Krieg, der ihn aus vielversprechenden Bindungen gerissen hatte, nicht mannhaft bestehen. Er wollte ihn lediglich überleben, »mit heiler Haut davonkommen«, sich »möglichst an ihm vorbeimogeln«, »ihn mit Witz und Schabernack austricksen!« Liebschner ging es nicht ums Rechthaben, nicht ums Verfechten von Wahrheiten. Als ein »zur Liebe tauglicher Mensch« wollte er behandelt werden, selbst um den Preis ehrenrühriger Bedingungen. Verleumdungen, Verdächtigungen konnte er lächelnd schlucken, Mißachtung nicht!

Melancholisch in seinem Schneeloch kauernd, blieb er nicht lange untätig. In Ermangelung dramatischer Mittel, seinen Standort kenntlich zu machen als einen Vorposten der Menschennähe, entnahm er seinem Brotbeutel den *Espit*-Kocher, schichtete kunstvoll Hartspirituswürfel übereinander, entzündete sie, schirmte sie vorsorglich ab gegen Zugluft. Mit sichtlichem Wohlgefallen sah er zu, wie aus der winzigen Menge Brennstoff ein schlackenreines Flämmchen emporstieg. Wenn er, die Augen schließend, intensiv an das Feuer der Russen dachte, kam in ihm zeitweilig sogar die Illusion von Wärme und Behagen auf. Seine frostklammen Finger schützend über die Flamme haltend, sah er nur noch, was unmittelbar mit ihrer verletzlichen Gegenwart zusammenhing. Vom Gedanken fasziniert, dieses zärtlich flackernde Licht spiegele die reine Existenz, seine schuldlose, begierdelose Seele, vergaß er für Augenblicke sogar die banale Notdurft seines der Einsamkeit und Kälte ausgesetzten Körpers.

Von einem baumlangen Westfalen wortkarg eingewiesen, hatte Brielitz hinter einer Sichtblende gestanden, eine geschlagene Nacht lang. Unschlüssig, wie er sich die Zeit vertreiben könnte, war er stumpfsinnig von einem Bein aufs andere gehüpft – eine geisttötende Art, sechsundvierzig Grad Kälte überlisten zu wollen. Die Einweisung durch den sympathischen Offizier hatte er als persönliche Gunstbezeugung aufgefaßt. Seine lässige Art, ihm den Frontverlauf zu erklären anhand einer Strichskizze, die er mit einem Aststück in den Schnee ritzte, verbreitete väterliches Wohlwollen. Was Brielitz gleich aufgefallen war: dieses von Erschöpfung und Beherrschtheit gleichermaßen gezeichnete Gesicht, in dem unerwartet erste Vorreiter des Schalks erschienen: »Keine Bange mein Sohn, spätestens zur Frühjahrsoffensive werden Sie abgelöst!« Fort war er, vom Schneelicht förmlich aufgesogen. Lange noch hatte er das Waffengehänge vor Augen, das mit Rauhreif eingefaßte Kinntuch, das ebenmäßige Gebiß und ein Lachen, das die Kraft hatte, alle Kälte schlagartig zu brechen.

Nun begann Brielitz, im Schnee ein geräumiges Geviert mit Kiefernzweigen abzustecken. – Die Senke am Fuß der Kiefer kommt mir wie gerufen. Ich muß nur sehen, daß mir der *Iwan* mit seinen Granatwerfern nicht den Vorgarten verhagelt. Der Wohnraum – am besten Iglu-Bauweise – soll ganztags Sonne bekommen, der Schlafraum , den ich mit einer *Annuschka* zu teilen gedenke, ausschließlich Morgenlicht. Bad und Toilette strikt getrennt. Die Heizung selbstredend durch Körperwärme, zentrale Steuerung mittels Dauergymnastik. Warmwasserbereitung durch *Espit*-Würfel. Der Eingang mit Sicht- und Splitterschutz, betretbar über schwenkbare Glasflügel. Meister Frost zaubert mir im Nu die gewünschten Scheiben. Am offenen Kamin, in der reinen Glut meines Feuereifers, schwitzt sich Freund Matasch seinen Kisuaheli-Popanz von der Seele . . .

Brielitz schwieg ernüchtert. Sein Spott war Billigware. Was wußte er schon von ihm? Daß er sich in kindischer Verweigerung abkapselte? Daß ein Mißgeschick aufs andere folgte? Seine Verranntheit vermutlich das letzte Kettenglied einer Fehlentwicklung. Das großspurige Geprahle von Klassenkameraden, die im braunen Fahrwasser Karrieren zimmerten, mochte ihn verführt, Leistungsabfall in der Schule ihn kopfscheu gemacht haben. Eine Fünf im Halbjahreszeugnis. Der aus allen Wolken gefallene Vater. Schließlich der rettende Ausweg: die Flucht von der Schulbank ins Treibhaus – *Afrika* – die Tropen – der Erdteil des Schwarzen Mannes. Aber seine Liebe ist nichts als ein Strohfeuer. Kaum, daß er *Tanganjika* geographisch exakt zu bestimmen weiß!

Mit Matasch war er übereingekommen, sich beim Schanzen und Wacheschieben gegenseitig abzulösen. Brielitz – die Hand am Spatengriff – begann sein behutsames Verhör: »Warum weigerst du dich eigentlich noch immer, deine gescheiterten Illusionen zu begraben?« – Er machte eine einladende Handbewegung: »Gleicht nicht diese konturlose Ebene dem afrikanischen Buschland am Fuß des *Kibo*?« – »Wenn du wüßtest«, sagte Matasch in einem Anflug von Sarkasmus, »welche Verrenkungen es mich kostet, auch nur das Zerrbild einer Landschaft zu erkennen.« Aber Brielitz ließ nicht locker: »Morgen, wenn über den Schneewällen wieder die Feuer brennen, werden wir den königsbraunen Milan steigen und stürzen sehen über dem heißen Aschenfeld. Weißt du überhaupt, daß er sich im Flug die Heuschrecken und gerösteten Mäuse greift?« Ach, fuhr er schwärmerisch fort, er denke jetzt gerade an die Springprozessionen der kleinhörnigen Gazellen, an die roten Lehmburgen der Termiten, die dummdreiste Anbiederung der Perlhühner, an die Attacken gieriger Raub-Ameisen. Am merkwürdigsten aber erscheine ihm der Hochzeitsflug der Termiten. – »Was glaubst du wohl«, rief er aufgeregter, als es Matasch angemessen schien, »wie das schwirrt und flügelt, wenn sich diese Wolke hochbeiniger Schmarotzer niederläßt? Das ist nicht anders, als setze eine Armada von Helikoptern zur Landung an.«

»Komm wieder auf die Erde zurück«, meinte Matasch kopfschüttelnd, »bevor dich eins dieser Monster entführt.« Brielitz hartnäckig: »Ich weiß doch, wie du unter dem afrikanischen Trauma leidest. Ich werde also nicht eher Ruhe geben, bis sich deine Phantasie an einem neuen Objekt der Liebe entzündet.« – »Objekt der Liebe?« höhnte Matasch. »Von mir, einem prinzipienlosen Schwarmgeist, verlangst du ein zweites Pfingstwunder? Konkrete Erfahrungen? Daß ich nicht lache – *Wasungu mkubwa – Washwahili watonga – Memsa ndogo – Kipande kimoja.* Manchmal glaube ich, ich habe das alles nur geträumt. Es sind Leerformeln, Verschlüsselungen von etwas, das mich zum Narren hält, sinnentleerte Sprechfloskeln, um bei den Mädchen Eindruck zu schinden. Irgend jemand hat mir den Floh ins Ohr gesetzt, mir zugeflüstert, diese Zauberformeln als meine eigenen auszugeben. Dabei wußte ich nicht einmal, sollte ich auf den Ruf des Blutes, auf die Stimme der Wildnis hören oder auf die des Gewissens.«

»Mein Vorwurf«, sagte Brielitz tonlos, jäh aufbrechender Rührung nahe, »bezog sich nie auf deine Wünsche und Träume, sondern einzig und allein auf deinen unglücklichen Hang, die banale Wirklichkeit total zu negieren. Das kann nur in Verzweiflung enden oder in Zynismus!« Brielitz ließ eine Ladung Pulverschnee übers Spatenblatt gleiten. »In einem Zeitpunkt, in dem es nicht mehr in meinem Ermessen steht, den Platz, auf den ich ohne mein Einverständnis gestellt worden bin, eigenmächtig zu verlassen, verlange ich Charakterstärke, nicht Selbstmitleid. – Glaubst du, ich hätte Gehorsam gewählt, wenn ich die Möglichkeit gehabt hätte, mich frei zu entscheiden?«

»In meiner Kindheit«, sagte Matasch weinerlich, »wurde ich einmal versehentlich in einen Keller eingesperrt. Ich hatte solche Furcht, daß ich mit den Zähnen knirschte, um nicht loszubrüllen. Auf die Idee aber, mich dort häuslich einzurichten, wäre ich wohl schwerlich gekommen.« – »Du hättest damit ja auch kaum einem öffentlichen Bedürfnis gedient«, meinte Brielitz erheitert. »Ja, du bist halt ein nützliches Glied der Volksgemeinschaft«, spottete Matasch. »Du bringt eben das Kunststück fertig, noch während du dir die Hosen vollmachst, dem Fortschritt zu dienen!« – Die Ohnmacht liebe es, Gesichter zu schneiden! meinte Brielitz leichthin. »Im übrigen fällt mir auf, daß du deinen Karabiner nicht einmal entsichert hast. Eine schöne Leibwache habe ich mir da angelacht!«

Matasch drückte seinem Zuchtmeister grinsend den Karabiner in die Hand und griff nach dem Spaten. Die unmittelbare Gefahr eines Rückfalls in Groll und Selbstmitleid schien fürs erste gebannt. Doch die Spannung blieb spürbar, ein labiles Gleichgewicht zwischen Apathie und Hysterie. Es bedurfte wohl nur eines geringfügigen Anstoßes von außen, um den Scherbenhaufen zum Klirren zu bringen.

Bald danach – sie waren abgelöst und ins Biwak verfrachtet worden – hatte Matasch einen Traum, der ihn von seinem »afrikanischen Spleen« gründlich heilte. Brielitz, dem er ihn brühwarm erzählte, nannte ihn einen »Nachzügler, der ihm ein Fegefeuer erspare« –: Matasch stand allein im Vorfeld. Die gegnerischen Schneewälle brannten. Über dem heißen Aschenfeld tanzten die nackten *Watussi*-Krieger. Sie griffen sich im Flug geröstete Mäuse, nötigten ihn, sie vor ihren Augen zu verschlingen. Dann zogen sie ihn in ihren stampfenden Liebestanz. In rhythmischen Wirbeln umkreisten sie ihn. Er aber erbrach sich und spie Ungeziefer aus. Das formierte sich, fiel in Takt und feierte den Tanz in obszönen Verrenkungen. Unversehens wuchsen dem Schwarm Flügel und Rotoren. Zu spät nahm Matasch das alles wahr: die summende, flügelschlagende Armada, die gläserne Zerbrechlichkeit ihrer Fühler, die nackten Bronzekörper, die nach zerlassener Butter rochen, das eklige Schwirren von Chitinpanzern in der erhitzten Luft, die schwachen Abpraller, das Glissando flacher Parabeln von Feuer...

Fortwährend leisteten sich die Sowjets witzige, auch plumpe Dreistigkeiten, die stillschweigend eingesteckt wurden. So erschien in der glasklaren Himmelswölbung ein klappriger Tiefdecker, der verwegene, tollkühne Kapriolen schlug. Sein metallischer Rumpf schimmerte prächtig in der grellen Mittagssonne. Brielitz fragte sich, was dieser Husarenritter der Lüfte eigentlich bezweckte, bei wem er Eindruck schinden wollte. Aber da flatterten auch schon Flugblätter durch die Luft. Ein Wirbel tanzender Papiere senkte sich auf die mit Knieholz bestandene Kiefernschonung. Nachzügler schrieben Schnörkel ins Blau, bevor sie zur Bauchlandung ansetzten. – Brielitz schaltete gewohnt rasch. Seine Neugier war seiner Vorsicht schon um eine Nasenlänge voraus. Verwundert las er auf einem der schlechtgedruckten Handzettel, die zu Hunderten herumlagen, die kyrillischen Lettern: »*Slushit Propuskom dlja Perechoda W Plen* ——« Eine eigenartige Verlockung wie Drohung ging von diesem Satz aus —: »Hände hoch und niemand schießt auf Euch!« las er in Deutsch. Er war nicht lebensmüde. Hartwick, der amüsiert beobachtete, wie Brielitz sich nach den Flugblättern bückte, um sie einzusammeln, lästerte: »Wohl zur Frischlufterholung abkommandiert, was? Du benimmst dich, als wären wir nicht in vorderster Linie, sondern auf Kinderlandverschickung!«

Brielitz, nicht im Traum daran denkend, dem Zuruf Gehör zu schenken, machte sich an die Arbeit. Er sah in dem Besitz dieser Handzettel, die er zu Stapeln schichtete, kein »hochbrisantes Politikum«, wie Hartwick meinte, sondern einen willkommenen Anlaß, Papierverluste auszugleichen, hatte er doch einen Großteil seiner Notizblätter eingebüßt (wie, das behielt er lieber für sich!). Und nicht nur für sie beide würde dieser luftige Vorrat reichen. Auch seine Nachfolger blieben reichlich eingedeckt. Und vielleicht ließe sich der Russe sogar dazu bringen, durch regelmäßige Flugblattversorgung das Problem des Nachschubs an Toilettenpapier langfristig zu lösen.

Der Pelzmann

Mit seinem Ruf, er bringe das Kunststück fertig, selbst im Stehen einzuschlafen – war Fortner bisher leidlich gut gefahren. Wer aber versetzte ihm von jetzt an die rettenden Rippenstöße? Er stand gottverlassen in dieser Einöde aus Schnee und scharfem Licht. Da er durch ein Geräusch geweckt worden war, glaubte er natürlich, er werde abgelöst. Es wurden auch einige Stimmen hörbar, aber gerade als er die Umrisse zweier Kameraden zu erkennen meinte, versackten die Stimmen schlagartig. Das knackende Geräusch brechender Äste verlor sich im Ungewissen. Erst war er der Ansicht, die Ablösung habe sich schlicht verirrt und treffe nun – nach Minuten ziellosen Umherstapfens – verspätet bei ihm ein. Daß sie sich im Tarnschutz dicht stehender Kiefern der Sicht entzogen, um ihn im kritischen Moment hochzuscheuchen, wollte er nicht recht glauben. Eigentlich erstickte die sibirische Kälte solche Späße wohl schon im Ansatz.

Als die Trittgeräusche eine Zeitlang nicht wiedergekehrt waren, ließ er die eingeimpfte Vorsicht außer acht, trat ungesichert aus seinem Versteck und meldete sich herausfordernd: »Halt, wer da? Parole!« – – Doch nichts rührte sich. Keine Gegenstimme gab Antwort. Die beiden Gestalten, wohl nur durch Zufall in seinen Kampfabschnitt geraten, ahnungslos und ohne Ortskenntnis, blieben verschwunden. Die Dämmerung wich zurück. In den Stämmen der Kiefern knackte trocken der Frost.

Eine Leuchtpatrone zischte gehässig, als sie aus dem Bodennebel schoß. Sie stieg kerzengerade in schmaler Bahn. Ihr weißer Lichtpilz stand blaß und kraftlos in der wachsenden Tageshelle. Fortner bemerkte nicht, wie dabei sein eigener Schatten zur Seite kippte. Aber ein Rudel Russen sah er über die Lichtung robben. Im ersten Schreck griff er nach seinem Karabiner, der in einer Astgabel hing. Eine Ladung stäubenden Schnees entlud sich über ihm.

Die Russen hatten inzwischen geschwenkt, sie robbten nun in ihren Tarnhemden längsseits der Stellung. Vom jähen Wechsel ihrer Bewegung in Panik versetzt, ging Fortner unsicher in Anschlag. Die Laufmündung hüpfte vor seinen Augen auf und nieder. Die Astgabel der Kiefer schob sich über Kimme und Korn, schrägte in sein Schußfeld, zerschnitt es in eine Vielzahl spitzwinkliger Dreiecke. Spielzeugklein jetzt die Russen. Fortner war es, als zielte er aus der aufsteigenden Gondel einer Schaukel, die ihn über eine Zelt- und Budenstadt hinaustrug, auf eine Ansammlung schwarzer, beweglicher Punkte am äußersten Horizont. Einem Taumel nah, ließ er den Karabiner sinken, fingerte nach den Handgranaten, die er in einer Schneenische deponiert hatte. Doch auch da hatte er Schwierigkeiten. Die blauen Kappen waren festgefroren. Er hatte versäumt, die Gewinde zu lockern – und als er endlich eines der handlichen Teufelseier wurfbereit hochhob, fühlte er sich außerstande, die Reißleine zu ziehen. Aber da war er auch schon der Qual enthoben. Aufatmend sah er, daß die Russen verschwunden waren.

Fortner hatte nicht den leisesten Schimmer, wie lange er geschlafen hatte. Verzweifelt rieb er sich die Augen, als verscheuche er ein Trugbild seiner überreizten Sinne. Aber die bedrohlich auf ihn zuhaltende Erscheinung löste sich nicht auf. Keine Halluzination äffte ihn. Vielmehr trat da ein martialischer Pelzmann aus dem Niemandsland, dessen militärischer Status so schleierhaft schien wie seine Nationalität. Fortner – zwischen Furcht und Staunen pendelnd – hob wie in flehentlicher Gebärde seinen Karabiner, aber der Pelzmann wies mit einem entwaffnenden Lächeln auf ein ganzes Sortiment von Handfeuerwaffen. Fortner unterschied ein Schnellfeuergewehr, eine schlankläufige russische Armeepistole, eine Maschinenpistole mit durchbrochenem Stahlmantel, eine deutsche *Null-Acht,* schließlich am Gürtel ein halbes Dutzend bläulich-schwarzer Handgranaten.

Das erste, was der Pelzmann unternahm, war überaus typisch für einen Waffenträger: Fortners Warnruf mit der Tagesparole beantwortend, sicherte er seinen Karabiner, stand Gewehr bei Fuß. Dann aber vollführte er etwas, was weder für einen Waffenträger noch einen Vorgesetzten typisch war; er streckte Fortner seine offene Hand hin. Fortner, aus schierer Verblüffung ratlos, streifte seinen Fäustling ab, legte seine froststarren Finger zögernd in die angebotene Rechte des offenbar ranglosen Offiziers, wurde trotz beißender Kälte rot bis über die Ohren. Fortner sah über dem reifbehangenen Kinntuch, das der Pelzmann trug, dessen makelloses Gebiß. Es war schon denkwürdig, ihn in dieser wortkargen Beherrschtheit zu sehen, in der sich menschliche Güte und eine wehtuende Müdigkeit ausdrucksmächtig paarten. Mein Gott, dachte Fortner fassungslos –: eine Armee dieser Pelzmänner müßte den Krieg ja allein mit diesem Lächeln gewinnen! Fragwürdig freilich blieb seine übertriebene Art der Bewaffnung. Ein ganzes Arsenal von Verhaltensweisen konnte sich hinter diesem kuriosen Aufzug verbergen: waffentechnische Neugier, ein stehengebliebener Spieltrieb aus Kindheitstagen, ein ausgewachsener Waffentick, eine gezielte Persiflage auf Wehrfähigkeit. Vielleicht auch eine panische Furcht vor einem überlegenen Gegner? Fortner, nicht gerade ein Menschenkenner, tippte auf eine getarnte Angstneurose. Unsinn, wie kam er gerade darauf? Auch jetzt, als sein ansteckendes Lächeln einem gutmütigen Grinsen wich, bewies der Pelzmann eine beispielhafte Gefaßtheit. Daß er vor dem Kampfstand Fortners eine prachtvolle Zielscheibe abgab, schien ihn völlig kalt zu lassen. Dieser Hüne im Halbpelz, dieses großgeratene Kind zeigte wohl noch im Tod diesen entwaffnenden Freimut. All diese Schießeisen waren nichts als Staffage. In Wahrheit war sein Lächeln seine schlagkräftigste Waffe!

Fortner sah den Pelzmann ein zweites Mal, als er in Begleitung Poßnitzers in den verbunkerten Gefechtsstand trat. Verwundert blieb er vor ihm stehen, fragte sich unwillkürlich: Ist das der gleiche Offizier, der mich mit seinem Handschlag verwöhnte? Sein Lächeln schien um eine Spur zu gekünstelt. Da passierte etwas Eigenartiges: der Pelzmann ließ einen seiner Handschuhe fallen, ob aus Versehen? Fortner meinte eher, es liege Absicht vor, eine sonderbare Form der Disziplinierung! Wollte der Pelzmann jene menschliche Nähe widerrufen, die sich in vorderster Linie ganz natürlich ergeben hatte? Sollte ein Exempel statuiert werden, daß die natürliche Ordnung die der Befehlsgewalt sei, Menschlichkeit nur ein Ausnahmezustand? Sollte nachträglich der Rangunterschied demonstriert werden, zwischen ihm, dem Offizier, und ihm, dem Schützen Arsch im dritten Glied?

Fortner konnte in diesem Augenblick peinlicher Bloßstellung nicht alle Aspekte seiner Demütigung ausloten. Der geworfene Handschuh lag unmittelbar vor seinen Füßen. Also bückte er sich, zögerte aber absichtlich, sah, wie die Stiefelspitzen des Pelzmanns ruckartig nach außen fuhren und die Lederschäfte klatschend zusammenschlugen. Gleichzeitig vernahm er in seinem Rücken einen hohen Schnarrlaut. Fortner – schon die Weichheit des Leders fühlend – ging grinsend in die Lakaien-Knicklage und überreichte mit vorbildlicher Rumpfbeuge den Handschuh. Auf dem Absatz kehrtmachend, sah er im Türrahmen einen hochdekorierten Pionier-Oberst stehen, einen richtigen Kernbeißer! Der Pelzmann erstarb förmlich in einer Körperhaltung, die Fortner übertrieben unterwürfig vorkam.

Ihm war es selber ein Rätsel, wie er es angestellt hatte, geschlagene vierundzwanzig Stunden unabgelöst in seinem Einmannloch auszuharren. Nicht einmal eingedöst war er, geschweige denn richtig abgesackt. Hartwick, der ihn wie immer bei einem »ernsthaften Schlafvergehen« ertappen wollte, kanzelte ihn humorvoll vor versammelter Mannschaft herunter: Sein ganzer Nimbus drohe in die Binsen zu gehen. »Fortner, ich bin enttäuscht. Du bringst uns noch um die einzige Zugnummer!« Fortner senkte schuldbewußt die Augen und schlief unter ihrem wärmenden Beifall stehenden Fußes ein. Erstmals wieder stellte er einen einsamen Tagesrekord auf: während einer ausgezählten Stunde öffnete er nicht einmal seine leise flatternden Augenlider – und dies im freien Stand. – »Eine reife Leistung«, rief Hartwick beeindruckt, »fürwahr, ein standhafter Krieger!«

Als Matasch in Begleitung Liebschners aus dem Dickicht trat, stand er vor einem aufgelassenen Bahndamm. Überwältigt schloß er die geblendeten Augen. Da waren ja auf einmal Schienen, blanke, schnurgerade Schienen, die auf die Sonne zuliefen, das Signal freigebend für eine störungsfreie Fahrt in den Süden. Endlich eingelöst die Verheißung: ein von Horizont zu Horizont reichender Sommer. Küsten, Meere, Inseln. – Passagiere, Paßzwang, Grenzkontrolle. (»Freies Geleit für den, der die Waffen niederlegt!«)

Matasch aber hatte keinerlei Konterbande in seinem Fluchtgepäck. Doch sein Paß – welch ein Mißgeschick! – lag zuunterst in einem Wust von Papieren. Schön und gut! da waren Passierscheine. Nur mißverstanden die Zöllner seine Absicht; er wollte durchaus die Linien überschreiten, aber nicht in der empfohlenen Himmelsrichtung. – Der Schneewind – zwischen die Flugblätter fahrend und sie hochwirbelnd – verdarb ihm sein ganzes Konzept. Matasch sah jetzt auch die zerschossenen Waggons, die gesprengten Gleise, die vom Dauerfrost blockierten Weichen, die geborstenen Schienen – die spiegelten ein mörderisches Licht.

Brielitz hatte inzwischen, unter fortwährendem Bücken und Hüpfen, was Hartwick belustigte, sein Papierdepot eingerichtet. Zu dumm auch, daß ihn ausgerechnet jetzt ein menschliches Rühren ins Dickicht scheuchte. Es war ein klarer, fast friedlich wirkender Nachmittag. Stäubende Wächten, Laute fallenden Schnees und unverkennbar: Schrittgeräusch, das der Vorfeldexperte Hartwick für verdächtig hielt. Brielitz war alles andere als schreckhaft, doch schob er notgedrungen auf, was er eben noch ein »unaufschiebbares Bedürfnis« genannt hatte. Das Vergnügen, von den Russen mit aufgeknöpfter Hose vor sich hergetrieben zu werden, gönnte er ihnen nicht. Hartwicks sarkastischen Kommentar ersparte er sich lieber.

Matasch aber stand noch immer wie betäubt. Das Papiergestöber hatte nachgelassen. Der Zikadengesang der kreisenden Maschine war verstummt. Liebschner, schülerhaft die kyrillischen Lettern buchstabierend, zerknüllte das Flugblatt angewidert und tippte sich kopfschüttelnd an die Schläfe. – In einem Anfall hysterischer Verzückung loszurennen! Sieht nicht einmal, daß diese Bahnstrecke ins Niemandsland führt und vor einem Prellbock endet. Komischer Vogel, dieser Matasch, will ums Verrecken verreisen! – Da er wieder einmal ohne Gewehr ausgerückt war, nestelte Liebschner seine Pistole los, hielt sie ihm treuherzig unter die Nase, drängte sie ihm förmlich auf: »Da, nimm sie einstweilen! Kannst ja nicht mit den Fäusten das Vaterland verteidigen.« – Grinsend zog er sich in seine Schneenische zurück, den unsicheren Kantonisten scharf im Auge behaltend. Solange ihn die Kälte in die

Rolle eines Bodenturners zwang, verstieg sich Liebschner nicht gerade in Gedankenakrobatik: Doofe Gegend das. Was der Matasch bloß für Flausen im Kopf hat? Hätte durchaus keine Lust, hier zuzusteigen. Von wegen verreisen – Hat wohl nicht alle Tassen im Schrank?

Gegen Abend brach ein wüstes Geballer los. Matasch, noch immer wie entgeistert die Schienenstränge fixierend, als erwarte er jeden Augenblick die Pfiffe einer sich nähernden Dampflok, hielt mechanisch die geladene Pistole, mit dem Lauf nach unten gerichtet. Als sich das nervtötende Punktfeuer zum Tumult steigerte, löste sich in ihm eine brodelnde Hysterie: Schienenstränge im wegsackenden Licht, im Sturm genommene Waggons, Visier auf Unendlich gerichtet – wer machte ihm die Reise streitig? – Rückläufiges, Visionen, Ängste. Den linken Fuß leicht vorschiebend, zielte Matasch auf den kleinen Zeh und drückte ab. Die Kugel durchschlug das Leder, versengte die Stiefelhose über seinem Knobelbecher und hinterließ auf dem Schienbein eine sich augenblicklich blaufärbende Brandspur.

Noch bevor der übliche Abendsegen auf ihre Stellung niederprasselte, wurden sie abgelöst. Matasch, der sein Bein nur leicht nachzog, übergab stillschweigend die Pistole. Liebschner lobte die Vorzüge der Waffe, ließ sie mit Kennermiene von Hand zu Hand gehen. Poßnitzer, genüßlich am Lauf schnuppernd, reichte sie anerkennend zurück: »Alle Achtung, du erledigst das wohl neuerdings aus nächster Nähe?« – »Wieso ich?« fragte Liebschner verblüfft, »Matasch hat doch – –!« Er unterbrach sich, sah das Magazin nach, schnüffelte argwöhnisch an der Laufmündung. Matasch parierte wider Erwarten schlagfertig: »Wundert euch das?« fragte er, während ihm alles Blut in die Schläfe schoß. »Im Krieg dürfte es gelegentlich vorkommen, daß geschossen wird.« – »Eh, du hinkst ja, alter Hase!« warf Poßnitzer grinsend ein. »Du wirst doch nicht aus Versehen den falschen Gegner getroffen haben?« – »Ich, wo denkst du hin? Ich bin nur auf dem Rückweg gegen eine Deichsel gerannt.«

»Hörst du, er ist auf dem Rückweg gegen eine Deichsel gerannt?« Liebschner zupfte den hellhörig reagierenden Brielitz vertraulich am Ärmel. Matasch, auf dem Weg zum

Gefechtsstand, um sich von Wache zurückzumelden, musterte Brielitz mit einem gehetzten Blick. Brielitz, dem zudringlichen Liebschner den Laufpaß gebend, fragte dringlich: »Matasch, was führt der Spaßvogel eigentlich im Schild? Da ist doch etwas oberfaul, mein Lieber!« Matasch entzog sich ihm brüsk: Das sei verleumderisches Gerede. Er wisse überhaupt nicht, was Liebschner dauernd fasle. – Gut, gut, er nehme die Erklärung als gültiges Wort eines Freundes! – Zu Liebschner aber sagte er verächtlich: »Ich wiederhole einen von mir geprägten Spruch: ›Lieber dreimal verleumdet, als einmal übergangen und totgeschwiegen!‹« – »Moment mal« – Liebschner hielt ihn verdutzt am Ärmel fest – »Willst du nicht erst eine kleine Geschichte hören, bevor du solche Töne ausspuckst?« – Als Brielitz in Liebschners Hundeaugen den treuherzigen Schalk entdeckte: Du kannst ruhig noch etwas näherrücken. Wände haben bekanntlich Ohren! faßte er ihn hart am Schlafittchen: »Wenn du nicht auf der Stelle Farbe bekennst, häng ich dir's Kreuz aus!« Und schon nachsichtiger, versöhnlicher: »Warst du es, der mit ihm in der fraglichen Zeit auf Wache stand?« – »Mit deiner gütigen Erlaubnis«, sagte Liebschner , »ich hatte das zweifelhafte Vergnügen.« Wieder zupfte er ihn am Ärmel und während Brielitz ungehalten dazwischenplatzte, erklärte er mit der ruhigsten Miene von der Welt: »Danke, ja, wir hatten beide sehr trockenes Reisewetter!« Es war sinnlos, weiter auf ihn einzureden, und obwohl Brielitz geladen war vor Neugier und blankem Argwohn, wagte er nicht, Liebschner, der ein Schlitzohr war, zu erpressen.

Unmittelbar nach dieser Unterredung stießen Matasch und Hartwick im Erdbunker zusammen. Hartwick schien ehrlich besorgt, fragte teilnahmsvoll: warum er so lustlos in seinem Eßnapf herumstochere? Matasch, eine Falle vermutend, sagte ruppiger, als es ihm lieb sein konnte: »Kümmere dich gefälligst um deinen eigenen Fraß.« – »Dann ist das Gerücht also doch nicht völlig aus der Luft gegriffen?« – »Welches Gerücht denn?« konterte Matasch dummdreist. Hartwick hakte gemächlich sein Koppel loß, ließ sich im Schneidersitz auf seine Fersen nieder. – Aus seinem Hinken schließe er, daß sein Schienbein Schaden gelitten habe. – »Kümmere dich um deinen eigenen Kadaver!« – »Meinen Kadaver überlasse ich einmal den Totengräbern, sofern es dann noch welche geben sollte. Vorerst aber gedenke ich Feiglingen wie dir aus dem Weg zu gehen!« – In ihr betretenes Schweigen platzte der wuselige Liebschner. Halsbrecherisch turnte er zwischen ihren Knien umher, rieb sich feixend die Nase: »He, raus mit euch faulen Säcken! Pennt meinetwegen morgen weiter.« Hartwick – aufreizend mit seinen Fingergelenken knackend – versetzte ungehalten: »Wir pennen nicht, wie du siehst, wir essen!« – »Eines so unrentabel wie das andere!« sagte Liebschner trocken. – »Poßnitzer meinte einmal, wenn es halb so viele Penner und Fresser gäbe, hätten wir doppelt so viele Krieger!« Er beugte sich zudringlich zu Matasch nieder und fischte aus dessen Kochgeschirr einen dampfenden Bissen.

Liebschner gehe ihm allmählich auf die Nerven, beklagte sich Matasch, als er mit Brielitz auf Doppelwache zog. »Liegt ihm wohl im Blut, dieses zudringliche Benehmen.« Der Weg fiel ab und ging in eine Niederung über, die der Wind mit Schneewächten eingesäumt hatte. »In dieser reinlichen Kälte kann es eigentlich gar nicht so schlimm sein, getroffen zu werden«, sagte Matasch. Die ersten Leuchtzeichen stiegen. Hörbar knackten die Sicherungsflügel. – »Es gibt da so gut wie keinen Blutverlust. Das Blut gerinnt, bevor es noch recht zu fließen beginnt.« – »Irgend etwas vorgefallen, was dich zu solch akademischen Erwägungen verleitet? Oh, Pardon, vielleicht spricht aus dir der künftige Mediziner!« – »Danke«, sagte Matasch gereizt, »ich bin gerührt über soviel Zartgefühl.« Brielitz, der sich verärgert auf die Lippen biß, beschleunigte seine Gangart. Matasch fiel um eine Schrittlänge zurück. In den Hohlweg einbiegend, entdeckte Brielitz eine frische Trittspur. Das Geräusch brechenden Geästs drang an sein Ohr. Er gab Matasch ein Handzeichen, unauffällig in Deckung zu gehen.

»Sollte es nicht doch etwas geben, das dich bedrückt?« fragte Brielitz nach einigem Schweigen, das anfing, peinlich zu werden. Und als Matasch eigensinnig den Kopf schüttelte, »oder Schwierigkeiten, mit denen du allein nicht mehr fertig wirst?« – »Oh!« sagte Matasch schnippisch, »Brielitz, ein stiller Teilhaber tragischen Mißgeschicks.« – »Spar dir deine Ironie! Mir kannst du doch nichts vormachen. Gib doch zu, du hast einfach durchgedreht. Meinst du, ich hätte dafür kein Verständnis?« Matasch blieb eine Antwort schuldig und damit den Beweis freundschaftlichen Vertrauens. Er sah mit bockig abgewandtem Gesicht ins Gehölz, wo die Späher der Sowjets mit ihren Schneehemden liegen mußten. – Ein kleiner Feuerüberfall, und ich wäre den Aufpasser los! – Er will es mir nicht eingestehen, dachte Brielitz verbittert. Er gibt vor, mein Freund zu sein, spielt aber den Gekränkten. Er begriff nicht recht, was Matasch daran hinderte, sich ihm anzuvertrauen. Er wollte dessen Geständnis als Tribut ihrer Freundschaft. Aber Matasch hörte schon nicht mehr zu. Geistesabwesend starrte er auf die Schneefläche, die von Schlehdorn begrenzt war. Glatt, schimmernd und makellos, war sie schön wie eine geöffnete Frauenhand. Die Strahlen des Nachtgestirns sprenkelten sie mit zärtlichem Silber. Matasch, der fasziniert auf dieses opalisierende Weiß hinabsah, meinte: »Sterben im Winter soll ästhetischer sein!«

Brielitz, tags darauf den Erkrankten besuchend (die Schußverletzung, standhaft verschwiegen, hatte ein Fieber entzündet), duldete nicht, daß Matasch ihn festhielt und mit einem verspäteten Geständnis überraschte. Brüsk entzog er ihm die Hand, sagte: »Bedaure, Matasch, du widerst mich an!« Vor dem Sanitätsbunker herrschte noch lange ein aufgeregtes Durcheinander. Mataschs Kurzschlußhandlung – »ein klarer Fall von Selbstverstümmelung«, wie der Scharfmacher Poßnitzer konstatierte – war nun glücklich in aller Munde. Liebschner, eine Chance für einen Auftritt witternd, machte den Vorfall zu einer Burleske. Brielitz aber hörte nur Poßnitzers entrüsteten Ausruf: »Daß ihr es euch hinter die Ohren schreibt! Ich dulde diesen Versager nicht länger in meiner Gruppe.« Zum Glück scheuchte der Pelzmann die aufgebrachte Meute in die Unterkünfte zurück. Eine Unterredung unter vier Augen verbat er sich energisch.

Der Treffpunkt war Brielitz genau beschrieben, der Weg dorthin anhand eines Meßtischblattes erläutert worden. Die Vereinbarung schloß auch die Dauer des Auftrags ein: die

Morgenstunden sollten eingehender Erkundung und Vermessung dienen, die Mittagspause einem Besuch im Nachbarabschnitt (wo schießfreudige Bayern großzügig einen Schlag Milchreis mit Dörrobst gewähren sollen!). Unterwegs sollten Zielpunkte der russischen Artillerie beseitigt, Minengassen markiert, die Ergebnisse ihrer Sondierung in leichtfaßlicher Form skizziert werden. Man hatte ihn frühzeitig von dem Unternehmen in Kenntnis gesetzt. Er war überrascht, daß man ihm und nicht dem ehrgeizigen Poßnitzer die Begleitung antrug. Er verbarg es allzu vordergründig: das Angebot des Pelzmanns ehrte ihn.

Als Brielitz sich marschbereit auf den Weg machte, dämmerte es gerade. Die düsteren Pyramiden des Wacholders waren noch kaum zu unterscheiden. Blattkarges Immergrün, sich sperrig herandrängend, entließ Nebel und Schatten nur sehr zögernd. Spät erst kam die Sonne heraus, hob sich schwerfällig, wie in Blut getaucht, aus rauchigen Schleiern. Brielitz weigerte sich zunächst, das alles wahrzunehmen. Er wehrte der Empfindung vager Beklommenheit und wies alle Anfechtungen energisch von sich. In ihnen regte sich etwas, was seine Berechnungen jäh durchkreuzte – ein dunkles, schwer erkennbares Verhängnis, irgendein mörderisches Faktum, das seine hochfliegenden Ambitionen umwarf. Aber noch widersetzte er sich dieser Wahnvorstellung und gab sich zeitweise der schmeichelhaften Vorstellung hin, es stehe ihm eine Begegnung bevor, die nicht ohne Folgen bleiben würde für seine militärische Laufbahn. Erleichtert sah er nun auch, wie die Sonne sich vom Horizont löste und frei im Raum schwebte, ein gediegenes Bündel Licht.

Brielitz verfehlte den Treffpunkt natürlich nicht. Zur vorgesehenen Zeit erschien er am Rand einer vom Gegner überschaubaren Lichtung. Er verkrümelte sich unauffällig und hielt Ausschau nach dem Pelzmann. Als er nach wenigen Minuten schon schmerzhaft die Kälte spürte, trat er fahrlässig aus der Deckung, hüpfte kindisch im Kreis herum und überließ sich seinen liebsten Hirngespinsten: »Der Wohnraum – am besten *Iglu*-Bauweise – soll ganztags Sonne bekommen, der Schlafraum, den ich mit einer *Annuschka* zu teilen gedenke, ausschließlich Morgenlicht –– Die Heizung selbstredend durch Körperwärme ––« Aber bald befiel ihn eine schlimme Vorahnung. Er verwarf zwar immer noch energisch, was ihn hartnäckig anflog. Aber schon gelang es ihm nicht mehr, den Unbefangenen zu spielen. Nach Ablauf einer Stunde hallte die Lichtung von seinen zaghaften Standlauten wider.

Der Pelzmann aber lag stumm und ohne Bewegung. Brielitz entdeckte ihn in einer Nische, die halb vom Flugschnee zugeweht war. Er mußte wohl einem Spähtrupp der Russen in die Hand gefallen sein. Die Vermutung, die Vielzahl seiner Waffen sei ihm zum Verhängnis geworden, fand rasch ihre Bestätigung. Es war ein ungemein stilvoller Anblick – wie er dalag und den zerbrochenen Karabiner hielt, die Arme abgewinkelt, in dieser Pose verhinderter Gegenwehr. Brielitz, regungslos über den Toten gebeugt, betrachtete ihn mit einer Art sachlicher Neugier und einer Verwunderung, die Tränen ausschloß. Es gab Grade des Verstehens und Mitempfindens. Dieser makellose Abgang verwehrte ihm die Regung des Zorns ebenso wie die des Mitleids. Es blieb ihm nichts als die überscharfe Optik seiner Wahrnehmung, die wunderlichen Arabesken um Mund und Augen des Toten und seine Empfindung, eine Legierung aus Trauer, Wahnwitz und abstraktem Schrecken.

Hartwick, einem Suchtrupp zugeteilt, der den halb steif gefrorenen Schwaben auf Totenwache überraschte, unterdrückte seinen schlagfertigen Sarkasmus. Mitgefühl bekundend, meinte er nur: die Enttäuschung über den Fehlschlag dieses Karrieresprungs – den er liebend gern Poßnitzer gegönnt haben würde – werde den natürlichen Fluchtdrang künftig in Schach halten. Militärischer Ehrgeiz sei halt ein Schleudersitz!

Poßnitzer –
eine drittklassige Charge?

Poßnitzer war nicht das, was man guten Gewissens einen fairen Spieler nennen konnte. Wenn man nicht allzu genau hinsah, hatte man einen korrekten jungen Mann vor sich: intelligent, von einer altersmäßig unüblichen Beschlagenheit, aber nicht wirklich gebildet. Nicht muskulös genug, um als athletisch zu gelten, stand er doch ganz entschieden auf der Seite der Jäger, nicht der Gejagten. In seinen Bewegungen lag eine gewisse vierschrötige Eleganz. Voreingenommenheit könnte ihn leicht unter die böswillige Formel stellen: Tüchtigkeit, Verschlagenheit, Indolenz. Doch damit wäre ein Feindbild entworfen, nicht ein Charakter! Und die nicht viel schmeichelhaftere Formel: verkörpertes Faustrecht plus kaltem Charme ergäbe auch nur einen Popanz.

Er stammte aus einer nicht eben begüterten, aus dem Sächsischen zugezogenen Beamtenfamilie: die Mutter – aus einer Artistensippschaft abgesprungen – im zwielichtigen Ruf ihrer Schönheit; der Vater Inspektor, eine langdienende Charge, leicht vertrottelt; die beiden Schwestern minderjährig. Sein Onkel mütterlicherseits eine Parteigröße, Absolvent der Ordensschule, NS-Führungsoffizier, einer der schneidigen Sorte, schlagfertig mit Schlagworten, schnarrte vom Notwehrrecht der Rasse. Sein Onkel väterlicherseits ein verwitweter Oberst, der irgendwo im Thüringischen ein Gut besaß und ein flottes Leben führte. Poßnitzer hatte dort den größten Teil seiner Sommerferien verbracht. Das Jahr über besuchte er im nahegelegenen *Naumburg* das Gymnasium. In eigener Regie lernte er einen Abriß der neueren Militärgeschichte kennen, die Sagen nordischer Götterhelden und eine Volksausgabe der *Ilias.* Sein Lieblingsgesang der Zweiundzwanzigste: der siegreiche *Achill* schleift den getöteten *Hektor* durch den Staub.

Gewöhnlicher Ehrgeiz war ihm suspekt, das Normalmaß menschlicher Entwicklung und Reife eine Kümmerform, weise Selbstbeschränkung Ausdruck spießigen Kleinmuts. Unter gefährlichen Anwandlungen, zu Höherem berufen zu sein, war ihm eingebleut worden: den Tüchtigen ziere allein Härte; Gutmütigkeit, Rücksichtnahme seien Tugenden der

Schwächlinge. Der Versager sei kenntlich an einem Mangel von Angriffslust und Durchsetzungsvermögen. Eine respektierbare Grenze setze nur der Stärkere und der Lebenstüchtigere. – Nicht daß Poßnitzer sich den braunen Machthabern kriecherisch andiente. Seine beiden Onkels – ein grobschlächtiger Schleifer der eine, ein schneidiger Kavallerist der andere – hatten ihn früh einem Härtetest unterzogen. Sie waren dem Zeitgeist nicht nur gewachsen, sie waren ihm voraus. Typen ihres Schlages hatten ihn ja hervorgebracht. Poßnitzer war also nicht ein Günstling, er war ein Exponent dieser Zeit, die sich in Schlagstock-Argumenten gefiel.

Das *Horst-Wessel*-Fieber legte sich zwar bald. Das von Runen und Flammenzeichen durchsetzte Braun wechselte in ein schlicht sich gebendes Tarngrau. HJ-Führerkordel und Ehrendolch wanderten unter den Glassturz. Für Poßnitzer aber blieb das Ganze ein einziger Höhenrausch, ein fortwährender Wechsel von Schauplätzen und Tagesparolen: »Was dich nicht umwirft, macht dich hart! – Meine Ehre heißt Treue!« In seinen Ohren die nachhallenden Trommelwirbel des Saluts, die Bannerstürme *Berlins*, der Fahnenkatarakt *Nürnbergs*. – Und nun die lautlosen Wirbel des Frosts gegen die Schläfen, die infame Trommelei der Stille und der leidigen Ereignislosigkeit!

Hartwick schätzte seine Lage völlig falsch ein, wenn er glaubte, Poßnitzers militärischer Ehrgeiz wäre gebrochen, schlicht durch Kälte, seine Karriere die tiefgekühlte Leiche einer Illusion! Die Entbehrungen dieses ersten Frontmonats waren nur der unvermeidbare Auftakt, eine Abhärtungskur. Bald würde er aus der Gruppe ehrgeizloser Schwachköpfe ausscheren und eine schärfere Gangart vorlegen. Er würde diesen unverbesserlichen Zivilisten den Rücken kehren, sie in einer schwindelnden Spirale des Aufstiegs hinter sich lassen. – Der Krieg im Osten als Hohe Schule der Bewährung! Poßnitzer dachte bereits in heroischen Kategorien: für ihn war der Krieg eine Art Zentrifugalkraft. Nicht umsonst hatte ihm sein Oheim den Blick für Säkulares geschärft und ihn zum Mitwisser seines gefährlich mißglückten Ruhms gemacht. Abgestecktes historisches Terrain: das Verhängnis an der *Marne*, die Fehlschläge von *Verdun*, die gescheiterte *Luden-*

dorff-Offensive, das »*Unternehmen Michael*«, der ums Haar geglückte siegreiche Friede. Namen und Orte auswendig gelernt, die seinem Oheim nicht mehr aus dem Kopf wollten: Schlachtorte wie *Maubeuge, Douaumont, Toter Mann,* zermörserte Städte wie *Arras* und *Amiens.* War nicht sein Gehirn vernebelt durch die nie ganz ausgeschwitzte Illusion: »Im Felde unbesiegt?« Hatte er nicht seine Lehrjahre unter der Pickelhaube abgedient? Nicht sein Gesellenstück verfertigt an einem französischen Küraß in den *Ardennen*? (Bei *Gravelotte* hab' ich weiß Gott meinen schärfsten Parcours geritten!)

... Auf dem Gut seines Oheims waren seit Sommer 1940 französische Gefangene einquartiert. Es kam schon mal vor, daß der zu Handgreiflichkeiten neigende Oberst die Gefangenen in ihrer Baracke aufsuchte, um eine Zuhörerschaft zu haben für sein in der burgundischen Etappe aufpoliertes Schulfranzösisch. An einem gewittrigen Juliabend (der Wehrmachtsbericht meldete eben die Einnahme von *Smolensk*) hörte Poßnitzer im Stimmengewirr, das aus dem Pritschenraum drang, das heiser krakeelende Organ seines angetrunkenen Oheims. Sich über die Brüstung der umlaufenden Veranda schwingend, sah er hinter den vorgelegten Läden des Oheims mächtigen Körperschatten. Einen Laden aufstoßend, gewahrte er vor den Doppelstockbetten die im Halbkreis stehenden Gefangenen. Im scharf gezirkelten Licht die eindrucksvolle Gestalt seines randalierenden Verwandten.

He, Korporal! schrie er und hielt die Pfeife unter das Kinn eines kleinwüchsigen Bretonen. – Kennen Sie die *Argonnen*? Mai fünfzehn – unser Regiment lag bei *Dieusson.* Und der Franzmann – er grinste, sich schwerfällig um die eigene Achse drehend –, der Franzmann »Siegreich wollen wir, man darf's nicht sagen!« keine fünfzig Schritte vor unserem Graben. Unser Zug verratzt und verkauft, aber wir immer frei weg. Mit ganzen dreizehn Musketieren stürmte ich. – Er schwankte bedrohlich; sein Bursche sprang hinzu, ihn zu stützen; aber er schob die hilfreiche Hand unwirsch beiseite. – Wir immer frei weg, sag' ich Ihnen. Und der *Poilus,* der auf mich anlegte – – Er nahm seine Pfeife, zielte mit ihr auf den *Bretonen,* der, blaß werdend, vor dem rotgesichtigen Deutschen stand, der ihn um Kopflänge überragte, der hatte die gleichen dummen

Schafsaugen. – Er rülpste und tippte dem Franzosen auf die Stirne. – Ich sage Ihnen, der hat auch so gezwinkert, als ich ihm die volle Ladung verpaßte. – Er hob im Übermut des Suffs die Hand mit der zielenden Pfeife, wollte partout demonstrieren, wie er im Mai Fünfzehn bei *Dieusson* ––. Sein Bursche aber bugsierte ihn kurzerhand aus dem Schlafsaal. Poßnitzer hörte noch, wie der blutsverwandte Trunkenbold, schon schlaff und halb weinerlich, nachmaulte: Ein halbes Dutzend *Poilus* hab' ich fertiggemacht . . .

Poßnitzer, schwankend zwischen Verachtung und Mitleid, schätzte solche Handgreiflichkeiten nicht sonderlich. Sie waren für ihn ein antiquiertes Mittel der Gegnerschaft. Er persönlich würde es strikt vermeiden, einen Gegner anzusprechen. Auf die klassische Attitüde des Zweikämpfers, »der das Weiße im Auge des Gegners sieht«, legte er keinerlei Wert. Seinen Tötungswillen verwies er beherrscht in den Bereich der Abstraktion, der Zernierung, Liquidierung, der statistisch erfaßbaren Dezimierung! In diesem Punkt unterschied er sich deutlich von dem Älteren, der noch die ritterlichen Kampfformen bevorzugte: das faire Duell vor Sekundanten, die *Jünger*sche Heldenpose! Kriegerische Praxis erschöpfte sich für ihn im Bajonettangriff, im Aufrollen eines Schützengrabens mittels Handgranaten. Ästhetischer Höhepunkt oder – um es mit den Worten des alten Haudegens zu sagen: »innerer Vorbeimarsch« (fast so schön wie ein Geschlechtsakt!) –: die Kavallerie-Attacke mit gezogenem Säbel!

Als Schachspieler, mit einem Faible fürs mondänere Tennis, liebte Poßnitzer Ausdrücke wie: Schlag aus der Rückhand, Schachmatt in drei Zügen, taktische Finte, artilleristische Rochade. Als Amateurstratege, als Experte der Typenerkennung, bluffte er vor seinen unwissenden Altersgefährten. Die Heimsuchungen der Kälte und des Hungers wies er mannhaft von sich. Seine Schmerzunempfindlichkeit machte Eindruck: wie er eine Blutblase an der Ferse ignorierte, wie er einen Streifschuß mit einem Pflaster verarztete! Kalte Brillanz bescheinigte ihm Brielitz, dem waffentechnisches Wissen durchaus imponierte. – Gefährlich entwickelter Ehrgeiz, auf Stelzen gehende Großmannssucht! schwächte Hartwick ab, die Faszination fürchtend, die von solch phantasieloser Härte ausging. – Wieso fürchten, konterte Brielitz, wo er sich doch lächerlich macht?

Poßnitzers Fronteinsatz ließ sich recht undramatisch an. Der Abschnitt der *255er-Pioniere* war kein Vorzeige-Objekt für Kriegsberichterstatter. Die Sowjets in ihrer Tarnmanie blieben weitgehend unsichtbar. Die lautlose Art der sibirischen Schneehemdler, Krieg zu führen, ging ihm gegen den Strich. Schmerzlich vermißte er die von Siegesfanfaren begleiteten Panzerraids *Guderians*, die im Wehrmachtsbericht erwähnten Kesselschlachten des Sommers einundvierzig. Ihm wurde zugemutet, in einer ruhmlosen Infanterie-Division – die bis jetzt keinen einzigen Ritterkreuzträger vorweisen konnte – langweiligen Wachdienst abzuleisten. Die von zimperlichen Genossen angewinselte Kälte erstickte jede eigene Initiative, dämpfte empfindlich seinen kämpferischen Elan.

Notgedrungen ließ er sich zum Wacheschieben, zum Essenholen, zum Infanterie-Einsatz vergattern. Von Extravaganzen abgesehen – er liebte es, rasiert vor die Front zu treten, wenn andere ihre unappetitliche Putzwolle unterm Kinn trugen –, hielt er sich klaglos ans vorerst stumpfsinnige Reglement. Er setzte die eigenen Akzente nur sparsam, wenn er durch militärisches Wissen die Ignoranten ihren Bildungsnotstand spüren ließ. Niemand nahm Anstoß an seinen Marotten, solange er sich strikt an den Dienstplan hielt. Aber die Freuden und Tröstungen pädagogischer Eskapaden waren ein schwacher Ersatz für die entgangene Heldenrolle. Rascher, als er es wahrhaben wollte, kam in ihm Verdrossenheit auf. Er fand diese Art hinhaltender Kampfführung, die nicht alles auf eine Karte setzte, unmännlich und ehrenrührig. In voller Kriegsbemalung ins flimmernde Weiß starren, seinen Ehrgeiz buchstäblich auf Eis legen!

Um nicht als Spielverderber in Verruf zu kommen, ließ er sich zeitweilig auf Zerstreuungen ein. Fortner – dessen Schlafsucht er als kriminell einstufte – führte wieder einmal seine Gähn-Oper vor, Liebschner, humoristisches Leichtgewicht, füllte die Knobelbecher Richters mit Ofenruß. Poßnitzer verlangte den sofortigen Abbruch dieses albernen Spiels.

Aber da hatte er gleich das lautstarke Gebuhe der Meute gegen sich. Seine Standpauke – auf Sachbeschädigung folge Wehrkraftzersetzung! – löste maulenden Prostest aus. Poßnitzer wollte sich erheben, aber die nur schulterhohe Abdeckung des Bunkers hinderte ihn, sich zu Respekt gebietender Größe aufzurichten. Liebschners angeborener Sinn für Komik vereitelte jeden würdevollen Abgang. Von da an mied Poßnitzer die halbhohen Unterstände als Autoritätsfallen.

Es folgte für ihn eine Phase der Demütigungen, der versteckten Maßregelung, der planvollen Aufsässigkeit. Schon die nicht zu umgehenden Zweistunden-Wachen mit Hartwick waren eine Zumutung. Wie herausfordernd er dastand und Männchen in den Schnee zeichnete! Sein ungehöriges Scharren mit der Stiefelspitze glich einer Waffenprobe nach geworfenem Handschuh. Es war wie ein Abtasten der Verletzlichkeit des Rivalen. – Er begreife allmählich, sagte Poßnitzer mit der Hochfahrenheit eines Spielers, der eine entscheidende Partie eröffnet: Wer am Zug bleiben wolle, müsse seine Trümpfe überlegt ins Spiel bringen. Wer frei sein will von defaitistischen Anfechtungen, muß aufrecht stehen. Entsänne er sich seines *Führers* und der Elite seiner getreuen Gefolgsleute, dann wüßte er keinen, der schwächlich kniee, der sein Schicksal nicht kühn aus den Sternen lese. Wer an diesem Titanenkampf teilnehmen wolle, müsse alle moralischen Skrupel über Bord werfen. – Das sei doch längst geschehen, konterte Hartwick, indem er sein Strichmännchen mit unwirscher Fußbewegung auslöschte. – Über ihn sei das letzte Wort auch noch nicht gesprochen. Sein Zynismus komme ihn noch einmal teuer zu stehen. Dieser Feldzug fordere nicht den gemeinen, sondern den braven Mann ohne Vorbehalt und Winkelzüge (der im Bedarfsfall schafsfromm seinen Hintern zukneife!)

Poßnitzers Siegeszuversicht wurde auf eine harte Geduldsprobe gestellt. Im öden Achtstunden-Trott von Wachablösung, Außendienst und Waffenappell sah er sich hämischer Frotzelei ausgesetzt, einer einzigen Parodie auf alles, was für ihn soldatische Zucht und Ordnung ausmachte. Er rannte gegen eine Übermacht von Albernheit, Aufsässigkeit und Infantilität an. Liebschners ›glubschäugige Begriffsstutzigkeit‹,

Fortners affiges Nachplappern von Parolen und Tageslosungen nahmen ihm jede Handhabe, disziplinär gegen sie vorzugehen. Seit er beim Pelzmann Sympathien einbüßte, dessen Waffenspleen mit seiner unverhohlenen Vorliebe für Sowjettechnik ihn brüskiert hatte, fühlte sich Poßnitzer in der Gruppe isoliert, ja kaltgestellt. War es nicht unverzeihlich, seine Meldung über Mataschs Verstummelung einfach abzuschmettern, als ob es höheren Orts keine richterliche Instanz mehr gäbe? Er würde ihnen schon noch zeigen, wem der Wind den Rücken steifte und wem er ins Gesicht blies.

Der mit Sperrfeuer eingeleitete Angriff kam für Poßnitzer wie gerufen. Als einziger Waffenträger von Format, erschien er kampfbereit im MG-Stand Fortners, inspizierte mit seinem Visierblick das Schlachtfeld, das zu seinem Bedauern nicht eben beste Sichtverhältnisse aufwies. Die Begleitumstände, unter denen sich der Angriff entfaltete, mißfielen ihm. Mit diesem auf Sparflamme gedrehten infanteristischen Einsatz ließ sich keine Heldenkür laufen. Ein *Eisernes Kreuz*, als Vorstufe künftigen Waffenruhms, war in Gesellschaft dieses Schlafgängers nicht zu gewinnen. Er entsann sich eines beschämenden Vorfalls auf ihrem Marsch zur Front. Während er in tadelloser Haltung Schritt hielt, hatten sie abseits ihre Notdurft verrichtet. Fortner hatte gestöhnt, als plagten ihn Geburtswehen und nicht Blähungen. Nicht einmal als Augenzeuge taugte er, geschweige denn als Sekundant seiner Schießkunst. Seine Teilnahmslosigkeit war beispiellos. Poßnitzer lüftete den Helm, um die Kampfgeräusche besser lokalisieren zu können. – Infanteristisches Kroppzeug! dachte er und sah angewidert zur Seite.

... Noch als Schüler der Obersekunda hatte Poßnitzer damit begonnen, sich in der Schießkunst zu üben. Während seine Mitschüler auf Spatzen, Tontauben, Papierblumen schossen, unterwarf er sich einer strengeren Disziplin. Auf dem Schießstand seines Onkels lernte er über Kimme und Korn zielen. Ringscheibe und Pistole wurden zu vertrauten Requisiten seiner erwachenden Männlichkeit. Später tauchten die ersten Pappmänner auf, unförmige Gebilde, die mechanisch zur Seite kippten. Mit der Uniform handelte er zugleich die neuen Modelle und ein größeres Kaliber ein. Das ernste Spiel wurde um eine Variante reicher: die Pappmänner, auf die er jetzt schoß, warfen die Arme hoch. Das machte die Sache zu einem Spiel auf Leben und Tod. (Aber war er nicht unter diesem ehernen Gesetz angetreten?) Im übrigen kannte er die Spielregeln. Was mit tödlicher Logik ablief, entzog sich der Kompetenz des Spielers, war eine Frage der Mechanik, des Rückstoßes, der Federkraft – die Würfel seines Schicksals rollten. »*Du bist nichts, dein Volk ist alles*!« (Wie aber vertrug sich das mit seiner Absicht, Karriere zu machen?)

Fortner lag gelangweilt im Anschlag. Er ließ sich viel Zeit, weil er nicht einsah, warum er durch Streufeuer die Russen auf sich lenken sollte. Zudem löcherte ihn die Wichtigtuerei dieses Strebers. Dem Pelzmann nahm er übel, daß er ihm diesen Scharfmacher als Aufpasser auf den Hals geschickt hatte. Das eigentlich Störende aber war seine Reibeisenstimme, die ihm den letzten Geduldsspan von der Seele raspelte –: Schieß doch! Idiot, wo zielst du hin? Ein Daumensprung links, wenn du weißt, wo links ist. Verdammt, rechts hoch abgekommen. Siehst du denn nicht, *Zwickauer* Transuse, daß die Schweine das Feuer unterlaufen?

Fortner aber sah keine Schweine; er dachte an Flöhe, an Wasserflöhe, Fliegen, Kakerlaken, Läuse, die da in seinem Zielfernrohr über die Ebene purzelten. Lästiger als diese Läuse war ihm die Stimme dieses Strebers, sie tötete ihm den Nerv, während die Läuse im Hosenbund eine vergleichbar harmlose Plage waren. – Schießen! schrie er verärgert und riß den Abzug durch. Dann sah er mit kindischem Entzücken, wie das »Kroppzeug flutschend auseinanderstob«.

Wie zu erwarten, hielt Fortners Tollheit nicht lange vor. Poßnitzer, ihn ungehalten vom MG scheuchend, klemmte sich jetzt hinter den Kolben und ging kaltsinnig in Anschlag. Mit kennerhafter Akkuratesse zielend, beschämte er Fortner mit einer Serie punktgenau sitzender Schüsse. Hinter halb geschlossenen Augenlidern sah Fortner, wie die Russen mit hoch über den Köpfen geschlagenen Armen zu Boden stürzten. Er gewann den deprimierenden Eindruck, Poßnitzer setze sich mit der Waffe nicht zur Wehr, vielmehr erteile er Lektionen in schulmäßigem Töten!

Brielitz – mit Hartwick auf Nachtwache. Aus zunächst zögernder Sprechbereitschaft entwickelte sich ein scharfer Disput. Brielitz meinte in seinem schwer verständlichen Idiom: Der Mensch, ursprünglich einmal, unterm Aspekt der Heilsgeschichte –– »Hoppla, das geht ja ans Eingemachte!« sei zur Karikatur geworden, »als Gattungswesen entartet«. – »Vorsicht, Brielitz, du schmückst dich mit einer NS-Vokabel!« – Als Sozialwesen unfertig bis zur Peinlichkeit, als Kanonenfutter indes denkbar geeignet, sei er zum bloßen Spielmaterial der Strategen verkommen. »Vorsicht, Brielitz, auch Bunkerwände haben manchmal Ohren!«

Die militärische Einheit, wie sie Poßnitzer vorschwebte, sei nichts anderes als eine Organisationsform des legalen Totschlags. – Er sehe den Krieg, meinte Hartwick beschwichtigend, ja auch unter dem Vorzeichen des Chauvinismus, der völkischen Hybris, die das Gewissen von jedem Verbrechen freispreche, »ausgenommen dem der Nestbeschmutzung«. Nur warne er ihn, seinen rabiaten Geistesbruder, den durch Hunger, Kälte, Langeweile und Einsamkeit verursachten Groll in offene Rebellion ausufern zu lassen. Wie er ihn einschätze, sei Brielitz für einen Rebellen nicht abgehärtet genug, Meuterei und politische Gegnerschaft verlangten »ein anderes Kaliber«. Solch momentaner Courage, von genüßlichem Schauer durchmischt, verschlage es schnell die Stimme, wenn Kleinmut oder Hinterlist ihr ein Bein stellten.

Welches Rezept er ihm vorschlage? fragte Brielitz betreten. – Er habe nur eines für den Eigengebrauch: er kitzle den *Alten Adam* in sich wach, der sich den Sündenfall ironisch verkneife. Wer mit dem Teufel Fraktur rede, müsse verrückt sein oder lebensmüde! – Als Hartwick im ratlos verdunkelten Blick seines Partners nur noch Eigensinn rumoren sah, nicht aber kämpferischen Mutwillen und Entschlossenheit, sagte er ruhig: »Gib dich keiner Täuschung hin, aber mach dich auch nicht zum Narren! Du wirst das Schlamassel nicht aufhalten, aber auch nicht an ihm zerbrechen!«

Sein großer Reibach

Richter war ein bulldoggenhafter Typ. Diese Charakterisierung ist frei von beleidigender Absicht. Sein Körper, von leichtem Mißwuchs gezeichnet, ruhte auf stämmigen, fast gedrungenen Beinen. In den Schultern eingesunken, saß sein unförmiger Kopf. Jochbogen und Stirne übertrieben ausgeprägt, die Nase breitgedrückt, der Haaransatz spärlich, die Haut pickelig. Hinter merkwürdig flachen, ausdruckslosen Augen ein gelbes, kränkliches Feuer. In den Bewegungen nervöse Unrast, ein ständiges Auf-dem-Sprung-Sein, als müsse er Angriffen zuvorkommen oder auch nur Anpöbelungen.

Mit jungen Jahren sich selbst überlassen, von Gleichaltrigen gemieden, herzlosem Gespött und übler Nachrede ausgesetzt, begann er früh den lichtscheuen Wandel eines Außenseiters. Dumpf, illusionslos, in kindlichem Trotz befangen, mit zwiespältigen Gefühlen, trieb er durch das Brackwasser unausgelüfteter Knabenträume, spann ein gefährliches Garn, entdeckte seine in allerlei kleinen Tricks geübten Hände und wurde ein Dieb. Sein Vater, verwitwet, kränklich und durch jahrzehntelanges Feilschen korrumpiert, hatte in späten Jahren ein Handelskontor eröffnet und ihn zum Erbhalter seines zweifelhaften Wohlstands bestimmt. Mit fünfzehn gab er ihn zu einem Handelspartner in die Lehre. Auf diese Weise vertauschte er die Gassen und Hinterhöfe des sächsischen Provinznests mit der stickigen Enge eines *Leipziger* Möbelspeichers und lernte dort die Gepflogenheiten seines neuen Standes kennen und hassen. Ein Vorfall absonderlicher Art machte seiner Lehre ein unrühmliches Ende. Zu seinem Vater zurückgekehrt, laborierte er erfolglos an einer häßlichen Wunde, die er sich, wie sein Lehrherr beschrieb, bei einer selbstverschuldeten Züchtigung habe zugezogen. Sein Vater fand, daß sein leiblicher Sohn nun zur Genüge gelernt habe. Lebenstüchtig, wie er ihn einschätzte, überschrieb er ihm schon mit siebzehn den elterlichen Betrieb.

Als Richter, unfreiwillig genug, den Mantel des Junior-Chefs mit dem Uniformrock des Soldaten vertauschte, war er neunzehn. Er machte der Fahne, unter der er diente, wenig

Ehre. Er fand es läppisch, auf dem Kasernenhof den Hampelmann zu spielen. Die Wichtigtuerei der Gefreiten lächerte ihn, die Unterwürfigkeit der Strebertypen ödete ihn an. Nicht lange, und er entdeckte, daß es auch im penibel verwalteten Leerlauf des Militärs Schlupfwinkel gab für zivile Praktiken, die sich soldatischer Einfalt entzogen. Das waren für ihn Pfiffigkeit, Agilität und kleptomanische Tücke.

Kopitz war ein schlanker und mit phantasievollen Vorstellungen behafteter Mensch. Er besaß ein mädchenhaft weiches, nicht unschönes Gesicht, große, leicht basedowsche Augen und ein bemerkenswert unterentwickeltes, muskelloses Kinn mit abfallenden Partien. Um seine Stirne geisterte mitunter ein Zug tragischer Weltverlorenheit. Das brachte ihm früh den Spitznamen »der Seher« ein. Zweifellos eignete ihm eine gewisse Hellsichtigkeit. Er sah mehr als andere, deren leichter, ablenkbarer Sinn die Dinge nur streifte. Nicht selten litt er unter Anfällen von Melancholie. Dann wieder barst er förmlich vor überzogener Nächstenliebe, als müsse er sich etwas beweisen, was niemand von ihm verlangte: Offenheit unter Heuchlern, Menschlichkeit unter Wölfen!

Tagträume suchten ihn heim. Es konnte ihm passieren, daß er mitten im Dienst innehielt und starr auf etwas hinsah, so daß sich seine Kumpel bedeutungsvoll anstießen und zu kichern begannen. Poßnitzer, als einziger neben Hartwick in der Antike bewandert, benützte solche Augenblicke immer zu hochtrabenden Demonstrationen seiner Belesenheit: »Kommt her, meine Brüder!« rief er, »Hier spricht das *Delphische Orakel! Pythia* weissagt unserem Freund die Zukunft!« Und mit dröhnender Stimme, die in den oberen Lagen kippte: »He, Kuhauge, kannst du uns verraten, wie lange wir noch diese Bulldoggen-Visage ertragen müssen?« Er wies dabei auf Richter, der merklich in sich zusammensackte und sich unter dem Gelächter der schadenfrohen Meute klammheimlich verdrückte.

Vielleicht war es ihr gemeinsames Schicksal, als Außenseiter abgestempelt zu sein, was in Kopitz ein Gefühl zwanghafter Solidarität weckte. Obwohl er dem bornierten Duckmäuser sonst lieber aus dem Weg ging, erklärte er sich spontan zu dessen Fürsprecher. Als die Meute das widerwärtige Spiel verschärfte und Richter zur Zielscheibe ihrer inferioren Gelüste machte, meldete sich bei ihm Kopitz zur ersten gemeinsamen Frontstreife. Es war eine mondhelle Nacht. Die gegnerischen Horchposten lauerten in Handgranaten-Wurfweite. Aber weder der naive Kopitz noch sein eingeschüchterter Kompagnon ahnten, in welch prekärer Lage sie sich befanden.

Zunächst waren es nur die Zehen und Fingerspitzen, die die Kälte taub und fühllos machte. Dann aber spürten sie, wie sie sich in ihnen festfraß, Arme, Beine, Schenkel erfaßte, die Atemwege blockierte und schließlich den ganzen Körper ergriff. Ein kaltes, teuflisches Fieber breitete sich in ihnen aus. Sie hatten beide nie zuvor eine ähnliche Beklommenheit verspürt. Der Kälteschock peinigte sie, ließ sie die Arme im Takt und in zunehmender Panik um die Schultern schlagen.

Kopitz duldete Richter nur solange in dieser animalischen Komplizenschaft, als die Kälte sie festnagelte. Nachdem es ihm unter der gymnastischen Folter allmählich warm zu werden begann, komplimentierte er ihn unter dem Vorwand militärischer Notwendigkeit aus dem Kampfstand hinaus. – Kopitz, der von Gefechtsordnung und Feindverhalten wenig verstand, wurde rasch unsicher. Um dies zu überspielen, begann er wild zu schaufeln. Sooft er den Klappspaten hochschwang, erschien das rautenförmige Blatt über dem Rand der Böschung, schmal umflossen von einer stäubenden Aureole. Aber weder er noch Richter sahen etwas davon. Ihr Warmhaltemanöver hinderte sie an der Wahrnehmung von Schönheit.

Richter wurde nicht aufsässig. Schweigend hielt er sich an die törichte Weisung seines Stallgefährten. Er war es gewohnt, daß man ihn mied und auf Abstand hielt. (Hochmut und Standesdünkel haben schon immer die dauerhaftesten Zäune errichtet!) Die Gitterstäbe machten es ihm leicht, die Zähne zu zeigen und seinen Raubtierinstinkt wachzuhalten.

Obwohl er sonst nicht gerade ungeübt war in der Handhabung von Werkzeug, kämpfte Richter verbissen mit der Masse von Schnee. Es war vergeblich, denn immer wieder rieselte das firnweiße Pulver die Böschung hinab und unterwanderte tückisch das Spatenblatt. Das lähmte seinen Willen. Der Arm, der den Spaten eben noch schwungvoll hochgehoben, sank kraftlos herab. Gleichzeitig überfiel ihn ein wütender Hunger.

Der halbe Kanten gefrorenen Brots, den er seit Stunden auf der blanken Haut getragen, um ihn aufzutauen, war noch immer hart wie ein getrockneter Lehmklumpen, und als er ihn kauend zerkleinert hatte, fühlte er die Kälte bis hinab in den Magen. Doch die Bestie seiner Gier verlangte knurrend nach mehr. Noch lange glomm in seinen Augen ein schwefelgelbes, flackerndes Licht.

Als der erste Feuerschlag schwerer Feldhaubitzen über sie hereinbrach, hatte Kopitz die gespenstische Vision eines Karpfen-Massakers vor Augen: im malachitgrünen Grundwasser der Angst japsende Fischmäuler, aufgerissen zu riesigen Schlünden des Entsetzens. Eine der großkalibrigen Granaten hatte einen mit Verwundeten beladenen Schlitten durch die Luft gewirbelt. Von ihnen fand sich nicht die geringste Spur. Das klapperdürre Pferdchen aber landete mit gebrochenem Rückgrat in einem Bachlauf. – Kopitz, unter dem Eindruck dieses Elends, beschloß, Richter fortan nicht mehr zu kränken, seinen Widerwillen großmütig zu unterdrücken, vor allem aber – über seine Machenschaften ein wachsames Auge zu halten.

In den darauffolgenden Tagen fiel es ihm nicht sonderlich schwer, diesem Vorsatz treu zu bleiben. Einem ersten Treuetest wurde er unterzogen, als er Augenzeuge eines mißglückten Diebstahls wurde. Die wachfreie Gruppe lag in ihrem provisorischen Unterstand und döste vor sich hin. Kopitz sah seine Pappenheimer, wie sie kindlich, mit an die Brust gewinkelten Armen dalagen und schnarchten. Er streifte die Fäustlinge ab, verschränkte die Arme im Nacken und begann vor sich hinzubrüten. – Plötzlich bemerkte er auf der Pritsche nebenan eine verdächtige Handbewegung. Die aufdringlichen Finger hinterließen auf der Decke ein eigenartig schleppendes Geräusch. Der Siegelring am Mittelfinger war wie ein züngelnder Natternkopf. Kopitz gewahrte, wie mit artistischem Geschick ein Riemen aus der Schlaufe gezogen und ein Schachteldeckel behutsam abgehoben wurde. Er rührte sich mit keinem Muckser und blieb mit angehaltenem Atem, steif vor Abscheu, auf seinem Platz liegen. Der Gedanke, Alarm zu schlagen, schien ihm so kindisch wie die Vorstellung entwürdigend, den Dieb beim Handgelenk zu fassen und ihn auf frischer Tat zu ertappen.

Liebschner – wie Kopitz wachliegend, nur mit dem Unterschied, daß er nicht Abscheu, sondern ein schadenfrohes Vergnügen empfand – löste das Dilemma auf Komikerart: er stellte dem Langfinger schlicht eine Falle. Richters panische Furcht vor Ungeziefer dramaturgisch nützend, ließ er eine tote Ratte von der obersten Pritsche herunter. Der Effekt war durchschlagend. Der geschockte Langfinger entzog sich mit einem wilden Fluch dem eigenen Schrecken und damit der rabiaten Gruppenjustiz.

Niemand in der Gruppe verdächtigte Kopitz, die Machenschaften Richters feige geduldet zu haben. Zugegeben, seinen Nimbus als Hellseher würde er glänzend bestätigt haben, hätte er dem Dieb entschlossen das Handwerk gelegt. Wäre es nicht ein überzeugender Beweis seiner Nächstenliebe gewesen, ihn still bei der Hand zu nehmen, bevor er noch der Versuchung nachgeben konnte? Allzu lange hatte er unschlüssig dagelegen, wie paralysiert von der Vorstellung der sich selbständig machenden Hand. Nicht gerade eine beispielhafte Demonstration seiner Hilfsbereitschaft.

Richter lag währenddessen im Schnee und kühlte die Platzwunde in seinem Gesicht, die er sich beim Sprung von der Pritsche zugezogen hatte. Ihm war es mit einem Mal, als wäre er mit seinem Artistenlatein am Ende, als gäben nie wieder Gepäckstücke ihr Geheimnis preis unter den Saugnäpfen seiner Finger. Dabei war ihm erst gestern noch ein glänzender Fang geglückt. Im Sanitätsbunker war er auf eine raffiniert getarnte Fourierkiste gestoßen und hatte sie weidlich ausgenommen. – Ach, diese bescheuerten Habenichtse, die annahmen, er kenne keine Empfindung als die des Hungers und keinen Gedanken als den der Stillung primitiver Bedürfnisse! Sie waren naiv genug, in dem unsichtbar wirkenden Meister der Enttarnung einen Kleptomanen zu sehen!

Mit einem Schlag rückte das Störfeuer wieder näher. Schneefontänen schossen auf. Ein Rauchpilz spannte seinen Schirm auf. Und Richter war es, als risse ihn der Sog einer nicht endenwollenden Spirale ins Dunkel zurück . . .

Auch damals, als er mit einer geliehenen *250er-BMW* von

der Fahrbahn geriet und ins Schleudern kam, umzingelten ihn seine Widersacher, diese erfinderischen Quälgeister. Einer von ihnen, starkknochig wie ein kapitales Kalb, hatte sich zum Wortführer der Lästermäuler gemacht. Aber gerade als sie ihn in die Mangel nehmen wollten, kam sein Vater und knüpfte sie sich der Reihe nach vor. Einer von den Galgenvögeln kam dabei ins Stolpern und gleich darauf ins Schwitzen. Er bezahlte auch noch für das Gelächter und den Schmähvers der Schnelleren, die es vorzogen, vor soviel erzieherischer Schlagkraft das Feld zu räumen. – Wo aber blieb der Vater jetzt? Warum kam er nicht wie früher, ihn herauszuhauen? Kleinlaut in die Unterkunft zurückkehrend, kam er sich reichlich belämmert vor. Als Pechvogel am Pranger machte er keine sonderlich gute Figur.

Richters Abstieg begann so dramatisch wie unverhofft. An diesem Morgen, als ihn der mißglückte Fischzug ins gegnerische Artilleriefeuer trieb, bemerkte er mit Unbehagen, wie das Pendel anfing, zurückzuschwingen. Eine gegenläufige Bewegung setzte ein, unmerklich, kaum wahrnehmbar. Aber der Umschwung war nicht zu verkennen; die Glückssträhne riß ab. Plötzlich gab es geradezu lachhafte Pannen. Ein Riegel klemmte, ein Schloß sperrte, eine Schlaufe sträubte sich. Auch die Umstände verschworen sich gegen ihn. Die Tage wurden heller, die Verpflegung knapper. Bald gab es keine arglosen Verschwender mehr, keine Schlupfwinkel für Langfinger – nicht einmal für einen Mann seines Kalibers.

Er war nicht wie die Anfänger seiner Zunft auf bloßen Mundraub aus. Seine Lebensgewohnheiten waren die eines Feinschmeckers. Er fand es widerwärtig, wie sie stillos ihr Kommißbrot hinunterwürgten und den Eintopf – das Kochgeschirr in Kinnhöhe – gierig löffelten. Er handhabte sein Besteck mit Dezenz, ließ in kultischer Ergriffenheit auf der Zunge zergehen, was er sich beherrscht zuführte. Peinliche Erinnerung an seine erste Nachtwache mit diesem sympathischen Schwachkopf, der sich als Schutzengel aufführte. In seiner Gegenwart hatte er sich den Fauxpas geleistet, einen mühsam aufgetauten Kanten Brot einfach hinunterzuschlingen – barbarisch! Er konnte es sich nur so erklären, daß die schockartige Kälte ihn alle guten Manieren vergessen ließ.

Der Höhenweg über dem Fluß war von Bunkern und Unterständen flankiert. Palisaden aus Fichtenreisig tarnten die Erdaufwürfe und das Zickzack-Muster der Laufgräben. Es taute schon mächtig in den Mittagsstunden. Das sperrige Geäst der Tannen war schwarz vor Nässe. Jeder Axthieb brachte Lawinen durchnäßten Schnees zum Absturz. Gefährlich war es nun, am hellichten Tag einen der südwärts gelegenen Hänge zu überqueren. Der Gegner schoß auf die geringste Bewegung. Selbst die von Sichtblenden verstellte Schlucht zu passieren, war riskant geworden. Scharfschützen hatten sich auf die Gefällstrecke eingeschossen. Wer sie überqueren wollte, machte das besser auf allen vieren. Es gab auch eine Brücke. Kopitz sah sie zum ersten Mal, als er, die Axt geschultert, an einem Aprilmorgen auf dem Holzplatz erschien. Er sah sie aus der schwindelerregenden Perspektive eines Jagdfalken. Sie hatte ein zweibögiges Spannwerk aus Rundholz, ein bordhohes Geländer und eine einspurige Fahrbahn von zweifelhaftem Wert.

Seit an den Ufern der kleinen *Worja* der Schnee dahinschmolz, an Nachmittagen, die nun schon mitunter ganz durchwärmt waren von den Strahlen einer zaghaften Sonne, regten sich in Richter die behinderten Instinkte. Die Ufer – so lautete ein Gerücht, das seit Tagen im Umlauf war – seien gespickt mit Blindgängern, Ausbläsern und Irrläufern verschiedenartigster Waffensysteme und Kaliber. In Gedanken war Richter wohl schon dabei, den Uferstreifen mit Beschlag zu belegen, ihn als Privatgelände zu markieren, ein eigenes Territorium sich unter den Nagel zu reißen, mit Hoheitsrechten und großer Schürflizenz. – Mittags, als sie in einem Erdbunker einen Schlag Erbsen ohne Speck verdrückten, setzte sich Kopitz unauffällig neben Richter und sah verwundert, wie dieser blindlings in seinem Eßnapf zu stochern anfing.

Richters Neugier lief wieselflink zwischen Bunkerscharte und spielzeugkleiner Brücke hin und her. Nach der Essenspause, die eine Viertelstunde selten überschritt (sie zogen die frühzeitige Rückkehr ins Biwak einem Sonnenbad vor, da die Scharfschützen der Russen im Anschlag lagen!), schlich sich Richter unauffällig, wie er annahm, vom Holzplatz. Doch wie zufällig lief ihm sein Aufpasser über den Weg, winkte ihm leutselig, als vermisse er ihn bereits schon. Seine Aufmerksamkeit indes wurde von einem Zwischenfall abgelenkt, der Kopitz betroffen machte, Richter aber offenbar kaltließ: Am Ausgang der Schlucht, akkurat an der Gefällstrecke, fanden sie einen Essenholer im Kradmantel, der leise vor sich hinstöhnte. Sein jungenhaftes Gesicht war über und über mit Blut beschmiert. Sein Mund schien geborsten und wirkte wie ausgefranst. Im Schnee verstreut ein Koppel voller zerschossener Kochgeschirre. Reis quoll daraus hervor, eine milchige Brühe, die augenblicklich gefror.

Nach diesem Vorfall wirkte Kopitz verstört wie seit langem nicht. Denn er war dem Essenholer Minuten vor dem Fangschuß noch begegnet, hatte ihn nicht einmal gegrüßt. Nicht die leiseste Vorahnung hatte ihn gewarnt. Er taugte als »Seher« so wenig wie als Schutzengel, sonst läge der fremde Soldat jetzt nicht so anklagend vor ihm. – Kopitz beobachtete sich mit wachsendem Unmut. Mußte Richter erst einen Ausbruchsversuch unter seinen Augen starten, um seine Wachsamkeit zu wecken? Von jetzt an wollte er sich ihm an die Fersen heften, ihn regelrecht beschatten, auch wenn er sich Richters Argwohn zuziehen sollte. – Während dieser selbstkritischen Befragung hatte Kopitz kräftig zugepackt. Die mächtige Rottanne, die ihm als Tagespensum zugeteilt worden war, lag entästet, eine zweite ähnlichen Umfangs zum Fällen angekerbt. Die Axt, die er mehr gutwillig als sachverständig geschwungen hatte, klebte voller Harz. Der Baumriese, nackt über den verwachsenen Pfad geworfen, hatte zahllose Wunden.

Wie um seine Wachsamkeit Lügen zu strafen, verpaßte Kopitz prompt eine der üblichen gehässigen Keilereien. Richter war gegen die *Spanischen Reiter* abgedrängt worden. Die Meute – wie Mastgänse hatte er sie ausgenommen! – stellte ihn hechelnd. In den Zerrspiegeln ihres Gelächters erkannte er seine Häscher. Die Erregung, die Kopitz beim Anblick der Streithähne befallen hatte, hielt unerklärlicher Weise länger an, als die alberne Balgerei es rechtfertigte. Kopitz ließ den leidigen Film noch einmal vor sich abrollen –: er sah den zänkischen Kläffer, seinen Schützling, wieder über dem

Eßnapf brüten, sah die Hand, wie sie zeitlupenhaft auf- und abstieg wie der Adamsapfel hinter der schlaffhäutigen Kehle. Er vernahm die clownesken Rülpser Liebschners. Die unaustilgbare Vorstellung von blubberndem Morast drängte sich ihm auf. Richters sondierender Blick durch die Bunkerscharte. Dahinter ein schwarzgepunktetes Nichts, belanglose Chiffren im Treibsand.

Von amphibischen Trugbildern genarrt, flüchtete er sich in den Stammschatten des geschändeten Riesen. Hier lief man lautlos wie auf Moospolstern. Die Zweige und Äste lagen in federnder Schicht. Die handtellergroßen Narben klebrig vom zähen Goldharz. Weiß leuchtete das Holz aus der zerspellten Rinde. Kopitz verlor sich förmlich in den Anblick der Jahresringe. – Sollte er den diebischen Widerling vor einer Verfehlung warnen? – Ich verstehe nicht, dachte er voller Mißmut, daß ich Mitleid verspüre, wo Abscheu am Platz wäre. Später auf dem Marsch zum Biwak besänftigte er sich: Es ist wohl nur, weil ich mit einer Anteilnahme, die mir lächerlich erscheint, ein fremdes Schicksal verfolge, das mich im Grunde kaltließe, wäre da nicht jene zwanghafte Konstellation oder – wie ich selber pathetisch formulierte – diese »animalische Komplizenschaft«.

Vorwitzige Neugier, Schnüffelei waren Charaktermängel, die er bei anderen als Marotte gelten ließ, bei sich selber aber rigoros unterdrückte. Aber irgend etwas an der Anordnung der Gepäckstücke, die er auf Richters Pritsche entdeckte, veranlaßte ihn, eine Etage tiefer zu klettern und eine Tragtasche mit verräterischen Ausbuchtungen einer Visitation zu unterziehen. Während er mit Widerwillen eine Schlaufe löste und die ledergesäumte Klappe zurückschlug, fiel sein Blick auf einen Meißel und einen gewöhnlichen Küferhammer. Nichts Mysteriöses also, nichts, was die Einbildungskraft, durch Argwohn aufgescheucht, hätte beflügeln können. Kopfschüttelnd steckte er die nichtssagenden Werkzeuge in die Tasche zurück. In seinem Gehirn flackerte nicht einmal vager Verdacht. Dabei hätte er ums Haar – wenn nur seine kriminalistischen Energien nicht so schnell verpufften – den Schlüssel zu Richters abstrusem Geheimnis entdeckt. Unter einem Paar gewaschener Hemden lag ein engbeschrifteter Zettel, die Federzüge zittrig, ein krakeliges Sütterlin. Es war die unverschlüsselte Offerte eines Händlers an seinen Kompagnon. Von »fetter Beute« war da die Rede – Anspielungen, die eigentlich ausgereicht haben müßten, Hammer und Meißel in einen schlagenden Zusammenhang zu bringen.

Der Zufall fügte es, daß Kopitz – wie schon so oft – mit Richter auf Zweistunden-Wache zog. Aber selbst jetzt wagte er nicht, an Richters Vernunft zu appellieren, sich jeder provokanten Aktion zu enthalten, die sporadischen Sticheleien der Gruppe gutmütig zu schlucken oder durch eigenes Wohlverhalten eine Phase entkrampfter Beziehungen einzuleiten. Er blieb so stumm wie Richter abweisend. Einsilbig starrten sie vor sich hin, liefen mit umgehängtem Karabiner aufeinander zu, machten rekrutenhafte Kehrtwendungen auf dem Absatz, als stünden sie auf einem Kasernenhof, nicht aber in einem feindlichen Waldlager. Als böiger Fallwind aufkam, der die Wipfel der Rottannen zu ächzenden Verbeugungen zwang, atmete Kopitz erleichtert auf.

Gegen die vom Treibholz umkreisten Pfeiler der Brücke aber drängte der mühsam gebändigte Fluß. Kopitz schien es, als hole er tief Luft, die lästige Fessel abzustreifen und das spinnwebdünne Gestänge zu einem wirbelnden Knäuel von Bruchholz und Kehrricht aufzutürmen. Unter dem Eindruck drohenden Eisgangs schwieg selbst die Front. Kein Luftzug bewegte sich. Zwischen Inseln von Schnee lag das besänftigte Land, die schwärzliche Krümmung eines von Krähen beflogenen Sturzackers. Auf der Brücke Gedränge und fahrlässiges Überholen. Eine Nachhut im Anmarsch; ein Oberst armschwenkend im offenen Kübelwagen; zugeknöpfte Ordonnanzen, flunkernde Gefreite, ein heisergeschriener Feldwebel – Worthülsen, Wasserwirbel, ein Schwarm von Gründlingen, ein rotflossiger Barsch (nachts bei Mondaufgang – hörte Kopitz sagen – seien die Gewässer von Fischen wie verlassen!)

An diesem turbulenten Vormittag wich Kopitz nicht einen Augenblick von der Seite seines Schutzbefohlenen. Lustlos schwang er die Axt; seine mit Blasen markierten Finger brannten höllisch. Die Stunden vergingen unter eintönigem Sägegeräusch, das seine Wachsamkeit ebenso einschläferte wie seine Gewissensbisse. Die Mittagspause, angefüllt mit dem monotonen Klappern der Blechbestecke, verlief ohne jede Panne. Richter aß mit stoischer Ruhe. Sein manierliches Kauen wirkte aufreizend. Aber nicht einmal Poßnitzer nahm es zum Anlaß eines Tadels oder einer mokanten Floskel. Ein von Bataillonsmeldern mutwillig in Umlauf gesetztes Gerücht, die Kompanie würde im *Hartsteinwald* infanteristisch eingesetzt, machte selbst ein Großmaul wie Liebschner lammfromm. Kleinlaut hockten sie in ihrem *Machorka*-Mief, als müßten sie den Schrecken, der ihnen in die Knochen gefahren, durch ein Räucherritual übertönen. – Richter aber sägte auf Teufel-komm-raus, als leiste er mit einem doppelten Sägepensum vor der kuschenden Gruppe Abbitte.

Als Kopitz in einem Augenblick nachlassender Wachsamkeit die Axt sinken ließ, ging Richter blitzschnell in die Hocke, ließ sich mit der Lautlosigkeit eines Marders den Abhang hinabgleiten. Kopitz, sich ahnungslos herumdrehend, sah Richters leeren Platz, stürzte kopflos hinter ihm her, eher vom Instinkt als von Voraussicht geleitet. Noch vor dem Waldrand holte er den Ausreißer ein. Er sah die gefleckte Iris in den Augen Richters und erschrak vor seiner eigenen Courage. Er spürte, wie sein Gaumen trocken wurde vor nicht gesprochenen Sätzen. Ungläubig sah er, wie sich in Richters gehetztem Blick der Ausdruck des Ärgers in puren Schalk verwandelte und wie er mit unmißverständlicher Bewegung den Mantel auseinanderschlug: »Nicht mal 'ne Stange Wasser kann ich kaltstellen, ohne daß sich mein zweiter Schatten mir an die Fersen heftet!« – sprach's und entleerte sich auf die ungenierteste Weise.

Der Nachmittag begann mit nervösem Gefechtsgeplänkel. Zum Tumult steigerte es sich, als sowjetische *Iljushin* im Tiefflug das Flußbett heraufkurvten und ganze Alleen von Feuerbäumen in den Schwemmsand pflanzten. Als über ihrem Holzplatz Schrapnells verpufften, drehte Kopitz durch und stürzte ein zweites Mal den Abhang hinunter. Am Ufergebüsch angelangt, wurde seine Aufmerksamkeit von einem Vorfall angezogen, der sich den anderen wohlweislich entzog: auf einem mit Schilf bestandenen Seitenarm der *Worja* trieb einsam ein russischer *Mushik* daher. Der verdatterte Strandläufer sah ihn anlanden und mit seinem Blut den Ufersand röten. Sein Puls schlug nur noch schwach. Die Diagnose des Kompaniesanitäters lautete: ein Späher mit einem Lungensteckschuß, der schwimmend über den Fluß kam. Kopitz folgte seinem Abtransport mit Tränen in den Augen.

Richter aber schritt zögernd den eisfreien Abhang hinunter. Unschlüssig blickte er sich um, und eine Zeitlang schien es sogar, als ob er sich besinnen und kehrtmachen würde. Allein er ging, was immer an diesem schleppenden Gewiege Bewegung sein mochte, und er erreichte – von keinem Schmähruf erschreckt, von keinem Schutzengel angeödet – den mit Trümmern und Treibholz bedeckten Ufersaum. Mit einem Blick erkannte er: dieser Platz war eine Fundgrube!

In seiner Manteltasche das ziehende Gewicht des Hammers und Meißels. Er stemmte die hohle Hand dagegen, um zu verhindern, daß das Taschenfutter einriß. – Die Brücke ächzte und stöhnte jetzt schon hörbar in ihren hölzernen Gelenken; die Pfeiler und Widerlager seufzten in Erwartung der herannahenden Flut. Im ausgedehnten, wundgescheuerten Bachbett der *Worja* trieb gewaltsam das Eis. – Die ersten Schläge führte Richter aus bloßer Ungeduld, aus verständlicher Neugier. Sie galten einem verklemmten Zünder, der von weitem einem Kreisel ähnlich sah, wie er ihn als Schuljunge übers Trottoir gepeitscht hatte. Aber bald schon schürfte er einen prachtvollen Irrläufer frei, der nahezu verdeckt unter einem schwarz verquollenen Jochscheit lag.

Der mochte in präziser Parabel über den Fluß geflogen sein und entgegen aller ballistischen Regel unrühmlich seine Kometenfahrt auf dem Bauch beendet haben. Der aus endlosen Himmeln niederstäubende Schnee hatte im Verlauf weniger Wochen eine schützende Decke über den Findling gebreitet. Frost hatte die Decke befahrbar gemacht. Die ersten Gespanne waren über ihn hinweggerollt; ein Fahrweg war entstanden. Eines Nachts hatte eine zufällig auftreffende Granate Gespann samt Fahrer und wackerem Pferdchen ins Dunkel geblasen. Nur das Jochscheit war übriggeblieben; es war mit dem dahinschmelzenden Schnee in die Tiefe gesunken, hatte sich rittlings auf den schlanken Findling gesetzt, war schwer und schwarz geworden vor Nässe, und in gefährlicher Nachbarschaft lagerten nun die Blindgänger inmitten von Trümmern, Treibholz und gefrorenem Schlick.

Im Zwielicht der einsetzenden Dämmerung nahmen die steuerlosen Geschosse recht sonderbare Formen an. Fische, vom jähen Rücklauf der Gewässer an den Strand gesetzt, haben mitunter die gleiche düstere Verlorenheit. Doch davon sah Richter so gut wie nichts. Dieses Ufer barg einen Schatz an verwertbaren Edelmetallen, der nicht unausgebeutet bleiben durfte. Sein Vater besaß in *Taucha* ein sehenswertes Arsenal an Weltkrieg-Eins-Trophäen, an Kartuschen, Geschoßköpfen, Zündern und Führungsringen. Wenn er seinerseits ein solches Arsenal anlegen könnte, den Vater noch übertrumpfend durch systematisches Sammeln und Katalogisieren – niemand würde ihn hindern, seinen »großen Reibach« zu machen.

Zielstrebig-umsichtig ging er auf das Prachtstück zu, beugte sich profihaft nieder. Das schwere, mit Resten einer primitiven Halfterung versehene Jochscheit war schnell beiseitegeräumt. Richter fuhr mit der Spitze seines Fingers den breiten Kupferring entlang. Deutlich unterschied er die schräglaufende Prägespur des Geschoßdralls von der Patina des nachgedunkelten Metalls. An der Spitze des Irrläufers saß unversehrt der Zünder. – Nicht allein die längst fällige Flucht vor der Gruppe, die ihn mit ihren boshaften Nadelstichen bis aufs Blut gereizt, hatte ihn zum Einzelgänger bestimmt, der auf Schatzsuche ging. Ihm war auch die Beschattung durch seinen Fürsprecher lästig geworden. Er hatte die Gelegenheit, sich von ihm zu trennen, humorvoll wahrgenommen – und nun zählte nur noch die Geschicklichkeit seiner Hände. Mit Armspangen aus massivem Kupfer, geschmückt wie ein König der Hinterhöfe, würde er zurückkehren. Er würde den Hochmut der Gruppe endgültig brechen, sie durch seine Funde beschämen oder ihr nie mehr unter die Augen treten.

Mit einer Mischung aus Selbstvorwürfen und Erleichterung nahm Kopitz zur Kenntnis, daß sein Schützling von der Bildfläche verschwunden war. Doch dann stürzte er – ohne Alarm zu schlagen – aus dem Unterstand, setzte über den Graben hinweg, der den Höhenzug säumte, schrie Richters

Namen mäßig laut in die knisternde Dämmerung. In mächtigen, sich überschlagenden Sprüngen rannte er den Abhang hinunter. Die Gruppe, durch sein Verschwinden stutzig geworden, setzte sich gleichfalls in Bewegung. Ein lebhaftes Gedränge und Gestürze entstand.

Als Richter den Hammer ergriff, um den ersten, tastenden Schlag zu führen, vernahm er einen langgezogenen, fast flehentlichen Ruf. Das Echo weckte eine Folge absonderlicher Laute. Eine Art schlaffen Taumels befiel ihn und lotste ihn in strudelnde Schlünde der Erinnerungen. Er widerstand dem Sog nicht lange.

... Das Magazin lag am Ende eines schmalen, fensterlosen Korridors. Ein paar Stufen führten in einen luftigen Speicher. In langen, zehn Fuß hohen Regalen türmte sich Hamsterware, eine düstere Fracht. Richter hielt sich hier als Lehrling stundenlang versteckt. Er fürchtete seine gleichaltrigen Kumpane, mehr noch sich selbst, seinen Haß gegen den Lehrherrn, das Diktat der strengen Hand und die milde, überhebliche Sanftmut lediger Kontoristinnen. Sie nannten ihn zärtlich Dicker oder Zwerg-Nase, sagten anzüglich: »Na, Kleiner, möchtest du dir nicht mal die Borsten stutzen? So was wie dich läßt man doch nicht an knusprige Täubchen ran!« – Einmal, als das liebestolle Gekichere einer hochbeinigen Lehrjungfer durch den Korridor hallte, überfiel er sie in dem Augenblick, als sie geblendet in den Speicher gerannt kam. Er warf sie roh auf einen Stapel schmutziger Jutesäcke, erstickte ihre kleinen, gurgelnden Kehllaute, züchtigte sie am Ort ihrer zugeflogenen Vögel ...

Während er nach der günstigsten Ansatzstelle für seinen Meißel suchte, schäumte unter der brüchigen Eisdecke der kleinen *Worja* die tosende Flut. An den Stützen und Streben der Behelfsbrücke bildeten sich gefährliche Wirbel. Der Druck gegen die Barriere verstärkte sich. Über die letzen zusammenhängenden Eissegel spannte sich ein Netzwerk unzähliger Risse und Schründe.

Als Kopitz in den Fahrweg einschwenkte, der zur Brückenauffahrt führte, begann sich ein Teil der Brücke wie eine Rangierbühne um die eigene Achse zu drehen. Ein dumpfer, klagender Knirschlaut. Durch die Dunstschleier der Dämmerung schob und wälzte sich eine riesige Flutwelle. Splitternd barst das Gestänge entzwei. Kopitz, nun schon ruhelos und verstört vom nutzlosen Suchen und naß vom Sprühregen, blieb abrupt vor der Brückenrampe stehen. Dem in Sprüngen heranhetzenden Rudel der Gruppe berichtete er stockend, was ihn veranlaßt hatte, sich dem entschwundenen Richter auf die Fersen zu heften. Durch Richters Finte geblufft, habe er sich an der Nase herumführen lassen. Sie sähen ja nun selbst, was von seinen seherischen Fähigkeiten zu halten sei. – »Kein künstliches Selbstmitleid, bitte!« unterbrach ihn Hartwick, und mit einem Unterton ironischen Respekts: »Als Gruppenorakel bist du unersetzbar. Aber den Beweis deiner Hellsichtigkeit bleibst du vorerst noch schuldig!«

Den Vorschlag Poßnitzers, bei Mondaufgang eine Schützenkette zu bilden und das Gelände nach dem Vermißten zu durchkämmen, wies er empört zurück. Er meinte nämlich, es sei menschlicher, das sofort zu tun. Aber die Gruppe lief bereits lustlos auseinander. Die Möglichkeit eines Floßsack-Einsatzes auf dem Hochwasser führenden Fluß beschäftigte sie weit mehr als die Suche nach einem Kumpan, dem niemand eine Träne nachweinte, falls er je verschütt ginge. Poßnitzer unter dem Beifall Liebschners: »Dem Dicksack wird schon nichts passiert sein. Fett schwimmt bekanntlich oben!« Kuskat, der am Schweißband seines Kragens Läuse spürte, sagte übellaunig: »Vielleicht dramatisieren wir einen Vorfall, der sich bald als harmlos herausstellt.« – »Ja, vielleicht ist er nur ein wenig baden gegangen«, Liebschner verschluckte sich fast an seiner eigenen Lachsalve, »ein geübter Untertaucher war er ja schon immer!«

Wenn Richter von seiner Arbeit aufsah, nahm er wie durch Dunstschleier das unsinnige Gestürze der Gruppe wahr. Ihn sonderten zum Glück Eisbarrieren ab, bizarre Geschiebe, schalltote Schichten, die ihre Eingreifabsicht, ihre Fähigkeit, ihn aufzuspüren, Schachmatt setzten. Mit aller gebotenen Umsicht hatte er sein Beutedepot angelegt: Geschoßhülsen, Messingkartuschen, Zünder, Kupferringe – und sie vor der Neugier durch Strandläufer klug getarnt. – Also, nicht lange auf das alberne Getue der Gruppe hinhören. Nicht darauf achten, was sie sich – durch ihren faden Wortwitz munter gehalten – über ihre Köpfe hinweg zubrüllen. Nicht aus der Ruhe bringen lassen durch ihr kindisches Benehmen. Macht haben, das spröde Metall zu zwingen, die Ansammlung großkalibriger Ringe zu vermehren, mit denen er seine Herrschaft krönen wird. »Das Massel haben, das Glück beim Schopf zu packen«. Als Krösus heimzukehren, dem Vater mit seinem Kriegsschatz zu imponieren. Die »knusprigen Täubchen« tanzen zu lassen, um die Demütigungen zu vergessen. Den Mumm haben, stillzuhalten, mit ruhiger Hand den Meißel zu führen, mit jagenden Pulsen auf des Messers Schneide.

... Die Allee war von Pensionären und Liebespaaren besetzt. Richter – stutzerhaft daherschlendernd, ausstaffiert wie ein überkandidelter Juniorchef – erschrak zunächst, als er hinter seinem Rücken Schritte vernahm. Er meinte natürlich, ehemalige Mitschüler oder Lageristen hätten ihn in seinem Aufzug erkannt und machten sich nun einen Spaß daraus, ihm nachzustellen. Aber dann verlangsamte er seine Schritte. Eine leichte Brise wehte heran und bauschte seinen Staubmantel. Mit den Fingern seiner Rechten die Taschenuhr schlenkernd, den Atem drosselnd, erotische Signale auffangend, spürte er eine überholende Bewegung. – Ihr Haar war das einzig Helle an ihr. Sie hatte es eilig, wollte gleich zur Sache kommen. Das löste in ihm eine erhebliche Konfusion aus. Obwohl es sommerlich warm war, bestand er – ganz Ehrenmann! – auf einer förmlichen Einladung. Leichtfüßig hüpfte sie vor ihm her, sagte unvermittelt schroff: »Daß du dich ja nicht unterstehst, in meiner Bude Licht zu machen!« Sie strich ihm mit entwaffnender Offenheit über sein heißes Gesicht. Als sie die Narbe auf seiner Wange spürte, zuckte sie zusammen wie bei der Berührung eines Insekts: »Huch, wo hast du nur diese häßliche Schramme her?«

In diesem Augenblick bekam er den ersten Warnschuß vor den Bug gesetzt. Er überhörte ihn dickfellig, folgte ihr benommen durch Gassen und Hinterhöfe, über Gänge und Flure – ständig auf spöttische Zurufe gefaßt –, bis er in einer schäbig möblierten Mansarde gegen ihre Schulter stieß. Dieser unabsichtliche Körperkontakt löste in ihr einen zärtlichen Impuls aus. Sie unterwies ihn in der Kunst, anstelle eines Kraftakts Fingerfertigkeit vorzuführen. Weil er diese Lektion aber gründlich mißverstand, bestrafte sie ihn mit Liebesentzug. Als Richter erwachte, war es dämmrig in der Mansarde. Sich die verquollenen Augenlider reibend, schälte er sich aus dem zerwühlten Deckbett. Er sah, wie die Scheiben aufgehellt wurden durch die regnerische Blässe des Morgens und sah im Dämmern des Tages, wie schön sie war. Sie schlief noch immer. Sein Pech war, daß ihm beim Versuch, sich unbemerkt in die Klamotten zu stehlen, ein Schuh aus den Händen fiel und mit Gepolter auf dem Fußboden landete.

Hysterisch schreckte sie aus dem Schlaf, als vermute sie hinter dem Paravent einen Einbrecher oder Lustmörder. Ein Rascheln des Vorhangs – Richter bewegte sich nicht. (Wenn sie nur nicht auf die Idee kommt, die Deckenbeleuchtung anzuknipsen!) Aber da stand sie auch schon breitbeinig neben ihrem Bett. Licht flammte auf. »Ich möchte doch sehen, mit wem ich heute nacht das Vergnügen hatte!« Er stand wie betäubt in der kalkweißen Helligkeit des unaufgeräumten Zimmers. »Ah, dachte ich's mir doch!« Sie warf sich den Morgenrock über und wich unter die Dachschräge zurück. »Sieh bloß zu, daß du in deine Hosen kommst, mickriger Knülch!« Sie stieß ihn barfuß, wie er war, vom Bettvorleger und lüftete hausfrauenhaft das Plumeau. Dann lief sie unsicher zur Türe, lauschte angestrengt, kam erleichtert zurück, musterte ihn mit einer Neugier, in der sich ängstlicher Widerwille und Mitleid abwechselten. »Los, beeil dich gefälligst! Ein bißchen plötzlich, wenn ich bitten darf.« Daraufhin sah sie ihm zu, wie er wortlos und eingeschüchtert in seine modischen Stiefeletten stieg.

Aber dann begann sie unvermittelt loszulachen, riß einen Spiegel von der Wand, kam furienhaft auf ihn zugesprungen: »Weiß du eigentlich, Fatzke, was du mir zugemutet hast?« – Richter, im ersten Moment perplex, erwies sich durchaus als fortschrittlicher Held. Er wich vor dem Spiegel nicht wie vor einer Waffe zurück, sondern hielt dem Gegenblick minutenlang stand. In seinen Augen wechselte der Ausdruck des Mißbehagens mit dem einer naiven Gläubigkeit, als erwarte er die unverzügliche Klärung eines Irrtums. Vielleicht daß der Spiegel, wenn erst die Erblindung durch seine Atemluft schwände, ein properes Jungengesicht enthüllte. Sie aber zeigte nicht die mindeste Geduld und lachte unflätig. Da ergriff er den Spiegel und schlug in blinder Wut zu. Klirrend hing ihr der leere Goldrahmen um die nackten Schultern. –

Er aber taumelte verwirrt durch die Morgenfrühe. Die Parkbänke leer, Mitschüler, Spielgefährten, Lageristen (ein verhaßter Chorus) – der sonore Predigerton seines Lehrherrn: »Richter, sie bluten ja, haben Sie sich beim Rasieren geschnitten?« – Ja, er habe sich wohl ein wenig geschnitten, geringfügig verletzt. Sie aber blutete schon einen ganzen Herbst und Winter hindurch – das Goldhaar in Scherben – eine gerahmte Schönheit! . . . Das Dunkel der Gänge und Alleen aber weicht zurück. Ihn stören keine Korridore, keine Speicher, keine Mansarden mehr. Da ist ein stürmischer Apriltag. Raben krächzen, Eissegel treiben. Über das Wehr donnert ein stäubender Katarakt. Er aber sitzt in moderatester Lage, allen Nachstellungen entrückt, und schwingt seinen Hammer . . .

Der Rauchpilz, der Sekunden später in die Höhe stieg, war nur schwach zu erkennen. Der Wind zerfaserte ihn und trieb ihn den Fluß hinunter. Niemand von der Gruppe ahnte, daß Richter es war, der da luftig dahintrieb: fessellos und besänftigt . . .

Noch vor Einbruch der Dunkelheit trafen die Floßsäcke ein. Seit die Brücke in den Wildwassern versunken war, fehlte jede Verbindung mit dem nur schwach besetzten Brückenkopf. Die Sowjets wußten davon und drückten mit Macht auf diesen gefährdeten und isolierten Frontsektor. Die stromabwärts treibenden Trümmer hatten sie alarmiert und in einen Zustand nervöser Kampfbereitschaft versetzt. Nun feuerten sie wild und planlos auf die vermeintlichen Landeplätze. Steile Fontänen schossen hoch, ein Spalier weißen Gischts: wirkungslos verpuffende Feuerschläge, von den Wasserfluten geschluckt.

Um nicht mit dem Treibeis in Berührung zu kommen, dessen scharfkantige Schollen in gefährlicher Nähe vorübertrieben, hatten sie die verletzlichen Wülste mit Brettern verschalt. Die schmalen Blätter der halblangen Paddel tauchten in gleichbleibendem Rhythmus. Das Heckwasser der Gummiboote gurgelte in ziehenden Wirbeln. –

»Werden wir die Suche nach Richter wieder aufnehmen?« fragte Kopitz mit schlechtem Gewissen. »Aufnehmen?« fragte Hartwick sarkastisch: »Haben wir denn schon nach ihm gesucht?« Er beugte sich ungehalten über die Bordwand, dirigierte das Boot mit kraftvollen Schlägen seines Ruders und sah erleichtert, wie das Ufer näherrückte. »Natürlich suchen wir!« setzte er halblaut hinzu. Prompt fiel Kopitz auf ihn herein, fragte: »Morgen, wenn es hell wird?« – »Ja, morgen«, sagte Hartwick verbittert, »morgen, wenn es zu spät ist!« Er riß mit einer unbeherrschten Bewegung das Steuer herum; das Schlauchboot mit den Brotsäcken, Munitionskästen und dampfenden Kanistern legte sich längsseits, trieb scheuernd an der Böschung entlang und blieb mit hochgestellten Paddeln vor einer Schilfinsel liegen.

Kurz nach Mitternacht stellte der geprellte Gegner sein Feuer ein. Die Gruppe stand durchnäßt im Halbkreis. Liebschner hüpfte vor Ort, rieb sich die Knöchel warm, hielt seine klammen Finger in den dampfenden Atem. Fortner stellte sich schlafend. Kopitz und Hartwick entdeckten nahezu gleichzeitig einen treibenden Schatten auf dem Wasser. Sie glaubten erst, die Strömung habe ein Boot vom Strand gespült, unbemannt, wie es den Anschein hatte. Dann erwogen sie, ob nicht der gewitzte Richter ein Boot gekapert habe. »He«, schrien sie, mit den Schalltrichtern ihrer Hände die Stimme verstärkend, »wir wissen schon, daß du gern im Trüben fischst! Aber komm jetzt endlich zurück. Die Fische beißen heut' nicht an.« Doch da peitschte auch schon eine gezielte MG-Garbe über ihre Köpfe hinweg. Noch bevor sie in Deckung lagen und das Feuer erwidern konnten, war das schemenhaft aufgetauchte Boot verschwunden.

Die Hemd-Affäre

Es gab Attacken, die erst einsetzten, wenn die Waffen schwiegen, Attacken, aus dem Hinterhalt der Nähte geführt, taktisch kluge Manöver auf der Haut. Es gab auch Methoden der Abwehr: das Aussetzen der Gefangenen, die nicht immer wirksame Nachhilfe des Frosts; dann die ›Arbeit am Stier‹, die Handhabung von Rapier und Degen; schließlich ein Verfahren, das Perfektion mit einem Höchstmaß an Hygiene verband: das Sieden in flüssigem Wachs, der Vollzug des Tötens aus der Perspektive der Köche.

Kuskats Krieg gegen die Läuse begann, als das Stadium experimenteller Neugier längst durchlaufen war. Zunächst ließ sich die Plage recht harmlos an. Das Wandern unterm Hosenbund und in der Kragenbinde löste kaum Unwillen aus. Sich an Türkanten scheuernd, vertrieb man leicht den Juckreiz und das Frösteln unter der Gänsehaut. Später nahm man die Gewehrstöcke zu Hilfe, stocherte zwischen Hals und Kragen, ließ sie kühl zwischen den Schulterblättern hinabgleiten, sprengte vielleicht schon einmal, von fiebrigen Schauern erfaßt, mit scharfen Nägeln die Siedlungen rings um den Blutschorf. Zunächst aber war das eher ein unterhaltsamer Zeitvertreib. Im Schein der Herdglut die rotglänzenden Rükken, der Schattenspuk fuchtelnder Arme auf dem Estrich. Wie Häuslerinnen über den Stickrahmen gebeugt, das glattgespannte Hemd zwischen den Knien, spießten sie die Plagegeister mit Nadeln auf, knackten die Einzelgänger. Oder ihr gereizter Mutwille streifte ganze Kolonien in die Schmortöpfe der Talglichter. Vom Summton des Wasserkessels übertönt das Knistern der Flammenzungen, das Platzen der Chitinpanzer. Aber die Brut wuchs schneller als ihre erfinderische Ausmerzung.

Kuskat spürte mit wachsendem Unbehagen, wie sein Hemd zu einer zweiten Haut wurde. Zwischen den Wachen lag er unruhig auf seiner Pritsche und führte gespenstische Vorhutgefechte im Nesselgewebe. Es war ihm auf einmal, als schlösse sich ein dichtes Geflecht winziger Krustentiere um ihn. In seinen Freiwachen spürte er das unaufhaltsame Sinken. Mächtige Ablagerungen von Flügeldecken durchstieß er, schlug sich durch Dickichte von Insektenbeinen, von ineinander verfilzten Saugrüsseln und Tastfühlern. Er war in die reglosen Schwärme von Blutsaugern eingetaucht, in das Maschenwerk dünnbeiniger Strickerinnen verhakt. Wenn er an nächtlichen Exekutionen teilnahm, wich vorübergehend seine Beklommenheit. Er sah die wasserhelle Substanz der Talglichter mit ihren Dochtschwimmern. Er hörte das anzügliche Geflachse der gutmütigen Henker, das trockene Knacken unter den Daumennägeln. Als er aber eine Lupe zur Hand nahm, und unter dem Glas ein Untier hervorkroch, das nun fortan durch sein Bewußtsein tappte, als er von Richtstätten und Blutflüssen träumte, dem Nadelspalier der Aufgespießten – war es mit dem gemächlichen Sitzen am Feuer vorbei.

Würde er sich je wieder von diesem Alpdruck freimachen können? Auf seiner Pritsche kauernd, auf der Suche nach Schlaf und Vergessen, öffnete sich vor ihm das Panorama seiner Hirngespinste. Er sah das von Läusen okkupierte Hemd mit den unwegsamen Tundren verfilzter Maschen. Die Talglichter in ihren Bottichen: Garküchen des Todes. Die wandernden Heerzüge zwischen den Feuerzonen, die Randläufer abgedrängt, unter die Hitzeglocke geratend. Die Wespenhand darüber, die Fünffinger-Hornisse, niederstürzend in sinnlosen Anflügen. *Don Quichotte* auf dem Flügelroß, die Schabracke *Rosinantes* von Blut gesprenkelt, ermattet von zahllosen Paraden: Hieb und Stich, im Alleingang gegen eine tausendfüßige Phalanx – in Fechtgängen nicht zu schlagen. Die Köche waren die besseren Henker.

In einem genial anmutenden Einfall riß sich Kuskat das Hemd vom Leib, rollte es zusammen, öffnete seine Gasmaskenbüchse, stülpte sie um und stieß das Läusebündel in die geräumte Trommel. Liebschner blieb verwundert stehen, »He«, rief er mit seiner Schnepfenstimme, »kannst du mir vielleicht verraten, was das werden soll, wenn es fertig ist?« Kuskat, ihn frostig-spröd zurückweisend, machte sich am Ofen zu schaffen. Er verschloß die Trommel, knüpfte den Tragegurt von den Ösen und schob den Behälter mit dem Hemd in die abgeräumte, noch immer lohheiße Feuerkuhle. – »Wenn du dichthalten kannst«, sagte er – in seiner Stimme regte sich wieder die gewohnt warme Gutmütigkeit – »ich bin gerade dabei, eine gegen Hitze resistente Läuserasse zu züchten!« Dieser Entschluß wirkte ungemein befreiend. Es war ihm, als schnellte aus dem Gestrüpp eine sich häutende Schlange, eine glänzende Neugeburt, verwandelt im Blitz einer Erleuchtung. Die Brut würde ausgelöscht, das Hemd gereinigt: eine neue Haut schlösse sich um ihn. – Am anderen Morgen, als Kuskat in aller Frühe, bevor noch die Russen Feuer machten, die Trommel aus dem Ofen zog und einen Blick ins Innere der Retorte warf, wurde er blaß vor Schrekken. Die Trommel war so schwarz wie leer. Auf ihrem Grund lag nichts als ein Häufchen schmutzig-grauer Asche . . .

Tags darauf wurde die Pionier-Kompanie verlegt. Kuskat, ängstlich darauf bedacht, die Spuren seines Mißgeschicks zu verbergen, befand sich unter einem Trupp Nachzügler, welche die Schlitten mit Fußkranken beluden. Er sah nun selbst, wie wenig es zählte, die lästige Brut beseitigt zu haben und spürte schon jetzt die Vorboten aller nur erdenklichen Komplikationen. Später, als sie ihr neues Quartier bezogen, wich vorübergehend das peinliche Unbehagen einem Zustand neugieriger Verwunderung. Der Erdbunker, in den sie eingewiesen wurden, lag am Rand einer Lichtung. In seiner Anlage, seiner Abmessung und angeblich beschußsicheren Abdeckung glich er dem Dutzend anderer, die durch Flächen locker stehender Birken getarnt, abseits der Rollbahn nach *Sheltushino* lagen. Einziges Kuriosum: die etwas verunstaltete Eleganz eines langen Blechkamins, gebastelt aus leeren Konservendosen.

Übertrieben dankbar nahm Kuskat von diesem Unterschlupf Besitz. Ihm mißfiel es keineswegs, in dämmrige Begrenztheit und Bunkermief hinabzusteigen. Über zehn ausgetretenen Lehmstufen betrat er den stickigen Schlafpferch und versteckte die blatternarbige Trommel in einer unübersichtlichen Ecke. Er beschloß, vorerst den Verlust seines Hemdes geheimzuhalten, sich mit dem einzigen zu behelfen, das er am Leib trug, und den Tatbestand der fehlgeschlagenen Selbsthilfe erst dann zu melden, wenn es sinnlos würde, ihn länger zu verschweigen. Liebschner, zum Küchendienst abkommandiert, brauchte er vorderhand nicht zu fürchten. Inzwischen aber mochte Unvorhersehbares passieren: ihr Bunker konnte Feuer fangen, ihr Gepäck dabei verbrennen.

Durch einen jener unvorhersehbaren Wechselfälle des Glücks mochte er in den Besitz eines neuen Hemdes gelangen. Es gab unerwartete Möglichkeiten, auch abseits des Legalen – zum Beispiel die des Plünderns von leerstehenden Russenkaten.

Dem Vorkommando zugeteilt, das den Flecken *Guljajewo* zu sondieren hatte, stieß Kuskat bei seinem Erkundungsgang auf eine zerschossene, gebrandschatzte Schule. Über die Schwelle stolpernd, stand er tagblind in einem Verhau von Trümmern und zurückgelassenem Hausrat. Als er den Deckel einer Kiste aufschlug, die im Hausflur stand, gewahrte er zwei Hinterglasbilder, akkurat auf weißes Linnen gebettet. Das eine zeigte den Apostel Andreas, rücklings auf ein liegendes Kreuz geworfen, das andere eine Teufelsbeschwörung in naiver Strichmanier. Das Linnen abhebend, fiel sein Blick auf ein totes Kind. Es lag zusammengekrümmt in der Haltung gewaltsamen Schlafes; der Körper schien unversehrt, die Schläfen schimmerten bläulich wie zersprungenes Milchglas. Kuskat verließ den Hausflur rückwärts wie ein bei einem Sakrileg ertappter Sünder . . .

Unweit des Trampelpfades, der zur fischreichen *Ugra* hinabführte, stand eine verwahrloste Bauernkate. Sie stand in so augenscheinlicher Blöße auf einer freien Pläne, daß sie nicht nur die Aufmerksamkeit umherstreunender Soldaten auf sich zog. Wie der Rücken eines Kampfstiers die Lanzen der Picadores, zog sie die Geschosse weitreichender Haubitzen an. Fortner wollte von Meldern des Bataillons erfahren haben, daß es im Vorraum eingelegte Gurken gebe und im Keller Tontöpfe mit gestandener Milch.

Ein zweiter Schneidergang also an einem stürmischen Apriltag. Als Kuskat in den zugigen Vorraum eindrang, fand er dort zwar das besagte Faß, nicht aber, was ihm unter Umständen ein Tauschobjekt an die Hand gegeben hätte. Unsicher tappte er im Dunkeln umher, stieß mit dem Knie empfindlich gegen eine scharfe Profilkante. Weil er keine Taschenlampe bei sich hatte, drückte er gewaltsam den Laden auf. Licht platzte herein. Mit vor Erregung blinden Augen stand er vor einer Wäschetruhe. Den massiven Deckel aufklappend und mit seinen Händen hineingreifend, begierig, in Wäsche und Weißzeug zu wühlen, fand er die Truhe leer. In einer Ecke spiralte schwarz ein vergessener Wacholderzweig. Staub lag auf den verdorrten Nadeln, die wenigen Beeren, eine nutzlose Frucht, erschienen riesengroß im Blickfeld des Getäuschten. Lange stand er regungslos. Das Licht stäubte in blendenden Kaskaden in den Raum herein. Seine Hände hingen schlaff an ihm, wie nicht länger brauchbar. Als er sich von der Truhe weg ins Freie wandte, rotierte im Rahmen der offenen Türe die Kugelgestalt des feurigen *Elias* . . .

Dabei war es ihm, als bewege er sich in einem Wirbel hüpfender Kreise. Der Wind nahm ihm fast den Atem. Ohne sein Wissen gelangte er in offenes Gelände wie auf einen Präsentierteller. Es kam ihm vor, als beginne nun ein regelrechtes Scheibenschießen auf ihn. Doch bald erkannte er, daß nicht er, sondern das Haus mit der Truhe unter Beschuß lag. Der Gegner mußte entdeckt haben, wie Kuskat – unter Mißachtung simpelster Vorsichtsregeln – den Laden aufgestoßen hatte. Nun wütete er mit Blitz und Geschoßknall über tausend Klafter hinweg . . .

Seit Wochen nun schon steckte Kuskat in ein und demselben Hemd. Längst hatte es sich wie das erste in eine brennende zweite Haut verwandelt. Manchmal kam es ihm vor, als wuchere darunter die üppige Fauna winziger, flügelloser Schmarotzer. Er konnte kaum noch hoffen, dem Spuk ein Ende setzen zu können. Mit der Apathie des Glücklosen ergab er sich in seine vorläufig hoffnungslose Lage.

An einem Nachmittag mit böigen Fallwinden und launischen Versteckspielen der Sonne, erschien der neugebackene Gefreite auf dem Holzplatz. Lässig hob er die Grußhand und ließ sich auf einem der halbhohen Stapel gefällter Birken nieder. »Na, ihr lebt ja hier wie in einer Sommerfrische.« Genießerisch sog er die würzige Luft ein. »Und so was nennt sich neuerdings Pioniereinsatz!« – Mit der Stiefelspitze stöberte er in einem der vorjährigen Ameisenhügel, legte verschüttete Gänge und Brutplätze frei. Plötzlich schwang er sich mit einem eleganten Hechtsprung über den Stapel hinweg, zeigte – während er in turnerischer Pose dastand – den silbernen Winkel am Oberarm, Kuskat, mit dem Rücken zu ihm stehend und im Takt hämmernd, gab nicht zu erkennen, ob er die selbstsicheren Bewegungsabläufe dieses Auftritts überwachte oder ignorierte. Zwar spürte er gleich –: das Interesse des unerwünschten Besuchers galt niemand anderem als ihm.

Doch die kitzelnde Neugier hielt vorerst noch seinen instinktiven Widerwillen gegen den hoffärtigen Gefreiten in Schach. Aber schon verriet die Unterbrechung des Taktschlags seine Beklommenheit.

Der Gefreite, den man außerhalb des Kompaniebiwaks kaum je zu Gesicht bekam, bückte sich nach einem der schiefwinkligen Gestelle. Er sei gekommen, ihm einen Vorschlag zu unterbreiten. Seinen Einwand, daß andere *Flandernzäune* und *Spanische Reiter* machten, während er mit Vorschlägen komme, kenne er im voraus: Doch sei es wohl besser, es mache jemand brauchbare Vorschläge, als hingepfuschte *Spanische Reiter*. Eines der Andreaskreuze hochhaltend, näherte er sich dem Arbeitsplatz Kuskats. Er habe weiß Gott nichts gegen seinen handwerklichen Eifer einzuwenden. Aber auch ihm könne nicht ganz entgangen sein, daß große Ereignisse ihre Schatten vorauswürfen. Zwar wolle er sein naives Gemüt nicht mit operativer Planung belasten. Aber er könne nicht umhin, ihm gewisse Schlußfolgerungen nahezulegen, als erstes Pensum sozusagen ––.

Kuskat sah den Ohrenbläser auf sich zukommen. Er fühlte wachsendes Unbehagen bei dem Gedanken, Adressat strategischer Schaumschlägerei zu sein. Nicht seine Bestechlichkeit fürchtete er, wohl aber seine Anfälligkeit für Illusionen. Also keinerlei taktische Bücklinge vor dem sich anbiedernden Gefreiten! Solange das Geräusch einer Säge ihn wohltuend ablenkte, solange er halbwegs Takt hielt mit dem Echo der Spechthiebe vom nahen Windbruch, konnte ihn nichts aus der Ruhe bringen. Diesen Schutzwall, den er mit primitiv gezimmerten Kreuzen abschirmte, durfte er nicht verlassen. In dem mit Nachsicht und Spott gepaarten Lächeln des Gefreiten saß die geheime Niedertracht eines Verführers. Als er geringschätzig die Augenbrauen hob, überspielte er nur mühsam sein leicht störbares Selbstwertgefühl. Instinktiv aber fühlte er das Zuschnappen einer Falle.

Er leugne nicht, hörte Kuskat, daß nur die Kenntnis gewisser peinlicher Vorfälle ihn in den Stand versetze, sich ihm gefällig zu erweisen. Ein Gerücht, das ihm zugetragen worden sei, habe sein Mitgefühl geweckt. »—— Mitgefühl geweckt«, hörte Kuskat und bremste augenblicklich den Sturz gesägter Birkenhölzer. Aber das kam fast schon einem Akt der Übergabe gleich. – Er belud sich mit den armdicken Knüppeln, legte sie kreuzweise übereinander, trieb mit gezielten Schlägen Eisenstifte ins saftstrotzende Weichholz. »Zeuge seines Mißgeschicks«, vernahm er im Zischlaut der Säge, »—— nicht wünschen kann, daß ihm ein Fallstrick gedreht wird, —— einfach nicht das Herz habe, untätig zuzusehen, wie eine rigorose Militärjusitz ihm das Kreuz bricht.«

Rommel stehe im übrigen in der *Cyrenaika, von Manstein* habe die *Krim* erobert. Der Krieg sei im Grunde schon entschieden. Worauf es jetzt ankomme, ihn mit Soldaten zu beenden, die vorschriftsmäßig eingekleidet seien! – »Nachtigall, ich hör' dich flöten!« sagte Kuskat scherzhaft, während es ihm vor kaltem Schauder die Stimme verschlug. – »Was mich betrifft, so bin ich für *Flandernzäune* und *Spanische Reiter!* – »Und für ein zweites Hemd!« warf der Gefreite listig ein. Er umkreiste den betroffen innehaltenden Kuskat und verschränkte grinsend die Arme. – Er sei schließlich beschäftigt und nicht zu Flachsereien aufgelegt! Jeden Moment erwarte er den Trägertrupp. Durch ein Übersoll handwerklicher Maßarbeit suche er Eindruck zu schinden. Immerhin, eines sei unbestritten: das härene Büßerhemd kleide ihn vorzüglich. Nur komme er mit ihm schwerlich durch den angesagten Frühjahrsappell. Sein Argwohn sei übrigens aus der Luft gegriffen. Er verdanke sein Wissen keinem Vertrauensbruch, sondern ziehe lediglich Schlüsse aus seinem Verhalten. Zudem habe er seit langem eine ausgesprochene Schwäche für ihn. Freilich stoße er auf herzlich wenig Gegenliebe, aber das werde sich bald schon ändern. Kuskat, vorerst kaum begreifend, wie nachhaltig sich seine Lage verändert hatte, entgegnete mit gespielter Lustigkeit: Bis jetzt habe er ihn für einen Gefreiten gehalten. Nun stelle sich heraus, daß er ein Hausierer sei! »Wieviel verlangst du denn für ein gewöhnliches Militärhemd?« – »Ach, nicht, was du denkst!« wehrte sich der Gefreite, blies ein unsichtbares Staubkorn von der Schulterklappe. – »Ich möchte nur, daß du dich mir gegenüber bei Gelegenheit erkenntlich zeigst!« Und fort war er, im Dickicht verschwunden, das sich hinter seinem Rücken schloß.

In diesem Augenblick trat der Trägertrupp geräuschvoll auf den Platz. Kuskat wollte dem Gefreiten nachstürzen. Aber schon sah er sich von seinen Leuten umringt. »He, Kuskat«, schnarrte Liebschner, »wo sollen wir mit dem Plunder hin? Willst du den Stacheldraht zuerst oder die Knüppel? Kannst du jetzt schon Krampen und Nägel brauchen?« – »Zum Teufel, nein!« sagte Kuskat ungehalten. »Ihr seht doch, daß ich beschäftigt bin.« Er fischte eine Handvoll Nägel aus der Tasche, ergriff ein Andreaskreuz und hielt es in die Höhe. Von der nahen Feldschmiede herüber tönte wieherndes Gelächter . . .

Abends während der Befehlsausgabe bemerkte er mit Schrecken, daß sich seine Vermutungen zur Gewißheit verdichtet hatten. Für den kommenden Tag war vom Kompaniechef ein Großreinemachen angesetzt. Der genaue Zeitpunkt war freilich nicht bekannt, entsprach es doch einer hassenswerten Gewohnheit, solche absurden Maskeraden willkürlich abzuhalten. Kuskat blieb folglich nichts anderes übrig, als sich unverzüglich eine glaubwürdige Ausrede zuzulegen oder auf die Offerte des Gefreiten einzugehen. Aber kannte er sie denn? Gesetzt den Fall, er erklärte sich bereit und gewänne ein neues Hemd. Dann wäre er endlich befreit von diesem Gewissensdruck, und die Verstrickung löste sich. Gesetzt den Fall: aber worauf ließe er sich da ein? Wenn er die Fessel nur sprengte, um eine ungleich straffer sitzende einzuhandeln? Wenn er in seinem Stolz getroffen würde und unversehens in ein Verhältnis schuldbewußter Abhängigkeit geriete? Der Gefreite war wohl kaum der Mann, der aus einer Laune heraus den Wohltätigen spielte. Sein Angebot konnte nur ein schlau ersonnener Schachzug sein, eingebettet in ein undurchsichtiges Wechselspiel von Scharfsinn und Infamie.

Beim Verpflegungsempfang kursierten wilde Gerüchte. Major *Hunger* komme hochstpersönlich zu einer Besichtigung und Ordensverleihung. Dem Zeremoniell voraus gingen gründliche Waffen- und Kleiderappelle. Nachlässigkeit und Schlamperei würden mit verschärftem Arrest bestraft. Mutwillige Sachbeschädigung ziehe ein Strafverfahren nach sich. Kuskat schwante bereits, mit welch unnachsichtiger Strenge der Verlust eines militärischen Ausrüstungsstücks geahndet würde. Mit allen erdenklichen Vollmachten ausgestattet, zu einer Stunde, viel zu hell für Hemden, Hosennähte und Gewehrläufe, träten die Herren Unterführer vor die Kompanie, um die wehrlosen Opfer bloßzustellen.

Der Gefreite stand, als Kuskat ins Freie trat, bereits vor dem Bunker. In seiner Rechten hielt er ein zusammengerolltes, weißgraues Bündel. Kuskat streckte die Hand aus, fühlte ergriffen die Weichheit des Gewebes. Er fand, er habe nie zuvor etwas ähnlich Weiches und Reines betastet und dachte: Ich fiebere diesem Hemdenwechsel entgegen, als tauschte ich nicht ein beliebiges Stück Stoff ein, sondern die Haut eines neuen Menschen! – Zu dem Gefreiten aber sagte er nur: »Ich glaube, das paßt mir wie angegossen.« – »Der Kragen ist wohl etwas eng«, meinte der Gefreite, »und die Ärmel dürften eher zu kurz sein.« Doch Kuskat, nun wild entschlossen, das Hemd zu nehmen, sagte: es sei angenehmer, die Gelenke freizuhaben, denn er schwitze leicht. Schon als Junge habe er lange Ärmel und Manschetten gehaßt. – Der Gefreite rollte das Hemd amüsiert zusammen und warf es Kuskat zu. Wieder fühlte er die unvergleichliche Frische und Reinheit. Vor Besitzgier bekam er ganz trockene Lippen. Doch dann besann er sich und warf das Hemd energisch zurück: »Erst den Preis, mein Lieber, erst den genauen Preis!« – »Bin ich ein lumpiger Händler, der um Pfennige feilscht?« fragte der Gefreite, Gekränktsein heuchelnd, und machte sich grußlos mit dem Hemd davon.

Tags darauf gab es wider Erwarten Außendienst. Der Appell war noch einmal zurückgestellt. Der Kommandeur sei unpäßlich, hieß es. Die geplante Verleihung des »*Gefrierfleisch*-Ordens« werde auf einen späteren Zeitpunkt verlegt. Ein Großteil der Pionierkompanie war auf dem Holzplatz handwerklich eingesetzt. Axthiebe hallten. Das Gekreisch der Sägen fraß sich durch das Gelächter der ewigen Spaßmacher. Mächtige Stapel frisch gefällter Birken lagen unter dem sprossenden Laubdach. Als der Gefreite auftrat, wurde anzüglich gehüstelt. Er trug ein nagelneues Hemd (Kuskat, der verdrossen hämmerte, konnte es nicht übersehen). Mit aufreizender Gemächlichkeit lief er über den mit Spänen und Sägemehl bedeckten Platz. Liebschner, in den letzten Wochen arg vom Fleisch gefallen, erregte sich über diese provozierende Art zu gehen. Seine Kritik löste eine Schmähflut lang unterdrückter Zoten aus, und vor dem Geschniegelten öffnete sich eine Gasse höhnischer Aufsässigkeit. Mit einem einzigen schnellen Schlag streckte er den schlaksigen Herausforderer zu Boden. Liebschner sah sich rücklings auf eines der schiefwinkligen Gestelle geworfen. Nur schwerfällig kam er wieder auf die Beine, las sein Schiffchen aus den Sägespänen, rückte sein Koppel zurecht und verließ wortlos den Holzplatz. Am Abend fand ihn Kuskat zu seiner Verwunderung »quietschfidel«.

Unfaßbar! Und er glaubte immer noch an eine faire Übereinkunft, als handle es sich um die Forderung eines Händlers, nicht eines Erpressers. Er meinte noch immer, mit kühl berechnender Zurückhaltung und Beherrschtheit könne er dem Dilemma entkommen und ein Hemd gewinnen, ohne sein Geheimnis und seine Ehre zu verlieren! Es war naiv von ihm zu glauben, im Aufschub, im Verzögern würde sich die Gefahr einer Überrumplung verringern, der Makel seiner Verfehlung bliebe unaufgedeckt, und seine Abhängigkeit halte sich in Grenzen. Wenn er genauer in sich hineinhörte, wußte er, daß er längst in der Falle saß. Er hatte gar nicht mehr die Wahl, das Anerbieten charaktervoll auszuschlagen!

Nach dem Morgenappell, den ein Störfeuer des Gegners wirkungsvoll verkürzte, benahm sich der Gefreite, als wäre zwischen ihnen nicht das mindeste vorgefallen. Kuskat, der unruhig geschlafen hatte, sah sich ängstlich um, ob sie beobachtet würden. Doch die Gruppe war bereits im Bunker verschwunden. So konnte er sein Angebot ohne lästige Mitwisser unterbreiten –: In den nächsten Tagen seien ihm bei den Panzerjägern eine Anzahl Spanndrahtminen zugesichert. Für jede aufgenommene und entschärfte Mine bekomme er einen Riegel Schokolade. Ihm persönlich seien ein paar Freistunden lieber, aber so laute nun einmal die Abmachung des Chefs. Er gebe ihm also die ganze Schokolade. Ob das nicht ein vernünftiger Vorschlag sei? – Vernünftig für einen, der solche Leckereien liebe! meinte der Gefreite. »Besser ist, du gibst mir gleich die Minen. Für Süßigkeiten geb' ich das Hemd nicht her.« Er nahm das Hemd, das er hinter dem Rücken versteckt gehalten hatte und warf es Kuskat blitzschnell zu. »Fang, und über das Nähere reden wir, sobald die besagte Aktion gestartet wird!« – »Welche Aktion denn?« rief Kuskat verständnislos, während er wieder mit Ergriffenheit das reinliche Gewebe fühlte. – Der Kerl wird mich doch nicht am Ende zum Narren halten, mich zum Gespött der Gruppe machen? –

Nach dem Antreten stürzten die Gruppen panikartig in die Unterstände zurück, denn überschwere Granatwerfer bepflasterten die Birkenlichtung. Ein wildes, verzweifeltes Bürsten setzte ein, obschon unter den dichtliegenden Einschlägen Lehmstaub von der Decke rieselte und die dreifache Lage aus Rundhölzern bedrohlich ächzte. Kaum hörte der Beschuß auf, als auch schon die ersten Pioniere den Abhang hinunterliefen, um am eisfreien Bachlauf ihre Hemden zu schrubben. Auch Kuskat befand sich unter ihnen. Verschämt unter einem unerwarteten Glücksgefühl trug er sein neues Hemd mit den zu kurzen Ärmeln. Das alte, ein häßlicher Läusefladen, trieb mit Schmutzfahnen im glasklaren Wasser. Er schwenkte es kräftig hin und her, rieb es mit Kernseife halbwegs sauber und hängte es zum Trocknen auf die Leine.

Als der Kleiderappell ohne jeden Anpfiff überstanden war, kehrte Kuskat erleichtert in seine Unterkunft zurück. An den Gefreiten dachte er mit der Gemütsruhe eines Schuldners, der vorerst einmal Luft hat zum Atmen. Mochte er also kommen und seinen Preis fordern!

Die Tage, die dem Großreinemachen folgten, standen noch ganz im Zeichen pedantischer Reinlichkeit. In der warmen Frühjahrsluft flatterten Wäschestücke. Das Blattmuster der Tarnbezüge wurde vom kräftig sprießenden Birkengrün abgelöst. An den gelüfteten Waffenröcken leuchteten die fabrikneuen Ordensbänder. Wie struppiges Herdenvieh in der Schwemme, standen die wenigen, über den Winter gekommenen Troßfahrzeuge in der gestauten Bachfurt. Aus allen Ritzen und Löchern krochen die Kommandierten hervor. Ein spürbarer Hang zum häuslich Biederen machte sich bemerkbar, verbunden mit einer blasierten Geringschätzung des Todes. Wenn morgens die Kompanie vollzählig antrat, ergänzt durch herausgefütterte Drückeberger und plötzlich dienstfähige Invaliden, bot sich dem kritischen Betrachter ein kurioses Bild –: Zwischen tadellos ausgerichteten Formationen, deren gepflegtes Feldgrau aufgehellt war vom rosigen Widerschein rasierter Gesichter und Glatzen, zeigten sich die tristen Kader der Einsatztrupps. Allzu sichtbar vom Krieg gezeichnet, hatte es den Anschein, als zählten sie überhaupt nicht zu diesem wohlgeordneten Verband. Die blassen, übernächtigten Männer, die vom Sperrenbau und verlustreichen Stoßtruppunternehmen zurückkamen, standen in ihren verdreckten Knobelbechern und etwas linkisch in ihren von Dreiangeln übersäten, ausgefransten Mänteln. Mit ihren Viertagesbärten machten sie nicht gerade den Eindruck von Helden.

Nicht daß man darauf verzichtet hätte, Krieg zu führen. Aber man führte ihn gewissermaßen aus zweiter Hand, sah mehr das Sportliche an ihm, fuhr im Zweispänner an die Front. Da man die Feuerintervalle des Gegners kannte, wählte man die ruhigen Stunden. Vor der Abfahrt im Regimentsstab gab es dann immer Anrufe wie bei einer Party: »Hallo, Hasemann, haben Sie Lust, mich nach *Babinki* zu begleiten? Einverstanden? Den Tee also bei mir in *Charbitschewo* und den Skat bei *Haustein!* – Aber natürlich, wir werden prächtiges Jagdwetter haben. Tolle Sichtverhältnisse, sag' ich Ihnen. Der Gegner so gut wie an die Wand gespielt. Da schießen Sie wie auf einem Anstand, mein Lieber. Liegend aufgelegt, stehend freihändig – in allen Disziplinen. – Sache des persönlichen Geschmacks und der Nerven. – Also abgemacht! Ich erwarte Sie gegen fünfzehn Uhr.«

Ja, und nun standen die Herren also im vordersten Graben und kamen sich wichtig vor. Alberne Faxen, ein Tuscheln und Wispern:

»Na, Piefke, lassen Sie mich doch auch mal ran, mein Kleiner! – Donnerwetter, die hausen ja in erbärmlichen Löchern. Ich sagte es Ihnen ja schon früher: die machen das nicht mehr lange. Alles marod, letzte Zuckungen.« Ein Preisschießen war im Gang. – Fahrer Lempke hörte die Herren ihre Treffer notieren: »Alle Achtung, Oberst, ein klarer Blattschuß!«

Auch Lempke war unlängst aus seinem Bunker gekrochen, hatte das erste warme Sonnenbad mit einem exakt gezogenen Mittelscheitel absolviert. Lempke war nicht das erste Mal in vorderster Linie. Es war nie besonders neugierig gewesen. Seine Meldegänge hatten ihn immer bestimmte, vorgezeichnete Wege geführt. Er war von Gefechtsstand zu Gefechtsstand gewechselt. Die letzten paar hundert Meter, auf die es im Krieg ankam, hatte er sich, vom Glück begünstigt, geschenkt. Nun aber lehnte er in einer vorgeschobenen Sappe und blinzelte schläfrig in die Sonne. Vor ihm war der Kampfstand zu einer Art Ausguck erweitert. Etwas Blattgrün lag davor. Er sah nicht eben viel, als er seinen Kopf in die schießschartenähnliche Luke zwängte. – Werden mich schon nicht gleich entdekken, dachte er und schob das Tarnlaub beiseite. – Viel kann nicht los sein mit ihnen, sonst ließen sie nicht zu, daß sich die Herren über sie lustig machen! – Er hörte noch, wie ihn jemand anrief. Er kannte die Dringlichkeit dieser Stimme und brauchte sich nicht umzudrehen, um sich zu vergewissern, wer da spielverderberisch zum Aufbruch drängte. Noch während er überlegte, ob er antworten oder lieber wortlos aus der Sappe treten sollte, bekam er einen Schlag vor die Stirne. Er fiel fast sanft. Lautlos kippte er gegen die Grabenwand, glitt schräg an ihr nieder – eine sparsame Pantomime, keine Bewegung zuviel! Nicht einmal ein Ausruf der Verwunderung blieb ihm. Gebrochenen Blicks fiel er auf die Grabensohle. – Die Herren notierten eifrig weiter –.

An einem beliebigen Aprilmorgen kam der Gefreite in die Unterkunft gestürmt. »Hallo!« sagte er und hob gönnerhaft die Grußhand. – »Erschrick nicht, ich bin's. Wir sind zusammen zum Chef bestellt!« Kuskat, nachdenklich in einem Brief blätternd, erhob sich gefaßt, sagte nichts weiter als: »Zahltag!«, und folgte dem Gefreiten mit gemischten Gefühlen in den Bunker des Hauptmanns. Dieser, ein Mann von federnder Eleganz, noch jung an Jahren, saß in einem Sessel aus Birkenholz und rauchte. Kuskat, erklärter Verächter des Nikotins, kannte so manche Raucher-Physiognomie, aber diese Art Besessenheit war ihm neu. Dieses systematische Produzieren von Qualm zum Zweck der Sichtbehinderung war wirklich eindrucksvoll. Als Kuskat sich gemeldet und mit dem Gefreiten Platz genommen hatte, begann der aus Schwaden aromatischen Rauchs nur gelegentlich hervortauchende Offizier ein unverbindliches Geplauder.

Kuskat mit seinem Argwohn, die Hemdaffäre wäre ruchbar geworden, rutschte unruhig auf seinem Hosenboden hin und her. Vielleicht war er in diesen Gefechtsstand beordert worden, um ein Geständnis abzulegen – vor einem Zeugen, der ein Erpresser war. Erleichtert nahm er zur Kenntnis, daß der Plauderton echt war, daß den exakt geblasenen Rauchringen das vordringliche Interesse galt. Der Hauptmann rührte mit keinem Wort an diese heikle Angelegenheit. Vielmehr ließ er durchblicken, daß er sich ihm gegenüber erkenntlich zeigen wolle. Aber nicht das allein sei der Grund für dieses Privatissimum. Die besagte Aktion zu starten sei zunächst einmal wichtigstes Anliegen. Sein wohlerwogener Vorschlag: daß er – Kuskat – »das Unternehmen infanteristisch absichere«, während sein Begleiter – er machte eine Geste in Richtung des Gefreiten – die »eigentliche Drecksarbeit« zu verrichten habe. Er halte diese Arbeitsteilung für angezeigt, schon um dem Gefreiten, der ein »hohes soldatisches Prinzip« verkörpere, die Chance zu geben, sich zu bewähren.

Kuskat, der nur mehr mit halbem Ohr gelauscht hatte, sah befremdet die beiden Figuren, ihre von Rangordnungen bestimmten Posen: Günstling und Gönner in einem abgekarteten Spiel, er als Dritter in dieser Konstellation aus Allmacht, Ehrgeiz und schuldhafter Ergebenheit. Mit einem Unterton versteckter Drohung wiesen sie ihm seine Rolle zu. Aber die Linien des Spiels verwirrten sich wieder: gesprächiges Abschweifen, alles verlor seine Eindeutigkeit. War nicht der Hauptmann arglos und er selbst in klarer Übereinkunft mit dem Gefreiten? Leerlauf der Phrasen und Gesten, zerfließende Rauchringe, verlegenes Husten unter der Einwirkung von Tabakrauch. Unter der Bunkertür stehend, sah er, was dies alles zur Farce machte: die Spanndrähte in Knöchelhöhe, die meisterhafte Tarnung im Dickicht. Das Entschärfen unter Feindbeschuß enthöbe ihn aller weiteren Illusionen. Im unzimperlichen Überspielen aller Wehleidigkeiten läge der von ihm zu entrichtende Preis.

Und Kuskat zahlte – er zahlte eine geschlagene Stunde lang. Er entrichtete den Preis sechzig qualvoller Minuten im Atemhauch des Todes. Achtzehn Schützenminen grub er aus und sicherte sie – siebzehn gingen auf Rechnung des Gefreiten, die letzte aber erhielt er von ihm zum Geschenk. – »Damit du im richtigen Licht erscheinst«, sagte er, von seiner eigenen Großmut gerührt. »Ich möchte nicht, daß sie dich bei der Kompanie verkennen!«

Kuskat, über dessen Gesicht ein merkwürdiges Lächeln huschte, wischte sich gelassen den Schweiß aus der Stirne. Mochte der Gefreite getrost seine Späße treiben. Was immer er auch über ihr »gemeinsames Unternehmen« sagen, in welcher Spielart der Eitelkeit er sich versuchen würde, er erreichte ihn nicht mehr. Er war endgültig von ihm geschieden, durch die Kluft einer einzigen verscherzten Stunde. Er war ausgeschlossen, obwohl er ihm einmal – als sein Schuldner – nahegewesen war durch einen ungleichen Handel. – Als Kuskat mit der Last der entschärften Minen in das Waldlager zurückfuhr, überdachte er noch einmal diesen folgenreichen Morgen –: Um sieben bereits hatte ihn der Gefreite, der seltsam aufgekratzt wirkte, aus dem Unterstand gescheucht. Sie waren im Panjewagen in den Nachbarabschnitt gefahren, hatten sich bei einem Leutnant der Panzerjäger gemeldet und das betreffende Stück Niederwald – eine einzige Wildnis, wie es Kuskat vorkam – in Augenschein genommen. Schließlich hatte er sich – unauffällig das Kreuz schlagend – an die gefährliche Arbeit gemacht. Jetzt, in der tröstlichen Gewißheit, alles hinter sich gebracht zu haben, sah und empfand er es noch einmal, in unwirklicher Gefühlsleere, chronologisch abspulend –: die tauige Kühle des Morgens, die holprige Fahrt im Panjewagen, der von seiner Würde geblähte Gefreite im Herrensitz, Wegspur zum nahen Fluß, lauernde Wachsamkeit zwischen den Fronten, die Polsterung schaumigen Bodennebels, der heillose Verhau von zersplittertem Knieholz, der erste spinnwebdünne Draht in Knöchelhöhe...

Entgegen aller hochheiligen Beteuerung hielt sich der Gefreite merklich zurück. Er spielte eine ziemlich bescheidene Rolle in diesem »Unternehmen Flatterkopf«, wie er es später allzu gerne nannte, und sein gelegentliches Hüsteln und Sich-

Räuspern hinter vorgeschützter Wachsamkeit verriet nur wenig von dem, was einen »großen Spieler« auszeichnet. Immerhin genoß er bei ihrer Rückkehr zur Kompanie das Vergnügen, vom Hauptmann mit Handschlag empfangen zu werden. Auf der Liste der Anwärter fürs *Eiserne Zweiter Klasse* rückte er einen beträchtlichen Schritt nach oben.

Kuskat, seinen Trostpreis schamhaft hinterm Rücken verbergend, lächelte auf eine maliziöse Weise, die niemand begriff. Schon während des Handschlags hatte er begonnen, selbstvergessen an seiner Mine herumzufingern. Mechanisch löste er einen Teil der Schraubsicherung. Die gewohnte, hundertfach geübte Drehung verführte ihn dazu. Federnd glitt der Stift aus seiner Halterung. Weil ihm der Hauptmann »in Anerkennung Ihrer Haltung als infanteristischer Begleiter« einen freien Tag versprochen hatte, kehrte Kuskat nach dieser peinlichen Lobhudelei in seine Unterkunft zurück. »Solch wackere Assistenz verdiene ein dickes Lob«, hörte Kuskat noch, »der eigentliche Beifall jedoch gelte dem Gefreiten, der ein rühmenswertes Beispiel soldatischer Unerschrockenheit gesetzt habe«. Kuskat stieß die Bohlentür auf, deren selbstgebastelter Riegel wieder einmal klemmte, lief zur Pritsche und ließ sich entspannt auf den Strohsack nieder. Ein schwacher Zischlaut wurde vernehmbar. Merkwürdig genug, daß er erschrak. Hatte er nicht die Minen eigenhändig entschärft? Was also konnte schon passieren? Daß der Treibsatz die Springmine in die Höhe schießen ließ? Aber diesen Vorgang hatte er ja oft genug selbst herbeigeführt – mutwillig, wenn sie einmal ohne Aufsicht waren. Doch das war es gar nicht, was ihn mit einem Mal in Panik versetzte. Wie aber, wenn er versäumt hätte, die Sprengkapsel zu entfernen? – Fieberhaft drängte er zur Türe, warf sich, als der Riegel wie erwartet sperrte, mit der Schulter ungestüm dagegen. Aber sie gab nicht nach. Spielerisch, in schlafwandlerischer Fingerfertigkeit, in Gedanken gleichsam und ohne jede Absicht, hatte Kuskat die Mine zur Entzündung gebracht. Das Letzte, was er sah, war der hochspringende Topf vor den beiden Hinterglasbildern über seiner Pritsche. Eines von ihnen, das anziehendere, zeigte den Apostel Andreas, wie er gekreuzigt wird. Er vermochte es nicht mehr ganz zu erfassen. Ein Hagel von

Geschossen schlug ihn rücklings gegen die Bohlenwand. – Tags darauf hatte die Kompanie ihren ersten Offiziersbewerber.

Ostwärts von Guljajewo

Wer von der gespenstisch anmutenden Kolonne, falls einer darin aufsah, den unscheinbaren Soldaten an der Spitze wahrnahm, unter dessen wortkarger Führung sie nun schon seit Wochen im Zweitageswechsel marschierten, bepackt wie Maulesel und doch auf spürbare Weise leicht und unverdrossen, fiel nicht aus dem Gleichschritt, verlor nicht den Anschluß an seinen Vordermann. Ihr Anführer, ihr Leithammel ging nicht übermäßig schnell, aber mit müheloser Ausdauer. Sein wenig markantes Gesicht verriet die immer gleiche Bekümmernis und Reserviertheit, die seine Leute belustigte. Etwas ungemein Beruhigendes ging von ihm aus, eine unzimperliche Festigkeit und Verläßlichkeit. Nichts in seinem Benehmen deutete auf Spannungen oder innere Brüche hin.

Als einziger in der Kolonne schleppte er keine Minen. Aber nicht, weil er sich vor der Plackerei drückte. Weil man Wert auf seine Sehkraft legte, schonte man seine Tragkraft. Er besaß eine außergewöhnliche Sehschärfe und Nachttauglichkeit; sie erst machte die Trupps einsatzfähig. Ihm ging der Ruf voraus, den Abschnitt des Regiments wie kein Zweiter zu kennen. Er verfügte über einen Orientierungssinn und eine Witterung für Hinterhalte, die frappierte. Er kannte die neuralgischen Punkte der Front. Mit ihm auf Sichtkontakt im Niemandsland ließ Angstgefühle gar nicht erst aufkommen. Man traute ihm die Nachtschlüpfigkeit einer Katze zu.

Was sie zunächst nicht recht glauben wollten: er war ohne jeden blickeheischenden Ehrgeiz. Seine Leistungen vor versammelter Mannschaft gerühmt zu wissen, hätte ihn in Verlegenheit versetzt. Für ihn waren Mineneinsätze Routinearbeit. Offenbar spürte er das Bedürfnis, dem Krieg in permanenten Fließbandschichten die »Heldenpose zu vermasseln«. Spektakuläres verabscheute er, aber beim ersten Trillerpfiff war er zur Stelle. Ihn kostete es wenig Überwindung, sich einem Ranggleichen unterzuordnen, solange seine fachliche Kompetenz gewahrt blieb. Er beurteilte den einzelnen nicht nach seinem militärischen Sachverstand. Eitelkeit war ihm fremd. Er wandte Fähigkeiten an und setzte Kenntnisse ein, Wissen, Instinkt –: wie man die Koordinaten eines Minenfelds mittels

Kompaß festlegte, wie man sich russischen Vorposten näherte, ohne durch Eigengeräusche den Standort zu verraten, wie man anhand gewisser Markierungen sich den Rückweg durch die Minengassen offenhielt.

Unterwegs ließ er die Mannschaft in verlassenen Unterständen für eine Zigarettenlänge pausieren. Geduldig wartete er, bis die letzten Lahmärsche ihre Teller- und Riegelminen aufnahmen und sich in Marsch gesetzt hatten. Das lief nicht immer ohne Widerspruch und Gereiztheiten ab. Einige Großsprecher, deren Ehrgeiz ihrer Tauglichkeit spielend den Rang ablief, hatten eigene Ansichten über Wert oder Unfug solcher Einsätze. Harmlose Meuterer, die ihren sporadischen Mißmut als Couragiertheit auslegten, die eine vorlaute Lippe riskierten, sobald ihnen die Vorgesetzten den Rücken kehrten.

Daß sie ihn mitunter aufzogen, ihn zum Kasper machten, stand auf einem anderen Blatt. Streng trennten sie Dienst und Freiwachen und machten in ihrer krampfhaften Lustigkeit jedes nur erdenkliche Zugeständnis, sofern sie nur auf ihre Kosten kamen. Im ungelüfteten Gruppenbunker, wenn sie zufällig einmal vom Innendienst verschont blieben und der Hafer sie stach, stellten sie ihre plumpen Fangfragen. Rasch war dabei der Grad des Zumutbaren überschritten. Er litt nicht unter ihrer Zudringlichkeit, aber es verdroß ihn doch, zur Zielscheibe solch unterkühlten Spottes zu werden. Ferkelei mit Tiefsinn, die immer gleiche Masche – und es war vorauszusehen, daß einmal der Zeitpunkt kommen würde, wo Ausflüchte nicht mehr verfingen, wo er entweder Farbe bekennen oder sich ihre Anmaßungen energisch verbitten mußte. – Man hatte herausgefunden, daß Kettensendungen der Feldpost nicht den Absender seiner Mutter trugen, sondern den eines Mädchens. Er hatte sich über seine Beziehungen zu ihr ausgeschwiegen, so daß es bald scherzhaft hieß, sie mache sich mit Dörrgemüse und Trockenpflaumen über ihn wohl lustig. Das alte, nie auszuräumende Mißverständnis, daß unkameradschaftlich handle, wer die Meute um ihr Vergnügen bringe. Ein so auf Ellbogen, Hüfte und Knie beschränktes Wohnen und Hausen erfordere Offenheit, nicht Verschwiegenheit!

Daß es einfach nicht in ihren Kopf wollte, daß jemand sein Taschengeld zur Post trug, ohne triftigeren Grund als den eines kriegsbedingten Mitleids. Ein Brief an seine Mutter, worin von »barbarischem Kohldampf« die Rede war, machte aus seiner Jugendliebe einen wahren Engel der Wohltätigkeit. Sie belagerte ihn förmlich mit Liebesgaben aus der Heimat. Längst war in Hungervisionen zerstoben, was einmal platonische Verstrickung war. Der auf die Elementarbedürfnisse von Essen, Trinken, Schlafen reduzierte Soldat war kein Ansprechpartner in Sachen Eros. Die Geschlechterliebe war zum bloßen Phantom geschrumpft. Dabei hatte er selber einmal die blühendsten Illusionen!

... Im Unterricht hatte er fast täglich ihre geflochtenen Haare vor sich, in schweren, honigfarbenen Zöpfen, die an ihrem flaumlosen Nacken herabfielen. Wenn er sich vorbeugte, um die Feder ins Tintenfaß zu tauchen, war er der gestärkten Hemdbluse, den Schulterblättern, die sich darunter abzeichneten, und den knisternden Zopfenden aufregend nah. Nie gab sie durch Blicke oder Gesten zu verstehen, ob seine Versuche, sich ihr bemerkbar zu machen, bei ihr verfingen. Ihr durch nichts zu störender Lerneifer, ihre engelhafte Entrücktheit! Seine Bank grenzte an den gußeisernen Ofen, dessen Wartung ihm in den Wintermonaten häufig übertragen wurde. Wenn er, was auffallend oft geschah, die Ofenklappe anhob, fiel der Feuerschein nicht nur auf seine Hände und Knie, sondern auch auf die Hände und bloßen Knie des Mädchens. Sie aber tat nichts, sich seinem Wunderkerzen-Blick zu stellen ...

In der Kompanie den Unabkömmlichen zu spielen, den Mustersoldaten, war eigentlich gar nicht seine Absicht. Ihm lag nichts daran, sich beim Kompaniechef lieb Kind zu machen, durch Pflichteifer, der an Anbiederung, oder durch Beflissenheit, die an Unterwürfigkeit grenzte. Niemand hatte ihn aufgefordert, freiwillig ein doppeltes Pensum zu leisten. Aber er haßte jene Pannen und Leerläufe, welche die nächtliche Minenbuddelei zu einer Schinderei ausarten ließen. Solange die Dunkelheit seine Leute zu blinden Hühnern machte, nahm er sie unter seine Fittiche und kanzelte sie erst dann (wohlwollend) herunter, wenn sich im wachsenden Tageslicht ihre handwerkliche Tollpatschigkeit als Schlitzohrigkeit entpuppte. Seinen Tadel und seine zupackende Direktheit schluckten sie mit jenem gespielten Unmut, der auch berechtigte Anpfiffe grinsend einsteckt.

. . .Wenn er das Klassenzimmer betrat, saß sie in der Regel bereits über ihren Schulheften oder schlug, wenn er eine Annäherung herbeiführen wollte, wie zufällig den Pultdeckel hoch. Sie benahm sich keineswegs ungezogen, übersah ihn nicht demonstrativer als andere Mitschüler (was freilich seiner verletzten Eitelkeit entging). Was nützte es ihm da, wenn er, an seinen Schnürsenkeln herumnestelnd, die rosige Haarmuschel ihrer Achselhöhle, die Halbmonde der Schweißränder an ihrer Bluse und die kräftig entwickelten Brüste vor Augen hatte? Sich ihr unbefangener, direkter und ohne poetische Krücken zu nähern, wäre wohl klüger gewesen. Was hätte ihr denn imponieren können? Das verschämte Gehüstel hinter ihrem Rücken, das Auf-der-Lauer-Liegen an den wenigen Sonntagnachmittagen, die ihm blieben, um das Maß seiner Blamage vollzumachen? . . .

Extratouren, Sonderschichten, Einsätze in Minen-Räumkommandos – davon machte er keinerlei Aufhebens; es war das ihm angemessene Leistungssoll, wie eine selbstgesetzte Norm. Was andere als Heldentat rühmten, gehörte für ihn zu den Selbstverständlichkeiten. Eine unter Feindeinsicht liegende Schneise überquerte er stets als erster. Meßtrupps, die mittels Blinkzeichen Koordinaten festlegten, nahm er, weil sie ihm wehrlos vorkamen, unter seinen persönlichen Schutz. Sie konnten Wetten abschließen, daß er die Arbeit unterbrechen ließ, falls feindliches Störfeuer das Minenverlegen zum Vabanquespiel machte. Meist sahen ihn die Vorposten der Infanterie, wie er – nicht übertrieben aufrecht – übers freie Feld davonstakte, unheldisch, wie jemand, der zum Schichtwechsel geht. Manches Gerücht schon hatte ihn voreilig totgesagt oder als vermißt gemeldet. Wenn er dann kurz vor dem Hellwerden im Gefechtsstand erschien, oft schwer angeschlagen, aber unverwüstlich, konnte sich selbst ein heimlicher Rivale wie Poßnitzer ein anerkennendes Grinsen nicht verkneifen.

. . . Nicht die Umstände waren es, die einer Liebesbeziehung im Weg waren. Er selber war das größte Hindernis auf seinem Gang zu ihrer Sandburg. Als *Hitler* das *Saarland* heimholte (noch hielt er sich bei Vorspeisen auf, aber der Appetit kommt bekanntlich beim Essen!) – hatte er gerade seine Lehre hinter sich gebracht. Sonntag für Sonntag pilgerte er an den Badestrand von *Eythra.* Er konnte nicht schwimmen, stand linkisch und mit verschränkten Armen an der Absperrleine für Nichtschwimmer. Sie aber hatte sich mit ihrem Hosenmatz von Bruder in der Sandburg verschanzt. Es sah ihre mit Spielzeugkanonen bestückte Seefestung, sah ihr blaugepunktetes Nichts von Badetrikot, das er für den Mittelpunkt der bewohnbaren Welt hielt. Ihm aber standen auf einmal die Strandkörbe zu dicht. Zu viele Beinscheren, Armschlingen, Fingerkrebse lagen im Sand vergraben. Herren mit lächerlichen Brustzotteln suchten mit Feldstechern den Strand ab nach lohnender Beute. Er vertröstete sich auf einen späteren Auftritt, meinte, daß es günstiger sei, die Dämmerung abzuwarten, den allgemeinen Aufbruch, die Heimkehr im vollbesetzten Omnibus, den Jahresball ihrer Klasse, die Musterung, den ersten Garnisonsurlaub. Er hätte wissen können, daß es Zeitgemäßeres gab, als sich an aussichtslose Liebeleien zu hängen. Aber er war so auf ihre blonden Zöpfe fixiert, daß er wenige Tage vor seiner Abfahrt an die Front als Bittsteller bei ihrer Tante anklopfte.

Die Erinnerung an diese fehlgeschlagene Werbung brachte sein Blut nicht gerade in Wallung, aber die Demütigung saß fest wie ein Angelhaken, die eine Hitzewelle verletzter Eitelkeit bewirkt hatte, die Blutleere mißachteter Gefühle. Ihr kindliches Ansinnen auf einen Pakt platonischer Freundschaft, was er phantasielos mit geschlechtslosem Flirt übersetzte. Bei ihr war wohl mehr patriotischer Überschwang im Spiel. Eine Feldpost-Liebschaft anzuzetteln, tätige Nächstenliebe zu üben, einen Frontsoldaten zu betreuen mit dem Wortschatz aus dem Poesie-Album – das kam damals gerade in Mode.

Er war auf Fronturlaub gekommen. In der Bahnhofshalle von *Stötteritz* überraschte ihn Fliegeralarm. In das winselnde Vorwarngejaule der Sirenen mischte sich das Dröhnen niedrig fliegender Feindgeschwader. Ein Ortsfremder in Knickerbokkern faselte von einem »Störanflug auf die Außenbezirke

Leipzigs«. Als ob es dieser Beschwichtigung bedurft hätte! Die Allee hinaufstürmend, sah er einen wabernden Feuerschein über dem Villenviertel. Er glaubte schon, die Gegend, in der seine Mutter wohnte, sei getroffen worden. Als er aber die rauchverhüllte Straßenzeile vor sich hatte, sah er, daß nur ein einziges Haus in Flammen stand: das Haus seiner Jugendliebe. Brandbomben hatten das Mansardendach durchschlagen und das Obergeschoß in Brand gesetzt. Er erkannte sie schon von weitem, obwohl ihn ihre Aufmachung irritierte. Rußgeschwärzt, in der Kletterweste einer *BDM*-Führerin, schleppte sie Hausrat in den von Scherben und Flugasche verwüsteten Garten. Wortlos stellte er sein Urlaubergepäck ab, stürzte, ihren halb erstaunten, halb verzweifelten Blick im Rücken, in das lichterloh brennende Haus.

Was er all die Jahre vergeblich versucht hatte, mit der Mitschülerin in vertrauten Kontakt zu kommen, gelang ihm jetzt auf Anhieb und ohne jede Verrenkung. Nachbarn in ihrer hilfsbereiten Neugier nahmen die Obdachlose auf. Den auf zwei Wochen befristeten Urlaub verbrachte er bei seiner bettlägrigen Mutter, in Gesellschaft der jungen *NS*-Funktionärin, assistiert von ihren Tanten. In dem notdürftig verbretterten Musiksalon, wo ein angesengter Flügel stand, saß er in der prekären Feierlichkeit eines Antragstellers. Das unaufhörliche Klappern von Stricknadeln verschmolz mit dem Geklirr von Tassen zu einem beängstigenden Crescendo gelangweilter Wohlanständigkeit.

Nachdem der *Gesang des Jünglings im Feuerofen* verklungen war und die Dachdecker ans Werk gingen, tauchte ein »sporenklirrender Strammarsch« auf, der seine »künftige Verlobte« auf ein Gauturnfest der Partei entführte...

Als er den ersten, kaum nennenswerten Widerstand spürte, blieb er geistesgegenwärtig stehen. Es war ihm, als sei er gegen ein großmaschiges, in Kniehöhe gespanntes Netz gestoßen. Nichts von Beklemmung oder gar Erschrecken – ein behutsamer Schritt zurück und die Umgarnung löste sich, die Verstrikkung gäbe ihn seufzend frei. – Doch einmal Nägel mit Köpfen gemacht, Menschenskind! Was meinst du wohl, zu welchen Turnübungen sie dem Partei-Obmann ans ideologische Hochreck folgte? Dir blieben eben doch nur die regelmäßigen

Kettensendungen der Feldpost: Dörrgemüse und Trockenpflaumen für einen abgeblitzten Freier! Denn zwischen dir und ihrer Turnerklausur lagen, bevor du noch Zeit fandest, ihre Unversehrtheit anzuzweifeln, an die zweitausend russische Werst. Mit Mutmaßungen über den aktuellen Stand ihrer Keuschheit war dir nicht länger gedient. Auf Vierstunden-Wache schwieg es sich schlecht, wenn die Stallgefährten offenlegten, was sie Herz, Gemüt oder auch ironisch »Johannistrieb« nannten. Auf Ellbogennähe aneinander gerückt, hören Geheimnisse auf, Geheimnisse zu sein. – Ja, gewiß, ich weiß, du hast dich – wenn ihnen die Brunst aufs Gemüt schlug – mit deinem bissigen Sarkasmus gerettet.

Jetzt gäbe er ein Königreich für solch geschmähte Menschennähe! Es war leicht, den Unnahbaren zu spielen, den Einzelgänger aus Passion, solange einem der Schlafpferch der Meute offenstand, solange man Schulterschluß und Kniekontakt witzig verlästern konnte. Schillers Spruch: Der einzelne sei am mächtigsten allein! Jetzt stoben die großen Worte wie Spreu davon. Was gäbe er jetzt nicht alles, wenn einer dieser liebenswerten Schlappschwänze aufkreuzte und ihm Gesellschaft leistete! Jede gewünschte Intimität plauderte er aus, gäbe Schüchternheit, Scham samt moralischen Grundsätzen bedenkenlos preis, nur um nicht allein in diesem Netz zappeln zu müssen.

Er spürte jetzt am eigenen Körper, wie wirkungsvoll diese Waffe war, die nicht selber tötete, die einen nur bewegungslos machte, sozusagen schlachtreif. Er saß wie die Fliege im Spinnennetz. Freilich: er konnte die Schlingen an seinen Knöcheln, an seinen Knien, seinen Handgelenken, dünn wie Engelshaar, elastisch wie Saiten, einzeln abstreifen, falls er vor dieser Sisyphusarbeit nicht zurückschreckte. Sicherlich waren bereits mehr Schlingen um ihn gelegt, als er in seiner dienstlich geregelten Einmannschicht würde kappen können. Nur wenn er mit einer schon manischen Besessenheit, die seine sprichwörtliche Eselsgeduld himmelweit übersprang, pedantisch Schlaufe um Schlaufe buchhalterisch ausfädelte, mit heiterem Irrsinn, war dieser Todesfalle noch zu entrinnen.

Daß dies alles einmal ein jähes Ende nehmen könnte – die

nächtlichen Pirschgänge zwischen Flatterminen, *Flandernzäunen,* zerfetzten Kadavern –, eigentlich war es nicht recht vorstellbar. Undenkbar, daß einmal sein Handwerkszeug – seine sehtüchtigen Augen – nicht mehr gebraucht würde. Er gehörte doch schon zum lebenden Inventar der Front. Er hatte wahrlich die sieben Leben einer Katze und war auch wie sie erst bei Einbruch der Dunkelheit in seinem Element.

Zeitweilig beflügelte ihn die unsinnige Zuversicht auf Rettung. Wäre er einer der besoldeten Schreihälse, dann könnte er jetzt von seiner Stimme Gebrauch machen. – Du wirst dich hüten, Standlaute zu geben wie ein ins Tellereisen geratener Fuchs. – Wußte er doch nur zu gut, daß er mit seinem Hilferuf lediglich russische Horchposten alarmierte. Von seinen eigenen Leuten brauchte er wahrlich keine Hilfe zu erwarten. Die lagen weit vom Schuß, nahmen sich in einem Unterstand, in den er sie selber eingewiesen,, »eine verdiente Mütze voll Schlaf«. – Sei einmal ehrlich, hast du je Hilfe erbeten, je Partnerschaft gewünscht? – Nein, er hatte sie zur Untätigkeit geradezu erzogen, sie zu Statisten und Handlangern degradiert. – Wundere dich also nicht, daß dich keiner hier heraushaut. – Er mußte sich, da er die Bedingungen seiner Befreiung kannte, an die liebevolle Aufnestelung der Achterschläge, Schlaufen und endlosen Spiralen machen. – Die Spielregel verlangt nun einmal, daß haushälterisch vorgegangen wird. – Liebe will nicht gleich verschlungen, Liebe will hingehalten und gekostet werden!

Er machte sich also – einige ausgekochte handwerkliche Tricks vor Augen – an die Aufarbeitung dieser mörderischen Häkelei – ein leidiges Pensum. Der Mythos der Kugelfestigkeit wirkte noch in ihm nach. Warum also sollte er den Russen ins Netz gehen, wehrlos zu warten auf den Fangschuß im Morgengrauen? Ihm blieb der vermessene Trost, über sich nachzudenken wie über jenen, der sich selbst aus dem Morast gezogen hatte.

Münchhausen der kleinen Befugnis! – Weißt du, daß mich deine Finten schon immer kräftiger zum Lachen reizten als die phantasielosen Ausflüchte deiner Stallgefährten? Ihr biederer Anspruch auf Nahrungssuche, Nestbau, Brunst und Paarung – und im Gegensatz dazu deine subtilen Forderungen, die Ausschweifungen des geheimen Lüstlings, des Lasterhaften aus purer Gehemmtheit. Der nie so recht zu stillende Hunger des Halbsatten. Wer so wenig wie du in Händen hält, bleibt am Ende unersättlich! – Wirf also dieses zweifelhafte Geschenk deiner Rettung weit von dir. Niemand wird kommen, diesen Gordischen Knoten mit einem Schwerthieb zu zerteilen! Sträube dich nicht länger. Meine Tröstungen halten deinen Kümmernissen leicht die Waage . . .

Undurchdringlich, frostig, aber ohne einschüchternde Drohung, in Wurfweite vor ihm, der Streifen Niemandsland, der Korridor zwischen den Fronten. Das Pfahlgewirr eines *Flanderznzauns* sah daraus hervor wie mit den Mastspitzen gestrandeter Frachter. Die *Spanischen Reiter,* am Vortag erst verlegt (er persönlich hatte sie mit Springminen gespickt). Wo sich Breschen gebildet hatten, lag die Nebelwatte mannshoch. Jenseits der beiden Stützpunkte (kein *Eiserner Gustav* und keine *Feurige Anna* gaben sich hier je ein Stelldichein) bewaldete Höhenzüge: Werferstellungen der Sowjets, MG-Nester, Scharfschützenstände. Darüber ein fahlgrüner Streifen, die Handbreit Licht, die seinen letzten Morgen ankündigte.

Vor ihm in einer Geländefalte ein jämmerlich zerschossenes Panzerwrack. Aus der Milchbrühe ragend das stumpfsinnige Profil der Heckwulst, die klaffende Rohrmündung, das Fransenmaul. Weiter rückwärts, schemenhafter, ein geköpfter Baumriese, in der einzigen Astgabel Blechteile eines gesprengten Lkw. Linker Hand die vorgeschobene Sappe, die er wohl unvorsichtiger als sonst verlassen hatte. Undeutlich vor einem Hinterhang, der mit Erdhöhlen gähnte, verfilztes Knieholz. Rings um ihn – eine genaue Begrenzung war nicht auszumachen, da er längst auf den Knien kroch! – das Drahthindernis, die Maschenfalle –. Laß dich nicht verwirren!

Engelshaar hat dich in ein unfreiwilliges Weihnachten heimgeholt. Das Sommerhaar deiner Geliebten fällt über dich. Festgehakt, eingekreist, liebevoll umgarnt, erlebst du endlich deine Kapitulation. Die Häklerinnen, Strickerinnen, Klöpplerinnen frohlocken!

(Tagebucheintrag Hartwick vom 16. Juni 42: »–– zogen beim Hellwerden unseren Kolonnenführer aus dem ›*Engels*-

haar‹, zerrten ihn mitsamt der Drahtsperre in Deckung. Die Scharfschützen beim Iwan müssen geschlafen haben.«)

Die Pioniere sind eine zwielichtige Gesellschaft, eine Handwerkerzunft lichtscheuer Elemente, militärischer Leisetreter, uniformierter Tagediebe, eine Waffengattung der Nachtschwärmer. Sind sie gezwungen, einmal bei Helligkeit auszurücken, kommen sie in der Tarnkappe harmloser Landvermesser. Wer sie ins Scherenfernrohr bekommt, reibt sich erst einmal verblüfft die Augen: Zelebriert da *Hamlets* mörderischer Anhang eine *Bilsenkraut*-Pantomime, oder tanzt da ein Ballett im Niemandsland die *»Verschwörung des Fiesco zu Genua«?*

Zwischen der gigantischen Häklerei der *Flandernzäune* bewegten sich routinemäßig Gruppen schanzender Pioniere, abgelöst von Trägertrupps, die in Abständen handliche Traglasten absetzten: Spring-, Tret- oder Kastenminen. Trotz der Kulissenhaftigkeit der Sperren und Drahtverhaue hatte der Einsatz im Vorfeld des Stützpunktes wenig Theatralisches. Es war eine normale Sechsstunden-Schicht, mit Einbruch der Dämmerung beginnend, mit dem ersten Büchsenlicht endend. Tausend Minen pro Nacht und Kompanie, im sattsam bekannten Verlegeschema: Kreuz, Knebel, Kreuz, Wechsel jeweils nach der dritten Reihe. Ein happiges Pensum für eine Kompanie mit annähernd halbierter Mannschaftsstärke. Soldatischer Lorbeer war mit solch undramatischen Auftritten nicht zu gewinnen. Die Anonymität der Nacht war Karrieren, wie sie Poßnitzer vorschwebten, nicht eben förderlich.

In der ersten Hälfte ihrer Schicht machte er sich wie die anderen nützlich. Er wies Vermessungstrupps ein und kümmerte sich um die gleichmäßige Verteilung der Minen. Hartwick und Kopitz, ein unzertrennliches Freundespaar, machten Minen scharf, tarnten die Schnittflächen der Pfähle und schlossen die Spanndrähte an. Kopitz, mit Unbehagen im Dunkeln herumstaksend, war für den nachtsicheren Hartwick kein hilfreicher Partner. Als ein Spanndraht, der im halbhohen Gras kaum zu greifen war, aus der Öse glitt und ihm tückisch aus den Fingern schnellte, geriet er in Panik. Er rutschte auf seinen Knien herum, konnte den Draht nicht finden, wußte am Ende überhaupt nicht mehr, wo er sich befand.

... Das Mädchen kicherte, als es bemerkte, wie hilflos er hinter seiner Augenbinde war. – Blinde Kuh! schrie es ausgelassen, Blinde Kuh! – Er rutschte tolpatschig auf den Knien über die Dielen, stieß mit den Händen bald gegen einen Küchenhocker, bald gegen einen Tischfuß und wußte am Ende überhaupt nicht mehr, wo er sich befand. – Mach' doch die Binde etwas locker, wenn es Dir zu duster ist! zwitscherte das Mädchen, die nackten Beine nah' vor der Blindheit des Knaben. Aber dann ließ es sich erschreckt von seinem Hochsitz gleiten, schrie entgeistert: Erich, sieh' Dich vor, da ist doch der Ofen! – Kopitz, sieh' Dich vor, da sind doch die Minen! ...

Währenddessen stapfte Poßnitzer in vorbildlicher Haltung durchs Niemandsland. Seine Heldenpose – der Neid mußte es ihm lassen – war eindrucksvoll. Man sah mit einem Blick, »welch hohes soldatisches Prinzip sich hier verkörperte« (Ehrgeiz – eine legitime Form der Selbstverwirklichung. Eitelkeit – nur ihre lächerlichste Variante?). Als er an den verblüfften Waffenbrüdern vorbeikam, war es hell genug, in seinen willensgestrafften Zügen den Ausdruck milden Größenwahns flackern zu sehen. Als eine Leuchtrakete hochzischte, blieb er in dumm-dreister Fahrlässigkeit zwischen den Spanndrähten stehen. Das bloßstellende, alles enttarnende Licht berührte ihn nicht im mindesten. Es nützte auch nichts, als Hartwick sich bemerkbar machte. Um die Groteske vollends komplett zu machen, zog er den Kompaß hervor, peilte mit ihm irgendwelche magischen Zielpunkte an, um dann meditierend in Richtung des Stützpunkts zu verschwinden. – »Hilfe, mich laust der Affe!« rief Hartwick unbeherrscht. »Hast Du ihn gesehen, Kopitz? Ein Auftritt wie auf einer Bühne. Selbst die Beleuchtung klappte. Und Publikum auf beiden Seiten der Front. Und der Kriegsgott als fest angestellter Kulissenschieber! – Kopitz, Du tust gut daran, ihm künftig ehrerbietig unter die Augen zu treten. Vergiß es nie: Mit Männern seines Schlags und Formats wird Geschichte gemacht!«

Poßnitzer, der Länge nach in einer Bodensenke ausgestreckt, wartete gefaßt auf das Prasseln der Stahlkugeln. Seit er über einen Draht gestolpert war – das furchteinflößende

Zischen im Ohr – konnten nur wenige Augenblicke vergangen sein. Als die Sprengung ausblieb, folgerte er mit schulmäßiger Logik, daß die Springmine nicht gezündet habe. Sie war lediglich mittels Treibsatz aus ihrem Topf gesprungen. (Kuskat bezahlte – bei einem ganz ähnlichen Vorfall – seine Unachtsamkeit mit dem Leben!) Unter kaum merklichem Kniezittern schüttelte sich Poßnitzer den Sand aus den Ärmelaufschlägen, stapfte davon, in einer Gefühlsleere, die ihn frappierte. Hartwick und Kopitz, die sich auf das Zischgeräusch hin in volle Deckung warfen, Hartwick blitzschnell, Kopitz mit Verzögerung, erhoben sich erleichtert – blaß der eine, erbost der andere. Doch die Blässe schluckte die Dunkelheit, während die Wut Hartwicks einen weiteren Merksatz parat hielt: »Auch die Pannen der Großen treiben die Geschichte voran!«

Um seine Einsatzbereitschaft zu testen, hatte Poßnitzer eine Minenreihe scharfgemacht und eigenmächtig entsichert. Peinliches Eingeständnis: Er hatte taube Nüsse plaziert, bloße Schreckschüsse. Militärisch ausgedrückt: Im Anschlag gegen die Sowjets gab es jetzt ein Sicherheitsdefizit. Ärgerliches Versagen? Eher würde er sich die Zunge abbeißen, als es vor versammelter Mannschaft einzugestehen. – Denkwürdige Dämlichkeit, dachte Hartwick bei sich, bewunderungswürdige Sturheit. »Hättest Du auch nur eine der Sprengkapseln richtig eingesetzt, glaube mir, die *Danaiden* hätten ihre liebe Not, Dich im *Orkus* mit süßer *Lethe* zu füllen!«

Der Zwischenfall löste zunächst Verwirrung, Befremden, ja Empörung aus. Poßnitzers Tage bei der Kompanie schienen gezählt zu sein. Es hagelte Proteste –: Poßnitzer maße sich Befugnisse an, die in die Kompetenz eines Zugführers fielen. Ein schwelendes Gerücht wurde absichtsvoll geschürt: Poßnitzer verdanke seine Ernennung zum Offiziersbewerber schlicht einer Erpressung. Aber bald schon merkten die Beschwerdeführer, daß sie am falschen Ende des Strickes zogen. Statt dem cleveren Karrieremacher eine Falle zu stellen, stolperten sie in die eigene. Poßnitzer gab das Ganze einfach als primitives Komplott einer Gruppe aus, die für ihren zivilen Schlendrian berüchtigt sei. Die strikte Weigerung der Einsatztrupps, mit ihm auszurücken, beantwortete er mit einem Gegenzug: Kaltlächelnd trennte er sich von ihnen und erschien zu ihrer Verblüffung im Gefolge des Hauptmanns. Als sie sich auch noch sträubten, mit ihm auf Biwakwache zu ziehen, wurde er der ohnedies lästigen Pflicht enthoben. Hochvornehm siedelte er in den Bunker des Kompanietrupps über, wo er Fortner antraf, leidend, jedoch mit einem Ausdruck pfiffiger Ergebenheit.

Die folgenden Wochen verbrachte Poßnitzer in der Obhut von Meldern, Putzern und Ordonnanzen. Da ihn der Hauptmann sichtlich hofierte, wechselte er geschickt – unter manch zwinkernd angehobener Augenbraue – in die gehobenen Dienste eines Bataillonsschreibers. In Stabsvisiten und Erkundungsfahrten Speck ansetzend, trug Poßnitzer jene Blasiertheit zur Schau, die den künftigen Kommißkopf verriet. Freiwillig machte er einige spektakuläre Spähtrupps mit, angelte sich ein paar Draufgänger, die gegen Marketenderware für ihn die Kastanien aus dem Feuer holten, schrieb gezielt Gesuche um Versetzung. Im Spätherbst endlich gab ihn das Pionierbataillon frei. Seine Bewerbung fand den gewünschten Widerhall bei Garnisonsoffizieren, die dem Hauptmann persönlich verpflichtet schienen. Ein Platz in einem Offizierslehrgang stand ihm offen. Unverzüglich trat der hoffnungsvolle Anwärter auf silberne Kragenspiegel die Heimreise an. Aber da durchkreuzte ein heimtückisches Fleckfieber seine ehrgeizigen Pläne. Zwar erreichte er – wie seine Marschorder es vorsah – die Heimatgarnison an der *Saale,* aber nicht, um sich dem Lehrgang anzuschließen, sondern den Neuzugängen des Lazaretts.

Da lag er nun entkräftet zwischen Kompressen und Schüttelfrösten, zwischen Arzneien, Dienstvorschriften und nutzloser Rebellion. Über der Stuhllehne hing unberührt sein neuer Waffenrock: die Silberlitzen fabrikfrisch auf den Schulterklappen, der Adler auf der Brusttasche, die Fänge kampflustig gespreizt, jedoch unfähig des Flugs. Die Knopfreihe so blank wie gerade. Kein Ordensband, keine Spange, kein *Eisernes Kreuz!* In peinlicher Korrektheit der Winkel eines Gefreiten. Die Kragenspiegel matt, die Beschaffenheit des Uniformstoffs mäßig – und er lag, mit seinem Schicksal hadernd, zur Untätigkeit verurteilt, während die Lehrgangsteilnehmer von Instruktionsstunde zu Instruktionsstunde eilten.

Dreifach gestuftes Blau

Zur Zeit der zweiten Schneeschmelze kam der langerwartete Befehl zur Ablösung. Als die Gruppe abmarschbereit heraustrat, um sich den hochbeladenen Schlitten anzuschließen, öffnete sich für Minuten der fahlkalte Märzhimmel. Im Licht der Morgensonne erschienen die Umrisse eines zarten Gewölks in großer Höhe. Niemand außer Kopitz achtete auf das Naturschauspiel. Sie sahen nicht diese hinfällige Schönheit, die etwas Rührendes hatte angesichts der barbarischen Verwüstungen. Die meisten dachten wohl nur an den bevorstehenden Marsch ins Hinterland. Nichts wie fort aus dieser Schneewüste, dieser Minenhölle, diesem Verhau von *Spanischen Reitern,* Flammenwerfernestern und Fallen aus teuflischem *Engelshaar.* Nichts wie fort aus diesem Hochwald, wo jeder Knüppeldamm, jede Lichtung im Fadenkreuz sowjetischer Scharfschützen lag. Es war höchste Zeit, diesem Stumpfsinn nächtlicher Schanzerei zu entrinnen und dieser lichtscheuen Art, Krieg zu führen, ein Ende zu setzen. Manche freilich dachten auch gar nichts, stierten nur einsilbig über den gefrorenen Saum ihrer olivgrünen Kinntücher hinweg. In ihrem eingeengten Gesichtskreis erschien fadendünn die schmale Trittspur des nach Westen weisenden Weges.

Ihr mehr als zwölfmonatiger Fronteinsatz hatte sie lediglich durch drei halbzerstörte Dörfer geführt. Von *Lutschitschino* sah Liebschner so gut wie nichts. Es war zusammengeschossen bis auf wenige bewohnbare Katen und Ställe (in ihnen wärmten sich Furiere und Schirrmeister »die zum Überwintern so tauglichen Hintern«). – Den Verbandsplatz *Sheltushino* bekam er nur partienweise zu Gesicht: Er hatte nicht das zweifelhafte Glück gehabt, sich eine Erfrierung zweiten Grades zuzuziehen. *Guljajewo* hatte ihm eine erstklassige Fährte gewiesen. Das Stimmengewirr furchtsamer Frauen, das unterdrückte Gekicher von Mädchen hatte ihn in einen Vorraum gelotst. Als er aber den Stimmen nachging und in einer notdürftig beleuchteten Kammer auf eine Gruppe Frauen stieß, blickte er unterschiedslos in gefaßte, ernste und bis zur Gleichförmigkeit vermummte Gesichter. Es war ihm schleierhaft, aus welchen Kehlen dieser warme Gurrlaut geflossen sein sollte. – Himmel, er war kein Hellseher wie Kopitz! Vor soviel abweisender Berührungsfurcht blieb ihm nur die Flucht aus dieser ungastlichen Kammer.

Es war ja nicht das erste Mal, daß Liebschner vor seiner eigenen Courage davonlief. Ach, diese langentwöhnte Wehmutsgeste, diese sanfte Demütigung, wenn er stelzbeinig der Spur eines Edelwilds folgte! Warum entglitt ihm mit beschämender Regelmäßigkeit, was er in seinem Jagdeifer ungestüm an sich reißen wollte? Wohl zu leichtfertig die verfänglichsten Köder aufgestöbert? Hinterhalte nicht geschickt genug umgangen, Irrtümer zwar früh erkannt, aber nicht vermieden, geradezu selbstverliebt in Fallen gestolpert? Zielansprache noch am untauglichsten Objekt? – Etwas schmal für eine Straße, die in den gelobten Westen führt, dachte Liebschner, als er an der Spitze der Marschkolonne Tritt faßte. Vielleicht war es auch nur der Schnee, der aus dieser Ausfallstraße einen Schlittenpfad dumpfer Schicksalsergebenheit machte. Sicherlich eine »untadelige« Straße, an ihrem hoffentlich nicht so schnell absehbaren Ende eine Stadt mit »einwandfreien Quartieren, Liebesnestern«. Nur so zur Auswahl und freien Verfügung »erlesene Fährten«. Liebschner, auf »verfrühtes Jungwild« angesetzt – würde wie in seinen besten Zeiten fündig werden.

. . . Er trug den Chorrock des Ministranten und das schwere Weihrauchfaß, schwang es durch den Jubel der Christmette. Von der Orgelempore herab wehten die Sopranschauer des *Magnifikats*. Schließlich kam der Augenblick, der ihm noch lange danach die Schamröte des Stolzes in die Schläfen trieb. Den Hochaltar verlassend, schritt er auf die Gläubigen zu, die Kopf an Kopf standen, und begann mit der vorgeschriebenen Zeremonie der Aussegnung. Aber da erblickte er in der vordersten Bankreihe Ann, »das holde Geschöpf«. Tränen liefen ihr übers blasse Gesicht. Er aber zögerte mit seinem Rauchfaß schon allzu lange. Der Weihrauch trieb ihm das Wasser in die Augen. Er weinte nun gleichfalls. Während sie ihm blind vor Tränen ihr Glück verriet, wankte er – ein gefallener Engel – zum Altar zurück. Hochwürden verpaßte ihm nach dem Segen eine saftige Ohrfeige, die er wie eine Auszeichnung mit sich herumtrug.

... Ann hielt nicht viel davon, sich im Holunderschatten des Alten Friedhofs zu treffen, unter dem Gehänge schlafender Fledermäuse. So blieb es vorerst bei Begegnungen, wie sie der Zufall bescherte: flüchtigen Augenproben hinter der Sakristei oder heimlichen Musterungen von Fenster zu Fenster. Was ihn unsicher machte bis zur Tolpatschigkeit: wenn sie ihm großäugig nachblickte, kaum daß er ihr den Rücken kehrte, wenn sie ihren Fensterplatz abrupt verließ, sobald ihr Herr Vater aufkreuzte.

... Einmal lehnte am Nachbarzaun ein von Ann gebasteltes Fabeltier. Sie tat zwar hinterher, als habe sie das Spielzeug nur verloren, war aber dennoch mit hochrotem Kopf davongelaufen. In dieser Nacht hatte er einen merkwürdigen Traum: Er lag auf einem Sturzacker, in der für ihn typischen Schlafhaltung. Plötzlich weckte ihn eine Stimme von unerhörtem Wohllaut. Er rieb sich verdutzt die Augen – da löste sich vom Horizont ein Schwarm Vögel. Pfeilschnell kamen sie heran, fächerten ihre Schwingen wie Sturzflugbremsen und brachen in den Acker ein. Verblüfft stellte er fest, daß sie sich mit der Perfektion einer Mechanik bewegten, die Leben ausschloß. Sie alle schienen ihm von Hand gemacht. Ihre Schwingen und Schwanzfedern bestanden aus gestärktem Tüll, ihre Fänge und Schnäbel aus farbig umwickeltem Draht. Nur die Augen schienen lebendig. Mit einer an Rührung grenzenden Verwunderung gewahrte er, daß es die Augen Anns waren. Tausend Vögel mit den Augen Anns? Während er in der Anwandlung sanften Irrseins dalag, erhob sich das Geschwader unter hartschlagenden Fittichen.

... Damals kamen gerade die neuen Uniformen in Mode. Auch Ann verpuppte sich auf ernüchternde Weise. Ihm fiel vor allem auf, daß ihr Stammplatz in der Kirche verwaist blieb. Sonst war er immer ihrem belustigten Spott begegnet, wenn er sich im Staffelgebet oder in den *Responsorien* verfing. Er wollte nicht, daß die Lücke, die ihm die Abwesenheit Anns so schmerzlich deutlich machte, durch ein beliebiges Gesicht geschlossen würde. So blieb ihm nichts, als den Meßdienst zu quittieren. Er legte den Chorrock des Ministranten ab und nahm befremdet zur Kenntnis, wie erwachsen er auf einmal war.

. . . Zur Rede gestellt, entwarf Ann ein zwiespältiges Bild von ihm. Er sei großherzig, lenkbar, vergeßlich. Sie teile mit ihm seine Vorliebe für Schönes, Stimmungsvolles und Edles. Was sie an ihm störe: seine Neigung, alles aufzubauschen und Verleumdungen ein allzu williges Ohr zu leihen. Aber an Verleumdungen trage nicht übermäßig schwer, wer keinen Ruf zu verlieren habe. Auch finde sie es unklug von ihm, die Zeichen der Zeit zu verkennen. Das Schöne verkörpere sich nicht zuletzt in den Idealen von Volk, Reich und Rasse. Ihr Gott sei kein Jude! (Ihm war das nichts Neues, diese Stammbaumgottheit mit Ariernachweis!) Er aber blieb bei seiner Madonna, umzirkelt von Taubenflügen.

. . . Später Nachsommertag in der *Lausitz.* Die Klappermühlen des Ginsters, die scharlachroten Gehänge des Feuerdorns. Sie schien jung zu sein. Juliane hieß sie. Kleinlaut lag er unter ihren Küssen, bastelte unter Tränenschwüren zusammen, was sie von seinen Geständnissen übrig ließ. – Die Einberufung zu den *14er*-Pionieren nach *Weißenfels* enthob ihn einer peinlichen Bilanz. Erstmals erschien er, vom Wasserplatz an der *Saale* kommend, auf Kurzurlaub, mit gekappter Lockenpracht, aber voller Flausen im Kopf. – Mitunter foppten ihn Schattenspiele der Erinnerung: das *Leisnigsche* Idyll an der *Freiberger Mulde, die Colditzsche* Lehrzeit bei einem Stellmacher. Die Backfisch-Schwärmerei der Berufsschülerinnen, ihre Milchzahnkeuschheit, die er lieber nicht auf die Probe stellte, ihre Beichtstuhl-Schreckhaftigkeit.

. . . Sie hatte die Angewohnheit, nach Schalterschluß in der Kantine auf einen Sprung vor die Kaserne zu kommen. Ihre frivolen Unterweisungen in Sachen sechstes Gebot stürzten ihn in echte Gewissensnöte. – Er hatte sie angesprochen, weil er ihre Blicke mißdeutete. Warum mußte sie aber auch dastehen, als habe sie alle Bitternis einer Liebesnacht in sich eingesogen? Warum gab es Gesichter, die etwas vortäuschen, was sie gar nicht empfanden? Wie ihm das Blut in die Schläfen schoß, als sie verständnislos mit den Schultern zuckte und in kaum merklicher Abwehr die Hand hob. Ihre von Leidenschaft umdüsterte Gestalt versank in den Schleiern einer rasch hereinbrechenden Dämmerung . . .

Wie ein fossiles Ungeheuer steckte der Beutepanzer im getrockneten Schlick, die Flanken aufgerissen, der Rohrrüssel durchlöchert, ein leergebranntes Stahlmonster, das seinen Schrecken verloren hatte, ein in die Knie gebrochener Riese – im Umkreis verstreut die Reste einer makabren Häutung. Die mit Neuzugängen halbwegs aufgefrischte Gruppe umstand das Panzerwrack im Halbkreis. Die Sonne spann lebhafte Zirren ins Gewölk. Aus dampfenden Schlammtellern ragten Huflattich und Engelwurz. Der aufsteigende Bodendunst mischte sich mit dem beizenden Geruch von Fußschweiß und Langeweile. Liebschner, obschon wach und betriebsam, war auf eine schwer zu beschreibende Weise abwesend. Man sah es seinen Vogelaugen nicht an, daß ihn dies alles – eine Panzersprengung am Schulungsobjekt – nur schwach tangierte. Es war eine Abwesenheit, die sich dem Zugriff obrigkeitlicher Neugier entzog. Sein Verhalten hatte etwas von der dreisten Unschuld verkappter Tagschläfer an sich – und es war noch nicht einmal sicher, ob Liebschner diese Interesselosigkeit nur vortäuschte oder tatsächlich auf dem Punkt war, mit der Wollust eines Säuglings in den Schlaf zu kippen.

Der diensthabende Leutnant verdeckte den Übungspanzer mit seiner Uniform, einer richtigen Körper-Attrappe. In der flimmernden Helligkeit dieses Nachmittags verschmolzen die Umrisse des Leutnants mit denen des Wracks zu einem Zwitter aus Stahl und Fleisch. – Der Unterricht im Freien war eine Marotte des Leutnants. Es gab zahllose Möglichkeiten, sich dem Verdacht vorsätzlichen Unterrichtsboykotts auszusetzen. Eifer und Wißbegier, wie Brielitz sie beispielhaft vortäuschte, waren nur unzulängliche Mittel, sich die Sympathien dieses militärischen Einpeitschers zu gewinnen. Liebschner, wenig Lust verspürend, den langatmigen Erläuterungen über verschiedenfarbige Abreißzünder Gehör zu schenken, verschanzte sich vorsorglich hinter dem Rücken Hartwicks, wo er sich lieber seiner beweglichen Phantasie überließ. In ihre Einflüsterungen stieß mitunter die verhaßte, oft auch nur lästige Stimme. Dann trieben Wortfetzen an ihm vorüber, Sprechblasen, wie Rauchwolken platzender Übungssprengsätze. Aber es fiel ihm leicht, diesen akustischen Belästigungen die Gehörgänge zu sperren. Nur die Augen brauchte er zuzukneifen und sie ein wenig in die brutwarme Sonne zu heben. Es gab Augenblicke, wo er die Kontrolle über sich vollständig verlor.

... Hatte ihn da jemand zum Vorsingen aufgerufen? Wie sollte er diesem Anprall von Stimmen standhalten, wenn ihm nicht die Zeit bliebe, sie einzeln aus dieser Partitur zu lösen? Da war erst einmal die Knabenstimme Anns, spröde, parolenhaft, wie gefangen unter dem Glassturz. – Da war der Lockruf dieses Sommervogels Juliane, der Abgründe aufriß, über die er kleinlaut hinweghechtete. – Da waren die Dorfschönen von *Leisnig* und *Colditz,* unisono in ihrem Kicher-Sächsisch. – Da war der hingehauchte Gruß Dunjas, der einzige Laut, mit dem sie verriet, daß sie das Sprechen als ein Mittel des Erkennens, des Überspringens von Fremdheit und Befangenheit, überhaupt noch zuließ. – Aber nicht nur seinen Gehörsinn wollte er an diesem Zusammensetzspiel beteiligen. Er suchte zu den Stimmen die passenden Gesichter. Brachte er die wenigen geküßten Lippen noch unter die dazugehörigen Augen? Würde er die kaltherzige Nachtschönheit, die ihm den Laufpaß gegeben, wieder erkennen, wenn er durch Zufall noch einmal ihren Weg kreuzen würde? Verfügte Liebschner in seiner Galerie noch über unterscheidbare Physiognomien?

Melancholisch die Volièren öffnend, entließ er sein verschrecktes Geflügel. Beim kreischenden Abflug blieb ein hochbeiniges Fabeltier zurück, ein Nachzügler mit auffällig künstlichem Gefieder. Von einem der Fänge hatte sich der Bast abgelöst. Der Nachhall eines Wohllauts unendlicher Süße hing in der Luft. Ah! dachte er seltsam unbeteiligt: eines der letzten Exemplare aus dem Geschwader Anns. Er machte keinerlei Kniefall, um den Invaliden zum Bleiben zu bewegen. Dunjas taubenblauer Umhang kam ihm in die Quere, löste eine Kettenreaktion lebender Bilder aus; an jedem einzelnen maß er die Schärfe seiner Wahrnehmung:

Da war der zurückliegende Winter zweiundvierzig-dreiundvierzig. Der Aufbruch bei Neumond. Das auf einer Hochfläche gelegene Waldlager über der *Ugra.* Die von Pferdegespannen verlassenen Splitterboxen. *Guljajewo* im Hochwasser, ein Katarakt strudelnder Empfindungen. Am Morgen aufklarend, bei leichtem Frost *Dorki, Snamenka.* Blausegel, die Mähnen der Pferde, die Glasharfe des Windes. Ein letztes Mal Filigran vor den Fenstern. – Abends in *Lupi* die dünnen Rauchsäulen der Kamine (sommers Insektenschwärme). – *Petrowka* mit seinem Klubhaus (früher einmal Krakowiak mit radschlagenden Kosaken). Jetzt Windwirbel mit Schneegestöber als letzte Drohgebärde des abziehenden Winters. – Später *Kukino,* auf Nachtwache mit Fortner, dem Rekordhalter beneidenswerter Schlafdisziplin. Eine alterslose Ukrainerin, die im Dunkel ungeniert ihr Wasser abschlägt. – Bei Tagesanbruch in Sichtweite das Straflager. Auf Hungerrationen gesetzte Gefangene. Ein ehemaliger Korvettenkapitän, degradiert wegen Laschheit vor dem Feind! Denunzianten, Schnüffler mit militärischem Dienstgrad, Kriminelle im Schafspelz des Soldaten. Mitleid als strafwürdiges Vergehen.

... Unter den Ukrainerinnen, die tagsüber Schnittholz für Knüppeldämme verluden, entdeckte Liebschner ein Mädchen, das mit seinem Umhang (er nannte ihn taubenblau) ins triste Grau der Erd- und Trauerfarben eine heitere Note setzte. Unbekümmert um die abweisende Stummheit der Älteren, winkte er ihr freundlich zu. Hinreißend seine Offerte, als sie ihm nach pantomimisch vorgetragener Huldigung verstohlen eine Kußhand zuwarf. Albern, wenngleich kühn seine offene Sympathiebekundung, eine Improvisation von fahrlässiger Anmut. Unter dem wiehernden Gelächter der Gruppe lief er im Handstand vor ihr her.

Mußte er nicht fürchten, von irgendeinem humorlosen Wichtigtuer verpfiffen zu werden? Unter diesen Wachleuten gab es sicherlich auch Ehrgeizlinge, bestechliche Opportunisten, abzuspeisen mit dem Judaslohn eines Nachschlags aus der Feldküche! Aber nicht Liebschner war es, der den Argwohn eines bewaffneten Spitzels erregte. Dunja war angeblich – so wollte es Hartwick von einem Kompaniemelder gehört haben – auf frischer Tat ertappt worden, wie sie einem Gefangenen Brot zusteckte. Liebschner erfuhr nie Einzelheiten, nur die bestürzenden Varianten eines vagen Gerüchts. War sie das Opfer eines Psychopathen geworden, eines Masochisten, dem die Demütigung eines wehrlosen Geschöpfs mehr Befriedigung verschaffen mochte als eine versuchte Liebesnötigung?

Anderntags erst sah Liebschner die Folgen einer barbarischen Nacht- und Nebelaktion: die gewaltsame Räumung des Dorfes. Unter den stummblickenden Frauen, die sich unter Trillerpfiffen und Hundegebell zu einem traurigen Elendszug formierten, suchte er Dunja vergeblich. Nur ihren taubenblauen Umhang meinte er flattern zu sehen – zwischen den Dampfstößen einer rangierenden Lokomotive. Nicht einmal ihre Hände hatte er berührt, er kannte weder die Farbe ihrer Augen noch die ihres Haars, weil sie das landesübliche Kopftuch getragen. Ihm aber war es, als entfernte sich im Taubenblau ihres Umhangs seine eigene verlorene Jugend . . .

Es war Hartwick, der das Brutale und Würdelose dieser Vertreibung in einem bündigen Satz zusammengefaßt hatte: Jetzt endlich zeige der Krieg sein wahres Gesicht: Kollektivhaftung für ein Vergehen, diktiert von reinem Mitleid.

Liebschner stand mit offenem Mund, als ihn der Stoß seines Hintermanns aus dem Wachtraum schreckte. Der Taubenschlag wild flatternder Bilder leerte sich. Gleichzeitig öffnete sich vor ihm eine fleischige Hand, die ein verschiedenfarbiges Paar Zünder freigab. Ihm zu Füßen eine Hafthohlladung – ein Teufelsprodukt deutschen Erfindergeistes, offensichtlich eine Falle dieses schadenfrohen Tressenheinis, der ihm seine Visionen mißgönnte! Wie hätte er auch ahnen sollen, daß er ausgerechnet ihn »auf dem Kieker« hatte? Liebschner war nicht gerade ein Experte der Panzernahbekämpfung. Nur sehr widerwillig hatte er sich in die Materie eingearbeitet. Oberflächliche Kenntnisse gewiß, aber zu abrufbarem Wissen hatte es nie gereicht. Es gab Kumpel wie den waffenkundigen Brielitz, die um ihn besorgt waren und die seinen spielerischen Umgang mit Explosivstoffen tadelten. Hartwick hatte sich Liebschner einmal ernsthaft vorgeknöpft: »Eine Hafthohlladung ist keine Ausgeburt der Hölle, sondern eine Erfindung fortschrittlicher Waffentechnik.« – »Mit apokalyptischer Komponente«, warf Brielitz altklug ein. »Meinetwegen, aber die ist jetzt nicht Gegenstand meiner Gemütsverfassung!« –

Nun schien dieser »Lackaffe von Leutnant«, dieser »studierte Fatzke«, etwas eingefädelt zu haben, das Liebschners Absicht, dem Unterricht untätig beizuwohnen, provozierend durchkreuzte. Er begriff durchaus, daß er sich jetzt unverzüglich bücken, den Dreifuß aufnehmen und mit ihm davonstürzen müsse. Nur verspürte er herzlich wenig Lust, sich in eine beschleunigtere Gangart als die des Schlenderns zu setzen. Ihm stand der Sinn nach anderem als nach heldischer Bewährung. Schließlich aber sah er es ein: Es gab nur diese Möglichkeit, sich der Lärmbelästigung durch diese »Heulboje« zu entziehen – und so setzte er seine Füße gemächlich in Trab.

Als er im Schwenkbereich des Panzers stand, verflüchtigte sie sich zu einem bedeutungslosen Gewinsel. Stechmücken im Ohr geben einen ähnlich singenden Ton von sich. Aber er achtete schon nicht mehr darauf, denn die jämmerliche Zerschundenheit des Wracks zog ihn in seinen Bann. Den Befehl, sich robbend dem Panzer zu nähern, mißverstand Liebschner absichtlich. In aller Gemütsruhe stelzte er auf das Ungeheuer zu, das er in tödlicher Blässe liegen sah, musterte den durchlöcherten Rohrrüssel, unbekümmert um die hysterischen Rufe des »Lamettafritzen«. Nach einigem Zögern griff er nach dem Zünder mit der blauen Kappe. Zwar wußte er nicht mehr, welche Bewandtnis es mit der Brenndauer der beiden Abreißzünder hatte, aber seine Wahl war getroffen. Gelb war ihm von jeher zuwider. War es nicht die Lieblingsfarbe Anns und der »scheinheiligen Kirchenlichter«? So steckte er den für die Panzersprengung vorgesehenen Zünder in seine Tasche zurück und begann mit der Montage des Sprengsatzes an der rostüberzogenen Flanke des Beutepanzers.

Es gelang ihm auch jetzt nicht, den Vorgang dieser »Übungssprengung an einem Schulungs-Objekt« ernst zu nehmen. Als er den blauen Zündknopf abriß und gleich darauf ein leises Zischen vernahm, als er unter dem Protest der Gruppe gemächlich kehrtmachte, die Arme lang und schlaksig an seinen schmalen Hüften, folgte er nur einem Gedanken: daß dieses unerschrockene Gehen im unbehinderten Zustrom von Bildern, dieses aufreizende Schlendern ihn der militärischen Kuratel enthöbe und damit der Lächerlichkeit. Nur so war das dreifach gestufte Blau – das Blau des Zünders, das Blau des Himmels und das Blau von Dunjas Umhang zur Deckung zu bringen. Leichtfüßig lief Liebschner in den Tod. Sein Lebensfaden war die brennende Lunte.

Hartwick hatte auch gleich seinen Kommentar zur Hand: Der Krieg fange an, ihm zu imponieren. Jetzt räche er sich bereits an den Unschuldigen!

Tanz um die Zitadelle

Hesperiden-Traum. Lidschlag der Stille. Die weißen Fangarme des Lichts. Die Goldenen Äpfel der *Hera.* (Schön, wie er dahinflog, die seraphische Wölbung ihrer Brauen entlang). Kopfüber der Absturz aus seinem Götterhimmel (samt seinem Bildungsballast). Beim Aufwachen eine richtige Bauchlandung. Eher erleichtert als ungehalten blickte er auf den Urheber dieser Schlafstörung, stieg benommen aus den Trümmern seiner selbstgebastelten Flügel: *Ikarus,* sich die Augen reibend. In der Hand des zudringlichen Melders, der ihn hochscheuchte, die willkommene Botschaft –: *Kossilowo!* Und er (durch glücklichen Zufall oder höhere Weisung?) dazu abkommandiert, diesen Erkundungsauftrag durchzuführen.

Erst dachte er sich noch gar nichts Abwegiges. Schön, das Erlebnis einer Überlandfahrt, mit mäßig reizvollen Details schnell wechselnder Szenerien von Gebüsch, dem Sommergold ukrainischer Felder, der trügerischen Fülle blattkühler Lauben, der malerischen Gehöfte. Er entsann sich einer Ferienreise in die *Batschka,* eines verjährten Glücks hinter Geißblatt und Bienengesumme. Gleichwohl empfand er, daß dies nur die papierdünne Schale war, die verletzliche Außenhaut einer Vorstellung, die er in einem Augenblick zynischer Anwandlung durchstoßen würde. (Blaff! machte der Ballon und sackte kläglich in sich zusammen). Hartwick verwahrte sich energisch gegen einen Gedanken, der ihn heimtückisch beschlich. War dieses seriös wirkende Unternehmen nur arrangiert worden, um eine Schicksalslenkung einzufädeln? Versteckte sich in diesem Scheinauftrag die getarnte Einladung zur unauffälligen Desertion? (Er, Hartwick, und desertieren! – eine fast peinliche Überschätzung seiner Willenskraft.) Als ginge, was er da umsichtig vorantrieb, über die Zurüstung einer Fahrt im Rahmen des ihm gestellten Auftrags auch nur um Haaresbreite hinaus. Nein, eine so billige Handhabe zu einem Wechsel des Schauplatzes künftiger Fatalitäten wiese er als unehrenhaft von sich!

Abfahrbereit im Seitenwagen der schweren *BMW* sitzend, auf den Knien die Karte mit den Markierungen seiner Route, fühlte er sich jeglichem Verdacht enthoben. Er war weder in das feinmaschige Netz einer Flucht verstrickt, noch ließ sein Auftrag irgendeine verfängliche Deutung zu. Die Hand des Hauptmanns war fest im Griff, sein Blick ohne Argwohn oder gar zwinkerndes Anbiedern. Nichts Komplicenhaftes lag in seiner Art, wie er Hartwick erholsame Tage wünschte: »Spannen Sie einmal richtig aus. Kehren Sie diesem Schwachsinn den Rücken. Sie sind doch ein kultivierter Mensch, Hartwick. Genießen Sie, was Ihnen auf dieser Reise vor die Flinte läuft!« Das war Hartwick zu salopp gefolgert. Solche Ausschweifungen gönnte er denen, die unter dem Überdruck ihres Geschlechts litten. Seine Passionen waren keuscher Natur. Die Kälte zweier russischer Winter hatte ihn zum Mönch gemacht. Das Geschenk dieser Fahrt im Beiwagen-Krad war ihm also Ablenkung, Vergnügung genug. Ukrainische Landschaft, er hatte nichts vor Augen als ihre ästhetische Chiffre.

... *Chotmysk* weht vom Hügel herab mit seinen barocken Schauern. Sankt Gervasius hat den Himmel mit Ikonen gepflastert ...

... In *Golowitschina* ist es plötzlich Winter geworden. Der Flaumschnee der Gänse pulvert die Wege ein ...

... *Graiworon* ist eine Insel aus Weißgold im Weizenmeer. Die Gassen sind durchflutet von der Dünung der Felder. Nachts ebbt durch das Ohr der Schläfer das windblütige Korn ...

... *Santowka,* das er gegen Mittag erreicht, stöhnt unter der Hitze. Hinter gelüfteten Markisen das Fruchtfleisch gelöschter Begierde. Hartwick hätte nicht übel Lust, sich unter die Händlerinnen zu mischen. Aber die Fänge des Adlers auf seiner Brust sind eine lästige Fessel. Und das Lächeln der wenigen Mädchen ist ohne Gewähr.

... Und nun ist es doch noch zu einer Flucht gekommen, wenn auch zu einer unfreiwilligen. Ziel und Auftrag – Hartwick hat beides vergessen. Aus dem lärmenden Spalier der Staketenzäune recken sich schlohweiße Hälse der Gänseriche. Unter wandernden Insektensäulen ballt sich Federvieh, wie eine hundertschnäblige Phalanx ...

... Sein ehemaliges Quartier in *Potschajewo* liegt in Trümmern. Hier wehen die Staubfahnen seit Tagen auf Halbmast.

Der Granattrichter, blasig, brandschorfig, eine Totgeburt der sengenden Sonne. Am Kraterrand Spuren von Hausrat, Scherben von Tongeschirr. Das Halfter einer Ziege liegt im verkohlten Gestrüpp – und *Babuschkas* Schemel, deren aufgezwungener Kostgänger er einmal war . . .

. . . Bei Sonnenuntergang trifft Hartwick in *Terebrenow* ein. Das gleiche malerische Bild verworfenen Glücks. Mit dem wachsenden Mond rückt er nach *Grasnoje* vor. Das Perlfeuer der Flak zeichnet lebhafte Wolkenmuster . . . Tags darauf dringt er stöbernd in *Lipowie-Balki* ein. Auch hier Bekanntes, Vertrautes, verstörend Widerwärtiges aus längst verdrängten mörderischen Mineneinsätzen . . . Über der *Höhe 202* geistern noch immer die milchweißen Nebelfahnen der Leuchtraketen. In klaren Sommernächten streift der Nonnenspinner über die Fichtenwipfel hin. Jetzt fände er nichts als einen Speerwald geborstener Stämme. Am Teich der Kalmus, der gemischte Chor der Unken und Frösche, abgelöst vom Chor der *Katjuschas* –.

Der dritte Juni verspricht ein heißer Tag zu werden. Mit dem ersten Sonnenstrahl prescht Hartwick nach *Kossilowo* vor. Das Zwitschern der Vögel begleitet ihn, die Fanfare des Schwarzkopfs. Aber nur zu bald verdrängen der trockene Mündungsknall einer Pak, das Plumpsen von Wurfgranaten und der Kampfruf stürmender Russen das kehlig-heisere Messinggeschrei (in seinem Hinterkopf). – Wenig später beobachtet Hartwick einen Trupp Gefangener. Im Frühlicht wirken sie nicht gerade furchterregend, eher gutmütig, abgeschlafft, verbraucht wie Fließbandarbeiter, die von der Nachtschicht zurückkehren. Als sie auf Rufweite heran sind, sieht er, daß sie Maschinengewehre hinter sich herziehen: auf Räder montierte *Maxims.* Mit zunächst unbeteiligter Aufmerksamkeit unterscheidet er technische Einzelheiten: den wassergekühlten Lauf, die gerillte Manteltrommel, den länglichen Schutzschild, das Visier auf Unendlich gestellt: die fatale Nüchternheit dieser Tötungsmaschinerie spricht für sich selbst.

Inzwischen ist es hellichter Tag geworden. Dorfeinwärts fahrend, gerät Hartwick in eine unabsehbare Kolonne bespannter Troßfahrzeuge. Die scheu gewordenen Pferde zerren ungeduldig an den Zugseilen, gehen wild auf den Hinterbeinen hoch. Ihr vor Angst irres Gewiehere macht einige jüngere Fahrer kopflos. Bald sind die Gespanne auf der Kreuzung vor einer Verladerampe hoffnungslos eingekeilt. – Gegen zehn Uhr mehren sich die Kampfspuren erdbrauner Infanterietrupps. Ihre Staubsignale wehen vor einem wolkenlosen Himmel. Im Sichtschutz eines Maisschlags findet Hartwick einen idealen Standort für detailliertes Beobachten. Das ganze weitläufige Tal überblickend, erkennt er das Dorf samt Vorwerk, einen Teil der verstopften Aufmarschstraße und Partien des gegnerischen Hinterlandes.

Auf einer schattenlosen Pläne entdeckt er ein freistehendes Gehöft: weiß das Gemäuer aus blendendem Kalkstein, schwarz-verwittert das windschiefe Dach, grün die halbhohe Kulisse dornästiger Akazien. Ein Anziehungspunkt besonderer Art, Blickfang und Magnet in einem – die neuralgische Stelle in der überdehnten Flanke des Regiments. Hartwick muß dabei freilich mehr an ein Kaninchen denken, an ein weißes, argloses Kaninchen, und er ist nicht sonderlich überrascht, als aus heiterem Himmel, lautlos mit gespreizten Fängen, der Adler niederstößt. Die Maschine fädelt ihre Leuchtspur in das Nadelöhr der Fensteröffnung. Rauch wallt auf, Feuer springt ins Gespärr, prasselnd schlägt das Dachstroh in die Höhe.

Vom nahen *Nadeshna* herüber hämmern minutenlang die überschweren Maschinengewehre. Das trockene Geplapper der Füsiliere wird vernehmbar. Über die Kuppe eines benachbarten Höhenzugs huscht der Schatten des davonjagenden Adlers.– Der Hügel – in Hartwicks Augen ein halber Berg – in vormittäglicher Konturenschärfe. Von der Sonne bestrahlt, liegt er wie auf einem Präsentierteller. Unter Dampf und Donner schwitzt er Feinde aus. Rotarmisten, unter Schrapnellbeschuß liegend, brechen aus wie ein Schwarm Sperlinge! Im Schatten der Akazien sammeln sie, hinter Gebüsch und Gemäuer, bilden gefährliche Rudel und überschwemmen das wasserlose Bachbett der *Worskla*. In schulmäßiger Gefechtsordnung, die Waffe gegen die Hüfte pressend, gehen sie ins Feuer.

Seinen Standort wechselnd, bezieht Hartwick am Ortsrand von *Kossilowo* ein dichtes Erlengebüsch. Aschgraue Pilze von

Granateinschlägen, Planwagen, von MG-Salven durchlöchert, Lkw-Verdecks, von Brandspuren geschwärzt, ein unentwirrbares Knäuel von Pferden und Gespannen.

... Vor ihm auf den Knien eine feindselige Topographie. Dörfer, Kolchosen, Vorwerke, Straßenkreuzungen – artilleristische Zielpunkte in Planquadraten. Hinter hochtrabenden Decknamen Imponiergehabe. Hinter schönfärberischen Parolen nackte Notdurft militärischer Improvisation. Unter der Wölbung seines Daumens und Handballens Frontmarkierungen, der klaffende Riß zwischen zwei Welten, Blutflüsse, Feuerströme –: Rot überschwemmt braun! Im Gischt der zerstörerischen Brandung treiben versprengte Kampfverbände des Gegners. »Tod den deutschen Okkupanten!« liest er in einem dahertrudelnden Flugblatt ...

Als Poßnitzer die ersten Präsentiergriffe übte, fiel noch Regen, als er die ersten scharfen Stoßtrupps befehligte, fiel Schnee. Eine Stadt wurde genommen, eine Armee ging verloren. Flußläufe wurden überquert, Frontbögen begradigt und Fähnchen umgesteckt. So geriet auch Poßnitzer endlich in den reißenden Sog der Historie. Ein mit gültigen Stempeln versehener Marschbefehl entriß ihn der Garnisons-Langeweile. Er atmete auf, als sich ihm beim Blick auf polnische, galizische und ukrainische Stationsschilder ein Schicksal großräumiger Bewegungen ankündigte. Ebenen mit grenzenlosem Horizont, Operationsfelder genialer strategischer Konzeptionen: die bewährte *Mansteinsche* Klammer! Sonnenaufgänge, durchdröhnt vom Röhren der *Nebelwerfer,* Dunkelheiten, machtvoll durchpulst vom Herzschlag der Front, der zum Sprung ansetzenden ersten Welle. Vor dem gewaltigen Aderlaß – dem Tanz um die *Zitadelle*,* ein letztes Atemholen!

Der langerwartete Tag X: fünfter Juli 43. Ein Willkommensumtrunk beim Bataillonsstab der 255er-Pioniere. Der gerupfte Haufen mit den drei Unzertrennlichen: Kopitz, Hartwick, Brielitz – langlebigen Stubenlichtern. – *Krasny Kutok:* die vogeldichten Schwärme der *Stukas* und *He 111,* die nachglühenden Fensterrosen der Brände, Flüsterrufe der Parolen (auf Sieg getrimmt), Panzer mit warmlaufenden Motoren, *Tiger,*

* Kennwort: Sommeroffensive 1943

Panther (ein barbarischer Dressurakt stand bevor). Poßnitzer fand kaum eine Mütze voll Schlaf, als ihn der Kampflärm ins Freie trieb. Schrapnellgewitter über Rauchvorhängen, imponierende Feuerwalzen, Sturzkampfflieger-Ouvertüre unter Sirenengeheul. Endlich einmal ein Schlag aus der Vorhand. (Gelernt ist eben gelernt!)

Später als das Pendel ihres Waffenglücks zurückschlug und sie ins Stolpern kamen, beim gekonnten Stoß aus der Rückhand (auch da waren sie unbestritten Meister!). Siebenfach geschürzter Knoten taktischer Hinterlist. Später die leicht durchschaubaren Taschenspielertricks von wahren Entfesselungskünstlern (Poßnitzer einer ihrer gelehrigsten Schüler).

Die ersten Umfassungsmanöver der Sowjets lösten Panik aus. Poßnitzer hatte gleich zu Beginn seine Einheit verloren, war tagelang ziellos umhergeirrt. Nur unter peinvollen Selbstvorwürfen entsann er sich der Etappen ihres überstürzten Rückzugs. Nächte hindurch war er wie ein Langstreckenläufer vor den scharf nachdrängenden Sowjets getürmt, Nächte, in denen sein Nimbus als Offiziersbewerber kläglich zerrann, Nächte, in denen er sich fragte, wozu er eigentlich das Kriegshandwerk gelernt habe. Doch dann gewannen Überlebenswille und soldatischer Ehrgeiz wieder die Oberhand. Der Spürsinn des Jägers erwachte in ihm, die Verschlagenheit des Fallenstellers. Sein angeborener Instinkt brach durch. Ein Vorfall wie dieser war ganz nach seinem Geschmack:

Er hatte sich einer leichten Flak-Abteilung angeschlossen, die seit Wochen im Erdkampf lag. Die Mannschaft, die den Verlust zweier Geschütze, ihrer Erstausstattung, noch nicht verschmerzt hatte, wirkte verstört. Als sie ihn in einer Gefechtspause ansprachen, war er gleich Feuer und Flamme. Sie machten ihm das schmeichelhafte Angebot, den verwaisten Platz des Richtschützen einzunehmen. Im Handumdrehen lernte er die Vorzüge dieser Waffe kennen, ihre präzise Mechanik, ihre Beweglichkeit, die imposante Schußfolge ihrer Doppelläufe. – Tags darauf stießen sie auf eine verlassene Vierlingsflak. Von einem Holunderstrauch prächtig getarnt, stand das auf Raupen montierte hochkomplizierte Schießgerät, das seiner Vorstellung von Liquidierung und Dezimierung auf ideale Weise entsprach. Sich im gefederten

Schalensitz um die eigene Achse drehend, brachte er nur ein einziges Wort heraus: faszinierend! Im Schatten einer Remise den kümmerlichen Rest der ehemaligen Besatzung aufstöbernd, stellte er aus den lädierten Mannschaften zwei kampfstarke Bedienungen zusammen, übernahm die Mittagswache. Es war drückend heiß. Die stupide Gleichförmigkeit der endlosen Sonnenblumenfelder machte ihn schläfrig. Lustlos blinzelte er durch die Optik, lud durch, übte aus purem Zeitvertreib das Drehen und Schwenken der Zwillingsläufe. Aber dann straffte sich mit einem Ruck seine vornübergebeugte Gestalt; er wurde hellwach. Vor ihm auf dem gegenüber liegenden Hang, der mit Maiskolben spärlich durchsetzt war, erschien ein Panzer-Spähwagen des Gegners. Er kam rasch näher, ein emsig vorrückendes, käferartiges Gebilde. Auf Steinwurfnähe blieb das Fahrzeug stehen. Die Staubwolke fiel in sich zusammen. Ein Turmluk wurde geöffnet. Rotarmisten kletterten heraus. Der Erste schien regelrecht Schiß zu haben. Ein Halbwüchsiger in einer Sommerbluse, dem besser ein Schulbuch angestanden hätte als der Feldstecher eines Spähers. Poßnitzer sah im Glas die ungesunde Färbung der pickeligen Haut, das schweißige Nackenhaar und den wie in Atemnot aufgerissenen Kindermund. Der Zweite war gelenkig wie ein Bodenturner, balancierte übermütig auf der Panzerwulst des Drehkranzes. Der Dritte hatte ein richtiges Eulengesicht. Poßnitzer entdeckte auf seinem Uniformhemd einen roten Emaillestern. Eine Regung des Neids erfaßte ihn. Nervös schwenkte er sein Nachtglas auf den Vierten, den Spähtruppführer, der nun voll im Profil stand und genießerisch an seiner selbstgedrehten *Machorka*-Zigarette zog.

Poßnitzers eigentliches Verdienst bestand darin, daß er die Vierergruppe entschlossen aus dem Okular nahm und so die Verfänglichkeit dieser Idylle in die angemessene Perspektive rückte (in den Bereich sachlich-kühler Abstraktion). Er maß nicht länger ihre Gegenwart mit der Elle menschlicher Glückserwartung, wies auch die Regung des Neids gelassen von sich. Lehrbuchmäßig gekonnt, nahm er den Spähwagen ins Ziel, umzirkelte ihn in konzentrischen Kreisen. Nun sah er nur noch die Umrisse der Gruppe, die scharfen Konturen der Lederhelme, die Rauchringe in der Luft (die merkwürdig rund in der zitternden Stille hingen) und schließlich das Fadenkreuz, das dies alles zerschnitt . . .

Tagebuch Hartwick:

14. Juli 43: Die Feuerüberfälle nach russischem Exerzier-Reglement dauern unvermindert an. Das Bachbett der *Worskla* mit ihren Erosionsnarben dampft aus allen Poren. Verlassene Schützengräben, von Flammenwerfern angesengte Unterstände, schwarz wie ausgeräucherte Hornissennester. Einen beschissenen Morgen lang zusammengekauert in einem Erdloch, das unter den Einschlägen wandernder Granaten allmählich einzustürzen beginnt.

15. Juli: Bei Tagesanbruch in den Sperrfeuerraum *Bubny-Gerzowka* eingeschleust. Dicht aufgeschlossene Nachschubkolonnen verstopfen den Flaschenhals von *Sybino* und bleiben im hageldicht liegenden Werferfeuer, unter Anzeichen von Panik und Befehlswirrwarr, stecken. Als Radfahrer einer Vorausabteilung bleibe ich beim Marsch durch ein erntereifes Kornfeld mit dem Pedal an einer Strippe hängen. Im Angriff tieffliegender *Iljushins* in Panik, verheddere ich mich im Kabelgefitze, bis ich gefangen bin wie ein Fisch im Netz . . .

16. Juli: Nachts in *Butowo* bei trostlosem Sprühregen Biwak in hastig aufgeschlagenen Viermannzelten. Zum Eingewöhnen das katzenartige Gefauche der *Stalinorgel,* das mir durch Mark und Bein geht . . .

17. Juli: Ankunft beim Kompanietroß, der im Hinterland gemütlich Läuse knackt und Skat drischt. Anödende Kameraderie der Küchenbullen, Kammerfritzen und Kommißköpfe, die weit vom Schuß ihre Druckposten kaschieren mit forschem Parolengeschwafel. Klamottenwechsel und Großreinemachen unter freiem Himmel. Gegenseitiges Sich-Anpflaumen: »Wie kann man nur so auf den Hund kommen? – Wie kann man nur so Speck ansetzen und verspießern?« – Während des Wartens auf die entlausten Drilliche überfallartiger Angriff durch Tiefflieger. Nackt zwischen Uniformstapeln, packt mich blankes Entsetzen beim Gedanken an einen Fangschuß. Warum eigentlich bloß? Fühlte ich mich denn in den schweißklammen, verdreckten Klamotten kugelsicher? . . .

28. Juli: Wie festgenagelt auf einem von Granaten durchpflügten Stück ukrainischer Schwarzerde. Hitze, Staub, Durst, Ekel, Müdigkeit. Die einzige Wasserstelle eine Panzersuhle vom Vortag. Dort schöpfen dem Delirium nahe Pioniere Moorwasser in ihre Kochgeschirre, das Schmutzränder vorweist und Ölrückstände ...

7. August, vormittags: Vor den Windmühlenhügeln von *Nowo-Borissowka.* Überfallartiges Hervorbrechen sowjetischer Panzerpulks, hinter wie auf Kommando kippenden Kornpuppen. Wie ein Marathonläufer keuchend um mein Leben gerannt. Mit hängender Zunge *Borissowka* erreicht. Auf die Küchenbesatzung einer Flakstaffel gestoßen, die ahnungslos warmes Essen austeilt.

7. August, nachmittags: Unter zeitweisem Nieselregen durch niedergetrampelte Maisschläge und über verschlammte Gretterwege. Apathisches Dahintrotten mit umgehängten Knobelbechern und zerlegtem Maschinengewehr. Ein sowjetischer Tieffliegerangriff läßt die Rinderherde, die einen Hohlweg unterhalb von *Chotmysk* verstopft, schlachtreif zurück. – Brielitz, einundzwanzig geworden, in einer Anwandlung melancholischer Selbstüberschätzung: er sei jetzt volljährig und nunmehr Herr seiner Entschlüsse! – Daß ich nicht lache ...

8. August: Bei Sonnenaufgang am Stadtrand von *Graiworon* in einen Knäuel geplünderter Troßfahrzeuge geraten. Herrenlose Gespanne mit Hausrat zwischen wildgewordenen Kutschern und scheuenden Pferden. Die Sonne als Purpurqualle über den Kuppeln der Kathedrale. Zwischen den Wagenburgen eingeschüchterter Zivilisten formiert sich ein Kampfverband aus versprengten Einheiten. Gewehrschützen feuern wie besessen auf einen russischen Nahaufklärer, der, wirkungsvoll über den Baumwipfeln operierend, alle naselang aufkreuzt ...

9. August: Zwangsrast auf verlassener Kolchose. Nervöses Dahindämmern im Fliegengesumme geräumter Stallungen, die noch warm sind von frischem Kuhdung. Gutgetarnte Vierlingsflak hinter Holundergebüsch. Zwischen hitzeknisternden, staubdürren Maisstauden Schützenwagen der Sowjets, an der Flanke deutlich erkennbar der rote Fünfzack.

Eine ahnungslose Kippengemeinschaft von Rauchern läßt sich für eine *Machorka*-Pause auf der Einstiegluke nieder. Dann löst ein Feuerstoß aus der Vierlingsflak in Bruchteilen einer Sekunde drei Kettenraucher in Qualm auf. Hysterischer Anfall eines Neuzugangs, der das Schwein von Richtschütze lynchen will. – Ich stehe starr vor Schrecken und Scham . . .

12. August: Staubfahnen vorpreschender T 34 und KW I, auf Kilometer hin sichtbar. Röhrende Abschüsse, Feuerzungen und der berstende Explosionsknall auf Panzerplatten. Die glücklose Attacke einer *Tiger*-Abteilung, die wegen Getriebeschaden vorzeitig das Feld räumt. Das längst langweilig gewordene Spiel mit tödlichem Ausgang: Mühle auf und Mühle zu! Stundenlanges Vor-Sich-Hindösen auf einem Munitionsschlepper. Im Stehen fast eingeschlafen und von der Deichsel gefallen. Im Blickwinkel meiner vor Müdigkeit krampfhaft zuckenden Augenlider die zerfranste, zerfledderte Peripherie von *Achtyrka* . . .

21. August: Mit einem Sicherungstrupp der Kompanie ostwärts von *Weprik* am lehmwassrigen *Psoil*. Ohne Flankenschutz und Feuerunterstützung, in einem Hals über Kopf angesetzten Infanterieeinsatz. Mit meiner kampfschwachen MG-Gruppe im knüppeldichten Unterholz am Rand einer Waldschneise, die ein schmales Niemandsland bildet. Im Stehen eingeschlafen und über mein eigenes MG 34 gefallen . . .

22. August: Mit Knobelbechern im schmatzenden Morast, die zerschundene Schulter unter der Zentnerlast, knieweich in den Kniekehlen des Vordermanns, in der Nase der stechend-süßliche Verwesungsgeruch eines Pferdekadavers, der im Brackwasser treibt. »Wasser marsch!« – das belfernde Kommando des Truppführers im Ohr, tauche ich – die Arme unter den Brückenträger gestemmt – brusttief in der aufgewühlten Lehmbrühe. Als Fontänen trübgelben Wassers hochschießen, versuche ich instinktiv auszubrechen, aber so wenig sich die Füße eines Tausendfüßlers selbständig machen können, kann ich aus dem dichtaufgerückten Trägertrupp seitlich ausscheren. Unter Bellauten setze ich – Schulter an Schulter mit »Armleuchtern, Arschgeigen« – rohbehauene Achtmeter-Stämme auf eingerammte Pfähle. Noch immer treibt mir das Zotenreißen Aufsicht führender Kapos die Schamröte ins

Gesicht: »Wird's bald, ihr Lahmärsche? Der nächste Herr auf dieselbe Dame!« Und dazu der immer gleiche, bis zum Überdruß gedrillte Bewegungsablauf, die bis in den Schlaf hinein mich verfolgende Vorstellung, wie ich, die Arme hochgestemmt, von den anderen unbemerkt, lautlos in den ziehenden Wirbeln versinke.

Mein Gott, was blättere ich da nur auf, diesen unsinnigen militärischen Kraftakt? Ein hingepfuschtes Provisorium, das den morgigen Tag nicht überdauern wird. Der Befehl, die Behelfsbrücke in die Luft zu jagen, ist sicherlich längst unterzeichnet, der Kradmelder, der ihn überbringen soll, vielleicht schon unterwegs. Mehr als eine versprengte Nachhut wird die rettenden Planken wohl nicht überrollen. Und eine ungleich witzigere Variante dieses Irrsinns ist auch denkbar: daß der Gegenbefehl, der die Sprengung widerruft, erst eintrifft, wenn die Brücke zerstört ist. »Also ihr faulen Säcke, keine Müdigkeit vorschützen!« Im Karacho geht's die glitschige Böschung hinunter. »Wasser marsch!« Der Stumpfsinn beginnt von vorn ... Gegen 18 Uhr Ortszeit eine Kolonne der Heeresartillerie im Anmarsch auf die abgebrochene Brücke. Kommando zurück, fieberhaftes Wiederaufnehmen der Bautätigkeit. Nach Abzug der Nachhut Brücke befehlsgemäß gesprengt. Da kommt eine Abteilung Radfahrer angeprescht, vor Sowjetpanzern flüchtend – die geht buchstäblich baden ...

25. August: Tolldreister Anflug eines alten *Henschel*-Hochdeckers, der sich mit dem Altersstarrsinn eines Invaliden auf gegnerische Konvois stürzt. Vor Kumulustürmen in starker Aufdrift schraubt er sich wacker hoch, verhält einen Augenblick am Scheitelpunkt der Ekliptik, kippt, stößt wie ein unwirscher Jagdfalke herab, fädelt sein langsames Bordfeuer ein, entkommt mit knapper Not im prasselnden Flakbeschuß.

1. September: Wieder im Feuerbereich schwerer Haubitzen- und Kanonenbatterien. Gehen in Schützenkette über ein abgeerntetes Kornfeld. Sonnenreflexe auf Hügelkuppen, von Wolkenschatten gestreift. Wanderfontänen aus hochgerissener Schwarzerde und fettem Stickstoffqualm. Über den futuristischen Häuser-Kuben von *Cadjatsch* eine aufziehende Gewitterfront. Blaugekalkte Lehmwände unter goldgelbem Dachstroh. Eine Untergangsstimmung – theatralisch ...

2. September: Schon beim ersten Antreten vor der Front setzte er mich seinen kleinlichen Schikanen aus. Standesdünkel unter der Schirmmütze, der auf Rang und Dienstjahre pocht und die ordenlose Brust als ständigen Vorwurf mit sich herumschleppt. Als ob ich, der ich Kleingemüse vorweisen kann, schuld wäre an seiner Dürre. Gegen neun Uhr Vorgehen russischer Infanterie auf gegenüberliegenden Höhenzug. Abgeschwächtes Kampfgeschrei treibt den Oberfeldwebel zu einem heroischen Entschluß: Als erste Vorsichtsmaßnahme beordert er mich kurzerhand ins deckungslose Vorfeld. Als wären Horchposten nötig, die Annäherung des Gegners zu signalisieren. Der tarnt sich nicht mehr leisetreterisch, kommt wie in einer Prozession mit Kreuz und Fahnen. – Krieche also auf allen vieren durch schlappe Krautwildnis, hebe mit eng an den Körper gepreßten Ellbogen und flach geführtem Klappspaten eine Schützenmulde aus. Stimme des Leuteschinders auch im Pfeifen der Kugeln überdeutlich an meinem Ohr. Hinter mir die ganze maulfaule Sippschaft, solidarisch in ihrer Duckmäuserei. Schlappes Hinnehmen der Schikane. Ich in meinem Einmannloch tollohrig, im Geprassel schlagartig einsetzenden Schrapnell-Feuers . . .

3. September: Unter wachsender Nervosität, unter steigenden Verlusten Wellen von Infanterieangriffen abgewehrt. Einbrüche an linker Flanke im Gegenstoß abgeriegelt. Als Revanche pflastern uns neun T 34 einen Nachmittag lang die Hucke voll. Einer der Neuen, erst wenige Tage in der aufgefrischten Gruppe, verliert die Nerven. Schreiend und nach der Mutter rufend, springt er aus seinem schützenden Deckungsloch. Eine Panzergranate halbiert ihn mitten im Laufen.

4. September: Planloses Schanzen, fickriges In-Deckung-Stürzen unter den Splitterbomben von *Iljushins,* in Masthöhe ausgeklinkt, die zwischen hastig getarnten LKWs explodieren. Belferndes Karabinergeplänkel gegen das klatschende Schlagen der Bordgeschosse. Erst bei Einbruch der Dämmerung dem halbierten Neuzugang, den ich nicht einmal dem Namen nach kannte, ein Begräbnis besorgt – in die Zeltbahn geklaubt, was von ihm übriggeblieben ist.

5. September: Im ersten Büchsenlicht Stellung bezogen in einem taunassen Krautacker. Stures Festhalten eines Hügelrückens, der nach meinem Dafürhalten keinerlei taktische Bedeutung mehr haben kann. Dafür am Nachmittag kampflos ganzen Höhenzug geräumt, einen Trumpf vorschnell aus der Hand gegeben, was uns ins Schleudern bringen dürfte. Einer der Duckmäuser, dem der »Arsch auf Grundeis« geht, verkrümelt sich klammheimlich. Einer der Scharfmacher, der mich beim Oberfeldwebel verpfiff wegen defaitistischer Äußerungen, wird mir als Munitionsträger zugeteilt. Er ist so kleinlaut, daß ich seinen Angstschweiß buchstäblich durch seine Uniform hindurchrieche . . .

5. September, spät nachts beim Verpflegungsempfang: Essenholer bringen Dosenbier in die vorderste Linie. Helmloser rabiater Funker vor seinem tragbaren Gerät, imitiert stockheiser Passagen aus einer Rede des »Gröfaz« –: »Wo der deutsche Soldat steht, da steht kein anderer!« – »Ja, wo steht er denn, der lausige kleine Racker?« – »Vor lauter Gedränge kommt er noch ins Schwitzen.« – »Ja, soll ihm denn der Iwan, wo er ihm schon in den Hintern tritt, auch noch auf die Zehen treten?« – Sarkasmus auf der ganzen Linie, während mein parteifrommer Oberfeldwebel wie ein Truthahn puterrot anläuft . . .

8. September: Nichtbefohlener, selbstverordneter Rückzug auf eine Bahnwärteridylle. Strohlager in geplünderter Bauernkate entdeckt und offenes Feuer gemacht. Im Schein des aufflackernden Brandes leere Wodkaflaschen gezählt, die eine fluchtartig verlassene Bettstatt umstellen. Kampfwert der eigenen Kompanie taxiert, die auf zwei notdürftig ausstaffierte Halbzüge geschrumpft ist. Unruhiger, durch die Blasenschwäche einiger notorischer Trinker unterbrochener Schlaf. Während das Bataillon planmäßig verheizt wird, eine kompaniestarke Nachhut von Infanteristen sich unplanmäßig absetzt, leiern Sprengtrupps die »Taktik der verbrannten Erde« herunter, als letzten Glaubenssatz in einem durchlöcherten Credo . . .

9. September: Nachts bei verschleiertem Mond Zeltbiwak in *Tschechow'scher* Kirschbaum-Wildnis. Im Schein der Brände Bienenstöcke geplündert. Mich über den Wagemut der eigenen Leute lustig gemacht, die schreiend und um sich schlagend zum Brunnen stürzen. – Wagemut? Wie man seine

Maßstäbe doch täglich um einige Handbreiten niedriger steckt. Der Verlust an Haltung und Würde nimmt sichtlich zu . . .

10. September: Beim überstürzten Zurückgehen aus einem Straßendorf im Stauraum *Cadjatsch-Lebedin-Lochwiza,* dessen Name ich schon nicht mehr behalten kann, auf Schwerverwundeten gestoßen. Mit letzter Kraft sich aus einem Gebüsch schleppend, klammert sich ein blutjunger Fähnrich an meinen Stiefeln fest, bettelt um meine geladene Pistole. Ein Sanitätstrupp, der unseren mörderischen Handel zum Glück rechtzeitig entdeckt, verlädt den Todessüchtigen kurzerhand auf einen *Sanka* und prescht mit ihm davon. Aufatmend über diesen gnädigen Zufall nachgedacht . . .

Flucht nach Kasatschja-Lisizza

Als Brielitz die Augen aufschlug, wußte er nicht sogleich, wo er sich befand. Es war jene mausohrige Frühe um ihn, wie er sie aus einer längst verflossenen, vielleicht auch nur geträumten Existenz her kannte, und er duckte sich fröstelnd in das Dickicht der Halme. Sekundenlang zögerte er, etwas wahrzunehmen. Aber dann löste sich aus dem Halbdunkel der banale Umriß seiner Knobelbecher und die kaltschnäuzige Gegenständlichkeit einer *Null-Acht,* die ihn an seinen soldatischen Auftrag mahnte. Sein speckiger Brotbeutel wurde sichtbar; ein wütend benagtes Keulenstück verdorbenen Pökelfleischs, unappetitlich, pomadig, mit jenem leichten Stich, der ihn zum Erbrechen reizte. Streifen um Streifen hatte er aus diesem Beutestück herausgeschnitten, Würfel um Würfel aus diesem Fettberg gestanzt; ein wahres Hungerstakkato hatten seine Finger vorgeführt. Jetzt aber saß er halb aufgerichtet, blinzelte verschlafen aus seinem Versteck. Er sah das Dachgespärr über sich, das aufgeschichtete Stroh, die leeren, flachgequetschten Fruchtstände: sein enges, von Angst umzirkeltes Refugium.

Wie lange eigentlich schon nistete er hier als Vogelfreier, als Strauchdieb, als Versprengter? Er hatte jedes Zeitgefühl verloren, wußte nicht recht, hatte er nur Stunden verschlafen oder schon ganze Tage? Eines schoß ihm siedendheiß ins Gehirn: Er war nicht zu seiner Gruppe, seiner kämpfenden Einheit zurückgekehrt. Unfaßbar schien ihm, daß er den Absprung gewagt hatte. Das eindringliche Gehupe vom Ortsrand her hatte ihn lange zaudern lassen. Doch dann scheuchte es ihn nur um so tiefer in seine Ohnmacht, seine Verlorenheit. Er war hinabgestiegen in die unauffindbaren Schlupfwinkel des Schlafes. Lurch und Maulwurf, in ihr schützendes Erddunkel verpuppt, augenlos, fellumkleidet, mit Schaufelhänden ausgestattet, hatten ihn angelockt. Er würde nun graben wie sie, stumm im Wurzelwerk, in den Schichten versunkener Gräser und Farne. Er würde die herauflotende Tiefe der Wasseradern ahnen, das Wirken magnetischer Kraftströme spüren, das Wimmeln von Laternentierchen in den Blattverliesen der Stille. Aber durfte er glauben, dem Schicksal auf solch naivpoetische Art der Verweigerung entfliehen zu können? Selbst noch im Schlaf begegnete er den Figuren seines Kummers, seiner trotzigen Verzweiflung.

. . . Es hatte alles damit begonnen, daß Angehörige seines Bataillons, das sich zum Angriff bereitstellte, durch Zufall und die selbstmörderische Gastfreundschaft eines Ukrainers ein Quartier bezogen, das ein wahres Juwel beherbergte. Außerhalb der Reichweite gegnerischer Artillerie liegend, stach dieses Gehöft ihrem Kompaniechef lebhaft ins kulinarisch verwöhnte Auge. Brielitz, dem Vorkommando zugeteilt, das Quartiere anwies, sah das Dach mit den Tabakschnüren unter der Traufe und wunderte sich, daß das Gehöft nicht längst belegt war. Er sah Zwiebelzöpfe vor spiegelblanken Scheiben, die das Sonnenlicht auffingen, sah dümmliches Federvieh in Sandkuhlen scharren, stand sprachlos in der Stille des Julinachmittags, als schlüge er augenblicklich Wurzeln.

Er, der nur Bunker bewohnt, sich in Kahlschlägen festgesetzt, in Schneewächten eingeigelt hatte. Er, der die Eisbarrieren von *Mamushi* und *Moskrosenz* kannte, die Lehmburgen an der kleinen *Worja,* die Sandfallen von *Korrowino.* Er, der ein halbes Tausend mehr oder weniger exakt gewinkelter Schächte hinterlassen hatte, schrägwandig, unter den Lichtwirbeln zweier Sommer, Gruben für seine wechselnden Aufenthalte. Nie war er über freies Feld gelaufen, ohne sich vom ersten Schritt an im Fadenkreuz eines Scharfschützen zu sehen. Seine lachhafte Vorsicht, mit der er Schlupfwinkel durchsuchte oder ein Gelände auf Hinterhalte abklopfte. Erfinderisch in neuen Tarnmethoden, einfallsreich beim Ausbau von Einmannlöchern, lautete sein probater Leitspruch: »Eine Landschaft ist vollkommen, wenn sie Deckungsmöglichkeiten bietet!«

Und nun also dieses Gehöft, das er mit einer Arglosigkeit betrat, als umschlösse es einen Bezirk wunschloser Friedfertigkeit. Dabei wußte er lediglich, daß es die *Nummer* 6 war auf der linken Seite des Gretterweges, der das Kirchdorf mit dem Zungenbrecher-Namen in zwei gleichgroße Hälften teilte.

Shenja war dunkelhaarig, von schmalwüchsigem Typus und einer herben Anmut, die sich jeder zudringlichen Neugier widersetzte. Unter ernsten Augen hütete sie wie einen Brautschatz ihr zärtliches Lächeln. Ihr schwarzer Plissee-Rock, ihre weiße gestärkte Hemdbluse, ihre hochhackigen Schuhe zeigten eine gewisse städtische Eleganz, eine kultivierte Scheu, die unter Gleichaltrigen Neid, ja Eifersucht auslösen mochte. – Schon am ersten Tag, als er sie in Vertretung des Kompaniemelders zur Ortskommandantur begleitete, eines dringend benötigten Stempels wegen, fiel ihm auf, wie sich einige Halbwüchsige bei ihrer Annäherung grußlos abwandten. Gut, gut, ihm als Deutschen waren sie weder Höflichkeit noch Respekt schuldig. Warum aber ließen sie ihren Unmut an *Shenja* aus?

In den ersten Stunden ihrer Bekanntschaft – wenn er ihr belustigtes Grüßen und Kopfnicken Bekanntschaft nennen wollte – war es für ihn ein Leichtes, seine häufigen Besuche mit dringlich scheinender Ordonnanztätigkeit zu kaschieren. Zudem war sein Bataillonschef ein erklärter Liebhaber der Botanik, der seinen Kübelwagen mit Vorliebe in einer Klematislaube parkte – sicherlich nicht nur, um ihn gegen Fliegersicht zu tarnen. Brielitz konnte also zwischen den Buchsbaumrondellen aufkreuzen, ohne gleich von den Spaßvögeln als »auf Freiersfüßen befindlich« verlästert zu werden. Doch die Herrlichkeit der Anlaufphase gegenseitiger Befangenheit dauerte nicht lange. Der Stichtag X der geplanten Offensive rückte heran. Eine fieberhafte Betriebsamkeit setzte ein. Nachts rollten bei abgeblendeten Scheinwerfern die gepanzerten Kolonnen. Die Streifzüge des Botanikers in die Gartenwildnis entfielen und damit auch die Anlässe, unter dem Vorwand der Befehlsvermittlung »rein zufällige Begegnungen« herbeizuführen.

Der Hausherr, *Shenjas* Onkel, ein untersetzter Graukopf, kurzsichtig und von einer naiv-gefährlichen Verehrung für alles Fremde und militärisch Pomphafte, lud – von den martialischen Aufmärschen halb erschreckt, halb fasziniert – den Kommandeur und die Herren des Stabs zu einem Umtrunk ein. Niemand hatte ihn eingeweiht oder gar ins Vertrauen gezogen. Aber er las es wohl aus ihren feierlich verkrampften Gesichtern, daß irgend ein dramatischer Umschwung bevorstand. Er wollte sich wenigstens als spendabler Gastgeber erweisen. Den Todgeweihten Reverenz zu bekunden, war für ihn schlichte Christenpflicht. Also begann er schweigend Gläser zu wischen, Tische zu rücken, Sessel im Halbkreis aufzustellen. Abends, als die Sonne den Horizont berührte – ihr loderndes Wabern wirkte auf ihn wie ein warnendes Fanal –, entzündete er die wenigen verfügbaren Kerzen.

Brielitz, dem die haushälterische Umtriebigkeit des Alten zunächst schleierhaft vorkam, schlich sich in einem unbewachten Augenblick davon. Verwundert fragte er sich, warum *Shenja,* die ihrem Onkel sonst ständig zur Hand ging, sich so zurückhielt. Tadelte sie die Vorbereitungen dieser trickreich anberaumten, unnatürlichen Feier? Unschlüssig stand er auf der Schwelle ihres Zimmers. Er sah eine weißgekalkte Wand mit einer Ikone vorüberziehen. Seine Augen zukneifend, sah er einen Schatten anwachsen (es war zu seiner Erleichterung sein eigener). Im Licht der untergehenden Sonne gewahrte er eine riesige Wandkarte; er geriet in den Sog einer ungeheuren Landmasse, verfing sich in einem Netz, einem Aderngeflecht von Strömen und Flüssen, spürte die mächtige Dünung und trieb benommen weiter. Er nahm die Kante eines roh gezimmerten Tisches wahr, das geschwungene Herzstück einer Sessellehne. Zugleich sah er den rotbraunen Ast in der Tischplatte, der wie eine Insel aus dem schwammigen Weichholz ragte, und mehr noch: einen Regulator, dessen Perpendikel stillstand, den Lederrücken eines Folianten, das scharf gezeichnete Fensterkreuz, das Partien der Klematislaube rahmte – schließlich die Schmalseite eines Regals mit Puppen und Stofftieren, vor dem die junge Lehrerin stand. Ihm aber war, als schlüge sein Herzvogel wild gegen die Gitterstäbe seines Käfigs . . .

Der Umtrunk begann mit einem Toast auf den Gastgeber. Der Kommandeur hielt das erhobene Glas vorschriftsmäßig mit abgewinkeltem Ellenbogen in Brusthöhe: »Meine Herren, auf daß uns der Sieg nicht übermütig mache!« Sein zuprostendes Lächeln gefror ihm auf den Lippen. Die Herren seines Stabs, die ihn respektvoll umstanden, schlugen die Hacken zusammen. Sie zeigten die übliche lärmende Ratlosigkeit, mit der solche Verlegenheitsrituale anlaufen. Auf dem gutmütigen Gesicht des Gastgebers erschien eine Unmutsfalte. Trotz des Zuspruchs, den seine selbstgebrannten Liköre fanden, war er verstimmt, ja verärgert. Die Weigerung seiner Nichte, an dem Umtrunk teilzunehmen, verdroß ihn. Warum mußte sie ihm den Abend verderben?

Die Deutschen zu einem Trinkgelage anzustiften, war sicherlich alles andere als klug. Aber er haßte es, wenn man Gastfreundschaft mit Kollaboration gleichsetzte. Himmel, er hatte die *»nemezki«* nicht in sein Haus genötigt. Er ahnte seit langem, daß man gehässig über ihn und seine Nichte tuschelte. Konnte er dafür, daß *Shenja* reizvoller, liebenswerter war als die Mädchen im Ort? Anlässe zu Eifersucht gab sie freilich allein schon durch ihre Erscheinung. Aber mußte er sich den Vorwurf gefallen lassen, er krieche den Deutschen in den Hintern? Mancher sah *Shenja* wohl schon an die Offiziere verkauft, wo doch *Shenja* wie eine Nonne lebte! Er fürchtete mit einem Mal dieses törichte Getuschel, das hinterhältige Geschwätz. Er ein angeblicher Opportunist, ein ehrvergessener Kuppler und auch noch Vaterlandsverräter! Er konnte nur den Kopf schütteln vor soviel Engstirnigkeit, ahnte aber, daß irgend etwas von diesen Anschuldigungen im Gedächtnis hängen bliebe, auch wenn nun die Anwesenheit der Fronttruppe die vorlautesten Schandmäuler mundtot machte.

Es war ihm nie recht klar geworden, auf welch rätselhafte Weise *Shenja* an seine Adresse geraten war. Aus ihrer Heimat am Unterlauf des *Don* vertrieben, hatte er die Waise wie eine leibhaftige Tochter aufgenommen und ihr den Rat gegeben, sich als Lehrerin auszugeben, die vor den Sowjets geflüchtet sei. Durch ein gütiges Schicksal vor einer Deportation glücklich bewahrt, bewohnte sie seit dem Frühjahr ein Zimmer in seinem Haus, zeigte sich anstellig, hilfsbereit – und nun widersetzte sich die Närrin seinem Wunsch und verdarb ihm den ganzen Abend! Warum zwang sie ihn, unglaubwürdige Ausreden für ihre Abwesenheit zu erfinden? Als ob die Herren nicht längst ihre Nähe gewittert, nicht längst ihre vogelleichten Schritte vernommen hätten. – Verärgert erhob er sich, sah ratlos zur Tür, zuckte resigniert mit den Schultern, wandte sich wieder seinen Gästen zu, die noch immer ihre Trinksprüche klopften und den Eindruck erweckten, als kippten sie, mit ihren Gläsern voran, langsam über ihre eigenen Schatten. Der Kommandeur in einem Stadium beginnender Versteinerung:

»Meine Herren, auf daß uns der Sieg nicht durch die Lappen gehe!«

Was *Shenja* veranlaßt haben mochte, doch noch an der Feier teilzunehmen, niemand erfuhr es je. Aber sie erschien plötzlich unter der Tür: weiß und barhäuptig. Brielitz wählte mit Absicht diese puritanisch klingenden Adjektive. Als Chronist des Abends wollte er jeden Aufruhr, jeden Gefühlsüberschwang im Keim ersticken. Doch den Herren verschlug es die Stimme. Als das sonnenwarme Destillat zu wirken begann und die Zungen löste, riefen sie gebieterisch nach einem Musikanten; der begann auf einer Ziehharmonika, die er nach Matrosenart hielt, eine sattsam bekannte Melodie zu malträtieren. Mit Ausnahme des Kommandeurs, der wie sein eigenes Denkmal konturenscharf im Fenster stand, schifften sich die Herren Stabsoffiziere nach *Madagaskar* ein, »hatten die Pest an Bord – –« Die lärmenden Refrains übertönten lautstark ihr rauhkehliges Gelächter. Von ihrem Ofenplatz herab kreischte eine zahnlose Alte, die die Herren mit Wehrmachtsfusel traktierten.

In einer Wachsamkeit, die nichts Gutes verhieß, saß Brielitz stumm vor einem gefüllten Glas. Er hob es nur dann an die Lippen, wenn er sich einbilden konnte, *Shenja* proste ihm heimlich verschwörerisch zu. Oft genug setzte er es ab, ohne auch nur daran genippt zu haben. Im Tabaknebel war nämlich nicht mit Sicherheit auszumachen, welcher ihrer zärtlich-verspielten Blicke ihn persönlich meinte und welche glatt durch ihn hindurchgingen. Vielleicht hatte sein Gesicht für sie längst die vertraute Form erkennbarer Züge eingebüßt. Vielleicht war es nur noch umrißschwaches Oval unter Ovalen – in dieser Musterkollektion von Charakterköpfen.

Eigentlich hatte er ja gehofft, *Shenja* werde die Aufforderung des Adjutanten, mit ihm den Tanz zu eröffnen, mit dem Geständnis abblocken: ihr erster Tanz sei bereits vergeben! Als sie am Arm des Ritterkreuzträgers die ersten Figuren eines langsamen Walzers drehte, stieß er enttäuscht sein Glas zurück. Den Wunsch, es zu zerschmettern und sich mit den Scherben zu verletzen, damit wenigstens fließendes Blut seine Leidenschaft offenbare, unterdrückte er. Soviel Selbstbeherrschung brachte er gerade noch auf; er leerte also den Rest in seinem Glas nur um eine Spur angewiderter als üblich. – Wie konnte er sich auch ernsthaft unter solche Konkurrenten ins Spiel mischen, als ebenbürtiger Rivale gegen Akademiker antreten, die allein schon durch ihren Formenkanon eine höhere Gattung Mensch verkörperten? Brielitz mußte hohnlachend an seinen früheren Leitspruch denken: »Erst kommt der Mensch mit seinem Charakter — —!« Eine demütigendere Antwort, als ihm diese selbstgefälligen Glücksritter und Postenjäger erteilten, ließ sich wohl nicht denken. Es war ganz eindeutig: Die Uniform zählte, nicht, was sich darunter versteckte!

Auch sein maßvolles Trinken zeigte allmählich Wirkung, hatte er doch am Abend vor lauter eifersüchtiger Beflissenheit das Essen verpaßt. Ihm jetzt einen Imbiß zuzustecken, vor diesen professionellen Herzensbrechern, das würde seine schmachtende Seele gelabt haben! So aber – mit leerem Magen und der Enttäuschung über das ausgebliebene Wunder – verfiel er nach und nach in Selbstmitleid. Seine Fähigkeit, das Trinkgelage in all seinen Phasen zu überwachen, litt unter seinem verhinderten Geltungsdrang. Auch seine Tauglichkeit als Chronist ließ zu wünschen übrig. Die Gemütsruhe, aus solch einem unfairen Wettbewerb auszusteigen, mußte er sich erst noch aneignen.

Einer der Gründe, warum Brielitz sich hütete, aus der Rolle zu fallen, war *Shenjas* untadelige Art zu tanzen. Auch die aufgekratzteren Tänzer mußten sich eingestehen, einer Unbeschwertheit begegnet zu sein, die jede Intimität von vornherein ausschloß. Keiner konnte sich brüsten, mit dieser jungen Russin Körperkontakt gehabt zu haben. Ihn tröstete, daß sie auch nach endlosen Pirouetten, wenn sie erhitzt und atemlos ihren Partner tauschte, auf Distanz blieb, von ihrer fabelhaften Kondition gedeckt. Ihn beflügelte zeitweise die verwegene Hoffnung, daß ihm vielleicht eine menschenwürdigere Form der Ungehemmtheit bliebe als das Delirium des unfreiwilligen Trinkers.

Einmal sprang er in einem Anflug von Entschlossenheit hoch. Wer ihn beobachtete, mochte meinen, er presche gegen ein unsichtbares Hindernis vor; denn er kam über die ersten überstürzten Schritte nicht hinaus. Eine Welle der Scham und Selbstbezichtigung schlug über ihm zusammen. – War nicht Mataschs wehleidige Verweigerung eine Revolte, gemessen an seinen eigenen halbherzigen Reaktionen? Hartwick hatte ihn früh durchschaut: Ihm fehlte ganz einfach die Courage, sich tapfer seinem Schicksal zu stellen, warum nicht dem eines gescheiterten Liebhabers? – Verstört zog er sich in eine der Fensternischen zurück, preßte sein erhitztes Gesicht gegen die nachtkühle Scheibe. Täuschte er sich oder flüsterte hinter dem vorgelegten Laden eine gehässige Stimme? Nun musterte ihn auch noch der beschwipste Gastgeber; sein angstvoller, gehetzt wirkender Blick streifte ihn. Doch Brielitz in seiner Gemütsverdüsterung achtete nicht weiter auf ihn. Er fühlte sich wieder einmal abgedrängt, kaltgestellt vom Schwarm enthemmter Verehrer – *Shenjas* Arme weiß und lianenhaft auf tadellosem Uniformtuch. Im Hausflur sein geladener Karabiner. – »Brielitz, jetzt spiel' mir bloß nicht den heimkehrenden *Odysseus!* Deine *Penelope* erwehrt sich schon selber der zudringlichsten Hände. Komm schon, schnall' ab! Der ›schändliche Übermut der Freier‹ ist nur eine *Homersche* Zeile in Deinem Hinterkopf.«

Eigentlich betrank sich Brielitz gar nicht wirklich. Es saß nur eben wie angeschmiedet. Mit welchem Recht nur mimte er den Gekränkten? Musterte sie nicht *alle* mit diesem anschmiegsam-verachtungsvollen Blick? »Daß sie Dir einmal heimlich einen Buchsbaumzweig auf Dein Feldbett legte, verdrehte Dir gleich den Kopf. Ein harmloses Zeichen flüchtiger Sympathie verkehrtest Du in ein Liebespfand!« – Zum Glück für Brielitz nahm die Nacht schon ab und der Tag zu; aschfarben starrte der Morgen. Die tänzerischen Pirouetten *Shenjas* erstarben. Den Lippen des Adjutanten entfuhr ein unbeherrschter Seufzer. Tadelnd hob sich der Kommandeur aus seinem rauchumwölkten Sessel: »Meine Herren, ich muß doch sehr bitten, der Sieg –!«

Mitten im Schlaf überfielen ihn die Hähne. Das Erregende an seinem Traum war die Übereinstimmung mit einer wunschlosen Wirklichkeit. Brielitz war von einer rücksichtslosen Schicksalsbereitschaft. Selbst die meßbaren Zeitabläufe unterwarfen sich seiner Regie. Ihm zuliebe brach noch einmal die Nacht an. Er trat an die abgeräumte Tafel heran, sah mit Befriedigung, wie sie sich mit einer frischen Ladung Schafskäse verjüngte, wie die Flaschen anrückten, die Flüssigkeit in sie zurückrann. Er ließ die Offiziere – in schlichtes Tarngrau verpackt – ordenlos antanzen. Mochten sie jetzt zusehen, wie sie als Ranglose mit ihrer Menschlichkeit fertig wurden. Der Kommandeur – die Versteinerung war jetzt von ihm abgefallen –: »Meine Herren, machen wir uns doch nichts vor – der Sieg ist längst verschenkt!«

Mutwillig zerbrach er sein gefülltes Glas. Alle sahen, wie sein fließendes Blut seine Leidenschaft besiegelte. Sein Antrag an die junge Lehrerin war mit Scharfsinn, Phantasie und Beweiskraft formuliert. Keine schüchternen Handzeichen mehr, kein herzlähmendes Zaudern. Nein, nichts, was ihn bloßstellte! Seine demütigende Unschlüssigkeit war nun ausgelöscht, die Herren, ihrer Privilegien verlustig, schafsfromm, in ein verdrießliches Schweigen gebannt, das er nicht so schnell aufzuheben gedachte. Er aber im Duftwind ihres Haares, in der nachgiebigen Rundung ihrer Achselhöhle, die er mit zärtlichem Ingrimm in Besitz nahm, bis er ermattet herausfiel, geweckt von Hähnen, die ihn in eine triste Welt entließen ...

Die Klematislaube, die Brielitz unter dem hämischen Geflachse seiner Kumpane aufsuchte, bot ausreichenden Sichtschutz. Das stäubende Licht, durch raschelndes Blattwerk gefiltert, entwarf auf seiner Zeltbahn lebhafte Muster. Umständlich zerlegte er seinen Karabiner. Die Schwärze des Laufs, die Maserung des Schafts, die Glätte des bräunierten Metalls – Brielitz kannte jede Stelle an diesem vertrauten und doch so fremden Instrument, das er seit Jahren im Schlaf beherrschte und im Grunde nie benützt, nur ständig mit sich herumgetragen hatte. War es bei ihm zum bloßen Anhängsel verkommen? Ganz im Gegenteil – er hatte es im Stand der Unschuld belassen!

Während er daranging, die Einzelteile zu säubern, spähte er durch das Gittergeflecht der Laube in die malerische Gartenwildnis. An ihrem Ende mannshohes Staudengewächs, Mais mit seinen violettfarbenen Rispen. Hinter der üppigen Wucherung der Giebel des Gehöfts, das offene Geviert, die mit

Tabakschnüren und Zwiebelzöpfen behängte Dachtraufe. Im Halbdunkel der Diele sein Feldbett mit den Umrissen seines Tornisters, der seit Tagen gepackt war. In diesem Augenblick trat die junge Lehrerin auf den Hofplatz heraus. Lebhaft sprang sie an ihm vorbei, warf jungenhaft ihr offenes Haar aus der Stirne. Eigentlich erst, als sie mitten im Schritt verhielt und sich nach ihm umdrehte, als wollte sie sagen: Sind wir uns nicht in einem früheren Leben begegnet? überwältigte ihn ihre Arglosigkeit und Natürlichkeit. Nachdem die Trockenheit im Mund nachgelassen und endlich Speichelfluß ihn instandgesetzt hatte, ihren Gruß zu erwidern (der zusammengesetzte Karabiner bewies ihm, daß er sich gefangen hatte), sah er sie bereits hinter einer Hecke knien und Küchenkräuter sammeln. Um sie nicht der Zerreißprobe seiner widerstrebenden Gefühle auszusetzen, verließ er fluchtartig die Laube und mischte sich – funktechnisches Interesse vorschützend – unter die Strippenzieher. In Gedanken sah er noch immer ihren vom Licht gesprenkelten Oberarm, den Ansatz des Schläfenhaars über den Ohren, das Aderngeflecht unter der durchsonnten Haut, ihre Augen, die ihn mit kühler Verwunderung maßen.

Gegen Abend bedeckte sich der Himmel von Westen her. Flugzeuge erschienen in streng dekorativen Formationen. In die wespenhaft hohen Singtöne einer Vorhut von Jägern mischte sich das Gedröhne tieffliegender Geschwader. Als die Sonne den Horizont in Brand setzte, loderte im Osten eine Gegensonne auf. Feuerwände verhängten den unteren, Flakvorhänge den oberen Himmel, in dem wie Fischschwärme *Heinkel, Junkers* und *Messerschmitt* dahinschwammen. Explosionen erschütterten das Erdreich. Mit angehaltenem Atem lag das geprügelte Land. – Brielitz, heillos ernüchtert, spürte die plötzliche Aufbruchstimmung. Er hörte das Kommen und Gehen der Ordonnanzen, die gestotterten Segenswünsche ihres Gastgebers, der nicht mehr den Mut aufbrachte, vor sein Haus zu treten. Er hatte das leidige Gezänk der betrunkenen Alten im Ohr, die ihren Ofenplatz kaum mehr verließ. Auf der Straße lärmten die mausgrauen Diesellaster. Unter dem Vordach staute sich gemästetes Offiziersgepäck. Der Kübelwagen des Kommandeurs stand bereits mit laufendem Motor, vorerst noch getarnt in der Klematis-Laube.

Brielitz, den Tornister aufnehmend, um sich feldmarschmäßig bei der Kompanie zu melden, entdeckte in einer Tasche, die er nach Tabakresten durchsuchte, ein schlicht gebundenes Kräuterbüschel. Fassungslos betrachtete er die gepreßten Blätter und Blüten, die eine zärtlich-fürsorgliche Hand zu einem Talisman (einem Liebessymbol?) geordnet hatte. Er ließ alles stehen und liegen, stürzte durchs Haus, über den Hofplatz, rief halblaut *Shenjas* Namen. Aber sie war nicht auffindbar, hielt sich wohlweislich versteckt. Als die Kolonne anrückte und er von seinem Hochsitz herab auf das Gehöft zurückblickte, entdeckte er hinter einem Fenster eine weiße, flatternde Hand, während die Vögel, unter deren Flügeln der Tod nistete, das Land überfielen, das – hinter letzten Schüben von Licht – ins Dunkel zurücksank.

Die ersten Angriffstage verbrachte Brielitz in vorderster Schützenlinie. Er rollte auf Befehl *Flandernzäune* aus dem Weg, entschärfte Panzerminen, kennzeichnete Minengassen für die vorwärtsstürmenden Grenadiere. Das Kräuterbüschel in der Brusttasche beflügelte seine Vorstellung, er laufe nicht über ein Schlachtfeld, sondern über eine Hindernislaufbahn, an deren Ende ihm eine Trophäe winkte! Doch dann versetzte ihm eine Verletzung peinlicher Natur, die er sich höchst lächerlich beim Sprung über eine S-Rolle zugezogen, einen empfindlichen Dämpfer. Er ließ sich beim Sanitäter verarzten, wurde einige Tage aus dem Verkehr gezogen, meldete sich dann freiwillig für ein Spähtruppunternehmen, das kläglich fehlschlug. Von diesem Tag an nahm er wieder alte Gewohnheiten auf, nächtigte im Freien und versteckte sich, wenn ihn der Schlaf im Stich ließ, in unmöglichen Schlupfwinkeln.

Aber er verfiel nicht mehr wie früher in jenen blindwütigen Eifer, der ihn ziellos schanzen und wie ein Maulwurf wühlen ließ. Doch die Zwangsvorstellung, er könne auf einem seiner Erkundungsgänge in einen Hinterhalt geraten, war für ihn nach wie vor voll uneingestandener Schrecken. Einzig die Vorstellung, *Shenja* böte ihm mit Salbei, Rosmarin und Liebstöckel symbolischen Geleitschutz, gab ihm jenes Quentchen

Mut, das die Schrecken mildert. Sie in seine Arme zu schließen, ihr seine Zuneigung zu gestehen, mit diesem Vorsatz würde er irgendwann einmal aufbrechen. Mit dem Jawort der beiden Alten würde er vor sie hintreten – und es spräche dann nicht die Tollkühnheit des Fahnenflüchtigen aus ihm, der die Fronten wechselt, sondern der Löwenmut des Grenzgängers, der die Blutsbande der eigenen Herkunft löst!

Der Entschluß, auf einer der regulären Aufklärungsfahrten über Land abzuspringen und nach *Kasatschja-Lisizza* zurückzukehren, war bald gefaßt. Vorwände, von der vorgezeichneten Route abzuweichen und die Erkundung befehlswidrig auszudehnen, ließen sich unschwer finden. Was die Überredung des Kradfahrers und die Tarnung seiner Absichten betraf – Mittel der Lockung wie der Bestechung würden sich schon finden lassen.

Eines Morgens war es dann soweit; mit einem Auftrag an ihn, der einem nicht alle Tage in den Schoß fiel. Schon die Nennung der Ortsnamen, die Brielitz gewissenhaft auf seiner Karte ankreuzte, ließ ihn rascher atmen. Er schnallte eine geliehene Pistole um, verstaute den Karabiner, der ihn auf der Fahrt nur behindert hätte, im Seitenwagen der schweren BMW, begab sich zur Entgegennahme der Papiere zum Kompaniechef. Die Verabschiedung verlief ohne jede Peinlichkeit. Niemand ahnte, was Brielitz im Schilde führte, keiner schöpfte Verdacht; die Chance war einmalig, der Fahrer arglos, sein Beifahrer bestechlich. Nur Hartwick grinste auf eine vertrackte Art, die Brielitz mißfiel.

Ein langsam sich abspulender Vormittag: Auf den Chromrändern des Rückspiegels schimmerte die feine Chiffrierung des Wolkenhimmels. Brielitz saß barhäuptig auf dem stark federnden Sitz des Beiwagens. Die Straße – einmal nicht das übliche Riffelbrett – war halbwegs befahrbar, der Staub erträglich, der Sonnenstand noch günstig. Gegen Mittag erst nahm die Hitze so zu, daß sie lästig wurde. Das Gelände immer vertrauter; bekannte Dörfer tauchten auf. – Der eigentliche Auftrag nahm nur wenige Stunden in Anspruch. Brielitz, die Minenfelder eines früheren Kompanieabschnitts übergebend, war erstaunt über seine organisatorische Umsicht. Ruhig erläuterte er die Pläne, führte die fremden Pioniere an die

Vermessungspunkte, erklärte das Schema der verlegten Minen. Leutselig ging er auf scherzende Zurufe ein, empfing einen Nachschlag aus der Feldküche, trat gesättigt und voll unternehmerischer Tatkraft auf die Straße zurück, wo ihr Beiwagen-Krad bereits mit laufendem Motor in der Sonne stand.

Krasny-Kutok – sie hatten einen weit nach Norden geöffneten Halbkreis abgefahren. Unschwer ließ sich auf der Karte bestimmen, daß der Ort, in dem *Shenja Tscherkaschena* wohnte, auf halber Strecke nach *Tomorowka* lag, ihrem neuen Einsatzort! Warum also, folgerte Brielitz gewitzt, sollten sie den strapaziösen Anmarschweg über stark befahrene Nachschubstraßen wählen? Damit sie einer motorisierten Streife der Kettenhunde* in die Arme liefen? Er war doch nicht lebensmüde. *Tomorowka* war sicher auch auf Nebenwegen erreichbar, ohne daß er sein Ziel aus den Augen verlor. Er wußte zwar nicht, ob die Front in diesem Abschnitt parallel zur Rollbahn verlief. Vielleicht war sie in Bewegung geraten, und die Orte, die er beschwörend vor sich hinsagte, waren längst vom Gegner besetzt. Brielitz mußte einräumen: Taktisches Manövrieren war nicht gerade seine Stärke. Seine Planungen traf er aus dem hohlen Bauch. Da blieb natürlich Unsicherheit. Sie wich auch nicht von ihm, als sie auf eine beidseitig umzäunte, wenig befahrene Straße stießen. Es dämmerte schon. Die Luft roch nach frischem Laub und durchnäßtem Erdreich. Obwohl Brielitz, über die Karte gebeugt, Ortsnamen lernte, um gegen den Schlaf anzukämpfen, überwältigte ihn doch die Müdigkeit. Der stetige Wechsel von Beschleunigung und Drosselung, von Anstieg und Gefälle schläferte ihn ein . . .

Der Angsttraum, in den er nun stürzte, war ihm wie auf den Leib zugeschnitten. Da war sein hartnäckiger Versuch, in ein Klassenzimmer einzudringen, sich dem Ansog einer ungeheuren Landmasse zu widersetzen, während er hilflos dahintrieb, vorbei an rotierenden Wänden, mit Bruchstücken von Mobiliar behängt, vorbei an einem Flaschenspalier, unter Wolken aromatischen Rauchs. Sein Kommandeur in botanische

* Feldgendarmen

Reminiszenzen vertieft: *Achillea millefolium,* blätterbehangen auch er. Schließlich die Schattenlaube, *Shenjas* Leib ihm zu Füßen, bei einem Duell ihm zugefallen, *Shenjas* drehwüchsiger Leib, den er wie seinen Karabiner zerlegte . . .

Als selbstverständliche Regel gebotener Wachsamkeit ordnete Brielitz einen Zwischenhalt an. Er knipste die Stablaterne an, strich nervös übers Kartenblatt, verfing sich in einem Gewirr von Linien. Aufatmend bestätigte er, was ihm seine beiden Begleiter zuriefen. Vor ihnen lag *Kruikowo,* ehemals Hauptverbandsplatz der Division. Im aufsteigenden Mond entdeckte Brielitz langgestreckte Mauerfluchten, Blechdächer und ein vom Regen verwaschenes *Rotes-Kreuz*-Emblem. Aber nicht diese Entdeckung ließ sie in halber Panik den Zündschlüssel drehen und die Stablaterne löschen. Mitten auf dem freien Platz stand ein rotgestrichener Doppeldecker, eine Art Museumsstück, ein klappriger Luftveteran, ein zu groß geratener Papierdrachen mit trapezförmigen Flügeln.

Brielitz verließ unter Protest seiner beiden Begleiter das Beiwagen-Krad und rannte auf die russische Maschine zu, die mit ihrem roten Fünfzack allein schon abschreckend genug wirkte. Er wußte nicht, woher er auf einmal den Mut nahm, den offenen Platz zu überqueren und sich mit dem fliegenden Unikum anzulegen. – Würde er Sonderurlaub bekommen, wenn es ihm gelänge, das Beutestück zu sprengen? Würde er es durchsetzen können, die dienstfreien Tage in *Kasatschja-Lisizza* zu verbringen? Er warf sich mit einem Anlauf gegen den Rumpf, wütete mit seinem Seitengewehr in den Spanndrähten, bis das Instrument wie ein Resonanzboden dröhnte. Er schlug mit dem Klappspaten auf das Höhenruder ein, stach in die Motorverkleidung – aber seine heldische Attacke zeigte keinerlei Wirkung. Der spreizbeinige Vogel widerstand ihm.

Dabei hockte ihm schon die Angst im Nacken. Seine Anfälle von Mut kamen über das Stadium kopfloser Tollheit selten hinaus. Er erschrak über das hallende Echo seiner eigenen Schüsse. Er schwitzte vor Aufregung, und er dachte, während er mit gesträubtem Nackenhaar zurückwich und die Einschußlöcher schrumpfen sah: Wozu dieser unnütze Kraftakt, wozu dieser blinde Eifer, als ein kühner, unerschrockener Tatmensch zu gelten, wo er bestenfalls ein gutwilliger Heißsporn war? Er blieb eine plausible Antwort schuldig; denn in einer der Steinbaracken sprang eine Tür auf, ein Lichtstrahl schoß auf ihn zu, blendete ihn, Stimmen überschlugen sich förmlich. Eine Handvoll Rotarmisten kollerte über den Vorplatz. Brielitz saß kaum in seinem Seitenwagen, als ein wildes Geballere einsetzte.

In *Nikolskoje* empfingen sie die Hunde. Ihr Gekläff pflanzte sich in Sekundenschnelle von Haus zu Haus, von Stallung zu Stallung, kam näher, kreiste sie ein, brach ab, ging in klägliches Winseln über, erlosch wie ein Spuk. Brielitz hockte mit eingeschlafenen Füßen in seinem Schaukelsitz. Er nahm schlaftaube, verhärmte Gesichter wahr. Hinter halbgeschlossenen Fensterläden sah er Hände schemenhaft hochfahren und über ihm das Kreuz schlagen. Er hörte erschrecktes Geflüster, Warnrufe und besorgte Stimmen des Mitleids. Wie unter einem Fieberwahn fuhr er dahin. Die Karte auf seinen Knien war an ihren Rändern schweißdurchfeuchtet. Als die Stimmen in seinem Rücken erloschen, die engstehenden Hütten ihrer Gespensterschaukel eine Gasse öffneten, trocknete sich Brielitz erleichtert den Schweiß von der Stirn. Fröstelnd schlummerte er ein. Im sperrigen Geäst Schattenverliese der mondlosen Nacht.

Geweckt wurde Brielitz durch ohrenbetäubendes Gehupe. Eine flirrende Helligkeit war um ihn: Laubgesprenkel auf seinen Handrücken, zärtliche Tastwärme der Sonne. Und merkwürdig genug: Ihr dreirädriges Gefährt stand still und die beiden Gestalten, die er im Gegenlicht auf sich herabblicken sah, entfesselten hinter ihren Zahngehegen ein lautloses Gelächter. – War er im Morgengrauen schlafend in einen Hinterhalt der Russen geraten? Münzten die beiden Rotarmisten ihre Siegespose in eine Lachpantomime um, weil er so herrlich bescheuert aus der Wäsche glotzte? Mißtrauisch richtete er sich auf, griff, da etwas Weißes zwischen seinen Knien heraufschimmerte, nach dem zerknitterten Meßtischblatt. Verwundert sah er, wo er sich befand. Kaum daß er begriff, wie mühelos nun auf einmal das erwünschte Ziel, das ersehnte Paradies erreichbar war! – Sich um soldatische Haltung bemühend, überreichte er den beiden Spaßvögeln den versprochenen Packen Marketenderware. Obschon sie sich kaum mehr auf den Beinen halten konnten, untersuchten sie argwöhnisch die einzelnen Schachteln und Dosen, legten sich dann maulfaul, ein zufriedenes Grinsen auf ihren Lippen, mit ihren Schätzen in den Schlagschatten des Beiwagen-Krads, wo sie augenblicklich einschliefen. Er tarnte umsichtig das Lager der beiden Schläfer mit einer Lage Maisstroh und machte sich auf den Weg. In einem Wirbel sich überstürzender Empfindungen schlüpfte Brielitz wieselflink durch einen schadhaften Flechtzaun, setzte über ein Rinnsal hinweg, rannte einen Abhang hinauf, der mit überalterten Obstbäumen durchsetzt war. Atemlos stand er, von den Schlägen seines eigenen Herzens furchtsam gemacht, in der blattkühlen Klematislaube. Ihm war es, als habe er den *Rubikon* überschritten.

Auf dem Hofplatz stieß er auf eine getrocknete Blutspur. Der Hausherr mußte geschlachtet haben (ihm zu Ehren?). Ahnte die junge Lehrerin, daß er auf dem Sprung war, sie zu entführen? Hing irgendwo unterm Vordach der Haarbalg eines Kaninchens? Die Fensterläden reihum offen vorzufinden, war ungewöhnlich. Sie hatten wohl befürchtet, geschlossene Läden wiesen den schüchternen Freier ab oder nähmen ihm den Schneid, anzuklopfen. Warum aber klebte an den Wänden ringsum Blut? War es landesüblicher Brauch, mit dem Blut geschlachteter Lämmer die Wände zu bezeichnen? War der Würgeengel durch das schlafende Gehöft geflogen? Hatte er auf den Türen sein Zeichen hinterlassen? – Brielitz strich sich mit zitternder Hand über seine feuchtheiße Stirne. – War dies einer Seite der Bibel nachempfunden – oder war dies ein Trugbild seiner überreizten Sinne? – Vielleicht daß der Hausherr, den er in Weißzeug und Pantoffeln antraf, und der regungslos, mit dem Gesicht nach unten, auf dem lehmfarbenen Estrich lag, die Folgen seiner Trunkenheit ausschlief. Sicher eine Art Vorfeier, um seine Ankunft mit einer gewissen würdevollen Trinkfestigkeit bestehen zu können. Über die Schwelle des Gastraums stürzend, trat Brielitz in Hausrat und aufgeschlitzte Bettbezüge. Scherben klirrten unter seinen genagelten Stiefeln. Er stolperte über Flaschen, stützte sich, schwindlig werdend, auf die Banklehne. Von ihrem Ofenplatz herab baumelte schlaff die Alte.

Die Tür, hinter der *Shenjas* Zimmer lag, war nur angelehnt. Brielitz stieß mit dem Fuß dagegen. Er sah, wie vor seinen Augen, die er gewaltsam geöffnet hielt, eine Ikone vorüberzog. Im Halbdämmer gewahrte er die riesige Wandkarte; er geriet in den Sog der ungeheuren Landmasse, verfing sich in Strömen von Blut, trieb willenlos weiter. Er nahm die Kante des roh gezimmerten Tisches wahr und das geborstene Herzstück einer Sessellehne. Er sah den rotbraunen Ast in der Tischplatte, der wie eine steuerlose Insel aus dem Weichholz ragte, und mehr noch: eine Uhr, die stillstand, das zerbrochene Fensterkreuz und schließlich die Schmalseite des Regals, vor dem die junge Lehrerin lag, inmitten ihrer zerfetzten Puppen und Stofftiere. Ihm aber war es, als öffnete er sich allen Mündungen und Gewehrläufen . . .

Wer von den Nachbarn, den Patrioten, wie sie sich nannten, bei Sonnenaufgang vor das Haus trat, konnte längsseits eines Trampelpfades, der zu einer schwer zugänglichen Schlucht führte, einen Mann dahintorkeln sehen, einen Mann, der immer wieder stehenblieb und zurücksah, als erwarte er unverzüglich die Klärung eines Mißverständnisses, als sei dies alles: der Morgen, das geplünderte Gehöft und die tote Geliebte nichts als ein leidiger, böser, unzeitgemäßer Wachtraum. In das anhaltende Gehupe, das vom Ortsrand herüberklang, mischten sich die Trompetenrufe streitbarer Hähne.

Herbsthimmel vierundvierzig

Herbsthimmel vierundvierzig. Polens Sonne über *Lublin* und *Treblinka.* Rauchschwaden über den Gärten, Kartoffelfeuer? Die tanzenden Säulen der Insekten. Fischgründe. Die harmlosen Muster im Sand. Das Gleichmaß, mit dem die Zeit verrinnt. Die verschlafene Garnison an der *Weichsel.* Ein gewöhnlicher Nachmittag.

Lohmann döste im Stehen vor sich hin. Er schätzte es nicht sonderlich, im Freien unterrichtet zu werden, sah mit Argwohn, wie die Schatten sich verkürzten, das Flimmern in der Luft beängstigend anwuchs, und wie die Wortfolgen, die störend an sein Ohr prallten, die Schlaffheit des Augenblicks ins Unerträgliche steigerten. Schon die Leere des Geländes machte ihn knieweich. Im Rücken die Kaserne, verwaschenes Gelbrot geschlämmter Ziegel, das schadhafte Pappdach der Waffenmeisterei, Schuppen, Remisen, geparkte Pkw mit Tarnanstrich; der weite Exerzierplatz, nichts, was ihn belebte; das Blattwerk der Kastanien müde und papieren. Obwohl sich die Blätter kaum bewegten, trieben, sichtbar genug, Schwaden fasrigen Rauchs über sie hinweg. Ein widerlich süßer Geruch verfing sich in ihnen. Das war kein Qualm von Kartoffelfeuern!

Wenn Lohmann die Augen zu einem Spalt zusammenkniff, sah er in der Hand des Gruppenführers die glänzende Waffe. Mitunter, wenn der bräunierte Lauf nach oben wanderte und die Gruppe, mit trägem Gleichmut der Bewegung folgend, aufsah, blendete sie ein scharfes Licht. Dann schloß Lohmann gequält die Augen, und der Wunsch, sich an einer Schulter anzulehnen, wurde übermächtig. Aber bislang hatte er nur zänkische Püffe geerntet, wenn er an ihre Großmut und Verschwiegenheit appellierte. Gewiß, er hatte sich in die Nesseln gesetzt. Vergangene Nacht – ein törichter Einfall, wenn auch entschuldbar, wie er fand. Er hatte auf Zweistunden-Wache gestanden. Tage vorher hatte es Tumult gegeben. Polnische Partisanen hatten ihre Wachen überrumpelt. Es war zu einem Handgemenge gekommen. Der Waffenmeister verwundet, ein Großteil der Gewehre verschleppt, einige Pkw beschädigt. Man hatte also die Kontrollen verschärft, die

Depots gesichert und ließ rund um die Uhr Posten patrouillieren. Auch er wurde vergattert und auf Wache geschickt. Eine mondlose, hellhörige Nacht brach an. Nichts Außergewöhnliches. Monotonie des Rundgangs, Wachroutine. Unvorsichtig war er ins Latrinenhäuschen getreten, hatte seinen Karabiner gegen die Brüstung gelehnt, sich auf den Donnerbalken geschwungen und hatte sich eine Selbstgedrehte gegönnt. – Es wird schon nicht gleich was passieren! dachte er, genüßlich den Glimmstengel zum Mund führend. Und es passierte auch nichts Weltbewegendes. Nur als er – die ersten Züge paffend und den Rauch durch die Nüstern blasend – die Augen schloß, war – »wie Ziethen aus dem Busch« – der Gruppenführer aufgetaucht.

Das Unerhörte, Nichtzufassende! Er schlug keinen Lärm, stauchte ihn nicht einmal zusammen, obwohl in der Gruppe das Gerücht umging, er sei ein Scharfmacher der schlimmen Sorte, ein »richtiger Hundling«. Ein Melder mit einem guten Draht zum Bataillonsstab wollte erfahren haben, er habe die Erstürmung eines Schwesternkonvents geleitet, eines scheinbar geräumten Klosters, irrtümlich vom Feind besetzt, eines Konvents, in dem sich Nonnen aufhielten. Das war freilich schon eine Weile her. Aber das Gerücht, er habe sich dabei wie ein Bluthund aufgeführt, hielt sich hartnäckig. Der Alkohol löste so manche Zunge in diesen Julitagen. Unruhe machte sich bemerkbar nach den Fehlschlägen an der Front und den verhinderten *Walküre**-Nächten. Der Anschlag in der »*Wolfsschanze*« mißlungen – ein Oberst von Stauffenberg standrechtlich erschossen. Der Sturm aus dem Osten – die Flutwelle – der *Bellevueplatz* unter Wasser (der Wohnsitz des Gruppenführers). Schlimme Nachrichten mußten ihn erreicht haben: Sein Elternhaus zerbombt, seine Mutter erschlagen, sein Vater vertrottelt und vermißt. Im Keller, dessen Wände noch die Flutmarken des Wassers wiesen, trieben mit aufgedunsenen Bäuchen, vierzehnjährig, seine beiden Schwestern. – Dies alles hatte Lohmann im Lauf der letzten Tage unter der Hand erfahren. Wer nicht taub war, hörte so manches, was einem die Galle hochtrieb. Aber es gab

* Kennwort 20. Juli 1944.

auch Vorfälle, die ihm nicht mitgeteilt worden waren. Es gab Dinge, die nicht mitteilbar waren. Er kannte ja auch Wahrnehmungen, die das gewohnte Maß an Zumutbarem überstiegen. Der Gruppenführer war offenbar ein Mann, der Fehler begangen hatte, ein Mann, der Fehler beging, und sie nicht einsah.

... Sie standen unschlüssig in der Hauskapelle, mit entsicherten Karabinern, als der Befehl durchkam, unter die Nonnen zu treten und die Altarkerzen zu löschen. Sie dachten erst, es sei nur wegen der Verdunkelung, leuchtete ja auch ein – und so trat auch er hinzu, löschte die Kerzen, indem er die Leuchter der Reihe nach vom Altartisch kippte. Die Nonnen sagten kein einziges Wort der Klage oder des Unmuts. Als er den letzten Leuchter umstieß, gewahrte er im Schein der verlöschenden Kerze die rosigen Münder der Nonnen, wie sie sich fortwährend bewegten nach Forellenart ...

Wie er die Tage dieses Sommers zurückwünschte! Wie ärgerlich, daß er damals krank geworden war, daß ihn ein dummer Zufall ausgerechnet in diese schläfrige Garnison verschlug. Ihm hatte der Sinn, weiß Gott, nach soldatischer Bewährung gestanden, nicht nach einem Druckposten in der Etappe. Lästig war es, diese Windhühner zu unterrichten, ihre harmlose Stümperei im Waffentechnischen ernst nehmen zu müssen. Wie sie schon dastanden und in ihrem verwaschenen Drillich hingen! Einen von ihnen hatte er vergangene Nacht ertappt, wie er auf der Latrine rotzfrech rauchte. Er kannte seinen Namen nicht, kannte sie alle nicht, wollte sie nicht kennenlernen. Die Mühe, aus ihnen Soldaten zu machen, konnte er sich wirklich schenken. Nicht einmal dieses Wachvergehen hatte er einer Meldung für wert befunden. Weit war es mit ihm gekommen. Er haßte dies alles, den Leerlauf in der Kaserne, die allnächtlichen blinden Alarme wegen einer Handvoll Partisanen, den sturen Innendienst. Manchmal trank er einen über den Durst. Dann lüftete er wohl ein wenig die Karten. Aber er sah gleich, daß sie nichts wirklich begriffen ...

Der Unteroffizier sieht müde aus! dachte Lohmann und sah besorgt nach oben. Er sog die widerliche Süße der Rauchschwaden in sich hinein und spürte würgenden Ekel. – Und keiner, der sagt, was das bedeutet! – Wie im Halbschlaf vernahm er die Stimme, reihte versuchsweise Wörter –: Laufseele, Zuführer, Schließfeder, Sicherungsflügel! Widerstrebend nur hakte sich diese reichsdeutsche Wortbildung in seinem Gehörgang fest. In Sicherung und Flügel getrennt, weckte es in ihm sogleich Erinnerungen, flüsterte vertraulich von Sicherheit und Zuversicht, von Sekunden der Stille hinter geschlossenen Augenlidern, von Aufwind, Getragenheit, Lufthunger! – Sicherungsflügel! Wie ungesichert er war, wie flügellahm! Dazu dieser Schwirrlaut von Stimme, hornissenhaft, voll von Widerhaken, die gelangweilte Geste dieser gepflegten Schlächterhände, notdürftig überspielter Überdruß, rabiate Gereiztheit!

Lohmann zuckte zusammen, als der Gruppenführer grundlos zu brüllen anfing. – Er ist müd! dachte er bei sich; der Ekel beutelte ihn, er drohte umzukippen. – Er ist müd wie wir alle, aber zu selbstherrlich, um sich eine Blöße zu geben. Er verachtet uns, weil wir Schlappschwänze sind, ohne uns im geringsten zu schämen. Er ist ungehalten, weil es ihm verwehrt ist, im Mittelpunkt militärischer Aktionen zu stehen. Er weiß auch, daß mit dieser Gruppe kein Staat zu machen ist. Er vergaß mich ganz einfach. Ihm lag nichts an meiner Bestrafung. Er hält mich wohl schon – diesen Waschlappen – für bestraft genug.

Dann plötzlich, in einer Spanne zwischen zwei beliebigen Atemzügen, erschien der Tod. Er machte nicht viel Aufhebens von ihm. Ganz zufällig trat er an ihn heran, um sein statistisches Tagessoll zu erfüllen. In einer schmalen Spirale sank Lohmann in sich zusammen. Dies war kein Anschlag gegen ihn persönlich. Er hatte nur eben sein Standbein gewechselt, so wie der Gehilfe des Waffenmeisters seine Pistole. Die neue Waffe gefiel ihm. Fast spielerisch ging er mit ihr in Anschlag, prüfte den Abzug, sah die Sicherung nach. Er wußte nicht, daß die Waffe geladen war.

Der Gruppenführer schrak keineswegs zusammen. Er hatte etwas von der dreisten Taubheit derer an sich, die es darauf anlegen, zu überleben, die sich damit brüsten, den letzten Schuß frei zu haben. Zwar war ihm, als habe er den schwirrenden Flügelschlag eines Insekts verspürt. Aber er war sich dessen nicht einmal sicher. Er sah ja auch nicht das Verfängliche der Situation, in der er sich befand, nicht die bestürzten Gesichter. Sein Kommandoblick ging achtlos an ihnen vorbei – in die Leere des verpesteten Himmels. Wie um sich einer lästigen Pflicht zu entledigen, hieß er sie den Toten aufnehmen und in den Schatten tragen.

Herbsthimmel vierundvierzig. Polens Sonne über *Lublin* und *Treblinka*. Rauchschwaden über den Gärten. Kartoffelfeuer? Die tanzenden Säulen der Insekten. Fischgründe. Forellenmünder. Die harmlosen Muster im Sand. Ein wenig Blut und die Abdrücke von Stiefeln. Das Gleichmaß, mit dem die Zeit verrinnt. Die verschlafene Garnison an der *Weichsel*. Einer der gewöhnlichen Nachmittage . . .

Die Kompanie stand in Erwartung ihrer Vorgesetzten. Die Troßknechte und Kommandierten – privilegierte Drückeberger in Hartwicks Augen – palaverten. Die zum Nachteinsatz Angetretenen – abgestumpfte Arbeitskulis – stierten mißmutig vor sich hin. Die einen hatten leicht reden, die trugen nicht ihre Haut zu Markte, den anderen war das Reden längst vergangen. Die einen kämpften mit der Langeweile und dem Schlaf, die anderen mit einem hellwachen , heimtückischen Gegner. Lotteriespiel des Schicksals oder Pokerpartie der Willkür, die vom einen das Risiko der Amputation abverlangten, vom anderen nur ein geduldiges Sitzfleisch?

Der Zeitpunkt seines Auftritts war geschickt gewählt. Poßnitzer überquerte mit zügigen, in den Knien leicht einknikkenden Schritten den ehemaligen Gutshof, passierte die Boxenflucht der im Dämmer liegenden Stallungen, nahm dann Kurs auf den Appellplatz. Auftritte – das mußte der Neid ihm lassen – beherrschte er aus dem Effeff. »Hast Du ihn schon gesehen? Er ist wieder beim alten Haufen gelandet.« – »Und die Treppe ganz schön hinaufgefallen.« – »Wer weiß, mit welchen Tricks er nachgeholfen hat?« – Kopitz war der erste, der sein Augenmerk auf die Mappe lenkte. Sie war braun, ein helles, auffälliges Braun mit blitzblanken Beschlägen. Poßnitzer trug sie wie eine Trophäe vor sich her. – »Was er wohl mit ihr vorhat? Er wird sie doch nicht an die Front mitnehmen wollen!« – »Hell genug wäre es ja, um mit ihr eine wunderschöne Zielscheibe abzugeben!«

Als die Dunkelheit hereinbrach, erschien ein Schwarm Portepeeträger. Aus dem Dunstkreis der Pferdeboxen trat ein junger Major. Poßnitzer parierte mit all seiner anerzogenen Schneidigkeit, mit all seiner blickheischenden Arroganz, allein der Major, einem unruhigen tänzelnden Rapphengst das Fell streichelnd, nahm keine übertriebene Notitz von ihm, so demonstrativ er auch die Mappe an seine Hüfte preßte. – Ah, mein neuer Fähnrich, frischer Import, erstklassige Referenzen! Gewiß, gewiß, ich sehe Sie später! – Lässig hob er die behandschuhte Rechte, gab das Zeichen zum Abmarsch. Kommandos erklangen. Die mit Tellerminen beladenen Gespanne rückten an. Das Wiehern der Pferde übertönte zeitweise das Knarren überlasteter Räder. Zähflüssig setzte sich die Kompanie in Bewegung.

Von *Rakow* herüber hörte Kopitz die ersten verräterischen Frontgeräusche. Granatwerfer eröffneten mit sturem Gleichmaß das abendliche Dauerkonzert. In das belfernde Geknalle eigener MGs fiel dumpf der Paukendonner fernliegender Einschläge. Perlfeuer der Flak flatterte aus der *Weichselniederung* herauf. Schwerfällige Diesellaster fuhren mit aufgeblendeten Scheinwerfern. Unter dreckverkrusteten Planen türmte sich eine gefährliche Fracht. Zum Mißfallen Poßnitzers, den die Begrüßung durch den Major schockierte, blieben die Portepeeträger, deren Aufmerksamkeit er auf sich zu lenken gehofft hatte, bis auf einen griesgrämigen Stabsfeldwebel, der den Gefechtstroß anführte, im Biwak zurück.

Kopitz und Hartwick, die in der Dunkelheit enge Tuchfühlung hielten, blieben nach einer Weile wie auf Vereinbarung stehen: »Glaubst Du auch, daß nicht alle Bäume in den Himmel wachsen?« – »Und der Krug nur so lange zum Brunnen geht, bis er bricht? Und wenn nun einmal der Brunnen versiegt und der Krug überdauert? Du gibst doch zu, daß es auch unter Krügen Dickschädel gibt. Oder prophezeist Du etwa Poßnitzer ein vorschnelles Ende?« – »Ein vorschnelles«, sagte Kopitz in einem Anflug hellhöriger Trauer, »ein theatralisches. Stolz und Hochmut haben sich noch immer ihr eigenes Grab geschaufelt.« – »Na«, meinte Hartwick sarkastisch, »Willkür und Zufall graben auch ganz hübsche Löcher!«

Kopitz, dem die Mappe nicht mehr aus dem Kopf wollte, sah sich wieder einmal auf eine heiße Spur gesetzt: »Bitte«, sagte er leicht eingeschnappt, »niemand zwingt Dich, meinen Argwohn ernstzunehmen.« – »Daß Liebschner einmal in sein Verderben laufen würde, lag wohl auf der Hand. Und bei Richter sah ein Blinder, wohin seine Raffgier führen mußte. Diebstahl, Einbruch, Betrug, der Kupferkrieg an der kleinen *Worja* – – schnapp! machte die Mausefalle. Ich entsinne mich, Freund Kopitz, irgendwie scheinst Du das Desaster geahnt zu haben.« – »Entsinne Dich nur genauer, Hartwick: Ich sagte das Verhängnis voraus!«

Sie nahmen wieder ihre Plätze in der Kolonne ein und hatten auch gleich in ihrem Blickfeld, was sie suchten: Poßnitzers unverkennbare Silhouette. Als sie seinen feisten Nacken im Fadenkreuz ihrer Gedanken hatten, fragte Hartwick mit unüberhörbarem Spott in der Stimme: Woran er denn erkenne, wenn es mit einem der Pappenheimer bergab ginge? Kopitz, seinen Kopf um eine volle Gewindelänge höherschraubend (als wäre nur mit einem bis aufs äußerste gereckten Hals solch schlichte Weisheit zu produzieren), sagte: Das sei denkbar einfach – wenn er Mitleid verspüre, wo es keinerlei Grund für Mitleid gebe!

Poßnitzers gereizter Zwischenruf: Er bitte sich während des Marsches zur HKL absolutes Stillschweigen aus, rief ungetrübte Heiterkeit hervor. Kopitz und Hartwick sahen vergnüglich in helle Schalksgesichter. Das Gekichere zweier Schlußmänner hing wie eine Girlande über den flatternden Deckplanen. Aber nicht lange und die Girlande zerriß; Motorenlärm schwappte heran. Die Fangarme von Scheinwerfern schossen durch eine Pappelreihe, tauchten Weg samt Kolonne in blendende Helligkeit. – Auseinander! schrie Poßnitzer wichtigtuerisch. – Von der Straße herunter, ihr Neunmalklugen! Oder soll ich euch Beine machen? – Das Gelächter der so forsch Angeredeten blieb im Ansatz stecken. In das planlose Fuhrwerken fahrlässig dicht aufgeschlossener Gespanne fielen mit hohlem Geschlurfe Granaten, gefürchtete Abpraller. Nun bogen auch schon mit kreischenden Rädern die Dreiachser um die Kurve, die Pritschen leer und hallend, die Planen im Fahrtwind knatternd. Hinter den Windschutzscheiben lemurenhaft die blassen Profile verängstigter Fahrer.

Ihre Lästerungen waren in den Wind gesprochen. Kopitz, mit jagenden Pulsen neben Hartwick liegend, war nicht wenig erstaunt, den cleveren Karrieremacher unversehrt am Straßenrand zu sehen, wie er die Mappe schwenkte und mit einer Stimme, die in den oberen Lagen kippte, zum Sammeln rief. Sich den Staub aus den Ärmeln schüttelnd, das verrutschte Koppel zurechtrückend, entfernte er sich mit der Affektiertheit eines Duellanten, der auf dem Punkt steht, sich lächerlich zu machen. – Wie in den Nächten zuvor bezog Kopitz leicht verdattert seinen getarnten Sicherungsposten. Hartwick ließ Verwünschungen laut werden, die ans Ordinäre grenzten. Aber dann ließ er sich ablenken von einer Vorfeldszenerie, die mit ihrem dramatischen Gestus geradezu grotesk wirkte. Mit der ihm anerzogenen Spottlust verwies er auf den bühnenhaft aufgehenden Vollmond, die fast regiemäßig einsetzende Illumination durch Leuchtsignale, das lautlose Agieren »uniformierter Marionetten«. Kopitz, dem Hartwicks subtile Ironien entgingen, zeigte eingeschüchtert auf das Zickzackmuster der Laufgräben, die Augenhöhlen der verlassenen Unterstände. – »Ein idealer Schauplatz für unseren klassischen Helden!« Poßnitzer, mit seiner Mappe voll im Flutlicht des Mondes stehend, gab in der Tat eine »ganz vorzügliche Zielscheibe« ab.

In dieser kühlen Septembernacht stieg erstmals wieder nach langen Nebeltagen ein klarer Sternenhimmel herauf. »Orion mit seinem Gürteldiadem. Du siehst, unser heroischer Freund rechnet bei seinem Auftritt mit himmlischer Assistenz!« Es war schon empfindlich kalt; die in Abständen postierten Pioniere fröstelten; Kopitz aber schnatterte wie ein Enterich. Aus Versehen war er in einem Graben gelandet und obendrein voll in einem Kuhfladen. Mit der Wehleidigkeit des Hypochonders spreizte er seine Finger in Abwehr des Ekels, wollte unbedingt in einem der abgesoffenen Unterstände, einem Rattenschlupfloch, wie Hartwick warnte, seine Hände säubern. – »Etwas mehr Vorsicht, mein Gutester! Ich würde Dir nicht raten, da einfach reinzulatschen.« – »Aber warum denn nicht, wo ich doch so jämmerlich friere?« – »Ein toter Mann«, versetzte Hartwick gelassen, »verliert mehr als nur seine kalten Hände!«

Auf einem ihrer Patrouillengänge passierte dann, was sie die Kälte wie den nahrhaften Stallgeruch schnell vergessen ließ: Poßnitzer kreuzte im Niemandsland auf. Obwohl sie nur wenige Schritte von dem Fähnrich trennten, sprach er sie nicht an, sah mitten durch sie hindurch. – »Es gibt dreierlei Formen des Hochmuts«, sagte Hartwick verächtlich, »den Standesdünkel der Reichen, den Hahnenstolz der Eitlen und den Hochmut der Ehrgeizigen!« – Kopitz, entgeistert auf die Chrombeschläge der Mappe blickend, hörte nicht, was Hartwick vor sich hinbrummte. Mit einer Art kindlicher Neugier fühlte er, wie ihn seine vor Kälte tauben Füße vorantrieben, dem Mappenträger nun dicht auf der Spur, der sich entfernte mit der Exaltiertheit eines Spielers, der auf sein Stichwort wartet.

Das Leder der Mappe ist ja viel zu hell! dachte er bei sich. Dieses Rehbraun ist doch keine Tarnfarbe in diesem gleißenden Mondlicht. Er ist wohl lebensmüde oder größenwahnsinnig? Mit diesem Köder lockt er doch nur die Scharfschützen an. – Kopitz blieb unschlüssig stehen. Vor ihm in der Tiefe des abfallenden Geländes machte er einen Unterstand aus, einen durch ein Gebüsch getarnten Unterschlupf, in dem ein rötlicher Widerschein aufglomm und erlosch, der an eine verdeckte Feuerstelle denken ließ. Vielleicht waren es auch nur die über eine Stablaterne gehaltenen Hände eines Soldaten, der einem Vermessungstrupp zugeteilt war. Ein leichter Schauder streifte ihn flüchtig, ein unmerklicher Sog des Grauens. Kopitz hörte den Anruf nicht sofort, diesen Kehllaut, der Feuer spie. Genauer gesagt, sein Gehör meldete ihm zwar den akustischen Spektakel, aber seine Augen lenkten ihn ab in einem Vorgang, der wie ein optischer Schock wirkte: Ein Doppelschatten hechtete in mächtigem Satz aus dem Gebüsch. Durch den Feuerring einer Explosion sah Kopitz das Handgemenge stürzender, sich überschlagender Körper.

Fahnenjunker Poßnitzer befand sich seit knapp drei Tagen im Einsatz. Der Weg an die Front war ein einziger Hindernislauf von Kränkungen und Demütigungen. Ranglose Untergebene ließen den nötigen Respekt vor seiner Uniform vermissen. Fronturlauber drückten sich grußlos an ihm vorbei. Altgediente Garnisonsveteranen grinsten unverfroren. Renitente Stabsgefreite gefielen sich in demonstrativem Kopfwenden. Sein korrektes Auftreten, sein forscher Befehlston wirkten eher aufreizend als disziplinierend. Soldatische Zucht und militärische Ordnung lockerten sich bedenklich. Ein neumodischer Fatalismus machte sich breit. Ziviler Schlendrian brach durch. – Die wenig beispielhafte Haltung des Majors verunsicherte ihn. Ihn einfach von weitem abzufertigen wie einen ungerufenen Bittsteller, wo er doch frisch von der *Roßlauer* Kriegsschule kam, als Fähnrich mit einer soliden Ostfronterfahrung. Ohne den ihm zustehenden Abstellurlaub voll auszuschöpfen, war er über die Stationen *Kielce, Opatow, Staszow* unmittelbar an den *Baranower* Brückenkopf geeilt, um – getreu seinem Fahneneid – seine Pflicht zu tun! Hatte er nicht mustergültig vorgelebt, wie sich der Führer künftig seine Offiziere wünschte: einsatzfreudig, todesmutig, phantasievoll? Hatte er nicht in seinen ersten Freiwachen Minenpläne des Bataillons entworfen, eine Erfolgsbilanz aufgestellt anhand ihm zugespielter Unterlagen? Dem Major diese Entwürfe vorzulegen, hatte er sich eigens diese Mappe beschafft. Doch der Pferdeliebhaber, dem ein Rappenhengst mehr Interesse abnötigte als sein fortschrittliches Verlegeschema, übersah ihn fast, hielt es nicht für nötig, ihn zu konsultieren und seine Minenpläne einzusehen. Die Führung der Einsatztrupps einem vertrottelten Stabsfeldwebel überlassend, setzte er ihn wissentlich einem Spießrutenlauf der Albernheit und Disziplinlosigkeit aus.

Aber nun berührte ihn seine Ignoranz nicht länger. Wenn er so wenig Wert auf seine Mitarbeit legte, wandte er sich – unter Umgehung des Dienstwegs – eben gleich an den Kommandeur. Wie ihm unter vier Augen verraten worden war, plante dieser eine Frontvisite in ihrem Abschnitt. Da war es nur logisch, wenn er die Mappe mit den Plänen griffbereit mit sich führte, selbst auf die Gefahr hin, daß es mit einer Audienz nicht klappte und er mit seinem vertraulichen Dossier beim Major landete, der aller Voraussicht nach den Kommandeur begleitete. Für ihn war ein Punkt erreicht, wo ihn nichts von seinem ehrgeizigen Vorhaben abbringen konnte. Unerschütterlich im Glauben an seine militärische Berufung, die einer historischen Mission erst Schlagkraft verlieh, betrat er den Schauplatz seiner Bewährung. Ein glanzvoller Höhepunkt seiner bisherigen Karriere bahnte sich an.

Er erschrak nicht einmal sonderlich, als wenige Schrittlängen vor ihm ein schwaches, phosphoreszierendes Licht aufleuchtete und wieder erlosch. Poßnitzer – der Würde seines Auftritts wohl bewußt – maß solch zufälligen Beleuchtungseffekten keinerlei Bedeutung bei; sie zählten ja wohl nur zur »gewöhnlichen Befeuerung«. Anders wertete er drei kurze Blinksignale, die aus einem der verlassenen Erdbunker kamen. Der amphitheaterhaft gewölbte Abstich, Orchestergraben einer Bühne, die jeden Augenblick frei würde für seinen Soloauftritt, lieh solchem Vergleich den heroischen Aspekt. – Der Anruf traf ihn unvermittelt, profan wie ein Schlag in die Magengrube. Der gutturale Kehllaut löste in ihm Befremden aus. Er begriff nicht, wie man ausgerechnet ihn mit dem Kampfruf des Gegners foppen konnte. Der schlecht gespielte Scherz reizte ihn zu einem scharfen Verweis. Aber dann fragte er sich, unter Berufung auf ein Gerücht, das den Kommandeur als Spaßvogel auswies, ob dieser ihm nicht eine Falle stelle, um seine sprichwörtliche Animosität gegen alles Slawische humorvoll bloßzustellen. Das Spaßig-Deftige seiner Bewillkommnung kam ihm zum Bewußtsein und bestärkte ihn nur noch in seinem Bolschewikenhaß. – Ein makabrer Scherz, dachte er unter Hitze auslösendem Blutandrang, konterte indes geistesgegenwärtig mit einer russischen Grußformel: »Kak paschiwaete, Pan Kommandant?«

In diesem Augenblick traf ihn der Feuerstoß. Er steppte eine leuchtende Naht ins brandige Grau seiner Uniform. Oberhalb der Tasche, eine Handbreit schräg über seinem Herzen, krümmte der Adler seine verbrannten Fänge. Poßnitzer duldete nicht, daß er jammernd in die Knie brach. Befriedigt sah er, wie sein Körper in vorbildlicher, langsamer, schraubender Bewegung zu Boden glitt. Die Beschläge der Mappe blinkten . . .

Als Kopitz aus seiner Betäubung erwachte, fand er sich

ernüchtert inmitten eines Rudels von Gaffern. Einige, die ziellos ins Dunkel feuerten, meinten, Poßnitzer sei gewaltsam entführt worden, andere, die Maulaffen feilboten, das Ganze habe nichts zu bedeuten. Poßnitzer sei wohl nicht der Mann, der sich »einfach hopsnehmen lasse«. Es handle sich wohl nur um einen blinden Alarm. Kopitz sehe nun einmal Gespenster, »sobald es duster wird«. Seine Vorliebe für »Räuberpistolen« kenne man zur Genüge. Mit der hämischen Herabwürdigung des Vorfalls zur bloßen Parodie war der Urheber dieses Tumults auch schon fast vergessen. Hartwick kam es vor, als bedürfe es nur eines gewissen ehrabschneiderischen Palavers, um der losen Neugier das Maul zu stopfen. Nichts war schneller zu ersetzen als ein Mensch! Als Person zählte Poßnitzer schon lange nicht mehr. Eben noch ein Held, gehörte er jetzt schon in die Statistik, die Verluste nicht einmal kaltschnäuzig abbucht, sondern wertneutral! Hartwick selbst hatte keinerlei Anteil an dieser menschenfeindlichen Versachlichung, welche die Würde des Todes in Banalität auflöst und in Routine, eingezwängt im brüchigen Geschirr von Disziplin und Gewöhnung. Er schlüpfte nicht in die Ordnung der angelegten Ellenbogen zurück, der zugekniffenen Arschbacken. Niemand konnte ihn in die Ochsentour zurückpfeifen. Hier stand sein Freund Kopitz, das Orakel vom Dienst, noch etwas blaß und verängstigt, wie durch ein Wunder unversehrt – und nur die störende Gegenwart von Dickhäutern hinderte ihn, ihn stürmisch in seine Arme zu schließen . . .

Das Orakel vom Dienst

Er hatte die hereinbrechende Dämmerung dazu benützt, das Grabenstück, das er seit dem frühen Morgen besetzt hielt, befehlswidrig zu räumen. Die Exponiertheit dieses kahlen Vorderhanges hatte ihn auf die fixe Idee gebracht, er sei das erste Ziel, sobald der übliche Abendsegen über sie hereinbräche. Eigenmächtig zog er sich hinter eine Buschreihe zurück, die ihm bessere Deckungsmöglichkeiten zu bieten schien, grub sich mit dem Klappspaten ein knapp schultertiefes Einmannloch. Nachdem er das Spatenblatt von der Lehmerde gesäubert hatte, begann es plötzlich durchdringend zu regnen. Klatschend fielen die ersten prallen Tropfen auf die ausgespannte Zeltbahn, die er als Sichtschutz gegen marodierende »Schlächter« über seinem Kampfstand festgepflockt hatte. Im Fallgeräusch des prasselnden Regens vernahm er plötzlich nur schwach einen Laut, den er als Standortdurchsage zunächst dankbar zur Kenntnis nahm. Doch als er, seinen Stahlhelm lüftend, die Stimme auf ihren Klangwert abhorchte, als sie sich eindringlich lästig als Hilferuf in seinem Gehörgang festsetzte, schlug seine Dankbarkeit in Unbehagen, ja leichte Panik um. Von einer Anhöhe herab prasselten minutenlang die Hagelschauer einer Vierlingsflak.

Warum lag er auch hier allein im Vorfeld, ohne seinen Schutzheiligen? Warum hatte ihn der Leutnant, der die eingespielten Wachregeln der Gruppe nicht durchschaute, in seinem gottvollen Unverstand in dieses Gelände vorgescheucht, das ein einzelner gar nicht überwachen konnte? Und nun war er diesem Hilferuf ausgesetzt, dem ein Schmerzenslaut voll unerträglicher Qual folgte. Ohne Überlegung, einem inneren Zwang gehorchend, kletterte er aus seinem Deckungsloch, machte – den Spaten an die Hüfte gepreßt – einige ziellose Schritte ins Dunkel. Wollte er jemanden erschlagen oder beerdigen?

In diesen letzten Tagen waren wiederholt Gewehrschützen, ja ganze Besatzungen aus den MG-Nestern verschwunden. Da die Waffen in der Regel zurückgelassen wurden, ein Überfall also ausschied, blieben die Vorfälle ungeklärt – bis man die

Vermißten im Niemandsland liegend entdeckte. Sie waren über die ersten fünfzig, hundert Schritte nicht hinausgekommen. Gezielte Nahschüsse mußten sie getötet haben. So ungeschützt lief nicht in einen Hinterhalt, wer seine Truppe verlassen, wer überlaufen wollte. Worauf wartete er also? Er konnte sicher sein, die Hilferufe würden wiederkehren. In bestimmten Zeitabständen würde er sie hören, abgestufte Laute der Qual und des Entsetzens. Die widerwärtigen Praktiken waren auch ihm bekannt. Er wußte, daß irgendwo im Vorfeld getarnt Lockvögel des Gegners in vorgetäuschter Agonie Schreie ausstießen, die ein nicht gänzlich abgestumpfter Mensch nicht lange untätig ertrug. Noch immer gab es Einfältige wie ihn, die auf die Hilferufe hin aufsprangen und ihr argloses Mitleid ins Ungewisse hinein trugen. War es menschenfreundliche Regung, die ihn da hochscheuchte, oder waren es einfach nur seine schwachen Nerven?

Würde auch er sich – die Rolle einmal vertauschend und in die eines Lockvogels schlüpfend – auf die Finessen dieses abscheulichen Handwerks verstehen? Gelänge es ihm, sich selber nach genügend langem Katz- und Mausspiel zur Kapitulation zu zwingen? Wie würde er es anstellen, sich aus der sicheren Deckung zu locken – mit Schreien, Seufzern, die die ganze Skala möglicher Schmerzempfindungen durchliefen? Warum sprach er von widerwärtigen Praktiken, von Abscheulichkeiten? Stand etwa ihre eigene Art der Kriegführung unter dem Gebot der Fairneß oder gar der Ritterlichkeit? Starben ihre Opfer, im Niemandsland von einer Springmine zersiebt, menschlicher? – Wäre doch nur Hartwick bei ihm mit seinen zynischen Kommentaren!

Hin- und hergerissen zwischen Empörung und Resignation, war ihm, als bewegte sich hinter einem Gebüsch eine Gestalt, schemenhaft, als wäre sie nur eine Projektion seiner von Schreckbildern heimgesuchten Phantasie. Obwohl er nicht viel mehr als ein blitzschnelles Ducken und Zu-Boden-Gehen wahrnahm, erschien vor seinem inneren Auge ein richtiges Mardergesicht unter der Mongolenhaube. Eingeschüchtert kehrte er in seinen Kampfstand zurück, stülpte sich den Stahlhelm über, um die Schreie, die der Regen nun ohnehin halb verschluckte, zu ersticken. – Er war wohl doch eher ein uniformiertes Nervenbündel als ein militärisch getarnter Samariter.

Pionier Gerlacher hatte seit Tagen keinen ausreichenden Schlaf mehr gefunden. Als er die Schreie und Seufzer vernahm, riß er völlig unmotiviert die Leuchtpistole aus dem Halfter, schoß unsicher ins trügerische Dunkel. Aber der Regenwind stand schlecht. Der stürzende Lichtball flatterte schräg hinter ihm ins Buschgelände. Für Sekunden hob sich bedrohlich sein eigener Schatten, als risse ihn jemand gewaltsam aus der Verschanzung, kippte dann flach über die aufgeworfene Böschung. Die Schmerzenslaute, in kürzeren Abständen wiederkehrend als schrille Kadenzen, die sein Ohr beleidigten, lösten in ihm eine Kurzschlußhandlung aus: kopflos raffte er sein Sturmgepäck zusammen, Brotbeutel, Gasmaske, Stahlhelm, die gerollte Zeltbahn, sein schwarzgebundenes Oktavheft und stolperte in die alte Stellung zurück, die er auf strikten Befehl des Leutnants nur widerstrebend verlassen hatte, um sich im deckungslosen Vorfeld zu postieren. Unterwegs verlor Gerlacher die Leuchtpistole (sie wurde wenig später Beutestück eines umherstrolchenden Spähers, der Gerlacher schon im Fadenkreuz hatte, aber zu weit entfernt stand, um ihn zur Strecke zu bringen). Gerlacher vermißte sie nicht, als er den auffälligen, nachlässig getarnten Unterstand erreichte. Er spannte seine Zeltbahn über den Eingang, legte seinen Karabiner griffbereit, duckte sich aufatmend unter das schützende Lehmdach. Die Taschenlampe anknipsend, las er noch einmal, was er in diesen endlosen Tagen niedergeschrieben hatte.

Als Lyriker, der seine Tinten mit dem »Blut der Herbstzeitlosen« färbte, der schon ein »Zeitalter großschnäbliger Exoten« anbrechen sah, bastelte Gerlacher unter Schulbuch-Anleitung Idyllen ohne jeden Zeitbezug: »Herbstbäume / belaubt mit Vögeln / Hortensien-Mond.« Nach einem Sturz aus der Pupille, der ihm hochpoetisch vorkam, landete er seinen ersten gebrauchsfertigen Topos: »Sie bewegte sich nicht / um ihr Gehörn staute sich Atemluft / verletzlicher als ihr Blick / ihr tiefhängendes Gesäuge. Aber die Wolke / über dem Schatten-Relief ihres Leibes« (ein wenig einladender Platz für

Liebe) »hing zum Glück unbeweglich.« Wirklichkeitsfremd, schlüpfte der halbgare Poet in Animalisches, wenn er kalte Faszination brauchte für seine Scheinwelt.

Nach verschrobenen Reimereien, die eine »körperlose Zweieinigkeit von Wohllaut« (und Sprachlosigkeit) beschworen, ein straff gegliedertes Versgebilde, das erstmals eigene Erfahrungen in sich aufnahm. Zwei Vierzeiler, ungereimt: »Feldwacht zu zweit / Man starrt in das Dunkel / Plötzlich, ganz nah' schon / vier härtere Schreie / schneidend wie Diamanten auf Glas / in der Nacht eines Tages im November / Einzelne Sterne nur / wahllos gestreut / auf das tintenfarbene Laken des Himmels / wahllos vielleicht wie die Hütten / die die Hügel umstellen wie Hunde / Kläffen sie noch?« (Dieser Nachsatz nichts als ein akustischer Notbehelf!) Mit Lautmalerei und Stabreim war der Kern nicht aufzubrechen. An den eigentlichen Vorfall, der die Schreie auslöste, kam er vorerst nicht heran. Ebensowenig mit den Entwürfen eines fingierten Tagebuchs, angeblich dem Nachlaß eines Gefallenen entnommen –: »fühlte die Blätter, wie sie auf dem Strom meines Bluts dahintrieben –«. Schon Schwulst, bevor noch eine einzige Eintragung zu Papier gebracht ist.

Dieser Meister der Tarnung verrät nicht, wo er den Nachlaß aufgestöbert hat. Wer zum Gelächter aller rechtschaffenen Landsleute hatte ihn auf den glorreichen Einfall gebracht, Elternhaus, acht Klassen Volksschule samt Lehrzeit zu verdrängen? Nicht mehr standesgemäß die Stiefmutter aus dem vorderen Allgäu. Welch höherer Wahrheit zuliebe brachte er das Opfer, auf eine zünftige proletarische Herkunft zu verzichten? Meinte er wirklich, das Poetische fordere die Verleugnung der eigenen Vergangenheit zugunsten einer erträumten akademischen? Diese außer Rand und Band geratene Gegenwart war nicht umstülpbar wie ein aus der Façon geratener Hut.

... Gerlacher, der als Ältester von Fünfen in einem gottesfürchtigen Elternhaus aufgewachsen war, hatte mit bravem Notenschnitt die Volks- und Gewerbeschule besucht. (Doch selbst als Musterschüler wären für ihn die Klassenschranken nicht zu überspringen gewesen!) Auf anfechtbare Weise phantasiebegabt, setzte ihm eine früh ins Kraut schießende

Wißbegier Flausen in den Kopf: atlantisches Fernweh (benützte er doch die Zeit vor dem Zu-Bett-Gehen zum Bau von Papierschiffen, wendigen Seglern, die er den Strömungen anvertraute, den ziehenden Wirbeln der Jahresringe, Astinseln umsteuernd, den Maserungen des Weichholzes nachfahrend, der Topographie der Fußböden in der elterlichen Wohnung). Als Lehrling durchlief er eine muskelstärkende Zimmermannsausbildung. (Extravaganzen konnte er sich so wenig leisten wie Karrieresprünge. Die blieben denen vorbehalten, die mehr Glück bewiesen in der Wahl ihrer Erzeuger.) Während gleichaltrige Sprößlinge betuchter Väter mit »sturmfreien Buden« protzten, versuchte er sich mit erotischen Phantasien –:

»Der Armenarzt gab vor seinem Anwalt zu, als Liebhaber seiner Nichte die Minderjährige in geschlechtlicher Abhängigkeit gehalten zu haben ...« Ein Plagiat nicht scheuend, verfaßte er als Minderjähriger die notdürftig kaschierte Verführung als Melodrama. Erfunden die Schauplätze, erfunden die Personen, erfunden sogar das Gerichtsprotokoll: »Bruder und Schwägerin sagten unabhängig voneinander aus, die Spendierfreudigkeit ihres hochvermögenden Verwandten habe ihnen strafbar lange den Mund verschlossen – –.« Fragment seiner momentanen Verwirrung, das zum Glück über vier handgeschriebene Seiten nie hinauskam. – Zwei halbe Schritte daneben das wirkliche Leben, wirkliches Interieur, nicht das Hafenmilieu dieser erfundenen Absteige in einem Vorort von *Marseille*. Das bilderlose, verschossene Blaurot der geblümten Wand in Mutters Guter Stube, Vaters glattes englisches Gesicht. Lebensfroher Moselländer, der nie über die Stränge schlug. Handwerker, Hilfsmesner und Sangesbruder, der sich eher im Ton vergriff als in seinen Manieren. (Wäre Gerlacher ihm nachgeschlagen, seinen Ehrbegriffen, seinen vaterländischen Ambitionen verpflichtet, stünde er jetzt als »strammer Muschkote« seinen Mann und bräuchte weiß Gott nicht zu dichten!) ...

Gerlacher also mit ganz anderen Ambitionen in einem Winkel des Unterstands kauernd und in seinem Oktavheft blätternd, auf dem Sprung vor einem Gegner, der ihn das Fürchten gelehrt hatte. In diesem nachlässig getarnten

Schlupfwinkel, den er am Vorabend bewohnbar gemacht hatte, fühlte er sich – wenn schon nicht vor den Attacken der Sowjets, so doch vor den Schikanen des Leutnants halbwegs sicher: Unberechenbaren Annäherungen, Überrumpelungen eines Sadisten, dessen absonderlicher Ehrgeiz es war, Wachsamkeit und Feuerbereitschaft mit tückischer Willkür zu testen. Warum bezog dieser schießwütige Nahkampfexperte nicht selber Posten in diesem deckungslosen Gelände? Solange er sein Schulbeispiel beweglicher Kampfführung schuldig blieb, hielt sich Gerlacher besser an die erprobte Regel und leistete hinhaltenden Widerstand, indem er einfach seine Vierstunden-Wache absaß. Lange genug hatte er lammfromm soldatische Einfalt vorgelebt, den Karabiner zwischen den Knien, das Nachtglas vor Augen, im Okular die »Feuerrosen der *Katjuschas*«. Jetzt widmete er sich – im Lichtkegel der Stablaterne seine hochfahrenden Schriftzüge – zivileren Illusionen, seiner Poesie mit ihrem »hirnrissigen Wildwuchs« (wie sein Vater unüberbietbar drastisch zu sagen beliebte).

... Offenbar genügte dem »jungen Spund, dem man Flötentöne beibringen muß«, nicht mehr der biedere Lebensstil seiner Eltern. Er brauchte als Überhöhung der profanen, nicht einmal tristen Wirklichkeit ein pathetisches Element, das seine lebenstüchtige, frömmlerische Stiefmutter als »hoffärtige Verstiegenheit« tadelte. In die Alltagsmisere einer auf Sparflamme gedrehten Lebenskraft setzte er das Feuer einer edlen, wenngleich standesfremden Leidenschaft. Ihm war das wohl alles zu brav, zu folgenlos hausbacken, so knüpfte er in die undramatischen Familienereignisse wie Kindstaufen, Erste Kommunion, Firmung und Schulentlassung die Dramaturgie erdachter Konflikte. Kein wetterleuchtendes Zerwürfnis, keine mondäne Verruchtheit, keine pikante Abnormität war aus den elterlichen Beziehungen abzuleiten. Vater und Stiefmutter lebten nach der Regel: Armut plus Gottvertrauen plus Öffentliche Wohlfahrt! Also machte er aus der praktizierenden Katholikin und vormaligen Novizin der Franziskanerinnen eine bigotte Zuchtmeisterin, aus dem alljährlich zu Regimentstreffen antretenden Weltkrieg-Eins-Veteranen einen völkischen Chauvinisten. Begabte Söhne, folgerte er dünkelhaft, scheiterten zwangsläufig an übersteigerten Ehrbegriffen. In seinem Tagebuch fanden sich Sätze wie: »Die Ehre der Väter ist das Ärgernis der Söhne. – Wenn die verlorenen Söhne doch endlich den Mut aufbrächten, verlorene Söhne zu sein!« ...

Verloren genug hockte Gerlacher in diesem provisorischen Unterschlupf, der längst im Koordinatenkreuz der sowjetischen Artillerie lag. Was zum Henker klammerten sie sich an dieses Tal mit seinen geologischen Formationen, Drumlin-Hügeln, wie er sie aus dem vorderen Allgäu kannte. Warum kehrte er diesem faulen Zauber nicht einfach den Rücken, indem er sich absetzte? Was zählten in diesem Land schon ein paar lausige Kuppen und Höhenzüge, was lächerliche fünfzig oder hundert Schritte? Großzügig gab er das verschenkte, verspielte Terrain an die Landeigner zurück und spielte mit der Vokabel: Desertion! – Was für ein rigoroser Appell an sein Gewissen! (Er scheute sich, das deutsche Wort Fahnenflucht! auch nur laut zu denken.) Dieser Wirklichkeit, die Radikalkuren verschrieb: Himmelfahrtskommandos für Draufgänger und die »Ochsentour für Versager«, galt es sich zu entziehen mit der Tarnkappe der Poesie!

Bis nach Hause war es noch ein weiter Weg. (Welches Zuhause meinte er wohl? Das eingebildete einer Adoption, eines Klassenwechsels?) Würde er als kleinlauter Bittsteller anklopfen, dankbar für jede Wohltat, die seine Herkunft kaschierte? Mästete sein leiblicher Vater bereits das biblische Kalb, damit es bei seiner reumütigen Heimkehr geschlachtet würde?

Sein Oktavheft zuklappend, knipste er die Taschenlampe aus, steckte seinen Kopf durch die Schießscharte und war einen Augenblick nachtblind. Da er im Vorfeld keinerlei verdächtige Bewegung wahrnahm, sein angespanntes Gehör weder Hilferufe noch angsteinflößende Geräusche mehr auffing, beugte er sich entspannt über die Brustwehr aus Sandsäcken, klemmte sich aber vorsorglich den Lauf des Karabiners zwischen die fühllosen Knie. – Als sein Kinn vornüber kippte, schlief er wohl bereits schon. So spürte er nicht, wie seine Waffe – das Gleichgewicht verlierend – über eine leere MG-Trommel schlug. Er hörte auch nicht das Poltern, geschweige denn das raubtierhafte Tapsen sich nähernder

Schritte. Aber »nach Ewigkeiten des Falls« – vierzig Stunden ohne Schlaf und Verpflegung sind schließlich kein Pappenstiel – entdeckte er »den halben Laut seines Herzschlags hinter der Wölbung von Brustbein und Rippe, die schwache Dünung des Blutstroms gegen die entfärbte Schläfe – –.« Als er seine Augen einen Spalt breit öffnete, sah er im diffusen Licht der Sterne zwei Gestalten, die ihn durch ihr zeitlupenhaftes Anpirschen eher verblüfften als erschreckten. Sie mußten unmittelbar zum Sprung angesetzt, diesen aber – aus der Bewegung heraus – im Fluge gestoppt haben, um ihn zu verwirren. Gerlacher war, als nähere sich ihm eine Abordnung seines Vaters. – Ein Mißverständnis! dachte er, in einer Mischung aus verletztem Stolz und Eitelkeit. – Es war nicht fair von ihm, Komplizen zu dingen für eine gewaltsame Heimholung. Glaubte er denn noch immer, er widersetze sich ernsthaft seiner väterlichen Autorität? Wenn jemand Grund hatte, sich ihm in strafender Absicht an die Fersen zu heften, so er. Warum aber kam er nicht selber, ihn heimzuholen? Unsicher begann er nach der Leuchtpistole zu suchen. Mit einem energischen: Halt, wer da? Parole! wollte er sich Respekt verschaffen, aber die Stimme versagte ihm. Er wollte nach seinem Karabiner greifen, konnte ihn aber nicht finden. Wie auf Kommando gingen vor ihm Gorilla-Arme in die Höhe. Unter Kälteschauern spürte Gerlacher ihre martialische Präsenz. – Wattierte Mongolenhauben mit dem Sowjetstern! dachte er verwundert . . .

Jenseits der Hügelkuppe stiegen in regelmäßigen Abständen Leuchtsignale hoch. Ihre kleinen künstlichen Sonnen zitterten wie Medusen und zogen milchweiße Fäden hinter sich her. Kopitz mit seinem Sinn für Optisches strapazierte wieder einmal den Vergleich vom Jongleur, der gleichzeitig mit einem Dutzend Bällen arbeitet. Er liebte Vergleiche, selbst wenn sie hinkten; sie erleichterten es ihm, seine Angst wenigstens zeitweise zu überspielen. Gerade als er dem Aufprall eines erloschenen Treibsatzes folgte, hörte er einen peitschenden Knall. Ein qualvoller Schrei kam, wie mit dem Messer gezogen, als risse es ihn aus seinem Einmannverlies in eine Folterkammer, als würde eine Schädeldecke gesprengt, ein

Herz durch den Rippenkäfig gezerrt. Instinktiv sprang Kopitz mit einem Satz ins Freie. Entgegen seiner Gewohnheit, durch Vortäuschung von Kurzsichtigkeit oder Schwerhörigkeit, sich aus Handgreiflichkeiten herauszuhalten, handelte er diesmal mechanisch und ohne Skrupel. Er riß im Laufen seinen Karabiner hoch, schoß auf zwei flüchtende Schatten, die einen Liegenden hinter sich herzogen, ihn fallen ließen, untertauchten.

Sonst – wenn seine Vorwarnsperren einrasteten – ließ er gern andere in Aktion treten. Bei starker innerer Beschleunigung verhielt er in quälendem Stillstand. Vorstellbar blieb ja immer, daß näher Postierte den Schrei früher lokalisierten. Durchs Dunkel der Hinterhalte jagten dann hilfsbereite Nachbarn – couragierte Verfechter der Nächstenliebe. Oder ein Handgemenge lockte duellierfreudige Haudegen an, die aufs *Eiserne Kreuz* scharf waren. Auf alle Fälle machten sie durch ihr reaktionsschnelles Eingreifen sein hasenherziges Zaudern wett. In der Regel würde sein skrupulöses Auf-der-Stelle-Treten nicht einmal bemerkt. Wer machte sich schon die Mühe, die vorderste Linie abzuklappern, um die Standorte der einzelnen Posten zu vermessen, ihre Lage zum Ort des Tathergangs? Er träte beim Hellwerden einfach neugierig hinzu, Unwissenheit vorschützend, ließe er sich unter Bekundung seines Mitgefühls den Vorfall haarklein berichten. – Aber jetzt lief er zu seiner maßlosen Verwunderung, ganz der Verläßlichkeit seiner Beine unterworfen. Als er auf Rufweite herangekommen war, blieb er abrupt stehen. In wessen Schuld stand er eigentlich? War er diesmal wirklich im Zugzwang? Seinen Ruf als »festbesoldetes Orakel« verscherzte er sich nicht durch diese Schnellschußmanier, eine reine Reflexhandlung. Doch Hartwick könnte peinliche Fragen stellen: Konntest Du nicht rechtzeitig eingreifen, Hasenherz! bevor die Russen »unseren Dichter« halb massakrierten?

Gerlacher lag ohne erkennbare Lebenszeichen. Als Kopitz sich niederbeugte, um mit Handgriffen der Ersten Hilfe zu beginnen, sah er, daß er schwer getroffen war. Sein blutender Mund war mit Erde gefüllt, die Augen waren geschlossen, die gefalteten Hände lagen verkrampft. Unter Anwandlung von Scham und Widerwillen legte Kopitz Notverbände an. Ihm mangelte aber auch jegliche Kenntnis in Anatomie. Nicht einmal simple Handreichungen wollten ihm gelingen. Dem Verwundeten Mund und Zähne zu säubern, ihm Tee einzuflößen, überstieg schon beinahe seine manuellen Fähigkeiten. Er schämte sich seiner untauglichen Hände und tadelte sich für seine Untüchtigkeit. Gerlacher aber schien allmählich zu sich zu kommen. Sein Gesicht entspannte sich, wurde in seiner Reinzeichnung erkennbar: die großangelegte Partie von Jochbogen und Stirne, welche Zartheit mit einem gewissen hochfahrenden Trotz schattierte, der schmale, an seinen Enden abfallende Mund, der Verächtlichkeit ausdrückte, die beiden Ovale der Wangen mit ihren Wehmutsmulden. Sein argwöhnischer Blick haftete wie mit Saugnäpfen an seinem stummen Gegenüber. Kopitz, der nicht sicher war, ob ihn der Schwerverwundete erkannte, erneuerte von Zeit zu Zeit den feucht werdenden Verband durch eine Lage weißen Mulls. Das Blut schien nun langsamer zu fließen. Das war wie ein Strahl Hoffnung, nach dem er begierig griff.

War es an jenem Julitag in *Gerzowka* soviel anders, als er den jungen *Ikarus*, der getroffen in einem Brachfeld lag, aus den Fallschirmgurten schnitt? Minutenlanges Schauspiel der Niedertracht! Wie er durch die Flakvorhänge des Gegners stürzte, als wäre er das Herz-As, die Zwölf bei einem Scheibenschießen oder das Kaninchen in einer Treibjagd! Wie gefaßt hatte der Flieger diesen Spießrutenlauf hingenommen! Hatte er da nicht gleichfalls einen raschen Tod erhofft? Nicht weil er die Schwere die Verletzung erkannte, sondern weil er fürchten mußte, als Sterbehelfer zu versagen. Wenn er damals doch weniger geredet und mehr Beistand geleistet hätte! Er entsann sich noch genau dieser rauchfarbenen, schmerzverschatteten Augen, die ihn kühl musterten.

Kopitz wußte nicht mehr, wie ihr Gespräch begonnen hatte. Er wußte nur, daß es einem jener erpreßten Geständnisse glich, die einen Gewissenskonflikt auslösen, der in Ratlosigkeit endet oder in Verzweiflung. – Ob er auch glaube, daß es so etwas wie Vorahnungen und innere Gesichte gebe? – Vorahnungen? Es dürfte wohl nicht allzu schwer sein, mein Ende vorauszusagen! – Davon könne nun weiß Gott keine Rede sein, widersprach Kopitz floskelhaft. Sein furchtsamer

Blick fiel auf das Weiß der Fallschirmseide und die aufkeimende Blutaster. – Ob er schon einmal richtig verliebt gewesen sei? fragte er unvermittelt, so als schlösse die Erwähnung der Liebe den Tod von vornherein aus. – Der Gestürzte hieb unwirsch in die Luft, als verscheuche er ein Phantom. – Liebe, sagte er abschätzig. – Ich bin neunzehneinhalb Jahre alt. Mit sechzehn kam ich zu den Jesuiten ins Internat, mit achtzehn meldete ich mich freiwillig zu den Fliegern, seit dem Sommer bin ich im Einsatz. Rechnen Sie selber aus, wieviel Zeit mir für die Liebe blieb!

Kopitz fühlte in der Leere seines Gehirns den peinlichen Abstand. Seine Taktlosigkeit rückte ihn in ein schiefes Licht. Um der Zweideutigkeit seines Verhörs zu entgehen, fragte er unsicher: Ob er meine, das Unternehmen *Zitadelle* ende für sie siegreich? – Es ende auf alle Fälle tragisch für die, die sein Ende nicht mehr erlebten. – Einfalt seiner Geschwätzigkeit! Er bekam genau die Antworten, die er verdiente. Wollte er wirklich Beistand leisten, Vertrauen gewinnen oder war es nur die bodenlose Neugier dessen, der selbst kein Schicksal hat? In hilflosem Schweigen sah er, wie der Flieger über einknickenden Ellbogen schlaff in sich zusammensackte, wie er sich in seinem blutgetränkten Overall zurückzog, wie in eine endgültige Verpuppung! – Aber jetzt war es Gerlacher, das maskenhafte Gesicht von einem inwendigen Feuer durchglüht –: »Wenn meine Mutter kommen sollte, führ' mich bitte zu ihr, verstanden?« Er kicherte belustigt. »Ich werde sie zwar nicht sehen können. Mein Kopf bleibt nämlich dort, wo er verspielt wurde.« Ein Anflug von Schadenfreude geisterte in seinen Mundwinkeln. »Aber ich habe ja noch die Uniform, wenn auch nur die Uniform eines ranglosen ›Muschkoten‹ –« Kopitz, der sich das Versprechen abgenommen hatte, nur dann zu reden, wenn der Verletzte ihn aufforderte, sah mit Erleichterung, wie sich dieser um soldatische Haltung bemühte. – »Meine Assessorin hoffte ja, ich würde eines Tages in die Steigbügel eines Rittmeisters fallen. Nichts davon! Sie würden nicht klüger, wenn ich Karriere machte.«

»Das eine kannst Du ihr ruhig verraten«, fuhr er eigensinnig fort, »ich gebe sie nicht preis, um keinen Preis!« Das gelungene Wortspiel schien ihn aufzuheitern. »Sonja und das

Kind werden goldene Armspangen tragen.« Er nötigte nun Kopitz, der sich in seiner Rolle als Beichtvater nicht sonderlich wohl fühlte, näher an ihn heranzurücken: »Heimkehr, Versöhnung haben sie dem verlorenen Sohn angetragen.« Und mit unerwartetem Ingrimm: »Wenn ich meiner Liebe abschwöre, meine Unterwerfung anbiete! Hach«, machte er in exaltierter Gebärde, »zählt der Ehrbegriff einer Familie mehr als die Würde einer Leidenschaft?«

Kopitz, dem die literarische Doppelexistenz Gerlachers fremd war, er hatte den Neuen erst ein, zwei Mal beim Essenfassen zu Gesicht bekommen, ahnte natürlich nicht, daß er den Schwanengesang eines verhinderten Dichters vernahm. Als Gerlacher fieberhaft an seinem Koppel herumzufingern begann, sagte Kopitz: »Wenn Du die Pistole suchen solltest, ich habe sie Dir vorsichtshalber abgenommen.« – »Wo ist sie? Ich will sie haben«, schrie Gerlacher trotzköpfig wie ein Junge, dem man das Spielzeug weggenommen. Und in boshafter Genugtuung, die sein geliehenes Pathos zur Farce machte: »In Waffen sterben, in schimmernder Wehr! Das bin ich ihnen wenigstens schuldig. Das versöhnte zumindest meinen Erzeuger.« – Er wies mit seiner unverletzten Hand nach Osten, wo im Bodendunst sich schütteres Gesträuch abzeichnete. – »Stehen nicht auch Sie Gewehr bei Fuß?« und mit unwirscher Kopfbewegung. – »Warum ließen Sie dann zu, daß der Russe alles kurz und klein schoß?« Seine Finger zerkrümelten einen Erdklumpen, der noch die Pulverrückstände eines Einschlags aufwies. »Ist das noch Erde? Wissen Sie überhaupt, wie wunderbar ein Grashalm gewachsen ist!«

Kopitz riß eine Anzahl Gräser aus dem Erdreich, hielt sie Gerlacher dicht unter die Nase. – »Da ist eine ganze Handvoll.« Gerlacher preßte das feuchte Büschel gegen seine blutverklebten Nüstern und sog begierig den herben Duft in sich ein. Schließlich legte er die Gräser mit rührender Behutsamkeit auf seine Brust, meinte versöhnlich: »Vor meiner Abfahrt an die Front bekränzten sie mich wie einen Pfingstochsen. Sonja nähten sie einen Stern auf die Brust.« Aber schon verkrampfte sich sein Mund: »Sie sollte ihn wie eine Aussätzige tragen, aber sie trug ihn wie einen Schmuck.« Ein irrer Ausdruck trat in seine Augen. »Vater meinte in patriarchalischer Unfehlbarkeit: Stern und Kreuz paßten nicht zusammen. Das Kreuz, das Rad schlägt, das Dich zum Krüppel schlägt!«

Stöhnend versuchte er sich an Kopitz emporzuziehen. – »Man liegt mir in den Ohren, Sonja preiszugeben, meiner Karriere zuliebe. Man öffnet mir die teuren Vaterarme.« Er schlug ein glucksendes Lachen an, als verschaffte ihm der Gedanke an seine ruhmlose Heimkehr ein rabiates Vergnügen. Aber es war schon zu kraftlos, um den Tod noch länger im Griff zu halten. – Kopitz, durch dieses Lehrstück einer gescheiterten Rebellion eher abgeschreckt als belehrt, verkroch sich in weinerlichem Selbstmitleid. Hartwick fand ihn bei der Wachablösung schlafend neben dem toten Dichter.

Nichts als Fatalitäten

Die beiden Freunde schanzten verbissen im knochenharten Lehmboden. – Was für ein Auftrag, sie in muffige Erdlöcher hinabzuschicken und klaftertief ein höllisches Feuer zu schüren, einen Vorrat anzulegen an genau zubemessenem Tod! Draußen, wenige Schrittlängen hinter dem Abstieg, der umstellte Innenhof der Kolchose. Schlagschatten von Giebeln, gähnende Türschächte, Fensterleibungen, vom Mondlicht überflutet: Fallen, in die man hineinläuft, als lockten da wunder was für Köder! Hartwick begriff nicht, was plötzlich in ihn gefahren war. Er verminte ja nicht zum ersten Mal einen Vorratskeller im Niemandsland. Er hatte mehr Finten ausgeheckt, Fallen gestellt und Anschläge vorbereitet, als Notwehr und Überlebenswille ihm nahelegten. Und er wußte, wer sich in solchen Minenhöllen fangen würde, um eine Himmelfahrt sondergleichen anzutreten. Was sie seit Wochen trieben, hatte mit hinhaltendem Widerstand herzlich wenig zu tun. Willkür steckte in ihren Sprengmethoden, Besessenheit, ja Hysterie in der Art ihrer fliegenden Einsätze. Höheren Ortes nannten sie das »Taktik der verbrannten Erde«. – Aber was wunderte er sich denn? Die Lage an den Fronten hatte sich dramatisch verschärft. Die Drahtzieher hinter den Kulissen bevorzugten eine rigorosere Spielführung, die auch noch im letzten Komparsen »*Walküre*«-Stimmung erzeugte. Opernhaftes stand auf den Spielplänen. Die Götterdämmerung war angebrochen. Tragische Charaktere waren gefragt. Statt *Guderians* Panzern *Hitlers* Panzerfaust! Statt weiträumiger Operationen taktische Flickschusterei. Statt klassischer Umfassungseuphorie Stoßtruppkurzweil und Volkssturmhektik. Nicht länger Kopflastigkeit und strategischer Weitblick, sondern Schlupflochmentalität. Noch der letzte Schütze im dritten Glied ein Genie an Zerstörungsmutwillen und Todverfallenheit.

Warum also plötzlich diese Unsicherheit, warum diese Skrupel? Hatte ihn nicht schon früher Ähnliches beschäftigt und beunruhigt? Nun brach es mit peinigender Schärfe über ihn herein. Das trügerische Helldunkel dieser Oktobernacht schwemmte es an die Oberfläche empor. Es war also nicht bloßer Überdruß, nicht Müdigkeit allein, was ihn veranlaßte, das Schanzen vorübergehend einzustellen. Gewiß, in dem Kellerabstieg war es eng und muffig und auch die Zimperlichkeit seines Kumpans machte ihn nervös und reizbar. Aber das war nicht der wirkliche Grund, warum er die Hände wie gelähmt vor Entschlußlosigkeit sinken ließ. Es war nicht der erste widerwärtige Auftrag, und die Nähe seines überängstlichen, vor innerer Unrast unberechenbaren Partners – nun, er hatte lästigere Nachbarn gekannt.

Es hatte ja auch Tage gegeben, wo er bereit schien, alles an sich zu ziehen, Tage, Augenblicke der Begeisterung, des Ungestüms und des nautischen Überschwangs. Diese Ausfahrten unter stürmisch gesetzten Segeln. Levantinische Küstenseligkeit! Seine beflügelte Passage durch die *Kykladen: Hesperidentraum,* im Licht klassischer Schädelstätten *Argos.* Die mitteilsamen Gefährten an Bord. Eine Jugendliebe, sich schlakkenlos verzehrend im Feuer hellenischer Heiterkeit. Und er im Mastkorb, ausgesetzt zwischen Himmel und Erde, Wind und Wellen. Auch er ein kleiner Kolumbus, auch er ein Rätselbewahrer flüchtigen Glücks.

Bis er erwachte und geblendet auf das Schanzdeck fiel. Bis er entdeckte, daß der *attische* Jüngling längst verdrängt war von germanischen Schildknappen, seine Bildungsschwärmerei dem Rassenhochmut geopfert. Die Weltoffenheit seiner Fahrensleute war nur vorgetäuscht, ihr humanistischer Enthusiasmus (»Das Land der Griechen mit der Seele suchend . . .«) Heuchelei. Ihr auswendig gelerntes *Hellenentum* bewahrte sie nicht vor den Befleckungen teutonischer Bluts- und Schicksalshaftung! Auch er ein Heuchler, auch er ein betrogener Betrüger. Am eigenen Leib erlebte er nun, wohin seine sarkastische Duldsamkeit, die den Größenwahn nicht beim Namen nannte, ihn gebracht hatte. Und er sah nun, was ironisches Taktieren bei formaler Anpassung ans militärische Reglement aus ihm gemacht hatte: einen Fallensteller, der sich den Luxus eines schlafenden Hofhunds leistete, sein geknebeltes Gewissen!

Erkenne die Lage! Es war grotesk. Wenn er an seine altklugen Schwafeleien dachte, seine unterkühlten Kommentare, seine eleganten Ausflüchte, kam ihm die Galle hoch vor soviel geistreicher Selbsttäuschung. War er noch willens, das hirnlose Geschwätz der Endsiegfanatiker länger durchzuhalten und ihre Parolengläubigkeit zu teilen, als müßte nur noch dieser eine Landstrich preisgegeben, nur noch dieser eine Frontbogen begradigt werden, bis die Geheimwaffen des Führers ein Machtwort sprächen. Aus zuverlässiger Quelle hatten sie es höchstpersönlich – –! War er noch willens, in die alte Tretmühle zurückzusteigen und dieser Ehrenrettung einer törichten Illusion beizuwohnen, als würden – statt der stärkeren Herzen – die besseren Nerven siegen! Konnte er ihren Selbstbetrug von der Überlegenheit der nordischen Rasse noch länger unwidersprochen hinnehmen? – Hekatomben von Toten, verschenktes Heldentum. Selbst das Ausmaß künftiger Niederlagen war mittlerweile vorhersehbar und berechenbar. – Es war höchste Zeit, eine Absprungmöglichkeit zu finden, ein Exempel zu statuieren!

Das war nun schon seit Wochen die stets gleichbleibende Einsatzformel: tagsüber verbissene Abwehr, abends der mehr oder weniger chaotische Rückzug, nachts das Atemschöpfen in einer Auffangstellung, vor Tagesanbruch das Schanzen von Einmannlöchern. Überlebensrezept oder Schachzug? Kopitz wertete es als Ablenkmanöver der großsprecherischen Verlierer. Mit fast weinerlichem Befremden reagierte er auf das stumpfsinnige Halten eines Grabenstücks, mit wütender Ratlosigkeit auf die vorschnelle Preisgabe eines Geländes, um das sie tagelang erbittert gekämpft hatten. Fortwährend fühlte er sich von meisterhaft getarnten Rudeln des Gegners umzingelt, sah sie aus Kornschlägen brechen, aus Hinterhalten schwärmen als ungestüm andrängende Steppenhorde: feuergesichtig, tatarenäugig. Unentwirrbar periphere Unheilsgeräusche: Gekreisch der *Nebelwerfer*, Gefauche der *Stalinorgel*. Leiser Trommelwirbel der Angst, der erste, halb schon in der Kehle steckende Wutschrei seiner Ohnmacht.

Über der halbfertigen Minenfalle kauernd, klaubte Kopitz mit bloßen Fingern Lehmkrümel aus der spatenblattiefen Mulde, nur um sich abzulenken. Ihn machte es ganz hilflos, daß Hartwick auf die Zünder stierte, als wäre er mitten in der Arbeit vom Schlag getroffen worden. Steif vor Betretenheit und Gliederstarre nahm er die Kastenmine, setzte sie ungeschickt in das ausgeschachtete Geviert, blickte beifallheischend auf seinen Freund, der reglos seiner Hantierung folgte. – »He, Hartwick, schlaf' nicht ein! Wann machst Du endlich die Zünder scharf?« – Für ihn war das doch reine Routine, während er nichts war als ein im Weg stehender Handlanger. Nicht auszudenken, wenn er seiner Gesellschaft überdrüssig würde und ihn wegen Untauglichkeit an die frische Luft setzte!

Hartwick – aus seiner Lethargie aufschreckend – machte sich wortlos an den Einbau der beiden Scherzünder. Energisch wehrte er sich gegen eine neuerliche Beschwichtigungstaktik. Er mußte verhindern, daß eine Regung falsch verstandener Solidarität ihn in die Partie zurückbeorderte. – Als Hartwick den ersten Zünder einzuschrauben begann, fiel sein Blick auf einen der überzähligen Sprengkörper. Er lächelte maliziös: ja, das könnte allem ein schnelles, schmerzloses Ende bereiten! Schnell, schmerzlos? Woher nahm er die Gewißheit, daß diesem Tod eine erträgliche Dauer beschieden sei? Wer sagte ihm denn, daß er nicht durch Jahrhunderte hindurch stürbe, von Jahrzehnt zu Jahrzehnt in gesteigerten Schmerzausbrüchen, erinnerungsbehaftet, entsetzensgeschüttelt, auf der ohnmächtigen Suche nach seinem in alle Winde verstreuten Körper?

Entgeistert, aber von technischer Wißbegier eingeholt, ließ er sich auf seine Fersen nieder. Eine kleine Drehung im Uhrzeigersinn und die russischen Beutezünder waren entsichert. Kopitz sah diesem Vorgang aufmerksam zu. Ein scharfer Schweißgeruch ging von ihm aus. Hartwick wunderte sich, daß er ihn länger ertrug. Aber dann erinnerte er sich an etwas, das ihn für solche Geruchsbelästigung hinreichend entschädigte. Arglistig wandte er sich seinem Gefährten zu, sprach ihn in Gedanken provozierend an –: Darf ich mit ein paar Stichworten eine Erinnerung auffrischen? April zweiundvierzig – Richter verschwindet spurlos an den Ufern der kleinen *Worja!* – März dreiundvierzig – Liebschner springt fahrlässig in sein Verderben! Oder ein jüngstes Datum – Poßnitzer läuft einem Stoßtrupp der Sowjets in die Hände! – Entsinnst Du Dich Deiner großsprecherischen Vorhersagen, Deiner kühnen Orakelsprüche?

Diese Ansprache gefiel ihm. Verhülfe sie ihm nicht zu einem melodramatischen Abgang, ganz dem offiziellen Mollton angemessen? – Ich fragte Dich damals, wann eigentlich für Dich die Vorzeichen eines drohenden Todes sichtbar würden? Wann in Deinem Hinterkopf die Warnklingel schrillte? Wenn Dich ohne erkennbaren Grund das Mitleid packte! – Durchaus plausibel, mein seherischer Freund! Ich frage Dich nun: Was empfindest Du für mich? Neigst Du mehr zu Mitleid oder mehr zu Zorn? Wenn Du nur wütend bist, kann mir ja nichts passieren. Erfinde also einen Grund, mir böse zu sein! – Turnerisch elegant sprang er auf die Füße, maß Kopitz mit einem belustigten Blick. – Ich werde ihm einen Vorwand liefern, der seine Hellsichtigkeit auf Herz und Nieren prüfen wird. Ich werde sein visionäres Talent mitleidlos testen. – Und indem er wehmütig auf seinen Kumpan herabsah, der mit engangelegten Ellbogen seinen Klappspaten handhabte: Wird er mein Vorhaben rechtzeitig genug erkennen? – Er nahm den überzähligen Sprengkörper samt Zünder und begab sich zum Kellerausgang. – Ich gebe ihm einen einzigartigen Anlaß. Nun mag er zeigen, ob er zum Seher taugt! – Schon zum Gehen gewandt, verzögerte er seinen Aufstieg und fragte sich nochmals, ob es denn fair sei, seinen Freund wie einen Resonanzboden abzuklopfen. Nahm nicht auch ohne seine zynische Attitüde das Verhängnis seinen vorgezeichneten Lauf? Verhängnis? Nichts als Fatalitäten, mein Lieber! – Zu Kopitz aber meinte er leichthin: »Ich gehe schon mal voran. Tarne das Ganze und versuche nachzukommen!«

Kopitz, die nachhallenden Schritte Hartwicks noch im Ohr, dachte vergeblich über den möglichen Doppelsinn dieser Worte nach. War das nur die übliche Floskel oder steckte dahinter eine intelligent verpackte Bosheit? Nicht die leiseste Spur einer Vorahnung. Wie war er überhaupt in den zweifelhaften Ruf eines Hellsehers gekommen, eines Mediums, das Gesichte hatte, wie andere eine Singstimme oder einen athletischen Bizeps oder einen hüpfenden Adamsapfel. Ehrlich gestanden, hatte er je – durch Mitleidschübe vorgewarnt – Unfälle vorausgesehen, dramatische Zuspitzungen als solche erkannt? Kam er nicht in den Besitz dieses anrüchigen Talents – wie die Jungfrau zum Kind? Fühlte er sich als selbsternannter „Krisenbändiger" nicht eher verspottet als geschmeichelt? Sinnlose Fragerei! Jetzt war er nur von dem einzigen Gedanken beherrscht: Warum war Hartwick vorangegangen? Übervorsichtig tarnte er die entsicherte Minenfalle, verwischte die Spuren ihres mörderischen Handwerks. Den Spaten aufnehmend, lief er rückwärts zum Kellerausstieg, während ihm der Schweiß in Strömen über den Körper rann.

Hastig, nach allen Seiten hin sichernd, lief er über den von Schlagschatten umstellten Hofplatz. Er sah die Schleifspuren im Sand. Schon saß ihm die nackte Angst im Nacken. Seine Beklommenheit schlug in Panik um, als in einer benachbarten Remise ein orangefarbener Lichtpilz aufschoß, in Bruchteilen von Sekunden die Bohlenwände durchstieß und das Strohdach unter berstendem Donner in die Höhe stob. Er hastete auf den von Hartwick bezeichneten Kellerabstieg zu, setzte die Minenlast ab, um zu verschnaufen. Schon brannten umliegende Stallungen im Glutstrom der Flammen. In den Feuerwirbeln prasselte staubdürres Gebälk. Auch jetzt noch fiel Kopitz wenig genug ein, nur dies: daß Hartwick wie immer der couragierte Einzelgänger sei, mit einer makabren Vorliebe für waffentechnische Finessen!

Der Abstieg in den unterirdischen Speicher war von brennenden Trümmern verrammelt. Kopitz räumte sie beiseite, balancierte die steilen Erdstufen hinab, öffnete die angelehnte Bohlentüre und erschrak vor dem Knarrlaut lange nicht geölter Angeln. Seine Flüsterrufe des Standrechts: Halt, wer da? Parole! verhallten ungehört. Mit gesträubtem Nackenhaar kletterte er auf den nun hell erleuchteten Hofplatz zurück. Vor einem Lagerschuppen, der mit der zerstörten Remise ein offenes Viereck bildete, entdeckte Kopitz einen brennenden Körper, einen gliederlosen schmorenden Rumpf, ein schauerliches Bündel von Fleisch und verkohlten Uniformresten. Er begriff und blieb wie angewurzelt stehen – : Vor ihm lag Hartwick, sein Freund; was sterblich an ihm war, brannte wie Zunder. Im Luftzug der Flammen trieb flackerndes Stroh.

Tarne das Ganze! Ja, tarne Dein Mißgeschick, aber versuche nicht, ihm nachzufolgen! Gib nicht zu, daß Du ein Versager bist! Dein Spürsinn hat Dich schmählich im Stich gelassen. Aber konntest Du auch ahnen, daß Dir so übel mitgespielt würde? Der listenreiche Abgang eines Zynikers, entschuldige ihn nicht. Hartwick hat Feuer gewählt und Feuer gefunden! – Kopitz, sich wie versteinert auf der Schwelle niederlassend, blickte tränenerstickt vor sich hin.

Hallte nicht sein taubes Ohr vom Gelächter wider? Barst nicht die knisternde Glutstille, von höhnischen Echos unterwandert? Entließ die Dunkelheit nicht Stimmen: Hartwicks gebrochenen Diskant, Gerlachers bösartiges Gekicher, Poßnitzers anmaßendes Gehüstel, Liebschners Süßholzrasplerei, Richters kulinarische Rülpser, Mataschs wehleidige Tiraden? – Er sah sie aus den Flammen steigen: Richter, froschmäulig, narbengesichtig, über seinem Eßnapf brütend; Liebschner, fährtenverhaftet, den Schaukelschwüngen *Nastasjas* folgend; Poßnitzer, er sah ihn nie anders als die Mappe schwenkend; Gerlacher in seinem Fieberwahn; Hartwick mit seinen ironischen Kommentaren. Wie alterslose Vögel hockten sie um den brennenden Leichnam. Er abgesondert, in seinem nutzlosen Kummer wie an den Pranger gestellt – und sie musterten ihn mit belustigtem Spott. Mitunter sah er sie stelzbeinig durch den Flammenkreis laufen. Dann näherten sie sich ihm und blickten dreist in sein nun tränenloses, erloschenes Gesicht.

Im Morgengrauen besetzte eine bespannte Infanterie-Einheit des Gegners die ausgebrannte Kolchose. Als Kopitz in seinem Rücken das Scharren von Pferdehufen vernahm, blieb er regungslos auf der Schwelle sitzen, die Arme über den Knien gekreuzt, die Schultern fröstelnd nach vorn gezogen. Die Geräusche, die auf ihn zuhielten, unterschied er in allen Einzelheiten. Fast begierig lauschte er diesem Anprall kehllautiger Stimmen, kläffender Befehle, hellem Gewieher und dröhnendem Gelächter. Er hörte das katzenhaft leichte Tappen auf der angesengten Grasnarbe, das martialische Geklirr von Gefechtsfeldwaffen: eine kampfstarke Vorhut der Ukrainer mit ihren klapperdürren Panjepferdchen kam geräuschvoll zum Stehen.

Jetzt pflanzen sie sich vor mir auf, dachte er, während das Rudel erdbrauner Soldaten ihn zu umkreisen begann. Ihre Gewehre bilden die Speichen; ich aber bin die Nabe an diesem Riesenrad! Und als sie neugierig näherrückten, und er die kalten Mündungen der Gewehrläufe spürte: Ich werde ihnen nicht den Gefallen erweisen, mich zu erheben. Und als ihm ein Rotarmist einen Schlag Essen unter die Nase hielt: So leicht lasse ich mich nicht bestechen. Ich habe keinen Respekt vor einem Tod, der nach Weißkraut, Schweiß und *Machorka* riecht. – Das Salvengeknatter einiger übermütiger MP-Schützen lieferte eine feurige Illumination. Ein johlendes Gepfeife entlud sich über ihm. – Ein unschädliches Gewitter, dachte er und schob wie beiläufig die Gewehrmündungen beiseite. Mit seiner Rechten wies er auf den Hofplatz, der im Glutschein letzten Feuers lag, sah nicht auf, heftete seinen Blick auf ihre lehmverschmierten Stiefel. Das Gejohle brach schlagartig ab. Den schwelenden Rumpf erblickend, trat das gefährlich schwärmende Rudel einen Schritt zurück, öffnete eine Gasse stummer Betroffenheit. Als Kopitz die Augen aufschlug, war sein Freund nicht mehr zu sehen. Vor ihm erhob sich eine Barrikade von zusammengesetzten Karabinern. Da befiel ihn nicht nur die Vorahnung, da wußte er, daß der Tod ihn verschmähte.

Der Erinnerungslose

Übergangslos aus dem Tiefschlaf geschreckt, nehme ich zunächst nichts wahr als ein gleichmäßig an- und abschwellendes Geräusch: das Schlaggeräusch von Rädern auf Schienenstößen, das härtere Knallen von Weichen, das dumpfere von Puffern, die schnelle Aufeinanderfolge von Pfiffen. Obwohl auf Wahrnehmung und Erkundung aus, bin ich doch mißtrauisch gegen das, was meine schlafverhangenen Sinne mir zutragen. Während ich mich in einer mir fremd scheinenden Umgebung zu orientieren suche, finde ich die Körper der Schlafenden in schamloser Vertrautheit. Die Umrisse des Marschgepäcks, der Tornister, schon schwieriger zu deuten: sind es widerborstige Fellrücken in einer Strohkuhle? Die Decken zusammengeschoben zu kleinen Gebirgszügen, Feldflaschen zu Trauben gebündelt, verbeulte Kochgeschirre. Beliebiges Interieur eines rollenden Schlafpferchs, die Details unerheblich, der Ansturm von Nichtigkeiten überwältigend.

Irgendwo brennt ein kraftloses Feuer, genährt von Holzresten, aufgelesen auf dem zugigen Umschlagplatz eines polnischen Grenzorts. Im fahlen Lichthof einer Lampe die Blechwaben der Ofenrohre in verschneiten Stapeln längsseits der Schienen. Randzone einer Stadt mit ihren trostlosen Barakkenvierteln, Schuttabladeplätzen, Waffendepots und den Spuren unserer Verwüstungen. Aber das sind nur Vermutungen meines getrübten Tatsachensinns. Ich will versuchen, nachzurechnen, wann ich die letzte bewohnbare Ortschaft durchfahren habe.

Einen Anhauch von Wärme spüre ich selbst durch meinen Mantel hindurch. Aber das ist erklärbar, kauere ich doch in unmittelbarer Nachbarschaft des Kanonenofens. Wer dagegen eine Waggonwand im Rücken hat, für den ist das Feuer ein Ärgernis, der Ofen eine Attrappe. – Herabhängende, schlaff baumelnde Uniformstücke, Hosenbeine, mühsam aufgebügelt, Waffenröcke mit Ordensbändern, von absonderlichem Ehrgeiz zeugend. Einige unverbesserliche Stimmungsmacher schwärmen noch immer von langbefristeten Lehrgängen mit Nachturlaub bis zum Wecken. Längsseits der Gepäckstapel, nur undeutlich auszumachen und in dieser Schemenhaftigkeit um so monströser, die in ihren Halterungen parallel liegenden Karabiner. – Vor Ablauf einer Stunde wird mich niemand wecken. Aber was ist eine Stunde? Wieviel Zeit ist das, gemessen an meinem Vorsatz, in sie zurückzukehren? Sechzig Minuten Herzschlag, Atemgeräusch, Räderklirren, Gedankenleerlauf? Werde ich die ganze Spanne zwischen Ohnmacht und Wutanfällen durchlaufen müssen, ehe ich an ihre Grenze gelange?

Ich werde damit anfangen müssen, meinen Schlafplatz von Krümeln zu säubern. Da ich es nicht unterlassen konnte, den Marmorkuchen, den meine Mutter mir eingepackt und mit Weihwasser besprengt hatte, bis auf geringfügige Reste aufzufuttern, fürchte ich die Entdeckung durch meine ausgehungerten Nachbarn. Ich hatte weder den Edelmut, den Leckerbissen aufzuteilen, noch die Unverfrorenheit, ihn ungeniert vor allen zu verschlingen. Peinliches Eingeständnis, wie ich heimlich würgte, die unvermeidlichen Kaugeräusche mit unsinnigen Hantierungen vertuschend. Doch warum plagt mich der böse Blick des Futterneids? In dieser Menschenfalle sitzen so manche verwandten Laster einträchtig zusammen. Verstöße gegen die Regeln des Anstands erledigen sich in diesem Stadium der Sittenverwilderung von selbst. Demütigungen, die ich mit jedermann hier teile. Vergehen, Fahndung, Strafvollzug werden zur bloßen Farce, deren Spielcharakter nur der Uneingeweihte verkennt.

Ich liege mit einer Pioniergruppe, der ich als Minenspezialist zugeteilt wurde, in Fahrtrichtung. Käme dieser aus einunddreißig aneinandergekoppelten Waggons bestehende Transport schlagartig zum Halten, schösse ich, mit den Knobelbechern voran, durch den stickigen Strohpfuhl, durchstieße die schadhaften Planken und steckte mit den Füßen im morschen Holz. Aber das ist eine unsinnige Vorstellung.

Auf eine Sprengung gefaßt zu sein, die jeden Augenblick erfolgen kann, aber auch erst nach Tagen unbehinderter Fahrt, übersteigt meine Fassungskraft wie meine Selbstbeherrschung. Ich kann nicht wissen, was die vorwärts stürmende Lokomotive unter die Räder reißt. Sie ist ein blind laufendes Räderwerk, kein sensibler Mechanismus, mit Fühlern bewehrt und Unheil witternd. Vielleicht liegen wenige hundert Schritte vor dem Gleisräumer die ersten scharfen Minen. Vielleicht schwelt unter dem Tender bereits der angerissene Zünder. Bliebe ich beispielhaft gefaßt, sähe ich durch Strohschütte und Planke hindurch die Luftwurzeln der Zündschnüre über den Sprengkörpern, dann könnte ich den Zugführer rechtzeitig warnen. Wie leicht mir inzwischen solche idiotischen Vergleiche zufallen! Ich müßte eigentlich wissen, daß nicht Zündschnüre die Sprengstelle von weitem kenntlich machen. Ich habe zu viele Minen eingebaut, um mir die Abwegigkeit solcher schiefen Bilder nicht zum Vorwurf zu machen. Die Leichtfertigkeit, mit der ich zugespielte Bälle auffange, ist bedenklich.

Eines beginnt mir allmählich klar zu werden: Man kehrt nicht in Unschuld in das zurück, was man im Größenwahn verließ, auch wenn man das unverdiente Glück haben sollte, zurückzukehren! – Solange sie marschierten und sich in der ungeheuren Landmasse festfraßen, dem flachen, endlosen, staubdürren Fladen, der sich zwischen den *Rokitno*-Sümpfen und den Wäldern an der *Ugra* erstreckte, betäubten sie sich etappenweise mit Siegeszahlen und Beuteziffern. Man zehrte von dem, was täglich anfiel, hielt das Ganze für eine gigantische Konkursmasse, aus der sich jeder seinen Anteil herausholte. Als aber der raumfressende Größenwahn verebbte und Katzenjammer sie befiel, als der Frost sie festnagelte und sie monatelang über den Feuerkreis, den eine Maschinengewehrgarbe absteckt, nicht hinaussahen, stürzten sie sich auf ihr Innenleben. Es brauchte lange, um den Großsprechern hinter die Schliche zu kommen. Ruhm, Ehre, Patriotismus, Vaterland! – das war in zwei Sommern ausgeschwitzt. Was noch an Emotionen blieb, hatte Platz in einem Brustbeutel oder in einem Briefumschlag.

Eigentlich ohne zwingenden Grund fiel ihm eine der Sprengformeln ein, die er nie angewandt hatte, weil er mit seinen Faustregeln immer rascher zur Hand war. Automatisch fast leierte er sein Pensum herunter. Ein domestiziertes Bewußtsein warf ihm wahllos seine Dressurleistungen zu: Die Schußdaten einer Vierlingsflak konnte er ebenso gut aufsagen, wie die Zahlenreihe einer frisierten Minenbilanz oder das

Kauderwelsch halbverdauter Russisch-Vokabeln. Jetzt eben zur Abwechslung einmal Sprengformeln. Simple Multiplikationen von Scherkraft, Dämmwerten oder den Wirkungsgraden verschiedener Sprenggelatinen. Faustregel Nummer eins: Die Welt zerfiel in Querschnitte, die es entweder zu zerstören oder zu deformieren galt!

Er konnte natürlich ebenso gut anderen Schulkram abrufen: das Verlegeschema für Riegelminen zum Beispiel: Erste Reihe, freundwärts begonnen – Knebel, Kreuz, Knebel; zweite Reihe Kreuz, Knebel, Kreuz; dritte Reihe Knebel, Knebel, Kreuz; vierte wie die erste. Das Ganze sechs Felder schulmäßig durchexerziert. Wechsel vorzugsweise beim siebten. Hilfspunkte wie üblich markiert; Schnittflächen der Pfähle getarnt; Schrittlängen gleichmäßig, unverkrampft; Kompaßzahlen bis auf Zehntelgrade genau. Schnelleinsatz, versteht sich. Mondphasen unberücksichtigt. Sicherung wie gewöhnlich durch bewaffnete Freigänger (das bereitet dem Gegner tödliches Kopfzerbrechen). – Unglaublich, nun memorierte er schon wie ein Schüler vor einer mündlichen Prüfung!

Wenn mich diese Formel-Alpträume doch wenigstens zeitweise ablenken könnten! So aber unterbreche ich mich immer wieder, um argwöhnisch auf die monotonen Fahrgeräusche zu achten: das hohle Dröhnen der geschlossenen Waggons, das Hämmern der Schienenstöße, das Knallen der Weichen, das Klirren der Räder. Ich brauche den bösartigen Instinkt des in die Falle Gegangenen, der längst die Uhr gestellt und die Zündschnur in Brand weiß, gar nicht erst in mir wachzurufen.

Er kannte solch teuflisch inszenierte Anschläge bis jetzt nur vom Hörensagen. Merkwürdig, warum sah er sich unverletzt, von einigen belanglosen Hautschürfungen abgesehen, durch ein Chaos gesprengter Bohlen taumeln, langfasriger, astloser, dumpfsplitternder Bohlen? Er saß mit vierzig Neulingen, die weder Axt noch Säge handhaben konnten, in einem Geviert beschmutzter, verrotteter Planken. Es gehörte schon eine abstruse Phantasie dazu, ihren Weg zurück in die Unschuld und Reinheit zu verfolgen. Reinheit? Unschuld? Im unpassendsten Augenblick fielen ihm die großspurigsten Wörter ein.

Dieser Waggon mag erforschbar sein, meine Kindheit nicht; sie ist nichts als eine Luftspiegelung über einem versiegelten Abgrund. Also, um Vergangenheit vorzutäuschen, ein datierbares Jahrzehnt auf Spielplätzen verbracht? War er auf unlauteren Besitz aus? War er früh schon unter militärische Kuratel geraten? Ich denke, daß er wie seine Altersgenossen in einem Sandkasten aufwuchs, aber nur, wenn ich seine Luftballons als Fesselballons deklariere, wenn ich Schrapnell-Gewitter über seinen Sandburgen aufziehen lasse, läßt er die Idylle ungefilzt passieren. War er illusionslos? Mangelte es seinen Erziehern an zivilen Leitbildern? Seine Lehr- und Gesellenjahre verbrachte er unter Richtbäumen, Spruchbändern, Fahnenmasten. Er war leichtgläubig genug, aus dem Parolenwind Versprechungen herauszulesen für die Zeit nach seinem Stimmbruch. War er den Gleichaltrigen an Erfahrungen voraus? Seiner ersten Liebe huldigte er auf Feldpostkarten an eine Cousine. Auch Schönheit als solche blieb ihm nicht vorenthalten. Ich entsinne mich an die ebenmäßigen Gesichtszüge einer Füsilierten, die in wiederhergesteller Unschuld in einem schattenlosen Hinterhof lag. War er pietätlos? Sah er – statt ihren patriotischen Edelmut zu besichtigen – nichts als ihren makellosen Körper? Wenig später sah ich ihn einem Flammenwerfertrupp zugeteilt, der in die Schartenöffnung eines Bunkers seinen tödlichen Feuerstrahl richtete. War er von zerstörerischem Mutwillen erfüllt? Nichts dergleichen! Er war zuverlässig. Von weiteren Folgerungen will ich absehen. Ich bin ablenkbar und vergeßlich, und ich weiß nicht einmal, ob diese Erinnerungen nicht bloße Makulatur sind.

... Sie hatte die Angewohnheit, abends auf einen Sprung an den nachbarlichen Zaun zu kommen. In einem der Durchlässe kauernd, wartete sie demütig auf ein Handzeichen von ihm. Er aber gefiel sich in der Rolle des blasierten Blickverweigerers, als gälte ihre Zuneigung seinem jüngeren Bruder. Dem uniformierten Schnösel fiel nichts Besseres ein, als altklug Kaltschnäuzigkeit zu verbreiten: Mitleid allein wiege nun einmal Sympathie nicht auf. Anziehungskraft und Reiz der Geschlechter seien etwas anderes. Vorerst strahle sie mit ihrer Internatskluft eher Keuschheitsängste aus als erotische Signale. Unter seinen Taktlosigkeiten wurde sie noch unscheinbarer, als sie es schon war. Das straff gescheitelte Haar von unentschiedener Färbung bildete einen schütteren Knoten. Die vorspringende Unterlippe über dem ohnedies nur schwach entwickelten Kinn störte seinen Schönheitssinn. Einzig die weitstehenden Augen mit den Wehmutsbögen der Wimpern hätten ihn nachsichtig stimmen können, wäre nicht das zudringlich Sanfte, unterwürfig Kuschende gewesen, das ihn abstieß oder verwirrte, je nachdem, ob er allein war oder in Begleitung eines lästernden Klassenkumpels. Und selbst jetzt – in der gesteigerten Erinnerungsgier – vermochte er ihn nicht festzuhalten, den Gedanken an *Rahel,* die eines Tages spurlos verschwand . . .

Vielleicht erfinde ich das alles auch nur, um mir eine Vergangenheit anzudichten, mit wahllos aufgegriffenen Erlebnispartikeln: ersatzweise zugespielt von der Trauer über den Verlust erzählbarer Wirklichkeit. Bildschnitte aus den frühen Dreißigern, ein Sommermorgen zum Beispiel:

Mit nichts als einem unbändigen Spieltrieb, auf ein überschaubares Stück Erde beschränkt (das Handtuch eines Hinterhofs mit Hasenställen), in Nestwärme eingetaucht, durchstöberte er ganze Kontinente (mit der Nasenspitze über dem Schulatlas!). Jetzt gähnte ihn ein trostloser Landstrich nach dem anderen an. In einem Aufwaschen fertigt er ganze neupreußisch-großdeutsche Provinzen ab, ohne das Mindeste an abbildbarer Geographie in sich aufzunehmen. Unerheblich, wie rasch oder wie langsam, mit wie vielen Verzögerungen und Standorttäuschungen auch immer, die Schleifschule der Nation, die Knochenmühle heranrückt!

Meine Furcht vor einem möglichen Sprengstoffanschlag ist lächerlich. Zugegeben, eine Kontrolle des Bahndamms setzte mich dem deprimierenden Anblick gesprengter Güterzüge aus (einer endlosen Doppelreihe verkohlter Waggongerippe längsseits geräumter Geleise). Es ist üblich, die ausgebrannten Wagen von der Böschung zu kippen, um die Strecke freizuhalten für nachfolgende Transporte. Aber es ist ebensogut möglich, daß ich mich täusche und einen ungefährdeten Landstrich durchfahre. Die Ortsbestimmung ist nicht immer leicht. Ich nicke, da ich mein Schlafverlangen unterschätze, gelegentlich mitten im Satz ein, so daß ich das Gespür für Entfernungen zeitweilig verliere. Aber wo immer ich mich auch befinden mag – es ist unsinnig, meine Chance abwägen zu wollen.

Ich liege, wenn ich richtig gezählt habe, im dreizehnten Waggon. Da ich weder abergläubisch bin noch schicksalsblind, werte ich es als günstiges Omen. Bei einunddreißig Waggons befinde ich mich also leicht außerhalb der Zugmitte. Die Gefahr, durch die Gewichtsmasse von achtzehn rollenden Einheiten zerquetscht zu werden, schätze ich geringfügig größer ein, als durch zentrifugale Schleuderkraft katapultiert zu werden. Wiederum erscheint mir die Wahrscheinlichkeit, durch reine Sprengwirkung getötet zu werden, im vorderen Drittel ungleich größer. (Es sei denn, die Partisanen sind gewitztere Feuerwerker, als ich sie kenne!) Wenn die Auskünfte der Wachmannschaft stimmen, lagert in den beiden letzten Güterwagen Artillerie-Munition. Die Möglichkeit, durch explodierende Granaten geköpft zu werden, nimmt zu im Quadrat der Annäherung. Doch trotz rechnerischer Spitzfindigkeit dürfte sicher sein: Niemand kann die guten (sichern Plätze) von den schlechten (unsicheren) unterscheiden! Dabei diese durch nichts zu entkräftende Zuversicht, als käme ich mit dem Schrecken davon, säße ich nur einige Waggons weiter hinten . . .

»Man umschließe den Kolbenhals frisch und fest so weit nach vorn, daß der ausgestreckte Zeigefinger an der inneren, unteren Kante des Abzugbügels zu liegen kommt – –« (Handballen und Fingerkuppen in saugender Umklammerung). Mit solch frivolen Lehrsätzen hatte man die schreckhaften Zöglinge dressiert. Es hatte sich in ihren Köpfen etwas eingenistet, was offenbar mit geschlechtlichen Vorgängen mehr zu tun hatte als mit waffentechnischen Abläufen. Handballen, Kolbenhals, Zeigefinger – ein nicht näher zu definierender Inzest. Das provozierend Zweideutige der Belehrung: »Der Karabiner ist die Braut des Soldaten!« Wer wollte da auch an den Tod im Gewehrlauf denken, wo Liebe suggeriert wurde in fast zärtlicher Anleitung? Was sollte da wohl die Einsicht, daß nicht nur eine gedachte Linie zwischen ihm und dem anvisierten Ziel ins Schwarze führte, war der Druckpunkt einmal überwunden (»bei saugend umschlossenem Kolbenhals«)?

Genug, er konnte sich diese makabre Zielansprache schenken. Ihn prägte – Lehrsätze der Ballistik und Pyrotechnik mit geschlechtlichen Phantasien koppelnd – keineswegs nur nüchterner Erkenntnisdrang. Weit harmlosere Verstrickungen beantwortete er mit schierer Begriffsstutzigkeit, weit spaßigere Wahrheiten als die der statistisch ermittelten Todesart der Pioniere – der klassischen Amputation durch Sprengung – mit stupender Naivität. Was also zwingt mich – vom Gleichgewicht des Schreckens ebenso wie von meiner Lethargie in Schwebe gehalten – Würde vorzuleben und soldatische Haltung? Belanglos scheint, für was der einzelne sich hält: Führer wie Verführte, Böcke wie Schafe sind der gleichen sinnvernebelnden Prozedur unterworfen, dem Gesetz des Falls (wobei ich nicht Schwerkraft meine!) – und es ist unerheblich, ob die Sprengladung mich im Sturz oder Flug halbieren, in Stücke reißen oder bis zur Unkenntlichkeit verstümmeln wird.

Immerhin, mein überfordertes Gedächtnis speichert nicht nur Bildketten der Angst. Aus einem Knäuel sich widersprechender Empfindungen – Ohnmacht, Hellsicht und geschluckten Wutanfällen – schält sich ein Ereignis von traumatischer Wucht: Keine gut abgehangene Fleisch-Fabel, kein vollsaftiges Lendenstück mit dem Lebendgewicht blutvoller Charaktere und einsehbarer Motive. Mein selektiv arbeitendes Gehirn entwirft lediglich eine Topographie geschleiften Grauens. Der bornierten Selbstgefälligkeit sich entziehend, die den Nachweis von Verbrechen nur führt, solange die Blutspuren noch frisch sind.

. . . Es sah kaum einer von ihnen auf, als die ersten Wachttürme am Horizont auftauchten. Hochstämmige Fichten, mächtige Alterssitze für Dohlen und Elstern, eine auffällige Kulisse, die das Torgerüst mit der Inschrift: *»Arbeit macht frei!«* nahezu überdeckte. Waffenbehangen und apathisch trotteten sie dahin. Der klumpfüßige Koloß der Marschkolonne kam lange nicht zum Stehen. – Beim Passieren der Stacheldrahtsperre – ein SS-Mann mit geschultertem Karabiner lief zwei Schritte vor und zwei zurück – hatte die Meuterei ihren akustischen Höhepunkt bereits überschritten. Die mutwillig oder auch nur per Zufall Inhaftierten standen schon unter Kommando. Niemand, der die Ankunft des Kommandeurs zu offenem Protest benützte. Kleinlaut, belämmert vor soviel Mißgeschick, starrten sie dem Hinkebein, das Edelmetall unterm Kinn trug, in die alterslose Visage.

Der Platz zwischen den fluchtartig verlassenen Baracken war von einer trostlos zerflatternden Weite. Keiner, der je auf diesem Präsentierteller Staub schluckte, hatte die fensterlose Fassade einer leerstehenden Fabrikhalle anders als mit lähmendem Unbehagen betrachtet. Er aber lag nicht im Stiefelschatten eines wildgewordenen Lagerkapos. Er hatte sich auch nicht den Meuterern angeschlossen, die eine Petition aufsetzten gegen die »ehrverletzende Einweisung ins Lager *Skarzysko-Kamiena*«. Er sah in ihrer Einquartierung nicht die Fehlleistung eines gedankenlosen Quartiermeisters. War schon vergessen, schon verdrängt, daß sie – vor den Panzerspitzen der Sowjets fliehend – dieses Hochplateau erreicht hatten, sozusagen mit hängender Zunge?

Widerspruchslos schaffte er sein Sturmgepäck in die Aktenwildnis des geflüchteten Buchhalters, von dem nichts zurückgeblieben war als ein Türschild mit verwischtem Namenszug. Er rückte mit seinem verwanzten Strohsack gegen die freie Wand, die mit obszönen Kritzeleien bedeckt war, und legte sich vorzeitig nieder, weil er sich die Mitternachtswache ausbedungen hatte. Aber trotz bleierner Müdigkeit fand er keinen Schlaf. Ihm war, als dränge durch Mauerrisse und Bodenritzen, sobald er die Taschenlampe löschte, eine gallertartige Substanz, die sich über Feldflaschen, Kochgeschirre und Gewehrständer hermachte, sein Koppelschloß samt Lederzeug mit einem zähflüssigen Film überzog, einer Schleimspur des Ekels.

Nachts auf Zweistunden-Wache verließ er eigenmächtig den ihm zugewiesenen Lagersektor. Er wußte selbst nicht recht, was ihn zwang, sich unter die rinnenlosen Gesimse der verlassenen Baracken zu stellen. – Wenn ich unvorsichtig genug bin, meine Vermutung auszuposaunen, löse ich Verständnislosigkeit aus oder weinerlichen Protest, zumindest geharnischten Unwillen über die Zumutung, Empörung zeigen zu sollen. (Ihnen, nicht den KZ-Häftlingen war eine wissentliche Kränkung widerfahren!) Er kannte zur Genüge jenen Grad an Selbstmitleid, der jede ernsthafte Anteilnahme ausschloß. Nun gut, mochten sie es als Ehrverletzung empfinden. Für ihn lag in dieser überstürzten Einweisung in das aufgelassene KZ etwas Zwangsläufiges, ja Folgerichtiges. Ein lang verheimlichter Abszeß war aufgebrochen. Jahre hindurch hatte man nichts von ihm gespürt. Bei schlecht stehendem Wind eine Ahnung von abgekapselter Fäulnis, aber mit Beschwichtigungen war auch er schnell zur Hand.

Er war weiß Gott nicht zimperlich, kannte Stallwärme so gut wie Bunkermief. Er wußte, was es bedeutete, bei Gewitterschwüle in der Nähe eines Kadavers zu kampieren. Er ging nicht leicht in die Knie. Aber was in diesen wenigen Minuten, zwischen fluchtartig geräumten Schlafpferchen, auf ihn einstürmte, war nicht nur aus Verwesung und Verwahrlosung allein ableitbar. Daß seine Sinne – die schneller reagierten als sein Bewußtsein – beleidigt wurden, zählte nicht weiter. Aber daß sein Gefühl für Anstand und Würde verletzt wurde, machte ihn traurig, wütend und ratlos in einem. Dieses versiegelte Grauen aus Niedertracht, buchhalterischer Pedanterie und Menschenverachtung! Einem Brechreiz nahe, stürzte er aus der stickigen Baracke. Er begriff sich selbst nicht, wie er beim Verpflegungsempfang einen Schlag Reis mit Backpflaumen verdrücken konnte.

Das Kochgeschirr in der Linken, den gefüllten Klapplöffel in Kinnhöhe, stieß er auf Sträflinge im gestreiften Drillich, die Kanister verluden. Einmal war er auf einen Trupp bewachter Häftlinge gestoßen. Er hatte die Szene in allen demütigenden Einzelheiten vor sich: die schnurgerade Chaussee, schotterbeworfen, mit schiefstehenden Randsteinen, eine Allee mit Pappeln, zur Sprengung vorbereitet. Herbstlich-fahler Himmel. Auf alle Fälle fuhr er im Schrittempo an einer Kolonne ausgemergelter Gestalten entlang und hatte ihre vorwurfsvoll oder auch nur angstvoll erhobenen Gesichter vor sich: Er begleitete eine Fuhre Schnittholz, saß mit dem Rücken in Fahrtrichtung. Seine frischbesohlten Stiefel hingen aufreizend über die Verladerampe. Er aber stieg nicht beschämt ab, zog sich nicht die Stiefel aus, schloß sich nicht brüderlich den Barfüßern an. Die Allee blieb zurück, mit ihr der Trupp Häftlinge. (Zum Glück für ihn war das Fahrzeug schneller als sein Mitleid).

Er stand – von Flohstichen gepeinigt – auf dem öden, gottverlorenen Appellplatz, sein Standbein von Kommandos festgepflockt. Die Baracken von Mückenschwärmen umsirrt. Abgeschirmt ihr Kompanie-Biwak gegen das eingesargte Grauen. Nageltrupps, die die zwangsgeräumten Unterkünfte hygienisch zunageln. Die Beklommenheit über unaufgeklärte Vorfälle im Lager. Nicht entschlüsselte Anrufe an sein Gewissen. Niemand verlangte ja auch von ihm, daß er tiefschürfende Sondierungen vornahm. Er war der Angehörige einer militärischen Einheit, nicht der Heilsarmee!

Ironie ist die Waffe der Selbstgerechten, die weder Fisch noch Fleisch sind! Gewiß, ich entreiße dem mörderischen Sog des Vergessens Bild auf Bild. Aber was mache ich damit dingfest in dieser Flut chimärenhafter Erscheinungen? – einige blamable Episoden. Wird mein kindischer Versuch, Menschliches hinüberretten zu wollen, nicht zu einer Farce, die den Schrecken nur verlängert?

Mitleid ist die Tugend der Unentschlossenen! Ich habe kein Recht, mich als Anwalt der Opfer aufzuspielen. Gewiß, ich liege wie jene, die durch mein überfordertes Gedächtnis rutschen, in einem lichtlosen, zugigen Waggon. Der Zug, der mich durch die Dunkelheit schleudert, gleicht aufs Haar jenen Zügen, die in der Dunkelheit enden. Ich weiß, daß meine Gefangenschaft aufhebbar ist. Meine Wärter sind nicht zugleich auch meine Peiniger. Wenn sie die Schiebetür öffnen, um Frischluft hereinzulassen, registrieren sie mein Wohlbefinden, nicht mein Wohlverhalten. Auf ihren Strichlisten ist meine Kampfkraft ein unverzichtbarer Bestandteil ihrer militärischen Planung. Das wenige, was meine Uniform von der Kluft eines Häftlings, eines Gefangenen unterscheidet, sichert mir ihr Wohlwollen. In ihren Augen wäre mein Tod ehrenvoll! Ununterscheidbar in die Züge der Henker und Schergen eingereiht, fahre ich, ein Gefangener auf Widerruf, die Waffen in der Hinterhand, durch eine unrühmliche Nacht einem ruhmlosen Ende entgegen.

Auf Dauer lähmt einen die Vorstellung, untätig dazuliegen, die Arme im Nacken verschränkt, gegen den Fahrtwind abgeschirmt, aber der Zugluft der Parolen ausgesetzt, in einem Geviert verrotteter Planken dahinzuschießen. Vielleicht ein monströses Geschoß, versehentlich mit einer Ladung Kanonenfutter gefüllt. Vielleicht auch nur ein Fahrstuhl, dessen Sturz nicht mehr gebremst werden kann. Vorstellbar bleibt auch, daß ich in einem Gehäuse mit offenem Boden bäuchlings angeschnallt liege. Unter mir das Fließband einer Landschaft mit Miniatur-Schlachtfeldern, ein Katarakt spielzeugkleiner *Flandernzäune,* bespickt mit *Minen-Igeln.* Ich im Schleudersitz und in Handbreite darüber, mit verletzlichen Weichteilen. Ein ausgefuchstes System von Sicherungen hält Statik wie Mechanik im Gleichgewicht. Aber allmählich beginne ich an ihrer Wirksamkeit zu zweifeln. In der Saugkraft der Tiefe lockern sich Bolzen, Nieten, Nägel, Radlager. Was mich leidlich in Schwebe gehalten, lautlos zerfällt es in lose Einzelteile, landet im Schotterbett zwischen den Schwellen. Dem Gesetz der Schwerkraft spottend, fliege ich, ein splitterndes Chaos hinterlassend, im Freien mit gleichbleibender Beschleunigung. Vom Schwindelgefühl wohltätig betäubt, frage ich mich, ob der einzige Sinn dieses aufgehaltenen Sturzes darin liegt, zwischen Ohnmacht und Wut eine prekäre Balance zu halten.

Aber das monotone Schaukeln, ratternde Gleiten und zermürbende Stoßen würde irgendwann einmal aufhören. Dann käme der rollende Schlafpferch, in dem sie in gewienerten Knobelbechern und aufgebügelten Waffenröcken liegen, tröstlichen Illusionen nachhängend, zum Stehen. Durch die spaltbreit geöffnete Schiebetür dränge Ordergebell. Licht schösse herein mit der Blendkraft eines Blitzes. Schlafsüchtige rissen unter Flüchen die Augen auf. Der Standlaut einer silberbetreßten Dogge schlüge an ihr Ohr. Helmgesicht, Trillerpfeifen-Visage: der Wachhabende vom Dienst. Ungerührt durch meine Selbstbefragung, scheuchte er mich aus meinen Schreckensvisionen. Nicht die Tapferkeit vor dem Feind stünde zur Wahl, vielmehr die Tapferkeit vor dem eigenen Gewissen.

MIT DEM RÜCKEN
ZUR WAND

Der Fähnrich

Was treibt der Held, wenn er »seine Seele gereinigt" hat?
(frei nach Tusk, genannt der Deutsche) – er leckt seine Wunden.

In dem nachlässig verdunkelten Zugabteil, einem altmodischen Coupé für Nichtraucher, in dem es nach kalter Zigarettenasche und abgestandenem Fusel roch, saß ein nicht mehr ganz jung aussehender Fähnrich mit gültigen Urlaubspapieren. Vor ihm, neben und hinter ihm Fronturlauber, Genesende, Versprengte, Kommandierte: Augenzeugen einer Brandnacht, die die Flächenbrände von ihren Abteilen aus hatten wüten sehen, mit dem Experten-Gleichmut verhinderter Helfer. Auch der Fähnrich hatte von den beiden Möglichkeiten: sich einem Räumtrupp anzuschließen oder mit beginnender Maulsperre seinen Fensterplatz zu behaupten, die zweite Möglichkeit der ersten vorgezogen. Auch er ein gelernter Wegseher. Auch er – abgestumpft durch alltägliche Greuel – war der prahlerischen Selbstgerechtigkeit aufgesessen: die Stadt um das Münster, nichts als eine Etappe auf ihrem Heimweg in einen wohlverdienten Urlaub, habe kein Anrecht auf ihr tatkräftiges Mitleid.

Aus dem Halbschlaf fahrend, saß er peinlich offenen Munds. Vor ihm – in der Blickstarre angehaltenen Schrekkens – kauerte ein Mädchen von ungewöhnlichem Liebreiz, und nur der duckmäuserische Kleinmut seiner Abteilnachbarn, die einen mächtigen Bammel vor den Kettenhunden der Feldgendarmerie hatten, mochte das nun fällige Gekicher und anzügliche Geflachse verschluckt haben. Zu seiner Erleichterung rückte der unter Dampf stehende Zug früher als erwartet an, nahm Fahrt auf, rumpelte über vereiste Geleise und Weichen, stahl sich förmlich aus der Rufweite bornierter Aufpasser und Scharfmacher. Im lauter werdenden Fahrgeräusch, in der hereinschlagenden Dunkelheit, entzog sich das himmlische Geschöpf der schläfrigen Lethargie der Meute. Der Fähnrich, seine Kinnmuskulatur straffend, zog instinktiv die Knie an, die unter ihm weggesackt waren wie nicht zu ihm gehörig. Hatte er sich durch diese unvorteilhafte Schlafhaltung bereits alle Sympathien verscherzt? Angestrengt luchste er in die Düsternis des von Tornistern und Gepäckstapeln verrammelten Coupés. Aber zum Glück hielt sie ihre dicht bewimperten Augenlider geschlossen, zwinkerte nicht, schlief offenbar tief.

Es war rührend, zu sehen, wie es hinter der Stirne des Fähnrichs arbeitete, wie er im mageren Wortschatz seiner abgestorbenen Gefühle stöberte. Hin- und hergerissen zwischen Exaltiertheit und Beklemmung –: Liebe, Leidenschaft, Begehren, herzabschnürende Vokabeln – und er unfähig, selbst mit einer harmlosen Frage nach ihrem Woher und Wohin den Bann zu brechen. Während der notdürftig beleuchtete Bahnhof von *Laupheim* vorüberglitt, tadelte er sich für sein unmännliches Benehmen. Durch die Vorhänge sickerte erstes Büchsenlicht. Nebelverhangene Hochmoore schoben sich an den Bahnkörper heran. Frühmesse-Geläute bimmelte klösterlich. Im Widerschein fliegender Stationslichter wirkte sie auf ihn wie eine Erscheinung aus dem Überirdischen. Aus der frostigen Aura ausgehungerter Körper auftauchend, schoß ihm der Gedanke durch den Kopf, daß solche glückhaften Momente nicht von Dauer sind.

Impulsiv griff er nach ihrer Hand, drückte sie in einer Art verzweiflungsvoller Inbesitznahme, als müsse er die Beschaffenheit ihrer Haut, dieses kostbaren Stoffs, einer Tastprobe unterziehen. Im Hämmern von Schienenstößen ihr erstes erkennendes Lächeln, das wegschmolz wie Flaumschnee. Ihre Hand endlich freigebend, sah er mit Verwunderung, wie sie – nachdem sie sich schemenhaft zurückgezogen – wiederkam und ihm – während er schon ihre fünf Finger auf seiner Wange brennen fühlte – wortlos etwas zusteckte. Auf einem Stück Karton, an den Rändern aufgeweicht, entdeckte er zwei Zeilen Großbuchstaben, die er im Dunkeln nicht entziffern konnte. Er wußte nicht, wie er sich verhalten sollte. Vielleicht war sie des Deutschen nicht mächtig, wünschte von ihm lediglich, weil sie ortsfremd war, Auskünfte über eine Adresse. Er aber meinte natürlich gleich, sie habe ihm ein Faustpfand ihrer Zuneigung hinterlassen. Seine Stimme trocknete ihm weg wie eine an den Strand gespülte Qualle.

Das Mädchen – ihn eben noch musternd, als bereue es schon dieses Dulden stumm-schüchterner Annäherung, als kämen ihr erste Zweifel, ob er auch nur einem flüchtigen Austausch von Freundlichkeiten gewachsen wäre – entzog sich ihm in einer Wolke zischenden Dampfs, der ins rasch sich leerende Abteil hereinschlug. In einem Augenblick der Verwirrung wie Ernüchterung wollte er ihr nachspringen. Das genüßliche Grinsen seines Nebensitzers blockierte ihn. Ihr linkisch das vogelleichte Handgepäck hinausreichend, machte er eine kumpelhaft wirken sollende Gebärde, als müsse er ihren Argwohn beschwichtigen. Stocksteif ließ er sich auf die Holzbank zurückfallen, schob nicht einmal den Verdunkelungs-Vorhang beiseite. In seine jäh aufschießende Zärtlichkeit mischte sich das Gefühl der Hilflosigkeit, angesichts der schnöden Vergänglichkeit alles Schönen . . .

Durlesbach zockelte vorüber, diese Zweihäuser-Einöde, schlagender Ausdruck seiner Gefühlsleere. Hinter der angelaufenen Scheibe die triste Fensterfront einer Papierfabrik. »*In Mochenwangen lass' ich meine Knochen hangen!*« (Lenke Dich ruhig mit solch banaler Spruchweisheit ab, aber vergiß dabei nicht, Dir ihre Gesichtszüge bleibend einzuprägen!) Liebe, Leidenschaft, Begehren – die Chance war verspielt, noch bevor er sie wahrgenommen. Flirt, dachte er, von dem frivolen Klang des Worts erschreckt, ein Verhältnis auf Zeit. Über sein mißverständliches Ansinnen bestürzt, schränkte er ein –: eine Bekanntschaft wäre unverfänglicher. (Eine platonische Schwärmerei, mach' Dir nichts vor!) Die Gepäckstücke seines Nebensitzers mit Abscheu musternd, mokierte er sich über den Biedersinn dieses Urlaubers, der sich nicht geniere, Beutegut in Liebesgaben umzuschnüren. Der Fähnrich fing Bruchstücke seiner Schwafelei auf: »Bei uns an der Front, sag' ich Euch, lagen die Russen, die toten Iwans wie die Heringe im Salzfaß. Die Kompanie verheizt. Meine Pappenheimer im Pißpott – – « Dabei wirkte er auf ihn – mit seinem Lammfell-Mantel und seinen prallgefüllten Taschen – wie der Prototyp jener Soldaten-Regel: »Weit vom Schuß gibt alte Krieger!« Für den Fähnrich war es nun an der Zeit, die chaotischen Bilder aus seinen Pupillen zu scheuchen, die gliederlosen Uniform-Puppen, die Schmorrümpfe und Schrumpfköpfe, die nicht identifizierbaren Opfer der Brandnacht. Käme erst die Sonne herauf, säße dieser Maulheld – die Stiefel gegen Pantoffel vertauschend – am gedeckten Frühstücks-Tisch, rückte mit seinen unzumutbaren Prahlereien an: »Bei uns an der Front . . .«

Die unbesetzte Bahnhofssperre passierend, entfaltete der unschlüssig im Lichtschein einer Lampe stehende Fähnrich den schon körperwarmen, geknickten Karton, las mit beginnendem Schluckauf: *Roszika Gerstheimer, Novisat* und darunter in ungelenken Versalien: *C/O HAFLIGER, MOLLARDGASSE, WIEN, VI. BEZIRK.* Seine erste, ihn in fliegende Hitze tauchende Anwandlung: auf der Stelle kehrtzumachen. Sein zweiter Impuls, wie ein Bremsstoß wirkend: sein Handgepäck ruhig aufzunehmen und die letzten dreihundert Meter, die ihn vom Elternhaus trennten, folgsam abzuspulen. Schließlich war er seit zweiundsiebzig Stunden unterwegs in überfüllten Zügen. Belämmert vor Müdigkeit und flackernder Aufmüpfigkeit, steckte er den Karton in sein Soldbuch zurück, löste sich seufzend von den Verstiegenheiten seines Liebeswahns.

Zögernd trat er auf den menschenleeren Vorplatz hinaus, sah die leicht ansteigende, jetzt fremd wirkende Straße mit dem *Blaserturm* im Hintergrund. Er sah das kriegsmäßig verdunkelte Hotel *»Hildenbrand«*, den rohen Bewurf von Mauern mit der Löschkalk-Fratze *Feind hört mit!* Den Eckensteher *Kohlenklau* beim *»Württemberger Hof«* überholend, fror er gottslästerlich. Die hausbackene Öde der ihm sattsam bekannten Häuser vor Augen, erfaßte ihn erneut ein Zwiespalt lähmender Gefühle. Die Vorfreude des Heimkehrers schrumpfte zum Bratapfel, der für ihn im Bratrohr schmorte. Den grünlasierten Turmhelm von *St. Jodok* wie einen lästigen Zeugen seiner Verstörung musternd, war er einen hitzigen Augenblick lang versucht, die Spur der rothaarigen Deutsch-Ungarin aufzunehmen. Aber war es denn nicht absurd, anzunehmen, das Mädchen aus *Neusatz* sitze noch immer in *Aulendorf* im ungeheizten Wartesaal, in herzklopfender Ungeduld, daß ihr mit einem Stück Karton geköderter Liebhaber sich endlich im Türausschnitt materialisiere? (Einmal unterstellt, Du ließest den Gewehr bei Fuß stehenden Kavalier in Dir warmlaufen, der wohlerzogene Sohn wie der praktizierende Katholik ginge in diesem Gefühlssturm verschütt. Wer wohl stoppte Deine empfindsame Reise? Dein militärischer Status als Front-Urlauber. Die erstbeste Zugstreife holte Dich schimpflich aus dem Abteil. Nicht den Bestimmungsort Deiner Leidenschaft erreichtest Du, sondern den Deiner Demütigung, Deiner Disziplinierung . . .)

Dieses zwanghafte Fixiertsein auf ein Stück Karton – beim Anblick der *Oberen Breite* verlor es sich in einem Anflug von schnüffelndem Herden-Instinkt. Er hatte einfach nicht die Unverfrorenheit, die Anhänglichkeit der Geschwister einer Beziehung zu opfern, die vorerst nur auf dem Papier stand. (Irrtum, Du hattest nur nicht den Mut, Dich für ein Gefühl stark zu machen, das die Einsamkeit des gehänselten Freiers der Ellbogen-Nähe der Sippschaft vorzieht.)

Diese Heimkehr ins Elternhaus – von wortscheuer Herzlichkeit geprägt. Kopfüber stürzte er – die Fremdbestimmung als Soldat (die Du als Unmündigkeit nicht durchschautest) abschüttelnd wie eine im Augenblick entbehrliche Tarnung – zurück in die Zeitlosigkeit eines Zustands, der für ein stabiles Gleichgewicht gesorgt hatte zwischen Lebenstüchtigkeit und gottwohlgefälliger Armut. Dieser anheimelnde Schlafpferch aus Menschennähe und lang geübter Bedürfnislosigkeit. Seine Verlegenheit, weil er die Instinktlosigkeit besessen, dies alles auf Spiel zu setzen für ein Hirngespinst.

Erste Anzeichen von Befangenheit machten sich in seinem Verhalten bemerkbar. Dieses unschuldsvolle Anblasen unter der Asche glimmender Empfänglichkeit bereitete ihm sichtlich Unbehagen, das krampfhafte Ausklammern dessen, was ihn ummodelte. Er ahnte, diese wohltuende Nestwärme war erkauft mit Eigenbrötelei und Weltscheu, die auch ihm den Blick vernebelte, billigte er vorbehaltlos die Schlichtheit des Gemüts, diese familiäre Arglosigkeit. (Einspruch: diese vorgeschützte Unwissenheit!) Der Krieg kein Thema, solang die minderjährigen Geschwister ihn großäugig belagerten. Der Krieg kein Thema, sobald der räse – mit Birnen versetzte – Apfelmost zu wirken begann. Auch wenn ihn die Front ein weiteres Jahrfünft festhielte, dieses Einvernehmen vorgekauter Befindlichkeit bliebe ungeschmälert erhalten. Aus henkellosen Tassen und den Mustern stockfleckiger Tapeten sähe sie ihn an, und es nützte ihm wenig, wenn Vater seinen favorisierten Springer auf dem Schachbrett ins Spiel brächte und ihn mit der geschlagenen Dame in eine Zweideutigkeit versetzte, die den Spieler in ihm kaltließe. – Irgendwann zwischen zwei Gabelbissen stürzt er dem Löffel nach und ertrinkt in der Suppe, die Augen anschwemmt, die goldgeränderten Augen *Roszikas* – und die Mutter meint mit Verschwörer-Miene: Wir haben unter der Hand ein Huhn bekommen!

Erst allmählich mutete er ihnen zu, was ihr Harmonie-Bedürfnis (diese durch Frömmigkeit bedingte Einfalt) nicht faßte: die Andeutung einer Beziehung, die das übliche Poesie-Alben-Verhältnis mit einer Cousine sprengte. Schon hinter der Sperre war es spürbar geworden: die Veränderungen gingen nicht von den verlassenen Schlaf- und Spielplätzen aus. Es lag offenbar nur an ihm, wenn die sich warm arbeitenden Verwandten sich schwer taten in ihrer angestrengten Lustigkeit. Ihnen die Liedanfänge abzunehmen, mit seiner leidlich tragenden Bariton-Stimme einzufallen, die in den höheren Lagen streikte: *Auf du junger Wandersmann!,* ihnen wenigstens den Kaninchenblick zu ersparen, das konnte doch nicht über seine Kraft gehen. Keine Neuauflage seiner früher so geschätzten Munterkeit wurde verlangt: *Wohl auf Kameraden, auf's Pferd, auf's Pferd!,* keine heldische Pose als Einstand gefordert: *Morgenrot, Morgenrot, Leuchtest mir zum frühen Tod.* (Du mußt bloß verdrängen, was Dir vor Tagen noch den Schlaf geraubt hat – und schon bist Du als Sohn, Bruder, Neffe und Enkel wohlgelitten.) Natürlich von einem Osteinsatz zurück: *Der Himmel grau und die Erde braun – sie starben, wie sie gestritten.* Er hatte sein Pensum *Gelobt sei, was hart macht!* sozusagen fürs Erste geschafft. Vorläufig wenigstens durfte er ausspannen, abhalftern, den Frontkoller ausschwitzen, so gut ihm das – schlafnachholend zwischen Meß- und Verwandtenbesuchen – gelingen wollte. Der »alte Gischpel« blinzelte noch aus den Schnappschüssen, die Vater aus seiner museumsreifen »Voigtländer« auf Platten gezogen. Sein unverwüstlicher Lebenswille: *Nichts kann uns rauben, Liebe und Glauben!* war lediglich schlafen gelegt worden.

Sieh' da, Dein auf Eis gelegtes, wohlkonserviertes Gedächtnis! Wie einwandfrei, wie phantasievoll es noch immer funktioniert. Es stimmt also nur mit Einschränkung, daß der Krieg die privaten Erinnerungen wie eine Molluskel aufsaugt? Er räumte bereitwillig ein, noch war nicht alles, was ihn mit dem Elternhaus verband, aus seinem Gehirn gepustet. Wenigstens war es nicht der schiere Verlitt. Er wollte seine Angehörigen in ihrer naiven Vorfreude nicht enttäuschen. Er mußte auch nicht länger auf seinen vier Buchstaben sitzen, als verkröche er sich am liebsten in einem Mauseloch. Ihm war nicht bloß eine Verschnaufpause vergönnt, wie einem unter Beschuß gelegenen Meldegänger. Er brauchte also nicht seine Ohrmuscheln zu stellen, als hörte er jetzt gleich das atemschnürende Flop-Geräusch eines Granatwerfers. (Sitz' also nicht mit halber Hinterbacke auf dem Stuhl, als müßtest Du jeden Augenblick in volle Deckung springen. Was soll Mutter von Dir denken, wenn Du im gebrannten Mus, das so schön abgeschmälzt ist, herumstocherst, als suchtest Du nach dem Trittsiegel Deines Paradiesvogels?)

Und zieh' nicht bei jedem Geräusch, das Du nicht gleich lokalisieren kannst, das Genick ein, als bräche das katzenhafte Gejaule der *Katjushas* über Dich herein. Schnall ab, überkanditelter Fähnrich! Du bist hier so sicher wie in Abrahams Schoß. Du bewegst Dich, wenngleich nicht auf vertrautem Gelände, so doch nicht länger in quälenden Phantasmagorien. Vorerst sind die Minenhöllen von *Korowino,* die Feuerstürme von *Cadjatsch* und die Nachtwachen im Niemandsland von *Baranow* aus Deinem Blickfeld gerückt. Du bist weit vom Schuß, das gibt nach Adam Riese bekanntlich alte Krieger!

(Nun laß nicht gleich die Jalousien herunter. Unsere Beziehung beruht auf kritischer Sympathie, nicht auf Übereinstimmung. Bei mir ist die Scheu vor Entblößung ein Geburts-, bei Dir aber ein Charakterfehler!) Leicht aus der Fassung gebracht, verfiel er in die typische Fluchtbewegung, reiner Reflex der Abwehr, von ihm nicht zu steuern. Er griff sich an die Stirne. (Dreh' nicht durch! Wenn hier etwas reinkullert, sind es keine Handgranaten, sondern Spielbälle Deines jüngsten Bruders. Entspanne Dich!) Tief durchatmend, folgte er dem Rauchfaden der Bratäpfel, der über Vaters unkriegerischer Walstatt, dem Schachbrett, bläulich aufstieg. Er atmete die Stickluft schwer gewordener Plumeaus, unter denen die milieubedingten Alpdrücke gediehen. Das Album mit den Plattenabzügen aus Vaters Dunkelkammer wies ihn als nur mäßig begabten Selbstdarsteller aus: ein zwar termingerecht eingeschulter, jahrgangsweise versetzter, gefirmter, nicht bündisch organisierter, ausdrucksgehemmter Schwarmgeist, der die orgelpfeifenhaft aufgestellten, auf Glatze und *Bleyle*-Anzüge abonnierten, vier weiteren Kostgänger in schönster X-Bein-Fixierung vorbildlich anführte . . .

(Entlüftungsschritte nimm vor!) Im tiefverschneiten Hinterhof konnte er nach Herzenslust Fußabdrücke im Schnee hinterlassen. Keine Spring-, Tret- und Stolpermine wartete auf seinen Fehltritt. Kein sibirischer Scharfschütze nahm seinen edelsten Körperteil ins Fadenkreuz. Und doch verkrampfte er sich wieder einmal wie eine genante Jungfer im Grünen. Seinen eh' nicht bilderbuchreifen Corpus würde er schwerlich der vollen Sonne aussetzen wollen. Er nahm Lokkerungsübungen vor. Ohne sich lange zu zieren, stellte er sich Vaters klick! machender »Voigtländer«. Die Gegenlicht-Aufnahme seines Halbprofils – seine Jugendgespielinnen risse das nicht gerade vom Stuhl. Doch die Fähnrich-Litzen und das Ordensblech auf seiner alles andere als nackten Heldenbrust verfehlten gewiß nicht ihre Wirkung. Für ein weiteres Schwarmjahr verlängerte das schon die heimlichen Sympathien. (Schwacher Trost, ich weiß, angesichts des in unerreichbare Ferne gerückten Paradiesvogels.)

Er verzog sein Gesicht, als wäre er mit seiner Herzdame auf Vaters Schachbrett geraten. (Wie wär's mit einem Rösselsprung zurück in den Frühsommer vierunddreißig?) Zur Einstimmung in seine heroische Phase ein einschlägiges Lied: *Vor uns marschieren mit sturmzerfetzten Fahnen, die toten Helden der jungen Nation.* – Damals wäre er ausgewachsen, wenn Mutter ihm nicht ein Braunhemd genäht hätte. (Spiel' nicht die beleidigte Leberwurst!) Nicht daß ihm übermäßig das Gewissen zu schlagen begann. (Entsinne Dich nur genauer!) Vater sprach wieder einmal ein Machtwort: »Ein Ministrant im Braunhemd? eher häng' ich Dir's Kreuz aus!« Nun, der braune Koller legte sich, das Hitlerfieber war in einer

Woche ausgeschwitzt. Am Staatsjugendtag ertrug er klaglos die Schikanen eines Schaftstiefelträgers, der ihn mit ehemaligen Pfadfindern, Wandervögeln, Freischärlern und den »feinen Pinkeln« der Neudeutschen über den Sturzacker scheuchte, ihm die »Hammelbeine« langzuziehen (Sag' es ruhig vornehm hochdeutsch).

Vor den Kaninchenställen seines Onkels, eines Selbstversorgers, vertrat er sich die eingeschlafenen Beine. Ihm mußte nicht das Blut in die Schläfen schießen, nur weil er im verharschten Schnee Blutspuren entdeckte. Keine Kriegsgreuel boten sich seinem schreckhaften Gemüt dar. Der Onkel zog lediglich einem Stallhasen das Fell über die Ohren. (Sollst etwa Habhaftes zwischen die Zähne kriegen.) Vielleicht fiele es ihm dann leichter, sich entspannteren Befindlichkeiten hinzugeben. Er versackte – die rösche Kruste eines Hasenschlegels genüßlich abfieselnd – in die Stimmungslage hausbackener Treuherzigkeit, die sich die krude Wirklichkeit mit vierstimmigen Kanons vom Leibe hält: *Oh wie wohl ist mir am Abend!* Und er zeigte seine Ungeduld beim Durchblättern der Poesie-Alben *Herz was klagst du?* nicht unwirscher als nötig. Aufreizend geruhsames Ticken eines Erbstücks von Regulator. Das Alkoven-Gesicht, von handkolorierten *Vierzehn-Nothelfern* nach festen Hänge-Regeln geprägt, fand es schon seine vorbehaltlose Zustimmung? Ließe er sich schließlich dazu hinreißen, seine »Novisater-Romanze« anzustimmen, sobald Mutters mit Zimt gesüßter Glühwein zu wirken begann? *Herzliebste wie soll ich's fassen?*

(Nun erröte nicht gleich wie ein Achtkläßler, der die Christenlehre geschwänzt hat.) Er war ja nicht eingeschüchterter, gleichgeschalteter als viele Gleichaltrige, nicht abrichtbarer, verführbarer. (Alter Fronthase, das Verhalten unter Gefechtsbedingungen ist Dir wohl so in Fleisch und Blut eingegangen, daß Du beim Verlassen des Elternhauses unwillkürlich den Kopf einziehst.) Er konnte unbesorgt sein, die *Obere Breite* lag so wenig unter Feindeinsicht wie unter Beschuß. In ihr war er schließlich aufgewachsen, groß geworden, in ihr war er als volljähriger Einwohner ordnungsgemäß registriert. Da sind Häuser, Gassen, Winkel, Hinterhöfe ohne Hinterhalt. Sie bieten sich seinem Argwohn mit offener Flanke dar. Es ist etwas

Entwaffnendes um diese Fenster mit ihren verstohlen bewegten Gardinen und gerafften Vorhängen. Keine Heimtücke lauert dahinter, nur nachbarliche Neugier. Das Arrangement der Stühle um den hochbeinigen Tisch, dieses heimelige Mobiliar ist ihm vertraut. Hier sitzen in loser Stuhlordnung Vater, Mutter und seine halbwüchsigen Geschwister. Sein angestammter Eckplatz ist für ihn freigehalten. Er hat das einzige vorgewärmte Kissen untergeschoben bekommen. Er weiß, daß auf die aufgewärmte Suppe vom Vortag – *Wir haben unter der Hand ein Huhn bekommen* – seine Leibspeise folgt –: Schupfnudeln, hausgemacht, handgezogen, und auf diese das Amen! der Mutter. Daß seine Zugbekanntschaft auch bei verlängertem Nachtisch kein ergiebiges Gesprächs-Thema abgäbe (schluck' es hinunter, es wird Dir nicht gleich wie eine Kröte im Hals steckenbleiben.) Übrigens, was Du eben gehört hast, ist nicht das hohle Geschlurfe eines Blindgängers. Großvater stöberte wieder einmal in der *»Italiener-Kammer«* zwischen Zeitungs-Stapeln, Gipsabdrücken, Büsten und unverkäuflichen Schnitzereien. Und dieses Schnarren in der Zugluft rührt nicht von einem Irrläufer her. Ein Schwarm Wildtauben flattert eben von der Altane.

Liebendgern hätte er die ominöse Suche aufgenommen, wäre mit etwas Glück durch die Sperren geschlüpft, hätte die Feldgendarmen ausgetrickst, die Jagdkommandos unterlaufen. Nichts Überstürztes hätte er im Schild geführt, nichts Unausgegorenes. Vielmehr ein taktisch astreines Unternehmen wäre angelaufen, nach exaktem Zeitplan, pannenlos, das Unternehmen *Roszika.* Er wäre anhand eines Lageplans des VI. Wiener Bezirks am *Kärntnerring* aus der Straßenbahn gestiegen, der inneren *Wiener Zeile* gefolgt, hätte ohne kindische Hast die *Pilgrimsbrücke* passiert, wäre in die *Mollardgasse* eingebogen, unter zugegeben kaum mehr zu zügelnder Neugier. Mit Stielaugen hätte er die Namensschilder neben den Klingelzügen entziffert, wäre schließlich vor besagter Wohnungstür gestanden, mit beschleunigtem Puls, aber durchaus nicht mit einem weinerlichen Tremolo in der Stimme. Er wäre gewiß mit begreiflicher Reserviertheit gemustert worden. Die Schrecksekunde nach dem Klingeln konnte er sich lebhaft ausmalen, auch das panikartige Erschrecken bei rassisch Verfolgten oder politisch Verdächtigten. Aber da hätte er wohl unnötig Mitgefühl investiert. Nachdem nämlich der Groschen gefallen wäre, wäre er mit ausgesuchter Herzlichkeit empfangen worden, fast mit Galanterie. Das Lametta auf seiner Uniform hätte wie ein Eisbrecher gewirkt, und der alte *Hafliger* wäre schnell mit seiner Einschätzung der politischen Lage zur Hand gewesen: Die Fähnriche wären die letzten Garanten für den Sieg im Osten! Ungelogen, es hätte schon klappen können. Die kriminelle Energie, ein solches Katz- und Mausspiel mit *Schörners* »Soldatenklau« durchzuziehen, hätte er sich schon zugetraut, wenn er es über's Herz gebracht hätte, die Wiedersehensfreude der Eltern wie der Geschwister, die ihn die letzten Jahre kaum zu Gesicht bekommen, mit solch berechnender Tücke zu vergällen. (Hättest Du, wärst Du — — ich will Dir was flüstern: ich mag keine Konditionalsätze bei Dir! Die Amsel im rauhreifbehangenen Holunder ist übrigens eine richtige Amsel, keine raffiniert getarnte Flattermine . . . Jaule nicht vor verschlucktem Mißbehagen.)

Daß er vor der Natur einen heillosen Bammel hatte, war ihm lebhaft nachzufühlen. Von Landschaften hatte er vorerst die Nase gestrichen voll. Was Himmel und Erde an Ungeheuerlichkeiten ausbrüten können, hatte er am eigenen Leib erfahren. Kein Wort also über die Lieblichkeit einer ländlichen Idylle oder über die Poesie eines Sonnenaufgangs! Er sah ja doch bloß Gegenden mit Hinterhalt. Solange Felder zu Planquadraten, Wälder zu Bereitstellungsräumen, Talsenken zu Panzersuhlen, Hohlwege zu Minenfallen verkommen, konnte ihm die schöne Aussicht gestohlen bleiben. Er hielt sich lieber im ummauerten Altstadt-Bereich auf, wo kein trügerisches Grün »ein Stück unverfälschter Natur« vortäuschte. Im lockeren Trab spurtete er die *Gerbergasse* hoch, lief durch die *Seelbruckgasse,* schlug einen Haken nach rechts, trat sich die Füße in den Bauch beim Anblick zweier *Holbein*'scher Ochsen mit Nasenring. Er drehte eine Ehrenrunde ums *Seelhaus,* sah nach, ob der *Bayersche Christopher* es noch nicht leid geworden war, das Jesuskind auf der Schulter zu tragen. Er dribbelte vor's rußschwarze *Lederhaus,* inspizierte die beiden Landsknechte über der Sonnenuhr (vielleicht hatte *Schörners* »Soldatenklau« sie längst zu den Waffen gerufen.)

Er maß den fabelhaft weiträumigen Platz mit richtigen Mannsschritten aus. Die perspektivische Verwerfung von Staffelgiebeln, Erkern und Welschen Hauben enttarnte er als Sinnestäuschung, das zeitlupenhafte Herausklappen der Fassaden unter lautlosem Donner. In seiner Kindheit begann jenseits der Gassenmündung das Niemandsland. Der Herrschaftsbereich der Unterstädter endete, wo der *Blaserturm* mit seinen vier behelmten Spionen Schatten warf. Einmal placierte er als Parlamentär einen räudigen Katzenbalg so herausfordernd, daß der Gegner aus der Oberstadt vor Weißglut nur so zischte. (Spürst Du übrigens, wie das um Dich flattiert, wie das behaglich schnurrt vor Anhänglichkeit und launisch-verspielten Rückziehern? Als stünde Dein militärischer Status zur Disposition!) Er kostete – unernst mit dem Gedanken an Desertion spielend – von diesem süßen Gift, entpreßte dieser oft benützten Kelter einen letzten Seufzer.

(Du wirst die Leere des Gehirns während des künftigen Exerzier-Reglements, des mörderischen Handhabens von Waffen, leichter ertragen, wenn Du Dir ein paar heimatliche Trophäen ins Sturmgepäck einnähst: die Stirnlocke Deiner Cousine oder den Köder aus *Novisat.* Nur amputier' Dir nicht selber den Ast, auf den Du Dich mit Hängen und Würgen hochgehantelt hast, Fähnrich der dritten Garnitur, Garant für den Sieg im Osten! Du katapultierst Dich nicht mehr aus dieser Kippengemeinschaft verhinderter Weltbeglücker. Versammle also die von böser Vorahnung verschreckten Sinne auf diesen einen Punkt. Laß noch einmal den Schmelz grünlasierter Turmziegel auf Dich wirken, bevor Du die Schotten endgültig dicht machst. Besser noch: sieh' nach, ob der *Fugelsche Christus* in *Liebfrauen* noch immer so traurig blickt!)

(Ich entdecke in Deinem Gesicht Züge von Leidensfähigkeit. Nimm's mir nicht übel – ein Anflug von Aufmüpfigkeit, von Widersetzlichkeit – ich will gar nicht sagen: Zivil-Courage, wäre hilfreicher. Solange Du nur Mitgefühl zeigst, ohne die Urheber des Wahnsinns Wahnsinnige zu nennen, solange Deine Gewissensbisse nicht bis zur Selbstanklage durchschlagen, bleibst Du ein halbherziger Mensch. Sieh' diesen mit Stummheit geschlagenen Mißmut, der in den Strohpferchen des Selbstmitleids und der Zote letzte Schlupfwinkel besetzt hält. Wehrertüchtigte Abrichter, durch abgerichtete Gleichschalter ermächtigt, bedrängten Mut und beleidigten Stolz unter Verschluß zu halten. Mach' Dir nichts vor: Du hast immer nur Deine privaten Kümmernisse wortreich ausposaunt, aber nie diesem Freiluftakt der Selbstentmannung Paroli geboten. – Der Krieg ein Verhängnis? (Einspruch: er ist die Summe aus Borniertheit, Größenwahn und Niedertracht!)

Nachtrag: Zurückgekehrt zu seiner Feldeinheit, erreichte den Fähnrich die Nachricht seiner Versetzung zum Panzer-Pionier-Bataillon 70 *Klosterneuburg*-Wien. Er konnte nicht fassen, daß ihn ein gnädiges Geschick aus dem Brückenkopf an der *Weichsel* in die friedliche Garnison an der *Donau* verschlug. Seine Nachforschung bestätigte die Richtigkeit der ihm zugesteckten Adresse: *Roszika Gerstheimer* war bei einer Familie *Hafliger* als Untermieterin gemeldet. Mit Bestürzung vernahm er, daß sie kürzlich auf der Zugfahrt ins Reich ihre Mutter verlor, die bei einem unglücklichen Sturz vom Bahnsteig vor die Räder einer Rangier-Lok geriet. Erleichtert nahm er zur Kenntnis, daß sie sich derzeit im oberschwäbischen Moorbad *Waldsee* aufhalte, zu Besuch bei ihrem Bruder Stefan, einem verwundeten SS-Mann. Der Fähnrich wußte nicht recht, sollte er sich über sein Fehlverhalten wundern, ärgern oder kranklachen. Kaum in *Wien* zur Ruhe und zu klaren Entschlüssen gekommen, rief ihn ein Marschbefehl auf die Fahnenjunker-Schule *Dessau-Roßlau* . . .

Mit dem Rücken zur Wand

»...Um zu begreifen, daß schließlich einmal Gelände an der Weichsel oder an der Oder kämpfend preisgegeben werden muß, um Zeit und Raum zur Entfaltung der Abwehrstrategie im großen Maßstab zu gewinnen...« (Deutsche Allgemeine Zeitung vom 7. Februar 45)

Ein Klassenzimmer der Unterstufe, verstaubtes Inventar, abgesessene Schulbänke, Strohschütten, Wehrmacht-Dekken. Vor der Wandtafel, die halbverwischte Kreidespuren aufweist, Karabinerständer, mit Waffenröcken behängt. An der Innenwand Plakate (ein Aufruf zum Volkssturm, die Goebbels'sche Durchhalte-Parole: *Nun Volk, steh' auf! Nun Sturm, brich los!).* Aber lediglich jener Sektor der Unterkunft lenkt meine Aufmerksamkeit auf sich, wo der Lichtkegel einer Stablaterne ein schlecht rasiertes Kinn überdeutlich heraushebt aus einem Gewirr von Linien, Schraffuren und roten Kreisen. Das Kartenblatt mit seinen taktischen Symbolen wird von einer Hand unwirsch glattgestrichen, die standesgemäß in einem Wildleder-Handschuh steckt. Unnötig zu betonen, daß sie einem Offizier gehört, einem Hauptmann der Pioniere, dem Leiter der überstürzt eingeleiteten Aktion: »Wir bitten zum Tanz!« Natürlich eine jener irreführenden Tarnbezeichnungen. Obschon der Auftrag, pommersche Adelssitze mit Fahnenjunkern zu bestücken, mich auf glattes Parkett führen dürfte – ein Tanzvergnügen, um die Kampfmoral der Truppe zu heben, ist damit sicher nicht gemeint. Um den Fortgang meines Berichts besorgt, füge ich hinzu, daß es sich um einen regulären Einsatz im Februar fünfundvierzig handelte. Die Begeisterung – der ungewohnten Einquartierung Folge zu leisten – hielt sich also in Grenzen. *Blumberg* bei *Casekow,* zweifellos eine Idylle, eine gefährdete, wie ich einräume; immerhin standen die Sowjets vor *Pyritz* und *Arnswalde.*

Was aber ging diesem Einsatz voraus? Zunächst einmal eine Fahrt im Güter-Waggon, die Ankunft auf einer zugigen Verladerampe. Viel mehr sah ich nicht; denn es war mitten in der Nacht. Der Winter schleppte sich seit Tagen entschlußlos dahin. Ein vorzeitiges Frühjahr drängte herauf; aber die Gutsherren und Krautjunker zögerten mit gutem Grund, ihre Felder zu bestellen. Die Gegend des *Oderbruchs* war nicht ohne Reiz; Seen und einige Tümpel verliehen ihr eine entfernte Ähnlichkeit mit meiner oberschwäbischen Heimat. Nur daß die Luft schärfer, durchdringender war; aber das lag nicht so sehr an der Jahreszeit als an der Nähe der Front. Was mir an Einsicht in die militärische Lage abging, machten Gerüchte wett, die eine latente Panikstimmung wachhielten. Zweifellos schwang etwas Abenteuerliches mit, wenigstens im Ansatz. (Wenngleich ich meinen Einsatzleiter nicht als Kuppler einschätze, der Vorschub leistet für eine Romanze in Knobelbechern.)

Die Mittagstafel zeigt in beeindruckender Tiefenschärfe eine ungewohnt üppige Besetzung. Da ist – um die Rangordnung deutlich zu machen – am oberen Ende der Gastgeber, ein leicht vornüber gebeugter, in den Sechzigern stehender Herr, biederer Vertreter des pommerschen Landadels, Rittmeister im Ruhestand, trotz gewisser Einbußen noch immer seine zehntausend preußische Morgen wert. (Ich kann mich durchaus verhört haben. Vielleicht ist der Morgen hierzulande ein zu lächerliches Feldmaß.) – Ihm gegenüber, im maßgeschneiderten Kostüm, die Hausherrin, schmalhüftig, dünnhalsig, vogeläugig und wie die weiteren Attribute dieser Jägerin vom Dienst lauten mochten. An ihre Person, die etwas Herrisches ausstrahlt, heftet sich ein bleibender Makel. Ich überraschte sie, wie sie einen Untergebenen mit der Reitpeitsche zurechtwies. (Pferdeliebhaber mögen mir zugute halten, daß ich nie von der Höhe eines Steigbügels herabsah.) Der Fuhrknecht, der sich in schweigendem Trotz nach der vom Kopf geschlagenen Schirmmütze bückte, hatte die Gnädigste auf ihrem morgendlichen Querfeldein-Ritt übersehen. Nicht ganz absichtslos, wie ich annehme.

An der Längsseite der reichlich beschickten Tafel, auf die das Schattenmuster der Jalousien fällt, einige Herrschaften aus *Masuren, Karmitten* und der *Tucheler Heide.* Eine Durchlaucht, der die Flucht über das Eis der *Kurischen Nehrung* mit einem schnellen Zweispänner gelang. Einige Landedelfrauen aus der *Randow.* Verwandte aus einem Nebenzweig derer von

Gülzow, väterlicherseits, wie mir versichert wird. Eine Freifrau von und zu aus dem längst von Russen überrannten *Schwiebus.* Mit gluckenhafter Betulichkeit eine Baronin aus dem Baltikum. (Doch genug mit diesen Schnell-Porträts aus der hohlen Hand. Ich habe weder die Geduld noch das nötige Taktgefühl, die Rangordnung der Geladenen nach unten hin gewissenhaft zu vervollständigen.)

Offengestanden, ich benehme mich nicht gerade beispielhaft bei Tisch. Ich habe Schwierigkeiten im Umgang mit Messer und Gabel. Mein Taschentuch, nicht mehr ganz salonfähig, weil ich gezwungen bin, mit geputzten Stiefeln aufzutreten, leistet mir unschätzbare Dienste. Doch benütze ich es, zugegeben, häufiger, als es die Tischsitte vorschreiben mag. Wenn es zu Stockungen in meinem Verdauungs-Trakt kommt und ich das Zeremoniell der Speisenfolge nicht mehr überschaue, wische ich mir damit die Stirne. Oder ich markiere einen Hustenanfall. Das sind auffällige Demonstrationen meiner Hilflosigkeit. Doch scheint mir das Eingeständnis körperlicher Mängel verzeihlicher als die Bloßstellung gesellschaftlicher Unbildung.

Ein Gutteil meiner Ungeschicklichkeit entspringt meiner inneren Unsicherheit, sitze ich doch erstmals unter Menschen, denen meine Herkunft zu schaffen macht. Zum Glück bin ich in Uniform. Das verhilft mir zu einigen schlüssigen Folgerungen. Ein Blick auf meinen Waffenrock, und ich werde über den Begriff der Zeit belehrt. Allmählich scheine ich doch in dieses mit Silberlitzen paspelierte Tarngrau hineinzuwachsen. Einiges von der Schäbigkeit und Dürftigkeit wird aufgehoben durch das frische Dekor meiner Ordens-Spangen. Ich brauche nicht erst an mir herunter zu sehen, um zu erkennen, daß es mit mir bergan geht, je mehr es mit meinen Gastgebern bergab geht. Das stimmt mich nicht gleich hochmütig. Wer jahrelang aus dem Blechnapf löffelte, kommt nicht durch eigenes Verdienst zwischen Exzellenzen zu sitzen. (Entweder die Exzellenzen haben an Einfluß und Ansehen verloren oder . . .)

Früher hätte ich in diesem Aufzug nicht einmal die Vorzimmer hinter mich gebracht. Die erstbeste Kammerzofe hätte meine Absicht durchschaut, und nur über den Dienstboten-

Eingang hätte ich diesen Herrensitz betreten. Im Gesindehaus wäre mir ein Freitisch bewilligt worden. Man hätte mir erlaubt, gewisse, der Öffentlichkeit zugängliche Flügel des Schlosses zu besichtigen, sonntags, unerkannt im Habitus eines Besuchers, der sich an pommerschen Sehenswürdigkeiten delektiert. Einiges muß sich also ereignet haben, daß man mich nicht nur als ungebetenen Kostgänger aufnahm, sondern als Gast, den Ehrenplatz neben der Haustochter einnehmend, die ihre diversen Messer handhabt wie ein chirurgisches Besteck. Benahm ich mich wenigstens als Kavalier, wenn ich schon als Gesellschafter versagte? Ellbogen an Ellbogen wurde mir peinlich bewußt —: der Unterschied zwischen einem Fähnrich auf Zeit und einer Komtess ist gravierend!

Dabei behaupte ich nach wie vor mit Unverfrorenheit, ja Impertinenz: als Liebhaber wäre ich ihr hochwillkommen. Schließlich ist sie alles andere als eine Schönheit. Schließlich kommt es nicht alle Tage vor, daß ein Fähnrich hier sein Quartier aufschlägt (und Fähnriche stehen augenblicklich hoch im Kurs). Die Abwesenheit standesgemäßer Bewerber nötigt sie geradezu, weniger wählerisch zu verfahren. Ich rede nicht von den an der Front stehenden Adelsträgern; deren unbestreitbare Vorzüge bilden an Kaminfeuern willkommene Gesprächs-Themen. Ich rede auch nicht von den gutaussehenden Männern mittleren Alters, die sich dem Frontdienst aus mir nicht einsichtigen Gründen entzogen (die waren hier wohl immer etwas dünn gesät). Ich selbst besitze wenig, was mich von der Mehrzahl Gleichaltriger vorteilhaft unterscheidet. Der spürbare Mangel an männlicher Gesellschaft mag es sein, der die Komtess (ich trete ihr damit nicht zu nahe) zu dieser herablassenden Freundlichkeit überredet.

Zur Linken der alterslosen Diana, der ich nicht mehr unbefangen gegenübertrete, und die meine schüchternen Versuche, der Komtess den Hof zu machen, mit belustigter Reserviertheit quittiert, ein hagerer Graukopf: eingezogene Schultern, flachatmende Brust, fahrige Bewegungen. Sein Benehmen bei Tisch läßt zu wünschen übrig. Ununterbrochen wandern habhafte Bissen vom Teller unter den überhängenden Schnauzbart. Etwas von der Wuseligkeit eines Hamsters macht sich geltend, als plagte ihn Futterneid. (Aber ich habe weiß Gott keinen Grund, mich über die Unzulänglichkeiten der menschlichen Natur zu mokieren.)

Mich mit gebotener Pünktlichkeit der nachmittäglichen Tee-Runde anschließend, stelle ich mich der kritischen Sehweise meiner Gastgeber, die ich nicht zu schonen gedenke. Sie werden wenig Schmeichelhaftes über mich hinter meinem Rücken austauschen. Ich sagte schon einmal – ich bin ein unsicherer Kantonist. Ich bilde mir wahrhaftig nicht ein, zu denen zu gehören, deren Handlungen bewertet, deren Absichten verbucht werden. Ich habe die Aussicht zu überleben – das ist in diesen gehobenen Kreisen alles andere als eine Empfehlung. Immerhin verbürgt meine Anwesenheit die Abwesenheit des gefürchteten und geschmähten Gegners, dessen Panzerrudeln man eben noch knapp entkam. In den Schilderungen dieser Adelskaste nimmt sich, was sie »Frontlage« nennen, reichlich familiär aus. Die Vorfälle der zurückliegenden Wochen werden wie Ereignisse privatester Natur besprochen, als handle es sich um die wenig delikaten Folgen eines Fehltritts, nicht aber eines Bankrotts, eines verlorenen Krieges. Zwischen diskret geäußerten Zweifeln an der Wehrfähigkeit der jungen Aufsteiger und markigen Trinksprüchen gewinnt der forsche Plauderton rasch die Oberhand, der die knieweiche Schicksalsbereitschaft der eigenen Leute schönfärberisch überdeckt. Ihr Standes-Ethos schien nur leicht angekratzt, nicht ernsthaft in Frage gestellt. Aber durfte ich verdrängen, was sich hinter ihren Beschwichtigungen, ihren Stilisierungen verbarg? Konnte ich folgenlos überhören, ohne gleich meinen Dienst zu quittieren, was die pathetischen Äußerungen verschwiegen, deren immer noch unerschütterte Kolporteure sich an reinrassigen Vollblütlern berauschten, während im trügerischen Licht eines Sonnenaufgangs Schrecken und Panik wach wurden? »Nun traben sie wieder dahin, ein wundervolles Bild edler Pferde, das die Linien der herben Landschaft für das Auge zu ästhetischer Vollendung führt – Wer hätte je so schöne Pferde gesehen?«

Ursache dieser verharmlosenden Standort-Bestimmung war die Gutsherrin selbst. Sie mochte diese pointierte Abwiegelung, das Ausklammern der Wirklichkeit für schicklicher halten als den ungeschminkten Bericht. Ich war davon überzeugt, daß sie auch mich zu den Halbwüchsigen rechnete, deren Gegenwart Rücksichtnahme erforderte. Was zählte es schon, daß ich mir tausend Frontnächte um die Ohren geschlagen hatte! Auch mir mangelte es an seelischer Reife, solche schockierenden Erlebnisse mit unbeschadetem Gemüt hinzunehmen. Insofern unterschied ich mich nur unwesentlich von der Komtess, die diese Ritterguts-Enklave, von Besuchen in einem Ostsee-Bad abgesehen, niemals verlassen hatte. Die Grundsätze einer puritanisch-strengen Erziehung schienen ihre volle Gültigkeit zu besitzen. Die besonderen Umstände waren schuld an meinem Hiersein, nicht meine Gleichheit als Person (die war nur vor Gott gewährleistet und auch nur sonntags in Reichweite der Kanzeln). Dabei lege ich Nachdruck auf die Feststellung, daß ich das meiste, was ich für wahr erachte, erfinde. Ich bin nicht identisch mit meinem Helden . . .

Als Stützpunkt-Leiter von *Blumberg* war er der einzige Militär am Ort, aber wohl kaum der einzige Waffenträger. Seine Befehlsgewalt stand in einem eigenartigen Widerspruch zu seinem Verhalten bei Tisch. Sein Auftrag schloß unter anderem die Überwachung der Schanzarbeiten ein. Ein Kontingent russischer Gefangener war ihm zugeteilt worden. Inspektor *Hohnstein* aber lebte noch ganz in der zu Ende gehenden Epoche herrschaftlicher Bevormundung. Schon in den ersten Tagen der Inspektion gab es Mißverständnisse, die sich rasch zu offenen Machtproben auswuchsen. Der Fähnrich hatte sich ausbedungen, daß die einzig warme Mahlzeit, die die Gefangenen am Tag bekamen, in seiner Anwesenheit ausgeteilt werde. Er hätte blind sein müssen, den schreienden Gegensatz zwischen dieser menschenunwürdigen Abfütterung und der Mittagstafel, von der er sich eben gesättigt entfernt hatte, nicht zu bemerken. Er hatte lange genug an Feldküchen in der Schlange gestanden, um zu wissen, was Hunger ist. Und es war noch gar nicht so lange her, seit er von einem Bahnsteig im Norden *Berlins* erfrorene Mohrrüben auflas. Er ertrug den Gedanken nicht, mit vollem Bauch dazustehen und sich unter die Gefangenen zu mischen, deren Hautsäcke an zerknittertes Pergament erinnerten. Der kümmerliche Gemüse-Eintopf, in dem er vergeblich nach einigen

Fettaugen oder Fleischwürfeln suchte, obwohl er Tag für Tag mit ansah, wie die Einheimischen ihre Vorratsräume plünderten. Daß etwas schief lag in diesem gesegneten Landstrich – wem konnte das entgangen sein?

Früher soll hier nach Einbruch der Dunkelheit kaum Licht gebrannt haben. Die unscheinbaren Häuser der Fuhrleute, Melker, Tagelöhner und Mägde (leibeigenes Gesinde, hätte ich beinahe gesagt, das bei der Herrschaft in der Kreide steht und sein karg bemessenes Deputat verzehrt) duckten sich wie verschrecktes Kleinvieh um das hellerleuchtete Schloß. Jetzt aber rannte der Fähnrich wie ein Schießhund umher, um die Verschwender zur Vernunft zu rufen. Niemand konnte entgangen sein, daß Schlachtflieger der Sowjets die Straßen unsicher machten. Auf Knechte, die seine Warnung in den Wind schlugen und sich mit Saatgut auf die Felder begaben, wurde regelrecht Jagd gemacht. Ein zweijähriger Knabe ertrank unter den Augen seiner Eltern. Man suchte die umliegenden Tümpel mit Stangen ab. Am gleichen Abend waren die Klänge einer Ziehharmonika vernehmbar. In die nachschleppenden Refrains rumorte Geschützdonner. Panzerwarnung wurde durchgegeben. Die angeheiterten Volkssturmmänner besetzten halbfertige Sperren.

An diesem Tag war es dem Fähnrich zum ersten Mal gelungen, reichhaltigeres Essen durchzusetzen. Die Gefangenen arbeiteten mehr, als ihm lieb sein konnte. Vorzeitig entließ er sie; einige mit Zimmerstutzen bewaffnete Begleitleute zogen dem Trupp voran. Inspektor *Hohnstein* aber erschien im ungünstigsten Moment. Die unvermeidliche Reitgerte in den nervösen Händen, beanstandete er die Eigenmächtigkeit des Fähnrichs. Ein Anruf bei seiner Dienststelle nützte nur wenig. Der Hauptmann, der sich mit nächsthöheren Instanzen herumschlug, beschwichtigte ihn. Er saß, für ihn unerreichbar, in der nächsten Kreisstadt. Um dorthin zu gelangen, hätte der Fähnrich die einzige Kalesche ausleihen müssen; die aber unterstand, wie alles im Ort, der Verfügungsgewalt des Inspektors. Die Kreisleitung, wie nicht anders zu erwarten, hörte sich seinen Protest kommentarlos an. Der Fähnrich ahnte bereits, daß wenige hundert Schritte von ihm, durch Schlafpferch und Hundezwinger getrennt, Veränderungen vor sich gingen. Der Augenblick war sicher nicht mehr fern, wo die Gefangenen ihre Kohlbrühe in den Ausguß kippen würden. Die Zeit ihrer Demütigungen endete. Was aber erwartete ihn?

Nicht der Mangel an Sympathien für meine Tischnachbarin, nicht das abendliche Geplauder am Kamin, das rasch in die Seichtheit kultivierter Gemeinplätze überging, war es, was mich aufhorchen ließ. Einiges Entgegenkommen vorausgesetzt, hätte ich der Komtess den Hof gemacht. Unbedenklich hätte ich mich in einen Flirt eingelassen. Das Herumstehen auf einer der mondbeschienenen Terrassen wäre ebenso wenig als Verstoß gegen Sitte und Anstand geahndet worden wie das Biwakieren an den Fleischtöpfen Pommerns. Ich hätte die Annehmlichkeit des Gastes ungeniert in Anspruch nehmen können, ohne auf meine Befugnisse verzichten zu müssen. *Blumberg* – gab es einen Ort, der geeigneter schien für eine romantische Verstrickung?

Um auf die eigentlichen Vorgänge zurückzukommen, die nichts Spektakuläres an sich hatten –: der Fähnrich – vom Hauptmann ermächtigt – hatte eine Panzerwarn-Zentrale eingerichtet. Das war nicht seinem Gehirn entsprungen, entsprach vielmehr einer Anweisung, eine Reihe exponierter Dörfer im *Oderbruch* zu Stützpunkten, Igeln, sogenannten Wellenbrechern auszubauen. Deren militärischer Nutzen mochte gering sein. Den untergeordneten Stäben der Partei aber gab er das Gefühl der eigenen Wichtigkeit. Man wollte nicht tatenlos zusehen, wie das Land überrollt wurde. Also sperrte man sich gegen das Unvermeidbare und sorgte sich um das Naheliegende. Straßen wurden aufgerissen, Bäume gefällt, Feldsteine aus Äckern gekarrt und zu Sperriegeln aufgeschichtet. Hysterische Amtswalter widerriefen die Befehle der Militärs, errichteten auf eigene Faust Panzerjagd-Kommandos, standen mit verkehrter Front. Lehrer im Ruhestand erschienen an der Spitze ihrer Klassen mit unbrauchbarem Werkzeug, legten nach Weisung der Fähnriche Stellungen an. Vaterländisch gesinnte Pastoren überließen ihre Glockentürme den Spähern der *Hitler-Jugend*. Männer mit vorsintflutlichen Gewehren besetzten Panzersperren, während beherzte Frauen sich an den Abbau derselben machten.

Anstatt nun aber erreichbar zu sein, anstatt im Schloß zu bleiben, wo sich das einzige Telefon befand, bezog der Fähnrich eine schwer auffindbare Kammer am Dorfrand, nahe beim Vorwerk. Bei dem einzigen Kleinbauern, einem unbeugsamen Einzelgänger, der allen Abwerbungsversuchen gegenüber taub geblieben, fand er Unterkunft, aus purer Solidarität. Zu einem endgültigen Bruch mit der Herrschaft ließ er es nicht kommen. Wie gewohnt, erschien er mit leichter Verspätung an der Mittagstafel. – Seit er unlängst einmal aus dem Schlaf fuhr, nach einem überhörten Anruf, und er zähneklappernd unter einem Berg von Kissen hervorkroch, blickte er der Nachtruhe mit einem gewissen Unbehagen entgegen. Da steht sein Karabiner, nicht gerade in Reichweite. Und da liegen, lose verstreut, seine Gepäckstücke. Schnelle Ankleide-Manöver verbieten sich wohl von selbst. Der Kerzenstumpf auf dem Nachttisch mag Stallmägden genügen, die ihr Wasser nicht halten können. Das zu kurze Bett so altmodisch wie unbequem. Der Fähnrich unter einem Sack ungelüfteter Daunen vergraben.

Natürlich mußte der Gast ein Federbett haben. Seit dem letzten Urlaub des einzigen, gefallenen Sohnes hatte es unbenützt in der Stickluft einer Truhe gelegen. Ein »gewisses Unbehagen« also mag verständlich sein. Was aber scheuchte den Stützpunkt-Leiter, der befehlsbereit auf seinem Bett eingenickt war, unter einem Kissenberg hervor? Wer drang da ungebeten in sein Refugium ein? Vergeßlichkeit und totale Übermüdung allein hatten den fatalen Kurzschluß ausgelöst. Aus dem altersschwachen Bett mehr fallend als steigend, das hinter ihm herächzte wie ein ausgetretener Dielenboden, wollte er nach seinem Karabiner fassen. Erleichtert erwachte er. Ihm fiel die schlagende Ähnlichkeit der beiden Gestalten mit seinen Wachtleuten ein, die sich tagsüber mit so offensichtlicher Nachlässigkeit in die Aufsicht über die Gefangenen teilten. Sie waren nicht etwa aus Versehen in seine Schlafkammer eingedrungen. (Mein ausdrücklicher Befehl hatte sie hierher beordert. Ich selbst hatte die Alarmübung angesetzt.)

Während der Fähnrich benommen hinter den grinsenden Flintenmännern herstolperte, mürrische Familienväter sich an die Schließung der Panzersperren machten, traf der Inspektor Vorbereitungen für seine verheimlichte Flucht. Der hochbepackte Planwagen stand leidlich getarnt in einer baufälligen Remise. Fähnrich und Verwalter begegneten sich mit stummer Verachtung. Die nervös zuckende Reitgerte verriet allein die mühsam gebändigte Erregung. Sein überstürzter Aufbruch, sein Hochmut – waren das angemessene Antworten auf das, was da herkunftslos aus den *Odernebeln* heraufstieg? Der Fähnrich, unfähig, einzugreifen, ein Machtwort zu sprechen, zählte dabei nicht. Er gehörte weder zu denen, die ihre schäbige Ehre auf Planwagen zu retten suchten, noch zu denen, die auf verdreckten Panjefahrzeugen dem Sieg entgegenfuhren. (Ich hatte mir angemaßt, in einen alten Streit einzugreifen: den zwischen Herren und Knechten! Hier klaffte ein über Jahrzehnte hin engstirnig erweiterter Abgrund. Ich hatte mir eingeredet, diesen Graben zuzuschütten durch eine Regung von Menschlichkeit. Auf meine schwächliche Korrektur aber kam es jetzt nicht mehr an. Mit einigen zusätzlichen Kanistern Essen war diese Rechnung nicht zu begleichen.)

Im Schloß tafelt man indessen in Permanenz. Hohe, verpflichtende Losungsworte werden gesprochen, über den Rand feingeschwungener Gläser hinweg, ins offene Kaminfeuer. Das wärmt, das läßt an letzte Gefechte, an Opfergänge denken. Natürlich die alte Leier. Ich habe an zu vielen letzten Gefechten teilgenommen, bin über zu viele Flußläufe gesetzt, um in der *Oder* ein unüberschreitbares Hindernis zu erblikken. (Hier bricht sich die *Oder* im *Oderbruch,* nicht die Russenflut.) Die starken Parolen klangen mir schon in den Ohren, als wir den *Dnjepr* hinter uns liegen hatten. Jetzt aber stehen wir mit dem Rücken zur Wand. Je sinnloser der Widerstand, desto stärker, verführerischer die Zauberformel, die Beschwörungsrufe vom letzten Mann und der letzten Patrone. Vielleicht sitze ich doch nicht ganz durch Zufall an dieser Herrentafel. Vielleicht beginnt hier der erste Elementar-Unterricht, der mich den Gebrauch von Messer und Gabel lehrt.

Die Mahlzeiten nehmen ohnedies einen Gutteil meiner Zeit in Anspruch. Mein schlechtes Gewissen betäubt sich im Zeremoniell unaufhörlichen Kauens. Aber meiner Anpassungsfähigkeit sind Grenzen gesetzt. Niemand hatte ein Wort des Bedauerns, als ich schüchtern auf die ungenannten Lager hinwies, die deutsche Ortsnamen tragen. Mein in Gedanken abgefaßtes, nie geschriebenes Tagebuch mit den Chiffrierungen der Angst und des Grauens – jetzt lag es mit seinen leeren Seiten vor mir. Während ich die Kartentasche packe und dem Tonfall achtloser Schnoddrigkeit lausche, hakt sich etwas in mir fest: »3000 jüdische Häftlinge aus *Lieberose* und *Schwarzheide* auf Antrag des Rapportführers von der Lagerstärke abgesetzt.« Das hörte sich an wie die täglichen Wasserstands-Meldungen: »*Küstrin* dreißig gefallen, *Schwedt* fünfzig gestiegen . . .« Die Fachsimpeleien zweier adeliger Schlächterinnen im Ohr –––: »Lassen Sie ihn ruhig umherflattern, meine Liebe! Ohne Kopf wird er nicht weit kommen, sind bloße Reflexe . . .« – »Und fassen Sie die Hühner ganz ungeniert an. Ich mache das mit einem Schlag . . .« wußte ich, daß die Angriffe auf *Küstrin* vorübergehend eingestellt worden waren und daß den Besatzungen von *Schwedt* und *Fiddichow* das Wasser bald bis zum Hals stehen würde.

Während eines Angriffs Fliegender Festungen auf die Reichshauptstadt am 3. Februar lag ich mit einem Transport fest, der nach Pommern unterwegs war, las von einem Bahnsteig erfrorene Möhren, kratzte sie in mein Kochgeschirr. Irgend einem Hoheitsträger gingen die Nerven durch; in einem Anfall von Hysterie begann er loszuschreien. Dabei hatte er eines völlig vergessen: Terror, das war eine Vokabel, die hatten *wir* hoffähig gemacht. Aber ich entsinne mich auch einer Stimme, die sagte unbeirrt in das von Stoßseufzern und Verwünschungen abgelöste Geschrei hinein: Machen wir uns doch nichts vor! Die präsentierten uns nur die längst fälligen Wechsel . . .

Ohne es mir einzugestehen, ich hatte ähnliche Gedanken, nur nicht Charakter genug, sie offen zu äußern. Dabei kam es weiß Gott nicht auf meine Anschauungen an, sondern auf meine Worte, aber nicht auf die, die ich für mich behielt. Damals ging mir auf, daß man Grundsätze haben und dabei doch charakterlos bleiben kann. Ich war wohl doch nur eine fragwürdige Existenz, mit leicht komischem Einschlag.

Aber der Vorwurf, ich wäre bei dem Versuch ertappt worden, mich bei den Gefangenen anzubiedern, trifft mich nicht. Wenn ein uneigennütziger Impuls eine so hämische Mißdeutung erfährt, reagiere ich mit Stummheit, die Verachtung ausdrückt. (Mit Absicht verwende ich die wortgleiche Formulierung.) Es gibt Spielarten der Verleumdung, denen ich nicht gewachsen bin. Möglich, daß ich durch meine spontane Geste unbewußt Fürsprecher unter den Russen geworben habe. Geworben für den Fall meiner Gefangennahme? Das sind Einwände, die ich nicht ohne inneres Erröten von der Hand weise. Aber es widerstrebt mir, mich abzuklopfen wie einen Resonanzboden. Ich werde das Schicksal Vieler teilen, mehr oder weniger verdient, mehr oder weniger unverdient – wer wird sich schon mit so unwichtigen Unterscheidungen abgeben? Man wird mich trotz meiner karitativen Anwandlung in den großen Topf werfen; dort kann ich zusehen, wie ich mit meinen Empfindsamkeiten klarkomme.

Die Tischszene zeigt unverändert einen Fähnrich, der leicht verspätet zum Essen erscheint. Niemand wird meinen, er habe das Große Los gezogen . . .

Die Gefangennahme

I

Die Scheune schien nur über Laufstege und Leiterbäume zugänglich zu sein. Wenigstens war ihm, der sein Sturmgepäck hinter sich herschleppte, als führte ihn die Haustochter auf einer waghalsigen Klettertour. Er wunderte sich, warum sie ihn diesen umständlichen und halsbrecherischen Fluchtweg wies, kam nicht auf die naheliegende Idee, daß es zu riskant wäre, ihn unmittelbar an der Knechtskammer vorbei zu lotsen, aus der Stimmengewirr und Gelächter drang. Da sie in dem luftigen Labyrinth zu Hause war und ohne viel Federlesens vor ihm herstieg, hatte er bald nur noch das Irrlicht ihrer weißen Schürzenschleife vor Augen. Der Firstraum barg mehr Stroh und Heu, als auch ihm, dem erklärten Nichtraucher, geheuer schien. Die Front war nahe. Über dem durch Panzerpulks abgesicherten Dorf hingen einige Staffeln *Focke-Wulf*-Jäger. Feuerstöße durchschnitten die Dunkelheit. Es lag näher, an Phosphor und Magnesium zu denken, als an die Entflammbarkeit der Haustochter, die – während sie eine Pferdedecke ins Stroh breitete – vor dem Absturz auf den Tennenboden warnte. Bei einem Brand gebe es zwei Möglichkeiten: sich das Genick zu brechen oder wie ein Stallhase zu braten. Auch ein weit dickfelligerer Kavalier hätte Unbehagen verspürt. Mit welch schiefem Kompliment hatte er sich ihre Gunst verscherzt? Er war schon zu müde, um seine Reaktionen unter Kontrolle zu halten, hatte er doch seit Tagen kein Auge zugebracht. Er hätte Nachsicht, ja Schonung verdient. Statt dessen hetzte sie ihn über spannbreite Überhänge, schreckte ihn mit ihren unangebrachten Zynismen.

Und da war auch wieder dieser Nachmittag, aus belanglosen anderen, die sich zwischen Hunger- und Schlaf-Delirien gedrängt hatten, herausgelöst, in voller Brennschärfe, wie präpariert –: Vor ihm lag das Gehöft nahe der *Deister Pforte*. Er hatte den Anschluß an seine Truppe verpaßt; die stand inzwischen wohl im Gefecht, während Jagd-Kommandos der SS das Standrecht verhängten. Im Verlauf eines harmlosen

Gelages war ihm der Zeitbegriff abhanden gekommen. Anstatt sich an den vereinbarten Sammelpunkt zu begeben, war er sitzen geblieben, hatte sogar seinen Waffenrock abgelegt. Nie zuvor war er sich wehrloser vorgekommen wie in diesem Augenblick drohenden Atemstillstands, als der Panzerlärm einer amerikanischen Vorhut in die *Sorsumer* Idylle einbrach, und sie, die Haustochter, die Bettlaken vor den Fenstern gewahr wurde, das zerschnittene Fahnentuch, den leeren Fleck an der Wand, den liebenswerten Schmachtlappen in Hemdsärmeln, der nicht zu ahnen schien, daß er auf der Kippe stand, in ihren Augen als Deserteur zu gelten. Erst als er ihr lautlos-grimmiges Gelächter vernahm, wurde ihm bewußt, wie weit er schon davon entfernt war, diesen Ablösungs-Vorgang wahrheitsgetreu wiederzugeben. Als er längst unter einem der mächtigen Dachbinder lag, dämmerte ihm, daß er mehr verscherzt hatte, als in der verfänglichen Situation, in der er sich jetzt befand, wieder gut zu machen war. Die von Magnesium-Blitzen durchzuckte Dunkelheit zeigte ein hochmütig verschlossenes Gesicht. Das einzige seltsamerweise, das ihn nach dieser Blamage zu trösten vermochte, war der Gedanke an den polnischen Knecht, der ihn zu seinem Erstaunen grüßte und das zu einem Zeitpunkt, wo es schon nicht mehr opportun war, einem Deutschen das Gesicht zuzukehren.

II

Die anrollende Panzerformation ließ ihm gerade noch Zeit, sich über eine mannshohe Böschung abzurollen. In einer Brombeerhecke blieb er liegen, in einer Ansammlung von Faßreifen, Bauschutt und henkellosen Gefäßen. Im ersten Moment fand er es unter seiner Würde, in einer Müllgrube gelandet zu sein. Sah er sich schon zum alten Eisen geworfen? – Den ganzen Morgen hindurch trieben Heckwülste und Panzertürme im diesigen Frühlicht. Abends in der Dämmerung ging der weiße Fünfzack auf: verfrüht heraufgestiegene, flach gegen den Horizont geduckte Sternbilder. Zweimal im Lauf des Tages lag das Feuer der eigenen Artillerie rings um das

Gefilz von Brombeeren, morschen Holunderstöcken und zerbrochenem Hausrat. Beim Überfall eines Strahljägers blieben Panzerwracks und brennende Lkw's zurück: Fackeln sinnlos um sich schlagender Fahrer und Richtschützen. Er sank zähneklappernd in sich zusammen, verbrannte sich Arme und Hände in den Brennessel-Feuern, wurde blaß beim Anblick des Infernos, das in Steinwurfnähe vor ihm tobte. Einmal kam ein Trupp Schwarzer mit Äxten an. Zum Glück war nur dünnästiges Gestrüpp vorhanden, nichts, womit sich ein Feuer unterhalten ließ. Ihre Silhouetten bildeten auf dem Trichterrand einen Halbkreis spreizbeiniger, bizarrer Fremdheit.

Er mußte – von seinem Schlafbedürfnis übermannt – eingenickt sein. Ein Geräusch ließ ihn zusammenfahren. Er meinte über einen endlosen Scherbenabhang zu schlittern. Aber es schien nur eine Konservendose ins Rollen gekommen zu sein. Ratten vielleicht, die im Dickicht und Müll nach Abfällen wühlten. Das Versteck, in dem er mit angezogenen Knien lag, aus Kanistern und Emaille-Schildern behelfsmäßig errichtet, war luftig und baufällig in einem. Er fürchtete den Einsturz seiner Behausung, in die er, mit den Füßen voran, gekrochen war, wollte seinen Standort um keinen Preis verraten. Er meinte noch die Spiralfedern einer ausrangierten Kasten-Matratze nachschwingen zu hören. Vor dem regennassen Horizont, von Scheinwerfern durchfingert, hoben sich die blattlosen sperrigen Sträucher ab. Er traute seinen Augen nicht. Unzweifelhaft – ein Mann kam auf sein Versteck zu, kein Soldat, ein Zivilist, unverkennbar sein unkriegerischer Habitus. Er schien etwas bei sich zu tragen, wenigstens bauschte sich oberhalb der Hüfte eine Regenhaut. Ihm kam der Gedanke, ob er diesen Mann nicht schon einmal gesehen hatte.

Solange Stanislaw das Bündel im Arm trug, konnte er den Vorgang seiner Abmusterung als eine Art Denkspiel betreiben. Als aber das Bündel auseinanderfiel und Hemd, Hose und Jacke zum Vorschein kamen, Stanislaw abgewandt vor ihm stand, als hinderte ihn nur das Schamgefühl, den Kleiderwechsel vorzunehmen, sah er sich einer unmißverständlichen Forderung gegenüber. Von der Peinlichkeit seines Stehens wie angepflockt, versuchte er von ihr abzulenken, wollte wissen, wie Stanislaw seinen Schlupfwinkel ausfindig gemacht habe, stellte die Frage nach der Herkunft der Kleider. Die Bitterkeit würgte ihn. Er müsse verstehen, er könne nicht in Minuten ablegen, was ihn Jahre hindurch gekennzeichnet habe. Die Verführungskraft der eigenen Worte war groß, diese Mischung aus Halbwahrem und Erfundenem, all diese Ausflüchte. Sein Verhalten liefere ihm ein einwandfreies Alibi. Gewissensbisse müßten sich die anderen machen. Ins Kreuzverhör gehörten die mit dem verkehrt sitzenden Adler! – Dabei hatte Stanislaw ihm keinerlei Anlaß geboten, diese Schau gekränkter Unschuld abzuziehen. Er hatte ihm lediglich das Kleiderbündel vor die Füße gelegt. Sein Händedruck enthob ihn zum Glück solch würdeloser Rechtfertigung.

III

Der Morgen war von einer unerwarteten Frische und Reinheit. Mit dem ersten Hahnschrei war Martin vor dem schlafenden Dorf, das mit seinen schreckhaften Bewohnern, der rabiaten Haustochter und dem menschenfreundlichen Polen in seiner anheimelnden Stallwärme endgültig hinter ihm zurückblieb. Er setzte ausholende, im Tempo sich steigernde Schritte, blickte sich mehrmals verstohlen um, weil er der neugewonnenen Ungebundenheit nicht recht traute. Aber die Unmittelbarkeit der Eindrücke versetzte ihn in eine Art nüchterne Trunkenheit. Zum ersten Mal durchlief er wieder einen Bestand hochstämmiger Bäume, einen schlagbaren Mischwald, ohne daß er in seiner Vorstellung auf militärisches Verhalten fixiert blieb. Er empfand es als aufregend, allein und ohne Bevormundung dahinzugehen, ohne die übliche Zielansprache über Kimme und Korn im Hinterkopf abschnurren zu hören. Als er das taunasse Unterholz durchstieß, war er ganz von diesem ungewohnten Freiheits-Rausch durchdrungen.

Der Wald am *Hohen Iht* aber war ein Tiefsee-Paradies und der nackte Fels ein Gehege für Luftgeister. Versunkene Schiffsmasten warfen ihre von Algen überwucherten Takelagen aus. Pilzkappen durchstießen den Meersboden, Tentakel friedlich grasender Polypen. Staubboviste entluden sich, als schleuderten sie Sperma umher. Mit brandrotem Schweif und weißem Brustlatz traten Füchse aus ihrem Untertagebau. Jenseits des Wasserspiegels, der mit dem Himmel identisch war, trieb Weißwäsche vorbei. Bussarde hingen flügelschlagend darüber – während er, von Farnkraut hüfthoch umwedelt, unbekümmert dahinschritt. In seiner ziellosen Ausdauer stieg er bis zum späten Nachmittag. Er schlug sich durch Dickichte, stapfte durch die Ablagerungen von vorjährigem Laub, schwang sich auf die federnden Polster von Moos, wechselte Richtung und Gangart nach Belieben, hakte sich in Geröllfeldern fest, kroch, als ihn eine vage Beklommenheit anschlich, in einen verlassenen Horst. Nachts kehrte einer der Bussarde zurück, erschreckte ihn mit brausenden Flügelschlägen und dem Fallgeräusch des jäh abgebremsten Vogelrumpfs. Aber das beflügelnde Gefühl, frei zu sein und erstmals Herr eigener Entschlüsse, verließ ihn selbst nicht unter den wütenden Anflügen des um seinen Nistplatz betrogenen Räubers.

IV

Obwohl zwei Einzelgänger im Morgengrauen und in Reichweite der fliegenden Standgerichte Klügeres tun sollten, als sich nach nichtssagenden Grußworten wieder zu trennen, war Martin nicht darauf erpicht, sich dem Versprengten, der spreizbeinig über das Rinnsal gebeugt stand, anzuschließen. Eine ziemliche Ungeniertheit sprach aus der Art, wie dieser sich wusch und ihm unbekümmert das Schmutzwasser mit seinen Schlammfahnen überließ. Im Spiegel des sich beruhigenden Gewässers sah Martin das unförmige Gesicht des untersetzten, fast bulligen Mannes, wie es qualligauseinanderlief, und er begriff, daß von seiner naßforschen Art keinerlei Bedrohung ausging. Vielmehr stand er an dem Waschplatz wie ein alter, mürrischer Leitstier an der Tränke. Bei dem Versuch, das Viehgatter mit einem Hechtsprung zu nehmen, blieb er hängen und stürzte. Nicht ganz frei von Schadenfreude, stellte ihn Martin auf die stämmigen, etwas schwerfälligen Beine.

Er schien nichts in seinem Kopf zu haben als das Stichwort seiner unverzüglichen Heimkehr. Martin reizte mit einem Mal dieser blinde, bedenkenlose Eifer. Er selbst hatte keine festumrissenen Pläne. Auf das Naheliegende: heimzukehren, kam er nicht, und nicht nur deshalb, weil eine Flucht in den Süden, quer durch die Panzerkeile der Amerikaner, riskant schien. Die spielerische Erprobung seiner Bewegungs-Freiheit bestimmte ihn weit mehr in seinen Entschlüssen als sein Heimweh, das er sich eingestehen mochte, wenn seine Absicht, einen Koffer mit Marketender-Ware aus dem ostwärts der *Elbe* gelegenen *Roßlau* herauszuschmuggeln, scheitern sollte. Während er, über die Karte gebeugt, einen ungefähren Zeitplan aufzustellen begann, drängte der Versprengte ungestüm den Abhang hinauf, mitten auf die Fahrbahn der einzusehenden Straße.

Sie wären in fünf, sechs Tagesmärschen leicht an ihr Ziel, einen Flecken in der *Altmark,* gelangt, hätte sein Begleiter, der sich lahmarschig genug dazu bequemt hatte, einen Zipfel seiner Herkunft zu lüften, nicht plötzlich erklärt, mit dem Nachhausekommen habe es durchaus keine Eile. Er, der sich anfangs kaum eine Erleichterung gegönnt hatte, fing auf einmal zu bummeln an, legte eigenmächtig Pausen ein, lief alle Nase lang in den Schatten. Man müsse sich erst einmal von den Kampftruppen überrollen lassen, und als Martin einwarf, daß das längst geschehen sei –, man müsse abwarten, bis die Stäbe und Versorgungs-Einheiten nachrückten. Sie machten sich nur verdächtig, wenn man sie in der Feuerzone aufgriffe. Auch kämen sie seiner Schätzung nach zur Nachtzeit an, wenn sie so weiterhetzten. Er aber wecke nicht gern jemand und schon gar nicht seine eigene Frau. Er müsse ausgeruht sein, wenn sie das Kaff – einen Flecken namens *Dübedau* – erreichten. An Schlaf sei dann ohnehin nicht zu denken, aber nicht etwa, weil er mit dem Erzählen kein Ende fände. Ihm mache es schon lange nicht mehr den gleichen Spaß wie früher. Sie aber stehe noch immer gut im Futter. Daß er ihr nur nicht zu nahe trete, falls ihr einfalle, ihm einen Schlafplatz anzubieten. Ihm überlasse er noch lange nicht, was unter seinem Dach so freigebig geboten werde . . .

Und da war es auf einmal wieder, das gemeine Einverständnis mit den Zerrbildern seiner lotterhaften Phantasie, ausgelöst durch ein Wortspiel, das er alles andere als witzig fand: »Selbstverständlich Liebe – Einmann-Betriebe!« *Sorsum* zum Beispiel, das Nest mit den gekreuzten Pferdeköpfen. *Sorsum.* Für ihn, den Katholiken, der nie so genau hinhörte –: »Sursum Corda!« Das Empor über Leiterbäume und Präfationen. Meßtext und loses Spiel der Zunge. Sein Klöppel, aus nicht geheurem Stoff gemacht. Verscherztes Zutrauen und verpaßte Gelegenheiten. Die nicht vorhandenen Körper mit der offenen Wunde. Wirklichkeiten, gespenstisch. »Du sollst nicht begehren!« Verstöße, besser nicht mit nackten Zahlen belegt. Immer noch Beichtspiegel und Ablaßzettel zwischen Soldbuch und unbenützten Präservativen. Er, der nicht wußte, wie man sich an Mädchen heranmachte, nicht wußte, wie sie beschaffen waren. »Der Du eingehst unter mein Dach!« Der Du nicht eingehen solltest unter das Dach meiner Feinde! Obschon sie siegen unaufhörlich durch die Herabkunft des Geistes in Gestalt der Bombe. Das Pfingstwunder in den ersten Apriltagen. Am hellichten Tage *Hildesheim. Gardelegen.* Geschändete Menschen-Natur. Unbesiegbar ––, nach der Faustregel des Friß oder Stirb.

V

Lüge und *Lohne.* Zwei unbedeutende Dörfer nordwestlich von *Bockenem.* Ein Stabreim im Morgengrauen. *Lüge* und *Lohne.* Wer setzte Belohnungen aus und wer machte wem etwas vor? Der faule Kompromiß also an den Hintertüren. Das Nicht-Stuhl-noch-Tisch-noch-Bett-Gefasel. Er hatte es oft genug vernommen. Nichts leichter, als den Schlaf der rechtschaffenen Denunzianten zu stören, der gut beleumundeten Zuträger, die sich taub stellten, verstummte das Pochen an den Läden nicht gleich selbst vor purer Scham. *Lüge* und *Lohne.* Wer ein weiches Herz hatte, legte Almosen vor den Katzenschlupf. Schwarz auf Weiß stand zu lesen, was zur Aufrechterhaltung von Ruhe und Ordnung gefordert wurde: die Nichtbeachtung jeglicher Anrufe aus dem Dunkel, mit eindeutigen

Warnschüssen zu ahnden. Die strikte Mißachtung des Gebots: »Wer mich aufnimmt in Meinem Namen!«

Martin sah die druckfrischen Plakatanschläge an den Hauswänden und Scheunentoren. Darunter klebten noch die Aufrufe gegen Drückeberger und Defaitisten, in denen Frauen und Mädchen aufgerufen wurden, hartnäckige Feiglinge »mit dem Scheuerlappen an die Front vorzuprügeln«. Er hatte seit Tagen nichts Warmes im Bauch. Der Hunger wütete in ihm, sandte unablässig seine Rauchzeichen herauf. Sein Magen winselte wie ein zugelaufener Köter. Der Kampfruf: *»Köche an die Front!«* war mehr als ein makabres Bonmot für ihn. Ein Rudel von Versprengten, um nachlässig geschürte Lagerfeuer schnürend, machte die Ortschaft unsicher. Martin hielt sich wohlweislich abseits. Obschon in Räuber-Zivil, hatte er die straff sitzende Fessel nur gelockert, nicht abgestreift. Der Treueeid saß noch in ihm wie ein Angelhaken in einem Köderfisch. – *Lüge* und *Lohne*. Auf Zehenspitzen verlassen, um den Schlaf der Selbstgerechten nicht zu stören . . .

VI

Das Feld war mit Luzerne bebaut, stand im ersten zaghaften Wachstums-Flor. Martin lief – von seinem mürrischen Kompagnon begleitet – auf den wachsweißen Diskus der Sonne zu. Seit sie sich den Weideflächen der *Altmark* näherten, spürte er den wachsenden Widerstand, diesen grämlichen Mißmut. Er kam sich wie ein Jäger vor, der seinen Hund zur Jagd tragen muß. Martin erschrak nicht einmal sonderlich, als er im Morgennebel die Umrisse zweier Gestalten wahrnahm. Ein Schuppen, den Martin als Unterschlupf vorgesehen, nahm – als der Nebel sich lichtete – die Transparenz eines Zeltes an. Martin, einen Trupp Versprengter vermutend, sah verblüfft, wie die Gestalten sich bei ihrer Annäherung bedrohlich verwandelten. Aus ihrer Armbeuge schnellten Knüppel vor, die sich als Karabiner entpuppten. Aus dem Bodendunst, der sich wie auf Kommando verflüchtigte, schoben sich Windsack, Querruder und Propellernase. Verspannungen unter Tragflächen wurden sichtbar. Martin und sein fassungsloser Begleiter standen mitten auf einem provisorischen Feldflughafen.

Die beiden Wachposten – Kanadier oder Tommies, das klärte sich erst, als ein stilisiertes Ahornblatt in ihr Blickfeld rückte – nahmen nicht die mindeste Notiz von ihrem unkriegerischen Aufzug. Die Laufmündungen auf verletzliche Weichteile gerichtet, die er zu Zielpunkten unüberlegten Eifers schrumpfen fühlte, hatte er alle Mühe, ihren Status als Nicht-Kombattanten glaubhaft zu belegen. Es bedurfte energischer Gebärden, die beiden davon zu überzeugen, daß sich in ihren Taschen und Hängebeuteln nichts befand als die Überreste einer kümmerlichen Wegzehrung. Ihre Lage war so grotesk wie ernst. Martin hätte sich alle Überredungskünste sparen können, hätte nicht der Ranghöhere, dessen klangvolles Englisch er nicht aus dem Ohr bekam, den zu Jähzorn neigenden Untergebenen ins Quartier geschickt. Martin glaubte zu ahnen, der Vorwand, den Heißsporn auszuschalten, dem es nicht länger gelingen wollte, seinen Karabiner still zu halten, entspringe nichts anderem als einem Akt humaner Notwehr . . .

VII

An die Begegnung mit einem Australier, der sie mit Warnschüssen in die Luft zur Umkehr genötigt hatte, entsann sich Martin mit belustigender Eindringlichkeit. Die Bewegungen des wieselflinken Uniformträgers unter dem flachen, schiefsitzenden Helm, der ihm einen clownesken Anstrich verlieh, hatten ihn amüsiert. Vornehmlich die Rosette aus gestanztem Goldblech, die er seltsamer Weise auf seiner Feldbluse trug, etwas oberhalb des Magazins, wo der Kinnriemen gegen das schweißfeuchte Leder schlug, hatte seine Aufmerksamkeit geweckt. Auch jetzt noch – nachdem sich seine stille Hoffnung zerschlagen hatte, die zermürbende Suche nach dem Dorf in der *Altmark* aufzugeben und in Gefangenschaft zu gehen – lächerte ihn dieses belanglose Stück Blech als Detail von ausschlaggebender Wichtigkeit. Einen so rücksichtsvollen Bezwinger fände er schwerlich ein zweites Mal. Australien, ein Kontinent voll wilder Kaninchen – und er begriff nachträglich die beinahe kindliche Neugier des Postens, der sie armschwenkend vor sich hergetrieben hatte, bevor er sie lustvoll abzutasten, regelrecht abzufingern begann. Martin bedauerte lebhaft, daß aus dem Spieltrieb nicht Argwohn, aus dem Entdeckerdrang nicht Mißtrauen geworden war. Minutenlang hatte er sich an seinem versilberten Rasier-Apparat delektiert, dem Prunkstück aller bisherigen Visitationen, und ihn mit einem Schwall von Dankesworten in seiner Tasche verschwinden lassen. Unter dem endlich wachsamen Blick des Kaninchen-Jägers hätten sich Hoheits-Adler, Schulterklappen und Kragenspiegel herausgeschält. Er hätte diese Laufschule nicht enden wollender Strapazen und Demütigungen beenden können. Das allmählich stupid werdende Versteckspiel hätte ein Ende gefunden. Er wäre nicht dazu gezwungen worden, ein Mittagessen einzuhandeln, als Gegenleistung für seine Unterwerfung. Er wäre in Sicherheit, in der Sicherheit und Freiheit eines Gefangenen.

VIII

Martin glaubte damals noch, es bedürfe nur eines Tricks, eines Fingerzeigs, um aus der verhaßten Zwangsjacke herauszuschlüpfen. Aber wußte er überhaupt, wen er damit freilassen würde? Hatte er nicht Stück um Stück eines Territoriums preisgegeben, das unvermessen in ihm lag? Er, der sich mit Halbheiten zufriedengab, der sich einbildete, ein glücklicher Zufall habe ihn aus einer schlecht stehenden Partie genommen, und dann entdecken mußte, daß ihm nichts mehr verblieb als diese bescheidene Freizügigkeit. Mit all seiner geborgten Einfalt stand auch er vor Abgründen. Freiheit – er war nicht in Uniform, aber das war auch schon alles. Dadurch, daß er im Beisein des polnischen Knechts sein Sturmgepäck vergrub, der ihm Zivilkleider beschafft hatte, war es nicht getan. So leicht gab es für ihn kein Entrinnen. Die Jahre als Waffenträger saßen zu tief im Gedächtnis. Er mochte den Standgerichten entrinnen, nicht aber dem Schiedsspruch seines eigenen Gewissens. Und so war es nur folgerichtig, daß sich der Kreis bald wieder schloß. Zwar hatte sein Äußeres nicht mehr viel mit der Eintagsfliege von Leutnant gemein, die damals in den *Hohen Iht* ging, bepackt mit den Liebesgaben eines im Grunde mitleidlosen Geschöpfs, weil es die Rolle, in die er notgedrungen geschlüpft war, als unehrenhaft einstufte. Mit seinem Bart und in seinem Aufzug wäre eine Fortsetzung seiner Wanderschaft durchaus möglich. Doch war er nicht mehr Herr seiner Entschlüsse. Die Bindung an Futterkrippe und Gehorsam erwies sich als stärker, zeigte er sich seiner Freiheit doch wenig gewachsen . . .

IX

Der Platz zwischen den Gehöften liegt um die Mittagszeit in einem Gespinst aus Schläfrigkeit und Stille. Sperlinge turnen im Gezweig. Einige Hühner wirbeln Staub auf. Nichts weiter – und doch ist es Martin, der lichtscheu, geblendet aus der Türe tritt, als wecke der Platz in ihm eine unsinnige Zuversicht. Irgendein festlicher Anlaß muß ihn hierher geführt haben. Ostern vielleicht, ein längst vergessen geglaubter Auftritt aus seiner Kindheit. Der erste Schultag oder der Tag seiner ersten Heiligen Kommunion. Der Trugschluß liegt nahe. Martin ist, als schreite er, flankiert von seinen Angehörigen, aus dem dämmrigen Mittelschiff der Basilika, die verwehenden Klänge des *Te Deum* noch im Ohr. Aber die leidige Fessel fällt nicht gleich, indem er sich kurzerhand in die Vergangenheit absetzt. Zwar hängt noch der Duft des abgeräumten Essens in der Luft; aber der Tisch, den er eben verlassen hat, zeigt eher Kargheit als festliche Fülle. Kein frommer Wandspruch, keine angebrochene Bonbonnière, kein Schulranzen, der Schwamm und Schiefertafel enthält. Ein nicht gerade alltäglicher, aber unfestlicher Anlaß muß ihn hierher verschlagen haben. Die reizlose Täfelung entlang der rohgezimmerten Bank, das hastig verhängte Führerbild über dem Ausschank, das Blechgeschirr mit den Überresten einer nicht gerade üppigen Mahlzeit, der stechende Blick der Wirtsfrau in seinem Rücken. Im Grunde ist keine Täuschung mehr möglich. Mit der weinerlichen Lustigkeit eines Delinquenten tritt er ins Freie.

X

Wo der Platz sich verengt und eine Weggabel bildet, steht ein Soldat der Besatzungsmacht, reglos, gelangweilt, vielleicht auch nur, um seinen Standort nicht zu verraten. Er trägt einen verwaschenen, olivgrünen Overall, Schnürstiefel und einen Helm aus Preßpappe, der Genick und Schläfen des Gelangweilten oder auch nur Reglosen abwechselnd freigibt oder verdeckt. Der Helm, über einen glattgeschorenen Schädel gestülpt, bewegt sich unmerklich nach dem sich ändernden Sonnenstand; beides, Helm und Schädel, erinnern Martin an ein übergroßes Gelenk.

Zunächst aber ist der Soldat vor dem grellen Hintergrund weder auszumachen noch durch Schrittgeräusche zu lokalisieren. Martin vernimmt weder die durch Gummisohlen gedämpften Tritte, falls er überhaupt auf und ab geht, noch das Klicken von Metall, falls er gerade durchlädt. Der Vorsprung eines Schleppdachs verdeckt Gesicht und Hals, ein nicht sehr kompaktes Gebüsch Overall, Patronengurte und Karabiner des nachlässig getarnten Postens vor Gewehr.

Für den Soldaten scheint es sich um einen jener ereignislosen Nachmittage zu handeln, die ihm nun schon zur Gewohnheit geworden sind. Er hat erst vor einer knappen Stunde diesen Posten bezogen, aber diese träge, von Hühnern und anderem Kleinvieh durchpickte Stille tötet ihm langsam aber sicher den letzten Nerv. Er kennt schon jede Zaunlatte, jeden Rinnstein, jede Bodenwelle dieser im Lichtwirbel des Mittags liegenden Kreuzung. Der schwenkbare Linsensatz unter dem Helmrand zeigt nichts Nennenswertes. Die Halbkugel über dem bewaffneten Späher-Auge fängt lediglich Lichtreflexe auf. Und als der Soldat wenig später – im Halbschlaf war halb Texas an ihm vorbeigeritten – den verwahrlosten Zivilisten in sein Gesichtsfeld einschwenken sieht, meint er zunächst, ein Bettler oder Trunkenbold aus *Morgan Hills* sei in ein Rudel rotbrauner Präriehengste geraten.

XI

Noch ist der Platz vor dem Dorfkrug, der um die Mittagszeit abweisend wirkt, erst zur Hälfte überschritten. Eine weiche, von getrockneten Kuhfladen gedüngte Grasnarbe schmiegt sich unter Martins Knobelbechern. Bis zur Kreuzung, wo der amerikanische Posten patrouilliert, ist es noch ein beschwerlicher Weg. Er braucht nicht schon jetzt die Arme über dem Kopf zu verschränken. Ihm bleibt genügend Zeit, sich auf den abermaligen Rollenwechsel vorzubereiten. Vielleicht besteht die Wirtin, die ihm diesen Tausch, ein komplettes Essen gegen die Zusage seiner Kapitulation abgenötigt hatte, gar nicht mehr auf ihrer Einlösung. Vielleicht läßt sich dieser peinliche Übergabe-Akt aufschieben. Als er sich unschlüssig umdreht, verwirrt ihn der lächerlich geringe Abstand zwischen ihm und dem gastlichen Haus. Er ist nicht darauf gefaßt, die Wirtin noch immer unterm Vordach stehen zu sehen, obschon ihn der Tatbestand nahezu vollständiger Tarnung versöhnlich stimmt. Das nimmt diesem unfreiwilligen Bußgang aber nichts von seiner Komik.

XII

Von der Schwelle des Gasthauses aus, wo die Wirtin halb besorgt, halb erleichtert die Schürze glattstrich, erweckte es zunächst den Anschein, als schritte der abgehalfterte Leutnant zügig über den Platz. Aber dann irritierte sie doch die kaum wahrnehmbare Schrumpfung seiner Gestalt, jagte ihr einen gehörigen Schrecken ein, weil nun auf einmal die Kreuzung mitsamt dem Amerikaner auf sie zuzukommen schien, als beträte der von ihr Beköstigte den Schauplatz seiner Übergabe nicht selbst, sondern verlegte ihn unmittelbar vor die Schwelle ihres Hauses. Ihr lag auf einmal nichts mehr an seiner Gefangennahme. Sie wünschte ihn weit weit weg, an das Ende dieses heimtückischen Platzes. Wenn er nur rasch und unauffällig genug vom Fleck kam und das Dorf, besser gleich die ganze Gemarkung zwischen sich und den leergelöffelten Teller brachte. Ihre Bedingung galt nur, solange er sich in Reichweite ihres Anwesens aufhielt. Tauchte er ungesehen jenseits der Straßenmündung unter, befreite er sie von dem Anblick des heruntergekommenen Landstreichers, schlösse sie beruhigt die Türe hinter sich und machte sich an den Abwasch. Vielleicht wäre es überhaupt klüger, diese Abfütterung auch vor ihrem Mann zu verschweigen. Vielleicht käme sie später einmal auf diesen Vorfall zurück, wenn sich Nächstenliebe, die nicht ganz uneigennützige Liebe zum Nächsten wieder bezahlt machte. Jetzt war es wohl besser, auf die Ausschlachtung ihrer doppelzüngigen Mildtätigkeit zu verzichten.

XIII

Nachzutragen bliebe die Episode der verzögerten und schließlich mißglückten Heimkehr seines mürrischen Kompagnons. Martin hatte sich an jenem Nachmittag, als sie den schwierig auszumachenden Wohnsitz in *Dübedau* erreichten, vorerst von ihm abgesetzt. Er war nicht darauf erpicht, Zeuge eines Wiedersehens zu werden, das besser ohne Zeugen vor sich ging. Seine Anhänglichkeit ging auch nicht so weit, aus ihr irgendwelche sentimentalen Ansprüche abzuleiten. Erst bei Einbruch der Dunkelheit, als Martin befürchten mußte, das Haus zu verfehlen, – selbst einer noch so stürmischen Begegnung waren schließlich Grenzen gesetzt –, lief er auf das bezeichnete Gehöft zu, das einen seltsam verlassenen Eindruck machte. Als aus einem angelehnten Parterre-Fenster unverkennbare Schnarchlaute drangen, zog er die Hand vom Klingelzug. Nicht nur sein Zartgefühl verbot ihm, auf einer Abmachung zu beharren, die auf so windigen Voraussetzungen beruhte. Er fröstelte im Abendwind, und als er etwas ratlos die Dorfgasse entlangschlenderte, fiel ihm wieder sein Koffer jenseits der *Elbe* ein, der Zigarren für seinen Vater enthielt.

Die Uferstreifen der *Elbe*, von Vorposten der Amerikaner besetzt, war zur Grenzscheide zwischen Ost und West geworden. An ein Übersetzen war im Augenblick nicht zu denken. Auch bestand für ihn als Nichtschwimmer nicht die Möglichkeit, das andere Ufer zu erreichen. Die Nacht verbrachte

Martin, wie schon so manches Mal, auf einer Viehkoppel. Er drängte sich zwischen die warmen Tierleiber, vertrieb sie aus ihren überdachten Strohschütten, vernahm im lautlosen Geschiebe von Hörnern das unzufriedene Muhen der Ausgesperrten.

Sein vergeßlicher Kompagnon, den er längst als Knecht verkleidet auf dem Gehöft wähnte, kam im Morgengrauen auf einem klapprigen Drahtesel die Allee heruntergefahren. Er saß steif, fast hölzern im Sattel und er sah nicht auf, als Martin, der unausgeschlafen an einem Stamm lehnte, ihm kopfschüttelnd entgegenlief. Wer in solcher Abwesenheit, in solcher Geistesstarre daherfuhr, war nicht in häuslichen Obliegenheiten unterwegs. Martin vergaß die ihm zugefügte Kränkung, wurde von Mitleid gerührt. Er brauchte den Schlafwandler gar nicht erst zu stoppen und auszuhorchen, um zu erahnen, was in dem so verschlafen wirkenden Gehöft vorgefallen sein mußte. Eigentlich erst an diesem Morgen erfuhr er den Namen seines mürrischen, griesgrämigen Kompagnons, der sich geweigert hatte, vorschnell heimzukehren, nachdem er zunächst diese Heimkehr in einem einzigen Anlauf hatte erzwingen wollen, und der nun davonfuhr, als wäre er niemals angekommen.

Die Blechschmiede von Attichy

(Heinrich Böll gewidmet)

Entlang des bewachten und von Scheinwerfern abgetasteten Drahtzauns wandern in unruhigen Pulks die Gefangenen. Der Regen, der seit Tagen gleichmäßig fällt, sickert durch Mäntel, Tarnjacken, Zeltplanen, durchnäßt Gepäckstücke, trieft in halboffene Mäuler, erstickt Gesang. An den Rändern der Pulks, brodelnder Krater der Gereiztheit und offener Meuterei, treiben die Ruhelosen dahin, von Hunger- und Durstgefühlen stärker gepeinigt als von verletztem Stolz. Im Bereich der Wachttürme, unter den schwenkbaren Zwillings-Läufen, die drohend in den wässrigen Horizont stechen, nisten sich die ersten Besiegten ein: kleine gemiedene Trupps von Versprengten und Überlebenden, die sich um eine mühsam angewärmte Konserve drängen.

In dieser ersten Nacht hielt ich mich die meiste Zeit über abseits. Fröstelnd hing ich unter dem schäbigen Überwurf einer meuchteligen Wehrmachts-Decke, die ich unterwegs organisiert hatte. Ich mied die Unruhestifter ebenso wie die allzu Unterwürfigen, die ihr einziges Heil in einer Kippe erblickten, die die Amerikaner amüsiert von den Fingern schnippten. Ich bewegte mich lieber in der Nähe der kaum wärmenden Feuer, die von Schwarzen unterhalten wurden, die lässig ihre Handfeuerwaffen hielten, als wären es Baseball-Schläger. In der spielerischen Unbekümmertheit meiner Wärter fühlte ich mich wohler als in dem dumpfen Unmut der Mitgefangenen, die von den Zufälligkeiten gemeinsamer äußerer Unbill die unglaublichsten Ansprüche ableiteten. Ich war wie sie der naßkalten Witterung ausgesetzt, stand ungeschützt im Freien. Warum aber suchte ich nur nachts den wärmenden Umkreis menschlicher Ausdünstung und Körpernähe auf? Warum ertrug ich nur im Dunkel das Geschiebe der andrängenden Leiber? Niemand konnte mir das Recht auf Zugehörigkeit streitig machen. Ich war einer der ihren, und ich trug wie sie an der verschuldeten Niederlage. – *»Wo haben Sie ihre Papiere gelassen?«*

Wo die Pulks ihre engumzirkelten Kreise ziehen, sammelt sich das Schmutzwasser in endlosen Pfützen. Auf Augenblicke hinaus ertränkt der Dauerregen sogar das unzeitgemäße Parolengeflüster, überschwemmt die Umfriedung der häuslichbiederen Landräuber, die schon wieder von eigenen Territorien und Herrschafts-Privilegien schwärmen. Aber die meisten der Gefangenen sind müde und zu Schlacke verbrannt. Was hinter ihnen liegt, ist lediglich zurückgedrängt, nicht vergessen! *»Wußten Sie nach vier Jahren Fronteinsatz noch immer nicht, was Fahnenflucht ist?«*

Deister Pforte, 6. April 45

. . . Vier Uhr morgens. Inmitten schlaftrunkener, randalierender Kameraden zum Leutnant der Reserve ernannt. Während ich frierend, mit hochgeschlagenem Mantelkragen herumhüpfe, den Stallgeruch in der Nase, klirren die Ketten angeschirrter Kühe und Kälber. Der Innenhof, grasbewachsen und mit glitschigen Pflastersteinen durchsetzt, macht das Strammstehen zur Tortur. Meine Haltung läßt zu wünschen übrig –– aber die Zeit der Anpfiffe scheint endgültig vorüber zu sein. Gleich wird uns der Taktiklehrer mit Handschlag begrüßen. Einige von uns können es offenbar nicht erwarten, den stallwarmen Dienstgrad auszuhängen. Sie trennen ihre Fähnrichs-Litzen ab, ziehen vorbereitete Schulterstücke aus der Tasche. Mein Soldbuch werde ich so schnell wohl nicht wiedersehen. Es liegt, wie ich erfahre, zwecks Eintragung der Leutnants-Würde, auf Schreibstube. Jeweils zwei der Beförderten bekommen als Ersatzpapier einen Marschbefehl. Ich überlasse ihn bereitwillig meinem Hintermann, der mir ins Ohr flüstert, er habe den gefährdeteren Abschnitt vor sich. *»Sie gaben also das Papier aus der Hand und machten sich aus dem Staub?«*

Büderich, Ende April

Eines Tages traf ich ihn wieder, den gleichaltrigen und gleichrangigen Hintermann. Er erkannte mich nicht sofort in meinem Räuber-Zivil; erst abends, als ich ihm beim Verpflegungs-Empfang seinen Kanten Brot zuschob und er in die verzweiflungsvolle Leere seines Hungers und seiner Gier hinein fragte: »Kennen wir uns nicht?« ging ihm ein Licht auf. *»Sie verließen also Ihre Einheit, um sich ein Privatvergnügen zu leisten?«* Wenn ich seinem Bericht Glauben schenken durfte, hatten ihn seine Quartiersleute, als er mit einem Fersenschuß zu Bett lag, wie einen eigenen Sohn versorgt und verarztet. Zum Glück sei seine Verwundung nicht ernsthafter Natur gewesen. Bei seiner Gefangennahme habe er wahrheitsgetreu geschildert, wie es zum Verlust des wichtigen Papiers gekommen sei. Niemand habe Anstoß daran genommen, und so habe man ihn kürzlich dieser Hundertschaft von Offizieren zugeteilt. – *»Während Sie sich hinter der Front herumtrieben und irgendeiner Dorfschlampe nachliefen.«*

Zeitweilig rettete mich der Besitz einer primitiven Tellerwaage. Ich hatte sie nicht nur heimlich gebastelt, sondern verstand mich auch darauf, mit ihr das Brot abzuwiegen, da niemand mit der herkömmlichen Teilungsart einverstanden war. Zunächst waren sie natürlich darauf aus, sich die Wunderwaage anzueignen. Jedoch lehnte ich die Herausgabe des kostbaren Stücks ab, so daß sie mir bald den Vorschlag machten, als Fourier zu wirken und die zugewiesenen Laibe allabendlich gewissenhaft zu teilen. *»Sie haben, wenn ich recht verstehe, nicht zur kämpfenden Truppe gehört, als man Sie aufgriff. – Man griff mich nicht auf. – Aus freien Stücken kamen Sie wohl nicht hierher?«*

Göttin Justitia also beim Brotbrechen. Die sich übervorteilt wähnenden Offiziere –: »Haben Sie nicht auch den Eindruck, daß Ihre heutige Portion größer ist als die meine?« – Das Austeilen mit verbundenen Augen. Das Zahlenspiel vor der verheimlichten Mordgier der Meute. – »Machen Sie mir doch nichts vor! Ich sah doch ganz deutlich, daß Sie Ihrem Altersgenossen das kernigere Eckstück zuschoben.« – »Sie sahen aber auch, daß auf ihn die Nummer fiel.« – »Immerhin bekam er ganz eindeutig das größere Stück.« – »Gewichtsmäßig sind alle Portionen bis auf ein Krümchen gleich.« – »Aber sein Eckstück war kerniger, fester im Biß.« – »Es war dafür etwas kleiner als das Ihre.« – »Kleiner schon, aber besser durchbakken.« – »Machen Sie mich jetzt schon für das Backen verantwortlich?«

Büderich, 6. Mai

. . . Beim Herumstromern im Gelände auf eine Gruppe von Erdarbeitern gestoßen. Sie haben das Aussehen und Benehmen von Totengräbern, die ungerührt an ihr eigenes Begräbnis herangehen. Stapfe, da ich nicht unaufgefordert stehenbleiben kann, kopfschüttelnd weiter. Wenn ich den Platz nicht verfehle, werde ich am Abend wiederkommen und mich nach dem Fortschritt der Grabarbeiten erkundigen. Werde einfach vorgeben, auf der Suche nach Stroh und Abfällen zu sein . . .

6. Mai, gegen Abend

. . . Die vier Maulwürfe sind inzwischen ein gutes Stück vorangekommen. So veraltet ihre Schanz-Methode auch sein mag, ihr Eifer ist eindrucksvoll. Daß der Böschungswinkel zu steil und das gewachsene Erdreich über dem Stollen nicht mächtig genug ist – keiner von den Vieren scheint sich ernstlich Gedanken zu machen. Fachmännischer Rat dürfte hier unerwünscht sein. Ich scheine für sie doch nur ein lästiger Zaungast zu sein, der aus reiner Schadenfreude bei ihrer unterirdischen Wühlarbeit Maulaffen feilhält. Bin einer jener notorischen Schwarzseher, die den Einsturz dieser Schlupfwinkel voraussagen, weil sie lieber untätig herumstehen als selber mit Hand anzulegen. Es regnet jetzt nicht mehr in dieser stumpfsinnig machenden Monotonie . . .

7. Mai

Meine Neugier macht allmählich einem handfesten Ärger Platz. Die Sappeure führen sich auf, als legten sie es wie die Lemminge darauf an, ihr eigenes Grab zu schaufeln. Immerhin, eine Absperrung sollte verhindern, daß irgend ein

Ahnungsloser ihnen unfreiwillig in die Grube nachfolgt. Niemand wird in der Dunkelheit bemerken, daß er ein unterwühltes Stück Erde betritt. Niemand wird ahnen, daß er Gefahr läuft, sich das Genick zu brechen. Mein Einwand stößt, wie zu befürchten war, auf wenig Gegenliebe. Sie lassen es mich deutlich wissen: mir sähe ja nur der blanke Neid aus den Augen, weil sie mir keinen Unterschlupf anböten in ihrem regensicheren Domizil!

7. Mai, spät abends

... Unmittelbar über dem Stollen entdecke ich einen frischen Trampelpfad. Die Fußstapfen sind auch im diffusen Mondlicht deutlich zu erkennen. Mit Sickerwasser vollgelaufen, stecken sie den Pfad mit mattschimmernden Spiegeln ab. Auf dem Grund des sargähnlichen Schachts, ausgerichtet wie zu einem Appell, die Knobelbecher der vier arglosen Schläfer ...

8. Mai

Gegen Mittag sickert das Gerücht durch, die Wehrmachtsführung habe die Niederlegung der Waffen angeordnet. Das Reich habe aufgehört zu bestehen. Der Schock aber bleibt zu meinem eigenen Befremden aus. Vielmehr als das Schicksal des Reiches bewegt mich das Schicksal der Vier. Der Regen hat inzwischen nachgelassen; aber die Luft ist gesättigt mit Feuchtigkeit. Die Stiefel der Dauerschläfer liegen nach wie vor ausgerichtet wie nach der Schnur. Der Trampelpfad weist eine auffällige Einsenkung auf, die bis zum Rand voll Wasser steht. Die Mühe, die Verschütteten zu bestatten, wird man sich sparen können. Es wird genügen, den Toten ihre Habseligkeiten nachzuwerfen, die sie zum Trocknen aufgehängt haben, und den Schacht, in die die Knobelbecher hineinragen, mit etwas Schlammerde aufzufüllen. Das Beispiel der verschütteten Sappeure aber macht Schule. Überall im Gelände entstehen Schürfstellen. Wie Pilze nach dem Regen schießen primitive Zäune aus dem Boden. Der Tod vergibt Konzessionen an Bauwillige.

Mitte Mai

Meine fast kunstvolle Art, Brot zu teilen, bewirkte einen kurzfristigen Aufschub. Aber die Spürhunde in ihrem Ordnungswahn stöberten mich auch hinter meiner Apotheker-Waage auf. Sooft ich einem der Schnüffler in die Quere kam, begann von neuem ein peinliches oder auch nur ärgerliches Verhör: *»Können Sie auf Anhieb sagen, wer Ihr Kommandant auf der Kriegsschule war? Wieviele Inspektionen gab es zuletzt in Dessau-Rosslau?«* – Ich memorierte pflichtschuldig, was mein Kurzzeit-Gedächtnis ausspuckte: »Arndt, Blücher, Clausewitz«. Ich wollte die bis zum Überdruß bekannten Namen in alphabetischer Reihenfolge durchgehen; aber da drehte sich mein Peiniger auf dem Absatz weg, nicht ohne hämisch zu bemerken: *»Von wem haben Sie eigentlich aufgeschnappt, daß die Fahnenjunker im Raum Hameln eingesetzt waren?«* – Die lasche Zeugenschaft meines Hintermanns fand wenig Beachtung. Man hielt seine Behauptung, mich von der *Deister Pforte* her zu kennen, für nicht nachprüfbar. Das fragliche Papier, das allein mich ausgewiesen hätte, war nicht vorhanden. Da mein Gewährsmann keinen besonderen Nachdruck auf seine Aussage zu legen schien und nur unter vier Augen etwas von seiner Gesprächigkeit zurückgewann, wanderte ich rasch von einer Hundertschaft zur anderen. *»Ihre Phantasie schafft erstaunlich einprägsame Szenerien. Gestatten Sie mir aber zu bemerken, daß Sie keinerlei Legitimation vorweisen können!«*

Attichy, 11. Juni

. . . Zunächst einmal ist es nur sein Gehämmer, was ich von ihm zu hören bekomme. Es unterscheidet sich vom Lärm der anderen durch den gleichmäßigen Ton, der auch dann nicht abbricht, wenn andere übermüdet ihr Klempner-Werkzeug aus der Hand legen. Wenigstens vermittelt sich mir dieser Eindruck rastloser Tätigkeit, wenn an windstillen Nachmittagen die Langeweile, eingedickt wie Sirup, über den erloschenen Feuerstellen Blasen wirft. Der rücksichtslose Bastler ist nicht auszumachen. Doch kenne ich ihn bald aus dem Gehämmer der Anlieger heraus, deren Geduld nicht weiterreicht als ihre Geschicklichkeit. Seine Ausdauer aber sprengt die üblichen Intervalle von Betriebsamkeit. Kaum daß das Klappern der Kochgeschirre nachläßt und das Kratzgeräusch der Löffel verstummt, setzt sein Hämmern schlagartig ein. Dieser Dauerlaut aus Stumpfsinn und Inbrunst raubt mir die Ruhe, treibt mich auf die Beine, zwingt mich zur Flucht. Aber wohin soll ich fliehen, wenn mir ganze fünfzig Schritt in der Länge und dreißig in der Breite zum Auslauf bleiben?

Attichy, 12. Juni

... Und nun stehe ich plötzlich vor ihm, mitten in der brütenden Hitze, und mein Zorn ist wie weggeblasen. Der lästige Zeitgenosse kauert über einem Haufen unentwirrbarer Blechabfälle. Zwischen seinen Knien eine Art Amboß. Unermüdlich unter seinen Sonnenschutz gekrümmt, hämmert er in seiner primitiven Feldschmiede und blickt erst auf, als mein Schatten störend über sein Werkstück fällt. Ich hatte geglaubt, mein aufreizendes Stehen würde ihn zu einer Unmuts-Geste veranlassen; aber weit gefehlt. Der Schatten einer Blechtonne, die ihm Material bedeutete, hätte seine Aufmerksamkeit lebhafter geweckt, den Ausdruck seiner flach aufgesetzten, wimpernlosen Augen entschiedener verändert. Einmal setzt er in seiner maulenden Art zum Sprechen an, knurrt dann aber nur in seinen Schnauzbart hinein und hämmert weiter ... Kunstvoll geflochtene Behälter aus Weißblech liegen im Sand verstreut. Einige der fertigen Stücke sind mit einer Gravur versehen. Es gibt also Nutznießer dieses geräuschvollen Handwerks, dessen Ausübung in dieser schweißtreibenden Enge untersagt bleiben sollte. Aber niemand außer mir scheint die Störung lästig zu finden. Mit rotverbrannten Schultern, Knien und Unterarmen dösen die beschäftigungslosen Offiziere. Die einen sehe ich eifersüchtig Tabakreste horten, die anderen Seifenbestände einer Inventur unterziehen. Aber Seife ist hier, wo das Trinkwasser schluckweise verabfolgt wird, kein hoch im Kurs stehendes Tauschobjekt ...

Ich kam nicht vor ein sogenanntes Ehrengericht, aber vermutlich nur, weil dieses sich noch nicht etabliert hatte. Doch ließ man mich wissen, daß man mich innerhalb der Umzäunung nicht mehr dulden werde. Das kam einem Hinauswurf gleich. Trotzdem unternahm ich einen letzten Versuch. – *»Sie behaupten also,* kam es mit bemerkenswertem Gleichmut, *als Fahnenjunker zum Leutnant befördert worden zu sein?«* – »Welchen Anreiz sehen Sie darin«, rief ich – und ich vergaß völlig, wer da hinter seinem Tarnhemd hervorsah – »hartnäckig auf einem Dienstgrad zu bestehen, der seinem Träger nichts als Unannehmlichkeiten bringt?« Ich bekam einen Wisch in die Hand gedrückt, schnappte meinen Karton, in dem ich die Waage und meinen Eßnapf verwahrte, und begab mich an den Ausgang. Während ich das Tor passierte und auf die Lagerstraße hinaustrat, gefolgt von einem Begleitmann, der statt eines Karabiners einen Knüppel trug, dachte ich mir: in was bin ich da nur hineingeraten. Der Gegner sitzt ja gar nicht hinterm Zaun, sondern in den eigenen Reihen . . .

In dem Zwölfmann-Zelt, das der Lagerverwaltung als Schreibstube diente, stieß ich auf einen Stabsgefreiten in Uniform, der unter sichtlichen Mühen Eintragungen in eine Kladde vornahm. Ich ließ meinen Karton am Eingang stehen, nannte eingeschüchtert Name und Dienstgrad. – Ausgezeichnet! meinte der Brillenträger, nachdem ihm ein komplizierter Schönschreibe-Schnörkel gelungen war. – Spaßvögel sind hier jederzeit willkommen. Gestatten meinerseits, aktiver Major bei der *Leipziger Elfer!* – Er stieß energisch die Kladde beiseite, schob das Drahtgestell seiner Brille hoch. – Eintagsfliege? fragte er, ebenso genießerisch wie respektlos. – Immerhin befördert und als Kompanieführer in Marsch gesetzt, sagte ich pikiert. Aber nun blickte ich in ein beinahe betroffenes Gesicht. Die humorlose Art, in der ich auf seine Späße einging, schien die Schreiberseele verstimmt zu haben. – Nun mal Scherz beiseite! sagte er, indem er die Brille wie ein Fallgitter herabließ. – Ich schicke Dich zu den Zwölfendern rüber. Da fällst Du wenigstens nicht allzu hoch von der Leiter. – Warum das Grinsen, Kumpel? Irgend etwas veruntreut, Du Armleuchter? – Mißtrauisch schlich er um mich herum, sah den Ledereinsatz an meiner Hose, wurde mit einem Schlage förmlich. – Warum nicht gleich so, Leutnant? Melden Sie sich in *Cage Dreizehn!* – *Cage Dreizehn?* Aber vor kaum einer halben Stunde hat man mich dort ausgewiesen, abserviert. – Ich stand wie belämmert. Und ich konnte mich des Eindrucks nicht erwehren, als kröche die Schreiberseele wider Erwarten behend in ihr Schneckenhaus zurück, wo sie mit ihren Rubriken, ihren Schönschreibe-Schnörkeln allein blieb . . .

Attichy, 21. Juni

. . . In seinen Reithosen, auf mürb gewalktem Ledereinsatz, die Hosenträger über dem Schmerbauch, sitzt er auf einem auseinanderklappbaren Karton, dessen dunkel verfärbte Ränder Spuren von Feuchtigkeit aufweisen. Der aufgeknöpfte Uniformrock, das schäbige Tuch, die abgetrennten Schulterstücke – all das läßt fortgeschrittenen Zerfall erkennen. Rang und Dienstgrad längst nicht mehr ablesbar. Anstelle der Schirmmütze trägt er eine Art Malerhaube, verfertigt aus den Faltteilen eines Brotsacks. Sein Gepäck sichtlich zusammengeschrumpft. Überreste eines Hamsterguts aus geplünderten oder vorzeitig geräumten Lagern. Einiges auf der sicher kopflosen Flucht, einiges bei der ersten Filzung abhanden gekommen; anderes nahm den Weg durch den Drahtzaun. Souvenirs sind auf der Gegenseite gefragt. Für ein paar Chesterfields oder Camels wechseln nicht nur Orden und Ehrenzeichen ihre Besitzer . . .

22. Juni

. . . Mit untergeschlagenen Beinen treffe ich ihn auch diesmal an, zwischen Pappkartons und Blechnäpfen, ein altes, verdrossenes Kind unter seinem Papierhelm. Vor ihm zwei winzige Behälter; beide leer, wie ich sehe, die Deckel, mit dem Rücken nach unten, in penibler Ordnung daneben. Aus einem henkellosen Gefäß, das eine Kratz-Initiale erkennen läßt (irgend ein hochfahrendes V, das den Adelsträger verrät), ragt ein abgebrochenes Klappbesteck: die fünf Zinken der Gabel vorsorglich entfernt. Den Boden des Gefäßes bedeckt eine farblose, fettarme Brühe. Einige Dutzend Karotten-Würfel schwimmen in ihr. Der Kanister-Heilige aber scheint sich nicht entschließen zu können, die wie leblos aufgestützten

Hände von den Knien zu nehmen. Schließlich greift er doch noch nach dem Löffelstumpf, entnimmt dem schräg gestellten Eßnapf abgewogene Mengen, verteilt den Inhalt auf die beiden Deckel, die sich gleichmäßig füllen. Seine Gebärden gleichen denen eines Fakirs auf dem Nagelbrett. Ein wohlabgerichtetes Haustier folgt geduldig den aufreizenden Bewegungen der ringlosen und unbehaarten Hand. Es scheint ihm darauf anzukommen, mit den Würfeln Felder eines nicht festgelegten Spiels auszulegen, dessen Regeln nur ihm verständlich sind. – *»Sie haben, wenn ich richtig gehört habe, nicht zur kämpfenden Truppe gehört!«* – *»Sie wiederholen sich!«* – *»Werden Sie mir bloß nicht pampig. Ich habe Mittel und Wege, Ihnen Ihre Hochstapelei auszutreiben!«* – Nicht hinhören! dachte ich. Es kann gar nicht so schwer sein, sich auf die Seite der Bußfertigen zu schlagen . . .

Die Formation vor der geometrisch strengen Reihe flachgiebliger Zelte hatte etwas ungemein Kompaktes, Massiges, ja Bedrohliches an sich. Sie war an die fünfzig Fuß lang und an die achteinhalb Fuß breit. Sie bestand aus fünfundzwanzig Gliedern oder Rotten zu je vier Mann. Hundert mehr oder weniger gleich aussehende Uniformträger, wenn man die Lumpensammler, die verkappten Landstreicher, Überläufer und verhinderten Deserteure nicht davon abzog. Fünfundsiebzig starrten auf den Nacken des Vordermanns. Fünfundzwanzig blickten in die Leere des von Drahtzäunen, Kalktonnen und Abtritten verunstalteten Geländes. Sie bildeten die Fassade, die Front dieses Blocks aus Niedergeschlagenheit, Mißmut und verheimlichter Rachsucht. Hundert Köpfe von mehr oder minder militärischem Zuschnitt: Glatzen, Scheitel, Tonsuren. Hundert Augenpaare einer nahezu gleichen Hunger-Optik. Zweihundert widersetzliche Hände, an die Hosennaht gepreßt, ebenso viele Stiefel, Schnürstiefel, Knobelbecher, die diesen Akt trotziger Unterwerfung im Sand des ehemaligen Feldflughafens wiederholten. Zweihundert Schulterstücke, wenn man die abgelegten, abgetrennten mit dazu nahm. Neun Dienstgrade, vom Leutnant ohne Befugnis an aufwärts. Ein halbes Dutzend Waffengattungen. Ballen schlechten, fasrigen Tuchs, brüchig gewordenes Leder, verwaschenes Tarngrau, mürbes Infanteristen-Fleisch, abgenutzt, verlottert in mehrjährigen Feldschlachten, Kammergefechten. All die geplatzten Hoffnungen, Fehlschläge und gescheiterten Karrieren kompanieloser Hauptleute, der Ordonnanzen ohne Dienstbereich, der Kommandeure ohne Befehlsgewalt, der abgemusterten, unbußfertigen Haudegen.

Es war Schikane. Jedermann der unter Kommando stehenden Hundertschaft wußte es. Es sprach sich rasch herum, warum wir hier standen, in der aufreizenden Langeweile dieser Nachmittage, während die neuen Machthaber ihre wohlgenährten Bäuche zur Schau stellten. Also das alte Spiel, nur mit vertauschten Rollen? Und wir, durch gewissenhaftes Aufrechnen der Strapazen, Mißhelligkeiten, zu Opfern gestempelt? So einfach also war das? Eine neue Wachablösung, das verbiesterte Auf-der-Stelle-Treten unter einer knalligen Junisonne, unsinnige Kommandos – und schon die Aufhebung, die Tilgung dessen, was auf diesem verkommenen Heerhaufen lastete? – Nein, ich durfte nicht mit den Wölfen heulen. Natürlich Schikane. Natürlich Strafmaßnahme. Aber ich weigerte mich, einzustimmen in den Chor maulender Aufsässigkeit, in diese Jeremiade der geschlagenen Schläger, der unbesiegt Besiegten, wie es noch immer oder schon wieder hieß. Zugegeben, wir waren Freiwild in den Augen unserer Bewacher. Zugegeben, ich war benommen vor Schwäche. Es ging über meine Kraft, hier als Flügelmann zu stehen und den Sonnenuntergang abzuwarten, den abendlichen Ablösungs-Ritus unter den Wachttürmen, das Heraustreten der Essenholer aus der Baracke der Wachmannschaften, das Vorbeitragen der randvollen Kanister, während meine Knie einzuknicken drohten und vor meinen Augen Kreise zu rotieren begannen. Aber nichts von dem, was uns hier widerfuhr, war vergleichbar mit dem, was an unzähligen Orten, die wir besetzt gehalten hatten, geschehen war. Es war unerheblich, wie lange wir standen. Es war ohne Belang, daß die Geschwächten, nach außen hin abgestützt durch das Korsett der Standhaften, Unbeugsamen, sich niederließen und in Apathie verfielen. Nur nicht aufbegehren! dachte ich, nur nicht Buch führen über das, was man uns hier zumutet! Vergessen, daß ich zwei Beine unter mir habe, die mir den

Dienst versagen, dagegen ankämpfen, daß die Müdigkeit überhand nimmt.

... Erlauben Sie, Kamerad, sagt der schmächtige Major in seiner Überfallhose, dem der Hunger eine scharfe Falte um die Mundwinkel gezogen hatte, und drehte die Rolle Toilettenpapier einige Meter zurück – geben Sie Majoran an den Hasenpfeffer? – Wo denken Sie hin? wirft der Angesprochene ein. – Vergessen Sie doch endlich Ihr Majors-Patent! Wenn Sie etwas so Prosaisches wie Hasenpfeffer in Erwägung ziehen, schlagen Sie doch nach, was ich über das Ragout notiert habe. – Dünnes, meckerndes Lachen bricht aus. Ein Dutzend Herren in Hemdsärmeln und Hosenträgern überfliegen ihre Aufzeichnungen. Papierschlangen rascheln. Die Gebetsmühlen des ›So-man-hat-nehme-man‹ werden in Bewegung gesetzt. Bleistiftstummel, gegen einen Brotkanten oder einen Kippenrest eingehandelt, fahren über die Rezepte hin. An ausgezogenen Nudeln, verlorenen Eiern und geschmorten Morcheln entlang wandern die nikotinverfärbten Finger, die Nagelmonde mit ihren Trauerrändern. Artischocken-Böden klappen heraus. Offenbar ist man gerade dabei, die Zubereitung eines Fasans durchzusprechen. Ich erfahre, daß dieser, im rechten Augenblick vom Rost genommen, die Vorzüge des zahmen Geflügels mit denen des Wildfleisches vereine. Mich an Kreppfahnen und Handgeschriebenes heftend, bekomme ich einen ersten Vorgeschmack von Hirschbrust mit Kapern und Basilikum; man empfiehlt sich Rehkoteletten, auf Reisrand serviert, läßt durchblicken, daß Omelette florentine in Spinatblätter abzufüllen und Kalbsbrisoletten in steigender Butter zu braten seien. Ein ehemaliger Ritterguts-Besitzer aus dem *Oderbruch* meldet sich zu Wort: Man nehme eine junge Ente von bester Beschaffenheit, entferne den Kopf, nehme sie aus, senge sie über einer Spiritusflamme und dressiere sie über Bindfäden. Ich sehe, wie seine Hände das Vorgelesene veranschaulichen, wie seine Mundwinkel zu wässsern beginnen. Ein martialischer Oberst aus Bayern, der sich hinter einer Barriere von Semmelknödeln verschanzt hat, wirft grantelnd ein: Gehen's mit Ihrer lahmen Enten! Mir san meine Beischerln lieber. – Ein blutjunger Adjudant, dem man ansieht, daß ihm die Erörterung solch barbarischer Künste zuwider ist, macht schüchtern den Zwischenruf: Was verstehen Sie eigentlich unter Beischerln? – Ich aber war in eine Versammlung arbeitsloser Köche geraten. Der Wahnsinn hatte sich in die Psychologie des Gaumens geflüchtet ...

Tagaus, tagein das von Kahlschlag und Narbenfraß verunstaltete Gelände, das anstieg oder abfiel, je nachdem, ob man es betrat oder verließ. Tagaus, tagein der von Zeltgiebeln zersägte Horizont, der von Lattenrosten, Kalktonnen und Warnschildern kenntlich gemachte Ort: die Abortgrube, tief genug ausgeschachtet, um einen in ihr stehenden Mann verschwinden zu lassen. Einmal stand auch ein Gefangener in ihr, aber nicht, um meinen pietätlosen Vergleich zu demonstrieren. Die Anlage war seit Tagen in Betrieb genommen. Ich kam zufällig vorbei, mit einer Trägerkolonne, die Trinkwasser schleppte. Ich vernahm den Tumult hinter der Absperrung, fing Wortfetzen auf: »Exempel statuieren, im eigenen Saft ersticken«, sah, wie es den Männern in der Rotte vor mir die Köpfe herumriß, begriff zunächst nicht, daß hier eine hysterische Meute von Fanatikern Gerichtstag abhielt. Die Schlange wartender Gefangener nahm nicht ab. Die Latrine wurde benutzt, das sah ich deutlich. Nacheinander traten Hauptleute, Zahlmeister, Feldjäger heraus, Komplicen einer niederträchtigen Justiz, die sich an ihrem Hosenbund zu schaffen machten. Es gab Anzeichen von Solidarität – mit den selbsternannten Gerichtsherren. Die alten Feldzeichen hingen wieder im Wind, die alten Parolen waren wieder im Umlauf. *Meine Ehre heißt Treue!* Der Gesinnungs-Terror der ewig Gestrigen, der renitenten Schleifer, der verhinderten Fememörder.

Als ich mit der Kolonne zurückkam und meinen Kanister umlud auf die andere Schulter, stand der Delinquent noch immer am Pranger. Seine Uniform war durchnäßt, dabei hatte es seit Wochen nicht mehr geregnet. Ein scharfer Urindunst stieg von ihm auf. Teilnahmslos und erstarrt sah ich ihn im Licht der schräg einfallenden Sonne stehen, seinen halbierten Schatten auf der Lehmwand, die von Stiefeln zertrampelte Erde, das Pappschild um den Hals: »Ich bin ein Dieb!«

In der Kolonne der Wasserträger weiter stolpernd, die nur mühsam Schritt hielt, dachte ich noch: Mit was wird sich der arme Teufel sauber machen? Mit dem Mundvoll Wasser, den er wie jeder andere Gefangene beim Morgen-Appell erhalten würde?

Und plötzlich der unerwartete, unverdiente, durch Gerüchte unglaubhaft gewordene Aufbruch. Beim Hals über Kopf anberaumten Abschied, beim hastigen Zusammenraffen der Habseligkeiten, beim Aufspringen auf den mit laufendem Motor stehenden Lkw, das schlagartige Verdrängen erlittener Unbill, geschluckter Demütigungen und gegenseitiger Schuldzuweisung.

Bar de duc, 28. August

. . . Bevor der Sammel-Transport die Station passiert, im Schrittempo in die überdachte Halle einfährt, die keinerlei Zerstörungen aufweist, kriecht der Bandwurm von Güterwaggons unter einer Vielzahl rußgeschwärzter Viadukte hindurch. Vielleicht übertreibe ich, aber das rasch anwachsende und wieder abebbende Geprassel, das mich an Überfälle von Tieffliegern denken läßt, begleitet mich nun schon den ganzen Vormittag. Mich aufrichtend und zur Tür drängend, sehe ich schräg über mir den luftig-heiteren Augusthimmel, von Signalmasten durchschnitten, von Balkons und Kaminen verbaut. Über drohend heranhuschenden Brückenbögen Rudel lebhaft gestikulierender Zivilisten. Faustgroße Steine poltern auf die Pappdächer der Waggons. Erstmals erblicke ich von einer vergitterten Luke aus Passanten, die Fahrpläne, Liebhaber, die eine Verabredung, Beamte, die ihre Beförderung im Kopf haben oder ihre Versetzung. Eine kleine Demoiselle blickt von ihrer Häkelarbeit, ein dickleibiger Abbé von seinem Brevier auf. Marktfrauen schleppen Gemüse-, Gepäckträger unhandliche Kofferlasten. Die schmalen Häuser mit den besetzten Balkons fallen sicher nicht nur mir auf. Die Gebärde des Halsabschneidens, eindrucksvoll und zunächst völlig mißverständlich. Als übten die Cellisten von ganz Frankreich auf unsichtbaren Instrumenten. Die Hand in Schlüsselbein-Höhe, dieser für den Musikkenner viel zu hoch angesetzte Griff. Und dann der Gegenzug der Barbaren, das Gewieher hinter Planke und Strohaufschüttung, der wandernde Zoo, das unter Verschluß gehaltene Bestiarium. Als Antwort auf Pfuirufe und Steine eine splitternackte Wahrheit. Ich sehe den blankgezogenen Hintern eines Mitgefangenen im Türspalt, das sprachlose Erschrecken der zurückweichenden Passanten. – »Wir haben ihnen gezeigt, was eine Harke ist . . .«

Machen Sie nicht vor Ihrer Haustüre schlapp! – Der Apotheker von *Lauffen,* den er um ein Fußmittel gebeten hatte, hielt ihm eine Rolle Hansaplast hin. – Sie sehen ganz so aus, als hätten Sie die Abdrücke von halb Rußland an Ihren schwieligen Sohlen. – Was fangen junger Soldat an, sagte die polnische Magd in *Backnang* – wenn junger Soldat kommen gesund nach Hause? – Schlafen, sagte er, schlafen! – Verschlafen Sie nicht Ihre schönste Zeit, sagte der Pensionär aus *Waiblingen.* – Auch wenn Sie eine schlaflose Jugend hinter sich haben. Auf den Geschmack kommt man bekanntlich erst im reifen Mannesalter. – Und auf den Hund, wenn man nichts Handfestes im Magen hat, sagte der Tippelbruder, unter dessen Schluckauf er *Schorndorf* durchlaufen. – Den richtigen Durst kennt nur der Trinker, sagte der gelernte Dachdekker und nahm einen kräftigen Schluck zur Brust, bevor er in den ausgebrannten Dachstuhl zurückstieg. – Arbeit ist ja ganz schön, sagte der Pennbruder auf der Pritsche des Holzkohlen-Vergasers – nach gelöschtem Brand. – Durst ist ja ganz schön, sagte der Kleintierhalter, der ihn zu einem Glas Vorlauf in seine Hinterhof-Destille eingeladen – nach getaner Arbeit. – Durst macht Arbeit erst akzeptabel, sagte der Braumeister vor der stillgelegten Brauerei. – Und Liebe den Schlaf erst plausibel, sagte der minderbelastete Kriegsgerichtsrat. – Schlaf getrost, mein Sohn! sagte der Sandalen tragende Kapuziner auf dem *Geislinger* Bahnhof. – Aber vergiß nicht das Herrenwort: Weh' dem, den der Herr im Schlaf antrifft! – Nehmen Sie es nicht ganz so wörtlich, junger Mann, sagte der beinamputierte Stellwerker. – Die Herren haben jetzt vorerst mal Pause. – Der Krieg hat Sie lange genug vom Leben ferngehalten, sagte der ehemalige Sanitätsrat in Höhe von *Beimerstetten.* – Der Krieg hat Sie erst zum richtigen Mann gemacht, sagte der Offizier mit der entrümpelten Heldenbrust. – Mich hat er um meine ganze Bildung gebracht, sagte der Landsmann an der Sperre in *Ulm*. – Und mir hat er sie buchstäblich erst beigebracht. Ehrlich, ich habe keine Erfahrungen, die nicht durch ihn geprägt sind. – Der Alte Adam soll übrigens unter den Überlebenden sein, sagte der Rosenkranz betende Benediktiner im Wartesaal von *Laupheim*. – Wenn wir wieder nicht unterscheiden lernen zwischen Bedürfnissen und überzogenen Ansprüchen, fängt der Schlendrian von vorne an. – Ich wünschte, wir entwickelten Zivil-Courage, anstelle von Hörigkeit und Unterwürfigkeit humanes Denken, sagte der zum Skelett abgemagerte Häftling von *Gardelegen*. – Mertens, nachdenklich geworden und einigermaßen verwirrt, fuhr zum Umfallen müd' auf dem Trittbrett in Richtung *Biberach* weiter. – Wir haben einen gewaltigen Nachholbedarf, sagte der Heimkehrer, der ihn hinter *Ummendorf* ins Abteil der Holzklasse bugsiert hatte. – Als Mertens in seiner abgehalfterten Fähnrichskluft im Dunst des *Schussentals* die vierzehn Türme seiner Heimatstadt unversehrt aufragen sah, sagte er, von Heimweh überwältigt: er habe keinerlei Nachholbedarf, aber ein echtes Bedürfnis und einen ernsthaften Wunsch: zunächst einmal unbefristeten Schlaf. Später aber die generalstabsmäßige Suche nach einem Mädchen namens *Roszika* . . .

Der Hausfreund

Das also war das langgesuchte Haus. Die Straße stimmte mit der ihm geschilderten überein. Sie lag – wie beschrieben – in einem vornehmen Viertel am Stadtrand. Die Länge des zurückgelegten Weges entsprach nicht ganz der angegebenen; doch schmiegte sich die Häuserzeile in eine von Spalierobst eingefaßte, unübersichtliche Kurve. Er war also instinktiv richtig gegangen, trotz der Ähnlichkeit der angrenzenden Parzellen. Die Giebelform, eine auffällige Doppel-Volute mit ausladendem Wasserspeier, war nicht zu verkennen. Die Zwölf über dem Eingang – jetzt, mitten am Tag, löste sie mehr als ein Versprechen ein. Er hatte die Stadt am Vorabend erreicht. Obwohl es ihm schwerfiel, seine Neugier zu bezähmen, wagte er nicht, in der Dunkelheit nach dem Haus zu fahnden. Unbehaglich in seinem knielangen Paletot, unter wildfremden Männern, die recht lichtscheuen Tätigkeiten nachzugehen schienen, verbrachte er die Nacht. Erst unmittelbar vor dem Einschlafen war er sich klar, daß er in eine Clique ambulanter Schwarzhändler geraten war. Er, der ehrenrührigere Tätigkeiten kannte als die des Kaufs und Tauschs unsinnig verteuerter Gegenstände, verbarg nur schwer sein Gefühl der Verachtung, obwohl er in ihren Augen ein ausgemachter Dünnbrettbohrer war.

Sein Onkel, Teepflanzer aus *Missiones/Caraquatay,* kurz vor Ausbruch des Krieges aus Südamerika gekommen, um im Windschatten der Bewegung Speck anzusetzen, nun sang- und klanglos seine erneute Überfahrt ansteuernd, hatte ihn in einen Bierkeller gelotst, wollte sich ausschütten vor Lachen über sein phantastisches Vorhaben, das ihm so romantisch wie verstiegen vorkam. Zwischen rohgezimmerten Tischen und mannshohen Fässern saß er vor seinem überschäumenden Maßkrug, und mit dem ersten Schluck schon bekräftigte er seinen Entschluß, nicht eher zurückzukehren, als bis er das Mädchen aus *Novisat,* die »Jungfer auf dem Schemel«, wie sein Onkel anzüglich meinte, ausfindig gemacht hätte.

Das war freilich leichter gesagt als getan. Niemand, der nicht die zermürbende Suche nach Vermißten erlebt hatte, konnte ihm nachfühlen, was er mit diesem »hirnrissigen Versprechen« auf sich genommen. Nicht die Strapazen des Fußmarsches meinte er, das Nächtigen in Behelfsunterkünften, das Vagabundieren auf Bahnhöfen, das sinnlose Stehen in Schlangen vor Behörden-Schaltern – davon sprach er gar nicht; aber die Aussichtslosigkeit seiner Suche, die sich auf nichts stützte als das schwache Gedächtnis einiger mutmaßlicher Augenzeugen. – Erinnern Sie sich vielleicht? Ist Ihnen ein auffallend rotblondes Mädchen begegnet, das in den letzten Apriltagen hier Quartier suchte? – Einsilbiger Refrain eines einsilbigen Verses, der ihn durch die frühherbstliche Stille, durch Milchkannen-Geklapper und das Hundegebell abseits liegender Gehöfte trieb, der ihn hektisch auffahren ließ, sobald sich auf dem Gesicht der Schimmer einer vermeintlichen Erinnerung ausbreitete, der Klingelzüge und Namensschilder heranriß für ein stereotypes: Wir bedauern!

Zunächst schien es auch ihm, als sei die Suche ein absurder Vorgang, ein selbstquälerisches Unternehmen. Es saß noch in ihm, dieses freibeuterisch Mutwillige. Ein letztes Mal den Quartiermacher zu spielen, einen Straßenzug nach geeigneten Unterkünften abzuklappern, die Kreide-Chiffre auf der Türleibung zu hinterlassen– ein eingefleischter Reflex. Der Schritt zurück war noch immer leichter zu setzen als der Schritt nach vorn. Aus der Anmaßung des Besetzers und Beschlagnehmers in die Höflichkeit, ja Leisetreterei des Bittstellers. Er verfiel der masochistischen Pedanterie, die das ziellose Umherschweifen zum Selbstzweck erhebt. Sie erlaubte ihm, die nutzlose Suche fortzusetzen unter dem Anschein äußerer Gefaßtheit. Er durfte nicht zeigen, wie mutlos er war nach jedem vergeblichen Vorstoß.

Die Spottlust seines Onkels stachelte seinen Ehrgeiz erst richtig an. »Reichsmüde, vaterlandsflüchtig«, wie er lamentierte, und von Fernweh befallen, machte er ihm den Vorschlag, anhand seiner Wiener Adresse systematische Nachforschungen anzustellen und nicht wie ein Irrer in einem Schrotthaufen nach einer Preziose zu suchen. Ob er denn glaube, er sei beschränkt. Natürlich habe er längst die Hafligers um Auskünfte gebeten, das Schicksal der Deutsch-Ungarin zu klären. Die hätten ihn überhaupt auf diese bayerische Fährte gesetzt. Man habe ihn wissen lassen, Roszika hätte Ende Februar sich ins Württembergische begeben, um zu ihrem Bruder zu ziehen, der als Verwundeter schwesterlicher Fürsorge bedurfte. Grundlos habe er *Germering* und *Puchheim* ja nicht in seine Recherche einbezogen. Eine Metzgersfrau habe ihm einen entscheidenden Hinweis geliefert. Bei ihr im Laden habe damals – »als noch alles d'runter und d'rüber ging« – ein Mädchen, das sie aus purem Mitleid mit Proviant versorgt habe, nach der Anschrift einer *Puchheimer* Verwandten gefragt. Ob sie noch Einzelheiten im Kopf habe, wollte er wissen, Name und Herkunft des Mädchens. – Nein, das nicht, aber sie sehe sie heute noch vor Augen: »auffallend rotblond, eine ganz Rassige«, die sei mehr aufgefallen »als wie eine Kompanie Soldaten!«

Er habe alle Mühe gehabt, einen Jauchzer unverhohlenen Triumphs in der Kehle zu halten. Zu seiner maßloßen Freude erhielt er – kurz bevor sein Onkel die Schiffs-Passage bewilligt bekam – aus *Wien* ein dickes Kuvert, das das Porträt der Gesuchten enthielt nebst der Mitteilung, sie habe kürzlich in *Emmering* bei *Fürstenfeldbruck* eine Stelle als Hausdame angetreten, nachdem ihr Bruder ins *Hessisch-Waldeck'*sche verzogen sei. Was dann folgte, war lediglich eine Fleißaufgabe für ihn, reine Routine. Seine Geduld war jetzt gefordert, nicht mehr bloßes Glück. Das Puzzle-Spiel seiner Fahndung fügte sich nach und nach ganz von selbst zusammen. Und doch war er sprachlos vor Verwunderung, als er endlich vor dem Haus stand. Er zog an der Klingel. Er hatte Maßarbeit geleistet. Ihm fehlten einfach die richtigen Worte, als die Türe aufging und ein Mädchen in Küchenschürze und Häubchen heraustrat. Während er auf die nikotinverfärbten Fingerspitzen blickte, die die starke Raucherin verrieten, dachte er noch bei sich: Zweifellos eine gewisse Ähnlichkeit! Doch schloß diese nüchterne Feststellung eine ganze Anzahl verschluckter Liebes-Beteuerungen und tapfer zurückgedrängter Tränen ein . . .

»Die Gnädigste läßt bitten!« Mit dieser halb gezwitscherten, halb gekicherten Aufforderung – einer Tonfolge ihn stutzig machender Ausgelassenheit – verschwand zunächst einmal die Mamsell und überließ ihn einem vor Fettleibigkeit japsenden Köter, der ihn für peinvolle Minuten im Vestibül festhielt. – Die verschwenderische Üppigkeit einer Kaffee-Tafel verwirrte ihn. Nach solch absichtsvoll verzögertem Empfang kamen ihm berechtigte Zweifel. Schwerlich wohl hatte sein Erscheinen diese Tischlein-deck-dich!-Orgie ausgelöst. Wem aber galt diese festliche Bewillkommnung? Wem verpatzte er da seinen Auftritt? Mit Bestürzung entdeckte er, daß er mit der Kuchengabel rascher zur Hand war, als ihm hier erlaubt sein konnte. Die Köstlichkeit des Angebotenen ließ ihn alle gebotene Zurückhaltung vergessen. Er kaute mit verwegener Inbrunst, als wäre der Vielfraß in ihm das einzig nennenswerte Gegenüber. Dabei saß die »Gnädigste« längst mit vorwurfsvoll gefalteter Serviette. Ihr aufgeräumter Teller zeigte ihm unmißverständlich, daß der Zeitpunkt für Entschuldigungen wie für Komplimente überschritten war. Natürlich hatte man ihm den Imbiß gegönnt.

»Jugend von heute!« hörte er, während er die Kiefer bewegte, als ließe jeder verschmähte Bissen eine nicht auszufüllende Leere in ihm zurück. Er sann über den Allerwelts-Seufzer der Professorin nach, die im Zusammenbruch nichts anderes zu sehen schien als die Folge von Ungezogenheit und mangelnder Distinktion, der Rüpelhaftigkeit einer Generation, die nicht mehr gelernt hatte, wie man sich bei Tisch benahm. Sie ließ irgend welche glanzvollen Zeitläufe auferstehen. In ihnen spielten ihre bedachtsame Würde und die, wenn er richtig gehört hatte, durch ein Mißgeschick frühzeitiger Invalidität unterbrochene Künstler-Karriere ihres Mannes eine wichtige Rolle. Verachtung, ja Abscheu sprachen aus ihr, als er auf das Debakel ihrer geschlagenen Landsleute verwies. Sich selbst klammerte sie geflissentlich aus, obwohl sie Tür an Tür mit ihnen gewohnt und gelebt hatte. Unnötig, sie an die Misere des verlorenen Krieges zu erinnern, der ihr zugemutet habe, »Söhnchen«, wie sie nicht ohne Zärtlichkeit bemerkte, mit Küchenabfällen durchzufüttern. Aber wer war »Söhnchen«? Belastet mit Kleinkram und dem Testament eines begnadeten Musikers, sei sie zurückgeblieben. Sie meinte damit das vergangene Jahrzwölft, und er räumte bereitwillig ein, daß wenigstens sie keinerlei Anteil hatte an dem, was sie »Rückfall in Barbarei und Stillosigkeit« nannte.

Sie sprach von der sittlichen Verwilderung, die um sich gegriffen habe und sie ärgerlichen bis peinlichen Verhältnissen aussetze. Ihr sei auf weniger verfängliche Weise der Hof gemacht worden. Auch verbiete ihr das Andenken an ihren verstorbenen Gatten, intimeren Einzelheiten solcher Bekanntschaft nachzugehen. Werbung und »überfallartiges Mit-Beschlag-belegen« seien in ihren Augen zwei paar Stiefel. Was sich einer Dame gegenüber gebühre, sei wohl im Krieg verschütt gegangen. Damals wußte man eben noch um die »Anstandsregeln des Schicklichen«. Niemand lief ungestraft einer Halbwüchsigen nach. Mit diesem »Niemand« war zweifellos er gemeint. Hielt sie ihn schon für so eingeschüchtert, daß sie ihn offen zu demütigen wagte? Schien sie blind zu sein für das, was unmittelbar um sie an Unschicklichem vorging? Bemerkte sie nicht, daß sie nahe daran war, dieser Verwilderung der Sitten selbst anheim zu fallen? Was dachte sie denn, woher das alles kam? Auf dem Weg des Anstands waren diese Gaumenschmäuse wohl kaum in ihr Haus gekommen.

Schräg vor ihm, durch einen Strauß zartgelber Mimosen verdeckt und aufs Trefflichste abgesichert, die Professorin, die »Gnädigste«, die ihn nun – ihr pädagogisches Intermezzo vorläufig abbrechend – vorsichtig nach seiner Herkunft auszuhorchen begann: Elternhaus, Schule, eine Zimmermanns-Lehre mit Abschluß – schon die flüchtige Skizzierung dieses proletarischen Werdegangs ließ sie zusehens wortkarger, förmlicher werden. Er aber hielt ihre Zugeknöpftheit und Reserviertheit für Betroffenheit, berichtete, munter werdend, von seiner Einberufung zum Militär. Die Einsätze an der Ostfront kommentierte sie in Zurufen an die Mamsell, die hinter der Rückenlehne seines Sessels parat stand, den Tisch für ein kleines Abendessen zu decken. »Selbstverständlich sind sie mein Gast!«

Die Erwähnung seiner Beförderung löste so etwas wie skeptisches Wohlwollen aus. Mit hochgezogenen Brauen musterte sie das Mädchen, das er bislang kaum zu Gesicht bekommen hatte, ließ sich sogar zu dem Einwand hinreißen:

»Hören Sie, Roszi, welch bemerkenswerte Parallele!« Aber Roszi, immer nahe am Kichern, schien dem Gespräch nicht mit der nötigen Aufmerksamkeit gefolgt zu sein. Gewissenhaft zählte sie Servietten, trug Geschirr ab, trug Geschirr auf, während die Professorin fortfuhr, ihm Fangfragen zu stellen. Sie hingen mit seiner Versetzung in die Lüneburger Heide zusammen, die er nicht ganz wahrheitsgetreu geschildert hatte. Seine Verlegenheit in Bezug auf Örtlichkeiten und lokale Einzelheiten bemerkend, stieß sie sofort nach, traf seinen wunden Punkt. Mit der »Privat-Affäre« seiner Abmusterung ließ sie sich nicht ködern. Der Akt der Gefangennahme – »mein seliger Mann nannte ihn schon Achtzehn einen moralischen Bankrott!«

Er schwieg verwirrt, sah der Mamsell beim Decken des Tischs zu, fragte sich mit spät zündendem Befremden, warum die Auflistung seiner Einsatz-Orte (Einzelheiten hatte er eh' wohl besser verschwiegen!) einen Blickwechsel zwischen ihr und der Serviererin auslöste. Übergangslos stürzte er sich in den pathetischen Bericht seiner Gefangenschaft, schilderte der pflichtschuldig Zuhörenden, die fortwährend »Söhnchen« bei Fuß rief, seine Durst- und Hunger-Delirien. Er spürte das Unbehagen der Gastgeberin, die ihre ringgeschmückten Finger auf einmal nicht länger in ihrem Schoß dulden wollte. Doch schon kam ihm die Mamsell zu Hilfe mit ihrer merkwürdig hellen, fast zwitschernden Stimme: »Es ist angerichtet!« und das »Gnädigste« schleppte nach wie der Blechschwanz einer toll gewordenen Katze. Er zuckte schmerzhaft zusammen, so fremd erschien ihm diese Stimme, und ihm fiel ein, daß er noch immer das Bild engelhafter Entrücktheit vor Augen hatte, und er bedauerte, daß er sich hatte hinreißen lassen, der Professorin seine unmaßgebliche Geschichte vorzuführen. »Wir bedauern, bedauern nicht, nehmen zur Kenntnis!« Er erhob sich, von der herrischen Geste an die Längsseite der Tafel geleitet, murmelte etwas von Nachsicht und Verständnis, wobei nicht recht klar war, wer sie verdient haben sollte: er oder die unbeeindruckte Gastgeberin, die ihm einen Platz neben »Söhnchen« zuwies.

Zum Glück wußte er nicht, was sie über sein sonderbares Benehmen wirklich dachte. Was schwerer bei ihr wog als die entschuldbare Selbstüberschätzung: sein stupender Mangel an gesellschaftlichem Takt. Es wäre weiß Gott angebracht gewesen, schriftlich um eine Unterredung nachzusuchen. Statt dessen erschien er unangemeldet, behielt seinen schrecklichen Paletot an, der ihm, aber nur bei flüchtiger Musterung, das Aussehen eines amerikanischen Feldkaplans verlieh. Nachteiliger wirkte auf sie, daß er Daten und Umstände einer Begegnung preisgab, die sie als unseriös einstufte. Zu ihrer Belustigung, die eher Verachtung einschloß als bloßes Befremden, maß er seiner Zugbekanntschaft eine Bedeutung bei, die sie nach allem, was sie über das Mädchen erfahren hatte, nicht haben konnte. Er hatte ein Erbteil übernommen, eines, das ihm zukam, das des verlorenen Krieges; sie hütete das ihre, war ausgeklammert aus der allgemeinen Misere, blieb beurlaubt – bis zu welchem Wecken eigentlich? Wer scheuchte sie aus der Stickluft verstaubter Partituren? Fünfzehn Jahre Pietät waren mehr als genug –: »Mein seliger Mann sagte immer: ‚Hauptsache ist das Taktgefühl' (er meinte das nicht nur musikalisch)!« Jetzt galt es einiges nachzuvollziehen, auch wenn man, wie sie, solche »gezimmerten« Karrieren für nicht standesgemäß hielt. Er fühlte sich unwohl in diesem vornehmen Milieu, vergewisserte sich des peinlichen Abstands zu seinem stillosen Aufzug. Er sah auffällig gestapeltes Notenmaterial, Stöße von Partituren, die makellose Tastatur des aufgeschlagenen Flügels. Ihm war, als schlüge nicht die altmodische Pendüle den Zeittakt, sondern ein Metronom. Vielleicht war der »Meister« nur in den Augen einer unwürdigen Umwelt verschieden, um sie mit seiner Abwesenheit zu bestrafen. Vielleicht kehrte er allabendlich zur Dämmerstunde in sein so getreulich gehütetes Domizil zurück, schlug kraftvolle Akkorde an.

Aber nein, so weit gingen die schönen Selbsttäuschungen wohl nicht. Den verwaisten Platz, das war offensichtlich, hatte »Söhnchen« übernommen. Der Geist musealer Objekt-Pflege nistete noch zwischen den Portieren, aber die Erbnachfolge war längst geregelt. Und doch schien ihm dieser Salon nicht geheuer. Er war nicht sicher, ob nicht gegen jede Logik des Meisters stark bemähnter Hinterkopf im Stehspiegel auftauchte, die hinreißende Gebärde der nie zur Ruhe kommenden Dirigenten-Hände. Und er säße noch immer mit vollem Mund und kaute etikettenwidrig. Dabei hatte er etwas vorzuweisen, was immerhin als Vorlage für einen »Valse triste« dienlich sein mochte oder – wenn sie ihm nicht gleich die kalte Schulter wies – für ein »Rondo capriccioso« –: die geglückte Suche nach einem Mädchen, von dem er freilich nicht wußte, ob es seinen Auftritt insgeheim erwartet hatte oder ihn nur hinnahm wie etwas Kurioses, worüber man sich beim unvermeidlichen Abwasch halbtot lachen mochte.

Ein komischer Heiliger war er schon. Und soviel stand fest, daß sie ihm irgendwann auf einer Zugfahrt begegnet war. Ulkiger Einfall, ihr nachzuspüren. Schmeichelhaft war für sie dieser Antrittsbesuch allemal. Geküßt hatte er sie wohl kaum, das war nicht anzunehmen, sonst hätte ihr Gedächtnis nicht so völlig ausgesetzt. Aber Treue und Anhänglichkeit waren schließlich auch etwas. Man stillte damit zwar nicht seinen Hunger nach Zärtlichkeit; aber es gab einen mehr, der ihr Schutz bieten würde, wenn sie Schutz verlangte. Vorläufig hatte sie keinen Bedarf. Mochte er sich mit seiner fast brüderlichen Fürsorge auf Abruf bereithalten und, falls er auf die Idee verfiel, ihr Briefe zu schreiben, sich nicht die Augen verderben. Wenn er sich anstellig zeigte, rasch genug Anschluß fand, einen kleinen Tauschhandel nicht verschmähte, lohnte sie ihm vielleicht sogar seine romantische Verstiegenheit. Vielleicht gingen ihre Freunde und Gönner eines Tages über das große Wasser zurück, woher sie mit ihren Chesterfields und Camels gekommen waren . . .

Von dem, was hinter der Unschulds-Stirne vor sich ging, hatte er freilich nicht die leiseste Ahnung. Zunächst einmal fand er das Mädchen, das nicht allzu viel von ihrem verführerischen Liebreiz sehen ließ, gedankenlos freundlich, von burschikoser Neugier gleichweit entfernt wie von ruppiger Zugeknöpftheit. Nachträglich schämte er sich seiner aufwendigen Beredsamkeit. Er hatte das Gefühl, Haut, Fleisch und Knochen zu Markte getragen zu haben, während die Mamsell ihm ihre narbenlose Epidermis vorwies. In seinem ausgetrockneten Gaumen machte sich der exotische Geschmack von Erdnußbutter bemerkbar. Er überlegte angestrengt. Irgend eine

Erinnerung verband sich mit diesem nahrhaften Aufstrich. Den Wohlgeschmack nachkostend, hatte er plötzlich seine Entlassung vor Augen. Richtig, C-Rationen der Amerikaner waren damals in ihr Abteil gereicht worden, nicht etwa in jenes abgedunkelte, in dem er mit dem Mädchen gesessen hatte, um das er sich auf so zeitraubende Weise zu schaffen machte. Kümmerliche Reste von Marketender-Waren hatte er bei sich geführt. Er fuhr durch eine brennende Stadt. Die Mönchskutte eines Ketzers schreckte ihn aus dem Halbschlaf. Scheiterhaufen und *Savonarola* – für ihn als Katholiken eine naheliegende Gedankenreihe. Aber warum schoß ihm das ausgerechnet jetzt durch den Kopf? Warum gab er sich diese Blöße hier, wo jede noch so verzeihliche Abschweifung ironisch vermerkt wurde und nur den Ablauf mühsamer Konversation störte?

Immerhin nahm er Köstlichkeiten vom Tisch, die ihm nicht zustanden. Aber – und das ging nun wirklich zwischen zwei Bissen vor sich – warum nahmen die »Gnädigste« und sein rothaariges Vis-à-vis so ungeniert von der zumindest nicht alltäglichen Delikatesse? Wie war zu erklären, daß sie mit solch ungezügeltem Appetit ihre Münder stopften? Warum klärten sie ihn über die Herkunft der ortsfremden Lebensmittel nicht auf? Warum hielten sie es nicht für angezeigt, ihn einzuweihen? Etwa: Wir haben uns erlaubt: Nicht daß Sie meinen, wir dächten, Sie unterstellten uns . . . Woher kamen diese *Pasteten* und *Confitüren*, diese *Mürbkekse* und diversen Brotaufstriche? Hatte der totgesagte Musenfreund Beziehungen, über die nachzudenken man besser unterließ?

Er hörte das aufreizende Kratzgeräusch einer Gabel auf Porzellan. Machte das gewitzigte Mädchen von einer List Gebrauch, um ihm auf den Sprung zu helfen? Aber er war offensichtlich überfordert. Für diese Tonfolge schlitzohriger Geheimnis-Krämerei, dieser Gauner- und Hehler-Frequenz, hatte er kein Organ. Als er das Mädchen das erste Mal kichern hörte, dachte er bei sich: wenn die aus sich herausgeht, dann nicht in Gegenwart ihrer Brotgeberin. Sie machte auf ihn ganz den Eindruck der diensteifrigen, nach außen hin unterwürfigen Kammerzofe. Pfiffigkeit gepaart mit Fleiß schienen ihm als Haustugenden erfolgversprechender als kindliche Offenherzigkeit. Die Wohlerzogenheit in Person! Für Knie-Kontakte unterm Tisch war sie nicht zu haben, für taktile Wahrnehmungen (wie es die »Gnädigste« ausdrücken würde). Er dachte an ihre Launenhaftigkeit wie an eine kostspielige Charakter-Eigenschaft. Er war sicher, daß sie den fettleibigen Köter mit Fußtritten traktierte, sobald die »Gnädigste« ihr den Rücken kehrte. Er ahnte Zusammenhänge zwischen ihren Lachanfällen und ihrer Art, einen Gegenstand zu fixieren und festzunageln. Nahm sie ihn überhaupt als Mensch wahr, wenn sie mit starrer Pupille vor sich hinsah? Zog sie Konsequenzen aus seinem Hiersein? Waren Überlegungen an seine Person geknüpft? Oder sah sie in ihm nur den zufälligen Gast, so wie der Köter in ihm den lästigen Mitesser witterte?

Das Biest wußte sehr wohl, was für eine Sorte Zweibeiner sich in ihm verbarg. Da war kein nennenswerter Unterschied zwischen ihm und Hausierern, die respektlos verbellt wurden, wenn sie nicht innerhalb der Markierung blieben. Während er das unangenehme Gesabbere neben sich vernahm und die unanständig lange Zunge sah, wie sie über den flachrandigen Teller wischte, hörte er den scherzhaften Tadel, der diesmal nicht ihm galt. Wenigstens einen bei Tisch gab es, dessen Benehmen schlechter war als das seine. Bei aller Stillosigkeit aß er doch immerhin manierlich, ließ Teller und Tasse dort, wo sie hingehörten, beschmutzte weder die Serviette noch die selbstgehäkelte Decke, deren kunstvolles Lochmuster er, wenn er sich recht entsann, gebührend gewürdigt hatte. Also doch ein verstecktes Kompliment an die Gastgeberin? Doch ein Ansatz zu Höflichkeit und Contenance? Was verlangte man noch von ihm? Daß er den Hausfreund – das war nun nicht länger zu übersehen – aus dem Spiel ließe, über die Musik-Theorien des verstorbenen Hausherrn spräche und gewisse Partien seiner Biographie unterschlüge? Es gab eben Spielarten der Niederlage. Eine Gefangenschaft, sofern sie Barbarisches offenbarte (und nur eine solche war berichtenswert), placierte man besser in östliche Breitengrade. Diese feinen Unterscheidungen galt es zu beachten, wenn man schon mit der Halbbildung des Aufsteigers hausieren ging.

Den Vorwurf der Halbbildung nahm er stillschweigend zur Kenntnis. Gegen die Unterstellung, mit ihr hausieren zu gehen, setzte er sich zur Wehr. Mit Unbehagen registrierte er, daß er in seine schwäbisch-alemannische Mundart zurückfiel. Auch war ihm, als sprieße sein Bartwuchs im Unverstand. Im brettsteifen Paletot, in den er sich eingenäht fühlte, hockte er wie von einer Dunst-Aura umgeben. Zu seinem Befremden überfielen ihn absonderliche Vorstellungen. Er sah sich unaufgefordert an den Flügel herantreten und einen Akkord anschlagen, von dem er im Voraus wußte, daß er sich dilettantisch vergreifen würde. Er sah sich – was demütigender war – sich des Hundetellers bemächtigen und in aller Gemütsruhe dessen verschmähte Reste auffuttern. Und er richtete an das Mädchen die unzumutbare Aufforderung, mit ihm auf ihr Mansarden-Zimmer zu gehen. – Halten wir uns nicht länger bei der Vorspeise auf, Madam! Nichts Menschliches sei Ihnen fremd! Sie haben Ihren Schoßhund . . .

Nicht zuletzt der unsichtbare, vorderhand nur in den fremdartigen Etiketten anwesende Gegenspieler, machte ihm zu schaffen. Die Professorin erweckte nicht den Eindruck, als beherberge sie in ihrem Museum Soldaten der Besatzungsmacht als zahlende Kostgänger. Irgendwie schien ihm das Kupferrot von *Roszikas* Haar und ihr grinsend entblößter Zahnschmelz die glaubhaftere Währung in diesem Tauschhandel zu sein als die kultivierte Beflissenheit und maliziös verschleierte Liebedienerei der »Gnädigsten«. Daß das, was hier mit so offensichtlichem Appetit verzehrt wurde, die nicht ganz uneigennützige Spende des Hausfreunds war, eines Offiziers, soviel schien für ihn festzustehen. Einer Charge mit all ihren Raritäten widerführe schwerlich diese warmherzige Gastfreundschaft, diese durch keinerlei Sprach-Barrieren verstellte Sympathie. Zwischen wachsendem Mißbehagen und der Zurücknahme eines vagen Verdachts der Kuppelei musterte er das aufgedonnerte Mobiliar, die staublose Preziosität der Erinnerungsstücke. Ihn befiel beim Anblick des auf Hochglanz polierten Flügels der fast hypnotische Zwang, diese Musiker-Residenz durch frevelhafte Mißklänge zu entweihen.

Einen Mürbkeks zwischen die Zähne schiebend, verfing er sich in Details seiner Fahndung. Er nahm den verlorenen Faden wieder auf, hatte die untadeligen Manieren der Gastgeberin gegen sich, ihre Alters-Ironie, gegen sich auch das belustigte Schweigen der Mamsell. Man sah es ihr an, welche Verrenkungen sie innerlich vornahm, um nicht in schallendes Gelächter auszubrechen. Er wußte bald nicht mehr, trug er noch realistische Episoden vor oder schon Mystifikationen. Eines stand fest: er trug am falschen Ort, zur unpassenden Zeit und vor gelangweilten Zuhörern eine unglaubwürdige Geschichte vor. – »Interessant, interessant! Und wer gab Ihnen die Idee, ein halbes Dutzend Ortschaften zu durchstöbern?« – Hämischer Gegenzug einer alternden Frau, der nichts geblieben war als die Pflege einiger liebgewonnener Irrtümer. – Diese Such- und Versteckspiele kämen wohl allmählich in Mode. Manche fänden sich, die es gar nicht beabsichtigt hätten. Andere wiederum suchten und wüßten gar nicht, wonach. Es komme eben nicht darauf an, jemanden ausfindig zu machen. Man müsse es zur gegebenen Zeit und unter einem vernünftigen Vorwand tun.

Er gedenke doch wohl nicht, *Roszis* zweideutiges Verhalten zum Ausgangspunkt einer Beziehung zu nehmen? Nachdrücklich müsse sie davor warnen, voreilige Schlüsse zu ziehen. Sein überraschendes Auftreten habe ihren Schützling verwirrt. Das sei bei ihrer Jugend verständlich, sehe sie in ihm doch einen Mann. (Sie lächelte impertinent, als stellte sie seine Mannbarkeit ernstlich in Abrede.) Doch könne sie unmöglich einer Verbindung zustimmen, die in die Zeit der bedingungslosen Kapitulation zurückreiche. Daran anknüpfen zu wollen, aus einer Notlage Profit zu ziehen, verrate wenig Fairneß. *Roszi* als Vollwaise ... (Er hörte nur mehr mit einem Ohr hin.) Das Kind sei zu rasch gewachsen. Wenn er erst einmal Boden unter den Füßen habe, einen aussichtsreichen Beruf (sie ergänzte: sicheren Job und verriet sich damit), bis dahin aber ...

Bis dahin aber würde sie das ›Goldstück‹, ›das Herzblatt‹ an den Meistbietenden verschachern. Sicher wartete sie nur auf das Vorrücken der Zeiger an der hochnäsig tickenden Pendüle. Sicher hatte sie eine Verabredung mit einem der zahlungskräftigen Bewerber vereinbart, bei dem die Unschuld ihres Schützlings in besseren Händen wäre. *Roszi* kicherte respektlos. Er war der allerdings unmaßgeblichen Meinung, es habe nicht ihm, sondern der »Gnädigsten« gegolten. Die drehte sich auch prompt im Sessel herum und hob vorwurfsvoll den Blick: Etwas mehr Respekt, *Roszi,* Respekt, *Roszi* – das hallte eine ganze Weile in ihm nach, machte ihn für einen weiteren Waffengang verwendbar. Er wollte ja nicht vor der Zeit aufgeben. Er wollte weit genug gehen, um die ganze Schmach für sich zu haben. Wenn er einfach nachgab und sich in die betretene Stille fügte, bliebe ihm nichts als das unangemessene Geräusch des Kauens.

»Bekommen Sie noch einen Zug, der Anschluß hat?« fragte die Professorin, hob formlos die Tafel auf, gab der Mamsell ein Handzeichen, das Geschirr abzutragen. Der unvermeidliche Abwasch also. Das befreiende Lachen kitzelte bereits die Stimmbänder. Der Köter nahm Aufstellung an der Portiere, bellte sich ein. Der Wink war deutlich. Der Hinauswurf begann nach bewährten Regeln des Anstands. Da er seinen Paletot anbehalten hatte, weil er darunter nur schäbiges Weißzeug trug, brauchte er sich nur noch zu erheben. Einige nichtssagende Dankesworte ließen sich im Gehen hervorklauben. Die »Gnädigste«, nervös nach der Uhr blickend, lief kurzbeinig vor ihm her. Im Vestibül wurde sie beängstigend freundlich. Aber zu diesem Zeitpunkt hatte er die Tür zum Windfang bereits geöffnet. Das geräuschvolle Klappern von Geschirr und Tafelsilber kam offenbar schon aus der Küche. Ihm schien es eine Art Demonstration zu sein. Aber gegen wen war sie gerichtet? Wem zuliebe schlug das Mädchen Lärm?

Auf dem säuberlich geharkten Kiesweg begegnete er einem Leutnant der amerikanischen Garnison. Unwillkürlich hob dieser die Hand, grüßte ihn militärisch, stutzte, lachte, zog sein spärliches Deutsch heran. Sie fanden sich auf Anhieb sympathisch. Aber der Köter mit seinem schamlosen Gewedel verdarb ihnen die ganze Szene.

Offerte einer Kapitulation

Das vom Krieg verschont gebliebene Dorf lag mitten auf einer großen, schwer zugänglichen Lichtung. Von welcher Seite Mertens auch aus dem Hochwald treten mochte, immer lag es in seiner gluckenhaften, pferchartigen Geschlossenheit vor ihm, in seiner abweisenden Strenge. In Parzellen aufgeteilt, von einem Netz unbefestigter Wege durchzogen, von Flecht- und Staketenzäunen eingefriedet, flach, rautenförmig – wirkte es auf ihn ernüchternd, fast erkältend. Ein wenig einladendes Gemeinwesen, wie Mertens fand. Von einem Ballon aus – falls ein Überfliegen geduldet würde – mußte das Dorf an eine Flunder erinnern, die in einem Kühlfach lagert.

Mertens war mit einem Musterkoffer, der eine Kollektion schwer verkäuflicher Textilien enthielt, aus dem Post-Omnibus geklettert, als einziger, wie er zu seinem Bedauern wahrnahm. Das blatternarbige Vehikel war unter unziemlichen Hupgeräuschen in einer Staubwolke verschwunden, als müßte es sich über einen Passagier lustig machen, der die abenteuerliche Sesselenge verläßt, um sich der tödlichen Langeweile eines Verwandten-Besuchs auszusetzen oder der hämischen Schadenfreude einer fehlschlagenden Hamster-Tour. Er machte in der Tat weit eher den Eindruck eines Besuchers oder eines ausgehungerten Städters als den eines Vertreters für Damen-Wäsche. Das lag nicht allein an seiner Aufmachung, die nichts von der zuhälterischen Eleganz eines Stutzers verriet.

Er trug eine Art Paletot von leicht militärischem Zuschnitt. In der Dämmerung konnte es schon mal passieren, daß er von Besatzungs-Soldaten gegrüßt wurde. Von den Knien abwärts aber sah er recht zivilisiert aus. Eine sackartig ausgebeulte Hose, die die Bügelfalte nicht mehr hielt, ein aus der Mode gekommener Nadelstreifen, ein Paar Halbschuhe in Überlänge mit nicht mehr ganz geraden Absätzen. Dazu ein unförmiger, robuster Koffer, der Weißzeug, Wäsche und Wollsachen enthielt, und den er trug, als schleppte er in ihm seine ganze bewegliche Habe.

Auch an einen Heimkehrer mochte man im ersten Augenblick denken, der aus Rußland kam und nun mit schlechtem Gewissen um Almosen bat. Doch sprach eigentlich sein Koffer gegen diese Vermutung, weil es nicht üblich ist, mit einem Koffer aus dem Krieg heimzukehren. Ein abgehalftertes Sturmgepäck war da typischer oder – wenn an Trophäen nicht mehr viel übrig blieb – ein Brotbeutel mit Kommißbrot, Rasierzeug und Blechnapf mit selbstverfertigter Initiale. Mertens aber war schon eine Stufe weiter; der Schritt zum Zwitter, der das Militärische noch nicht ganz ab- und das Zivile noch nicht ganz übergestreift hatte, schien vollzogen. Den Abgemusterten, den auf Widerruf Entlassenen sah man ihm nur an, wenn man ihm nahe genug auf die Pelle rückte. Daß er weder über die Fingerfertigkeit eines Taschenspielers verfügte noch über die Suggestivkraft eines Telepathen, wen sollte das wundern?

Was gleich auffiel: er war ortsfremd. Das war aber kein schlagendes Indiz. Mertens, der seine besten Stücke auf dem Leib trug, konnte beides sein –: eine Art Hausierer oder ein harmloser Landgänger, zumindest ein Mensch, der mit seinem Koffer nicht mehr auffällt als ein Invalide mit seiner Prothese.

Die Aufforderung seines Vetters, sich einer Vertreter-Kolonne anzuschließen, entsprang einer Augenblicks-Laune. Sein Vetter hatte ihm spontan das Angebot unterbreitet; Mertens hatte spontan angenommen. Er drängte so wenig nach einem Brotgeber wie nach einem neuen Meister, dachte bestenfalls, da er als Zimmermann nicht mehr arbeiten konnte, an Abwechslung und Auslauf. Er wollte weniger das Feld räumen als den Platz am elterlichen Tisch, wo er als unnützer Esser seinem Vater den täglichen *Canossa*-Gang erschwerte. Er lebte von einer Rente, besser gesagt, von einer Art Handgeld, das vorerst nicht einmal den Anspruch der Bedürfnislosigkeit erfüllte, wohl aber einen Freibrief ausstellte, der dem nicht mehr ganz jugendlichen Nichtstuer erlaubte, zusammen mit Arbeitsscheuen und Invaliden die öffentlichen Einrichtungen zu benützen. Seiner Vergangenheit überdrüssig, aber ihr nach wie vor verhaftet, ohne festes Vorhaben, ohne nennenswerte Aussichten, mit einem Minimum an fachlichem Wissen ausgestattet, war er auf einen Kundenkreis angesetzt wie ein untauglicher Jagdhund auf eine mutmaßliche Fährte.

Es gibt Augenblicke, in denen die Zeit stillsteht, auf der Stelle tritt, außer Kraft gesetzt wird, weil etwas Gewalttätiges, Übermächtiges sich rücksichtslos vor den Horizont unmaßgeblicher Ereignisse schiebt, diese ausklammert und zunichte macht. Mertens kannte wenige Augenblicke einer vergleichbaren Dichte und Beständigkeit, wenngleich er gewisse Überlagerungen mühelos zustande brachte. Er benötigte nicht viel Requisiten, um Szenarien aufzubauen, in denen sein Titelheld unangefochten die Stadien abgestufter Demütigungen durchlief. Er stieß fortwährend auf Ähnlichkeiten und Übereinstimmungen wie ein Trinker auf versteckte Flaschen-Depots. Er besaß einen trainierten Spürsinn für Fatalitäten, einen Hang für Duplizität und Parallelen. Die Tür in die Vergangenheit ging häufiger hinter ihm auf, als ihm lieb sein konnte. Vielleicht stand sie die meiste Zeit über auf, war noch nie richtig ins Schloß gefallen, war nur angelehnt, so daß an Tagen der Windstille der Eindruck einer verschlossenen Tür vorherrschte.

Das Dorf bot Mertens einen ungastlichen, selbstgenügsamen Anblick. Die Kalkgiebel standen in den Vorgärten wie Stallmägde im Nachthemd, die sich bei intimen Verrichtungen beobachtet fühlen. Die Straße war menschenleer. Eigenartig das gefilterte Licht, nicht etwa durch Blattwerk hervorgerufen. Vielleicht hingen Tarnnetze über der Lichtung. Er hatte erwartet, die Fenster besetzt vorzufinden, zumindest die Vorhänge in verräterischer Bewegung. Aber kein Lebenszeichen verriet sich. An einen Mittagsschlaf der Bewohner wollte er nicht recht glauben; wer war hier schon so frei, sich nach dem Essen Ruhe zu gönnen, wo der Geiz auf den Dreschböden saß? Hierin unterschied sich das Dorf, das abzuklappern er im Begriff stand, von jener Partisanen-Falle des Frühsommers vierundvierzig. *Konskoje* hieß das Nest; es lag irgendwo östlich der *Weichsel,* nahe beim Zusammenfluß von *San* und *Tanew. Ulanow* war nicht weit davon entfernt und *Rudnik,* das sie einmal im Morgengrauen besetzt hatten, um es bei Sonnenaufgang wieder zu verlassen. Auch *Belzec* war nicht am Ende der Welt; ein Name, der ihm damals nichts besagte, desgleichen *Majdanek,* das nicht nur im Polnischen liegt, sondern mitten in unserem eigenen Fleisch. Er kannte *Konskoje* flüchtig wie zahllose Dörfer mit der gleichen Endsilbe, und er hatte den Auftrag erhalten, rings um das verschlafene Nest eine Postenkette zu bilden. Für seine Leute war *Konskoje,* das jedem Zugriff preisgegeben auf der Lichtung döste, ein gefundenes Fressen, weil es Schlafplätze in Aussicht stellte.

Nichts fällt Mertens leichter, auch heute noch, da niemand ihn zwingt, daran zu denken, als die trockene Hitze im Gaumen nachzuempfinden, die schlapp machende Leere im Magen, wenn es Zeit war, die Hand hochzuheben, die die Maschinen-Pistole umklammert hielt, und das Zeichen für die Gruppe zu geben, die niemals sicher war, ob sie dem Zeichen trauen konnte, der Hand, die zögernd hochstieg und das unmerkliche Zittern schlecht genug verbarg. Aber dahin konnte es kommen, wenn man mit guten Vorsätzen anstatt mit brauchbaren Artikeln hausieren ging, nur daß ihm jetzt niemand folgte in dieser mürrischen Gegenwehr. Auf Dauer gesehen, war es wohl ebenso riskant, eine aufsässige Gruppe zu führen wie gegen Kunden vorzugehen, die sich der ersten Annäherung durch Flucht entzogen. Es gehörte die gleiche Unverfrorenheit dazu, einem Dutzend bewaffneter Flegel Widerpart zu bieten, wie vor einem Schwarm nachlässig gekleideter Hausfrauen den Werbe-Slogan herunter zu leiern, die, waren erst einmal die Hände hinterm Schürzenbund hervorgekrochen, aus seinem Koffer ein Nest weißer Mäuse machten.

Er nahm ihn, der nicht schwerer, aber lästiger zu werden begann, schleppte ihn in den nächsten Baumschatten, stand wie angewurzelt. Der Platz, auf dem er verschnaufte, war nicht viel geeigneter als der Platz vorher. Im Gegenteil, ihm kamen Zweifel, ob er bei weiterem Vordringen überhaupt noch den Mut aufbrächte, irgendwo anzuklopfen. Und wenn er in seiner beginnenden Panik doch anklopfte, wer würde ihn noch hereinbitten, wenn sich herumspräche, daß er die anderen übergangen hatte? Wenn er Wert darauf legte, als seriöser Firmen-Vertreter ernstgenommen zu werden, durfte er dann die Form eines Giebels oder die Farbe eines Geranienstockes zum Anlaß seiner Flucht nehmen? Mertens wünschte, das Dorf besäße Sehenswürdigkeiten oder spielte ihm einen Menschenfreund zu, der ihm großzügig erlaubte, das Sesam-Öffne-Dich einer Namensgleichheit auszuposaunen, die wenn nicht Blutsbrüderschaft nach sich zöge, so doch Wohlwollen auslöste, das bloße Duldung erkennbar überstiege. Seines Leumunds sicher, müßten ihm ja nicht gleich Neugier und Kauflust antworten. Aber nichts dergleichen! Unsicher, entschlußlos stand er neben seinem Koffer, und es war ihm, als verstrickte er sich, wenn er sich seiner Doppelrolle als Hausierer und Eindringling besänne, in unaufhebbaren Widersprüchen.

Er war nie unvorbereiteter auf Kundschaft gestoßen. Die Bäuerin preßte ihren Henkelkorb gegen die ausladende Hüfte, wischte sich die freigewordene Hand an der Schürze ab, beschattete mit ihr die Augen und musterte ihn in lebloser Starre. Das Gartentor war nur angelehnt; er hatte den Fuß zu weit vorgestellt, um noch als Passant zu gelten; sein Koffer versperrte wie ein ungefüges Möbelstück den Weg. Als ob er eine Zwangsräumung überwachte, stand er da. Er spürte die Abwehr der Bäuerin, die um ihren Besitz besorgt schien, und er stotterte seinen Vers herunter, sprach von seinen Auftraggebern wie von sehr fernen, unnahbaren Gottheiten, von seinem Angebot, das so leicht nicht zu übertreffen sei, faselte, bereits abgewandt, weil er den Biberblick nicht länger ertrug, von der Vorsorge für den kommenden Winter, obschon ihm der Schweiß aus allen Poren brach. Er verschluckte, was er über Versand und Lieferfristen wußte; denn die Bäuerin hatte ihren Henkelkorb von der Hüfte genommen und war grußlos verschwunden – und es war wieder wie damals, als er in *Konskoje* beim Durchstöbern des ersten Gehöfts auf eine Bäuerin stieß, deren schreckstarr geöffneter Mund ihm allen Mut nahm, seinen Auftrag auszuführen. Damals schon hatte er geahnt, daß er unfähig sein würde, sich jemandem aufzudrängen, gleichviel, ob es sich um eine Hausdurchsuchung handelte oder um Kundenwerbung; beides war für ihn Nötigung, Ausübung von Gewalt!

Der Wald ringsum döste in Schläfrigkeit und Heimtücke. Mit dem Jungholz zusammen, das Liebespaaren als Schlupfwinkel dienen mochte, falls Liebespaare hier geduldet wurden, bildete er eine undurchdringliche Wildnis, in der nicht einmal Echos ein Hausrecht hatten. Mertens war darauf gefaßt, daß die Belagerung gegen Abend spürbarer würde. Mit sinkender Sonne, malte er sich aus, würden tiefgestaffelte Schatten-Hindernisse herangeführt. Die schwarzgrünen Nadelwände schlössen sich unversehens zu Mauern zusammen. Die Lichtung gliche einem grasbewachsenen Innenhof. Baumschützen stellten ein zuverlässiges Aufgebot an Wächtern.

Erstmals wurde ihm bewußt, daß sie kein Anrecht auf diesen Ort geltend machen konnten. Wie immer auch taktische Erwägungen lauten mochten – niemand hatte sie gerufen. Niemand war darauf erpicht, ihnen das Gastrecht anzubieten. Sein Kundenkreis, soviel stand für ihn fest, bestand aus unfreiwilligen Gastgebern. Mit diesem Vorbehalt hatte sich abzufinden, wer unaufgefordert in diesen Landstrichen hausieren ging. Er war einberechnet, eingeplant, bevor die Kollektion mit den kleinen Webfehlern freigegeben, die Meßtischblätter ausgehändigt, die Munitionsgurte abgezählt wurden. Zum barbarischen Übermut der uniformierten Eindringlinge, der Okkupanten, kam die Aufdringlichkeit der Reisenden ohne Anschluß, der Händler ohne Abschluß. Von fast allen Gesichtern, die damals an ihm vorbeizogen, las er die gleichlautende Auskunft: unerwünscht! oder, um es im landesüblichen Dialekt zu sagen: »Mir bruuchen nünt!«

Die saloppe Art, in der Pappenheimer seinen Karabiner hielt, hatte etwas Aufreizendes an sich, ja Fahrlässiges. Aber noch konnte von einem Verstoß gegen die Wachvorschrift nicht die Rede sein. Zumindest widersprach der nach auswärts gerichtete Lauf und der schräg gelagerte Helm nicht gänzlich der Vorstellung von einem Bewaffneten. Mertens öffnete seinen Koffer, nahm einen Klappspaten heraus und begann vorsichtig ein längliches Geviert abzustecken. Er hatte etwas von einem Totengräber an sich, wenngleich kein Begräbnis zu besorgen war. Die Garten-Laube lag jetzt jenseits der Fensterfront. Er schichtete polnische Schwarzerde zu einem Splitterwall, achtete darauf, daß nichts davon auf den peinlich gefegten Estrich fiel . . .

Die Polin saß wortlos über einer Schürze mit Erbsen-Schoten. Die von ihm ausgelegten Wäschestücke nahmen unter ihren Blicken das Aussehen von Leichen an. Gelähmt vor Teilnahmslosigkeit trat er ans Fenster. In diesem Augenblick sah er hinter Tabakstauden Pappenheimers Rumpf und Kopf in eigentümlicher Schwerelosigkeit, als säße der Gewehrträger Huckepack auf seinem Doppelgänger. (Trugbild seiner überreizten Sinne?) Er wußte nur, daß er verzweifelt zu wünschen begann, Pappenheimer möchte sich augenblicklich in Luft auflösen oder sein Versprechen, die Waldschneise zu beobachten, penibel einlösen.

Einen ernsthaften Versuch, seinen ramponierten Ruf als Vertreter zu retten, unternahm Mertens in einem Miethaus, dessen schmucklose Fronttür unmittelbar auf die Schneise wies, die wie ein eingesprengter Korridor dalag. Im Kreuzverhör eines Geschwisterpaars, das mit Bandmaß und Argusaugen seiner Kollektion zu Leibe rückte, verlor er das bißchen Zuversicht, das ihm nach glücklicher Belagerung ihrer Schneider-Werkstatt geblieben war. Während die manierlichere von den beiden fortfuhr, seine bescheidenen Kenntnisse in Stoff- und Webarten zu testen, fiel die resolutere über seinen Koffer-Inhalt her. Stück für Stück wanderte durch ihre Nadelfinger, und er nahm mit weniger Traurigkeit als Widerwillen diese hochnotpeinliche Musterung auf sich, die unter verächtlichem Schnauben vor sich ging und den Wäschestücken und Textilien den letzten modischen Schick nahm.

Nachdem die Plünderung beendet war, und er leicht zerknirscht vor dem Berg zerknitterter Wäsche stand, trat die Zwillings-Schwester hinzu. Die fahrlässig geöffnete Schere in Gürtelhöhe, zerpflückte sie rasch und ohne ihn dabei eines Blicks zu würdigen, seine Einwände. Er deutete zart die Möglichkeit einer Übereinkunft mit ihr an. Aber sie zeigte ihm, etwas aus der Fassung gebracht, die kühle Schulter, als wollte sie sagen: Wenn es mich nicht kalt ließe, wo kämen wir da hin? Sich für seine Pflichtvergessenheit tadelnd, trat er ans Fenster, sah die Tarnstände der Postenkette, die Schattenfigur blattloser Stauden auf dem Erdreich und die sich verkleinernden Streifen Lichts vor der Kalkfront ebenerdiger Katen. Im äußersten Winkel seines Sehbereichs: sein Pappenheimer in eindeutiger Schlafhaltung.

Wie ein Lauffeuer hatte sich seine Strafmaßnahme herumgesprochen. Beim Kontrollgang war er auf einmütige Ablehnung gestoßen. Schlaf vorschützend, die Stirne dekorativ in die Handfläche gestützt, kauerten seine Männer in ihren Schützenlöchern, in einer Art lautloser, beherrschter Machtprobe. Dabei war er nicht sicher, ob das Ganze nicht ein abgekartetes Spiel war, um ihm einen Denkzettel zu verpassen. Ihre Karabiner ausreichend getarnt unter einer Schicht abgeernteter Tabakstauden. Vogelrufe waren lautgeworden in der von Stechmücken und Stille überwältigten Einöde.

Die meisten Gehöfte hätte er wohl nur von außen gesehen, wären unter den Einheimischen nicht Ausgebombte ansässig gewesen. Er hätte nicht gewagt, die unsichtbaren Grenzscheiden, die die Kettenhunde unermüdlich abliefen, zu übertreten. Eine geschlagene Stunde schreckte er vor jeder sich öffnenden Türe zurück, obwohl er begierig war, in kühlen Treppenhäusern Handläufe zu berühren und die Tragkraft der eigenen Stimme von Podest zu Podest zu erproben, Warnschilder, Schreckschüsse und Tellereisen einfach ignorierend.

In einer Mansarde, deren Dachgaube nur einen winzigen Ausschnitt des besetzten Ortsrands erkennen ließ, stieß er auf eine Halbwüchsige, die ihm bereitwillig Platz anbot und mehr von ihren Beinen zeigte, als einer Schülerin, die über unechten Brüchen saß, erlaubt sein sollte. Es war eine heimelige, mit Kissen und Kuscheltieren vollgestopfte Stube, Schlafgemach und Studierzimmer in einem. Die Mutter beim Einholen, wie sie sagte; die jüngeren Geschwister beim Viehhüten oder Angeln, das sei nie mit Sicherheit zu erraten; der Vater gefallen, Heckenschützen in Polen, wie sie hinzufügte; Mutter aber trage noch immer Schwarz, was sie unnötig alt mache.

Unauffällig trat Mertens vor das Photo, das einen Kradfahrer mit Staubbrille und offener Feldbluse zeigte, der, wenigstens in den Augen seiner Tochter, einen unrühmlichen Tod gefunden hatte, worüber sich nicht zu sprechen lohnte. Dabei war das Dorf von Partisanen umzingelt. Den Vorhang beiseite schiebend, maß Mertens die Schattenbreitseiten vor dem Waldrand und die schwächlichen Ausleger von Licht im schwindenden Nachmittag. Die Büffelei mit Zähler und Nenner, hörte er hinter seinem Rücken, sei eine Zumutung für sie, der Schuldienst eine Plackerei, die tägliche Fahrt in die Penne kein reines Vergnügen. Sonntags Besuch eines weitschichtig Verwandten, der im Städtischen Orchester sitze und ihr Stunden gebe – worin, war nicht zu erfahren.

Auf ein dreimaliges, ungestümes Klingeln stürzte sie zur Wohnungstür. Mertens schickte sich an, hinter dem wippenden Rocksaum den Vorplatz zu erreichen, wo sein Koffer stand und von wo jetzt ihr aufreizender Ruf hörbar wurde: Mutter, ein Mann! – Das Weitere ging in einem Laut unter, den Mertens nicht sofort zu deuten wußte. Mehr als ein halbes Dutzend Frauenstimmen füllten das Treppenhaus, und er staunte nicht einmal so sehr über das Ausbleiben einer Antwort als über das hastige Heraufpoltern derbbesohlter Landschuhe. Aber dann dachte er erleichtert, das erste willige Aufgebot kauffreudiger Frauen rücke an. Er sah schon die ganze Sippschaft als festen Kundenkreis. Es wurde ja auch Zeit, daß er den Tag rettete und zu ein paar vernünftigen Abschlüssen kam.

Aber dann stockte ihm der Atem. Im Treppenhaus erschien das angstvoll verzerrte Gesicht einer Enddreißigerin, der man das rasche Altern nicht abnehmen wollte. Etwas Bedrohliches, Gewalttätiges ging von ihr aus; es hatte seinen Sitz irgendwo zwischen Schlüsselbeingrube und Halsansatz, wo das Licht schon nicht mehr hinreichte und wo nun rasch nacheinander Gesichter hochkamen, ungläubiges Entsetzen sich breitmachte, Verdacht an Verdacht heranschoß, und Mertens fast inständig zu wünschen begann, das Treppenhaus möchte sich mit der Vorhut von Partisanen füllen, nicht aber mit der Meute von Müttern, die sich um die Unschuld ihrer Töchter sorgen.

Sein Pappenheimer aber war am hellichten Tag eingeschlafen, obwohl Mertens ihm eingeschärft hatte, die unübersichtliche Schneise, aus der Axthiebe herüberklangen, nicht aus den Augen zu lassen. Unmittelbar nach seinem Kontrollgang war er auf einem von der Sonne vorgewärmten Feldstein eingenickt, den entsicherten Karabiner zwischen den Knien. Mertens aber ließ ihn nicht ablösen, brachte ihn nicht zur Meldung. Behutsam nahm er ihm den Karabiner weg, zog für ihn, der ungeniert weiterschnarchte, auf Wache, redete sich ein, der Vorfall bliebe unbemerkt. Dabei hatte die Meute nur darauf gewartet, ihn bei einer Unkorrektheit zu ertappen. Das Ganze muß auf sie zunächst wie ein schlechter Scherz gewirkt haben. Sie waren bei ihm auf Überraschungen gefaßt. Doch mochten sie ihren Augen nicht recht getraut haben, als sie ihn die Kriegslist des Naiven anwenden und ihn das einzige *Jersey*-Kleid aus dem unteren Kofferfach nehmen sahen, das halbwegs die Façon hielt.

»Denkzettel für ausreichend befunden. Individuelle Bestrafung angewandt . . .« (die einer gewissen phantastischen Note nicht entbehrte, der Meute Rätsel aufgab und sich letzten Endes als pädagogisch nutzlos erwies). So ungefähr würde eine Eintragung im Rapportbuch ausgesehen haben, hätte Mertens den Mut aufgebracht, ein solches zu führen. »Unbemerkt vom Gegner Dorf preisgegeben und Besetzung aufgehoben . . .« In Wirklichkeit aber ließ sich der Vorfall nicht auf einen so knappen, verharmlosenden Nenner bringen. Der Bruch war nicht zu übersehen, klemmte in ihm doch der Rocksaum der frühreifen Schülerin. Mit zunehmendem Unbehagen entdeckte Mertens, daß die Meute ausnahmslos ohne Waffen antrat.

Die gelieferten Kleider seien purer Ausschuß, hörte er. Die Firma statte ihre Vertreter mit Vorzeige-Modellen aus, um die Kauflust zu reizen. Was dann in die Hände der Käufer gelange, habe nur noch das gemeinsame Etikett. Und er hatte die ganze aufgebrachte Kundschaft gegen sich: verschlagen, rauhbeinig, abgebrüht. Auch wen häusliche Zwistigkeiten oder nachbarliche Mißgunst sonst fernhielten, kam mit einem verwaschenen, eingelaufenen Fähnchen an. Nach außen hin demonstrativer Zusammenhalt, Solidarität der Geprellten. Mertens aber glaubte immerhin, ein originelles Urteil gefällt zu haben.

Komplizierte Vorstellungen von Schuld und Sühne. Phantasievoller Strafvollzug, der die stupiden Vorschriften-Befolger mit Einfallsreichtum beschämt. Wozu also Meldung und Tatbericht, dachte er, während er der kompakten Mauer aus Mißgunst, Eifer und Schadenfreude gegenüber stand. Wozu der übliche Instanzenweg, der den Ertappten erst zum Pechvogel stempelt und dann zum Sündenbock?

Daß sein eigenmächtiges Eingreifen gebilligt werden würde, wagte er selbst nicht mehr anzunehmen. Er hatte sich Rechte angemaßt, die über seine Befugnis hinausgingen. Er hatte ein Gruppen-Mitglied der Gerechtigkeit entzogen. Die Willkür seines Mitleids hatte ihn zum Gesetzesbrecher gemacht. Die Beschlagnahme der Waffe wirkte auf ihn wie ein unlauterer Geschäftstrick, wie ein unerlaubter Eingriff. Als habe er ein Bruchband an sich genommen oder eine Prothese. Intimität eines Schnüfflers. Was zählten da noch pädagogische Absichten, was kundenspezifische Kniffe? Er verabscheute die Praktiken seines ambulanten Gewerbes.

Mertens nahm die ihm zugedachten Rüffel auf sich, niedergeschlagen, wie er war, ohne nennenswerte Bereitschaft zu Kompromiß und Intrige, Heimlichtuer und Leisetreter, der er war, bei Anproben schüchtern, in Tumulten hilflos. Dieses Stehen in Fallgruben unüberhörbarer, aber nicht konkret gefaßter Anschuldigungen! Ihre Schießscharten-Gesichter, die mühelos die fehlende Bewaffnung ersetzten. Das Groteske der Szene: er, der den Karabiner Pappenheimers mit sich führte, der es noch immer nicht für nötig fand, sich bei Mertens für sein Fehlverhalten zu entschuldigen.

. . . Sie nehmen die verstärkte Gruppe, Mertens, und pflastern den Brüdern die Bude voll, verstanden? sagte der Einsatz-Leiter seiner Firma. – Stoßen Sie den Posten Damen-Kleider ab, und dann nichts wie zurück in die Ausgangs-Stellung! sagte der Portepee-Träger zur besonderen Verwendung. – Ich erwarte Sie mit Ihren Leuten am Ausgang der Schlucht, die nach *Konskoje* führt. Also nahm ich das Meßtischblatt und vermerkte den Preisnachlaß auf Kräuselkrepp . . .

Also ließ ich Waffen und Gerät aufnehmen und bestieg den Post-Omnibus; denn man hatte mir gesagt, daß in *Konskoje*

Obstbauern säßen, die gut bei Kasse seien ... Natürlich war ich darauf aus, mit den Kunden auf vertrautem Fuß zu stehen –: Zeige Ihnen hier ein besonders apartes und preiswertes Stück. Halten Sie es aber nicht zu lange ans Licht. Rot schießt leicht ...

Ich machte günstige Offerten, verlangte keinerlei Vorauszahlung und räumte ihnen das Rückgaberecht ein. Schließlich waren wir landfremd und hatten in *Konskoje* nichts zu suchen ...

Da sagten sie: wir sind nicht von vorgestern. Daß Ihr Pappenheimer schläft und sich das Fell wärmt, während wir unsere Haut zu Markte tragen, sieht doch ein Blinder ...

Was verlangen Sie von mir? sagte ich ungehalten und wies auf den Karabiner, den ich meinem Pappenheimer hinterher trug. Er ist von Natur aus träge. Achten Sie auf seinen Schlaf, wenn Sie ihn wachzuhalten wünschen ...

Wenn Schlafen auf Wache ein verzeihliches Vergehen darstellte, riefen einmütig die Gekränkten ...

Könnte es Ihnen gleichgültig sein, ob ich meinen Tagessatz schaffe oder auf der Strecke bleibe ...

Andernorts bekämen Sie ein Kriegsgerichts-Verfahren angehängt, wenn Sie Minderjährige verführen. Hier trägt man dem Herzensbrecher noch die Schlummer-Rolle nach ...

Ich besänne mich ja gerne auf einen wirksameren Strafvollzug, schwächte ich dabei nicht die Kampfkraft der Truppe ... Über den Instanzen-Weg bringen Sie keinen Gesetzesbrecher ins Ehejoch ...

In seiner Musterung sah er die Inbesitznahme zweier Stiefel, von denen zwar Schäfte vorhanden waren, nicht aber Sohlen, um darauf zu gehen ...

Der Scharfsinn, mit dem Sie seine Felddienst-Tauglichkeit bestreiten, nötigt mir Respekt ab ...

Im Militärdienst wie im Beruf sah er die leidige Inbetriebnahme einer Tretmühle, die nach einem Esel schrie ...

Er ist gewitzigt, wo es um die eigenen Belange, taub und von entwaffnender Einfalt, wo es um die Belange der Allgemeinheit geht ...

Wir warnen Sie! Es ist nicht das erste Mal, daß Sie einen der Neulinge mit einer Verwarnung davonkommen lassen, anstatt ihn, wie es Vorschrift wäre, beim Kolonnen-Chef zu melden . . .

Mein Musterkoffer steht Ihnen jederzeit zur Verfügung. Achten Sie aber auf die Schießbaumwolle. Ich habe nach Räumung des Orts eine kleine Sprengung vor . . .

Sie glauben also immer noch, es gebe nichts, was nicht mit etwas Glück durch Selbstjustiz geregelt werden könnte . . .

Wissen Sie, ich bin weisungsbefugt, aber etwas stimmschwach. Man ignoriert nicht etwa meine Anordnungen, man bekommt sie nur nicht ins rechte Ohr . . .

Dabei könnte es von einigem Reiz sein, Ihre Schiedssprüche zu akzeptieren, schmeichelten Sie etwas mehr unserer Mitwisserschaft. Suchen Sie nicht länger nach Opfern, suchen Sie nach Komplicen. *Belzec* war ein Ort wie viele andere . . .

Nichtwissen im Zeitalter der entfesselten Neugier? . . .

Hätten Sie nicht diesen Querschläger in Ihrer Kolonne . . .

Bauen Sie auf sein Phlegma, rief ich. Andere Eigenschaften sind hier nicht vonnöten . . .

Wie lange gedenken Sie eigentlich noch, diesen verlorenen Außenposten der Firma besetzt zu halten? . . .

Wenn Sie die Güte hätten, vom Fenster zurückzutreten. Die gegnerischen Späher sind es nicht gewöhnt, in ihren Feldstechern spärlich bekleidete Damen zu sichten . . .

Ihre durch nichts zu erschütternde Zuversicht . . .

Werfen Sie sich einen Morgenrock über, wenn eine Streife aufkreuzt. Mutwillig durch so viel Fleisch geblendet zu werden, ist nicht ungefährlich . . .

An wievielen Fadenkreuzen schmachtet wohl schon Ihre erzieherische Langmut? . . .

Sehen Sie sich vor, sagte ich unwirsch. Die haben schnell ihren Finger am Abzug . . .

Ich nahm den Karabiner, den ich schon seit Stunden unschlüssig mit mir herumtrug und legte ihn der Halbwüchsigen quer über die Knie. Machen Sie eine kleine Anzahlung und den Rest in neun Monatsraten . . .

Um eine Erfahrung reicher, aber auch um eine Chance ärmer geworden, mutlos, gedemütigt, von Erinnerungen überwältigt, im Verdacht der Nötigung einer Minderjährigen, mit einer Kollektion, die nicht die Mühe wert war, die an sie verschwendet war, zwei Fahrstunden von daheim entfernt und ohne rechte Lust, dort anzukommen, verließ Mertens den ungastlichen Ort, ohne Befehls-Kompetenz, aber immer noch an der Spitze der Gruppe, die, als der Überfall losbrach, *Konskoje* samt Lichtung ungerührt preisgab.

Der Post-Omnibus kam mit Verspätung, aber mit weniger Getöse, als er erwartet hatte. Wie ein reumütiger Passagier, der bedauert, nicht den ganzen Tag über die abenteuerliche Sesselenge genossen zu haben, kletterte er auf einen der hinteren Sitze. Das Dorf wirkte abweisend und streng. Das Gehupe zerriß weniger den Schleier seiner Erinnerungen als den einiger brüchig gewordener Illusionen. Die Dunkelheit kam als Wohltat; in ihr fuhr er einigermaßen wunschlos dahin.

Das Vorzimmer

Durch die Milchglasscheiben dämmert ein trüber Novembermorgen. Die schirmlose Birne in ihrem Stuck-Gehege wirft ein weißes, kränkliches Licht. Hinter der Trennwand, die mit ihren beiden wehrhaften Türflügeln das Vorzimmer abgrenzt, Podest und Handlauf eines altmodischen Treppenhauses. Ich sitze, auf eine lange Wartezeit gefaßt, der Zugluft ausgesetzt, auf einer der schmutzigen und abgesessenen Bänke. Wenn ich meine Vorladung entfalte, flattern die nicht mehr ganz sauberen, an den Rändern schon ein wenig eingerissenen Blätter. Wenn ich das Gewicht meiner Prothese verlagere, knarrt in meinem Rücken die altersschwache Lehne. So kauere ich zunächst unschlüssig und etwas geblendet inmitten des kümmerlichen Mobiliars.

Die Tabakreste in meiner Manteltasche sind feucht geworden. Mich auf das Vorhandensein einer Verbotstafel berufend, unterbreche ich die Suche nach dem begehrten, für mich unentbehrlichen Kraut. Es ist leicht, die Hände zurückzurufen, schwerer, Gaumen und Nüstern abzulenken. Ich werde mich, so gut es eben geht, zurücklehnen und die Augen schließen. Das bedeutet nicht, daß ich vor den unsichtbaren Kontrolleuren zu Kreuz krieche. Die Einsicht in Notwendiges oder Schickliches macht mich noch nicht zum Heuchler. Ich setze den Genuß aus, ich widerrufe ihn nicht. Wenn kein Bittsteller mich aufschreckt, hole ich sogar etwas Schlaf nach.

Es ist nicht ungefährlich, auf das Gehör allein angewiesen zu sein. Ich mißtraue diesen Fingerübungen, diesem berufsmäßigem Räuspern hinter den beschilderten Türen. Nichts schiene mir verfänglicher, als zurückgelehnt in einen Sessel das an- und abschwellende Gemurmel von Stimmen zu vernehmen. Wie leicht nähme da das einschläfernde Geräusch den Tonfall zärtlicher Unterweisung an. »Ihre Anschläge, meine Liebe, sind noch nicht weich genug. Eine kleine Lektion nach Dienstschluß, und Sie kämen voran . . .«

Bänke in Vorzimmern machen gegen diese Art von Fortschrittsglauben immun. Die Wände sind durchlässig für jede nur denkbare Erniedrigung. »Halten eine Überprüfung Ihrer Verhältnisse für unerläßlich . . .« Unmißverständliche Forderungen werden erhoben. »Setzen voraus, daß die Gewährung einer Beihilfe nur in Höhe von . . .« Geheim-Informationen sickern durch. »Mit der sofortigen Räumung der Stadtteile beiderseits der Weichsel . . .« Militärische Anweisungen werden durchgegeben. »Treten im Morgengrauen zum Angriff an . . .« Befehle werden verschlüsselt. ». . . Dora Maria Neun an Anton Ludwig Sieben . . .« Selbst das ungeschulte Ohr liest Schiedssprüche heraus. »Laut Verfügung des General-Kommandos werden die Bittgesuche verworfen . . .« Es hält Urteile auch dort für möglich, wo schlüssige Beweise fehlen. »Es konnte nicht eindeutig geklärt werden, inwieweit der Angeklagte . . .« Die Schuldfrage mag anfechtbar sein, die Zuständigkeit des Gerichtshofes fragwürdig – ein Schuldig ist rasch gesprochen. ». . . verhängen kraft unserer Befugnis die höchstmögliche Strafe . . . das Gnadengesuch ist abgelehnt . . . das Exekutions-Kommando wird unverzüglich . . .« Hier auf dieser Bank bin ich doch wenigstens vor Schmeicheleien sicher.

Ich denke, daß der Vormittag darüber hingehen wird, ehe man mich vorläßt. Aber schon ist mir unklar geworden, worauf ich eigentlich warte. Ist dies hier eine Feldkommandantur, eine Versprengten-Sammelstelle oder eine Dienststelle des Roten Kreuzes? Es ist nach wie vor dämmrig im Raum. Ordonnanzen huschen vorüber, werfen über die schmutzig-grauen Dielen ein Netz von Beflissenheit. Zu meinem Befremden sind sie weder bewaffnet noch uniformiert. Aber das ist ohne Bedeutung, wie ich rasch erkenne. Ich darf mich nicht allzu sehr auf äußere Eindrücke verlassen. Sicher haben sie Anweisung erhalten, sich unkenntlich zu machen. Sicher die Befehlsstelle eines Stabes für Partisanenbekämpfung. Wenn ich abgefertigt bin und das Haus verlasse, muß ich mich auf Schüsse aus dem Hinterhalt gefaßt machen. Der Anmarschweg führte mich durch ein Gelände, das mir irgendwie vertraut war. Ich glaube, auf gewisse Schauplätze meiner Kindheit stieße ich auch in Städten, die östlich der *Weichsel* liegen.

Der fensterlose Raum ist zu einer Art Vorhölle geworden. Wände und Anschlagtafeln sind mit Plakaten bepflastert. Die Türgerüste bürgen für die Dauerhaftigkeit nicht nur der Einrichtung, sondern der Institution. Der Schirmständer steht mit der Wachsamkeit eines Postens vor Gewehr. Ich bin sicher, daß der Unbestechliche am Eingang mir die Herausgabe meines Schirmwracks verweigert, wenn ich allzu selbstsicher diese Bank verlasse.

Dabei will ich nichts als etwas Freizügigkeit. Ich beanspruche für mich, unbelästigt zu bleiben. Was immer mich anzieht, ansaugt, ich nehme es vorderhand nur als Wandschmuck zur Kenntnis. Aber das ist der Trugschluß; auf ihn falle ich immer wieder herein: ich bin das Ziel dieser lautlosen Anschläge. Längst bevor ich die Einschüsse wahrnehme, hämmert es auf mich ein, belagert mich, setzt Vermerk neben Vermerk. Bevor ich daran denken kann, die Augen zu öffnen und um Nachsicht zu bitten, bin ich ganz durchlöchert. Vergiß niemals! Denke daran! Zu Beginn noch harmlose Fingerzeige. Sage nicht voreilig! Warte nicht darauf! Nadelstiche. Vergiß niemals! Denke daran! Jetzt Trommelwirbel. Die Pfeile treffen genau. Fettgedruckt springt es mich an.

In Scheitelhöhe neben der Bank, die ich besetzt halte wie einen verlorenen Außenposten, morsen die Leitsätze für Heimkehrer ihr monotones: Sage nicht voreilig! Warte nicht darauf! Fördere Zusammenkünfte! Ja, ich werde Zusammenkünfte fördern. Ich will nicht beschuldigt werden, sie hintertrieben, verhindert, gesprengt zu haben. Wahrscheinlich bin ich gar kein harmloser Bittsteller mit einer Vorladung, sondern der Angehörige irgend eines ruhmlosen Regiments. Ich werde zurückhumpeln durch das Gestrüpp nichtssagender Verdienste. Ich beanspruche nicht länger unbelästigt zu bleiben.

Das Gespenst einiger nutzlos vergeudeter Sommer verscheuchend, reiße ich mich aus dem Halbschlaf. Mein Blick fällt auf die gegenüberliegende Wand. Wintergefahren! lese ich, einen Augenblick ganz im Bann der sich ausbreitenden Müdigkeit. Wintergefahren! wiederhole ich, nun schon zu weit vorgesprescht, um den Aufprall auf der bebilderten Fläche zu bremsen. Alleebäume starren, schreien. Ein kränkliche

Nebelsonne brütet. Die plötzliche Sichtbehinderung läßt mich gegen Schneeverwehungen anrennen, gegen Sperren aus Vorstadtzäunen und Verbotstafeln Sturm laufen. Achtung, Feindeinsicht! gebe ich erschreckt den Zuruf weiter, den eine unkenntliche Gestalt, ein todesmutiger Melder mir zutrug. Übergangslos in eine abschüssige Allee versetzt, stoße ich auf das demolierte Vorderteil eines Pkw, die Scheinwerfer zerschossen, die Kotflügel verbeult, das Nummernschild unlesbar. Wintergefahren! registriert mein überwaches Bewußtsein. November vierundvierzig in den Straßenschluchten von *Kielce*. Ich bin das Opfer einer einprägsamen Belehrung geworden.

Kinder suchen ihre Eltern! lese ich auf einem rotumrandeten Anschlag. Ich nehme an, daß in der Regel Eltern ihre Kinder suchen und nicht umgekehrt. Vielleicht suchen sie ganz einfach im Vertrauen darauf, daß diese früher oder später verloren gehen. In Zeitläufen, wo Wände Mangelware sind, wird ihre Nachforschung zur Suche nach ihrer verlorenen Unschuld. Ohne mich in den Ruf eines vaterlandslosen Gesellen bringen zu wollen, sage ich doch mit Festigkeit, daß der Krieg beendet ist, zumindest nicht mehr mit Vorrang behandelt wird. Vielleicht fristet er in den Dienststellen und Stäben ein kümmerliches Dasein. Unter irgend einem Aktenzeichen mag er vermerkt sein als der große Sorgenbrecher.

Ich könnte eigentlich ein wenig umhergehen und mich mit meiner Prothese bemerkbar machen. Aber da knallt, von einem Luftzug erfaßt, eine Tür ins Schloß. Der Abschuß wirbelt Fontänen von Schnee auf. Das zermürbende Hämmern der Gewehre setzt wieder ein. Das unansehnliche Wrack aber hat die Umrisse eines Panzers angenommen. Mit einer Hafthohlladung und verschiedenfarbigen Zündern versehen, liege ich deckungslos im Bereich des wildgewordenen Ungetüms. Die schirmlose Birne schüttet tödliches Licht aus. Zweihundert Anschläge macht jetzt das sanft gewordene und vielfach belehrte Fräulein. Amtsvorsteher Tod hat ihr einen Antrag gemacht. Ich ließ ihm dafür mein rechtes Bein zurück. Wenn man Augenzeugen trauen darf, hing es damals etwas ungeschickt in einer Astgabel . . .

Was mich erschreckt und ratlos macht: ich kauere, ein

waffenloser Krüppel, der Zugluft ausgesetzt, auf der harten Holzbank. Mit was aber werde ich mich zur Wehr setzen! Und wenn keine Schüsse fallen? Wie werde ich mein Mißtrauen rechtfertigen? Was werde ich vorweisen, wenn mich die Abgesandten dieses unkriegerischen Landstrichs mit Salz und Brot empfangen? Werde ich glaubhaft machen können, daß meine Tarnung die eines Friedfertigen ist! Wie aber ging diese erstaunliche Häutung vor sich? Warum bin ich nicht bewacht, wenn ich bei einem Fluchtversuch gefaßt worden bin? Verbergen sich meine Wächter hinter harmlosen Aktenstößen? Der Vorwand, unter dem ich mich von meiner Truppe entfernt haben soll, klingt nicht gerade plausibel. Wurde ich vielleicht doch nur versprengt, da ich meinen Diensteifer kenne und mich einer solchen Eigenmächtigkeit für unfähig halte? Ich glaube auch nicht, daß ich übergelaufen bin, schon eher in Gefangenschaft geraten, vielleicht auch bereits entlassen, heimgekehrt und zu einer Dienststelle des Roten Kreuzes beordert. »Ersuchen um Mitwirkung bei der Aufklärung des Schicksals der hier namentlich Angeführten . . .«

Dies alles ist möglich und vorstellbar. Vorstellbar bleibt auch, daß ich eine Adoption plane und der Photos wegen gekommen bin. Es ist denkbar, daß meine Frau mich schickte, um Auskünfte einzuholen. Ich scheine wohl doch schon in dem Alter zu sein, wo man Bindungen nicht nur für erstrebenswert erachtet, sondern sie auch eingeht. Wenn ich meine Vorladung ans Licht halte, wird sich zeigen, daß meine Befürchtungen grundlos sind. Ich habe Gemeinschaftssinn und ordne mich unter. Ich habe Respekt vor ihren Einrichtungen und Institutionen. Mit meinesgleichen rechnen sie. Ich spreche auf ihre Köder an, auch wenn ich ihre Leimruten im Geäst entdecke. Ihre Methoden können plump sein, ihre Jagdzüge ohne den mindesten Anstrich von Tarnung. Ich lege mir, wenn es nottut, selbst die Fesseln an, um es mit meinen Peinigern nicht zu verscherzen. Ich glaube, ich bin ein gerngesehener Gast hier.

Auch fällt mir nun auf, daß die Ordonnanzen Botengänger sind. »Der Herr Amtsvorsteher bedauert, Sie nicht persönlich empfangen zu können . . .« Das Geplänkel, das ich irrtümlich mit Gewehrfeuer verwechselte, scheint doch nur das Geklapper von Schreibmaschinen zu sein. Es sind die zarten Finger überlebender Fräuleins, die die kleinen Wintergewitter verursachen. Die Warnung: Augen auf! bedeutet nicht immer: Feindeinsicht! Wintergefahren lauern auch auf den Straßen, die nicht unter dem Feuer vorgepreschter Panzer liegen. Ich bin einsichtig genug, anzuerkennen, daß Vorfahrt hat, wer von rechts kommt. Aber rechts, sagte man mir einmal, rechts liege der Feind! – Auch an einem Novembermorgen des Jahres neunundvierzig? bemerke ich scharfzüngig und humple, die Hände in den Manteltaschen, quer durch das ganze Vorzimmer. (Ich bin einer der ihren mit einer Neigung zu Flegeleien!)

Ich könnte die Suche nach Tabak wieder aufnehmen, wenn schon die Suche der Kinder nach ihren Eltern ergebnislos blieb ... Trug einen Zettel um den Hals, auf dem der Name Durak, das heißt Einfältiger stand ... erinnert sich an einen Bruder, der Mundharmonika gespielt haben soll ... sagt aus, die Mutter habe bei dem Überfall einen Fohlenmantel getragen ... Vor meinen kurzsichtigen Augen hüpfen die zahllosen Photos auf und nieder ... Schnappschüsse aus Ferienlagern starren mich an ... wenn das Kind von sich selbst sprach, sagte es: Plumpchen ... Paßbilder rücken herauf, all die lieblosen Konterfeis der Amateure, über- und unterbelichtet, verblaßt, nachgegilbt ... Soll aus der Elchniederung stammen ... (als ob das eine ausreichende Ortsbestimmung wäre!)

Selbst hier, wo alles geordnet scheint, fällt es schwer, vorauszusagen, wo die unsichtbaren Landmesser ihre Grenzmarken anbringen werden. Zwar ruft nun die Stimme, die mich auffordert, näherzutreten, alte Übereinstimmungen der Windrose wach. Aber ich bleibe unnachgiebig, greife ein beliebiges Schicksal heraus, das ganze drei Zeilen beansprucht ... Das Mädchen versuchte aus *Poninken* zu fliehen, der Vater sich nach *Poninken* durchzuschlagen; beide hatten die Absicht, sich wiederzufinden ... Meine Augen auf die tanzenden Reihen geheftet – ich weine doch nicht etwa? – sehe ich die Zehn- und Zwölfjährigen ... Anton Liesek, über dessen Herkunft nichts bekannt ist ... Ich lasse die ABC-Schützen vorbeidefilieren (das letzte Aufgebot, nachdem die Richt-,

Bord-, Landes-, Hecken- und Scharfschützen ihr Blei verschwendet haben). Ich entdecke die Milchbärte der Flaschenkinder ... war in Windeln eingewickelt, die den Stempel NSV-Krippe Reuter trugen ...

Es ist unerheblich, wo beginnen und wo aufhören ... blieb auf einem Bahnsteig zurück, wahrscheinlich aus dem fahrenden Zug gefallen ... Ich kann ohnedies nicht alle Gesichter in mich aufnehmen. Vergeßlich und ablenkbar, wie ich bin, werde ich nicht einmal eine Handvoll Namen behalten. Es ist wie in einem Panoptikum ... Name vermutlich Hähnchen, gibt an, sein Vater habe einen gezähmten Fuchs besessen ... Ich werde nicht zum Gläubigen, indem ich das Paternoster meiner Alpdrücke herunterleiere ... aus den Armen einer toten Frau geborgen ... von einer Unbekannten in ein Säuglingsheim eingeliefert ... von angeblichen Artisten in einen Wanderzirkus gebracht und dort großgezogen ...

Aber die Stimme des Referenten scheucht mich, den befangenen und, wie ich zugebe, hilflosen Chronisten, nicht in die neutrale Sphäre eines Empfangszimmers zurück ... März fünfundvierzig in einem Wald bei *Zoppot* ... Ich will meinen Augen dieses Schauspiel für immer einprägen. Für jedes Kind, was rede ich? für jede Waise will ich einmal mit meiner Prothese gegen die Täfelung schlagen. Rechthaberisch schnarrt die Aktenstimme in meinem Rücken trockene Verlautbarungen, nestelt umständlich, mißliebig, argwöhnisch Verstrickungen auf dem Instanzenweg – während ich mit provozierender Hartnäckigkeit wiederhole – Name: unbekannt! Vorname: unbekannt! Eltern: unbekannt! besondere Kennzeichen: keine – –!

INHALT

WERKAUSGABE

Band 1
Zwischen zwei Feuern / Mit dem Rücken zur Wand
Band 2
Der Umschuler / Aufenthalte
Band 3
Vertrautes Gelände / Ansichten und Perspektiven
Band 4
Jankerbriefe / Literarische Korrespondenz 1951–1987
Nachwort, Biographie, Bibliographie, Personenregister

Josef W. Janker
Werkausgabe in vier Bänden
Band 4

Josef W. Janker

JANKERBRIEFE

LITERARISCHE KORRESPONDENZ 1951–1987

Briefe von und an Josef W. Janker

Herausgegeben von
Manfred Bosch

Verlag Robert Gessler

Herausgegeben von Manfred Bosch im Auftrag der
Stiftung Literaturarchiv Oberschwaben.

Gefördert durch die Stiftung Literaturarchiv Oberschwaben,
das Ministerium für Wissenschaft und Kunst, die Stadt Ravensburg,
den Bodenseekreis, den Kreis Ravensburg und die
Kreissparkasse Ravensburg.

Die Stiftung Literaturarchiv Oberschwaben dankt allen Spendern.

Design: Reinhard Binder, Berlin.

Foto: Rupert Leser, Bad Waldsee, S. 6.

Satz und Druck: Druckerei Robert Gessler, Friedrichshafen.
Bindearbeiten: Großbuchbinderei Moser, Weingarten.

Printed in Germany – ISBN 3-922137-45-8

Josef W. Janker, 1982

Robert Wiedmann[1] an Janker

Weingarten, 3. 5. 51

Lieber Janker,
schönen Dank für Ihren Brief, den ich gern gelesen habe. Ich hoffe nur, daß der Aufenthalt in Ried[2] Ihnen baldige und nachhaltige Gesundung bringen wird. Seien Sie nur recht fleißig im Faulenzen! Ich weiß von meiner Mutter, wie genau sie es mit ihren Liegekuren genommen hat. Sie erregte durch ihren Liegeeifer die Aufmerksamkeit der anderen Patienten. Wenn Sie manchesmal ungeduldig werden wollen, daß Sie nichts tun können, trösten Sie sich mit dem schönen Vers des blinden Milton: They also serve that only stand and wait. In deutsch: die dienen auch, die stehen (in Ihrem Fall: liegen) nur und warten.

Im »Ravensburger Kreis«[3] ist man unauffällig aber stetig am Werk. Nächsten Montag liest R. A. Schröder bei uns. Ich muß ja gestehen, daß mir sein Versuch einer Deutschland-Hymne nicht einleuchtet (als ob Deutschland sich in exemplarischer Weise als Land des Glaubens, der Hoffnung und der Liebe erwiesen hätte!). Auch als Übersetzer (von Homer und Vergil) hat der Gute der deutschen Sprache manches angetan (»unauskündbarer Schmerz, o Königin, heißt du verneuern« – wo unsereiner gesagt hätte: Unsagbaren Schmerz, o Königin, heißt du erneuern, nach dem lat: . . . renovare dolorem)
[. . .]

Ihr R. Wiedmann

1 Robert Wiedmann, Deutschlehrer an einem Ravensburger Gymnasium; Gründer des »Ravensburger Kreises«.
2 Sanatorium im Allgäu; Janker hielt sich elf Monate lang dort auf.
3 Literarische Gesellschaft

Janker an Peter Hamm[1]

Ravensburg, 27. 6. 54

Lieber Herr Hamm!
Sie sollen nicht ungebührlich lange warten müssen. Hier ist mein Brief an Sie. Und ich hoffe, Sie möchten ihn ebenso

freundlich aufnehmen, wie ich den Ihrigen. Sie haben ja so schnell geschrieben, daß ich ganz erstaunt war und im ersten Augenblick überhaupt nicht begriff, woher der Brief stammte, war mir Ihre Schrift doch völlig fremd. Aber nun ist sie es nicht mehr. Ich habe Ihren Brief gelesen, die Schrift in mir aufgenommen und es ist mir, als zählten Sie schon längst zu meinen Freunden und Bekannten. Damals, als ich Sie im »Waldhorn« lesen hörte, konnte ich mir über Ihr Alter eigentlich so gar keine Vorstellung machen. Ich hatte Sie an diesem Abend zum ersten Mal gesehen. Ihr sicherer Vortrag, Ihre warme, anschmiegsame, modulationsreiche Stimme, ihre dichterischen Verse und glühenden, anklägerischen Worte, das alles machte auf mich einen guten Eindruck, und ich schloß – nicht zu Ihrem Schaden – voreilig auf einige Jahre mehr und zählte Sie zu den Überzwanzigjährigen. Daß Sie, wie ich kürzlich erst erfuhr, noch nicht einmal achtzehn Jahre alt sind, setzte mich in Erstaunen, um so mehr, da Sie an dem Abend bei Frau Müller-Gögler[2] etwas vorlasen, was mir sehr gefiel und mir erneut die Bestätigung gab, daß Sie die Anlagen und Fähigkeiten zu einem ganz eigenwilligen und tiefsinnigen Dichter haben. Und solche jungen Menschen, die ihr Erleben zu gestalten und zu einer Aussage zu bringen versuchen, die brauchen wir heute mehr denn je. Ich mache Ihnen gewiß keine Komplimente, wenn ich sage, daß ich mir von Ihnen einmal Bedeutendes verspreche. Immer vorausgesetzt, Sie bleiben Ihrer Verpflichtung treu.

So unterschiedlich die Begabungen unseres kleinen Dichterkreises sind – und ich rechne nun auch Sie, lieber Herr Hamm, zu dem Kreis, der aus Jaeger[3], Armborst[4], Renz[5] und meiner Wenigkeit besteht – in Einem, glaube ich, sind wir alle verwandt, in dem Bestreben nämlich, Erlebtes mit dem Handwerkszeug der Dichter zu gestalten [. . .] Ihr ausschließliches Material aber ist das Wort, das roh und unbehauen vor unseren Augen liegt. – Mir selbst, lieber Herr Hamm, ist ja von Ihnen ein so begeisterndes Lob gespendet worden, daß ich heute einmal, weil ich es mündlich doch nicht so kann, versuchen möchte, dieses Lob etwas abzuschwächen, abzuschwächen nicht deshalb, weil ich mir von Ihnen ein solches Lob etwa nicht gefallen lassen darf – Alter zählt nicht, wo mit

Ernst und Hingabe gearbeitet wird – sondern weil ich fürchte, Ihr Lob und Ihre Zustimmung könnte vorschnell einer Skepsis weichen, wenn Sie erst einmal mehr von dem gelesen haben, was ich schreibe [. . .]

So heftig wie Sie sonst zu fechten und zu kritisieren verstehen – der Abend am letzten Montag wies Sie als glänzenden, schlagfertigen, nicht immer ganz objektiven Fechter aus –, ich selbst finde bei Ihnen wie auch bei Frau Gögler jede nur denkbare Unterstützung. Was glauben Sie wohl, wie wir hintereinander kommen, wenn Sie erst einmal entdecken, was ich alles geschrieben habe! Vielleicht beruht alles auf nichts anderem als auf Sympathie [. . .]. Wissen Sie, manchmal frage ich mich, wer wohl am objektivsten urteilen und kritisieren kann über das, was uns allen in erster Linie am Herzen liegt. Sie wissen ja: unser Anliegen, unsere Leidenschaft: die Dichtung! Alles Frohe und Schöne von Ihrem

Josef W. Janker

1 Peter Hamm, Jahrgang 1937, Lyriker, Kritiker und später Redakteur beim Bayerischen Rundfunk. Er stammt aus Weingarten (bei Ravensburg).

2 Maria Müller-Gögler, oberschwäbische Dichterin (1900–1987).

3 Helmut Jaeger, Ravensburger Lyriker.

4 Peter Armborst, Lyriker aus Königsberg, früh gestorben.

5 Arthur Renz, Jungdramatiker, Schwager von Janker.

Janker an Albert von Schirnding[1]

Ravensburg, 7. 7. 55

Lieber Herr von Schirnding,

Haben Sie aufrichtigen Dank für Ihren lieben Brief, in dem Sie mir so ermutigende Worte schrieben für meinen Rußlandbericht. Die Arbeit ist schon ziemlich weit fortgeschritten und ich glaube fast, daß Sie, wenn Sie einmal die Freundlichkeit haben werden, mehr zu lesen, enttäuscht sein werden; denn gewiß haben Sie über das brennende Problem, das mir sehr zu schaffen macht, schon viel Gutes, Echtes und Zutreffendes gelesen, so daß ich mit meinen sehr subjektiven Berichten arg ins Dunkel zurückfallen werde. Sie nannten mir da erst heute einen Tagebuchbericht, der 1952 erschien, und zwar von einem wahrscheinlich nicht halb so weit entfernten Vetter von Ihnen, wie Sie bescheidener Weise angeben. Und da erwacht in mir sofort der Wunsch, dieses Tagebuch zu lesen. Leider dürfte das gar nicht so leicht sein, weil ich ja als Kriegsrentner nicht in der Lage bin, teure Bücher zu kaufen. Und ob das Buch in der hiesigen Bibliothek zu bekommen ist, ist keineswegs sicher.

Dabei bin ich mir allerdings klar darüber, daß die Lektüre solcher Bücher keineswegs das nötige Gegengewicht, den nötigen Auftrieb für mein eigenes Schaffen bieten kann. Oft ist es ja gerade der eigene Zweifel an der Arbeit, der einem die Flügel lähmt, der einen verzagen läßt – und solche Augenblicke gibt es bei mir leider allzu oft. Wie Sie in Ihrem Brief ganz richtig sagen, handelt es sich bei meiner Arbeit um einen Versuch. Ob er so verantwortungsvoll ist, wie Sie freundlicherweise meinen, bezweifle ich manchmal.

Da mein Bruder in Herrenberg lebt und ich schon seit längerer Zeit auch nach Hechingen kommen soll, ließe sich ein kurzer Besuch bei Ihnen bestens verbinden, umsomehr da ich zu meinem Leidwesen Tübingen überhaupt nicht kenne. Ich bin letztes Jahr zwar durchgefahren, sah bei herrlichster Sonne auch ganz ähnliche Ufer- und Schloßpartien, wie sie mir von Ihnen einmal geschildert wurden und ich kann das gut in mein Gedächtnis zurückrufen, aber im Einzelnen kenne ich es nicht. Ich bin sogar überzeugt, durch diesen kurzen Blick eine Bildfolge in mich hinein projiziert zu haben, die mit der Wirklichkeit überhaupt nicht übereinstimmt. Es kann sogar möglich sein, daß im Unterbewußtsein Partien Zürichs mit solchen Tübingens eine zwar reizvolle, aber wohl höchst unzulässige Verbindung eingegangen sind.

Peter Hamm hat wieder viel von Ihnen erzählt, daß Sie jetzt schon ganz fest in unserer Vorstellung beheimatet sind. Es ist überhaupt das Schöne, daß sich hier in unserer Blechmansarde ein Freundeskreis versammelt hält, von dem wir den großen Teil noch nicht persönlich kennen. So dient meine Arbeit wenigstens einem vernünftigen Zweck: junge Dichter auf ihrem nicht immer leichten Weg zu begleiten. Wenn wir uns – von meiner Frau betreut, die Sie herzlich grüßen läßt –

finden und gegenseitig anfeuern, so geschieht das stets im hellwachen Bewußtsein der Eigenart des andern. Uns gilt ja keine gleichmacherische, verharmlosende Synthese, sondern echte Partnerschaft in aller persönlichen Freiheit . . . Ihr

Josef W. Janker

1 Albert von Schirnding, Lyriker und Kritiker aus Harmating bei Wolfratshausen.

Robert Wiedmann an Janker

Hechingen, 11. 8. 55

Lieber Herr Janker,

[. . .] Wir haben doch, ohne irgendwelche Anmaßung, manches Erfreuliche unternommen. Ich weiß, daß solche Dinge Ihre Zeit haben, und daß man sie nicht beliebig ausdehnen kann. Es gehört, glaube ich, zur Kunst, sein Leben zu führen, daß man solchen Veränderungen gerecht wird. Wenn ich mich selbst richtig einschätze, war es nicht Ehrgeiz, der mich veranlaßte, Ravensburg zu verlassen, sondern das Gefühl, daß es für mich Zeit war, eine neue Aufgabe zu übernehmen und mich von einigen alten Aufgaben zu lösen. Deshalb will ich auch über die Dauer meiner Tätigkeit hier gar nichts voraussagen. Daß Sie in nähere Fühlung mit Herrn von Walter[1] gekommen sind, höre ich sehr gerne. Denn auch ich schätze ihn sehr hoch. Der Umgang mit ihm wird Ihnen sicherlich wertvolle Anregungen geben.

Meine Einladung, uns hier zu besuchen, halte ich natürlich in vollem Umfang aufrecht. Falls ich einmal für einige Tage nach Ravensburg komme, könnten wir vielleicht eine Zusammenkunft mit Dr. Meysel[2] arrangieren, mit dem ich mich gerne einmal unterhalten möchte. Ich kann mir gut vorstellen, daß Ihre Charakterisierung der Jungen Schauspielgruppe den Nagel auf den Kopf trifft. Umso mehr Bewunderung verdient Dr. Meysel, daß er sich nicht entmutigen läßt.

Ihr Rob. Wiedmann

1 Reinhold von Walter, Übersetzer russischer Lyrik. Später durch seine Übertragung von Pasternaks »Doktor Schiwago« bekanntgeworden.

Siehe Brief vom 21. 8. 1959 und das Porträt in Band 3 dieser Werkausgabe.
2 Leiter der »Schauspielgruppe Ravensburg«.

Janker an Albert von Schirnding

Ravensburg, 1. 9. 1955

Mein Lieber!
[. . .] Sie schrieben mir in Ihrem Brief, daß Sie gerade allein in dem Schloß Ihrer Eltern säßen und ich habe es nachfühlen können, was es bedeutet, solcher Vergangenheit begegnen zu müssen, es mit ihr aufzunehmen und dabei ungeschmälert der zu bleiben, der zu sein, der man ist. In Ihrer neuesten Prosa, die ich gestern morgen von Peter Hamm erhielt, handelt es sich ja auch um das Problem Adel, Besitz. Die Jagd, genauer gesagt, das Anrecht auf sie, verweist ja auch ganz in diese eigentümliche Welt, in der Sie groß geworden sind. Ich selbst kenne diese Welt nur als Zaungast. Aber den Zauber, den die alten Räume ausstrahlen, habe ich nie kalt lächelnd abweisen können. Aus meiner Erzählung »Straße der Kindheit« können Sie unschwer ersehen, aus welchem Milieu ich komme. Aber der überaus launische Zufall wollte es im Februar 45, daß ich einen Monat lang als Gast in einem solchen Schloss meine Eindrücke sammle. Es war in Blumberg in Pommern auf dem Stammsitz eines Barons von der Osten, unweit der kleinen Oderstadt Gaartz oder wie sie sich schreibt. Ich war als Fahnenjunker damit beauftragt, den Ort um das idyllisch gelegene Schloß zu einer – heute sagen wir ironisch – »Mausefalle« umzubauen. Tagsüber arbeitete ich mit 100 kriegsgefangenen Russen und Franzosen an unseren Befestigungen. Sonst lebte ich im Schloß, saß mit allerlei Herrschaften des pommerschen und ostpreußischen Landadels zu Tisch und mein Schlafplatz befand sich auf Wunsch der Gnädigen Frau, die hoch zu Roß ihre Leute zu überwachen pflegte, im Zimmer ihres einzigen, eingezogenen Sohnes. Der Baron war ein alter, graubärtiger, kratzbürstiger Mann, den ich aber ganz gerne mochte, während seine Frau, die ich in den vier Wochen fast nur im Reitdreß gesehen habe, zwar gastfreundlich aber außeror-

dentlich herrisch und überheblich war. Als der Russenansturm so nah an die Gemarkungen der kleinen Oderstadt herangekommen war, daß man vom Park von Blumberg die ganze Ausdehnung der äußerst rebellischen Front mit dem bloßen Auge überblicken konnte, fiel mir etwas auf, das höchst erstaunlich war: das Leben und Treiben auf unserem Schloß – abends saßen unter Kristallüstern und Samt-Tapisserien die illustren Gäste, im Kamin brannten Scheiter, in den Gläsern perlte der Wein – stand in einem solch krassen Widerspruch zu der Schwere und Sinnlosigkeit der Stunde, daß es nur eines Schrittes vor die Terrasse bedurfte, um einzusehen, wie es um uns alle stand. Es war ein Tanz auf dem Vulkan, ein Dasein hart am Abgrund, eine hektische Pantomime. Aber man spürte gerade auch am Untergang dieser pommerschen Adelswelt, daß viel Kraft, Sicherheit und Haltung vorhanden war. Obwohl diese Welt vor der Vernichtung stand – in greifbarer Nähe lauerte ja das Neue, das mechanisierte Grauen, gespeist und vorangetrieben durch die dumpfe, brutale Gewalt eines entfesselten Triebes –, ich sah viel Würde, Anstand und aufrechte, ritterliche Gesinnung, Zucht, Adel des Herzens, Entsagung, Einsicht in das Unabwendbare, das sich ringsum vollzog.[1] [. . .]

Ich liebe München, das müssen Sie wissen. Ich kenne es nicht von früher. Aber nach dem Kriege führten mich die Wege sehr rasch nach München. Ich lebte ja das ganze Jahr 46 und die ersten 6 Monate des darauffolgenden Jahres in der Nähe vom Aumeister am Nordfriedhof. Ich war auf der Meisterschule für das Bauhandwerk in der Luisenstraße. Schon im Jahre 46 schloß ich mich einem literarischen Zirkel an, der einem Kurs über Lyrik in der Volkshochschule entsprang und von einem sehr liebenswerten alten Herren geleitet wurde, einem Schriftsteller namens Dr. Will Winker, der uns alle vierzehn Tage in ein Nebenzimmer eines Gasthofs lud, mit der Bitte, einige Briketts oder ein paar Scheite Brennholz mitzubringen. [. . .]

Damals habe ich München kennengelernt. Ich bin kreuz und quer durch die Trümmerstraßen marschiert, immer auf der Suche nach der verloren geglaubten Schönheit. Und immer wieder habe ich sie entdecken können. So wurde mir die Stadt, obwohl ich in ihren Mauern bald verhungert wäre, zu einem unvergeßlichen Ort. Und als ich am 23. Juni 1947 von München Abschied nahm, um ins Sanatorium zu fahren, da nahm ich die Liebe, die ich für diese Stadt empfunden habe, unversehrt mit hinüber in die neue Heimat der Liegestühle. [. . .]

Daß Sie mit Cyrus Atabay[2] zusammengetroffen sind, freut mich sehr. Grüßen Sie ihn von mir, wenn Sie ihn wieder einmal treffen. Seine Gedichte mag ich sehr.

Heute sollen Sie nun wieder eine abgeschriebene kleine Prosaarbeit aus dem Jahr 51 erhalten. Sie ist mehr eine Stilübung für mich gewesen [. . .]

Lassen Sie sich von mir und meiner Frau recht herzlich grüßen.

Ihr ergebener Josef W. Janker

1 Siehe die Erzählung »Mit dem Rücken zur Wand« in Band 1 dieser Werkausgabe.

2 Cyrus Atabay, persischer, seit 1951 in Westdeutschland lebender Lyriker.

Janker an Albert von Schirnding

Ravensburg, 9. April 1956

Lieber Albert,

viele herzliche Grüße und Wünsche von hier. Wie geht es Ihnen? Sind Sie wieder in München? Gelt, ich bin zur Zeit ein schreibfauler Patron? Aber ich arbeite wieder mal an meinem Rußlandbericht. Stehe im ersten Drittel des 2. Teiles. Diese Idee läßt mich halt gar nicht mehr los. Ob es etwas brauchbares wird, weiß ich nicht. Mitunter überfällt mich eine Art poetischer Verzückung. Dann arbeite ich auf vollen Touren. Ich meine dann immer, ganz brauchbare Beiträge zu unserer modernen Literatur zu liefern; das heißt, ich bilde mir ein, nüchtern, sachlich, kühl und präzise zu schreiben und der Teufel will es, ein einziger schiefer Aspekt, eine einzige verkorkste Metapher und der Optimismus weicht tiefster Depression. Dann kommen die bekannten Komplexe, die für das Schaffen so lähmend sind. Ich glaube dann, der Zustand der Depression sei nichts anderes als ein Augenblick der Einsicht in ein vergebliches Bemühen, nichts als die Bankrotterklärung meiner Existenz. Ich spüre dann, wie tief getroffen ich wäre, wenn es einmal kein eigenes Schaffen und Dichten, Träumen und Gestalten gäbe. Wenn ich abgefallen wäre vom Baume der Kunst, – als eine taube, verdorrte Nuss, der nur noch das Mistbeet, die Fäulnis, die Verwesung bleibt. Aber dann lese ich wieder und irgendeine Zeile schlägt ein, reißt mich in schwindelnde Höhen, – und ich entdecke zum hundertsten Mal, daß ich nicht mehr lesen kann ohne nicht sogleich die Nötigung zu verspüren, selbst zu schreiben. Und so geht es durch die Monate und Jahre. Viel Makulatur, viel beschriebenes Papier, auf dessen leerer Rückseite ich dann meine Algebra- und Statikaufgaben hinkritzle und ein paar gelungene Zeilen, oft nur ein einziges Wort und doch laß ich nicht ab von diesem verteufelten Metier, von diesem Handwerk der Verworfenen.

Herzlichst Ihr Josef W. Janker

Grüße von meiner Frau und Familie Heim (Wolfgang arbeitet z. Z. in der Plantage seines Vaters) – Wann werden Sie nach Wilflingen[1] fahren? Ich muß im Juni oder Mai nach Hechingen fahren. Hoffentlich treffen wir uns in diesem Frühjahr oder Sommer.

1 Wohnsitz Ernst Jüngers, dessen Adlatus v. Schirnding war.

Walter Helmut Fritz[1] an Janker

Karlsruhe, 23. 7. 56

Lieber Herr Janker,
[. . .] Vielen Dank für Ihr Manuskript, das mich ungeschmälert gefreut hat. Da ist ja das meiste hart am Gedicht! Aus diesen Zeilen könnte man ja Verse machen! Das Beglückende dieser Seiten ist ihre Dichte, ihre erstaunliche Komprimiertheit. Haben Sie von dieser Art Prosa schon mehr, schon

grössere Teile für das Buch? Haben Sie diesen Ton überall durchgehalten? Hat sich der Hanser Verlag schon entschlossen, das Buch herauszubringen? Wissen Sie, an wen ich dachte, als ich diese Seiten las? An Gerd Gaiser. Nicht im Sinn einer Abhängigkeit, sondern einer inneren Verwandtschaft. Ich möchte Ihnen gerne den einen oder anderen Satz Ihrer Arbeit zitieren, um Ihnen zu zeigen, was mich besonders trifft. Aber wo anfangen? Diese Sätze stehen ja nicht vereinzelt, sondern die ganze Textur hat diesen dichten Charakter. »Unter der Wölbung meines Daumens pulsiert das rote Netzwerk der Bahnen und Wege.« – »Die Strassen sind durchflutet von der Dünung der Felder. Nachts ebbt durch das Ohr der Schläfer das windblütige Korn« – »Es tut gut, das Staubband der Strasse mit schnellen Radhaspeln aufzuspulen, sich hineinzusaugen in das statuarische Bild der Ferne und an den Chromrändern des Rückspiegels die feine Chiffrierung des Himmels abzulesen.« – »Felder und Wege waren schwarz von Raben.« Nehmen Sie meinen Enthusiasmus bitte nicht als Kritiklosigkeit. Im »Hortulus« werden Auszüge erscheinen, nicht wahr? Haben Sie sich schon an andere Zeitschriften gewandt? An »Welt und Wort«, an die »Neuen Deutschen Hefte«? [. . .]

Nochmals meinen Dank!

Mit guten Grüssen und Wünschen für diese Sommerwochen

Ihr Walter Helmut Fritz

Sagen Sie bitte auch Herrn Hamm herzliche Grüsse.

1 Walter Helmut Fritz, Karlsruher Schriftsteller, vornehmlich Lyriker.

Heinrich Böll an Janker

15. 8. 56

Lieber Herr Janker, ich hoffe, Sie haben meine Karte aus Dänemark nachgeschickt bekommen, obwohl diese – verzeihen Sie die Nachlässigkeit – ohne Straßenangabe nach

Ravensburg ging. In D.[1] – auch hier sitze ich an den allerallerletzten Korrekturen meines Romans, entdecke immer noch Fehler, Dummheiten – einer Arbeit, die ich liebe, die mich aber auch quält. Bald – in einem Monat hoffe ich – kann ich Ihnen den Roman unzerstückelt zuschicken.

Ich denke oft an Sie, zähle Sie wirklich zu meinen Gefährten, und da ich nicht an »Zufälle« glaube, ist mir die Tatsache, daß wir in Attichy[2] Nachbarn waren, sehr wichtig. Und ich weiß zu unterscheiden zwischen Freunden, die mir via »Ruhm« zufallen und denen, die es immer waren oder gewesen wären.

Ich wünsche Ihnen von Herzen eine gute Zeit im Schömberg[3] und hoffe, wir sehen uns wieder, hier oder in Ravensburg.

Sehr herzlich
Ihr Heinrich Böll

1 Vermutlich ist Dugort gemeint, Bölls irischer Wohnsitz.
2 Böll und Janker stellten nachträglich fest, daß sie zur selben Zeit im französischen Gefangenenlager Attichy waren. Siehe auch den Brief vom 5. Juni 1959.
3 In Schömberg weilte Janker zu einem Sanatoriumsaufenthalt.

Cyrus Atabay[1] an Janker

München, 25. X. 56

Lieber Herr Janker,
In Ihrem Brief schwingt eine Sympathie, die, in feinen Wellen kommend, mich trägt und leicht betäubt, ich vermute, dass sich Ihre Zuneigung mit den Schwingen Ihrer Phantasie ausgestattet hat und mich für einen der heiligen drei Könige hält, diese Verwechslung lasse ich gerne gelten, aber wenn ich auch wie der schwarze König dreinschaue, so ist doch mein Gesicht eher von Kummer geschwärzt (sehen Sie nicht näher hin, sonst sehen Sie einen Paria).

[. . .] Ich schreibe keine aktuellen Gedichte, wenn Sie Aktualität mit der Zeitkulisse in Zusammenhang sehen. Der Begriff der »Zeit« wird oft überschätzt. Man macht es sich bequem, die Zeit trägt die Verantwortung, die Zeit legitimiert die eigene Schwäche; man meint das zu wissen, weil man ihr Gorgonengesicht, das erstarrende, für unabwendbar hält. Doch ist die Zeit nur eine Maske, sie verbirgt das Zeitlose. Es gibt eine Aktualität, die sich jenseits der Zeit ereignet, die Aktualität der Ananke[2], die unvergleichlich erregender ist als die der Zeit. Der Künstler nimmt die Zeit bisweilen als Vorwurf, um diesen Gegenstand von einem anderen, dem absoluten Thema, abzugrenzen; wenn er rettungslos in sie verstrickt ist, ist er auch schon der Zeit ausgeliefert. [. . .] Die Kunst empfängt ihre Impulse von ganz anderen Mächten, ihre konzentrischen Kreise werden von einem Mittelpunkt, dem Absoluten, regiert und konzipiert. Was übrigens die »technische Welt« betrifft: sie ist kein Alp für mich, ich integriere sie. Wenn Sie von Kalamitäten bedrängt werden, denken Sie an den tröstlichen Satz von Taine, der mich schon lange begleitet: »Wir müssen täglich auf die eigenen Schultern steigen«. Leben Sie recht wohl, und empfehlen Sie mich Ihrer Penelope.

Mit besten Grüssen
Ihr Cyrus Atabay

1 Siehe Brief vom 1. 9. 1955, Anmerkung 2.
2 Schicksal, Verhängnis (nach der griechischen Göttin).

Gerd Gaiser an Janker

Reutlingen, 1. 11. 56

Lieber Herr Janker,
Nehmen Sie meinen sehr herzlichen Dank für Ihren mir sehr wertvollen Brief, für die Mühe insbesondere, die Sie sich gemacht haben, sich so mit mir einzulassen; ich selbst, der ich ein äußerst unwilliger und scheu gehemmter Briefeschreiber bin, weiß das zu schätzen. Es hat mir damals in Überlingen[1] leid getan, daß die Sache so kurz war, mir erweckt solche Art des Begegnens immer die fatale Befürchtung, man könnte in der Kürze etwas von Hochfahrendheit oder Prominenzlertum wittern, Dinge die mir gewiß ganz fern liegen; im Gegenteil,

ich selbst bin auf solchen Veranstaltungen durchaus unheimisch und auch in Überlingen nur auf Drängen dabeigewesen; das intellektuelle Gespräch, das Zunft- und Rundgespräch beherrsche ich nicht und trage auch nichts daraus davon; und an jenem Tag war das ganze Programm anstrengend festgelegt. Ich hoffe, Sie konnten es verstehen, ich möchte es auch aus der Tatsache Ihres Briefes entnehmen. Sehr dankbar bin ich Ihnen für Ihre klugen Analysen; meist beobachte ich, daß Betrachter mehr davon verstehen als ich selbst, der ich meist sehr wenig begreife, was eigentlich vorgeht, allenfalls hinterher. Besser bin ich bei Bildern dran, von denen verstehe ich mehr, das ist gelerntes Handwerk. Was mich besonders freut, ist Ihre Beschäftigung mit »Zwischenland«; diese Sachen hat ja im Grunde kein Mensch gelesen, und bei allen ihren großen Schwächen sind mir einige davon auch heute das Nächste und Liebste, was ich gemacht habe. Keine Zeile davon – zum Glück und leider – würde ich heute wieder so schreiben; ich kam damals aus der Malerei mit einem Sprung, binnen 12 Stunden sozusagen in die Sprache hinein, das spürt man; das schleift sich ab, das läßt sich nie wiederherstellen, von Literatur hatte ich keine Ahnung; von dem, was man machte und machen durfte, auch nicht einen Schimmer; ich hatte seit sechs oder sieben Jahren so gut wie nichts gelesen. Halten Sie mir die kurze Antwort zugute; durch eine schwere Krankheit meiner Frau sind unsere Verhältnisse etwas durcheinander, und ich ersticke im beruflichen Kram. Ich danke Ihnen und bin mit allen guten Wünschen Ihr

Gerd Gaiser

1 In Überlingen fand im Oktober 1956 ein internationaler Kongreß deutschsprachiger Schriftsteller statt. Hier war Janker am Rande mit Gaiser zusammengetroffen.

Ravensburg, 21. 12. 56

Lieber Herr Janker,

Es tut mir so leid, daß Sie auf einen Dank und eine Bestätigung so lange warten mußten. Der Grund liegt in traurigen Zeiten, die durch Krankheit in meiner Familie verursacht waren und noch nicht überstanden sind. So kann ich Ihnen auch heute, inmitten mancher Bedrängnisse, nur ein kurzes Wort sagen. Ihr schöner ausführlicher Bericht war mir eine Freude, wie sie selten vorkommt; man weiß doch einmal, daß manche Mühsal nicht nur nicht umsonst gewesen, sondern reich belohnt worden ist. Ich selbst lerne, da ich kein Mann der Analyse bin, mancherlei aus Ihrer Arbeit. Hoffentlich bei künftiger Gelegenheit mehr. Ich grüße Sie mit meinen herzlichsten Wünschen für Leben und Arbeit!

Ihr

Gerd Gaiser.

Gerd Gaiser an Janker, vgl. Seite 21

Gerd Gaiser an Janker

Ravensburg, 21.12.1956

Lieber Herr Janker,
es tut mir so leid, daß Sie auf einen Dank und eine Bestätigung so lange warten mußten. Der Grund liegt in traurigen Zeiten, die durch Krankheit in meiner Familie verursacht waren und noch nicht überstanden sind. So kann ich Ihnen auch heute, inmitten mancher Bedrängnis, nur ein kurzes Wort sagen. Ihr schöner ausführlicher Brief war mir eine Freude, wie sie selten vorkommt; man weiß doch einmal, daß manche Mühsal nicht nur nicht umsonst gewesen, sondern reich belohnt worden ist. Ich selbst lese, da ich kein Mann der Analyse bin, mancherlei aus Ihrer Arbeit. Hoffentlich bei günstiger Gelegenheit mehr! Ich grüße Sie mit meinen herzlichsten Wünschen für Leben und Arbeit.

Ihr Gerd Gaiser

Reinhold von Walter[1] an Janker

Ravensburg, 31. Dezb. 56

Lieber Herr Janker,
[. . .] Sie wissen ebenso gut wie ich, daß für unsereinen die schriftstellerische Reputation eben das Stück Brot ist, das einzige, das sich quasi realisieren läßt. Wenn es nun hageldick kommt und gute Freunde einem Schwerfälligkeit in der Sprache, ich weiß nicht warum, als Verdikt für das neue Jahr auf den Weg mitgeben, so möchte man am liebsten den Tag seiner Geburt verfluchen. Ich hatte wirklich gehofft, nach den hier verbrachten neun Jahren ein zuverlässiges Urteil zu bekommen. Ich wage mich kaum auf die Straße hinaus und möchte nicht mehr in dieser Stadt leben. Sehen Sie, Sie stehen am Beginn Ihrer dichterischen Laufbahn, und dazu muß ich Ihnen Glück wünschen. Aber auch Sie werden erkennen, daß der eigene gute Wille und das Talent allein nicht ausreichen, wenn man nicht mit dem Wohlwollen guter, erprobter Freundschaften rechnen darf. Man sagt etwas höhnisch, man

könne nicht vorsichtig genug in der Wahl seiner Eltern sein; indessen sollte man noch viel umsichtiger und kritischer in der Wahl der »Wohlwollenden« sein, die einem freundlich lächelnd die Gurgel durchschneiden. Ich bin natürlich ungerecht in meinem Pessimismus. Vielleicht ist es gar nicht so schlimm! Obwohl es immer schlimm genug bleibt. Also: Ihnen, Ihrer lb. Frau und Peter Hamm alles Gute zum Neuen Jahr! Ihr

R. v. Walter

1 Siehe Brief vom 11. 8. 1955, Anmerkung 1.

Janker an Reinhold von Walter

Januar 1957

Verehrter Herr von Walter!

[. . .] Worum es mir in dieser Studie[1] ging, war dies, einen Soldaten zu zeigen, der »Gedanken der Flucht« nährt, Erinnerungen mit sich herumträgt, die Erinnerung an ein paar Tage des Glücks, und dem nun ein Auftrag die Gelegenheit zuspielt, ins sommerliche Hochland zurückzureisen, also fort von allem, was Tod und Zerstörung bedeutet, Flucht in die Idylle einer ukrainischen Romanze. Der Ausschnitt, den Sie liebenswürdiger Weise lasen, war nur der erste Teil aus dem betreffenden Kapitel. Er zeigt das Auftauchen aus einem liebgewonnenen Traum in die harte Realität eines Soldatenlebens, das Anklammern an entschwindende Bilder –: Hesperiden, der Jüngling, die goldenen Äpfel der Hera – über die Stationen des Halbschlafs hinweg Enttäuschung, Zorn (die zudringliche Hand des verhaßten Melders) zur erregenden Einsicht: Potschajewo und er dazu ausersehen, dorthin zu reisen! [. . .]

Die Stationen dieser Fahrt werden nur kurz gestreift und in für den Helden bedeutsamen Bildern festgehalten. Im weiteren Verlauf dessen, was ich zu erzählen gedenke, erhellen sich die Bildbezüge auch für den Leser, sofern dieser aufmerksam zu lesen gewillt ist. An die Ortsnamen knüpfe ich sodann die erregende Geschichte eines Rückzugs an . . . Meine Arbeit ist ganz verschieden durchgestaltet. Teils im erzählenden und berichtenden Er-Ton, teils im tagebuchartigen Ich-Stil mit Raffungen, Rückblenden und lyrischen Montagen. Vieles ist erst im Rohentwurf fertig, manches bereits überarbeitet, anderes gestrafft und gekürzt, einiges erst geplant. Ob ich je mit diesem Buch an ein Ende kommen werde, weiß ich nicht. Aber es beschäftigt mich unablässig und ich komme nicht davon los.

Ja, es ist ein merkwürdiger Vorgang, vor einem leeren Blatt Papier zu sitzen und darauf eine Welt zu bauen. Höllerer[2] sagte einmal: »Mit dem Blatt in der Hand baust du den Wald auf!« Ja, aber es ist auch eine Qual, dann zu sehen, wie in diesen Wald die Insekten einfallen und Baum um Baum zerstören. Wie eine unsichtbare Axt erhoben wird, wie das Blut aus den klaffenden Wunden sickert, während die Tinte noch naß ist. Es ist eine Qual, mitansehen zu müssen, wie unter der tapfer geführten Feder das Unheil nistet und wie sich die Tintenteufel breitmachen und hämisch zu grinsen beginnen über den Schwund an Worten und Satzgefügen, wie dem Wackeren, Braven das so ehrenwerte Vorhaben unter den Händen zerrinnt, bis er ohnmächtig erwacht über seinen beschmutzten Blättern. – Dies nur in aller Kürze über die sattsam bekannte Misere der Schreiberlinge, zu denen ich mich seit einer Reihe von Jahren zähle und denen anzugehören eine einzige Ehre, meine einzige Leidenschaft ist . . .

Ihr ergebener
Josef W. Janker

1 »Flucht nach Kasatshja-Lisizza« (Erstdruck im St. Galler »Hortulus«, hrsg. von Hans Rudolf Hilty, Dezember 56).
2 Walter Höllerer, Herausgeber der AKZENTE.

Janker an Reimar Lenz[1]

20. 1. 1957

Lieber Herr Lenz!
[. . .] Auch der Leser vollzieht ja, wenn er aufmerksam genug ist, das Abenteuer einer solchen Reise in seiner Vorstellung

nach. Dieser Nachvollzug geschieht um so bereitwilliger und ungehinderter, je mehr einem der Gegenstand der Reise bekannt ist. Und ich darf doch mit einigem Recht sagen, daß mir, wenn auch nicht Moskau, so doch der mittlere Teil Russlands, und wenn auch nicht aus jüngster Vergangenheit so doch aus der Kriegszeit her in Erinnerung ist. Ich habe hunderte von russischen Dörfern gesehen und durchstreift. Minsk, Brest-Litowsk, Smolensk, Orscha, Wjasma und Roslawl kenne ich. Aber was nachhaltiger auf mich wirkte: die schwermütige Weite des mittel- und nordrussischen Raumes, die Endlosigkeit der Wälder, das Halbdunkel der Sümpfe und Tundren, die Verlorenheit dieses Himmels und vor allem: der russische Mensch in seinen Katen. Sie haben Moskau gesehen. Sie haben den heutigen Russen kennengelernt, den Bewohner eines sehr fremden, mächtigen und gigantischen Staates, den selbstbewußten Bewohner eines Staates, dessen Aufschwung etwas Bestürzendes und Erschreckendes verrät und der schonungslos die überkommenen Vorstellungen der bislang etwas allzu selbstsicheren westlichen Welt beiseitefegt.

Gerade das ist doch mit der tiefere Sinn einer solchen Reise: die Möglichkeiten echter menschlicher Kontaktaufnahme wahrzunehmen, frei von allen billigen Schematismen und einsuggerierten Meinungen. Ich habe eben das vielbesprochene Buch[2] von Dudinzew gelesen. Vorher Konstantin Fedins zweibändiges Werk: »Ein ungewöhnlicher Sommer«. Wissen Sie, es geht ja nicht, die Augen in kleinlicher Enge zu verschließen und die politisch gefärbten Schlagworte bedenkenlos nachzuplappern. Ich nehme mir das Recht heraus, selbst zu prüfen, soweit das für mich möglich ist. Deshalb begrüße ich auch Ihr mutiges Unterfangen. Denn Sie haben die Augen offengehalten. Sie »kapitulierten nicht im Kraft-Zentrum einer fremden Welt und konvertierten nicht«, obgleich das doch irgendwie nahelag. Ich kenne nämlich sehr gut den Ansog dieser östlichen Welt, wenn auch nicht aus dem Zentrum eines Rausches nationalen Ausmaßes. Aber ich kenne die Landschaft, ihre grenzenlose Schwermut und Weite, der man sich schwer entzieht. Und ich kenne den russischen Menschen. Ich habe eineinhalb Jahre fast in russischen Katen zugebracht, auf Ofenplätzen, Pritschen und

Strohlagern. Obwohl ich unfreiwillig kam und unfreiwillig ging. [. . .] Heute würde ich aus eigenem Antrieb heraus eine solche Reise wagen. Keine Reise mit dem Ziel, politisch und ›emotional zu konvertieren‹. Aber eine Reise mit dem Ziel, einen liebgewonnenen Typus Mensch wiederzufinden, einen Typus Mensch, dessen Gemeinschaftssinn, dessen Diesseitsoptimismus, dessen naive Fortschrittsgläubigkeit wir müden Skeptiker des Westens belächeln, dessen immenser menschlicher Ausstrahlungskraft wir uns aber schwerlich zu entziehen vermögen. Sie haben Mut bewiesen. Dafür sei Ihnen herzlich gedankt.

Ihr Josef W. Janker

1 Reimar Lenz, Lyriker und Publizist.
2 »Der Mensch lebt nicht vom Brot allein«.

Walter Helmut Fritz an Janker

Karlsruhe, 5. 2. 57

Lieber Josef W. Janker!

[. . .] Vielen Dank für den Ausschnitt aus Ihrem Russland-Tagebuch, den Sie mir beilegten. Sie bitten mich, ich solle *kritisch* die Seiten durchsehen. Glauben Sie mir bitte, dass ich mich sehr bemüht habe, auch Einwände vorzubringen – es ist mir nicht gelungen. Denn diese Seiten sind so vorzüglich, dass Kritik nicht mehr am Platze ist, oder besser: diese Prosa ist so einbruchsicher geschrieben, dass Kritik gar keinen Ansatzpunkt findet. Die Hauptvorzüge Ihrer Prosa scheinen mir zu sein: die Dichte und die Tatsache, dass nirgends eine reportagehafte Wirklichkeit *abgeschildert* wird (so präzis die Dinge auch genannt werden), sondern dass alles sprachliche Wirklichkeit wird, also eine eigene, in sich geschlossene Welt [. . .] Tolle Sätze: »Das Echo seiner Schritte verfing sich und wollte nicht mehr enden«. Oder: ». . . der gelangweilte Blick über die Schulter hinweg, *Überspieltes*«. Wie solche einzelnen Wörter einen zum Anhalten zwingen, wie sie andeutend einen Horizont öffnen, das ist grossartig – rational ganz ausschöpfen kann man es gar nicht. ». . . wo sie bündelweise und in allen nur möglichen Phasen der Erschöpfung lagen«. »Schnee der Erinnerung« (Diese Verbindung hat, glaube ich, auch Peter Hamm einmal verwendet, in seinem Zürich-Gedicht). »Schmelzwasser des Glücks«. Das sind Funde! Aber, wie gesagt, es sind nicht nur die Einzelheiten, die treffen, die ganze Sprachbewegung »stimmt«, ist »richtig«. Aus der »Flucht« ein Beispiel, eine Einzelheit noch: »Der Flaumschnee der Gänse pulvert den Weg ein«. Man könnte fast jeden einzelnen Satz so zitieren. »Die Gassen sind durchflutet von der Dünung der Felder . . .«. ». . . das windblütige Korn« usw.

Sind Sie nun mit dem Hanser-Verlag weitergekommen? Haben Sie schon einen ungefähren Termin, wann das Buch erscheinen wird?

Soviel für heute.

Herzliche Grüsse, auch an Ihre Frau Gemahlin,
von Ihrem Walter Helmut Fritz

Janker an Ilse Aichinger

7. April 1957

[. . .] Ich nenne Ihnen gerne einige Details dieser Begegnung: Sommer 56, der Spiegelsaal zu Meersburg, die geladenen Gäste, der magische Bann Ihrer Stimme, die rätselhaften Aspekte Ihrer »Spiegelgeschichte«. Das Äußere trügerisch genug: der blaue See mit seinen verfänglichen Segelkünsten – inwendig das Meer, das Kap der Guten Hoffnung, weißes Papierschiff, mit Kindern beladen, für die niemand bürgt. –

. . . Eines aber tat ich, als ich wieder zuhause war –: ich machte mich unverzüglich über den »Gefesselten«[1] her, suchte hinter die Tücken und Kniffe dieses Hand-Werks zu kommen. Ich fragte mich, wie ist er denn überhaupt gefesselt? Womit läßt sich diese unlösbare Verknüpfung von Sprache und Ausdruck herbeiführen? Wie fange ich es an, mit solcher Beherrschtheit und Gelöstheit zu fliegen? Und ich las voller Neid und Bewunderung: daß »Fliegen nur in einer ganz bestimmten Art der Fesselung« möglich ist . . .

Ich habe in diesen vergangenen Monaten sehr viel und eingehend gelesen; geduldig lauschte ich den verschiedensten Klängen und Rhythmen sprachlicher Gestaltwerdung. Was mir an Ihrer Prosa besonders auffiel: die kaum mehr zu überbietende Schlichtheit des Ausdrucks, seine Erhöhung durch das Medium der Sprache, ein außergewöhnlicher Spürsinn für die Transparenz vielschichtigster Vorgänge. Hinter dem, was Sie mit entwaffnender Offenheit sagen und andeuten, tun sich neue, unbekannte Räume auf, imaginäre Kreise, umzirkelt von Taubenflügen. Der sprachliche Ausdruck und das Bild verdichten sich darin zu Formeln von beschwörender Kraft. Völlig neue Möglichkeiten des Erzählens werden wahrnehmbar. Obwohl es schwierig, wenn nicht unmöglich ist, den feinen, kaum mehr aufspürbaren Verästelungen Ihrer Dialoge zu folgen, in irgend einer Weise wittert man doch ihren Sinn. Eine einzige große Verwobenheit scheint zu bestehen. Das mit gelassener Ruhe Gesagte, selbst das Verschlüsselte, all die magischen und geheimnisvollen Chiffren, die aufleuchten, sie sind letzten Endes das Ergebnis einer sehr genauen und exakten Niederschrift. Meine liebsten Erzählungen in diesem Band: Der Gefesselte, Die geöffnete Order, Spiegelgeschichte und Seegeister . . .

Josef W. Janker

1 »Der Gefesselte«, Erzählband Ilse Aichingers von 1953.

Janker an Otto F. Best[1]

Juli 1957

Sehr geehrter Herr Dr. Best

[. . .] Auf meine Veröffentlichung im »Hortulus«[2] hin erhielt ich übrigens eine ganze Anzahl von Zuschriften. Fast alle positiv, einige nichtssagend verbindlich, eine – und das hat mich ziemlich aus dem Gleis geworfen – unversöhnlich scharf und ablehnend. Merkwürdig: Da vergißt man völlig die positiven Zuschriften und möchte sein ganzes Handwerk an den Nagel hängen. – Ich wollte ja eigentlich, um auch darauf anzusprechen, nie einen Roman im herkömmlichen Sinne schreiben, sondern eine Art Mosaik mir erarbeiten mit Aussparungen, Rückblenden, Raffungen, kurz eine Prosa, die zwar das Element des Erzählerischen noch in sich trägt, die aber, von einem festen Rhythmus vorangetragen, immer wieder sprachlichen Höhepunkten zustrebt. – Wie sehr wünschte ich, streng den Intentionen zu folgen, zuchtvoll und gebändigt das Wenige zu sagen, was mir zu sagen möglich ist, mit Kraft die Fäden (es müssen nicht viele sein) zusammenzuziehen und dem immanenten inneren Rhythmus zu folgen, der mich bewegt. Dabei kunstvoll im Detail, das Ganze aber überschaubar und einfach. Und dies vor allem: die Aussage wirklich aus dem ganzen lebendigen Menschen heraus. –

Aber nicht wahr, die Materie, mit der es ein Anfänger zu tun hat, ist wohl zu vielgestaltig, als daß sie das schwache Bemühen zu fassen vermöchte. Zuviel an gewagten Sprüngen ist da, an selbstmörderischen Instinkthandlungen, blinden Zugriffen. Die Sprache reißt den Anfänger in gefährliche Untiefen hinein. Erst im Wirbel, im Wildwasser zeigt es sich, ob er schwimmen kann. Doch Schluß mit diesen Enthüllungen! – Wenn Sie meine Prosa schlecht finden und indiskutabel, sind sie uninteressant und peinlich, wenn Sie sie halbwegs passabel finden, überflüssig. –

Der Vorschlag, die Wahl zwischen den beiden Verlagen mir zu überlassen, dürfte meines Erachtens wenig Sinn haben. Für mich gibt es doch ernstlich keine Wahl. Was nützte es mir denn, wenn ich mein Manuskript Fischer überließe? Man würde es zurückschicken und mich an Sie verweisen; denn Sie waren es, der mich anschrieb und nicht der Verlag als solcher. Auch halte ich mich im Allgemeinen lieber an einen Menschen als an eine Gesellschaft. S. Fischer, wirklich, für einen jungen Schreiberling eine Art himmlischer Pforte, einer der obersten Kreise, um mit Dante zu sprechen. Aber ich möchte keine halsbrecherischen Kletterkünste versuchen (die sind dem Augenblick des Schreibens vorbehalten), sondern einen gangbaren Weg einschlagen, der mir eine ehrliche Chance bietet [. . .]

Ihr Josef W. Janker

1 Otto F. Best, Cheflektor des Kiepenheuer & Witsch-Verlags.
2 In St. Gallen erscheinende Literaturzeitschrift (1951–1964). Ihr Herausgeber war Hans Rudolf Hilty.

Janker an Heinz Schöffler[1]

[Sommer 1957]

[. . .] Und nun haben Sie mir also ein überaus freundliches und hochherziges Angebot gemacht, ein Angebot, das mich ehrt und beschämt. Ich fürchte insgeheim, daß Herr Hamm, dieser liebenswerte Anwalt[2], versäumt hat, Ihnen von den offensichtlichen Mängeln meiner Arbeit zu berichten. Ich bin unsicherer geworden, als ich dies je für möglich gehalten hätte. Gewiß, ich hänge an meiner Arbeit und verteidige sie. Ich will auch nicht verhehlen, daß mir der Akt des Schreibens selbst sehr viel bedeutet, ist dies doch eine Weise des Existierens, die ungemein befreiend wirkt. Ich meine dies menschlich gesehen. Daneben her aber macht sich bereits im Augenblick dieser Befreiung eine neue Art der Fesselung bemerkbar. Wenigstens geht es mir so, denn die kritischen Kommentare meiner Freunde lassen erkennen, daß ich bereits tief in einem neuen Irrtum befangen bin [. . .]

Ihr Josef W. Janker

1 Dr. Heinz Schöffler, Lektor im Luchterhand-Verlag.
2 Peter Hamm hatte Texte Jankers an eine ganze Reihe von Lektoraten und Redaktionen vermittelt.

Janker an Walter Gross[1]

Ravensburg, den 12. 9. 1957

Sehr geehrter Herr Gross!
Der gestrige Tag in Skt. Gallen war für mich in mancherlei Hinsicht schön und lehrreich, schön, weil ich Sie kennenlernte, lehrreich, weil mir die Lesung bewies, auf welch

hohem und eindrucksvollem Niveau die Lesungen standen. Der unerwarteten Begegnung mit Ihnen verdanke ich das meiste dieses Tages. Ich war wirklich nicht darauf vorbereitet, Sie allein anzutreffen, freute mich aber, daß Sie Zeit hatten für ein kurzes Gespräch [. . .]

Bevor ich meinen Brief beende, möchte ich Ihnen noch danken für Ihre eigene Lesung am Abend im Saal der Handelshochschule. Ich habe, ehrlich gesagt, ja das Gedicht AN JENEM NACHMITTAG vermißt. Besonders beeindruckt von den vorgelesenen Gedichten hat mich der Zyklus DIE TAUBE. Nicht nur die Form des Gedichtes und seine schlichte Schönheit hat mich getroffen, getroffen hat mich auch Ihre Vortragsweise. Das scheint Ihnen wie Herrn Brambach gleichermaßen zu eignen, daß durch die etwas harte, scharf akzentuierte Sprechweise die Worte einen herben, fast holzschnittartigen Charakter gewinnen. Das Wortmaterial wird so in festen, kantigen Konturen vorgeprägt. Ich möchte sagen, das Urgestein der Sprache wird sichtbar, die Maserungen des Holzes brechen hervor. Vielleicht rettet so die moderne Schweizer Dichtung einen Bereich der deutschen Sprache, der hierzulande durch allzu viel Glattes, Begrifflich-Abstraktes und Spielerisches unterhöhlt ist, vielleicht formt sie eine neue, sehr kraftvolle, spezifisch männliche Art der Aussage. –

Verzeihen Sie, ich bin kein Lyriker, verstehe zu wenig von den Gesetzen dieses Handwerks. Ich wollte ja auch nur meine höchst persönliche und unmaßgebliche Meinung zum Ausdruck bringen. Und ich habe aufmerksam und ergriffen gelauscht. Die Lesung war für mich ein wirklicher Gewinn. – Vielleicht schreiben Sie mir einmal ein paar Zeilen hierher. Es wäre für mich eine schöne Erinnerung an Sie und zugleich ein Ansporn für die eigene Arbeit, die natürlich, gemessen am Maßstab moderner Lyrik, reichlich bescheiden ist. Aber davon lieber ein ander Mal!

Mit herzlichen Grüßen!
Josef W. Janker

1 Walter Gross, Jahrgang 1924, Lyriker aus Winterthur.

Janker an Heinrich Böll

Ravensburg, 22. 11. 1957

[. . .] Als Spätling sozusagen, als emsiger Schüler eines immerwährenden Kollegs, spüre ich nun schon seit Jahren den Fährten der modernen Dichtung nach, schreibe schlecht und recht an eigenen Versuchen, die mich indes beschämen, gerate ich unversehens in die Nähe eines Meisters dieser Kunst, gerate ich ins Feuer. Ich werde dem Feuer keineswegs entgehen, wenn ich mich auf Ihre Prosa einlasse . . .

In Ihrem Buch[1] wird ja der Krieg nicht als Abenteuer, sondern als Krieg gesehen. Sie demaskieren schonungslos das schlachtenumkränzte Idyll unserer Altvorderen. [. . .] Die Perfektion jenes Ablaufs von Geschehnissen wird aufgezeigt. Das Ganze wird nur noch schwach tangiert vom rein Menschlichen. Der seiner Waffen beraubte Held wird zum stummen Zuschauer; hinausgetrieben an die äußerste Grenze eigener Wirksamkeit, wird er zum ohnmächtigen Zeugen jener perfiden Thronerhebung des Schreckens und Grauens, der Bitternis und Leere. Sie zeigen, wie der Krieg zu einem unwiderbringlichen Zeitverlust wird, zu einem furchtbaren Zeitvertreib. Wenig genug bleibt ihnen: ein spärlich verliehenes Glück zwischen zwei Feuern, von denen das eine Tod, das andere Schrecken bedeutet! Aber in diesen Randzonen des Glücks blüht auf unerklärliche Weise das Wunder der menschlichen Communio. Nicht daß hier überkommene Vorstellungen von Einfalt und Glauben billige Allheilmittel gegen Schrecken, Tod und Verzweiflung liefern. Ilona erbricht ihre Angst, obwohl ihr Gesang kräftig und von unglaublicher Klarheit ist. »Sancta Dei Genetrix« singt sie, ein Engel an Stimme und Wohllaut; aber sie fährt nicht, am Boden liegend, zu singen fort, sondern sie schreit, wie sehr sie auch einem Engel gleicht . . .

Zuerst ging ein »großes, gelbes, tragisches Gesicht an ihnen vorbei, das war der General« – »Dieser magere, gelbe Generalshals ohne Schmuck ließ an verlorene Schlachten denken . . .« [. . .] Kennzeichen eines Mannes, der Pech hat, eines Generals, der Schlachten verlieren muß. –

Die Schilderung auf Seite 10, »Immer noch stand die Sonne . . .«, atmet Trauer und Resignation. Man spürt förmlich, wie die Sonne, dieses »glühende Eisenei«, über die flachen Dächer rollt. Eine besonders lähmende Formulierung: »schlapp hing das magere Laub von den Bäumen« oder »Wolken von Vögeln, die zögernd in der Luft schwebten«. Ich habe die überreifen Tomaten vor Augen, die an »viel zu großen Stauden hängen«, und ich habe Mühe, beim Anblick des schlappen, papierenen Laubs, das gespenstisch raschelt, meine Müdigkeit zu überwinden, und ich bin mit Feinhals versucht, mein Kochgeschirr gewaltsam hineinzuschieben »in diese stets sich verschiebende Vielzahl blecherner Öffnungen«. [. . .] Eine besonders eindrucksvolle Stelle ist die Schilderung eines Abends in dieser rumänischen Vorstadt. Sie schreiben da von der Sonne, die in einer Straßenzeile zwischen zwei Häusern auf dem Boden liegt. ». . . merkwürdig, wie ein abgeflachter, glänzender, sehr entarteter Apfel . . .«. Dieser knappe Vergleich bringt die ganze Last an unbewältigter Vergangenheit ins Rutschen. Ein Schritt weiter und alles ist wieder gegenwärtig. Das Wort »Bjeljogorsche!«[2], das der sterbende Hauptmann murmelt, hat etwas von einer beschwörenden Formel an sich. Wie Sie dieses Wort handhaben, wie es immer wieder in die Stille hineinfällt, schwer und gewichtig wie ein Stein, quälend in seiner Folgerichtigkeit, mit der es ausgesprochen wird. Man fühlt das wie einen verhaßten und zugleich ersehnten Zwang. Man liegt mit dem Arzt auf der Lauer, fürchtet das Gespanntwerden der Membrane, die Stille davor, wehrt sich gegen das Überhandnehmen dieser Peinigung, unterwirft sich ihr, erliegt: Bjeljogorsche! Und niemand weiß, was der Sterbende damit meint. Sein Bewußtsein ist verdichtet zu der einzig möglichen Folgerung: Bjeljogorsche! Die Formel wird nicht gelöst. Die Suggestion wirkt fort. Aber es ist keine Frage: wir alle wissen, was Bjeljogorsche bedeutet.

Was mir schon manches Mal an Ihrer Prosa auffiel, Sie arbeiten wie Borchert mit dem Stilmittel der Monotonie. Eine fast naiv anmutende Aufzählung von Einrichtungsgegenständen, die beharrliche Innehaltung ein und desselben Blickwinkels, das Mittel der Wiederholung und Verdoppelung, die geringfügige Verschiebung gewisser Akzente – [. . .] – und plötzlich entdeckt man, daß hier ein sehr genau registrierendes Bewußtsein am Werk ist. Der Krieg als die Substanz gewordene Monotonie wird mit den Stilmitteln der Monotonie gefaßt und sichtbar gemacht. Alles erscheint sinnlos, ein gespenstischer Leerlauf, ein groteskes, widersinniges, abnormes Spiel.

Und das Karussell lärmt und dreht sich. Es ist auf eine unerklärliche Weise in Gang gesetzt worden. Und niemand, der den Mechanismus zu verstehen scheint. Keiner ist da, um es abzustellen. So leiert es unermüdlich weiter. Eine Schaukel überschlägt sich. Greck weint, während sein Darm »konvulsivisch winzige Mengen des ungeheuren Schmerzes freigibt«. Ilona stirbt und erbricht ihre Angst; Pilskeit, diese keusche Bestie, wie ich ihn nennen möchte, entleert seinen Revolver und beginnt seinen Amoklauf. Der kleine Finck mit den zu kurzen Beinen liegt in Tokayer gebadet. Nur ein paar Farbflecke bleiben übrig: die schlechtgemalte Sonne, einige Gurken und Aprikosen, dazu das weiße Fahnentuch, das über einen Toten fällt; denn niemand ist es vergönnt, heimzukehren. Der Krieg ist kein Abenteuer, das man mannhaft besteht. Es ist eine Krankheit, von der es keine Genesung gibt . . .

Ihr Josef W. Janker

1 »Wo warst Du, Adam?«

2 »Bjeljogorsche«: der Ort, in dem dieser Hauptmann verwundet wurde.

Cyrus Atabay an Janker

München, 7. 1. 58

Lieber Herr Janker,
wer ist so freundlich und gedenkt meiner, verfolgt meinen Weg? Ich weiß, daß Sie zu den Menschen gehören, die das tun, und ich danke Ihnen für Ihre Teilnahme. Ohne den Beistand der Freunde würde ich wie im Nebel leben. Ohne Widerhall und freundschaftliche Zurufe würde ich verstummen.

»Ich habe noch so viel Musik in mir«, rief Ravel aus. Er schrieb sie für seine Freunde.

Leben Sie recht wohl, haben Sie Dank für Ihr sympathisches Zeichen.

Herzlich der Ihre
Cyrus Atabay

Janker an Peter Hamm

Ravensburg, den 22. 2. 1958

Lieber Herr Hamm,
Ach, wie unnachahmlich bös Sie sein können! Man hätte mit Revolvern arbeiten müssen. Mann Gottes, wo haben sie bloß diese prächtigen Wortfindungen her? Sie sind ja der reinste Schnellrichter. Ich glaubte immer, ich könnte böse sein. Aber gegen Ihre rasanten Schüsse aus der Hüfte komme ich nicht auf. Rinsers Leiche macht sich ja gut. Ihre von Fritz protegierten Abenteuer der Tugend sind im Eimer. Fritz fing einen sauberen Blattschuß. Der wird so schnell nicht wieder in eine Metamorphose eingehen. Daß Maßanzüge erlaubt sind, ist bedauerlich. Ich trage neuerdings ja meinen Kiepenheuer-Pullover. Das ist weniger verfänglich, entgehe so vielleicht künftigen Hamm'schen Massakern. Mein Lieber, denken Sie aber daran: Maßanzüge erlauben Schnellschüsse. Maßanzüge erlauben Meuchelmord. Maßanzüge halten den Zorn der Dichter warm. Da die Weltgeschichte daran geht, Jesse Thoor zu entdecken, muß ich umschulen. Also: Der König ist tot! Es lebe der König! Thoor, sagten Sie? War das nicht ein germanischer Donnergott? Jesse Thoor also? Doch Spaß beiseite, wer ist Jesse Thoor? Ich kenne ihn wirklich nicht, gestehe, daß ich ein Banause bin. Ist es ein Neger? Ein Farbiger? Gibt es den Namen Jesse im Nordischen? [. . .] Aber Sie werden ja über ihn berichten, nicht wahr? Nun etwas anderes. Joseph Roth ist gekommen. Nicht er persönlich, leider. Aber seine Werke. Und zwar in drei wunderbaren, dünnblättrigen, flexiblen Bänden zu einem erstaunlich günstigen Preis. [. . .]

Ich arbeite zur Zeit noch an meiner sechsten und siebenten

Geschichte. Aber beide erst im Stadium des Werdens. Noch kann ich nichts über ihre endgültige Gestalt sagen. Soviel, daß sieben Erzählungen nun in das Buch sollen. Der Titel ZWISCHEN ZWEI FEUERN wird bleiben, wenn Best ihn billigt und ich entdecke nach und nach den Ideengehalt und die Absicht meines Schriebes. Ja, gegen Ende fällt mir sogar ein, was ich mit dem Buch sagen möchte. Tolles Ding das, so eine großartige Tüftelei, frei nach Jaeger[1] übrigens. Und damit wären wir ja wieder beim Thema, bei Schnellschüssen, Revolvern und Maßanzügen. Übrigens, wenn mein Buch zu meinen Lebzeiten erscheinen sollte, werde ich aus dem Honorar, sofern dieses nicht für Postgebühren restlos verwendet wird, einen Maßanzug fertigen lassen. Mit dezentem Nadelstreifen, wie wäre das? Schießen Sie bei Nadelstreifen vorsichtiger? [. . .]

Ich freue mich auf die Tage mit Ihnen, mit Höllerer und Elisabeth [Borchers]. Hoffentlich benachrichtigen Sie uns vorher. Hoffentlich kommt Höllerer mit zu uns. [. . .] Ein paar Augenblicke werden wir ihn doch hier sehen. Präparieren Sie ihn, bitte, auf einen kurzen Besuch. DER ANDERE GAST. Was sagen Sie? Ich bin ganz aus dem Häuschen. Leben Sie herzlich wohl!

Ihr Josef W.

1 Helmut Jaeger. Siehe Brief vom 27. 6. 1954, Anmerkung 3.

Janker an Peter Hamm

10. 5.1958

Lieber Freund Hamm,
es hat mich gefreut, wieder einmal von Ihnen zu hören. Sie haben sich so selten gemacht, daß meine Frau und ich oft geradezu Heimweh nach Ihnen bekommen. Aber ich verstehe, daß Sie nicht mehr so häufig hierherkommen. Nicht wahr, wenn es sich am nächsten Donnerstag machen läßt, besuchen Sie uns? Wir wollten erst morgen einen kleinen Bummel nach Wolfegg machen. Wollte meiner Frau das Geburtshaus zeigen, ich meine das Haus, in dem ich zur Welt

kam. (Komischer Gedanke, war ich nicht immer da? Was soll mir dieser Ort und dieses Haus? Was die Nähe zum Schloß und den damals doch so herrschaftlichen und illustren Bewohnern? Oder werde ich diesen Ort liebgewinnen, wenn ich ihn erst einmal so recht durchstreife?) Bisher mied ich ihn geradezu. Vielleicht übersah ich ihn auch ganz einfach. Habe für später einmal eine Sache vor, in der ich meine Jugend und Kindheit schildern möchte. Es muß ein farbiges und kraftvolles Buch werden, wissen Sie, die ganze Erziehung, diese merkwürdige Jugend mit ihren spezifischen Erlebnissen soll darin ihren Niederschlag finden. Vornehmlich die Welt meines Großvaters mit ihren liebenswerten Absurditäten und verstaubten Heiligtümern. Vielleicht wird es ein groteskes Gemisch von Erinnerung und Pamphlet, von melancholischen Reminiszenzen und ironischer Durchlichtung. Doch genug davon. Vielleicht bleibt es bei Stilübungen. Vielleicht schreibe ich erst später darüber, wenn ich etwas Moos und Patina angesetzt habe. [. . .] Überhaupt sollte ich lieber Ihre Zeilen beantworten, anstatt mich auf Dinge einzulassen, die ich Ihnen bestenfalls in einem Gespräch auseinandersetzen könnte. – Sie sind ja auch nicht gewillt, wie ich gerne glaube, sich in etwas einzulassen, das Ihre eigene Schwermut, – o ich spüre sie deutlich, zwischen den Zeilen bricht sie hervor – durchkreuzt. Ich versuche heute nicht erst, Sie auf meinen Tenor festzulegen. Lassen Sie mich aber noch kurz sagen, daß ich Faulkner mit verhaltener Spannung zu lesen begonnen habe. [. . .] Ich bin noch immer wie berauscht von Roth[1].

Lieber Hamm, kommen Sie bald! Ich freue mich auf eine Begegnung mit Ihnen. Hier in unserer Mansarde hat sich viel geändert. Sie werden die Wohnung kaum mehr erkennen. [. . .] Herzlich Ihr

Josef W. Janker

1 Joseph Roth, »Die Kapuzinergruft«

Janker an Johannes Poethen[1]

Ravensburg, den 31. Mai 1958

Lieber Herr Poethen,
ich habe mich gefreut, daß mein Brief so dankbar von Ihnen aufgenommen wurde, konnte wirklich nicht damit rechnen. Alles ist doch mehr oder weniger subjektiv gefärbt. So kann mein Versuch, Ihr »In Memoriam« hervorzuheben, nur ein schwacher, unzulänglicher Ersatz sein für eine wirkliche Analyse, die ich mir nicht zutraue. Immerhin erreichte Sie mein Brief in einer für Sie schweren Zeit. Und ich weiß selbst, wie solche Briefe dann aufgenommen werden. Da muß die Bereitschaft, das Empfangene anzunehmen, häufig die Mängel überdecken und tut es auch gern. Daß Sie uns allen, die wir das Glück haben, Sie als Lyriker zu kennen, viel bedeuten, darf ich Ihnen nachträglich noch verraten. Gerne mache ich nun auch wieder einen Versuch, Sie aufzustöbern in Ihrem abgeschiedenen Hirschau, das man am besten zu Fuß erobert. Vielleicht daß ich dann mehr Glück habe und den Lyriker Poethen dem Menschen Poethen einverleiben kann [. . .]

Ich möchte Ihnen heute auch einige kürzere Ausschnitte aus meinem bei Kiepenheuer liegenden Manuskript ZWISCHEN ZWEI FEUERN zusenden, da Sie mich in Ihrem Brief darum gebeten haben. Das Manuskript ist noch nicht angenommen, und ich warte zur Zeit auf die Annahme oder, was mich nicht überraschen würde, auf die Ablehnung desselben. Dr. Best hat mich letztes Frühjahr nach einer Veröffentlichung im HORTULUS ja angeschrieben. So fing die Sache an. Nun, vielleicht kann das als eine kleine Stilprobe gelten, was ich Ihnen heute zusende. Daß Ihnen der Zusammenhang fehlt dabei, ist vielleicht nicht so entscheidend. Sie sollen ja nur kennenlernen, wie ich ungefähr schreibe. Und ich habe jetzt schon Angst, was Sie darüber sagen werden. Wissen Sie, ich falle von einem Extrem ins andere. Mal imponiert mir mein Stil mächtig, dann wieder denke ich: alles kalter Kaffee! Aber ich mußte dies alles niederschreiben [. . .] Durch die Beschäftigung mit moderner Literatur kam ich nach mühsamen Umwegen auf diesen Stil. Dr. Best, der mich mächtig angespornt hat, das Buch zu schreiben (es war noch nicht fertig, als

er die ersten Seiten davon las und mich ansprach), will mich im nächsten Frühjahr herausbringen. Ich habe sieben Erzählungen geschrieben. Das Ganze aber hängt weitläufig zusammen und bildet eine Aneinanderreihung von Episoden, die mir wichtig schienen und die mein Erlebnis in Rußland, soweit ich es künstlerisch anzupacken vermochte, in die Sprache zwangen. Ein realistischer Bericht von den erlebten Schrecknissen mißlang immer wieder. Vielleicht lehnen Sie diese leichte Art der Gestaltung ab. [. . .] Gehen Sie nicht zu hart mit mir ins Gericht. Und seien Sie dessen gewiß, daß ich Sie immer schätzen und aufrichtig bewundern werde, auch wenn Sie mir wehtun müßten; denn ich gehöre nicht zu denen, die sich mimosenhaft spreizen, obgleich ich, das gestehe ich gerne, rasch aus dem Häuschen zu bringen bin. Sicherheit und Gelassenheit, leider sind sie mir nicht erbötig.
Herzlich

Ihr Josef W. Janker

1 Johannes Poethen, Lyriker und heute auch Redakteur beim Süddeutschen Rundfunk

Günter Bruno Fuchs an Josef und Bärbel Janker

Herzliche Grüße aus dem Schwarzwald
für Josef und Gelsomina Janker!

Bürchau, 10. 6. 58

Liebes Brunnenpaar[1]
bitte verzeihen Sie mein langes Schweigen; Sie wissen: der Umzug nach Berlin, so manches »Familiäre« usw.

Nun hat mich eine gütige Fee, die der liebe Walter Höllerer für mich ausfindig machte, eingeladen, hier ein paar Wochen zu bleiben. Wahrscheinlich muß ich aber schon um den 17., 18. nach München, komme dann von dort zum Peter [Hamm] nach Reutlingen – und hoffentlich, wenn's recht ist, auch zu Ihnen.

Alles Liebe und Gute!

Ihr Günter Bruno Fuchs

Herzliche Grüße aus dem Schwarzwald
für Josef und Gelsomina Janker!

Bürchau, 10.6.58

Liebes Brunnenpaar,

bitte verzeihen Sie mein langes Schweigen, Sie wissen: der Umzug nach Berlin, so manches „Familiäre" usw.
Nun hat mich eine gütige Fee, die der liebe Walter Höllerer für mich ausfindig machte, eingeladen, hier ein paar Wochen zu bleiben. Wahrscheinlich muß ich aber schon um den 17.18. nach München, komme dann von dort zum Peter nach Reutlingen – und hoffentlich, wenn's recht ist, auch zu Ihnen.

Alles Liebe und Gute!

Ihr

Günter Bruno Fuchs

(Die obige Zeichnung erinnert mehr an eine Indianersiedlung als an den Schwarzwald)

Gunter Bruno Fuchs an Josef und Bärbel Janker, vgl. Seite 38

(Die obige Zeichnung erinnert mehr an eine Indianersiedlung als an den Schwarzwald)

1 Anspielung auf die Ravensburger Brunnenstraße, wo Jankers damals wohnten.

Janker an Peter Hamm

3. August 1958

Lieber Freund Hamm,
[. . .] Überhaupt bin ich ja immer in einer gewissen Schwierigkeit, wenn ich kürzere Abschnitte aus meiner Arbeit zusammenstellen soll. Sie wissen ja, nicht alle Erzählungen sind in Teile zerlegbar; es gibt auslösbare Stellen, die für sich ein Ganzes bilden, zumindest vom Sprachlichen her. – Was »scharfe« Kapitel anbetrifft, so muß ich sagen, daß ich damit nicht dienen kann. Ich habe keine Pamphlete geschrieben. Meiner Arbeitsweise entspricht mehr die Andeutung, die Verdichtung sprachlicher Elemente zu Paraphrasen und dergleichen. Das Rhetorisch-Dialektische liegt mir nicht. Ich dämpfe gerne herab, mildere aber nicht im billigen Sinn einer Gefälligkeit. Im angedeuteten Sachverhalt wird mehr das Gerippe, mehr das Gerüst dessen erkennbar, was ich darstellen will, als das ausgelastete Ganze, in meinen sprachlichen Experimenten mehr das atmosphärisch Dichte, das Chiffrenhafte, Verschlüsselte, als das in chronologischen Abläufen mit den Mitteln des Erzählerischen im herkömmlichen Sinne Erfaßbare. Ich führe den Krieg am Einzelnen ad absurdum. Insofern mag ich altmodisch sein, als es bei mir noch den Helden gibt. Aber man muß genau hinsehen. Welche Art Held tritt denn hier auf? Etwa siegesgewisse Matadore, die das bekannte Lächeln zeigen: »nach der Schlacht«? Nein, keineswegs, meine Helden scheitern alle ausnahmslos. [. . .] Es gibt Bindungen zwischen Einzelwesen, Freundschaft von Mensch zu Mensch, doch auch sie nur in besonders glücklichen Augenblicken. Es gibt Konflikte mancherlei Art, aber ich führe sie meist nicht einmal zu Ende, breche irgendwo ab; der weitere Ablauf würde nur

bestätigen, was ich sagen will, daß nämlich der Krieg gar keine Lösung im dramaturgischen Sinn mehr zuläßt. Also zeige ich Parabeln, Abläufe von Einzelschicksalen, die zwar ihre Kulminationspunkte haben, nicht aber die Peripetie, den Glücksumschlag. Daß es in diesem Krieg nur das Scheitern gibt, zeigt schon das Vorwort, das Motto, das von dem »spärlichen Glück zwischen zwei Feuern« spricht. Jeder hat seine Glücksmomente (die IV. Erzählung berichtet fast rauschhaft davon.) Aber ich ergänze dahingehend, daß ich sage: »von denen das eine Tod, das andere aber Schrecken bedeutet«. Tod und Schrecken, Tod und die fast statisch wirkende, fortdauernde Art eines Schreckens. [. . .]

Wenn nicht einmal der Mensch mit seinen unzerstörbaren Verbindungen, mit seinen Konflikten und Strebungen, mit seiner Forderung nach Freiheit und seiner Widersprüchlichkeit vor diesem schrecklichen Horizont bestehen kann, dann wird der Waffenträger letztlich zu einem Anachronismus. Aber ich wiederhole es noch einmal: ich kann nicht über meine Erzählungen Analysen schreiben. Meine Versuche hier machen das Ganze nicht verständlicher. Nur der Leser kann – und auch das nur, wenn es mir gelungen ist, meine Intentionen ins Bild zu fügen, in die Sprache – nur der Leser kann mein Anliegen nachempfinden und verstehen; denn nicht wahr, was die Sprache nicht ausdrückt, existiert nicht? [. . .]

Herzlich der Ihre! Und alles Gute für Sie und Ihre Arbeit! Ihr
Josef W. Janker

Janker an Josef Karl[1]

[Oktober 1958]

[. . .] Deine schrullig-bösen Episteln, über die ich mich in der Regel freue, verraten dieses Mal einen Wankelmut, den ich nicht unwidersprochen hinnehmen kann. Ganz genau werde ich Dich ins Fadenkreuz nehmen, Du rasch umschlagender, ewig quengelnder Wetterbaum! Wenn Du schon den scharfsinnigen Richter spielen willst, warum änderst Du dann fortwährend Deine Ansicht über Deinen Mandanten? Du sprichst überaus freimütig von der schwächsten Seite meines Romans, berufst Dich auf die beigefügte Analyse, bist großzügig oder unaufmerksam genug, sie ungenau zu lesen. Hättest Du mit Bedauern zur Kenntnis genommen, daß Deine Vorstellung von einem epischen Kunstwerk nicht meinen Intentionen entspricht, ich hätte diesen Sachverhalt annehmen und mich im übrigen auf meine eigene Erfahrung zurückziehen müssen. So aber liest Du unverblümt in das Gutachten eines Mannes, der mein Buch beurteilt und es wesensmäßig richtig einschätzt, Deine eigene Anschauung hinein. (Soll ich zulassen, daß mein ältester literarischer Freund und Weggefährte einer gröblichen Fälschung bezichtigt wird?) Doch nun zu dem Gutachten und Deiner etwas reichlich eigenwilligen Interpretation. Klaus G. Riehle[2], den ich übrigens nicht kenne, schrieb, wenn ich meinen Augen trauen darf, daß der Roman nicht Vorwand zu Geschehnisablauf und epischem Gefälle sei. Vielmehr stehe er als Chiffre für Ausnahmezustand und Grenzsituation. (Riehle wählte sogar Worte, die ich verwende.) Der Anschluß der Kapitel erfolge nicht durch die Handlung, er ergebe sich vielmehr aus der inneren Konsequenz, die dem Ganzen gemeinsam sei. (Nicht gerade eine Bestätigung Deines Vorwurfs, oder?) Durch die Epik ziehe sich bis in unsere Tage herauf wie ein roter Faden die Fabel, argumentierst Du zuversichtlich. Nun, entweder hast du Joyce, Musil und Broch nicht gelesen oder sie mißverstanden. Ich sage nicht, daß die Bücher dieser »Neuerer« das Unvergänglichste darstellten, was in unserer Zeit geschrieben werden könne. Ich wage aber zu behaupten, daß sie Dichtungen von Rang schufen, und daß sie Sprache, die in leeren Konventionen zu ersticken drohte, belebt und an ihre äußersten Grenzen getrieben haben. »Geschehnisse und Gepflogenheiten eines Krieges setzt der Autor als bekannt voraus«, schrieb Riehle weiter. »So faßt er sie pauschal zu glänzenden expressionistischen Aperçus zusammen.« [. . .] In diese Erzählweise paßt das Bild, die Chiffre, paßt die sprachliche Formgebung, wie ich sie anwende (gewiß nicht mit letzter Konsequenz und auch kaum mit genügender Kraft), paßt die aussparende Art der Handlungsführung, das Tempo steigernde Element der Assoziation, die farbig sein kann, aber Luft haben muß.

(Andere, Größere beherrschen sie bestimmt besser als ich.) Aber lieber bleibe ich ein bescheidener Neuerer als ein routinierter Epigone. (Dies ins Stammbuch, Lamentation und Lehrgang im Fechten in einem!) [. . .]

Im übrigen ganz der Alte . . .

Janker

1 Josef Karl, Freund aus der Münchner Nachkriegszeit, mit dem zusammen Janker Schreibkurse an der Münchner Volkshochschule belegte.

2 Lektor bei Kiepenheuer & Witsch, Verfasser des ersten Verlagsgutachtens über »Zwischen zwei Feuern«.

Janker an Peter Hamm

Ravensburg, den 24. 10. 1958

Lieber Herr Hamm!

[. . .] Daß sich nun, nachdem ich bei Best saß und mündlich den Vertrag zugesprochen bekam, die Kiepenheuer'sche Sache zerschlägt, hätte ich nicht gedacht. Ich habe weiß Gott keine vorzeitigen Fanfaren geblasen. Sie wissen, daß ich auswich, als längst ersichtlich war, daß Best sein Jawort gesprochen hatte. Schrieb er nicht schon vor geraumer Zeit: wenn Sie nicht querschießen, sorge ich dafür, daß Ihr Buch im kommenden Frühjahr erscheint? Und wenn aus irgendeinem Grund noch etwas dazwischenkommen sollte, so erscheinen Sie bei einem anderen namhaften deutschen Verlag. Schrieb er das nicht? Schrieb er nicht vor zwei Monaten, daß Dr. Witsch[1] mein Buch in Urlaub mitgenommen habe, und daß er hoffe, bald die endgültige Entscheidung treffen zu können? Schrieb er nicht bald darauf die lakonische Nachricht: Dr. Witsch hat das Manuskript gelesen, und es hat ihm gut gefallen? Schickte er mir nicht das Gutachten von Klaus G. Riehle zu? Sprach er nicht von einem außerordentlich positiven, ja vorzüglichen Ergebnis? Nannte er nicht die Annahme der »Hemd-Affäre« in GEIST UND ZEIT[2] eine glänzende Reklame für mein Buch? Sprach mich nicht Herr Plewe, der Werbeleiter vom Verlag, an und machte mir in Bezug auf mein Buch Komplimente? Sagte er nicht freundlich, daß es von ihm abhinge, wie mein Buch aussähe? Ach, Hamm, ich habe doch keine Gespenster an die Wand gemalt. [. . .] Und nun spricht Dr. Witsch von der »Reaktion des Sortiments«. Best versicherte mir doch, daß die Kritik von Dr. Witsch nicht die Qualität meines Buches meine. »Ihre Prosa ist dicht und anspruchsvoll. Sie verlangt ihrem Leser viel ab.« [. . .] – Ach, Schluß damit!

Ihr Josef W. Janker

1 Dr. Witsch, Verleger des Kiepenheuer & Witsch Verlags.
2 Zweimonatszeitschrift für Kunst, Literatur und Wissenschaft im Progress Verlag, Düsseldorf.

Janker an Johannes Poethen

Ravensburg, 3. 11. 1958

Lieber Herr Poethen,
nicht wahr, es scheint nicht möglich zu sein, daß wir uns treffen! Wie geht es Ihnen denn? Sind Sie nun in Tübingen wohnhaft oder ist das eine Falschmeldung? Fräulein von Marschall sprach davon. Wenn sie recht hat, stimmt nun das Bild der langen und öden Dorfstraße mit dem Hügel im Hintergrund und der Kapelle nicht mehr, das sich unweigerlich vor mich hinstellt, wenn ich an Sie denke. Damals lief ich diese lange Straße entlang, ein Gewitterregen hatte kleine Pfützen gebildet, und die Kapelle hing zum Greifen nah über dem gewaschenen Laub. Kleine Wölkchen segelten mittschiffs durch das weihrauchduftende Gemäuer. Ein verspäteter Bimmelton losgelöster Glöckchen hing in der Luft, die nach Schnee und Alabaster roch. Einige verschlafene Heilige rafften die Soutane und wandten sich zum Abstieg. Ich aber stieg durch Pfützen und sah den Hügel auf mich zukommen, und es war ein sanftes Wehen von Rockschößen, geschwungenen Weihrauchschiffchen und ersten Lerchen um mich. – Verzeihen Sie den kleinen Abstecher zurück in jenen Morgen. Sicher haben Sie dem allem längst den Rücken gekehrt und wundern sich über mich. [. . .] Es ist möglich, daß ich Sie in Tübingen einmal besuche. War leider nicht in der Lage, an

meine fünfwöchige Hessenreise, die mich zu Stomps[1] nach Stierstadt führte, den Abstecher nach Tübingen anzuschließen. (Sie sehen, ich reise rascher und bequemer in Gedanken!) Bei Stomps war ich nicht etwa auf Besuch. Nein, ich ließ mich einspannen, stellte unser Bauvorhaben zurück und lernte das ehrsame Handwerk eines Buchbinders. [Günter Bruno] Fuchs, den Sie ja kennen, war gleichfalls dort. Wir waren in den letzten Tagen vor der Messe zu acht. Und jeder mußte mittun, ob er wollte oder nicht. Stomps ist ja ein Arbeiter, der alles in den Schatten stellt. Er kann zehn und mehr Stunden an der Setzmaschine stehen, dann geht er in sein Zimmer und stellt einen neuen Band zusammen, während wir Jüngeren schlafen.

Ihr Josef W. Janker

1 V(ictor) O(tto) Stomps, Verleger der Eremitenpresse. Siehe Jankers Prosa »Schloß Sanssouris« in Band 2 der Werkausgabe.

Janker an Dr. Witsch

Ravensburg, den 5. 11. 1958

Sehr geehrter Herr Dr. Witsch!

Sie werden nicht gerade erfreut sein, wenn ich Ihnen, ohne aufgefordert zu sein, persönlich schreibe. Aber eine Nachricht Ihres Lektoratsleiters dürfte den Entschluß, diesen etwas ungewöhnlichen Weg einzuschlagen, rechtfertigen. Ich hätte unverzüglich geschrieben, wollte indes meine Bestürzung, deren Ursache Sie kennen, nicht allzu offenkundig werden lassen, und so auferlegte ich mir die sehr wohltätige Fessel des Schweigens. Ich werde Sie, auch wenn ich dieses Schweigen breche, nicht einer ermüdenden und zeitraubenden Aufreihung von Argumenten aussetzen. Ich werde auch nicht das aufregende Wechselspiel von Hoffnung und Skepsis, Beseeligung und Verzweiflung schildern, wie es die Entstehung eines Buches nahezu zwangsläufig begleitet. Auch jegliches Lamentieren will ich Ihnen ersparen. Nur die Wegzeichen seien angeführt, die Markierungen eines langen und nicht unbeschwerlichen Weges, an dessen Anfang die Annahme meines Manuskriptes durch Dr. Best und an dessen Ende die Ablehnung meines Buches ZWISCHEN ZWEI FEUERN steht. – [. . .] Best hatte immer davon gesprochen, wie schwierig es sei, ZWISCHEN ZWEI FEUERN zu einem finanziellen Erfolg zu machen. – Lassen Sie mich nun doch, in aller gebotenen Kürze, anführen, daß schon während der ersten Kontaktaufnahme mit Herrn Best zwei weitere Angebote an mich ergingen, daß ich diese aber ablehnte, weil ich die Verbindung mit Herrn Best, den ich aufrichtig bewundere, nicht aufgeben wollte, und weil mir, ich gestehe dies gerne ein, der Gedanke schmeichelte, Ihrem Verlag, wo die großartigen Bücher Bölls erschienen waren, nahezustehen. – Bitte, fassen Sie meine Zeilen nicht so auf, als versuchte ich nun mit den Mitteln unerlaubter Protektion die von Ihnen ausgesprochene Absage hinauszuzögern. Nein, ich bin nicht einmal geneigt, sie in der sorgfältig ausklammernden und kaschierenden Weise hinzunehmen, in der sie Dr. Best mir anbietet. Seine Besorgnis ist weiß Gott mehr als ein leicht zu beseitigender Einwand. Und ich habe genau verstanden, was sich dahinter verbirgt. Und ich weiß auch, daß die Aufforderung, erst einmal mein zweites Buch zu konzipieren, über das erste den Stab bricht. Ich kann unter dem Eindruck dieses, wie ich zugeben muß, unerwarteten Nackenschlages nicht ruhig an den Schreibtisch zurückkehren. Ich sehe kein Land vor mir, wenn man mir die ersten Fußbreit Boden, die ich mühsam genug geschaffen habe, streitig macht. [. . .]

Mit ergebenem Gruß bin ich Ihr
Josef W. Janker

Heinrich Böll an Janker

Köln-Müngersdorf, 6. 11. 58

Lieber Herr Janker,
unglücklicherweise mußte Ihr Brief einige Umwege machen: ich bin gar nicht nach Großholzleute[1] gefahren, kam erst diese Nacht von einer anderen Reise zurück und fand Ihren Brief jetzt eben.

Verlieren Sie nur nicht den Mut, machen Sie das Vertrauen in Ihre Arbeit nicht abhängig von etwas so völlig Indifferentem wie der Laune eines Verlegers, der prinzipiell (wie alle Verleger) das »Unverkäufliche« zu wittern meint (Reaktion des Sortiments!!!). Best hat getan, was er konnte, ich habe mit Witsch gesprochen – es ist einfach nicht der günstige Zeitpunkt, ihn zu überreden. Das alles klingt Ihnen wohl hart, und ich weiß, wie hart es ist: Sie erwarten den Vertrag, den Vorschuß und dann plötzlich dieser Brief!

Es gibt nur den einen Trost für Sie: die Arbeit. Darüber hinaus werden sowohl Best wie ich versuchen, Ihr Manuskript, zu dem sich unsere Einstellung nicht geändert hat, unterzubringen; bei Claassen, bei Bechtle, vielleicht in Höllerers Zeitschrift. Schicken Sie mir doch eine Abschrift! Bitte.

Sollten Sie irgendeiner Hilfe bedürfen, die ich Ihnen zuteil werden lassen kann, schreiben Sie mir sofort! Ich konnte Ihrem Brief nicht entnehmen, ob und wann Sie nach Köln kommen. Schreiben Sie mir auch darüber!

Herzlich
Ihr Heinrich Böll

1 Tagungsort der Gruppe 47 bei Isny (Allgäu).

Günter Bruno Fuchs an Janker

Berlin, 12. 11. 58

Lieber Freund,
es ist schön, daß Sie gleich so entschlossen an Witsch geschrieben haben; nun muß er eigentlich Farbe bekennen. Ihr Brief an ihn ist in jeder Zeile richtig und bei aller Dringlichkeit noch immer korrekt. Empörend nach wie vor, daß es dazu kommen mußte. Seine Antwort würde ich gern kennenlernen, Sie werden mir sicher eine Abschrift schicken. – Daß Sie jetzt mit neuer Arbeit beginnen, hat mich besonders gefreut. Gut so, dreimal viermal: Gut so!

Lassen Sie sich nicht in das widerliche Bockshorn unserer bundesrepublikanischen Romanjäger stecken, drehen Sie den

Kümmerlingen eine gewaltige Nase und arbeiten Sie! – Die augenblickliche Unverschämtheit muß zum Fenster hinaus! Schlechte Arbeitsluft, schlechte Gäste! Ich tobe immer noch über diese Rabauken, deren Betragen vom toten Glanz der Krawattennadeln gespeist wird. – Fangen Sie etwas Neues an, pfeifen Sie sich erst eine holprige Melodie zusammen und ergänzen Sie alles sehr gründlich. Will sagen: nicht jetzt wie ein geducktes Häslein dasitzen und an der neuen Arbeit wie an einer sehr harten Mohrrübe knabbern, sondern Krähenflüge wären da eher richtig, freches Gekeif: Herr Witsch, ich werde hundert Jahre alt, was glauben Sie, wieviel Bücher bis dahin noch entstehen! – Also von Herzen viele Zeilen und Seiten für Sie! In Stierstadt erzählten Sie einmal eine sehr schöne Geschichte; – was war es nur? Damals sagte ich: Das wäre ja ein neues Buch, Janker! Vielleicht fällt es mir noch ein. Oder Ihnen.

Wenn die Lesung der drei Sänger in Ravensburg anhebt, so grüßen Sie jeden recht herzlich von mir. Inzwischen Ihnen und der schweigsamen Gelsomina[1] alles Liebe! Ihr
Fuchs

1 Gelsomina: Jankers Frau Barbara.

Günter Bruno Fuchs an Jankers

Berlin, 21. 12. 58

Guten Tag, lieber Janker,
guten Tag, liebe Gelsomina –
dieses Blumenmännlein hat es übernommen, Sie beide ganz herzlich zu grüßen und Ihnen zu sagen, Sie möchten bitte am 24. 12. und in der Nacht vom 31. 12. zum 1. 1. 59 gen Berlin lauschen, weil dann in dieser Stadt ein feierliches Saufen anhebt, das auch auf Jankers und Gelsominas Wohl geschehen wird. –

Alles Liebe für Sie beide
von Ihrem GBF.

Günter Bruno Fuchs an Janker

Berlin, 29. 1. 59

Lieber erquickender J. W. J. –
große Freude über Ihren Brief! Ihre herzlichen Zeilen kamen wieder mal zur rechten Zeit. Ich danke Ihnen sehr. Die Isolierung, seit ich in Berlin bin, setzt mir in gewissen Abständen so widerwärtig zu, daß solche Briefe wie die Ihren als wahre Eisbrecher von mir begrüßt werden. Auch Peter [Hamm] hat mir vor einigen Tagen viel Schönes bereitet, er schickte ein Gedicht, das ich noch nicht kannte. Von Elisabeth [Borchers], der ich vor ca. 14 Tagen zweimal schrieb, fehlt allerdings noch immer ein Briefchen. Sicher hat sie jetzt mit ihren Vorbereitungen für die Übersiedlung nach Ulm zu tun. Wenn Sie sie noch sehen sollten, so sagen Sie ihr bitte alle lieben Grüße. – Ja, die Reise des traurigen Kanalpenners steht bevor. Wahrscheinlich fahre ich aber erst Ende Februar. Grund dafür: ich schickte Göpfert[1] ein neues Manuskript und muß ihm nun wenigstens bis Ende Februar–Anfang März für die Prüfung Zeit lassen. Es handelt sich dabei um eine Sammlung kürzerer und längerer Geschichten; Göpfert hat inzwischen meine Erzählung »Polizeistunde« befürwortet und sie bei Dr. Hanser zur Veröffentlichung vorgeschlagen, wenn auch mit dem Hinweis an mich, er wolle erst noch meine neuen Sachen lesen, um dann die »Polizeistunde« mit dem anderen Manuskript zu vergleichen. Er ließ dabei durchblicken, daß ihn das neue M[anu]s[kript] auch wegen des größeren Umfanges sehr interessiere; die zuerst eingeschickte Erzählung »Polizeistunde« hat nämlich nur ganze 47 Seiten. Auf jeden Fall versprach er, in diesem Jahr etwas von mir zu bringen. Da ich aber das neue M[anu]s[kript] nicht wieder ein Jahr lang zur Prüfung fortgeben will, schrieb ich ihm, daß ich Ende Februar von hier abfahre, Besuche bei Vauo [Stomps] und Höllerer (soweit es die Frankfurter Gegend betrifft) vorhabe, um dann nach Süden zu fahren, entweder gleich nach München oder *vorher* zu Ihnen und Peter [Hamm]. Ich warte nun auf einen Termin, um den ich ihn zwecks Aussprache gebeten habe. Ungefähr vom 22.–28. Februar werde ich bei Vauo sein, wohin ich dann reise, hängt von Göpferts Bescheid ab. »Emp-

fängt« er mich erst Mitte März, so komme ich von Vauo entweder gleich zu Ihnen oder kutsche erst nach Ulm und dann in die Brunnenstraße. Ende Februar geht's also los. Glauben Sie mir, ich freue mich wie ein kleines Kind auf diese Reise. Das Pennen auf Ihrer Luft-Matratze wird mir ein Sanatorium ersetzen. Ihnen und Gelsomina im Voraus viele Blumen! – Ihr Brief macht die gehabten Diskussionen sehr anschaulich. Ich höre und sehe Peter [Hamm], wie er aufspringt und gestikuliert, ich sehe Sie, Gelsomina und Elisabeth [Borchers] dasitzen – hin und wieder hebt jemand von Ihnen den Finger: Bitte, darf *ich* jetzt mal . . .? Peter gewährt es, aber nicht sehr lange. O wie sehne ich mich nach solchen Abenden! Hier lebe ich aus Monologen, die manchmal ziemlich matt ausfallen. Hoffentlich läßt es sich machen, daß wir uns alle – wenigstens zu einem Wochenende – bei Ihnen wiedersehen. – Was ist mit [Gunnar] Ortlepp? Ich schrieb ihm – bis heute keine Antwort. Das Beste wird doch ein Besuch sein. Auch ihm herzliche Grüße.

Ja, die Giganten der Literatur. Wie soll man aus ihrem Schatten (oder aus ihrem Licht) heraus, oder wie soll man vor ihnen existieren? Das Sich-stellen ist wichtig, das Erkennen des eigenen Zwergen-Daseins noch viel wichtiger, aber daraus versuchen wir eben etwas zu machen, jeder von uns sackt um, wenn die Namen aufstehen und den Finger auf unsere Klecksographien legen – vielleicht gelingen uns aber Mosaiksteinchen für ein anderes, neues Bild. (Armer Trost, aber wohl der einzige vor der Kapitulation.) Meine ständige »Lektüre«, die nie zu erschöpfen ist, sind Laotse, dessen Schüler Dschuangtse und Liä-Dsi, Schüler des Dschuang. Ein Kosmos, ein Reich des Friedens aus dem Denken und der Sprache. Hier sehe ich die nahezu einzige Möglichkeit für den heutzutage Schaffenden. Doch, bitte, nichts von Sicherheiten, vor allem keine Selbstsicherheiten. Eine Entdeckung anderer Art ist Gontscharows »Oblomow« in der schönen Übersetzung R. von Walters. Ich glaubte, Sie kennen das Buch. Einzigartig im wahrsten Sinne des Wortes (Dabei fällt mir ein: geben Sie mir doch bitte die Adresse des Hofrats, ich möchte ihm schreiben). Wir komischen Troubadours vor den Türen der Verleger! Brrr. – Trotz aller »Brrr's« gute Arbeit für Sie, lieber Freund!

Wenn ich komme, möchte ich eine neue Janker-Geschichte hören oder lesen. Hand- und Stirnküsse für Gelsomina, Ihnen meinen herzlichen Dank für Ihren Brief! Ihr GBF

1 Herbert G. Göpfert, Leiter des belletristischen Carl Hanser Verlags.

Janker an Peter Hamm

17. 4. 1959

Lieber Herr Hamm,
[. . .] zunächst kurz zu den Ergebnissen und Eindrücken meiner ersten größeren Schweizer-Reise. Denken Sie nur, es war im großen und ganzen recht angenehm. Nichts von unehrlicher Gastlichkeit, nichts von kleinlicher Enge. [. . .] Bei Freunden von Walter Gross. Maler, Bildhauer, ganz bescheiden wohnend, aber tafelnd und festend wie Fürsten. Einer ist Musikkritiker, hört auf den Namen Pauly, mit Henze befreundet, kleines, aufmerksames Geschau, randlose Brille, große Ohrmuscheln, so richtig geschaffen zum Hören und Vergleichen. Sympathisch und unzertrennlich, wollte nachts nicht aufhören, fragte mich, ob ich Lust hätte, das Gespräch, das er fast allein bestritt, fortzusetzen. Ich verwies natürlich auf die Gastgeberin. Diese stimmte, obschon sie müde war, sofort zu, gab immer wieder kleine Zugaben, bis es spät war und der Unermüdliche, der sich nur schwer entschließen konnte, seine musiktheoretischen Abhandlungen zu unterbrechen, nach einem herzlich gehaltenen Abschied und ersten schüchternen Sondierungen der Möglichkeit eines Besuches in Ravensburg nachhauseging.

Gross war auch eindrucksvoll in seiner nervösen Abwesenheit, die immer wieder durchbrochen wurde von Augenblikken herzlicher Nähe und Gegenwart. Dann natürlich die von Gross mit beinahe eulenspiegelhafter Bosheit arrangierte Begegnung mit der Bachmann in Zürich und Küssnacht am Zürcher-See. Ich hätte nie angenommen, wenn ich gewußt hätte, daß Gross nicht kommen würde. Er hatte so getan, als ob wir zu dritt zusammenkämen. Ja, und dann stand ich, wie

vereinbart, vor dem ODEON und wartete. Nach einigen Minuten kam die Bachmann daher. Mit schönem kastanienbraunem Haar und einem blauen Mantel. Sie kam heran, erkannte mich rasch, lud mich unbefangen, noch bevor ich die Gross'sche Komödie durchschaute, in das Café ein und so saß ich. Bemerkte dann bald, daß etwas nicht mit rechten Dingen vorging. Sagte das auch der Bachmann; die schmunzelte und meinte, ob es mir unangenehm sei, mit ihr hier zu sitzen. Nein, Sie können es sich unschwer denken. Es war alles andere als unangenehm. Es war nur etwas unglaubwürdig. Denn schließlich befand ich mich in Zürich in einem berühmten literarischen Café, die Bachmann saß vor mir, leicht geblendet (Frauen suchen immer instinktiv den vorteilhafteren Platz), und als drei Stunden vorbei waren und die Bachmann mich einlud, mit ihr im Auto nach Küssnacht hinauszufahren – sie dirigierte den Wagen selbst mit nicht unsicherer Hand, und ich hatte diese ihre Kunst gebührend zu bewundern –, wußte ich längst, daß Gross der Regisseur eines recht begabten und freundlichen Einakters war. Ihr
Josef W. Janker

Danke auch für Tanja Blixen und die Ulmer Hefte. Auf bald, nicht wahr? Herzliche Grüße an Elisabeth

Janker an Heinrich Böll

5. Juni 1959

[. . .] Wissen Sie, mir vorzustellen, daß Sie zur gleichen Zeit in Attichy gefangen saßen wie ich, läßt mich diese Monate mit Vehemenz zurückwünschen. Mir ins Gedächtnis zu rufen, Sie dort anzutreffen, irgendwo im Schatten eines Zelts, über ein primitiv geheftetes Tagebuch gebeugt, während ich, Wasser schleppend, an Ihnen vorbeikomme, das sind Vorstellungen, die diese Zeit plötzlich wertvoll machen. Gerade in meinem unlängst begonnenen zweiten Buch will ich über diese Erfahrungen berichten und zwar im zweiten Teil, während im ersten meine Kindheit und Jugend ihren Niederschlag finden soll. Ich hoffe nicht ganz unwichtige Erlebnisse in ein rhythmisch straffes Gefüge von Sätzen zu zwingen. Aus der Erinnerung gesehen, soll dieser für mich reizvolle, wenngleich schwierige Stoff gestaltet werden. Durch die Anwendung des Ich-Tons hoffe ich ein neuartiges Element in meine Prosa hineinzubringen. Schrieb ich mein erstes Buch aus Distanz und in einer mehr geradlinigen, einfachen, irgendwie stakkatohaften Diktion, so soll nun das zweite, das vorderhand nicht über den Rahmen eines Versuchs hinausgedieh, mehrschichtiger, verschlungener und dabei ruhiger werden. Der erste Teil wird mit einer Fahrt an die Front, bei der rückschauend, durch ein ähnlich gelagertes Erlebnis ausgelöst, der Tod eines meiner Helden in die Erinnerung gerufen wird, seinen Abschluß finden. Hier dürfte sich, thematisch gesehen, mein erstes Buch ZWISCHEN ZWEI FEUERN anschließen. Im zweiten Teil schildere ich zu Beginn einen Front-Urlaub. Die Rückkehr in die Heimat, an die Schauplätze von Kindheit und Jugend, wird aufgezeigt. Aber gerade hier offenbart es sich, daß eine Rückkehr in die Idylle nicht mehr möglich ist. Martin, wie mein Held im zweiten Teil nun heißen dürfte, kennzeichnet während eines fragwürdigen Urlaubs, der fremde, dabei doch vertraute Verhältnisse ins Licht rückt, seine veränderte Sehweise. So wird dieser Urlaub nicht als Abfolge einer beliebigen Frist von Tagen geschildert, die einen Heimgekehrten, der Anspruch auf Schonung und eine gewisse Freizügigkeit hat, in gewohnten, nicht eben bewegenden, im Grunde freundlichen Verhältnissen zeigen. Um die veränderte Sehweise auch im Stil deutlich zu machen, bringe ich an Stelle einer detaillierten Schilderung im Er-Ton geschriebene Tagebuch-Notizen, die in geraffter Form das Sinnwidrige und Absurde dieser Heimkehr auf Zeit vor Augen führen. Martin wird einsehen, daß er ein »Provokateur aus Schwäche« ist, daß sich ihm entzieht, was anderen, die nicht das Stigma des Bewußtseins tragen, zur selbstverständlichen Gewohnheit wird. Ihn zieht die simpelste Forderung nach Glück und Behagen in ein ausweglose Labyrinth von Skrupeln und Zweifeln, Vorbehalten und Hemmnissen. Während die anderen sich längst hinter den verhängten Nischen amüsieren, prüft er gewissenhaft die Voraussetzungen, die es ihm erlauben, auf den Schauplatz zu treten. Weil er unablässig Forderungen an die Gesellschaft richtet, die diese nicht zu erfüllen gewillt ist, da sie auf rasche Resultate erpicht sein muß, zieht er sich Schritt für Schritt auf seinen eigenen Bereich zurück. Und so wird er, Martin, der Phantast, der Außenseiter, der Fechter mit untauglichen Waffen, der zwar Augen hat, um zu sehen, aber keine Hände, um einzugreifen, allein und einsam bleiben, bis ihn etwas annimmt und bestätigt: das geschriebene Wort! [. . .]

Ihr Josef W. Janker

Gertrud Fussenegger an Janker

Hall in Tirol, 17. VI. 1959

Sehr geehrter Herr Janker!
Ich danke Ihnen sehr für Ihren Brief, es war mir eine Freude, ihn zu empfangen. Sehen Sie –! ich lese ja, wenn nicht eben oft, so doch immer wieder da und dort, und oft weiß ich nachher nicht: habe ich die Menschen erreichen, habe ich sie ansprechen können? Ist mir das auch nur bei einem einzigen wirklich gelungen? Wohl sehe ich und spüre, daß man mir aufmerksam zuhört. Doch nachher? Überwiegen letzten Endes die Einwände? Und welcher Art sind sie? Hätte ich ihnen mit einer anderen Auswahl zuvorkommen können? Und so erheben sich viele Fragen, die mir zusetzen. Ein Brief wie der Ihre ist eine schöne und beglückende Antwort. Ich danke Ihnen dafür, daß Sie sich zu ihm entschlossen haben. Gewiß wäre es schön gewesen, wenn wir uns zu einem »Fachgespräch« hätten zusammenfinden können. Ich habe selten Gelegenheit zu einem solchen Gespräch, denn wir leben dahier in einer Art kulturellen Vakuums, das Ihnen, einem glücklichen Landsmann und, wie ich Ihrem Brief entnehmen kann, sogar Freund so vieler hoch-achtbarer schöpferischer Menschen vielleicht beinahe unvorstellbar ist. Ich wünschte sehr, Ihr Buch kennen zu lernen oder doch einen Teil davon. »Zwischen zwei Feuern«, der Titel klingt gut, er schafft Raum, Spannung und gibt Farbe. Was mir Herr Jaeger sagte, konnte meine Neugier nur reizen. Seltsamer Weise

habe ich viel für das »Kriegsbuch« übrig (es muß ein dichterisches Kriegsbuch sein, das versteht sich ja von selbst). Der Krieg bringt unsere Existenz in einen gleichsam feurig-flüssigen Zustand, und wo hier das Wort noch zu bestehen vermag, dort steht es als WORT.

Sie deuten in Ihrem Brief an, daß Ihr Interesse einem »befehdeten modernen Kompositionsprinzip« gelte; wenn Sie mir noch ein Wort dazu schreiben wollen, so werde ich es gerne aufnehmen. Ich bin in meiner Arbeit an einen Punkt gelangt, wo sich mir eine neue Weise der Komposition aufdrängt. In einer solchen Situation ist man begierig, etwas Klärendes zu hören –

Mit Dank u. freundlichem Gruß
Ihre Gertrud Fussenegger

Janker an Gertrud Fussenegger

19. Juni 1959

[. . .] Der befehdete moderne Kompositionsstil, den ich schon in meinem ersten an Sie gerichteten Brief nannte, um Ihnen von vorne herein meine Position anzuzeigen, besteht meines Wissens nicht allein aus nachweisbaren Mängeln. Man wird diesem Prinzip nicht beikommen, indem man es als lyrisch abtut. Auch eine fabellose Prosa kann fabelhaft sein. Nicht allein die durchgehaltene Fabel verrät Könnerschaft. Prinzipientreue muß nicht in jedem Fall ein Zeichen von Schwäche sein. Durch Anlage, Neigung und freiwillig geübtes Training bedingt, bin ich auf dieses Kompositionsprinzip gestoßen, das einfache, für mich zwingende Abläufe bevorzugt, die geglückte Metapher, die überzeugende Satzfolge, die sprachlich vollendete Periode anstrebt. Eine Fabel anzuwenden und sie strenglinig durchzuführen, übersteigt ebenso sehr meine Fähigkeit wie meine Fassungskraft. Ich kenne die Phantasiebindung, nicht aber die logische Vernunftbindung. Ich bin, wie ich weiß, noch immer allzu sehr den Intentionen der Sprache verhaftet. Ich versäume es allzu leicht, Fleisch und gewisse Fettpolster zwischen das Knochengerüst meiner Prosa zu schieben. Das Episch-Wuchernde, Breit-Verschlungene und Üppige scheint mir wenig zu liegen. Ich liebe es auszuklammern, zusammenzuziehen und zu verkürzen. Vieles setze ich ganz einfach voraus. So wird nicht jeder kleinste Ast des Baumes gezeichnet und nachgefahren. Der Baum soll mehr durch seine Standfestigkeit und Kraft, als an der Vielzahl seiner Blätter und Äste erkennbar sein. Knapp, aber beileibe nicht karg, mittels weniger überschaubarer, aber stark wirkender Elemente wird das Geschehen sichtbar gemacht, das Grelle, Überhöhte als Kontrastmittel verwandt, Handlungen, Vorkommnissse auf unerlässliche Bewegungsabläufe reduziert. Mich haben Lyriker beeinflußt. [. . .] Die Arbeit mit der Schere wird fortan zum beliebten Spiel.

Ihr Josef W. Janker

Gertrud Fussenegger an Janker

Hall in Tirol, 19. VII. 1959

Sehr geehrter Herr Janker

[. . .] Ich ließ Ihnen – statt einer Antwort – ein Buch[1] schicken, das Buch, aus dem ich damals in Ravensburg las. Vielleicht haben Sie es sich angesehen und, das hoffe ich wenigstens, die Kapitel herausgefunden, die den Kern der ganzen weitläufigen Geschichte bilden und mir die liebsten sind. Es sind die Episoden aus Zemans Jugendjahren, eine davon die von den Schwestern. Mir hat die Komposition des Ganzen viel Mühe gekostet, denn, leider, es ist meine Stärke nicht vorauszuschauen, vorauszudisponieren und die Gewichte in einem Plan gegeneinander abzuwägen. Ich lege keinen Park an mit schnurgeraden, vorausberechneten Wegen, sondern haue mir ganz mühsam einen Pfad durch das Gebüsch – oft wächst er gleich wieder hinter mir zu, oft erweist er sich als Sackgasse, stürzt ins Bodenlose ab. Habe ich erst einige solcher Pfade durch das Dickicht der gedachten Tatsachen gelegt, versuche ich sie, mühsam genug, miteinander zu verbinden und mittels Begradigungen und Querverbindungen doch noch etwas wie ein Ganzes herzustellen. Ein dorniges Geschäft, meine Schuld oder die Schuld meiner doch wahrscheinlich sehr weiblichen Natur, doch seiner Natur kann man eben nicht entkommen.

Was Sie über Ihr Buch schreiben, habe ich mit Begier gelesen; und ich bilde mir ein, mir nun eine Vorstellung davon machen zu können. Ich kenne ja einige der Rezensenten, deren Urteile und Charakterisierungen Sie zitieren, Moras[2] etwa und auch Göpfert, und weil ich sie kenne, glaube ich auch erraten zu können, wie der Gegenstand ist, den sie beurteilen. Ich danke Ihnen, daß Sie mir so ausführlich berichtet haben. Was Sie mir über Ihre Ziele und von Ihren künstlerischen Aspekten schreiben, leuchtet mir sehr ein. Sie haben natürlich recht, wenn Sie dem, was man gemeinhin unter »Fabel« versteht, mißtrauen. Die menschlichen Beziehungen, um die sich die Mehrzahl der Fabeln drehte, sind uns einfach uninteressant geworden. Auch die Eigenschaften, die den »Helden« ausmachten, sind uns längst entwertet – ich glaube, da irrt Robbe-Grillet nicht (Sie werden seine Arbeit über den Gegenstand in den »Akzenten« gelesen haben.) Trotzdem glaube ich, daß wir immer wieder auf die eigene, wenn auch erweiterte und verwandelte, eben menschliche Kategorie zurückfallen werden.

Auch werden wir uns von dem, was in der Zeit geschieht, also von Ereignissen (früher Fabel genannt) nicht ganz entfernen können. Die Struktur der Sprache drängt uns das auf. Solange wir die Periode gebrauchen, wird das Zeitwort regieren. Die Mathematik hat eine andere Sprache, sie spricht nur von Verhältnissen, ihr Zentralzeichen ist das =. Dieses = steht außerhalb der Zeit, in ihm spielt sich nichts ab. Nun freilich, gewissen Annäherungen werden sich auch in den verschiedensten Gebieten des menschlichen Geistes, weil sie eben alle aus ihm stammen und der menschliche Geist doch eben *einer* ist, immer erkennen lassen. So könnte man in einer gewissen Analogie davon sprechen, daß wir auch in der Dichtung die Bereiche des Euklidischen zu verlassen uns angeschickt haben und in die Differentialrechnung eintreten.

Im großen und ganzen aber sehe ich die Situation doch so – und das sage ich Ihnen auf die Gefahr hin, Ihnen recht altmodisch zu erscheinen, daß wir dabei sind, unsere Lage zu überziehen. Die deutsche Sprache hat sich anders und langsamer als die französische und englische etwa entwickelt. So fühlt sie sich jetzt zwischen Nationalliteraturen eingeklemmt, deren Reife die ihre übersteigt. Nun möchte sie jene einholen und übersieht dabei, daß sie manches noch zu leisten hätte auf Ebenen, die jene schon verlassen haben. Sehen Sie, wir haben in unserer Literatur noch keine »Falschmünzer«. Wohl einen »Zauberberg«, aber die schlangenhafte Beweglichkeit, die die Sprache in den »Faux-monnitaires«[3] erreicht, ist bei uns einfach noch nicht eingeübt. So wollen wir ans Trapez –.

Nun, diese Gedanken (*wenn* es solche sind!) beziehen sich aber gar nicht auf Sie und auf das, was Sie wollen und was Sie mir in Ihrem Brief geschrieben haben. Sie entspringen nur einem gewissen dumpfen Widerstand, den ich – nicht dem Experiment, sondern nur der Verabsolutierung des Experiments gegenüber hege.

Sie schrieben mir, daß Sie in ein Sanatorium abreisen. Ich wünsche Ihnen, daß Sie dort eine gute Zeit gehabt und Ruhe und Erholung gefunden haben. Wir werden im August – zum ersten Mal seit vielen Jahren – nach dem Süden reisen; ich hoffe, die milde Luft, Meerwasser und Sand werden uns allen wohltun.

Wenn Sie mir wieder einmal schreiben, wird es mich freuen.

Mit Gruß Ihre
Gertrud Fussenegger

1 Gemeint ist der Roman »Das verschüttete Antlitz« (1957).
2 Joachim Moras, Kritiker, Herausgeber des »Merkur«.
3 Korrekt: »Les Faux-monnayeurs«.

Reinhold von Walter an Janker

21. August 1959

Lieber Herr Janker!
Nun bin ich bereits seit drei Wochen zurück. Die ganze Reise nach Krozingen[1] verlief im Sande: nach 1 Woche in Krozingen

erkrankte ich an einer Lungenentzündung. Man brachte mich nach Freiburg ins Lorettokrankenhaus. Nun wurde ich da ausgezeichnet gepflegt und von prächtigen Ärzten behandelt. Aber die verhältnismäßig einfachen Penizillininjektionen (heute »Reverin« genannt) scheinen doch nicht ganz so einfach absorbiert zu werden; jedenfalls leide ich jetzt an einem Blasenkatarrh, der vielleicht auf andere Ursachen zurückgeht. Kurz, ganz auf der Höhe bin ich nicht.

Inzwischen habe ich Bieneks[2] Artikel über Pasternak gelesen. Ich hoffe, Sie bald zu sehen und Ihnen Näheres zu sagen. Obwohl mir der Roman[3] so große Einnahmen gebracht hat, bin ich doch unglücklich ihn übersetzt zu haben. Es ist verständlich, daß die Bedeutung und »Größe« des Objekts Ärger und vielleicht Neid erregt. Und sicher stimmt es, daß die beeilte Arbeit eben wegen der Eile ihre Mängel haben mag. Wie es Ihnen wohl gehen mag? Und Ihrer Gemahlin? Bei uns ist alles einigermaßen in Ordnung. Nur das »Haus« läßt noch auf sich warten; aber es soll demnächst in Angriff genommen werden.

Was macht Ihr Buch inzwischen? – Wir lesen mit Interesse Bölls neuen Roman in der »Frankfurter« – »Billard um halbzehn«. Es ist da vielerlei aus Joyce zu merken. Da z. B.: »Dieser kräftige Jungenkörper roch nach dem bresthaften Schweiß derer, die die Liebe noch nicht kennen.« Aber ich merke, ich übersah, daß dieser Satz aus Denklingen, aus einer Heilanstalt, beziehungsreich in Erscheinung tritt. Also – nichts für ungut.

Mit herzlichem Gruß
Ihr Reinhold von Walter

1 Im Original *Krozheim*
2 Im Original *Bienecks*
3 »Dr. Schiwago«

Günter Bruno Fuchs an Janker

14. 9.59

Lieber guter Janusch,
wie froh bin ich, daß Sie mir nicht mehr grollen! Ja, es ist miserabel, solchen Aufenthalt ohne genügend Nachrichten hinter sich zu bringen. Aber nun wird Pellmann sich gehörig vor den Postwagen spannen. Ganz herzlich danke ich für Ihren Brief.

Es war tatsächlich so: Vauo [Stomps] resignierte total, für uns drei war täglich nur noch 1 Mark vorhanden, trotzdem – weiß der liebe Sommer – konnten wir essen. Wer über 60 geworden ist, wer sein Leben lang immer die persönlichen Wünsche zugunsten seiner Freunde und deren Arbeiten zurückgestellt hat, möchte wohl nicht unbedingt jeden Morgen mit der Frage aufwachen: essen wir jetzt eine Scheibe Brot, oder reicht's für zwei? – Wie gesagt, es ging dann wieder, spärliche Gelder trafen ein und halfen überbrücken. Jetzt ist der Gute von Sanssouris ganz allein, und niemand weiß, wie er bis zur Buchmesse mit der Arbeit fertig werden will. Bingel, den ich schon gestern erwartete, ist bis jetzt noch nicht gekommen. Von ihm hören wir dann, wie's dort in Stierstadt aussieht. Ich rechne fest damit, daß er die Exemplare der SZS[1] bei sich hat. Spätestens heute nachmittag müßte er hier sein. Sie bekommen also morgen neue Post von mir.

Schön, daß Sie dort arbeiten, Skizzen machen und zusammenstellen. Hätten Sie nicht eine typische Skizze für unsere Zinke, die wir mit Nr. 1 im Spätherbst herausbringen wollen? Vielleicht eine halbe Seite Text, sowas wie die Sache mit der Alten-Fritz-Oma, oder Ähnliches? Ich würde mich riesig freuen, wenn's ginge.

Gratulation zur Irland-Einladung! Böll hat den lieben Janusch ins Herz geschlossen. Grüßen Sie Böll recht freundlich, sicher werd' ich ihn mal irgendwo kennenlernen.

Sie überraschen mich mit der Ankündigung, nach Berlin zu kommen. O würden wir uns alle freuen! Wann wäre das? Nach unserem Wiedersehen in Ravensburg Anfang November? Vom 20. Okt. bis 10. Nov. bin ich sicher im Westen unterwegs. Wir könnten auch gemeinsam hierherfahren. Bitte bitte ein wenig genauer schreiben, wie Sie's denken.

Sobald Sie von Witsch die ersten Korrekturen bekommen, schicken Sie mir doch bitte ein Ex[emplar]. Ich kann es hier dem Jens Rehn vom Rias anbieten, die suchen andauernd gute Prosa. Wenn's da nicht klappen sollte, so vielleicht beim Sender Freies Berlin. Nicht vergessen!

Durch Peter [Hamm] habe ich mit Nelly Sachs Verbindung bekommen; eine wunderbare Frau, ein wirklicher Mensch, der mich mit jeder Zeile beschenkt. Grüßen Sie Peter lieb aus Berlin.

Für die gute lächelnde Gelsomina heute ein kleines Blatt und die allerbesten Wünsche.

Nun auf morgen, lieber Janusch –
Septemberkäfergrüße Ihres
Pellmann

1 Streit-Zeit-Schrift. Ihre ersten Jahrgänge erschienen im Verlag der Eremiten-Presse. Herausgeber waren Stomps und Horst Bingel.

Janker an Peter Hamm

Ravensburg, den 18. 1. 1960

Lieber Freund Hamm!
[. . .] Über die »Blechtrommel« möchte ich sagen, daß sie das Werk eines genialen Rabauken, eines naiven Blasphemikers, eines schreibenden Barbaren ist, wenn ich so sagen darf. Sie kennen meine Vorliebe für knappe, verdichtete Texte. So umwerfend die Idee in der »Blechtrommel« ist, so gänzlich ohne Beispiel und schon dadurch vielen sogenannten Dichtern um ganze Hügellängen voraus, ich wetterte, mit Verlaub zu sagen, heimlich über die Zuchtlosigkeit dieses Trommlers und Glaszersingers. Einmalig, einmalig, das ist keine Frage! Die [Djuna] Barnes als Vergleich herangezogen, da haben Sie's, was ich meine. Ja, der Trend geht ganz eindeutig auf das umfangreiche Buch, auf den respektabeln Wälzer. Walser, der mir heute schrieb, sitzt auch über einem Mammutwerk –,

aber er ist unglücklich und alles andere als mit sich im Reinen.

Die nächsten 20 Jahre wird die Literaturgeschichte über der »Blechtrommel« sitzen und grübeln. Ich gebe zu, daß Grass an Vitalität, an Kraft, Wucht, Vertracktheit und Impertinenz das Ungeheuerlichste darstellt, was wir seit Jahrzehnten erlebten. Mir ist halt das Verschweigen als Technik, als Kunstgriff lieber. Aber lassen wir Grass ruhig einmal trommeln. Vielleicht trommelt er unsere Stickluft und unseren Hinterstubenmuff ins Freie. Reißt nur die Fenster gehörig auf. Oskar möge jedes Fenster zersingen, das geschlossen bleibt. Ich fürchte, die Glaser werden 20 Jahre zu tun haben . . .

Was ich heute schrieb, war bös und gehässig, und Sie müssen das alles nehmen, wie es ist: als die übellaunige Epistel eines neidischen Kollegen. Wir haben übrigens die große Stube umgeräumt. Sie werden Mühe haben, sich zurechtzufinden. Der erste Gast, der sich darin wird orientieren müssen, wird das Berliner Sauftier Fuchs sein, ich zitiere wörtlich. Er hat sich für den 23. 1. angemeldet.

Ihr Josef W. Janker

Hans Boesch[1] an Janker

Küttigen, 13. 6. 60

Lieber Herr Janker,
vorerst zu einem Missverständnis: ich entnahm Ihrem vorletzten Brief, in dem Sie schrieben, auch ein grosser Verlag vermöge Sie nicht zur Eile anzutreiben, Ihr Buch sei eben noch lange nicht fertig. Ich war dann tatsächlich überrascht, es von Herrn Faes relativ bald nach meiner etwas frivolen Antwort zu erhalten. Ich hatte mich also über etwas lustig gemacht (Ihr Zögern), das anscheinend gar nicht bestand. Verzeihen Sie. Anscheinend meinten Sie mit Ihrer Arbeit, die sich nicht drängen lasse, bereits etwas Neues. Das interessiert mich.

Im übrigen habe ich wirklich keinen Grund, Ihre zuverlässige Bedachtsamkeit zu verulken. *Zwischen zwei Feuern* ist gut gearbeitet, seriös und beneidenswert verantwortungsbewusst. (Mein Roman hat da ganz andere »Sümpfe«).

Dank fürs Buch. Ich hatte schon eines. Und nun die ersten, ganz flüchtigen Eindrücke. Erlauben Sie, dass ich im Telegrammstil schreibe. [. . .]

Man legt das Buch weg und hockt eine ganze Weile still. Man ist beeindruckt. Sicher. Der Mann hat eine eigene Sprache, eine persönliche Sprache. Man hat nicht das Gefühl von etwas Angelerntem. Es ist modern. Sehr sogar. Und es ist, zumindest im Sprachlichen, nicht forciert. Es ist ausserordentlich poetisch. Poesie, die mit Vorliebe totgeschlagen wird. Eine neue, froststarrende und trotzdem warme Poesie, ein farbiges Winterland, viel Neues, keine abgedroschenen Lyrismen, Feines, Zartes, Herbstweben über Kanonaden.

Meiner Meinung nach ist die versteckte Poesie dieses Buches unbedingt sein hervorstechendstes Merkmal und sein grösstes Plus. Nur, der Kerl, der sie schreibt, will es nicht eingestehen. Das macht sie verschämt, diese Poesie, und damit sympathisch. Aber ich mag eigentlich die Art nicht, wie er sie totschlägt, diese gescheite Art. Häufungen von Abstraktionen. [. . .] Bildungsklimbim, an sich nicht schlecht, sicher, aber Chiffren, dorthingepappt, wo man die nackte Haut der Geschichte haben möchte. [. . .]

Häufungen von Abstraktionen, Charakterbezeichnungen. Das macht es schwer lesbar. Aber möglicherweise nicht schlechter. Man versteckt die Helden hinter Andeutungen. Man beklopft ihre Schale, macht Schalen rings um sie, und dann fallen sie daraus gerade in den Tod. Weshalb das? Geht die Literatur dahin?

Otto [F.] Walter und ich fanden noch vor kurzem: man sagt nicht »Elend«, man beschreibt es. – Und es ist da, ohne Etikett. – Weshalb diese Forderung? Weil wir Schweizer besonders misstrauisch sind, allen »Worthülsen« (herrlich!) und Schlagworten misstrauen? Drittes Reich, Kommunismus, La France et l'Algérie! – wir konnten es immer genau verfolgen: Grosse Worte, Schlagworte, Speck der Rattenfänger, Etikettierungen und Verallgemeinerungen lügen. *Nicht sagen: Schuft, sondern erklären, darlegen!* Das mag unser Voreingenommensein gegen Worte wie »Adel feiner Gesittung« und Sätze wie über die ganze Seite 130 hin erklären.

Gut, ich nehm es als Verschwiegenheit. Sie wollen nicht zu

deutlich werden, wollen den Helden als Garten, den man vorerst nicht sieht, den man nur am Zaun ringsum erkennt, am Lusthäuschen, Teich etc. nur ahnt, aber nicht wirklich vor sich hat mit Blumen und Krumen und Beeten. Ich lass es gelten. Aber ob es die nach uns auch gelten lassen? Werden sie es nicht als gescheite Spiegelfechterei, als listiges Geschwätz abtun? Möglicherweise nicht. Die Poesie ist zu eindeutig, zu stark, sie wuchert durch diese gläsernen Abdeckungen wie phantastische Blumen durchs Glas des Treibhauses.

Möglicherweise sind Walter und ich auf dem Holzweg. Uwe Johnson hat auch diese Rückzieher ins Zwielichtige, verblasen Dubiose, diese »Hinterhand«, wie Sie es nennen. Und Otto Walter findet Johnson das grösste Talent unserer Zeit. Er hat also auch bereits etwas beigegeben.

Und dabei seid ihr natürlich sehr deutsch. Sie noch mit dem warmen Glanz des Bodenseeraumes, aber doch so deutsch, dass ich viele Worte einfach nicht verstehe, oder nicht kenne, sie im Duden nachschlagen muss. Das ist das Überraschendste: Ihr ungeheurer Schatz an noch nicht abgegriffenen Worten. Und die Distanz in der Sprache, obwohl wir so wenige Kilometer voneinander aufwuchsen, und obwohl menschlich, persönlich doch wieder ein grosses Nähe-Gefühl im Buch da ist.

Sie sehen: es beschäftigt mich. Es weist weiter, über eine Hürde hinaus. Ich liebe es – bis jetzt zumindest – mehr als manches berühmte, mehr als Johnson, Moravia, Jahnn, Eich, Bachmann etc. Es entspricht mir nicht überall, ich bin misstrauisch Ihrem Bildungs-Komplex oder besser Minderwertigkeitskomplex gegenüber, aber ich habe es gern.

Schliesslich: Man hat zuletzt das Gefühl, Janker ist ein schlechter Kerl. Er gibt uns nur die Vorspeise. Macht uns Appetit auf etwas, das er vorenthält. Man möchte nun über jeden einzelnen der Helden noch eine Biographie, ein Buch. Das ist erst das »Inhaltsverzeichnis« dieser Helden, denkt man, der Entwurf dazu, ein Vorwand, um poetische Landschaften beschreiten zu können, aber die Burschen möchte man jetzt noch haben, jeden einzelnen. Denn man mag sie gut.

Sie sehen, man möchte mehr. Man ist keinesfalls überfressen. Und Sie sollen Hunger stillen. Ich glaube, das ist doch ein

Kompliment. Und alles in allem: Sehr gut. Sie werden wahrscheinlich berühmt und in Anthologien eingehen. Ich werde es nochmals lesen. Wenn möglich eine Besprechung anbringen und Ihnen weiter berichten.

Wie geht es Ihnen, Ihrer Familie? Hoffentlich können Sie sich Ihres Erfolges freuen. Alle drei zusammen. Sie stehen tatsächlich makellos da, können ein gutes Gefühl haben – könnte ich das bei meinem »Gerüst«[2]! [. . .]

Dort, wo ich ein übler Stürmer und Radaubruder bin, sind Sie gesittet und lächelnd und beobachtend, voll Humor. Dort, wo ich schwülstige Romantik zusammenstümpere, sind Sie in kalten Eisnächten und beschreiben die Stille und das Tote. Und beschreiben gut! Machen wir Schluss, ich werde melancholisch!

Ihr Boesch

1 Hans Boesch, Jahrgang 1926, Schweizer Lyriker und Romancier.
2 Titel eines Buches von Boesch.

Janker an Johannes Poethen

Ravensburg, den 5. Juli 1960

Lieber Johannes Poethen,
ich bekam gestern eine Anzahl von Besprechungen zugeschickt, darunter auch Deine in der Kölner Wirtschaftszeitung vom 21. Mai. Ich freue mich über sie am allermeisten. Du hast bisher die intelligenteste Besprechung geschrieben. Vor allem hast Du klar die Schwächen meines Machwerks herausgestellt. Aber Du hast auch, und dafür bin ich Dir dankbar, meine Intentionen begriffen, [. . .] daß ich eigentlich in jeder der Figuren enthalten bin. Insofern hast Du recht, wenn Du in ihnen »in der Rückschau die neunfache Brechung einer einzigen Gestalt« zu erkennen glaubst. Dafür sei Dir gedankt. Im übrigen gehen die Kritiken, wie Du Dir unschwer denken kannst, recht auseinander. Der eine schreibt: hier sind 200 Seiten, die alle Wälzer ausstechen – der andere spricht von einem Teenager-Roman. Einer entpuppt sich in der Würzbur-

ger Tagespost als rechtschaffener Militarist und vermerkt griesgrämig: »In der alten Wehrmacht trugen die Pioniere schwarze Litzen . . .« Er ist mir wohl böse, weil bei mir wenig von Heroismus, Aushalten auf seinem Platz und Ruhm zu spüren ist; denn er berichtet, angetan von seinem Autor Stefan Olivier (»Verlorene Söhne«, Nannen-Verlag, Hamburg), »sangen sie das Lied vom Edelweiß und von der Rosemarie. Sie umklammerten ihre MP, und es schlug ihnen das Kreischen der Gelbhäutigen entgegen, die für die Parolen Moskaus kämpfen, und dessen Waffen sie tragen . . .«

Zunächst, als ich nur die Zeilen über mich las, war ich betroffen; als ich aber den Sums über die Legionäre las, die das weiße Käppi tragen, wurde ich ärgerlich. Doch Schluß damit, mein Lieber! Ich habe gemischte Besprechungen bekommen, und ich habe nicht den Eindruck, daß man mich unter den Tisch fallen läßt. Etwas anderes, ich fahre am 22. Juli auf sechs Wochen nach Köln. Böll hat mir sein Haus in Müngersdorf zur Verfügung gestellt. Dort werde ich mit meiner Frau und meinem Sohn bis Anfang September sitzen und das Haus ohne Hüter[1] mit einem Hüter ohne Haus versehen. Den Bender und den Härtling werde ich auch aufsuchen. Im übrigen will ich viel lesen und nach Möglichkeit etwas arbeiten. Böll wird Anfang September aus Irland zurückkehren. Dann werde ich das Haus übergeben. Große Wachablösung. Und dann geht's heimwärts; denn ich muß meinem Vater einen dreistöckigen Anbau machen. [. . .] Sonst gibt es im Augenblick nicht sehr viel Aufregendes zu berichten. Ich lebe in einer Kleinstadt. Nach den Wonnen der Gewöhnlichkeit muß ich mich nicht sehnen. Gewöhnlichkeit ist die Basis, auf der ich alle Tage stehe, eine gesunde Basis, die ich nicht verlassen werde, weil ich sie nicht verlassen kann. Lieber Johannes. Ich rede immer eine Masse Zeug zusammen. Verzeih Deinem Kleingärtner, der im HORTULUS begann. Ich glaube, die Verbindung ist einleuchtend. Ich werde meinen Garten bestellen, ihn im übrigen nur besuchsweise verlassen. Komm einmal an den Zaun und sprich mit mir.

Dein Josef W. Janker

1 Roman Bölls.

Gertrud Fussenegger an Janker

Hall in Tirol, 29. XI. 1960

Lieber Herr Janker!
Soeben erhalte ich Ihren Brief aus Rom [. . .] Ja, ich habe Ihnen auf Ihren vorletzten Brief nicht geantwortet, weil er mich etwas in Verlegenheit versetzte. Sie wollten in ihm eine Empfindlichkeit auslösen, die auf der Insel Mainau hätte zustande kommen sollen; ich hatte an so was gar nicht gedacht. Es erschreckte mich ein wenig, daß Sie eine solche Empfindlichkeit bei mir voraussetzten. Es war bisher meine Erfahrung, daß nur solche Menschen Empfindlichkeiten voraussetzen, die selbst sehr empfindlich sind. Ich bin im Umgang mit anderen Menschen naiv. Ich möchte vorschlagen, seien Sie es auch im Umgang mit mir!

Nun zu Ihrem Buch und zu meiner Absicht, es zu besprechen. Wie ich Ihnen ja erzählte, habe ich das erste Halbjahr 60 sehr intensiv gearbeitet. Danach kam der Rückschlag. Der Sommer, der bei uns im Hause immer eine ziemlich bewegte Zeit ist – in anderen Jahren brachte ich es fertig, mich trotzdem abzusetzen, zu arbeiten. Dieses Mal nicht. Ich habe Monate vertrödelt. Auch jetzt ist meine Feder noch nicht gespannt; dabei häufen sich alle möglichen Verpflichtungen. Im Oktober war ich auf Lese-Reise in Deutschland. Die Tage fliegen dahin, ich habe wenig Ernte von ihnen.

Trotzdem: ich möchte – in irgend einer Zeitung, in einer Zeitschrift ein Wort zu Ihrem Buch sagen. Ich habe es zwei Mal gelesen. Und, wie ich Ihnen schon sagte, es imponiert mir in seiner sprachlichen Präzision. Ich möchte sagen: auf fast jeder Seite enthält es einen Fund. Trotzdem ist mir manches fremd daran. Ich kann es nur als aesthetisches Gebilde genießen, es als solches bewundern – und das tu ich auch. Vielleicht ist das genug. Sollte genug sein. Seine Weltsicht, sein Blick auf die Menschen, auf die Ereignisse bleibt mir aber doch irgendwie nicht nachvollziehbar. Darf ich das sagen? Vielleicht, nein, sicher ist meine ganz allgemeine und etwas robuste Bereitschaft zu leben daran schuld. Leben heißt für mich: annehmen, was geschieht. Ich weiß, diese Dinge haben mit Grunderfahrungen zu tun, sie können nicht begründet werden –

und haben vielleicht sogar eine sehr schmale Basis »zum Grund«. Aber kann ich eigentlich so, wie ich da bin, Ihr Buch gerecht beurteilen? – Ich kann nur über seine aesthetischen Qualitäten sprechen, nicht über das »Dokument«.

Wenn Ihnen jenes ausreichend erscheint, d. h. wenn sich meine Besprechung *nur* auf die aesthetischen Kategorien beziehen darf, dann will ich das Versäumte gern nachholen.

Nun aber – darüber können wir uns vielleicht bei Ihrem Besuch hier unterhalten. [. . .]

Alles Gute indessen und beste Grüße

Ihre Gertrud Fussenegger

Heinrich Böll an Janker

Köln-Müngersdorf, 2. 1. 61

Mein lieber Janker,
von Herzen wünsche ich, Sie grollen mir nicht wegen des langen Schweigens auf Ihre so lieben Briefe – ich bin tatsächlich am Rande meines Vermögens, den Menschen und Ereignissen mit jener Herzlichkeit, die ich für nötig halte, gerecht werden zu können und drohe darum, in eine tiefe Apathie zu versinken. Rings um mich stapeln sich Bücher, die ich lesen möchte, Briefe, die ich beantworten möchte – aber es langt immer nur zu einem gewissen Teil. Ich hoffe sehr, daß ich endlich jetzt im Januar dazu komme, für die F[rankfurter] H[efte][1] Ihr Buch zu besprechen, das ich sehr liebe. Ein bißchen bedaure ich es, daß Sie nicht doch zu O. F. Walter gegangen oder gekommen sind: das ist der Verlag, den ich Ihnen wünsche, und den auch ich mir wünschte, wäre ich nicht so sehr gebunden. Ich bin sehr froh über zwei gute Stimmen über Ihr Buch, auch die von Bösch in der NZZ kenne ich. Ich hoffe, es macht Ihnen wirklich Mut, jenen Mut, den jeder braucht, und der manchem überflüssigerweise gespendet wird. Über all den Pflichten und Verpflichtungen habe ich auch vergessen, Ihnen, Ihrer lieben Frau und dem Jungen meine Wünsche zu schicken. Ich hoffe immer noch auf eine

Gelegenheit, mündlich auszusprechen, was mir schriftlich so schwer fällt.

Sehr, sehr herzlich
Ihr Heinrich Böll

1 Die Besprechung von »Zwischen zwei Feuern« erschien in Heft 7/1961.

Ingeborg Bachmann an Janker

24-1-1961

Lieber Herr Janker,
schönen Dank für Ihren Neujahrsbrief! Sie müssen mich aber nicht schwieriger machen als ich bin, denn ich bin ein dankbarer Briefempfänger und nur ein mühsamer Korrespondent, weil ich mehr und mehr bemerkt habe, dass ich über lange Zeiten nur eines von beiden kann: schreiben oder Briefe schreiben.

Ich möchte gerne lesen, was Sie über Rom[1] geschrieben haben, denn Rom ist ja niemand vorbehalten. Ich hätte ja auch verzagen müssen bei dem Gedanken, wer alles schon über Rom geschrieben hat. Ich bin immer neugierig darauf, wie man es sehen kann. Leid getan hat es mir freilich, dass Sie so wenig glücklich waren an dem Ort, der mich so oft glücklich gemacht hat, aber im Nachhinein kommt es darauf auch gar nicht an, und es wird schon auf eine Weise in Ihnen fortwirken, die für Sie bestimmt ist.

Herrn Frisch habe ich Ihre Grüsse übermittelt, er lässt danken und grüsst Sie.

Herzliche Grüsse
von Ihrer
Ingeborg Bachmann

1 Janker hatte 1960 ein Rom-Stipendium zugesprochen bekommen.

Janker an Martin Walser

Ravensburg, 21. Februar 1961

Lieber Martin Walser,
ich hatte an unserem gemeinsamen Faschingsabend, der mehr einem Diskussionsabend glich, den lebhaften Wunsch, Ihnen die zwei Ravensburger Besprechungen zu geben. Hatte sie bei mir, wie ich hinterher entdeckte. Aber nun haben Sie ja so viel von Frau Hartmann, der kundigen Tanzmeisterin, vorgesetzt bekommen, daß es sich eigentlich erübrigt, die böse und arg unfaire Kritik abzusenden. Zwar könnten Sie sie glänzend verkraften nach der glanzvollen Ehrenrettung in den Frankfurter Heften, die Sie sicher schon gelesen haben. Obwohl ich mich über jede schlechte Kritik etwas freuen müßte, die Sie erreicht, geschah das Umgekehrte: ich freute mich über die Verteidigung der »Halbzeit« durch den sehr sattel- und hiebfesten Rezensenten, dessen Name mir aber entfallen ist. Bravo Ihren Ehrenrettern! Bravo Ihren Anwälten und auch Sekundanten! [. . .] Muß Ihnen, weil ich das völlig vergaß im Eifer der Papiergefechte und Scheinangriffe, nachträglich sagen, daß mir in Ihrem Buch die Szenen über die standrechtliche Erschießung vor dem Tunnel und die Szene, in deren Verlauf der alte Flintrop stirbt, ganz außerordentlich gefallen haben. Mehr als das: ich finde sie hinreißend und mit zum Besten zählend, was ich an moderner deutscher Prosa kenne. Ungelogen, mein Lieber! Also gestatten Sie mir, gelegentlich das Maul aufzureißen. An unserem Kappenabend, als es unter den Pfarrershüten über die Borchers herging, tat ich es ohnehin zur Genüge. Sie würden einen zu sichtbaren Heiligenschein bekommen, nörgelte ich nicht von Zeit zu Zeit in Briefen an Ihnen herum. Eine andere Kampfesweise vermag ich nicht durchzustehen, wie Sie wissen. Aber Sie lassen sich darauf nicht ein. So bleiben wir unvollständig als Duellanten. Schade, aber auch so freut sich jedes Mal auf Ihre Gegenwart oder Anwesenheit Ihr Kleingärtner
Janker

Heinrich Böll an Janker

26. II. 61

Mein lieber Janker, gerade lese ich Ihr Buch noch einmal, um endlich auch »öffentlich« zu bekunden, was ich Ihnen gegenüber wohl oft tat – hoffe ich: wie gut ich es finde, auf eine vollkommen legitime Weise still und unpolitisch. Sie sollten sich wegen der Weimarer Sache[1] *nicht die geringste* Sorge machen, und sich der Feigheit zu zeihen, haben Sie keinen Grund. Es ist eine ganz selbstverständliche Position, unpolitisch zu sein – Sie sind es zweifellos: machen Sie sich keine Sorge deswegen. Ich glaube sogar, daß ich im Grunde genommen unpolitisch bin, obwohl anscheinend so oft das Gegenteil. Hamm ist ganz gewiß *nicht* »auf dem rechten Weg« – ich würde ihm das gern selbst sagen, mit ihm darüber sprechen. Der Ekel vor dem hiesigen System darf einen nicht zu Sympathien für das drübige verführen, man muß – glaube ich – wirklich *dazwischen* existieren; es gibt nun einmal keine politische Entscheidung für das eine oder andere. Ich würde es tatsächlich für fast kriminell gehalten haben, wenn man Sie nach Weimar geschleppt hätte – als eine »Stimme« unter vielen – als ein »westdeutscher Schriftsteller«, der »auch« gegen die Atombombe ist. Unsinn das ganze. In den nächsten Tagen schicke ich Ihnen Heft 2 des »Labyrinth«, einer Zeitschrift, die Werner von Trott zu Solz, Dr. Warnach und ich herausgeben.

Ich habe in der 2. Nummer einen Aufsatz, in dem ich versuche, die Situation der west- und ostdeutschen Schriftsteller zu klären. Falls Sie nach der Lektüre des »Labyrinth« Lust verspüren, mitzumachen, schicken Sie nur Manuskripte.

Also, keine Sorge, lieber Janker, über Ihre unpolitische Haltung und keine falschen Vorwürfe wegen Feigheit!

Ich grüße Sie, Ihre Frau, das Kind sehr herzlich

– und herzlichen Dank an Ihre liebe Frau für das reizende Päckchen!

Ihr Heinrich Böll

1 Janker war zu einem Schriftstellerkongreß nach Weimar eingeladen, an dem er nicht teilnahm.

Martin Walser an Janker

16. III. 61

Lieber Janker,

[. . .] Die Vorzimmer-Geschichte[1] ist großartig. Sie haben mehr von sich hineingebracht als in die Romanfiguren, und das ist natürlich ein Vorteil, zumindest für mich, weil ich großen Spaß (und mehr) an Ihrer persönlichen List und Ironie habe, an den zarten Dosierungen, mit deren Hilfe Sie die Gegenstände auf eine eindeutige, aber liebenswürdige Weise verletzen. Hamm (unser Bote mit den Feuersohlen) sagt, Sie hätten wieder eine geschrieben. Aus dieser Zwischenlage müssen Sie wirklich eine Serie machen, das sind Rückgriffe, so persönlich-richtiger Art, und sie sind so fruchtbar, daß ein wunderbares Buch entstehen kann, das in vielen Zeiten ganz verständlich herumspielt! Ich wußte (vom bloßen Gefühl her) immer schon, daß auch Ihr Kleingärtner-Schild zu Ihren Listen und Ironien gehört (auch wenn Sie's einmal in ehrlicher Absicht als Handwerkszeichen wählten und auch heute noch, in den unausbleiblichen Pausen, dazu stehen). In den Augenblicken, da Sie eine solche Geschichte geschrieben haben, das müssen Sie zugeben, treten Sie vors Haus und lächeln über das Schild und fragen sich, wie lange es Ihnen noch gelingen wird, die Leute mit diesem Schild über Ihren wahren Stand hinwegzutäuschen. Mich nicht!

Für heute
Ihr Walser

P. S. Vorerst keine Reise, leider. Oder wollen Sie mal mit in die Berge? Oder einen Tag ins Allgäu? Hamm kommt nächste Woche wieder. Kommen Sie doch mit.

1 »Das Vorzimmer«. Siehe Band 1 dieser Werkausgabe.

Janker an Martin Walser

Ravensburg, 29. März 1961

Lieber Martin Walser,
leider können wir Oster-Montag nicht zu Ihnen kommen, da meine Frau mit dem Auto abgeholt wird und Ostern zusammen mit unserem Sohn in ihrer Heimat verbringen will. Sie hat ihren Sprößling noch nicht vorgeführt dort. Man wünscht ihn aber endlich zu sehen. Da der Schwager einen Umzug bewerkstelligt und leer zurückfährt, sollen beide – fast hätte ich gesagt – als Leergut mitgenommen werden. Ich bleibe dann natürlich auch gleich etwas länger, weil es sich nicht lohnen würde, allein zurückzufahren. Ich habe auch keine große Lust, allein hier zu sitzen und zu kochen. Im übrigen kommt mir eine kleine Bayern-Reise nicht ungelegen. Sie soll den Auftakt zu größeren bilden, vielleicht sogar zu einer Polenreise, wie ich mit Hamm im ersten Feuereifer vorschlug. Kasack hat mir ja ein Stipendium angeboten, sagte ich Ihnen das? Ja, auch ein Kleingärtner kann heute zu den Privilegierten zählen. Es scheint immerhin einen Fonds zu geben für Kleingärtner. Daß ich mein Schild in ein Wirtshausschild verwandeln müßte, wenn ich Fuchs besuchte, können Sie sich denken. Ihr amüsanter und liebenswürdiger Brief hat mir übrigens viel Spaß gemacht. Sie können schon Briefe schreiben. Mann, wo haben Sie das nur her? Am Bodensee gibt es gute Hopfenbauern und vielleicht auch einen halbwegs angenehmen Rachenbutzer von Seewein, aber Stilisten von dem Schlage . . . Immerhin freue ich mich schon heute auf unser nächstes Beisammensein. Es muß übrigens nicht immer mit Freund Hamm zusammen abgehalten werden. Sie werden nachgerade zu einer Art Beichtvater für ihn, und ich werde allmählich eifersüchtig. Könnten wir uns alle Schaltjahr mal allein treffen, ohne Freund Hein? Pardon, so was rutscht mir heute zu leicht in die Feder. Will jetzt aber gleich Schluß machen. Sie haben anderes zu tun, als meine Episteln zu lesen. Ich hoffe, Sie machen aus Ihrem erweiterten Bovary-Exposé einen echten Walser-Text. Nichts für ungut. Diese Idee sollte nicht verloren gehen.

Ihr Josef W. Janker

Janker an Peter Hamm

Au-Hallertau, 4. April 1961

Lieber Freund Hein!
Pardon, aber das rutscht einem so in die Feder. Natürlich habe ich vor, Sie mit Ihrem Namen zu versehen. Nicht damit Sie meinen, ich hätte vor, Sie als meinen persönlichen Sensenmann anzuwerben. Ja, wir lebten über Ostern natürlich in Saus und Braus. Üppige Kost, massiv, fett, hausgemacht. Eine Wucht, wenn Sie so wollen. Ein Seitenzweig am Baum der Verwandtschaft inspizierte ländliches Idyll, wurde herzlich mit Josef angesprochen. Ganzer Hofstaat ruft »Du«. Der Bauer, die Bäuerin, die zahllosen Söhne und Töchter, der Lorenz, das ganze Gesinde. Alles ruft: Josef! Bettel! Kein Bettel! Meiner Treu! Hier ist alles verwandt. Käme einer zum hausieren, wärs todsicher ein Vetter. Nein, Bettel, damit ist meine Frau gemeint. Wir machten tüchtig Brotzeit. Vorerst aber gab ich sachkundige Antworten im Stall und in der Scheuer. Später wurde ich ganz naiv gefragt, ob ich studiert hätte, ob das Schreiben etwas einbringe, ob ich in Italien Heimweh bekommen hätte, und ob ich Thoma und Ganghofer kennen würde. Sauber gestellte Fragen. Josef saß im Kreis neugieriger Bauern und gab saubere Antworten. Schreiben sei eben auch a sakrischs Geschäft. Lorenz meinte treuherzig, er hätte nicht das Sitzfleisch dazu. Der alte Bauer aber beschämte mich. Er machte gar nicht viel Aufhebens davon. Aber mein Buch hatte er gelesen. Er war sehr zufrieden, als ich zugestand, Kuskat, Matasch, Liebschner, Kopitz seien wirklich sächsische Namen und nicht erfunden. Schönes Interview. So etwas hätte man bringen müssen. Doch was machen Sie, mein Lieber? [. . .] Walser hat unrecht: das Schild, das aushängt, ist mein Branchen-Schild.

In alter Besch . . . eidenheit Ihr
Josef W. Janker

N. S. Die Bauern sagen einfach: »DU!«. Wir können das bestenfalls im Suff oder nach der Silbernen Hochzeit. Wie lange haben wir noch bis dahin? Fassen Sie Mut, junger Freund!

Janker an Johannes Poethen

Ravensburg, 15. April 1961

Lieber Johannes,
wir haben lange nichts mehr voneinander gehört, und ich weiß nicht, wer versäumt hat, Antwort zu geben. Doch will ich gar nicht lange herumrätseln, sondern die Feder nehmen und schreiben, genauer, die Tasten anschlagen und mich etwas ausschütten. Ich habe Lust, mich auszuschütten. Es sind nämlich in der letzten Zeit Dinge geschehen, die Janker veranlassen, guter Dinge zu sein. Schrecklich, diese Schwatzhaftigkeit von Autoren, die Morgenluft wittern, nicht wahr? Aber was willst Du dagegen tun? Es zwickt Dich eben, und die Freunde müssen wissen, daß man etwas an Kurswert zugenommen hat. Bin, wenn ich so sagen darf, an der Börse um ein paar Plätze aufgerückt. Habe ein weiteres Stipendium angetragen bekommen und zwar von Präs[ident] Kasack, der kürzlich hier las und anlässlich eines Beisammenseins auf meinen Rom-Aufenthalt zu sprechen kam und auf mein Buch. Er will sich nun etwas für mich einsetzen, hat mich nach Stuttgart eingeladen und will mir außerdem eine Arbeitsbeihilfe beschaffen. [. . .] Aber was sind das doch für kleine Fische, mein Lieber, wenn ich an Deinen Band bei S. Fischer denke, der ja in diesen Tagen erscheinen muß, nicht wahr? Sobald ich ihn einmal zu Gesicht bekomme, werde ich ihn lesen und Dir dann schreiben. Sind eigentlich auch die Teile des Triptychons drin, die mir damals so gut gefielen? Und Deine Prosa-Gedichte, die Du mir anläßlich meines Besuches bei Dir in der Waldhäuserstraße vorgelesen hast? Bin sehr gespannt auf die Urteile der Presse, die Du bekommen wirst. Ich wünsche Dir heute schon alles Gute dafür, Glück in allen weiteren Unternehmungen und persönliches Wohlergehen. Entschuldige den Einfallsreichtum dieser Zeilen, aber eine Nachricht ist zweifellos besser als keine.

Dein Janker

Heinrich Böll an Janker

Köln-Müngersdorf, 20. 6. 61

Mein lieber Janker,
Ihre Briefe beschämen mich immer, weil ich jeweils nur so kurz antworten kann. Nun bin ich in Rom, für 14 Tage (im Herbst dann für länger) und habe gerade gestern mit Ingeborg Bachmann und Max Frisch über Sie gesprochen. Ich erwarte noch Einiges von Ihnen, und wenn Sie meine Rezension lesen, in den Frankf. Heften – werden Sie wissen, wieviel. Lassen Sie sich nur nicht irre machen durch allzuviel »Literatur« – was Sie schreiben, hat eine seltsame, eine sehr seltene Selbstverständlichkeit – es ist stellenweise, an wenigen Stellen noch ein wenig (verzeihen Sie den Ausdruck) zu sehr »gebastelt«; (wir basteln alle – nur nimmt man's dem »Anfänger« – es ist ja Ihr erstes Buch – übel – dem »Arrivierten« auch, aber auf eine andere Weise).

Es freut mich, daß Sie das »Tal der donnernden Hufe« so klar als das Vorspiel zu »Billard« erkennen, es ist wirklich [so]. Ich freue mich, wenn Sie mir Ihre Geschichte[1] widmen, und haben Sie ein wenig Geduld mit mir als Briefpartner: vom 6. 4. bis 10. 6. war ich ohne Unterbrechung unterwegs! – drum ab nach Rom, mit Frau und Kindern! Hier in einer Pension und nächste Woche geht es ab nach Yugoslawien für 2 Monate! Ich bin wirklich ein unruhiger Geist – habe eigentlich kein Sitzfleisch, obwohl ich wohl »behäbig« wirke.

Lassen Sie sich Zeit bei Ihrer Arbeit – und zweifeln Sie nie – auch wenn ich einmal lange nicht antworte, oder nur sehr grob – an meiner Freundschaft und an meinem aufrichtigen Interesse an Ihrer Arbeit. Ich schrieb Ihnen ja schon, daß ich das »Vorzimmer« gut fand und die Tatsache, daß Sie »nicht vom Krieg loskommen« keineswegs als Einschränkung empfand.

Herzlich Ihr Heinrich Böll

1 Gemeint ist »Die Blechschmiede von Attichy«.

Janker an Ingeborg Bachmann

21. Dezember 1961

Liebe Frau Bachmann!

[. . .] Ich habe zu Büchern ein sehr enges Verhältnis, aber eben das Verhältnis eines Liebhabers, der von den Gegenständen seiner Zuneigung zu sehr gefesselt ist, um ihre Schwäche aufzuspüren. Ich muß das vorausschicken, um anzudeuten, welcher Art dieser Brief sein wird. Da ich grundsätzlich kein Konzept entwerfe – ich bin ein überaus bereitwilliger, aber nicht sehr konzentrierter Briefschreiber –, meine Briefe also direkt in die Maschine tippe, bin ich ganz auf den Einfall des Augenblicks angewiesen. Dies vorausgesetzt, werden Sie mir zubilligen, daß es sich bei meinem Brief weder um eine eingehende Analyse handeln kann noch um eine bedeutsame Würdigung. Nehmen Sie, ich bitte Sie, vorlieb mit einem vielleicht enthusiastischen Zuruf.

Die erste Geschichte[1] *Jugend in einer österreichischen Stadt* kenne ich ja bereits schon aus Ihrer Ravensburger Lesung. Sie hat mich damals schon stark beeindruckt, nicht zuletzt deshalb, weil ich selbst über Jugenderinnerungen sitze und weiß, wie mangelhaft dieser Entwurf, gemessen an Ihrer Arbeit, ist. *Undine geht,* um die letzte zu nennen, kenne ich durch eine Lesung vom Radio Zürich im vergangenen Sommer. Ich saß damals in einem kleinen Häuschen am See, hatte zufällig den Empfänger eingeschaltet. Vor der Tür lief Diebsgesindel herum, Ratten, die die Futternäpfe leerten, die für die kleinen Schäferhunde gedacht waren, auf die ich damals achtgab. Und ich erkannte Sie schon am ersten gesprochenen Satz. Die Faszination, die Ihre männlich herbe, dabei fast brechende Stimme hervorruft, hielt unvermindert an. Ich werde diese Lesung, obwohl mir *Undine geht* irgendwo sehr fremd ist, nicht vergessen.

In Ihren Erzählungen – ich denke dabei vor allem an *Alles* und *Ein Schritt nach Gomorrha* – zielen Sie auf eine energische, unwirsche, dabei ungemein kraftvolle Weise auf eine Veränderung der Maßstäbe, auf eine neue Dimension, die unserer verdinglichten Welt nicht zu eigen ist. Großartig die herrlich strenge, makellose und vollendete Erzählung *Alles,* deren Titel allerdings zu wenig über sich aussagt. *Schritt nach Gomorrha,* das mich vom Thema her ziemlich kalt läßt, dessen knappe, straffe Form mich aber zu Bewunderung nötigt. Dann die erstaunliche Kenntnis dieser sinistren Männerrunde *Unter Mördern und Irren,* wo mich freilich der politische Mord am Schluß nicht ganz überzeugen will. Daß mich trotz dieser kompromißlosen Arbeiten – unterschiedlich in der Gestaltungsweise, aber gleichwertig im Rang – *Ein Wildermuth* vom Thema her am meisten anzusprechen vermag, werden Sie, liebe Frau Bachmann, vielleicht nicht ganz verstehen. Aber mich nahm schon der sachlich-nüchterne Anfang gefangen, dieser knappe Aufriß, der die Verstrickung in die Widersprüche einer Wahrheit andeutet, die während eines Gerichtstages zum Vorschein kommt. [. . .]

Ich kann in einem Brief, der einen gewissen Umfang ja nicht übersteigen darf, nicht den ganzen Prozeßverlauf andeuten. Fest steht der Schrei, dieser so widersinnige, scheinbar grundlose Schrei, der mit dem Prozeß selbst nichts zu tun hatte. Dieser aus Konventionen und Zeit stürzende Wahnsinnige, der nach seinem Alter fragt und nach der Farbe seiner Augen. Wie Sie dann noch einmal ansetzen und in seine Kindheit zurückkehren, den Wahrheits-Fanatismus des heranwachsenden Knaben zeigen, dieses gewissenhafte pedantische Aufsagen einer in Wirklichkeit amputierten Wahrheit, dieser Wahrheit im Rampenlicht, die den Dschungel ausschließt, diese ›katholische Welt‹, die der Gewissenserforschung entzogen bleibt, das ist erschütternd dargestellt. Schließlich die Wahrheit im Fleisch. »Ich erkannte meinen Körper nicht wieder und begriff ihn ein einziges Mal.« Oder die niederschmetternde Sentenz, daß wir von der brauchbaren Wahrheit den brauchbarsten Zipfel benutzen. Oder Ihren Schlußsatz: »Ein stummes Innewerden, zum Schreien nötigend und zum Aufschrei über alle Wahrheiten.« Das dringt unter die Haut, brennt unter den Nägeln. Was Sie anstreben: die aufrichtig erfahrene Existenz, das vollkommen gelebte Leben, die von allen Kompromissen reingefegte, geläuterte, aber unmenschliche, weil nicht anwendbare Wahrheit, das alles verhilft Ihrer poetischen Aussage zu grandioser Wirksamkeit.

Keine faulen Übereinkünfte also, sondern die unmißverständliche Forderung, keine Unlauterkeit aus Schwäche, sondern die Stärke der Lauteren, Reinen, keine verschwommene Liebesbereitschaft, sondern Liebe. Das sind Setzungen von außerordentlicher Kühnheit, nicht auf Leben ausgehend, sondern auf Veränderung dieses Lebens. Die harten, ungefälligen Themen, die Sie mit selbstmörderischer Vehemenz angehen, die zeitlose und doch zeitgemäße Problemstellung, Ihre intellektuelle Redlichkeit, die Form, die allen gegenwärtig propagierten Formen widerspricht, die von Monologen und Lyrismen aufgeweichte Erzählweise mit ihren eklatanten, aber legitimen Verstößen, die unduldsame Heftigkeit, mit der Sie dem Spieler und Bastler Mann zu Leibe rücken, all das nötigt zu Respekt und Bewunderung, aber auch zu Erstaunen, ja Befremden. Dieses angemaßte, dabei höchst sinnvoll gehandhabte Richteramt zeitigt im Ergebnis nicht nur neue Erkenntnisse, sondern auch Schmerz als Folge dieser rückhaltlosen Preisgabe und Aussetzung.

Ich konnte Ihnen, liebe Frau Bachmann, nicht viel mehr als eine kleine Notiz bieten, die ganz formlos einige impulsiv aufgegriffene Gedanken mit Erinnerungen an Ihren wundervollen Erzählband verknüpft und mehr oder weniger verschlüsselt zugibt, wie fassungslos ich vor dem Ergebnis dieser ungemein kühnen Versuche stehe . . .

Josef W. Janker

1 Janker bezieht sich auf Ingeborg Bachmanns Erzählband »Das dreissigste Jahr« (München 1961).

Janker an Martin Walser

Ravensburg, 29. 12. 1961

Lieber Walser!

Nur ein paar Neujahrsgrüße an Sie und Ihre Frau. [. . .] Benutzen Sie die Wochen in Ihrer Familien-Klausur nur zur Erholung oder gehen Sie wieder fünf bis sechs Stunden an Ihren Schreibtisch? Wie muß ein solcher Schreibtisch eigentlich beschaffen sein, um einen solchen Autor wie Sie zu machen? Könnten Sie mir nicht seine Abmessungen bekanntgeben? Ich suche nämlich einen Schreibtisch, der seinem Besitzer mehr Rang und Gewicht verleiht. Mein Schreibtisch hat, wenn ich meiner Frau trauen darf, die Abmessungen einer Schulbank. [. . .]

Meinen Hörspiel-Versuch[1] brauchen Sie übrigens nicht zu lesen, wenn er Ihnen Mühe macht. Ich bin schon wieder so kleinlaut geworden, daß ich nicht mehr den Mut habe, Sie um eine erste flüchtige Prüfung zu bitten. Aber ich dachte zunächst, daraus kann man zumindest etwas machen. Jetzt zweifle ich daran, ob Rübenach[2] in Baden-Baden überhaupt antwortet. Dabei hat mir Gert Ledig[3] auf andere Art Mut gemacht. Er schrieb mir einen sehr zustimmenden Brief über die beiden Arbeiten im Jahresring und in den Akzenten. Letztes Jahr hat er in einem Nachtstudio beim SFB mein Buch sehr gelobt und daraus zitiert. Die Sendung hieß zu meinem Erschrecken: Fälscher, Biographen oder Romanciers. Ich sah mich natürlich sofort unter die Fälscher gemischt. Dabei war es überhaupt nicht wahr. Er scheint von meinem Erstling eine Menge zu halten, wenn er Verleger wäre, würde er meine neuen Arbeiten nehmen und einen Band machen, ohne mit der Wimper zu zucken. Ist es ein großes Zugeständnis, wenn ein Verleger nicht mit der Wimper zuckt? [. . .] Ihr ziemlich ramponierter Hörspiel-Eleve, Ihr nicht ganz zuschandengeschlagener Prosabastler, Ihr zu Scherzen aufgelegter Nachbar.
Ihr

Josef W. Janker

1 »Die Kleiderpuppe«. Nicht gesendet.
2 Bernhard Rübenach, damals Leiter der Abteilung Hörspiel beim Südwestfunk.
3 Gert Ledig, Autor des Romans »Stalinorgel«. Siehe den Brief vom 14. 10.1962.

Martin Walser an Janker

2. 2. 62

Lieber Janker,
vielen Dank für den waschechten Jankerbrief. Sie sollten Honorare verlangen für Ihre Briefe. Eines ist sicher, Sie werden als der letzte Briefe-Schreiber in die Geschichte eingehen. Wir Telephonierer kommen da nicht mehr in Frage [. . .]

Das Hörspiel[1] habe ich natürlich längst gelesen. Das hat mich doch interessiert. Ein paar übertriebene Geräusch-Vorschriften lassen sich mühelos beseitigen. Schwerer wird es Ihnen fallen, ein paar Personen zu streichen. Ich glaube, es sind zuviel. Sie stören einander im Gedächtnis. Ein radikaler Vorschlag wäre: zirka 13 Personen machen entlarvende Aussagen in einem 1. Stadium, danach kommen alle 13 noch einmal, um sich spezieller und noch radikaler zu entlarven, das gäbe einen Fortschritt. Im 1. Stadium allgemein, im 2. Stadium vielleicht nur noch die erotischen Anspielungen. Aber zuerst auf jeden Fall abwarten, was die Dramaturgen sagen. Wird das Stück so angenommen, dann sollten Sie auch nichts ändern. Funk-Dramaturgen haben fast immer das Bedürfnis, ihr Dasein durch bestimmte Umarbeitungs-Vorschläge zu rechtfertigen. Ich muß nächste Woche nach München, um mir von Schmitthenner (Bayer. Rundfunk) anzuhören, was er aus dem »Abstecher« alles »herausgeholt« sehen möchte.

Also . . . alles Gute bis zum Nächsten Donnerstag für Frau und Kind und Sie

von Ihrem Walser

1 »Die Kleiderpuppe«. Siehe Brief vom 29. 12. 1961.

Janker an Martin Walser

Ravensburg, 14. Februar 1962

Lieber Walser,
es ist schön, in wenigen Tagen gleich dreimal durch eine postalische Sendung an Sie erinnert zu werden. Telegramm

weckte schon Bedenken. Ihr heutiger Brief hat sie bestätigt. Schade, aber leider nicht zu ändern. Was macht es schließlich aus, wann wir nach Bulgarien fahren[1]? Ob jetzt oder nächstes Jahr. Dann reisen wir eben dann, wenn die neue Walser-Premiere stattgefunden und die nötigen Kohlen eingebracht hat. Vielleicht feiern Sie die nächste Premiere schon im eigenen Haus, und ich als Ihr Untermieter klopfe von oben, wenn Ihre Gäste zu laut sind. Nicht wahr, ich bin schon ein aufdringlicher Mensch? Mir darf man nichts ins Ohr blasen. Gleich nistet es sich ein und baut Häusle. Immerhin hoffe ich, Ihre Unternehmung heute wird von Glück begleitet. Im übrigen dürfte Ihr zukünftiger Mitbewohner bald eine Finanz-Bestie sein. Bitte, heute durch Jens Rehn über die *Stimme der freien Welt* Ankündigung von 750 Piepen. Anfangs Mai läuft dort Jankers Geschichte *Ostwärts von Guljajewo,* umgetitelt auf: *Die doppelte Falle.* Nicht gerade in meinem Sinn, aber durchaus zutreffend. Denke, das Ganze ist psychologisch gedacht. Guljajewo ist doch nichts. Wenn sie das drüben hören, schalten sie gleich wieder ab und sagen: wieder 'ne Hetzsendung gegen den Osten! [. . .] Ihr von Zeit zu Zeit freundschaftlichst wiederholtes Angebot, den Stall zu wechseln[2], macht mich natürlich glücklich. Ich weiß es durchaus zu schätzen, wenn Sie mir so etwas nicht nur einmal, sondern dreimal in kurzer Zeit sagen. Ich weiß nur nicht, was ich vom Ganzen, den Verlegern, den Buchmachern, den Lektoren, den Stallmeistern denken soll. [. . .] Sagen Sie, Johnson hat sich noch nicht bei Ihnen gemeldet oder? Er wird aber schon am kommenden Montag kommen. Aus seinem Brief war das zu entnehmen. Wie an Ihrem Abend im Alten Theater soll auch Johnson ein volles Haus vorfinden. Ich habe heute die Einführung für die Zeitung geschrieben. Ich hoffe nur, sie mißfällt Johnson nicht allzu sehr. Nun, dann sehen wir uns am kommenden Montag. Wäre natürlich nicht übel, wenn Sie mit Johnson kurz vorher bei mir vorbeikämen. [. . .]

Ihr Janker

1 Aus der Teilnahme Walsers an der Bulgarienfahrt wurde nichts; so fuhren Janker und Peter Hamm alleine. Eingeladen hatte der bulgarische Schriftstellerverband.

2 Ein Wechsel von Kiepenheuer & Witsch zum Suhrkamp-Verlag.

Hermann Kesten an Janker

Roma, 31. März 1962

Lieber Herr Janker,
weiß der liebe Himmel, wieviele Briefe ich Ihnen schuldig bin. Ich schreibe Ihnen aber heute, weil ich Ihre schöne Erzählung »Der Erinnerungslose« im »Schönsten« gelesen habe, und die ausgezeichneten und warmen Worte von Peter Hamm über Sie.

Es tut mir sehr leid, daß sich keine Gelegenheit geboten hat, uns wiederzusehen. Ich denke mit viel Vergnügen an unsere Begegnung zurück.

Mit den besten Wünschen und freundlichsten Grüßen, auch von meiner Frau,

Ihr Hermann Kesten

Uwe Johnson an Janker

Roma, 16. April 1962

Sehr geehrter, lieber Herr Janker:
Über Ihren Brief vom 21. Februar habe ich mich gefreut, denn wenn Sie mit meiner Aufführung zufrieden waren, so waren es für mich gerade Sie, der die Einladung nach Ravensburg zu einer persönlichen gemacht hat. Ich würde gewiss gern wiederkommen, Ihretwegen, auch des Publikums wegen.

Es tut mir leid, dass Sie noch nicht wieder gesund genug sind. Ich hoffe es wird Ihnen besser gehen; ich würde es bedauern, wenn die Krankheit Sie am Arbeiten ernstlich hinderte. Neulich, im Aprilheft von ›Das Schönste‹, habe ich einen Text von Ihnen gelesen, der mir ausgezeichnet gefallen hat, und nach der Hochachtung, die ich vor Ihrem ersten Buch habe, bin ich natürlich gespannt und neugierig auf das zweite, wenn Sie mir erlauben das zu sagen.

Bitte, entschuldigen Sie, dass ich nicht sofort geantwortet habe. Ich bedanke mich noch einmal für alle Ihre Freundlichkeiten.

Ihr ergebener Uwe Johnson

Klaus Nonnenmann[1] an Janker

Frankfurt/Main, den 24. April 62

Lieber Herr Janker,
sogar DM 50,- haben Sie mir zurückgezahlt, so eilig wäre das nicht gewesen, aber da wir viel Whisky trinken, war es schon richtig so, und sie können jederzeit partizipieren, wenn Sie wieder nach Frankfurt kommen! Überhaupt hatten Sie eine gute altschwäbische Art, das Bett meiner Frau aufzuräumen, auf 90° Winkel zurechtzumachen und nicht einmal von unserem reichlich vorhandenen Morphium zu nehmen, was wir Ihnen stillschweigend zugebilligt hätten, denn Sie sind körperlich ein ebenso armes Schwein wie ich, die gleiche Krankheit haben wir uns auch zugelegt, nur leben Sie tapfer von Ihrer Kriegsrente und nicht von der Frau wie ich.

Über Ostern war ich am Bodensee, und fast hätte ich Sie besucht, aber 100 km sind dann doch zu viel für Christen, die Eier suchen und ihre Ruhe haben wollen. Ihr Roman hat mich fasziniert, ohne daß ich ihn etwa gelesen hätte, aber Ilse, was meine Frau ist, hat ihn gelesen und sagt, dem Janker geben wir das nächste Mal frische Bettwäsche und ein besseres Kissen, denn er ist wirklich hochbegabt!

Fahren Sie jetzt wirklich ans Schwarze Meer? Und inwieweit müssen Sie Kommunist sein, um so etwas kostenlos zu schaffen? Grüßen Sie Walser herzlich von mir, er sei nebst Hamm (Janker erwähne ich nicht, denn er ist a priori eine selbständig-sympathische Figur) ein Gewinn im literarischen Zirkus, und ab 2. Mai etwa bin ich am Bodensee, habe ein Auto dabei und werde Sie nach Anmeldung besuchen.

Solange mit Empfehlungen an die Frau Gemahlin, die es mit einem so zurückhaltend-ehrlichen Mann bestimmt nicht leicht hat,

ewigst Ihr Nonnenmann

1 Klaus Nonnenmann, Jahrgang 1922, freier Schriftsteller und Lektor, Autor von Romanen.

Janker an Martin Walser

Ravensburg, 24. Mai 1962

Lieber Walser!

Ich habe mich gleich auf die Hinterbeine gesetzt und die Episoden einer Kindheit verbessert, die ja den Grundstock des Ganzen bilden, wie ich etwas primitiv ausdrückte, den Komposthaufen. Hier steigen die unverwechselbaren Dünste auf, die sehr typischen Janker'schen Pflanzen, all das Schlingkraut, das Gewirr von Ranken und etwas biedermeierischem Schnörkel. Genug, ich will Sie nicht auch noch mit einem Werkstattgespräch langweilen. Diese 56 Seiten sollten also den ersten Block bilden in meinem geplanten zweiten Band[1]. Sie merken, das ist alles sehr farbig, versponnen, eine völlig undramatische, schwerpunktlose Hinterhof-Geschichte mit den Schauplätzen und deren unverkennbaren Bewohnern, die meine wirklichen Verwandten sind oder waren. Unverwechselbare Milieus. [. . .] Das Religiöse irgend eine wichtige Dominante, eine Art dunkler, dabei warmer, farbenprächtiger Folie. Fast eine Gegenwelt zur häuslichen Armut und Enge, die allerdings gewisse Fenster öffnet in eine fast phantastische Überlieferung. Da spielen die Photos eine wichtige Rolle, die Kassette mit Schmuck, Orden usw., die Ahnen-Galerie. Großvater später die einzige Figur, die im Widerspruch gegen die Zeit eine gewisse Plastizität gewinnt. Also der politisierende Dilettant, der unter seiner Wehrmachtsdecke englische Sender abhört. Überhaupt will ich ja den Schluß betont wissen, die Fahrten an die Front, von der Front in den Urlaub, der Urlaub selbst, der alles, eben die farbige, gewichtige Kindheit und Jugend auf einmal in einem höchst fragwürdigen Bezug sieht. Der Krieg zerstört das Erinnerungsvermögen, er dezimiert unbarmherzig das Bewußtsein der eigenen Vergangenheit. Sie wird fragwürdig, verblaßt immer mehr, ist nicht mehr recht greifbar. Der Erinnerungslose ist natürlich der Mann, der versucht, eben diese Kindheit, diese erlebte Vergangenheit in den Griff zu bekommen. Er bleibt aber im Krieg stecken. Die Vergangenheit umfaßt nun auch den Krieg. Er liefert fortan den Stoff. Also um diese veränderte Sehweise geht es mir. Aber der Komplex Kindheit muß stark sein. Eine blasse, nichtssagende Kindheit überdeckte auch ein anderes Ereignis. Zu ihr gehören alle diese Schauplätze, die Versuche, Weltstoff an sich zu reißen, den Tod spielbar zu machen, der Phantasie Zugänge zu eröffnen. Der Tod selbst rückt ja nicht nur mit dem Krieg in den Blickpunkt. Aber bislang sprengte er nicht den Rahmen der kindlichen Spiele. [. . .] Nicht schwer, denke ich, aus all dem Janker zusammenzubauen mit seinen Hypertrophien und Übersteigerungen, mit seinen Hemmungen und Sperren, seinen Komplexen und Strebungen. Sagen Sie mir dann ganz offen, was das Suhrkamp-Lektorat dazu meint.

Herzlich, Ihr Janker

1 Janker schwebte damals eine völlig andere Gliederung und Anordnung seiner Erzählkomplexe vor. Die genannten Portraits seiner Verwandtschaft und sozialen Herkunft finden sich nun in Band 3 dieser Werkausgabe.

Robert Wiedmann an Janker

Hechingen, 28. 5. 62

Lieber Herr Janker,
herzlichen Dank für die beiden Arbeiten, die Sie mir zugesandt haben und für die Einladung zu Gabriel Marcel[1]. Diese letztere kann ich leider nicht annehmen, da ich von morgen bis 3. 6. dienstlich abwesend bin. Dadurch fallen mir so viele Unterrichtsstunden aus, daß ich mir weitere Eskapaden nicht leisten kann. Ich hätte gerne die Einführung Gabriel Marcels übernommen, da ich seine Philosophie de l'espérance et de la fidélité gut kenne und ihn für einen der richtungsweisenden Geister in Frankreich halte. Ihre Arbeit über Peter Armborst[2] gefällt mir gut, – sie hat mir sein Bild lebhaft heraufbeschworen.

Ihr Rob. Wiedmann

1 Gabriel Marcel war für den »Ravensburger Kreis« zu einem Vortrag gewonnen worden.
2 Siehe Brief vom 27. 6. 1954, Anmerkung 4.

Klaus Nonnenmann an Janker

Gaienhofen, den vermutlich vierzehnten, 62

Lieber Herr Janker,
da liegt Ihr so höflicher Schreibebrief, und unsereiner kommt nicht mal zum Händewaschen. Sie haben mir direkt ein dickes Kompliment gemacht, und was soll ich da sagen? Nichts sage ich, gefreut habe ich mich und zwar ganz riesig, denn ich halte ja was von Ihrer Stilistik, und ein Urteil ist mir aus Ihrer Hand ein kompetentes. Lang sollen Sie also leben, da Sie meiner Eitelkeit Sauerstoff zuführten, und wozu lebt der Mensch?

Sie fragen nach dem Rattenschuppen – er ist ein Saustall par excellence geworden. Am Samstag kommt der Bundespräsident nach Gaienhofen (ins Schloss-Internat, Feuerchen anzünden für die auch sogenannte DDR), und drum habe ich ein perfektes Klo eingebaut, mitten in den Rinderstall. Noch am Abend, bei 100-Wattbirne, haben wir die Riesenlöcher zugeschüttet und tonnenweise Beton eingefüllt, Sie können sich ja denken, wie ein dreihundertjähriges Haus gebaut ist – Steine und Holz, und wenn man da wo ins Gemäuer beisst, ist es Granit oder Gips und immer gerade das Gegenteil von dem was Du denkst. Sonst machts Spass. Wann hätten Sie Zeit? Nächste Woche kommen nun die dummen Installateure, die Heizung betreffend, da ist es nur Presslufthammer und ungemütlich, und bis heute vor einer Stunde habe ich Kanalisation gelegt, Kamin gemauert, und die Hände eines Autoren namens N sind keine gesegneten, die sind vom Teeren der Betonröhren auf Wochen verdorben. Kein Mädchen schaut sich nach mir um, die Wirtsleute schämen sich meiner, und da kann ich nur hiersitzen im Badischen Hof (Standardessen: Schnitzel), und zuweilen fahre ich mit dem Segelboot, möglichst bei Windstille, denn ich kann als Lungentyp nicht eben fein schwimmen, fahre, wollte ich sagen, zur See ja See.

Schreiben Sie *rasch* ein Kärtchen! Ich könnte dann Ihnen den ganzen Bau überlassen, Sie könnten mit Frau, aber besser *ohne* Kind Ferien machen und dürften dann auch mal Gras mähen oder die 380-Voltleitung von der Ökonomie hinüberziehen in die Küche. Allerdings kommen dann im Juli tausend

Leute, wir müssten einen raschen Termin haben (auch nur für ein paar Tage angenehm), ich könnte Sie abholen in Überlingen oder Radolfzell. Jeder würde sich selber verköstigen und jeder selber dichten, das Haus ist gross. Bringen Sie endlich Ihre Frau mit, damit ich alle Jankers kennenlerne. Auch in Konstanz kann ich Sie abholen. Mein Telefon (aber es ist teuer, handvermittelt!) 328 Gaienhofen.

Ohne mehr für heute, und ich freue mich, alter Janker, dass wir uns gut leiden können. Sie werden es nicht für möglich halten: ich lese derzeit Ihren Roman, sowas ist mir schon lange nicht mehr vorgekommen. Gruss an die Gattin,

Ihnen die geteerte Hand Ihres getreuen
Klaus Nonnenmann

Hamm hat für Ihr Portrait[1] zugesagt (+ Vertrag unterschrieben. Schicken Sie ihm sofort *alle* neuen Sachen!)

1 Siehe Brief vom 10. 10. 1962, Anmerkung 2.

Klaus Nonnenmann an Janker

Ffm, den 10. 10. 1962

Mein allertreuester, schamlos verratener Baumeister und Janker,
da haben Sie mal wieder Kohlen bestellt, ganz feurige, sie liegen auf meinem Haupt, denn Ihre Idee, mir zum Vierzigsten, via mala und Telefon zu gratulieren, war exakt die meinige! Nur bin ich ein Schwein und Sie haben Charakter, was sich auswirkt wie folgt: Sie, Innenarchitekt und Bademeister, haben daran gedacht *und* was getan, ich nur gedacht. Denn ich hatte nicht vergessen, dass wir *Beide* vierzigjährige Löwen sind, fast Zwillinge, auch noch landschaftlich einigermassen kopulierbare, aber dann, was sage ich lang, zu schwach war ich, zu lahm, ein fauler, aber, so betonen Kirche und SPD, nichtsdestotrotz liebenswerter Trottel, Ende meiner Komplexe, siehe auch nächste Zeile –

da wollen Sie mir also weismachen, ich hätte etwas einzusetzen in Bulgarien! Mein Lieber mein Allerbester, ich würde sterben, das gebe ich schriftlich. Eine Reise, wenn ich sie schon mache, ist für mich etwas wie Benn, will sagen: Schirm, erster Klasse, schweigsam, gut vorbereitet, eine Stunde Besuch, irgendwo im Kaffeehaus, dann im Hotel erbrechen, Thomapyrin und die allerschlimmsten Nächte allein und ganz allein, Morgens clever und immer ein Held. Würde ich mit den Freunden Janker und Hamm fahren, käme ich nicht aus dem Schwätzen, würde ab Wien, sagen wir Zagreb, zurückbleiben, Blut in der Lunge, und sie wissen, dass auch sozialistische Länder, ja vor allem sie geradezu bigott werden, wenn sie Quarantäne und Bleisärge verordnen. Schlimmere Spiesser als die Linken gibt es ja kaum auf der Rechten, also ich muss artig NEIN sagen, so leid es mir tut. Ich bin noch jetzt verschwitzt, wenn ich nur an diese Doppellesung in Freiburg denke, mittags Studenten aus allen Ländern, was halten Sie von Hagelstanges Übersetzung des canto bolero (oder wie der Schinken hiess)?, abends im Theater. Dazwischen nur Funk, Interviews, Schwätzen, Schwätzen, Bier und Schnaps und Bier und dann im Hotel der Anfall, mon dieu, ich bin ein Krüppel, ich muss mich einteilen.

Schwören Sie mir Janker, bei Ihrer lieben blonden Frau und dem gemeinsam erlittenen Bad in Gaienhofen: dass Sie mich verstehen! Ich bin nur todmüde, sonst immer mobil und zu allen Dingen aufgelegt, die unvernünftig sind, Liebe, Alkohol, Pläne der Literatur, aber Reisen mit zwei so lieben, mit hoffnungslos Überlegenen, nein sage ich, meine Frau wäre Witwe.

Wir sehen uns also in Berlin?[1] Ich hatte schon seit drei Monaten eine Einladung, weiss nicht genau, ob sie direkt kam oder über Olten, auf alle Fälle schrieb [Hans Werner] Richter selbst, dann traf ich ihn ja auch hier zweimal, den ganzen Abend sass er dann in unserer Wohnung, Sie wissen, während der Messe ist bei Nonnenmanns Hähnchenbraten, der reinste Zirkus, Hamm kann das alles detaillieren. Ich fliege nun schon etwas früher nach Berlin (ca. 18. 10.), da ich an die zwanzig Institutionen und Leute besuchen muss, und das hängt wieder mit dem zusammen, was ich, oben, sagt man, sagte: ich teile mich ein. Ganz anonym ein Hotel, das ich keinem verrate, dann mit Büchlein und Telefon und Schirm im Arm und Taxi, pro Tag vier Leute, höchstens, ansonsten Zoo und innere Schau. Zum Wannsee, Altes Spielkasino, dort tagen diese Burschen, gehe ich dann nur als Gast hinaus, lese auch nicht mehr, nie mehr, obwohl Jens in der »Zeit« meinen Namen nannte, ich bin ein, zwei Tage dabei, dann fliege ich weg, oder wenn es schön ist, bleibe ich noch.

Dann aber, da mein Kritikerbuch[2] endlich, als Organisation, über die Runden kam, will ich die ganze nächste Zeit nichts mehr tun, nur am Roman schreiben, so etwa in der Masche wie sie im »Schönsten« stand, also sehr verzweigt, sehr gedehnt, dazu werde ich mich im Tessin oder in Gaienhofen eingraben, je nach Angebot und Kohlen, und Ende 63 will ich 400 saubere Seiten haben und Anfang 65 herauskommen, ich habe Zeit, und wenn ich vorher sterbe, habe ich welche gehabt, ich bins zufrieden.

Das in rasender Eile, muss sofort zu Post und nicht wahr, Sie schreiben mir umgehend ein Kärtchen, in dem Sie bestätigen, dass Sie

a) Ihre liebe Frau ganz ganz herzlich gegrüsst haben

b) mir nicht böse sind, weil ich Bulgarien als Grab ablehne und

c) überhaupt und wann wir uns wiedersehen.

Meine allerschwäbischste Reverenz und Umarmung, und sagen Sie auch mal bei Dittuusssens (die mir Briefe schulden!) einen feinsten Gruss.

Ihr getreuer, etwas (sehr) schlampiger
Nonnenmann

1 Gemeint ist die Tagung der Gruppe 47.

2 »Schriftsteller der Gegenwart. 53 Porträts«, herausgegeben von Klaus Nonnenmann, Freiburg/Olten 1963. In dem Buch schrieb Peter Hamm über Janker.

Janker an Peter Hamm

Ravensburg, den 14. 10. 1962

Lieber Peter!

Dank für Deinen Eilbrief, der während der morgendlichen Siesta ankam und mich aufschreckte, als käme ein unerwarteter Besuch zur Unzeit. Doch weißt Du ja, daß Du jederzeit anklopfen darfst. Für Dich gibt es keinen Parteienverkehr. Also gut, fahren wir beide allein nach Bulgarien. Zeuge einer Bekehrung werde ich nicht gerade werden. Aber sonst erwarte ich allerlei anstrengende Sitzungen, ausgedehnte Gelage und endlose Debatten, es sei denn, Freund Hamm gibt sich kameradschaftlich-gesellig und sieht sich mit mir etwas im Lande der Rosenblüte um [. . .]

Aber jetzt zu Dir, dem Janker-Interpreten[1] – tröste dich, das geht bald vorüber. Ja, was soll ich Dir so aus dem Handgelenk schreiben? Du hast ganz spezifische Wünsche, ich nur mehr sehr vage Vorstellungen von dem, was mich damals ansprach, faszinierte oder kaltließ. Fangen wir mit dem an, was mich damals – also etwa 1956/57 – beschäftigte: der Böll mit seinem WO WARST DU, ADAM? [. . .] Wenn ich sage, daß mir durch Bölls Buch [. . .] der formale Prozeß aufging, der mir ein halbwegs sinnvolles Arbeiten mit eigenen Erinnerungs-Relikten ermöglichte, so muß ich ergänzend gleich hinzufügen, daß ich schon zu diesem Zeitpunkt, also vor dem Augenblick dieser Innewerdung, das negative Modell eines solchen Prosaversuchs vor Augen hatte. Schließlich waren Pliviers Bücher, seine Trilogie »Moskau«, »Stalingrad« und »Berlin«, zu diesem Zeitpunkt schon erschienen. Ich wußte also, was ich nicht schaffen, nicht leisten konnte. Auch Widerspruch regte sich damals bereits, das, was ich nicht nur nicht schaffte, sondern auch nicht anstrebte, weil es meinen eigenen Erfahrungen zu sehr widersprach. Und hier setzt wieder eine wichtige Mechanik ein, ein Prozeß wird angekurbelt durch ganz unterschwellige Reaktionen. Ein ästhetisches Vergnügen wird deutlich. Aber nur als formaler Impetus, denn Du mußt wissen, als Autodidakt, als blutiger Dilettant hatte ich ja keinen Fundus an verwertbaren Vokabeln. Mit Bölls knappen, konzisen, dabei doch irgendwie sehr menschlich auswertbaren

Vorgängen wurde eine Möglichkeit greifbar. Von da an war es mir möglich geworden, zu schreiben, von da an war es mir möglich geworden, eigene Erfahrungen auszuwerten.

Ledigs »Stalinorgel«, um ein weiteres wichtiges Antriebs-Aggregat zu nennen, hatte mehr eine reduzierende, eine kritische Funktion. Was zunächst noch mit dem ganzen Überschwang der an Böll geschulten Sprache skizziert worden war, wurde nun kritisch gesichtet. Dieser Reduzierungsvorgang lief gewiß nebenher und weitgehend im Unbewußten. Nicht daß ich bewußt die Filterungen vornahm an meinem Elaborat, die Sondierungen, die Abstriche. Ledigs kalte, unmenschliche und dabei so konsequente Darstellungsart überforderte natürlich meine Natur und meinen künstlerischen Habitus. Ich wurde durch Ledigs Buch nicht kälter, vielleicht kritischer und weniger selbstgenügsam. Ich ahnte, daß der kältere, konsequentere Ledig dem Moloch Krieg, dem perfekten Vernichter, näher kam, als ich mit meinen Restbeständen von Psychologie und subtiler Menschenkenntnis. [. . .] Genug, Hamm, Du mußt diesen Bericht als das nehmen, was er ist: als brieflich niedergeschriebenen Bericht, diktiert aus dem Augenblick und anknüpfbar lediglich an das, was mir heute erinnerbar ist. Was mich – um Deinen Fragenkreis wenigstens pro forma auszuschreiten und abzustecken – an ausländischer Kriegsliteratur beeinflußte und wichtig wurde – darauf ist leichter eine Antwort zu finden; ich bin als Leser durch mehr als eine Nasenlänge vom Autor getrennt, so daß ich zahlreiche Wälzer hinzuziehe, die mich fesselten, aber nicht beeinflußten, die mir wichtig wurden, aber eben nur als Mensch, als Zeitgenosse. Ich erinnere an »Die Junge Garde« von Fadejew oder an die Romane von Fedin, »Ein ungewöhnlicher Sommer«, oder an umfangreiche Schmöker junger Sowjetrussen, die mich nur als Leser ansprachen, meine Phantasie beanspruchten, mich mit Mitgefühl und Sympathie erfüllten und mit Abscheu gegen meine eigenen Landsleute, die mich in die Zwangshaltung des Antifaschisten trieben, freilich des Antifaschisten im Lehnstuhl, der sich nach der Lektüre, wenn er das Buch zuschlägt, zu nichts aufgerufen sieht, da seine Sympathien für etwas aufgerufen wurden, das bereits Geschichte, bereits Story, bereits Vergangenheit geworden ist. [. . .] Wie merkwürdig, welche Kluft zwischen dieser Kategorie von unvoreingenommenem Leser und der des Verfassers! Wie rasch verändern sich da die Vorzeichen. Ich habe eben als Leser, als phantasiebegabter, mitfühlender Zeitgenosse oder Nachfahre – es ist dies ja ein Nachhinken, ein Nachtragen aus zweiter Hand, wenn man so will – eine ganz andere Verdauungs-Apparatur wie als Verfasser, einen ganz anderen Horizont – nicht mein eigener, gewiß, aber was bedeutet dieser Westentaschen-Horizont eigener Prägung schon? Vielleicht bin ich in den Augenblicken, in denen ich meine Lese-Phantasien befriedige, viel mehr Mensch und in einem viel umfassenderen Sinne als in den Augenblicken, wo ich schreibe. [. . .]

Deine alte Quasselstrippe, vertraulicher: Dein Dir dankbarer

Josef W.

1 Siehe Brief vom 10. 10. 1962, Anmerkung 2.

Janker an Otto F. Best

Ravensburg, 6. 12. 1962

Lieber Dompteur und Käfigwärter Best!
Ihr Kleinstadt-Löwe, Ihr Provinz-Tiger ist von seinem Balkan-Ausflug zurückgekehrt, ohne aber in München[1] Station zu machen. Ihren beherzigenswerten Vorschlag, mit dem ein unbändiger Bändiger wie Sie einer dressurwilligen Großkatze zum Sprung verhelfen würde, kann ich nicht mit heftigem Schweifwedeln gutheißen. Da Sie mir androhen, im Fall meiner Habhaftwerdung einen geräumigen Käfig zu erstellen und mich dort vier Monate einzusperren, mit der Zusicherung täglicher Fütterung, bin ich München ausgewichen. Ich wollte mich nicht in die Reichweite Ihrer Stallwärter begeben, wollte nicht als Papiertiger enden. Was entstünde schon daraus, wenn ich – ein braves, prosaisch begabtes Haustier – plötzlich zur Schau gestellt würde? Ich würde zunächst einmal auf die respektheischende Größe eines richtigen Raubtiers anwachsen. Die Stallwachen mit ihrem Hafer und vorgelegten Ködern

würden in mir Instinkte wecken, ein richtiges literarisches Tier mit bestialischen Befugnissen zu werden. Später käm's dann heraus. Lieber Herr Best, schöne Aussichten, wirklich, aber die Anteilnahme meiner besorgten Wärter und das schöne Geviert von Gitterstäben macht mich allein noch nicht zum Haus-Löwen von Piper. Die interessierten Zuschauer würden bald erkennen, daß nicht schon brüllt, wer den Rachen aufreißt . . .

Ihr Josef W. Janker

1 Otto F. Best war inzwischen Cheflektor im Münchner Piper-Verlag geworden.

Jara Ribnikar[1] an Janker

13. II. 63

Lieber Freund Janker,
Danke für Ihren Brief. Schade dass Sie so wenig hier geblieben sind. Ich moechte Sie wieder sehen. Wo ist Ravensburg? Verzeihen Sie, dass ich so eine Ignorantin bin. Ist es im Norden oder im Süden? Ich sehe dass Sie wirklich sehr viel gearbeitet haben. Bitte schicken Sie mir Ihren neuen Buch. Und koennten Sie mir vielleicht das »Schönste« mit Ihrer Geschichte schicken? Vielleicht koennten wir hier etwas herausgeben. Ich habe mit einem Freund aus einem Verlag (Matica Srpska) über Sie gesprochen. Was glauben Sie dass für uns besser wäre, das erste oder das zweite Buch[2].

Ich hoffe dass Sie wirklich etwas von mir lesen werden. Hanser ist gut mir zu helfen, dass ich meinen Freunden vorstellen kann! Ham[m] hat mir nie geschrieben. Sagen Sie ihm dass ich ihn für das verprügeln muss! Er hat mir auch etwas versprochen, auch etwas für Das Schönste, und dann noch ein Hörspiel – aber den sollte er selber noch redaktieren und das war vielleicht zu viel. Es ist so ein Tempo überall. Doch, sagen Sie ihm, bitte, Josef, dass man Freunde nicht vergessen darf, weil es gibt nicht viele Freunde. Und Sie und er habt mir wirklich gefallen.

Wie ist Ihre Frau und die Kinder? Sie sollten mit ihnen einmal nach Jugoslavien kommen.

Schreiben Sie mir wieder einmal ein Wort.

Viele herzliche Grüße,

Ihre Jara

1 Jara Ribnikar, jugoslawische Dichterin, die Janker und Hamm bei einem Zwischenaufenthalt auf ihrer Bulgarienreise kennengelernt hatten.

2 Ribnikar hatte als Freundschaftsgeste versucht, ein Buch Jankers in einem jugoslawischen Verlag unterzubringen.

Uwe Johnson an Janker

in Friedenau, 14. August 1963

Lieber Herr Janker,
hier bekommen Sie vier Fotografien, auf denen Sie redend abgebildet sind. Das hat nicht eben eine Meisterhand festgehalten.

Ich bedanke mich für Ihren letzten Brief, und erlauben Sie mir zu sagen, dass Ihre Bewunderung mir nicht ansteht. Erst einmal sind Sie der Ältere. Zum andern sind meine Sachen nicht ausserordentlich; wären sie nur ordentlich.

Es war uns ein Vergnügen Sie als Gast zu haben, und wir hätten es gern wieder.

Mit den schönsten Grüssen, an Ihre Frau, an Sie

Ihr ergebener

Johnson

Heinrich Böll an Janker

Dugort, 16. 8. 63

Lieber Josef Janker,
Ihr Brief ist eine große Wohltat für mich, denn manchmal habe ich angesichts dieses Rummels den Eindruck gehabt, sowohl von den »Literaten« wie von den »Katholiken« im Stich gelassen zu werden. Ich wundere mich nicht sehr, denn

schließlich wußte ich, was ich schrieb und warum ich es veröffentlichte[1], ich verstehe auch Ihre Einwände (teile sie nicht), aber dieses Buch mußte ich schreiben, wie sich ja an der Reaktion erweist. Die »Stimmen der Zeit« haben eine sehr kritische, aber auch sachliche Kritik veröffentlicht – das macht diesen Schrei aus der Gosse wieder gut! Wir haben es sehr bedauert, meine Frau und ich, daß wir Sie und die Ihren, besonders auch Ihre liebe Frau, im Frühjahr nicht getroffen haben. Aber wir mußten so plötzlich weg, auch war der Roman im Erscheinen, und ich wollte »fliehen«.

Sobald ich wieder in Köln bin, werde ich bald südwärts fahren, mindestens bis Reutlingen zu Grieshaber – und werde Sie gerne bei dieser Gelegenheit besuchen. Ich schreibe Ihnen dann vorher noch!

Auf bald, wirklich – sehr herzliche Grüße von uns allen, besonders auch an Ihre Frau

Ihr Heinrich Böll

1 Böll meint sein Buch »Brief an einen jungen Katholiken«.

Hans Werner Richter an Janker

[ohne Datum]

Lieber Herr Janker, mit diesem Aufwand[1] lade ich Sie herzlichst zur Tagung der Gruppe 47 ein. Vom 24. (Anreise) bis zum 28. Oktober hier selbst[2]. Ein Zimmer können Sie sich direkt im Hotel bestellen. Geben Sie mir aber Nachricht, ob Sie kommen.

Ihr Hans Werner Richter

1 Richter lud zu den Tagungen der Gruppe 47 stets auf Karten ein.

2 Hotel Kleber in Saulgau.

Janker an Martin Walser

Ravensburg, 28. August 1963

Lieber Martin Walser,
denken Sie nur, der [Hans Werner] Richter hat mir sehr freundlich geschrieben. Meine Bitte, in Ravensburg einmal zu lesen und zu sprechen, hat er vorerst abgeschlagen. Aber ich werde ihn ja später wieder einladen. Zunächst aber das Erstaunliche: ich bekam die besagte Karte[1]. Ich bin also eingeladen, offiziell mit beigelegter Straßenkarte des Hotel »Kleber«, Saulgau. Er meint, das Zimmer könne ich mir persönlich dort bestellen. Aber das ist ja wohl nicht nötig oder – was meinen Sie? Sitzt man da so lange zusammen, daß ich nicht mehr nach Ravensburg zurückkomme? Wie werden Sie es machen? Pardon, ich bin etwas voreilig damit. Das hat ja noch viel Zeit, nicht wahr? Immerhin, ich finde es wunderbar, daß ich in Saulgau dabei sein werde. Meine Klostertante wird Augen machen, wenn meine Mutter ihr das mitteilt. Ich und ausgerechnet in Saulgau lesen, das ich nur unter gewissem Zwang in meiner Kindheit betrat, weil damit immer ein sehr strapaziöser Gang zum Kloster verbunden war, dem man sich nicht entziehen konnte. Ja, Walser, also wenn Höllerer den »Hausfreund«[2] freigibt, müssen Sie wohl oder übel für mich auf den Stuhl klettern. Ich verspreche Ihnen, mich gut zu benehmen und nichts gegen meine Richter einzuwenden. Ich merke schon jetzt, daß ich etwas konfus bin. Immerhin, zunächst einmal freue ich mich. Die etwas allzu neugierigen Ravensburger, die natürlich Saulgau mit einer gewissen Hochspannung herankommen sehen, werden sich nicht die Schnäbel an mir wetzen können. Janker ist diesmal dabei und wenn es sein Seelenheil kostet. [. . .]

Ihr Josef W. Janker

1 Siehe die Karte Richters, voranstehendes Dokument.
2 Höllerer hatte diese Erzählung für die »Akzente« angenommen, wo sie in Heft 1/64 erschien.

Johannes Bobrowski an Janker

B[er]l[i]n-Friedrichshagen, 2/9. 63

Lieber Joseph Wilhelm,
ich hab Sie gleich vermißt und denk jetzt oft an Sie, und denk auch, daß es besser wäre, wenn Sie in der Nähe wohnten oder wenn es nicht so weit und schwierig wäre bis zu Ihnen. Ich war im Urlaub und hab den Roman[1] zuende gebracht, der schlecht ist, ein heiteres Volksstückchen, als ich zurückkam, war Ihr Brief da, schönsten Dank. Und vorgestern kam Ihr Buch. Da hab ich nicht viel zu sagen.

Ich denke, daß es ausgezeichnet ist, glänzend gearbeitet, wenn das etwas heißt. Obwohl es mich brannte, auf einen Sitz zu lesen, hab ich Pausen gemacht und mich gezwungen, bedächtiger zu lesen, manchmal absatzweise. Das Beste an Ihrem Buch: daß einem die Bekanntschaft mit Szene und Sujets gar nichts hilft, daß das alles ganz unerheblich ist. So muß der Text auch jene stellen, für die das Thema – nach Ihrem Willen – blanke Historie ist. Ich weiß kein Buch, bei dem das gelungen wäre. Alle anderen (die ich kenne) haben Züge von Kameraderie. Nicht einmal die Anekdote, die es ja auch objektiviert gibt, hat in dieser genauen Durchführung Platz. Ich bedanke mich sehr. Und ich bin ganz sicher, daß das Buch exemplarisch ist. Und – für das Thema – unwiederholbar.

Auf Ihre Erzählungen bin ich neugierig. Wie geht es voran mit dem Verlag?

Herzliche Wünsche, auch an Ihre Frau, von uns und den Meinigen. Ihr Johannes B.

1 »Levins Mühle. 34 Sätze über meinen Großvater«. Der Roman erschien 1964 sowohl in der DDR als auch in der BRD und erhielt den Charles-Veillon-Preis 1965. Siehe die Briefe vom 21. 4. und 16. 6. 1965 sowie vom 27. 2.1966.

Heinrich Böll an Janker

28.09.1963

Lieber Janker. Es sieht nicht so aus, als ob ich nach Saulgau würde kommen können. Ich würde gern ein paar alte Freunde dort sehen – aber ob ich's um den Preis des Riesenrummels tun werde: ich glaube nicht. Sie würde ich gern wiedersehen, auch Ihre liebe Frau und die Kinder – aber alles andere erscheint mir immer mehr als Ablenkung und Schau. Es freut mich sehr, daß Sie in Saulgau lesen: tun Sie's wirklich, und lassen Sie sich nicht unterkriegen: vergängliche Eitelkeit der Kritiker sollte Sie nicht erreichen. Sehen Sie den alten von Walter auch einmal? Ich sitze, oder besser: setze mich jetzt an eine wirklich große Sache und will versuchen, mich nicht ablenken zu lassen.

Sehr herzlich, mit Grüßen für
Ihre Lieben

Ihr Heinrich Böll

Faksimile siehe Seite 100

Maria Menz[1] an Janker

Oberessendorf, den 16. 11. 63

Sehr geehrter Herr Janker!
Mit Ungeduld habe ich die Reportage über Ihre »Feuertaufe«[2] in Saulgau erwartet, und jetzt heisst's schon, Sie fahren nach Afrika. Ich wollte Sie doch noch sprechen.

Ich schreibe unter gleichen Voraussetzungen wie Sie: volksbürtig, nicht akademisch gebildet. – Bauerntochter, Krankenschwester. Ich schreibe überwiegend Gedichte. Sie wissen selbst, wie brennend man fähige wegweisende Kritik sucht, und Sie können sicher einsehen, dass es auf dem flachen Land noch schwerer ist, Anschluss zu bekommen. Briefliche Ersuchen: die einen sind überlastet, die andern zu alt, noch anderen ist es zu heikel. Ich glaube, der isolierte Autodidakt kommt überhaupt nicht zur Gnade einer Kritik und Führung ohne Vermittlung.

Ich las, dass die Gruppe 47 in Ihr Interesse auch Dichtung einbezieht. Ich dachte mir, Sie, Herr Janker, haben über die

HEINRICH BÖLL

KÖLN-MÜNGERSDORF
Belvederestraße 35

28.9.63.

Lieber Jenker, es sieht nicht so aus, als ob ich nach Saulgau würde kommen können. Ich würde gern ein paar alte Freunde dort sehen – aber ob ich's um den Preis des Riesenrummels tun werde: ich glaube nicht. Sie würde ich gern wiedersehen, auch Ihre liebe Frau u. die Kinder – aber alles andere erscheint mir immer mehr als Ablenkung u. Schaum. Es freut mich sehr, daß Sie in Saulgau lesen: tun Sie's wirklich. Lassen Sie sich nicht unterkriegen: vergängliche Eitelkeit der Kritiker sollte Sie nicht berühren. Sehen Sie den alten [illegible] wieder einmal? Ich sitze, oder besser: setze mich jetzt an einen wirklich großen Roman u. will versuchen, mich nicht ablenken zu lassen.

Ich kneife, mit Grüßen für Ihre Lieben Ihr

Heinrich Böll

Ihnen erschlossenen Verbindungen mit Persönlichkeiten dieser Gruppe vielleicht die Möglichkeit, eine Probe meiner Arbeitsversuche an die rechte Stelle hinzusteuern, so dass ich von einem dieser Herren erfahren könnte, wo ich jetzt stehe. Es ist mir sehr ernst um meine Arbeit. Keineswegs meine ich, mich diesem Kreis nähern zu können, dazu liegt mir die moderne Lyrik viel zu fern; aber sagen könnte man mir doch, was meine Erzeugnisse wert sind.

Wenn Sie noch nicht ganz gleich fahren und bereit wären, mich irgendwann in den nächsten Wochen zu empfangen, so würde sich diese Angelegenheit schon klären.

Können Sie mich nicht empfangen, können Sie mir dann brieflich raten, ev[entuell] mich an einen der Saulgauer Kritiker verweisen und mir Ihre Empfehlung mitgeben? Auf keinen Fall möchte ich haben, dass Sie meine Angelegenheit irgendwo vortragen oder erwähnen, ehe ich weiss, an *wen* Sie sich wenden würden.

Bitte, schreiben Sie mir doch umgehend.

Ich denke mir, eine persönliche Besprechung könnte recht anregend sein.

Ich beglückwünsche Sie zu dem Interesse, das Ihnen zugewendet wird.

Mit freundlichen Grüssen
Maria Menz

1 Maria Menz, oberschwäbische Dichterin, geboren 1903. 1982 J. P. Hebel-Preis und Droste-Preis Meersburg.
2 Anläßlich der Tagung der Gruppe 47 in Saulgau.

Maria Müller-Gögler[1] an Janker

Weingarten, den 22. März 64

Sehr geehrter Herr Janker!
Die Osterferien haben begonnen, nun kann ich Post beantworten. Ihr Brief soll zuerst darankommen, er hat mich überrascht und gefreut. Überrascht, insofern Sie von Differenzen schreiben, deren ich mir nicht bewußt war, gefreut, weil Ihre Anregung zu Gesprächen, wenn auch vielleicht Streitgesprä-

chen, einem Bedürfnis entgegenkommt, das ich selbst habe. Nur wissen Sie ja, daß ich einen Beruf ausübe, der mir erst die Freiheit zum Schreiben sichert, und darum muß ich meine Zeit streng einteilen. Möglicherweise liegt hier die Ursache, warum ich einen Brief von Ihnen unbeantwortet ließ, obwohl ich mich an das Versäumnis nicht erinnern kann; gelegentlich kommt es ja auch vor, daß Briefe verloren gehen. Wie dem auch sei, es ist mir leid, daß es bei Ihnen anscheinend den Eindruck erweckte, als nehme ich an Ihrem Schaffen keinen Anteil. Eine Karte, die Sie erwähnen, scheint diesen Irrtum verstärkt zu haben. Dazu muß ich Ihnen sagen, daß ich mich gern an die Zusammenkünfte mit Ihnen und Peter Hamm in der Meisterhofstraße erinnere, und daß ich Ihren Weg mit Bewunderung verfolgte. Ihre kritischen Äußerungen über meine Veröffentlichungen Dritten gegenüber habe ich nie besonders tragisch genommen, und wenn Sie schreiben, daß Sie nicht nachtragend seien, so darf ich auch von mir behaupten, daß ich es nicht bin. Vor einigen Tagen sah ich in der FAZ die Anzeige Ihres neuen Buches. Ich habe es mir bereits bestellt, um es in den Ferien zu lesen. Dann können wir uns vielleicht einmal gegenseitig sagen, was wir von unseren Büchern denken. So etwas kann sicher fruchtbar sein. Ich wünsche Ihrem Buch Erfolg und Ihnen und Ihrer Familie frohe Ostern.

Ihre Maria Müller-Gögler

1 Vgl. Brief vom 27.6.1954, Anmerkung 2.

Janker an Heinz Saueressig[1]

Ravensburg, 15. Mai 1964

Sehr geehrter Herr Saueressig,
aus Köln zurückgekehrt, nach einem mehrtägigen Besuch bei Herrn Böll, erhielt ich zu meiner Überraschung die Sonderdrucke aus dem großzügigen Hause Thomae[2]. Das ist ja ganz gut und ansehnlich geworden. Was Sie schreiben über den Janker, in zwei sympathisch langen Worten, hat gleichfalls

meinen Beifall gefunden. [. . .] Also wollen wir die »Silhouetten« etwas wirken lassen. Vielleicht sind Sie nebenher auch eine Reklame für meinen Erzählband, der ja bereits von Günter Blöcker in den Reißwolf genommen und zu Hasenfutter verarbeitet wurde[3], zumindest zu Futter für ein unansehnliches Tier in der Grube. Ja, die Leute meinen eben in erster Linie die Tatsache, daß sich Blöcker dreispaltig mit Janker herumschlug und sehen den Verriß erst in zweiter Linie. Ich hatte einen hübschen Stein im Magen liegen. Immerhin scheine ich nicht nur den kleinen Kritiker-Hechten zum Fraß vorgeworfen zu werden, und das tröstet einen ja. Für heute habe ich eigentlich nur diese paar Dankeszeilen für Sie. Ich bin zwei Wochen aus dem Stall gewesen und habe nichts getan als geplaudert. Böll, Bender, der meinen Berlin-Bericht für den Jahresring annahm, Lenz Hermann, Stomps und Poethen. Der Deutschlandfunk bringt am 14. Juni meinen Hausfreund, mit dem ich in Saulgau durchfiel. Mit dem Afrika-Bericht hoffe ich einiges machen zu können. Mein Verleger[4] zeigte sich amüsiert, so daß ich für dieses Jahr genügend Eisen im Feuer habe. Daß Sie über mein Buch schreiben wollen, freut mich ganz besonders. Machen Sie den Janker aber nicht zu klein und leise. Wenn Sie genau lesen, werden Sie doch eine ganze Menge Kritik finden, die ich übe. Unseld meinte, beim zweiten Lesen sei für ihn vieles aufgeblüht, was ihn beim ersten Lesen kalt gelassen habe. Alles Gute, Herr Saueressig, und meinen ganz besonders herzlichen Dank!

Ihr Josef W. Janker

1 Dr. Heinz Saueressig, Industrieller, Mäzen, Bibliograph Martin Walsers, Herausgeber und Mitautor der Thomas Mann-Monographie »Besichtigung des Zauberbergs« (1974).

2 Die Firma Thomae hatte Jankers Afrika-Bericht unter dem Titel »Farbige Silhouetten« in ihrem »Krone-Programm« publiziert.

3 Besprechung von »Mit dem Rücken zur Wand« in FAZ vom 2. 5. 1964.

4 Siegfried Unseld (Suhrkamp).

Maria Menz an Janker

Oberessendorf, den 8. Juli 1964

Sehr geehrter Herr Janker!
Das war ein erfrischend offener und blitzender Brief. Sie haben mir schon mit »fünfzig Jahre zu spät« alles über meine Gedichte und Ihren eigenen Atem gesagt. Die ähnliche Einordnung der Prosa werte ich nur am Rande. Ich weiss die Kluft. Ich kann es nicht ändern, denn zu sehr hat mich das Leben und auch mein Geburtsjahr hinter der neuen aufsteigenden Zeit und der Welt überhaupt gelassen. Ein gewisses Gen hat sich verloren in Verhältnisse, in denen der embryonale Zustand derjenigen, die schreiben will, besiegelt wurde. Ich bin geistesfrei genug, Ihre Erklärung ohne Verstimmung zu empfangen, und vernünftig genug, Ihre Kraft und Zeit zu achten. Ich bin unendlich froh, dass Sie sich jetzt nichts abgerungen haben. Bei Ihnen weiss man jedenfalls, woran man ist.

Ein neues Gespräch, ob es ergiebig genug wäre? Für mich sicherlich. Für Sie wäre es nur Geben. Aber die Ergiebigkeit, das ist jetzt belanglos.

Wie ich Ihnen andeutete, tue ich erst »den Knopf auf« in der Resonanz. Ich habe mir über zwanzig meiner Erhellung dienende Fragen notiert, darunter die, wie Sie die Lyrik von Karl Adolf Sauer, Maria Müller-Gögler und Otto Heuschele im einzelnen empfinden; ich habe mich in einem Blatt mit Ihrer Kritik der abgegriffenen Worte auseinandergesetzt; ich habe viele Gedanken zu meiner Schaffenssituation notiert – was gehört jetzt noch davon herein in diesen Brief? Ich suchte das Prinzip Ihrer Konzeption und Ihres Stils, nicht um aufzugreifen, sondern um das in Ihnen *Gegenwärtige*, das Sie so nachdrücklich fordern, näher, gesprächsweise, nicht nur lesend zu erfassen.

»Museal gewordene Welt«, das ist, glaube ich, ein zu radikaler Hinwurf eines Heutigen. Es gibt doch auch zeitlose Begriffe, Gegenstände des Wortes. Gibt es nicht auch in meiner Welt die Kräfte des Herzens, grundhafte Erkenntnisse, den Reifeprozess der Jahre – Reife erlangt auch das dunkle alternde Rind, das mir vor Augen ist – die Macht des Leides und der grossen

Sorge? Aber darüber könnte man viel hin und her reden. Der *Atem* der Heutigen ist ein anderer.

»Heile Versketten«, welch ein vielsagendes Wort, in seiner Positivität gerade die Idee einer kläglichen Beschränkung! Wieviel lieber ist mir das, als eine höfliche Umschreibung! Aber daneben Ihr anderes Wort: »fünfzig Jahre zu spät« hat umgekehrt einen positiven Kern, es klingt nach Anreihung an einst Geschätztes. Versunkene Dichtung ist immerhin Dichtung. Man hat von diesem Wort den Eindruck, als könnte man irgendwelche versunkenen Stimmen, die sich mit meiner Stimme berühren, bezeichnen. Aber ich kann mich auch täuschen. Vermutlich hat mir das in meinem Morgendämmerungsprozess der Rechenschaft nach Ravensburg zuerst das Unterbewusstsein gesagt, denn mein Befinden hob sich, noch ehe ich das Wort richtig gewogen hatte, hob sich bei allem negativen Gefühl, das Ihre Urteile schufen. Oder es war das, dass Sie trotz dieser Urteile ein Später nannten. [. . .]

Ein Schaffen der Feder, gleich ob für jetzt oder für ein vergangenes Einst gültig, hat eine verhältnismässig brennendere Bedeutung am Baum eines Geschlechts, das durch Jahrhunderte Pflug und Sense handhabte und noch keinen seiner Menschen aus dem Volkhaften auf die andere Ebene entliess. Mein Interesse an *trächtiger* Ähre des Wortes ist mit gutem Grund dahin geordnet. Und wäre das nicht, so hätte ich doch auf alle Fälle wesensbedingt den Willen zum Gültigen um seiner selbst willen und habe ihn immer, während das aus mir Heraustretende in tiefer Notwendigkeit Gestaltung, Bekenntnis, Widerblick wird, während ich einen Lebensinhalt brauche und ihn neigungsgemäss und geschieden von anderen lebendigen Aufgaben, hierin suche, während ich, von meiner Umgebung innerlich vielfach unbefriedigt, zu mir selbst flüchte, zu mehr als nur Träumen. Ich diene meinem eigenen Bedürfnis und verlange zugleich, am grossen Wertstrom aller wahren Aussagen teilzuhaben. Aber die sich überalternde Fessel der Einsamkeit, Verlorenheit und Öde, mörderischer schleichender Nebel, wird stärker und stärker. Und sind am Ende *zwei* Dämmerungen? Es gibt auch zu wenig *angeborenes* Licht. Und das Senklot ist da zu bald am Ende.

Was mich anzog an Ihrer Erscheinung, als sie mir in der

S[chwäbischen] Z[eitung] begegnete? Der gleiche Ausgangspunkt, der für mich die Scheidewand der geboren-gebildeten Stände nicht hat: das Volk. Gleiches physisches Schicksal, das ist nur eine Sache des Verständnisses, desgleichen die Überführung in das Schreiben aus der Leere der äusseren Passivität. Aber das Gleiche der ersten Versuche, des Wagnisses, das bedeutet doch in gewissem Mass gleiches Tasten und erregte meine Aufmerksamkeit. Wie sehr sich darüber hinaus die Wesenskerne und die Wege unterscheiden, haben wir bereits festgestellt. In welchem Zeitraum Sie Ihre literarische Reife erreicht haben? Vermutlich traten Sie rasch aus sich selbst, aus der Fülle Ihrer Kraft in das Wesentliche Ihrer Feder, und die Entfaltung bis zur Vollkommenheit vollzog sich langsam und nicht mehr in Einsamkeit. Dass Sie lange schleifen, ist nachgeordnet, es ist individueller Arbeitsstil. Wieviel Erworbenes, wieviel eingeborenes Gefühl Ihre Sicherheit bedingt, ist mir verschlossen. Es gehört eine grosse Kraft dazu, als Autodidakt dahin zu kommen, dass man sich Begegnungen im Ravensburger Kreis stellen kann. Jedenfalls, Sie haben, nicht nur in diesem Sinn, einen wahren Platz erobert. Sie sprechen davon ohne Prunk, aber gesättigt.

Der Weg zur zügigen Publikation, so nötig er mir wäre, und so sehr Sie selbst mit aller Energie in diesen Bahnen denken, und den vielleicht andere, die zu Ihnen drängen, suchen, stand mir nicht im Vordergrund unserer Besprechung. Die Orientierung, wo ich stehe, stand im Vordergrund.

Meine Gedichte stehen auf alle Fälle jenseits des Billigen; damit ist noch nicht gesagt, dass sie auch Dichtung sind. Eine ideelle Ernte – Beglückung genug – kann mir, sofern eine Handhabe gegeben ist, jeder fähige Mund reichen. [. . .]

Ich sättige mich in dem Bewusstsein, das alles noch ausgeschüttet zu haben und bescheide, bescheide mich mit Stille.

Haben Sie herzlichen Dank für jede Zuwendung zu mir. Ich betrachte es als ein Ereignis; die Schatten wissen wir. [. . .]

Herzlich grüsst Sie

Ihre Maria Menz

Janker an Peter Hamm

Ravensburg, 12. Juli 1964

Lieber Peter,
das sind schlimme Tage, wie Du Dir denken kannst. Mein Vorgefühl hat mich nicht getäuscht: Kaiser[1] hat mir den letzten Spaten Erde in die Grube nachgeworfen. »Neun Novellen suchen einen Autor«. Hast Du keinen für Kaiser auf Lager? Mit Pauken und Trompeten geht Janker in die Binsen. Armer Peter, mit was für einem Stümper hast Du Dich eingelassen. Früher hörte ich immer, ich sei ein Formalist; die Details seien meine Stärke; jetzt habe ich zwar Themen, die aufregend, die allgemeingültig, die originell sind, aber sie müßten von einem Schriftsteller, einem »professionellen, den es in den Fingern juckt«, erst geschrieben werden. Und immer gelingt mir nur die »anspruchsvolle Platitüde der anspruchslosen Illustrierten«. Glaubte immer, ich sei eher verstiegen, maniriert; daß ich Platitüden verzapfe, Illustriertendeutsch, wußte ich nicht. Von den aufregenden und originellen Themen – warum einige dieser Geschichten diesen Eindruck erwecken, wodurch sie dazu werden – davon sagt Kaiser, der Parade-Philologe, nichts. Mir scheint, es ist von der deutschen Kritik noch nicht hinreichend über das Trauma »Krieg«, über dieses ja nicht unwichtige Thema unserer Zeit, referiert worden. Ein von den sprachlichen Unzulässigkeiten meiner Stücke weniger abgeschreckter Kritiker müßte den Aspekt des Krieges zentraler sehen und behandeln. Warum setzt da niemand an und fragt nach den Gründen dieser Verstörung meines Helden? Gibt es viele Geschichten, in denen der Krieg bis in den letzten Schlupfwinkel der Gedanken eingedrungen ist und selbst den noch verstört und für das Zivilleben untauglich macht, der dem mörderischen Waffengang entkommen ist? In meinen Geschichten gibt es nicht die letztliche Sanktionierung des Offiziersstandes. Ich gebe keine Charakterisierung, bei der Licht und Schatten gleichmäßig verteilt sind; in Bausch und Bogen und ohne die Guten auszusondern, fälle ich mein Verdikt, entlarve ich das Entlarvenswürdige des Standes durch Überzeichnung und Überschärfe der erzählerischen Details. [Günter Bruno] Fuchs schrieb: »unheimlich,

wie Deine Leute in den Abgrund kippen«. Und Inge Meidinger-Geise meinte, ich verstünde »wie Hartlaub[2], Warsinsky[3] und Hans W. Pump[4] die Beschwörungstechnik« – und jetzt (sie hat ein gutes Gedächtnis) schrieb sie in »Echo der Zeit«: »Wenn Hartlaub und Hans W. Pump«, wenn diese Literatur »einen Nachfolger gefunden hat, dann in Jankers Geschichten«. »Ostwärts von Guljajewo« nennt sie eine »große Erzählung« und die Überschrift ihrer Besprechung lautete: »Erzählung als Kunstform«. [. . .] Walter Widmer, der mich sicher auch kritisieren wird, nannte mein erstes Buch neben Bölls »Wo warst Du, Adam?« und Benders »Wunschkost«, und ich kannte ihn damals nicht etwa. Er wird mein zweites Buch sicher negativer beurteilen als mein erstes; aber er sieht, daß ich nicht aus reinem Eigensinn und Willkür noch einmal in den Krieg zurücktauchte, daß ich nicht opportunistisch nach literarischem Erfolg hasche; er sieht das Trauma in diesem Verhaftetsein. Mir Snobismus und Allüren, einen krankhaften Ehrgeiz vorzuwerfen, hat mich tief gedemütigt. [. . .] Man ist eben doch und trotz aller Freunde in seiner Demütigung und Niederlage allein . . . Verzeih, Du bist wohl der Einzige, dem ich das so offen schreibe. Dein Josef W.

1 Joachim Kaiser hatte Jankers »Mit dem Rücken zur Wand« unter dem Titel »Verfall des Sprachgefühls« in der *Süddeutschen Zeitung* vom 11. 7. 1964 besprochen.
2 Gemeint sind die Kriegsbücher Felix Hartlaubs, etwa »Im Sperrkreis« (1955).
3 Gemeint ist »Kimmerische Fahrt« von Werner Warsinsky.
4 Gemeint ist Hans W. Pumps Buch »Vor dem großen Schnee« (1956).

Heinrich Böll an Janker

Dugort, 19. VII. 64

Lieber Herr Janker, Ihre Briefe machen mir Sorge, nicht weil sie an *mich* gerichtet sind, sondern, weil ich spüre, wie arg es Sie trifft. Natürlich trifft es jeden arg, gerade »Verrisse« – wie die Fachleute es nennen – aber, aber es bleibt doch immerhin die Tatsache bestehen, daß Sie auch gute Kritiken hatten, und selbst wenn *alle* schlecht gewesen wären, Sie wissen doch, müssen wissen, wo Ihre Stärken und Schwächen liegen. Ein Wort finde ich besonders unangebracht in Ihrem Brief, das Wort *Autodidakt*: *alle, alle* Schriftsteller sind Autodidakten, und schauen Sie sich die Prosa des sehr gelehrten Herrn Jens[1] an: davor brauchen Sie sich nicht zu verstecken. Nein, nein, lassen Sie das Jammern, trösten Sie sich an einem Autor wie Schroers, der mit seinem siebten oder achten Buch weit, weit weniger Erfolg, weniger gute Kritiken hat als Sie mit dem zweiten! Außerdem: Sie wissen doch, daß beim zweiten Buch eines Autors sehr scharf geurteilt wird!

Sie *müssen* aufhören zu jammern, auch aufhören *verbittert* zu werden – sonst beweisen Sie, daß die Kritiker recht haben! Also: abwarten, Ruhe, Konzentration auf das nächste Buch, und meiden Sie so törichte Worte wie Autodidakt und Prolet. Wir sind alle Proleten.

Herzlich, mit vielen Grüßen an Ihre Frau und die Kinder
Ihr Heinrich Böll

1 Walter Jens.

Walter Gross an Janker

Winterthur, den 21. Juli 1964

Lieber Josef W. Janker,
ohne die Hoffnung auf Sympathie kann keiner schreiben, lässt uns das auch noch in einer uns zerzausenden Rezension nach noch so dürftigen Beweisen einer grundsätzlich vorhandenen Geneigtheit suchen? Und wenn wir solche Beweise suchen, in Nebensätzen, und sie vielleicht auch finden, dann fragen wir uns noch einmal mehr, weshalb der Kerl uns beim Schwanze genommen hat. Aus dieser Sympathie, die wir voraussetzen zu dürfen glauben, hoffen wir auf eine anständige und ernsthafte Kritik, aus der in Sprache und Ton hervorzugehen scheint – und nicht nur scheint –, dass sich der Rezensent eine mit unserer Arbeit vergleichbare Mühe gemacht hat. Schliesslich ist das die selbstverständlichste Forderung: hat man nicht Wochen und Monate hinter seiner Arbeit gesessen?

Frisch schreibt einmal: Nichts leichter als das: man schneidet eine Kartoffel, bis sie wie eine Birne aussieht, dann beisst man hinein und empört sich in aller Öffentlichkeit, dass es nicht nach Birne schmeckt, ganz und gar nicht! [. . .]

Sie waren immer einer, der im schönsten Sinne glaubhaft zu schreiben wusste, da wurde nicht geschrieben, um auch zu einem Buche zu kommen, es war anders als bei Böll im sprachlichen Zugriff, aber es war in dem was geschrieben wurde von der gleichen Authentizität. Verzeihen Sie als Freund, wenn ich das sage, aber schon in der Sprache wurde die Verletzlichkeit, vielleicht besser eine in bestimmten Augenblicken des Lebens offenbar werdende Schutzlosigkeit des Menschen sichtbar. Wenigstens empfand ich das bei Ihnen stark.

Und es stimmt schon, neben Böll's »Wo warst Du, Adam« und Ihrem »Zwischen zwei Feuern« ist die junge deutsche Literatur spurlos am letzten Weltkrieg vorbeigegangen, und das will etwas heissen.

Ihr Brief hat mich also, wie Sie sehen, ordentlich bestürzt. Vor allem: ich weiss sehr wohl wie eine einzige hämische Kritik, eine unsachliche, sich ins Artistische flüchtende, einen für kürzere oder längere Zeit lähmen kann. Und wenn man dazu dann noch kein Vielschreiber ist!

Aber, lieber Janker, Sie haben nicht nur Ihre Themen, Sie haben auch ganz unzweifelhaft Ihre Sprache, das schreibt sich nicht hin, das lässt sich feststellen in allem was ich von Ihnen kenne. [. . .]

In Freundschaft Walter Gross

Janker an Martin Walser

Ravensburg, 23. August 1964

Lieber Walser,
wir haben abgebaut und sind zurückgekehrt. Vergangenen Dienstag holte unser Papierhändler meine Frau, die Buben und leichtes Gepäck ab. Ich hielt ein letztes Mal Zeltwache, demontierte, was innen zu erübrigen war, saß dann ab Mitt-

wochmittag bei starker Westbrise abholbereit vor dem Zelt. Der Traum vom einfachen Leben ist dieses Jahr zu Ende geträumt. Hier ist es wieder bequem, und die Arbeit wird wieder zum willkommenen Stundenfresser. Ich war letztes Mal wohl ziemlich einsilbig und wenig attraktiv als Badegesellschafter. Sogar meine Frau kritisierte mich. Na, Schwamm drüber! Ich kann da sowieso kein Kapital rausschlagen aus meinen Pleiten! Sie werden sicher sagen: soll's der Janker für sich tragen, wenn nicht, möge er dran ersticken. – Warum wollte er, daß die Süddeutsche ausgerechnet . . .?

Ob man besser unrezensiert bleibt, wie Sie mal meinten? Wer berühmt wie Sie ist, Walser, der kann darauf pfeifen. Ich habe gewisse Echos nötig, damit sie den Schalleffekt der eigenen Stimme verstärken. Verstehen Sie, Walser! Drum bin ich drauf aus, Stimmen zu meinem Buch zu bekommen. Zum Glück gibt es den Hamm, der mir einen spontanen Brief unmittelbar nach Kaisers Rezension schrieb. Zum Glück gibt es die Elisabeth Borchers, die auch raschestens reagierte, was Sie kalt lassen dürfte.

Zum Glück gibt es den Hermann Lenz, den W[alter] H[elmut] Fritz, den Walter Gross. Zum Glück gibt es den Widmer, der mir aus 1900 m Höhe Trost sandte, dreiseitigen Trost unter der Überschrift: »Ein Autor tut sich schwer«. Das wird der Zeitartikel sein. Ich hoffe, er kommt bald, noch bevor die Herbstsaison die ohnedies kurze Laufzeit meines Erzählbandes beendet. Walser, bedaure, ich schreibe immer von meinen Nöten, und das wird Sie sicher bald auf die Palme bringen. Ich enttäusche Sie auch als Nachbar, als Gesellschafter. Wenn ich nicht das Briefeschreiben erfunden hätte, ich bliebe stumm, oder Sie müßten es mir verordnen. Im Brief sage ich wenigstens, was ich denke, zeige ich, wo bei mir der Schuh drückt. In Ihrer Gegenwart habe ich noch nicht einmal den Mut, Sie nach dem Durchschlag zu fragen, den ich Ihnen schickte. Ich fragte auch nicht, ob Sie den Artikel »Mit Verlaub, Auschwitz« gelesen haben. Bin stocksteif und bring das Maul nicht auf. – Also, mit Baden, Nachbar Walser, ist es aus. Vielleicht schauen Sie mal, wenn Sie hier beim Einkauf sind, meine afrikanischen Trophäen an.

Ihr Döskopp Janker

Johannes Bobrowski an Janker

26/8.64

Lieber Josef,
also ich danke Dir herzlich für Deinen Nachurlaubsbrief und die Glückwünsche. Der Sohn ist da, er heißt Carl Adam, ist gesund und wohlgeraten, allen Beteiligten gehts gut. Aber jetzt muß ich Dir doch etwas sagen, weil Deine Bekümmernis über das Verhalten der Rezensenten Dir gegenüber langsam in Gefahr gerät, zu einem Trauma zu werden. Also: es ist kein Wunder, daß die deutsche Kritik versagt, sie ist schon lange blind, reagiert nur noch auf grobe Reize, ist festgefahren in Kategorien, dagegen war der alte Kant der reinste Entfesselungskünstler. Natürlich haben die Leute Presse und Funk, aber doch nicht für immer. Laß mich mal was sagen: Ich bewundere Deinen Roman und das wenige, was ich bis jetzt von den Erzählungen weiß – das Buch ist noch nicht eingetroffen; vielleicht läßt Du ein Exemplar an mich über die Adresse: Union-Verlag Berlin W 8 Zimmerstraße 79/80 schikken. Es handelt sich bei Deiner Prosa um einen absoluten Alleingang, etwas völlig Neues. Von der vollständigen Einheit Stil – Sprache will ich gar nicht reden. Du hast Dir Deine Sprache errungen mit Deinem ersten großen Thema. Es ist eine hoffnungslos verletzte, auf den Tod verwundete Sprache, die mit der äußersten Konsequenz erhalten wird (daher der oberflächliche Eindruck von Traditionalismus), ja fast wie eine tote Sprache gehandhabt. Was herausspringt ist die auf einem beklemmend schmalen Grat erhaltene Kontinuität, ständig vom Absturz bedroht, höchst gefährlich für Plattfüßler. Aber das ist doch klar: alle Versuche, im Jahr 45 ein Jahr Null zu sehen, sind Nonsense. Sich von der Geschichte (also auch von der Sprache) zu dispensieren ist Unfug. Die Kontinuität, mit Wunden bedeckt, von Geschwüren und ganzen Neurosen-Kränzen gezeichnet, wird durchgehalten. Über alles andere wird zur Tagesordnung übergegangen werden, das ist völlig sicher.

Ich tue das gleiche wie Du, mit anderen Mitteln, auf andern Wegen: in den Gedichten mit den immanenten griechischen Metren, in der Prosa mit der Hereinnahme von Jargon, volkstümlichem Sprechen, Verkürzungen, mit dem Versuch, die Syntax in Bewegung zu halten. Deine Methode ist einsamer, weil verletzlicher, sie ist auch viel schwerer durchzuhalten. Ich weiß das genau. Insofern bist Du weit moderner als ich. Aber das weißt Du eigentlich doch alles. Sonst würdest Du ja nicht so schreiben. Du weißt auch, daß Dir recht werden muß, bekümmere Dich also nicht so sehr, daß es langsam geschieht. Daß wir alle gegen die Zeit schreiben ist selbstverständlich, bei mir fällt es leider nicht so auf. Ich erleb es stark, wenn ich aus dem Roman lese, der nun wirklich kein besonderes Kunstwerk ist: er ist also lustig, die Leute lachen sehr, es stellt sich eine glänzende Stimmung ein, aber hinterher kommen immer ein paar Leute und sagen: warum haben wir denn bloß so gelacht, das ist ja alles eigentlich schrecklich.

Ich bin jetzt ein bißchen in Mode. Das vergeht. Dann muß sich das zeigen, worauf es ankam. Sieh einmal, es gibt doch Leute, die sehen, was an Dir ist. Nur auf die kommt es im Grund an. Und dann können ja auch Leute zu Verstand kommen. Denk doch nur an die groteske Fehleinschätzung, die Jens zu »Hundejahre« geleistet hat. Überhaupt: Grass ist jahrelang bei der Gruppe durchgefallen! Enzensberger vor zwei Jahren, Roehler, Borchers. Und wie hilflos war die Kritik bei H. H. Jahnn, Arno Schmidt. Von keinem Buch mehr als 600 Exemplare abgesetzt. Erfolg ist in Deutschland kein Beweis. Aber nun genug damit. Ich wollte Dir nur mal ein paar Wörtchen sagen. [. . .]

Also, lieber Freund, behalte Ruhe, laß Dir die innere Sicherheit nicht nehmen – von Leuten überdies, deren Qualifikation Du im Grund ja selber nicht anerkennst. Wir haben zu arbeiten, unter Aufbietung aller Kräfte, »Blühen ist ein tödliches Geschäft«, warum müssen wir die Ausrufe aller Marktweiber zur Kenntnis nehmen! Herzliche Grüße von uns an Euch.

Dein Johannes

Martin Gregor-Dellin an Janker

München, 9. Sept. 1964

Lieber Herr Janker,
Sie schreiben, Sie seien kein Kritiker, aber was Sie getan haben, ist mehr, als ein Kritiker gewöhnlich tut: Sie haben das Buch[1] nämlich sehr aufmerksam gelesen, mit einem Sinn für Nuancen, über den man sich nur freuen kann. Sie haben hervorgehoben, abgewogen, verglichen, zitiert, gefragt, angemerkt und dadurch meine Aufmerksamkeit wieder auf Dinge gelenkt, die selbst die bisherige Kritik mir nicht hat zu Bewußtsein bringen können, und deshalb ist mir Ihr Brief von großem Wert – ganz abgesehen von der Freude, die ich darüber empfinde, daß Ihnen das Buch wirklich etwas bedeutet, denn sonst hätten Sie sich nicht soviel Mühe damit gemacht. Sie können sich denken, daß das einen Autor glücklich stimmt, weil Sie selbst ja schließlich einer von der Gilde sind und wissen, was los ist und was in unsereinem vorgeht. Ich werde Ihren Brief noch manchmal durchgehen und wieder Neues entdecken. Einzuwenden oder abzustreiten habe ich eigentlich nichts, bis auf die in Klammern stehende Frage, ob Melzer Doderers Strudlhofstiege entstiegen sei. Nein, ich muß zu meiner Schande sogar gestehen, daß ich dieses Buch Doderers gar nicht kenne, mit ihm auch nicht allzuviel anfangen kann (ich meine mit dem Autor). Ja, und meine Namen . . . Die nimmt man mir ja manchmal übel, als hätte ich das nur Thomas Mann abgeguckt. Aber so ist es nicht ganz. Für mich bedeuten Namen fast schon so viel wie Physiognomien, und mit Hans und Heinz kann ich nichts anfangen, wenn Hans und Heinz nicht selbst schon wieder zur Formel werden kann. Natürlich, hier liegen die privaten Liebhabereien und Freuden eines verspielten Autors.

Nochmals, lieber Freund, haben Sie Dank für Ihren Brief! Ich fand ihn gestern, als ich aus dem Urlaub zurückkam, und nur deshalb habe ich ihn nicht postwendend am gleichen Tag beantworten können! Ich möchte Ihnen auch mein neues Buch[2] schicken, die kurze Prosa, die soeben erschienen ist, in ihr bin ich einigen Stücken von Ihnen vielleicht besonders nahe. Ich bin gespannt, was Sie sagen werden! Diese Stücke sind über eine ganze Reihe von Jahren entstanden. Darf ich Sie bitten, mir dafür Ihre Prosastücke zu widmen, die bei Suhrkamp erschienen sind? Einiges in den Kritiken, die ich über Ihr Buch las, muß Ihnen sehr weh getan haben – wenn Sie's gelesen haben. Ich kann mir kein Bild machen, aber ich schätze Sie viel zu sehr, um alles zu glauben, was ich lese. Ehrlich gesagt, ich habe den Eindruck: man wollte schon lange einmal gegen Suhrkamp ausholen und gegen bestimmte Prosaversuche, und Sie waren der Unglückliche, der es abbekam – einer muß ja den Kopf hinhalten. Aber ich las auch Gutes. Und ich bin sehr gespannt auf die Lektüre.

Sie schreiben leider wenig davon, wie es Ihnen geht und was Sie tun – aber vielleicht sehen wir uns doch einmal in der Nähe des Bodensees. Jetzt steht ja erst die Messe bevor, und ich habe in Frankfurt zu sein. Dann kommt der Herbst, und ich will mich wieder stärker auf meine eigene Arbeit konzentrieren. Der Bürokratie bin ich ziemlich müde.

Ihnen und Ihrer Familie alles Gute, und herzliche Grüße Ihres

Gregor

1 Gemeint ist Gregor-Dellins 1962 erschienener Roman »Der Kandelaber«.

2 »Möglichkeiten einer Fahrt«, Erzählungen (1964).

Hans Erich Nossack an Janker

[Darmstadt,] den 25. September 1964

Lieber Herr Janker,
über Ihren Brief habe ich mich sehr gefreut. Ich fand ihn gestern bei meiner Rückkehr vor. Ich war eine Woche lang vor der Buchmesse ausgerissen, in die Nähe von Stein a. Rh. Welch eine poetische Landschaft dort, anders kann man es nicht nennen. Ich staune jedesmal. Man meint, so etwas gäbe es nur bei Stifter.

Sie müssen mir nicht danken, das ist mir peinlich. Erst einmal habe ich nicht viel mehr getan, als ein paar Mal Ihren Namen zu nennen, und zweitens ist so etwas selbstverständlich. Sie werden das später auch tun. Es ist die einzige Art, in der wir Literatur an Jüngere weiterreichen können. Schliesslich ist das unsere Pflicht. Und wenn man so weit gekommen ist, dass die Leute ein wenig auf einen hören, hat man viel erreicht. Genug davon.

Ich kann Ihnen nur kurz schreiben, da mich hier ein Berg Post erwartet hat. Ausserdem gehe ich schon bald wieder auf Tournee nach Skandinavien usw. Ich habe mir vielzuviel vorgenommen, und so jung bin ich ja auch nicht mehr. Aber leider muss man noch nebenher Geld verdienen.

Schreiben Sie doch unbeirrt weiter, bitte. Die raschen Erfolge zählen nicht, meistens sind sie ebenso rasch erledigt. Und Sie schreiben ja genau so wie ich nicht wegen des Erfolges, sondern um Ihrer Wahrheit auf die Spur zu kommen, oder wie man es sonst nennen will. Nach meiner Erfahrung erreicht unsereiner nur durch zähe Geduld und Abstinenz von allem öffentlichen Rummel das Ziel. Wenn ich überhaupt auf etwas stolz bin, dann ist es der Beweis, den ich erbracht habe, dass es auch ohne Publizität geht. Schön, es dauert zehn Jahre länger doch vielleicht ist es dauerhafter.

Alles Gute für Ihre Gesundheit und herzliche Grüsse
Ihr Hans Erich Nossack

Janker an Maria Menz

Ravensburg, 18. Oktober 1964

Liebes Fräulein Menz!
Ihre umfangreichen und so aufschlußreichen Briefe könnten nur von jemandem beantwortet werden, der entweder ähnliche Empfindungen, Strebungen und Ziele wie Sie hat oder aber über sehr viel Zeit verfügt. Beides ist bei mir nicht in dem Maße der Fall, wie dies wünschenswert wäre. Wünschenswert für Sie vor allem. Ich aber kann nicht einmal wünschen, Ihrem Anspruch zu genügen. Zu viel Fremdes steht zwischen uns, das heißt, es steht gar nicht zwischen uns, vielmehr steht es in Ihnen, bevölkert die Menz'sche Welt, baut vor mir die typischen Versatzstücke auf, fremd, fremd. Und so bewahrt

Sie diese Ihre eigene Fremdheit vor der Außenwelt, wie mich meine spezifische Innenwelt mit ihren Staffagen, Stellwänden, Szenerien vor dem schützt, [. . .] was von außen drängend anstürmt. Zwei geschlossene Welten, die Ihre mit Versfuß, Metren und Reimzeilern um gute einhundert Jahre zurück. Die meine gegenwärtig, das heißt, gefährdet wie die Ihre, um nichts liebenswerter, um nichts erstrebenswerter. Wünschbar aber um der Ehrlichkeit willen, die mich verpflichtet, diese meine Umwelt darzustellen, in ihren Verhaftungen im Krieg, noch nicht zwanzigjährig zurück. Ihre Welt hat für Sie mehr Trost. Um Trost geht es mir nicht, dagegen um Sichtbarmachung der Defekte, die diesen Trost ausschließen. [. . .]

Manche Kritiker werfen mir Attitüden vor, Manier im Stilistischen, eine Splittertechnik. Das betrifft meinen Erzählband. Als ob man das Hektische, Turbulente, Monströse, das sich im Krieg fortlaufend äußert, im ruhigen Erzählfluß gestalten könnte. Ich mag mich irren. Aber mein Irrtum ist nicht Zufall, sondern wohlbedachte Absicht. Haben Sie meinen Erzählband von Suhrkamp schon gesehen? Schade, wenn ich mehr Freibände bekommen hätte, schickte ich Ihnen den Band zu. Schön wäre überhaupt, Ihre Meinung zu hören. Was Sie brieflich äußern, hat immer Ihren ganz persönlichen Stil. Verschroben, ja, das mögen Sie sein. Aber Verschrobenheit ist keine tadelnswerte Sache, sie ist einfach eine Eigenschaft. Wenigstens diese Eigenschaft haben wir gemeinsam, denke ich. Schwäbische Verschrobenheit, die nichts Schrulliges haben muß. Sie kann hart sein, holzschnitthaft, unliebenswürdig, steif. Elegant, glatt, oberflächlich ist sie nicht. Diese angestrengte, gewissenhafte, ernste Lebensweise und Sehweise eignet Oberschwaben besonders dann, wenn sie wie Sie ihrer angestammten Lebensform verhaftet, wenn sie seßhaft blieben. Ich habe hier Zutaten von außen bekommen. Durch meine Beweglichkeit, die sich meiner Seßhaftigkeit, die durch Lebensumstände, Krankheit bedingt sein mag, untermischt und so leichtfüßigere Sequenzen zuschiebt. [. . .] Es freut mich immer, wenn Sie über die Janker'schen Paravents hinweg auf mich eindringen, einströmen, Menz'sche Metren, Menz'sche Reime, vierfüßig, jambisch, balladesk, um drei

Generationen zu spät geborene Schicksalsnorne. Leben Sie wohl! Und lassen Sie sich nicht verdrießen durch das profane und prosaische Understatement Ihres dennoch ergebenen und dankbaren
Josef W. Janker

Maria Menz an Janker

Oberessendorf, den 20. 10. 64

Gut, gut, Janker!
Sie *sind*. Unter denen, die Sie erwähnen. Endlich sind Sie herausgegangen. Ein mir kostbarer Brief. Ich liebe diesen länglichen Umschlag, den ich nicht gewöhnt bin. Und Dank, dass ich Ihnen wert war, mir Ihre Gänge auch im aufhuschenden Negativen gewisser Kritik zu zeigen. (Gern sähe ich sie).

Die Zeit, viele Seiten lange Briefe zu tippen wie ich, haben Sie freilich nicht, ist auch für mich nicht nötig.

So wie Sie fortgerissen sind vom einen zum andern Treffen, so stossen Sie es berichtend aus. Aber bemerkenswert an Ernte, an Angesichtern.

Sie werden immer drastischer. Jetzt sind es schon hundert Jahre Abstand. Mir gleich. Sie müssen und sollen Ihre Welt schreiben, von innen für aussen, für Tausende. Ich schreibe für niemanden als für mich und ein paar Freunde und auch sehr von innen. Wir stellen, glaub ich, gegenseitig das reine Extrem dar: Sie im Bersten gegründet, unter dem Stigma der modernen Front und unter dem Prozess einer ein paarmal umgedrehten neuwerdenden Welt. Und ein Mann. Ich wie aufgehoben aus dem vorigen Jahrhundert und dazuhin um fast jedes wirkliche persönliche Leben betrogen, und bereits im Abbau begriffen. Und eine Frau. Und um zwei Jahrzehnte älter. – Meine »eigene Fremdheit« bewahrt mich vor der Aussenwelt? Solange schon, als diese Welt leicht an mir vorbeifliesst. Bräche sie ein, mächtiger Strom würde gerufen, entfesselt, ich bin überaus resonanzfähig und vielleicht nicht einmal unempfänglich für Einiges vom Andern. Ich sehe es daran, wie ein empfangenes Bild im Wort *heraus muss* und wie es dann die Mitte trifft. Es ist mein Los, dass es meist kleine Dinge sind, die mir zum Schauen begegnen.

Weder Geschehen / noch ein Freund stößt vor / in die sibirische Steppe, / in der ich an Öde und Einsamkeit / mich zu Tode schleppe. / Niemand wirds wissen / wenn ich gestorben bin, / und was ich bildend wie Schatten erworben, / ein Versuch von Leben, / geht mit mir dahin.

Trost? Ich verkenne nicht Abgründe. Aber ich bin dem Aufbau verpflichtet – auch die Jungen können das sein, beissend – ich aber bin es fromm, im menschlichen Sinn.

»Splittertechnik«. Ein Begriff, den man fühlte, aber nicht auszusprechen wusste. Macht nichts, das Wort. Sie haben doch in Ihrem Stil etwas Einmaliges, Überraschendes, und jeder Satz ist von Ihnen wohlbedacht erbaut nach Ihrem Müssen, Ihrer Schau. Hab ichs nicht schon in R[avensburg] gesagt?: Es ist wie das Wortbild Akzente auf dem Druckumschlag für »Hausfreund«: kräftig, lebendig, griffig, schnittig, auf den ersten Eindruck etwas verwirrend, bei endlicher Erfassung des Ganzen doch richtig, aber sprunghaft, mit knappsten Verdeutlichungen gebunden; es hat seine eigene Note. Es ist ein modernes Angesicht. So kann man doch auch sagen statt Splitter. – Man ist hart mit Ihnen verfahren? Wie ich – darf ich einmal boshaft sein? – wie ich Ihnen das gönne! Ich hab ja auch Geisselhiebe bekommen! Aber es ist *brüderliche* Bosheit und gleich kommt die tröstende Hand über den Scheitel. Ich wollte es Ihnen früher nicht sagen, ich fürchtete Sie zu verderben, rein psychologisch. Aber jetzt können Sie es brauchen. »Meine« Lektorin – eine private Freundschaft – schrieb mir, nachdem ich ihr den »Hausfreund« geschickt hatte: »Ich habe schon auf der ersten Seite die Pranke des Löwen erkannt.« Aber *vertragen* Sie nun diese große Bejahung! Und auch das: kollegial springen Ihnen die mit großem Namen bei und die Verlage umwerben Sie. Was wollen Sie noch. Sie *brauchen* geradezu einmal einen Angriff, damit Sie im Gleichgewicht bleiben. Sie werden sich, wenn es auch mal regnet – auch darin ist Befruchtung – immer tiefer finden. [. . .]

Die »Lektorin« sagte übrigens kürzlich: Wir (die Älteren) sind noch heil. »Und dieses Heilsein haben wir sogar mit in den Abgrund des Heute genommen und können es nicht verleugnen.« *Auch* ein Standpunkt für mich.

Über und über bezeugen Sie, dass Sie, obwohl handwerkangestammt, hundert Bildungen schon in R[avensburg] erfahren haben: auch das unterscheidet Ihren Weg grundsätzlich vom meinen. Vielleicht wissen Sie ebensowenig wie die Akademiker, wie brotlos ein *Landkind* im Bewussten aufwächst. Unbewusst kann es dennoch Reichtümer in sich aufsaugen. Aber viel Wendigkeit fehlt ihm. [. . .]

Sie sind also wirklich schwabenblütig? Ich habe es nicht sicher gewusst. Keine Silbe Schwäbisches habe ich von Ihnen gehört. – Ich habe keine unbegrenzte Kenntnis von Fremdwörtern. Die neue Pressesprache bringt auch so viel neue Klänge, deren Bedeutung man nebenher lernen muss, und die in keinem Lexikon zu finden sind. Es gibt Fremdworte, die nicht ersetzbar sind, auch nicht im Gedicht, und ich habe sie gewagt, schon von jeher, während die alte Schule immer beanstandet; aber unter der neuen Dichtung finde ich es.

Ausser mit dieser Antwort bescheide ich mich durchaus mit nichts. Eine Mundart von mir besagt: ». . . wia ma da Deckel uff da Hafa lait.« Das ist bereits geschehen. Darum brauchts weiter nichts.

Nicht zu vergessen: die Berichte und die Probe vom Schaffen Ihres Freundes Martin Walser habe ich mit Interesse gelesen. Der Schriftsteller Josef Janker wird wohl folgen. Ich habe auch irgendwo über Max Frisch was vernommen. Und den haben Sie getroffen. Es geht Ihnen nicht schlecht.

Ich wünsche Ihnen die grösste Vitalität und gute Gesundheit für all die Anforderungen! Und dann eine Weile Ruhe.

Herzliche Grüsse!
Ihre Maria Menz

Janker an Martin Walser

Ravensburg, 16. Dez. 1964

Lieber Walser,
Sie großer Heldentenor! Start in Berlin und im kühleren Norden. Schrecken aller Oberstudienräte und klassischen

Humanisten! Gefürchteter Materialist und brillierender Linguist! Übrigens, habe mit größtem Vergnügen und mit viel Gewinn Ihren ZEIT-Artikel gelesen, der wirklich unseren Philologen Angst machen sollte, aber auch Leuten wie mir, die ihren Volkshochschul-Status durch schmalbrüstige Bändchen tragen, ihrem Verleger dumme anklägerische Briefe ins Haus schicken, als wäre durch etwas Reklame diese Ravensburger Stadtmaus honorig zu machen.

Walser, ich schreibe Ihnen das alles, weil wir nie Zeit hatten, darüber zu reden. Im Sommer, die zweimal, wo wir uns beim Baden trafen, waren Sie verständlicher Weise mit dem »Schwarzen Schwan« beschäftigt. Das letzte Mal, als ich mit Dublew[1] bei Ihnen war, ergab es sich auch nicht. Sie haben mich nie gefragt, wie es in diesem Punkt steht. Ich bin da eben nicht so standfest, wie es meinem Ruf entspräche. Meine gesellschaftlichen Kontakte sind mit einigen Ausnahmen auf Briefe beschränkt. Hier sind doch nur die gutmütigen Oberlehrer, die höflich nach dem Befinden der Familie fragen oder die paar Schreiber, die einesteils schadenfroh sind, wenn ich trotz Suhrkamp nicht recht vorankomme, die andernteils meine Anwesenheit benützen, sich selbst als Verfasser ins Licht zu rücken.

Unsere Nation hat sich durch nichts solch einen Namen gemacht wie durch zwei veritable Kriege. Ist dieser Krieg noch ein Thema? Wird ein Wort darüber verloren?

Ihr Janker

1 Dimiter Dublew, bulgarischer Lyriker, den Janker auf seiner Bulgarienreise kennengelernt hatte, und der nun auf Gegenbesuch in der Bundesrepublik weilte.

Hermann Kesten an Janker

New York, 12. März 1965

Lieber Herr Janker,
vielen Dank für Ihren Brief vom 9. Februar 1965. Ich habe mich sehr gefreut, wieder von Ihnen zu hören. Auch ich habe keineswegs Sie vergessen, im Gegenteil ich denke mit Vergnü-

gen an unsere Begegnung in Rom, im Cafe Doney, und ich würde mich von Herzen freuen, Sie wiederzusehen, in Rom oder Ravensburg, in München oder New York, wo immer. Unsere Wohnung in der Via Filippo Civinini haben wir längst aufgegeben, und es ist gut, dass Sie statt dessen an den Kurt Desch Verlag geschrieben haben.

Wir verbrachten den Winter in New York, und wollen am 1. Juni wieder in Paris sein, am 1. Juli in Bled, Jugoslawien, zum PEN Kongress, am 15. Juli zu einem Vortrag in Nürnberg, zu dem mich die Stadt eingeladen hat, und dann nach Italien, irgendwo ans Meer, und im Herbst wieder in die Bundesrepublik.

Ich danke Ihnen herzlich für Ihre lieben Worte zu meinem Geburtstag. Es tut mir leid, dass ich Ihr Buch nicht gesehn habe, aber Suhrkamp sendet mir seine Bücher nicht mehr, seit ich vor einigen Jahren eine Differenz mit dem Verlag hatte.

Ich hoffe, Sie lassen sich nicht von dem magern Verkauf Ihres Buches niederdrücken. Im übrigen überschätzt man die Macht und den Einfluss grosser Verlage. Solange Sie einen Verlag haben, der Sie weiterdruckt, ist es nicht gar so wichtig, ob man nun tausend oder dreitausend Exemplare verkauft. Wir dürfen uns nicht vom Zahlenrausch unserer Epoche verwirren lassen. Schliesslich bedeuten 1000 Buchkäufer zwei- bis dreitausend Leser, und je besser ein Autor ist, umso besser sind seine Leser.

Wir leben in einer groben Epoche, voll wüster Propaganda. Bücher und Autoren, um die kein Wirbel gemacht wird, kommen nicht auf die Bestseller-Listen. Freilich möchten wir auch von unsern Büchern leben, und das ist in allen Ländern schwer, da Bücher heutzutage viel schneller welken und sterben. Immerhin hatten Sie, trotz Joachim Kaiser, glänzende Presse, und die literarische Ehrengabe der Stadt Braunschweig, wozu ich Ihnen meine Glückwünsche sage.

Ich würde mich freuen, wieder und mehr von Ihnen zu hören. Schreiben Sie ein neues Buch? Arbeiten Sie für den Rundfunk? Will Suhrkamp mit Ihnen weiter arbeiten? Haben Sie eine Alltagsarbeit?

Ich schreibe einen neuen Roman, *Die Narren der Zeit,* und las eben die Korrekturbögen eines andern Romans, *Der Schar-*

latan, der in zwei Wochen, also Ende März ausgeliefert wird. Das ist ein Roman, der in der Bundesrepublik zum ersten Mal herauskommt, und ich bin neugierig, wie er aufgenommen wird. Leider ist Kurt Desch, der ihn herausbringt, keineswegs freigebig mit Rezensionsexemplaren.

Eben las ich in der NY Times von einer Diskussion amerikanischer Romanciers über den modernen Roman. Saul Bellow forderte Ideen für den Roman, und Norman Mailer verteidigte den Beatnik Roman.

Lesen Sie zuweilen aus Ihren Büchern öffentlich vor? Man sagt mir, es sei nützlich. Ich tue es freilich nicht, oder kaum, aber ich bin ja leider viel zu weit weg von Deutschland. Aber nächste Woche lese ich in New York aus meinem Roman, an dem ich arbeite, und aus dem *Scharlatan.*

Mit den besten Wünschen und freundlichsten Grüssen bin ich stets Ihr

Hermann Kesten

Carl Zuckmayer an Janker

Saas-Fee, 28. 3. 1965

Sehr geehrter Herr Janker,
gewohnheitsmässig lege ich Briefe, aus deren ersten Zeilen ich ersehe, dass es sich um eine Vortragseinladung handelt, zunächst bei Seite und beantworte sie dann – im allgemeinen ablehnend – nach einiger Zeit. So kam ich gar nicht auf die Idee, Ihren Namen mit dem des Autors in Verbindung zu bringen, von dem mir Herr Dr. Unseld vor einiger Zeit das Buch »Mit dem Rücken zur Wand« geschickt hat. Das ist mir erst jetzt klar geworden, und ich bitte Sie, meine späte Antwort zu verzeihen. Meine Korrespondenz ist so reichhaltig, dass ich zunächst über das meiste nur flüchtig hinweggehen kann, um nicht allzu sehr in meiner Arbeit gestört zu werden. Aehnlich verhält es sich mit den Einladungen zu Vorlesungen. Ich kann Ihnen nur folgen, wenn es sich gerade mit einem andern Reiseplan verbinden lässt, sonst geht mir durch das Hin und Her zuviel Arbeitszeit verloren.

Leider führt mich nun meine diesjährige Frühlingsreise in eine völlig andere Richtung, und nach der Ende Mai in Zürich stattfindenden Sitzung der Jury für den Prix Veillon habe ich keine Zeit mehr. Ich sehe also kaum eine Möglichkeit vor dem kommenden Jahr. Nachdem ich aber weiss, wer Sie sind und dass Sie in Ravensburg in der literarischen Gesellschaft sitzen, werde ich mir den Besuch früher oder später nicht entgehen lassen. Ich lese gerade Ihr Suhrkamp-Buch mit grösstem Interesse und hoffe sehr, dass es bei meinen Kollegen in der Jury des Veillon-Preises ebenso viel Aufmerksamkeit findet. Ich hoffe also, dass wir uns in nicht allzu ferner Zeit begegnen werden und verbleibe inzwischen mit herzlichen Grüssen,

Ihr Carl Zuckmayer

Heinrich Böll an Janker

Dugort, 21. 4. 65

Lieber Herr Janker,

der »Literaturbetrieb« wird immer, immer finsterer, eigentlich von ein paar eitlen »Machern« bestimmt, im übrigen: Feiglinge, auch bei der »Zeit«. Leonhardt bekannte mir mehr oder weniger offen, daß sie alle von R[eich]-R[anicki] erpreßt werden. Die Südd[eutsche] Zeitung schickte mir nicht einmal einen *Beleg* vom Abdruck einer kleinen Sache. Eine bestimmte Generation, lieber Janker, scheint jetzt *abserviert* zu werden: Platz für die Feingeistigen! Alle Verlage bewegen nur, was sich selbst bewegt – wie Sie es richtig nennen.

Ich habe manchmal keine Lust mehr, nach D[eutschland] zurück zu kommen – in vielem geht es dort weit schlimmer zu als 1933, weil antisemitische Vergangenheit einen krampfhaften Philosemitismus produziert, gegen den wir nicht ankommen. Erpressung und Denunziation sind die Münze; ich hoffe sehr für Sie auf Lausanne – vielleicht wird es etwas, die Jury besteht ja aus älteren, sehr vernünftigen Leuten, und das bedeutet Hoffnung für Sie[1].

Ich bin leider nur für 3 Wochen hier. Gehe am 1. Mai wieder zurück und will in Köln an die Arbeit gehen. Sie wissen: daß

Sie mir nie »lästig« fallen, nein, ich freue mich über Ihre Briefe, wünschte nur, ich könnte etwas für Sie tun.

Grüßen Sie Ihre liebe Frau und die Kinder

Ihr Heinrich Böll

1 Janker war für den Charles-Veillon-Preis vorgeschlagen, der für 1965 indes Johannes Bobrowski zuerkannt wurde. Siehe auch die Briefe Zuckmayers vom 28. 3. 1965 und Bobrowskis vom 16. 6. 1965.

Johannes Bobrowski an Janker

Berlin-Friedrichshagen, 16/6.65

Lieber Josef,
ich dank Dir ganz einfach herzlich für Deine beiden Briefe vom April und vom Mai und bitte Dich, mir zu glauben, daß von meiner Seite auch nicht ein Schatten auf unsere Freundschaft gefallen ist. Gewiß hätte ich Dir mehr schreiben sollen, Du hast schon recht, aber ich komme schon gar nicht mehr zum Briefeschreiben, es hat viel Familiäres gegeben, Krankheiten der Kinder, eigene auch, dann Taufe (Ostern), Konfirmation (Pfingsten), Todesfälle in der nächsten Verwandtschaft, dazu die offiziellen Veranstaltungen, denen ich mich schlecht entziehen konnte, und zu allem Überfluß schreibe ich ja doch noch, zur Zeit wieder an einer Art Roman.

Schade, daß Du nicht bei dem Treffen in Weimar neulich warst, ich hatte vorgeschlagen, Dich einzuladen, weiß aber nicht, ob es geschehen ist, meine Stimme wiegt auch jetzt nicht allzuviel. Es wär sehr schön gewesen, Schnell war da, P. Weiß, Lind, Baumgart – von auswärts W. Saroyan, Neruda, Asturias, Déry, Turtiainen.

Nun ja, dieser Veillon-Preis, ich wußte nichts davon, der S. Fischer-Verlag hatte das Buch stillschweigend eingereicht, Zuckmayer sprach am Tag vor der Verleihung telephonisch mit meiner Frau und betonte, die Entscheidung sei einstimmig erfolgt. Nun ja, es ist mir alles längst über den Kopf gewachsen, ich habe alle Reiseprojekte abgesagt, alle Einladungen dankend abgelehnt, ich möcht noch ein bißchen Zeit haben – zum Schreiben. Denn diese angeblichen Erfolge ernähren und kleiden die Familie nicht, ich muß auch jetzt im Verlag arbeiten, wenigstens drei Tage in der Woche.

Deinen Berlin-Bericht habe ich leider nie zu Gesicht bekommen. Das ist schlimm, denn in Deinen Briefen vermisse ich jeden Hinweis auf einen erneuten Besuch. Mit der Gruppe 47 habe ich kaum noch Verbindung, zur nächsten Tagung fahre ich lieber nicht, auch sonst gehen die alten Verbindungen verloren; sicher, es liegt vielleicht wirklich an meiner zunehmenden Lethargie, aber ich hab resigniert. Täglich 15 bis 20 Postsendungen, da kann ich nur noch warten, daß das ein Ende nimmt. Aber Freundschaften sollten wohl davon unberührt bleiben können, ich denke, daß die unsere untrennbar ist. Von mir aus ist nicht einmal die zu Peter Hamm gelöst, obwohl er alles dazu tut, jetzt noch mit hämischer Nachrede, eines Tages vielleicht mit offener Verleumdung, – es wird mich nicht irritieren. Wenn ich Dich nur ein wenig aufmuntern könnte.

Laß Dich, auch von meiner Frau, herzlich grüßen, Dich und die Deinen. Dein Johannes

Maria Menz an Janker

Oberessendorf, den 17. 7. 65

Lieber Herr Janker!
Zu meiner Erlösung kam Ihr Brief rasch, und auch ich will Sie rasch von Ihrem peinlichen Eindruck erlösen. Ich glaube, es gibt eine ganze Ladung von Mitteilungen.

Wenn ich schon den Mut zu Meersburg hätte, so höchstens in eingesandten Beiträgen. Man sieht, dass mit Beiträgen vertreten waren zehn Lyrikerinnen, deren Arbeiten Traude Foresti vorlesen sollte, u. a. die berühmte Lavant, aber ich glaube nicht, dass sie anwesend war, aus ihrem fernen Kärntnerdorf gekommen ist. Deren äussere Situation ist auch die meine. Und selbst wenn ich je an manuskriptliche Gegenwart dächte, dann nur in einer mehrfach gesicherten Überzeugung meines Könnens, gebildet aus eigenem und fremdem Urteil. Natürlich wäre dort in Meersburg Begegnung, Kontakt vielleicht, und natürlich muss man auch den Mut zum ersten Sprung haben, aber ich habe *nicht das Sprungbrett einer zweifellos gewussten Substanz.* Wenn schon eine volksblütige Lyrikerin auf dem Plan erscheint, dann könnte es nur wagen eine Lavant, deren Grösse jedes mitleidige Lächeln ausschlösse. Ich habe nicht vergessen Ihre vielfältige Versicherung, dass meine Briefe für Sie mehr Literatur sind als meine Verse, nicht vergessen, dass ich Ihnen Klagen der Einsamkeit schrieb: sollte ich ja nicht in Erwägung ziehen, Sie könnten, flüchtig wie ein Blitz, bei Ihrer Umschau, im Gedränge der Aufgaben einen Einfall der Menschenliebe, eine freundliche Geste für mich gehabt haben? Aber soweit glaubte ich Sie doch zu kennen, dass Sie zu ehrlich sind für eine freundliche Täuschung, und ich verwarf die Vermutung wieder und fragte bei Ihnen nach Ihren Gründen, *denn irgendwo musste die Wende Ihrer Schau ja sitzen.* Das kommt mir heute doch verblüffend, jetzt auf einmal, in diesem Brief schreiben Sie »unkollegial«. Seit wann habe ich den Rang, dem starken, anerkannten Janker als Kollegin gegenüber zu stehen? »Snobistische Manier«. Meine vorauslaufenden Erklärungen haben Ihnen hoffentlich diese Auffassung ausgelöscht. Überhaupt »Empfindsamkeiten«. Wissen Sie was, wir beide reagieren in hohen Spitzen, das hat mit der Geistesart zu tun; es unterscheidet sich, nebenbei gesagt, sehr von Schwärmerei. Sodann: »so in sich ruhend, dass er solche Kontakte ausschlägt«. Da haben Sie gerade umgekehrt gedeutet, das ist ja viel zu hoch gegriffen. Ich *suche* Kontakt, und wenn ich in etwas ruhe, so ist es das Schneckenhaus der Vorsicht gegenüber dem Glanz der Welt, all denen, die studiert haben oder doch in der Welt der Gebildeten leben (dabei übersehe ich keineswegs die davon unabhängige Berufung). Dann und wann ruhe ich auch in meiner eigenen Sicherheit gegenüber verständnislos vorbeischiessender Kritik. Sie dürften längst gefühlt haben, dass der Kontakt zum nicht hohlen *Autodidakten* mir am nächsten liegt. Was ich möchte: Ihnen ungehemmt von fremder Atmosphäre, *hier* etwa aus meinem Besten vorlesen. Es ist manchmal so ein Traum, und ich nähre mich von dem Glauben, Sie könnten Leben darin finden. Die Wirklichkeit: Ihre Verkettung in tausend Aufgaben, Ihre

Unabkömmlichkeit legt diese flüchtige Vorstellung zu der übrigen Resignation. Sehen Sie nun, dass ich keine Mauer um mich ziehe? Die Mauer ist ja auferlegt, nicht gemacht. Behalten Sie mich immer in gutem Gedenken. Haben Sie Dank für Ihren energischen Schub für mich, den ich ja nicht fortsetzen konnte. Ausserdem: die Einladung kam in den letzten Tagen meines todkranken Vaters, der bald darauf, mit 91 Jahren, aber noch nicht todwillig, von uns gegangen ist. Er ist vom selben Stoff wie ich, und sein Verlust zeigte mir erst das Mass der Liebe zu ihm. Viele Gedichte, darunter eine, wie ich glaube, saubere und geladene Terzine, sind die Frucht. Aber Erwin Sedding schreibt ja – es war mir geradezu eine Offenbarung, ein Begreifen auch Ihrer Ebene – »Wir haben eine offene Furcht / vor Melodien / und erschrecken maßlos / wenn ein Vers sich reimt.«

Ich grüsse Sie herzlich, in der Stille immer
Ihre Maria Menz

Janker an Martin Walser

Davos-Village, Nov. 24, 1965

Dear Walser,
I want to have a look at my English-lessons. I think the best way to examine my capacity is this attempt of a short handwritten letter. If I can win your approval, you may be satisfied and willing to answer in an English manner. Many thanks for your postcard sent to my home-address. I have changed my life for a months. I am living here in a great und healthy altitude. This densely populated valley is surrounded from high snow copped mountains. I am going marked paths for pedestrians everyday in companionship of two witty-fellows. It's a heavy piece of work – isn't it? – to accomodate the own manner of living and to agree with the conditions of healthy and ordained idleness. I am keeping the difficult balance between the temptation to run around and the compulsion to stand still. You must believe me, such four-week-stay isn't a pure amusement. I shall be living this three-bed-room-compartment without regret. This everlasting jokes and make

funs . . . I shall be glad, if you let me know the decision of my publishers, who keep me stronger as necessary. It would be nice, if you could beat about the bush. Do you understand me? Curt Hohoff, by the way, was full of praise beyond my East-African-report. My reading rehearsal in Munich (Komma-Club) had found the approval of my sparsely audience, I think. Mister Just, the joung reviewer by the Southern-German-Newspaper, means in his report, my heavy loneliness should be a high chance; »she doesn't reorganize his fanaticism of truth. Who does qualifiy him in morality and aesthetics, because he reduces the poetical manner upon the truth – like a friend formulated correctly«. Mister Just he will make a visit in Ravensburg and write an Interview. That's the good news only. Kindly let me know all bad news, which concern me.

Kindly regards.

Josef W. Janker

Martin Walser an Janker

26/11/65

Dear Janker,

thank you so much for your vivid and colourful English letter. I was deeply impressed by your good command of that language. I just hope it took you some time to write this persuasive document of your strong will and energy. By the way: we must meet each other as soon as you are back. Please, write the date of your return. As soon as I have finished (correct: shall have finished) this letter I shall write a card to Busch. I'm very curious to learn the reasons he will tell us for this ugly delay (or postponement, I'm not quite sure about that). I hope, too, you have changed your room in the meantime. As loud as you mourn about your stay in Davos, I would be very glad to be there, especially, because I would like to ski down from the Jakobshorn . . . Why don't you try to do some sport? Instead of walking, you could go to a ski-school.

Have a good time!

Don't get too sour!

Yours Walser

Carl Zuckmayer an Janker

Saas-Fee, 27. Februar 1966

Lieber Herr Janker,
dass ich Ihnen so lange nicht geantwortet habe, hat nur äussere Gründe, und auch heute wird es mir schwer, da ich in einer unvorstellbaren Arbeit stecke, noch dazu unter Termindruck, und von Korrespondenz überschwemmt bin.

Gleich nach der Sitzung der Veillon-Jury im letzten Mai musste ich mich einer sehr schweren Operation unterziehen, lag wochenlang in Zürich im Spital, und brauchte Monate, um mich zu erholen. Was da an Arbeitszeit verloren ging und an Verpflichtungen liegen blieb, können Sie sich denken.

Eine Entscheidung, wie sie bei der Jury des Prix Veillon getroffen wird, richtet sich nur nach qualitativen Gesichtspunkten und kommt ganz spontan zustande, es gibt da keine wie immer geartete ›Manipulation‹. In Ihrem Fall kann ich nur den alten Satz zitieren: das Bessere ist der Feind des Guten. Es lag da ein Roman[1] von Bobrowski vor, der alles andere in den Schatten stellte, und ich bin glücklich, dass der Preis ihm zuerkannt wurde, denn er ist zwei Monate später gestorben und hat – nach vielen Kämpfen und Rückschlägen – dadurch noch eine Freude erlebt. Alle Beteiligten stimmten mit mir in der günstigen Beurteilung Ihrer Arbeit überein, aber Bobrowski war einfach stärker. Ich hatte eine Erwähnung Ihres Buches vorgeschlagen, wurde aber überstimmt: man fand, dass eine solche Dichtung allein genannt und gewürdigt werden sollte, und dass man von Ihnen gewiss später noch neue Werke zu erwarten habe. Ich glaube nicht, dass dieses Urteil in irgendeiner Weise ungerecht war.

Desto mehr interessieren mich Ihre neuen, entstehenden Arbeiten. Und wenn irgend meine Zeit es erlaubt, ich nehme an: erst im Jahr 1967, komme ich gern nach Ravensburg.

Alles Herzliche,
Ihr Carl Zuckmayer

1 »Levins Mühle« (1964).

Heinrich Böll an Janker

25. 5. 66

Lieber Janker,
Ihr Brief hat mir mehr Freude gemacht als viele »Besprechungen« an- oder ausrichten könnten! Überhaupt: Sie wissen, das ganze »Gewerbe« wird mir immer suspekter, und der Princeton-Auftritt der 47er war ja wirklich ein kompletter Reinfall, weil sie so hübsch »zahm« waren! Ich gehe immer weiter und weiter »zurück«, befinde mich bald schon wieder mitten unter den »Blechschmieden«; hier, in der Umgebung unseres Eifelhäuschens sehe ich, wo ich auch hingehe, die Schützenlöcher, die Granattrichter noch von der Härtgenwald-Schlacht – mitten im »lieblichen« Neuwald. Ich freue mich besonders, dass mich der »Kürbiskern« gebeten hat, über Sie zu schreiben, dass ich also doch noch eine Gelegenheit bekomme! Ich weiss noch nicht, wann ichs machen kann[1] oder werde: das bittere ist: Ihr Buch liegt in Irland! Ein zweites (wahrscheinlich) in Köln, wo wir seit 4 (vier!) Monaten im Umbau-Wahnsinn vegetieren – unter Stapeln ungeordneter Bücher vergraben! Bald wird in Köln aufgeräumt – Berge von Akten, Büchern, Manuskripten etc. harren der ordnenden Hand meines Sohnes! *Sobald* ich Ihr Buch noch einmal habe lesen können, schreibe ich für den Kürbiskern über Sie!

Was Sie »sonst« mitteilen, klingt ja nicht sehr erfreulich! Ich bedaure es sehr, dass ich in Schwaben niemand kenne; ich werde Grieshaber einmal schreiben; er wird, wenn er kann, Sie zu erlösen versuchen. Was soll ich Ihnen wünschen! Dass Sie es »tragen« derweil – das klingt alles so herablassend –.

Ich schreibe Grieshaber bald.

Mit herzlichem Dank und sehr vielen Grüssen, besonders von meiner Frau!

Ihr Heinrich Böll

1 Bölls »Hinweis auf Josef W. Janker« erschien in *kürbiskern* 2/67. Diese Nummer enthält auch Auszüge aus dem »Umschuler« sowie den Artikel »Jedem das Seine. Ein Schriftsteller in der Provinz« von Friedrich Hitzer.

Janker an Maria Menz

Ravensburg, 1. Juli 66

Liebes Fräulein Menz,
obwohl Ihr vorletzter Brief »rein geschenkt« war, zwingt mich doch Ihr letzter knapper mit der List der Monomanin zur Antwort. Sie wird nie in Form einer Anmerkung erfolgen. Dafür halten Sie mir zu viele Menz'sche Waffen vor. Sie zwingen mich ja förmlich zum Waffengang, und Ihre Bitte um gelegentliches Anmerken ist gespickt mit den verfänglichsten Ködern. Wie auch sähe unser Briefwechsel aus, wenn irgendwann einmal ein Neugieriger die Mappen lüftete und hineinblickte, wie dürftig Janker Ihnen gegenüber als Briefpartner war. Meinen Sie, ich gehe in diese allzu offensichtliche Falle einfach so hinein? Also noch einmal der Versuch, in diesem angebrochenen Sommer die Menz'sche Lyrik-Destille im Ried unter Beschuß zu nehmen. [. . .] *Mir geht es um den Menschen in der geschichtlichen Tiefenschicht, nicht aber in erster Linie um ihn als göttlichen Wurf.* Es gibt eben den trunkenen Seher, der mag Wahrheiten stammeln und beschwören mit klassischem Bild-Klischee und gleichbleibendem Wortkleid. *Ich habe Neigung für die Wandlungen der Sprache als eines spezifischen Ausdrucks ihres geschichtlichen Orts.* Nichts gegen die Kolosse der deutschen Alterslyrik. Halten Sie mich da einfach nicht für kompetent, und Sie ersparen sich viel Anfragen und Affronts. Das »fünfzig Jahre zu spät« mag Geltung haben für die Verleger und Redakteure. Es hat Geltung für mich insofern, als ich einfach aus Selbsterhaltungsgründen mein Terrain abstecke. *Ich will nicht vor den riesigen Horizonten klassischer Verskunst mit falschem Handwerkszeug Vermessungspunkte placieren.* Ich stehe wohl mit dem Rücken dagegen, halte meinen beschränkten Gesichtskreis offen für das Menschliche unserer Tage. Welche Inhalte gültig sein mögen – *ich kenne Sprache nur als die eines Vehikels meiner Sensibilität und meiner moralischen Haltung. Ich habe nun einmal keine ewigen Wahrheiten auf Lager, sondern Ausschnitte der mir durch Sprache erfahrbaren Wirklichkeit.*

Das zweimalige »Opfer! Opfer!« gibt der Stimme das durchdringend kalte Silber einer Jericho-Trompete, aber hier trennen uns wahrhaft Welten an Empfinden und Nachfühlen. Ebenso fremd will mir »Begegnung« scheinen, doch gibt hier der gekonnte Reim dem Ganzen fast die melodische Form eines Sonetts, und hier liegt einfach eine ganz fette Menz'sche Ader. *Natürlich ist nie etwas abgenützt bei Ihnen, sonst wären die alten Themen und religiösen Ideen wirklich nur akademischer Reimzwang.* Nichts nimmt von meinem Verdikt »der fünfzig Jahre zu spät« auch nur ein Jota hinweg. Aber der tiefe Ernst, mit dem Sie religiöse Erfahrungen in die Form eines Reims, einer metrischen Ordnung fassen, gibt Ihnen (für Sie) Recht und Legitimation. Was nicht bedeutet, daß ich Sie mit Ihren Arbeiten nun empfehlen werde. So legitim und folgerichtig und geglückt auch die Zeilen Ihrer Strophen sind: »sie erfährt ihr Sollen wie ihr Sagen in der Allgewalt des ew'gen Mundes«. Schön, das ist ganz ohne Frage, aber bedenken Sie von meiner Warte aus: Allgewalt, ewig, Sollen wie ihr Sagen. Die nötigen Vokabeln in Zusammenhänge, die außer Ihnen wahrscheinlich nur noch diejenigen nachvollziehen können, die sich ausdrücken durch eine uns fremde religiöse Grundstimmung. »Das Geheime und das Offenbare«: Vom Ansatz her moderner, nachvollziehbar, weil hier ein konkretes Bild vorliegt. Aber mit der Vokabel: »Geistesmahle« wird die Sache wieder hermetisch und also dunkel. Schön, geglückt gewählt das Bild der Nuß. Und die Variante fast auch so geglückt, aber das »O Seele in den Peinen« macht schon wieder Nachvollzug kaum möglich. Geist, Allmacht, ewig, Seele, das sind eben sehr abgenützte Vokabeln, die auch Sie nicht zum Schmelzen und Glühen bringen, denen Sie ihre Jungfräulichkeit auch nicht zurückgeben können. Die haben eben doch zu sehr gelitten. [. . .] hören Sie her: der Reimzwang hat auch seine Tücken, das haben andere vor Ihnen mit Bitterkeit erfahren. Von schmerzlicher Schönheit die letzte Zeile. »Wie willst du denn sterben?« »Wie konntest du da deinem wilden Munde den Flug aus deinem Engsten erlauben . . .?«

Für heute meinen Dank. Ich bin durch mein Auge etwas irritiert beim Schreiben und also beim Arbeiten. Sie müssen eben jene Sätze aus diesem Brief herausklauben, die typisch sind für mich und das Füllmaterial in Kauf nehmen. Es geht heute nicht anders. Ich bin nicht in Form, wie es sein müßte,

kann aber nicht warten, bis ich mich wieder in Form fühle. Es bleibt genug für Sie, was Sie bedenken mögen.
Ihr Josef W. Janker

Erika Runge an Janker

26. 2. 67

Lieber Josef Janker,
Dankeschön! Sie sind zauberhaft . . . Aber: ich bin schon mit Ihnen auf die Reise gegangen, ich habe es sehr genossen. Damit nun noch jemand durch eine Widmung erfreut (und geehrt!) werden kann, tausche ich mein nacktes Exemplar gegen Ihre Gabe ein . . .

Heute ist der erste Tag, an dem ich verschnaufen und wieder zu mir selbst kommen kann. Ein dringender Film war bis gestern in Arbeit (und wurde gleich gesendet). Jetzt wünschte ich natürlich, Sie hier zu haben . . .!

Währenddessen hoffe ich, Sie wieder mal als Mittelpunkt eines kleinen Kreises Abenteuer und Gedanken erzählen zu hören. Geübt haben wir es ja hier schon; und auch zeitliche Abstände sollten uns nicht hindern, uns auf die nächste Begegnung zu freuen!
Ihre Erika Runge

Günter Bruno Fuchs an Janker

Berlin, 15. 3. 67

Mein lieber Janusch,
es ist eben sehr dumm, daß wir uns so selten sehen und hören und was sonst noch gemeint sei. Hätten wir diese Entfernung zwischen uns nicht, wäre Dir auch mein flexibles, in Leinen gebundenes Leben etwas plausibler. Deshalb kommt's zwischen uns zu Schweigewochen [. . .]

Anbei Dein schönes (mir große Freude machendes) Buch[1] zum Signieren. Ich höre Dich an jeder Stelle, es sind auf einmal wieder die glücklichen Ravensburger Tage ganz nah. Bitte laß Dich dafür beglückwünschen. (Es ist – nebenbei und zuvörderst erwähnt – mein vielfach verschenktes Osterbuch.)

Alle lieben Gedanken Dir, Deiner Familie von Deinem

GB

1 Gemeint ist das Buch »Aufenthalte« mit dem »Porträt einer kleinen Stadt« (= Ravensburg).

Janker an Martin Walser

März 1967

Lieber Walser!

[. . .] Grass hat einmal in meiner Gegenwart gesagt: Autoren wie Böll machten vor dem Schlafzimmer Halt, oder sie bekreuzigten sich, bevor sie hineingingen. Er aber betrete das Schlafzimmer wie jeden beliebigen Ort. Von Ihnen könnte man dann weiterführend sagen, Sie müssen es nicht erst betreten; es ist Ihr gemäßer Ort. – Mit Ihrem EINHORN haben Sie mir ein seit Jahren nicht empfundenes Lese-Vergnügen bereitet. Ich könnte genau so gut sagen, daß ich mich mit Ihrem neuen Roman auf ein schaurig vergnügliches Lese-Exerzitium eingelassen habe. Ihren Zustandsbeschreibungen in Lage I folgt man mit der zunehmenden Unlusterwartung eines Mannes, der sich in die Zwangshaltung der Horizontalen begeben hat und davon nicht mehr freikommt. Die Einübung in das zeitraubende Zeremoniell des existentiellen Liegens, das eine Art »Schwächebewußtsein« hervorruft, das auch *den* Leser in seinen Bann zieht, der sich in der Regel heraushält. Die Fähigkeit, auf Distanz zu lesen, verringerte sich zusehends. Dieser nach allen Seiten hin abgesicherten Wachheit des Intellektuellen entgeht kein noch so geringfügiger Aspekt; keine Artikulationsmöglichkeit bleibt ihr verschlossen, keine lautmalerische Ingredienz verdampft unbemerkt. Diese berserkerhafte Genauigkeit im Wiedergeben, dieser sprachmächtige alemannische Ingrimm, mit dem hier am syntaktischen Trapez geturnt wird, hat nicht seinesgleichen! Bedeutungszusammenhänge und ihr Verfall langsam und bösartig demonstriert. Für mich als Autor am interessantesten Ihre erkenntniskritischen Operationen, etwa die Anlässe, über unser Erinnerungsvermögen erstaunt zu sein. [. . .] Die Trauer um die verlorenen Dinge rufe nicht schon die Kindheit zurück. Erinnerung verschleiße sich rasch. Als stellte sich Verlust schon ein, wenn das jederzeitige Verfügen über Körper, das Nachformen, Nachtasten, Nachschmecken nicht mehr möglich ist. Leben nur möglich und sinnvoll in der ständigen exaltierten Inbesitznahme von Körpern. Literatur nur noch ergiebig als ein permanenter Häutungs-Prozeß. Liebe nur einübbar auf den Höhen von Ramsegg und Gattnau. Keine Art von grausamem Ritus ausgelassen. Man ist angeschmiedet am Felsen, sieht zu, wie die promethischen Adler die eigene Leber zerfressen, kennt die verlängerten Agonien. [. . .] Orli, das Sonnen-System, »rundherum eine Menge Rotz«. Bevor Ihr Held zu Birga zurückkehrt und sich nach der Decke zu strecken beginnt, werden die Litaneien blasphemischer Entgrenzung heruntergebetet, heruntergestammelt, heruntergeflucht. Die wortreiche Feier des »aufrechten Wunders« löst Katarakte einer Sprech-Besessenheit aus, die in der deutschen Literatur bislang ohne Vorbild blieb. Phantastisch, wie Anselm Kristlein durch Mutationen und ganze Erdzeiten hindurchtaumelt, wie er alles an sich reißt, was Wandlung, was Wiederverkörperung verheißt, wie er sich festbeißt. Aus der Vokabel-Zentrifuge hervorgeschleudert, zwingen Sie ihn zu einem »Frösteln vor Begeisterung« über den unerhörten Ausstoß. Ihre sagenhaften Kapazitäten, mit denen Sie eine Literatur nachproustscher Wirklichkeiten schaffen, angeschleppt über ein Fließband aus Schulenglisch, profaniertem Latein und alemannischem Idiom. Nicht das Form-Prinzip der Auswahl gilt, sondern das der Häufung, der geballten Reihung. Ein Sachverhalt wird nicht benannt, sondern mit Bedeutungsmöglichkeiten eingedeckt. Nicht die gewählte Formulierung in einem Vorgang kritischer Sondierung und nicht die verantwortete Formel in einem Akt moralischer Wertung, sondern das Heranreißen von Benennungen, das Umstelltwerden mit den Schweißhunden einer Parforce-Jagd, bis das gestellte Wild unter dem Wort-Gehechel verendet.

Eingespannt in Weltzusammenhänge, zwischen Lumumbas Tod und Kennedys Ultimatum, der Schreibsklave Melanies auf der Galeerenbank des Fleisches. Fahrten nun nicht mehr in schnellen Sport-Coupés wie in der HALBZEIT, sondern in Zugabteilen. Der Zwetschgensteine schleudernde Bettlägerige, der Lage II bedenkt, eingefuchst nun im Umgang mit Wörtern über Liebe. Scharf vor Intelligenz und grausam vor Einsichten. »Gedächtnis – bloß ein Instrument zur Ermessung der Verluste«. Und: »Jeder beansprucht mehr, als ihm zugestanden wird.« Folgenreiche Sätze, die eine bestimmte Gattung der Literatur zum Weißbluten zwingen. Ihr wortmächtiger, aus Sprache heraus sich konstituierender Roman – ein einziges Schlachtfest dessen, was mit Liebe hoffnungslos unzulänglich umschrieben scheint. Der exemplarische Versuch einer totalen Besitzergreifung. Der geniale Nachweis, daß Leben unter dem Anspruch nicht möglich ist, daß es nur zweierlei gibt: das Strecken nach der Decke oder den hinausgezögerten sprachlichen Selbstmord. Thunau, ein Ort der Wörter für Liebe, ein Schlachthaus . . .

Ihr Josef W. Janker

Heinrich Böll an Janker

Köln-Müngersdorf, 4. 5. 1967

Lieber Herr Janker,
es freut mich sehr, dass meine Besprechung so viel Folgen hat, aber ich bitte Sie, sie nicht als Freundlichkeit zu nehmen, sie gilt wirklich Ihren erzählerischen Fähigkeiten. Ich werde auch in einem der nächsten Monate Ihr kleines Suhrkamp-Buch besprechen, und zwar für die Frankfurter Hefte. Leider kann ich Sie im Augenblick nicht nach hierher einladen, da wir zwei Dauergäste haben, die bis September bei uns wohnen. Wir werden auch kaum hier sein, da wir zwischen Mai und Oktober Israel, Irland, Sowjetunion und Ungarn besuchen müssen. Sie sind aber herzlich eingeladen, in unserer Abwesenheit, wenn Sie Lust haben, hier für ein paar Tage zu wohnen. Überlegen Sie sich die Sache.

Die Gründung eines Rosa-Luxemburg-Preises wäre eine gute Sache. Wir alle verehren sie sehr, haben vergrösserte Fotos von ihr an den Wänden hängen. Grüssen Sie doch Martin Walser herzlich von mir, wenn Sie ihn sehen.

Viele herzliche Grüsse von uns allen auch an Ihre Frau

Ihr Heinrich Böll

Christoph Meckel an Janker

Châteauneuf-Redortier, 19. 7. 67

Lieber Herr Janker,

herzlichen Dank für Ihren Brief, es ist ja nur gut, dass Sie endlich dieses Ihr dreiunddreissigstes Stipendium haben, und danken sollen Sie umgotteswillen dafür überhaupt nicht, sondern Sie sollen was davon haben, wenn möglich ganz unliterarisch. Da Sie aber ein Schriftsteller sind und also kein Mensch, sondern eine BEGABUNG, die ihr Hirn schriftlich veräussern muss, um überhaupt zu beweisen, dass sie eins hat, werden Sie wohl von irgendeiner unberufenen Seite aufgefordert werden, Rom gewaltig zu finden und dies schriftlich; Sie werden dann gewiss etwas Kritisches schreiben, so gut wie Ihre Afrikasachen, und die Leute schön verärgern. Das empfiehlt sich. Ich bin auch kein Mensch, sondern nur eine BEGABUNG, und ich schlage vor, dass man Autoren der deutschen Literatur Lebenspässe ausstellt, in denen ihre privatmenschlichen Interessen beglaubigt werden mit Stempel und gesundheitsbehördlichen Unterschriften, die der BEGABUNG erlauben, auch mal ein halbes Jahr bloss Tennis zu spielen oder KEINE Notizen zu machen, etwa auf einer Reise nach Afrika. Ich bin dafür, dass in solche Pässe der Satz eingetragen wird: »Diese Person darf nicht gefragt werden, wann sie ihren nächsten Roman beendet hat«. Das Dasein einer BEGABUNG ist noch zu wenig erforscht. Ich plädiere für eine Naturgeschichte der BEGABUNG. Darunter fallen auch preiswürdige, förderungswürdige BEGABUNGEN und die sogenannten HOFFNUNGEN. Der Anhang dieser deutschen Naturgeschichte der Begabungen wird überschriftet sein: DIE

BEGABUNG ALS MENSCH oder IST ES ZULÄSSIG, AUSSERHALB DER LITERATUR EIN LEBEN ZU FÜHREN –

Da ich aber diesen ganzen Begabungsklimbim gern in die Ecke kehre (Sie scheinen ihm zu entweichen als Kinoplatzanweiser, unfreiwillig) sitze ich in Südfrankreich, von jeder Literatur getrennt wie die Katze vom Hund und privatisiere begabungslos in tropischer Hitze auf dem Land, giesse Eiswasser über den Buckel und kaue Melonen, lese hinundwieder einen Roman. Etwas Schöngeistiges, das mich dann der Begabung wieder etwas näher bringt. Da die deutsche Literatur auf ihren Begabungen reitet, bin ich die Mähre, die sich abgesetzt hat. Ich habe gute Weidegründe gefunden. Kein Halali kommt bis hier durch. Dafür das politische Geschrei. Und so sind die Weidegründe am Ende illusorisch.

Es freut mich, dass Sie den Eberhard Brügel kennengelernt haben. Die Welt ist ja beiläufig sehr klein, und so wundert es mich garnicht, dass Sie ihn kennengelernt haben. Er ist einer meiner ältesten Freiburger Freunde und ein blutwürstiger Menschenkerl, und wenn er so weitergemacht hat wie vor Jahren, wird er jetzt sicher gute Sachen zeichnen und malen. Grüssen Sie ihn herzlich. Wenn ich nach Ravensburg komme, weiss ich, wo ich Sie finden kann.

In einer Freiburger Buchhandlung zu lesen, ist unter Umständen eine gemütliche Sache. In jeden zweiten Absatz klimpert eine Münsterglocke. Wenn Sie Lust haben, kann ich Ihnen eine Verbindung zur Novalisbuchhandlung herstellen, die dergleichen arrangiert.

Alles Gute für Sie
herzlich Ihr Christoph Meckel

Christoph Meckel an Janker

Châteauneuf-Redortier, 16. 8. 67

Lieber Josef W. (Walter Wolfgang Winifred Wilfried Wolfram Willi Wilhelm Wolfhart Wunsiedel Wurstbrot) Janker!
wenn ich im Herbst, Oktober vermutlich, nach Freiburg

komme, werde ich in der Novalisbuchhandlung verhandeln wegen einer Lesung. Ich werde darauf hinweisen, dass man Ihnen andernorts STEHVERMÖGEN bescheinigt hat (und dass Sie nötigenfalls Empfehlungsschreiben vorweisen können). Nette fromme Freiburger Bürger werden Ihnen die Hölle nicht heiss machen. Lauwarm und freundlich ist der Aufenthalt, sofern Sie mit badischem Wein nicht in Berührung kommen sollten. Das sollen Sie aber. Befeuert werden Sie Ihre Prosa in gebündelten Sätzen von der Leserampe auf die Kapotthütchen werfen. Ein Kritiker des Schwarzwälder Boten ist auch anwesend (das garantiere ich).

Was badischen Wein betrifft, ich weiss nicht ob Sie ein Kenner, Verächter, Säufer, Grobschlucker, Feinschlucker, Blumenschnüffler, Schnalzer oder Geniesser sind. Ich bin alles zusammen ausser Nr. 2. Es könnte sein, dass ich durch Zufall bei Ihrer Lesung anwesend bin. Sollte dies der Fall sein, werden wir den literarischen Teil des Abends als hinzunehmende Ouvertüre betrachten. Ich führe Sie in die verschiedenen Gesundheitswässerchen ein. Ein fabelhafter Nebel wird unsere Beine umwedeln. Sollten Sie aber Schnapsliebhaber sein, können wir bei Specken und Pflaumenwassern, Kirschwassern, Himbeergeistern verschiedenster Machart für noch mehr Nebel um Kopf und Beine sorgen.

Da Sie im Herbst Ihr soundsovieltes Stipendium antreten und in England ein staatliches Dutzendgeld absitzen, werde ich Sie wohl nicht sehn. Es ist möglich, dass ich Anfang November nach Ravensburg komme. Meine Freundin Lilo Fromm bekommt dort einen Kinderbuchpreis verliehen. Der Herr Familienminister persönlich wird diesen Preis übergeben. Ich bin mir noch nicht ganz schlüssig, ob man sich den Herrn Familienminister zu Gemüt führen sollte oder nicht. Da man ihn hinterher vermutlich doch nur mit stichigen Äpfeln beschmeissen möchte, kann man sich das vielleicht entgehen lassen.

Warum betonen Sie, dass Sie 45 sind? Warum beneiden Sie Herrn Lenz um seine schwäbischen Velotouren? Wetzen Sie doch zweimal um den Bodensee. Erinnern Sie sich des Verses unseres grossen Bruders Verlaine: Ein Gasthaus am andern / Strassen vorzüglich / ewig zu wandern / wär hier vergnüglich.

Der Bodensee könnte eine Verlaine-Strophe beweiskräftig erhärten. Eine naturalistische Umsetzung im zwanzigsten Jahrhundert. Grüssen Sie den guten Freund Brügel. Bleiben Sie gesund. Herzlich Ihr
Christoph Meckel

Janker an Martin Walser

Ravensburg, 3. Januar 68

Lieber Nachbar Walser,
ich weiß, daß das Schlußlicht an einem Zug zwar ein Ausstattungs-Gegenstand ist, aber kein ›essential‹ darstellt; auf die Geschwindigkeit des Zuges hat es keinen Einfluß; sein Verlust würde nicht rasch genug bemerkt werden. Ich darf mich also nicht sonderlich wundern, wenn vom Verlag nichts mehr kommt. Nun, wie haben Sie Weihnachten verbracht, die Stunden vor der Bescherung? So lautete doch der Titel einer Fernseh-Sendung, die ich allerdings, weil wir in Bayern unterwegs waren, nicht sehen konnte. Schade, ich hätte Sie gerne gesehen! Ich hoffe, Sie sind inzwischen mit Ihrer Arbeit für Berlin gut vorangekommen und haben bald etwas Luft für einen Besuch. Wie war's bei Ihnen an Sylvester? Hamm wollte zu gerne fahren, um mit Ihnen zu feiern. Wer wollte das übrigens nicht? Wir müssen uns gedulden. Wir entbehren Sie, Ihre Anwesenheit, Hitzer klagt auch, und er dürfte nicht der einzige sein, aber wir haben dafür Ihr Wort für uns. Jetzt wieder in der »Schwäbischen« in der Festbeilage. Einem General Paroli zu bieten, das nenn' ich Schneid. Ich war sehr überrascht, Sie hier im eigenen Haus gewissermaßen mittenmang zu sehen, so ohne jeden Anschein von Konzilianz den Brüdern die Leviten lesen zu sehen. Ich war sehr erstaunt über Ihren Beitrag, kann ihn nur bestätigen und dankbar begrüßen. Ich schrieb schon einmal in der FAZ über Vietnam, auch deutlich und entschieden gegen den Bonner Strich. Dann gegen das amerikanische Engagement in Vietnam in Form von achtzehn Sätzen, die man heute, wie ich meine, mit genügend Beispielen erhärten könnte. Ich habe ja genug gelesen, kenne den Vietnam-Report und anderes, bin nicht,

wie man es einem Literaten gern in die Schuhe schiebt, unbeleckt. Genug, Zodel[1] hielt es damals für überflüssig, über Vietnam eine andere als die offizielle Version der Redaktionen zu verbreiten, nannte meine Arbeit einfach und recht plausibel die Wichtigtuerei eines nicht genügend beschäftigten Poeten. Heute bringt er Sie, Walser, das ist gut so und wichtig! Sie als der berühmte Landsmann dürfen nun sagen, was nicht gern gehört wird. Von Ihnen nimmt man nun sogar die Medizin ein, die bitter schmeckt. Man kann immerhin sagen, sie wurde uns von Walser gereicht. Glücklicher Patient, der Sie am Schmerzenslager antrifft. Gegen einen General machen Sie eine verdammt gute Figur, das mußte ich noch denken, als ich die beiden Artikel nacheinander las. Mich läßt die »Schwäbische Zeitung«, läßt Wild[2] ganz schön warten, hält mich auf dem Eis, im Kühlfach frisch, bis ich genießbarer werde. Meinen Bericht über die Pulvermühle einfach nicht zu drucken, weil ihm ein handgeschriebenes Manuskript zuging; (früher, was hatte man denn da in den Setzereien als Vorlage?). Ach, manchesmal habe ich hier die Nase gestrichen voll! [. . .]

Haben Sie Nachsicht mit mir, Walser. Ich mute Ihnen allerlei zu mit diesem in die Maschine geknallten Schrieb. Aber ich habe einfach mitunter zuviel Pech und bin dann aufsässig, auch denen gegenüber, die nichts verschuldet haben. [. . .]

Ihr alter Massler und Quälgeist.
Janker

1 Chrysostomus Zodel, Chefredakteur der »Schwäbischen Zeitung«.
2 Winfried Wild, Kulturredakteur der »Schwäbischen Zeitung«.

Hermann Lenz an Janker

29. I. 68

Lieber Josef W. Janker,
herzlichen Dank für Ihren Brief. Da fragen Sie auch noch, ob Ihr Reisestipendium sinnvoll gewesen sei, nachdem Sie so eindringlich und durchdringend, so röntgenaugenscharf über

England geschrieben haben, daß ich neidisch werde. Also, meinen Glückwunsch zu Ihrer Meisterschaft; sie wird sich durchsetzen, Sie vom Kino-Kartenverkauf erlösen. Übrigens kenne ich das Kartenverkaufen aus meiner Kulturvereins-Tätigkeit; damals habe ich ja auch Abrechnung, Plakatentwurf, Saalbestellung undsoweiter gemacht, und das Ganze ging immer knapp an der Pleite vorbei. Nachdem ich vier Wochen »im Dienst« war, fehlte das Geld auch für mein »Gehalt«. Ich bekam es auf zwei Mal. Aber ich möchte die sieben Jahre auch nicht missen; sie liessen mich einen schmalen Ausschnitt hinter der glanzvollen Zeit-Fassade sehen; auch an Menschenkenntnis habe ich dabei dazugelernt, und seitdem bin ich ein toller Alles-Durchschauer (das ist jetzt ironisch gemeint).

Für Rom wünsche ich Ihnen viele instruktive Impressionen, freue mich, weil Sie wieder mal ein Reisle machen dürfen (ich fahre ja nur noch in den Bayerischen Wald, weit hinten, dicht an der tschechischen Grenze, oder nach Österreich; weil mich jetzt bloß noch drei Länder interessieren: Württemberg, Bayern und Österreich; Baden gehört auch dazu (zu Württemberg)). Welch ein Provinzler, werden Sie denken, obwohl ich bis heute überall nur Provinz mit Deutschengeruch gefunden habe, z. B. auch in Paris.

Mit [Gottfried] Just soll ich mich am 5. Februar in Köln zu einem Interview treffen. Mit ihm verstehe ich mich, weil er dieselbe Mentalität hat; auch dieselben literarischen Vorlieben, z. B. Arthur Schnitzler, dessen Arbeiten ich mir zum ersten Mal 1934/35 angeeignet habe (»angeeignet« ist natürlich ein arrogantes Wort, aber wenn ich sage: »Der Schnitzler ist mir gemäß«, klingts vielleicht auch nicht ganz hasenrein, wer weiß). Aber es macht nix.

Ihnen alles Gute. Vergeben Sie mir dieses schlampige Gekritzel.

Herzlich Ihr
H. Lenz

Janker an Martin Walser

11. März 1968

Lieber Walser,
ich glaube, ich habe Sie das letzte Mal im Sommer 67 gesprochen, gesehen freilich (das läßt sich nicht abstreiten) in der Pulvermühle[1], also ein Vierteljahr später (da waren Sie übermüdet und nicht eigentlich ansprechbar; ich trage es Ihnen weiß Gott nicht nach!). Einen Brief von mir können Sie wenigstens weglegen, bis Sie Lust haben, Jankers Kleinstadt-Gemecker zu konsumieren. Ein Anruf scheucht Sie womöglich aus einem Ihrer wenigen freien Friedrichshafener Tage auf. Die Pflichtlektüre aber läßt sich einmal zwischen andere Kollegen-Post schieben. Sie sehen schon am breiten Rand, daß ich nicht die Absicht habe, ein gerütteltes Programm Jankerscher Klagen vor Ihnen durchzuboxen. Ich habe gearbeitet. Zwei neue 12-Seiten-Texte sind entstanden. [. . .]

GILLIGAN bringt aus der Perspektive eines Platzanweisers einige befremdliche oder auch nur verschrobene Ansichten über Welt und Leute zu Papier. Da ich noch eine zweite Arbeit gleichen Umfangs mit dem Arbeitstitel: SEIN BESONDERER FALL fertigbrachte (hier geht es um einen Nachtrag zu einem gerichtlichen Prozeß, den Mertens nicht selber erlebte, von dem er nachträglich erst erfuhr), bin ich wieder etwas präsenter mit erzählerischen Arbeiten. Ich möchte ja später einmal alles, was mit Mertens zusammenhängt, also die Arbeiten der letzten Jahre, unter dem Titel DER UMSCHULER in ein Buch nehmen. Doch im Augenblick geht es mir mehr darum, etwas zum Vorabdruck oder einfach Abdruck zu bringen; nicht um mich vorzeitig mit einem weiteren Buch anzumelden, sondern um zu überleben. Sie verstehen? [. . .]

Ich habe einfach nicht den Mumm, rascher zu arbeiten. Meine Verfassung ist nicht derart, daß ich jetzt einfach auf Grund geleisteter Arbeit zügig und meiner selbst sicher, schreiben könnte. Ich mache die alten, deprimierenden Erfahrungen, daß man als Autor der mittleren Lage, wie man so schön sagt, als Verfasser von Texten, denen niemand ernstlich Vorspanndienste leisten möchte, eben nicht in ein gestandenes Mannesalter kommt. Sie verstehen auch ohne nähere

Ausschmückung, daß meine Lage nicht sonderlich rosig ist (ich meine dies weniger finanziell).

Mit der Menz schlug ich mich redlich herum [. . .]

Im Oktober gehe ich mit meiner Familie nach Rom. Das schiebt meinen Abgang als Autor noch um mindestens ein Jahr hinaus. Ihr alter

Janker

1 Die Pulvermühle war 1967 Tagungsort der Gruppe 47.

Janker an Maria Menz

R[avensburg], 29. 6. 1968

Liebe Menz,
je mehr ich alles recht bedenke, desto weniger kann ich ruhig die mir einmal zugefallene Arbeit der Herausgabe Ihres Bandes[1] beenden. Die Grundsatz-Differenzen brechen immer wieder neu durch. Vielleicht hatten wir eines nicht bedacht: ich bin kein Lektor, ich bin ein Autor. Ein Lektor kann gerade da eingehen und sich auf andere Geistesspur begeben, wo es einem Autor durch seine Eigenart unmöglich wird, auch nur eine andere Schreibweise zu goutieren. Daß es mit uns solange halbwegs gut ging, wundert mich jetzt nachgerade. Vorweg dies: ich bedaure sehr Ihre komplizierte Lage, die drei Interessen, die Sie zerreißen. Das ist eine schlimme Zwickmühle, und niemand kann Ihnen da heraushelfen. Soviel mir gegenüber, jetzt als reine Verhaltensweise anempfohlen: ich bin nicht am Rande meiner Geduld, ich habe gute Nerven, werde nicht dieses Aufbrechen der Gegensätze gewaltsam dämpfen oder gar ignorieren.

Diese notwendige Überschätzung des eigenen Formvermögens ist einfach ein zu konstatierendes Faktum. Solche grundsätzlichen Differenzen bügelt man – das müssen Sie einsehen – nicht in Gesprächen aus. Was denn haben Sie, meine Liebe, überhaupt schon von mir angenommen? An meinen Widersprüchen sind Sie kräftig und wehrbar geworden. Lassen wirs dabei bewenden. [. . .]

Mein Nachwort wird für sich stehen. Und das nun wird für mich ganz ein Janker sein. Unsere Beziehung soll sich darin ausdrücken, der zeitliche Gang der Auseinandersetzung soll hier lesbar fixiert sein. Ich arbeite nicht auf Vollständigkeit, sondern auf Stichhaltigkeit hin. Sie werden sich nicht immer vollständig zitiert sehen, aber aus allen Zitaten ergibt sich ein anschauliches Bild der Positionskämpfe, der Meinungs-Differenzen. [. . .] Was könnte auch wortgetreuer und sprachinterner und personenbezogener unsere Beziehung dokumentieren als solch ein aus Briefauszügen und meinen Kommentaren zusammengespanntes Nachwort? Das wird dem Leser mehr helfen, Sie richtig einzuschätzen und das nicht reibungslose Partnerschafts-Verhältnis zwischen Ihnen und mir, dem Herausgeber, anschaulich und auch pointiert zu erleben. Das wird mein eigenes Stück sein in diesem Band, nicht die von mir eingerichteten und gekürzten Gedichte, die ich mit dem Ersuchen an Sie zurückgebe, diese nunmehr eigenmächtig zu ergänzen. Ich möchte, noch einmal sei es gesagt, Sie nicht zwingen, in meinen Einrichtungen zu wohnen. Ich wollte Ihnen zu lesbaren Gedichten verhelfen, Sie aber nicht der Verarmung und Austrocknung aussetzen. [. . .]

Ihr Josef W. Janker

1 Janker war vom »Literarischen Forum Oberschwaben« beauftragt worden, ein Bändchen mit Lyrik von Maria Menz herauszugeben und damit den ersten Titel einer eigenen kleinen Publikationsreihe des Forums vorzubereiten. Die Auseinandersetzungen in diesem und den folgenden Briefen (29. 6.; 1. 7. 1968 und 2. 3. 1969) deuten die Schwierigkeiten dieses Unternehmens und die aufgetretenen Konflikte an. Das Bändchen erschien 1969 unter dem Titel »Anmutungen«; Janker verfaßte dazu ein Nachwort, das anhand des vorangegangenen Briefwechsels beide Positionen belegreich dokumentierte.

Maria Menz an Janker

Oberessendorf, den 1. 7. 68

Lieber Janker!

Alles war für heute zur Post so ziemlich fertig; da kam inzwischen Ihre Sendung, die mich schon als verschlossenes Paket herb anwehte, ein Gespür von Briefen, das ich oft habe, wenn mich etwas tief angeht. Ich überflog schnell und war zur grössten versöhnenden Einfachheit bereit – denn Sie sind mir viel zu lieb, als dass ich Sie verlieren dürfte. Ich las nochmal langsam und ruhig und fand Disziplin, Würde, Vernunft. Tastend erwäge ich, ob nicht doch der Kompromiss jetzt besser ist, als das Totale im Sinn der Anheimgebung. Sie geben mir noch Tage Zeit, und es ist gut, das zu beschlafen. Wenn Sie wüssten, welch herzliches Gefühl mich erfüllt, weil Sie mir *so* antworteten. Nicht wegen eröffneter Freiheit, sondern Ihretwegen: das ist Ihr Menschentum. Das hintergründig Bittere, das mit darin schwingt, versehrt mich; ich möchte es gerne aufheben. Wissen Sie nicht, wie sehr ich Ihre Zielfreude und Ihre Arbeit achte? Wie wenig ich im Grunde Zwang auf den Andern mag, wie sehr ich immer seine Freiheit und auch seine Schätze achte. Ein heisser Plan: auch ein Schatz. Mein Brief vom 30. 6., ein Grundsätzliches, zeigt Ihnen, wie sehr ich an Ihre eigene Entscheidung appelliere, und wie Verhärtung mir fern liegt. Wenn ich daneben unabdingbaren Hinweisen Raum gebe, so ist das Recht und Pflicht der Selbsterhaltung und auch ein Teil Dienst am Partner. Unser Begegnungsstil seit Anbeginn und nun schon Jahre im Zeichen des Mars, und nie wurde es tödlich, sondern es war letzten Endes reizvoll, spannungsvoll und führte zu gefestigter, eroberter Freundschaft. Darum glaube ich nicht, dass unser Zusammengehören am gemeinsamen Buch zerbrechen wird. Wir haben manch Gemeinsames: Intellekt und Freimut; ein anständiges Herz steht im Hintergrund. [. . .]

Eine Menz, die zu Sauer[1] Berührungspunkte hat und bei der ersten und zweiten Lesung auch Jüngere anspricht, dürfte immerhin etwas Echtes haben. Natürlich gestehen Sie mir das zu, nur, Sie sehen es nicht überall da, wo ich es sehe, und das gibt den Reibepunkt. Geliebteste und satt gerundete Gebilde verändern . . . Sie wissen, dass ich bescheiden und passiv unter den fremden Herren sitze, und so still und zurückhaltend schätze ich auch meine Arbeit ein. Ich schrieb, weil ich musste – was es ist, weiss ich immer noch nicht, sagen wir mal, vom Bodensee her. Weiss es noch weniger nach Jankers Korrekturen. Die traumhafte Unbefangenheit ist weg; sie muss auch nicht heilig gehalten werden, denn Fortschritt nur ist Leben, und wenn er ein hartes Erwachen kosten sollte. Ich bin – auf halbem Weg – jetzt äußerst unsicher; es steigt bis ins Unterbewusstsein, der Quell schläft; es ist ungewiss, wie lange der Bann bleibt. Ja, ohne dass Sie mich des Ungenügenden *konkret* überwiesen haben, bin ich »überfordert«, und bin ich krank. [. . .]

Vergessen Sie, dass auch ich u. U. etwas aufzuschliessen habe? Meine geistliche Welt. Ich unterscheide immer zwischen Eingeweihten und der Welt. Nicht allen meinen Freunden ist mein Geistliches eigenvertraut. Gilde, der Malerin beschränkt vertraut durch Aufschlüsse von mir; und eine andere Freundin weiss von sich aus und sie begreift die Stichworte sofort. [. . .]

»Ein Briefpartner, wie ich keinen je haben werde.« Als ob ich das nicht wüsste! Wir haben einander ausgezeichnet gefunden. Nein, keineswegs verfahren wir nach »meiner Freundin Rat«, meine ich. Der war nur ein Beischuss; das Wesentliche sind *wir Beide.* Ich begegne Ihnen mit Sagen, und die Entscheidungen liegen bei Ihnen. Sie kommen *vom Auftrag* her, wie dürfte ich vordringlich sein wollen? [. . .]

»Nunmehr eigenmächtig zu ergänzen«: es ist mir ganz unmöglich. Ich bin aus der Welle heraus und könnte nicht einmal meine eigenen Fassungen umschaffen, geschweige denn an anderen, zweiten Fassungen umbilden, rückbilden, was nur etwas Halbes wäre, ein Mittelweg gewiss, aber das könnte man nur *besprechend* tun. mein Weg zur Lösung ist fertig, ohne Druck auf Sie; im Ganzen meiner Sendung und Mitteilung liegt es. [. . .]

»Vorerst arbeite ich unverdrossen an meinem Nachwort«: das ist der geballte Heuwisch Buch, den Sie mit der Gabel des Willens und Vorhabens angesteckt haben, um ihn mit Schwung zu heben und zu setzen. Ganz bäuerliches Bild von mir aus den Tagen *vor* dem Ladewagen. Ich bin getröstet, dass Sie arbeitend im Nachwort sitzen: *das* ist Ihre Freude, und ich hoffe, ich darf mich ebenso gelöst zu Ihnen setzen im Geist – ich hoffe, dass sich Ihre Beziehung zu mir nicht in Kühle und Fremde verhärtet. [. . .] Ich werde immer in der Gesamtlage die Spitze des Notwendigen ergreifen in Licht und Dämmer,

für mich oder gegen mich. Hintergründig tiefstens ist alles Lebenssteuerung auf offenem Meer . . .
Herzlich Ihre Maria Menz

1 Karl Adolf Sauer, Lyriker.

Maria Menz an Janker

Oberessendorf, den 15. 7. 68

Janker,
gerade hatte ich den Schlusspunkt unter meine für Sie bestimmten Manuskriptbesprechungen gesetzt, da kam der Briefträger und ich empfing gleich darauf Ihre heutige Sendung. Für diese herzlichen Dank, vor allem für Ihren Brief und auch Ihre Glückwünsche. Ich bebte aber ein wenig, denn man weiss nie, was ein Brief bei bestehenden Spannungen bringt.

Umso glücklicher bin ich jetzt, als Sie mir nun die Hand reichen. Wir haben Versöhnung, halten wir es fest, wir haben sie aus allem guten Willen und der ganzen Weite des Geistes; wir haben sie, schon ehe die Feuerprobe war. Die Feuerprobe wird sein: meine Besprechungen Ihrer und meiner Fassungen. [. . .]

Sie werden sich einlesen, sie sollten sich Musse dazu nehmen, meine Auseinandersetzungen in sich selbst zu übernehmen; ich hoffe, dass Ihnen viele Lichter aufgehen, wenn Sie ruhig und konzentriert lesen, und nicht alles auf einmal. Und nur wenn Sie überzeugt werden von meiner Schau, möchte ich Ihr Amen. Ich habe nicht durchweg widerstanden, ich habe eingesehen, ich habe gezweifelt, ich habe verteidigt. Wenn ich scharfe Attacken unternommen habe, so halten Sie es der Freundschaft zugut. Wenn Sie aus Überzeugung anders steuern und gebieten müssten, so tun Sie das; am besten aber, Sie versichern sich dann eines Mitverantwortlichen, wenigstens in *grossen* Belangen. [. . .]

Herzliche Grüsse
Ihre Maria Menz

Janker an Frau Müller-Ortloff[1]

19. Juli 1968

Gnädige Frau!

Ich hatte die Ehre, von Ihnen persönlich oder vom Bodensee-Club, in dessen literarischer Sektion ich bin, zum 20jährigen Jubiläum eingeladen zu werden. Da während des kalten Büffets kaum die Möglichkeit bestand, sich kritisch zu Ihren Teppich-Entwürfen zu äußern, hole ich das heute mit einiger Verspätung nach:

Die literarischen Titel der Entwürfe sind es vornehmlich, die meinen Widerspruch herausfordern. WACHSAMKEIT – die hohe Schule des Radar, hätte ich beinahe geschrieben, so sehr verführt dieser Titel zu einer Verballhornung. NACHTFLUG: LUST AM FLIEGEN: als könnte heute noch ein solcher sportlicher Euphemismus erlaubt sein angesichts der technisch verdinglichten Wirklichkeit des Fliegens. BLUMEN DES BÖSEN: Sicher gut gemeint, aber die Baudelaire'sche Formel ist unangemessen, deckt nicht den gemeinten Sachverhalt ab. DAS SCHÖNE IST DES SCHRECKLICHEN ANFANG: diese Sentenz billige ich voll und ganz; denn das ist nur zu wahr. Auch wäre gegen Ihre Darstellung historischer Vorgänge wie MUT ZUM WAGNIS, CANNAE oder LANDSKNECHTSMUSTER vom Thematischen her wenig einzuwenden, beschränkten Sie sich auf die Darstellung solcher fixierter Muster.

VIETNAM: TECHNIK GEGEN DIE BRODELNDE VITALITÄT DES DSCHUNGELS: das ist gelinde gesagt eine Fehlleistung schon vom Konzept her. Das politisch relevante Geschehen Vietnam kann meines Erachtens nicht allein mit malerischen Kategorien erfaßt werden. Damit, daß Sie ein aktuelles Ereignis, einen schwebenden Prozeß gleichsam, über den ästhetischen Leisten ziehen, ihn mit einem Kunstgriff knüpfbar und für Bundeswehr-Offiziere schmackhaft machen, begehen Sie jene unstatthafte Adaption, die nichts ist als ein modischer Kniefall. HINDENBURGS VERNICHTUNG DES RUSSENEINFALLS: dieses Deutsch müssen Sie mir erst noch erklären, wenn ich nicht ausgesprochen heiter auf die unfreiwillige Komik dieses Titels reagieren soll.

Die vielbenützte Formel: TAKTISCHE LIST, DIE TAKTIK

DES SCHWÄCHEREN, DIE TAKTIK DES AUFMARSCHES ZUM NAHKAMPF legt meines Wissens nur Ihre Unkenntnis im militärischen Jargon frei. Das Geschwafel aus einem überlebten Fundus: »unten das Vitale« und »oben das Geistige« nährt auch nicht mehr redlich seinen Verfasser. Der »Mensch in der Mitte« als »brennender Kreuzpunkt«, das ist genau jener zu oft gehörte Akademismus, der einem den Nerv tötet. Das »Naturhaft Lebendige mit geistiger Disziplin zu durchpulsen«, schlicht und einfach zu sagen, daß man den »Geist durch den Staub treiben« müsse, – das verleitet mich zu der etwas respektlosen Anmerkung, daß man den Alten Adam nur gehörig durch den Modder jagen muß, um ihn auf Vordermann zu bringen.

Wenn ich lese, daß wir Kampfsituationen begegnen: »die waren wie ein Stück Architektur aus Menschen geformt«, bewundere ich wohl Ihre enzyklopädische Belesenheit, mokiere mich aber gleichzeitig über die Naivität, die glaubt, diffizile militär-technische Vorgänge im Wandschmuck auflösen zu können. Die Gleichsetzung der Dürckheim'schen »Transparenz des Ego« mit dem »inneren Schweinehund« (vulgäres Latein hin oder her) ist unzureichend und verarztet einen Patienten, der an solchen Gleichsetzungen sicher nicht genesen wird. »Innere Zucht« und das »drängende Vitale« mögen den einzelnen Mann ehren, konstituieren aber bestimmt nicht einen »neuen Menschen«. Zwar suggerieren Sie uns, daß wir »im Umbruch stehen« und uns »globales Denken beflügle«, plakatieren Ihr Menschenbild aber mit den Klischees des Einzel-Kämpfers alten Stils.

Die Schachspiele mit Selbstfahr-Lafetten als Läufer und Springer und der nackten Dame im Spielfeld-Raster verraten einmal mehr die recht vordergründige, modisch inspirierte Intention. Nicht die Kühnheit des Motivs, von der ein hoher Stabs-Offizier sprach, springt ins künstlerisch aufnahmebereite Auge, sondern ein sicherer Blick für die Marktlage. Wenn ich mich an die im Beisein künftiger Auftraggeber gezeigten Skizzen erinnere, will mir scheinen, als sei die Art Ihres Sich-ins-Bild-Rückens, zumindest in diesem hochgestochen gesellschaftlichen Rahmen und Illuminations-Effekt einer Barock-Fassade, gleichzusetzen jenen belächelten Darbietungen bei

Hof. An die Stelle hoher Stabs-Offiziere und Ministerial-Dirigenten der Bonner Hardthöhe einige fürstliche Gönner gesetzt – die Illusion wäre perfekt gewesen. »Nichts ist erfolgreicher als der Erfolg«, sagte einmal ein Witzbold. In diesem Sinne mag auch Ihnen zugestanden sein, über einen Literaten, der Ihnen womöglich ungeladen ins Haus schneite, ein heiterstes Lachen anzustimmen . . .

Josef W. Janker

1 Teppichkünstlerin aus Meersburg.

Hermann Lenz an Janker

Stuttgart, 25. 10. 68

Lieber Josef W. Janker,
herzlichen Dank für Ihren Gruss aus Rom. Sie scheinen sich einzugewöhnen, und mich freuts, dass Sie mit Frau und Kindern dort sein können. Ich denke mir die »ewige« Stadt gerne in Herbst-Patina, meine, die stünde ihr besonders effektvoll, und erinnere mich an Montaigne, der in ihr nur die antiken Reste beachtet, von damals »zeitadäquater« Kunst aber nichts bemerkt hat.

Ich will zwar nicht behaupten, dass ich's heute so wie er machte, wäre ich jetzt in ihr zu Gast, aber trotzdem sähe ich Neumodisches nur auf altmodischem Grund. Und der altmodische (Sie können auch altbackene sagen) Grund zöge mich seiner Patina wegen an, denn ich hab's mit der Patina (siehe oben); ohne diese Dame erschiene mir Gegenwärtiges kaum bemerkenswert, und Sie werden denken: der Lenz ist halt ein Eskapist. Au net schlecht, sage ich zu mir selbst und spüre römische Morbidezza auf der Zunge; suche nach Spuren Mark Aurels, gehe zuerst und vor allem zum Kapitolsplatz, um dort zu meinem Kaiser aufzuschauen, suche die Markus-Säule und finde in der Vatikanischen Bibliothek in einem Konvolut angemoderter Romantiker-Stiche, für die sich niemand interessiert, das Originalmanuskript der »Selbstbetrachtungen«, die der Kaiser bei den Quaden am Granuas, in Vindobona und in Carnutum niederschrieb. Selbstverständlich kann ich mir die Pergamentblätter in die Unterhose schieben.

Aber Schluss mit dem Unsinn, obwohl ich Ihnen empfehlen möchte, in dieser Richtung wachsam zu sein und das Ihre nicht zu versäumen. Wenn Sie die Handschrift im Koffer nach Ravensburg bringen, fahre ich nach Ravensburg, um sie Ihnen zu klauen. Es wird eine literarische Sensation werden.

Ansonsten suchen Sie, bitte, fleissig nach einer Mark-Aurel-Statuette; sie liegt im Boden der Villa Massimo, rechter Hand hinter den Ateliers; dort hat sie seinerzeit ein plündernder Gote verloren (sie ist ihm in die Abortgrube gerutscht). Und grüssen Sie herzlich Wolkens[1] und bitten Sie, doch auch mal Helmut Mader nach Rom kommen zu lassen. Ich habe mich, von Verbandes wegen, intensiv für ihn eingesetzt und zwei Mal das hiesige Kultusministerium brieflich beschossen; anscheinend ohne Erfolg.

Jetzt warten Sie nur auf Ihre römische Erleuchtung; sie wird sich gewisslich einstellen. Wenn Sie fleissig nach meiner Bronzestatuette suchen, wird sie Ihnen zuteil. Und die Handschrift, die Handschrift! Die vor allem!

Mit herzlichen Grüssen, auch an Ihre Frau und die Kinder,
Ihr Hermann Lenz

1 Karl Alfred Wolken, Autor und Hausherr der Villa Massimo.

Janker an Maria Menz

Rom, 2. März 1969

Liebe Maria Menz,
das will ich meinen, daß ich das Recht habe zu einer »Spiegelung unseres literarischen Austrags«. Ich bin nicht selbstlos genug, um auf diese »Spiegelung« verzichten zu können, und ein Nachwort ohne den »jankerschen Stil« – da würde ich meine Urheberschaft glatt unterschlagen. Eine »literarische Gegenposition sichtbar zu machen« – nun, es war keine »Lieblings-Idee« von mir, die »eines Tages aufsprang«; sie ergab sich wohl von selbst aus der Art unseres Briefwechsels.

Als Literat spezifischer Prägung und Vorbelastung stellte ich mich Ihnen, nicht als Ihr heimlich verfügter, im Nachhinein von den Freunden des Forums vergatterter Biograph. Da ich meinen Briefpart unter zwei Voraussetzungen annahm: der einer Herausforderung und der eines Freundschafts-Erweises, konnte eines schon nicht entstehen: ein emotionsfreies Assistieren, ein kollegiales Bewispern. Das ruhige Ausleuchten eines Naturells, das »eigenen Geistgesetzen« folgt, die versuchte Annäherung an das, was sich Ihrem unvoreingenommenen Leser als »Personenbild« anbieten mag, war ganz gewiß nicht meine Sache.

Sie haben rechtzeitig auf meine eingeschränkte Kompetenz verwiesen –; aber zeitweilig war ich Ihnen als Sparringpartner hochwillkommen. In gewissen Phasen des Einhaltens und Verschnaufens war ich Ihnen als Herausforderer unentbehrlich. Als Ihr weltlicher Trainer, als Ihr Schrittmacher, war ich Ihnen zweifellos von einigem Nutzen. Sie haben dann diffizilere Rollen vorgeschlagen: die eines Spurhalters, eines geistlichen Felgenanziehers. Bei größerer Willigkeit und Tauglichkeit hätten Sie mich sicher zu Ihrem Echo-Lotsen gemacht, das meine ich weniger ironisch als es sich anhört. Mit jeder meiner Positionsbestimmungen habe ich mich vor Ihnen in die Nesseln gesetzt: denn die geforderte »volle Antwort« war billigerweise von mir nicht zu haben. Und ich verstehe eigentlich recht gut Ihr Mißbehagen an einem Herausgeber, der Ihre Vorstellung besorgte, indem er Sie denunzierte. Wenn man nur streng genug an Ihrem Bedürfnis bleibt, bin ich als zu leicht befunden verworfen und scheide als Ihr möglicher Interpret und Systemerheller aus. Vor der Wand, die keinen Durchlaß bietet außer einem hochgelegenen Nadelöhr, das in Flammenschrift die beiden Initialen der Maria Menz trägt, kletterte sich mein literarischer Impetus zuschanden. Imponierend geschlossen und einstiegslos erweist sie sich als Chiffre für mein Versagen. Vor dem hochgemuten Anspruch, rein und schattenlos dazustehen, nimmt sich mein kämpferisches Auf-die-Pelle-Rücken wie das reinste Schattenboxen aus. Immerhin: der Leser Ihres Bandes hat als feste Größe schon vor sich Ihre Leistung; er steht bereits im Koordinaten-Zwang des Menz'schen Systems, ehe er an den leichtfertigen

Einstufer, Abstreicher und böswilligen Verzeichner gerät. Er ist mir also um einen richtigen Mannsschritt voraus.

Wer als Produzent nur über den Ausstoß eines mittleren Kraftwerks verfügt, der ist überfordert, wenn er ganze Längen- und Breitengrade nachbarlicher, dörflicher, familiärer Verstocktheit ausleuchten soll. Wirkungen, nicht nur auf das Verständnis wertender Vernunft hin, sondern auch noch auf Unvernunft und blutsmäßige Verdunkelungen hin. Sie denken als Autorin nicht an Wirkungen eines Gedichts im Augenblick seiner Freigabe. Was Ihnen ehrlich Kummer macht: die mögliche Fernwirkung auf ein »kommendes Geschlecht«. Daß ein zukünftiges Gen, das aufsteigt aus dem Menz'schen Ahnenbaum, verschreckt werden könnte durch meine lieblosen Charakterisierungen, daß Ihnen Einflußnahme auf einen fernen Sproß hin genommen sein soll durch mein unbedachtsames Relativieren. »Makelloses an Beleuchtung zu hinterlassen«, das ist nun wahrlich ein Ziel, aufs innigste zu wünschen, und ich werfe banausisch meinen Schatten.

Aber mich auf Ihre »Taktik der äußeren Wahrnehmung« einzulassen, jeder denkbaren Abwertung und Preisgabe vorzubeugen durch eine Zurücknahme im Ausdruck, überfordert jedenfalls mich. Nicht nur, daß so Hermetischem wie dem »Gesetz der Rückschwingung« Reverenz erwiesen werden soll; nun wäre auch noch Futurologisches zu leisten, sozusagen als zusätzliches Erkenntnis-Vehikel, gedacht von einer Autorin, der die Reinheit ihrer Gebilde nicht genügt, um die »Schattenanwürfe« ganz zu bannen. – Mich auf Ihre »Spielregeln freien Austauschs« einlassend, forderten Sie von mir schlicht den Vorrang »höherer Wertigkeiten«, die Anerkenntnis göttlicher Präferenzen. Meine Sehtüchtigkeit zweifelten Sie an, als litte ich unter einem anerzogenen Sehfehler. Meine Zuständigkeit schränkten Sie rigoros ein, verleitete mich die angebotene Gleichung der »brüderlichen Haftung« nicht gleich zum Widerruf.

Die Einsicht in die »Verfügungsgewalt von Engeln« bewirkte in mir eine Denksperre für das eigene Erkennen. Als Kenner Ihres Werks stellte ich mich unter das »Geistgesetzte«, unter Ihre sanfte Fuchtel. Meine Erkenntnisfähigkeit käme ins Stottern, sobald sie Kenntnis nähme von Ihrer Gegenwelt, suggerierte Unterwerfung. Nicht meine Glaubwürdigkeit bliebe gefragt, sondern meine wiedergewonnene Gläubigkeit. Die Vorstufe zu einer Herrschaft wäre erreicht, die Sie kraft »Vollmacht« und hinterlegter »Bürgschaft« aus dem »Überzeitlichen« ganz ungebrochen in Ihrem Selbstverständnis als Autorin ausübten! – Da Ihnen Ihre »Eingriffe« im Austausch gegen die bewilligte Einsichtnahme in das »ungeschmälerte Ganze« gerechtfertigt erscheinen, schließt sich wohl der Kreis einer Zwangslage, in die Sie sich nicht ungern begaben und in die ich – das gestehe ich neidlos – nicht ungern geriet.

Ein »reguliertes« Nachwort also für die Nachwelt; ich werd's zu verkraften wissen. Daß Sie auch nach massiveren Eingriffen »Janker finden auf der ganzen Linie«, in einem immerhin von mir verfaßten Text, läßt den Geist kollegialer Zumutbarkeit aufleben und verhilft uns zu Einsichten in das Machbare, Manipulierbare, und stimmt mich ausgeprochen heiter. Von diesem Geist der Versöhnung angesteckt, schlage ich vor, aus der Autorin Maria Menz und ihrem Herausgeber eine Art zweigeschlechtlichen Doppelwesens zu machen, mit einem eingebauten Janker'schen Widder im Blutkreislauf. Spielfreudig geworden, stelle ich mich einem Konditions-Training nach Ihren geschätzten Regeln, und ich bin sicher, mich in einem Achtstundentag mit Ballauslegen, Felderabstecken und Sägmehl-Markieren vollbeschäftigt zu wissen auf ein gutes Jahrfünft hin, mich in »belebenden Kampfbewegungen« fit zu halten, um Ihre eigene Formulierung zu gebrauchen, das ließe sich Maria Menz etwas kosten.

Ihr alter Janker

Elias Canetti an Janker

London, 30. Juni 1969

Lieber Herr Janker,
Ich möchte Ihnen für »Blumen für Balmoral« danken. Es ist eine Erzählung, die Ihnen nicht nur »keine Schande macht«, wie Sie in Ihrem Brief vom Februar schrieben, sondern wirklich Ehre. Über die Begegnung mit Ihnen in London[1] hatte ich

mich schon damals gefreut; dass sie mir jetzt noch viel mehr bedeutet, können Sie mir schwerlich verargen. Ihre Auffassung Londons nach »genau 25 Tagen und Nächten« macht mich staunen. Sie müssten sehen, was manche Leute über London schreiben, die seit zehn oder zwanzig Jahren hier sind.

Den Aufsatz von Luciano Zagari über die »Blendung« kenne ich nicht. Ich weiss nur, dass er, offenbar auf diesen Aufsatz hin, mit seiner Frau zusammen beauftragt wurde, den Roman ins Italienische zu übersetzen. Diese Übersetzung ist inzwischen in Mailand erschienen. Zwei frühere Übersetzungen hatte der Verlag als unzulänglich verworfen.

Ich komme gern einmal nach Ravensburg, – nicht wegen der bedeutenden Schriftsteller und Kollegen, ich kann mir vorstellen, dass die komplette Gruppe 47 dort schon gelesen hat, wo nicht? – sondern weil Sie, Herr Janker, mich dazu auffordern. Ich bin alle paar Monate einmal in Zürich, und von da ist es nicht weit.

Aber lassen Sie mich lieber, das ist wichtiger, Ihnen nochmals für die Erzählung danken. Dieser Brief ist etwas flüchtig, weil ich morgen verreise und noch viel dummes Zeug zu erledigen habe. Ich wollte nur, dass Sie bald wissen, wie gut mir Ihre Erzählung gefällt.

Seien Sie sehr herzlich gegrüsst
von Ihrem Elias Canetti

1 Janker bekam 1967 ein Stipendium zuerkannt, das mit einem Londonaufenthalt verbunden war. Über Erich Fried hatte Janker Kontakt zu Schriftstellern erhalten, darunter auch zu Elias Canetti. Über seinen London-Aufenthalt schrieb Janker in der »Stuttgarter Zeitung« vom 5. und 13. 1. 1968 (»In London notiert«, siehe Band 2 der Werkausgabe).

Janker an Martin Walser

Hallertau, den 19. 8. 69

Lieber Walser,
ich schreibe Ihnen aus der Hopfengegend Niederbayerns, aus der Heimat meiner Frau, die mir nach Rom einige Tage ländlicher Abgeschiedenheit verordnet hat zur besseren

Angewöhnung. Ja, wir sind seit gestern aus Rom zurück, nach einer schlaflos verbrachten Fahrt unter Gastarbeitern im D-Zug-Korridor. Aus vierzig Grad Hitze in nachgerade kühles Hopfenwetter. Die Ernte wird in diesen Tagen beginnen. Ich aber bin noch saumüde durch die klimatische Veränderung. Mein Gott, war das ein Sommer am Meer in Santa Marinella, oberhalb von Ostia an der Küste in einer ehemaligen Hühnerfarm. Mit Chotjewitz als Zimmernachbar und Küchenablöser. Senator Pit im Raum nebenan, auf dem Flur in seiner Leintuch-Toga malerisch und eigentlich fast immer halbnackt, obschon der sich so gut anzuziehen versteht, Hosenträger trägt wie ein Südstaatler und Hüte mit breitem Rand wie ein Konföderierter. Das war alles in allem eine verrückte Zeit. Jetzt gilt es wieder umzudenken, abzuschalten, sich einzuordnen. Nicht daß ich dort faul in der Sonne gebraten hätte. Habe diesen Sommer als Schichtarbeiter am Schreibtisch in regelmäßigen Sechs- und Achtstunden-Schichten verbracht, schwitzend unter dem riesigen Oberlicht noch nachts und manchmal von Kollegen höhnisch bezichtigt der Akkordschinderei. Chotjewitz kam immer gern an meinem Atelier vorbei, wenn meine Maschine nur so rauchte vor Zeilenschufterei. Ich darf sagen: ich habe gearbeitet, habe zügig und ganz schön mit Ausdauer geschrieben, habe den Roman DER UMSCHULER so gut wie unter Dach und Fach. [. . .]

Ich meine, mit dem Umschuler lege ich mein wichtigstes Buch vor, weil seine Problemstellung meiner gegenwärtigen Situation angemessen ist und dem einen angemessenen Ausdruck auch im Stilistischen, Kompositorischen gibt. Sie müßten mal Zeit haben, sich einiges daraus anzuschauen. Ich wäre neugierig auf Ihr Urteil. Auf jeden Fall habe ich mit diesem Roman versucht, Mertens, meinem Mann, einen plausiblen Grund zu liefern für seinen hinausgezögerten Abgang von der literarischen Bühne. Meine Generation der heute 47jährigen wird hiermit abgemeldet, und ich meine zu Bölls Bemerkung: »Janker, wir werden schön langsam aber sicher abserviert« eine eigene ironisch verklausulierte Antwort gefunden zu haben, die noch einmal alles zusammenfaßt, woran diese verkorkste Generation krankte und woraus sie sich nährte. [. . .] Ich glaube, von mir als einem Angehörigen des Jahrgangs '22 war dieses Buch fällig, weil hier mehr aufbereitet und auch wohl mehr abgetragen wird, als ein Privater verkraftet, der zufällig gerade 47 Jahre alt wird. [. . .]

Herzlich Ihr alter

Josef W. Janker

Heinrich Böll an Janker

Köln, 29. Juni 1970

Lieber Janker,
am Liebsten hätte ich Ihren herzlichen und so erfreulichen Brief gleich beantwortet, aber Sie wissen ja, wie es mit meiner Post zugeht. Ich verfalle manchmal geradezu in Apathie und lasse manches wochen- oder monatelang liegen.

Inzwischen sind wir fast für den ganzen Sommer auf das Land übergesiedelt, und wir würden uns natürlich wahnsinnig freuen, wenn Sie einmal herkämen. Ich gebe Ihnen für alle Fälle meine Telefonnummer, wo Sie zwischen 10 Uhr und vier Uhr nachmittags wahrscheinlich immer jemand erreichen, der Ihnen auch sagen kann, wie Sie zu uns herauskommen. Ich freue mich sehr auf Ihr viertes Buch, immer noch habe ich Ihr drittes hier liegen und gedenke es immer noch für die Frankfurter Hefte zu besprechen. Vielleicht werde ich es diesmal mit dem »Umschuler« zusammen besprechen. Vergessen habe ich es jedenfalls nicht, nur wächst mir natürlich vieles über den Kopf, und ich weiß dann manchmal nicht mehr, wo ich zugreifen oder anfangen soll. Ich werde den Sommer über ruhig arbeiten, mich gleichzeitig auch ausruhen. Wenn Sie kämen, würden wir uns freuen. »Blumen für Balmoral« habe ich gleich gelesen, ich finde es großartig. Sie sollten, ich schrieb Ihnen das ja immer wieder, gar nicht so schüchtern sein und sich nicht für einen Debütanten halten. Sie sind inzwischen ein gestandener Autor, und ich bin sicher, daß wir Sie spätestens im Frühjahr auch im PEN-Klub begrüßen dürfen. Jedenfalls werde ich mich dafür verwenden, und, nach meinen Erfahrungen mit dem bisherigen Präsidium, wird es kaum Schwierigkeiten geben. Falls Sie also Lust haben, dort mitzumachen, will ich Sie im Herbst zur Wahl vorschlagen. Es wird Zeit, daß dieser etwas alt gewordene und abgestandene Verein neue und jüngere Mitglieder bekommt.

Lassen Sie es mich weiterhin wissen, wie es Ihnen geht, und wenn Sie hier vorbeikommen, melden Sie sich.

Viele herzliche Grüße auch an Martin Walser

Ihr Heinrich Böll

Janker an Martin Gregor-Dellin

17. März 1971

Lieber Herr Gregor-Dellin!

Der 15. Februar ist tatsächlich verstrichen, ohne daß Einspruch erhoben wurde seitens von Kollegen. Ende Februar oder Anfang März – das ist mir im Moment nicht mehr ganz geläufig – kam dann der entscheidende Brief des Präsidiums. Ich habe mit Dank und Freude geantwortet, und schickte auch an Böll meine Dankeszeilen, weil ich es seiner Amtsführung zweifellos zu danken habe, daß der Gedanke, mich in den P.E.N.-Club aufzunehmen, überhaupt aufkam. Freilich, wenn ich jetzt unbefangen die Mitglieder-Liste durchsehe, wird mein Beitritt mehr und mehr eine natürliche Angelegenheit. Von dem Gnadenakt bleibt nach meiner Kenntnisnahme neuester Mitglieder [. . .] nichts übrig. Gottseidank, kann ich nur sagen.

Die Mitgliedschaft wird meinen zahlreichen Ehrenämtern hier im Oberschwäbischen den nötigen Hintergrund und das volle Gewicht geben, ohne das solche Tätigkeiten in der literarischen Provinz auf Dauer provinziell werden und stagnieren.

Ihr Josef W. Janker

Charlotte Tronier-Funder[1] an Janker

Überlingen, 20. 9. 71

Lieber Herr Janker,

in der jüngstvergangenen Zeit habe ich versucht, in Ihrem neuen Buch den Eindringling zu machen. Wie ich Ihnen am

Telefon schon sagte: es ist für mich (und wahrscheinlich für andere auch) obwohl es nicht als Wälzer daherkommt, ein ›toller Brocken‹, vom Inhalt her und auch stilistisch, keine leichte Lektüre.

Gleich anfangs und dann immer wieder war mir die unerhörte fast überhöhte Wortbereitschaft interessant und ›mächtig erfreulich‹ im Sinne: einer Sache, einer Lage mächtig sein, und dies wieder mit Freuden zu erkennen vom Leser aus mächtig zu sein. Viele Male war ich geradezu fassungslos vor der Treffsicherheit des Ausdrucks, der genau und einzig richtigen Vokabel, mit der sich scharfe Einsichten, Situationen, Artungen schlagartig erhellten.

Ich habe den ›Umschuler‹, dieses unglaublich komprimierte und in seiner Intensität und Hintergründigkeit auch etwas unheimliche Buch, mit stärkster Anspannung gelesen und werde damit auch noch nicht aufhören; ich erkenne etwas Brüderliches in der Leidensfähigkeit und auch in der Haltung von Seele, Geist und Körper, dieses Leiden, Leidenmüssen, das vielleicht zum Schicksal gehört, zu werten und in Situationen, Bildern Gestalt annehmen zu lassen, sichtbare und telepathisch überspringende also meine ich damit.

Besonders wichtig als Fund war mir dabei der tiefgründende und bisweilen knochentrockene Humor, die Fähigkeit (die ich immer lieben und schätzen werde), sich über sich selbst samt Leiden mit einem Salto immortale hinwegzusetzen und in der grünen Wiese des Lächelns zu landen. Alle grossen Humoristen waren, soweit ichs weiss, Leidende am Leben, an der Welt, an sich selbst und den Wahrheiten und Wirklichkeiten dieser unserer irdischen Existenz, und ich fand eben kürzlich eine heutige Fassung der schon vielgefassten Perle: Mit dem Humor ist es wie mit den Austern – eine Perle setzt eine Wunde voraus (Saroyan). Sehr hübsch übrigens Ihre Feststellung S. 123, dass der Treppenwitz eine ideale Voraussetzung fürs Schreiben sei. Mir fällt das einzig Richtige zu sagen auch immer etwas später ein.

Das Leiden ist eine elitär hermetische Angelegenheit; das Durchsichtigmachen seiner Stufen und die mögliche pädagogisch zu wertende Quintessenz gehören mit zu den Mitteln des Humors.

Das ganze Buch atmet einen sehr reinen, feinen integren, also unbestechlichen Geist, der keine Wahrheit scheut und eben dadurch absolute Glaub- und Vertrauenswürdigkeit der Aussage erreicht.

Es gibt Leute, Wohlstandsleute, die sich dagegen wehren möchten, mit den Fakten und den essentiellen Darstellungen eines heutigen Leidensweges konfrontiert zu werden – ich sagte es am Telefon, dass ich Weigerungen dieser Art hörte – es wäre nun die Aufgabe des Verlegers, diese Texte genau an solche Leute heranzukatapultieren, die ›es gar nicht so genau wissen wollen‹; denn genau die hättens nötig.

Ich bedanke mich noch einmal bei Ihnen!

Ihre Tronier-Funder

NS. Es wäre noch Vieles zu sagen, beispielsweise von den stupenden höchst genauen Sach- und Fachkenntnissen, den ›Mitbewohnern und deren totalem Unverständnis‹, auch von so schönen altmodischen Vokabeln wie ›Gewissen‹ etc. etc.

1 Charlotte Tronier-Funder (1899 – 1974), aus Berlin stammende, seit Kriegsende in Überlingen wohnende Schriftstellerin.

Günter Herburger an Janker

München, den 16. 10. 71

Lieber Herr Janker,

es war so: Ich ging durch den Hauptbahnhof, der voll war, und sah, durch Lücken hindurch, in der Bahnhofsbuchhandlung, ich sage *Bahnhofsbuchhandlung*, die »Umschuler« liegen. Ich kaufte sie sofort und stieg in den Zug. Dann las ich, sitzend, stehend, wieder sitzend, ich hätte auch im Gehen gern weitergelesen, als ich umsteigen mußte, aber dafür waren die Sätze zu geladen, zu eng gepackt, jedenfalls war ich froh, als ich wieder im nächsten Zug saß und weiterlesen konnte, quer durch einen süddeutschen Provinzteil, die Sonne schien heiß, der Sommer wollte kein Ende nehmen, ich hatte immer mehr Angst davor, daß er es nahm. Inzwischen ist es kalt geworden, und das Buch ist auch zu Ende.

Ich will gestehen, daß ich selten ein Buch gelesen habe, das so dicht geschrieben ist, so genau und überraschend in seiner Fülle. Alle diese vielen Einzelheiten, die ich zum Teil kenne, auf jeden Fall nachdenken und -fühlen kann, haben mich sehr betroffen, will sagen, ich bin ziemlich durcheinander, weil ich während des Lesens erst merkte, mir schmerzhaft eingestehen mußte, wie sehr ich zum Teil schon umgeschult bin, besser, wie sehr ich nicht acht gegeben habe auf das, was früher war und insgeheim noch tief in die Gegenwart hineinreicht.

So erstickend voll das Buch ist, so dicht sitzen die Sätze, teils mit Trauer beladen, Verzweiflung, teils mit Ironie gepanzert, damit die Verletzungen nicht zu arg werden. Das, lieber Herr Janker, hat mich sehr getroffen.

Herzliche Grüße, Ihr

Günter Herburger

Rose Ausländer[1] an Janker

z. Zt, Nelly-Sachs-Haus, Düsseldorf, 28. 12. 71

Schön, lieber Freund Janker, daß diese Anschrift Ihnen wohlgetan hat (ich bemerke eben, daß ich eine »Fehlleistung« beging: »Freud« statt Freund schrieb, also nach Freud's Fehlleistdeutung zu schließen, beim Schreiben Ihres Namens Freude empfand). Ihr lieber, langer Brief hat mir auch große Freude bereitet – es ist wahr, sie ist ein »schöner Götterfunken«! Da Sie so freimütig und offen über sich reden, kann auch ich ohne die übliche (fürchterlich schwere) Briefschreibhemmung zu Ihnen kommen – d. h. nicht ganz so gehemmt wie andern gegenüber. Warum sollten Sie sich schämen, Kriegsinvalide oder ehemaliger Handwerker zu sein? Auf dem »goldenen Boden« des Handwerks ist ja die Saat Ihrer Rente aufgegangen, dies ist Ihr Glück und gibt Ihnen die erfreuliche Möglichkeit, (leider schwachhonorierte) Werke zu schaffen, aber: zu *schaffen*, ein kleiner Gott zu sein, der Dinge in die Welt setzt, die nicht existierten. Obendrein haben Sie ja etwas errungen, was nur wenigen Schriftstellern vergönnt ist: Anerkennung, ehrende Literaturpreise, ein Jahr in der herrlichen Villa Massimo – und Autor des angesehensten Literaturverlages zu sein, ist ja keine Kleinigkeit.

Daß Bestsellertum nicht Bestqualität bedeutet, brauche ich Ihnen nicht zu sagen. Wieviele hochbegabte Schriftsteller und Dichter haben viel weniger erreicht als Sie, werden ebensowenig oder noch weniger gelesen. Auch heute, nicht nur zu Kafka's Zeiten. Seien Sie froh, lieber Freund, Sie haben einen guten Namen, »man« kennt und schätzt Sie. Hauptsache, daß Sie und die Ihren nicht Not leiden, alles andere überlassen Sie den Launen und Tücken der Zeit, der niemand mit der Zeit gewachsen ist.

Die mir freundlicherweise angebotene Mitgliedschaft nehme ich gern an, vorausgesetzt, daß keine Beiträge zu zahlen sind. Auch ich bin Rentnerin, muß überaus bescheiden leben, die PEN-, VS- und Gedok-Mitgliedsbeiträge sind – bei meinem Gesundheitszustand – schon mehr als ich mir leisten darf. Zudem gehöre ich einer Generation an, die von der »mittleren« (von der jungen garnicht zu reden!) zum alten Eisen geworfen wird. Ich stecke ja nicht im Literaturbetrieb, und wer nicht die »richtigen« Beziehungen hat, wen nicht gewisse Kritiker, Redakteure, Lektoren fördern, hat kaum eine Chance zu publizieren, *so* zu publizieren, daß ein bißchen Licht auf den Namen fällt. Und »die im Dunkeln sieht man nicht«. Es geht ja jedem ernsten Künstler mehr, unendlich mehr um die in die Welt gesetzte Existenz seiner »Geschöpfe« als ums Geld, wenn es auch ohne dieses nicht geht.

Anbei 2–3 handgeschriebene Gedichte auf DIN-A-4-Seiten für Ihr Jahrbuch[2], eine kurze biographische Skizze und das einzige Foto, das ich besitze und um dessen Rücksendung nach Verwendung ich bitten darf. [. . .]

Kommen Sie nie nach Düsseldorf? Ich würde mich über eine Gelegenheit freuen, mit Ihnen zu sprechen. Schriftlich kann man nur ein bißchen an der Oberfläche der uns nahegehenden Dinge kratzen. Man tauscht *allgemeine* Gedanken aus, aber auf die Einzelheiten und Nuancen kommt es an.

Es ist ein langer Brief geworden, eben weil ich eine nähere Beziehung zu Ihnen gewonnen habe. Das *ist* ein Gewinn, durch kein Geld und Gold aufzuwiegen!

Sehr herzlich grüßt Sie, alles Erfreuliche für 1972 wünschend,
Ihre Rose Ausländer

1 Rose Ausländer erhielt 1967 den Droste-Preis, dessen Jury Janker angehörte.
2 Janker war nicht mit der Herausgabe eines Jahrbuchs betraut, sondern mit dem Anlegen einer Autographensammlung für den Bodensee-Club.

Janker an Martin Walser

31. März 1972

Lieber Walser,
Sie können sich unschwer vorstellen, daß Ihr neuestes Buch[1] auf mich nachhaltiger und auch verheerender wirkt, als ich zugeben möchte. In einem einzigen Lesevorgang, der gar nicht einmal so viel Tageszeit verschlang, als daß ich sagen müßte: ich las einen vollen Morgen oder halben Tag, stieg ich durch dieses schlimme Exerzitium, und ich sehe nachträglich deutlicher, warum ich mich nie an den Diskussionen beteiligen konnte, die Sie souverän bestritten, die Sie in unüberbietbaren Analysen-Geflechten zu Schreibvorspielen Ihrer künftigen Bücher machten. Ich sehe wieder ganz schmerzlich scharf, wie ich abgesondert bin durch mein Verhalten, das sicher nicht restlos gedeckt wird durch das Verhalten Mertens. Ich bin gerade für meine Kollegen und Freunde wohl immer stummer, farbloser als Mertens, und sich so ausschließlich in einer Figur vernehmbar zu machen, schmerzt doch wohl auf Dauer. Mir kommt zum Bewußtsein, wie ich durch Ihre rigorosen, selbstzerstörerischen Abräumungen und konsequenten Aufhebungen eines intellektuellen Selbstverständnisses außerhalb dessen gestellt bin, was um Sie sich gruppiert als Zellverbindung eines neuen Verständnisses vom Menschen. Nicht nur meine Zugehörigkeit zu einem Jahrgang, der den Krieg als Fixpunkt hatte, scheidet mich aus, sondern auch die geringe Beweglichkeit im Denken und Umschalten, die mir als schlimmes Erbe geblieben ist. Spätschäden wirken da wohl noch

immer nach, lähmen mich, stempeln mich zu einem Vertreter jener Generation von Invaliden und Denkkrüppeln, die für so weitgehendes Training nicht mehr in Betracht kommen. [. . .]

Dieses Vorspielen, ja Durchspielen eines entwickelten Bewußtseins, das Feindseligkeiten aufgibt und mit ihr die Möglichkeit zur Stilisierung, erlebe ich beinahe mit angehaltenem Atem und doch wie von einer Zuschauerloge aus. Jemand, den ich seit langem kenne, begibt sich auf eine Fahrt, die mir verwehrt ist. Nicht deutlich genug geworden, ein bloßer Zuschauer, ein Jemand, der sich zurückhält aus nicht einmal anerzogener, nur angelernter Schmerzanfälligkeit. Kein »freiwilliger Linker«, sondern ein linkischer Freiwilliger in einer Sache, die er weder artikuliert noch vorantreibt.

Walser, ich möchte am liebsten den Schreibtisch endgültig abräumen und etwas Handwerkliches tun. Aber meine körperliche Kondition ist nicht mehr die eines Handwerkers. Ich habe lediglich eine manuelle Geschicklichkeit behalten, nicht viel mehr, und ich bin alsbald ein voller Fünfziger, der zu spät seine Handwerker-Fähigkeiten ausgräbt, um ernst genommen zu werden in seiner Absicht, ein neues Leben anzufangen. Und meine verwurzelte Animosität gegen einen weißrussischen, moskowitischen Sozialismus ließe sich nicht abbauen durch weitere Rotbanner-Apotheosen im lechschwäbischen Dialekt.

Schellemanns[2] Wallfahrten zum Dnjepr und zur Wolga können meines Beifalls freilich ganz entbehren bei so allgemeiner Akklamation, aber ich bitte zu bedenken, Walser, daß für einen ehemaligen Soldaten, der auch nicht den Schatten soldatischen Ressentiments gegen die ehemaligen Sieger am Dnjepr und an der Wolga hat, doch schwerlich Schellemanns Hymnik verständlich sein kann. Doch all diese Einwände betreffen Pankraz-Schellemann, nicht Ihr so notwendiges Buch. Hoffen wir, daß es Not wendet, Walser. Und jetzt kommt hier Besuch an.

Nach Ostern also herzlich gerne bei Ihnen. Ihr Janker

1 Gemeint ist »Die Gallistl'sche Krankheit«.

2 Carlo Schellemann, Maler.

Robert Blauhut[1] *an Janker*

Bregenz, 18. Juni 1972

Sehr geehrter Herr Janker,
in der Anlage sende ich Ihnen den »Umschuler« mit Dank zurück. Was mir dabei eingefallen ist, habe ich in den beigelegten Zeilen festgehalten. Mein Brief soll Ihnen vor allem meine uneingeschränkte Hochachtung beweisen.

Ich selber bin zwar 11 Jahre älter, aber habe wie Sie den Weltkrieg mitgemacht, bin schwer verwundet worden, habe aber nicht wie Sie eine so konsequente Linie gefunden. Deshalb bewundere ich Sie, mir geht diese Gradlinigkeit ab, ich leide an der Schizophrenie unserer Welt sehr, und je älter ich werde, umso mehr.

Aus diesen flüchtigen Bemerkungen können Sie ersehen, was mir eine Begegnung mit Ihnen bedeutet. Ich habe heute Ihre »Aufenthalte« und den »Umschuler« gelesen, ich werde die beiden Bücher bei meinem nächsten Kurs in Zürich verwenden, Musterbeispiele für moderne Sprachtechnik – wir haben das ja kurz in St. Gerold angedeutet. Vielleicht ergibt sich aus dieser Beschäftigung wieder die Möglichkeit, einmal zusammenzukommen.

Nehmen Sie meine Anhabigkeit bitte als das, was sie ist: ein alternder Mann will den Zusammenhang mit der Wirklichkeit und den Menschen nicht verlieren. Erschrecken Sie aber deshalb nicht – er wird immer im Hintergrund bleiben, denn nichts hat man so und nur für sich als die Zeit . . .

In dieser Gesinnung Ihr Blauhut

1 Dr. Robert Blauhut, Vorarlberger Literaturdozent (1911–1978).

Rose Ausländer an Janker

18. 4. 73

Lieber, guter Josef Janker,
haben Sie innigen Dank für Ihren reizenden Brief und die herzliche Einladung zum schönen Gedenktag. Wie glücklich

wäre ich, kommen zu können. Welche Freude wäre es, alte Freunde wiederzusehen, vielleicht neue zu gewinnen! Es ist mir versagt. Sie werden sich erinnern, daß ich vor bald einem Jahr einen schweren Unfall erlitt, operiert wurde und ein halbes Jahr in Nauheimer Krankenhäusern verbrachte. Nach Düsseldorf bin ich nicht nur schwer »behindert«, sondern auch – wie sich herausstellte – schwer nierenkrank und herzleidend zurückgekommen. Ich wohne in der Pflegeabteilung des Nelly-Sachs-Hauses (ein jüdisches Altenheim) und stehe bei vielen Ärzten in Behandlung. Alle behaupten, daß ich wieder in eine Klinik zur Durchuntersuchung und Behandlung muß, und eine weitere Operation steht mir bevor. Ich sträube mich dagegen, schiebe das Spital hinaus, aber da die Beschwerden sich verschlimmern, werde ich mich doch zur stationären Behandlung in einem Krankenhaus entschließen müssen. Ich bin fast die ganze Zeit bettlägerig gewesen, eine Reise mit Bahn – eine Reise überhaupt – kommt nicht in Frage, ich fahre nur mit Taxi zu den Ärzten: von Haus zu Haus. Ich gehe nicht aus dem Haus, obwohl es am Eingang des schönen Nordparks liegt.

Sie sehen, lieber Josef Janker, wie traurig es bei mir aussieht. Der Unfall und die im Zusammenhang damit entstandenen Komplikationen haben mich in jeder Hinsicht ruiniert!

Ich darf Sie bitten, dem Präsidium des Bodensee-Klubs und der Stadt Meersburg meinen großen Dank für die mir zugedachte Ehrung (mit Kostenerstattung) auszusprechen.

Ich wünsche Ihnen allen eine schöne Feier und viel Freude am Beisammensein. Richten Sie bitte auch den anderen Drostepreisträgerinnen und allen Teilnehmern meine herzlichen Grüße aus.

Ihnen freundschaftlich zugetan.

Ihre Rose Ausländer

Die Stadt Düsseldorf will mich am 23. Mai mit einer Lesung, einer Ausstellung und einer Sonder-Broschüre vorstellen. Gott weiß, ob es mir vergönnt sein wird, wenigstens dieser hiesigen Ehrung aktiv (ich soll ja lesen) beizuwohnen.

Hans J. Fröhlich[1] an Janker

7. XII. 73

Lieber Janker,
schönen Dank für Ihren Brief. Er hätte schon lange beantwortet sein sollen, aber weil ich mir eine längere Antwort erst einmal einfallen lassen wollte, hab ich den Plan aufgeschoben, dann kamen so diverse Reisen hin & her und plötzlich merk ich, dass dieses Jahr so langsam um die Ecke geht und ich immer noch nichts habe von mir hören lassen. Da will ich also die Kalendergelegenheit nützen, Ihnen wenigstens kurz zu schreiben mit den der Jahreszeit und ihren Festtagen angemessenen Wünschen, die die allerbesten sein sollen.

Mit Hostnig vom NDR wegen Joyce und Janker[2] hab ich gesprochen. Es scheint zu klappen. Oder haben Sie nichts gehört? Vielleicht schreiben Sie mal. Ihm. Aber mir natürlich auch. Weil es mir immer eine ganz besondere Freude und ein ebenso ganz besonderes Vergnügen macht, Ihre Briefe zu lesen, und weil Sie doch, wie irgend ein Berühmter gesagt hat, zu den letzten Briefschreibern gehören! Wobei ich gleich noch eine ganz hohe Bitte habe: ich möchte über den verflossenen Sommer mit diesen vielen Leuten hier und den kleinen Turbulenzen, die es gegeben hat, ein Buch machen. Ob Sie mir, in Stichworten, vielleicht einige Ihrer Eindrücke von diesem Land, Ihrem Aufenthalt bei Bunks und Ihren Ansichten über einige Leute und uns schreiben mögen? Und, was mir noch wichtiger wäre, da Sie in dem Buch natürlich auch vorkommen, selbstverständlich, einige unserer Gespräche in Erinnerung zurückrufen . . . von Ihnen als Kind, das das Geld eintreiben musste etc., aber auch Ihre Erzählung von Bobrowski, wozu ich u. U. gern eine Kopie Ihres Nachrufs hätte . . . die Gespräche auf unserer Terrasse, in Ihrem Garten, am Strand etc. Falls Ihnen das keine große Mühe macht und Sie wirklich nur Stichworte schreiben . . . nicht alles durchformulieren . . . Ich wäre Ihnen außerordentlich dankbar.

In der Hoffnung auf ein baldiges Wiedersehen und mit den besten Wünschen für Sie und Ihre Familie und den herzlichsten Grüssen

Ihr Hans J. Fröhlich

In München hab ich bei Michel Krüger vom Hanser-Verlag gewohnt – der war ganz voll Bewunderung für die Prosa von Ihnen Janker. Nochmals ganz herzlich

Ihre Jane[3]

1 Hans J. Fröhlich, mit Janker befreundeter Romanautor (1932 – 1986).
2 Die Sendung Jankers über Joyce kam nicht zustande.
3 Hans J. Fröhlichs erste Frau.

Janker an Martin Walser

30. 12. 1973

Lieber Walser,
ich nehme an, Sie sind wieder gesund und wohlauf mit Ihrer Familie in Nußdorf angekommen, haben nach so langer Zeit wieder Ihr Haus am See bezogen und sich den Staub Kaliforniens aus den Kleidern geschüttelt. Beneidenswert lange sind Sie weggeblieben, haben uns schrecklich lange allein gelassen in unserer Region, die ohne Sie verwaist ist und wie nicht ganz bei Kräften. Ich freue mich also, Sie wieder in unserem Land begrüßen zu können. Sandner[1] und seine Kulturproduzenten, Dr. Münch[2], Saueressig[3], Ficus[4], Wittlinger[5] werden sich freuen, mit Ihnen den unterbrochenen internen Disput wieder aufnehmen zu können. Ich freue mich, Sie wieder am gewohnten Arbeitsplatz zu wissen. Die Region war lange genug eine Domäne Jankers. Jetzt wieder Schluß mit meinen Sitzungsprotokollen, Rundbriefen und Mitteilungsblättern, meinen Gutachten für die Dornbirner Verlagsanstalt, meinen Ersatzfunktionen als Delegierter des VS. Sie werden genug davon in Ihrer Post finden. Schauen Sie sich das eine oder andere an, wenn Ihre Zeit ausreicht, sonst werfen Sie eben alles weg. Daß ich der beschäftigtste Ehrenämtler der Region bin, hat sich mittlerweile schon in Stuttgart beim VS herumgesprochen. [. . .]

Ich wünsche Ihnen viel Glück im neuen Jahr, Walser, Ihnen und Ihrer lieben Frau. Ich bin Ihr Janker

1 Oscar Sandner, Kulturreferent der Stadt Bregenz, Autor.

2 Dr. Walter Münch, früherer Landrat von Wangen (im Allgäu); u. a. Initiator und Leiter des »Literarischen Forums Oberschwaben«. Siehe auch Jankers Porträt in Band 3 der Werkausgabe.
3 Dr. Heinz Saueressig, siehe Brief vom 15. Mai 1964, Anmerkung 1.
4 André Ficus, aus Berlin stammender, seit 1946 in Friedrichshafen lebender Maler.
5 Karl Wittlinger, Dramatiker.

Carl Zuckmayer an Janker

16.01.1974

Lieber Herr Janker,
seltsame Gerüchte sind zu Ihnen gedrungen – in der Art von revenanto: am 29. Januar 1971 habe ich in St. Gallen eine Lesung gehalten, deren mystisches Echo offenbar erst jetzt als Ankündigung zu Ihnen gedrungen ist. Jetzt, Januar 1974, sitze ich in Saas-Fee mitten in der Arbeit an meinem neuen Stück und gehe hier nicht weg, bis sie abgeschlossen ist, also sicher nicht vor Mai oder Juni. Lesungen mache ich vorläufig gar keine. Ich hatte im Jahr 73 zweimal Lungenentzündung und eine schwere Bronchopneumonie, dadurch ist eine besondere Empfindlichkeit der Atmungsorgane entstanden. Ich habe im November in Amriswil eine einstündige Laudatio für Konrad Lorenz gehalten, es war viel zu anstrengend, ich lasse das vorläufig sein. Sonst wäre Ravensburg gewiß ein guter Ort!

Ihnen herzliche Grüße!
Ihr Carl Zuckmayer

Hermann Kesten an Janker

Roma, 12. April 1975

Lieber Herr Janker,
ich war auf Reisen, die italienische Post amtet nicht, und ich war krank. Lauter Gründe, warum ich Ihnen erst heute auf Ihren so freundschaftlichen, so anmutigen Brief vom 2. Feb-

16. 1. 1974

CARL ZUCKMAYER — 3906 SAAS-FEE · SCHWEIZ

Lieber Herr Janker,

seltsame Gerüchte sind zu Ihnen gedrungen – in der Art von revenants: am 29. Januar 1971 habe ich in St. Gallen eine Lesung gehalten, deren mystisches Echo offenbar erst jetzt als Ankündigung zu Ihnen gedrungen ist. Jetzt, Januar 1974, sitze ich in Saas-Fee mitten in der Arbeit an meinem neuen Stück, und gehe hier nicht weg, bis es abgeschlossen ist, also sicher nicht vor Mai oder Juni.

Lesungen mache ich vorläufig garkeine. Ich hatte im Jahr 73 zweimal Lungenentzündung und eine schwere Bronchopneumonie, dadurch ist eine besondere Empfindlichkeit der Atmungsorgane entstanden. Ich habe im November in Amriswil eine einstündige laudatio für Konrad Lorenz gehalten, es war viel zu anstrengend, ich lasse das vorläufig sein. Sonst wäre Ravensburg gewiss ein guter Ort!

Ihnen herzliche Grüsse! Ihr Carl Zuckmayer

Carl Zuckmayer an Janker, vgl. Seite 171

ruar 1975 danke. Ich freute mich mit Ihrem Brief wie mit einem Siegel der Freundschaft.

Da ich zu den Bewunderern Ihrer Prosa gehöre, ist alles Freundliche, das Sie mir sagen, von besonderem Wert.

Ich hoffe, wir sehen uns bald, in Rom, in Darmstadt, in Ravensburg, und finden Gelegenheit, unsere unterbrochenen Gespräche fortzusetzen.

Mit den herzlichsten Grüssen und besten Wünschen
Ihr alter Hermann Kesten

Klaus Nonnenmann an Janker

Straubenhardt, den 21. 5. 76

Lieber Janker,
jetzt hast Du praktisch zugesagt[1], auch rasch geantwortet, und ich will Dir das folgende sagen:

natürlich, und darüber muss man ja gar nicht lange diskutieren, bin ich der quasi Witzigere von uns Beiden, ich gelte als Satiriker, ich habe auch genug zu tragen unter dieser interdisziplinären Rubrik, aber gerade weil ich so festgenagelt bin als Feuilletonist und Berufsschiffer wie der abgetakelte Lu oder Lou van Burg, der alte Damen durch die Rüdesheimer Drosselgasse schwatzen muss, suche ich einen ehrlichen Partner.

Der ehrlichste, den es gibt, heisst Janker.

Nicht nur, dass ich Deine Leistung, die auch beruflich weiterführende, die fachliche, die familiäre, die, weiss der Himmel was noch, etwa die sprachliche, genau einschätzen kann, weil ich ein Krüppel bin wie du: nein, es ist der tatsächlich packende Consensus unseres Jahrganges, wir haben das gleiche Jahr, ich meine, mich zu erinnern, auch den selben Geburtsmonat, wenn nicht gar den Tag (ich am 9. 8. 22) –
[...]

Frage nicht nach Plänen! Ich habe noch nie eines meiner drei Bücher nach Plan geschrieben. Pläne hingen immer an der Wand, aber wenn ich einen Sperling auf der Strasse sah, habe ich immer den oben genannten partout einfügen müssen.

Du müsstest, Janker, mir nur erlauben, als Korrektor zu wirken, und ich verspreche Dir (feierlich, sagt man), dass ich versuchte, unsere verschiedenen Sprachhaltungen auf eine saubere Kontrapunktik zu bringen. Ich würde *mich* so hart anfassen wie Dich, ausserdem wäre ja ständig der Tausch von Manuskripten im Gange. 100 Mark Porto und zwei Rollen Farbband pro Autor kostet uns natürlich der Versuch, von Nerven mal abgesehen und sonstiger Belastung. Nur: kennst Du ein Buch der Neuzeit, in dem zwei Kollegen vom Rande der Bühne her alles wissen und sich frischfröhlich erzählen? Darauf käme es ja an: aufs immer tiefer ins Gemisch führende Korrespondieren, mal Hausdetails, mal die Frage: was sagt Paulmichl in Feldkirch? Wir sind so gut wie 54 Jahre alt, da lässt sich, siehe Deine unerhört guten Berichte von Dublin und Kiel, etwas herausholen! [...]

Dies in Eile, damit Du siehst, ich mache mir keine Illusion. Ich bin schwach wie Du. Ich bin aber stark im Vermarkten meiner Produktion. Warum sollten wir nicht diese einzigartige Chance nützen, gleich alt, gleich bauwütig, gleich geschädigt sein – nicht zuletzt durch den Irrwitz literarischer Politisierung. Meinst Du, Janker, in zehn Jahren interessierten sich Leser noch für Engelmann und Astel? Wir können ein fiktives Paar werden, ein literarisches, wie etwa Doubletten der Romantik, des Göttinger Hains oder sonstwas – ein Anti-Paar, das es zwar unerhört aufregend findet, wie man den Roman von Müller verrissen hat, aber doch endlich wissen muss, ob Meier noch die nicht stumpf werdenden Sägeblätter für Ytong-Blöcke liefert etc.

Gern will ich mir ein Exposé machen und es Dir schicken oder, falls ich Kraft habe, persönlich vorlegen. Ich kann eigentlich nur schreiben, wenn mir kein Zaumzeug ins Maul gelegt wird. Korrigieren, zusammenhauen: da bin ich päper als der Papst. Wir müssten uns stilisieren, und reale Erlebnisse, um der Spannung des Buches wegen, stilisieren, mehr ist nicht verlangt.

Dein alter Klaus

1 Nonnenmann hatte Janker ein gemeinsames Buch vorgeschlagen, das er im folgenden weiter entwickelt.

Janker an Klaus Nonnenmann

12. September 1976

Lieber Nonnenmann,
Du mußt meine Starrköpfigkeit schon entschuldigen: ich sehe nun ein, daß ich Dir durch meine altbackene Weigerung nur Ärger gemacht habe. Ich werde also – einsichtig geworden unter meinem Zuchtmeister und Rechtsberater – künftighin mich nicht mehr jungfernhaft sperren, sondern dem Zwang zur Kooperation und rationelleren Korrespondenz zähneknirschend nachgeben. Du bist ja nicht der erste, der mich abgekanzelt hat wegen meiner elitären Schreibhaltung. Ich muß Dir offen gestehen, daß mich meine Sparmethode – der Verzicht auf Durchschläge oder Kopien – schon manchesmal geschädigt hat: ich verlor Manuskripte, Gutachten für immer, weil ich keinerlei Zweitschrift besaß. Vor Wut habe ich mich selbst in den Hintern getreten, wegen meiner Altvorderen-Manier, schwäbisch-knausrig Papier zu sparen. Natürlich spielt da auch eine eingefleischte Marotte eine Rolle, riskante Spielchen mit der Nachlässigkeit gewisser Buchmacher zu treiben, es dem Zufall überlassend, ob sich eigene Manuskripte (als Einspänner herausfordernd deklariert) bis zu einer Lektoratsstube oder Redaktion durchfinden. Mein Geständnis schließt ein das Bedauern über so manches leichtfertig in die Welt gesetzte Manuskript, das unterwegs verloren ging oder irgendwo unauffindbar unter ungesichteten Stapeln ein tristes Dasein führt. Nonnenmann, ich gelobe, nicht mehr mit der Sorglosigkeit einer Rabenmutter vorzugehen, nur weil es mir Spaß macht, die Überlebens-Chancen eines duplikatlosen Textes zu prüfen. [. . .]

Aber, lieber Nonnenmann, ich habe zwei vollkommen willige und auch taugliche Hände, die gerne zupacken, vor keiner Schinderei zurückschrecken, keinen noch so schlimmen Verhau fürchten; der alte Pionier kommt da durch. Meine Frau sagte einmal mit einer Mischung aus Spott und Respekt: wenn man Dich in eine Wildnis schickt, hast Du am ersten Abend schon eine Behausung, am zweiten eine Unterkunft und am dritten eine komplette Einrichtung. Roden, Entrümpeln, Ausmisten, etwas aus dem Nichts heraus improvisieren, das lag mir schon immer, ließ mich in Rußlands Eiswintern überleben, hängt mir nach wie die belächelte Stammeseigenart eines Primitiven, der sich unter zivilisierte Menschen begibt und nicht merkt, daß er ein Atavismus ist. [...]

Freilich, Nonnenmann, Kappel ist nicht nur ein Tummelplatz für meine handwerklichen Gelüste. Kappel kompensiert nicht, was der frustrierte Autor nie besaß: eine tragfähige Reputation als Schriftsteller. Kappel ist ein Objekt meiner Neugier; es weckt Instinkte, die verschüttet waren. Du kennst solche Gelüste nicht, weil Du nie einen Beruf praktiziert hast. Du bist Schriftsteller geworden, ganz natürlich aus Begabung, Anlage und gemäß einem Bildungsweg, der einen Autor geradezu produziert. Lektor und Autor wechselweise als natürlicher Pendelschlag eines gelernten Schreibers, eines Profis. Bei mir fehlte jede Voraussetzung fürs Schreiben. Erst der Krieg löste in mir aus, was sich als Generations-Erbe eine Zeitlang literarisch ausschlachten ließ. Wohl hat mich die Einübung, die schwierige, pannenreiche Einübung in ein fremdes Metier, das meine Stiefmutter als hoffärtig, als eines praktizierenden Katholiken unwürdig bezeichnete, befähigt, eine Zeitspanne hindurch meinen von Kritikern als »spröde« bezeichneten Schreibstil durchzuhalten und ihn Kennern zu empfehlen. Natürlich schlug auch ich als typischer Außenseiter der Literatur Kapital aus dieser spät entwickelten Fähigkeit und erlebte während mehrerer Jahre diesen herben Reiz des schwierigen Geschäfts, auf schmaler literarischer Basis seltsam »spröde Sprachgebilde« zu züchten.

Nonnenmann, ich alter Schwätzer und Selbstbezichtiger, ich weiß, ich gehe Dir oft auf die Nerven. Du fragst konkret: was ist für Dich Kappel? Ein ›Musensitz‹? Du bist Schriftsteller, aber Du spielst den Zimmermann, als ließe sich Unschuld einfach durch gespielte Verweigerung wiederherstellen, als wären fünfzehn Jahre Schreiberei einfach eine Art blauer Montag gewesen. Ich gestehe Dir nach so dringlichem Auf-die-Pelle-rücken schon ein, daß ich oftmals nur kokettiere, wenn ich so tue, als schnürte ich meinen dichterischen Impetus kaltlächelnd ab, um mich am Befremden meiner Kollegen zu weiden. Nonnenmann, ich sage Dir jetzt ganz offen: Kappel ist natürlich nicht ein willkommener Ausweg aus der Sackgasse. Ich griff diese Idee, ein vollkommen verwahrlostes Fachwerkhaus wieder betretbar und bewohnbar zu machen, nicht auf, weil ich blanke Angst hatte vor meiner Zukunft als Schreiber. Weil meine von Depressionen geplagte Frau, die ein Opfer des Zusammenlebens in solchen Mietblöcken geworden ist, einmal sagte: was ich mir wünsche, *solche* Mauern und weit weg von den Leuten! – kam mir Kappel als Objekt wie gerufen. Das mächtige Haus unterm Knüppelwalm besaß *solche* Mauern. Happenweiler wies Platz in Fülle, nicht bedrängt von Nachbarn, und es war auch nicht einsame Idylle in gottverlassener Einöde. In erreichbarer Nähe der Stadt lag es, der ich vielfach verbunden bin durch eine Art literarisch genährter Haßliebe.

Dein von Dir zu Recht gemaßregelter
Janker

Klaus Nonnenmann an Janker

Straubenhardt, 16. 9. 76

Sehr geschätzter Janker,
wie weit ich heute überhaupt etwas zu Papier bringe, weiss ich noch nicht, ausserhalb der Zeile Eins, denn da es schifft wie im Lied vom braven Mann, ist unser Haus aus der französischen Revolution nicht das wärmste, obwohl ich pro Raum die allergrössten Heizungen habe montieren lassen. Die Kinder, beide verrotzt, das eine fiebrig, meine Frau keines Wortes fähig, da stets am Husten, sitzen wir und warten auf ein Wunder. Nämlich dass es *einmal* gelingen möchte, dass nicht, wie immer in solchen Katastrophen, der Nonnenmann als vierter und letzter auch noch auf Viren reagiert. Dann habe ich innerhalb zweier Tage eine Lungenentzündung, eine klassische, mit Priester am Bett. Da kaum mehr Atemfläche vorhanden ist (unten rechts noch ein halbes Pfund oder was), wird vom Arzt immer für runde hundert Mark (zahlbar durch den Staat) Antibiotika-Breitenspektrum gegeben; das fresse ich dann, lese in der Bibel nicht, sondern sitze am Tisch und tue etwas. Wer sich legt, ist schon beerdigt, pflegte meine Gross-

mutter zu sagen, so halte ich's mit ihr. Nur: der Magen kotzt sich zuweilen aus gegen den Brei an Dragées. Codein oder sonstige Schwimmgürtel mag ich nicht, ich habe zu lange und zu oft Morphium bekommen, auch Opium gegen die Darm-Tb, dann Preludin und wiederum Pollamidon, ich rauche nicht mehr, ich trinke zuweilen etwas Rotwein; bald bin ich heilig. Bete für mich, Janker, dass ich am Wochenende noch keine Pneumonie habe. Du bist doch katholisch, ich vergesse das immer, und unser Verleger ist es auch, da müsste das Buch ja gelingen, Ihr Papistens, Ihr.

Eben allerlei Telefonate, das geht, auf totsicher, ab zehn Uhr. So auch heute. Ich runter, Geheimtreppe, durch die Wirtschaft in die Grossküche, meine Frau fragen, ob totsicher mit t oder d geschrieben wird, dann sagt sie: mit t, aber spiele jetzt nicht herum, wir essen heute früher, also rauf zum Schreibtisch und was anderes tun.

Rund 24 Briefe mit Antwort liegen bei mir, Post an Otto [F.] Walter, unseren Plan betreffend, mitgerechnet. Was tat Dein N[onnenmann]? Er hat in der Kartei den ersten Schritt gemacht, Buchstaben A bis Z. Nun ordnet er ein: Jankers Haus unter H. Jankers Bart unter B. Jankers Ehe unter E. Jankers Sohn unter Atlanta (siehe Jimmy, siehe Erdnüsse, siehe Baptisten, siehe Südstaaten, siehe Bürgerkrieg). Da gibt es viele Verschlingungen, und meine Frau hat mir versprochen, sie hilft, wenn ich mal tausend Janker-Briefe habe. Dann (so mein Lust-Spiel) setze ich mich an den Kreuztisch im Saal und rufe:

Hand!

Monika legt ein: Jankers rechte Hand (siehe auch Pionierzeit, siehe Jankers Frau zu Jankers rechter Hand, siehe handgreiflich und so was).

Klaus schreit: Schnee!

Monika ruft: Teerstrasse, Janker muss nicht schippen, nicht streuen.

Klaus ruft: Nicht so schnell, Weib, ich habe Kinder, also wie war das?

Monika schreit: Teerstrasse, Janker muss nicht schippen, bist Du schon sklerotisch, Klaus?

Klaus schreit: Du hast es nötig, wer hätte Dich denn genommen, wer hat Dir, mit neunzig Jahren, noch feine Kinder bestellt, die hätten doch ins Auge gehen können, mit meiner Erbmasse!

Wir schreien uns an und dann ist alles: über Janker, um, in und um Janker herum in der Kartei, da bist Du schön still, Bauherr, was, mit Deinem Starkstrombetonmischer?!

Im übrigen, Jankerich, das war ein sehr typischer und von mir geschätzter (siehe Anrede auf 1) Brief! Ich danke Dir. Du sollst nun, gemäss meiner Grund-Bitte, nicht denken, ich gehe auf Deine Sachen nicht ein! Ich habe so viel Zeit bei Nacht. Ich kenne Deine Briefe genau, ich lese viel und schlafe höchstens fünf Stunden. Ich bin auch nachts allein [. . .]

Ich schweife ab: Die Kartei unseres Korrespondenzbandes ist vor einer Viertelstunde begonnen worden. Mich hat einmal Otto [F.] Walter sehr beeindruckt, nämlich ich besuchte ihn in seinem Haus bei Olten, er schrieb das Buch »Der Stumme«, ein sehr gutes Buch, das beste seiner Bücher, da seine Dramatik unerhört sauber gesteigert wird. Wie dann der Ötti mal aufs Klo muss, oder sonstwohin, sitze ich an seinem Schreibtisch und sehe die Karteiblätter. Ötti kommt zurück, ich frage ihn und er sagt: so arbeite ich immer.

Der Nonnenmann, ebenso ergriffen von einem Besuch bei seiner Kollegin Wohmann, nimmt sich vor, den Mittelweg zu gehen: und wie er dann anfängt, den geisteskranken *Teddy Flesh* zu schreiben, schielt er à la Walter/Wohmann auf die Unterlagen, auf Pläne und Bilder an der Wand, aber – ja was denkst Du? Nichts ist geworden, tausendmal habe ich meinen Helden falsch taxiert, sein Jugendalter, seine Eigenschaften, sein Aussehen etc. Ohne Lektor Placzek nebst Frau (Direktor des Freiburger Walter-Hauses) wäre ich nie fertig geworden, auch brach ich dann wegen des Todes meiner ersten Frau, der sich schon abzeichnete, zusammen und konnte nur durch unerhörte Prügel zu diesem Roman-Ende gezwungen werden. [. . .]

Dein Nonnenmann

Janker an Klaus Nonnenmann

26. September 1976

Mein lieber Nonnenmann,

Dein Brief vom 16. September hat mich durchgewalkt wie ein Stück Leder, das dem Gerber unter die Hände kam. Was sind schon meine Weh-Weh-chen gegen Deine Leiden? Was tische ich da geringfügigen Kleinkram auf, wenn ich von meiner Bauchspeicheldrüse rede, die zu wenig Ferment liefert, oder von meiner Galle, die gelegentlich mal spuckt, wenn ich Kaffee und Weißwein kurz hintereinander getrunken habe? Du bist wirklich mit Deiner Tbc geschlagen, ich bin von ihr einmal angekratzt worden, lag auch mal elf Monate lang luftschnappend im Bett, ließ mir Streptomyzin verpassen, die höchstmögliche Dosis (soundsoviele hunderttausend Einheiten) über einen langen Zeitraum hin. Ich schluckte auch mal zeitweilig Strophantin, um das hüpfende Herz zu besänftigen, aber was soll das alles? Dein Brief lehrt mich erst, was es bedeuten kann, von der Tbc so richtig gepackt worden zu sein. [. . .] Ich lufthungriger Junginvalide war immerhin robust genug, klimatische Unbill in Uganda und auf Sansibar zu verkraften. Zum harten Reporter taugte er nicht, die Revolution auf Sansibar verpaßte er haargenau um wenige Stunden, aber auf Großwildjagd mit dem Grafen Meran und dem ungarischen Baron von Nagy zeigte er erstaunliches Stehvermögen. An den kalten Büffetts der Botschaften in Nairobi oder Rom oder Dublin fütterte er sich ungeniert heraus, aber reden hörte man ihn kaum je, nur im kleinen Kreis von Literaten oder Afrikakennern. Meinungen zu aktuellen politischen oder literarischen Ereignissen hatte er nicht abzugeben, seine Stimmschwäche war ein allzu probates Handicap. So sah man ihn häufig auf Messeständen oder in Salons im Grunewald oder auf diplomatischen Empfängen. »Auf subtiler Erkenntnisjagd« (wie Jürgen P. Wallmann schrieb), abseits vom eigentlichen Getriebe, aber immer wieder Augenzeuge, Zuschauer oder stiller Beobachter, nie wirklich heimgesucht von der niederschmetternden Erfahrung, eine Randfigur zu sein, eine Statisten-Rolle zu spielen, ein beliebig auswechselbarer Komparse zu sein. [. . .]

Meine eigene Wehleidigkeit hebt sich grotesk ab von Deiner permanenten Gefährdung und Lebensbedrohung. Ich kokettiere mit meiner Krankheit, Du bist ihr Opfer, ein Opfer, das sich zur Wehr setzt. Leidensgenossen sind wir nur in einem ganz oberflächlichen, formalen Sinn. Deine Ironien in Deinen Briefen sind Triumphe über Deine körperlichen Gebrechen. Der wirklich Tapfere nur ist zu Ironien fähig. Der Ängstliche, Schwache kann sich diese Härte und mörderische Denkart nicht leisten, er umzirkelt seine kleinen Gebrechen mit den Spielfiguren der Selbstgefälligkeit. Schluß nun mit diesem vollsaitig gegriffenen Confiteor eines Katholiken. [. . .]

Ich muß jetzt gleich noch Zwetschgen ausfahren. Der diesjährige Segen überschwemmt uns, und es fehlen Abnehmer. Bis ich Dir welche ins Haus schicken könnte, wären sie längst Matsch. Walser schrieb übrigens aus Westvirginia, vom Potomac-Ufer, eine schöne Karte, die einen echten Walsersatz umrahmt: Amerika ist mein Kappel!

Dein Janker

Klaus Nonnenmann an Janker

Zum heiligen Jahr 1977

Von Janker privat weit unterschätzter Janker,
da werde ich ja auf meine alten Tage zum erstenmal zornig, wenn ich Deinen Epilog lese auf ein verpfuschtes Autorenleben! Ja Bimbam, heiliger, merkst Du denn Deine Stilkraft nicht? Warum mochte ich Dein erstes Buch, das drüben in meinem Regal steht, auf Anhieb so gut leiden und habe es überall gelobt? Das zweite kenne ich nicht, da mir grundsätzlich das Geld für Bücher fehlt, will auch nur sagen, Du musst doch spüren, was den Reiz Deiner uneitlen, ungedüngten, selbstzündenden Sprache ausmacht! Es gibt nie einen Fall in der Literatur, dass ein Schreiber nicht weiss, wozu er taugt. Deine Klub- und anderen Verpflichtungen sind doch nicht zuletzt unabdingbare Voraussetzungen zur Beherrschung der Sprache, des Habitus, der Gestik etc. – gegen alle anderen, zur

Eitelkeit und Brillanz angelegten Naturen (oder wie ich gestern Nacht diesen Langsatz drehen wollte), Punkt.

30. 12. mittags, gleich rufen mich die Kinder zum Essen.

Janker, ich kann es nicht zulassen, dass Du Dich schlecht machst, und schon gar nicht, weil Du Dich, physisch, mit mir vergleichst. Ein Krüppel wie ich, seit 1950 in drei Operationen mit allen Folgen an Herz, Brustbein, Wirbelsäule, Darm und weiss der Himmel wo geschädigt, *gewöhnt* sich doch an den Aussatz, da steckt keine Leistung drin, man lehnt Mitleid ab, will sich selbst achten, überschätzt dann dieses Trotzgefühl und resigniert körperlich in angemessener Schamhaftigkeit. Einer Frau, mit der man pennen will (und es war eben nach dem Tod meiner eigenen, mein Elend mit der Sexualität, die kein geliebtes Objekt fand), einer Frau sagt man: ich sehe übel aus, am besten guckst Du mich genau an, bei Licht, ob es Dir was ausmacht. Im übrigen: ein Gebrechen zwingt immer zur Devotion und zum harten Ausbilden des Gehirns, solange das noch mithält.

Deine Leistung kenne ich, ich *brauche* sie für unser Buch, das wieder zur Debatte steht und, von mir aus, weiterwachsen soll. Im Buch Janker/N[onnenmann] werden wir uns so oder so kaschieren (und verfälschen): das überlasse ruhig mir, dem Waldenser und Atheisten. Ich kann lügen, ich habe nie eine Sekunde an Christus oder solche selbstgebackenen Hilfsgüter der Menschen (die ich akzeptiere) geglaubt, ein Meineid wäre mir nichts, er ist nur ins Humane gerutscht, daher würde ich ihn nicht leisten, sonst aber: Tod als Ruhe, was sonst. Es wäre ja noch schöner, wenn man sich was vormachte, allein beim Bestehen von etwa fünf grossen Weltreligionen.

Dass wir in vielen Dingen Antitypen sind, ist die Voraussetzung unserer Buchform werdenden Korrespondenz, also lass mich darin nicht im Stich, alter Jahrgängler, und jetzt rufen diese süssen Arschlöcher unten schon nach ihrem Erzeuger. Leb wohl, grüsse Deine Frau, grüsse die Buben, auch mal den in Atlanta, den Erdnussbeisser.

PS: Hast Du keine Zeichnungen von Dir? Ich meine irgendwelche technischen Skizzen, Photos von diesen oder dergleichen Intima? Ich würde gerne, wie im Teddy Flesh, falls Du den hast, fünf Doppelseiten mit Zeichnungen oder Photos von unseren Problemen bringen. Das ist Sache des Geldes (des Verlages), denn mehr als *einen* Bogen (vier Buchseiten) werden die schwerlich in Tiefdruck nehmen, doch ginge das auch anders, siehe den Nachdruck des Teddy Flesh als Fischer-Taschenbuch, dort wurde auf Holzpapier gut leserlich die Zeichnung mitgesetzt. Leb wohl, man brüllt, und ich soll Vorbild sein, sagt jedermann, der Kinderpsychologie studiert.

Dein getreuer Nonnenmann

Otto Heinrich Kühner an Janker

10. 1. 1977

Lieber Herr Janker!
Das haben Sie mir aber leicht gemacht, Ihnen zu schreiben, nachdem Sie meinen Roman »Attentäter« so gelobt hatten! Denn voller Besorgnis, ich könnte Ihnen vielleicht nicht in gleicher Weise, voll überzeugt, dieses Lob zurückgeben, griff ich nach dem ersten Buch, das ich von Ihnen bekam, »Zwischen zwei Feuern«! Und schon gleich las ich solche Sätze: »Einem Zweiten wies eine sanftere Hand Fährten zu. Einem Dritten hielt sie Spiegel vor . . .« oder (Seite 23) das Auftauchen des Panzers »Brielitz, der an den äußersten Spitzen seiner Sinne saß . . .« ff. Oder (Seite 118) wie Sie in dem Brennspiegel einiger russischer Orte den ganzen Krieg in treffenden Metaphern zusammenfassen: »In Tomorowka . . .« etc. etc. – *das ist Dichtung par excellence!* Da ist einmal der 2. Weltkrieg in Rußland, das Schicksal dieser neun jungen Pioniere, dichterisch gestaltet! Ich beglückwünsche Sie! Die oben zitierten Stellen ließen sich um viele andere beliebig vermehren. Und da schreiben Sie von »schmalem Erzähltalent« und bedauern, kein Philologe zu sein (wie ich)! Seien Sie dankbar, daß Ihrer Phantasie und Ihrem Bilderreichtum und Ihrer Erzähllust der Verstand nicht im Wege steht wie so vielen Ihrer Kollegen. [. . .]

Mit herzlichen Grüßen und bestem Dank für das Lese-Erlebnis!

Ihr O. H. Kühner

Janker an Martin Walser

2. März 1978

Lieber Walser,
herzlichen Dank auch gleich für dieses mir zugeschickte Exemplar Ihres neuesten Buches EIN FLIEHENDES PFERD. Sie werden es sich bei Ihrer angespannten Arbeitslage nicht recht vorstellen können, daß ein erwachsener Mensch mit einem regulären Tageslauf es sich einfach leisten kann, ein Buch aufzuklappen und es erst dann wieder zuzuklappen, nachdem er es gelesen hat. So ein hemmungsloser, die Tage verbrauchender Mensch bin ich, wenn ich nicht gerade meine Kappeler-Phase habe oder familiäres Ungemach auszubügeln mich bemühe. Weil ich eine ziemlich hartnäckige Bronchitis zu kurieren hatte, beim Atmen stören mich noch Flattergeräusche im linken Lungenflügel, mußte ich in den vier Wänden bleiben, trotz des übertrieben warmen Wetters. Ihre Novelle kam also genau im richtigen Moment, sie kam wie gerufen. Diese ganz meisterhaft erzählte Arbeit, die für mein unentschiedenes Gemüt so bitter-böse Konsequenzen setzt, Resultat folgerichtigen Denkens und entschiedener Abkehr von allen Täuschungen und Tröstungen, übersteigt natürlich meine Fähigkeit zum kritischen Einwand. Ich könnte doch nur aus einer Art stilisierten Selbstmitleids heraus ein Ritual schwächlicher, halbherziger Abwehr entwickeln. Ich würde todsicher läppische Gegenbewegungen machen, um mich diesem rigorosen Abhalfterungsvorgang, diesem erbarmungslosen Clinch zu entziehen. Ich habe nicht wie dieser Helmut Halm den intellektuellen Furor, der die gesprochenen Sätze zu Messern schärft, die tödliche Verletzungen beibringen. Ich halte ängstlich an einigen Illusionen fest, obwohl in meinem Alter der Verzicht auf männliche Eskapaden fast schon schlappe Gewohnheit geworden ist. Nachhaltig beeindruckt

von der Lektion, die Sie geschwätzigen Leuten wie mir erteilen, kann ich Ihnen nur sagen, daß ich mich hüten werde, künftig in Ihrer Gegenwart Anekdotisches zu verzapfen. Sie lehren mich wie vielleicht auch andere Gleichaltrige, daß es nichts als lachhaftes Renommier-Gebaren ist, rückwärts wie ein Krebs im Vergangenen seine Scheren zu öffnen. [. . .] Wenigstens Taktgefühl bewies ich in letzter Zeit. Ich machte mir ernstlich Vorwürfe, hätte ich während der Konzeption dieser großartigen Novelle, die eine Absage an Halbheit, Halbherzigkeit und schwächlichen Kompromiß darstellt, Ihre Klausur gestört. Und jetzt werden Sie – wie ich Sie kenne – Luft einziehen und sagen: Janker, Sie sind ein richtiges Arschloch!

Herzlich wie immer und meine besonderen Grüße an Ihre Frau.

Ihr Josef W. Janker

Janker an Peter Renz[1]

11. März 1980

Lieber Renz,
wird ja allmählich höchste Zeit, daß ich Dir erstens zu Deinem Opus Nummer Eins[2] gratuliere und zweitens zu Deinem glanzvollen Auftritt im Hotel »Waldhorn« anläßlich Deiner Lesung. Das war ein volles Pensum, was Du da geboten hast, eine brillante Lesung, die mir schon nach dem ersten Kapitel zeigte, daß da einer mit Riesenschritten ein prachtvolles Podest betritt, das er nicht mehr verlassen dürfte. Künftig gibt es also hier den Renz, nachdem es früher hier den Janker gegeben hat. Du bist wie ich in einem großen Verlag gestartet. Du wirst wie ich von außen her an die Provinz herantreten, nicht wie die meisten eingeschlossen bleiben im regionalen Laufstall. Du wirst die Literatur nicht als Zaungast betrachten, sondern als Akteur mit umtreiben, kräftiger, zielgerichteter als ich das je konnte. Ähnlich wie der Germanist Walser wirst Du schnell ins akademische Profilager überwechseln. Da unterscheiden wir uns ganz wesentlich. Ich bin immer ein Amateur

geblieben, ein Autodidakt, und die tun sich nun mal schwerer, nicht nur im Umgang mit Kollegen-Literatur, auch mit den Kollegen selber. Du hast die stilistische Brillanz, die beste Walser-Schule verrät, und Du hast ein tolles Thema vielschichtig verbalisiert. Ich war hingerissen von Deiner Fähigkeit, unmerklich die Ebenen zu wechseln wie die Zeiten, und der Josef[3] wirkte auf mich wie ein prächtig geratener Halbbruder von Janker. Gespannt bin ich natürlich auf die Lektüre des Ganzen. Rezensionen suchte ich dieser Tage. Wo und wann sind sie erschienen? Wahrscheinlich bin ich auch da wieder um eine Spur zu langsam gewesen. [. . .]

Mach's gut und nimm diesen Brief als freundschaftliche Geste.

Dein Janker

1 Peter Renz, Schriftsteller aus Waldburg. Romanautor und Herausgeber der kleinen Festschrift »Seht ihn« aus Anlaß von Jankers 60. Geburtstag.
2 »Vorläufige Beruhigung« (1980).
3 Josef, Romanheld der »Vorläufigen Beruhigung«.

Volker Michels[1] an Janker

Frankfurt, am 6. Jan. 1981

Ihr Rückblick, lieber Janker, ist ja geradezu eine Gewissenserforschung geworden, der ich entnehmen kann, daß Sie Ihr Auskommen haben und auch sonst in leidlicher Balance sind. Das ist eine zumindest beruhigende Nachricht. Nur dürfen Sie nicht von Ihrem literarischen Mißerfolg bei uns sprechen. Ein »Mißerfolg« sind Ihre fiktionalen Bücher allenfalls beim Publikum, und das liegt in Ihrem Fall wohl weniger am Sender als am Empfänger, dem Ihre Probleme und Verletzungen, die Sie stellvertretend für viele damals bewältigen mußten, zu ungemütlich, zu wenig affirmativ und neureich waren. Sie können sich nach wie vor guten Gewissens damit identifizieren.

Gerne würde ich Ihren neuen Weg »zurück in die Region«, wie Sie schreiben, nicht als Verzicht, sondern als eine intensivere Form der Durchdringung des Lokalen zum Überregionalen, des Speziellen zum Allgemeingültigen erkennen dürfen. Die jahrelange Libido für Ihr Bauernhaus ist merkwürdig und hat ja geradezu aktuelle Bezüge zu alternativen Tendenzen in der jungen Generation. Haben Sie schon einmal daran gedacht, diese Ihre Motivation darzustellen? Da Sie sich meine Arbeiten der letzten Jahre so wohlwollend interpretieren, sende ich Ihnen mit separater Post das eine oder andere davon, das Sie vielleicht noch nicht kennen oder besitzen.

Ihr Volker Michels

1 Volker Michels, für Janker zuständiger Suhrkamp-Lektor, Hesse-Herausgeber.

Janker an Martin Walser

25. Oktober 1981

Lieber Walser,
darf ich Ihnen brieflich, weil ich jetzt nicht nach Nußdorf pilgern kann und am Telefon kein sehr ergiebiger Gesprächspartner bin, meinen ganz herzlichen Glückwunsch übermitteln zum verliehenen Büchnerpreis, der höchsten literarischen Auszeichnung, die es in dieser Republik gibt? Sie sind am Gipfelpunkt Ihrer Laufbahn als Romancier und zeitkritischer Essayist angelangt, und es wird mir nicht leicht fallen, Ihnen künftig unbefangen gegenüberzutreten. Lächeln Sie ruhig über den sentimentalen Janker, den angesichts solcher bundesweiten Berühmtheit Rührung befällt. Wie ein normaler Mensch, wenn ihm die passenden Worte fehlen, leicht in Verlegenheit kommt, Tränen unterdrücken zu müssen, möchte ich jetzt einfach vor Sie hintreten und Sie umarmen. Keine Sorge, Walser, ich träte ja doch bloß wie ein Klotz vor Sie hin und brächte es nicht über mich, was ich jetzt auf dem Papier so herzhaft anbiete. Ausgezahlt hat sich Ihr beständiges Arbeiten, Ihre berserkerhafte Schreibwut, dieses als natürlichen Lebens-Rhythmus antrainierte Schreiben, als handle es sich um Lebensvorgänge wie Atmen und Sichbewegen. Sie leisteten nicht ein normales Fleiß-Pensum, wie es ein Mensch

leistet, der sich einen Beruf gewählt hat und in ihm gleichsam Wohnrecht erwerben will. Mit normalen Konditionen, wie es ein üblich belastbarer Achtstunden-Tag einer achtbaren Existenz fordert, hat das nichts mehr zu tun. Ich habe früh Ihre ungeheure Arbeitskraft bewundert als ein Ausdruck überschäumenden Erzähl-Talents. Heute weiß ich, daß Sie aus einem härteren Lebensstoff geformt sind. Was ich aus bloßem Vergnügen mitunter prahlerisch vorwies: eine literarischen Kriterien standhaltende Leistung, das ist bei Ihnen Dauernorm, selbstverständliche Vorgabe. Wo ich erschöpft aufhöre, setzen Sie ernsthaft an. Genug meiner spontan verfaßten, Ihnen alles andere als gerecht werdenden Postulate. Ich will abschließend – um Ihre Ungeduld nicht zu wecken – nur noch sagen, daß ich stolz bin, in Ihren früheren Stadien einmal eine Art approbierter Sozius und Beifahrer gewesen zu sein. Diese schönen Erinnerungen an Lesereisen in die Schweizer Kantone oder an die 2000 Kilometerfahrt Berlin-Bonn-Tübingen und zurück bilden für mich ein Kapital, von dem ich lange zehren werde. [. . .]

Herzliche Grüße, vor allem an Ihre Frau, von
Ihrem Janker

Janker an Hermann Kinder[1]

1. Mai 1982

Sehr geehrter Hermann Kinder,
ich benütze diesen verregneten und zu kühlen 1. Mai zum Stillsitzen. Stillsitzen aber kann ich am besten, indem ich Briefe in die Maschine tippe. Der Blick auf die hüpfenden Buchstaben ist allemal kurzweiliger als der Blick auf unbeschriftetes Himmelsgrau. Wenn wenigstens ein paar Vögel die Schriftzeichen des Frühlings ersetzten. Hat Endrin, haben chlorierte Wasserstoffe ihnen den Garaus gemacht? Schreiben wir demnächst, wenn wir vom Frühling dichten, die chemischen Formeln in Vierzeilern oder als magische Vignette?

Ich sähe es gern, wenn ich am 12. Juni mit Ihnen, mit Werner Dürrson, mit Hans Georg Bulla, mit Peter Renz, mit

Joachim Hoßfeld und anderen Kollegen einen Meersburger Jour fixe abhalten könnte. Damit Sie einmal gezwungen sind, mit der Fähre über den See zu fahren, auszusteigen, hundert Schritte durch die Unterführung zu gehen und im WIENERWALD einzukehren. Ich werde Sie nicht zu einem Original Wiener-Backhendl verdonnern, Ehrenwort!

Thema dieses Samstagnachmittags könnte sein: Welches war meine erste Begegnung mit einem Verleger? Welche Erfahrungen machte ich mit ihm? Ich würde dann von V. O. Stomps erzählen und seine Raritäten vorzeigen. Wenn Sie ein zugkräftigeres Thema haben, lassen Sie es mich bitte wissen.

Hans Georg Bulla meldete sich bereits bei mir. Bei den anderen werde ich ebenfalls die Werbetrommel kräftig rühren. Ich stelle mir eine solche Kollegenrunde am See interessant vor. Darf ich auf Ihre Teilnahme hoffen, lieber Hermann Kinder? Mit Vergnügen erinnere ich mich an Ihre Erzählungen im Kaffee Kraft. Ich wollte, ich käme auch mal so richtig ins Schwitzen. Ihr

Janker

1 Hermann Kinder, Schriftsteller und Germanist aus Konstanz.

Katharina Adler[1] an Janker

11-6-82

Lieber Herr Janker,
ich bemächtige mich einfach Ihres schönen Briefes und danke Ihnen. Mein Mann, wie Sie sicher schon gemerkt haben, schreibt überhaupt keine Briefe – er freut sich nur, wenn er einen so schönen von Ihnen bekommt. Zunächst mal: ich habe Sie in Meersburg nur grenzenlos bewundert, ich weiß genau, was Sie da geleistet haben, und ich gestehe Ihnen, daß ich das alles sehr gut fand. Ich hatte mich schon so gefreut, daß solche Extreme wie Maria Menz und Dorothee Sölle[2] vereinigt werden. Je weiter die christlichen Schwingen reichen, je lieber ist mir das. Wenn ich den Papst inspirieren könnte (!),

ich würde auch Levèbre und die Zeugen Jehovas integrieren, überhaupt jeden, der nur einen Hauch Christi begriffen hat. Von daher war mir dieser Tag so kostbar. Auch die Merian-Frau, die ich mitgebracht hatte (sie macht ein neues Allgäu-Heft) war begeistert, sie hatte mit einer Provinz-Veranstaltung gerechnet und fand mehr »Geist« als in Hamburger Veranstaltungen.

Und ich weiß, wie sehr das alles auf Sie zurückgeht. Ja, Ihre Treffen in Meersburg, daran würden wir wirklich teilnehmen, wenn sie auch mal in Lindau oder Wangen wären, aber Meersburg ist wirklich eine große Fahrt.

Walsers haben uns übrigens noch morgens angerufen und gesagt, daß sie so schnell wie möglich nach der Konstanzer Feier herüber kommen würden nach Meersburg – das war schade, weil er doch dazu gehört hätte.

Übrigens hatte mich eine Studienfreundin, die ein Düsseldorfer Gymnasium leitet, nach der Menz gefragt, als sie was von der Preisverleihung hörte. Ich schickte ihr das kleine Forumbändchen[3], daraufhin fragte sie sofort nach Ihnen, den Schreiber des Nachworts, das sie ausgezeichnet findet – wie wir alle es von Anfang an ausgezeichnet finden. Also, wenn nicht 19. 6., dann Forum in Wangen. Texte am See? Ich habe davon noch nichts gehört. Kein Belegexemplar, aber das kommt ja hoffentlich noch.

Wir sind sehr glücklich über den heißen Sommer, der es uns endlich ermöglicht, hier barfuß zu laufen und auch abends im Garten zu sitzen, was hier sehr selten möglich ist.

Grüßen Sie Bärbel herzlich, könnten Sie in diesem warmen Sommer nicht mal einen Allgäu-Ausflug machen? Wir würden uns freuen.

Wir beide grüßen Sie herzlich
Ihre Adlers

1 Katharina Adler, Schriftstellerin und Funkautorin aus Grünenbach i. Allgäu.

2 Die beiden Schriftstellerinnen erhielten 1982 gemeinsam den Droste-Preis der Stadt Meersburg. Janker war Vorsitzender der Jury.

3 Siehe Brief vom 29.6.68, Anmerkung 1.

Hermann Kinder an Janker

16. Juni 82

Lieber Herr Janker,
ja: Entschuldigen muß ich mich, daß ich am Samstag so rasch verschwand. Meine Schäflein wollten noch auf eine Veranstaltung, und ich wiederum wollte mit ihnen auf der Fähre das Erlebte bereden. Nun, wir alle bedanken uns bei Ihnen sehr. Wie und was Sie erzählt haben, hat uns wieder so beeindruckt, daß wir es auf der Fähre nachkauten. Und für die Studenten, die ja immer nur abstrakt, über fertige Bücher und Feuiellons, nein, da ist was falsch: wohl Feuielletons, neinnein, Duden her: Feuilletons (so!), also über die Medien mit Literatur Umgang haben, ist es von wichtigem Wert, Literatur und Literaturgeschichte in Ihrer Person erlebt zu haben. Für mich war zu allem die Fülle der frühen Stomps-Drucke überraschend. Schon beim Blättern nur entdeckte ich die erstaunlichsten Dinge: Erstdrucke von Botho Strauß und Otto Jägersberg, Gedichte von Martin Walser. So wars denn nicht nur ein schöner, sondern auch ein nützlicher Nachmittag. Und zumindest das hätte ich Ihnen noch gerne gesagt. Dafür habe ich jetzt, nachklappernd, die Gelegenheit, meinen Dank an Sie etwas handfester zu bekunden.

Über ein mögliches Lesen müßte ich mit Peter Renz und Hans Georg Bulla mal reden. Gemeinsam ist man stärker. Ein wenig Angst habe ich davor, wenn ich mich erinnere daran, was meine Freundin Ingeborg Sulkowsky[1], deren Haltepunkt im Club Sie ja sind, manchmal geklagt hat über Geschmackskämpfe bei Lesungen. Nun sollte mich das nicht allzu sehr fürchten machen, doch liegt mir auch nichts daran, Unstimmigkeiten oder Ärger in eine Club-Sitzung zu tragen (so wie in Immenstaad: Wem nicht gefällt, was ich schreibe, dem soll man auch nicht aufnötigen, so etwas hören zu müssen). Neben der schlichten Lust, Ihnen zuzuhören, war dies auch der Grund, warum ich mich in Meersburg zurückhielt: Es ist mir ein wenig unangenehm, als literarisch wenigstens junger Springer vor altgedienten Literatinnen und Literaten aufzutreten und von meinen, doch dünnen Erfahrungen zu berichten; darum versuchte ich auch, aus den Zuhörern etwas herauszulocken. Aber das ist eine schwierige Situation, und ich bewunderte Sie, wie bemüht und geschickt Sie das Gespräch geführt haben.

Eins muß ich nachholen: Peter Salomon rief mich tags zuvor an und bat mich, Ihnen zu sagen, daß er in Urlaub gewesen sei und daraus Besuch mitgebracht habe, so daß er am Samstag nicht kommen konnte. Summa: Dank Ihnen für den Nachmittag, der allerdings noch mit einem Glas Roten hätte verlängert werden sollen. Dies würde ich gern irgend einmal nachholen. Und einen guten Gruß über den See von Ihrem

Hermann Kinder

1 Ingeborg Sulkowsky, Lyrikerin, Stellvertreterin Jankers in der Fachgruppe Literatur des Bodensee-Clubs.

Janker an Hermann Kinder

12. Juli 1982

Lieber Herr Kinder,
ich hätte Ihnen den Lyrikpreis gegönnt, aber eigentlich sind Sie ja schon ein preisgekrönter Romancier. Weitere Auszeichnungen werden folgen, da bin ich ganz sicher.

Ihr insel-taschenbuch BÜRGERS LIEBE habe ich selbstverständlich gleich gelesen. Solch einen Leckerbissen laß ich nicht lange liegen. Kaum daß die Verpackung entfernt war, begann ich auch schon mit dem Lesen Ihres Vorworts, das der diffizilen Ironien und Provokationen wahrlich nicht entbehrt. Wie Sie dem Geschlechter-Wahn auf den Zahn fühlen, das legt bei Gott den empfindlichsten Nerv bloß. Wer wäre da nicht verunsichert bis ins Mark, wenn er sich auf Ihre Argumentation einläßt? Bewundernswert Ihre intime Kenntnis von Bürgers und Elise Hahns »Seelenstruktur«, sarkastisch kommentiert, doch mit spürbaren Sympathien für die Schauspielerin. »Es ist der typisch bürgerliche Jammer«. »Nicht das bürgerliche Glücksbedürfnis ist lächerlich, sondern die anhaltende Unfähigkeit, die öffentlichen und privaten Voraussetzungen für die mögliche Erfüllung zu schaffen«. Sätze, die sich in einem mit dem unguten Gefühl festhaken, daß man selber unfähig ist. Und jeder Verheiratete könnte ein Kapitel eigener »Niederstürze« schreiben, nur machte die endlose Wiederholung des gleichen Dilemmas das Problem nicht lösbarer. Die stillen Bankrotte bleiben füglich meist unterm Bettuch verborgen. Die allfällige Revolte rollenmüder Ehegatten wirkte ja wie ein Sprengsatz. Wer kittete dann all die Scherben? Meine Bewunderung, Herr Kinder! Wenn Sie einmal wieder an einem Samstagnachmittag (17. Juli, 14. August oder 18. September) zum Meersburger Jourfixe kommen könnten, würde mich das aufrichtig freuen.

Ihr Josef W. Janker

Janker an Martin Walser

3. August 1982

Lieber Walser,
ich höre natürlich gern Ihre Stimme, schreibe Ihnen aber lieber einen Brief, weil ich nicht weiß, ob ich Sie gerade in einem Moment antreffe, wo Sie für einen Plausch am Telefon lustig genug sind. Grätig und stockfischsteif bin ich selber oft genug. Ich will Sie nicht in Verlegenheit bringen, auf kollegiale Freundschaft umschalten zu müssen. Kurz gefaßt, Walser: ich weiß noch, daß Sie mir zugerufen haben, beim Abschied nach der Tagung in der Eselsmühle: also Janker, dann zu Ihrem Geburtstag in Kappel!

Nun rückt dieser verflixte Tag verdammt schnell näher. Kommenden Samstag schon ist es soweit, da soll der Janker eingestehen, daß er die imaginäre Schwelle überschritten hat, ab der kein frivoles Spielen mit der 50 mehr erlaubt und möglich ist. Das heimliche Flirten mit sich selbst als möglichem Liebhaber mit leicht angegrauten Schläfen ist zu Ende. Janker, da stellst Dich jetzt brav hin, nimmst die Glückwünsche verlegen entgegen und schwirrst anderntags ab in die städtische Anlage. Eine Bank für einen weiteren Pensionär wird ja noch aufzutreiben sein oder?

Walser, hören Sie nicht länger hin, was der sentimentale Janker da abspult! Ist ja immer die gleiche Masche, die er knüpft. Am Samstag werde ich in Kappel vermutlich erstens einen Bayernklüngel haben, zweitens wird wohl Verwandtschaft kommen. Ich weiß drittens gar nicht, ob Sie überhaupt im Nußdorfer Domizil sind. Bitte, nur wenn Sie wirklich nichts anderes vorhaben, machen Sie mit Ihrer Frau zusammen diese Kappeler Tour über Salem, Untersiggingen, Wittenhofen, Urnau, Kappel, Happenweiler. Und wenn das Wetter halbwegs trocken ist [. . .]

Eine neue Geschichte habe ich auch geschrieben, nicht daß Sie meinen, der Janker sei nur noch unterster Funktionär am Dreiländereck. In ALLMENDE kommt ja meine 30-Seiten-Erzählung FUNDEVOGEL[1], die ich im letzten Winter schrieb. Ganz abgetreten bin ich noch nicht. Jetzt aber Schluß, Walser! Schon viel zu lange stehle ich Ihnen meine Zeit, anstatt einfach zum Ehrendoktorhut zu gratulieren. Mensch, Walser, daß ich Sie kennenlernte damals in den frühen Sechzigern, das war schon ein Glück. Je weniger ich Sie sehe, desto unwirklicher wird diese Beziehung. Die menschliche Seite tritt zurück. Die Bewunderung für das Phänomen Walser wächst.

Herzlich nichtsdestotrotz Ihr alter Schwätzer
Janker

1 Erschienen in ALLMENDE, Heft 5/1982.

Janker an Hans J. Fröhlich

23. Oktober 82

Lieber Hans J. Fröhlich,
das war vielleicht eine Freude, als Ihr neuestes Buch MIT FEUER UND FLAMME bei mir auf dem Schreibtisch landete. Wie reagierte ich auf diese Überraschung? Ich tat etwas, was Autoren nicht ungern sehen: ich setzte mich spontan hin, begann ausdauernd zu lesen. Nicht höflich-kollegial las ich, sondern voller Neugier, konnte also nicht mehr aufhören, bis

ich diese seltsam anrührende Geschichte bedauernd auf Seite 323 beendete, weil Sie mit dem Abheben des Flugzeugs Ihren Hintschmann aus der Hand geben. Schon Ihr erster Satz weckte diese Neugier, dieses gefräßige Interesse an einem Menschen, dessen Unternehmungen grotesk wirken und einen in Bann schlagen. Sie sind ein unerhört guter Romancier, beherrschen die Kunst der Menschenschilderung erstklassig, sind extravagant und solide in einem. Also ich bin da als Leser bestens bedient worden, weil ich einem Paar begegnete, das so ganz Ihren Erfahrungen und sprachlichen Mitteln angemessen ist. Fröhlich, Sie wissen es noch von Bogliaco[1] her: bin als Leser eben kein Autor und als Autor kein Leser, schlinge solche geglückten Romane einfach gierig in mich hinein.

Selber nur ein Schmalspur-Erzähler, reichte es bei mir immer nur zu Episoden und kurzen Sprachräuschen. Nichts, was einen langen Atem bräuchte, hängt sich mir an. Als ehemaliger Suhrkämpe genieße ich hier am Dreiländereck eine gewisse Reputation, aber mitmischen im Literaturbetrieb hab' ich nie können. Zu meinem Sechziger schrieben die Kollegen Walser, Renz, Nonnenmann, Adler, Ayren, Menz, Dürrson u. v. a. Artikel über mich, brachten eine Festschrift heraus. Sie sehen also, der von der Bildfläche verschwundene Janker ist unter die Altersjubilare gegangen. Sollte ich München bald einmal aufsuchen können, werde ich sicher nicht versäumen, mich nach Ihnen zu erkundigen.

Herzlich Ihr Josef W. Janker

Elisabeth Borchers[1] an Janker

Frankfurt M., 27. Oktober 1982

Mein lieber Josef W.,
Skandal! Du feierst Deinen Sechzigsten, ein vollkommenes Fest wird gefeiert, nach allen Regeln der Ehre und Zuneigung arrangiert, und ich erfahre nichts. Nichtsda, Peter Renz junger Hupfer[2] – ein Jubilar gibt seinen Ausstattern einen Hinweis in die Vergangenheit. Richtig, woher sollte er's kennen, das

Damals, das es heute noch gibt, wenn auch in sanfterem oder gebrochenem Licht. Peter [Hamm] und ich haben nach wie vor (das »wie« stimmt natürlich nicht) Verbindung. Gestern telefonierten wir, nach seinem Urlaub, aber kein Wort von Ravensburg. Zu Deinem Geburtstag wäre ich unweigerlich gekommen. Im August war meine Mutter noch im Elsaß. Es hätte mich sehr gefreut, uns zuliebe. [. . .]

Und dann wüßte ich gern, was Deine Familie macht, Bärbel, die Jungen. Grüße über Grüße. Und, lieber Autor, Du arbeitest unverbrüchlich an Deinem Haus. Das ist nicht nur gut, das ist faszinierend. Warum aber schreibst Du nicht gleichzeitig das Buch »Das Haus«. Seine Geschichte, Tag für Tag, also auch Deine dazu? Ich könnte es mir als ein Dokument doppelten Bodens vorstellen. Es gibt doch gar keinen Grund, warum Du Deine hervorragend funktionierende Feder aus der Hand legst. Der Brief ist ein eklatanter Beweis. Im Winter könntest Du die versäumten Jahre nachholen – solltest Du nicht ohnedies selbst seit langem auf die Idee gekommen sein.

Ich umarme Dich und Bärbel, ins neue Jahrzehnt hinein und immer noch in Dankbarkeit für alles, was damals mit Euch war.

Deine Elisabeth

1 Elisabeth Borchers, Lyrikerin und vielfache Herausgeberin. Lektorin des Suhrkamp-Verlags. Mit Jankers seit Ende der 50er Jahre befreundet. Siehe etwa den Brief vom 22. 2. 1958.

2 Peter Renz hatte im Auftrag des »Literarischen Forums« eine kleine Festschrift zu Jankers 60. Geburtstag herausgegeben, in der Elisabeth Borchers und Peter Hamm nicht vertreten waren. Siehe auch Brief vom 7. 12. 82.

Hans J. Fröhlich an Janker

22. November 1982

Lieber Janker,
wie sehr habe ich mich gefreut, wieder einmal von Ihnen zu hören, wie sehr auch, von einem geschätzten Kollegen so Angenehmes und Freundliches über mein Buch zu hören.

Literatur verbindet also doch, und tatsächlich sind unsere Bücher vor allem an die Freunde gerichtet, nicht für den Literaturbetrieb, der von ganz anderen Interessen gelenkt und gegängelt wird, bestimmt. Mit zunehmendem Alter sehe ich, daß es mir ähnlich wie Ihnen ergeht. Wir passen nicht in diesen Betrieb, vielleicht einfach nur deshalb, weil wir uns den jeweiligen Trends nicht anbequemen, was heißt: der Zeit immer auch ein bißchen voraus zu sein. Die Jüngeren, die von uns gelernt und manchmal uns auch schlicht imitiert haben, ernten, was wir gesät.

Doch Sie irren, wenn Sie annehmen, Sie existierten für mich nur als Kollege noch. Sie sind und bleiben für mich einer der wichtigsten Prosaisten *und* ein Freund, und damit Sie es wissen: ein Buch wie »Der Umschuler« gehört für mich zu einem der allerbesten nach 45 in deutscher Sprache, und dieses nicht nur aus thematischen Gründen. Aber ich sage Ihnen da nichts Neues, und Sie haben es von weit prominenterer Seite als von mir auch gesagt bekommen. Ich wiederhole es nur, damit Sie es nicht vergessen, und weil ich nicht möchte, daß Sie leise resignieren. Sie haben so sehr viel mehr erlebt als jene, die heute authentische Literatur absondern und ihr knapp 30jähriges Leben larmoyant vor uns ausbreiten. Ich erinnere mich noch – nur als Beispiel – wie Sie in Bogliaco von den 50er Jahren sprachen, von Fuchs, Bobrowski etc. Sie sollten darüber mal schreiben, in Ihrer Art, mit Ihren Mitteln, die nur Ihnen zur Verfügung stehen. Ich fände das sehr wichtig, und wir sollten darüber mal sprechen. Darum: wenn Sie wieder in München sind, kommen Sie vorbei. Wir wohnen mitten in der Stadt, 2 Minuten vom Haus der Kunst. – Ihre Prosa »Kreuzweg Königseggwald« habe ich mit großer Freude gelesen. Diese intensive Darstellung. Dafür gebührt Ihnen der Robert-Walser-Preis. Dafür ganz allein schon!

Lassen Sie bald wieder von sich hören. Besser noch: kommen Sie bald!

Mit herzlichen Grüßen

Ihr Hans J. Fröhlich

Peter Hamm an Josef W. Janker

7. 12. 82

Lieber Josef,
Du monierst zu Recht mein Ausbleiben, das allerdings gar nichts mit weiten Reisen oder dergleichen, sondern nur mit meinem hiesigen Angebundensein zu tun hat. Seit einem Jahr leiste ich zusammen mit 2 Kollegen im B[ayerischen] R[undfunk] das Doppelte von dem, was wir bis dahin mit 5 Redakteuren betrieben! Allein das 90 Minuten lange Kulturjournal, das wir jeden Sonntag um 18 Uhr ausstrahlen, erfordert ungeheuer viel Arbeit (wir wechseln uns da ab, d. h. ich bin jede 3. Woche als Redakteur und Moderator an der Reihe). An einem Novemberwochenende wollte ich zum 30-jährigen Bestehen von Diogenes nach Zürich und auf dem Rückweg Ravensburg und Euch besuchen, wurde aber prompt in der Nacht vor der Abreise krank. Du darfst mir glauben, Josef, daß ich den unterbliebenen Besuch am meisten bedaure. Allerdings will ich ihn so bald als möglich nachholen (wenn das auch vor Weihnachten sicher nicht mehr der Fall sein wird).

Aber jetzt frage ich Dich einmal: warum kommst Du nicht bei uns vorbei, wo ein Gästezimmer und Ruhe auf Dich warten? Du kannst tun und lassen was Du willst (mit mir – oder mit der S-Bahn – in die Stadt fahren oder im Haus bleiben und lesen oder arbeiten, wenn wir an unsre Münchner bzw. Starnberger Arbeit gehen). Auch im Winter ist diese Gegend hier gar nicht übel. Die Lenzens und Fröhlichs könnten wir zu uns für den Abend einladen ... Also überleg Dir einen Termin – und komme!

Daß ich wegen der »Kappeler Landpartie« nicht verärgert bin, weißt Du doch selbst; über den Peter Renz bin ich allerdings ziemlich verärgert – der wußte doch genau, daß wir die ältesten Schreib- und Lebens-Freunde sind. Ich will ihm allenfalls zugutehalten, daß er mich aus Eifersucht vergaß, die spräche dann ja immerhin für seine starke Liebe zu Dir, die sich freilich in seinem »Um's Eck rum« ziemlich schamhaft verbirgt. Dafür ist das, was Nonnenmann schrieb, umso herzlicher – und das Gedicht der Menz ist nicht nur schön, sondern auch von Dir hochverdient. Die Krone natürlich Martin [Walser]s gedichteter Geburtstagsgruß – und die Krone der Unverschämtheit, daß von mir halt keiner dabei ist[1].

In den »Ansichten und Perspektiven«, für deren Zusendung ich dir sehr danke, gefällt mir am besten die Beschreibung der mit Dir verwandten sterbenden Nonne – und natürlich freue ich mich, daß Dein »militärisches Trauma« noch immer nicht überwunden ist, freue ich mich über Dein gutes, unerbittliches Gedächtnis. – Daß Du den Robert-Walser-Preis verdient hättest, ist sowieso klar, Du, der von allen Heutigen diesem meinem Lieblingsautor am nächsten kommst – und das nicht durch stilistische Ähnlichkeiten (die ja nur für Epigonentum sprächen), sondern durch existentielle.

Bärbel hat mir einen sehr bewegenden Brief geschrieben, vor dem ich mich nur verstecken kann und muß. Ihr Anspruch ist absolut geblieben – und es ist ihr wie allen, die absolut denken, gegangen, es ist ihr nur der Schmerz geblieben, dieser absoluteste Ausdruck des unerreichbaren Absoluten. Ich bin mir vieler Versäumnisse bewußt, allerdings nicht nur an Bärbel, nicht nur an anderen, vor allem auch an mir selbst – aber weil ich diesen Absolutheits-Anspruch immer wieder aufgab – und viel zu billig. So endet dieser Brief mit Selbstbezichtigungen – wie eigentlich jeder enden müßte.

Mach's gut, Josef, komm bald her – und laß Dich umarmen von

Deinem Freund Peter

1 Gemeint sind die Beiträge in der von Peter Renz herausgegebenen Festschrift »Seht ihn!« aus Anlaß von Jankers 60. Geburtstag. Siehe auch den Brief vom 27. 10. 82, Anmerkung 2.

*Heinrich Böll zum 65. Geburtstag**

Was mir an »Wo warst Du Adam?« besonders auffällt. Sie arbeiten souverän mit dem Stilmittel der Monotonie. Das unaufhörliche Registrieren von gleichen oder ähnlichen banalen Vorgängen und Abläufen, das beharrliche Einhalten ein und desselben Blickwinkels. Das nervtötende Wiederho-

Heinrich Böll zum 65. Geburtstag.

Was mir an „Wo warst Du Adam?" besonders auffällt. Sie arbeiten souverän mit dem Stilmittel der Monotonie. Das unaufhörliche Registrieren von gleichen oder ähnlich banalen Vorgängen u. Abläufen, das beharrliche Einhalten ein u. desselben Blickwinkels, das nervtötende Wiederholen oder Verdoppeln militärischer Leerläufe u. Drills, die geringfügige Verschiebung der Perspektive, die das Panorama der Öde u. des gleichgepolten Schreckens komplett macht – u. ich entdecke mit verzögertem Entsetzen, wie hier ein genau registrierendes Bewußtsein Brennpunkte des Schreckens u. inneren Versteinerns setzt. Der Krieg als die Substanz gewordene Monotonie wird als gigantischer Leerlauf, als Exzess der Langeweile u. der ungeheuren Zeitverschwendung sichtbar gemacht.

Das wird überzeugend demonstriert in Kapitel VIII, wo Männer auf Wache stehen, zu keinem sinnvolleren Zweck, als abgelöst zu werden, wo eine Brücke errichtet wird, zu keinem anderen Zweck, als unbenutzt wieder zerstört zu werden. Und meisterhaft dieses Kapitel, indem Sie mit der beschwörenden Formel: „Bjeljogorsche!" ein Sterben in kleinen Raten vorexerzieren. „Bjeljogorsche!" Die Formel wird nicht aufgeschlüsselt. Das Überhandnehmen dieser Peinigung nicht gestoppt. Die Suggestion wirkt fort.

Josef W. Janker

Briefrezension von Josef W. Janker zum 65. Geburtstag Heinrich Bölls, vgl. Seite 199/201 len oder Verdoppeln militärischen Leerlaufs und Drills, die geringfügige Verschiebung der Perspektive, die das Panorama der Ödnis und des gleichgepolten Schreckens komplett macht – und ich entdecke mit verzögertem Entsetzen, wie hier ein genau registrierendes Bewußtsein Brennpunkte des Schrekkens und inneren Versteinerns setzt. Der Krieg als die Substanz gewordene Monotonie wird als gigantischer Leerlauf, als Exzess der Langeweile und der ungeheuren Zeitverschwendung sichtbar gemacht.

Das wird überzeugend demonstriert in Kapitel VIII, wo Männer auf Wache stehen, zu keinem sinnvolleren Zweck, als abgelöst zu werden, wo eine Brücke errichtet wird, zu keinem anderen Zweck, als unbenutzt wieder zerstört zu werden. Und meisterhaft dieses Kapitel, indem Sie mit der beschwörenden Formel: »Bjeljogorsche!« ein Sterben in kleinen Raten vorexerzieren »Bjeljogorsche!«. Die Formel wird nicht aufgeschlüsselt. Das Überhandnehmen dieser Peinigung nicht gestoppt. Die Suggestion wirkt fort.

Josef W. Janker

* Briefrezension aus dem Jahr 1957 zum Buch »Wo warst Du Adam?«, handschriftliche Fassung zu Heinrich Böll's 65. Geburtstag, 21. 12. 1982.

Janker an Hans J. Fröhlich

6. Februar 83

Lieber Kollege Fröhlich,
jetzt wollte ich doch nächste Woche nach München reisen, um beim Peter Hamm zu wohnen, draußen im Haus von Marianne Koch, und um Sie und Hermann Lenz zu besuchen, eventuell auch Ota Filip und Horst Bienek. Aber jetzt sieht es ganz schlecht aus. Meine Frau will morgen mit Umräumen und Weißeln anfangen. Heute fuhr der Sohn wieder nach Bonn zurück. Große Turbulenz also mit Wäschebügeln und Kofferpacken. Am 12. muß ich in Meersburg eine lange Sitzung abhalten, bevor ich dann zu einer Jahrtagsmesse gehe für meinen lieben Stiefbruder, der früh verstorben ist. Ich

habe auch nun länger in meiner Klausur gehockt, als ich vorhatte. Meine Neufassung von »Zwischen zwei Feuern« ist gestern erst an K&W in Köln abgegangen. Als ich dort bei Dr. Neven DuMont wegen der Rechte nachfragte, die eigentlich doch längst verfallen waren, machte mir Neven DuMont den erstaunlichen Vorschlag, ihm ein Jahr lang Gelegenheit zu geben, einen Taschenbuchverlag für diese Neufassung zu suchen. Diese Geste rührte mich, wie Sie sich denken können. Doch meine Skepsis bleibt, die läßt sich nicht leicht einschläfern durch solche gut gemeinten, aber schwer realisierbaren Vorschläge.

Spaß, ja Freude machte mir diese Neufassung, das darf ich sagen. Es war ein rauschhaftes Arbeiten, zum Teil bis spät in die Nächte hinein. Das Entsetzen über meine mangelhafte Erstfassung trieb mich wohl zu dieser Kraftleistung an. Ich hoffe, jetzt steht diese Arbeit anders da. Wenn ich an meine Fehler, amateurhafte Verstöße gegen alle guten Geister der Literatur, denke, schäme ich mich richtig. So total bescheuert war ich, daß ich vieles halb liegen ließ, vieles unverdaut hinkleckerte, Möglichkeiten völlig verschenkte, Nebenfiguren einfach übersah. Jetzt erst ist dieser Stoff halbwegs präsentabel.

Lieber Kollege Fröhlich, ich hoffe, ich kann vielleicht im März reisen und ein paar Tage in München ausspannen. Dann soll mich ein Plauderstündchen mit Ihnen alte Sympathien nachkosten lassen. Ich wünsche Ihnen gutes Arbeiten und vor allem stabile Gesundheit.

Ihr Josef W. Janker

Heinrich Böll an Janker

15. 9. 83

Lieber Janker,
Sie wissen, dass ich alle Ihre Briefe aufmerksam lese – wenn ich sie nicht immer ausführlich beantworte, so kennen Sie die Gründe: mir wächst fast alles über den Kopf, nur mühsam finde ich Zeit für die notwendige eigene Arbeit. Seit Rai-

munds[1] Tod vor einem Jahr bin ich in tiefer Trauer, oft auch von Depressionen geplagt, halte mich manchmal nur mühsam aufrecht – und die »Erwartungen«, die ich erwecke – bedrücken mich noch mehr – die politischen Zu- und Umstände sind ja auch nicht gerade erheiternd, weder hier noch anderswo.

Mein Rat Neven[2] betreffend: stellen Sie ihm ein eingeschriebenes Ultimatum, stellen sie im Vertrag fest, wie die Rechtslage ist: normalerweise fallen die Rechte automatisch an den Autor zurück, wenn das Buch nicht mehr greifbar, verramscht oder vergriffen ist. Ich habe gerade einen harten, langjährigen Kampf mit Middelhauve hinter mir – meine Bücher dort – auch Wo warst Du, Adam? – waren nicht mehr aufgelegt, nur noch als Taschenbuch, [an] Buchklubs etc. verscheuert worden. Es wäre schade, wenn Ihre Bücher untergingen: sie gehören zum eisernen Bestand der Nachkriegsliteratur. Stellen Sie die Rechtslage fest, was Suhrkamp betrifft.

Alles Gute, mein Lieber, und viele herzliche Grüsse und Wünsche Ihres alten
Heinrich Böll

1 Raimund, Bölls ältester Sohn.
2 Neven DuMont, Verleger des Kiepenheuer & Witsch-Verlags. Siehe Brief vom 6. 2. 1983. Janker hatte Böll um Rat gefragt, wie er sich in Sachen Neuauflage oder Taschenbuch-Ausgabe seines Erstlings »Zwischen zwei Feuern« verhalten solle.

Peter Hamm an Janker

z. Zt. Sanatorium Bühlerhöhe, 19. 3. 1985

Lieber Josef!
ich versuche lauter Sätze ohne Komma zu schreiben. Denn das Komma meiner Schreibmaschine ist kaputt. Du siehst am Couvert, daß ich hier im Sanatorium gelandet bin. Wo schon Adenauer war. Entsprechend lauter Hundertjährige. Alle offenbar kerngesund. Denn sie ordern schon zum Mittagessen teure Bordeaux-Weine. Während ich meine mit dem Auge

kaum wahrnehmbare Diät schlappre. Habe allerdings bereits 4 Kilo abgenommen. Was dringend nötig war. Leider kann ich keinen Schritt vors Haus machen. Weil wir hier so eingeschneit sind. Und niemand mehr die Wege räumt. Immerhin kam die Post an. Marianne schickte mir Deinen lieben langen Brief nach, über den ich mich sehr gefreut habe. Josef, die Kerschbaumer[1] kenne ich quasi nur dem Namen nach. Da ist also eine Laudatio auf keinen Fall drin. Wenn Du sagst, sie ist gut, dann lese ich sie natürlich. – Hiltys[2] Vorschlag, mich in die Droste-Preis-Jury zu holen, könnte ich hingegen akzeptieren. Ich bin ja seit zwei Jahren in der Peter-Huchel-Jury des Landes Baden-Württemberg und des Südwestfunks – und da habe ich Blut geleckt, weil ich in beiden vergangenen Jahren jeweils meinen Kandidaten – es handelt sich um einen Lyrik-Preis – durchgebracht habe. Diesmal Guntram Vesper, gegen den erst alle anderen waren – und nachdem ich zwei Tage lang geredet und Vespers Gedichte vorgelesen hatte, wurde er – denk Dir! – einstimmig nominiert. Wer ist denn außer Dir und Hilty noch in der Jury? Davon hinge meine Zusage schon auch ab. Aber als Mensch, der ständig Alibis braucht, hätte ich als Droste-Jury-Mitglied natürlich das Alibi, aus München wegzukommen und Dich/Euch zu sehen: schon dafür lohnte es sich.

Was Du über die Neufassung Deines Buches[3] schreibst, freut mich riesig. Es geschieht jetzt also doch etwas! Böll wird auf jeden Fall zustimmen, daß seine Sätze gedruckt werden. *Wann* soll es denn so weit sein? Ich bin schon riesig gespannt, was Du verändert hast. Volker Michels müßte nur klug Rezensenten anschreiben, die eine Ader dafür haben. Vielleicht würde ja Böll selbst etwas schreiben – etwa für ZEIT oder SPIEGEL. Aber was auch passiert: untergehen, lieber Josef, kann da gar nichts. Ich bin da merkwürdigerweise geradezu altmodisch fromm: glaube, daß kein wirklich wesenhaftes Wort verlorengehen kann. Man darf nur nie quantitativ denken, Josef. Gerade heute – mit Deinem Brief – kam die Jahresabrechnung 1984 von Hanser: vier verkaufte Exemplare des Balken[4] – 10,30 DM! Ich habe mich gefreut, daß es offenbar im letzten Jahr vier *neue* Leser gab – das ist eine überschaubare Zahl, man könnte sich vorstellen, sie zu treffen

– mit ihnen zu reden – eine schöne Vorstellung. Wer 20000 oder 50000 Bücher verkauft, hat auch 20000 oder 50000 zu viel verkauft, denn es gibt keine 50000 Leser für Wesenhaftes – jedenfalls nicht unter den Zeitgenossen, die alle mit der Zeit beschäftigt sind und gar nicht merken, daß sie ihnen davonläuft.

Freilich: mir läuft sie ja auch davon, ich merk' es täglich. Und gerate dadurch in Panik. Dabei ist es ja gar nicht so, daß in meinem Kopf irgendein großes Werk auf seine Niederschrift wartet: fast nichts ist in meinem Kopf und dennoch ist er übervoll von lauter Unwichtigem – lauter Funkkram, der mir über den Kopf wächst. Der Aufenthalt hier ist nichts als eine Flucht vor dem Funk – Funk: das heißt das Gesetz der Quantität! – und vor den Depressionen, in die mich der Funk gestürzt hat. Prompt habe ich hier in den ersten Tagen – als der Kopf sich endlich leerte, nicht mehr schwirrte – einige neue Gedichte geschrieben, die noch in dem Band stehen sollen, den ich im Herbst bei Hanser herausbringe: »Die verschwindende Welt« wird er heißen – und fast könnte er heißen: Die verschwundene Welt. Zu der gehört so vieles aus Ravensburg, aus Weingarten – und sogar aus meiner nächsten gegenwärtigen Umgebung, wo sich auch alles unaufhörlich verflüchtigt. [. . .]

Mein Lieber, ich muß aufhören mit tippen, es ist 22 Uhr vorbei. Ich wünsche Dir und Bärbel alles erdenklich Gute – hoffentlich sehen wir uns bald!

Dein Peter

1 Marie-Therèse Kerschbaumer, österreichische Autorin, Trägerin des Droste-Preises 1985.

2 Hans Rudolf Hilty, Schweizer Schriftsteller und Herausgeber der Literaturzeitschrift »Hortulus«. Siehe Brief vom Juli 1957, Anmerkung 2.

3 »Zwischen zwei Feuern«

4 »Der Balken«, Gedichtband von Peter Hamm.

Janker an Martin Walser

25. November 1985

Lieber Walser,
selten nur habe ich den Zeitpunkt verpaßt, auf eine Walser-Neuerscheinung mit einer persönlichen Würdigung zu reagieren. Wie immer habe ich das Eintreffen des druckfrischen Frei-Exemplars dazu benützt, unverzüglich mit dem Lesen anzufangen.

Haben Sie also bitte Nachsicht mit mir, wenn ich verspätet ein paar Sätze aus dem hohlen Bauch heraus lasse, die Ihren so phantastischen Roman BRANDUNG mehr umkreisen als anpeilen. Schaumblasen sind es, an den kalifornischen Strand gespült. Helmut Halm, mir in seinem sympathischen Phlegma so vertraut, auf dem Campus von Oakland erlebt er einen stürmischen zweiten Frühling. Seine Sillenbuch-Deformation – durch Schuldienst und schwäbischen Pietismus verursacht – entschlossen abstreifend, verfällt er angesichts einer entfesselten Naturgewalt einer fast romantischen Exaltation. Diesem späten Ausbruch von Gefühlen folgt Gelächter auf dem Fuß nach. Helmut Halm weiß, daß im Alter die abenteuerlichen Fluchtbewegungen nur noch im Gehirn stattfinden. Aber hingerissen von dem Collegegirl Fran nimmt er Lächerlichkeit zunächst in Kauf, kapituliert vor der Übermacht Jugend. Da aber diese Liebesfeier auch gleichzeitig Todeseinübung ist, wird für mich wenigstens Ihr sezierter Protagonist zu einem hinreißenden Helden.

Lieber Walser, ich müßte jetzt gleich nochmals mit der Lektüre beginnen, wollte ich Ihrem so wunderbaren Buch ein paar treffende Sätze widmen. Doch ich bin gerade dabei, mich auf eine Reise nach Südwestafrika/Namibia vorzubereiten. Anfangs Januar soll es losgehen, mindestens zwei volle Monate sind erwünscht. Ich muß also ganz konsequent einschlägige Themen wählen, um da nicht völlig unbedarft dazustehen.

Leben Sie wohl, haben Sie einen guten Start in den Winter und grüßen Sie mir Ihre liebe Frau, auch im Namen meiner Frau.

Herzliche Grüße Ihr Josef W. Janker

Janker an Hermann Lenz

16. November 1986

Lieber Hermann Lenz,
schon die ganze letzte Woche hatte ich Ihnen gegenüber ein schlechtes Gewissen. Ihren Insel-Roman DER WANDERER unmittelbar nach postalischem Empfang an drei aufeinander folgenden Abenden lesend, war ich drauf und dran, Ihnen spontan zu antworten – doch das trocken-klare Spätherbstwetter vereitelte dieses löbliche Vorhaben. Kappel verlangte gebieterisch nach dem Hausherrn, der seinen Besitz strafbar lange vernachlässigt hatte. Verzeihen Sie also meine späte Reaktion. Ich muß gestehen, Sie haben durch Ihre großartige Figur Eugen Rapp, der ja so herzerfrischend verquer zum Zeitgeist lebt, meinen Vorbehalt gegen diesen Typ rascher abgebaut als es mir zunächst lieb war. Sie haben durch Ihre Kunst behutsamer Charakterisierung alle intellektuellen Sperren in mir beseitigt, und meine zaghafte Sympathie für diesen stillen Aussteiger schlug schnell in vorbehaltlose Zuneigung um. Und jetzt muß ich schleunigst ein unbedachtes Wort zurücknehmen. Ihr Eugen Rapp ist ja gar kein Aussteiger; denn der ist doch nie eingestiegen, nie aufgesprungen auf den Zug des vermeintlichen Fortschritts, ließ sich nie blenden, hatte ja seine eigene Zeit, brauchte gar kein Vehikel, lebte in seiner eigenen Welt, die weder der Beschleunigung bedurfte noch der Sinnstiftung durch Technik. Ich war ganz überwältigt durch Ihr Gesetz sanfter Lebensbewältigung und der »in der Balance gehaltenen Gemütsbewegung«, die das Ergebnis von Beherrschtheit ist, nicht von Stoizismus. Eugen Rapps scheinbare Gemütsruhe, sein Verzicht auf gesellschaftlichen Aufstieg, Komfort und literarische Reputation, seine ganz natürliche Verweigerung von Zeitgenossenschaft, die wie ein hechelnder Spaniel hinter jeder Katze herwedelt, verrät in Wirklichkeit ja nicht Resignation und Weltflucht, sondern Distanz aus innerem Reichtum. Eugen Rapp ist kein altbackener Waldläufer naiver Befindlichkeit und bornierter Provinzialität. Er hat das Lächeln eines Weisen, den die weise Selbstbeschränkung nicht verbittert hat. Weil er kein frustrierter Zivilisationsflüchter ist, sondern ein mit sich versöhnter

Mensch von Stifter'schem Rang, folgte ich ihm widerspruchslos und besänftigt in drei bewegenden Leseschritten auf seinen sensationslosen, aber sprachmächtigen Wanderungen. Dankbar und beglückt Ihr

Josef W. Janker

P. S. Ich vergaß ganz: habe ich Ihnen mein Taschenbuch[1] geschickt?

1 »Zwischen zwei Feuern«.

Hermann Lenz an Janker

19. 11. 86

Lieber Josef W. Janker,
für Ihren Brief über »Der Wanderer« danke ich Ihnen herzlich.

In Ihrem Buch »Zwischen zwei Feuern« haben Sie die Mühsal des Krieges sprachlich sinnfällig gemacht. Das Zwanghafte der Soldaten-Existenz wurde in der deutschen Gegenwartsliteratur wohl nie so deutlich dargestellt, wie dies Ihnen gelungen ist.

Kasack erzählte mir zum ersten Mal – wohl 1960 – von Ihrem Buch und sagte: »Der irrsinnig begabte Janker. Er heisst ja wie ich[1].«

Ich muss wieder herumreisen und vorlesen, obwohl mir's nicht danach zumute ist. Am liebsten wäre mir, wenn ich jetzt mal für lange Zeit nur zu mir selbst käme.

Mit herzlichen Grüssen Ihnen und den Ihren

Ihr Hermann Lenz

1 Kasack = Kosakenbluse, »Janker«.

7/8/87

Lieber Janker, ich weiß auch nicht, warum ich gemeint habe, wir würden uns heute sehen. Jetzt bin ich sogar in Sachen Janker in der Nähe gewesen, aber gesehen habe ich Sie trotzdem nicht. Herr Münch, der vorgelaufen ist, hat erzählt, daß Sie, wie sich's gehört, umlagert seien. Ich wünsch halt nachträglich das Wünschbare! Vielleicht kommen wir doch noch zu milden Spätveranstaltungen. Gemein, daß der Hügelverlag uns grad jetzt weggerutscht ist. Wir haben geborgen was zu bergen ist und sind um Nachfolge bemüht. Bitte grüßen Sie auch Frau Janker! Der Herbst wird sicher schön: wir wollen nach Kappel! Herzlich, Ihr Walser.

Brief Martin Walsers an Janker zum 65. Geburtstag, vgl. S. 210

Walser an Janker

7. August 87

Lieber Janker,
ich weiß auch nicht, warum ich gemeint habe, wir würden uns heute sehen. Jetzt bin ich sogar in Sachen Janker in der Nähe gewesen, aber gesehen habe ich Sie trotzdem nicht. Herr Münch, der vorgedrungen ist, hat erzählt, daß Sie, wie sich's gehört, umlagert seien. Ich wünsch halt nachträglich das Wünschbare! Vielleicht kommen wir doch noch zu milden Spätveranstaltungen. Gemein, daß der Hügelverlag[1] uns grad jetzt weggerutscht ist. Wir haben geborgen, was zu bergen ist und sind um Nachfolge bemüht. Bitte grüßen Sie auch Frau Janker! Der Herbst wird sicher schön: wir wollen nach Kappel! Herzlich, Ihr Walser.

1 Drumlin Verlag, in dem diese Werkausgabe ursprünglich erscheinen sollte.

NACHWORT

Die Tür in die Vergangenheit ging
häufiger hinter ihm auf,
als ihm lieb sein konnte.
»Offerte einer Kapitulation«

Eine Werkausgabe in vier Bänden und mit rund eintausend Seiten – das ist nicht eben das, was man schriftstellerische Opulenz nennen, nichts, was man mit der Bezeichnung Oeuvre belegen möchte. So schmal die einzelnen Bücher Jankers für sich genommen, so überschaubar ist sein Werk als ganzes. Zu denen, die in schöner Regelmäßigkeit die literarische Öffentlichkeit mit immer neuen Titeln in Atem gehalten haben, von denen man zu bestimmten Anlässen eine kritische Stimme erwartete, hat Janker zu keiner Zeit gehört. Den Nachbarn und Kollegen Martin Walser, auf den dies alles zutraf, fragte Janker nach dem Erscheinen des »Einhorn« in einem Brief mit unverhohlener Bewunderung für diese Produktivität: »Wie muß ein Schreibtisch eigentlich beschaffen sein, um einen solchen Autor wie Sie zu machen?« Und mit Blick auf die eigene, dem Literaturbetrieb schwer genug abgerungene Position bat Janker, ihm doch die Abmessungen bekanntzugeben: »Ich suche nämlich einen Schreibtisch, der seinem Besitzer mehr Rang und Gewicht verleiht. Mein Schreibtisch hat, wenn ich meiner Frau trauen darf, die Abmessungen einer Schulbank.«

Das mit den Abmessungen einmal vergessen – an der Schulbank wäre festzuhalten. Sie hat für Jankers Literatur und mehr noch für die Umstände, unter denen sie entstanden ist, genug Charakteristisches, daß es sich lohnt, ein paar der Assoziationen, die sich bei dieser Bezeichnung einstellen, zu benennen: Schulbänke sind vor allem hart; das Pensum, das man an ihnen erledigt, ist kein selbstauferlegtes (Janker hat sich ihm vielmehr mit unverkennbarer Bildungsbeflissenheit unterzogen), und nicht zuletzt sind mit einer Schulbank

Mühe und Handwerk verbunden – alles Vorstellungen, die Sätze wie die des Kritikers Gottfried Just geradezu provozierten, der da – in durchaus positivem Sinne – in Janker »kein flinkes Talent« erkannte, keine »mühelose Begabung, die für die Zukunft glänzende Formulierungen und mondäne, für Bestsellerlisten bestimmte Belletristik« versprach. An seinem Schreibtisch mit den Abmessungen einer Schulbank erwies sich Janker in der Tat weniger als ein über sichere Möglichkeiten verfügender Autor, denn vielmehr als eine Begabung, die sich schwer tat, sich einen eigenen Platz zu sichern. Wenn die harte Arbeit Jankers und ihre Langwierigkeit durch etwas belegt werden müßten, dann am besten durch ein Datum: Janker war, als sein erstes Buch, der Roman »Zwischen zwei Feuern« 1960 endlich erschien, bereits 38 Jahre alt, also kein im engeren Sinne junger Autor mehr.

Von Haus aus wenig mit Literatur in Berührung gekommen, muß man Jankers familiäres Milieu als eher literaturfern bezeichnen; aus der Perspektive seiner katholischen Herkunft erschien Jankers Schreiben gar als eine Form intellektueller Hoffart. Aus der Kriegsgefangenschaft heimgekehrt, hatte er zunächst in seinem alten Beruf als Zimmermann wieder Fuß zu fassen versucht, bis ihn der Krieg mit dem Ausbruch einer Lungenkrankheit auch physisch wieder einzuholen begann und längere Sanatoriumsaufenthalte notwendig machte. Es war diese Zauberbergsituation, die Literatur für Janker nicht nur zu einem selbstverständlichen Umgang werden ließ, sondern ihm Schreiben als eine Möglichkeit nahebrachte, mit seiner persönlichen Situation und vor allem seiner traumatischen Kriegserfahrung fertigzuwerden. Durch die Spätfolgen des Krieges schließlich aus der Bahn beruflicher Möglichkeiten getragen, stand Janker vor der Frage, ob »ich als invalider Eckensteher meine Rente verzehren und mein Kriegsleiden kultivieren oder ob ich – in selbstverhängter Klausur – mein unbeholfenes Naturell an die Kandare nehmen und Schriftsteller werden wollte«. Nicht angeborene musische Neigung also brachte Janker zum Schreiben, sondern letztlich der Krieg; und Janker entschied sich für die Literatur mit allen Konsequenzen, die er später einmal seine »akribische, skrupulöse und zeitraubende Methode Texte zu verfassen«

nannte. Mehrfach auf den Krieg zurückverwiesen – durch seine kriegsbedingte Verstörung, seine physische Konstitution und seine verlorenen Jahre – wurde der Krieg zu Jankers Thema, und er wurde es für ihn mehr als für jeden anderen Schriftsteller seiner Generation. Von welcher Intensität seine Auseinandersetzung mit dem Krieg war, geht aus einem seiner vielen Briefe hervor, in denen sich Janker zu seinem Werdegang als Autor äußert – hier gegenüber seinem Freund Peter Hamm: »Wenn ich sage, daß mir durch Bölls Buch ›Wo warst Du, Adam?‹ der formale Prozeß aufging, der mir ein halbwegs sinnvolles Arbeiten mit eigenen Erinnerungsrelikten ermöglichte, so muß ich ergänzend hinzufügen, daß ich schon zu diesem Zeitpunkt das negative Modell eines solchen Prosaversuchs vor Augen hatte. Schließlich waren Pliviers Bücher, seine Trilogie ›Moskau‹, ›Stalingrad‹ und ›Berlin‹ zu diesem Zeitpunkt schon erschienen. Ich wußte also, was ich nicht schaffen, nicht leisten konnte. Auch Widerspruch regte sich damals bereits, das, was ich nicht nur nicht schaffte, sondern auch nicht anstrebte, weil es meinen eigenen Erfahrungen zu sehr widersprach . . .« (14. Oktober 1962).

Janker hat seine Kriegsdarstellung also in enger Auseinandersetzung mit der Kriegsliteratur entwickelt und in einer unpolitischen, ganz auf die Beobachtung und Beschreibung seiner Figuren bedachten Darstellungsweise gefunden, die sich an der destruktiven und desorganisierenden Wirkung des Krieges orientiert. Wo andere ihren Blick auf die Totalität des Geschehens richten oder den gesellschaftlichen Zusammenhang miteinbeziehen, konzentriert Janker seinen Blick auf den Ausschnitt, den Einzelnen, da schraubt er »die Optik des Entsetzens eng und enger, bis nichts mehr gefaßt wird als das in seinen Untergang verstrickte Opfer«. Der Einzelne, ohnehin weniger Individuum als ein Konglomerat aus Überlebensreflexen, sozialen Prägungen und kriegsbedingten Hypertrophien, ist der kalten Mechanik eines tödlichen Grauens ausgesetzt, dem er früher oder später unweigerlich in die Falle geht. Wo triviale oder mythisierende Kriegsdarstellungen dem Geschehen immer noch Bewährungssituationen abgewinnen oder Höllen des Grauens ausmalen, ist Jankers Erzählweise der diffusen und löchrigen Struktur des Erinnerns nachgebildet und gibt so den Blick frei auf Momente von Verstörung und Unsicherheit, von Angst und Irritation, von Entsetzen und tödlicher Ereignislosigkeit. Man könnte dieses Meiden jeglicher dramatischer Steigerungseffekte, ja sogar einer Handlung im strengeren Sinne – das Besondere von Jankers Poetologie verkennend – als sträflich unspektakulär, sensationslos und enttäuschend ereignislos mißverstehen; indes entzieht Janker den Krieg gerade durch seine »ereignislose« Statik der gewohnten Betrachtung und rückt ihn in eine verfremdende Distanz – bisweilen vermeint der Leser einem Film bei abgestelltem Ton zu folgen.

Zu den ästhetischen und literarischen Konsequenzen treten kulturkritische. Auch wenn Janker mit seinen Figuren nie die Demonstration abstrakten soldatischen Funktionierens im Sinn hat, trägt er doch jener »archaischen Lust am Töten« Rechnung, die seit Sigmund Freud zu den Gewißheiten über die menschliche Natur gehört und die dieser in seinem Essay »Zeitgemäßes über Krieg und Tod« überall dort unter der dünnen Decke der Zivilisation ausgemacht hat, wo der Staat das Töten freigegeben hat. »Plötzlich, eigentlich ohne zwingenden Grund«, so phantasiert das soldatische Ich in der Erzählung »Der Erinnerungslose« in einem Transportwaggon vor sich hin, »fiel ihm eine der Sprengformeln ein, die er nie angewandt hatte, weil er mit seinen Faustregeln immer rasch genug bei der Hand war. Granatfüllung Achtundachtzig. Natürlich unverdämmt... Die Welt zerfiel in Querschnitte, die es zu zerstören oder zu deformieren galt«. In derselben Erzählung fällt auch jener Begriff, der die subjektive Basis solcher Zerstörungsbereitschaft darstellt: »War er von zerstörerischem Unmut erfüllt? War er fassungslos? Nichts dergleichen. Er war *zuverlässig*«.

Freilich sieht sich Janker durch die Anerkennung solcher Zuverlässigkeit und soldatischer Brauchbarkeit keineswegs zu jener metaphorischen Entfaltung des Grauens ermuntert, wie sie etwa Ernst Jünger fasziniert und rauschhaft ausgebreitet hat – andererseits läßt die Einbeziehung menschlicher Zerstörungs- und Tötungsphantasien Janker dem Dilemma von Aufklärung und Pazifismus entgehen, die dort beschämt und fassungslos zur Seite blicken, wo in Wirklichkeit »nur« stattfindet, wozu die menschliche Natur sehr wohl fähig ist. Jankers moralische Leistung setzt vielmehr dort an, wo es im Interesse ihres Überlebens der »Vergeßmaschine Mensch« (Barbusse) mit der notwendigen Erinnerungsarbeit beizuspringen gilt. Diese kommt dem Leser indes nirgendwo mit dem Aplomb literarisch kostümierten Politisierens oder moralischen Eiferertums; Jankers Wirkung beruht im Gegenteil auf der äußerst zurückhaltenden und verhaltenen, aber umso intensiveren Demonstration, in welche Desolatheit der Krieg alles Menschliche hinein- und hinabreißt, welche gigantische Maschinerie der Vereitelung er darstellt. Nicht zufällig werden Jankers Figuren gerade in Momenten der Gefahr von Vorstellungen und Heimsuchungen befallen, die sich wie Phantasien des Versäumten, Unterbliebenen, Unerfüllten ausnehmen.

Welchen Stellenwert hat nun der Krieg – über das schreibauslösende Moment hinaus – im Werk Jankers? Daß seine beiden Kriegsbücher diese Werkausgabe einleiten, ist über die Tatsache hinaus zu rechtfertigen, daß sie Jankers erste Bücher waren: die in ihnen mitgeteilten Erfahrungen markieren einen Stand des Bewußtseins, der alle Arglosigkeit ausschließt – hinter ihn kann fortan kein Ich einer jankerschen Figur mehr zurück. Von daher gibt es kein bloßes Beenden des Themas Krieg für Janker; seine Feststellung, er besitze keine Erfahrung, die nicht durch ihn geprägt sei, bleibt über seine Kriegsprosa hinaus wahr. Und doch ist Janker die Lösung von »seinem« Thema geglückt, wenn auch auf die einzige literarisch gültige Weise: der Krieg behält eine Art kryptischer Präsenz, scheint als Unterfutter auch dort noch durch, wo Janker das »sichere Gelände« sucht, er bleibt spürbar und gegenwärtig bis in die Verstörung derer, die sich der schnellen Verdrängung des Krieges widersetzen. Schon in den letzten Erzählungen des Bandes »Mit dem Rücken zur Wand« hat Janker die Außenseiterrolle dieser Verstörten angedeutet: einer hat da seine Abfuhr als Liebhaber erfahren, einer sein Versagen als Reisevertreter, und für den Sozialfall in »Das Vorzimmer«, der sich zum Bittsteller degradiert sah, ging das Klappern der Schreibmaschinen während des Wartens allmählich in Gewehrfeuer über – sinnfälliger Ausdruck einer Irritation, der die Gesellschaft, in der Jankers Figuren ohnehin keinen Fuß zu fassen vermochten, stets neue Nahrung zuführt. Und noch im »Umschuler«, der ja die Kriegszeit chronologisch längst hinter sich gelassen hat, überquert Mertens die Straße in dem plötzlichen Gefühl, im Fadenkreuz eines Zielfernrohrs zu stehen; an anderer Stelle unterscheidet er beim Spazierengehen zwischen sicherem und – für den Feind – einsehbarem Gelände. In solchen sich weit über den Anlaß hinaus behauptenden Reflexen wird deutlich, wie traumatisch Jankers Kriegserlebnis geblieben ist. Daß das Vergangene nicht wirklich vergangen ist: dieser oft zitierte Satz erfährt in Jankers Werk eine seiner nachhaltigsten und glaubwürdigsten Konkretisierungen innerhalb der deutschen Nachkriegsliteratur.

Doch so, wie der Krieg in Jankers späterer Prosa stets seine untergründige Gegenwärtigkeit behält, ist umgekehrt das »sichere Gelände« in Jankers Kriegsprosa nie ganz verschüttet gewesen. »Was wäre ich ohne meine Erinnerungen«, sinniert der Erinnerungslose in der gleichnamigen Erzählung, »ich nehme den winzigen Ausschnitt eines Sommermorgens. Mit nichts als unserem Spieltrieb auf das überschaubare Stück Erde beschränkt, den anliegenden Straßen und Höfen verhaftet, an Schulbänke und Mittagstische gefesselt, durchstöberten wir ganze Kontinente. Jetzt gähnt uns ein Landstrich nach dem anderen an. Wir durchfahren in einem Aufwaschen ganze Provinzen, ohne das Mindeste in uns aufzunehmen«. Um das Schimärenhafte dieser militärischen Eroberung auszuweisen, ist selbst noch die in die Nischen des Gedächtnisses verbannte Erinnerung an die Wirklichkeit der Kindheit geeignet; Janker weiß, daß sich das Imperiale und Überzogene nirgends so nachhaltig blamiert wie am Konkreten, am »überschaubaren Stück Erde«.

Mit diesem Stichwort ist der Weg aus der lastenden Dominanz des Themas angedeutet. Auf ihm schickt Janker einige seiner Figuren voraus in die Heimat – so zunächst den Fähnrich aus der gleichnamigen Erzählung; später den Leutnant aus der »Blechschmiede von Attichy« – als hätten sie, Quartiermachern vergleichbar, ihre Wiederbewohnbarkeit zu erkunden. Die Landschaft, die sie betreten, ist zu Beginn noch ganz Erinnerungslandschaft; indem Janker sie aber beschreibend vorstellt, versichert er sich ihrer als eines wieder »betretbaren Geländes«. So, wie die Literatur nach Krisen und Katastrophen den Rückzug auf das Nahe und Verbliebene, die Prüfung der Worte und Begriffe kennt (man denke nur an Günter Eichs bekanntes Gedicht mit dem bezeichnenden Titel »Inventur«: »Dies ist meine Mütze, / dies ist mein Mantel, / hier mein Rasierzeug . . .«), so buchstabiert Janker sich seine Landschaft zurück aus frühen Bildern und Ereignissen, Lokalitäten und Schauplätzen, Prägungen und Phobien, die alle Anekdote bzw. Episode *sagen* und Biographie *meinen*. Wirkten die Personen in Jankers Kriegsprosa von Anfang an verloren, so weitet sich nun umgekehrt die Erinnerungslandschaft zur Lebenslandschaft; Landnahme, so könnte man diese Diskrepanz erklären, kann legitimerweise nur noch Auseinandersetzung mit dem eigenen, oder, wie in den Reiseberichten Jankers, mit anderen Ländern sein, nicht aber deren Eroberung. Und wie zum Beleg, daß dies alles andere als Weltverlust bedeutet, baut Janker sein Oberschwaben zu einem heimischen Kosmos aus, den er in den zehn Bänden seiner »Ansichten und Perspektiven« ausgeschritten, dessen Dimensionen er in einer kühnen, Geschichte und Menschwerdung oberschwäbisch aufzäumenden Bewegung angedeutet hat: ». . . trete ich den Aufstieg aus geologischen Tiefenschichten an, durchstoße tertiäre Molasse, die mächtigen Torfschilde des alluvialen Rieds, steige jubelnd aus Wannen heilkräftigen Moorschlamms, auffahrend in den Himmel der Steinmetze, Skulpteure und Stukkateure«. Nach welchen Richtungen uns Janker diese oberschwäbische Welt aufgeschlüsselt hat, deuten schon einige Kapitel von Band 3 an: da ist das Moment des Heimat- und Landeskundlichen in der Auswahl aus »Ansichten und Perspektiven« selber, in denen Lebenswirklichkeit und Alltag dominieren; da ist die eigenständige Kulturlandschaft Oberschwaben, die in den Reden und Porträts Konturen gewinnt, bzw. die Problemlandschaft, wie sie in der Binzwanger Rede deutlich wird; da sind Darstellung und Beleg der literarischen Anfänge Jankers (in »Stilliegen bei Stilproben«), da sind die Einmischungen in öffentliche Angelegenheiten und die literarischen Bekenntnisse (in »Selbstbezichtigungen«) sowie – nicht zu vergessen – was man als oberschwäbische Mitgift bezeichnen könnte: jener zur zweiten Natur gewordene Habitus Jankers, der sich bald als Kunst der Selbstironie und wirkungsvoll geschürzter Bildungskomplex, bald als literarischer Kleinmut und selbstanklägerischer Skrupulantismus zu erkennen gibt. Diese psychische Disposition rundet ein Panorama an Hiesigem ab, das zwischen Selbstauskunft und aufgeklärter Heimatkunde, zwischen bußfertigem Kniefall und einer oberschwäbischen Version des aufrechten Gangs oszilliert.

Den Schluß bildet Jankers Korrespondenz – aber nicht etwa deshalb, weil seine vielfache Tätigkeit als literarischer Ehrenämtler und Jurymitglied ihn zu wenig anderem mehr hätte kommen lassen, sondern weil Janker – unter oft bekundeten stimmlichen Handicaps leidend – seine »Tintenstimme« von Anfang an geschult hat. Korrespondieren bedeutete für Janker Klärung seiner Position und Bestimmung seines literarischen Wegs, schloß theoretische Erörterung seines Schreibens wie Kritik daran ein, ermöglichte Rechenschaft und Selbstvergewisserung, war Probebühne, Formulier- und Schreibschule. Briefpapier als Parkettersatz, auf dem Janker vorturnte und mit Wendungen um seine Begabung und Zukunft fürchtete, auf die andere eine ganze Profession gegründet hätten – per Post erreichten Janker aber auch die Trostpflaster der Kollegen in DIN A 4- und kleineren Formaten, wenn die Kritik Janker wieder einmal zu sehr gebeutelt hatte. Alles in allem liegen die Wurzeln für Jankers Briefefleiß im literarischen Ehrgeiz, aber auch in einem Werk, das – trotz aller recht munter geflossenen Stipendien, Preise und Ehrungen – zu schmal war, als daß es den für einen erklärten »Außenseiter« reichlichen Bedarf an äußerer Bestätigung abgeworfen hätte; der »letzte Briefeschreiber der Nation«, der »für seine Briefe Geld verlangen sollte« (Martin Walser), blieb so immer auch notorischer Aufmunterungsfall.

Die vorliegende Werkausgabe erlaubt nun erstmals einen Blick auf den *ganzen* Janker, seine Autorschaft wie seine genuine literarische Leistung. Gegen welche Widerstände hat Janker sein Talent nicht auszubilden gehabt! Bildung und Wortschatz deuten auf Umstände, die allein den Autodidakten zuließen; seine Gabe zur Beobachtung bildete sich im

Krieg aus, als »der Reflex der Reflexion überlegen« war, und seine Sätze lernten gegen den Widerstand eines Erbes und eines Milieus gehen, denen Schreiben als verdächtig galt. All das hat Janker keineswegs, wie es ein gerngebrauchtes Klischee will, »unbeirrt« zu leisten vermocht –: auch in dreißigjähriger Autorschaft hat er im Umgang mit den Medien nie professionelle Selbstverständlichkeit entwickelt; seine Haltung dem Literaturbetrieb gegenüber – als die eines unter die Intellektuellen gefallenen Handwerkers ohnehin instabil genug – blieb stets prekär. Janker, der es sich mit seinem »gleichermaßen komprimierten wie komplizierten Stil« (Peter Hamm) schon schwer genug machte, trug damit zusätzlich dazu bei, mit jedem Buch neu zu debütieren (wie es sein Lektor Volker Michels ausdrückte).

Janker hat es indes vermocht, das Trauma des Krieges literarisch gültig darzustellen und darüber zu anderen Themen zu finden, ohne damit seine früheren Erfahrungen zu verdecken oder beiseitezuschieben. Doch Jankers Literatur deshalb vorwiegend als eine gelungene Therapie zu verstehen, wäre sträflich; was wir seiner Arbeit verdanken, sind unspektakuläre Einsichten in einen lebensgefährlichen Zusammenhang, beobachtet mit angemessener und zuträglicher Genauigkeit von einem Davongekommenen, der es nie aufgegeben hat, in seinen Büchern »auszusitzen«, was die Gesellschaft verdächtig schnell hinter sich gebracht hat. Wenn Heinrich Böll Janker dem »eisernen Bestand der Nachkriegsliteratur« zugerechnet hat, dann meinte er damit nicht nur seine beiden Bücher »Zwischen zwei Feuern« und »Mit dem Rücken zur Wand«, sondern auch seine Autorschaft, die konzessionslos auf unbequemen Erfahrungen beharrte und sich damit eine immer erkennbarer werdende Aktualität gesichert hat.

Manfred Bosch

BIOGRAPHIE

1922	7. August: geboren in Wolfegg
1924	Umzug der Familie nach Ravensburg
1929	Volksschule
1937	Beginn einer Zimmermannslehre in Ravensburg
1940	Dienstverpflichtung
1941	Kolonialschul-Intermezzo
1941–44	Soldat in der Sowjet-Union und in Polen
1945	Kriegsgefangenschaft in Frankreich
1946	Meisterschule für Bauhandwerk, München Ausbruch der Tuberkulose als Kriegsfolge
1947–51	Sanatoriumsaufenthalte
1952	Heirat mit Barbara Leitmeier
bis 1958	Verschiedene Tätigkeiten, u. a. als Textilvertreter und Platzanweiser im Kino. Anerkennung als Schwerkriegsbeschädigter
1960	Geburt des Sohnes Christoph Rom-Stipendium
1961	Ostdeutscher Literaturpreis (Förderpreis des A. Gryphiuspreises) Finnland-Stipendium
1963	Berlin-Stipendium (Bundesverband der deutschen Industrie) Afrika-Stipendium Lesung vor der Gruppe 47 in Saulgau Geburt des Sohnes Vincenz
1966	Ehrengabe der Stadt Braunschweig
1967	England-Stipendium
1968/69	Villa-Massimo-Stipendium in Rom
1970	Vorsitz der Fachgruppe Literatur im Internationalen Bodensee-Club
1971	Vorsitz der Droste-Preis-Jury Meersburg
1972	Zweiter Schubartpreis der Stadt Aalen Erwerb des Bauernhauses in Kappel
1973	Mitglied des PEN
1974	Ehrengabe der Bayerischen Akademie der Schönen Künste
1975	Förderpreis des Südwestfunks

1977	Kulturpreis der Städte Ravensburg und Weingarten
1980	Bundesverdienstkreuz
1981	Jahresstipendium des Landes Baden-Württemberg
1986	10wöchige Reise nach Namibia
1986–88	Mitglied der Villa Massimo-Kommission Bonn

BIBLIOGRAPHIE

A Buchveröffentlichungen
B Veröffentlichungen in Sammelbänden, Zeitschriften und Zeitungen
C Übersetzungen
D Literatur über Josef W. Janker
(A-C chronologisch; D alphabetisch)

A Buchveröffentlichungen

Zwischen zwei Feuern. Roman.Köln (Kiepenheuer & Witsch) 1960.

Mit dem Rücken zur Wand und andere Erzählungen. Frankfurt (Suhrkamp) 1964

Aufenthalte. Sechs Berichte. Frankfurt (Suhrkamp) 1967 (= edition suhrkamp 198)

Der Umschuler. Frankfurt (Suhrkamp) 1971

Ravensburg. Porträt einer Oberschwäbischen Landschaft. Zusammen mit Erich Beurer. Ravensburg (Dorn'sche Buchhandlung) 1971

Sparkassenbuch. 150 Jahre Kreissparkasse. Ein Rückblick aus der Sicht eines Branchenfremden. Ravensburg (Kreissparkasse) 1972

Ansichten und Perspektiven 1: Wahrzeichen. Fotos Rupert Leser. Ravensburg (Kreissparkasse) 1973

Ansichten und Perspektiven 2: Brauchtum, Tradition. Fotos Rupert Leser. Ravensburg (Kreissparkasse) 1974

Ansichten und Perspektiven 3: Barock. Fotos Rupert Leser. Ravensburg (Kreissparkasse) 1975

Ansichten und Perspektiven 4: Werktage. Fotos Rupert Leser. Ravensburg (Kreissparkasse) 1976

Ansichten und Perspektiven 5: Kleinode. Fotos Rupert Leser. Ravensburg (Kreissparkasse) 1977

Das Telegramm. Erzählung. Zeichnungen Günter Bruno Fuchs. Düsseldorf (Eremiten-Presse) 1977 (= Broschur 77)

Ansichten und Perspektiven 6: Markttage. Fotos Rupert Leser. Ravensburg (Kreissparkasse) 1978

Ansichten und Perspektiven 7: Landschaften. Fotos Rupert Leser. Ravensburg (Kreissparkasse) 1979

Ansichten und Perspektiven 8: Feuchtes Element. Fotos Rupert Leser. Ravensburg (Kreissparkasse) 1980

Ansichten- und Perspektiven 9: Erntezeit. Fotos Rupert Leser. Ravensburg (Kreissparkasse) 1981

Ansichten und Perspektiven 10: Abschiede. Fotos Rupert Leser. Ravensburg (Kreissparkasse) 1982

Zwischen zwei Feuern (Revidierte Neufassung). Frankfurt (Suhrkamp) 1986 (suhrkamp taschenbuch 1251)

B Veröffentlichungen in Sammelbänden, Zeitschriften und Zeitungen

Die Flucht. In: Hortulus. Vierteljahresschrift für neue Dichtung. St. Gallen, 6. Jg. (1956), Heft 4 (Vorabdruck aus »Zwischen zwei Feuern«)

Ein dummdreister Anschlag. In: Hortulus. Illustrierte Zweimonatsschrift für neue Dichtung. St. Gallen, 7. Jg. (1957) Heft 26 (Vorabdruck aus »Zwischen zwei Feuern«)

Die Hemdaffäre. In: Geist und Zeit. Eine Zweimonatsschrift für Kunst, Literatur und Wissenschaft. Düsseldorf 1958 Heft 5 (Vorabdruck aus »Zwischen zwei Feuern«)

Herbsthimmel 44. In: Streitzeitschrift. Stierstadt, 4. Jg. (1959), September.

Einer der gewöhnlichen Nachmittage. In: Hortulus. Illustrierte Zweimonatsschrift für neue Dichtung. St. Gallen, 10. Jg. (1960) Heft 1

Offerte einer Kapitulation. Erzählung. In: Rudolf de la Roi u.a. (Bearb.), Jahresring 1961/62. Stuttgart (Deutsche Verlagsanstalt) 1961 (Vorabdruck aus »Mit dem Rücken zur Wand«)

Das Telegramm. In: Akzente. Zeitschrift für Dichtung. München, 7. Jg. (1961) Heft 5. Wiederveröffentlicht in: Martin Gregor-Dellin (Hrsg.), Deutsche Erzählungen aus drei Jahrhunderten, Tübingen 1978, und in: ders. (Hrsg.), Deutsche Erzählungen aus vier Jahrhunderten, Stuttgart 1982

Das Vorzimmer. In: Akzente. Zeitschrift für Dichtung. München, 7. Jg. (1961) Heft 1. (Vorabdruck aus »Mit dem Rücken zur Wand«). Wiederveröffentlicht in: Ernst Schremmer (Hrsg.), Ziel und Bleibe. München (Künstlergilde) 1968

Der Erinnerungslose. Erzählung. In: Das Schönste. München, 9. Jg. (1963) Heft 1. (Vorabdruck aus »Mit dem Rücken zur Wand«)

Mit dem Rücken zur Wand. Erzählung. In: Das Schönste. München, 9. Jg. (1963) Heft 2 (Vorabdruck aus »Mit dem Rücken zur Wand«)

Der Hausfreund. In: Akzente. Zeitschrift für Dichtung. München, 10. Jg. (1964), Heft 1 (Vorabdruck aus »Mit dem Rücken zur Wand«)

Lektion in Zoologie. In: Süddeutsche Zeitung, 24./25. Oktober 1964 Wiederveröffentlicht in: Frankfurter Allgemeine Zeitung, 11. März 1967 und in »Aufenthalte. Sechs Berichte«. Teilabdruck in veränderter Fassung in: Krone-Programm, Biberach (Thomae) 1964 (unter dem Titel »Farbige Silhouetten«)

Verquere Welt, Berlin 1963. In: Rudolf de la Roi u. a. (Bearb.), Jahresring 1964/65. Stuttgart (Deutsche Verlagsanstalt) 1964 (Vorabdruck aus »Aufenthalte. Sechs Berichte«)

Leutnant ohne Legitimation. In: Schwäbische Zeitung, 29. Juni 1965

Kalenderwidriges Wachstum oder Kampala liegt nicht auf sieben Hügeln. In: Ruhrwort, Dezember 1965 (Vorabdruck aus „Aufenthalte. Sechs Berichte«)

Harambee. In: Stuttgarter Zeitung, 2. April 1966 (Vorabdruck aus »Aufenthalte. Sechs Berichte«)

Porträt einer kleinen Stadt. In: Stuttgarter Zeitung, 24. Dezember 1966 (Vorabdruck aus »Aufenthalte. Sechs Berichte«)

Eine Reise nach Bulgarien. In: Stuttgarter Zeitung, 29. Oktober 1966

Tule-Kom, zweisprachig. In: Süddeutsche Zeitung, 17./18. und 24./25. März 1966 (Vorabdruck aus »Aufenthalte. Sechs Berichte«)

Gloria Isabella . . . In: Hans Dollinger (Hrsg.), außerdem. Berlin (Scherz) 1967

Ein Nachruf. In: Walther Karsch (Hrsg.), Porträts. 28 Erzählungen über ein Thema. Berlin (Herbig) 1967 (= Bücher der Neunzehn)

Ein Stadtoberhaupt wird gewählt. In: Stuttgarter Zeitung, 19. August 1967 (gekürzte Fassung von »Die Kandidaten eins, zwei, drei . . .«)

Die Kandidaten eins, zwei, drei . . . Vor einem Jahr lag Ravensburg im Fieber der Oberbürgermeisterwahl. Ein poetischer Report. In: Schwäbische Zeitung, 20. Oktober 1967

Der Umschuler. Auszüge aus einem Roman. In: Kürbiskern. Literatur und Kritik. München, 2. Jg. (1967) Heft 2

Wer denn nun, Mertens? In: Jens Rehn (Hrsg.), Die Zehn Gebote. Exemplarische Erzählungen. Reinbek (Rowolt) 1967

Eine Kokotte, verfallend. In: Karl Alfred Wolken (Hrsg.), Blick auf Rom. Gütersloh (Gütersloher Verlagshaus Gerd Mohn) 1968

In London notiert. In: Stuttgarter Zeitung, 5. und 13. Januar 1968

Blumen für Balmoral. Eine dokumentarische Erzählung. In: Süddeutsche Zeitung, 7./8. Juni 1969 und in Stuttgarter Nachrichten, 24. Dezember 1969. Wiederveröffentlicht in: Rudolf de la Roi u.a. (Bearb.), Jahresring 1970/71, Stuttgart (Deutsche Verlagsanstalt) 1970

Gilligan. Erzählung. In: Peter Jokostra (Hrsg.), Ehebruch & Nächstenliebe. Düsseldorf (Claassen) 1969

Nachwort. In: Maria Menz, Anmutungen. Gedichte. Biberach (Biberacher Verlagsdruckerei) 1969 (= Literarisches Forum Oberschwaben 1)

Ohne falschen Zungenschlag. In: Karl Heinz Kramberg (Hrsg.), Vorletzte Worte. Nachrufe von Schriftstellern. Frankfurt (Bärmeier & Nikel) 1970 und Berlin (Ullstein) 1974

Beckmesserisches. In: Richard Salis (Hrsg.), Motive. Warum ich schreibe. Tübingen (Erdmann) 1971

Floras Fauna. In: Süddeutsche Zeitung, 3./4. April 1971

Zwischentöne, die zählen. In: Schwäbische Zeitung, 10. August 1971

Menz-Resümee. In: Walter Aue (Hrsg.), Typos 2. Selbst/Kenntnisse. Bad Homburg (tsamas) 1972

Suche unbelasteten Mezzosopran. In: Eva Zeller (Hrsg.), Generationen. 30 deutsche Jahre. Stuttgart (Deutsche Verlags-Anstalt) 1972

Der politisch gepolte Prosaiker. In: Wilhelm Gössmann (Hrsg.), Geständnisse. Heine im Bewußtsein heutiger Autoren. Düsseldorf (Droste) 1972

Überlebensgroß Herr Florian: In: Süddeutsche Zeitung, 10./11. Juni 1972

In jedem Haus ein Bischof. In: Merian, 25. Jg. (1972) Heft 4 und in Cassella-Riedel-Archiv, 65. Jg. (1981) Heft 1

Grandios gestaffeltes Landschaftspanorama. In: Michael Tonfeld (Hrsg.), Schwäbisches Lesebuch. Augsburg (Operativ-Autoren-Verlag) 1974

Die Verhaftung. In: Walter Neumann (Hrsg.), Im Bunker. 100mal Literatur unter der Erde. Texte und Daten von 110 deutschen und ausländischen Autoren. Recklinghausen (Georg Bitter) 1974

Ohne falschen Zungenschlag. In: Neue Vorarlberger Tageszeitung, 31. August 1974

Zwischen Kopf- und Handarbeit. In: Otto Heuschele (Hrsg.), Schwaben unter sich über sich. Frankfurt (Weidlich) 1976

Ohne Titel. In: Jochen Kelter, Peter Salomon (Hrsg.), Literatur im alemannischen Raum. Regionalismus und Dialekt. Freiburg (Dreisam) 1978

Liebesgeschichten. In: Wolfgang Weyrauch (Hrsg.), Liebesgeschichten. Gütersloh (Gütersloher Verlagshaus Gerd Mohn) 1979

Dank für damalige Weitsicht. In: Maria Müller-Gögler, Werkausgabe. Beiheft: Die Autorin und ihr Werk/Einführung/Stimmen der Freunde. Herausgegeben von der Stiftung Literaturarchiv Oberschwaben. Sigmaringen (Thorbecke) 1980

Die Torfstecherin. In: Franz Georg Brustgi (Hrsg.), Geruhsam wars im Lande nie. Schwäbisch-alemannische Geschichten aus 100 Jahren. Stuttgart (Steinkopf) 1980

Sprichst Du auf Natur stark an . . .; Mein melancholischer Pudel; Dem Glückspilz kalben die Ochsen. Drei Prosastücke. In: Allmende. Eine alemannische Zeitschrift. Sigmaringen, 1. Jg. (1981), Heft 1

Fundevogel. Erzählung. In: Allmende. Eine alemannische Zeitschrift. Sigmaringen, 2. Jg. (1982), Heft 5

Schicksalsmacht Krieg? In: Kürbiskern. Literatur, Kritik, Klassenkampf. München, 18. Jg. (1982), Heft 3

Traum. In: Ekkehart Rudolph (Hrsg.), Aus gegebenem Anlaß. Eine Anthologie des Förderkreises Deutscher Schriftsteller. Stuttgart (Edition Weitbrecht im Thienemanns Verlag) 1983

Dunjas Gang nach Samaria. In: Vorarlberger Nachrichten, 11. Februar 1984. (Vorabdruck aus der Neufassung von »Zwischen zwei Feuern«)

Schreckhafter Pietätler oder: Wer liest mir da die Leviten? Dialogstudie. In: Allmende. Eine alemannische Zeitschrift. Sigmaringen, 4. Jg. (1984) Heft 9

Dieses nasse Unternehmen. In: Gerd Appenzeller (Hrsg.), Mein Bodensee. Liebeserklärung an eine Landschaft. Konstanz (Südkurier Verlag) 1984

Zwischen zwei Feuern. Romanauszug. In: Karlheinz Schaaf u. a. (Redaktion), Literatur am See 4. Friedrichshafen (Gessler) 1986

Lieber Walser! (Brief zum 60. Geburtstag). In: Allmende. Bühl-Moos, 7. Jg. (1987), Heft 16/17

Impression Vorarlberg. In: Thema Vorarlberg. Bregenz 1987. »Omo udi li!« Lebensbericht der Schwester Mansuetz. Windhoek (John Meinert Verlag) 1987.

C Übersetzungen

Mensch ohne Gedächtnis. In: Plamak (Sofia), 1963, Heft 10

Das Vorzimmer. In: Ny tysk prosa. Kopenhagen 1965

dass., in: Les Lettres Nouvelles (Paris), Januar 1966

Wer denn nun, Mertens? Madrid 1967

dass., in: Cosmopolis, Madrid, Mai 1969

D Literatur über Josef W. Janker

Anonym: Josef W. Janker. In: Munzinger Archiv/Internationales Biographisches Archiv. Wiederveröffentlicht in: Literaten. 250 deutschsprachige Schriftsteller der Gegenwart. Lebensläufe aus dem Internationalen Biographischen Archiv. Ravensburg (Munzinger) 1983.

Blauhut, Robert: An Joseph W. Janker. In: Montfort. Vierteljahreszeitschrift für Geschichte und Gegenwart Vorarlbergs. Dornbirn, 30. Jg. (1978), Heft 2

Böll, Heinrich: Hinweis auf Josef W. Janker. In: Kürbiskern. Literatur und Kritik. München, 2. Jg. (1967), Heft 2

ders., Unpassender aus der Lagernation. In: Der Spiegel, 12. Juli 1971 ders., Zwischen allen Feuern. In: Frankfurter Hefte, 16. Jg. (1961), Heft 7. Wiederveröffentlicht in: ders., Essayistische Schriften und Reden 1 1952 – 1963. Herausgegeben von Bernd Balzer. Köln (Kiepenheuer & Witsch) 1978

Bosch, Manfred: Josef W. Janker. In: Heinz Ludwig Arnold (Hrsg.), Kritisches Lexikon zur deutschsprachigen Gegenwartsliteratur. München (text + kritik) 1978 ff

Hamm, Peter: Josef W. Janker. In: Klaus Nonnenmann (Hrsg.), Schriftsteller der Gegenwart. Deutsche Literatur. 53 Porträts. Freiburg/Olten (Walter Verlag) 1963

Hitzer, Friedrich: Jedem das Seine. Ein Schriftsteller in der Provinz. In: Kürbiskern. Literatur und Kritik. München, 2. Jg. (1967), Heft 2

Just, Gottfried: Ein Autodidakt sagt die Wahrheit. In: ders., Reflexionen zur deutschen Literatur der sechziger Jahre. Pfullingen (Neske) 1972

ders., Nüchterne Erkenntnisjagd. Josef W. Janker. Aufenthalte. In: ders., Reflexionen zur deutschen Literatur der sechziger Jahre. Pfullingen (Neske) 1972

ders., Versuche, nicht zu vergessen. Wie deutsche Schriftsteller den Krieg bewältigen. In: Frankfurter Hefte. Frankfurt, 23. Jg. (1968), Heft 2

Kalaritis, Gisela: Sein Thema sind die Abschiede. In: Ulmer Forum. Ulm 1983, Heft 67

kfr, Den Krieg literarisch seziert. In: SparkassenReport. Kundenzeitung der Kreissparkasse Ravensburg, Ausgabe 3/1987

Lennartz, Franz: Josef W. Janker. In: Deutsche Schriftsteller der Gegenwart. Stuttgart (Kröner) 1978, 1984

Linder, Gisela, Sein Thema: Der Krieg und seine Folgen. Gespräch mit J. W. Janker zum 65. Geburtstag. In: Schwäbische Zeitung, 6. 8. 1987 Kriegserfahrung schreibend bewältigt. In: »Bodensee-Hefte«. Goldach, 38. Jg. (1987), Heft 10.

Renz, Peter: Seht ihn. Josef W. Janker zum 60. Geburtstag. Herausgegeben von der Stiftung Literaturarchiv Oberschwaben. Biberach (Biberacher Verlagsdruckerei 1982 (Mit Beiträgen von Peter Renz, Maria Menz, Manfred Bosch, Peter Adler, Martin Walser, Franz Janausch, Walter Münch, Ella Zühlke, Maria Müller-Gögler, Karlheinz Schaaf, Bruno Epple, Peter Salomon, Joachim Hoßfeld, Katharina Adler, Maria Beig, Hans Georg Bulla, Dino Larese, Hermann Kinder, Heinz Saueressig, Armin Ayren, Antonia Anna Weis, Reinhard Gröper, Werner Dürrson und Klaus Nonnenmann)

Spektrum des Geistes. Literaturkalender. Ebenhausen b. München (Langewiesche), 18. Jg. (1969)

ERSTVERÖFFENTLICHUNG DER TEXTE AUS BAND 3

NADELGEKLAPPER ERINNERUNG

Kapitel I	Beitrag zu »Warum mir keine Weihnachtsgeschichte einfällt«. Süddeutscher Rundfunk 1966
Kapitel II	Porträts, Berlin 1967
Kapitel III	Ansichten und Perspektiven, Band 8, Kreissparkasse Ravensburg
Kapitel IV	Ansichten und Perspektiven, Band 10
Kapitel V	unveröffentlicht
Kapitel VI	Ansichten und Perspektiven, Band 10
Kapitel VII	unveröffentlicht
Kapitel VIII	Ansichten und Perspektiven, Band 10
Kapitel IX	unveröffentlicht
Kapitel X	Ansichten und Perspektiven, Band 8
Kapitel XI	unveröffentlicht
Kapitel XII	Ansichten und Perspektiven, Band 10; zweite Hälfte unveröffentlicht
Kapitel XIII	Ansichten und Perspektiven, Band 9
Kapitel XIV	Ansichten und Perspektiven, Band 9
Kapitel XV	Ansichten und Perspektiven, Band 7
Kapitel XVI	unveröffentlicht
Kapitel XVII	unveröffentlicht
Kapitel XVIII	Ansichten und Perspektiven, Band 8; zweite Hälfte unveröffentlicht
Kapitel XIX	unveröffentlicht
Kapitel XX	unveröffentlicht
Kapitel XXI	Thema Vorarlberg, Bregenz 1987
Kapitel XXII	Ansichten und Perspektiven, Band 8
Kapitel XXIII	Ansichten und Perspektiven, Band 8
Kapitel XXIV	unveröffentlicht
Kapitel XXV	unveröffentlicht
Kapitel XXVI	Porträts, Berlin 1967

Stilliegen bei Stilproben

Schönbrunn – Ried – Schömberg
Als »Schömberger Notizen« in: Deutsche Zeitung, 25./26. 8. 1962

Notizen aus der Zeltstadt, Schwäbische Zeitung, 15.6.1962

Frühe Verse (Seite 70 f., 76, 92 f.), unveröffentlicht

Römisch Zwei, unveröffentlicht

Meersburger Impressionen 58, Schwäbische Zeitung

Schloß Sanssouris, Guten Morgen, VauO! Frankfurt 1962

Das Telegramm, Akzente 5/1961

Gewisse stehende Bilder

Sie hat schon immer nah am Wasser gebaut
Ansichten und Perspektiven, Band 8

Delphinische Paarung, Ansichten und Perspektiven, Band 8

Wassergespenst, Ansichten und Perspektiven, Band 8

Unternehmen Enterprise, unveröffentlicht

Ansichten und Perspektiven

Der kleine Bruder, Ansichten und Perspektiven, Band 7

Etüde I, Ansichten und Perspektiven, Band 5

Heraldischer Rundlauf, Ansichten und Perspektiven, Band 1

Sebastianssaul, Ansichten und Perspektiven, Band 5

Etüde II, Ansichten und Perspektiven, Band 5

Etüde III, Ansichten und Perspektiven, Band 5

Abschiede als Schicksal, Ansichten und Perspektiven, Band 10

Sehenswerte Charakterköpfe

Geisterstunde, Ansichten und Perspektiven, Band 2

Das Klassenbild, Schwäbische Zeitung 1967

Eine Reise aus sentimentalem Anlaß
Ansichten und Perspektiven, Band 2

Stammtisch, Ansichten und Perspektiven, Band 2

Die Kandidaten eins, zwei, drei . . .
Schwäbische Zeitung, 20.10.1967

In Tagträumen einsam, Ansichten und Perspektiven, Band 4

Traut er mir nicht?, Ansichten und Perspektiven, Band 4

MEIN MIT MIR GRAU GEWORDENES LASTER

Harder Sondierung, unveröffentlicht

Schreckhafter Pietätler, Allmende 9

Besuch in Siessen, Ansichten und Perspektiven, Band 10

VORSPIEL ZU EINEM ABSCHIED

Ansichten und Perspektiven, Band 10 und 9

Dieser klapprige Typ da, Aus gegebenem Anlaß, Stuttgart 1983

Kehraus, Ansichten und Perspektiven, Band 9

SELBSTBEZICHTIGUNGEN

Haupt- und Nebensätze oder Ominöser Stichtag

Rede, gehalten in Kappel am 13.8.1982; unveröffentlicht

O Donna Clara . . .

Als »Der politisch gepolte Prosaiker«
in: Geständnisse. Heine im Bewußtsein heutiger Autoren.
Düsseldorf 1972

Schwäbisches Erbe?

Schwaben über sich, unter sich, Frankfurt 1976

Beckmesserisches

Motive. Selbstdarstellungen deutscher Autoren. Tübingen 1971

Archimedischer Punkt

Rundbrief an die Mitglieder der Fachgruppe Literatur des Bodensee-Clubs, 28.7.1981

Es ist schon ein Kreuz

Rede, gehalten anläßlich der Verleihung des Bundesverdienstkreuzes; unveröffentlicht

Pulvermühle 1967, unveröffentlicht

S.O.B.-Causerie

Ansprache anläßlich einer Eröffnungs-Matinee am 4.7.1971; unveröffentlicht

Binzwangen zum Beispiel

Ansprache zur Einweihung des Dorfbrunnens am 5.5.1974; unveröffentlicht

Ohne falschen Zungenschlag, Vorletzte Worte, Frankfurt 1970

In kollegialem Respekt

Dank für damalige Weitsicht
Maria Müller-Gögler, Die Autorin und ihr Werk.
Einführung. Stimmen der Freunde. Sigmaringen 1981

In Memoriam Reinhold von Walter
Schwäbische Zeitung, September 1965

Nachruf auf einen Frühvollendeten, Schwäbische Zeitung, 1957

Ein Nestflüchter macht seine Aufwartung
Schwäbische Zeitung, 5.10.1981

Nachruf auf Antonia Weiss, Schwäbische Zeitung, 25.3.1987

Zuviel der Ehre, bitte keinen Personenkult
Versuch, Walter Münch hochleben zu lassen. Sigmaringen 1981

Lieber Walser!, Allmende 16/17

(fehlende oder unvollständige Angaben nicht mehr eruierbar)

PERSONENREGISTER

(Kursiv gesetzte Zahlen weisen auf Absender oder Adressaten der Briefe hin)

INHALT

WERKAUSGABE

Band 1
Zwischen zwei Feuern / Mit dem Rücken zur Wand
Band 2
Der Umschuler / Aufenthalte
Band 3
Vertrautes Gelände / Ansichten und Perspektiven
Band 4
Jankerbriefe / Literarische Korrespondenz 1951–1987
Nachwort, Biographie, Bibliographie, Personenregister